民商法论丛
Civil and Commercial Law Series

● 张民安 著

无形人格侵权责任研究

Liability for Infringement of Right of Intangible Personality

北京大学出版社
PEKING UNIVERSITY PRESS

图书在版编目(CIP)数据

无形人格侵权责任研究/张民安著.—北京:北京大学出版社,2012.6
(民商法论丛)
ISBN 978-7-301-20593-8

Ⅰ.①无… Ⅱ.①张… Ⅲ.①人格-侵权行为-民事责任 研究 Ⅳ.①D913.04

中国版本图书馆 CIP 数据核字(2012)第 083227 号

书　　　名:无形人格侵权责任研究
著作责任者:张民安　著
策　划　编　辑:李燕芬
责　任　编　辑:李燕芬
封　面　设　计:独角兽工作室
标　准　书　号:ISBN 978-7-301-20593-8/D·3110
出　版　发　行:北京大学出版社
地　　　　址:北京市海淀区成府路 205 号　100871
网　　　　址:http://www.pup.cn
电　　　　话:邮购部 62752015　发行部 62750672　编辑部 62752027
　　　　　　　出版部 62754962
电　子　邮　箱:law@ pup.pku.edu.cn
印　　刷　　者:三河市博文印刷厂
经　　销　　者:新华书店
　　　　　　　965 毫米×1300 毫米　16 开本　54.25 印张　859 千字
　　　　　　　2012 年 6 月第 1 版　2012 年 6 月第 1 次印刷
定　　　　价:95.00 元

未经许可,不得以任何方式复制或抄袭本书之部分或全部内容。
版权所有,侵权必究
举报电话:010-62752024　电子邮箱:fd@ pup.pku.edu.cn

著者特别声明

自 2000 年在法律出版社出版《现代英美董事法律地位研究》以来,著
已先后在法律出版社、北京大学出版社、中国政法大学出版社和中山大
版社出版了《现代法国侵权责任制度研究》、《过错侵权责任制度研究》
司法上的利益平衡》、《公司法的现代化》和《商法总则制度研究》等
这些著作出版之后引起了民商法学界的广泛关注,成为民商法领域
学者、教授、硕士研究生和博士研究生大量阅读、援引的重要著作,
我国民商法理论和建立、完善我国民商法律制度做出了应有的贡

同时,这些著作出版之后即遭遇到某些专家学者、教授、硕
者博士研究生的大面积抄袭,他们或者直接在他们的著作、论文
些著作当中援引的法文或者英文资料而完全不加上转引等字
在他们的著作、论文当中一字不改地复制这些著作当中的即
上注释说明,或者直接在他们的著作、论文当中改写这些著
观点,用自己的语言重新组织这些著作当中的内容而没有
著者认为,无论什么形式的抄袭现象,都是对学术尊严的
的践踏和对学术良知的背离。

提出新观点,倡导新观念,援引新资料,解决新问
是著者一直以来追求的目标。尊敬的读者,如果您是
责任研究》一书当中接触到有关学者的意见、有关法
的有关理论,请您在从事学术研究时遵守最基本的
基本的权利,加上转引、参见"张民安:《无形人格
以体现对作者艰辛劳动的尊重,因为,学术虽然是
是应当得到保护的,只有这样,学术才能进步、
念、新学说的学者才能体现其价值。

序

一、传统民法和侵权法关于人格权性质的学说

传统民法和侵权法将自然人对其生命、身体、健康、姓名、名誉、隐私、肖像或者其他人格特征享有的权利称为人格权，以便区分自然人对其动产、不动产、知识产权或者契约享有的财产权，这就是传统民法和侵权法上的人格权区分于、独立于财产权的理论。

（一）人格权的非财产性理论

传统民法和侵权法理论认为，他人对其生命、身体、健康、姓名、名誉、隐私、肖像或者其他人格特征享有的权利不具有直接的经济内容、财产内容、商事内容，而仅具有心理的、精神的内容，人们无法用金钱方式去衡量他人对其生命、身体、健康、姓名、名誉、隐私、肖像或者其他人格特征享有的权利的价值，而他人对其动产、不动产、知识产权或者契约享有的权利则具有直接的经济内容、财产内容、商事内容，人们能够用金钱方式去衡量他人对其动产、不动产、知识产权或者契约享有的权利的价值，这就是传统民法和侵权法所谓的人格权的非财产性理论和财产权的财产性理论。

（二）人格权的心理性、精神性理论

传统民法和侵权法理论认为，在他人生存期间，他人虽然可以行使对其生命、身体、健康、姓名、名誉、隐私、肖像或者其他人格特征享有的权利，但是，他人行使这些权利的目的仅是为了满足其心理上的需求、精神上的愉悦和人格上的发展，不是为了实现其经济上的价值、财产上的增加或者商事上的发展，而他人行使对其动产、不动产、知识产权或者契约享有的权利仅是

为了实现其经济上的价值、财产上的增加或者商事上的发展,不是为了满足其心理的需求、精神上的愉悦和人格上的发展,这就是传统民法和侵权法所谓的人格权的心理性、精神性理论和财产权的经济性、财产性和商事性的理论。

(三) 人格权的不得转让性理论

传统民法和侵权法理论认为,他人不得通过契约或者其他方式将其对生命、身体、健康、姓名、名誉、隐私、肖像或者其他人格特征享有的权利转让给他人,由他人享有或者行使,而他人能够通过契约或者其他方式将其对动产、不动产、知识产权或者契约享有的权利转让给他人,由他人享有或者行使,这就是人格权的不得转让性和财产权的可转让性。

(四) 人格权的不得继承性理论

传统民法和侵权法理论认为,当他人因为行为人实施的侵权行为而死亡时,他人对其生命、身体、健康、姓名、名誉、隐私、肖像或者其他人格特征享有的权利也自动消灭,不得为其继承人所自动继承,而当他人因为行为人实施的侵权行为而死亡时,他人对其动产、不动产、知识产权或者契约享有的权利不会自动消灭,完全能够为其继承人所自动继承,这就是传统民法和侵权法所谓的人格权不得继承而财产权能够继承的理论。

(五) 侵害人格权仅赔偿他人精神损害的理论

传统民法和侵权法理论认为,当行为人侵害他人对其生命、身体、健康、姓名、名誉、隐私、肖像或者其他人格特征享有的权利时,他们仅需对他人承担非财产损害的赔偿责任,不承担财产损失的赔偿责任;而当行为人侵害他人对其动产、不动产、知识产权或者契约享有的权利时,他们仅需对他人承担财产损失的赔偿责任,无需对他人承担精神损害赔偿责任。这就是侵害人格权仅对他人承担精神损害赔偿责任而不承担财产损失赔偿责任的理论和侵害他人财产权仅对他人承担财产损失而不承担精神损害赔偿责任的理论。

二、人格权的经济化、财产化和商事化理论

在非市场经济社会,传统民法和侵权法的理论可能具有说服力,可能站得住脚,因为在非市场经济社会,人格权可能没有直接的财产内容,不会直接体现为具有某种财产价值的权利;他人行使人格权的目的可能仅是为了社会的交往,仅是为了满足其心理上、精神上或者人格发展上的需求,不带有经济目的、财产目的或者商事目的;即便他人有将其人格权经济化、财产化或者商事化的意愿,别人也有使用或者受让他人人格权的需求,非市场经济社会也无法为他们提供实现这些意愿和需求的手段或者媒介,因为传统民法明确规定,契约的标的仅得为动产、不动产、知识产权或者契约,不包括他人的人格权或者人格特征。因为这样的原因,非市场经济社会的侵权法认为,侵害他人的人格权仅会产生精神损害赔偿责任,不会产生财产损失的赔偿责任。但是,在市场经济条件下,传统民法和侵权法的上述理论难有足够的说服力,无法站得住脚,因为市场经济社会使一切都经济化、财产化和商事化了,包括使他人对其动产、不动产、知识产权或者契约享有的权利经济化、财产化和商事化了,也包括使他人对生命、身体、健康享有的权利经济化、财产化和商事化了,还包括他人对其姓名、名誉、隐私、肖像或者其他人格特征享有的权利经济化、财产化和商事化了,这就是人格权的经济化、财产化和商事化理论。

(一) 人格权的财产性理论

在市场经济社会,他人对其生命、身体、健康、姓名、名誉、隐私、肖像或者其他人格特征享有的权利具有直接的经济内容、财产内容和商事内容,人们能够用金钱方式去衡量他人对生命、身体、健康、姓名、名誉、隐私、肖像或者其他人格特征享有的权利的价值,就像他人对其动产、不动产、知识产权或者契约享有的权利具有直接的财产性一样,这就是人格权的财产性理论。一方面,在市场经济社会,他人对其生命、身体、健康享有的权利具有直接的经济内容、财产内容或者商事内容,因为一旦他人享有生命权、身体权或者健康权,他们就能够参加工作、从事劳动并因此获得收入或者收益;即便他

人没有参加工作或者从事劳动而仅在家庭中为家庭成员提供服务,他们所提供的服务也具有经济上、财产上的价值。另一方面,在市场经济社会,他人对其姓名、名誉、隐私、肖像或者其他人格特征享有的权利也具有直接的经济内容、财产内容或者商事内容,至少是作为公众人物的影视明星、体育明星的他人对其姓名、名誉、隐私、肖像或者其他人格特征享有的权利具有直接的经济内容、财产内容或者商事内容,因为市场经济使他人能够将其姓名、名誉、隐私、肖像或者其他人格特征用于经济活动或者商事获得并因此获得收益。

(二) 人格权的可转让性理论

在市场经济社会,他人对其生命、身体、健康、姓名、名誉、隐私、肖像或者其他人格特征享有的权利具有可转让性,他人能够通过契约或者其他方式将其对生命、身体、健康、姓名、名誉、隐私、肖像或者其他人格特征享有的权利转让给别人,供别人支配、使用,就像他们能够将其对动产、不动产、知识产权或者契约享有的权利转让给别人、供别人支配或者使用一样,这就是人格权的可转让性理论。一方面,他人对其生命、身体或者健康享有的权利具有可转让性,因为他人能够同别人签订劳动契约,将其享有的劳动力转让给别人,供别人支配、使用,而劳动力的转让实际上是作为财产权的生命权、身体权或者健康权的转让。另一方面,他人对其姓名、名誉、隐私、肖像或者其他人格特征享有的权利具有可转让性,因为他人能够同别人签订契约,将对其姓名、名誉、隐私、肖像或者其他人格特征享有的权利转让给别人,供别人支配、使用。他人无论是通过契约转让其劳动力还是通过契约转让其姓名权、名誉权、隐私权、肖像权或者其他权利,他们的转让可能是有偿的,也可能是无偿的,究竟是有偿的还是无偿的,取决于转让人和受让人之间的具体协商。当然,在大多数情况下,他人的转让往往是有偿的,因为他人出卖其劳动力,当然主要是为了获得劳动报酬或者工资收入,而他人转让其姓名权、名誉权、隐私权、肖像权或者其他权利,当然主要是为了获得使用费、广告费。

应当强调的是,动产、不动产、知识产权或者契约的转让和人格权的转让虽然都是通过契约或者其他方式来完成的,但是,他们的转让范围和效果并非完全相同。例如,他人的动产、不动产可能同时只能转让给一个人,不得同时转让给两个或者两个以上的人,而他人的人格权则可以同时转让给两个或者两个以上的人,当他人转让其动产、不动产之后,他人即丧失其动产、不动产的占有权、所有权,别人即获得其动产、不动产的占有权、所有权。而当他人转让其人格权时,他人转让之后并不丧失其权利,别人受让之后并不获得所有权而仅获得使用权等。不过,动产、不动产的转让和劳动力、姓名权、肖像权等的转让所存在的此类差异并不表明它们之间存在本质的区别,说明它们都具有可转让性,仅在转让范围或者效果方面存在某些差异而已。

(三)人格权的可继承性理论

在市场经济社会,他人对其生命、身体、健康、姓名、名誉、隐私、肖像或者其他人格特征享有的权利具有可继承性,当他人因为行为人的侵权行为而死亡时,他人对其生命、身体、健康、姓名、名誉、隐私、肖像或者其他人格特征享有的权利可以作为遗产为其继承人所继承,就像他人对其动产、不动产、知识产权或者契约享有的权利在他人死亡之后能够为其继承人所继承一样。一方面,他人对其生命、身体、健康享有的权利具有可继承性,当行为人侵害他人生命权、身体权或者健康权并因此导致他人死亡时,他人作为财产权的生命权、身体权和健康权能够被继承,他人的家属有权要求行为人赔偿他人因为死亡而没有工作或者劳动所丧失的收入损失,这就是侵权法上的所谓未来职业收入损失,在我国《侵权责任法》上则为第16条规定的死亡赔偿金。另一方面,他人对其姓名、名誉、隐私、肖像或者其他人格特征享有的权利也具有可继承性,尤其是作为影视明星、体育明星的他人对其姓名、名誉、隐私、肖像或者其他人格特征享有的权利更加具有可继承性,当行为人在他人生前或者死后侵害他人享有的这些权利时,他们应当对他人的继承人承担财产损失的赔偿责任。应当指出的是,在任何情况下,他人对其生命权、身体权或者健康权享有的权利在他人死亡之后都可以为其继承人所继承,因为侵权法认为,他人对其生命权、身体权和健康权享有的权利在任何情况下都具有财产性的性质,而他人对其姓名、名誉、隐私、肖像或者其他人格特征享有的权利在他人死亡之后是否能够为其继承人所继承,取决于他人对其姓名、名誉、隐私、肖像或者其他人格特征享有的权利究竟是单纯的心理性、精神性的权利、单纯的经济性、财产性或者商事的权利还是同时是心理性、精神性的权利和财产性的权利。

(四) 侵害人格权应当对他人承担财产损失赔偿责任的理论

在市场经济社会,鉴于他人对其生命、身体、健康、姓名、名誉、隐私、肖像或者其他人格特征享有的权利具有经济性、财产性或者商事性的特点,侵权法认为,当行为人侵害他人对其生命、身体、健康、姓名、名誉、隐私、肖像或者其他人格特征享有的权利时,他们应当对他人承担财产损失赔偿责任,即便他们在此类情况下也应当对他人承担非财产损失的赔偿责任。

在侵权法上,当行为人侵害他人对其生命、身体、健康享有的权利时,他们应当对他人或者他人的继承人承担财产损失赔偿责任。在我国,正如在其他国家,学者一方面认为他人对其生命、身体、健康享有的权利是单纯的人格权,仅具有心理性、精神性的内容,不具有直接的财产内容,一方面又认为当行为人侵害他人对其生命、身体、健康享有的权利时,他们不仅应当对他人或者他人的继承人承担非财产损失的赔偿责任,而且还应当对他人或者他人的继承人承担财产损失的赔偿责任。此种理论存在的问题是,为什么仅具有单纯的心理性、精神性内容的生命权、身体权或者健康权在被侵害时却能够产生财产上的损失赔偿责任? 对于这样的问题,我国的民法或者侵权法学者从来就没有作出认真的讨论,或者虽然进行过讨论,但是所提出的理由没有丝毫的说服力。实际上,当行为人侵害他人对其生命、身体、健康享有的权利时,侵权法之所以同时责令行为人对他人或者他人的继承人承担财产损失赔偿责任和非财产损失赔偿责任,其原因在于,他人对其生命、身体、健康享有的权利同时具有财产性和精神性的内容。因为他人对其生命、身体、健康享有的权利一方面是财产性的权利,一方面是精神性的权利,当行为人侵害他人具有财产内容的生命权、身体权和健康权时,他们当然应当对他人承担财产损失赔偿责任,而当行为人侵害他人具有精神内容的生命权、身体权或者健康权时,他们当然应当对他人承担非财产损失的赔偿责任。这就是所谓的生命权、身体权和健康权的双重性理论。

同样,在侵权法上,当行为人侵害他人对其姓名、名誉、隐私、肖像或者其他人格特征享有的权利时,尤其是当行为人侵害影视明星、体育明星对其姓名、名誉、隐私、肖像或者其他人格特征享有的权利时,他们也应当对他人或者他人的继承人承担财产损失赔偿责任,即便他们在此种情况下可能也需要对他人或者他人的继承人承担非财产损失的赔偿责任。

三、物质性人格权和精神性人格权理论的扬弃

(一) 物质性人格权和精神性人格权的界定

在我国,某些民法学者在将人格权区分为一般人格权和特殊人格权(也称为具体人格权或者特别人格权)时没有再对特殊人格权进行进一步的分类,而某些民法学者在此基础上将特殊人格权进一步区分为物质性人格权和精神性人格权,包括魏振瀛教授、王利明教授和杨立新教授等。这些教授认为,他人对其生命、身体、健康、姓名、名誉、隐私、肖像享有的权利属于特殊人格权,可以分为两类:物质性人格权和精神性人格权,其中物质性人格权是指他人对其生命、身体和健康享有的权利,而精神性人格权则是指他人对其姓名、名誉、隐私、肖像或者其他人格特征享有的权利。因此,根据这些民法学者的意见,物质性人格权仅包括生命权、身体权和健康权三种,而精神性人格权则诸如姓名权、名誉权、隐私权、肖像权以及其他精神性人格权等。

在我国,那些主张物质性人格权和精神性人格权分类的学者或者对物质性人格权和精神性人格权的概念作出了界定。例如,王利明教授对这两个概念作出了界定,他指出,物质性人格权,是指自然人对其生命、身体、健康等物质性人格要素的不可转让的支配权,包括身体权、生命权、健康权三种。所谓精神性人格权,是指不以具体的物质性实体为标的,而是以抽象的精神价值为标的的、不可转让的人格权,如名誉权、隐私权、肖像权等。[①] 再例如,杨立新教授也对这两个概念作出了界定,他指出,物质性人格权是对自然人的物质表现形式所体现的人格利益设定的权利,而精神性人格权则是对自然人和法人的精神性人格利益设定的权利。[②] 而某些学者则没有对这两个概念作出界定。例如,魏振瀛教授虽然主张物质性人格权和精神性人格权的分类,但是他并没有对物质性人格权和精神性人格权作出界定,而

---

① 王利明:《人格权法研究》,中国人民大学出版社2005年版,第44页。
② 杨立新:《人格权法专论》,高等教育出版社2005年版,第29页。

仅指出了物质性人格权和精神性人格权所包含的内容。魏振瀛教授指出，就具体人格权而言，根据权利客体的不同可以再分为物质性人格权和精神性人格权，其中物质性人格权包括生命权、身体权和健康权，而精神性人格权则包括姓名权（名称权）、肖像权、自由权、名誉权、隐私权、贞操权、信用权、婚姻自主权等。①

（二）物质性人格权和精神性人格权理论存在的问题

在我国，人格权是否应当区分为物质性人格权和精神性人格权？答案是否定的，因为，在民法上或者侵权法上，将人格权分为物质性人格权和精神性人格权是不合理的、不科学的。

第一，我国学者在界定物质性人格权概念时对其中的"物质性"作出的说明并不完全相同。例如，王利明教授在界定物质人格权时认为，其中的"物质性"是指物质性人格要素，也就是指"自然人的生命、身体、健康等物质性人格要素"，而杨立新教授在界定物质人格权概念时则认为，其中的"物质性"是指"自然人的物质表现形式所体现的人格利益"。王利明教授对"物质性"的界定强调的是自然人的身体、躯体，认为自然人的身体、躯体是物质性的人格要素，而杨立新教授对物质性的界定所强调的则是在自然人身体、躯体之上产生的利益，认为自然人对其生命、身体和健康享有的各种利益是其物质性的人格要素。

第二，我国学者使用的物质性人格权当中的"物质性"无法对应于精神人格权当中的"精神性"。表面上看，我国学者使用的物质性人格权和精神性人格权这两个概念对仗工整，其中的"物质性"对应于"精神性"，实际上，我国学者使用的物质性人格权和精神性人格权这两个概念对仗并不工整，其中的"物质性"同其中的"精神性"无法对应。例如，王利明教授在界定物质人格权当中的物质性时不是指物质性人格权的标的、内容，而是指他人生命、身体和健康赖以存在的身体、躯体，指他人权利的标的、内容所赖以存在的基础，而他在界定精神性人格权当中的精神性时，则是指人格权的标的、内容，不是这些标的、内容所赖以存在的基础。如果要使物质性人格权的概念同精神性人格权的概念对应，则我国学者在界定这两个概念时要么都是

---

① 魏振瀛主编：《民法》（第 3 版），北京大学出版社 2007 年版，第 642 页。

用来表示他们的标的、内容，要么都是用来表示他们标的、内容所赖以存在的基础，不能够一个概念仅表示权利的标的、内容，而一个概念则仅表示权利的标的、内容所赖以存在的基础。

第三，即便在界定物质性人格权和精神性人格权时都仅将这两个概念限于权利的标的、内容，不包括权利标的、内容所赖以存在的基础，我国学者使用的物质性人格权和精神性人格权也是存在问题的，无法完全涵盖他人生命权、身体权、健康权、姓名权、名誉权、隐私权、肖像权等所有内容，因此，也存在概念不准确的问题。在当今民法或者侵权法上，他人对其生命、身体和健康享有的权利并非仅仅具有经济性、财产性、物质性的内容，而且还具有心理性、精神性的内容，因此，说他人的生命权、身体权和健康权仅为单纯的物质性人格权没有反应生命权、身体权和健康权的本质，生命权、身体权和健康权除了成为我国学者所谓的物质性人格权之外，还当然成为我国学者所谓的精神性人格权。这就是生命权、身体权和健康权的双重性理论。同样，在当今民法或者侵权法上，他人对其姓名、名誉、隐私、肖像或者其他人格特征享有的权利并非仅仅具有心理性、精神性的内容，而且还具有经济性、财产性、物质性的内容，至少是像影视明星、体育明星这样的公众人物对其姓名、名誉、隐私、肖像或者其他人格特征享有的权利具有经济性、财产性、商事性的内容，也就是具有物质性的内容，因此，他人对其姓名、名誉、隐私、肖像或者其他人格特征享有的权利除了成为我国学者所谓的精神性人格权之外，当然也成为我国学者所谓的物质性人格权。这就是姓名权、名誉权、隐私权、肖像权的双重性理论。

第四，我国学者对物质人格权作出的界定既违反了现代汉语当中"物质"的原本含义，也违反了民法当中的应有之意。在我国，学者对物质性人格权概念作出的界定既不符合现代汉语当中对"物质"这一词语的解释，也不符合民法当中对"物质"的解释。在现代汉语当中，"物质"是相当于"精神"这一词语而言的，它或者是指"独立存在于人的意识之外的客观实在"，或者是特指"金钱、生活资料等"。其中现代汉语当中使用的前一种"物质"的含义主要是哲学意义上的，而现代汉语当中使用的后一种"物质"的含义则主要是日常生活意义上的，无论是哪一种意义上的"物质"都不包含我国民法或者侵权法学者所谓的"生命、身体和健康"。在我国《民法》当中，"物质"这一词语或者仅指民事法律关系的客体"物"，或者仅指具有经济价值、财产价值的动产、不动产。无论是哪一种含义,民法上的"物质"当然不包括他人的生命、身体或者健康。

(三) 物质性人格权和精神性人格权存在问题的原因

在我国,学者之所以使用物质人格权和精神人格权这样的概念完全是因为误解和翻译失误所致。在民法或者侵权法当中,我国学者所使用的物质性人格权当中的"物质"这一词语实际上是英文单词"physical"一词的翻译,该单词的汉语意思多种多样,包括"物质的"、"身体的"、"物理的"、"有形的"等。我国学者不加分析地选择了其中"物质的"含义来界定他人对其生命、身体和健康享有的权利,认为他人对其生命、身体和健康享有的权利是物质性人格权。同样,在民法或者侵权法当中,我国学者所使用的精神性人格权当中的"精神"实际上是英文单词"non-physical"的翻译。该单词的汉语意义也有多种多样,包括"非物质的"、"精神的"、"非身体的"、"无形的"等,我国学者不加分析地选择了其中"精神"的含义来界定他人对其姓名、名誉、隐私、肖像或者其他人格特征享有的权利,认为他人对其姓名、名誉、隐私、肖像或者其他人格特征享有的权利是精神人格权。实际上,这样的翻译显然误解、曲解了这些词语的含义,导致上述问题的存在。

在英文中,"physical"一词在用来表示他人对其生命、身体或者健康享有的权利时,强调的是他人对其生命、身体或者健康享有的权利是建立在他人的有血有肉的躯体的基础上,是建立在他人实实在在的身体的基础上,如果没有他人有血有肉的躯体,如果没有他人实实在在的身体,他人自然无法对其生命、身体和健康享有权利。因此,英文当中的"physical"仅是表示他人对其生命、身体和健康享有权利所赖以存在的基础和前提,不是表示他人对其生命、身体和健康享有权利的标的、内容。同样,在英文当中,"non-physical"一词在用来表示他人对其姓名、名誉、隐私、肖像或者其他人格特征享有的权利时,强调的仅是他人对其姓名、名誉、隐私、肖像或者其他人格特征享有的权利不是建立在他人有血有肉的、实实在在的躯体、身体的基础上,这些权利能够不依赖他人有血有肉、实实在在的躯体、身体而存在,因此,英文当中的"non-physical"一词仅是指他人对其姓名、名誉、隐私、肖像或者其他人格特征享有权利的基础,不是指他人对其姓名、名誉、隐私、肖像或者其他人格特征享有的权利标的和内容。

四、有形人格权和无形人格权理论的确立

在民法或者侵权法上,将"physical"一词翻译成"物质的",显然无法准确地表达这样的含义,而将"physical"一词翻译成"有形的"的,则能够准确表达这样的含义。同样,将"non-physical"一词翻译成"精神的"也无法准确地表达这样的含义,而将"non-physical"一词翻译成"无形的"的,则能够准确表达这样的含义。因为这样的原因,笔者认为,将人格权区分于所谓的物质性人格权和精神性人格权是不合理的,因为物质性人格权和精神性人格权的概念含义不清,不能够恰当地反映这些人格权的特征;而将他人对其生命、身体和健康享有的权利称作有形人格权,将他人对其姓名、名誉、隐私、肖像或者其他人格特征享有的权利称作无形人格权则是非常适当的,能够准确地反映这些权利的特征、性质,也符合上述英文词语的应有含义。

在当今两大法系国家和我国,侵权法均会区分他人对其生命、身体和健康权享有的权利以及他人对其姓名、名誉、隐私、肖像或者其他人格特征享有的权利。两大法系国家和我国的侵权法之所以作出这样的区分,其原因多种多样:

其一,有形人格权是建立在他人有形人格利益的基础上,其权利的客体是他人的血肉之躯,是他人实实在在的身体、躯体,行为人和一般社会公众单凭肉眼就能够感受到他人的生命、身体和健康的存在,而无形人格权则是建立他人无形人格利益基础上,其权利客体看不见、摸不着,行为人和社会公众单凭肉眼根本无法知道他人姓名、名誉、隐私、肖像或者其他人格特征的存在。

其二,侵权法对他人有形人格权和无形人格权提供的保护方式和程度是不同的。在两大法系国家和我国,除了故意侵权法、过失侵权法对他人的有形人格权提供保护之外,严格责任法也对他人的有形人格权提供保护。当行为人侵害他人的有形人格权时,他们除了应当对他人承担故意侵权责任、过失侵权责任之外,还可能要承担严格责任,即便他们在侵害他人生命权、身体权或者健康权时已经尽到了合理注意义务,其行为没有过失,他们仍然有可能要对他人承担损害赔偿责任。此外,我国侵权法还通过所谓的

公平责任对他人的有形人格权提供保护。而在两大法系国家和我国,仅故意侵权法和过失侵权法对他人的无形人格权提供保护,严格责任法不会对他人的无形人格权提供保护,我国的公平责任更不会对他人无形人格权提供保护。此外,基于公共政策的考虑,某些国家的侵权法认为,仅故意侵权法对他人的某些无形人格权提供保护,过失侵权法不会对他人的某些无形人格权提供保护,因此,即便行为人在行为时没有尽到合理的注意义务,他们也无须对他人承担侵权责任。

其三,在侵权法上,他人对其生命、身体、健康享有的有形人格权具有双重性,一方面,有形人格权是精神性的权利,另一方面,有形人格权是财产性的权利,当行为人侵害他人具有精神性的有形人格权时,他们应当对他人承担非财产损失赔偿责任,而当行为人侵害他人具有财产性的有形人格权时,他们应当对他人承担财产损失赔偿责任。因此,在市场经济社会,当行为人侵害他人对其生命、身体或者健康享有的权利时,他们往往应当同时对他人或者他人的继承人承担非财产损失赔偿责任和财产损失赔偿责任。而在侵权法上,他人对其姓名、名誉、隐私、肖像或者其他人格特征享有的权利或者仅是单纯的精神性权利,或者仅是单纯的财产性权利,或者同时具有精神性和财产性的权利。他人无形人格权的性质不同,行为人承担的损害赔偿责任也不同。如果他人的无形人格权仅为单纯的精神性权利,当行为人侵害他人此种性质的无形人格权时,他们仅对他人承担非财产损失赔偿责任。如果他人的无形人格权仅为单纯的财产性权利,当行为人侵害此种性质的无形人格权时,他们仅对他人承担财产损失赔偿责任。如果他人的无形人格权同时具有精神性和财产性,当行为人侵害他人此种性质的无形人格权时,他们应当同时对他人承担非财产损失赔偿责任和财产损失赔偿责任。

虽然侵权法均认为侵害他人有形人格权和某些无形人格权会承担非财产损失赔偿责任,但是,侵害他人有形人格权所承担的非财产损失赔偿责任不同于侵害他人无形人格权时所承担的非财产损失赔偿责任,因为,根据两大法系国家的侵权法,侵害他人有形人格权时所承担的非财产损失赔偿责任除了包括精神损害赔偿责任之外,还包括其他众多的非财产损失赔偿责任,诸如肉体疼痛的赔偿责任、时光损失的赔偿责任、娱乐损失的赔偿责任等。而侵害他人无形人格权时所承担的非财产损失赔偿责任原则上仅包括精神损害赔偿责任,不包括其他形式的损害赔偿责任。当然在名誉侵权责任当中,非财产损失赔偿责任除了包括精神损害赔偿责任之外,还包括名誉本身的损害赔偿责任,也就是社会关系遭到破坏时的损害赔偿责任。

其四,在侵权法上,侵害他人有形人格权时的法律救济措施不同于侵害他人无形人格权时的法律救济措施,因为侵权法普遍认为,侵害他人有形人格权时往往仅产生损害赔偿责任的法律救济措施,而侵害他人无形人格权时则除了产生损害赔偿责任的法律救济措施之外,还会产生其他众多的法律救济措施,诸如消除影响、恢复名誉、赔礼道歉、颁发禁止令、查封、没收等法律救济措施。

其五,在侵权法上,侵害他人有形人格权时的抗辩事由不同于侵害他人无形人格权时的抗辩事由,因为侵权法认为,他人的有形人格权很少会同行为人或者社会公众的知情权、自由权产生冲突,而侵权法认为,他人的无形人格权则经常会同行为人或者社会公众的知情权、自由权产生冲突,为了防止过分保护他人的无形人格权而导致行为人或者社会公众的知情权、自由权受到不利影响,侵权法规定了大量的抗辩事由以免除行为人对他人承担的侵权责任,诸如事实真实抗辩事由,公正评论的抗辩事由,绝对免责特权的抗辩事由,相对免责特权的抗辩事由,公共官员、公众人物的抗辩事由等等,这些抗辩事由仅为无形人格侵权责任所特有,不适用于有形人格侵权责任制度。

五、无形人格权的性质对侵权责任性质的影响

(一)传统无形人格权理论所存在的问题

在两大法系国家和我国,无论学者对所谓的精神性人格权做怎样的界定,他们几乎一边倒地认为,他人对其姓名、名誉、隐私、肖像或者其他人格特征享有的权利在性质上属于单纯的人格权,该种人格权仅以心理上的平和、精神上的满足和情绪上的宣泄为内容,当行为人非法侵害他人对其姓名、名誉、隐私、肖像或者其他人格特征享有的权利时,他们仅对他人或者他人的继承人承担非财产损失的赔偿责任,主要是精神损害赔偿责任,不对他人承担财产损失赔偿责任,或者仅承担次要的、附属性的财产损失赔偿责任;即便行为人是为了经济上、财产上或者商事上的目的而侵害他人对其姓

名、名誉、隐私、肖像或者其他人格特征享有的权利并且因此获得大量的经济利益、财产利益或者商事利益,他们也仅赔偿他人遭受的精神损害,无需赔偿他人遭受的财产损失。

此种理论在非市场经济社会可能能够得到很好的适用,既不会产生不公平的问题,也不会产生不当得利的问题,并且完全能够实现侵权责任法责令行为人对他人承担侵权责任的目的。但是,此种理论无法适用市场经济社会的要求,没有反应市场经济社会的变化,如果严格适用,会造成严重的不公平后果,既损害了他人的利益,打击了他人行动的积极性、创造性,也纵容了行为人实施的侵权行为,使他们获得大量的不当得利;既违反了精神损害赔偿的本质,也最终损害了社会的公共利益。

(二) 市场经济条件下无形人格权被侵害时精神损害赔偿所面临的困惑

例如,当一个产品的广告商未经某一个影视明星的同意就擅自决定使用该影视明星的姓名、肖像或者声音做广告时,该广告商的行为当然侵害了该影视明星对其姓名、肖像或者声音享有的权利。鉴于影视明星对其姓名、肖像或者声音所享有的权利被看做单纯的人格权,仅具有单纯的心理性、精神性的内容,当影视明星要求广告商对其承担侵权责任时,他们也只能要求广告商对其承担精神损害赔偿责任,不得要求广告商对其承担财产损失赔偿责任。如果广告商通过擅自使用影视明星的姓名、肖像或者声音为其产品做广告而多赚了 1000 万元的利润,当影视明星要求广告商赔偿其遭受的精神损害时,法官应当责令广告商赔偿影视明星多少精神损害赔偿适宜?

如果法官责令广告商赔偿影视明星 10 万元的精神损害,该种数额的精神损害赔偿金当然具有安抚、抚慰影视明星心里痛苦、感情伤害的功能,符合精神损害赔偿责任的立法初衷,但是仅责令广告商赔偿影视明星 10 万元的精神损害,广告商将通过侵害影视明星的姓名权、肖像权、声音权的方式多获得了 990 万元的收益。在此种情况下,广告商即便被责令对影视明星承担 10 万元的精神损害赔偿责任,他们仍然获得了大量的不当利益,有继续侵害该影视明星姓名权、肖像权、声音权的动力,这样,10 万元的精神损害赔偿责任虽然起到了安抚、慰藉影视明星心理痛苦、感情伤害的功能,实现了立法机关规定精神损害赔偿责任的立法初衷,但是,10 万元的精神损害赔偿却无法实现阻却广告商继续实施同样或者类似侵权行为的立法目的,无法实现防止广告商通过侵害他人姓名权、肖像权或者声音权来达到获得不当得利的立法宗旨。

如果法官责令广告商赔偿影视明星990万元甚至1000万元的精神损害,该种数额的精神损害赔偿金当然既实现了阻却广告商继续实施侵害影视明星姓名权、肖像权、声音权的立法初衷,也实现了防止广告商通过侵害影视明星姓名权、肖像权、声音权的方式获得不当利益的立法宗旨,但是,该种数额的精神损害赔偿金却无法实现安抚、抚慰影视明星心理痛苦、感情伤害的功能,违背了立法机关规定精神损害赔偿责任的立法初衷,因为,一方面,当广告商为了商事目的而侵害影视明星的姓名权、肖像权、声音权时,影视明星并没有遭受什么心理上的痛苦、感情上的伤害,他们遭受的痛苦是,广告商原本应当支付广告费、使用费而没有支付,导致其原本应当获得的广告费、使用费没有获得,因此,法官责令广告商赔偿影视明星的精神损害根本无法起到安抚、慰藉影视明星心理痛苦、精神伤害的目的;另一方面,当法官判决广告商赔偿990万元或者1000万元的精神损害给影视明星时,此种巨额的精神损害赔偿虽然名为精神损害赔偿,实质上根本就不是精神损害赔偿,而是财产损失赔偿,因为到今天为止,中国的法官还没有责令行为人赔偿如此巨额的精神损害赔偿金给他人。

如果法官责令广告商赔偿影视明星500万元的精神损害,该种数额的精神损害赔偿金既无法实现安抚、抚慰影视明星心理痛苦、感情伤害的目的,背离了侵权法责令行为人承担精神损害赔偿责任的立法初衷,也不能够实现阻却广告商继续实施同样或者类似侵权行为的目的,使广告商有继续实施同样或者类似侵权行为的动力,因为广告商虽然被责令对他人承担500万元的精神损害赔偿责任,但是他们仍然通过实施侵权行为而获得了500万元的不当利益。

(三) 市场经济条件下无形人格权财产性理论的意义

为了妥当地处理上述案件,美国法官和学者在20世纪50年代提出了著名的公开权理论,认为他人尤其是影视明星、体育明星等公众人物对其姓名、名誉、隐私、肖像或者其他人格特征享有的权利不再是传统意义上的单纯人格权,而是一种具有经济价值、财产价值或者商事价值的财产权,此种财产权像他人对其动产、不动产享有的权利一样具有直接的财产内容,他人能够对其予以转让,当他人死亡时,他人的继承人能够继承,当行为人侵害这些权利时,他们仅赔偿他人遭受的财产损失,无需赔偿其精神损害。20世纪90年代末期以来,大陆法系国家的法官也采取类似的态度,逐渐将他人尤其是影视明星、体育明星对其姓名、名誉、隐私、肖像或者其他人格特征享有的权利看做财产权,或者同时看做人格权和财产权。当行为人侵害他人具有财产性质的姓名权、名誉权、隐私权、肖像权或者其他人格特征权时,他们或者仅对他人承担财产损失赔偿责任,或者同时对他人承担财产损失赔偿责任和非财产损失赔偿责任。

在我国,侵权责任法反映了市场经济发展和变化的要求,迎合了当代两大法系国家侵权法的发展趋势,在承认他人对其姓名、名誉、隐私、肖像或者其他人格特征享有的权利具有心理性、精神性的同时也承认他人对其姓名、名誉、隐私、肖像或者其他人格特征享有的权利具有经济性、财产性和商事性。当行为人侵害他人具有心理性、精神性的姓名权、名誉权、隐私权、肖像权或者其他人格特征权时,他们应当根据《侵权责任法》第22条的规定对他人承担精神损害赔偿责任。我国《侵权责任法》第20条规定:侵害他人人身权益,造成他人严重精神损害的,被侵权人可以请求精神损害赔偿。而当行为人侵害了他人具有经济性、财产性和商事性的姓名权、名誉权、隐私权、肖像权或者其他人格特征权时,他们应当根据《侵权责任法》第20条的规定对他人承担财产损失赔偿责任。我国《侵权责任法》第20条规定:侵害他人人身权益造成财产损失的,按照被侵权人因此受到的损失赔偿;被侵权人的损失难以确定,侵权人因此获得利益的,按照其获得的利益赔偿;侵权人因此获得的利益难以确定,被侵权人和侵权人就赔偿数额协商不一致,向人民法院提起诉讼的,由人民法院根据实际情况确定赔偿数额。当行为人侵害了他人同时具有心理性、精神性和经济性、财产性、商事性的姓名权、名誉权、隐私权、肖像权或者其他人格特征权时,他们应当同时根据《侵权责任法》第22条和第20条的规定对他人承担精神损害赔偿责任和财产损失赔偿责任。因此,当上述案件发生在《侵权责任法》已经生效的2010年7月1日之后,我国法官不会再面临过去所面临的问题,可以轻易责令广告商赔偿影视明星1000万的损害,不同的是,此种性质的损害赔偿不再是精神损害赔偿,而仅为财产损失赔偿,法官适用的不是我国《侵权责任法》第22条的规定而是我国《侵权责任法》第20条的规定。

当然,将他人对其姓名、名誉、隐私、肖像或者其他人格特征享有的权利看做财产权,并不意味着所有的人对其姓名、名誉、隐私、肖像或者其他人格特征享有的权利均为财产权,这一点同他人对其动产、不动产享有的财产权形成鲜明的对比。在侵权法上,他人对其姓名、名誉、隐私、肖像或者其他人格特征享有的权利究竟是单纯的人格权,还是单纯的财产权,或者同时构成人格权和财产权,取决于案件的具体情况,案件的具体情况不同,他人对其姓名、名誉、隐私、肖像或者其他人格特征享有权利的性质也可能不同。总的说来,判断他人对其姓名、名誉、隐私、肖像或者其他人格特征享有的权利究竟是单纯的人格权,单纯的财产权还是同时属于人格权和财产权,应当考虑三个最重要的因素:

其一,行为人的身份。在判断他人对其姓名、名誉、隐私、肖像或者其他人格特征享有的权利究竟是不是财产权时,法官要考虑的第一个因素是,行为人在实施侵害行为时的身份是不是商人。如果行为人在实施侵害行为时是商人,当他们侵害他人对其姓名、名誉、隐私、肖像或者其他人格特征享有权利时,他人对其姓名、名誉、隐私、肖像或者其他人格特征享有权利更容易看做财产权,否则,更容易看做人格权。

其二,行为人实施侵害行为的目的。在判断他人对其姓名、名誉、隐私、肖像或者其他人格特征享有权利究竟是不是财产权时,法官要考虑的第二个因素是,行为人是不是基于商事目的侵害他人对其姓名、名誉、隐私、肖像或者其他人格特征享有的权利。如果行为人是基于商事目的侵害他人对其姓名、名誉、隐私、肖像或者其他人格特征享有的权利,则他人对其姓名、名誉、隐私、肖像或者其他人格特征享有的权利则更容易被看做财产权,否则,更容易被看做人格权。

其三,受害人的身份。在判断他人对其姓名、名誉、隐私、肖像或者其他人格特征享有的权利究竟是不是财产权时,法官要考虑的第三个因素是,他人在遭受侵害时的身份是不是影视明星、体育明星。如果他人在遭受侵害时是影视明星、体育明星等公众人物,则他人对其姓名、名誉、隐私、肖像或者其他人格特征享有的权利更容易看做财产权,否则,更容易看做人格权。

六、《无形人格侵权责任研究》一书的主要内容

《无形人格侵权责任研究》一书采取比较研究的分析方法,从大陆法系国家、英美法系国家和我国侵权法的角度对无形人格侵权责任制度作出了全面、系统和深刻的分析,既广泛援引当今两大法系国家有关无形人格侵权责任方面的最新资料,也详细介绍了当今两大法系国家无形人格侵权责任方面的最新发展趋势,廓清了我国无形人格侵权责任领域所存在的这样或者那样的问题,提出了众多具有国内开创性的理论,对于提升我国无形人格侵权责任的理论水平、完善我国侵权责任法均具有重要的意义。

《无形人格侵权责任研究》一书共五编计二十章,内容包括无形人格侵权责任的一般理论、名誉侵权责任的一般理论和具体侵权责任制度、隐私侵权责任的一般理论和具体侵权责任制度、肖像侵权责任的一般理论和具体侵权责任制度以及姓名侵权责任制度、人身自由侵权责任制度、人格尊严侵权责任制度和声音侵权责任制度等。相对于无形人格侵权责任的一般理论、姓名侵权责任制度、人身自由侵权责任制度、人格尊严侵权责任制度和声音侵权责任制度而言,《无形人格侵权责任研究》重点讨论了名誉侵权责任制度、隐私侵权责任制度和肖像侵权责任制度,因为这些方面的内容不仅在本书当中占据了最为重要的地位和最多的篇幅,而且在本书当中得到了最为全面和详尽的阐述。

《无形人格侵权责任研究》之所以重点讨论名誉侵权责任、隐私侵权责任和肖像侵权责任,一方面是因为在无形人格侵权责任制度当中,名誉侵权责任制度、隐私侵权责任制度和肖像侵权责任制度是最重要的侵权责任制度,它们本身的内容既博大亦精深,没有相当厚实的篇幅和详尽的阐述将无法使《无形人格侵权责任研究》这部著作厚重凝练,否则,会使《无形人格侵权责任研究》这部著作成为什么内容都有而什么内容都不深刻的走马观花式、昙花一现式的著作;另一方面是因为这部著作篇幅限制的需要,如果笔者也像在名誉侵权责任、隐私侵权责任和肖像侵权责任当中那样对无形人格侵权责任的一般制度、姓名侵权责任制度、人身自由侵权责任制度、人格尊严侵权责任制度和声音侵权责任制度的内容进行详细的讨论,则《无形人

格侵权责任研究》这部著作的内容将过于庞大、篇幅将过于冗长。

《无形人格侵权责任研究》所具有的特点是:(1)内容全面。本书完全涵盖了迄今为止有关无形人格侵权责任方面的所有内容。(2)知识丰富。本书除了非常详细地介绍了英美法系国家有关无形人格侵权责任方面的知识之外,还介绍了大陆法系国家尤其是法国无形人格侵权责任制度方面的知识,其中法国无形人格侵权责任方面的大多数内容均为国内首次阐述。(3)观念创新。本书对迄今为止国内长期以来所流行的某些似是而非甚至错误的观点提出了批判,校正了迄今为止国内侵权法学界所流行的某些同事实不符的观点,提出了众多新的理论。(4)资料丰富、新颖。本书旁征博引,大量援引国外有关无形人格侵权责任方面的最新资料。

当然,由于水平有限,本书一定会存在不少错误,希望广大读者予以指正,以便将来再版时修改。

张民安
2012年1月8日于
广州中山大学法学院

目　　录

序 ………………………………………………………………………（1）

第一编　无形人格侵权责任总论

第一章　无形人格权在侵权法中的地位……………………………（3）
 一、人格、人格权和人格侵权的界定 …………………………（3）
 二、无形人格权和有形人格权的区分 …………………………（9）
 三、无形人格权的人格性 ………………………………………（13）
 四、无形人格权的财产性 ………………………………………（19）

第二章　无形人格侵权责任的历史…………………………………（36）
 一、罗马法上的无形人格侵权责任 ……………………………（36）
 二、法国的无形人格侵权责任 …………………………………（41）
 三、德国的无形人格侵权责任 …………………………………（47）
 四、英美法系国家的无形人格侵权责任 ………………………（58）
 五、我国的无形人格侵权责任 …………………………………（64）

第三章　无形人格侵权责任的一般理论……………………………（72）
 一、无形人格侵权责任的构成要件 ……………………………（72）
 二、无形人格权的法律救济措施之一：损害赔偿责任的承担……（84）
 三、无形人格权的法律救济措施之二：损害赔偿之外的
  其他法律救济措施 ……………………………………………（104）
 四、无形人格侵权责任的抗辩事由 ……………………………（119）

第二编　名誉侵权责任

第四章　名誉侵权责任总论 ……………………………………… (139)
 一、名誉侵权的界定 ……………………………………………… (139)
 二、名誉侵权责任的历史 ………………………………………… (140)
 三、名誉权的人格性和财产性 …………………………………… (149)
 四、死者的名誉保护 ……………………………………………… (155)

第五章　名誉侵权责任的构成要件 …………………………… (170)
 一、导论 …………………………………………………………… (170)
 二、行为人作出的陈述是具有名誉毁损性质的虚假陈述 ……… (171)
 三、行为人对第三人公开具有名誉毁损性质的陈述 …………… (187)
 四、具有名誉毁损性质的陈述关乎或者涉及原告 ……………… (205)
 五、行为人在公开对他人名誉具有毁损性质的陈述时存在
   过错 …………………………………………………………… (212)

第六章　群体组织名誉侵权责任 ……………………………… (236)
 一、导论 …………………………………………………………… (236)
 二、群体组织本身原则上不得享有名誉权的一般原则 ………… (237)
 三、群体组织成员不得提起个人名誉侵权诉讼的一般原则
   和例外 ………………………………………………………… (241)
 四、群体组织规模大小理论 ……………………………………… (245)
 五、群体组织成员不得提起个人名誉侵权诉讼的例外：
   行为人的陈述涉及群体组织的个人成员 ………………… (252)
 六、群体组织成员不得提起个人名誉侵权诉讼的例外：
   多因素考量理论 ……………………………………………… (256)

第七章　小说名誉侵权责任 …………………………………… (265)
 一、小说的性质对小说名誉侵权责任的影响 …………………… (265)
 二、我国的小说名誉侵权责任 …………………………………… (267)
 三、小说名誉侵权责任的构成要件："涉及原告"要件 ………… (272)
 四、小说名誉侵权责任的构成要件：小说作者的故意 ………… (276)
 五、小说作者免责声明的效果 …………………………………… (280)

第八章 名誉侵权责任的抗辩制度 (284)
  一、名誉侵权责任抗辩事由的种类 (284)
  二、事实真实的抗辩事由 (286)
  三、公正评论的抗辩事由 (296)
  四、绝对免责特权的抗辩事由 (319)
  五、相对免责特权的抗辩事由 (334)
  六、宪政保护特权 (361)
  七、原告的同意 (367)

第九章 名誉权的法律救济方式 (370)
  一、导论 (370)
  二、名誉侵权法的法律救济方式之一：损害赔偿 (374)
  三、名誉侵权法的救济方式之二：回应权 (396)
  四、名誉权的法律救济方式之三：撤回 (405)
  五、名誉权的法律救济方式之四：请求法院颁发禁令 (414)
  六、名誉权的法律救济方式之五：宣示性判决的作出 (418)

第三编 隐私侵权责任

第十章 隐私侵权责任的基本理论 (425)
  一、隐私侵权的界定 (425)
  二、法国的隐私侵权责任 (430)
  三、美国的隐私侵权责任 (438)
  四、英国的隐私侵权责任 (450)
  五、我国的隐私侵权责任 (457)
  六、隐私权的人格性和财产性 (460)
  七、隐私侵权责任的性质 (464)
  八、死者的隐私权保护 (468)

第十一章 公开他人私人事务的隐私侵权责任 (475)
  一、公开他人私人事务的隐私侵权责任的界定 (475)
  二、行为人公开披露的事实应当是具有私人性质的事实 (478)
  三、行为人公开披露他人隐私 (492)

四、行为人公开的事项是令人高度反感的事项 …………… (495)
五、行为人公开的事项是社会公众不享有合法利益的事项 …… (498)

第十二章 侵扰他人安宁的隐私侵权责任 ……………… (503)
一、侵扰他人安宁的隐私侵权责任的地位 ………………… (503)
二、行为人实施的隐私侵扰行为 …………………………… (511)
三、被侵扰的场所或者事项是具有隐私性质的场所或者
事项 …………………………………………………………… (525)
四、侵扰行为是让一个有理性的人高度反感的行为 ……… (532)

第十三章 隐私侵权责任的抗辩事由 ……………………… (540)
一、隐私侵权责任抗辩事由的种类 ………………………… (540)
二、新闻媒体享有的相对免责特权：具有新闻性质的事件
或者人物 ……………………………………………………… (546)
三、公众人物的抗辩 ………………………………………… (567)
四、行为人对他人隐私的公正使用抗辩 …………………… (578)
五、立法机关、司法机关或者高级行政官员享有的绝对
免责特权 ……………………………………………………… (583)
六、他人的同意 ……………………………………………… (585)

第十四章 隐私侵权的法律救济 …………………………… (587)
一、隐私侵权的法律救济措施 ……………………………… (587)
二、隐私侵权损害赔偿的法律救济措施 …………………… (591)
三、隐私侵权损害赔偿之外的法律救济措施 ……………… (603)

第四编　肖像侵权责任

第十五章 肖像侵权责任（一） …………………………… (615)
一、肖像侵权责任概述 ……………………………………… (615)
二、大陆法系国家的肖像侵权责任 ………………………… (633)
三、美国的肖像侵权责任 …………………………………… (638)
四、我国的肖像侵权责任 …………………………………… (650)
五、肖像侵权责任的构成要件 ……………………………… (654)

第十六章　肖像侵权责任（二）……………………………（676）
　　一、肖像权的性质对肖像侵权责任的影响…………………（676）
　　二、肖像权的可转让性对肖像侵权责任的影响……………（692）
　　三、肖像权的可继承性对肖像侵权责任的影响……………（697）
　　四、肖像侵权责任的抗辩事由………………………………（704）
　　五、肖像侵权的法律救济措施………………………………（724）

第五编　其他无形人格侵权责任

第十七章　姓名侵权责任……………………………………（741）
　　一、姓名侵权责任概论………………………………………（741）
　　二、姓名权的人格性和财产性………………………………（744）
　　三、姓名侵权责任保护的姓名范围…………………………（747）
　　四、姓名侵权责任的构成要件………………………………（752）
　　五、姓名侵权责任的承担和抗辩……………………………（756）

第十八章　人身自由侵权责任………………………………（761）
　　一、自由和自由侵权的界定…………………………………（761）
　　二、虚假监禁侵权责任在侵权法当中的地位………………（764）
　　三、虚假监禁侵权责任的构成要件…………………………（766）
　　四、虚假监禁侵权责任的抗辩事由…………………………（778）
　　五、人身自由权的法律救济…………………………………（786）

第十九章　人格尊严侵权责任………………………………（790）
　　一、人格尊严侵权的界定……………………………………（790）
　　二、人格尊严侵权责任在侵权法上的地位…………………（790）
　　三、人格尊严侵权责任的构成要件…………………………（794）
　　四、行为人就其侮辱行为对他人承担的侵权责任…………（803）
　　五、人格尊严侵权责任的抗辩事由…………………………（804）

第二十章　声音侵权责任……………………………………（807）
　　一、声音侵权的界定…………………………………………（807）
　　二、声音侵权责任在侵权法中的地位………………………（808）
　　三、声音权的人格性和财产性………………………………（812）

四、声音侵权责任的构成要件 …………………………………（816）
　　五、声音侵权责任的承担和抗辩 ………………………………（819）
后记 ……………………………………………………………………（822）
　　一、我国学者关于一般人格权的学说 …………………………（822）
　　二、两大法系国家对一般人格权理论的拒绝 …………………（823）
　　三、我国民法对一般人格权理论的拒绝 ………………………（827）
　　四、结论：不适用于我国和其他国家的德国式的一般人格权
　　　　理论 …………………………………………………………（834）

第一编
无形人格侵权责任总论

第一章 无形人格权在侵权法中的地位

一、人格、人格权和人格侵权的界定

(一) 一般意义上的人格和民法意义上的人格

虽然学说在多种多样的意义上使用人格(personality personnalité)一词,但是,人格一词的主要含义有二:其一,心理和社会意义上的人格。所谓心理和社会意义上的人格,是指一个自然人所具有的所有独特之处和适当特征,这些独特之处和适当特征使该自然人区分于和独立于其他自然人并因此使他们在家庭关系和社会关系中立足。① 其二,法学意义上的人格。所谓法学意义上的人格也称为法律人格,是指自然人在宪法、人权法和民法上的地位。在现代社会,两大法系国家和我国的宪法对自然人享有的政治权利和自由作出了规定,这些政治权利和自由就构成宪法意义上的人格;两大法系国家和我国参加或者制定的人权法对自然人享有的各种基本人格利益作出了规定并将它们上升为基本人权,这些基本人格利益就构成人权意义上的人格。除了宪法意义上的人格和人权法意义上的人格之外,法律人格主要是指民法意义上的人格。

在民法上,人格具有三个方面的意义:(1) 作为民事主体地位表现的人格。此种理论认为,自然人的人格是指自然人所具有的独立的民事权利主体地位,包括自然人享有的民事权利、承担的民事义务和民事责任。这一意义上的人格常常同主体、权利主体、法律主体、民事主体等民法概念相互替代。此种意义上的人格为自然人人格权存在的前提,因为没有独立的民事

---

① Gilles Goubeaux, *Droit Civil*(24 e édition), Librairie Générali De Droit et Jurisprudence, p.43.

主体地位,自然人当然没有人格权。① 法国学者 Larroumet 指出,因为法律人格仅是指一个人对他人享有权利和承担义务的资格,因此,法律人格的基本特性是该人能够同他人建立法律关系。② Goubeaux 也指出,在法律意义上讲,人格一词是指成为权利主体的资格。③ (2) 作为权利能力表现的人格。自然人的人格是指自然人作为权利主体资格的民事权利能力,包括自然人享受权利、承担义务和责任的资格。这一意义上的人格常常同自然人的民事权利能力或者权利能力等概念相互替代。此种意义上的人格为人格权存在的基础,因为没有权利能力资格,自然人也就无法享有人格权。我国学者梁慧星教授采取此种意见。④ (3) 作为人格权标的人格。自然人的人格是指自然人享有的受到侵权法甚至宪法保护的人格利益,诸如生命、身体、健康、自由、名誉、隐私等。此种意义上的人格为人格权的标的,因为人格权的标的就是所谓的人格利益。⑤

(二) 不同意义上的人格权

在我国,学说对人格权的界定大同小异,都认为人格权是指自然人对其生命、身体、健康、名誉、隐私和肖像等人格利益享有的权利。梁慧星教授指出,所谓人格权,指存在于权利人自身人格上的权利,亦即以权利人自身的人格利益为标的之权利。⑥ 傅静坤教授也指出,所谓人格权,是指民事主体基于法律人格而依法享有的为保持其法律上独立人格所必要的权利。其特点在于,人人生而享有直至终身,并且同类主体平等享有。⑦ 在现代社会,学说一般在四种意义上讨论人格权:一般意义上的人格权、人权意义上的人格权、宪政意义上的人格权和侵权法意义上的人格权。

1. 一般意义上的人格权

所谓一般意义上的人格权,是指学说在民法理论或者人格权理论当中

---

① 梁慧星:《民法总论》(第 2 版),法律出版社 2001 年版,第 125 页。
② Christian Larroumet, *Droit Civil, Introdution*, *A L'Etude du Droit Prive*, Economica, p. 251.
③ Gilles Goubeaux, *Droit Civil*(24 e édition), Librairie Générali De Droit et Jurisprudence, p. 43.
④ 梁慧星:《民法总论》(第 2 版),法律出版社 2001 年版,第 125 页。
⑤ 同上书,第 125—126 页。
⑥ 同上书,第 126 页。
⑦ 傅静坤主编:《民法总论》(第 3 版),中山大学出版社 2007 年版,第 84 页。

对人格权问题进行讨论,包括人格权同财产权的区别和联系,人格权的性质、特征、种类、人格权的产生和消灭等。这一点尤其在大陆法系国家和我国的民法当中表现明显。在法国和德国,学说都愿意在一般意义上讨论人格权的问题,他们对人格权的概念、人格权的特征、人格权的保护方式、人格权的种类等问题作出了详细的说明。Carbonnier指出,人格权具有共同性,这就是,人格权具有普遍性,所有的人生来就享有;非财产性,本身没有财产内容,不得转让,不得剥夺;绝对性,所有人都应当尊重他人的人格权。① 在我国,学说也愿意在一般意义上讨论人格权的问题,因为我国学说往往在民法总论中对人格权的概念、人格权的种类、人格权的特征和人格权的保护等问题作出说明。②

2. 人权意义上的人格权

所谓人权意义上的人格权,是指学说从人权的角度来讨论人格权同人权的关系,包括人权法院对有关国家侵犯自然人人格权的行为是否具有管辖权,人权法对人格侵权责任的影响等问题。在现代社会,人格权同人权关系紧密,许多重要的人格权同时表现为人权公约规定的人权。因为这样的原因,两大法系国家和我国的立法机关或者制定专门的人权法,对自然人享有的各种人权作出详细的规定,要求国家或国家机关保护其公民享有这些人权;或者通过国内法或者民法典将其参加的国际人权公约规定的各种人权内容规定下来,防止国家或国家机关侵犯其公民享有的各种人权。

3. 宪政意义上的人格权

所谓宪政意义上的人格权,是指学说从宪法的角度来讨论宪法规定的公民权利和民法、侵权法规定的人格权的关系。

4. 侵权法意义上的人格权

所谓侵权法意义上的人格权,是指学说从侵权法的角度对人格权的问题进行讨论,包括讨论人格侵权的种类、人格侵权的构成要件、人格侵权的法律救济和人格侵权责任的抗辩事由等问题。这一点尤其在英美法系国家表现明显。在英美法系国家,学说和司法判例很少从一般意义上讨论人格权的问题,因为英美法系国家不承认抽象意义上的人格权,不承认大陆法系

---

① Jean Carbonnier, *Droit Civil*, 1/*Introduction*, *Les Personnes*, Presses Universitaires De France, p.310.

② 傅静坤主编:《民法总论》(第3版),中山大学出版社2007年版,第84页。

国家和我国民法意义上的人格权制度,他们更多的是从侵权法的角度来讨论人格权的问题,包括人格侵权保护的人格利益范围、人格侵权的种类、人格侵权的构成和人格侵权的效力以及人格侵权的责任抗辩事由等。

(三)无形人格侵权的界定

在上述四种意义的人格权理论中,笔者重点讨论第四种意义上的人格权,也就是侵权法意义上的人格权,实际上就是所谓的人格侵权。

在侵权法上,无形人格侵权是人格侵权的一种,它同有形人格侵权一起共同构成人格侵权的重要组成部分。所谓无形人格侵权,是指行为人实施的侵害他人某种无形人格权的侵权行为,在符合无形人格侵权构成要件的情况下,行为人应当就其侵害他人无形人格权的行为对他人承担侵权责任。无形人格侵权的种类多种多样,包括名誉侵权、隐私侵权、肖像侵权、姓名侵权、人格尊严侵权、声音侵权和自由侵权等。所谓有形人格侵权,是指行为人实施的侵害他人某种有形人格权的侵权行为,在符合有形人格侵权责任构成要件的情况下,行为人应当就其侵害他人有形人格权的行为对他人承担侵权责任。有形人格侵权的种类包括三种:生命侵权、身体侵权和健康侵权。无形人格侵权同有形人格侵权既有共同点,也存在重大差异。

无形人格侵权同有形人格侵权的共同点是,无论是无形人格侵权还是有形人格侵权都是人格侵权的一种,都是建立在他人的某种人格权被侵害的基础上;无论是侵害他人的无形人格权还是侵害他人的有形人格权,在符合人格侵权责任构成要件的情况下,行为人都应当对他人承担侵权责任。无形人格侵权同有形人格侵权的差异是,无形人格侵权是建立在他人的某种无形人格利益被侵害的基础上,以行为人的过错作为必要条件,如果行为人没有过错,则他们不对他人承担侵权责任。而有形人格侵权则是建立在他人的某种有形人格利益被侵害的基础上,并非完全建立在行为人的过错基础上,在某些情况下,即便行为人没有过错,如果制定法明确要求行为人就其侵害行为对他人承担侵权责任,他们仍然应当就其侵害行为对他人承担侵权责任,因为有形人格侵权既可能是过错侵权责任,也可能是严格责任。

在两大法系国家和我国,虽然侵权法认为行为人应当就其侵害他人无形人格权的行为对他人承担侵权责任,但是两大法系国家和我国的侵权法很少对无形人格侵权的一般理论作出说明,包括无形人格侵权的概念、无形人格侵权责任的构成要件、无形人格侵权责任的法律效果、无形人格侵权责任的抗辩事由等。两大法系国家和我国的侵权法之所以没有对无形人格侵权的一般理论作出说明,或者是基于侵权法在历史上仅重视有形人格侵权责任的缘故,或者是因为无形人格侵权的历史较短的原因,或者是因为学者很少会从侵权责任的角度来研究无形人格权的缘故。

(四)侵权法意义上的人格权同其他意义上人格权的关系

不过,应当说明的是,即便笔者的重点不是从一般意义、人权法或者宪法的角度来讨论人格权,笔者仍然会在相关章节对这样的问题作出分析和说明,因为,人格侵权责任同一般意义上的人格权制度、人权法上的人格权制度和宪法意义上的人格权制度存在非常重要的关系。此种关系表现在:

其一,人格侵权责任离不开一般意义上的人格权制度。在两大法系国家和我国,一般意义上的人格权制度同侵权法意义上的人格权制度关系十分密切,主要表现在两个方面:一方面,人格权的性质直接决定行为人承担的侵权责任范围:如果仅将人格权界定为一种非财产权,则当行为人侵害他人人格权时,侵权法会责令行为人对他人遭受的精神损害承担赔偿责任;如果将人格权界定为一种财产权,则当行为人侵害他人人格权时,侵权法会责令行为人对他人遭受的财产损害承担赔偿责任。另一方面,人格权的性质直接决定受害人诉讼请求权的存在与否:如果仅将人格权界定为一种非财产权,当人格权人死亡时,他们享有的人格权也消灭,其继承人不得继承,当行为人侵害死者的人格权时,死者家属不得向法院起诉,要求行为人对自己承担侵权责任;如果仅将人格权界定为一种财产权,当人格权人死亡时,他们享有的人格权并不消灭,而是由其继承人继承;当行为人侵害死者的人格权时,死者的家属有权向法院起诉,要求行为人对自己承担侵权责任。

其二,人格侵权责任离不开宪法意义上的人格权制度。在现代两大法系国家和我国,人格侵权责任同宪法规定的人格权制度关系密切,主要表现为两个方面:一方面,宪法规定的人格权制度是人格侵权责任确立的法律根据。在某些国家尤其是大陆法系国家,民法典对人格权的保护存在致命的问题,使民法无法适应社会发展的需要。为了弥补民法典存在的法律漏洞,某些国家借助于宪法规定的人格权制度来建立侵权法上的人格侵权责任,使这些国家的人格侵权责任得以建立。例如,《德国民法典》没有规定名誉、隐私或者肖像侵权责任,使其民法典存在法律漏洞。为了对他人的名誉、隐私或者肖像利益提供保护,德国联邦最高法院借助于德国宪法的规定创立了一般人格权理论,对包括名誉、隐私或者肖像利益在内的无形利益提供保护。另一方面,宪法规定的人格权制度是使人格侵权责任保持在合理限度内的重要制衡力量。在当今两大法系国家和我国,人格权的保护往往涉及他人人格权和行为人自由权之间的平衡,因为,如果过分保护他人的人格权,则行为人的自由权将遭受重大的牺牲;如果过分保护行为人的自由权,则他人的人格权将遭受重大牺牲。为了防止他人的人格权和行为人的自由权之间失去应有的平衡,两大法系国家的法官通常都会借助宪法来达到这一目的。例如,美国司法判例常常适用美国宪法第1修正案和第4修正案来保护行为人的言论自由权和新闻自由权,认为行为人的行为即便侵害了他人的名誉利益,他们也享有拒绝承担名誉侵权责任的免责特权。

其三,人格侵权责任离不开人权法上的人格权制度。在两大法系国家,人格侵权责任同人权法的关系密切,主要表现在两个方面:一方面,人权法是某些国家保护他人无形人格权的重要手段。在当今某些国家尤其是英美法系国家,侵权法并不承认某些人格权的存在,它们无法通过人格侵权责任来保护他人的人格权。此时,他们不得不借助于所在国家参加或者制定的人权法来保护他人的人格权。例如,在1998年之前,《英国侵权法》一直不保护他人的隐私权,当他人的隐私利益被侵犯时,英国法律仅仅适用其他已经存在的侵权责任来保护他人的隐私利益。到了1998年,由于英国立法机关制定了《英国人权法》,该法规定了他人的隐私权,当行为人侵犯他人隐私利益时,法官就适用《英国人权法》来保护他人的隐私利益,无须再借助于其他侵权责任来保护他人的隐私利益。另一方面,人权法是某些人格侵权责任得以完善的重要力量。在某些国家尤其是大陆法系国家,侵权法对某些人格权的保护往往要借助于一般过错侵权责任来实现,使其人格权保护制度存在无法适用现实要求的问题。为了满足人格权保护的需要,这些国家通过立法机关制定制定法,将他们参加的人权公约中规定的人权内容规定在其民法典中,使某些人格权的保护不再建立在一般过错侵权责任的基础上,而是建立在民法典特别规定的保护制度的基础上。例如,在法国,在1970年7月17日的法律制定之前,法官仅仅适用《法国民法典》第1382条来保护他人的隐私利益,使他人的隐私利益无法获得强有力的保护,为了落实欧洲人权公约规定的隐私权保护规则,法国立法机关制定了1970年7月17日的法律,对他人隐私权提供强有力的保护。此种法律被编入《法国民法典》之中,成为《法国民法典》保护隐私权的重要根据。

二、无形人格权和有形人格权的区分

在我国,人格权应当分为有形人格权和无形人格权两种。所谓有形人格权,是指自然人对其有形人格利益享有的权利,也就是以自然人的有形人格利益为标的的人格权。所谓无形人格权,是指自然人对其无形人格利益享有的利益,也就是以自然人的无形人格利益为标的的人格权。我国侵权法之所以要区分有形人格权和无形人格权,其主要原因在于:有形人格权和无形人格权的性质不同;行为人侵害他人有形人格权和无形人格权承担的损害赔偿责任范围不同;有形人格权和无形人格权的其他法律救济措施存在差异;有形人格权和无形人格权的保护方式不同。

(一)有形人格权和无形人格权的性质不同

有形人格权是建立在自然人的生命、身体完整性和健康利益的基础上,无论是生命、身体完整性还是健康都是建立在能够被人看得见、摸得着的身体的基础上,建立在有血有肉的躯体的基础上,而无形人格权则是建立在自然人的名誉、隐私、姓名、肖像等利益的基础上,无论是自然人的名誉、隐私还是自然人的姓名、肖像都是看不见、摸不着的无形利益。有形人格权的内容确定,边界清晰,法官在决定对他人的生命、身体完整性或者健康提供保护时无须考虑其他利益,无须将他人对其生命、身体完整性或者健康享有的利益同行为人的权利进行平衡;而无形人格权的内容不太确定,其边界模糊,法官在决定对无形人格权进行保护时,要考虑行为人的无形人格利益,要将他人的行为人格利益同行为人的无形人格利益进行平衡,防止过分保护他人的无形人格权而牺牲行为人的无形人格权或者过分保护行为人的无形人格权而牺牲他人的无形人格权。在1961年的司法判例当中①,德国联邦最高法院也对一般人格权与有形人格权之间的此种关系作出了详细的说明。法官指出,虽然侵犯他人一般人格权的行为和侵犯他人生命、身体、健康和自由的行为一样均会使行为人对他人遭受的非财产损害承担侵权责任,但这并不意味着侵犯他人生命、身体、健康和自由的行为所产生的损害后果同侵犯他人一般人格权所产生的损害后果完全相同或者至少在大多数情况下基本相同。实际上,侵害他人生命权、身体权、健康权或者自由权的侵权行为应当区分于侵害他人一般人格权的侵权行为,因为对一般人格权的侵害,其事实性方面要比对生命、身体、健康和自由的侵害更加不具体、更加不确定。这意味着,在许多所谓的一般人格权被侵害的案件当中,法官首先要确定,他人的侵权案件是否能够看做一般人格权的侵权案件;如果法官认为他人的案件能够被看做一般人格权的侵权案件,法官还应当确定,被告侵害他人一般人格权的行为是否会因为被告享有的某些重要权利的行使而成为合法行为并因此不用对他人承担侵权责任。当他人的一般人格权被行为人侵害时,如果他人向法院起诉,要求法官责令行为人就其侵害行为承担侵权责任,法官必须采取人们称之为利益平衡的理论,以便对他人的侵权请求权予以限制,而这一点并非十分容易。如果法官每一次均越出法律限定的界限,责令行为人就其侵害他人一般人格权的行为对他人承担非财产损害的赔偿责任,则无论行为人的侵害行为使他人遭受多少损害,行为人均会对他人承担侵权责任。这可能会产这样的危险:受害人对其不严重的损害主张损害赔偿请求权,使他们获得了不当利益。此时,给予受害人一定数量的金钱以对其心理予以安慰的功能可能会丧失。还必须注意到,以金钱方式确定他人一般人格权遭受的非财产损害要比以金钱方式确定他人因为生命权、身体权或者健康权遭受的非财产损害更加困难。因为,当行为人侵害他人一般人格权时,法官责令行为人对他人遭受的非财产性损害承担侵权责任的主要目的是安抚他人遭受的精神痛苦,其次要目的才是赔偿他人遭受的损害。在决定是否责令行为人就其侵害他人一般人格权的行为对他人承担非财产性损害赔偿责任时,法官有必要考虑对一般人格权造成的损害类型,以便决定是否应当通过金钱方式慰抚他人遭受的损害,如果其非财产

---

① BGHZ35,363;NJW1961,2059.

损害不能通过其他方式予以救济的话。总之,不重要的损害是不会产生非财产损害赔偿责任的,因为它无法实现对受害人予以慰抚的目的。

(二)行为人侵害他人有形人格权和无形人格权承担的损害赔偿责任范围不同

从理论上讲,行为人无论是侵害他人有形人格权还是无形人格权,他们都应当对他人遭受的损害承担赔偿责任。但是,行为人侵害他人有形人格权和侵害他人无形人格权所承担的损害赔偿责任是不同的,表现在三个方面:首先,当行为人侵害他人有形人格权时,他们往往要对他人遭受的财产损害和非财产损害承担赔偿责任,而当行为人侵害他人无形人格权时,他们往往只需对他人遭受的非财产损害承担赔偿责任。当然,在当代社会,此种规则已经发生了变更,因为侵权法认为,无形人格权已经财产化,至少某些人的某些无形人格权已经财产化,当行为人侵害他人无形人格权时,他们也会对他人遭受的财产损失承担赔偿责任。其次,即便行为人侵害他人有形人格权和无形人格权都应当赔偿他人遭受的非财产损害,但是,行为人侵害他人有形人格权所承担的非财产损害赔偿责任的范围要大于他们侵害他人无形人格权时所要承担的非财产损害赔偿范围。因为,在当今两大法系国家,当行为人侵害他人生命、身体完整性和健康利益时,他们除了要赔偿他人因此遭受的精神损害之外,还应当赔偿他人因此遭受的肉体疼痛、生活享乐的损失甚至时光损失(loss of life)等。而当行为人侵害他人名誉、隐私、肖像或者其他无形人格利益时,他们仅仅赔偿他人因此遭受的精神痛苦,不赔偿他人因此遭受的肉体疼痛、生活享乐的损失或时光损失。[①] 最后,当行为人侵害他人有形人格权时,他们应当对他人遭受的严重损害、一般损害甚至轻微损害承担侵权责任,法律不会因为行为人的侵害行为仅仅给他人造成轻微损害、一般损害而拒绝责令行为人对他人承担侵权责任。但是,当行为人侵害他人无形人格权时,他们仅仅对他人遭受的严重损害、重大损害承担赔偿责任,不对他人遭受的轻微损害、一般损害承担侵权责任。

(三)有形人格权和无形人格权的其他法律救济措施存在差异

当他人的人格权遭受损害时,他人除了要求行为人就其侵害人格权的

[①] 张民安、梅伟:《侵权法》(第3版),中山大学出版社2008年版,第86页。

行为对其承担损害赔偿责任之外,还有权要求法官采取损害赔偿之外的其他法律救济措施,诸如责令行为人采取合理措施恢复他人的名誉,撤回所作出的陈述,颁发禁止令,扣押、没收或者销毁涉及他人名誉或者隐私的报纸杂志、书籍等。这些法律救济措施在不同的国家有不同的称谓:在德国和我国,法律或者学说将它们称为除去侵害请求权或者不作为侵害请求权,而在法国和美国,法律或者学说将它们称为禁止令请求权。无论它们的称谓存在怎样的差异,它们在本质上都是相同的,即当行为人的侵害行为还没有实施而准备实施时,潜在的受害人有权向法院提出申请,要求法官颁发命令,禁止行为人继续实施其侵害行为;当行为人已经开始了侵害行为并且此种侵害行为还处于继续状态时,他人有权向法院提出申请,要求法官颁发命令,责令行为人停止其侵害行为。问题在于,除去侵害请求权或者不作为请求权同时适用于有形人格权和无形人格权的法律救济措施还是仅仅适用于无形人格权的法律救济措施。在我国,学说对这样的问题存在争议。某些学说认为,除去侵害请求权应当同时适用于有形人格权和无形人格权,当他人的有形人格权或者无形人格权遭受损害时,他人均有权主张除去侵害请求权,要求法官责令行为人停止侵害、排除妨害等。例如,王利明教授和杨立新教授在其教科书当中指出,除去侵害请求权除了能够适用于一般人格权之外①,还可以适用于他人的身体权、健康权,因此,当行为人侵害他人身体权时,应当责令行为人对他人承担损害赔偿责任,辅之以除去侵害的责任方式②;侵害他人健康权的,除了要求承担损害赔偿责任之外,还可以采取停止侵害、消除危险等救济方法予以救济。③ 某些民法教科书则持相反的意见,认为除去侵害请求权只能适用于无形人格权,不得适用于有形人格权。④ 在我国,除去侵害请求权究竟是同时适用于有形人格权和无形人格权还是仅仅适用于无形人格权?笔者认为,在侵权法上,除去侵害请求权只能适用于无形人格权,不得适用于有形人格权,其理由在于:当行为人侵害他人生命并因此导致他人死亡时,行为人的侵害行为就已经停止,无法再继续实施生命侵害行为;当行为人侵害他人身体完整性或者健康时,他们的侵害行为

---

① 王利明、杨立新:《侵权行为法》,法律出版社1996年版,第164页。
② 同上书,第166页。
③ 同上书,第167页。
④ 佟柔主编:《中国民法》,法律出版社1990年版,第493页。

往往已经造成了人身伤害或者健康损害的后果,他人在遭受此种后果时要么已经知道此种后果,不会再给行为人继续实施其侵害行为的机会;要么不知道此种后果,无法行使除去侵害请求权。这一点,同无形人格权的侵害形成鲜明的对比,因为无形人格侵害行为完全可以表现为一种持续进行的行为。例如,行为人准备再次发表它们在过去已经发表的具有名誉毁损性质的文章。因为这样的原因,我国《民法通则》第119条仅仅规定,当行为人侵害他人生命权、身体权或者健康权时,他人只能要求行为人承担损害赔偿责任,没有规定他人能够主张除去侵害请求权。而我国《民法通则》第120条则规定,当行为人侵害他人姓名权、肖像权、名誉权或者荣誉权时,他人有权主张除去侵害请求权。也因为这样的原因,最高人民法院在《关于审理人身损害赔偿案件适用法律若干问题的解释》当中也仅仅规定了侵害他人生命权、身体权和健康权时损害赔偿的法律救济措施,没有规定除去侵害请求权的法律救济。

(四) 有形人格权和无形人格权的保护方式不同

鉴于有形人格权地位的重要性,两大法系国家和我国的侵权法认为,有形人格权既受故意侵权法、过失侵权法的保护,当行为人因为故意或者过失侵害他人生命、身体或者健康时,他们应当对他人承担侵权责任;也受严格责任法的保护,当行为人侵害他人生命、身体完整性和健康利益时,即便他们没有过错,他们也应当对他人因此遭受的损害承担赔偿责任,如果制定法明确作出这样的规定的话。而鉴于无形人格权范围和界限的模糊性,两大法系国家和我国的侵权法都认为,无形人格权往往受故意侵权法的保护,不受过失侵权法的保护,更不受严格责任法的保护,已如前述。

三、无形人格权的人格性

在大陆法系和英美法系国家,传统侵权法认为,他人对其名誉、隐私、肖像或者姓名等无形人格利益享有的权利也仅是一种人身权而非财产权,名誉权、隐私权、肖像权、姓名权或者其他无形人格权也具有非财产权的特征,诸如:无形人格权没有直接的财产内容;无形人格权的不得转让性;无形人格权的不得继承性、不得存续性;侵害无形人格权的精神损害赔偿性。

(一) 无形人格权不具有直接的财产内容

在两大法系国家和我国,学说区分财产权和非财产权的第一个原因在于,财产权具有直接的财产内容,其价值能够直接通过金钱的方式加以确定,而非财产权则不具有直接的财产内容,无法通过金钱的方式确定其价值。在大陆法系国家,学说普遍认为,财产权具有直接的财产内容,人们能够通过金钱方式确定财产权的价值;而非财产权则不具有直接的财产内容,人们无法通过金钱方式确定非财产权的价值。Carbonnier 指出,在法国,人格权是一种非财产性质的权利,它本身不具有财产上的价值。[①] Goubeaux 指出,财产权区别于非财产权,因为财产权能够以金钱方式确定其价值,而非财产权则根本就没有财产价值,无法以金钱方式确定其价值。[②] Larroumet 指出,主观权利的客体并非总是相同的,其中财产权的客体是能够满足人们物质要求的财产,此种财产的价值能够通过金钱方式加以确定,而非财产权则不属于财产的范畴,通常无法以金钱方式确定其价值。[③] 在英美法系国家,侵权法长期以来都不承认无形人格权和无形人格侵权理论,侵害他人隐私的行为往往被看做是一种财产侵权行为,并按照财产侵权责任来确定行为人对他人承担的侵权责任范围。到了 1890 年,由于 Warren 和 Brandeis《论隐私权》一文的倡导,美国学说开始承认隐私权的独立性,并将隐私利益从财产利益上升到人格利益,认为行为人侵害他人隐私利益时,应当赔偿他人因此遭受的精神损害而非财产损害,这样,隐私利益从财产利益转为人格利益,从有财产价值的权利变为没有财产价值的权利。在《论隐私权》一文中,Warren 和 Brandeis 宣称,在英美法系国家,侵权法保护他人个人著作和所有其他个人性质的作品免受任何形式的复制的原则并非是一种财产性质的原则,而是一种人格性质的原则;英美法系国家的侵权法不仅保护他人身体免受行为人侵权行为的侵害,而且还逐渐保护他人的精神利益、感情利益

---

① Jean Carbonnier, *Droit Civil*, 1/*Introduction*, *Les Personnes*, Presses Universitaires De France, p.310.

② Gilles Goubeaux, *Droit Civil* (24 e édition), Libraire Générale De Droit et De Jurisprudence, p.29.

③ Christian Larroumet, *Droit Civil*, *Introduction*, *A L'Etude du Droit Prive*, Economica, p.252.

和智力免受行为人侵权行为的侵害;隐私权试图保护的利益并非他人身体利益、财产利益而是他人的想法、感情、感官等,这些利益构成自然人的人格本身。侵权法对自然人享有的此种人格利益提供的保护被称作独处权。①Warren 和 Brandeis 的文章发表之后获得美国学说和司法判例的广泛认同,学说和司法判例逐渐将他人的隐私权看做是一种人格权而非财产权,此种权利仅仅具有人格性、精神性的内容,不具有财产性、商事性或者经济性的内容。在我国,学说普遍认为,人身权是不具有直接财产内容的权利。傅静坤教授指出,财产权以财产利益为内容,财产利益通常是指具有交换价值或使用价值、可以用货币计算其价值、可以依法转让的利益。而人身权体现的是没有商品价值的人的精神利益,其功能在于满足权利主体的精神需要而不是物质需求。②

在两大法系国家和我国,此种规则既适用于有形人格权,也适用于无形人格权,因此,他人的生命权、身体权和健康权是没有直接财产内容的权利,人们无法通过金钱方式来确定他人姓名权、身体权和健康权的价值;他们的名誉权、隐私权、肖像权、姓名权或者其他无形人格权也是没有直接财产内容的权利,人们无法通过金钱方式确定名誉权、隐私权、肖像权、姓名权或者其他无形人格权的价值,虽然当行为人侵害他人生命、身体完整性或者健康时或者侵害他人名誉、隐私、肖像、姓名或其他无形人格利益时,人们还是要用金钱方式来确定他人遭受的损害是多少或者行为人应当赔偿的损害数额是多少。

(二) 无形人格权的不得转让性

在两大法系国家和我国,学说区分财产权和非财产权的第二个原因在于,财产权具有可转让性,而非财产权不具有可转让性。在大陆法系国家,学说普遍认为,自然人能够按照自己的意愿通过买卖契约、赠与契约或者通过其他方式将其财产权转让给别人,由别人取得所转让的财产权;但是,自然人不得按照自己的意愿通过买卖契约、赠与契约或者通过其他方式将其非财产权转让给别人,由别人取得所转让的非财产权。Carbonnier 指出,人

---

① Warren & Brandeis, *The Right to Privacy*, 4 HARV. L. REV. 193 (1890).
② 傅静坤主编:《民法总论》(第 3 版),中山大学出版社 2007 年版,第 83 页。

格权既不得转让,也不得扣押。① Larroumet 指出,非财产权的不得转让性,意味着自然人享有的非财产权不得成为某种契约的标的,诸如买卖契约、赠与契约,自然人不得根据契约将其享有的非财产权转让给他人。其理由在于,仅仅财产权才具有可转让性。财产权之所以具有可转让性,是因为财产权同人身可以分离。人们很难想象,丈夫将其配偶身份转让给别人,一个未成年人将其未成年人的身份出卖或者赠与别人。② 在英美法系国家,学说也认可这样的规则。Post 教授指出,在英美法系国家,财产权显然是可以转让的,财产权人能够转移、出卖或者通过其他方式将其财产权转让给别人。而人身权则不得转让,当行为人侵害他人人身权时,如果他们的侵害行为给他人造成了身体上的或者感情上的伤害,他人对行为人的侵权请求权不得转让。③ 在我国,学说普遍认为,财产权具有可转让性,而人身权则不具有可转让性。梁慧星教授指出,人格权是专属权。所谓专属权,是指专属于特定主体而不得让与他人的权利。一般的财产权均属于非专属权,而非财产权则属于专属权。④

在两大法系国家和我国,此种规则既适用于有形人格权,也适用于无形人格权,因此,他人不得通过买卖契约、赠与契约或者通过提供其他方式将其生命权、身体权或者健康权转让给他人,他人也不同通过买卖契约、赠与契约或者通过其他方式将其名誉权、隐私权、肖像权、姓名权或其他无形人格权转让给别人。在法国,司法判例认可这样的规则,司法判例在 1858 年的案件中认为,他人对其隐私利益享有的权利属于非财产性质的权利,行为人侵害他人隐私权的行为属于侵害他人精神利益而非财产利益的行为,应当对他人遭受的精神损害承担赔偿责任。法官指出,隐私权具有天生的不可转让性,因为隐私权属于人格权。⑤ 在 1900 年的案件中,法官认为,他人对其肖像利益享有的利益是一种人格利益,行为人未经他人同意就公开其

---

① Jean Carbonnier, *Droit Civil*, *1/Introduction*, *Les Personnes*, Presses Universitaires De France, p. 310.
② Christian Larroumet, *Droit Civil*, *Introduction*, *A L'Etude du Droit Prive*, Economica, p. 258.
③ Robert C. Post, Symposium: The Right to Privacy One Hunderd Years Later: Rereading Warren and Brandeis: Privacy, Prooerty, and Appropriation, (1991) 41 *Case W. Res.* 647, 657.
④ 梁慧星:《民法总论》(第 2 版),法律出版社 2001 年版,第 127 页。
⑤ Judgment of June 16, 1858, Trib. pr. inst. de la Seine, 1858 D. P. III 62 (Fr.).

肖像的行为是侵害他人非财产利益的行为,因为他人对其肖像利益享有的权利属于不得转让的权利。① 在美国,司法判例也认可这样的规则。关于这一点,笔者将在有关隐私权当中作出说明。不仅如此,如果行为人侵害他人的名誉权、隐私权、肖像权、姓名权或者其他无形人格权并因此导致他人遭受精神损害,遭受精神损害的受害人也不得通过买卖契约、赠与契约或者通过其他方式将其享有的侵权损害赔偿请求权转让给别人,由别人对侵权行为人提出精神损害赔偿请求权。

(三) 无形人格权的不得继承性

在两大法系国家和我国,学说区分财产权和非财产权的第三个理由是,财产权能够被继承,而非财产权则不得被继承。在大陆法系国家,学说普遍认为,财产权在权利人死亡之后作为遗产为其继承人所继承,而非财产权在权利人死亡之后则不得作为遗产被其继承人继承。在法国,学说认可此种规则。Larroumet 指出,非财产权的不得转让性,也意味着非财产权人的非财产权不得通过继承来转让。② 在英美法系国家,Post 教授对此规则作出了说明,他指出,正如财产权能够从其所有权人那儿转让给别人一样,财产权人的财产权在财产权人死亡之后也能够存在,不因为财产权人的死亡而消灭。英美法系国家的版权被认为是永远存在的权利,财产权人能够通过遗嘱的方式来处分其财产权,也可以通过法定继承方式来处置其财产权。但是,作为人身权的隐私权显然不能够遵循这样的规则,当享有隐私权的人死亡之时,隐私权人享有的隐私权将消灭,不得被继承人继承,隐私权人既不能通过遗嘱方式处分其享有的隐私权,也不得通过法定继承方式处置其享有的隐私权。③ 美国某些司法判例也认为,非财产权在权利人死亡之后不得被其继承人继承。在 Fasching v. Kallinger④ 一案中,法官对这样的规则作出了说明,他指出,如果行为人侵害死者的名誉,死者的家属不得向法院起诉,要求行为人承担名誉侵权责任,因为,名誉权属于个人性质的权利,具有

---

① Cass. leCiv., Mar. 14,1900, D. P. I, 1900,497, note M. Planiol.

② Christian Larroumet, *Droit Civil*, *Introdution*, *A L'Etude du Droit Prive*, Economica, p. 258.

③ Robert C. Post, Symposium: The Right to Privacy One Hunderd Years Later: Rereading Warren and Brandeis: Privacy, Property, and Appropriation, (1991) 41 *Case W. Res.* 647,657.

④ 510 A. 2d 694,701(N. J. Super. Ct. App. Div. 1986).

专属性,它随着名誉权人的死亡而消灭,不得被其继承人所继承。美国纽约州的制定法也不承认死者的公开权,认为一旦公开权人死亡,行为人使用死者的姓名、肖像或者其他人格特征时,他们无须对死者的继承人承担侵权责任。在我国,学说也承认同样的规则。王利明教授指出,人格权不得继承,即人格权作为专属于特定主体的权利,因为权利人的死亡而消灭。①

(四) 侵害无形人格权的精神损害赔偿性

在两大法系国家和我国,学说区分财产权和非财产权的第四个理由在于,虽然侵权法同时对自然人财产权和非财产权遭受的损害提供法律救济,但是,侵权法对两种权利提供的法律救济并不完全相同,表现在两个方面:

一方面,虽然侵害他人财产权的行为和侵害他人人身权的行为都可能产生禁止令的颁发,但是,法官更愿意在侵害他人财产权中采取禁止令的方式。在英美法系国家,如果行为人侵害他人的知识产权,法官会通过颁发禁止令的方式来保护他人的知识产权,禁止行为人继续实施侵害他人知识产权的行为。② 如果行为人侵害他人人身权,法官是否会通过颁发禁止令的方式来保护他人的人身权,英美法系国家的侵权法并不十分确定。英美法系国家的学者认为,在非常有限的人身侵权案件中,法官能够通过颁发禁止令的方式来保护他人人身权。例如,当行为人作出对他人名誉具有毁损性质的陈述时,法官能够颁发禁止令,禁止行为人出版其涉及他人名誉的著作。在法国,虽然《法国民法典》第 9 条明确规定,当行为人侵害他人隐私利益时,法官能够采取诸如扣押、没收或者销毁等方式来保护他人的隐私权,但是,在行为人侵害他人的其他人身权的情况下,法官能否采取颁发禁止令的方式,法国侵权法并没有作出明确的说明。

另一方面,虽然行为人应当就其侵害他人财产权和非财产权的行为对他人遭受的损害承担赔偿责任,但是行为人就其侵害他人财产权和非财产权的行为对他人承担的侵权责任并非完全相同。在两大法系国家和我国,如果行为人侵害了他人财产权,他们仅仅对他人遭受的财产损害承担赔偿责任,不对他人遭受的非财产损害承担赔偿责任。如果行为人侵害了他人的非财产权,他们对他人承担的侵权责任范围取决于被侵害的人身权是有

---

① 王利明:《人格权法研究》,中国人民大学出版社 2005 年版,第 33 页。
② Salinger v. Random House, Inc., 811 F.2d 90, 96 (2d Cir. 1987).

形人格权还是无形人格权。如果被侵害的非财产权是有形人格权,行为人除了应当赔偿他人遭受的各种财产损失之外,还应当赔偿他人遭受的非财产损害。如果行为人侵害的非财产权是无形人格权,则他们仅仅赔偿他人遭受的精神损害,不赔偿他人遭受的财产损害,即便行为人是为了商事目的使用他人无形人格特征,也是如此,这在大陆法系国家是如此,在英美法系国家是如此,在我国也是如此。关于无形人格侵权所产生的精神损害赔偿问题,笔者将在下面有关章节作出详细的讨论,此处从略。

四、无形人格权的财产性

(一)人格权的财产性

在侵权法上,他人对其生命、身体完整性、健康或者名誉、隐私、肖像、姓名或者人格特征享有的利益当然是一种人格利益。当行为人侵害这些人格利益并因此导致他人遭受精神损害时,他们当然应当对他人承担侵权责任。问题在于,他人对其生命、身体完整性、健康或者名誉、隐私、肖像、姓名或者其他人格特征享有的利益能否被看做财产利益?对此问题,我国民法学说几乎一边倒地认为,他人对其生命、身体完整性、健康或者名誉、隐私、肖像、姓名或者其他人格特征享有的利益仅是单纯的人格利益,是单纯的人格权,这些人格权不具有财产内容,构成非财产权。

实际上,这样的观点存在问题。因为,在当今社会,侵权法也会将他人的某些人格权看做财产权,人格权人能够像动产、不动产的所有权人那样占有、使用、收益或者处分其具有财产内容的人格权,当人格权人死亡时,其人格权也能够像一般财产权那样作为遗产被其继承人所继承,当行为人侵害他人人格权时,侵权法也会责令行为人就其侵害他人人格权的行为对他人遭受的财产损害承担侵权责任。这就是人格权的财产化现象。在侵权法上,人格权的财产化表现在两个领域:即有形人格权的财产性和无形人格权的财产性。

在民法或者侵权法上,他人对其生命、身体完整性、健康享有的利益被称作生命权、身体权和健康权。生命权、身体权或者健康权是否能够看做一种财产权?在我国,学说都认为生命权、身体权和健康权是单纯的人格权,不是财产权,因为生命权、身体权或者健康权没有直接的财产内容,同自然人的人身不可分离,具有专属性、不得转让性和继承性。此种观念具有一定的合理性,因为当自然人死亡时,他们的生命将不再存在,无法被其继承人所继承;生命权人、身体权人或者健康权人不得同别人签订买卖契约、赠与契约,将其享有的生命、身体完整性或者健康利益转让给别人。不过,完全否认他人生命权、身体权或者健康权的财产性显然是违背侵权法的精神的。

在侵权法上,他人对其生命、身体完整性或者健康享有的利益当然具有一定的财产性、物质性,表现在两个方面:一方面,他人的生命权、身体权或者健康权是包含了财产内容的人格权。任何人,只要他们生活在社会,都被认为是能够通过从事某种工作或者劳动来获得收入的人。他们所获得的此种收入就是财产权。此种财产权以他人享有生命权、身体权或者健康权作为前提。另一方面,两大法系国家的侵权法认为,一旦行为人侵害未成年人或者精神病人的生命权、身体权或者健康权并因此导致其死亡或者丧失工作能力,他们也应当对受害人遭受的财产损害承担赔偿责任,即便受害人在遭受损害时还没有工作、无法获得劳动收益,他们也应当赔偿受害人遭受的未来职业上的收入损失。①

在我国,侵权法也承认这样的规则,因为最高人民法院在《关于审理人身损害赔偿案件适用法律若干问题的解释》(以下简称《解释》)和我国《侵权责任法》第16条规定的残疾赔偿金或者死亡赔偿金在性质上属于财产损失,不属于精神损害,等同于两大法系国家侵权法上的所谓未来职业收入损失。因为,如果将残疾赔偿金或者死亡赔偿金看做是精神损害,则该种精神损害赔偿数额非常巨大,背离了精神损害赔偿的性质,无法起到对他人进行精神上的安慰功能。只有将其解释为财产性质的损害时,才能够同其计算方式和巨大的数额相符合。《解释》第25条规定,残疾赔偿金根据受害人丧失劳动能力程度或者伤残等级,按照受诉法院所在地上一年度城镇居民人均可支配收入或者农村居民人均纯收入标准,自定残之日起按20年计算。但60周岁以上的,年龄每增加一岁减少一年;75周岁以上的,按5年计算。受害人因伤致残但实际收入没有减少,或者伤残等级较轻但造成职业妨害严重影响其劳动就业的,可以对残疾赔偿金做相应调整。《解释》第29条规

---

① 张民安:《过错侵权责任研究》,中国政法大学出版社2002年版,第453—454页。

定,死亡赔偿金按照受诉法院所在地上一年度城镇居民人均可支配收入或者农村居民人均纯收入标准,按20年计算。但60周岁以上的,年龄每增加1岁减少1年;75周岁以上的,按5年计算。

在侵权法上,他人对其名誉、隐私、肖像、姓名或者其他无形人格权享有的无形人格利益的财产性。在民法上或者侵权法上,他人对其名誉、隐私、肖像、姓名等享有的利益被分别称作名誉权、隐私权、肖像权、姓名权。名誉权、隐私权、肖像权或者姓名权是否能够被看做财产权?在当今两大法系国家,学说、司法判例甚至某些制定法都认为,他人对其名誉、隐私、肖像或者姓名享有的权利也是一种财产权,具有一般财产权的重要特征。

(二)大陆法系国家学说和司法判例对无形人格权财产权理论的认可

在当代法国,虽然主流学说仍然坚持无形人格利益的非财产性理论,但是,不少学说对这样的理论提出了挑战,他们认为,在当代社会,自然人的某些无形人格利益除了具有精神利益之外也具有财产、经济价值,当行为人侵害这些无形人格利益时,他们除了应当对他人遭受的精神损害承担赔偿责任之外,也应当对他人遭受的财产损害、经济损害承担赔偿责任,因为自然人的无形人格权具有双重性质,这就是无形人格权的非财产性和财产性,其中无形人格权的非财产性反映它们的人格性,当行为人侵害他人具有人格性的无形人格权时,他们应当对他人遭受的精神损害承担赔偿责任,而无形人格权的财产性则反映它们的商业性,当行为人侵害他人具有财产性的无形人格权时,他们应当对他人遭受的财产损害承担赔偿责任。

Kayer指出,隐私权具有双重性即非财产性和财产性,其中非财产性质是隐私权的本质特性,在隐私权的内容中居于核心地位,而财产性仅是隐私权的非本质特征,在隐私权的内容中居于从属地位,因为,隐私权的财产性离不开非财产性,以隐私权的非财产性的存在作为存在前提,如果没有非财产性的隐私权,也就没有财产性的隐私权。[①] Gaillard指出,Kayer的分析存在不合理的地方,他否认了独立财产意义上的无形人格权的存在,因为在某些情况下,自然人享有的肖像权是单纯的商业性质的权利,此种肖像权完全不具有非财产性质,此时,行为人侵害他人单纯商业性质的肖像权也应当对

---

① Pierre Kayser, *La protection de la vie privée par le droit: protection du secret de la vie privée* (3d ed), 1995, pp. 197–199.

他人承担侵权责任。① 受到 Kayer 和 Gaillard 观念的影响,Acquarone 提出了新的双重肖像权理论,即对肖像享有的权利(droit a l'image)和建立在肖像基础上的权利(droit sur l'image)理论,其中对肖像享有的权利本质上是一种非财产性质的权利,构成自然人人格的固有组成部分,而建立在肖像基础上的权利在本质上是一种财产权,是自然人开发、经营和利用其肖像来获得经济收益的权利。② Acquarone 的新双重肖像权理论提出之后得到其他学者的响应,Serna 在讨论自然人的肖像权时,将自然人的肖像权分为对肖像享有的权利(droit a l'image)和建立在肖像基础上的权利。

(三) 美国侵权法对无形人格权财产性理论的认可

在美国,司法判例在 20 世纪 50 年代开始承认公开权理论,认为自然人尤其是影视明星、体育明星等公众人物对其无形人格利益享有的权利不再是隐私利益而是公开利益,不再是精神性的权利而是一种财产性的权利,因为,他人对其姓名、肖像、声音等人格利益享有的权利不具有隐蔽性而具有公开性,当自然人享有这些无形人格利益时,他们有权决定是否、在什么范围内公开其姓名、肖像、声音等人格利益,有权决定对谁公开其姓名、肖像、声音等人格利益;行为人未经他人同意擅自公开他人的姓名、肖像、声音等无形人格权不会给他人造成精神上的损害,仅仅会给他人造成财产上的损害,行为人应当就其侵权行为对他人遭受的财产损害、经济损失承担赔偿责任。这就是所谓的公开权(the right of publicity)理论。

美国学说从积极方面和消极方面对公开权作出了界定。所谓从积极方面对公开权作出界定,是指美国学说从公开权所包含的具体内容方面来界定此种权利。McCarthy 和 COYNE 采取此种界定方式。McCarthy 指出,所谓公开权是指所有自然人享有的控制其身份的商事使用的固有权利。③ Coyne 指出,从广义上讲,公开权是指他人对其姓名、肖像、活动或者身份所具有的

---

① Emmanuel Gaillard, *La double nature du droit a l'image et ses consequences en droit positif francais*, Recueil Dalloz Sirey (Chron.) 161, p. 162.

② D. Acquarone, *L'ambiguïté du droit a l'image*, Recueil Dalloz Sirey (Chron.) 129, pp. 132-133.

③ J. Thomas McCarthy, *The Rights of Publicity and Privacy*(2d ed). 2006, p. 26.

商事价值的拥有权、保护权和获得利益权。① 所谓从消极方面界定公开权，是指美国学说从公开权意图加以反对的行为方面来界定此种权利。Barnett 和 Gordon 采取此种界定方式。Barnett 指出，在美国，虽然各个州对公开权的界定存在差异，但是公开权可以界定为：他人对其姓名、肖像或者身份享有的未经本人同意不得为了商事目的而加以使用的权利。② Gordon 指出，所谓公开权是指他人的其身份免受侵占的权利。③ 在美国，虽然学说对公开权的界定存在差异，但是，他们对公开权的界定并无本质的区别，都是强调他人尤其是影视明星、体育明星等公众人物对具有商事价值、经济价值或者财产价值的姓名、肖像、声音或者其他人格特征所享有的占有、使用、收益、处分或者保护的权利，防止行为人为了商业目的擅自使用他人的姓名、肖像、声音或者其他人格特征。

在美国，首次认可公开权独立于隐私权的案件是 Haelan Laboratories, Inc. v. Topps Chewing Gum, Inc.④ 一案。在该案中，一名棒球运动员同原告签订契约，授权原告排他性地使用其姓名、肖像来为其生产的口香糖做广告。被告同原告是具有竞争关系的人，他在知道原告同该名运动员签订排他性契约的情况下仍然诱使该名运动员同期签订契约，使用改变运动员的姓名、肖像来为其口香糖做广告。原告向法院起诉，要求法官责令被告对自己遭受的财产损害承担赔偿责任。Frank 法官指出："我们认为，人们除了对其肖像享有独立的隐私权之外，他们也对其肖像的公开价值享有权利，例如，将公开其肖像的排他性权利授予别人使用的权利，并且此种排他性授权可以通过概括性的方式进行而无需转移任何东西给别人。他们对其肖像享有的公开权独立于他们对其肖像享有的隐私权。他们享有的此种权利能否称作财产权并不重要，因为在这里，就像在别的地方一样，财产这一标签页仅是表明这样的事实：法官能够强制执行一个具有财产价值的侵权请求权……他们享有的此种权利可以称作公开权……除非公开权成为排他性特许

---

① Randall T. E. Coyne, Toward A. Modified Fair Use Defense in Right of Publicity Cases, (1988) 29 *Wm and Mary L. Rev.* 781-782.

② Stephen R. Barnett, "The Right to One'Own Image": Publicity and Privacy Rights in the United States and Spain, (1999) 47 *Am. J. Comp. L.* 555,556.

③ Harold R. Gordon, Right of Property in Name, Likeness, Personality and History, 55 *Nw. U. L. Rev.*, 553,555 (1960).

④ 202 F.2d 866 (2d Cir.), cert. denied, 346 U.S. 816 (1953).

契约的标的,否则,该种公开权将不会带来金钱上的价值。"Frank 法官之所以区分他人对其肖像享有的隐私权和他人对其肖像享有的公开权,是因为隐私权保护名人的精神利益,而公开权则是保护名人的财产利益,行为人擅自使用名人肖像的行为没有侵害名人的精神利益,而是侵害了名人的财产利益。Frank 法官指出:"众所周知,当行为人在报纸杂志、汽车火车或地铁上使用名人的肖像做广告时,如果行为人不对名人支付肖像使用费,名人所遭受的损害与其说是精神损害还不如说是财产损失。"

在 Haelan 一案确立之后的第二年,美国著名学者 Nimmer 教授在 1954 年的《当代法律问题》上发表了著名的文章《公开权》①,认为美国司法判例在 Haelan 一案中确立的公开权的确存在,并且该种公开权独立于他人的隐私权。Nimmer 教授认为,当行为人擅自为了广告或者商事目的而使用他人肖像、姓名或者其他人格特征时,仅仅通过隐私侵权责任理论、不公开竞争理论、契约理论或名誉侵权责任理论来保护受害人对其肖像、姓名享有的利益是不适当的。为了更好地保护受害人尤其是作为名人的受害人对其肖像、姓名享有的利益,美国侵权法应当采取公开权理论,认为行为人为了商业目的擅自使用他人肖像、姓名的行为构成公开权的侵权行为。Nimmer 教授指出,同之前侵权法确立的隐私权相比,公开权同隐私权在四个方面存在差异:公开权是一种财产权而隐私权是一种人格权;行为人侵害他人的公开权时,他们承担的损害赔偿责任范围不是根据受害人遭受的心理损害来确定,而是根据公开的价值来确定;即便无生命的物、动物或者机构不享有隐私权,但是,对这些无生命的物、动物或者机构享有所有权的自然人则对此类物享有公开权;同单纯的隐私侵权诉讼不同,当名人的肖像或者姓名被行为人擅自使用时,名人有权提起侵权诉讼,因为名人的名誉具有重大财产价值的因素,不得借口名人是公众人物而主张他们放弃其侵权主张。

Nimmer 教授的文章发表之后并没有引起美国学说和司法判例的广泛响应,美国主流学说和司法判例仍然采取隐私侵权责任理论,认为行为人即便是为了广告或者商事目的使用名人的肖像、姓名或者其他人格特征,他们的行为也仅仅构成隐私侵权行为,应当对名人遭受的精神损害承担赔偿责任。不仅如此,在这一时期,《美国侵权法重述》(第 2 版)也将擅自使用他

---

① Nimmer, The Right of Publicity, 19 *LAW & CONTEMP. PROBS.* 203 (1954).

人肖像、姓名的行为看做隐私侵权行为。到了20世纪70年代,Nimmer教授倡导的公开权理论得到快速发展,其适用范围越来越广,限制条件越来越少。到了今天,美国至少有一半的州认可了自然人尤其是作为名人的自然人享有的公开权。目前,美国公开权理论虽然仍然处于发展和完善的过程中,但是,公开权理论已经成为具有重要影响的理论,表现在:

其一,美国主流学说开始广泛倡导Nimmer教授主张的公开权理论,认为公开权独立于隐私权,两者在性质上是不同的,如果行为人未经他人同意就擅自使用他人肖像、姓名或者其他人格特征时,他们实施的行为不是隐私侵权行为,而是公开权的侵权行为;行为人应当对他人遭受的财产损害承担赔偿责任。在1988年,Coyne发表文章,对公开权的产生、公开权同行为人的自由权之间的关系、侵害他人公开权的四种类型以及公正使用的抗辩事由等问题作出了详细的说明。① Coyne指出,近些年来,法官处理的有关擅自使用他人姓名、肖像或者人格特征的侵权案件大量上升。最初,法官主要是通过隐私侵权责任来保护他人具有财产价值的姓名、肖像或者其他人格特征免受行为人侵权行为的损害,虽然法官有时也采取其他方式来保护他人具有财产价值的姓名、肖像或者其他人格特征,诸如不公平竞争、理论、契约理论等。由此造成了司法方面的混乱。后来,美国法官开始根据普通法上的公开权理论来处理行为人基于商业目的使用他人肖像、姓名的侵权案件,使美国司法判例在有关擅自使用他人肖像、姓名的侵权问题上逐渐走向统一。虽然公开权在过去20年内得到了司法判例的逐渐承认,但是,法官在适用公开权理论时仍然存在某些问题,诸如公开权是一种什么性质的权利,是隐私权、财产权还是知识产权等。对这种问题的回答会产生不同的后果。在1993年,Madow发表文章,对公共人物肖像的私人所有权的问题提出自己的意见,对公开权的历史发展、公开权的各种理论根据等进行研究。② Madow指出,在市场经济社会,明星的肖像、姓名和其他人格特征具有商品价值和广告价值,他们能够通过各种方式将其肖像、姓名或者其他人格特征转化为一种财产,诸如将其肖像、姓名授予报纸杂志、书籍作家或者电影电

---

① Randall T. E. Coyne, Toward A. Modified Fair Use Defense in Right of Publicity Cases, (1988) 29 *Wm and Mary L. Rev.* 781.

② Michael Madow, Private Ownership of Public Image:Popular Culture and Pulicity Rights, (1993)81 *Calif. L. Rev.* 125.

视使用,以便满足社会公众对他们信息的需要;将其肖像、姓名或者其他人格特征作为商品的营销手段等。明星对这些价值享有的权利就构成公开权。明星对其肖像、姓名或者其他人格特征的公开价值享有私人财产所有权,他们能够享有这些财产所有权,使用这些财产,转让这些财产等。如果行为人未经他们同意就擅自使用这些财产并因此导致他们遭受财产损害,行为人应当对受害人遭受的财产损害承担赔偿责任。Madow 认为,明星的公开权之所以要受到保护,其主要根据有三:道德上的根据;经济上的根据和消费者保护的根据。在 1999 年,Barnett 发表文章①,对美国和西班牙侵权法中的公开权和隐私权问题作出了研究,认为公开权理论不仅是美国侵权法的理论,而且还是西班牙侵权法的理论,认为美国是公开权保护方面的急先锋的理论是站不住脚的,因为,西班牙侵权法对他人肖像权的保护范围要广泛一些。在 2003 年,Dymond 发表文章②,对公开权在美国几个重要州的产生、发展、存在的差异和是否需要扩张公开权保护的范围等问题作出了说明。Dymond 指出,在美国,虽然各州公开权包括的人格特征的种类并不完全相同,但这些州的公开权能够保护的各种人格特征包括姓名、肖像、相片、容貌、行为方式、人物特征、表演方式、声音和签字等。此外,还有众多学者在这一时期主张公开权,为公开权的认可提出各种各样的理论根据。

其二,美国许多州专门制定制定法,保护他人的公开权。在美国,为了保护他人尤其是名人对其肖像、姓名或其他人格特征享有的财产利益,包括美国加利福尼亚州、田纳西州和俄克拉荷马州在内的众多州制定了制定法,保护他人的公开权,责令行为人就其侵害他人公开权的行为对他人承担财产损害赔偿责任。在 1971 年,美国加利福尼亚州立法者制定了《加利福尼亚州民法典》第 3344 条,对他人的公开权提供保护。该条规定,如果行为人在没有预先获得他人同意的情况下故意将他人的姓名、声音、签名、相片或者肖像以任何方式用在产品、商品、货物之上或者用于广告目的、出卖或者诱导别人购买其产品、商品、货物或者服务的目的,则他们应当对他人因此遭受的损害承担赔偿责任。同时,美国《加利福尼亚州民法典》第 990 条也

---

① Stephen R. Barnett, The Right to One's Own Image: Publicity Rights in the United States and Spain, (1999)47 Am. J. Comp. L. 555.

② Seth A. Dymond, So Many Entertainers, So Little Protection: New York, the Right of Publicity and the Need for Reciprocity, (2003)47 N. Y. L. Sch. L. Rev. 447.

规定,如果行为人未经他人同意就为了广告或者商事目的使用死者的姓名、声音、签字、相片或者肖像,也应当对受害人遭受的损害承担赔偿责任;对死者姓名、声音、签字、相片或者肖像享有公开权的继承人或者特许权人有权要求行为人赔偿他们所遭受的财产损害或者分享所获得的利润。在1984年,美国田纳西州的立法者制定了《人身权利保护法(The Personal Rights Protection Act)》,该法规定,行为人未经他人同意就擅自使用他人肖像、相片或者姓名时,应当对他人承担侵权责任;该法明确规定,制定法规定的公开权是一种财产权,在公开权人死亡之后仍然存续10年。在1985年,俄克拉荷马州的立法者制定了制定法,决定保护他人对其肖像、姓名或者其他人格特征享有的公开权。该制定法完全将美国《加利福尼亚州民法典》第3344条和第990条引进该州,因此,该种制定法关于公开权的规定同美国加利福尼亚州的制定法完全相同。

其三,美国许多州的普通法开始广泛认可公开权。在美国,Haelan一案的规则确立之后得到众多司法判例的遵循,使公开权理论成为美国普通法上的重要理论。例如,在1977年的Lombardo v. Doyle, Dane & Bernbach, Inc.[①]一案中,法官认为,被告为了商事目的而擅自使用原告表演方式的行为构成公开权的侵权行为,应当对受害人遭受的财产损害承担侵权责任。在Groucho Marx Prod. Inc. v. Day and Night Co.[②]一案中,法官认为,被告为了商事目的擅自使用原告表演方式和行为方式的行为侵害了原告的公开权,应当对原告遭受的财产损害承担赔偿责任。在美国,普通法上的公开权同制定法上的公开权存在两个方面的差异:一方面,制定法上的公开权所保护的无形人格权范围具有法定性。一旦制定法对公开权保护的无形人格利益作出了明确规定,在制定法明确规定的公开权范围内,制定法对他人的无形人格利益提供保护。如果制定法没有明确规定保护某种无形人格利益,则该种无形人格利益只能通过普通法上的公开权来保护,不得通过制定法上的公开权来保护。另一方面,即便制定法保护他人的某种无形人格利益,制定法也仅仅保护他人的此种无形人格利益免受特定侵害行为的侵害,不会保护他人的此种无形人格利益免受所有非法行为的侵害。例如,虽然制定法上的公开权保护他人的声音权,但是,制定法上的公开权也仅仅保护他

---

① 396 N.Y.S.2d 661 (App. Div. 1977).
② 523 F. Supp. 485 (S.D.N.Y. 1981).

人的真实声音不被非法使用,不保护他人的声音被行为人或者行为人使用的人模仿。一旦他人的声音被行为人或者行为人使用的人所模仿,他人只能根据普通法上的公开权理论来寻求保护。同样,制定法上的公开权虽然保护他人的肖像权,但是,制定法上的公开权也仅仅保护其真实的肖像被行为人非法使用,不保护其肖像被行为人假冒或者模仿。如果他人的肖像被行为人所假冒或者模仿,则他人只能根据普通法上的公开权理论来寻求保护,不得根据制定法上的公开权理论来寻求保护。

在当今美国,虽然学说和司法判例对公开权的内涵和外延存在争议,但是,公开权理论的核心有五:

其一,自然人尤其是影视明星、体育明星等公众人物的姓名、肖像、声音或者其他人格特征具有商事价值、经济价值或者财产价值,就像他人的地产、不动产或者契约具有商事价值、经济价值或者财产价值一样。此种理论打破了他人姓名、肖像、声音或者其他人格特征仅仅具有人格性、精神性的观点,使他人的姓名、肖像、声音或者其他人格特征具有了直接的财产内容、商事内容或经济内容。

其二,自然人尤其是影视明星、体育明星等公众人物对其具有商事价值、经济价值或者财产价值的姓名、肖像、声音或其他人格特征享有占有、使用、收益、处分的权利,就像动产、不动产的所有权人能够对其动产、不动产享有占有、使用收益或处分的权利一样。因为,公开权在性质上属于财产权而非人格权,具有财产权的各种性质,诸如价值性、财产性、可转让性、可继承性等。此种规则打破了姓名权、肖像权、声音权或者其他无形人格特征仅是一种人格权而非财产性的理论,打破了无形人格权不得转让、继承的理论,使无形人格权成为一种能够自由转让、继承的财产。

其三,公开权不具有专属性和个人性而具有可转让性。公开权人能够通过买卖契约、赠与契约或者以其他方式将其公开权转让给别人使用,使用其公开权的人可以支付使用费、转让费给转让人,也可以不支付使用费、转让费给转让人,虽然在一般情况下,受让人往往会支付使用费、转让费给转让人。在侵权法上,即便公开权人将其无形人格权的使用权转让给他人,他们也没有像转让动产或者不动产那样要将其公开权现实地交付给受让人。他们只需同受让人签订契约,授权或者允许受让人使用其无形人格特征即可。此种授权如果是有期限的,在契约规定的授权期限没有届满之前,即便转让人死亡,受让人在契约规定的期限内仍然有权使用他人无形人格特征。此种规则打破了无形人格权仅是一种专属性权利的观念,使无形人格权人能够转让其无形人格权给别人,由别人享有其无形人格权。

其四,公开权不具有专属性和个人性而具有可继承性,公开权人享有的公开权在公开权人死亡时能够作为遗产为其继承人所继承,行为人在公开权人死亡时仍然不得擅自使用他们的无形人格特征,否则,应当对死者的继承人承担财产损害赔偿责任。此种规则打破了无形人格权不得作为遗产来继承的规则,使无形人格权作为一种遗产能够被继承;打破了无形人格权在无形人格权人死亡之后不受侵权法保护的规则,使死者的无形人格权受到侵权法的保护。

其五,行为人不得在没有经过公开权人同意的情况下擅自为了商事目的使用他人的姓名、肖像、声音或者其他人格特征。如果行为人未经他人同意就擅自为了商事目的使用他人姓名、肖像、声音或者其他人格特征,他们的行为将构成公开权侵权行为,在符合公开权侵权责任构成要件的情况下,行为人应当对公开权人遭受的财产损害承担赔偿责任。此种理论打破了行为人仅仅就其侵害他人无形人格权的行为对他人承担精神损害赔偿责任的规则,使行为人就其侵害他人无形人格权的行为对他人承担财产损害赔偿责任成为可能。

(四) 我国侵权法对无形人格权财产性理论的认可

在我国,为了还原精神损害赔偿责任的本来目的和实现精神损害赔偿责任制度的本来功能,我国侵权法在承认无形人格权的非财产性质的同时,也应当承认无形人格权的财产性质,至少应当承认某些人、某些无形人格权的财产性质,其主要原因在于:

第一,某些无形人格权具有财产权的性质。表现在两个方面:一方面,某些无形人格权本身就是固有的财产权,其本身就具有财产的价值。某些人的无形人格权本身仅是一种财产性质的人格权,不是精神性质的人格权,行为人侵害他人此类无形人格权,仅仅会导致他人遭受财产损害,不会导致他人遭受精神损害,行为人只需赔偿他人遭受的财产损失,无需赔偿他人遭受的精神损害。这尤其表现在名人的无形人格权领域。在任何国家,名人虽然享有诸如名誉、隐私、肖像、姓名等无形人格利益,但这些人格利益有时完全不会表现为精神利益而仅仅表现为财产利益。因为,名人往往会同商人签订契约,允许商人使用其隐私、肖像或者姓名来从事商事活动;名人出让自己的无形人格利益而获得商人支付的使用费或报酬。如果行为人在没有经过名人同意的情况下就使用其无形人格利益,行为人的侵权行为虽然侵害了名人的利益,但是,他们的行为也仅仅侵害了名人的财产利益而不是非财产利益。因此,侵权法不得责令行为人对名人承担精神损害赔偿责任,而仅仅需要责令行为人对名人承担财产损害赔偿责任。Reiter对此规则作出了说明,他指出,虽然人格和财产的混同会引起某些问题,但在今天的社会,市场已经渗透到生活的各个方面。虽然人们常说自然人的身体可能不会进入市场,但此种状况已经受到挑战,自然人人格的某些方面经常被赋予了财产上的价值,这些方面的人格可以被购买、被出卖、被租赁,可以通过当事人之间的特许契约来使用。简单地说,像姓名、名誉、肖像、声音和隐私这样的人格特征虽然在传统上被看做非财产性权利,看做没有金钱价值的权利,但在今天,人权的这些特征正在日渐财产化和进入商业领域。[①] 另一方面,某些无形人格权同时具有非财产性质和财产性的特征。在我国,正如在其他国家,某些无形人格权同时具有非财产性和财产性的特征,自然人的无形人格利益不因为具有了非财产性而不具备财产性。行为人侵害他人无形人格权时,既会给他人带来非财产性质的损害,也会给他人带来财产性质的损害,此时,行为人不仅应当赔偿他人遭受的精神损害,而且还应当赔偿他人遭受的财产损害。例如,名人的肖像权可能同时具备了非财产性和财产性的特征。如果行为人没有获得名人的同意将其肖像用于虚假广告,则行为人使用名人肖像的行为不仅会使名人遭受内心的痛苦,而且还会使名人遭受财产上的损害。在我国,最高人民法院在1993年的《关于审理名誉权案件若干问题的解答》中的规定体现了这样的精神,认为他人的名誉权同时具有非财产性和财产性的特征,行为人侵害他人名誉权时,或者对他人遭受的非财产损害承担赔偿责任,或者对他人遭受的财产损害承担赔偿责任,不得借口名誉权的非财产性而拒绝对受害人遭受的财产损害承担赔偿责任。其第10条规定,公民、法人因名誉权受到侵害要求赔偿的,侵权人应赔偿侵权行为造成的经济损失;公民并提出精神损害赔偿要求的,人民法院可

---

① Eric H. Reiter, Personality and Patrimony: Comparative Perspectives on the Right to One's Image, (2002)76 *Tul. L. Rev.* 673,674.

根据侵权人的过错程度、侵权行为的具体情节、给受害人造成精神损害的后果等情况酌定。其中前一段就是将自然人享有的名誉权看做财产权,行为人侵害他人具有财产性质的名誉权时,应当对受害人遭受的经济损失承担赔偿责任;后一段则是将自然人享有的名誉权看做非财产权,行为人侵害不具有财产性质的名誉权时,仅仅对受害人承担精神损害,法官在决定赔偿数额时,应当考虑案件的具体因素。

第二,自然人的无形人格利益和财产利益互为目的和手段。首先,自然人享有的无形人格权成为他们获得财产利益的重要手段。在市场经济条件下,自然人享有的某种人格利益可能成为他们获得财产利益的重要手段。例如,自然人通过其良好的名誉同出版商签订出版契约,获得稿酬或者经济利益。此时,自然人的良好名誉是他们获得稿酬或者其他经济利益的前提条件。如果自然人没有良好的名誉,他们根本就没有可能同出版商签订出版合同并因此获得经济利益。同样,自然人通过其独特的人生经历来同出版商签订出版、电影电视剧拍摄契约并因此获得经济利益。在这里,自然人获得财产利益显然是因为他们具有隐私权,如果他们没有隐私,他们根本无法获得经济利益。其次,自然人享有的财产利益可能成为他们享有无形人格利益的重要手段。在市场经济条件下,自然人享有的财产利益可能成为他们获得无形人格利益的重要手段,如果自然人不享有财产利益,他们很难获得某种无形人格利益。例如,如果自然人没有足够的金钱投入,他们很难成为知名的演员、体育明星,他们也很难成为公众人物。只有自然人能够投入足够的金钱,他们才能够成为知名的演员、体育明星,成为家喻户晓的公众人物,成为享有良好名誉的自然人。最后,自然人的无形人格利益和其财产利益互为手段和目的。在市场经济条件下,自然人尤其是某些公众人物的财产权和人格权互为目的和手段,人们很难清楚地认定无形人格权或者财产权究竟是目的还是手段。例如,演员、体育明星的财产权和无形人格权互为目的和手段。演员、体育明星投入财产来宣传自己的形象,一方面是为了获得财产上的利益,使更多的广告商雇请自己为其产品或者服务做广告,一方面也是为了提升其知名度,保有良好的名誉和形象。

第三,在现代社会,某些无形人格权的财产性大于其精神性。在现代社会,即便某些无形人格利益同时具有人格性和财产性,其无形人格权的财产性更能体现该种无形人格权的本质特征,而其人格性往往在无形人格权当中居于次要地位。如果侵权法仅仅认可无形人格权的非财产性而不认可无形人格权的财产性,则侵权法仅实际上低估了财产性在无形人格权中的地位。这尤其表现在名誉权领域。在市场经济社会,即便自然人享有的名誉权同时具有非财产性和财产性的内容,自然人名誉权所具有的财产内容也大于自然人名誉权所具有的非财产内容。这表现在两个方面:一方面,在市场经济社会,他人通过努力劳动和辛勤工作获得良好名誉的主要目的不是为单纯的心理满足和精神上的享受,他们的主要目的是为了获得经济上的利益,这就是通过良好名誉来获得更好的工作机会、更好的契约选择、更好的产品出卖及购买价格或者更好的服务提供等。另一方面,当他人的名誉遭受损害时,他们虽然可能同时遭受了精神上的、心理上的痛苦和财产上的损失,但他们遭受的财产损失要远远大于他们遭受的精神损害、心理伤害,因此,要求行为人赔偿其遭受的经济损失要比要求行为人赔偿他们遭受的精神损害更具有意义。

第四,仅仅认可无形人格权的非财产性对自然人或者自然人的继承人十分不公平。如果仅仅认可无形人格权的非财产性,不认可无形人格权的财产性,对于自然人十分不公平。表现在三个方面:(1)如果仅仅认可无形人格权的非财产性,当行为人侵害自然人的无形人格权时,自然人仅仅有权要求行为人赔偿他们遭受的精神损害,无权要求行为人赔偿他们遭受的财产损害。此时,行为人的赔偿责任较轻,使自然人遭受的全部损害无法获得赔偿。(2)即便行为人侵害影视明星、体育明星的无形人格权并因此获得大量的经济利益,他们也仅仅对这些公众人物承担精神损害赔偿责任,无须承担财产损害赔偿责任;这些公众人物也只能要求行为人赔偿他们遭受的精神损害,不得要求行为人赔偿他们遭受的财产损害。(3)如果仅仅认可无形人格权的非财产性,当自然人死亡时,其家属将丧失无形人格权的继承权,当行为人使用死者的无形人格特征时,死者家属无权要求行为人对他们遭受的损害承担侵权责任。

第五,仅仅认可无形人格权的非财产性会纵容行为人的侵权行为,使行为人在获得大量不当利益的同时处于无法被制裁的境地。一方面,即便行为人为了商业上的目的使用他人的肖像、姓名、隐私或者其他无形人格特征并因此获得大量的经济利益,他们也仅仅就其侵害行为对受害人承担精神损害赔偿责任,不就其侵害行为对受害人承担财产损害赔偿责任。这样,行为人通过侵权行为获得的利益远远大于他们承担的侵权责任,使行为人产生了侵害他人无形人格权的冲动;另一方面,如果侵权法仅仅认可无形人格权的非财产性,当无形人格权人死亡时,他们就丧失了无形人格权,他们的继承人也不得继承其无形人格权,行为人使用死者的姓名、肖像、声音或者其他无形人格特征时,其使用行为将不构成侵权行为,无须对死者或者死者家属承担侵权责任。这样,行为人也产生了侵害死者无形人格权的冲动。

第六,无形人格权的财产性理论符合我国市场经济体制的要求。在侵权法上,一个国家的社会经济因素直接决定该国的无形人格权的性质。在社会经济落后的时代,自然人的无形人格权同经济利益没有任何关系,包括没有直接关系或者间接关系,此时,侵权法仅将无形人格权看做单纯的精神性权利,行为人侵害他人无形人格权时也仅仅对他人承担精神损害赔偿责任,无须承担任何财产性质的损害赔偿责任。当社会经济发展到一定的程度时,无形人格权才开始同经济利益产生联系,因为,无形人格权能够成为权利人获得经济利益的手段,此时,侵权法在将无形人格权看做非财产性质的权利的同时,也将无形人格权看做是具有财产性质的权利。这就是无形人格权的双重性理论。在无形人格权的非财产性和财产性特征中,无形人格权的非财产性占据主导地位、核心地位,而无形人格权的财产性则仅仅占据次要地位、从属地位。行为人侵害他人无形人格权时,除了要赔偿自然人遭受的精神损害之外,还应当赔偿自然人遭受的间接财产损害。当社会经济高度发达时,无形人格权同经济利益的关系更加密切,这就是,无形人格权仅仅具有财产性质的内容,没有非财产性质的内容。当行为人侵害他人无形人格权时,他们也仅仅赔偿他人遭受的财产损害,无须赔偿他人遭受的非财产损害。在市场经济高度发达的社会,无形人格权的财产性和和非财产性开始分离,无形人格权的财产性不再在无形人格权中占据次要地位、隶属地位,它本身就可以独立于无形人格权的非财产性,不依赖于无形人格权的非财产性。

在我国《民法通则》制定时,我国社会属于典型的计划经济社会,自然人的无形人格权仅仅关乎自然人的人格尊严,关乎自然人的非财产利益,同自然人的财产利益、经济利益没有什么关系,充其量仅仅具有间接关系。非财产性成为无形人格权的唯一特性。行为人侵害他人无形人格权时,仅仅赔偿他人遭受的精神损害,无须赔偿他人遭受的财产损害;如果侵害他人无形人格权导致他人遭受间接损害,侵权法也会责令行为人赔偿他人遭受的间接财产损害。在当代,我国社会已经从计划经济的社会转为市场经济的社会,包括名誉、隐私、姓名、肖像在内的无形人格利益都或多或少地同财产利益、经济利益产生了直接或者间接联系,我国侵权法在认可自然人无形人格权非财产性的同时,当然应当认可无形人格权的财产性,即便行为人侵害他人无形人格权的行为没有给他人造成精神损害而仅仅造成单纯财产上的、经济上的损害,侵权法也应当责令行为人对他人承担侵权责任,此种侵权责任在性质上不属于精神损害赔偿责任而属于财产损害赔偿责任。

在我国,侵权责任法明确认可了无形人格权的财产性理论,这就是我国《侵权责任法》第20条,该条规定:侵害他人人身权益造成财产损失的,按照被侵权人因此受到的损失赔偿;被侵权人的损失难以确定,侵权人因此获得利益的,按照其获得的利益赔偿;侵权人因此获得的利益难以确定,被侵权人和侵权人就赔偿数额协商不一致,向人民法院提起诉讼的,由人民法院根据实际情况确定赔偿数额。在我国,《侵权责任法》第20条的具体适用情况主要有二:其一,侵害他人知识产权的侵权行为。在我国,《侵权责任法》第20条当然针对知识产权侵权行为予以适用,因此,当行为人基于商事目的侵害他人知识产权并因此导致他人遭受财产损失时,行为人应当按照我国《侵权责任法》第20条的规定对他人承担财产损失赔偿责任。其二,侵害他人无形人格权的侵权责任。在我国,《侵权责任法》第20条的规定当然针对侵害他人传统民法当中的无形人格权的行为予以适用,因此,当行为人尤其是当做为商人的行为人基于商事目的侵害他人享有的姓名权、肖像权、隐私权或者其他人格特征时,他们应当根据《侵权责任法》第20条的规定对他人承担财产损害赔偿责任。

在我国,《侵权责任法》第20条的规定具有十分重要的意义,它废除了我国传统民法理论所谓的财产权区分于人格权的理论,认为传统意义上的某些人格权也具有财产权的性质,使财产权和人格权之间的界限日益模糊;它适应了商事社会发展变化的要求,对某些人尤其是影视明星、体育明星的姓名权、肖像权或者其他人格特征提供经济保护,防止了行为人尤其是作为商人的行为人通过使用他人的姓名、肖像或者其他人格特征获得大量的不当利益。

（五）无形人格权财产性的具体体现

无形人格权财产理论既然将无形人格权看做一种财产权,该种财产权也就具有一般财产权的特点。

1. 无形人格权是一种财产权,具有直接的财产内容

无形人格权的财产性理论或者认为,无形人格权本质上就是一种单纯的财产权,仅仅具有商事价值、经济价值或者财产价值而没有任何精神价值、感情价值,或者认为,无形人格权是一种复合型而非单纯的精神性、感情性权利,同时具有精神性、感情性的内容和商事性、财产性的内容,人们能够通过金钱方式确定无形人格权的价值,就像他们能够以金钱的方式来确定他人的动产、不动产的价值一样。

2. 无形人格权的可转让性和持续有效性

无形人格权的财产性理论认为,无形人格权是一种非专属性的权利,权利人能够通过买卖契约、赠与契约或者其他方式将其无形人格权转让给别人享有;当权利人以排他性特许契约方式将其无形人格权授予他人使用时,即便权利人在排他性特许契约规定的期限没有届满之前死亡,排他性特许契约的使用人仍然有权使用死者的无形人格权,如果行为人擅自使用死者生前的无形人格特征,他们应当对排他性契约使用人遭受的损害承担侵权责任。关于各种无形人格权的可转让性和持续有效性,笔者将在有关章节作出详细讨论,此处从略。

3. 无形人格权的可继承性

无形人格权财产性理论认为,无形人格权人死亡之后,其无形人格权并不会消失,它们能够像动产、不动产一样作为遗产由其继承人继承,当行为人擅自使用死者生前的无形人格特征时,他们的行为将构成财产侵权行为,应当对死者的继承人承担财产损害赔偿责任。关于各种无形人格权的可继承性,笔者将在有关章节作出详细讨论,此处从略。

4. 侵害无形人格权的财产损害赔偿性

无形人格权理论认为,一旦行为人侵害他人无形人格权并导致他人遭受财产损害,行为人应当对他人遭受的财产损害承担赔偿责任,即便行为人也应当同时对他人遭受的精神损害承担赔偿责任。关于无形人格侵权所产生的财产损害赔偿责任,笔者将在下面有关章节作出详细的讨论,此处从略。

第二章　无形人格侵权责任的历史

一、罗马法上的无形人格侵权责任

(一) 罗马法上的无形人格侵权责任的发展

无形人格侵权责任的历史悠久。在罗马法时代,侵害他人人格权的侵权责任被称为侵辱侵权责任(iniuria)。该种侵权责任既包括因为侵害他人有形人格权所产生的侵权责任,也还包括因为侵害他人无形人格权所产生的侵权责任。

在罗马法中,《十二铜表法》主要规定了因为侵害他人有形人格权所产生的侵权责任,诸如因为断肢、折骨和简单的侵辱行为(如殴打)所产生的侵权责任,很少规定因为侵害他人无形人格权所产生的侵权责任。在共和国后期,罗马法上的侵辱侵权责任的适用范围开始得到扩张,裁判官和法学家将侵辱侵权责任的适用范围从有形人格权扩张到某些无形人格权,认为当行为人侵害他人的无形人格利益时,他们也应当对他人承担侵权责任,包括:当行为人公开侮辱他人人格尊严时,他们应当根据侵辱侵权责任对他人承担侵权责任;当行为人侵害他人名誉利益时,他们应当根据侵辱侵权责任对他人承担侵权责任;当行为人侵害女人的贞洁利益时,他们应当根据侵辱侵权责任对他人承担侵权责任。

到了古典罗马法时期,罗马法上的侵辱侵权责任已经发展了起来,其适用范围除了包括因为侵害他人有形人格权的侵权责任外,也包括侵害因为他人无形人格权的侵权责任。因此,如果行为人侵害他人身体,他们应当根据侵辱侵权责任对他人承担侵权责任;如果行为人用口头或者书面方式侮辱他人人格尊严或者侵害他人名誉,他们应当根据侵辱侵权责任对他人承担侵权责任;如果行为人侵害他人的自由权,妨碍他人在公共场所自由活动,妨碍他人使用其财物,他们应当根据侵辱侵权责任对他人承担侵权责任;如果行为人擅自侵入他人不动产之内或者之上,他们应当根据侵辱侵权责任对他人承担侵权责任;如果行为人侵害他人的贞洁,尤其是女人的贞洁,他们应当根据侵辱侵权责任对他人承担侵权责任。

(二) 罗马法上的无形人格侵权责任保护的无形人格权范围

罗马法虽然保护他人的无形人格权,但是罗马法也仅仅包括保护他人的某些无形人格权,不会保护他人的一般人格权,因为罗马法并没有形成一般人格权制度,它仅仅建立了具体的、特殊的无形人格权制度。根据古罗马法的规定,无形人格侵权责任仅仅保护自然人享有的名誉权、荣誉权、人格尊严权、贞洁权和姓名权。

首先,罗马法的无形人格侵权责任保护他人的名誉权,认为行为人侵害他人名誉时,应当对他人遭受的损害承担侵权责任。罗马法学家乌尔比安对此规则作出了说明。他指出,如果某人写作、编辑、出版涉及他人流言飞语的书籍,即便他是以别人的名义出版或者匿名出版这样的书籍,名誉受到损害的人也有权提起诉讼,要求行为人承担侵权责任。[1] 根据乌尔比安的意见,毁损他人名誉的行为通常包括:为了让某人丢脸而穿上丧服或者肮脏的衣服;或者让其胡子凌乱不堪或者蓄起头发;编写、公布、歌唱某种损害他人荣誉的歌曲。当行为人毁损他人名誉时,他人不仅有权向法院起诉,要求法官责令行为人对其承担侵权责任,而且还有权向法院起诉,要求裁判官颁发禁止令,禁止行为人的名誉毁损行为。[2]

其次,罗马法的无形人格侵权责任保护他人的荣誉权,认为行为人侵害他人荣誉权时,应当对他人承担侵权责任。乌尔比安对此种规则作出了说明。他指出,如果行为人对我们的子女实施的不法侵害行为影响到我们的荣誉,则我们有权提起诉讼,要求行为人承担侵权责任;如果某人出卖其儿子,父亲确实因为其尊严、荣誉受到损害而享有提起诉讼的权利,父亲有权要求行为人承担侵权责任;但是,父亲不得基于儿子的尊严而提起诉讼,因为,对自愿者实施的侮辱,不构成不法侵害行为。[3]

---

[1] D.47,10,5,9.
[2] D.47,10,15,27.
[3] D.47,10,1,5.

再次,罗马法的无形人格侵权责任保护他人的人格尊严权,认为行为人侵害他人人格尊严时,应当对他人承担侵权责任。乌尔比安对此种规则作出了说明,他指出,如果行为人为了侮辱他人而将不是自己的债务人的人当做债务人来起诉,他们应当对他人承担侵权责任。[1] 如果行为人实施的侵权行为使死者的遗体受到侮辱,人格尊严遭受损害的死者家属有权提起诉讼,要求行为人承担侵权责任。[2]

最后,罗马法的无形人格侵权责任保护他人的贞洁权,认为行为人侵害他人的贞洁时,应当对他人承担侵权责任。乌尔比安对此种规则作出了说明,他指出,如果行为人试图诱奸他人,不论被诱奸的是男人还是女人,是生来自由人还是被解放的自由人,行为人都应当就其不法侵害行为对受害人承担侵权责任,受害人有权提起诉讼,要求诱奸者承担侵权责任;如果被诱奸的人是奴隶,行为人也应当承担侵权责任。[3] 如果行为人说脏话,即便他们没有侵害他人贞操权的意图,他们也应当承担侵权责任;他人有权提起诉讼,要求行为人承担侵权责任。[4]

(三)罗马法上的无形人格侵权责任的构成要件

根据罗马法上的侵辱侵权责任,行为人就其侵害他人无形人格权的侵辱行为对他人承担侵权行为,应当具备几个构成要件:

其一,行为人侵害了自然人享有的某种特定、具体的无形人格权。只有行为人的侵辱行为侵害了受罗马法保护的无形人格权,罗马法才会责令行为人就其侵辱行为对他人承担侵权责任;如果行为人侵害了不受罗马法保护的无形人格利益,罗马法不会责令行为人对他人承担侵权责任。

其二,行为人实施了特定的侵辱行为。根据罗马法上的侵辱侵权责任,只有行为人实施了特定的、具体的侵辱行为,侵权法才会责令行为人对他人承担侵权责任,如果行为人实施的侵辱行为不是侵权法认可的侵权行为,侵权法不会责令行为人对他人承担侵权责任。根据罗马法的规定,能够导致行为人对他人承担侵权责任的侵辱行为包括:口头或者书面毁谤他人名誉

---

[1] D.47,10,15,33.
[2] D.47,10,1,4.
[3] D.47,10,9,4.
[4] D.47,10,15,21.

的侵辱行为;谩骂、辱骂他人人格尊严的侮辱行为,对他人讲脏话的行为,诋毁一个有清偿能力人信用的行为;对他人进行没有根据的检控行为;阻碍他人在公共场所自由活动的侵辱行为;对死者尸体进行侮辱的行为;对死者尸体进行诽谤的行为等。

其三,行为人基于故意实施侵辱行为。根据罗马法上的侵辱侵权责任,如果行为人仅仅基于过失侵害他人无形人格权,他们无须对他人承担侵权责任;只有当行为人故意侵害他人无形人格权时,他们才会就侵辱行为对他人承担侵权责任。因此,罗马法上的无形人格侵权责任是建立在行为人的故意侵权行为的基础上,仅仅存在过失行为还不足以让行为人对他人承担侵权责任。乌尔比安对此种规则作出了说明,他指出,某些人不得实施侵辱行为,但是却能够承受行为人实施的侵辱行为的后果,例如,不具有欺诈能力的精神病人或者未适婚人,因为他们常常是被蒙受而不是实施不法侵害。事实上,由于不法侵害由行为人的主观意图构成,说这些人无论是打了人还是谩骂了人都不构成不法侵害,是完全符合逻辑的。① 乌尔比安还指出,如果每个人开玩笑地打人或者在竞赛中打人,他们无需承担侵权责任。②

其四,他人因为行为人的侵辱行为遭受了损害。根据罗马法上的无形人格权侵权责任,如果行为人实施的侵辱行为没有给他人造成损害,他们将不用对他人承担侵权责任;只有行为人的侵辱行为给他人造成损害,他们才会对他人承担侵权责任。根据罗马法的规定,因为行为人的侵辱行为遭受损害的人除了无形人格权人之外,还包括同无形人格权人有血缘或者家庭关系的人。乌尔比安对此种规则作出了说明,他指出,有时从一个不法侵害中产生三种人的不法侵害之诉权,而且任何人的诉权都不能被其他人的诉权所吸收。例如,我的妻子、女儿遭受了不法侵害,我、她的父亲和她本人都享有不法侵害之诉权。③

(四) 行为人侵害他人无形人格权承担的侵权责任

根据罗马法的规定,当行为人侵害他人具体人格权、特殊人格权时,他们应当对他人遭受的非财产损害承担侵权责任,此种侵权责任是惩罚性的、

---

① D.47,10,3,1.
② D.47,10,3,4.
③ D.47,10,3,4.

报复性的而非补偿性的。

根据罗马法的规定,如果行为人实施了侵害他人无形人格权的行为,他们应当承担给予罚金的侵权责任,也就是给付受害人一笔数量的金钱,以便安抚和慰藉受害人遭受的感情伤害、心理痛楚和精神痛苦。在十二铜表法时代,十二铜表法规定,如果行为人以文字或者当众唱歌的方式毁损他人名誉或者侮辱他人的人格尊严,应当处以死刑。如果行为人通过其他方式实施侮辱或者毁损他人名誉权、人格尊严权的行为,行为人仅仅承担给付25阿司罚金的侵权责任。由于十二铜表法规定的罚金数额太少,加上阿司不断贬值,使该种数额的罚金无法起到抑制行为人实施侵辱行为的效果,某些行为人为了取乐而不断实施对他人实施侵辱行为。例如,有人叫自己的奴隶拿着装满阿司的布袋跟着自己,当他在大街上见到行人时,他就对见到的行人大打耳光,再命令其奴隶支付给被打耳光的受害人25阿司的罚金。①

到了古典罗马法时代,侵权法废除了这样的规定,不再明确规定行为人支付罚金的具体数额;当行为人侵害他人无形人格权时,他们究竟应当支付多少数量的罚金取决于裁判官的自由裁量。裁判官要考虑侵害他人无形人格权的具体情节来决定,诸如行为人的侵辱行为造成的后果是否严重,行为人实施侵辱行为的场所是公共场所还是私人场所,受害人的身份是元老员成员、一般的市民、娼妓等。乌尔比安对此种规则作出了说明,他指出,行为人实施的不法侵害行为或者由于人或者由于时机或者由于事实本身而成为严重的侵辱行为。不法侵害行为由于人变得更加严重的,诸如行为人对长官、尊亲、恩主实施不法侵害;不法侵害由于时机变得更加严重的,诸如在进行比赛时、在众目睽睽之下实施的不法侵害;不法侵害因为事实本身变得更加严重的,诸如行为人实施的不法侵害行为造成了伤口或者脸部被打。② 在通常情况下,当原告因为被告的侵辱行为遭受损害时,原告应当首先确定要求被告赔偿的罚金数额,之后由裁判官来决定;如果行为人的侵辱行为属于重大行为,裁判官应当首先确定一个最高限额,再由当事人决定被告应当支付给原告罚金的数额。

---

① 周枏:《罗马法原论》(下册),商务印书馆1994年版,第802页。
② D.47,10,7,8.

二、法国的无形人格侵权责任

(一) 法国 19 世纪之前的无形人格侵权责任

在欧洲中世纪,侵权法仍然认可罗马法上的人格侵权责任,仍然使用罗马法上的侵辱侵权责任对他人的无形人格权提供保护。因此,中世纪的无形人格侵权责任同罗马法上的无形人格侵权责任并没有太大的差异,无形人格侵权责任仍然仅仅保护他人的特殊无形人格权、具体无形人格权,不会保护他人的一般人格权;当行为人侵害他人无形人格权时,他们仍然仅仅对他人承担精神损害赔偿责任,不对他人承担财产损害赔偿责任。不过,由于受到中世纪教会法的影响,中世纪的无形人格侵权责任仍然具有自己的独特性质:

其一,行为人实施的不法侵害行为不再被看做侵权行为,而被看做违反宗教教规的罪过,因为根据中世纪的教会法,行为人侵害他人无形人格权的行为是违反教会法的行为,是违反宗教教义的行为。例如,中世纪教会法学家阿奎宗(Thomas Aquinas)在其所著的学术论文中,将毁损他人姓名和名誉的各种不法行为都看做是重大的、严重的罪过,包括行为人毁损他人名誉和侵害他人人格尊严的侮辱行为、诽谤行为、搬弄是非的行为、嘲笑行为、说他人坏话的行为等。Aquinas 指出,行为人对他人进行的侮辱行为是非常重大的、严重的罪过,同盗窃行为、抢劫行为没有什么两样。对于一个名誉良好的人而言,他们爱护自己的名誉一点也不比他们爱护自己的财产差。①

其二,中世纪的无形人格侵权责任更加强调侵害他人无形人格权所产生的侵权责任的惩罚性,认为责令行为人就其实施的不法侵害行为对受害人承担侵权责任完全是为了惩罚行为人的罪过,而不是为了补偿受害人遭受的损害,因为中世纪的教会法认可侵权责任的精神功能和安抚功能,强调通过侵权责任来惩罚行为人违反宗教教规的行为。②

---

① Thomas Aquinas, *Summa theologiae II-II*, q. 72 – 76;see Eric H. Reiter, Personality and Patrimony: Comparative Perspectives on the Right to One's Image, (2002) 76 *Tul. L. Rev.* 673,p. 676.

② 张民安:《过错侵权责任》,中国政法大学出版社 2002 年版,第 52 页。

其三,无形人格权的非财产性。正如罗马法将无形人格权看做非财产性质的权利一样,中世纪的教会法更愿意将他人的名誉权、人格尊严权、荣誉权等无形人格权看做是一种精神性质的、非财产性质的权利,因为只有这种性质的权利才是教会法关注的重要问题。因此,行为人也仅仅就其实施的不法侵害行为对受害人承担精神损害赔偿责任,不对受害人承担财产损害赔偿责任。

到了16世纪,学者开始讨论侵权责任保护的权利范围同受害人提起侵权诉讼的关系,认为两者应当加以区分,不应当将侵权法保护的利益范围同侵权诉讼方式捆绑在一起。受到此种理论的影响,Donellus 开始讨论人格权制度,他认为,侵权法保护的人格权包括生命权、身体的完整权、自由权和名誉权,当行为人侵害这几种人格权时,他们应当对他人承担侵权责任。此时,侵权法应当区分这些受侵权法保护的人格利益同这些人格利益被侵害之后受害人能够提起侵权诉讼的方式。[1]

虽然 Donellus 从来就没有试图建立完全抽象的人格权和人格侵权责任,但他的人格权和人格侵权理论仍然具有非常重要的意义,表现在:一方面,Donellus 的人格权理论将受到人格侵权责任保护的人格利益同受害人能够提起侵权诉讼的方式区分开来,认为人格侵权责任保护的人格利益问题并不必然要同受害人提起的侵权诉讼联系在一起,受害人在要求行为人承担人格侵权责任时无须受到传统的诉状形式的约束。这样,古罗马法上的各种特殊的人格侵权诉讼方式开始逐渐消灭,使人格侵权责任成为不受诉讼形式约束的制度。另一方面,Donellus 的人格权理论虽然仅仅论及生命权、身体的完整权、自由权和名誉权这四种人格权和人格侵权责任,但是,Donellus 的人格权理论和人格侵权责任理论已经大大超越了罗马法建立的人格理论和人格侵权责任理论,使人格侵权责任的保护范围得以拓展,也为德国民法典后来建立主观意义上的人格权理论和人格侵权理论提供了根据。

Donellus 的观点成为推动大陆法系国家建立主观性权利理论的重要力量,被17世纪和18世纪的自然法学派所采取。例如,自然法学派的代表人物 Grotius 在分析过错侵权责任时就借鉴了 Donellus 的理论,认为过错侵权

---

[1] Eric H. Reiter, Personality and Patrimony: Comparative Perspectives on the Right to One's Image, (2002) 76 *Tul. L. Rev.* 673, p.676.

责任保护的人格利益包括他人的生命、身体、四肢、名誉、荣誉等。① 自然法学派的代表人物 Pufendorf 认为,过错侵权责任保护的人格利益包括四种:生命、身体、名誉和自由。行为人侵害他人享有的生命、身体、名誉和自由时,应当对受害人承担侵权责任,包括赔偿受害人遭受的精神损害。自然法学派的代表人物 Wolff 认为,过错侵权责任保护的人格权包括:生命权、身体权、名誉权、荣誉权等。② 到了 1789 年,法国 1789 年的《人权宣言》反映了自然法学派的意见,明确宣布自由权、平等权是天赋人权。在法国,由于 1804 年民法典没有规定人格权,因此,有关人格权的理论完全是法国学说创设的理论。法国学者认为,人格权理论源于德国,在 19 世纪末期之前被法国学者 Boistel 引进到法国。Boistel 在其 1899 年出版的《权利哲学》一书中讨论了人格权理论,将人格权理论建立在唯心主义的法哲学基础上。Boistel 的人格权理论提出之后得到法国 20 世纪初期法国学者的认同。法国学者 Perreau 在 1909 年发表《人格权》一文,对人格权理论作出介绍。法国学者 Nerson 在 1939 年出版著作《非财产权》,也对人格权理论作出研究。③ 在现代法国,学说虽然普遍认可人格权理论,认为人格权既包括自然人对其有形人格利益享有的利益,也包括自然人对其无形人格利益享有的权利。

(二)法国 19 世纪以来的无形人格侵权责任

在法国,1804 年民法典虽然高度重视自然人在民法典中的地位,但是它既没有对自然人享有的各种具体人格权作出规定,也没有对行为人侵害他人具体人格权产生的侵权责任作出规定。法国 1804 年民法典之所以没有规定具体的无形人格侵权责任,其主要原因有二:其一,18 世纪末期和 19 世纪初期社会经济和科技状况的落后。在 19 世纪初期之前,由于经济和科技的落后,社会公众无法像现在这样通过相机、摄像机或者其他工具去刺探他人隐私,无法像现在这样用他人的姓名、肖像来为自己的产品或者服务做广告,因此,社会公众对隐私侵权责任、姓名侵权责任或者肖像侵权责任的要求并不迫切,社会生活中侵害他人隐私权、姓名权或者肖像权的现象并不

---

① 张民安:《过错侵权责任研究》,中国政法大学出版社 2002 年版,第 65 页。
② 王利明:《人格权法研究》,中国人民大学出版社 2005 年版,第 141—142 页。
③ V. Jean Carbonnier, *Droit Civil*, *1/Introduction*, *Les Personnes*, Presses Universitaires De France, pp. 324–325.

常见。其二,规定具体的无形人格侵权责任违反自然法学派的信念。自然法学派认为,过错侵权责任不应当建立在各种具体的侵权行为基础上,而应当建立在抽象的、一般的过错侵权责任原则基础上;自然法学派应当通过抽象各种具体的过错侵权责任来建立起一般的过错侵权责任。"在人类历史上,罗马法虽然对各种侵权作出了说明,但是此种说明相对而言少有归纳性和抽象性,因为罗马法学家将民法的规则和原则从一种制度拓展到他们认为基本上类似的其他制度,但是,仅此而已。这一点尤其表现在罗马法的侵权法中。罗马法中的侵权法基本是建立在各种单独的诉讼之上,以确保人们就具体的侵权承担责任。中世纪的注释法学派由于过分固守罗马法观念,因此他们亦很少对过错侵权责任予以归纳而使之一般化。将各种具体的过错侵权予以归纳和提升,并抽象出一般化的简便原则的工作是由 17 世纪和 18 世纪的自然法学家完成的,其中以 Grotius 的过错侵权观为开端。学者认为,《法国民法典》第 1382 条的规定,实际上是对 Grotius 所提出的过错侵权责任观点的反映。"①

在法国,即便 1804 年《民法典》没有规定具体的无形人格侵权责任,法国 1804 年《民法典》仍然承认无形人格侵权责任,认为行为人应当就其侵害他人无形人格权的行为对他人承担侵权责任,因为当行为人侵害他人无形人格权时,法官会根据《法国民法典》第 1382 条的规定来责令行为人对他人遭受的损害承担侵权责任。《法国民法典》第 1382 条规定,任何人,只要他们实施的过错行为引起他人损害,他们就应当就其过错行为引起的损害对他人承担侵权责任。在侵权法上,《法国民法典》第 1382 条规定的过错侵权责任是世界上适用范围最广泛的过错侵权责任,其保护的利益范围不受任何限制。任何利益,无论是自然人享有的有形财产利益还是他们享有的无形财产利益,无论是自然人享有的有形人格利益还是他们享有的无形人格利益,都受到《法国民法典》第 1382 条的保护;只要行为人实施的过错行为侵害了这些利益,他们都应当根据《法国民法典》第 1382 条的规定对他人承担过错侵权责任。这就是法国 1804 年民法典过错侵权责任的普遍适用性规则。

在法国 1804 年《民法典》制定之后的一百多年间,法国的无形人格侵权责任都是建立在《法国民法典》第 1382 条的基础上,当行为人侵害他人无形

---

① 张民安:《过错侵权责任研究》,中国政法大学出版社 2002 年版,第 67—68 页。

人格权并因此导致他人遭受损害时,如果他人向法院起诉,要求法官责令行为人就其侵害行为对自己承担侵权责任,法官就会援引《法国民法典》第1382条来责令行为人对他人承担侵权责任。Carbonnier对此规则作出了说明,他指出,所有自然人的人格特征都具有共同点,即它们的保护都是建立在《法国民法典》第1382条的基础上,当受害人因为行为人的侵权行为遭受损害时,他们有权要求行为人根据《法国民法典》第1382条规定的过错侵权责任来赔偿自己遭受的损害。①

因此,当行为人侵害他人名誉权时,法官会根据《法国民法典》第1382条责令行为人对他人承担名誉侵权责任;当行为人侵害他人隐私权时,法官也会根据《法国民法典》第1382条责令行为人对他人承担名誉或者隐私侵权责任;当行为人侵害他人肖像时,法官同样会根据《法国民法典》第1382条责令行为人对他人承担隐私或者肖像侵权责任。应当指出的是,当法国司法机关没有认可隐私侵权责任的独立性之前,如果行为人侵害他人隐私利益时,法官会将行为人实施的隐私侵权行为看做名誉侵权行为,并责令行为人根据民法典第1382条对他人承担名誉侵权责任;当法国司法机关最终认可了隐私侵权责任的独立性时,他们不再将行为人实施的隐私侵权行为看做名誉侵权行为而仅仅看做隐私侵权行为,并根据《法国民法典》第1382条责令行为人对他人承担隐私侵权责任。

同样,当法国司法机关没有最终认可肖像侵权责任的独立性之前,如果行为人侵害他人肖像权时,法官会将行为人实施的肖像侵权行为看做隐私侵权行为并且责令行为人根据《法国民法典》第1382条对他人承担隐私侵权责任;当司法机关最终认可了肖像侵权责任的独立性时,法官不再将行为人实施的肖像侵权行为看做隐私侵权行为,他们也仅仅根据《法国民法典》第1382条对他人承担肖像侵权责任。因为这样的原因,法国学者认为,法国侵权法上的无形人格侵权责任不是制定法上的制度,而是判例法上的制度,因为法国侵权法上的无形人格侵权责任是通过法官的具体案件确立的,至少在1804年《民法典》制定之后到1970年7月17日的制定法颁布之前是如此。

---

① Jean Carbonnier, *Droit Civil*, *1/Introduction*, *Les Personnes*, Presses Universitaires De France, p.308.

（三）法国 20 世纪 70 年代之后的无形人格侵权

在 1970 年，法国立法机关制定了 1970 年 7 月 17 日的法律，对他人的隐私权进行保护。该法被编入《法国民法典》，这就是《法国民法典》第 9 条。从此之后，法国侵权法不再根据《法国民法典》第 1382 条来责令行为人就其侵害他人隐私权的行为对他人承担侵权责任，而是根据《法国民法典》第 9 条来责令行为人就其侵害他人隐私权的行为对他人承担侵权责任。

问题在于，责令行为人根据《法国民法典》第 9 条对他人承担隐私侵权责任和根据《法国民法典》第 1382 条对他人承担隐私侵权责任，行为人承担的隐私侵权责任是否存在差异？法国学说普遍认为，责令行为人根据《法国民法典》第 9 条对他人承担侵权责任和责令行为人根据《法国民法典》第 1382 条对他人承担侵权责任是存在差异的，此种差异表现在两个方面：

一方面，如果责令行为人根据《法国民法典》第 9 条对他人承担隐私侵权责任，法官无须考虑行为人在实施隐私侵权行为时是否存在过错行为，只要行为人在公开他人隐私时没有预先获得他人同意，法国都会责令行为人对他人承担隐私侵权责任；而如果责令行为人根据《法国民法典》第 1382 条对他人承担隐私侵权责任，法官应当考虑行为人在实施隐私侵害行为时是否存在过错，其过错究竟是故意还是过失。

另一方面，如果责令行为人根据《法国民法典》第 9 条对他人承担侵权责任，法官除了能够责令行为人对他人遭受的损害承担赔偿责任之外，还可以适用损害赔偿之外的法律救济措施。如果法官责令行为人根据《法国民法典》第 1382 条对他人承担侵权责任，法官往往只能责令行为人对他人承担损害赔偿责任，无法适用损害赔偿之外的其他法律救济措施，虽然法国在具体案件当中也会采取损害赔偿之外的其他法律救济措施。

在今天，《法国民法典》第 9 条和第 1382 条都是法国无形人格侵权责任的重要根据，如果行为人侵害他人隐私权，则法官会责令行为人根据《法国民法典》第 9 条对他人承担侵权责任；如果行为人侵害隐私权之外的其他无形人格权，则法官会责令行为人根据《法国民法典》第 1382 条规定他人承担侵权责任。既然行为人侵害他人无形人格权产生的侵权责任是过错侵权责任，行为人就其无形人格侵权行为对他人承担侵权责任的条件也应当符合无形人格侵权责任的一般构成要件，即行为人侵害他人无形人格权的行为构成过错行为,行为人的过错行为给他人造成了损害,行为人的过错行为同他人遭受的损害之间存在因果关系。

不过,无论是援引《法国民法典》第1382条责令行为人对他人承担名誉侵权责任,还是援引《法国民法典》第1382条责令行为人对他人承担肖像侵权责任或者姓名侵权责任或者其他无形人格侵权责任,法官这样做时很少会对1382条规定的过错作出详细的分析和说明,这一点同法官在处理其他过错侵权责任的案件时所遵循的思路形成鲜明对比,因为在援引《法国民法典》第1382条处理其他过错侵权责任的案件时,法官会对第1382条的规定作出详细的分析。

三、德国的无形人格侵权责任

(一)《德国民法典》规定的无形人格侵权责任

在19世纪,德国著名学者萨维尼认为,Donellus的上述人格权理论过于宽泛,其保护的无形人格权的种类过多。在对罗马法的人格侵权责任进行研究之后,萨维尼认为,德国法不应当过分保护自然人享有的无形人格权,应当对罗马法上的侵辱侵权责任的适用范围施加限制,将罗马法上的侵辱侵权责任严格限制在自然人享有的名誉权方面。[①] 德国萨维尼的观点遭到基尔克的反对。基尔克在其1895年出版的著作中用200页的篇幅论述了人格权制度,认为人格权包括的范围十分广泛,德国民法应当对它们提供保护。根据基尔克的意见,人格权包括生命权、身体完整权、自由、名誉、社会地位、姓名、区别性的标准以及作者和发明者的权利。在上述两种理论中,萨维尼的人格权理论占据了主导地位,成为19世纪德国民法的主流学说,对德国立法者产生了重大影响,为德国1896年《民法典》所采纳;而基尔克的人格权理论仅仅处于次要地位,没有对德国1896年民法典产生影响。

德国1896年《民法典》仅仅保护五种人格权,即生命权、身体权、健康权、自由权和姓名权,其中前三种人格权属于有形人格权,而后两种人格权

---

① Eric H. Reiter, Personality and Patrimony: Comparative Perspectives on the Right to One's Image, (2002) 76 *Tul. L. Rev.* 673 p.677.

则属于无形人格权。当行为人侵害这五种人格权时,行为人应当就他人遭受的损害承担侵权责任。《德国民法典》第823(1)条规定:行为人故意或者过失侵害他人的生命、身体、健康、自由、所有权和其他权利的,应当对他人遭受的损害承担赔偿责任。根据此条的规定,他人享有的有形人格权包括三种:生命权、身体权和健康权,他人享有的无形人格权包括一种:自由权。无论是生命权、身体权、健康权还是自由权都是绝对权,能够对任何人主张之,任何人都应当尊重这些权利,不得侵害这些权利,否则,应当对他人遭受的损害承担侵权责任。

除了1896年《德国民法典》第823(1)条规定的四种人格权之外,《德国民法典》第12条规定了自然人享有的姓名权,该条规定:当他人的姓名权遭受侵害时,他人有权主张除去侵害请求权;有继续被侵害的可能时,他人有权主张停止姓名侵害之诉。如果行为人侵害他人姓名权并因此导致他人遭受损害,行为人也应当对他人遭受的损害承担侵权责任。除了保护他人享有的自由权和姓名权之外,《德国民法典》不保护他人对其名誉、隐私、肖像或者其无形人格特征享有的利益,当行为人侵害这些无形人格利益时,《德国民法典》不会责令行为人对他人遭受的损害承担侵权责任,即便他们故意侵害他人的名誉、隐私、肖像或者其他无形人格利益,也是如此。

除了对无形人格侵权责任保护的无形人格权范围作出明确限制之外,德国1896年《民法典》也对行为人侵害他人无形人格权时所产生的精神损害赔偿责任作出了明确限制,认为只有当民法典明确规定了行为人就其无形人格侵权行为对他人承担精神损害赔偿责任时,法官才能够责令行为人对他人承担精神损害赔偿责任;如果《民法典》没有明确规定行为人要就其无形人格侵权行为对他人承担精神损害赔偿责任,法官不得责令行为人对他人承担精神损害赔偿责任,他们只能责令行为人采取损害赔偿之外的其他法律救济措施来保护他人的无形人格权。表现在两个方面:一方面,虽然《德国民法典》第12条明确规定保护他人的姓名权,但是《德国民法典》第12条认为,如果行为人侵害他人姓名权,受害人只能要求法官颁发禁止令,禁止行为人继续实施姓名侵权责任,他们无权要求法官责令行为人对他们遭受的精神损害承担赔偿责任。另一方面,《德国民法典》第253条规定:只有在法律有明确规定时,行为人才会对他人遭受的非财产损害承担损害赔偿责任。如果制定法没有明确规定,行为人不得被责令对他人遭受的非财产损害承担赔偿责任。根据《德国民法典》第847条的规定,受害人只能在两种例外情况下要求行为人就其实施的侵权行为对自己遭受的非财产损害承担赔偿责任:(1)根据《德国民法典》第847(1)条的规定,如果行为人实施的侵权行为侵害了他人的生命权、身体权、健康权或者自由权时,受害人有权要求行为人就其实施的侵权行为对自己遭受的非财产损害承担赔偿责任,行为人应当赔偿受害人遭受的非财产损害。受害人享有的此种侵权请求权不得转让或者继承,除非请求权已经依照契约得到承认或者已经发生诉讼法上的约束力。(2)根据《德国民法典》第847(2)条的规定,如果行为人对妇女实施了违反道德规范的行为或者其他非法行为,或者通过欺诈、胁迫或滥用隶属关系诱使妇女同行为人建立婚姻之外的同居关系,受害妇女有权要求行为人就其实施的侵权行为对自己遭受的非财产损害承担侵权责任,行为人应当赔偿受害人遭受的非财产损害。

到了20世纪初期,《德国民法典》关于无形人格权和无形人格侵权责任的规定已经显示出弊端,即当行为人为了自己的利益而毁损他人名誉、公开他人隐私或者擅自使用他人肖像并因此给他人造成非财产损害时,受害人无法要求行为人根据德国民法典对自己遭受的非财产性损害承担赔偿责任。为了保护受害人的利益,为了克服《德国民法典》在无形人格权保护方面存在的弊端,德国法官不得不采取迂回的方式来保护自然人享有的某些无形人格利益,即通过适用德国民法典的其他条款来责令行为人对受害人承担侵权责任,即便行为人根据《德国民法典》第823(1)条和第847条无需对受害人承担侵权责任。德国法官采取的迂回手段有三:其一,通过财产损害赔偿的方式来迂回保护受害人遭受的非财产损害。在德国,为了克服1896年《民法典》不保护他人肖像利益的弊端,填补民法典第823(1)条在肖像权保护方面存在的法律漏洞,德国司法判例有时将行为人侵害他人肖像权的行为看做一种财产侵害行为,当行为人为了商业目的拍摄、偷拍他人肖像时,法官会认定行为人的肖像侵权行为构成财产侵权行为,并且责令行为人对他人承担财产损害赔偿责任。例如,在1899年的一个案件中[①],被告偷偷进入停尸间拍摄他人尸体,引起原告和社会公众的高度反感。原告认为被告的行为侵害了死者享有的肖像利益,要求法官责令被告承担赔偿责

---

① NJW 1999,1889f.

任。法官认为,原告对其死亡家属的遗像享有财产权,未经死者家属同意就拍摄死者遗像,被告的行为侵害了死者家属对死者遗像享有的财产所有权,应当承担财产损害赔偿责任。为此,法官责令被告将其通过拍摄和公开死者遗像获得的经济利益返还给原告,并且责令被告停止侵害原告财产所有权的侵权行为。其二,通过艺术和著作权法来迂回保护他人的无形人格利益。在德国,为了克服德国1896年民法典不保护他人隐私利益的弊端,为了填补《德国民法典》第823(1)条不保护他人隐私利益的法律漏洞,德国司法判例不得不借助于德国艺术和摄影作品著作权法来保护他人对其隐私享有的利益。《德国艺术和摄影作品著作权法》第22条和其他条款规定,除非他人是一个公众人物,否则,未经他人同意,任何人均不得公开其照片;否则,应当对他人承担侵权责任。因此,如果行为人擅自公开他人的私人信函并且导致他人遭受损害,德国司法判例将适用《德国艺术和摄影作品著作权法》第22条的规定责令行为人对他人承担隐私侵权责任。其三,通过适用《德国刑法》第185条和《德国民法典》第823(2)条的规定来保护他人的名誉利益。在德国,为了克服1896年《民法典》不保护他人名誉利益的弊端,为了填补《德国民法典》第823(1)条不保护他人名誉利益的法律漏洞,德国司法判例不得不借助于《德国刑法典》第185条规定的侮辱罪和《德国民法典》第823(2)条来保护他人的名誉利益。《德国刑法典》第185条规定,对侮辱行为处以1年以下的监禁,或处以罚金;如果侮辱行为系以暴力作出,可处以2年以下监禁或处以罚金。《德国民法典》第823(2)条规定,违反以保护他人为目的的法律者,应当对其违法行为引起的损害对他人遭受的损害承担侵权责任。当行为人故意毁损他人名誉的行为构成《德国刑法典》第185条规定意义上的侮辱罪时,德国司法判例将同时根据《德国刑法典》第185条和《德国民法典》第823(2)条对他人遭受的损害承担侵权责任。

(二)德国司法判例所确立的一般人格权理论对他人无形人格权提供的保护

即便上述三种迂回手段对他人享有的肖像利益、隐私利益或者名誉利益提供了保护,但是这些迂回手段提供的法律保护显然存在这样或者那样的问题。对于第一种迂回手段而言,将他人对其肖像享有的利益看做单纯的财产利益的观点虽然能够在一定程度上保护他人对其肖像享有的利益,但是此种方法存在的弊端大于所存在的优点:一方面,该种方法违反了德国民法学说长期以来所坚守的财产权区分于人格权的规则,将本质上是人格权的肖像权变成了一种财产权,使财产权同人格权加以区分的德国民法传统受到挑战;另一方面,即便现代民法逐渐将他人的肖像权看做一种财产权,侵权法也不得将所有自然人的肖像权都看做一种财产权并因此责令行为人在任何情况下都对肖像权遭受的财产损害承担赔偿责任,因为,如果侵权法能够将影视明星、体育明星的肖像权看做一种财产权的话,则侵权法很难将普通社会公众的肖像权看做财产权。责令行为人就其侵害一切受害人的肖像权的行为对他人承担财产损害赔偿责任显然会使行为人承担了过重的侵权责任,会使受害人获得了原本不应当获得的损害赔偿金。对于第二种迂回手段而言,该种迂回手段虽然使他人的隐私权受到一定程度的保护,但是此种保护也存在明显的问题,他人的隐私范围是什么,是仅仅限于德国艺术和摄影作品著作权法规定的艺术作品、摄影作品还是包括其他的内容;行为人侵害他人隐私的方式有哪些,德国艺术和摄影作品著作权法都没有规定。对于第三种迂回手段而言,该种迂回手段虽然对他人享有的名誉权提供了某种程度的保护,但是此种保护十分有限,因为,并非所有的名誉侵权行为都构成侮辱犯罪行为,如果行为人实施的名誉侵权行为没有构成侮辱犯罪行为,司法判例很难通过此种迂回方式来保护他人的名誉权并因此责令行为人就其侵害他人名誉权的行为对他人承担损害赔偿责任。

为了对自然人的名誉利益、隐私利益、肖像利益或其他无形人格利益提供强有力的保护,为了克服《德国民法典》在无形人格侵权责任领域存在的重大法律漏洞,德国司法判例在1954年通过扩张解释《德国民法典》第823(1)条规定的其他权利的方式,借助于德国宪法的规定,创设了一般人格权的理论。此种理论认为,即便德国民法典没有明确规定保护他人对其名誉、隐私、肖像或者其他无形人格特征享有的利益,德国民法仍然保护他人享有的名誉利益、隐私利益、肖像利益或者其他无形人格利益,当行为人侵害他人名誉利益、隐私利益、肖像利益或者其他无形人格利益时,行为人仍然应当对他人遭受的精神损害甚至财产损害承担侵权责任;他人对其名誉、隐私、肖像或者其他无形人格特征享有的利益也是一种人格权,这种人格权就是一般人格权。此种一般人格权属于《德国民法典》第823(1)条规定的其他权利。该种一般人格权相对于德国民法典规定的具体人格权,诸如《德国民法典》第823(1)条规定的生命权、身体权、健康权、自由权和《德国民法典》第 12 条规定的姓名权。当行为人侵害他人的一般人格权时,他们也应当对他人遭受的损害承担赔偿责任。这样,德国司法判例通过一般人格权理论来保护他人的无形人格利益。当德国司法判例最终确立了一般人格权理论之后,德国司法判例就抛弃了上述三种迂回保护手段。

在德国,联邦最高法院首次在 1954 年 5 月 25 日的侵权案件中借助《联邦德国宪法》第 1 条和第 2 条的规定,确定了一般人格权在德国侵权法上的地位。① 在该案中,被告在其周刊上刊登了一篇有关帝国银行行长的文章,该文章的主要内容是分析该银行行长在纳粹统治期间和第二次世界大战后从事的政治活动。该银行行长的律师为此给被告写了一封信,在该信中,律师要求被告对其在周刊上发表的文章予以更正。被告对律师的信函做了删减后,以"读者来信"的方式在其报纸上发表。该律师向法院起诉,要求法官责令被告就其擅自发表其工作信函的行为对自己造成的损害承担侵权责任,因为原告认为,被告发表其信函的行为侵犯了自己享有的人格权。德国一审法院认为,根据《德国民法典》第 823(2)条和《德国民法典》第 186 条和第 187 条,被告的行为侵犯了原告的人格权,应当对原告遭受的损害承担侵权责任。被告不服,上诉至上级法院,上级法院撤销了初审法院的裁判,认为初审法院适用上述条款的客观基础不存在。当事人不服,上诉至德国联邦最高法院。联邦德国最高法院认为,在本案中,原告享有一般人格权,被告的行为侵犯了原告的一般人格权,应当对原告承担侵权责任。德国联邦最高法院在其判决中指出,"现在,作为基本法,德国 1949 年《宪法》已经承认,任何人均享有其人格尊严受尊重的权利(《宪法》第 1 条),也规定了作为私权的人格自由发展的权利应当被普遍尊重,只要该种权利的行使没有侵犯他人的权利或者违反宪政秩序和道德(《宪法》第 2 条);一般人格权必须被看做宪法加以保障的基本权利"。法院在其判决中还指出,"在这里,我们无须对此种一般人格权是否需要进行保护和在什么范围内加以保护进行讨论。此种权利会受到限制,需要进行利益平衡,因为此种权利会因为特定案件中的公共需要和私人需要而被限制,如果公共需要和私人需要超过了一般人格利益的话。就像在本案中一样,被告显然没有值得保护的利益,此种利益使原告对其提出抗议的行为存在正当性。相反,被告发表他人要求

---

① BGHZ13,334;NJW1954,1404;JZ1954,698.

纠正的信函,无视信函的基本组成内容,侵犯了原告对其人格权享有的利益。"德国 1954 年的案例确立之后得到德国司法判例的广泛认可,德国司法判例在此后的众多案件当中都援引此案确立的规则,责令行为人就其侵害他人一般人格权的行为对他人承担非财产损害的赔偿责任,即便《德国民法典》明确规定,非财产损害赔偿仅仅在民法典有明确规定时才承担。

在 1958 年的案件中[①],德国联邦最高法院认为,被告未经原告同意就擅自使用其相片的行为侵犯了原告的一般人格权,应当对原告遭受的非财产损害承担赔偿责任。在该案中,原告是一家啤酒厂的共有人之一,他十分喜爱马术表演活动,经常业余作为骑手参加各种马术巡回表演和比赛。被告是一家有限合伙组织,主要从事有关性保健药品的生产和经营活动。被告未经原告同意就擅自使用其参加马术比赛时的肖像来为其生产的性保健药品做广告。原告认为被告擅自使用其肖像做广告的行为构成一般人格权的侵权行为,应当对自己遭受的损害承担侵权责任。初审法院认为,被告应当对原告遭受的财产损害承担赔偿责任;此种财产损害赔偿责任的具体数额是被告在获得原告同意的情况下原本应当支付给原告的肖像使用费。原告不服初审法院的判决,上诉至德国联邦最高法院,认为在本案的情况下,他不可能会同意被告使用其肖像做广告,责令行为人赔偿其肖像使用费显然是不对的;法院应当根据案件的具体情况自由裁量一笔公平数额的赔偿金。德国联邦最高法院认为,被告未经原告同意就擅自使用其肖像来做广告的行为侵害了原告享有的一般人格权,应当对原告承担非财产性质的损害赔偿责任。首先,德国联邦最高法院认为,他人对其肖像享有的权利属于一般人格权,该种权利属于《德国民法典》第 823(1)条规定的其他权利。德国联邦最高法院指出,在本案中,问题的关键是,原告是否有权要求被告就其使用自己肖像的行为对自己遭受的非财产损害承担赔偿责任。根据本案的事实,我们认为原告享有此种权利。本院在 1954 年 5 月 25 日的裁判中已经指出,《宪法》第 1 条规定的人格尊严受尊重的权利和自由发展人格的权利也应当被看做民事权利,它们应当被所有人在他们的日常生活中予以尊重,只要这些权利的行使不会侵犯他人的权利,不违反宪政秩序和道德规范。作为民事权利,这些权利被称为一般人格权,一般人格权在民法结构内有其

---

① BGHZ26,349.

存在的合法性,《德国民法典》第 823(1)条对其提供保护,因为此种一般人格权属于该条规定的"其他权利"。其次,德国联邦最高法院认为,他人一般人格权受法律保护的根据是德国联邦宪法第 1 条和第 2 条。德国联邦最高法院指出,《宪法》第 1 条和第 2 条保护人们称之为人格的东西,因为《宪法》第 1 条和第 2 条将人格看做法律上最重要的价值之一,通过此种方式,《宪法》第 1 条和第 2 条即直接关乎内在人格的保护,行为人侵害他人的内在人格会产生非财产性损害,这是一种人格减等的损害。尊重他人内在的人格,在他人没有授权的情况下,行为人应当约束自己的行为,这是法律的要求,此种要求源于德国基本法本身。因此,根据德国宪法,在行为人侵害他人人格时,法律要对他人人格进行保护,要求行为人就其侵害行为对他人遭受的损害承担侵权责任。最后,德国联邦最高法院认为,如果行为人侵害他人的一般人格权,他们应当就其侵害行为对他人遭受的精神损害承担赔偿责任。根据《德国民法典》第 253 条和第 847 条的规定,行为人仅仅在制定法有明确规定时才就其侵害行为对他人承担精神损害赔偿责任,如果制定法没有明确规定,行为人不得被责令对他人承担精神损害赔偿责任。因为《德国民法典》第 847 条没有规定行为人就其侵害他人一般人格权的行为对他人承担精神损害赔偿责任,法官是否能够在本案中责令行为人就其擅自使用原告肖像的行为对原告承担精神损害赔偿责任? 德国联邦最高法院认为,即便《德国民法典》第 847 条没有规定行为人就其侵害他人一般人格权的行为对他人承担非财产损害赔偿责任,行为人仍然应当就其侵害他人一般人格权的行为对他人承担非财产损害赔偿责任。德国联邦最高法院指出,一旦将行为人擅自使用他人肖像的行为看做一般人格权的侵权行为,则人们要讨论如何根据《德国民法典》第 847 条责令行为人就其侵害他人一般人格权的行为对他人承担非财产损害的赔偿责任问题。《德国民法典》第 847 条允许行为人就其"剥夺他人自由"的行为对他人遭受的非财产损害承担赔偿责任。在这里,"剥夺他人自由"既包括行剥夺他人身体的自由,也包括通过武力或者威胁的方法强迫他人行为。同时,德国艺术和摄影作品著作权法也认为,剥夺他人自由时,应当对他人遭受的损害承担赔偿责任。在德国宪法没有生效之前,人们已经持有这样的观点:对他人意志自由的干预被认定是对《德国民法典》第 847 条规定的自由的损害。现在,由于《宪法》对人格提供广泛的保护,将人格尊严和人格自由发展权看做基本价值,因此

《宪法》已经废除了《德国民法典》的起草人所坚守的民法不对一般人格权提供保护的信条。如果法律仅仅对他人"内在自由"提供保护而不规定他人因此享有的非财产损害赔偿请求权,则该种法律显然在很大程度上沦为虚幻的法律,也是无法让人接受的法律,因此应当允许他人就其一般人格权遭受的损害主张非财产损害赔偿请求权。具体而言,当他人的一般人格权遭受损害时,法官可以类推适用《德国民法典》第847条的规定,责令行为人就其侵害他人一般人格权的行为对他人承担非财产损害赔偿责任,因为第847条规定的自由包括表达意愿的自由,一旦行为人剥夺他人的意志自由,尤其是剥夺他人智识意志自由,他人被剥夺的意志自由只能通过非财产损害赔偿方式予以救济。总之,"如果行为人侵害他人一般人格权的行为是应当被责难的行为,在民法典没有任何具体条款对此问题作出规定的情况下,宪法提供的有效保护可以通过《德国民法典》第847条规定的类比适用而得以实现,因为侵害他人一般人格权产生的损害后果主要是非财产损害,包括在《德国民法典》第847条规定的损害之中。"

在1961年的案件中[①],德国联邦最高法院援引1958年案例确立的规则,责令行为人就其侵害原告名誉权的行为对原告承担侵权责任。在该案中,原告是德国某大学法学院的教授,主要从事国际法和教会法的教学和研究工作。当原告从朝鲜交流访问回国时,原告携带了一些朝鲜人参。之后,原告将所携带的一些人参送给了作为生物学家的好友,供该好友研究之用。该好友此后对原告送给他的朝鲜人参进行了研究,发表了一些有关朝鲜人参方面的文章。这些文章影响广泛,对德国人了解朝鲜人参的价值起到了重要作用。在一篇文章当中,原告的好友提到了原告,认为正是因为原告的大方和慷慨,他才能够获得真正的朝鲜人参,也才能够对朝鲜人参进行研究。由于原告好友这篇文章的影响广泛,原告此后经常被人在有关科普文章中提及,并与其好友和其他科学家相提并论。被告是一家生产和经营人参滋补品的公司。在其有关人参滋补品的广告中,原告被看做重要的科学家,对其人参滋补品的价值发表了自己的观点;被告在一本刊物上刊登了广告注解暗示,原告将该人参滋补品当做性保健品使用。原告向法院起诉,要求法官责令被告就其侵权行为对自己遭受的损害承担赔偿责任,因为原告

---

① BGHZ35,363,NJW1961,2059.

认为,被告的行为对其作为学者的名誉构成了侵犯,使自己成为公众和学生嘲弄的对象。初审法院判决被告赔偿原告精神损失 8000 元,二审法院和德国联邦最高法院作出了维持原判的裁判。德国联邦最高法院一方面认为,原告对其名誉、姓名享有的权利构成一般人格权,被告的行为侵害了原告享有的一般人格权。德国联邦最高法院指出,为了鼓励公众对其广告产品的信任而利用原告的学术权威为其人参滋补品做广告,被告的行为侵犯了原告的一般人格权;被告在其广告中提到原告所做的科学研究欠缺客观的根据,使原告成为社会嘲讽的对象,也使其学术名誉减损;被告未经原告同意将其姓名与性保健功能的药品一起使用,也使原告感到愤怒。德国联邦最高法院一方面认为,被告应当就其侵害原告名誉权、姓名权的行为对原告遭受的非财产损害承担侵权责任。德国联邦最高法院指出:"的确,《德国民法典》第 253 条规定,只有在法律有明确规定的情况下,他人才可以要求行为人以金钱方式赔偿他人遭受的非财产损害。当德国侵权法确立了列举原则时,德国《宪法》第 1 条和第 2 条得到认可的、具有高价值的人格还没有得到德国民法典的认可。德国民法典的立场明确,即有形财产的保护处于重要地位,而人的价值仅仅受到不足够的、零星的保护。在根据《德国民法典》第 823(1) 条的规定认可自然人享有的一般人格权并对其提供保护时,法院实际上是基于民事目的从德国宪法的规定予以推导的,因为德国宪法将人格的价值和人格的自由发展看做最重要的法律价值。然而,如果侵犯他人一般人格权不能产生适当的救济的话,则《民法典》第 823(1) 条对他人一般人格权的保护将是不完整的,其保护也是存在漏洞的。正如侵权法对自然人享有的特定种类的法定利益予以限定保护被证明范围过于狭小、无法为宪法规定的人格提供保护一样,侵权法对非财产损害的范围施加狭小限制,认为此类损害仅限于民法典具体规定的几种法定利益,此种观念不再适应宪法规定的价值体系。因为,《宪法》第 1 条规定,保护人的尊严是国家公权力的使命。《宪法》第 2 条将人格的自由发展权看做是重要的基本权利。如果侵权法在保护非财产领域的人格方面仅仅对第 2 条第 2 款规定的特定人格利益提供保护,则民法将无法关注宪法规定的具有重要价值的一般人格利益,侵权法无疑继续认为,侵犯他人人格尊严、名誉的侵权行为仍然是不用产生侵权责任的行为。"

(三) 一般人格权理论的不确定性

在当今德国,司法判例均通过一般人格权理论对他人的名誉利益、隐私利益、肖像利益、姓名或者其他无形人格利益提供保护,他人对其名誉利益享有的权利被看做一般人格权,当行为人侵害他人名誉利益时,他们应当就其侵害行为对他人一般人格权遭受的损害承担侵权责任;他人对其隐私利益享有的权利被看做一般人格权,当行为人侵害他人隐私利益时,他们应当就其侵害他人一般人格权的行为对他人承担侵权责任;他人的对其肖像利益享有的权利被看做一般人格权,当行为人侵害他人肖像利益时,他们应当就其侵害他人一般人格权的行为对他人承担侵权责任。他人对其姓名利益享有的权利也被看做一般人格权,当行为人侵害他人姓名利益时,他们也应当就其侵害他人一般人格权的行为对他人承担侵权责任。虽然如此,德国司法判例在确立一般人格权的理论时所采取的方法并不完全相同。在1961年以前的案例中,德国司法判例在确立一般人格权理论时,除了援引德国《宪法》第1条和第2条之外,还援引《德国民法典》第847条的规定,通过类推适用《德国民法典》第847条的规定,责令行为人就其侵害他人一般人格权的行为对他人遭受的非财产损害承担赔偿责任。在1961年的上述案例中,德国司法判例在确立一般人格权理论时,除了援引德国《宪法》第1条和第2条的规定之外,不再类推适用《德国民法典》第847条的规定,而是直接适用《德国民法典》第823(1)条的规定,认为他人对其名誉、隐私、肖像等享有的一般人格权属于《德国民法典》第823(1)条规定的其他权利。

在德国,即便司法判例和学说广泛认可一般人格权理论,一般人格权理论仍然存在众多问题,使一般人格权理论具有不确定性,表现在两个方面:一方面,一般人格权同具体人格权、特殊人格权之间的关系具有不确定性。在德国,一般人格权是相对于具体人格权、特殊人格权而言的一种人格权。所谓具体人格权、特殊人格权,是指《德国民法典》没有规定受侵权法保护的人格权。问题在于,哪些人格权属于具体人格权、特殊人格权,哪些人格权属于一般人格权。对于这样的问题,德国司法判例和学说并没有完全统一的意见,尤其是关于无形人格权方面没有统一意见。例如,同样是姓名权,某些司法判例认为该种权利是一种具体人格权、特殊人格权,而某些司法判例则认为该种权利是一种一般人格权。同样是肖像权,某些学说认为该种权利是一种具体人格权、特殊人格权,而某些学说则认为该种权利是一种一般人格权。同样是名誉权,某些学说认为是具体人格权、特殊人格权,而某些学说则认为是一种人格权。另一方面,一般人格权保护的无形人格利益范围具有不确定性。在德国,司法判例确立的一般人格权究竟保护哪些无形人格利益,是仅仅保护他人的名誉、隐私、肖像利益还是保护其他无形人格特征,德国司法判例和学说也没有明确同一意见,使一般人格权本身具有不确定性。在1957年4月2日的案例中[①],德国联邦最高法院对一般人格权范围的不确定性作出了说明。它指出,应当承认,德国司法判例虽然创设了一般人格权理论,但关于什么是一般人格权,其范围是什么,德国司法判例没有作出界定。正如人格的动态性使人们无法对其范围予以固定一样,一般人格权的内容也具有动态性,人们无法对其内容予以最终确定。根据案件情况的不同,一般人格权的范围也有很大的不同。在一个具体案件中,原告的一般人格权是否已经受到侵犯,要仔细评估案件的具体事实和平衡案件的各种具体情况。因为这样的原因,德国学说和司法判例将一般人格权称之为"柜架性权利"、"伞状性权利"(umbrella right)。

四、英美法系国家的无形人格侵权责任

(一)无形人格权在英美法系国家普通法当中的地位

在英美法系国家,普通法既不承认人格权、一般人格权或者具体人格权、有形人格权或者无形人格权理论,也不承认人格侵权责任、一般人格侵权责任或者具体人格侵权责任、有形人格侵权责任或者无形人格侵权责任的理论,因为这样的理论仅是大陆法系国家民法或者侵权法的理论,不是英美法系国家普通法的理论。不过,不能够因此认为,英美法系国家的普通法不对他人的人格权提供法律保护,不会责令行为人就其侵害他人有形人格权或者无形人格权的行为对他人承担侵权责任。对于有形人格权而言,英美法系国家的普通法很早以来就通过各种具体侵权责任对他人的身体权、健康权提供保护,认为行为人应当就其侵害他人身体完整性、健康的行为对

---

① BGHZ 24,72.

他人遭受的财产损害或者非财产损害承担侵权责任；在19世纪中期，英美法系国家的普通法废除了行为人不就其剥夺他人生命的行为对死者继承人或者被抚养人承担侵权责任的规则，责令行为人就其侵害他人生命权的行为对死者的继承人或者被抚养人承担损害赔偿责任。因此，英美法系国家的普通法实际上保护他人对其生命、身体完整性和健康享有的人格利益。

对于他人的名誉而言，英美法系国家的普通法很早以来就通过名誉侵权责任来进行保护，认为行为人应当就其侵害他人名誉的行为对他人遭受的精神损害或者财产损害承担侵权责任。对于他人名誉之外的其他无形人格利益而言，英美法系国家的普通法也通过各种侵权责任制对它们提供保护，认为行为人应当就其侵害他人隐私、肖像、姓名的行为对他人承担侵权责任。此种侵权责任或者是名誉侵权责任，或者是违反不正当竞争产生的侵权责任，或者是违反信赖关系产生的侵权责任，或者是不动产侵入侵权责任：在大多数情况下，行为人侵害他人隐私、肖像、姓名的侵权行为被看做名誉侵权行为，行为人被责令对他人遭受的名誉损害承担侵权责任，因为行为人泄露他人隐私、使用他人肖像或者姓名的行为被认为是毁损他人名誉的侵权行为；在少数情况下，行为人侵害他人隐私、肖像或者姓名的侵权行为被看做其他侵权责任，诸如违反不正当竞争产生的侵权责任、违反信赖关系产生的侵权责任或者不动产侵入侵权责任。这些侵权责任都是财产性质的侵权责任而不是非财产性质的侵权责任，因为行为人使用他人隐私、肖像或者姓名的行为被认为是构成不正当竞争的行为，或者被认为是违反信赖关系的行为，或者被认为是侵害他人不动产的行为。此外，英美法系国家的普通法也通过契约方式保护他人对其隐私、肖像享有的利益，认为行为人应当就其违反契约的行为对他人承担违约责任，因为英美法系国家的普通法认为，一旦他人将其隐私、肖像交给行为人，行为人就应当保守他人的秘密，不得擅自将他人的隐私、肖像公开。

到了19世纪末期，英美法系国家普通法上的观点开始在美国发生改变。由于美国Warren和Brandeis的倡导，美国侵权法逐渐将他人对其隐私、肖像、姓名或者其他无形人格特征享有的利益统统归结为隐私权，当行为人侵害这些无形人格利益时，侵权法不会再通过名誉侵权责任或者其他侵权责任来责令行为人对他人承担侵权责任，而是直接责令行为人对他人遭受的损害承担隐私侵权责任。到了20世纪50年代，由于公开权理论开始流行,美国侵权法逐渐通过公开权理论来保护他人对其肖像、姓名或者其他无形人格特征享有的利益,认为行为人应当就其擅自使用他人肖像、姓名或者其他无形人格特征的行为对他人遭受的损害承担侵权责任。在今天,美国侵权法除了通过名誉侵权责任保护他人的名誉利益之外,或者通过隐私权来保护他人对其隐私、肖像、姓名或者其他无形人格特征享有的利益,或者通过公开权来保护他人对其肖像、姓名或者其他无形人格特征享有的利益。不过,在英国,英美法系国家普通法的此种规则一直坚持到1998年,直到英国制定了人权公约对他人的隐私提供保护为止。

(二) 隐私侵权责任对他人无形人格权提供的法律保护

在英美法系国家,通过独立的隐私侵权责任来保护他人对其隐私、肖像、姓名或者其他无形人格特征享有利益的观念最早出现在1890年,它是由美国学者Warren和Brandeis率先提出的。在1890年第4期出版的《哈佛法律评论》中,Warren和Brandeis发表了著名的侵权法论文《隐私权》,认为美国侵权法应当承认隐私权的独立性,应当建立独立的隐私侵权责任,应当通过隐私侵权责任而不是其他侵权责任来保护他人享有的隐私利益。[①] Warren和Brandeis指出,在英美法系国家,他人享有隐私利益不受侵扰的权利,此种权利就是所谓的"独处权"。该种权利被认为是一种广义的财产权,当行为人侵害此种独处权时,英美法系国家的普通法主要是通过契约理论或者信赖理论来责令行为人对他人承担法律责任。但是,通过这两种方式保护他人享有的独处权也存在问题,因而英美法系国家的普通法应当通过侵权法来保护他人享有的独处权。Warren和Brandeis指出:"契约理论和信赖理论在保护他人的独处权方面存在不适当的地方。为了对他人的独处权提供保护,我们不得不求助于侵权法。"[②]

Warren和Brandeis的独处权理论主要是受到英国历史上著名的Prince Aibert v. Strange[③]一案的影响。在该案中,被告获得了原告的雕刻画并准备将其获得的雕刻画进行展览。原告向法院起诉,要求法官颁发禁止令,禁

---

① Samuel Warren & Louis Brandeis, The Right to Privacy, 4 Harv. L. Rev. 193 (1890).
② Samuel Warren & Louis Brandeis, The Right to Privacy, 4 Harv. L. Rev. 193, 211, (1890).
③ De G. & SM. 652,64 Eng. Rep. 293(V. C. 1848).

止被告将其雕刻画进行展览并销毁其雕刻画。法官同意了原告的申请,决定颁发禁止令,禁止被告展览原告的雕刻画。法官认为,原告的要求符合英国普通法确立的侵权法原则,即一旦行为人同原告之间存在信赖关系、契约关系,行为人就不得违反其信赖关系、契约关系,否则,法官就能够颁发禁止令,禁止行为人实施违反信赖关系、契约关系的行为。在本案中,原告信赖被告,将其雕刻画交给原告,原告不希望被告展览其创作的雕刻画。被告违反原告意愿准备将其雕刻画进行展览的行为实际上是违反信赖关系、契约关系的行为,法官当然有权根据违反信赖的侵权法原则来颁发禁止令,禁止被告展览原告雕刻画的行为。法官指出,行为人在获得他人雕刻画之后虽然可以以对原告没有损害的方式来私下使用其雕刻画,但是他们不得将原告的雕刻画进行展览,因为被告展览原告雕刻画的行为会破坏原告生活的安逸和舒适或者会破坏他们继承人生活的安逸和舒适。

在对上述 Prince Aibert 一案进行研究时,Warren 和 Brandeis 认为,虽然法官认为被告公开原告雕刻画的行为是侵犯了原告的财产权、知识产权的行为,但是法官禁止行为人展览原告雕刻画的行为显然不是基于财产权、知识产权被侵犯的原因,而是基于更广泛意义上的人格权被侵犯的原因,因为,当侵权法保护他人的思想、感情、情绪免受行为人公开行为的侵害时,无论他人的思想、感情、情绪是通过书面文字的方式还是通过艺术的方式来表达,他人对其思想、感情、情绪享有的权利不能够再简单地看做是一种财产权、知识产权,而应当看做更一般意义上的独处权。当行为人侵害他人的独处权时,他们对他人承担的侵权责任既不是财产性质的侵权责任,也不是知识产权性质的侵权责任,而是一种人格性质的侵权责任。因为行为人侵害他人隐私权的行为往往不会导致他人遭受财产上的损害,反而会使他人遭受精神上的损害、心理的痛苦。[①] 虽然 Warren 和 Brandeis 的论文主要关心的问题是行为人是否应当就其实施的公开他人私人事实的行为对他人承担隐私侵权责任的问题,但是 Warren 和 Brandeis 的论文也涉及行为人侵害他人肖像权的问题,因为 Warren 和 Brandeis 认为,隐私权也包括自然人对其肖像享有的利益,行为人侵害他人对其肖像享有的利益,也应当承担隐私侵权责任。Warren 和 Brandeis 指出,包括个人书面作品和其他任何智力产品

[①] Samuel Warren & Louis Brandeis, The Right to Privacy, 4 Harv. L. Rev. 193, 204-205, (1890).

免受侵害的原则就是隐私权。此种隐私权的保护范围也延伸到自然人对其个人肖像享有的权利。①

Warren 和 Brandeis 的观点提出之后引起了美国学说和司法判例的不同反应。美国某些学说认为，Warren 和 Brandeis 的论文意义重大，应当为美国司法判例所适用。但是，美国司法判例在著名的 Robertson v. Rochester Folding Box Co②一案中认为，Warren 和 Brandeis 的隐私权理论不符合英美法系国家普通法的规则，不应当加以适用；当行为人为了自己的商业利益而擅自使用原告的肖像时，其行为不构成隐私侵权行为，无须对受害人承担隐私侵权责任。此种案件的结果既引起了美国学者的反对，也引起了美国社会公众的不满。为此，美国纽约州在 1903 年制定《制定法》，明确规定通过隐私侵权责任来保护自然人享有的某些无形人格权。根据该《制定法》第 50 条和第 51 条的规定，当行为人在没有获得他人同意的情况下擅自使用他人的姓名、肖像或者照片来做广告或者从事商事活动时，他人的姓名、肖像或者相片使用行为既然构成犯罪行为，也构成侵权行为。行为人应当赔偿他人遭受的损害，受害人有权要求法官颁发禁止令，禁止被告继续实施侵害其隐私权的行为。到了 1905 年，美国某些司法判例开始采取 Warren 和 Brandeis 的意见，明确认可他人的隐私权，认为行为人侵害他人隐私权的行为构成侵权行为，应当对他人遭受的精神损害承担赔偿责任。

到了 1960 年，由于 Prosser 的主张，隐私权最终在美国获得广泛的认可，成为美国侵权法保护他人无形人格权的最重要的、最主要的侵权责任。在 1960 年的《加利福尼亚法律评论》上，Prossr 教授发表了著名的论文《隐私》，对美国 20 世纪 60 年代之前的隐私侵权责任作出说明，认为从 1890 年 Warren 和 Brandeis 率先提出隐私侵权责任以来，美国司法判例认可的隐私侵权责任不再是单纯的公开他人私人事务的隐私侵权责任，隐私侵权责任是一个总括性质的侵权责任，由四种具体的侵权责任构成：侵扰他人安宁的隐私侵权责任、公开他人私人事务的隐私侵权责任、公开丑化他人形象的隐私侵权责任和擅自使用他人姓名和肖像的隐私侵权责任。③ 其中第四种隐

---

① Samuel Warren & Louis Brandeis, The Right to Privacy, 4 *Harv. L. Rev.* 193, 213, (1890).

② 64 N. E. 442(1902).

③ William L. Prosser, Privacy, 48 *Cal. L. Rev.* 383, 383 - 388 (1960).

私侵权责任被称作滥用原告身份特征的隐私侵权责任,因为该种隐私侵权责任是建立在行为人滥用自然人对其身份特征享有隐私权的基础上。《美国侵权法重述》(第2版)完全反映了Prosser教授的观点,将隐私侵权责任分为上述四种,因为《美国侵权法重述》(第2版)是由Prosser教授负责起草的,完全体现了Prosser教授的学术观点。根据Prosser教授的意见,隐私侵权责任保护的无形人格利益范围包括:他人的私人生活和私人事实,他人的公众形象,他人的生活安宁,他人的姓名、肖像、相片或者其他人格特征。如果行为人侵害他人的这些无形人格权,他们都应当对他人遭受的精神损害承担赔偿责任。此时,行为人侵害他人的无形人格利益的行为都构成隐私侵权行为,都应当对受害人承担隐私侵权责任,此种隐私侵权责任都是精神性质的损害赔偿责任,不是财产性质的损害赔偿责任。因为,隐私利益属于人格利益而非财产利益。不过,Prosser教授也认为,如果行为人侵害他人隐私权的行为给他人造成财产损害,他们也应当对他人遭受的财产损害承担侵权责任。

(三)公开权侵权责任对他人无形人格权提供的法律保护

在20世纪60年代之前,美国《侵权法》认为,自然人对其私人信息、私人事实享有的权利是隐私权,对其住所、居所或者其他不动产享有的不受侵扰的权利也是隐私权,对其姓名、肖像或者相片等无形人格利益享有的权利也是隐私权,当行为人侵害他人无形人格权并因此导致他人遭受精神上的损害时,他们应当对他人遭受的精神损害承担侵权责任。因此,隐私侵权责任是美国侵权法保护自然人无形人格利益的最重要手段,因为此种隐私侵权责任几乎保护除了名誉利益之外的所有无形人格利益。但是,到了20世纪50年代,美国某些司法判例和学说开始倡导公开权理论,认为自然人尤其是作为影视明星、体育明星的自然人对其肖像、姓名或者其他无形人格特征享有的权利不再是隐私权而是一种公开权,自然人尤其是作为明星的自然人有权决定是否公开其肖像、姓名或者其他无形人格特征,他们对其肖像、姓名或者其他无形人格特征的公开价值享有占有、使用、收益、处分的权利;行为人未经他人同意就擅自使用其肖像、姓名或者其他无形人格特征来做广告或者从事其他商事活动,其行为构成公开权的侵害行为,应当对他人遭受的损害承担侵权责任。在今天,除了司法判例和学说倡导公开权理论之外,美国某些州的制定法明确规定了公开权理论,认为他人对其肖像、姓名、声音或者其他无形人格特征享有的权利构成公开权,行为人不得为了商事目的擅自使用这些无形人格特征,否则,应当对他人承担财产损害赔偿责任。已如前述。

在美国,虽然司法判例和制定法认可自然人享有的公开权,但是司法判例和制定法在公开权的问题上并没有形成完全一致的意见,表现在:(1)公开权的主体仅是指名人还是所有的自然人。某些州的司法判例和制定法认为,公开权的主体只能是名人,非名人不享有公开权,某些州的司法判例和制定法则认为,公开权的主体是所有的自然人,包括名人和普通的社会公众。(2)公开权保护的无形人格利益范围。某些州的司法判例和制定法认为,公开权保护的无形人格权仅仅包括自然人的姓名权、肖像权和相片权,而某些州的司法判例和制定法则认为,公开权还保护自然人享有的声音权、签字权。(3)行为人是不是为了商业的目的。某些州的司法判例和制定法认为,只有行为人为了广告或者其他商业目的使用他人的无形人格特征,他们的行为才构成公开权的侵权行为,行为人才对他人承担侵权责任。某些州的司法判例和制定法则没有这样的限定,认为行为人基于一切目的使用他人无形人格特征的行为都能够构成侵权行为,行为人应当承担侵权责任。

五、我国的无形人格侵权责任

在我国,除了《民法通则》对无形人格侵权责任作出规定之外,我国最高人民法院的有关司法解释也对无形人格侵权责任作出了规定,其中最重要的司法解释有二个:1988年的《关于贯彻执行〈中华人民共和国民法通则〉若干问题的意见(试行)》;2001年的《关于确定民事侵权精神损害赔偿责任若干问题的解释》,它们分别对侵害他人无形人格权产生的侵权责任问题作出了说明。不过,无论是《民法通则》还是最高人民法院的上述两个司法解释都存在这样或者那样的问题。我国侵权法或者民法典应当总结《民法通则》和最高人民法院上述司法解释的经验教训,规定合理的、科学的无形人格侵权责任。

(一) 我国《民法通则》规定的无形人格侵权责任

在我国,《民法通则》既规定了自然人享有的无形人格权,也规定了自然人的无形人格权遭受损害时的法律救济措施。一方面,我国《民法通则》规定了自然人享有的无形人格权。根据《民法通则》的规定,自然人享有四种无形人格权:(1)姓名权。《民法通则》第99条规定,公民享有姓名权,有权决定、使用和依照规定改变自己的姓名,禁止他人干涉、盗用、假冒。(2)肖像权。《民法通则》第100条规定,公民享有肖像权,未经本人同意,不得以营利为目的使用公民的肖像。(3)名誉权。《民法通则》第101条规定,公民、法人享有名誉权,公民的人格尊严受法律保护,禁止用侮辱、诽谤等方式损害公民、法人的名誉。(4)荣誉权。《民法通则》第102条规定,公民、法人享有荣誉权,禁止非法剥夺公民、法人的荣誉称号。另一方面,我国民法通则也规定了四种无形人格权遭受侵害时的法律救济措施。我国《民法通则》第120条规定,公民的姓名权、肖像权、名誉权、荣誉权受到侵害的,有权要求停止侵害,恢复名誉,消除影响,赔礼道歉,并可以要求赔偿损失。

《民法通则》关于无形人格侵权责任的规定存在三个方面的问题:

其一,《民法通则》规定的无形人格侵权责任保护的范围存在不合理的地方。在我国,《民法通则》规定的无形人格侵权责任所保护的无形人格利益的范围或者过窄或者过宽,使其保护的范围不合理。说我国《民法通则》规定的无形人格侵权责任保护的无形人格利益的范围过窄,是因为我国《民法通则》规定的无形人格侵权责任仅仅保护四种无形人格利益,即他人的姓名利益、肖像利益、名誉利益以及荣誉利益,不保护其他无形人格权利益,诸如隐私利益、人格尊严利益、声音利益等,使我国《民法通则》所保护的无形人格利益范围要较两大法系国家的无形人格侵权责任所保护的范围窄小,因为两大法系国家的无形人格侵权责任除了保护我国《民法通则》规定的四种无形人格利益之外,还保护我国《民法通则》没有明确规定的其他几种无形人格利益,已如前述。我国《民法通则》规定的无形人格侵权责任保护的无形人格利益范围过宽,是因为我国《民法通则》不仅保护自然人的名誉权,而且还保护法人组织的名誉权,使我国《民法通则》所保护的名誉利益范围较两大法系国家无形人格侵权责任保护的名誉利益宽泛,因为两大法系国家的名誉侵权责任都认为,除了自然人的名誉权和公司、合伙组织的名誉权受名誉侵权责任的保护之外,其他法人组织的名誉权不受名誉侵权责任的保护,行为人侵害政府机关、政党组织等公法人的名誉利益时无须对这些法人组织承担名誉侵权责任。而我国《民法通则》第101条则认为,除了自然人的名誉权受到名誉侵权责任的保护之外,法人组织的名誉权也受到名誉侵权责任的保护,行为人无论是侵害公司的名誉权还是政府机关、法院、检察院或者政党组织、工会组织的名誉权,都应当承担侵权责任。关于这一点,笔者将在群体组织名誉侵权责任当中进行讨论,此处从略。

其二,《民法通则》对四种无形人格权的法律救济措施存在不合理的地方。在我国,由于受到德国民法和我国台湾地区民法的影响,《民法通则》第120条重视损害赔偿之外的法律救济措施,轻视损害赔偿的法律救济措施,认为当行为人侵害他人四种无形人格权时,受害人首先应当主张除去侵害请求权或者不作为请求权,例外情况下才可以主张损害赔偿请求权。此种规则不仅违反了当今两大法系国家侵权法的一般原则,而且还严重损害了行为人的利益。我国侵权法或者民法典应当放弃《民法通则》第120条的规则,将除去侵害请求权、不作为请求权同损害赔偿请求权的关系颠倒过来,当行为人侵害他人无形人格权时,侵权法应当原则上责令行为人对他人承担损害赔偿责任,例外情况下才采取除去侵害请求权或者不作为请求权,已如前述。

其三,即便我国《民法通则》第120条没有规定损害赔偿的性质究竟是精神损害赔偿还是财产损害赔偿,我国学说和司法判例几乎一边倒地认为,行为人就其侵害他人无形人格权承担的损害赔偿责任仅是精神损害赔偿责任,不包括财产损害赔偿责任,即便行为人是为了商事目的侵害影视明星、体育明星的姓名权、肖像权,也是如此。此种规则既违反了两大法系国家侵权法的基本规则,也严重损害了影视明星、体育明星的利益。我国侵权法应当区分不同情况,或者责令行为人就其侵害他人无形人格权的行为对他人承担精神损害赔偿责任,或者承担财产损害赔偿责任,或者同时承担两种性质的侵权责任,已如前述。

(二)最高人民法院《关于贯彻执行〈中华人民共和国民法通则〉若干问题的意见(试行)》规定的无形人格侵权责任

在《关于贯彻执行〈中华人民共和国民法通则〉若干问题的意见(试行)》(以下简称《意见(试行)》)中,最高人民法院除了分别就肖像侵权的认定、名誉侵权的认定和姓名侵权的认定问题作出说明之外,还对无形人格侵权的法律救济问题作出了说明。最高人民法院《意见(试行)》第139条规定,以营利为目的,未经公民同意利用其肖像做广告、商标、装饰橱窗等,应当认定为侵犯公民肖像权的行为。最高人民法院《意见(试行)》第140条规定,以书面、口头等形式宣扬他人的隐私,或者捏造事实公然丑化他人人格,以及用侮辱、诽谤等方式损害他人名誉,造成一定影响的,应当认定为侵害公民名誉权的行为。最高人民法院《意见(试行)》第141条规定,盗用、假冒他人姓名、名称造成损害的,应当认定为侵犯姓名权、名称权的行为。最高人民法院《意见(试行)》第150条规定,公民的姓名权、肖像权、名誉权、荣誉权和法人的名称权、名誉权、荣誉权受到侵害,公民或者法人要求赔偿损失的,人民法院可以根据侵权人的过错程度、侵权行为的具体情节、后果和影响确定其赔偿责任。最高人民法院《意见(试行)》第151条规定,侵害他人的姓名权、名称权、肖像权、名誉权、荣誉权而获利的,侵权人除应适当赔偿受害人的损失外,其非法所得应当予以收缴。

最高人民法院《意见(试行)》确立的无形人格侵权责任存在的主要问题有三:

其一,混淆了名誉侵权和隐私侵权,将隐私侵权等同于名誉侵权。在《意见(试行)》第140条当中,最高人民法院认为,即便行为人公开宣扬他人隐私,他们的隐私侵权行为也构成名誉侵权行为,应当对他人承担名誉侵权责任,这样,隐私侵权构成名誉侵权的组成部分。此种规则既违反了两大法系国家侵权法明确区分名誉权和隐私权的一般规则,也将两种性质不同、构成要件不同、抗辩事由不同的无形人格权混同在一起,使隐私侵权责任丧失了独立性,使名誉侵权责任成为不纯洁的侵权责任。当然,此种问题已经被最高人民法院纠正,因为在2001年的关于《关于确定民事侵权精神损害赔偿责任若干问题的解释》(以下简称《解释》)中,最高人民法院已经将隐私侵权责任看做名誉侵权责任之外的一种无形人格侵权责任。

其二,混淆了人格尊严侵权和名誉侵权,使人格尊严侵权等同于名誉权。在《意见(试行)》第140条当中,最高人民法院认为,如果行为人侮辱他人,他们的侮辱行为也构成名誉侵权行为,应当对他人承担名誉侵权责任。此种规则存在严重的错误,因为它将人格尊严侵权责任等同于名誉侵权责任。实际上,人格尊严侵权责任的构成要件同名誉侵权责任的构成要件是不同的,两种应当加以区分。当然,此种问题已经被最高人民法院所纠正,因为在 2001 年的《解释》中,最高人民法院已经将人格尊严侵权责任看做名誉侵权责任之外的一种无形人格侵权责任。

其三,仅仅责令行为人对他人承担精神损害赔偿责任。在《意见(试行)》第 150 条和第 151 条当中,最高人民法院认为,无论行为人是否是为了商事目的侵害他人无形人格权,他们也仅仅对他人承担精神损害赔偿责任,不对他人承担财产损害赔偿责任;如果行为人承担精神损害赔偿责任之后还获得了不当利益,法官应当收缴行为人通过无形人格侵害行为获得的利益。此种规则既不利于无形人格权人,也违反了两大法系国家侵权法将某些自然人的无形人格权看做财产权的规则。

(三)最高人民法院《关于确定民事侵权精神损害赔偿责任若干问题的解释》规定的无形人格侵权责任

在 2001 年,在《关于确定民事侵权精神损害赔偿责任若干问题的解释》(以下简称《解释》)中,最高人民法院对无形人格侵权责任保护的人格权范围作出了说明,对侵害死者无形人格权产生的精神损害赔偿问题作出了说明,对决定精神损害赔偿责任的大小应当考虑的具体因素等问题作出了说明。该《解释》第 1 条规定对无形人格侵权责任保护的无形人格权范围作出了说明,它规定,自然人因下列人格权利遭受非法侵害,向人民法院起诉请求赔偿精神损害的,人民法院应当依法予以受理:姓名权、肖像权、名誉权、荣誉权;人格尊严权、人身自由权。违反社会公共利益、社会公德侵害他人隐私或者其他人格利益,受害人以侵权为由向人民法院起诉请求赔偿精神损害的,人民法院应当依法予以受理。该《解释》第 3 条对侵害死者无形人格利益产生的损害赔偿问题作出了说明,它规定,自然人死亡后,其近亲属因下列侵权行为遭受精神痛苦,向人民法院起诉请求赔偿精神损害的,人民法院应当依法予以受理:以侮辱、诽谤、贬损、丑化或者违反社会公共利益、社会公德的其他方式,侵害死者姓名、肖像、名誉、荣誉;非法披露、利用死者隐私,或者以违反社会公共利益、社会公德的其他方式侵害死者隐私。该《解释》第 10 条对确定行为人承担精神损害的赔偿数额应当考虑的因素作出了规定,它规定,在决定行为人承担精神损害赔偿责任时,应当考虑的具体因素是:侵权人的过错程度;侵害的手段、场合、行为方式等具体情节;侵权行为所造成的后果;侵权人的获利情况;侵权人承担责任的经济能力;受诉法院所在地平均生活水平。

《解释》存在的主要问题有二：

其一，它没有规定某些重要的无形人格侵权责任。在《解释》中，最高人民法院将无形人格侵权责任保护的无形人格权的范围从《民法通则》规定的四种扩张到七种，使《民法通则》关于无形人格侵权责任保护范围方面的法律漏洞得以弥补，使我国无形人格侵权责任保护的无形人格权的范围接近于两大法系国家无形人格侵权责任保护的范围，为我国无形人格侵权责任保护范围的现代化做出了重要贡献。但是应当看到，最高人民法院的《解释》仍然存在无形人格利益保护不足的问题，使我国无形人格侵权责任在保护范围方面仍然存在法律漏洞。例如，他人对其声音享有的利益是一种重要的无形人格利益，最高人民法院的上述司法解释没有对其进行保护。为了适用市场经济的要求，为了体现影视明星、体育明星声音的价值，我国侵权法或者民法典应当规定声音权和声音侵权责任。关于声音权的侵权保护，笔者将在有关声音侵权责任当中加以讨论，此处从略。

其二，它仍然仅仅责令行为人就其侵害他人无形人格权的行为对他人承担精神损害赔偿责任。在《解释》中，最高人民法院仍然延续它在《意见（试行）》当中坚持的规则，认为当行为人侵害他人无形人格权时，他们也仅仅对他人承担精神损害赔偿责任，不承担财产损害赔偿责任。在确定精神损害赔偿责任的范围时，法官要考虑行为人通过无形人格侵权行为获得的经济利益。此种规则一方面使精神损害财产化，背离了精神损害赔偿责任制度的初衷，一方面否认了无形人格权的财产性理论，使我国无形人格权的理论同当今两大法系国家的无形人格权理论存在差异，对他人尤其是影视明星、体育明星等不利。我国侵权法或者民法典应当放弃此种规则，承认无形人格权的精神性、财产性并分别不同情况责令行为人对他人承担精神损害赔偿责任、财产损害赔偿责任，已如前述。

（四）我国侵权责任法规定的无形人格侵权责任

在我国，侵权责任法对无形人格侵权责任作出了规定，此种规定表现在五个方面：

其一，《侵权责任法》第2条对侵权责任法保护的无形人格权范围作出了明确规定。已如前述。同《民法通则》的规定相比，我国《侵权责任法》第

2条规定的进步在于,它在立法上首次正式承认了隐私权的独立性和隐私侵权责任的独立性。

其二,《侵权责任法》第22条对侵害他人无形人格权的行为所产生的精神损害赔偿责任作出了明确规定,已如前述。相对于《民法通则》,《侵权责任法》第22条的规定意义重大,它首次在立法上规定侵害他人无形人格权所产生的精神损害赔偿责任。

其三,《侵权责任法》第20条对侵害他人无形人格权所产生的财产损害赔偿责任作出了明确规定,认可了他人无形人格权的财产性理论。此条规定的意义重大,它标志着我国侵权法已经脱离传统侵权法的范畴,开始适用两大法系国家侵权法发展变化的要求,认可了无形人格权的财产性理论。

其四,《侵权责任法》第15条对侵害他人无形人格权所产生的其他法律救济措施作出了明确规定。该条规定,承担侵权责任的方式主要有:停止侵害;排除妨碍;消除危险;返还财产;恢复原状;赔偿损失;赔礼道歉;消除影响、恢复名誉。此条规定的好处在于,它终结了中国物权法学者同侵权法学者之间关于排除妨碍,消除危险,返还财产,恢复原状的法律救济措施究竟是物权法的救济措施还是侵权法的救济措施的争论,为侵权法的救济措施提供了最直接的法律依据。

其五,《侵权责任法》第21条规定了潜在危险的预防制度。该条规定:侵权行为危及他人人身、财产安全的,被侵权人可以请求侵权人承担停止侵害、排除妨碍、消除危险等侵权责任。

我国侵权责任法存在的问题有三:

其一,《侵权责任法》第2条没有规定某种非常重要的无形人格权,诸如自由权、人格尊严权、声音权等,使我国侵权责任法在无形人格权保护方面仍然存在法律漏洞。

其二,《侵权责任法》没有明确第15条规定的几种法律救济措施的适用范围,尤其是有关赔礼道歉、消除影响、恢复名誉的法律救济措施适用的范围。

其三,过分扩张侵权责任的范围,混淆了损害赔偿责任同损害赔偿责任之外的法律救济措施之间的关系,认为损害赔偿责任和损害赔偿责任之外的法律救济措施均为侵权责任。

其四,没有规定无形人格权侵权责任的各种具体抗辩事由,诸如事实真实抗辩、公正评论抗辩、绝对免责特权或者相对免责特权抗辩等等,使我国侵权责任法在无形人格权侵权责任抗辩制度方面存在致命的法律漏洞,需要最高人民法院针对这样的法律漏洞进行司法解释。

第三章　无形人格侵权责任的一般理论

一、无形人格侵权责任的构成要件

所谓无形人格侵权责任的构成要件,是指行为人就其侵害他人无形人格权的行为对他人承担侵权责任的必要构成要素。只有具备了无形人格侵权责任的必要构成要件,行为人才会就其侵害他人无形人格权的行为对他人承担侵权责任,如果不具备无形人格侵权责任的必要构成要件,则行为人将不用就其侵害他人无形人格权的行为对他人承担侵权责任。在侵权法上,无形人格侵权责任的构成要件有哪些,学说并没有作出明确的说明,司法判例也很少在具体案件中加以讨论。

笔者认为,无形人格侵权责任的构成要件包括两类:无形人格侵权责任的一般构成要件和无形人格侵权责任的特殊构成要件。所谓无形人格侵权责任的一般构成要件,是指所有无形人格侵权责任都应当具备的构成要件,包括名誉侵权责任、隐私侵权责任、肖像侵权责任、姓名侵权责任、自由侵权责任等。所谓无形人格侵权责任的特殊构成要件,是指某种特定的无形人格侵权责任所特别需要具备的各种构成要件。虽然所有的无形人格侵权责任都应当具备一般的构成要件,但是某些特定的无形人格侵权责任仅具备一般的构成要件还不足以让行为人对他人承担侵权责任,他们对他人承担侵权责任还应当具备该种特定的无形人格侵权责任所特有的构成要件。笔者仅在此处讨论无形人格侵权责任的一般构成要件,关于各种具体的无形人格侵权责任所应当具备的特殊构成要件,笔者将分别在每一具体无形人格侵权责任当中加以讨论,此处从略。

无形人格侵权责任的一般构成要件有四个:其一,行为人实施了过错行为;其二,行为人实施的过错行为侵害了他人受侵权法保护的某种无形人格利益;其三,行为人实施的过错行为给他人造成了严重损害;其四,行为人实施的过错行为同他人遭受的严重损害之间存在因果关系。在上述四个一般构成要件中,因果关系问题并非是一个特殊问题,完全能够适用一般侵权法上的因果关系理论。为此,笔者仅仅讨论因果关系之外的三个一般构成要件。

(一)行为人实施了过错行为

行为人对他人承担无形人格侵权责任的第一个一般构成要件是,行为人实施了过错侵权行为,包括实施了故意侵权行为和过失侵权行为。如果行为人没有过错,他们无须对他人承担无形人格侵权责任。此为两大法系国家侵权法的一般规定,也是我国侵权法的原则规定。所谓过错行为,是指行为人故意或者过失侵害他人某种无形人格权的侵权行为。其中所谓故意,是指行为人有意、蓄意实施侵害他人某种无形人格权的侵权行为,过失则是指行为人违反了某种制定法上的或者非制定法上的注意义务的行为。

1. 两大法系国家和我国的侵权法关于过错的规定

在法国,行为人对他人承担无形人格侵权责任必须以他们实施了过错侵权行为作为必要构成要件,因为当行为人侵害他人无形人格权时,法官会根据《法国民法典》第1382条规定的故意侵权责任和第1383条规定的过失侵权责任责令行为人对他人承担侵权责任。① 当然,应当注意的是:其一,法国法官虽然在具体案件当中会援引《民法典》第1382条和第1383条的规定责令行为人对他人承担无形人格侵权责任,但是他们很少对其中的过错问题作出明确的说明。其二,当法国立法机关在《民法典》第9条当中明确规定了隐私权之后,法国的法官往往会直接依据该条的规定责令行为人对他人承担无形人格侵权责任,不再援引《民法典》第1382条和第1383条的规定责令行为人对他人承担无形人格侵权责任。不过,《法国民法典》第9条规定的隐私侵权责任仍然是过错侵权责任,一旦行为人侵害了他人享有的隐私权,法官就会推定行为人存在过失。

在德国,行为人对他人承担无形人格侵权责任必须以他们实施了过错侵权行为作为必要构成要件,至少是在德国司法机关创设了一般人格权理论之后是如此,因为,当行为人侵害他人享有的一般人格权时,德国法官往

---

① 张民安:《现代法国侵权责任研究》(第2版),法律出版社2007年版,第6页。

往根据《德国民法典》第 823(1)条规定的一般过错侵权责任责令他们对他人承担无形人格侵权责任。即便德国法官在一般一般人格权的理论成熟之后往往直接援引一般人格权理论来责令行为人对他人承担无形人格侵权责任而不再援引《德国民法典》第 823(1)条对他人承担侵权责任,其一般人格权理论仍然属于一般过错侵权责任的范畴。

在英美法系国家,行为人对他人承担无形人格侵权责任是否以他们实施了过错侵权行为作为必要构成要件,侵权法并没有统一的规定,学者也没有统一的说明。总的说来,除了美国之外的英美法系国家的名誉侵权法普遍认为,名誉侵权责任是严格责任而非过错侵权责任,即便行为人在毁损他人名誉时没有故意或者过失,如果一个有理性的人认为行为人作出的名誉毁损行为是针对他人的,行为人就应当对他人承担名誉侵权责任,除非他们具备拒绝承担名誉侵权责任的某种抗辩事由。而在美国,20 世纪 60 年代之前的名誉侵权法也采取英美法系国家名誉侵权法的上述规则,认为名誉侵权责任不是过错侵权责任而是严格责任。20 世纪 60 年代之后,美国名誉侵权法废除了严格责任而改采过错侵权责任。除了名誉侵权责任是严格责任之外,英美法系国家的侵权法普遍认为,其他无形人格侵权责任是过错侵权责任,应当具备行为人的故意或者过失,如果行为人在侵害他人无形人格权时没有过错,则他们无须对他人承担侵权责任。这样,在英美法系国家,除了名誉侵权责任不要求行为人有故意或者过失之外,其他无形人格侵权责任都要求行为人有故意或者过失这一构成要件。

在我国,《民法通则》第 120 条在规定无形人格侵权责任时没有规定该种责任究竟是过错侵权责任还是严格责任;同样,我国《侵权责任法》第 2 条、第 20 条和第 22 条在规定无形人格侵权责任时也没有规定该种侵权责任究竟是过错侵权责任还是严格责任。虽然如此,我国侵权法学说和司法判例普遍认为,无形人格侵权责任仅为过错侵权责任,不是严格责任。笔者认为,当行为人侵害他人无形人格权时,他们承担的侵权责任仅为过错侵权责任,如果行为人没有故意或者过失,则他们无须对他人承担无形人格侵权责任。笔者曾经在一篇文章当中指出:"在我国,侵权责任法仅仅对他人的姓名权、名誉权、荣誉权、肖像权、隐私权等无形人格权提供相对保护,如果行为人在侵害他人享有的这些无形人格权时没有过错,则行为人将不对他人承担侵权责任。"①因此,过错行为是行为人对他人承担无形人格侵权责任必要构成要件。

2. 无形人格侵权领域的过错判断标准

在无形人格侵权责任,行为人的故意有两种含义:其一,行为人有损害他人无形人格权的主观恶意或者不适当的动机。如果行为人在实施无形人格侵权时有不适当的动机,希望通过其行为达到侵害他人无形人格权的目的,则其行为是恶意行为。在英美法系国家,此种主观动机或者恶意被称为蓄意,是经典意义上的蓄意。例如,行为人为了达到贬低他人的目的而故意发表具有名誉毁损性质的虚假陈述,其行为即构成蓄意毁损他人名誉的行为,在符合名誉侵权责任其他构成要件的情况下,他们应当对他人承担名誉侵权责任。此种意义上的故意对所有的无形人格侵权责任均适用。其二,名誉侵权责任领域的蓄意。20 世纪 60 年代以来,美国联邦最高法院放弃了英美法系国家的普通法长期以来采取的经典蓄意理论,认为如果名誉被毁损的原告是公共官员、影视明星、体育明星等公众人物,当他们起诉作为新闻媒体的被告要求他们承担名誉侵权责任时,他们应当证明新闻媒体在公开有关具有名誉毁损性质的阐述时知道其陈述是虚假的,或者鲁莽行为,对其陈述是真是假漠不关心,否则,他们不得要求新闻媒体对其承担侵权责任。其中所谓的"知道其陈述是虚假的,或者鲁莽行为,对其陈述是真是假漠不关心"就是新的蓄意理论。此种意义上的蓄意理论仅为美国侵权法所采取,并且仅为美国侵权法在名誉侵权责任领域所采取,在美国之外的英美法系国家很少适用。

在无形人格侵权责任领域,判断行为人的行为是不是故意行为,其标准是主观的,而判断行为人是不是存在侵害他人无形人格权的过失,其标准则是客观的。所谓主观标准,是指行为人对待其无形人格侵权行为的内心态度、主观状态。任何人,只要在实施无形人格侵权行为时有恶意侵害他人无形人格权的主观动机,则他们实施的无形人格侵权行为就构成故意侵权行为,在符合无形人格侵权责任其他构成要件的情况下,应当对他人承担侵权责任。

所谓客观标准,是指行为人在侵害他人无形人格权时违反了一个有理

---

① 张民安、林泰松:《我国侵权责任法对他人民事权益的保护》,载《暨南学报》2010 年第 3 期,第 30 页。

性的人在同样或者类似情况下所能够尽到的注意义务。① 任何人,只要在实施无形人格侵权行为时没有尽到一个有理性的人在同样或者类似情况下能够尽到的合理注意义务,则他们实施的无形人格侵权行为就构成过失侵权行为,在符合无形人格侵权责任其他构成要件的情况下,应当对他人承担侵权责任。

3. 无形人格侵权责任对过错要求的严格性

应当注意的是,基于公共政策的考虑,两大法系国家和我国的侵权法会认为,过错仅是行为人对他人承担无形人格侵权责任的必要构成要件,不是充分构成要件,因为两大法系国家和我国的侵权法可能会认为,为了保护社会公众的知情权,防止他人无形人格权的保护会影响甚至会窒息行为人自由权的行使,行为人无须就其实施的过失侵权行为甚至故意侵权行为对他人承担无形人格侵权责任,即便他们实施的过错侵权行为会导致他人遭受严重的损害,也是如此。这就是无形人格侵权责任的公共政策问题。

在侵权法上,公共政策对作为无形人格侵权责任构成要件的过错影响主要表现在三个方面:

其一,只有当行为人实施的过错侵权行为是重大时,两大法系国家和我国的侵权法才会责令行为人对他人承担无形人格侵权责任。例如,在1961年9月19日的司法判例当中,德国联邦最高法院指出,在决定是否给予受害人以精神慰抚金时,法官要看行为人实施的致害行为是不是重大侵权行为,只有行为人实施的致害行为构成重大侵权行为时,法官才会责令行为人对他人遭受的精神损害承担赔偿责任。"只有此类侵害行为十分严重时,民法才能责令行为人就其侵权行为对遭受损害的人给予精神慰抚金,以便保护他人的人格及其价值"②。同样,美国的侵权法认为,如果行为人实施了侵害他人隐私权、肖像权、姓名权的行为,侵权法不得仅仅因为行为人实施了隐私、肖像或者姓名侵害行为而要求他们承担侵权责任,如果侵权法要求行为人就其隐私、肖像或者姓名侵权行为对他人承担侵权责任,必须以行为人实施的隐私、肖像或者姓名侵权行为达到了让一般人、有理性的人或者社会公众高度反感的程度或者达到了极端、骇人听闻的程度。换句话说,只有

---

① 张民安:《过错侵权责任研究》,中国政法大学出版社2002年版,第268—276页;张民安、梅伟:《侵权法》(第3版),中山大学出版社2008年版,第101—104页。
② BGHZ35,363;NJW1961,2059.

当行为人实施的无形人格侵权行为构成严重的、重大的侵权行为时,行为人才就其实施的无形人格侵权行为对他人承担侵权责任。

其二,即便行为人实施了过失甚至故意侵权行为,他们也不对公共官员或者公众人物承担无形人格侵权责任。例如,美国的侵权法认为,如果行为人侵害了公共官员、影视明星或者体育明星等公众人物的无形人格权,他们不就其过失甚至故意侵权行为对这些人承担侵权责任;他们仅仅就其蓄意行为引起的损害对这些人承担名誉侵权责任,即行为人知道其作出的陈述是虚假陈述或者不关心其作出的陈述是不是真实的陈述而仍然作出对这些人的名誉具有毁损性的陈述并因此导致这些人遭受了名誉损害。① 在我国,笔者也主张这样的理论,笔者曾经在一篇文章当中指出:"在决定行为人是否就其过失侵害他人名誉的行为对他人承担侵权责任时,侵权法会考虑名誉权人的身份是普通社会公众还是公共官员、公众人物,如果行为人过失侵害普通社会公众的名誉权,侵权法将会责令行为人对他人承担侵权责任;如果行为人过失侵害公共官员、公众人物的名誉权,则侵权法不会责令行为人对他人承担侵权责任。侵权责任法之所以仅仅对他人无形人格权提供相对保护,是因为这些权利的内容不是太确定,它们与其他权利的边界也不是太清晰。例如,他人的隐私权可能会与社会公众的知情权相冲突,对隐私权保护太周到,社会公众的知情权就会受到不合理限制。同样,名誉权可能会与他人享有的言论自由权相冲突,对他人名誉权保护太强,会不合理限制他人享有的言论自由权。"②

其三,即便行为人实施了故意侵权行为,他们也不就其商事目的之外实施的无形人格侵权行为他人承担无形人格侵权责任。在英美法系国家,侵权法有时会明确区分行为人实施无形人格侵权行为的目的,认为当行为人基于商事目的而故意侵害他人无形人格权时,他们应当对他人承担无形人格侵权责任,如果他们不是为了商事目的,即便他们是故意侵害他人无形人格权,他们也不对他人承担无形人格侵权责任。在我国,《民法通则》第100

---

① 当然,并非所有国家的侵权法都像英美法系国家的侵权法那样区分公共官员、公众人物的无形人格侵权责任和非公共官员、公众人物的无形人格侵权责任。例如,法国侵权法就不区分一般的社会公众和公共官员、公众人物的无形人格侵权责任。

② 张民安、林泰松:《我国侵权责任法对他人民事权益的保护》,载《暨南学报》2010年第3期,第30—31页。

条明确规定,如果行为人不是为了营利的目的使用他人的肖像,他们无需对他人承担肖像侵权责任。笔者曾经在一篇文章当中明确主张这样的理论,笔者指出:"即便行为人存在过错,侵权责任法也未必会责令行为人对他人承担侵权责任。因为在某些情况下,侵权责任法会考虑行为人实施过错侵害行为的目的,会考虑无形人格权人的身份等,从而决定行为人是否就其过错行为对他人承担侵权责任。例如,在决定行为人是否就其过失使用他人肖像的行为对他人承担侵权责任时,侵权法会考虑行为人使用他人肖像的目的,如果行为人是为了商事目的使用他人的肖像,则侵权法会责令行为人对他人承担侵权责任,如果行为人不是为了商事目的使用他人的肖像,则他们将不对他人承担侵权责任。"[①]

(二)行为人实施的过错行为侵害了他人受侵权法保护的某种无形人格权

行为人对他人承担无形人格侵权责任的第二个一般构成要件是,行为人实施的过错行为侵害了他人受侵权法保护的某种无形人格利益。如果行为人实施的过错行为没有侵害他人受侵权法保护的无形人格利益,则他们将不对他人承担侵权责任。问题在于,哪些无形人格利益是受侵权法保护的无形人格权,哪些无形人格利益是不受侵权法保护的无形人格利益,对此问题,两大法系国家和我国的侵权法作出的回答并不完全相同。

1. 大陆法系国家侵权法保护的无形人格利益范围

在法国,立法机关在1881年制定了1881年7月29日的法律,明确规定保护他人的名誉权,当行为人侵害他人名誉权时,应当根据该法对他人承担名誉侵权责任。在今天,此种法律仍然有效。立法机关在1970年制定了1970年7月17日的法律,明确规定保护他人的隐私权,认为当行为人侵害他人隐私权时,应当对他人承担隐私侵权责任。该制定法被编入法国民法典,这就是《法国民法典》第9条。除此之外,法国《制定法》或者《民法典》没有规定无形人格侵权责任所保护的无形人格权的范围。他人主张的某种无形人格利益是否保护,往往取决于法官的自由决定。一旦法官决定保护,他们往往会根据《民法典》第1382条和第1383条责令行为人对他人承担过

---

① 张民安、林泰松:《我国侵权责任法对他人民事权益的保护》,载《暨南学报》2010年第3期,第30—31页。

错侵权责任,已如前述。总的来说,法国法国认为,无形人格侵权责任保护的无形人格权包括名誉权、隐私权、肖像权、姓名权、自由权、声音权,当行为人侵害这些无形人格权使,应当对他人遭受的损害承担侵权责任。此外,法国 Larroume 认为,无形人格侵权责任保护他人的肖像权、名誉权、隐私权、姓名权和自由权等。① Raymond 也指出,无形人格侵权责任保护他人的姓名权、婚姻权、身体权、肖像权、声音权和隐私权。②

在德国,《民法典》保护两种无形人格权,这就是他人的姓名权和自由权,当行为人侵害他人的姓名或者自由时,行为人应当根据《德国民法典》的规定对他人承担侵权责任。在一般人格权理论确立之后,德国司法机关根据一般人格权理论来决定所保护的无形人格权的范围。至于说一般人格权保护的范围有哪些,德国司法判例并没有作出详细的说明,他人主张的某种无形人格利益是否受到一般人格权理论的保护,完全取决于法官的自由裁量。不过,无论德国法官对一般人格权保护的无形人格利益享有怎样的自由裁量权,德国当今司法判例都认为,他人的名誉、隐私、肖像利益属于一般人格权保护的范围,行为人侵害这些无形人格利益时,应当对他人承担侵权责任。这样,德国侵权法保护的无形人格利益主要包括:姓名利益、自由利益、名誉利益、隐私利益、肖像利益等,行为人侵害这些无形人格利益时,应当对他人承担侵权责任,已如前述。

2. 英美法系国家侵权法保护的无形人格利益范围

在英美法系国家,侵权法并没有无形人格权和无形人格侵权责任的观念,因此,无形人格权责任制度保护的无形人格利益有哪些,完全由法官在具体案件当中作出说明。

总的说来,英美法系国家的侵权法所保护的无形人格权范围包括:其一,他人的自由权,包括人身自由权、言论自由权、出版自由权等,其保护的方式多种多样,包括通过虚假监禁侵权责任(false imprisonment)来保护他人的人身自由权。其二,他人的人格尊严权,主要是通过所谓的故意使他人遭受精神痛苦的侵权责任(intentional infliction of mental distress)或者名誉侵权责任来保护。其三,他人的名誉权,主要是包书面诽谤侵权责任(libel)和

---

① Christian Larroumet, *Droit Civil*, *Introduction*, *A L'Etude du Droit Prive*, Economica, pp. 259 – 260.

② Guy Raymond, *Droit Civil*(2e éditon), litec, p. 84.

言词诽谤侵权责任来保护。其四,他人的隐私权、姓名权、肖像权、声音权等无形人格权,或者通过独立的隐私侵权责任来保护,或者通过独立的公开权侵权责任来保护,或者通过其他已经存在的侵权责任来保护。其中,通过独立的隐私侵权责任和独立的公开权侵权责任来保护主要为美国侵权法所采取,而通过其他已经存在的侵权责任来保护则为英国侵权法所采取。

在美国,隐私权和公开权保护的范围有哪些?对此问题,美国的制定法和普通法作出的回答并不完全相同。《美国侵权法重述》(第2版)第652C条仅仅保护他人的两种无形人格利益:姓名和肖像,行为人侵害这两种法定无形人格利益时,应当对他人承担侵权责任,行为人侵害这两种法定无形人格利益之外的其他无形人格利益时,无须对他人承担侵权责任。美国纽约州的民事权利法规定,隐私权仅仅保护他人的三种无形人格利益:姓名、肖像以及声音,行为人侵害这三种法定无形人格利益时,应当对他人承担侵权责任,行为人侵害这三种法定无形人格利益之外的其他无形人格利益时,无须对他人承担侵权责任。加利福尼亚州的制定法规定,公开权保护他人的五种无形人格利益:姓名、声音、签名、相片或者肖像,行为人侵害这五种法定无形人格利益时,应当对他人承担侵权责任,侵害这五种法定无形人格利益之外的其他利益时,无须对他人承担侵权责任;田纳西州的制定法规定,公开权保护他人的两种无形人格权:肖像或者姓名,行为人侵害这两种法定无形人格利益时,应当对他人承担侵权责任,侵害这两种法定无形人格利益之外的其他无形人格利益时,无须对他人承担侵权责任。

除了制定法规定的隐私权或者公开权保护的无形人格利益范围不同之外,美国各州普通法认可的隐私权或者公开权所保护的无形人格利益范围也不完全相同。某些州的司法判例仅将隐私权或者公开权保护的无形人格利益范围限制在他人对其肖像、姓名享有的利益方面,行为人侵害这两种无形人格利益时,应当对他人承担侵权责任,侵害其他无形人格利益时,无须对他人承担侵权责任;某些州的司法判例则将其隐私权或者公开权保护的无形人格利益范围限制在他人对其肖像、姓名、声音、签字享有的利益方面,行为人侵害这几种无形人格利益时,应当对他人承担侵权责任,侵害其他无形人格利益时,无须对他人承担侵权责任;某些州的司法判例则采取最广泛的隐私权或者公开权理论,认为隐私权或者公开权保护的无形人格利益范围除了包括这些内容之外,还包括他人对其表演方式、行为方式、衣着风格、使用的物件、他人在电影、电视剧或者舞台剧中创作的人物。如果行为人模仿他人的表演方式、行为方式、衣着或者服饰风格；模仿他人使用的独特物件或者他人在电影、电视剧或者舞台剧中创作的人物，他们也应当对他人遭受的损害承担赔偿责任。

3. 我国侵权法应当保护的无形人格利益范围

在我国，无形人格侵权责任保护的范围问题往往由制定法和最高人民法院的有关司法解释作出明确的规定和说明。

根据我国《民法通则》第 120 条和最高人民法院《关于贯彻执行〈中华人民共和国民法通则〉若干问题的意见（试行）》（以下简称《意见（试行）》）第 139 条、第 140 条和第 141 条的规定，无形人格侵权责任仅保护四种无形人格权，这就是他人的姓名权、肖像权、名誉权和荣誉权。当行为人侵害这四种无形人格权时，他们应当对他人承担侵权责任，其中的名誉权除了包括通常意义上的名誉权之外，还包括他人的隐私权，因为，根据最高人民法院《意见（试行）》第 140 条的规定，当行为人宣扬他人隐私时，应当根据名誉侵权责任对他人承担名誉侵权责任。

根据最高人民法院在《关于确定民事侵权精神损害赔偿责任若干问题的解释》第 1 条的规定，无形人格侵权责任保护的无形人格权包括七种，即他人的姓名权、肖像权、名誉权、荣誉权、人格尊严权、人身自由权和隐私权，当行为人侵害这七种无形人格权时，应当对他人承担侵权责任。当然，最高人民法院在此种司法解释仅将他人享有的隐私权称作隐私利益，其目的是借以区分隐私利益和其他无形人格权，表明司法机关虽然认为应当保护他人的隐私利益，但是，他人的隐私利益在侵权法上的地位不及他人的名誉利益、姓名利益、肖像利益、荣誉利益、人格尊严利益和人身自由利益。

根据我国《侵权责任法》第 2 条的规定，无形人格侵权责任保护的无形人格权包括五种，即他人姓名权、名誉权、荣誉权、肖像权、隐私权。可以看出，我国侵权责任法保护的无形人格权范围要少于最高人民法院在《关于确定民事侵权精神损害赔偿责任若干问题的解释》规定的无形人格权范围，因为我国侵权责任法没有规定保护他人的自由权、人格尊严权。不过，不能够说我国侵权责任法不保护这两种无形人格权，因为我国《侵权责任法》第 2 条除了规定保护所明确规定的五种无形人格权之外，还规定保护该条没有明确规定的"其他人格利益"，其中自然包括他人的人身自由权、人格尊严权和声音权等。

除了保护他人姓名权、名誉权、荣誉权、肖像权、隐私权、人身自由权、人格尊严权和声音权之外,我国侵权责任法是否还保护他人主张的某种无形人格利益?虽然说我国《侵权责任法》第2条表面上作出了肯定的回答,但是,我国侵权责任法不会对他人主张的一切无形人格利益都提供保护,不会认为行为人侵害他人主张的一切无形人格利益的行为都应当对他人承担侵权责任。因为,过分保护他人主张的无形人格利益会影响行为人行为的积极性,会导致社会公众享有的知情权、自由权受到不利影响甚至会窒息。当然,随着社会的快速发展和变化,过去可能无关紧要的某种无形人格利益可能成为重要、非常重要的利益,此时,法官也会适应社会发展和变化的需要,通过我国《侵权责任法》第2条、第20条和第22条的规定来保护他人主张的此种无形人格利益,当行为人侵害他人主张的此种无形人格利益时,法官也会责令行为人对他人承担侵权责任。在具体决定《侵权责任法》第2条没有明确规定的某种无形人格利益是不是应当受到我国侵权责任法的保护时,法官应当考虑各种具体的因素,包括他人主张的无形人格利益是否范围确定,他人主张的无形人格利益的历史有多久远,保护他人的无形人格利益是不是会严重影响行为人或者社会公众的自由权、知情权等等。[①]

(三) 行为人实施的过错侵权行为给他人带来的重大损害

行为人对他人承担无形人格侵权责任的第三个一般构成要件是,行为人的过错行为给他人造成了严重的、重大的损害。如果行为人的过错行为没有给他人造成损害或者虽然造成了损害,但是所造成的损害仅是一般损害、轻微损害,则行为人将不对他人承担侵权责任。

在两大法系国家和我国,在无形人格权的财产性理论没有得到认可之前,行为人侵害他人无形人格权的行为仅会产生非财产损害的赔偿责任,尤其是仅会产生精神损害赔偿责任。两大法系国家和我国的侵权法普遍认为,并非他人遭受的任何非财产损害均能够要求赔偿,仅有他人遭受的重大的、严重的非财产损害才能够要求赔偿。在无形人格权的财产性理论得到认可之后,此种理论仍然得到适用,因为在当今社会,仅有某些人的无形人

---

① 张民安、林泰松:《我国侵权责任法对他人民事权益的保护》,载《暨南学报》2010年第3期,第28—30页。

格权具有财产性,大多数人的无形人格权没有财产性而仅有非财产性的内容。当行为人侵害他们的无形人格权时,他们仍然主要是对他人承担非财产损害的赔偿责任。例如,我国《侵权责任法》第 22 条明确规定,侵害他人人身权益,造成他人严重精神损害的,被侵权人可以请求精神损害赔偿。

　　这一点同有形人格侵权责任形成鲜明的对比。两大法系国家和我国的侵权法认为,一旦行为人侵害了他人的生命权、身体权或者健康权,他们应当对他人遭受的财产损害和非财产损害承担赔偿责任,受害人在要求行为人对其精神损害承担赔偿责任时无须承担举证责任,证明行为人的侵害行为给自己造成了精神损害,因为两大法系国家和我国的侵权法认为,一旦行为人实施了侵害他人生命、身体完整性或者健康的侵权行为,侵权法就推定他人遭受了精神损害,除非行为人能够反证证明,他人没有因为行为人的侵害行为遭受精神损害,否则,行为人应当赔偿他人因此遭受的精神损害。而两大法系国家和我国的侵权法认为,一旦行为人侵害了他人的无形人格权,他们原则上无须对他人遭受的精神损害承担赔偿责任,侵权法不会自动推定他人因为行为人的侵害行为遭受了精神损害;如果他人要求行为人就其实施的无形人格侵权行为对自己承担侵权责任,他们应当承担举证责任,证明他们因为行为人的无形人格侵害行为遭受了严重的、重大的精神损害。

　　两大法系国家和我国的侵权法之所以对无形人格侵权责任作出这样的限制,主要是基于公共政策的考虑:其一,无形人格侵权责任产生的精神损害不同于有形人格侵权责任产生的精神损害,它往往是单纯的精神损害,不是建立在有形人格被侵害的基础上,而是建立在看不见、摸不着的无形人格权的基础上。其二,如果行为人要就其实施的无形人格侵权行为对他人遭受的任何非财产损害承担赔偿责任,则那些无形人格权遭受损害的受害人可能动不动就向法院起诉,要求行为人就其实施的无形人格侵权行为对自己遭受的任何非财产损害承担侵权责任,无论他们遭受的非财产损害是真实的损害还是虚假的损害,是重大的损害还是轻微的损害。为了防止受害人动不动就向法院起诉,为了约束受害人提起虚假的、不真实的诉讼,侵权法认定行为人原则上不对受害人遭受的非财产损害承担赔偿责任,就能够有效地减少无形人格侵权诉讼的发生。

二、无形人格权的法律救济措施之一：
损害赔偿责任的承担

（一）行为人就其侵害他人无形人格权的行为对他人承担的损害赔偿责任的性质

一旦符合无形人格侵权责任的上述构成要件，行为人就应当对他人遭受的损害承担赔偿责任。问题在于，行为人就其侵害他人无形人格权的行为对他人承担的损害赔偿责任究竟是什么性质的赔偿责任。

在大陆法系国家，传统侵权法和现代侵权法都认为，鉴于无形人格权的非财产性、专属性和个人性的特征，行为人就其侵害他人无形人格权的行为对他人承担的损害赔偿责任是一种精神损害赔偿责任，不是财产损害赔偿责任，行为人支付一定数量的金钱给他人不是为了补偿他人因为行为人的侵害行为遭受的财产损失，而是为了抚慰他人因为行为人的侵害行为所遭受的精神痛苦、感情伤害。在当代社会，大陆法系国家的侵权法逐渐改变此种规则，它们认为，鉴于某些人的无形人格权是一种单纯的财产权，行为人就其侵害他人无形人格权的行为对他人承担的损害赔偿责任是一种财产损害赔偿责任，不是精神损害赔偿责任，行为人支付一定数量的金钱不是为了抚慰他人因为行为人的侵害行为所遭受的精神痛苦、感情伤害，而是为了补偿他人因为行为人的侵害行为所遭受的财产损失。

在英美法系国家，传统侵权法认为，鉴于无形人格权的非财产性、专属性和个人性的特征，行为人应当就其侵害他人无形人格权的行为对他人遭受的精神损害承担赔偿责任，不对他人遭受的财产损害承担赔偿责任；20世纪50年代以来，英美法系国家尤其是美国侵权法逐渐放弃了此种规则，它们认为，鉴于无形人格权的公开性、财产性和商事性，行为人应当就其侵害他人无形人格权的行为对他人承担财产损害赔偿责任。

在我国，民法通则和最高人民法院的有关司法解释都认为，鉴于无形人格权的人格性、精神性、专属性，行为人应当就其侵害他人无形人格权的行为对他人承担精神损害赔偿责任，不得对他人遭受的财产损害承担赔偿责任，除非他人因为行为人的侵害行为遭受了间接的财产损害。而我国侵权责任法则更加务实,除了第22条对侵害他人无形人格权所产生的精神损害赔偿责任作出明确规定之外,也在第20条规定了侵害他人无形人格权所产生的财产损失赔偿责任。因此,如果行为人实施的无形人格侵权侵害了他人具有单纯精神性内容的无形人格权,他们仅需根据我国《侵权责任法》第22条对他人承担单纯的精神损害赔偿责任;如果行为人实施的无形人格侵权仅侵害了他人具有单纯财产性内容的无形人格权,他们仅需根据我国《侵权责任法》第20条对他人承担单纯的财产损失的赔偿责任。如果行为人实施的无形人格侵权同时侵害了他人具有精神内容和财产内容的无形人格权,则他们应当同时根据我国《侵权责任法》第22条和第20条的规定对他人承担精神损害赔偿责任和财产损失赔偿责任。

在侵权法上,行为人就其侵害他人无形人格权的行为对他人承担的损害赔偿责任究竟是单纯的精神损害赔偿责任、单纯的财产损害赔偿责任或者同时承担精神损害赔偿责任和财产损害赔偿责任,主要取决于两个因素:行为人侵害他人无形人格权的目的是不是为了商事经营活动,无形人格权被侵害的人是不是公众人物。

在侵权法上,行为人使用他人无形人格特征的目的对行为人的行为产生两个方面的影响:一方面,行为人的使用行为是不是构成侵权行为。在某些国家,侵权法仅将行为人为了商事目的使用他人无形人格特征的行为看做侵权行为,不将行为人不是为了商事目的使用他人无形人格特征的行为看做侵权行为。因此,如果行为人是为了商事目的使用他人无形人格特征,在符合无形人格侵权责任构成要件的情况下,行为人应当对他人承担侵权责任;如果行为人不是为了商事目的使用他人无形人格特征,则行为人的行为不构成侵权行为,无须对他人承担侵权责任。此种规则主要为美国侵权法所采取,我国《民法通则》对肖像侵权责任也采取此种规则。而在某些国家,侵权法并不区分行为人使用他人无形人格特征的目的,无论是为了商事目的还是非商事目的使用他人无形人格特征,只要符合无形人格侵权责任的构成要件,行为人都应当对他人承担侵权责任。此种规则主要为两大法系国家的法国和德国所采取,这些国家并不区分行为人使用他人无形人格特征的目的。另一方面,行为人使用他人无形人格特征的目的对他们承担侵权责任范围的影响。行为人侵害他人无形人格权的目的对他们承担损害赔偿责任的性质影响巨大:如果行为人是为了商事经营活动或者营利的目的侵害他人无形人格权,则他们应当就其侵害他人无形人格权的行为对他人承担财产损害赔偿责任,如果行为人不是为了商事经营活动或者营利的目的侵害他人无形人格权,则他们应当就其侵害他人无形人格权的行为对他人承担精神损害赔偿责任,因为当行为人为了商事经营活动或者营利目的侵害他人无形人格权时,如果仅仅责令行为人对他人承担精神损害赔偿责任,则行为人将通过实施无形人格侵权行为获得大量的不当利益,使行为人找到了侵害他人无形人格权的动力;只有责令行为人就其侵害他人无形人格权的行为对他人承担财产损害赔偿责任,他们将无法通过侵害他人无形人格权的方式获得大量不当利益,使行为人自觉地减少侵害他人无形人格权的行为。关于行为人使用他人无形人格特征的目的对行为人侵权责任性质的影响,笔者将在有关章节作出详细说明,此处从略。

  在侵权法上,无形人格权人的身份是不是公众人物、是什么性质的公众人物对行为人承担的侵权责任性质产生重要影响。所谓公众人物,是指那些因为其担任的职位或者从事的工作性质、在某一个领域所取得的成就或者因为卷入某一个具有新闻价值事件而为社会公众或者一定范围内的群体所广泛了解、讨论或者关注的自然人。公众人物可以做多种分类,诸如政府官员、准政府官员,影视明星、体育明星等。所谓政府官员,是指在国家机构担任一定的职位、代表国家或者政府履行某种法定职责的自然人。所谓准政府官员,是指虽然没有在国家机关担任一定的职位、没有代表国家或者政府履行法定职责,但是所从事的工作涉及社会利益的自然人。例如,我国的党派领导人、大学教授、中小学教师、医院的医师、工程师、律师、审计师或者会计师等专业人士。这些人虽然不是政府官员,但他们从事的职业同社会公众的利益息息相关,因此,被看做类似于政府官员的人。所谓影视明星、体育明星等,是指在在电影表演、电视剧表演当中或者体育活动当中获得重要成就并因为其成就而成为社会公众广泛关注的自然人。在侵权法上,政府官员、准政府官员或者影视明星、体育明星都被看做自愿性公众人物、永久性公众人物,因为他们完全是基于本人的自愿成为公众人物的,即便没有再担当所担当的职位或者没有从事所从事的影视、体育活动,他们仍然会时不时地引起新闻媒体或者社会公众的关注。除了自愿性公众人物、永久性公众人物之外,侵权法上还有一种公众人物,这就是非自愿性公众人物、暂时性公众人物,这些公众人物不是因为所担当的职位或者其所取得的成就而成为公众人物,而是因为所实施的行为、所从事的活动或者卷入某一个具有新闻价值的事件而为社会公众所讨论、关注而成为公众人物,他们成为公众人物是消极被动的而非积极主动的,因此被称为非自愿性公众人物;当新闻媒体或者社会公众对他们进行广泛的关注时,他们就因为此种关注而成为公众人物;当新闻媒体或者社会公众对他们的关注减弱或者消失时,他们就不再是公众人物而成为普通人、一般的社会公众,因此被称为暂时性公众人物。

在侵权法上,公众人物的种类不同,行为人对他们承担的侵权责任性质也不同。如果公众人物是政府官员、准政府官员或者是非自愿选公众人物,则当行为人侵害他们的无形人格权时,行为人仅仅对他们承担精神损害赔偿责任,即便行为人是为了商事经营活动使用他们的无形人格特征,他们也仅仅对这些公众人物承担精神损害赔偿责任,不对他们承担财产损害赔偿责任,因为政府官员、准政府官员或者非自愿性公众人物的无形人格特征不具有商事价值、经济价值或者财产价值,法律不允许政府官员、准政府官员将其无形人格特征商事化;如果公众人物是影视明星、体育明星等公众人物,当行为人为了商事经营活动使用他们的无形人格特征时,他们应当对公众人物承担财产损害赔偿责任,不对他们承担精神损害赔偿责任,因为这些公众人物的无形人格特征仅仅具有商事价值、经济价值或者财产价值,不具有精神价值。如果公众人物是影视明星、体育明星,当行为人基于商事经营活动之外的目的使用他们的无形人格特征时,他们仅仅对公众人物承担精神损害赔偿责任,不对他们承担财产损害赔偿责任。如果行为人将影视明星、体育明星的无形人格特征用于商事经营活动,并且如果行为人使用他们的无形人格特征原本不会获得这些公众人物的同意的话,则行为人应当同时对这些公众人物承担精神损害赔偿责任和财产损害赔偿责任。对于普通社会公众而言,当行为人使用他们的无形人格特征时,行为人往往对普通社会公众承担精神损害赔偿责任,不对他们承担财产损害赔偿责任,因为普通社会公众的无形人格特征往往不具有商事价值、经济价值或者财产价值,他们无法将其无形人格特征市场化、商品化。但是,如果行为人将普通社会公众的无形人格特征用来从事商事经营活动,则行为人既要对普通社会公众承担精神损害赔偿责任,也应当承担财产损害赔偿责任,因为,既然行为人意愿使用一般社会公众的无形人格特征来从事商事经营活动,则说明一般社会公众的无形人格特征具有商事价值、经济价值或者财产价值。关于无形人格权人的身份对行为人侵权责任性质的影响,笔者将在有关章节作出详细的说明,此处从略。

(二)行为人就其侵害他人无形人格权的行为对他人承担的精神损害赔偿责任

在大陆法系国家和我国,在无形人格权的财产性理论没有得到认可之前,无论是传统学说还是司法判例都普遍认为,当行为人侵害他人无形人格权时,他们应当对他人遭受的精神损害承担赔偿责任,不对他人遭受的财产损害承担赔偿责任,即便行为人是为了商业目的使用名人的名誉、隐私、肖像或者姓名,也是如此。不过,如果行为人是为了商事目的侵害他人的无形人格权,在决定行为人承担的精神损害赔偿范围时,法官应当考虑行为人通过侵害他人无形人格权获得经济利益的具体情况。

1. 大陆法系国家关于无形人格侵权所产生的精神损害赔偿责任

在法国,Roland 和 Boyer 指出,当行为人侵害他人非财产权、人格权、个人权利或者家庭权利时,应当对他人承担非财产损害的赔偿责任,包括侵害他人名誉权、隐私权、姓名权、肖像权等产生的非财产损害的赔偿责任。① Aynes 和 Malaurie 也指出:"当行为人侵害他人的名誉、荣誉、姓名、肖像或者作者的著作权时,他们应当对他人承担非财产损害的赔偿责任。"② 除了法国学说采取这样的意见之外,法国司法判例也采取这样的理论。在 1975 年的肖像侵权案件当中③,法国法官对这样的规则作出了说明。在该案中,被告是一家电影制作者,它未经原告同意就擅自将有关的肖像用在色情电影当中。原告向法院起诉,要求法官责令被告承担侵权责任。法官认为,被告应当对原告遭受的无形损害承担赔偿责任。在 1975 年的另外一个肖像侵权案件中④,法官也对这样的规则作出了说明。在该案中,被告是一个商人,它未经原告同意就擅自使用原告的肖像、声音来做广告赚钱;被告向法院起诉,要求法官责令被告承担侵权责任。法官认为,被告擅自使用原告肖像、

---

① Henri Roland et Laurent Boyer, *Responsabilité délictuelle*(3e édition), Iitec, pp. 70 - 79.
② Philippe Malaurie et Laurent Aynes, *Cours de Droit Civil, Les Obligations*(2e édition), E- ditions Cujas, p. 140.
③ T. G. I. Paris, 22 déc. 1975; J. C. P. 76, II, 18410.
④ Trib. Gr. inst. Paris, 3 déc. 1975; D. 1977, 211.

声音的行为侵害了原告的精神利益,应当对原告承担精神损害赔偿责任。

在德国,在民法典关于债法的规定没有进行修改的 2002 年之前,如果行为人侵害他人的一般人格权,法官会根据《德国民法典》第 847 条责令行为人对他人承担精神损害赔偿责任。在 2002 年的债法改革之后,德国立法机关废除了《民法典》第 847 条的规定,当行为人侵害他人一般人格权时,法官会根据《德国民法典》第 253 条责令行为人对他人承担精神损害赔偿责任。除了《德国民法典》明确规定之外,德国司法机关也普遍认可一般人格权被侵害时的精神损害赔偿责任。在 1958 年的侵权案中①,德国司法判例对这样的规则作出了说明。法官指出,一旦行为人侵害他人一般人格权,法官应当类推适用《德国民法典》第 847 条的规定,责令行为人就其侵害他人一般人格权的行为对他人遭受的非财产损害承担赔偿责任,因为侵害他人一般人格权产生的损害后果主要是非财产损害,包括在《德国民法典》第 847 条规定的损害之中。不过,在责令行为人就其侵害他人一般人格权的行为对他人承担非财产损害赔偿责任时,法官会考虑行为人为了商业目的而使用他人名誉、隐私、肖像或者姓名的情况,会考虑行为人通过使用他人名誉、隐私、肖像或者姓名所获得的经济利益的情况。如果行为人是为了商事目的使用他人名誉、隐私、肖像或姓名,或者如果行为人通过使用他人名誉、隐私、肖像或姓名获得了经济利益,法官会加重行为人的侵权责任,让他们对他人赔偿更多的损害赔偿金,以便体现出对行为人侵害行为的制裁、惩罚。同样,在 1996 年的案例中②,德国联邦最高法院再一次对这样的规则作出了说明。在该案中,被告在其周刊中发表文章,让周刊的读者以为摩洛哥 Caroline 公主身患乳腺癌。原告 Caroline 公主向法院起诉,要求被告赔偿其精神损害 100,000 元。初审法院不同意被告赔偿这么多钱给原告,只同意被告赔偿原告 15,000 元的精神慰抚金,因为初审法院认为,如果责令被告赔偿的金钱数额太多,则可能会产生一般人格化商业化的趋向,使原告获得的赔偿金过高,背离了精神损害赔偿的慰抚功能。德国联邦最最法院认为,精神损害赔偿虽然具有慰抚受害人的功能,也具有惩罚行为人的功能。如果精神损害赔偿金过少,将无法实现该种赔偿所能实现的惩罚功能,因此责令被告赔偿原告 100,000 元的精神慰抚金。它指出:"在本案中,假如被告

---

① BGHZ26,349.
② BGHJW1996,984.

赔偿的金钱数额不能使被告有所触动,则原告在行为人将其一般人格权恣意商业化时将得不到有效保护……对于靠侵害他人一般人格权而获利的行为人而言,法官责令他们以金钱方式消除所造成的损害对他们来说是一个克星,因为,只有这样,法律规定精神损害赔偿的惩罚目的才能实现,他人一般人格权获得保护的目标也才能完成。当行为人将他人一般人格权恣意商业化时,如果法官要责令行为人对他人遭受的精神损害承担金钱责任,他们既要考虑行为人通过侵害他人一般人格权而获得利益的因素,也要考虑行为人对他人一般人格权侵害的程度,以便所判处的金钱赔偿数额能够真正起到有效抑制侵权行为的目的。"

2. 美国无形人格侵权所产生的精神损害赔偿责任

在美国,在公开权理论没有得到认可之前,无论是学说、制定法还是司法判例都认为,行为人如果未经他人同意就擅自使用他人姓名、肖像、声音或者其他人格特征,他们应当就其侵害他人无形人格权的行为对他人承担精神损害赔偿责任,即便行为人是基于商事目的使用他人姓名、肖像、声音或者其他无形人格特征,他们也仅仅对他人遭受的精神损害承担赔偿责任,不对他人遭受的财产损害承担赔偿责任。此种理论为美国侵权法上的传统隐私侵权责任理论,Bloustein指出,即便行为人是基于商事目的使用他人的人格,他们的行为仍然是对他人具有专属性人格权的侵害,也就是对他人人格尊严的侵害。因为,行为人将他人人格商业化的行为在本质上会使他人感到羞愧、羞辱或者人格减等。在此种情况下,隐私权受到侵害的原告有权向法院起诉,要求法官责令行为人对其遭受的精神损害承担赔偿责任。① 在 Pavesich v. New England Life Insurance Co.②一案中,法官也对这样的规则作出了说明。法官指出,即便被告保险公司是为了推销人寿保险而使用原告的肖像,被告也应当就其侵害原告隐私权的行为对原告承担精神损害赔偿责任。法官指出,隐私权的根据在于自然本能,每个人天生就反感行为人侵害其具有私人性质的权利的行为,因此侵害他人隐私权的行为是直接侵害他人法定权利的行为,即便行为人侵害他人隐私权的行为没有给他人造成特殊的财产损害,他人仍然有权要求行为人就其侵害行为对自己承担精神

---

① Edward Bloustein, Privacy as an Aspect of Human Dignity: An Answer to Dean Prosser, 39 N.Y.U.L. REV. 962, 987 (1964).

② 122 Ga. 190, 50 S.E. 68 (1905).

损害赔偿责任。在公开权得到广泛认可时,美国的少数司法判例或者学说仍然坚持这样的意见,认为行为人仅就其侵害他人隐私权的行为对他人承担侵权责任,即便他们是为了商事目的,也是如此。关于美国隐私侵权所产生的精神损害赔偿责任,笔者将在有关隐私侵权责任当中加以详细讨论,此处从略。

3. 我国无形人格侵权所产生的精神损害赔偿责任

在我国,《民法通则》第 120 条规定,公民的姓名权、肖像权、名誉权、荣誉权受到侵害时,有权要求停止侵害、恢复名誉、消除影响、赔礼道歉,并可以要求赔偿损失。问题在于,《民法通则》第 120 条规定的赔偿损失究竟是指赔偿他人的精神损害还是赔偿他人的财产损害。对于这样的问题,我国学说和司法判例普遍认为,《民法通则》第 120 条规定的赔偿损失是指行为人赔偿他人遭受的精神损害,不是赔偿他人遭受的财产损害。王利明和杨立新教授指出,对侵害人格利益造成损害的,行为人应当予以精神损害赔偿,以慰藉受害人,制裁行为人。① 梁慧星教授指出,关于姓名权、肖像权、名誉权受侵害的损害赔偿规定在 120 条,依解释第 120 条关于精神损害赔偿的规定,亦应适用于其他人格权,如隐私权、自由权、人格尊严、婚姻自主权受侵害的情形。② 张新宝教授也指出,我国民事法律只认可了侵害姓名权、肖像权、名誉权、荣誉权的精神损害,而没有认可其他侵权产生的精神损害。③ 如果行为人为了商事目的侵害他人无形人格权并且因此获得了大量的经济利益,行为人如何对他人承担损害赔偿责任?我国学说认为,此时,行为人仍然应当对他人承担精神损害赔偿责任,不对他人承担财产损害赔偿责任,不过,在决定行为人承担的精神损害赔偿范围时法官应当考虑行为人获得经济利益的具体情况。

除了我国学说普遍认为侵害他人无形人格权仅产生精神损害赔偿责任之外,最高人民法院的有关司法解释也普遍认为,侵害他人无形人格权时仅产生精神损害赔偿责任。在 1988 年的《关于贯彻执行〈中华人民共和国民法通则〉若干问题的意见(试行)》中,最高人民法院采取此种理论,其第 150 条规定,公民的姓名权、肖像权、名誉权、荣誉权和法人的名称权、名誉权、荣

---

① 王利明、杨立新:《侵权行为法》,法律出版社 1996 年版,第 158 页。
② 梁慧星:《民法总论》,法律出版社 2001 年版,第 138 页。
③ 张新宝:《侵权行为法》,中国社会科学出版社 1998 年版,第 104 页。

誉权受到侵害,公民或者法人要求赔偿损失的,人民法院可以根据侵权人的过错程度、侵权行为的具体情节、后果和影响确定其赔偿责任。其第151条规定,侵害他人的姓名权、名称权、肖像权、名誉权、荣誉权而获利的,侵权人除依法赔偿受害人的损失外,其非法所得应当予以收缴。在2001年的《关于确定民事侵权精神损害赔偿责任若干问题的解释》中,最高人民法院仍然坚持这样的规则,认为行为人侵害他人的无形人格权时,仅仅对他人遭受的非财产损害承担赔偿责任,不对受害人遭受的财产损害承担赔偿责任,其《解释》第1条规定:自然人因姓名权、肖像权、名誉权、荣誉权、人格尊严权、人身自由权遭受非法侵害,向人民法院起诉请求赔偿精神损害的,人民法院应当依法予以受理;违反社会公共利益、社会公德侵害他人隐私或者其他人格利益,受害人以侵权为由向人民法院起诉请求赔偿精神损害的,人民法院应当依法予以受理。在我国,《侵权责任法》第22条明确规定,侵害他人无形人格权时应当对他人遭受的精神损害承担赔偿责任,已如前述。

4. 两大法系国家和我国责令行为人对他人承担精神损害赔偿责任的原因

两大法系国家和我国的侵权法之所以责令行为人就其侵害他人无形人格权的行为对受害人承担精神损害的赔偿责任,其原因有二:

其一,责令行为人以金钱方式对他人遭受的精神损害承担赔偿责任可以起到慰抚受害人的作用。在侵权法上,虽然行为人侵害他人无形人格权所承担的侵权责任和他们侵害他人财产权时所承担的侵权责任都是对受害人支付一笔数量的金钱以赔偿受害人遭受的损害,但是,行为人在无形人格侵权领域对受害人支付的金钱和在财产侵权领域对受害人支付的金钱在性质上是不同的。在财产损害赔偿领域,行为人支付给他人一定数量的金钱,该种金钱的性质是补偿性的(réparatrice),是通过此种金钱的支付使他人的财产损害恢复到侵权行为没有发生之前的状态;而在精神损害赔偿领域,行为人虽然也支付一定数量的金钱给他人,但他们支付的金钱在性质上不属于补偿性质,而是属于慰抚性质的(satisfactoire),其目的在于使他人通过金钱的获得得到快乐,安抚受害人遭受的精神痛苦。Roland Boyer指出:"行为人支付给他人的赔偿金不是补偿性质的赔偿金,而是抚慰性质的赔偿金。他人得到行为人支付的慰抚金之后可以获得某些快乐;并且如果所支付的慰抚金数额还不少的话,他人可以拿这笔钱去购买电视机、去乘坐电气化火车,甚至还可以去环球旅游。这些消遣活动可以对他人起到真正的慰抚作用,使他人可以尽情地玩乐,忘记自己的痛苦。"①

其二,责令行为人以金钱方式对他人遭受的精神损害承担赔偿责任,是对行为人实施的过错行为予以私人惩罚的必要。在侵权法上,如果不责令行为人就其过错行为对他人遭受的精神损害承担赔偿责任,则行为人实施的过错行为将不会受到制裁,对受害人不公平。责令行为人就其过错行为对他人遭受的精神损害承担赔偿责任,可以实现侵权责任担负的私人惩罚功能,此种私人惩罚不同于刑法惩罚,因为私人惩罚的目的在于维护受害人的利益,而刑法惩罚的目的则在于维护国家利益。② 学说普遍认为,私人惩罚作为一种正常的法律制度源于罗马法,因为罗马法认为,受害人有权要求他人赔偿的金钱数额超过自己遭受的财产损害,这就是古罗马法中的侵辱侵权责任中的罚金制度。此种制度在法国古典法中得到继承,这就是法国古典法律中的"私人刑事措施"(action criminelle privée),其范围包含了无形损害赔偿金,此种损害赔偿金或者源于刑事犯罪行为,或者源于种族犯罪行为。法国民法典的起草人不认可此种制度,因为它建立在复仇观念的基础上,法国司法判例则认可了此种制度,因为它们认为,否认受害人对引起其遭受损害后果的行为人所具有的憎恨、不满是毫无意义的,因为,只要行为人实施的侵权行为导致他人遭受损害,即便此种损害是精神损害,只要它们是受害人难以忍受的,受害人就会对行为人产生憎恨、不满,法官即应责令行为人以一定数量的金钱赔偿他人遭受的精神损害,此时,作为赔偿的金钱仅仅具有赎罪的性质(caractére expiatoire)。在现代法国,学说普遍认为精神损害所具有的惩罚功能。Roland 和 Boyer 对此作出了说明,他们认为,法国学说和司法判例之所以认可精神损害的可予赔偿性,一个重要的原因在于,通过一定数量金钱的给予惩罚行为人,"精神损害的赔偿在很大程度上得益于制裁观念的存在。"

5. 决定精神损害赔偿数额时要考虑的各种因素

当行为人侵害他人的无形人格权时,他们当然应当就其侵害行为对他人遭受的精神损害承担赔偿责任。在决定行为人承担的赔偿范围时,法官不得也无法采取客观评估方法,因为无形人格权是一种非财产性质的权利,

---

① Henri Roland et Laurent Boyer, *Responsabilité délictuelle*(3e édition), Iitec, p.69.
② Ibid.

受害人遭受的损害是一种非财产性质的损害,这些损害无法通过金钱来确定其价值;他们必须采取主观性质的评估方法,在考虑案件的各种具体情况之后确定一笔数额的赔偿金,要求被告将该笔数额的赔偿金支付给原告。

在两大法系国家和我国,法官在确定行为人承担的精神损害赔偿范围时应当考虑的因素包括:行为人侵害他人无形人格权的目的和动机、行为人侵害他人无形人格权的手段、行为人的侵权行为造成的影响范围、侵权行为引起的损害后果等。在1987年5月21日的案件当中[①],德国联邦最高法院对这样的规则作出了说明。在该案中,被告对作为德国和外国著名的公众人物的原告实施了名誉侵害行为,并且其侵害行为是严重的、持久的,降低了原告作为政客所具有的严肃性,减损了原告作为公众人物所具有的声望,应当对原告承担精神慰抚金的赔偿责任。在决定精神慰抚金的具体数额时,法官要考虑众多的因素,包括:侵害行为的严重性、侵害行为的恶劣性、被告报刊发行的范围、对原告名誉侵害的持续性、被告行为的性质和行为所欲追求的利益以及被告应当被责难的程度等。

在我国,最高人民法院在《关于确定民事侵权精神损害赔偿责任若干问题的解释》第10条当中也认为,法官在决定行为人承担的精神损害赔偿责任数额时要考虑案件的各种具体因素,包括:侵权人的过错程度;侵害的手段、场合、行为方式等具体情节;侵权行为所造成的后果;侵权人的获利情况;侵权人承担责任的经济能力;受诉法院所在地的平均生活水平。

(三)行为人就其侵害他人无形人格权的行为对他人承担的财产损害赔偿责任

在当代两大法系国家和我国,鉴于无形人格权财产性理论的认可,侵权法认为,一旦行为人侵害他人具有单纯财产性或者同时具有精神性和财产性的无形人格权时,他们或者应当仅对他人承担单纯的财产损失赔偿责任,或者同时承担精神损害和财产损失的赔偿责任。

1. 大陆法系国家无形人格侵权所产生的财产损失赔偿责任

在法国,除了学说主张无形人格权的财产性之外,当代司法判例也认可无形人格权的财产性理论,认为当行为人侵害他人具有财产性质的无形人格权时,他们也应当对他人遭受的财产损害承担赔偿责任。在1970年的司

---

① NJW1988,737; AFP1988,247.

法判例中①,法国司法判例认为,被告在其出版的小说中使用原告肖像的行为侵犯了原告的财产权,应当对原告遭受的财产损害承担赔偿责任。在该案中,原告曾经历过冒险,独自呆在某一个岛上生活过。被告未经原告同意将原告的经历写成小说出版。被告在其小说封面使用了原告的相片。原告向法院起诉,要求被告同时就其侵害隐私权的行为和侵害肖像权的行为对自己承担侵权责任。法官认为,被告的行为仅仅侵害了原告的肖像权,没有侵犯其隐私权,因为引起争议的肖像是在公开场所拍摄的,被告小说使用的材料是公共文件;被告的行为侵犯了原告的肖像权,因为被告在没有获得原告同意的情况下就使用其肖像,应当赔偿原告遭受的经济损害。

在1987年的案件中②,法国司法判例也认为,被告应当就其侵权行为对原告遭受的财产损害承担赔偿责任。在该案中,原告是一名喜剧演员,他因为生病而去医院进行手术。被告是一家出版商,在没有经过原告同意的情况下,被告在其出版物中发表有关原告的文章,并且使用了原告在医院进行手术之后的相片。原告向法院起诉,要求被告赔偿其遭受的财产损害,因为原告认为,被告为了商业和广告目的非法使用其肖像和隐私,应当赔偿自己遭受的财产损害。初审法院认为,被告应当仅仅赔偿原告遭受的精神损害,无需赔偿原告遭受的财产损害。原告不服,向法国最高法院提起上诉,法国最高法院认为,当被告为了商业目的使用原告的肖像和隐私时,他们除了应当对他人遭受的精神损害承担赔偿责任之外,还应当对他人遭受的财产损害承担赔偿责任,因为仅仅赔偿他人精神损害是不够的。

在德国,为了体现影视明星、体育明星等公众人物一般人格权的财产性质,制裁行为人侵害这些公众人物一般人格权的行为,德国学说和司法判例也逐渐放弃了仅将一般人格权看做单纯人格权的做法,逐渐将他人尤其是体育明星、影视明星等公众人物的一般人格权看做财产权,当行为人侵害这些公众人物的一般人格权时,侵权法不再责令他们对这些人承担精神损害赔偿责任,而是责令他们对这些人承担财产损害赔偿责任。德国学者福克斯指出,根据《德国民法典》第823(1)条的规定,如果行为人未经他人同意就擅自传播他人的姓名、声音、肖像或者其他个人标志并且使他人一般人格权当中的具有财产价值的组成部分遭受损害,行为人应当赔偿他人因此遭

---

① T. G. I. Paris, Feb. 27, 1970, Gaz. Pal. 1970, 1, jurispr., 353, note Sarraute.
② Cass. 1e civ., Nov. 17, 1987, Bull. Civ. 1987 I, No. 301, 216, note M. Delon.

受的财产损害。此时,遭受损害的人往往是知名人士,因为所涉及的损害时财产损害,因此,他人的侵权请求权属于财产性质的损害赔偿请求权。① 这在1999年的Marlene-Dietrich一案中,德国司法判例也对这样的规则作出了说明。② 在该案中,原告是在1992年死去的著名演员Marlene Dietrich唯一的女儿和继承人。被告在1992年排演了一部有关Marlene Dietrich生活的音乐剧,并为此成立了一家有限责任公司。该公司将死者的名字"Marlene"注册为商标,并且许可几个生产厂家在他们生产的产品上使用死者的肖像和商标。原告向法院起诉,要求被告和其他生产厂家放弃他们的侵权行为并赔偿自己因此遭受的损失。被告提出抗辩,认为自己不应当对原告遭受的损害承担赔偿责任,因为原告的母亲虽然享有隐私权,但此种隐私权是一种无形人格权,在原告的母亲死亡之后,该种隐私权消灭,原告无法继承其母亲的隐私权。初审法院认为,原告对其母亲的肖像和隐私仅仅享有非财产利益,不享有商业利益,因此原告只能要求法官颁布禁止令,禁止被告使用其母亲的肖像,不得要求法官责令被告赔偿原告遭受的财产损害。原告不服,上诉到德国联邦最高法院。

德国联邦最高法院认为,被告应当赔偿原告遭受的财产损害,因为,一方面,即便一般人格权主要保护他人的非财产利益,它也保护他人的财产利益,尤其是当原告是一个影视明星、体育明星时更是如此,如果行为人侵害这些人的肖像、姓名或者其他人格特征,他们应当对这些人遭受的财产损害承担赔偿责任。法官指出:"诸如影视明星、体育明星等公众人物的肖像、姓名、声音等都可能有巨大的经济价值,这些人格特征究竟有多大的经济价值往往取决于这些人在社会公众当中的知名度究竟有多大,知名度越大,他们的肖像、姓名或者其他人格特征的经济价值也就越大,反之,则越小。他们能够转让这些人格特征给别人使用并因此获得经济上的利益,使他们的人格特征商业化了。行为人未经他们的同意就使用他们的人格特征来做广告,其行为给他们造成的精神损害要比给他们造成的财产损害小得多。仅仅责令行为人就其侵害他们一般人格权的行为对他们承担精神损害赔偿责任显然对他们不利。"另一方面,原告主张的损害赔偿请求权与其说是人格侵权请求权不如说是财产权侵权请求权,因为原告的母亲对其肖像和姓名

---

① 〔德〕马克西米利安·福克斯:《侵权行为法》,法律出版社2006年版,第65页。
② BGHZ 143,214.

享有的权利具有财产性质、财产因素的权利,当原告的母亲死亡时,原告有权继承其母亲所享有的具有财产性质、财产因素的权利。法官指出,"原告的母亲对其肖像和姓名享有的权利是一种具有财产性质、财产因素的权利,当原告的母亲死亡时,其母亲享有的此种权利能够作为遗产由原告继承,因为原告的母亲对其肖像和姓名享有的权利是一种能够转让的、继承的权利,如果原告的母亲还活着的话,她能够通过契约将这些具有财产性质的权利转让给其他人使用,这一点同保护非财产利益的那些具有高度个人性质的人格因素形成鲜明对比。当人格权保护他人的非财产利益时,人格权同他人的人身不可分割,他人的人格权是具有高度专属性的权利,该种人格权不得被剥夺,不得被转让,不得被继承。根据本案确立的规则,当一个自然人死亡时,该人仍然享有受到侵权法保护的肖像人格,如果行为人严重侵害死者的人格利益,他们仍然要承担侵权责任。同样,当一个自然人死亡时,他们仍然享有肖像权、姓名权。但是如果自然人死亡后,行为人侵害他们享有的人格利益,死者的继承人只能要求法官颁发禁止令,禁止行为人侵害死者人格利益的行为,他们不得要求法官责令行为人赔偿他们因此遭受的损害,因为死者无法遭受原告要求行为人赔偿的损害。但是,就像在本案一样,如果侵害死者人格利益的行为在死者继承人不知道的情况下已经完成,死者的继承人要求法官颁发禁止令已经毫无意义,此时,他们只能向法院起诉,要求法官责令行为人对他们遭受的损害承担侵权责任。此外,不责令行为人赔偿死者通过生前努力获得的财产价值也是不公平的。"

2. 英美法系国家的无形人格侵权所产生的财产损失赔偿责任

20世纪50年代以来,《美国侵权法》普遍认为,一旦行为人为了商事目的侵害他人的姓名、肖像或者其他无形人格特征,他们应当对他人遭受的财产损失承担侵权责任,无须对他人承担精神损害赔偿责任。这就是《美国侵权法》上的所谓公开权理论。《美国侵权法》上的公开权理论尤其认为,影视明星、体育明星对其姓名、肖像或者其他无形人格特征享有的利益为单纯的财产利益,只要行为人是为了商事目的侵害这些利益,他们就需对影视明星、体育明星承担财产损失的赔偿责任,无须赔偿精神损害赔偿责任。侵害他人公开权仅对他人承担财产损失赔偿责任的侵权法理论尤其是在美国肖像、姓名侵权责任当中得到说明。关于侵害他人肖像权、姓名权等产生的财产损失赔偿责任,笔者将在有关肖像权、姓名权侵权责任当中详细讨论,此处从略。

当然,应当注意的是,20世纪50年代以来,即使美国那些不承认公开权理论的学者也认为,如果行为人为了商事目的侵害影视明星、体育明星的姓名权、肖像权或者其他人格特征,他们也可以根据美国侵权法上的隐私侵权责任对他人承担财产损失赔偿责任。关于隐私侵权责任当中的财产损失赔偿问题,笔者将在有关隐私侵权责任当中作出详细讨论,此处从略。

3. 我国侵权责任法规定的无形人格侵权所产生的财产损失赔偿责任

在我国,无论是《民法通则》还是最高人民法院的有关司法解释都认为,一旦行为人侵害他人无形人格权,他们仅对他人承担精神损害赔偿责任,无须对他人承担财产损失的赔偿责任。在我国,侵权责任法除了规定无形人格侵权可以产生精神损害赔偿责任之外,也规定了无形人格侵权可以产生财产损失的赔偿责任,这就是我国《侵权责任法》第20条的规定。该条规定:侵害他人人身权益造成财产损失的,按照被侵权人因此受到的损失赔偿;被侵权人的损失难以确定,侵权人因此获得利益的,按照其获得的利益赔偿;侵权人因此获得的利益难以确定,被侵权人和侵权人就赔偿数额协商不一致,向人民法院提起诉讼的,由人民法院根据实际情况确定赔偿数额。因此,如果行为人未经他人同意就擅自使用他人的姓名做广告,则他们应当对他人遭受的财产损失承担赔偿责任。如果行为人未经他人同意就擅自使用他人的肖像来进行产品或者服务的宣传,他们应当对他人遭受的财产损失承担赔偿责任。

具体说来,行为人就其侵害他人无形人格权的行为对他人承担的财产损害赔偿责任表现在三个方面:

其一,行为人侵害他人具有单纯精神性、人格性的无形人格权时对他人遭受的间接财产损失承担的赔偿责任。在当今两大法系国家,一般社会公众、普通人的姓名权、名誉权、隐私权、肖像权等被看做单纯的精神性、人格权的权利,行为人侵害这些人的无形人格权时,应当对他人承担精神损害赔偿责任,不对他人承担财产损害赔偿责任。但是,如果行为人的无形人格侵权行为在给他人造成精神损害的同时也间接地给他人造成了某些财产损害,则行为人在对他人承担精神损害赔偿责任的同时也应当对他人承担财产损害的赔偿责任。主要包括三种间接财产损害的赔偿:(1)他人因为行为人的名誉毁损行为而被雇主开除或者被解除契约,本应获得却没有得到的工资收入损失,行为人应当加以赔偿;(2)他人因为行为人的名誉毁损行为而生病,为了治疗疾病所花费的医疗费、治疗费、住院费等,行为人应当加以赔偿;(3)他人为了对行为人实施的无形人格侵权行为进行还击或者为了减少行为人的无形人格侵权行为造成的损害后果所支出的必要费用,行为人应当加以赔偿。

其二,行为人侵害了他人同时具有财产性、精神性的无形人格权时对他人承担的财产损害赔偿责任。在当今两大法系国家,某些人的无形人格权同时被看做具有财产性、人格性、物质性和精神性内容的权利,当行为人侵害了他人具有双重性质的无形人格权时,他们应当同时对他人承担财产损害赔偿责任和精神损害赔偿责任。例如,行为人为了商事经营活动的目的使用一般社会公众的肖像、姓名或者声音等;或者行为人为了从事商事经营活动而将影视明星、体育明星的肖像、姓名或者声音用在假冒伪劣产品之上。

其三,行为人就其侵害他人具有单纯商事价值、经济价值或者财产价值的无形人格权对他人承担的财产损害赔偿责任。当今两大法系国家的侵权法认为,影视明星、体育明星等公众人物的姓名权、肖像权、声音权或者其他无形人格特征等具有单纯的财产性,完全不具有精神性、人格性,当行为人基于商事目的使用其姓名、肖像、声音或者其他无形人格特征时,他们应当对遭受财产损害的影视明星、体育明星等公众人物承担财产损害赔偿责任,无须对他们承担精神损害赔偿责任。

在上述三种情况中,法官虽然都会责令行为人就其侵害他人一般人格权的侵权行为对他人承担财产损害赔偿责任,但是行为人在第一种和第二种情况下对他人承担的财产损害赔偿责任和在第三者情况下对他人承担的财产损害赔偿责任意义并非完全一样。在第一种和第二种情况下,行为人虽然要就其侵害他人一般人格权的行为对他人遭受的财产损害承担赔偿责任,但此种财产损害赔偿责任仅是次要责任,行为人仍然要就其侵害他人一般人格权的行为对他人遭受的精神损害承担赔偿责任,并且此种精神损害赔偿责任是主要责任;而在第三者情况下,行为人仅仅就其侵害他人一般人格权的行为对他人遭受的财产损害承担赔偿责任,不就其侵害他人一般人格权的行为对他人遭受的精神损害承担赔偿责任。虽然如此,在上述三种情况下,法官决定行为人对他人承担财产损害赔偿责任范围的方式是完全相同的,即根据他人遭受的实际损失或者原本能够获得的转让费、使用费或者行为人通过侵害他人无形人格权的方式所获得的收益来责令行为人赔偿他人的财产损失。

(四)无形人格侵权责竞合时行为人损害赔偿责任的承担

1. 无形人格侵权责任的竞合

在侵权法上,如果行为人仅仅侵害他人的一种无形人格权,在符合该种无形人格侵权责任构成要件时,他们当然应当对受害人遭受的非财产损害甚至财产损害承担侵权责任。例如,行为人仅仅侵害了他人的名誉权,在符合名誉侵权责任的构成要件的情况下,行为人应当就其实施的名誉侵权行为对他人遭受的非财产损害甚至财产损害承担侵权责任。同样,如果行为人仅仅侵害了他人的隐私权,在符合隐私侵权责任构成要件的情况下,行为人应当对他人遭受的非财产损害或者财产损害承担侵权责任。问题在于,如果行为人同时侵害了他人的两种或者两种以上的无形人格权并且同时符合两种或者两种以上的无形人格侵权责任的构成要件,行为人如何对他人承担侵权责任?例如,行为人未经他人同意,偷偷潜入他人家中偷拍他人生活照,将所偷拍到的生活照用做自己的假冒伪劣产品的宣传。此时,行为人的偷拍行为既符合隐私侵权责任的构成要件,因为隐私侵权行为包括行为人实施的侵扰他人安宁的侵权行为;也符合肖像侵权责任的构成要件,因为肖像侵权行为包括行为人未经他人同意就公开其肖像的行为;还符合名誉侵权责任的构成要件,因为名誉侵权行为包括行为人毁损他人名誉导致社会公众对他人评价降低的侵权行为。此时,行为人是应当同时对受害人承担隐私侵权责任、肖像侵权责任和名誉侵权责任还是仅仅对受害人承担其中的某一个侵权责任,无论此种单一责任是隐私侵权责任、肖像侵权责任还是名誉侵权责任?在侵权法上,笔者将行为人实施的同一侵权行为同时侵害了他人的多种无形人格权的现象称作无形人格侵权责任的竞合,因为,行为人实施的同一侵权行为同时侵害了两种或者两种以上的无形人格权,同时符合两种或者两种以上的无形人格侵权责任的构成要件。对于无形人格侵权责任竞合如何处理的问题,两大法系国家的学说虽然很少进行讨论,但是两大法系国家的司法判例作出的回答基本相同,认为在此种情况下,行为人仅仅对受害人承担一种无形人格侵权责任,无须同时对受害人承担两种或者两种以上的无形人格侵权责任。在我国,学说和司法判例很少对这样的问题作出说明。笔者认为,我国侵权法虽然认可无形人格权的独立性及无形人格侵权责任的独立性,但是为了平衡行为人的自由权和他人的无形人格权,我国侵权法在无形人格侵权责任竞合时应当仅仅责令行为人对受害人承担一种无形人格侵权责任,不得同时责令行为人对受害人承担两种或者两种以上的无形人格侵权责任。不过,在决定行为人的具体侵权责任范围时,应当考虑行为人的侵权责任同时侵害其他无形人格权的具体情节,加重行为人承担的损害赔偿责任范围。

2. 两大法系国家对无形人格侵权责任竞合的规定

在德国,司法判例认为,即便行为人实施的侵权行为同时侵害了他人的名誉利益、隐私利益、肖像利益或者其他无形人格利益,行为人也不同时对他人承担名誉侵权责任、隐私侵权责任、肖像侵权责任或者其他无形人格侵权责任,他们仅仅就其侵权行为对他人遭受的非财产性质的损害甚至财产性质的损害承担一次性损害赔偿责任,不会承担多次损害赔偿责任。因为,德国侵权法并不承认名誉权和名誉侵权责任的独立性,不会承认隐私权和隐私侵权责任的独立性,不会承认肖像权和肖像侵权责任的独立性,认为名誉权、隐私权和肖像权都属于一般人格权的组成部分,名誉侵权、隐私侵权和肖像侵权都是一般人格侵权责任的组成部分。但是,如果行为人的侵权行为同时侵害了他人的多种无形人格利益,在决定行为人承担的非财产损害赔偿责任时,法官会考虑多种人格利益被侵犯的情况并因此加重行为人的责任范围。

在法国,司法判例往往认为,如果行为人的侵权行为同时符合名誉侵权责任的构成要件和隐私侵权责任的构成要件,法官往往仅仅责令行为人对受害人承担名誉侵权责任,不会同时责令行为人对受害人承担名誉侵权责任和隐私侵权责任,因为,名誉权是法国司法判例和制定法最早认可的一种无形人格权,法国制定法对该种名誉利益提供强有力的保护,尤其是刑法保护,认为行为人侵害他人隐私的行为如果同时侵害了他人名誉,行为人应当对他人承担名誉侵权责任。从 19 世纪中期开始,法国司法判例逐渐认可隐私权的独立性,认为行为人侵害他人隐私的行为可以构成独立的隐私侵权行为并产生独立的隐私侵权责任。如果行为人进入他人私人场所偷拍他人肖像并将所偷拍的现象公开,法官往往仅将行为人的侵权行为看做隐私侵权责任,不会同时将行为人的侵权行为看做肖像侵权行为,仅仅责令行为人就其侵权行为对受害人承担隐私侵权责任,不会同时责令行为人对受害人承担肖像侵权责任。只有在行为人的侵权行为无法看做隐私侵权行为时,法官才会将行为人的侵权行为看做肖像侵权责任并因此责令行为人对受害人承担肖像侵权责任。在19世纪中期及20世纪70年代之前,法国司法判例认可这样的规则,在20世纪70年代之后,即便法国司法判例认可了隐私权和肖像权的独立性,法国司法判例仍然坚持这样的规则,认为在此种情况下,行为人仅仅对受害人承担隐私侵权行为,不对受害人承担肖像侵权责任。

在英美法系国家,侵权法很早以来就认可名誉权和名誉侵权责任的存在,在侵权法没有认可隐私权的情况下,司法判例往往将侵害他人隐私权、肖像权的行为看做侵害他人名誉权的行为,因为公开他人隐私或者肖像会导致社会公众对他人评价的降低。随着隐私权观念在美国侵权法中的确立,隐私侵权责任成为名誉侵权责任之外的唯一无形人格侵权责任。根据美国隐私侵权责任,当行为人侵害他人隐私、肖像、姓名或者其他无形人格特征并因此导致他人遭受精神损害或者财产损害时,隐私侵权责任仅仅责令行为人对他人承担隐私侵权责任,无须分别承担隐私侵权责任、肖像侵权责任、姓名侵权责任或者其他无形人格侵权责任。20世纪50年代之后,由于公开权的确立和认可,公开权侵权责任成为保护他人无形人格权的重要手段。根据美国的公开权侵权责任,当行为人为了商事目的擅自使用他人肖像、姓名、声音或者其他无形人格特征时,他们应当就其侵害他人公开权的侵权行为对他人承担侵权责任,无须分别就其侵害他人肖像、姓名、声音的行为同时对他人承担肖像、姓名及声音侵权责任。

3. 我国侵权法对无形人格侵权责任竞合的处理

在我国,《民法通则》、《侵权责任法》、最高人民法院的有关司法解释和民法、侵权法学说一方面认可多种特别人格权、具体人格权,包括名誉权、隐私权、肖像权、姓名权、人格尊严权和自由权等,认为这些特别人格权、具体人格权彼此独立、互不隶属,每一种特别人格权、具体人格权都有自己独立的法律地位和具体内容;一方面认为了各种特别人格侵权、具体人格侵权,包括名誉侵权、隐私侵权、肖像侵权、姓名侵权、人格尊严侵权以及自由侵权等,认为这些特别人格侵权、具体人格侵权彼此独立、互不隶属,每一种特别人格侵权、具体人格侵权都有自己的独立构成要件和独立的法律救济措施，行为人只要符合某一种特别人格侵权责任的构成要件，他们就应当对他人承担此种特别人格侵权责任。因此，如果行为人侵害他人名誉权，在符合名誉侵权责任构成要件的情况下，他们应当对他人承担名誉侵权责任；如果行为人侵害他人隐私权，在符合隐私侵权责任构成要件的情况下，他们应当对他人承担隐私侵权责任；如果行为人侵害他人的肖像权，在符合肖像侵权责任构成要件的情况下，他们应当对他人承担肖像侵权责任。

问题在于，如果行为人实施的侵权行为同时侵害了他人的名誉权、隐私权或者肖像权，他们如何承担侵权责任，是同时对他人承担名誉、隐私和肖像侵权责任还是仅仅承担其中的一种侵权责任？对此，我国《民法通则》、最高人民法院的有关司法解释或者民法、侵权法学说都没有作出规定或者说明。笔者认为，如果行为人实施的某一无形人格侵权行为会同时侵害他人两种或者两种以上的无形人格权，即便行为人的无形人格侵权行为同时符合两种或两种以上的无形人格侵权责任的构成要件，他们也仅仅对他人承担一种无形人格侵权责任，不得同时承担两种或两种以上的无形人格侵权责任。例如，如果行为人的侵权行为同时侵害了他人的名誉权、隐私权、肖像权或者声音权，他们也仅仅对他人承担一种侵权责任，行为人此时究竟是承担名誉侵权责任、隐私侵权责任、肖像侵权责任或者声音侵权责任取决于受害人的选择或者主张，也可以由法官依照职权主动确定。之所以采取这样的规则，其原因有二：一方面，行为人实施的同一侵害行为的确时常侵害他人两种或者两种以上的无形人格权，如果责令行为人就其同一侵害行为对他人承担两种或两种以上的无形人格侵权责任，则行为人承担的侵权责任过重，严重损害了行为人的利益；另一方面，如果责令行为人就其同一侵害行为对他人承担两种或两种以上的无形人格侵权责任，则受害人在遭受无形人格利益损害时就会拼命证明，行为人的侵权行为侵害了其享有的多种无形人格利益，使受害人获得大量的不当利益。不过，在确定行为人承担的侵权责任范围时，法官应当考虑行为人的侵害行为侵害了他人两种或两种以上的无形人格权的情况，并且在此基础上加重行为人承担的侵权责任。例如，如果行为人的同一侵害行为同时侵害了他人的名誉权、隐私权、肖像权，法官在责令行为人就其侵害行为对他人承担名誉侵权责任时应当考虑行为人侵害他人隐私权、肖像权的情况，加重行为人承担的名誉侵权责任。

之所以采取这样的规则,一方面是为了借以区分行为人实施的仅仅侵害他人一种无形人格权的侵权行为和行为人实施的同时侵害他人两种或两种以上的无形人格权的侵权行为,使行为人实施的侵权行为所产生的后果存在差异;一方面是为了制裁行为人实施的侵权行为,如果行为人实施的同一侵权行为会同时侵害他人两种或两种以上的无形人格权,则他们实施的此种侵权行为要比仅仅侵害他人一种无形人格权的侵权行为更严重,责令行为人承担加重的侵权责任能够体现侵权法对此种侵权行为的制裁性。

三、无形人格权的法律救济措施之二:损害赔偿之外的其他法律救济措施

(一)损害赔偿之外的其他法律救济措施的含义

当行为人侵害他人名誉权、隐私权、肖像权或者其他无形人格权时,无形人格权人除了要求行为人就其侵害行为对自己承担侵权责任之外,他们是否还能够通过其他法律救济措施来保护自己享有的名誉权、隐私权、肖像权或者其他无形人格权?在两大法系国家和我国,侵权法对这样的问题作出了肯定的回答,认为当无形人格权人的无形人格权遭受侵害时,无形人格权人除了有权要求行为人就其侵害行为对自己承担损害赔偿责任之外,还有权要求法官采取损害赔偿之外的其他法律救济措施来保护他们享有的无形人格权。例如,请求法官责令行为人停止实施无形人格侵权行为,消除行为人实施的侵权行为给自己造成的不良影响,收回行为人作出的陈述等,销毁构成名誉毁损行为的报纸杂志、书籍等。在德国,学说将损害赔偿之外的其他法律救济措施称作不作为请求权或者除去请求权。在法国和英美法系国家,学说将损害赔偿之外的其他法律救济措施称作颁发禁止令的救济措施。在我国,学说也将损害赔偿之外的其他法律救济措施称作除去侵害请求权、停止侵害请求权。除了能够要求法官责令行为人就其侵害其无形人格权的行为对无形人格权人承担损害赔偿责任之外,还能够要求法官采取损害赔偿之外的其他法律救济措施来保护无形人格权人的无形人格权,使无形人格权的法律救济措施同有形人格权的法律救济措施区分开来,为无形人格权和无形人格侵权责任的独立性提供了重要的理论根据。

（二）两大法系国家和我国侵权法关于其他法律救济措施的规定

在法国,即便在《制定法》没有明确规定禁止令的法律救济措施之前,法官就在有关无形人格侵权领域适用禁止令的法律救济措施保护他人的无形人格权,当行为人实施了无形人格侵权行为时,基于受害人的申请,法官会颁发禁止令,禁止行为人出版涉及他人名誉、隐私内容的报纸杂志、书籍等或者命令行为人收回、销毁涉及他人名誉、隐私的报纸杂志、书籍。法国立法机关总结司法判例积累的经验,在 1970 年 7 月 17 日颁布的《制定法》中明确规定了禁止令的法律救济方式,认为当行为人实施侵害他人隐私权的侵权行为时,法官除了责令行为人对受害人遭受的损害承担损害赔偿责任之外,还可以采取损害赔偿之外的一切合理措施来避免、消除、结束行为人实施的隐私侵权行为,诸如扣押、没收或者销毁涉及他人隐私的报纸杂志、书籍、电影、电视节目等。该种法律被编入《法国民法典》,这就是《法国民法典》第 9(2) 条。该条规定:除了责令行为人就其侵害他人隐私的侵权行为对他人承担损害赔偿责任之外,法官能够采取诸如扣押、没收等所有措施来避免或者结束行为人的隐私侵权行为;一旦情况紧急,法官能够适用简易程序颁布作出颁发禁止令的决定,对行为人采取这些措施。在今天,法国法官广泛适用《法国民法典》第 9(2) 条的规定,对隐私权人遭受的损害进行救济。此外,即便《法国民法典》没有明确规定对隐私权之外的其他无形人格权提供此种法律救济措施,法国法官也意愿在隐私权之外的其他无形人格权当中适用此种法律救济措施,包括名誉权、肖像权、姓名权等,以便对他人的无形人格权提供保护,即便这些无形人格权不是制定法上的产物而仅是法国司法判例创设的产物,也是如此。

在德国,《法国民法典》第 249 条对财产权或者人身权遭受损害时的法律救济措施作出了明确规定。第 249(1) 条规定:如果行为人侵害了他人的人身或者毁损了他人的财产,他们应当采取合理措施,使他人遭受的损害恢复到损害行为没有实施前的状况;第 249(2) 条规定,如果行为人侵害他人人身或者毁损他人财产的,如果受害人要求的话,行为人也可以支付一定数额的赔偿金,以替代原状恢复。其中第 249(1) 条规定的恢复原状的法律救济措施包括了停止侵害的法律救济措施、排除妨害的法律救济措施等。受害人根据《德国民法典》第 249(1) 条主张的法律救济措施被称为原状恢复请求权,包括除去请求权等。《德国民法典》第249(1)条规定的恢复原状请求权适用的范围非常广泛,除了能够在有形人格侵权领域适用之外,还可以在无形人格侵权和财产侵权领域适用。因为,根据《德国民法典》第249(1)条,只要行为人侵害他人无形人格权、有形人格权和财产权的侵权行为还在持续当中,受害人就有权向法院起诉,要求法官采取措施,责令行为人放弃正在实施的侵权行为,将其侵权行为导致的损害恢复到损害没有发生之前的状态。根据德国民法学说,即便行为人实施的损害行为是没有过错的行为,受害人也有权主张恢复原状请求权。当行为人侵害他人名誉权时,受害人主张的恢复原状请求权、除去请求权表现为受害人要求法官责令行为人收回其具有名誉毁损性质的陈述,或者对其陈述的事实进行更正。①

在英美法系国家,禁止令的救济措施可以在财产领域得到适用。因此,如果行为人侵害他人知识产权,受害人有权向法院提出申请,要求法官颁发禁止令,禁止行为人继续实施知识产权的侵权行为。问题在于,禁止令的法律救济措施是否能够在隐私侵权领域或者其他无形人格侵权领域得到适用?对此问题,美国著名学者 Warren & Brandeis 在 1890 年提出隐私权理论时认为,一旦行为人侵害他人的隐私权,他人除了能够主张精神损害赔偿请求权之外,还能够在非常有限的隐私侵权案件中要求法官颁发禁止令,禁止行为人继续侵害其隐私权。② 在现代英美法系国家,司法判例有时也适用禁止令的法律救济措施来保护他人的无形人格权,但法官在适用此种法律救济措施时会格外谨慎,因为禁止令的颁发虽然会保护无形人格权的无形人格利益,但会严重阻止行为人自由权的行使,会严重损害社会的公共利益。

在我国,《民法通则》、最高人民法院的有关司法解释、有关民法、侵权法学说和侵权责任法都认可损害赔偿之外的其他法律救济措施,认为当行为人侵害他人无形人格权时,受害人除了有权要求行为人对他们遭受的非财产损害承担赔偿责任之外,还有权向法院提出申请,要求法官采取损害赔偿之外的其他法律救济措施来保护他们享有的无形人格权,诸如停止侵害、恢复名誉、消除影响、赔礼道歉等。

首先,我国《民法通则》明确规定了损害赔偿之外的其他法律救济措施。

---

① 参见〔德〕迪特尔·梅迪库斯:《德国债法分论》,法律出版社 2007 年版,第 651 页。
② Samuel Warren & Louis Brandeis, The Right to Privacy, 4 *Harv. L. Rev.* 193, 219 (1890).

我国《民法通则》第 120 条规定,公民的姓名权、肖像权、名誉权、荣誉权受到侵害的,有权要求停止侵害,恢复名誉,消除影响,赔礼道歉,并可以要求赔偿损失。我国《民法通则》第 134 条规定,行为人对他人承担民事责任的方式包括停止侵害,消除影响、恢复名誉和赔礼道歉。

其次,我国最高人民法院在有关无形人格侵权的司法解释中明确规定了损害赔偿之外的其他法律救济措施。最高人民法院《关于审理名誉权案件若干问题的解答》第 10 条规定,如果行为人侵害他人名誉的,人民法院依照《民法通则》第 120 条和第 134 条的规定,可以责令侵权人停止侵害、恢复名誉、消除影响、赔礼道歉、赔偿损失。恢复名誉、消除影响、赔礼道歉可以书面或口头的方式进行,内容须事先经人民法院审查。恢复名誉、消除影响的范围,一般应与侵权所造成不良影响的范围相当。最高人民法院《关于确定民事侵权精神损害赔偿责任若干问题的解释》第 8 条规定:因侵权致人精神损害,但未造成严重后果,受害人请求赔偿精神损害的,一般不予支持,人民法院可以根据情形判令侵权人停止侵害、恢复名誉、消除影响、赔礼道歉。因侵权致人精神损害,造成严重后果的,人民法院除判令侵权人承担停止侵害、恢复名誉、消除影响、赔礼道歉等民事责任外,可以根据受害人一方的请求判令其赔偿相应的精神损害抚慰金。

再次,我国学说普遍认为,当行为人侵害他人无形人格权时,受害人除了要求行为人对他们遭受的损害承担侵权责任之外,还有权要求法官采取损害赔偿之外的其他法律救济措施以便保护其无形人格权。梁慧星教授指出,民法保护人格权的主要方法,是赋予受害人除去侵害请求权,大陆法系国家和英美法系国家的民法均以除去侵害请求权为人格权主要保护方法。按照《民法通则》第 120 条的规定,中国民法同样以除去请求权为人格权侵害时的主要救济方法,此除去请求权包括:要求停止侵害、恢复名誉、消除影响、赔礼道歉。[①]

最后,我国侵权责任法明确规定了损害赔偿责任之外的法律救济措施。我国《侵权责任法》第 15 条将《民法通则》第 134 条原封不动地规定了下来,认为侵权责任除了包括损害赔偿责任之外,还包括停止侵害、赔礼道歉、消除影响和恢复名誉。

---

① 梁慧星:《民法总论》(第 2 版),法律出版社 2001 年版,第 137 页。

(三) 其他法律救济措施同损害赔偿之间的关系

在侵权法上，无形人格权人享有的损害赔偿请求权同损害赔偿请求权之外的其他法律救济措施之间的关系是什么？两种法律救济措施之间是否存在主次关系？对于这样的问题，两大法系国家和我国的侵权法作出的回答并不完全相同。在德国和我国，侵权法认为，当行为人侵害他人无形人格权时，他人在一般情况下应当首先主张损害赔偿之外的其他法律救济措施，不得主张损害赔偿的法律救济措施。只有在损害赔偿之外的其他法律救济措施无法保护受害人的无形人格权时，侵权法才允许受害人主张损害赔偿的法律救济措施。而法国和英美法系国家，侵权法一直以来都重视损害赔偿这种法律救济措施，轻视禁止令这种法律救济措施，认为当行为人侵害他人无形人格权时，他人应当原则上要求行为人对其承担损害赔偿责任，例外情况下才主张禁止令的颁发。笔者认为，我国侵权法也应当放弃重视损害赔偿之外的其他法律救济措施而轻视损害赔偿这种法律救济措施的规则，将损害赔偿作为无形人格侵权的首要法律救济措施。

1. 损害赔偿请求权优先于禁止令请求权的规则

在19世纪初期，即便1804年《法国民法典》第1382条在表面上保护他人对其名誉、隐私、肖像享有的利益，但是，法官除了根据1804年《法国民法典》第1382条责令行为人就其侵害他人名誉权的行为对他人承担损害赔偿责任之外，很少会责令行为人就其侵害他人隐私或者肖像的行为对他人承担侵权责任。因此，在19世纪初期，法国司法判例在名誉权的保护问题上更加倾向于损害赔偿的法律救济措施而非禁止令的法律救济措施。在19世纪50年代，随着司法判例对他人隐私权的认可，法国司法判例仍然适用1804年《法国民法典》第1382条的规则来保护他人的隐私权；当行为人侵害他人隐私权时，法国仍然会责令行为人根据《民法典》第1382条责令行为人就其隐私侵权行为对他人承担侵权责任，即便法官此时也会根据受害人的要求颁发禁止令，禁止行为人继续实施隐私侵权行为。此时，法官没有重视禁止令的法律救济措施而轻视损害赔偿的法律救济措施。在1881年，《法国新闻法》也坚持这样的规则，认为当行为人侵害他人名誉权、肖像权时，受害人原则上应当要求行为人就其侵害行为对自己承担侵权责任，不得要求法官颁发禁止令，禁止行为人继续实施名誉侵权行为或者肖像侵权行为。只有在例外情况下,受害人才能够要求法官颁发禁止令,禁止行为人继续实施名誉侵权行为或者肖像侵权行为。即便法官认为,行为人的有关书面材料构成名誉毁损行为并且应当在例外情况下颁发禁止令,禁止行为人公开其有关材料,法官也不得全部没收或者销毁其书面材料,因为法国1881年的《新闻法》第51条规定,一旦行为人公开对他人名誉具有毁损性质的陈述,基于受害人的请求,法官有权颁发禁止令,预先没收行为人除了4份之外的所有对受害人名誉具有名誉毁损性质的所有材料。在20世纪70年代之前,法国司法判例大都坚持这样的规则,认为当他人的无形人格权遭受损害时,他人应当要求行为人对他们承担损害赔偿责任,虽然他们也有权要求法官颁发禁止令,禁止行为人继续实施无形人格侵权行为。法国立法机关总结了司法判例积累的经验,在其制定的1970年7月17日的法律规定,当行为人侵害他人隐私权时,他人除了有权要求行为人就其隐私侵权行为对自己承担损害赔偿责任之外,还有权要求法官颁发禁止令,禁止行为人继续实施侵权行为。法国1970年7月17日的《制定法》将损害赔偿的法律救济措施放在禁止令的法律救济措施之前,说明法国立法机关在隐私权的法律救济问题上更倾向于损害赔偿的法律救济措施而非禁止令的法律救济措施。

2. 除去侵害请求权优先于损害赔偿请求权的规则

在德国,无论是《制定法》还是司法判例都认为,当行为人侵害他人无形人格权时,他人应当首先主张损害赔偿之外的其他法律救济措施,不得首先主张损害赔偿的法律救济措施,只有在损害赔偿之外的其他法律救济措施无法主张时,他人才能够主张损害赔偿的法律救济措施。一方面,《德国民法典》第249条明确规定,当行为人的人格权遭受损害时,他们应当首先主张损害赔偿之外的其他法律救济措施,不得首先主张损害赔偿的法律救济措施;只有在损害赔偿之外的其他法律救济措施无法适用时,才能够使用损害赔偿的法律救济措施,已如前述。另一方面,德国司法判例也认可这样的规则。在1961年9月19日的案件中[①],德国联邦最高法院对此种规则作出了明确说明,它指出,"一旦他人的一般人格权遭受损害,在决定是否责令行为人就其侵害他人一般人格权的侵权行为对他人遭受的非财产损害承担侵权责任时,法官首先要决定,他人的一般人格权是否能够通过损害赔偿之外

---

① BGHZ35,363;NJW1961,2059.

的其他法律救济措施来救济"。

在我国,《民法通则》和学说也采取德国民法的理论,认为受害人一旦因为行为人的无形人格侵权行为遭受损害,他们应当首先主张损害赔偿责任之外的法律救济措施来保护自己的无形人格利益,只有在损害赔偿之外的其他法律救济措施无法保护他们的无形人格利益时,受害人才能够要求行为人承担损害赔偿责任。一方面,我国《民法通则》认为,当受害人的无形人格权遭受损害时,他们应当首先主张损害赔偿之外的其他法律救济措施,不得首先主张损害赔偿的法律救济措施,因为我国《民法通则》第120条虽然规定了停止侵害、恢复名誉、消除影响、赔礼道歉和损害赔偿五种法律救济措施,但是《民法通则》认为,前四种法律救济措施是首要的法律救济措施,而后一种法律救济措施是次要法律救济措施,已如前述。另一方面,我国民法学说普遍认为,当受害人的人格权遭受损害时,他们应当首先主张损害赔偿之外的其他法律救济措施而不得首先主张损害赔偿的法律救济措施。佟柔教授指出:"对于人格权受到侵害的主体来说,赔偿损失毕竟只是一种辅助性的补偿手段,更重要的是保护并恢复期人格权。因此,受害方有权请求立即停止侵害、恢复名誉、消除影响等,而不能以赔偿金钱的方式来代替上述民事责任。"① 梁慧星教授指出,除去侵害请求权,为人格权受侵害时首要的救济方法。② 张新宝教授也指出,在任何人格侵权案件中,如果人格侵权会导致精神损害的发生,则行为人首先应当承担的是停止侵害、恢复名誉、消除影响、赔礼道歉等民事责任。只有在必要的情况下,行为人才承担损害赔偿的责任。③

3. 我国侵权法应当采取的规则

在我国,《民法通则》和学说之所以重视损害赔偿之外的其他法律救济措施而轻视损害赔偿的法律救济措施,其原因有三:

其一,避免人格权的财产化。我国主流学说认为,如果允许无形人格权人在其无形人格权遭受损害之后首先主张损害赔偿请求权而非损害赔偿之外的其他法律救济措施,要求行为人就其侵害无形人格权的行为对自己承

---

① 佟柔:《〈中华人民共和国民法通则〉疑难问题解答》(第1辑),中国政法大学出版社1986年版,第44页。
② 梁慧星:《民法总论》(第2版),法律出版社2001年版,第137页。
③ 张新宝:《侵权行为法》(第2版),中国社会科学出版社1998年版,第108页。

担损害赔偿责任,则无形人格权人能够通过损害赔偿请求权的行使而获得财产利益、商事利益,从无形人格权人的人格权蜕变为一种财产权。如果无形人格权人的无形人格权遭受损害之后首先主张损害赔偿之外的法律救济措施,则无形人格权人将不会获得损害赔偿金,无形人格权的非财产性得以维持。为了维持人格权的非财产性的特征,我国民法或者侵权法应当坚持损害赔偿之外的法律救济措施优先于损害赔偿的法律救济措施。张新宝教授对这样的理由作出了说明,他指出:"无论金钱赔偿额之高低,金钱救济对于精神损害的救济来说,都是辅助性的而非主导性的。离开了这一基本认识,就真的可能出现人格金钱化或者人格商品化的危险。"[①]

其二,我国社会主义精神文明的反应。我国传统学说认为,我国是社会主义国家,法律对公民人身权的保护是社会主义民法和法制的要求,直接关系到社会主义精神文明的建设。当无形人格权人的无形人格权遭受损害时,坚持损害赔偿请求权之外的法律救济措施优先于损害赔偿请求权的规则符合我国社会主义民法和法制的精神,符合社会主义精神文明的要求。而坚持损害赔偿请求权优先于损害赔偿请求权之外的法律救济措施则是资本主义法制的要求,是资本主义将人的尊严财产化的反应。一本权威的民法教科书对这样的理由作出了说明。该教科书指出,由于人身权为非财产权,因此应采取排除妨害的补救方法作为对人身权的主要民法保护方法。然而,自本世纪以来,西方国家的民事立法和实践均以金钱抚慰或者赔偿的办法作为保护人身权的主要方式。表面上看,这种办法似乎有一定的效果,但实际上体现了资本主义社会把人的尊严变成了交换价值、把家庭关系变成了纯粹的金钱关系的本质。[②]

其三,《德国民法》和我国台湾地区"民法"的影响。在我国,《民法通则》和民法学说之所以认为损害赔偿请求权之外的法律救济措施优先于损害赔偿请求权的法律救济措施,一个重要的原因是受《德国民法典》和我国台湾地区"民法"的影响。我国台湾地区"民法"第18条规定,人格权受到侵害时,得请求法院除去其侵害;前款情形,以法律有特别规定者为限,得请求损害赔偿或者抚慰金。其第19条规定,姓名权受到侵害者,得请求法院除去其侵害,并得请求损害赔偿。我国台湾地区学说大都承认此种法律规

---

① 张新宝:《侵权行为法》(第2版),中国社会科学出版社1998年版,第108页。
② 佟柔主编:《中国民法》,法律出版社1990年版,第492页。

则,认为行为人侵害他人人格权时,他人应当首先主张除去侵害请求权;除去侵害请求权不足以或者保护他人人格权或无法适用时,他人才能够主张损害赔偿请求权,要求行为人赔偿他人所遭受的精神损害甚至财产损害。此种理论对我国《民法通则》和我国民法学说和侵权法学说影响巨大,因为我国《民法通则》第120条实际上就是《德国民法典》和我国台湾地区民法有关规定的反应。

在我国,主张损害赔偿之外的法律救济措施优先于损害赔偿的法律救济措施的上述三个理由如果说在过去是能够站得住脚的话,那么这三个理由在今天已经站不住脚了。

首先,《德国民法典》有关除去侵害请求权优先于损害赔偿请求权的规则仅是德国民法的一家之言,并非当今两大法系国家的主流意见。我国侵权法不应当再固守德国民法的此种规则。在我国,民法通则过分地借鉴《德国民法典》和我国台湾地区民法的理论,使我国《民法通则》在众多问题上存在无法克服的法律漏洞,也使我国民法学说、侵权法学说存在众多模棱两可、似是而非的理论,既影响到了我国《民法通则》的有效适用,也影响大了我国民法的发展,其中就包括无形人格权理论和无形人格权的法律救济理论。由于受到《德国民法典》第823(1)条的影响,《德国民法典》没有规定保护他人的名誉、隐私、肖像、声音或者其他无形人格利益,因此,德国司法判例和学说就主张一般人格权理论,认为该种一般人格权独立于《德国民法典》而存在。我国学说在讨论人格权时也认为我国民法应当承认一般人格权。实际上,德国司法判例之所以创设一般人格权,是因为《德国民法典》在无形人格权问题上存在严重的法律漏洞。而我国《民法通则》以众多具体条款对《德国民法典》没有规定的无形人格权作出了规定,使我国《民法通则》关于无形人格权的规定不同于《德国民法典》关于无形人格权的规定,不存在《德国民法典》所存在的法律漏洞。尽管如此,我国学说仍然普遍认可一般人格权,已如前述。在无形人格权的法律救济问题上,《德国民法典》的规定显然存在问题,是19世纪末期民法理论不成熟的反应,在两大法系国家也仅是一家之言,同法国和英美法系国家的侵权法存在差异。为什么我国《侵权法》只能借鉴模棱两可、似是而非的《德国民法典》和我国台湾地区"民法"的规则而不借鉴法国民法和英美法系国家侵权法的规则?

其二,在侵权法上,责令行为人就其侵害他人无形人格权的行为对他人承担损害赔偿的责任并非一定意味着将他人的无形人格权财产化。在20世纪50年代之前，即便两大法系国家的侵权法认为，当他人的无形人格权受到侵害时，他人有权要求行为人就其侵害行为对自己遭受的精神损害承担赔偿责任，两大法系国家的侵权法也不会认为，行为人支付给他人的精神损害赔偿金是财产性质的赔偿，会使他人的无形人格权财产化、商品化。因为两大法系国家的侵权法认为，此种性质的损害赔偿金也仅是精神性质的而非财产性质的，不会使受害人获得大量的损害赔偿金。法官会在作出损害赔偿的判决时考虑案件的各种具体情况，避免行为人赔偿的数额过大而让受害人获得不当利益。20世纪50年代之后，由于影视明星、体育明星等公众人物的大量出现，侵权法开始将这些人的无形人格权商品化、财产化，当行为人侵害这些人的无形人格权时，法律会责令行为人对他们遭受的财产损害承担侵权责任。在此种情况下，无形人格权的商品化、财产化完全是合理的，因为影视明星、体育明星的无形人格权同一般人的无形人格权的性质完全不同，他们的无形人格权已经丧失了人格性、精神性而具有了财产性、物质性。这同20世纪50年代之前的情况完全不同。此外，即便是在承认影视明星、体育明星无形人格权财产化的时代，侵权法仍然将非公众人物的无形人格权看做人格权而非财产权，当行为人侵害他们的无形人格权时，法官仍然会责令行为人对他们承担精神损害赔偿责任，此种责任的范围不会漫无边际并因此使其赔偿金变成财产性质的赔偿。

其三，究竟是损害赔偿请求权优先于除去侵害侵权法还是除去侵害请求权优先于损害赔偿请求权的问题是同一个国家的性质无关的问题。当他人的无形人格权遭受损害时，民法或者侵权法究竟是优先适用损害赔偿的法律救济方式还是损害赔偿之外的其他法律救济方式同一个国家的性质无关，因为，一方面，一个社会主义国家绝对不会因为在无形人格权的法律救济领域优先适用损害赔偿的法律救济方式而变成资本主义国家，一个资本主义国家绝对不会因为在无形人格权的法律救济领域优先适用损害赔偿之外的其他法律救济方式而变成社会主义国家；另一方面，同样是资本主义的国家，法国和美国在无形人格权的法律救济领域优先适用损害赔偿的法律救济措施，认为损害赔偿之外的其他法律救济措施仅仅在例外情况下才适用，而德国则在无形人格权的法律救济领域优先适用损害赔偿之外的其他法律救济措施。

在侵权法上,当他人的无形人格权遭受损害时,他人应当优先主张损害赔偿之外的其他法律救济措施的规则虽然能够较好地保护他人的无形人格权,能够有效地减少侵害他人无形人格权的行为的发生,但是,此种规则严重违反无形人格权领域实行的利益平衡的理念,使行为人的自由权被严重窒息,不符合社会公共利益的要求。

一方面,优先主张损害赔偿请求权之外的法律救济措施的规则违反了无形人格权领域贯彻的利益平衡的理论,过分保护他人的无形人格权而牺牲了行为人的无形人格权。侵权法区分无形人格权和有形人格权的重要理由之一是,在决定是否保护和在何种程度上保护他人无形人格权时,法官既要考虑他人的无形人格权,也要考虑行为人的无形人格权,要防止一边倒地保护他人无形人格权而严重牺牲行为人无形人格权的情况出现,也要防止一边倒地保护行为人的无形人格权而严重牺牲他人无形人格权的情况出现。因为,他人的无形人格权时常同行为人的无形人格权产生冲突,当行为人行使其享有的某种无形人格权时,他们的权利行使行为可能会危及他人的无形人格权。当行为人侵害他人无形人格权时,如果法律首先要求他人优先主张除去侵害请求权,则该种规则将严重牺牲行为人的无形人格权而过分保护他人的无形人格权,使行为人根本无法行使其无形人格权。因为在侵权法上,停止侵害、恢复名誉、消除影响、赔礼道歉等除权侵害请求权或者不作为请求权是非常严厉的强制措施,如果法官动不动就适用这些法律救济措施,则行为人的自由权将遭受重大损害。

另一方面,优先主张损害赔偿请求权之外的法律救济措施的规则违反了社会公共利益,使社会公众的知情权受到影响。如果政府官员或者准政府官员违反道德规则或者法律规则而在家收受贿赂或者同情人幽会,行为人尤其是作为新闻媒体的行为人为了揭露他们的罪行而去他们家中偷拍、偷摄,他人是否能够借口其隐私利益、肖像利益应当受到保护而主张除去侵害请求权?如果按照我国民法学说和侵权法学说,这些政府官员、准政府官员显然有权向法院提出申请,要求法官禁止行为人实施这样的行为。法官也应当颁发禁止令,禁止行为人做出这样的行为。一旦法官颁发禁止令,禁止行为人做出这样的行为,则行为人尤其是作为新闻媒体的行为人将无法揭露政府官员或者准政府官员的违法犯罪行为,社会公众的知情权将遭受重大损害,政府官员或者政府官员将处于无人约束的境地。而如果放弃除去请求权优先于损害赔偿请求权的规则,行为人尤其是作为新闻媒体的行为人在此种情况下仍然能够进入政府官员、准政府官员的家中进行偷拍、偷摄其违法犯罪行为,即便他们要就其侵扰这些人的隐私、公开这些人肖像的行为对他们承担损害赔偿责任,法官也不得颁发禁止令,禁止行为人实施偷拍、偷摄的行为。行为人仍然能够行使其言论自由权、出版自由权。

在我国,侵权法应当放弃《德国民法典》有关除去侵害请求权优先于损害赔偿请求权的法律规则,借鉴法国侵权法和美国侵权法实行的损害赔偿请求权优先于禁止令请求权的法律规则,当行为人侵害他人无形人格权时,在符合无形人格侵权责任构成要件的情况下,侵权法应当首先要求他人主张损害赔偿请求权,只有在损害赔偿请求权无法适用或者不适宜适用时,侵权法才要求他人主张除去侵害请求权。此种规则的建立一方面是为了平衡行为人的自由权和他人的无形人格权,一方面是为了保护作为新闻媒体的行为人充分行使其享有的言论自由权、出版自由权和批评自由权,以便对政府官员、准政府官员的行为进行约束和监督,使社会公众享有广泛的知情权。

(四)除去侵害请求权的构成要件

在侵权法上,当行为人侵害他人无形人格权时,他他人除了有权要求行为人就其侵害行为承担损害赔偿责任之外,还有权要求法官颁发禁止令,禁止行为人继续实施无形人格权的侵害行为。问题在于,受害人享有的损害赔偿请求权的构成要件同他们主张的除去侵害请求权的构成条件是否一样。对于这样的问题,两大法系国家和我国的侵权法作出的回答有相同的地方,也有不同的地方。所谓相同的地方是指,两大法系国家和我国的侵权法都认为,即便除去侵害请求权和损害赔偿请求权都是无形人格权的法律救济措施,都是除去侵害请求权具有损害赔偿请求权所不具有的特殊构成要件,即行为人准备实施无形人格侵权行为还没有最终实施该种行为,或者行为人已经实施了无形人格侵权行为并且准备继续实施其已经实施的无形人格侵权行为。如果行为人已经实施了无形人格侵权行为并且该种行为已经结束,则他人不得主张除去侵害请求权,只能主张损害赔偿请求权。

所谓不同的地方是指,某些国家的侵权法认为,主张损害赔偿请求权时,他人应当证明行为人的侵害行为是过错行为,应当证明行为人的过错行为给自己造成了损害,如果行为人的侵害行为不是过错行为,或者如果行为人的过错行为没有给他人造成损害,则他人不得主张损害赔偿请求权,但是他人仍然能够主张除去侵害请求权。此种规则为德国民法和我国台湾地区民法所采取。德国学者梅迪库斯指出,当行为人侵害《德国民法典》第823(1)条规定的法定利益、名誉时,受害人也享有补充性的除去请求权,该种除去请求权同法定除去请求权一样不要求行为人具有过错。① 福克斯也指出,当他人的人格权面临受到侵害的危险时,他人可以针对可能出现的权利侵害提起不作为之诉。这一不作为请求权不以过错为前提,只要出现了足以让人担心的人格侵害行为,他人就有权主张不作为请求权。② 而某些国家的侵权法则认为,损害赔偿请求权应当符合行为人有过错的构成要件,禁止令请求权也应当符合行为人有过错的构成要件,如果行为人侵害他人无形人格权的行为不构成过错行为,则他人既不得主张损害赔偿请求权,也不得主张禁止令请求权。此种规则为法国和美国的侵权法所采取。在法国和美国,司法判例虽然也在无形人格侵权领域适用禁止令的法律救济措施,但它们认为,只有在行为人的侵害行为符合有关无形人格侵权责任的构成要件时,法官才能够颁发禁止令,禁止行为人继续实施其侵害行为,如果行为人的侵害行为不符合无形人格侵权责任的构成要件,则法官不得颁发禁止令,禁止行为人继续实施侵害行为。关于这一点,笔者将在有关无形人格侵权责任的法律救济措施当中作出说明,此处从略。

在我国,《民法通则》第120条虽然规定了除去侵害请求权,但是没有对除去侵害请求权的构成要件作出规定。因此除去侵害请求权同该条规定的损害赔偿请求权的构成要件是否一致,《民法通则》没有作出规定。尽管如此,我国学说和司法判例都认为,除去侵害请求权和损害赔偿请求权的构成要件存在差异,因为除去侵害请求权不要求行为人存在过错,不要求行为人的侵害行为给他人造成损害,而损害赔偿请求权则要求行为人存在过错,要求行为人的过错行为给他人造成了损害。梁慧星教授对这样的规则作出了说明,他指出,除去侵害请求权的行使,不以有损害后果及加害人有过错为要件,这同损害赔偿请求权有别。③ 最高人民法院在《关于确定民事侵权精

---

① 〔德〕迪特尔·梅迪库斯:《德国债法分论》,法律出版社2007年版,第772页。
② 〔德〕马克西米利安·福克斯:《侵权行为法》,法律出版社2006年版,第66页。
③ 梁慧星:《民法总论》(第2版),法律出版社2001年版,第137页。

神损害赔偿责任若干问题的解释》中也认为,除去侵害请求权的行使不要求他人遭受损害,而损害赔偿请求权则要求他人遭受损害,因为该《解释》第8条规定,如果行为人的无形人格侵害行为没有给他人造成损害或者仅仅造成轻微的损害,他人能够主张除去侵害请求权,但是不得主张损害赔偿请求权,只有当他人遭受严重的损害时,他们才能够主张损害赔偿请求权。

同样是无形人格权的法律救济措施,为什么除去侵害请求权和损害赔偿请求权的构成要件不同?我国学说认为,这是因为包括无形人格权在内的人格权是一种绝对权,类似于物权受到侵害时的排除妨害请求权,属于绝对权的权能。① 此种理由显然没有说服力,因为,一方面,在民法上或者侵权法上,属于绝对权的权利类型众多,除了包括物权、名誉权、隐私权、肖像权之外,还包括生命权、身体权、健康权。为什么只有物权、名誉权、隐私权、肖像权等绝对权能够适用于除去侵害请求权或者排除妨害请求权,而同样属于绝对权范畴的生命权、身体权或者健康权则无法适用除去侵害请求权?另一方面,在侵权法上,虽然生命权、身体权、健康权同名誉权、隐私权、肖像权都属于人格权,但是,生命权、身体权、健康权在侵权法上的地位显然高于名誉权、隐私权、肖像权,地位较低的名誉权、隐私权、肖像权都能够适用于除去侵害请求权,而地位更高的生命权、身体权或者健康权反而不能够适用于除去侵害请求权?在侵权法上,虽然法律或者学说将某些权利看做绝对权,将某些权利看做相对权,但是,此种权利的分类仅仅同权利的重要性和权利的保护程度有关,同权利的法律救济措施没有关系。任何权利,无论是相对权还是绝对权,只要存在已经侵害并且持续侵害的可能性,权利人就有权向法院提出申请,要求法官责令行为人停止其侵害行为。这样,除去侵害请求权或者不作为请求权既能够成为绝对权的法律救济措施,也能够成为相对权的法律救济措施。因此,当行为人侵害他人契约债权时,在符合除去侵害请求权条件的情况下,他人除了有权主张损害赔偿请求权之外,也有权主张除去侵害请求权,要求法官责令行为人停止其契约侵害行为。② 当行为人侵害他人知识产权时,在符合除去侵害请求权条件的情况下,知识产权人除了能够主张损害赔偿请求权之外,也能够主张除去侵害请求权,要求法官

---

① 参见胡长清:《中国民法总论》,中国政法大学出版社1997年版,第86页;梁慧星:《民法总论》(第2版),法律出版社2001年版,第137页。
② 张民安:《过错侵权责任研究》,中国政法大学出版社2002年版,第398页。

颁发禁止令,禁止行为人继续侵害其知识产权。①

在侵权法上,除去侵害请求权同损害赔偿请求权的法律救济措施的确存在差异,此种差异体现在,如果无形人格权人要求主张损害赔偿请求权,他们必须证明行为人的无形人格侵害行为给他们造成了重大损害,无论是精神损害还是财产损害,如果没有损害或者仅仅造成了轻微或者一般的精神损害,则他人无权要求行为人对他们承担损害赔偿责任。但是,如果无形人格权人主张除去侵害请求权,则他们未必一定要证明行为人的侵害行为给他们造成了现实损害,即便行为人的无形人格侵害行为还没有给他们造成损害,只要行为人即将实施的无形人格侵害行为可能会给他们造成重大损害,他人就有权主张除去侵害请求权。如果行为人即将实施的无形人格侵害行为仅仅会给他人造成较小的损害,他人也不得主张除去侵害请求权,因为,如果行为人的无形人格侵害行为仅仅可能给他人造成较小的损害,则侵权法会优先保护行为人的自由权而牺牲他人的无形人格权。除去侵害请求权是否也像损害赔偿请求权一样要求行为人的无形人格侵害行为构成过错行为?笔者认为,如果行为人的无形人格侵害行为不构成过错行为,他人既不得主张损害赔偿请求权,也不得主张除去侵害请求权,因此,行为人的过错行为是他人主张损害赔偿请求权和除去侵害请求权的共同构成要件。之所以实行这样的规则,其原因有三:其一,如果在行为人的侵害行为不构成过错行为的情况下让无形人格权人享有除去侵害请求权,则他人的无形人格权通过除去侵害请求权获得的法律保护高于通过损害赔偿请求权获得的法律保护,因为如果行为人在没有过错的情况下还应当抑制、约束或者放弃其侵害他人无形人格权的行为,则他人无形人格权的保护将会建立在严格责任的基础上,而行为人就其侵害他人无形人格权的行为对他人承担的侵权责任是一种过错侵权责任。这样,行为人的同一行为,将具有两种不同法律规则的特征,使有关除去侵害请求权的法律规则不同于损害赔偿责任的法律规则。为了体现行为人侵害行为的过错性,为了统一同一行为的法律调整规则,我国侵权法应当将无形人格权领域的除去侵害请求权同损害赔偿请求权建立在共同的过错行为基础上。其二,在侵权法上,无形人格权

---

① 参见 Salinger v. Random House, Inc., 811 F. 2d 90, 96(2 d Cir. 1987);《中华人民共和国著作权法》第47条和第49条;李颖怡主编:《知识产权法》(第3版),中山大学出版社2008年版,第103—104页。

人就其侵害他人无形人格权的行为对他人承担的侵权责任往往是建立在故意侵权行为的基础上，如果行为人仅仅存在过失，侵权法有时不会责令行为人就其侵害行为对他人承担侵权责任。例如，政府官员、准政府官员或者影视明星、体育明星等公众人物虽然享有名誉权，但是，他们的名誉权仅仅受故意侵权法的保护，不受过失侵权法的保护。除非他们能够证明行为人是基于故意毁损他们的名誉，否则，他们不得要求行为人对他们承担侵权责任。侵权法设定这样的规则主要是为了保护行为人尤其是作为新闻媒体的行为人所享有的言论自由权、出版自由权。如果认定公共官员、准公共官员、影视明星、体育明星等公众人物在行为人没有过错的情况下能够主张除去侵害请求权，则此种名誉侵权责任规则将变得毫无意义，侵权法对行为人言论自由权、出版自由权进行保护的公共政策将无法实现。其三，在侵权法上，为了保护行为人尤其是作为新闻媒体的行为人的言论自由权、出版自由权，防止除去侵害请求权的行使窒息了行为人的这些无形人格权的行使，两大法系国家的侵权法有时认为，即便符合除去侵害请求权的构成要件，无形人格权人也不得主张除去侵害请求权，要求法官颁发禁止令，禁止行为人的无形人格侵权行为；他们只能主张损害赔偿请求权，要求法官责令行为人就其实施的无形人格侵权行为对自己承担损害赔偿责任。关于这一点，笔者将在有关章节作出说明。

四、无形人格侵权责任的抗辩事由

（一）无形人格权侵权责任中的利益平衡理论

在两大法系国家和我国，侵权法区分无形人格权和有形人格权的重要理由在于，当行为人侵害他人有形人格权并因此导致他人遭受损害时，法官往往会毫不犹豫地责令行为人就其侵权行为对他人承担侵权责任，他们很少甚至根本不会借口行为人自由权的保护而拒绝责令行为人对他人承担侵权责任，因为在有形人格侵权责任中，法官认定他人的生命权、身体权和健康权要比行为人的自由权重要，法官不允许行为人借口自由权的行使而侵害他人的有形人格权。而无形人格侵权则不同，当行为人侵害他人无形人格权并因此导致他人遭受损害时，法官往往会拒绝责令行为人就其侵权行为对他人承担侵权责任,除非行为人实施的侵权行为是严重的、重大的侵权行为并且除非行为人实施的严重、重大侵权行为使他人遭受严重的损害。法官之所以不愿意责令行为人就其实施的无形人格侵权行为对他人承担侵权责任,是因为无形人格权虽然是一种有价值的权利,但是无形人格权的过分保护会抑制行为人无形人格权的有效行使并最终损害社会公共利益。因此,在决定是保护他人的无形人格权和在什么范围保护他人的无形人格权时,法官一方面对无形人格侵权责任的构成要件作出限制性规定,认为行为人只有在符合无形人格侵权责任构成要件的情况下才有可能对他人承担侵权责任,如果行为人不符合无形人格侵权责任的构成要件,则他们将不对他人承担侵权责任;另一方面会平衡原告的无形人格权和被告的自由权以及社会公众享有的知情权,看看在每一个具体案件中究竟是原告的无形人格权的价值大于被告的自由权的价值或者社会公众享有的知情权的价值,还是被告的自由权的价值或者社会公众享有的知情权的价值大于原告的无形人格权的价值。如果法官认为,在某一个具体案件中,原告的无形人格权的价值大于被告的自由权的价值或者社会公众享有的知情权的价值,则法官会责令被告就其侵害他人无形人格权的行为对他人承担侵权责任;如果法官认为,在某一个具体案件中,被告的自由权的价值或者社会公众享有的知情权的价值大于原告的无形人格权的价值,则法官会拒绝责令行为人就其侵害他人无形人格权的行为对他人承担侵权责任。在侵权法上,学说将法官权衡他人的无形人格权和行为人的无形人格权的价值大小并作出不同决定的方法称为利益平衡理论,将法官基于利益平衡理论拒绝责令行为人就其侵害他人无形人格权的行为对他人承担侵权责任的这些事由称为无形人格侵权责任的免责事由、免责特权或者抗辩事由。

(二)利益平衡理论在大陆法系国家无形人格侵权责任当中的适用

在法国,在决定是否保护他人的无形人格权和在何种程度上保护他人的无形人格权时,法官会平衡他人的无形人格权和行为人的自由权之间的关系。法国司法判例确立的利益平衡理论具有两个重要特点:其一,司法判例优先保护他人的无形人格权而牺牲行为人的自由权。在法国,即便行为人的自由权和他人的无形人格权都被看做是法国宪法规定的权利并且都被认为是具有重要价值的权利,但是,法国司法判例传统上倾向于保护他人的无形人格权而牺牲行为人的自由权,包括新闻媒体享有的新闻自由权,报纸杂志享有的出版自由权,因为法国司法判例认为,一旦新闻媒体、报纸杂志发表的文章、出版的期刊书籍涉及他人的名誉或者隐私,无论行为人是基于公共利益的目的还是私人目的,受害人都有权要求法官对他们的无形人格权提供保护,法官也会通过责令行为人对受害人承担损害赔偿责任或者颁发禁止令的方式来保护他人的无形人格权。其二,法官对新闻媒体新闻自由权的优先保护。在法国,即便侵权法优先保护他人的名誉权、隐私权或者其他无形人格权,但是,法官在具体案件中仍然会考虑行为人尤其是作为新闻媒体的行为人的新闻自由权的问题,防止过分保护他人的无形人格权而严重损害行为人的自由权、新闻自由权。此种平衡表现在,即便法国侵权法对他人的名誉权、隐私权提供强有力的保护,当受害人向法院起诉,要求法官责令行为人对他们遭受的损害提供法律救济时,法官既不会自动地保护受害人的无形人格权而简单地牺牲行为人的自由权、新闻自由权,法官也不会自动地牺牲受害人的无形人格权而简单地保护行为人的自由权、新闻自由权。法官也会像两大法系国家的法官那样考虑案件的各种具体情况来决定究竟是保护他人的无形人格权还是保护行为人的自由权。这一点尤其在法国加入欧洲人权公约之后得到明显表现。因为,为了贯彻欧洲人权公约的规定,使法国在无形人格权保护问题上逐渐同欧洲其他国家的侵权法保持一致,法国司法判例在决定行为人尤其是作为新闻媒体的行为人是否应当对他人承担侵权责任时,会考虑欧洲人权公约和欧洲其他国家的做法,会考虑新闻媒体的从业人员享有的调查权、社会公众的知情权等。尤其是,如果新闻媒体是为了揭露他人的贪污腐败行为而侵害他人的名誉、隐私或者肖像,法官更意愿牺牲他人的无形人格权而保护行为人的自由权,拒绝责令行为人就其侵害行为对他人承担侵权责任。[①]

在德国,在决定是否责令行为人就其侵害他人一般人格权的行为对他人承担侵权责任时,司法判例也会考虑利益平衡的思想,考虑行为人的自由权和他人一般人格权之间的关系。这在众多的司法判例当中得到说明。在1957后4月2日的案件中[②],德国联邦最高法院对这样的规则作出了说明。在该案中,被告未经原告同意擅自泄露其病历,原告认为被告的行为侵害了

---

① V. Civ. 2e, 24 January 1996, Bull. Civ., n9.

② BGHZ 24, 72.

其享有的一般人格权,要求法官责令被告就其侵害行为承担精神损害赔偿责任。在该案中,德国联邦最高法院在将隐私权纳入一般人格权的保护范围时认为,在决定被告是否就其侵害原告隐私利益的行为对原告承担侵权责任时应当考虑利益平衡的思想。它指出,虽然一般人格权属于《德国民法典》第823(1)条规定的基本权利,但此种权利并非是不受限制的权利。一般人格权并不会对他人主张的利益提供不受限制的保护,当一个人主张自己的人格利益遭受损害时,法律不会在任何情况下均对其利益提供保护,不会在任何情况下都责令行为人对他人承担侵权责任。一般人格权产生于这样的观念即人的尊严和个人人格的发展必须受到尊重和保护。因此,一般人格权的性质表明,在特定的案件中,原告意图加以保护的人格利益是重大的。但是,对一般人格权的保护必须予以双重限制:原告行使一般人格权不得违反宪政秩序和良好道德风俗,不得侵犯他人权利。原告的一般人格权可能与行为人的一般人格权产生冲突,因为在原告享有一般人格权的同时,行为人也享有同样的一般人格权,在原告享有人格的自由发展权的同时,行为人也享有同样人格自由发展权。此时,当他们之间的人格权产生冲突时,人们必须根据权利平衡的观念对他们之间的权利冲突加以解决。在1958年1月15日的司法判例当中①,德国司法判例就行为人的言论自由权和他人的一般人格权之间的冲突问题作出了说明。法官指出,当行为人的言论自由权和他人的一般人格权产生冲突时,法律应当优先保护他人的一般人格权,让言论自由权让位于他人的一般人格权,如果他人的一般人格权所具有的价值大于行为人的言论自由权所具有的价值的话;他人的一般人格权是否具有优先保护的价值,取决于案件的具体情况,诸如行为人实施侵害行为的目的、动机,行为人作出有关陈述的重要性,行为人获得信息的方式或者渊源,信息公开的范围;等等。

(三)利益平衡理论在英美法系国家无形人格侵权责任当中的适用

在英美法系国家,无论是学说还是司法判例都认为,在决定行为人是否就其侵害他人无形人格权的行为对他人承担侵权责任时,法官应当适用利益平衡的理论,既要考虑他人的无形人格权,也应当考虑行为人的自由权,

---

① Bverf G7,1958,210.

在两者权利之间寻求一个平衡,避免将行为人实施的一切无形人格侵害行为都看做是能够产生侵权责任的侵权行为,或者避免将行为人实施的一切无形人格侵害行为都不看做是能够产生侵权责任的侵权行为。此种利益平衡理论同时适用于名誉侵权责任和隐私侵权责任。

在美国联邦最高法院于1964年确立Sullivan[①]一案的规则之前,英美法系国家的侵权法普遍认为,当行为人的自由权和他人的名誉权产生冲突时,侵权法倾向于保护他人的名誉权而牺牲行为人的自由权,当行为人侵害他人的名誉权并因此导致他人遭受名誉损害时,法官会责令行为人对他人承担侵权责任,除非行为人能够证明,他们享有英美普通法或者制定法规定的各种免责特权。英美法系国家的普通法优先保护他人名誉权的方式,是规定行为人就其实施的侵权行为对他人遭受的名誉损害承担严格责任,即便他们在侵害他人的名誉权方面没有过错,侵权法也会责令他们对受害人承担名誉侵权责任,行为人能够逃避名誉侵权责任的唯一方式是举证证明,他们具有普通法规定的各种免责事由。根据英美法系国家的普通法,只要行为人作出了具有名誉毁损性质的陈述,只要他们对第三人公开了所作出的陈述,只要他们作出的陈述涉及原告,行为人就应当对受害人遭受的名誉损害承担侵权责任,即便他们没有预见到其陈述会涉及原告的名誉,即便他们在作出引起纠纷的陈述时没有过错,他们都应当对受害人承担名誉侵权责任。英美法系国家的普通法之所以倾向于保护他人的名誉权而牺牲行为人的自由权,其主要原因在于英美法系国家名誉侵权法的历史。

在英美法系国家,侵权法一直以来都试图限制行为人的言论自由,包括政治言论自由,认为行为人即便作出的陈述是真实的陈述,只要他们作出的陈述会损害他人利益,会引起社会动乱,行为人都应当承担刑事责任。在印刷技术没有出现之前,英美法系国家的普通法就已经严厉制裁行为人的口头陈述行为,认为行为人口头诽谤他人的行为构成犯罪行为,应当受到刑法的制裁。当印刷技术出现和得到大规模的应用之后,书面诽谤政府、王权或者政府官员的现象大量发生。为了防止社会公众使用书面文字来诽谤政府、王权或者政府官员的名誉,动摇政府、王权或者政府官员在社会公众中的威信,英美法系国家的普通法规定,行为人毁损政府、王权或者政府官员

---

① New York Times Co. v. Sullivan 376 U.S. 264, 283(1964).

名誉的行为构成严重的犯罪行为,应当受到严厉的制裁,行为人不得以所做陈述是真实陈述为由拒绝承担刑事责任。无论行为人作出的陈述是真实的还是虚假的,只要该种陈述在客观上毁损了政府、王权或者政府官员的威信,他们就应当受到刑事制裁。此种制裁在行为人的陈述是真实时要比虚假时更加严厉,因为真实的批评对政府、王权或者政府官员的威信损害更大。到了17世纪末期,英国王权制定制定法,对行为人的报纸杂志或者书籍等出版物采取许可制度,要求行为人在公开出版出版物之前向王权提出申请,只有获得王权许可之后才能够出版其出版物。此种规则一直坚持到18世纪末期。

到了18世纪末期,英国刑事诽谤犯罪制度开始衰败。到了19世纪初期,由于政府对新闻媒体实行征税制度,导致政府对新闻媒体的控制权逐渐减少,新闻媒体的自由权才逐渐得到扩张。此时,新闻媒体在被受害人告上法庭之后往往提出抗辩,认为其侵害他人名誉的行为既不应当构成犯罪行为,也不应当构成侵权行为,否则,社会公众享有的知情权将受到影响,政府或者政府官员的违法、犯罪行为将处于无人监督的境地。为了保护行为人尤其是作为新闻媒体的行为人的自由权,英美法系国家的普通法在19世纪开始大量创设行为人的免责特权制度,认为行为人在某些特定情况下侵害他人名誉权的行为不仅不构成犯罪行为,而且也不构成侵权行为,行为人无须对受害人承担侵权责任。在1890年,英美法系国家的著名学者Cooley认为,在决定行为人的行为是否构成名誉侵权行为时,法官应当考虑宪法规定的言论自由权和新闻自由权,对受害人的名誉侵权请求权施加宪法的限制。Cooley指出,"正如我们所理解的那样,宪法规定的言论自由权和新闻自由权意味着公民有权按照自己的意愿来作出陈述或者公开其陈述,意味着他们在这样做时有权免受任何侵权责任的承担,除非他们的公开行为构成亵渎、淫秽或者天理难容的行为,因为这些行为都是公共犯罪行为,或者除非他们作出的陈述是虚假的行为和蓄意行为,给他人良好名誉或者经济利益造成损害,否则,他们不得被责令承担侵权责任"[①]。不过,在1964年之前,当行为人的自由权和他人的名誉权产生冲突时,英美法系国家的侵权法仍然倾向于保护他人的名誉权而牺牲行为人的自由权,行为人如果不希望对

---

① Thomas M. Cooley, *Constitutional Limitions* 518, 6th edition, 1890.

受害人承担名誉侵权责任,他们应当证明自己具有侵权法认可的各种免责事由。

在英美法系国家,行为人在名誉侵权责任领域享有的免责特权使行为人实施的原本能够提起侵权诉讼的侵害行为最终成为不得提起诉讼的侵害行为,使行为人原本应当承担的名誉侵权责任最终没有承担。为什么名誉侵权法会免除行为人承担的侵权责任？这是因为,虽然行为人实施的侵害行为损害了他人的名誉权,但行为人实施名誉毁损行为的目的是为了某种重要利益,行为人实施的侵害行为是值得侵权法加以保护的行为,即便此种保护是建立在原告的名誉损害得不到赔偿的基础上。行为人实施名誉侵权行为所追求的利益或者是行为人的个人利益,或者是第三人的利益,或者是社会的公共利益。如果这些利益具有绝对重要的意义,则公共政策理论就会要求,行为人绝对不就其作出的具有名誉毁损性质的陈述对他人承担名誉侵权责任,这就是所谓的绝对免责特权理论。如果这些利益具有相对重要的意义,则公共政策就会要求,行为人仅仅在具有某些特定条件的情况下才不会就其作出的具有名誉毁损性质的陈述对他人承担名誉侵权责任,这就是所谓的相对免责特权理论。① 除了适用绝对免责特权理论和相对免责特权理论来保护行为人的自由权之外,英美法系国家还适用其他理论来保护行为人的自由权,防止行为人就其侵害他人名誉权的行为对他人承担侵权责任,诸如事实真实理论、公正评论理论等。关于绝对免责特权、相对免责特权、事实真实理论和公正评论理论,笔者将在有关章节作出讨论,此处从略。

到了1964年,美国联邦最高法院通过著名的 Sullivan 一案确立了一种新的免责理论,这就是宪政免责特权理论。该种理论认为,如果名誉遭受损害的公共官员或者公众人物向法院起诉,要求法官责令新闻媒体就其名誉侵害行为对他们承担侵权责任,他们应当证明行为人是基于蓄意侵害他们享有的名誉权,如果他们不能证明行为人是基于蓄意侵害他们的名誉权,他们无权要求新闻媒体对他们承担侵权责任,因为《美国宪法第一修正案》保护新闻媒体享有的理由自由权。美国 Sullivan 一案规则确立之后不仅对美国侵权法产生了重要影响,而且还对英美法系国家的侵权法产生了重要影响,

---

① W. Page Keeton, *Prosser and Keeton on Torts* (5th edition), West Publishing Company, pp. 815 - 816.

成为英美法系国家侵权法的重要规则。在 Hill v. Church of Scientology① 一案中,加拿大法官采取美国 Sullivan 一案确立的规则,认为行为人应当就其蓄意实施的侵权行为对受害人遭受的名誉损害承担侵权责任。在该案中,被告不断蓄意攻击作为原告的检察官,认为检察官在对被告进行调查时不当使用秘密文件,即便当被告知道原告没有实施这些非法行为时,被告仍然不断公开攻击原告,使原告的名誉遭受损害。原告向法院起诉,要求法官责令被告就其实施的侵权行为对自己承担侵权责任。法官指出,在英美普通法中,名誉侵权法认为,在决定行为人是否就其侵权行为对受害人承担侵权责任时,要考虑行为人的自由权和受害人的名誉权之间的平衡;在一个自由、民主社会,行为人的自由权和他人的名誉权都是值得侵权法保护的两种有价值的权利。当两种有价值的权利产生冲突时,法官当然要平衡这两种权利之间的冲突。法官认为,被告蓄意诬陷原告的行为不能够看做健康参与社会事务的行为,被告作出虚假陈述的行为不得看做人格自我发展的行为,因此,被告不得借口自由权的享有而拒绝对原告承担名誉侵权责任。在澳大利亚,虽然宪法没有明确规定保护行为人的言论自由权,但是澳大利亚的法官通过对宪法进行解释,认为澳大利亚的宪法暗含保护行为人的言论自由权,当他们作出的陈述侵害公共官员的名誉时,法官可以借口言论自由权的宪法保护而免除行为人原本应当承担的侵权责任,这就是宪政特权理论。此种理论完全是美国 Sullivan 一案确立的宪政特权理论的再版。根据澳大利亚司法判例确立的规则,如果符合三个构成要件,行为人就可以借口宪政特权理论而主张免责:行为人能够证明它们没有意识到所公开的内容是虚假的,它们不是基于鲁莽行为公开具有名誉毁损性质的陈述,也就是不关心它们公开的内容是不是真实的还是虚假的;被告在具体案件中进行的公开行为是合理的。② 除了直接援引美国 Sullivan 一案确立的规则来免除行为人对公共官员承担的名誉侵权责任之外,某些英美法系国家也通过扩张普通法中的相对免责特权理论来体现美国 Sullivan 一案规则的精神,这就是所谓的扩张性相对免责特权理论。根据扩张性相对免责特权理论,如果行为人针对公共官员作出了具有名誉毁损性质的陈述,他们原则上不对公共官员遭受的损害承担侵权责任,除非公共官员能够证明行为人是基于蓄意作

---

① (1995)126 DLR129(S.C.C..
② Australia Capital Television Pty Ltd.,(1992)177 CLR.106.

出具有名誉毁损性质的陈述。如果公共官员无法证明行为人是基于蓄意作出具有名誉毁损性质的陈述,则他们无权要求行为人对他们遭受的损害承担侵权责任。

除了他人的名誉权会同行为人的自由权产生冲突之外,英美法系国家的学说和司法判例也认为,他人的隐私权同行为人的自由权之间也会产生冲突。问题在于,当两种权利之间产生冲突时,侵权法是应当优先保护他人的隐私权还是应当优先保护行为人的自由权。对于这样的问题,美国学说作出的回答并不完全相同。在1890年,当Brandeis和Warren提出隐私权理论之时,Brandeis和Warren认为,在一般情况下,行为人应当就其侵害他人隐私权的行为对他人承担侵权责任;在例外情况下,行为人无须就其侵害他人隐私权的行为对他人承担侵权责任。所谓例外情况是指,行为人是为了公共利益侵害他人隐私权;行为人侵害了公共人物的隐私权。在这两种例外情况下,行为人无须对受害人承担隐私侵权责任。[1] 在19世纪末期,美国某些司法判例直接援引Cooley先生在前面文章中的观点,认为行为人无须就其实施的隐私侵权行为对他人承担侵权责任。在1893年,美国司法判例认为,当被告公开原告的自传体时,原告不得要求法官颁发禁止令,禁止被告公开其自传体,因为法官认为,如果法官这样做无疑侵害了被告的言论自由权和新闻自由权。为此。法官直接援引Cooley先生在1890年的文章当中表述的上述意见,驳回了原告的诉讼请求。[2] 在1905年,美国佐治亚州最高法院也认为,在决定行为人公开他人私人信息的行为是否构成隐私侵权行为时,法官应当考量包括行为人言论自由权、新闻自由权在内的众多因素。

虽然如此,在20世纪初期到20世纪60年代末期之前,美国主流司法判例并不承认这样的规则,因为这些主流司法判例并不认为,行为人能够以公共利益或者公众人物作为拒绝承担隐私侵权责任的抗辩事由。到了20世纪60年代末期,此种规则再次得到适用。在1967年的Time, Inc. v. Hill[3]一案中,法官首次认为,当新闻媒体公开的事项是涉及公共利益的

---

[1] Samuel Warren & Louis Brandeis, *The Right to Privacy*, 4 Harv. L. Rev. 193, 213–214 (1890).

[2] Corliss v. E. W. Walker Co,. 57 F. 434, 435(C. C. D. Mass.1893).

[3] 385 U. S. 374(1967).

事项时,行为人能够以公共利益作为拒绝承担隐私侵权责任的抗辩事由。在该案中,法官认为,只要行为人是为了公共利益公开他人信息,即便被公开的信息是具有私人性质的信息,行为人也不对他人遭受的损害承担侵权责任。此后,美国司法判例还在其他案件中对这样的规则作出了说明。不过,总的说来,美国司法判例并不太愿意在隐私侵权行为领域设置过多的抗辩事由;在平衡行为人的自由权和他人的隐私权时,美国司法判例更愿意保护他人的隐私权而牺牲行为人的自由权,因为美国司法判例经常认为,在名誉侵权责任领域适用的宪政保护方式不得在隐私侵权责任领域适用,行为人不得借口《美国宪法第一修正案》和《第四修正案》拒绝就其侵害他人隐私权的行为对他人承担隐私侵权责任。虽然如此,美国司法判例仍然认为,在某些情况下,行为人仍然能够主张某些隐私侵权责任的抗辩事由,拒绝就其实施的隐私侵害行为对他人承担侵权责任。关于隐私侵权责任的抗辩事由,笔者将在有关隐私侵权责任中讨论,此处从略。

(四) 利益平衡理论在我国无形人格侵权责任当中的适用

1. 他人无形人格权绝对优先于行为人无形人格权的规则

在我国,《民法通则》第120条和最高人民法院《关于贯彻执行〈中华人民共和国民法通则〉若干问题的意见(试行)》(以下简称《意见(试行)》)第150条仅仅规定了行为人就其侵害他人姓名权、名誉权、肖像权或者荣誉权对他人承担的侵权责任,没有规定行为人拒绝就其姓名侵权行为、名誉侵权行为、肖像侵权行为或者荣誉侵权行为对他人承担侵权责任的抗辩事由。当行为人侵害他人的姓名权、名誉权、肖像权或者荣誉权时,他们应当根据《民法通则》第120条和最高人民法院的《意见(试行)》第150条的规定对他人遭受的损害承担侵权责任,无论他们是一般的社会公众还是新闻媒体,无论他们侵害的对象是政府官员、准政府官员、影视明星或者体育明星还是一般的社会公众,无论他们是为了报复打击的目的还是为了批评监督的目的,他们都不得拒绝对他人承担侵权责任。因此,我国《民法通则》和最高人民法院的《意见(试行)》都不承认无形人格侵权责任领域的正当抗辩事由制度,法官在决定行为人的侵权责任时不会考虑行为人的自由权,不会将行为人的自由权同他人的姓名权、名誉权、肖像权或者荣誉权进行权衡、比较,看看它们之间是否存在冲突或者价值的大小。在1998年颁布的《关于审理名誉权案件若干问题的解释》当中，最高人民法院首次承认了名誉侵权责任领域雏形的利益平衡理论和雏形的正当抗辩事由制度，因为在该《解释》当中，最高人民法院一方面区分了行为人毁损他人名誉的目的，认为如果行为人是基于检举、控告他人违法违纪行为的目的而毁损他人名誉，行为人将不就其名誉毁损行为对他人承担侵权责任；一方面区分了毁损他人名誉的行为人的身份，认为如果新闻媒体是根据国家机关依职权制作的公开的文书和实施的公开职权行为所作的客观准确报道，则他们将不就其报道行为引起的名誉损害对他人承担侵权责任。

在 2001 年颁布的《关于确定民事侵权精神损害赔偿责任若干问题的解释》（以下简称《解释》）中，最高人民法院将《民法通则》保护的无形人格权的范围进行了扩张，认为无形人格侵权责任不仅保护《民法通则》规定的四种无形人格权，而且还保护《民法通则》没有规定的三种无形人格权，这就是人格尊严权、人身自由权和肖像权。当行为人侵害这七种无形人格权时，他们也应当对他人遭受的精神损害承担侵权责任。对于无形人格侵权责任当中的抗辩事由问题，最高人民法院在《解释》当中继续坚持《民法通则》和《意见（试行）》的精神，不承认行为人在这七种无形人格侵权责任当中享有拒绝就其侵害行为对他人承担侵权责任的正当抗辩事由，不实行利益平衡理论。不仅如此，同《民法通则》和《意见（试行）》相比，最高人民法院在《解释》中进一步强化了他人无形人格权在侵权法上的地位，对七种无形人格权人提供了绝对性质的保护，因为《解释》第 8 条规定，因侵权致人精神损害，但未造成严重后果，受害人请求赔偿精神损害的，一般不予支持，人民法院可以根据情形判令侵权人停止侵害、恢复名誉、消除影响、赔礼道歉。因侵权致人精神损害，造成严重后果的，人民法院除判令侵权人承担停止侵害、恢复名誉、消除影响、赔礼道歉等民事责任外，可以根据受害人一方的请求判令其赔偿相应的精神损害抚慰金。

2. 他人无形人格权绝对优先于行为人无形人格权的司法解释存在的问题

在我国，最高人民法院在《解释》确定的规则虽然有效地保护了他人的无形人格权，但是该种规则严重损害了行为人的利益，严重损害了社会公共利益，违反了两大法系国家侵权法关于他人无形人格权同行为人无形人格权之间的利益平衡理论。具体说来，最高人民法院《解释》第 8 条存在的问题是：

其一，最高人民法院的司法解释使行为人就其侵害行为对他人承担绝对责任，严重损害了行为人的利益。在两大法系国家，侵权法虽然都会保护他人享有的无形人格权，但是侵权法对他人无形人格权的保护仅是相对的而非绝对的，法官绝对不会仅仅因为行为人的行为将要或者正在侵害他人的无形人格权而颁发禁止令，禁止行为人将要实施或者正在实施的行为。而根据最高人民法院《解释》第8条的规定，只要行为人侵害了他人享有的七种无形人格权，无论行为人是基于什么目的侵害这些无形人格权，无论行为人在侵害他人享有的七种无形人格权时是什么身份，无论行为人的侵害行为是否给他人造成了损害，也无论行为人的侵害行为所造成的损害是重大的还是轻微的，他人都能够主张除去侵害请求权，要求法官责令行为人停止侵害、恢复名誉、消除影响、赔礼道歉；法官也应当满足他人的要求，颁发命令，责令侵权人停止侵害、恢复名誉、消除影响、赔礼道歉。最高人民法院确立的此种规则将享有无形人格权的他人置于独裁者的地位，而将行为人置于奴隶的地位，当作为奴隶的行为人可能实施侵害作为独裁者的他人的无形人格权时，独裁者就有权借助于法官的禁止令措施来禁止行为人的行为。

其二，最高人民法院的司法解释违反了他人无形人格权和行为人无形人格权之间的平衡性。在侵权法上，名誉权、隐私权、肖像权、姓名权等无形人格权是所有自然人均平等享有的权利，除了他人享有无形人格权之外，行为人也享有无形人格权。他人享有的无形人格权和行为人享有的无形人格权都是同样性质的权利，无所谓他人的无形人格权凌驾于行为人无形人格权之上的问题。当行为人的无形人格权同他人的无形人格权产生冲突时，法官应当平衡行为人的无形人格权和他人的无形人格权之间的关系，根据案件的具体情况决定是他人的无形人格权优先于行为人的无形人格权还是行为人的无形人格权优先于他人的无形人格权，他们不得在任何时候、任何情况下都认为他人的无形人格权优先于行为人的无形人格权。德国联邦最高法院对这样的规则作出了说明，它指出，一个人的一般人格权同另外一个人的一般人格权处于同一位阶，当一个人的人格发展超出自身范围而同另外一个人的人格发展产生冲突时，法官在决定他们之间的一般人格权冲突是，应当适用利益平衡理论。① 在我国，最高人民法院的司法解释违反了此种规则，它认为，当行为人的无形人格权同他人的无形人格权产生冲突时，法官无须考虑行为人的无形人格权的问题，无须将他人的无形人格权同行为人的无形人格权进行比较，看看是行为人的无形人格权应当优先保护还是他人的无形人格权应当优先保护；只要行为人的行为可能侵害或者已经侵害了他人的无形人格权，法官应当认为，他人享有的无形人格权任何时候、任何情况下都优先于行为人的无形人格权并因此责令行为人停止其侵害行为或者对他人承担损害赔偿责任。

其三，最高人民法院的司法解释严重损害了社会公共利益。两大法系国家侵权法认为，为了保护社会公众享有的知情权，鼓励新闻媒体积极向社会公众提供信息，当新闻媒体在收集或者公开有关信息的过程中实施了无形人格侵害行为，他们将不用就其侵害行为对他人承担侵权责任，他人此时不得主张原本能够主张的除去侵害请求权或者损害赔偿请求权，因为侵权法认为，社会公众享有的知情权在很大程度上取决于行为人尤其是作为新闻媒体的行为人对有关他人信息的收集、公开，如果侵权法认定行为人尤其是作为新闻媒体的行为人收集、公开他人信息的行为都构成无形人格侵权行为并因此责令行为人对他人承担侵权责任，则行为人将不意愿去收集、整理或者公开有关他人方面的信息，社会公众也就无法了解有关他人的信息。只有免除行为人承担的侵权责任，行为人才有积极收集、整理或者公开他人信息的动力，社会公众才能够获得更多的信息。Brown 教授对这样的规则作出了说明，他指出，法律承认，为了社会公共利益，行为人在某些场合有能够从特定渠道获得开诚布公、毫无限制的信息的权利。行为人在获得这些信息时即便侵害了他人的无形人格权，他们也不对他人承担侵权责任；行为人的免责特权虽然也是为了保护当事人的利益，但是其主要目的是为了保护社会公共利益。② Lord 法官也对这样的规则作出了说明，他指出："法官应当特别考虑言论自由权的重要性。新闻媒体担负的重要职责包括收集他人信息，对他人进行监督。当新闻媒体公开他人信息时，法官不得动不动就认为，新闻媒体不是为了公共利益而行为，不得动不动就认为，社会公众对

---

① 〔德〕迪特尔·梅迪库斯：《德国债法分论》，法律出版社 2007 年版，第 666 页。
② Raymond E. Brown, *The Law of Defamation in Canada*(2d ed), Toronto Carswell, Vol.2, pp.13 - 11.

新闻媒体公开的信息没有知情权。尤其是,如果新闻媒体公开的信息是有关政治领域的讨论的话。"①在我国,最高人民法院的上述司法解释违反了这样的规则,它认为,即便新闻媒体是为了公共利益侵害他人无形人格权,它们也应当就其侵害行为对他人承担侵权责任,无形人格权被侵害的人也享有除去侵害请求权,要求法官责令新闻媒体停止其侵害行为。例如,按照最高人民法院的上述司法解释,如果新闻媒体为了揭露某个政府官员的贪污腐败行为而通过远距离照相机偷拍其在家中的受贿行为,即便该政府官员的确在家中有受贿的行为,它们也有权要求法官责令新闻媒体就其侵害隐私权的行为对自己承担侵权责任,新闻媒体不得借口社会公众的知情权、新闻媒体的监督权而拒绝对该政府官员承担侵权责任。最高人民法院的此种规则严重牺牲了社会公众的知情权,使社会公众对国家的重大问题无法知悉;严重影响了新闻媒体或者其他行为人的批评、监督或者检举、揭发违法犯罪行为的积极性,使党政官员处于无人监督、无人批评、无人检举揭发的境地。

3. 我国侵权法应当采取的正确意见

在我国,侵权法应当放弃最高人民法院在《关于确定民事侵权精神损害赔偿责任若干问题的解释》当中确立的上述规则,在决定是否保护他人的无形人格权时,我国侵权法应当采取利益平衡的指导思想,当他人的名誉权、隐私权、肖像权或者其他无形人格权同行为人的自由权产生冲突时,侵权法一方面应当保护他人的名誉权、隐私权、肖像权或者其他无形人格权,防止行为人借口言论自由权、创作自由权、出版自由权或者新闻自由权的行使而侵害他人享有的各种无形人格权,一方面应当保护他人的各种自由权,防止他人借口其各种无形人格权的保护而侵害行为人享有的各种自由权;在某些情况下,侵权法应当认定行为人享有的自由权优先于他人享有的无形人格权,当行为人行使自由权的行为侵害了他人享有的无形人格权时,侵权法应当免除行为人的侵权责任;在某些情况下,侵权法应当认定他人享有的无形人格权优先于行为人享有的自由权,当行为人行使自由权的行为侵害了他人享有的无形人格权时,侵权法不得免除行为人承担的侵权责任。

具体说来,在决定侵权法是应当优先保护他人的无形人格权还是应当优先保护行为人享有的自由权时,我国侵权法应当确立三大原则:受害人身

---

① Reynolds v. Times Newspaper Ltd[2001]2AC127,205 (HL).

份的区分原则;行为人身份的区分原则;具有新闻价值事件和没有新闻价值事件的区分原则。

(1)受害人的身份区分原则

在我国,《民法通则》和最高人民法院的有关司法解释认为,所有的社会公众,无论他们的职业或者身份是什么,是国家机关、企事业单位或者社会团体工作人员还是普通群众,都享有无形人格权,当行为人侵害他们的无形人格权时,侵权法都应当适用同样的规则,以便体现无形人格权平等享有或者平等保护的原则。此种规则表面上具有合理性,因为它符合无形人格权为所有自然人平等享有的规则,使所有自然人的无形人格权获得了平等保护。但是,此种规则实际上存在严重的问题,它使原本身份、地位或者职业不同的人在无形人格权领域获得了所谓的平等保护,表现在:

其一,它没有考虑到国家机关、企事业单位或者社会团体工作人员同普通社会公众在社会地位方面存在的差异,以表面上的平等权掩饰了实质上的不平等性。在我国,国家机关、企事业单位或者社会团体工作人员往往是政府官员或者准政府官员的,他们享有法律、行政规章规定的众多权力;如果行为人对他们进行批评,或者公开他们的信息,他们完全能够凭借其拥有的权力来压制行为人,使他们享有的自由权消失殆尽。而社会公众则不同,他们不拥有政府官员或者准政府官员拥有的权力,无法滥用职权打击报复对他们进行批评、监督的行为人。

其二,它没有考虑国家机关、企事业单位或者社会团体工作人员同普通社会公众在消除不良影响方面存在的差异。在我国,正如在其他国家,当行为人侵害政府官员、准政府官员或者社会公众的无形人格权时,虽然政府官员、准政府官员或者社会公众都能够采取措施消除行为人的侵害行为所造成的不良影响,但是政府官员、非政府官员或者一般的社会公众在消除行为人不良影响方面存在重大差异。表现在,当行为人侵害政府官员或者准政府官员的无形人格权时,官员们能够及时通过新闻媒体加以反驳,或者澄清有关事实,使其遭受的不利损害被及时消除。而当行为人侵害一般的社会公众的无形人格权时,这些社会公众则很难通过新闻媒体及时消除行为人的侵害行为造成的不良影响,无法通过新闻媒体对行为人的行为进行反驳,或者对有关引起争议的事实加以澄清。

为此,笔者认为,一旦行为人侵害了国家机关、事业单位或者社会团体工作人员的名誉权、隐私权或者其他无形人格权,侵权法应当优先保护行为人的自由权,认为行为人仅仅在故意侵害政府官员、准政府官员无形人格权时才对他们承担侵权责任,政府官员或者准政府官员才能够主张除去侵害侵权,如果行为人仅仅因为过失侵害他们的无形人格权,他们既不得要求行为人对他们承担侵权责任,也不得主张除去侵害请求权;如果行为人侵害了一般社会公众的无形人格权,侵权法应当优先保护受害人享有的无形人格权,认为行为人应当就其故意侵权行为和过失侵权行为对受害人承担侵权责任。此种规则除了适用于政府官员、准政府官员之外,还适用于影视明星、体育明星等公众人物的无形人格权。关于公众人物在侵权法上的地位,笔者将在有关章节作出讨论,此处从略。

(2) 行为人身份的区分原则

在我国,除了最高人民法院在《关于审理名誉权案件若干问题的解释》当中初步区分行为人的身份之外,《民法通则》和最高人民法院的有关司法解释均没有区分实施无形人格侵害行为的行为人的身份,因为,根据我国《民法通则》和最高人民法院的有关司法解释,无论行为人是新闻媒体还是非新闻媒体,他们在无形人格侵权责任领域适用的规则都是相同的,侵权法不会因为行为人是新闻媒体或者非新闻媒体而对他们强加不同的法律规则。我国《民法通则》和最高人民法院的有关司法解释之所以不在无形人格侵权领域区分行为人的身份,是因为我国《民法通则》和最高人民法院的有关司法解释认为,在侵权法上领域,行为人就其侵害行为对他人承担侵权责任的规则应当是平等适用的规则,对所有行为人均加以适用,侵权法不应当因人而异。此种规则表面上具有合理性,它使侵权行为人在侵权法上的地位平等,避免了同样的侵权行为因为不同的行为人实施而产生不同法律效果的发生。实际上,此种规则存在问题,因为它忽视了新闻媒体和一般社会公众在职能、职责方面存在的差异,忽视了新闻媒体在监督政府官员、准政府官员行为方面所起的作用,忽视了新闻媒体在向社会公众提供信息方面所起的作用。因为新闻媒体在现代社会所起的无可替代的作用,两大法系国家的侵权法都认为,新闻媒体享有绝对一般社会公众所不享有的特权,当他们基于公共利益的目的侵害他人无形人格权时,尤其是当他们基于批评、监督或者检举、揭发政府官员、准政府官员或者其他公众人物的违法犯罪行为时,新闻媒体将不就其实施的行为对他人承担侵权责任,即便他们实施的行为侵害了尤其是政府官员、政府官员或者其他公众人物的无形人格权。这就是新闻媒体的相对免责特权理论或者宪政保护理论。

在我国,新闻媒体长期以来被赋予了宣传国家方针政策、传播党政领导人声音的角色,很少起到监督政府官员、准政府官员或者其他公众人物行为的作用,很少起到批评、监督、检举、揭发党政机关、党政官员违法犯罪行为的作用。因此,我国新闻媒体长期以来都生活在对党政机关或者党政机关领导干部歌功颂德的优越环境当中,它们在对党政官员进行歌功颂德时很少会侵害党政官员的名誉、隐私、肖像或者其他无形人格权,很少会被党政官员告上法庭,要求就其行为承担侵权责任。20世纪90年代以来,此种现象逐渐被打破,新闻媒体逐渐从单纯歌功颂德的地位变为商人的地位,逐渐从党政机关或者党政机关领导干部的传声筒的角色转变为党政机关或者党政机关领导干部监督者、批评者的角色,使它们同党政官员、准政府官员之间的名誉纠纷、隐私纠纷或者其他的无形人格侵权纠纷增加。在今天,新闻媒体对党政机关、党政机关领导干部进行批评、监督的现象时有发生;新闻媒体对党政机关、党政机关领导干部的违法犯罪行为进行检举、揭发的现象时有发生;与此相对应,党政机关或者党政机关领导干部将对其批评、监督的新闻媒体告上法庭的现象也时有发生;党政机关或者党政机关领导干部将对其违法犯罪行为进行检举、揭发的新闻媒体告上法庭的现象也时有发生;某些党政机关或者党政机关领导干部甚至动用所掌握的权力,通过所控制的公检法将批评、监督他们或者检举揭发其违法犯罪行为的记者送进监狱。尽管如此,我国今天的新闻媒体民法上的地位仍然模棱两可,在侵权法上的地位仍然似是而非,它们究竟是单纯的商人还是事业单位,它们究竟是以营利为唯一的目标还是要肩负国家大政方针、党政官员声音或者活动的宣传角色?当行为人基于批评监督或者检举揭发的目的侵害他人尤其是党政官员的违反犯罪活动时,他们是否享有免责特权?笔者认为,新闻媒体在民法上的地位已经不再是我国民法通则所规定的事业单位的地位,它们是单纯的商人,以出版、销售报纸杂志作为营利的手段,以对社会公众提供信息作为目标,以对党政机关、党政机关领导干部实施监督、批评或者揭发其违法犯罪行为作为动力。当新闻媒体基于新闻报道的目的、向社会公众提供信息的目的或者基于监督、批评、检举揭发的目的侵害他人无形人格权时,侵权法应当区分作为新闻媒体的行为人和一般的行为人,使新闻媒体在侵权法上具有相对免责特权。当一般的行为人侵害他人无形人格权时,法官应当优先保护受害人享有的无形人格权,责令行为人就其实施的侵害行为对受害人承担侵权责任;当作为新闻媒体的行为人侵害他人的无形人格权时,法官应当优先保护行为人的自由权,拒绝责令新闻媒体对受害人遭受的损害承担侵权责任,因为侵权法可以推定,新闻媒体实施侵害他人无形人格权的行为时是为了社会的公共利益,而一般的社会公众侵害他人的无形人格权是为了私人利益。关于新闻媒体在侵权法上的特殊地位,笔者将在有关章节作出讨论,此处从略。

(3)具有新闻价值的事件和不具有新闻价值的事件的区分原则

在两大法系国家尤其是英美法系国家,侵权法区分具有新闻价值的事件和不具有新闻价值的事件,并且分别对它们设立不同的无形人格侵权责任规则。如果新闻媒体在报道具有新闻价值的事件当中侵害他人无形人格权,则新闻媒体享有的自由权优先于他人的无形人格权;否则,他人的无形人格权应当优先于新闻媒体的自由权。对于普通的社会公众而言,我国侵权法应当借鉴这样的经验,区分具有新闻价值的事件和没有新闻价值的事件。如果行为人因为某种具有新闻价值的事件而侵害他人的无形人格权,则法官应当优先保护行为人的自由权,拒绝责令行为人对受害人遭受的损害承担侵权责任,如果行为人是为了社会公众了解此种具有重大新闻价值的事件而实施侵害行为的话;如果行为人不是因为某种具有重大新闻价值的事件而侵害他人的无形人格权,则法官应当优先保护受害人享有的无形人格权,责令行为人就其实施的侵害行为对受害人承担侵权责任。关于具有新闻价值的事件和没有新闻价值的事件,笔者将在有关章节作出讨论,此处从略。

第二编

名誉侵权责任

第二編

合營事業株式會社

第四章 名誉侵权责任总论

一、名誉侵权的界定

在大陆法系国家,学说或者司法判例很少对名誉侵权作出界定,这或者是因为法国1804年《民法典》、德国1896年《民法典》没有规定名誉侵权责任,或者是因为法国和德国往往通过刑法而非民法对名誉权提供保护。在英美法系国家,法官和司法判例常常对名誉侵权这一概念作出界定。早在1840年,Parke法官就对名誉侵权做过界定。他指出,所谓名誉侵权,是指行为人对第三人作出某种陈述,此种陈述常常会使原告被人厌恶、被人鄙视或者被人讥笑,或者使原告被人回避或者被人躲开。[1] 此种界定作出之后得到其他司法判例的广泛遵行,成为司法判例方面的经典定义。在1933年,法官在界定名誉侵权时指出,所谓名誉侵权,是指行为人公开作出某种陈述,"该种陈述会使他人遭受社会公众的厌恶、羞愧、抨击、公愤、鄙视、嘲笑、憎恶、排挤、潦倒、丢脸,或者使一个有正确思维的人对他人发表邪恶的观点并使他人因此丧失了自信和友好的社会交往"[2]。

除了法官对名誉侵权这一概念作出界定之外,英美法系国家的侵权法学说也常常对名誉侵权这一概念作出界定。Rogers先生认为,所谓名誉侵权,是指行为人公开某种陈述,该种陈述常常会对他人的名誉产生影响,常常会使有正常思维的社会公众对其评价降低或者常常会使社会公众避开他人。Prosser教授认为,名誉侵权实际上是指行为人作出的某种虚假陈述,此种虚假陈述常常会损害一般意义上(in the popular sense)的名誉;此种虚假陈述常常会减损社会公众对原告所具有的好评、尊重、商誉或者信任;此种

---

[1] Parmiter v. Coupland,6M. & W. 105,108,151Eng. Rep. 340, 342(1840).
[2] Kimmerle v. New York Evening Journal,1933, 262N. Y. 99, 186N. E. 217.

陈述常常会使社会公众对原告产生有害的、具有贬斥性质的或者令人不快的感情或者看法。① Heuston 和 Buckley 指出,名誉侵权是指行为人作出的对他人具有名誉毁损性质的陈述(a defamatory statement);换句话说,该种陈述会普遍降低有正确思维的(right-thinking)社会公众对该人的评价(estimation),尤其是会引起社会公众对该人的厌恶、鄙视、讥笑、恐惧、反感和不尊重。② 为了反映两大法系国家尤其是英美法系国家名誉侵权法的发展趋向,为了全面体现名誉侵权的本质特征,笔者对名誉侵权作出界定:所谓名誉侵权,是指行为人故意或者过失向第三人公开对他人名誉具有毁损性质的虚假陈述。要构成名誉侵权行为,应当符合一定的构成要件,否则,不得被责令对他人承担侵权责任。关于名誉侵权责任的构成要件,笔者将在下面章节作出讨论,此处从略。

二、名誉侵权责任的历史

(一) 法国名誉侵权责任的历史

名誉侵权责任的历史十分悠久。在历史上,罗马法十分重视对他人名誉权的保护,认为侵犯他人名誉权的行为不仅构成严重的犯罪,应当受到刑法制裁,而且还构成典型的侵权行为,应当受到民事侵权责任的制裁。例如,罗马法规定,如果行为人明知他人不是其债务人而诬蔑他人是其债务人,则行为人的行为将构成名誉侵权行为,应当对他人承担侵权责任;如果行为人写书或写文章毁谤他人,则他们的行为将构成名誉侵权行为,应当对他人承担侵权责任。在近代社会,罗马法上的名誉侵权责任被大陆法系国家的法国侵权法所继承,成为近代法国民法中的重要内容。

在法国,虽然 1804 年《民法典》没有明确规定保护他人的名誉权,但是,法国 1804 年《民法典》仍然承认他人的名誉权,仍然保护他人的名誉权;当行为人侵犯他人名誉权时,法国法官也会责令行为人对他人遭受的无形损

---

① W. Page Keeton, *Prosser and Keeton on Torts* (5th edition), West Publishing Co., p.773.
② R. F. V. Heuston and R. A. Buckley, *Salmond and Heuston on the Law of Torts* (twenty-first edition), Sweet & Maxwell Ltd, p.140.

害承担侵权责任。此时,法官责令行为人对他人承担侵权责任的法律根据是《法国民法典》第1382条和第1383条。因此,在19世纪的法国,侵犯他人名誉权的侵权责任建立在一般过错侵权责任的基础上,以行为人在实施名誉侵权行为时存在故意或者过失作为构成要件,如果行为人没有实施故意或者过失行为,则他们将不对他人承担名誉侵权责任。

到了19世纪末期,法国立法机关制定了《制定法》,对他人的名誉权提供明确的保护,这就是法国1881年7月29日的法律。该法规定,行为人实施的名誉侵权行为或者是诽谤行为,或者是侮辱行为。根据该法第29条的规定,所谓诽谤,是指行为人声称(allégation)或者断言(imputation)存在某种事实;所谓侮辱,是指所有对他人人格尊严具有侮辱性的方式,诸如轻蔑的语言和谩骂等。在法国,诽谤与侮辱虽然同时受到法国刑法和民法的制裁,但两者仍然存在差异,因为根据法国法,诽谤以行为人声称或断言存在某种确定的事实作为条件,而侮辱则不需要行为人声称或断言某种确定的事实作为条件。

在法国,诽谤行为和侮辱行为被法国1881年7月29日的法律看做刑事犯罪行为,行为人实施这类行为,当然要承担刑事责任。不过,不能因此认定行为人的诽谤行为和侮辱行为仅是刑事犯罪行为,仅仅产生刑事责任;它们同样也是《法国民法典》第1382条规定意义的过错侵权行为,可以产生民法上的侵权责任。Carbonnier先生指出:"诽谤和侮辱行为是违反刑法规定的犯罪行为,此类犯罪行为由法国1881年7月29日的法律所规定,该法第29条和以下其他条款对刑事处罚作出了规定。但是,它们同样被看做民事过错行为,根据民法原则,受害人不仅有权要求行为人承担损害赔偿责任,而且还有权要求法官采取适当措施阻止行为人继续实施诽谤或者侮辱行为。"[①]

在今天,法国侵权法仍然采取这样的规则,将行为人侵犯他人名誉权的侵权责任建立在《法国民法典》第1382条和第1383条以及法国1881年7月29日的法律的基础上。Carbonnier指出:"所有人都有权要求第三人尊重其名誉,这是毫无疑问的,这或者是名誉权本身的要求,或者是他人享有人格尊严的要求。对他人名誉的损害构成名誉侵权责任,因为此种侵权行为

---

① Jean Carbonnier, *Droit Civil*, *1/Introduction*, *Les Personnes*, Presses Universitaires De France, p.310.

或者源于行为人对某种事实的声称或者源于行为人对某种事实的断言。"①

在法国,学说和司法判例认为,在现代社会,虽然科技的发展使行为人公开其诽谤或者侮辱的方式发生了重大变化,但是此种变化并不影响行为人的名誉侵权责任的承担,行为人仍然要就其侮辱行为、诽谤行为引起的损害对他人承担侵权责任。例如,由于电影技术的发展,行为人可以通过电影的拍摄和放映公开他们对别人的诽谤、侮辱行为;由于电波技术的发达,行为人可以通过电台节目方式公开对他人的诽谤、侮辱行为。由于电视技术的发达,行为人可以通过电视节目的播放公开对他人的诽谤、侮辱行为;由于光碟技术的发达,行为人可以通过唱片、CD、DVD 等光碟方式公开对他人的诽谤、侮辱行为。

(二)德国名誉侵权责任的历史

在德国,1896 年的《民法典》没有明确规定保护他人的名誉权,因此,名誉权不属于《德国民法典》规定的特别人格权。在 1954 年司法判例创设一般人格权理论之前,德国司法判例是否对他人名誉权提供保护?对此,德国主流学说均持肯定意见,认为即便《德国民法典》没有明确规定保护他人的名誉利益,德国司法判例也会通过其他方式对他人的名誉利益提供保护。根据德国主流学说的意见,在德国司法判例创设一般人格权理论之前,德国司法判例主要通过两种保护方式对他人的名誉权提供保护:其一,依据《德国民法典》第 824 条的规定对他人名誉提供保护。该条规定,任何人,一旦他们违背事实真相,声称或传播可能危及他人信用的情况或者给他人职业或发展造成其他损害的情况,即便他们不知道所陈述内容是虚假的,只要他们应当知道其陈述是虚假的话,他们就应当对他人因此遭受的损害承担赔偿责任。在这里,他人因为行为人的虚假陈述所遭受的损害也仅仅指财产损害而不包括非财产损害,因为《德国民法典》第 253 条明确规定,非财产损害只能在制定法有明确规定时才能得到赔偿。其二,根据《德国刑法典》第 185 条,结合《德国民法典》第 823(2) 条,责令行为人就其侵害他人名誉的行为承担侵权责任,已如前述。

到了 20 世纪 50 年代,由于德国司法判例在 1954 年创立了一般人格权

---

① Jean Carbonnier, *Droit Civil*, *1/Introduction*, *Les Personnes*, Presses Universitaires De France, p.310.

理论,德国司法判例开始通过一般人格权理论来保护他人对其名誉享有的利益,认为当行为人侵害他人名誉权时,行为人应当就其侵害他人一般人格权的行为对他人承担侵权责任。此时,法官无需再借助于《德国民法典》第824条、《德国刑法典》第185条并结合《德国民法典》第823(2)条来提供保护他人对其名誉享有的利益。当然,德国司法判例在对他人名誉利益提供保护时,一方面借助于《德国宪法》第1条和第2条的规定,因为这两条规定的人的尊严和人格的自由发展权均被看做人的基本权利,包含了人的名誉不被侵犯的内容;一方面借助于《德国民法典》第823(1)条的规定,因为他人对其名誉享有的权利被看做第823(1)条规定的"其他权利",自然要受该条规定的保护。

(三)英美名誉侵权法的历史

在英美,名誉侵权诉讼制度的历史漫长而复杂,它的发展并没有遵循始终一致的原则,有时甚至是建立在无特定目的、特定计划的基础上。最初,英美普通法法院并不负责管辖名誉侵权案件,有关名誉侵权案件仅由地方领主法院(local seigniorial courts)予以管辖和审判。当领主法院逐渐衰败时,教会法院(the ecclesiastical courts)开始涉足名誉侵权领域并取代领主法院对名誉案件予以管辖和裁判。当教会法院最终失去其权力时,普通法法院逐渐在16世纪时取代教会法院对名誉侵权案件进行管辖和审判。在英美普通法法院最终取得口头诽谤名誉侵权案件的管辖权时,大量的受害人因为他人口头诽谤遭受损害而向法院起诉,使法院忙于应付。由于普通法法院对像洪水般涌来的名誉侵权案件无法应付,它们开始设定严格的限制性条件,限制口头诽谤侵权责任的适用范围,使受害人的侵权诉讼请求难以成功。

到了17世纪初,英国星室法院(the Court of star chamber)开始独立管辖有关政治诽谤方面的犯罪案件。由于17世纪初印刷技术的广泛传播,社会公众开始通过印刷报刊、书籍等方式煽动社会公众从事叛乱活动。为了加强对煽动行为的镇压,英国星室法院严惩那些利用印刷物品进行政治诽谤的人,认定利用印刷物品对他人进行政治诽谤的行为是犯罪行为。后来,随着书面诽谤从政治诽谤转向非政治诽谤,英国星室法院除了受理书面政治诽谤的犯罪案件之外,也受理通过印刷物品对他人进行非政治诽谤的侵权案件。此时,为了防止名誉被侵害的受害人与侵害其名誉的行为人进行法律禁止的决斗行为,星室法院也会责令通过印刷物品侵害他人名誉的行为人对他人遭受的损害承担赔偿责任。随着星室法院在1641年最终被废除,有关书面诽谤案件的管辖权最终由英美普通法法院享有,由它们具体负责审判有关书面诽谤引起的侵权案件。此时,普通法法院认为,书面诽谤行为本身就是可以被提起侵权诉讼的行为,受害人在要求行为人就其书面诽谤行为承担侵权责任时无须举证证明,他们因为行为人的书面诽谤行为遭受了特殊损害、财产损害。①

到了19世纪,有关名誉侵权法的发展呈现出不同于19世纪之前的名誉侵权法的发展状态,即在19世纪,英美法系国家的立法机关开始制定有关名誉侵权方面的制定法,以便改变19世纪之前名誉侵权仅由普通法加以调整的现状。在20世纪,不少英美法系国家制定了名誉侵权法方面的制定法。在今天,虽然某些英美法系国家的侵权法废除了口头诽谤与书面诽谤的区分制度,但是大多数英美法系国家仍然保持了英美普通法的区分原则,仍然将名誉侵权的形式分为口头诽谤(slander)与书面诽谤(libel)。并根据这两种侵权形式分别建立了不同的法律制度。

Rogers认为,所谓书面诽谤,是指行为人以永久的方式作出对他人名誉具有毁损性质的陈述或者描述;所谓口头诽谤,是指行为人以口语或者某种姿势的方式作出对他人名誉具有毁损性质的陈述。② Heuston和Buckley指出,所谓书面诽谤,是指行为人以某种永久的、可以被人看得见的方式作出对他人名誉具有毁损性的陈述,诸如以著作文章、印刷品、图画或者用肖像等方式毁损他人名誉。所谓口头诽谤,是指行为人以口语或者其他具有转瞬即逝特征的形式作出对他人名誉具有毁损性的陈述,无论它们是否可以被人看得见或者听得见,诸如姿势或者声音等。《美国侵权法重述》(第2版)第568条规定,所谓书面诽谤,是指行为人以书面或者印刷的方式公开对他人名誉具有毁损性的事项,或者以有形方式表明对他人名誉具有毁损性的事项或者以任何其他具有书面或者印刷性质并对他人名誉具有潜在损害的方式公开对他人名誉具有毁损性的事项。所谓口头诽谤,是指行为人

---

① 张民安主编:《名誉侵权责任》,中山大学出版社2008年版,序言第2—3页。
② W. V. H. Rogers, *Winfield and Jdowicz on Tort*(thirteen edition), Sweet & Maxwell, p. 296.

以口语、瞬间的姿势或者书面诽谤以外的任何其他形式公开对他人名誉具有毁损性的事项。

总的说来，口头诽谤与书面诽谤的主要差异有二：其一，书面诽谤不仅是一种可予起诉的名誉侵权行为，而且往往同时还是一种刑事犯罪行为，行为人在就其名誉侵权行为对他人承担侵权责任的同时也会承担刑事责任，而口头诽谤则不同，它仅是一种民誉侵权行为，不构成刑事犯罪行为，行为人仅仅就其诽谤行为对他人承担侵权责任，不就其诽谤行为承担刑事责任；其二，书面诽谤行为本身就是可予起诉的名誉侵权行为，原告只要被他人以此种方式侵害其名誉，他们就可以向法院起诉，要求行为人承担侵权责任，即使他们没有遭受特殊损害；而口头诽谤则不同，口头诽谤的受害人要想向法院起诉，要求法院责令行为人就其口头诽谤对自己承担侵权责任，他们必须承担举证责任，证明自己遭受了特殊损害，除非法律例外规定，行为人所为的口头诽谤行为是本身就可以起诉的口头诽谤行为（slander actionable per se），该种口头诽谤也被称作"无须证明特殊损害就可以起诉的口头诽谤"（slander without proof of special damage）。一旦行为人对他人实施了本身就可以起诉的口头诽谤行为，法律就推定他人因为行为人的口头诽谤遭受了一般损害，行为人即应对他人遭受的一般损害承担侵权责任，即便他人没有因为行为人的口头诽谤行为遭受特殊损害。这就是英美名誉侵权法上的"推定损害"规则（the presumed damages rule）。根据英美法系国家的侵权法，"本身就可以起诉的口头诽谤行为"包括四种：虚假声称他人实施某种犯罪行为的口头诽谤（imputations of major crimes）；虚假声称他人患有某种令人讨厌疾病的口头诽谤（imputations of disease）；贬损他人的职位、职业或者营业的口头诽谤（imputations of unfitness or incompetence）；虚假声称女人不守妇道的口头诽谤（imputations of unchastity）。《美国侵权法重述》（第2版）第570条对本身就可以起诉的口头诽谤行为的种类作出了规定，该条规定，一旦行为人通过口头诽谤的方式公开对他人名誉具有毁损性质的事项，即便其行为没有给他人造成特殊损害，他们也应对他人承担侵权责任，如果他们作出的名誉毁损行为涉及某种刑事犯罪行为、某种令人讨厌的疾病或者涉及与其营业、贸易、职位或者职业不相容的事项或者严重的不当性行为。

在1964年之前，美国司法判例关于名誉侵权方面的法律规则同英国侵权法关于名誉侵权方面的法律规则大同小异,因为美国有关名誉侵权方面的法律也是建立在英国普通法关于名誉侵权规则的基础上,名誉侵权也分为口头诽谤和书面诽谤,法律也像英国普通法那样对这两种侵权行为实行不同的规则。但是,到了1964年,美国司法判例关于名誉侵权方面的法律规则得到了极大改进,使美国名誉侵权法逐渐在某些方面区别于英国名誉侵权法,因为,在1964年,美国联邦最高法院在 New York Times Co. v. Sullivan[①] 一案中认为,在决定行为人的行为是否构成名誉侵权时,法官要考虑美国联邦宪法第一修正案所保护的言论自由、新闻自由与他人名誉权之间的平衡。自此之后,《美国联邦宪法第一修正案》被引入美国名誉侵权法领域,使美国名誉侵权法得以产生大量的变化。今天,美国有关名誉侵权方面的法律改革方向仍然由美国司法机关所主导,它们在众多问题上改变了英美普通法的规则并因此形成了美国名誉侵权法特有的法律规则。总的说来,自1964年以来,美国名誉侵权法在多个方面不同于英国名誉侵权法并因此形成了美国名誉侵权法持有的法律规则:

其一,美国法官在决定行为人的行为是否构成名誉侵权行为时会平衡《美国联邦宪法第一修正案》规定的言论自由权、新闻自由权与他人名誉权之间的冲突,认为宪法原则也是美国普通法关于名誉侵权法律的重要组成部分,美国名誉侵权法的适用应当受到美国联邦宪法第一修正案的限制。而在英国,法官在决定行为人的行为是否构成名誉侵权行为时不会像美国那样引入宪法性规定或者类似的要件。

其二,美国司法判例区分公共官员、公众人物和非公共官员和公众人物并分别对他们的名誉侵权规定不同的构成要件。对于公共官员、公众人物而言,法律趋向于保护行为人的言论自由权和新闻自由权,要求行为人在具有"实际恶意"(actual malice)时才对公共官员和公众人物承担名誉侵权责任,如果行为人在公开对他们具有名誉毁损的陈述时不存在实际蓄意,则他们不用对公共官员或者公众人物承担侵权责任。而在英国,司法判例并不区分公共官员、公众人物与非公共官员、公众人物,对他们适用同样的法律规则。

其三,在美国,行为人承担名誉侵权责任的基础在于行为人存在的某种

---

① 376U.S.254(1964).

过错,行为人如果没有过错,即便其陈述是对他人名誉具有毁损性质的虚假陈述,行为人也不用就其陈述对他人承担侵权责任;而在英国或者其他英美法系国家,行为人对他人承担的名誉侵权责任建立在严格责任的基础上,法律并不要求行为人在作出对他人名誉具有毁损性质的陈述时存在过失。

其四,在美国,司法判例往往要求原告承担举证责任,证明被告的陈述是虚假的,而在英国,司法判例往往认为,被告应当承担举证责任,证明他们所作的陈述是真实的,因为,根据英国法律,一旦被告的陈述被他人以名誉侵权为由起诉到法院,法律即推定行为人所作的陈述是虚假的,行为人如果不能举证证明其陈述是真实的,则他们将要对他人承担侵权责任。

其五,在美国,由于法律对作为行为人的被告尤其是作为新闻媒体的被告采取更加友好的态度,美国新闻媒体在发表文章、出版书籍或者发行报纸方面享有比英国新闻媒体更大的权利,同样内容的文章,美国新闻媒体可能会发表而英国新闻媒体可能不会发表,因为,美国新闻媒体可以享有众多的权利以阻击他人的名誉侵权诉讼,而英国的新闻媒体则无法享有这些权利以阻劫他人的名誉侵权诉讼。不过,近些年来,英国名誉侵权方面的保守现状逐渐在打破,英国司法判例和有关名誉侵权方面的法律也开始表现出对作为被告的行为人友好的一面。例如,英国1996年名誉侵权法对潜在的被告规定了以前的名誉侵权法不曾规定的抗辩事由,使行为人免责途径增加。①

(四)我国的名誉侵权责任

在我国,《民法通则》第101条对名誉侵权责任作出了原则性质的规定,该条规定:公民、法人享有名誉权,公民的人格尊严受法律保护,禁止用侮辱、诽谤等方式损害公民、法人的名誉。当行为人侵害《民法通则》第101条规定的名誉权时,他们应当根据《民法通则》第120条的规定对他人承担侵权责任。该条规定:公民的姓名权、肖像权、名誉权、荣誉权受到侵害的,有权要求停止侵害,恢复名誉,消除影响,赔礼道歉,并可以要求赔偿损失。

除了《民法通则》第101条和第120条对名誉侵权责任作出规定之外,最高人民法院的几个司法解释也对名誉侵权责任作出了规定:包括:《关于贯彻执行〈中华人民共和国民法通则〉若干问题的意见(试行)》、《关于审理

---

① 张民安主编:《名誉侵权责任》,中山大学出版社2008年版,序言第5—6页。

名誉权案件若干问题的解答》、《关于审理名誉权案件若干问题的解释》以及《关于确定民事侵权精神损害赔偿责任若干问题的解释》等,在我国《侵权责任法》没有通过之前,它们共同构成我国名誉侵权责任的主要内容。在我国《侵权责任法》通过之后、最高人民法院没有颁布新的司法解释之前,这些司法解释仍然有效,仍然构成名誉侵权责任方面的主要内容。我国《侵权责任法》对名誉侵权责任作出了原则性的规定,其中《侵权责任法》第2条明确规定侵害他人名誉权的,应当根据侵权责任法对他人承担侵权责任,而第22条则规定,侵害包括他人名誉权在内的人身利益并且造成严重后果的,应当赔偿他人精神损害。

在我国,《民法通则》或者《侵权责任法》虽然规定了名誉侵权责任,但是我国《民法通则》或者《侵权责任法》规定的名誉侵权责任存在严重的问题,主要表现在两个方面:

其一,我国《民法通则》对名誉权和名誉侵权性质的认识过于落后,无法适应现代名誉侵权法和名誉侵权责任发展的要求,无法有效保护他人的名誉利益不受侵犯。例如,我国《民法通则》认为,无论是自然人还是法人都享有名誉权,当行为人侵犯自然人和法人的名誉权时,他们都应当对受害人承担侵权责任。此种规定十分落后,是19世纪之前的法律观念。在现代社会,此种观念已经被放弃。基于社会公众言论自由权和新闻媒体新闻自由权的享有和保护,现代两大法系国家的民法或者侵权法都认为,仅仅自然人和私法人才享有名誉权,公法人不得享有名誉权。行为人侵犯公法人名誉的行为不构成名誉侵权行为,不承担侵权责任。我国侵权法或者民法应当适应此种变化和要求,仅仅规定自然人和私法人享有名誉权,不得规定公法人享有名誉权,否则,公法人将成为无人监督的特权组织,自然人的言论自由权和新闻媒体的新闻自由权将被褫夺。关于这一点,笔者将在群体组织名誉侵权当中进行讨论,此处从略。

其二,我国《民法通则》对名誉侵权责任的规定过分简短,欠缺许多重要内容,尤其是欠缺有关名誉侵权责任抗辩事由方面的内容,使社会公众承担的侵权责任过重,影响了社会公众行使言论自由权和新闻自由权的积极性。我国《民法通则》或者《侵权责任法》虽然规定了自然人享有的名誉权,但是没有对行为人的名誉侵权责任抗辩事由作出明确规定。关于名誉侵权责任的抗辩事由,笔者将在下面有关章节作出详细的讨论,此处从略。

三、名誉权的人格性和财产性

在侵权法上,他人的名誉权究竟是一种人格权还是一种财产权？在两大法系国家,侵权法原则上讲他人的名誉权看做一种人格权,当行为人侵害他人享有的名誉权时,侵权法会责令行为人就其侵害他人名誉权的行为对他人遭受的精神损害承担侵权责任。在法国,民法习惯上将他人的名誉权看做人格权的组成部分,当行为人侵害他人名誉权时,侵权法会责令行为人就其名誉侵权行为对他人遭受的非财产损害承担赔偿责任,侵权法很少会将他人的名誉权看做财产权并且责令行为人就其侵害他人名誉权的行为对他人遭受的财产损害承担赔偿责任。在德国,作为一般人格权组成部分的名誉权也仅仅被看做一种人格权,当行为人侵害他人名誉权时,侵权法也仅仅责令行为人对他人遭受的精神损害承担赔偿责任,不会责令行为人就其名誉侵权行为对他人遭受的财产损害承担赔偿责任。在英美法系国家,普通法或者制定法往往也将他人的名誉权看做一种人格权,认为行为人侵害他人名誉权时仅仅对他人遭受的精神损害承担赔偿责任,不对他人遭受的财产损害承担赔偿责任。

在我国,无论是最高人民法院的有关司法解释还是主流学说都认为,他人的名誉权在性质上是一种人格权而非财产权,当行为人侵害他人名誉权时,他们仅仅对他人遭受的精神损害承担赔偿责任,不对他人遭受的财产损害承担赔偿责任。对于我国司法解释而言,最高人民法院的有关司法解释一直以来都将自然人享有的名誉权看做人格权而非财产权,当行为人侵害他人名誉权时,最高人民法院的有关司法解释一直都固有仅仅责令行为人承担精神损害的规则,不会责令行为人对他人遭受的财产损害承担赔偿责任,即便行为人通过侵害他人名誉权获得了大量的商事利益、经济利益或者财产利益,也是如此。对于我国主流学说而言,我国几乎所有的民法或者侵权法教科书、专著都认为,名誉权是一种人格权而非财产权,当行为人侵害他人名誉权时,他们也仅仅对他人遭受的精神损害承担赔偿责任,不对他人遭受的财产损害承担赔偿责任,因为我国的主流学说认为,作为一种人格权,名誉权具有人格权的所有属性,诸如名誉权的非财产性、专属性、特定性和普遍性。在我国,否认名誉权具有财产性的学说认为:一方面,名誉权具有专属性的特征,不具有非专属性的特征,因为自然人享有的名誉权属于人身性质的权利,专属于某一个自然人本身,自然人不得将其名誉权转让给第三人,由第三人取得其名誉权;当自然人死亡时,其名誉权消灭,不得转由其继承人继承。另一方面,名誉权具有非财产性的特征,不具有财产性的特征,因为名誉权本质上是一种人格权而非财产权,无法用金钱对其价值进行评估,虽然名誉权同自然人的财产权存在某种关系。

实际上,在侵权法上,自然人的名誉除了表现为一种人格权之外,也表现为一种财产权,该种财产权也像一般财产权那样具有经济上的价值、财产上的价值。这就是名誉权的财产性理论。早在 17 世纪时,Hobbs 先生就认为,名誉在本质上就是一种财产,具有金钱上的价值。他指出,就像所有其他物一样,一个人的价值其实就是他的价格。人的价值实际上就是他们的好名誉或者坏名誉。一个人的名誉好,其价值就高。一个人的名誉坏,其价值就低。① 到了 19 世纪初期,由于工业时候、商业社会取代农业社会,由于专业分工的广泛实行,人的名誉和其他人格利益也逐渐商业化、财产化了,许多学说开始倡导名誉权就是财产权的观念。在 1826 年,Starkie 先生在其名誉侵权法的著作中采取此种观点,认为名誉本质上就是一种财产。Starkie 先生指出,"作为名誉侵权行为的客体,名誉本身的存在和名誉本身的重要性取决于名誉实际上就是各种人为的关系,社会公众之所以建立这些人为的关系,显然是将这些人为关系当做社会预付款(society advances)。一个人要想获得运用其才智为社会公众提供专业服务的各种等级、地位、荣誉称号,一个人要想在各种劳动分工面前成为掌握机械化技能和具有创新精神并因此获得高薪酬的人,一个人想要成为不断扩大自己商事活动并且拥有大量代替有形财产的商事证券的人,他们都必须具有良好的信用和品质,因为他们的信用和品质同这些方面的活动直接关联,使他们在这些方面的活动产生了价值,这些价值不仅是精神上的价值,而且是能够以金钱加以确定的价值,因此被认为是一种应当获得法律保护的价值"②。在 1877 年,Townshend 也尝到名誉权是一种财产权的观念,他指出:"对于名誉侵权而

---

① Thomas Hobbs, Leviphan 42 (1675).
② T. Sarkie, A trepise on the Law of Slander, Libel, Scandalum Magnpum and False Rumours (New York 1826).

言,它所保护的仅是他人的财产而不是他人的名誉。对于原告而言,他们提起名誉侵权诉讼的唯一就是要求侵权行为人赔偿其遭受的财产损失。"① 在20世纪,学说广泛认可名誉权的财产权性质。在1908年,Bower指出:"就名誉侵权法的目的来看,一个人的名誉实际上就是他的一种财产。"② 在1942年,Riesman指出:"名誉仅是一种财产,是一种商誉,当原告向法院起诉要求被告赔偿时,他们也仅是要求被告赔偿他们遭受的固有价值的损失。"③ 在1986年,Post指出,"名誉可以看做一种无形财产,类似于商誉。因为名誉是一种财产,因此商人努力工作以便获得信用商人的名誉,学徒努力劳动,以便成为具有从事手工业劳动资格的人。此种名誉是能够通过个人的努力和劳动获得的。"④

在我国,承认名誉权的双重性并不会使我国学说区分名誉权和财产权的目的落空,因为承认名誉权的双重性能够同时满足学说区分名誉权和财产权的三个重要目的:

其一,名誉利益或者名誉权是否可以继承。如果名誉被看做单纯的人格利益,如果名誉权被看做单纯的人格权,则该种名誉权将不具有财产权的性质,名誉利益或者名誉权将随着享有名誉的人死亡而消灭,死亡者的家属不得继承;如果将名誉利益看做财产利益,如果名誉权被看做财产权,则当死亡者死亡时,名誉利益将不会随着死亡者的死亡而消灭,它能够像死亡者的其他有形财产或者无形财产一样被其家属继承。在我国,承认名誉权的双重性可以实现此种目的。因为,虽然学说反对死者的名誉利益受到保护,认为死者的名誉权随着其死亡而消灭,不得由其继承人继承,但是他们仍然认为,行为人侵害死者名誉的行为侵害了死者家庭的名誉,因此应当对死者家属遭受的精神损害承担赔偿责任。此种观点同承认死者名誉权的财产性、可继承性得出的结论是完全相同的,表明行为人毁损死者的名誉也应当对死者的家属承担侵权责任,因为承认死者名誉权的财产性也就是为了说明死者死亡之后,其作为财产权的名誉权应当像其他财产权那样由其家属

---

① J. Townshend, A trepis on the Wrongs Called Slander, Libel 108 – 109 (1877).

② G. S. Bower, *A Code of the Law of Actional Defamation* 275 (1908).

③ Riesman, Democracy and Defamation: Control of Group Libel, 42 *Colum. L. Rev.* 727, 730 (1942).

④ Robert C. Post, New Perspectives in the Law of Defamation: The Social Foundations of Defamation Law: Reputation and the Constitution (1986) 74 *Calif. L. Rev.* 691, 693.

继承,行为人侵害死者名誉权的行为实际上就是侵害了其家属财产权的行为,当然应当对死者家属承担侵权责任。

其二,侵害他人名誉利益或者名誉权的行为人究竟承担什么范围内的侵权责任。如果名誉利益被看做单纯的人格利益,如果名誉权被看做单纯的人格权,则当行为人侵害他人名誉权时,他们仅仅赔偿他人遭受的精神损害,无须赔偿他人遭受的财产损害;如果名誉利益被看做财产利益,如果名誉权被看做财产权,则当行为人侵害他人名誉权时,他们应当赔偿他人遭受的财产损害。Bellah 指出,在职业领域,一个人的名誉似乎最能被看做他们拥有的个人财产,因为在个人职业领域,一个人最大的财产就是他们本身和社会公众对他们的看法,因为社会公众对他们的看法对他们在职业领域是否能够成功具有决定性的影响。一个人的能力,一个人的正直诚实,一个人的品格性格,都是他们在美国社会获得事业成功的至关重要的资源。在这些情况下,社会公众对他们名誉产生的任何怀疑都会直接对他们的人生机会产生危害。在这个领域,受害人对因为故意或者过失毁损自己名誉的人提起名誉侵权诉讼具有重要意义。此时,受害人遭受的损害的确能够用金钱加以确定,就像在其他民事诉讼当中用金钱确定受害人遭受的损害一样。[1] 在我国,承认名誉权的双重性可以实现此种目的,因为根据名誉权的双重性理论,行为人侵害作为人格权的名誉权,他们应当赔偿他人遭受的精神损害,行为人侵害了作为财产权的名誉权,他们应当赔偿他人遭受的财产损害,如果行为人的行为同时侵害了他人作为人格权和财产权性质的名誉权,则他们应当同时赔偿受害人遭受的精神损害和财产损害。

其三,损害赔偿的原则究竟是法官自由裁量原则还是实际损害赔偿原则。如果名誉利益被看做单纯的人格利益,如果名誉权被看做单纯的人格权,则当行为人侵害他人名誉权时,行为人究竟应当承担什么范围内的侵权责任,由法官结合案件的各种具体情况来决定,不适用实际损害赔偿责任;如果名誉利益被看做财产利益,如果名誉权被看做财产权,则当行为人侵害他人名誉权时,行为人究竟应当承担什么范围内的侵权责任,或者取决于行为人究竟通过实施名誉侵权行为获得了多少财产收益,或者取决于他人因为其名誉毁损行为遭受了多少损害。在我国,承认名誉权的双重性是否会

---

[1] Robert N. Bellah, New Perspectives in the Law of Defamation: The Meaning of Reputation in American Society, (1986) 74 *Calif. L. Rev.* 743, pp. 744 - 745.

导致法律和学说区分名誉权和财产权的目的落空？答案是否定的。承认名誉权的双重性可以实现此种目的。因为，如果行为人侵害了他人具有人格权性质的名誉权，在确定行为人承担的侵权责任范围时，法官适用自由裁量原则；如果行为人侵害了他人具有财产权性质的名誉权，在确定行为人承担的侵权责任范围时，法官适用实际损害赔偿原则。如果行为人的行为同时侵害了他人具有人格权性质和财产权性质的名誉权，在定行为人承担的侵权责任范围时，法官同时适用自由裁量原则和实际损害赔偿原则。

可见，我国侵权法应当承认名誉权的财产性，将名誉权界定为非财产权的同时，也将名誉权界定为财产权：一方面，名誉权具有非财产性的特征，属于人格权，行为人侵害他人名誉权的行为直接侵害了他人的精神利益、名誉利益，使他人遭受了精神痛苦和社会评价的降低；为了减轻他人的精神痛苦和恢复已经被降低的社会评价，侵权法要责令行为人对受害人承担精神损害赔偿的责任，要责令行为人采取合理措施，恢复他人名誉。此时，行为人究竟赔偿受害人多少损失，适用法官自由裁量权理论，由法官结合案件的具体情况来决定。另一方面，名誉权具有财产性的特征，属于财产权，行为人侵害他人名誉权的行为直接侵害了他人的财产利益、经济利益，使他人遭受了经济上的、财产上的损害；为了使他人遭受的财产损失得到赔偿，侵权法要责令行为人对受害人承担损害赔偿责任，赔偿受害人遭受的财产损失。此时，行为人究竟赔偿受害人多少损失，适用实际损害赔偿原则，受害人因为行为人的名誉侵权行为遭受了多少损失，行为人就应当赔偿多少损失；如果受害人无法证明其遭受的实际损害是多少，则根据行为人获得的收益多少来决定，他们通过名誉侵权行为获得了多少收益，就应当赔偿受害人多少损失。承认名誉权的财产性意味着名誉权也可以像一般财产权那样进行转让、继承，为死者名誉权的保护提供理论上的根据，为公司、合伙组织名誉权的转让提供理论上的根据，为责令行为人赔偿名誉权的财产损失提供正当根据，符合我国当前社会发展的要求。

问题在于，哪些人的名誉权具有人格性，哪些人的名誉权具有财产性，哪些人的名誉权同时具有人格性和财产性。笔者认为，对这样问题的回答取决于两个因素：他人的身份和行为人侵害他人名誉权的目的。对于一般的社会公众而言，他们的名誉权原则上应当看做单纯的人格权，因为他们的名誉权不具有商事价值、经济价值或者财产价值而仅仅具有精神价值、心里价值。当行为人侵害他们的名誉权时,他们也仅仅对名誉权人遭受的精神损害承担赔偿责任。但是,对此应当设定一个例外,即当行为人为了商事目的侵害一般社会公众的名誉权时,侵权法应当将一般社会公众的名誉权同时看做人格权和财产权,并因此责令行为人就其名誉侵权行为对受害人同时承担精神损害赔偿责任和财产损害赔偿责任。之所以要责令行为人对一般社会公众承担精神损害赔偿责任,是因为行为人基于商事目的实施的名誉侵权行为会使一般社会公众遭受精神痛苦,使他们遭到别人的耻笑、讥讽、规避。之所以要责令行为人对一般社会公众承担财产损害赔偿责任,其原因有二:一方面,既然行为人意愿为了商事目的侵害一般社会公众的名誉权,说明一般社会公众的名誉权也像影视明星、体育明星等公众人物的名誉权一样具有商事价值、经济价值或者财产价值,责令行为人承担财产损害赔偿责任正好体现了一般社会公众名誉权所具有的商事价值、经济价值或者财产价值;另一方面,为了惩罚行为人实施的名誉侵权行为,防止行为人通过侵害普通社会公众名誉权的方式获得不当商事利益、经济利益或者财产利益,侵权法应当将普通社会公众的名誉权看做财产权并因此责令行为人就其名誉侵权行为对受害人遭受的财产损害承担赔偿责任。此时,受害人遭受的财产损害就是行为人通过名誉侵权行为获得的商事利益、经济利益或者财产利益。例如,报纸杂志为了推销自己的杂志而编造故事毁损作为普通人的原告的名誉,使原告的名誉遭受了损害。当原告向法院起诉时,法官应当同时责令报纸杂志对受害人承担精神损害赔偿责任和财产损害赔偿责任。对于影视明星、体育明星等公众人物而言,他们的名誉权原则上应当看做财产权而非人格权,当行为人基于商事目的侵害他们的名誉权时,他们应当对这些公众人物承担财产损害赔偿责任。之所以采取这样的规则,其原因有三:其一,影视明星、体育明星的名誉权往往具有商事价值、经济价值或者财产价值而少有精神价值、心理价值,因为影视明星、体育明星的名誉权往往是通过他们的努力和付出时间、金钱代价获得的,他们的名誉权更多时表现为一种财产权。其二,当行为人基于商事目的侵害影视明星、体育明星的名誉权时,他们很少会遭受精神上的痛苦,他们更多的是遭受了经济上、财产上的损失,因为为了维持广泛的知名度、影响力,影视明星、体育明星更加意愿容忍行为人的虚假报道行为或者名誉侵权行为,他们甚至为了追求新闻媒体的曝光率或者见报率而不惜虚构事实,误导社会公众。其三,商人更意愿通过侵害影视明星、体育明星名誉权的方式来获得商事利益、经济利益或者财产利益。同侵害普通社会公众名誉权获得的商事利益相比，商人通过侵害影视明星、体育明星名誉权获得的商事利益会更多，如果不责令行为人对影视明星、体育明星等公众人物承担财产损害赔偿责任，则行为人将会通过名誉侵权行为获得更多的不当利益。不过，应当对这样的原则设定一个例外：即如果行为人不是为了商事目的侵害影视明星、体育明星的名誉权，则影视明星、体育明星的名誉权应当看做单纯的人格权而非财产权，并且仅仅责令行为人就其名誉侵权行为对这些公众人物承担精神损害赔偿责任。对于政府官员或者准政府官员而言，无论行为人是基于商事目的还是非商事目的侵害他们的名誉权，侵权法一律都将他们的名誉权看做单纯的人格权，仅仅责令行为人就其实施的名誉侵权行为对这些公众人物承担精神损害赔偿责任，不得责令行为人就其名誉侵权行为对这些公众人物承担财产损害赔偿责任。之所以采取这样的规则，其原因在于，政府官员或者准政府官员的名誉权仅是单纯的人格权而非财产权，仅仅具有精神价值，不具有商事价值、经济价值或者财产价值。

四、死者的名誉保护

如果行为人毁损死者的名誉，他们是否应当对死者或者死者的继承人遭受的精神损害或者财产损害承担赔偿责任？在罗马法中，当行为人对死者作出具有名誉毁损性质的陈述时，法律允许死者的遗产管理人或者遗产继承人向法院起诉，要求行为人就其陈述对自己承担名誉侵权责任，因为，根据罗马法，任何针对死者做出的蔑视性行为均被看做是对死者继承人做出的蔑视行为，死者的继承人有权对行为人的蔑视行为提起名誉侵权诉讼。在当今社会，侵权法是否保护死者的名誉利益，两大法系国家和我国的侵权法作出的回答并不完全相同。

（一）侵权法对待死者名誉的两种意见

在19世纪末期之前，两大法系国家的侵权法都不承认死者名誉侵权责任，认为行为人无须就其侵害死者名誉的行为对死者或者死者的遗产管理人或继承人承担侵权责任。但是到了19世纪末期之后,法国侵权法开始保护死者的名誉利益。在法国,1881年7月29日的法律第34(1)条规定,当行为人对死者进行诽谤和侮辱时,他们的行为构成犯罪行为,应当受到刑事处罚。法国司法判例对此种条款进行解释,认为行为人违反刑法禁止规定的行为也构成侵权行为,应当对死者继承人遭受的损害承担侵权责任,法国司法判例认为,当行为人针对死者作出具有名誉毁损性质的陈述时,即便行为人作出的此种陈述仅仅针对死者的名誉,他们的目的也不是毁损死者的名誉而是为了诽谤与死者有亲属关系的生者的名誉。在德国,刑法也采取类似的态度,认为行为人毁损死者名誉的行为构成犯罪行为,应当受到刑事处罚。德国司法判例对此种刑法规定进行解释,认为行为人违反此种禁止性规定的行为也构成侵权行为,应当对死者继承人承担侵权责任。

在英美法系国家,普通法认为,能够提起名誉侵权诉讼的自然人只能是活人,死者无权提起名誉侵权诉讼,即便行为人的名誉毁损行为发生在名誉权人死亡之前,当名誉权人死亡时,他们的名誉侵权请求权就已经消灭;死者的遗产管理人或者继承人均不得提起名誉侵权诉讼,要求行为人就其针对死者的名誉毁损行为对自己承担名誉侵权责任。英美法系国家的司法判例之所以否认死者的名誉利益保护,其原因多种多样:它们或者认为,当被告作出陈述,说原告的儿子死于药物剂量过大时,即便原告的儿子死前的确与他们住在一起,作为死者父母的原告也不能提起诉讼,要求行为人就其作出的具有名誉毁损性质的陈述对自己承担名誉侵权责任,因为行为人作出的陈述并没有反射到原告身上并给原告的名誉造成不利影响。① 或者认为,当被告作出虚假陈述,说原告已死去的儿子具有犯罪特征时,原告也不得向法院起诉,要求被告就其陈述对自己承担名誉侵权责任。② 或者认为,当验尸官在出版商出版的报纸上发表文章,称原告已死去的亲人是贩毒分子时,原告也不能提起名誉侵权诉讼,要求验尸官和出版商就其虚假陈述对自己承担侵权责任,因为被告没有在其文章中提及原告的姓名或涉及他们的名誉,原告并没有因为被告的陈述直接受到损害。③

除了司法判例坚持这样的规则之外,英美法系国家的学说也坚持这样

---

① Lee v. Weston, 402 N. E. 2d 23, 26(Ird. ct. App. 1980).
② Curtis v. The Erening News Assoc., 135 Mich, App. 101, 103(Ct. App. 1984).
③ Lambert v. Garlo, 484 N. E. 2d 260, 262(Ohio ct App. 1985).

的规则。Heuston 和 Buckley 指出:"原告无权提起诉讼,要求死者的遗产管理人就死者生前作出的具有名誉毁损性质的陈述对自己承担名誉侵权责任;死者的遗产管理人同样也不能提起诉讼,要求行为人就其针对死者作出的具有名誉毁损性质的陈述承担名誉侵权责任;同样,除非行为人作出的陈述以某种方式侵犯了死者或者未出生者家属的名誉,否则,当行为人针对死者或者未出生者作出具有名誉毁损性质的陈述时,死者或者未出生者的家属无权提起诉讼,要求行为人就其陈述对自己承担名誉侵权责任。"①Prosser 也指出:"任何活人的名誉权都有可能被侵害。原告提起的名誉侵权诉讼具有个人性和专属性,仅能建立在自己名誉被毁损的基础上,不能建立在别人名誉被毁损的基础上……除非行为人对死者作出的名誉毁损行为也影响到了死者的家属,使死者家属的个人名誉被毁损,否则,行为人仅仅毁损死者的名誉,死者的家属无权提起名誉侵权诉讼。"②《美国侵权法重述》(第2版)反映了英美法系国家司法判例的精神,其第 560 条对普通法的规则作出了说明,它规定:任何人,即便他们对死者作出具有名誉毁损性质的陈述,他们也不就其陈述对死者的遗产管理人、死者的后代或亲属承担名誉侵权责任。

在我国,《民法通则》第 101 条和第 120 条虽然规定了自然人名誉权的保护,但是没有规定该种保护是否延伸到死者身上。在 20 世纪 90 年代之前,我国司法判例很少对死者名誉的保护问题作出说明,因此侵权法是否保护死者名誉,如何保护死者名誉,我国司法判例都没有作出说明。到了 20 世纪 90 年底,由于侵害死者名誉的案件增加,司法判例开始对这样的问题作出说明。在《关于审理名誉权案件若干问题的解答》当中,最高人民法院对死者名誉保护问题作出了肯定回答,其第 5 条规定:死者名誉受到损害的,其近亲属有权向人民法院起诉。近亲属包括:配偶,父母,子女,兄弟姐妹,祖父母,外祖父母,孙子女,外孙子女。在《关于确定民事侵权精神损害赔偿责任若干问题的解释》中,最高人民法院对死者名誉保护问题同样作出了肯定回答,其第 3 条规定,自然人死亡后,如果行为人以侮辱、诽谤、贬损、丑化或者违反社会公共利益、社会公德的其他方式,侵害死者名誉的,其近

---

① R. F. V. Heuston and R. A. Buckley, *Salmond and Heuston on the Law of Torts*(21rd ed), Sweet & Maxwell Ltd, p.138.

② W Page Keeton, *Prosser and Keeton on Torts*(fifth edition), West Publishing Co, pp.778-779.

亲属因为行为人的名誉侵害行为遭受精神痛苦,向人民法院起诉请求赔偿精神损害的,人民法院应当依法予以受理。我国侵权责任法没有对这样的问题作出明确规定,在最高人民法院就有关死者名誉利益保护的问题作出新的司法解释之前,上述司法解释的规定仍然有效。

(二)死者名誉保护的牵连性、共享性理论

在大陆法系国家和我国,侵权法之所以责令行为人就其侵害死者名誉的行为对死者继承人承担侵权责任,其重要原因在于,侵权法将行为人侵害死者名誉的一切侵权行为看做是侵害死者继承人名誉的侵权行为,认为行为人侵害死者名誉的一切侵权行为必然会造成死者继承人名誉的毁损。而在英美法系国家,侵权法之所以拒绝责令行为人就其侵害死者名誉的行为对死者遗产管理人或者继承人承担侵权责任,其重要原因在于,侵权法拒绝将行为人侵害死者名誉的一切侵权行为都看做是侵害死者继承人名誉的侵权行为,对死者名誉进行毁损的行为未必一定会毁损死者遗产管理人或者继承人的名誉,让行为人就其毁损死者名誉的行为对死者遗产管理人或者继承人承担名誉侵权责任不符合名誉侵权责任的构成要件。因为这样的原因,英美法系国家侵权法在死者名誉侵权问题上形成了比大陆法系国家和我国侵权法更加复杂的规则。

在侵权法上,如果行为人在侵害死者名誉时也侵害了死者继承人的名誉,他们当然应当就其名誉侵害行为对死者继承人承担侵权责任,如果行为人符合名誉侵权责任的构成要件的话。此时,行为人不是就其侵害死者名誉的行为对死者继承人承担名誉侵权责任,他们是就其侵害死者继承人本人的名誉而对他们承担侵权责任。行为人承担的此种侵权责任同一般的名誉侵权责任没有差异。问题在于,如果行为人在毁损死者名誉时没有直接毁损死者继承人的名誉,他们是否应当就其侵害死者名誉的行为对死者继承人承担侵权责任,如果要承担,他们承担侵权责任的根据是什么。那些采取名誉仅仅具有独立性、独享性的理论认为,一个人的名誉同另外一个人的名誉之间没有关联性,一个人的名誉完全独立于另外一个人的名誉,即便他们之间存在婚姻、血缘或者其他特殊关系,也是如此。此种规则除了适用于生者同生者之间的关系之外,也适用于死者同生者之间的关系。因此,已经死亡的丈夫名誉对仍然生存的妻子名誉没有影响,或者已经死亡的妻子名誉对仍然生存的丈夫名誉也没有影响;已经死亡的父母名誉对仍然生存的子女名誉没有影响,或者已经死亡的子女名誉对仍然生存的父母名誉也没有影响。既不能说死者生前的名誉良好,他们的家人的名誉也良好,也不能说死者生前臭名昭著,他们的家人也必定会臭名昭著。因此,当行为人仅仅对某一个人进行名誉毁损时,也仅是被毁损名誉的人名声受到影响,他们的家人名声并没有受到影响,只有名誉被毁损的人才有资格向法院起诉,要求行为人就其名誉毁损行为对自己承担侵权责任,其家人不得向法院起诉,要求行为人就其侵害行为对自己承担侵权责任;当一个家庭成员死亡时,如果行为人对其进行名誉毁损行为,其他仍然生存的家庭成员不得向法院起诉,要求法官责令行为人就其毁损死者名誉的行为对自己承担名誉侵权责任。此种理论是英美法系国家侵权法在死者名誉侵权领域适用的理论。那些采取名誉具有牵连性、共享性的理论认为,一个人的名誉同另外一个人的名誉具有牵连性,一个人的名誉对另外一个人的名誉会产生影响,如果他们彼此之间存在婚姻关系、血缘关系或者其他特殊关系的话。此种规则既适用于生者同生者之间的关系,也适用于死者同生者之间的关系。因此,已经死亡的丈夫的名誉对其仍然生存的妻子名誉产生影响,或者已经死亡的妻子的誉对仍然生存的丈夫的名誉也产生影响;已经死亡的父母名誉对仍然生存的子女名誉产生影响,或者已经死亡的子女名誉对仍然生存的父母名誉产生影响。死者生前的名誉良好,他们的家人的名誉也良好,死者生前臭名昭著,他们的家人也会臭名昭著。当行为人侵害死者的名誉时,他们的名誉侵害行为除了给死者名誉造成不予赔偿的损害之外,也给死者继承人造成了可予赔偿的名誉损害,应当对死者继承人承担侵权责任。此种理论是大陆法系国家和我国侵权法在死者名誉侵权领域适用的理论。

那么,自然人的名誉是否具有牵连性、共享性?笔者认为,自然人的名誉除了具有独立性、独享性之外,也具有牵连性、共享性,因为,一方面,一个家庭成员享有的良好名誉不仅为该家属成员个人享有,也为其他家庭成员所共享,行为人毁损一个家庭成员名誉的行为不仅会给该人名誉带来损害,而且也会给其他家庭成员带来损害,另一方面,认定死者的名誉同死者家人名誉没有关系是无视社会现实生活的,无视死者名誉对死者家属名誉的影响是背离客观实际情况的,因为,当一个家庭成员死亡时,行为人对该死亡者做出的诽谤行为必然会给死者家属名誉造成影响,无论该种影响是直接的还是间接的。Bellah 指出："我们都知道,名誉是某种具有共享性和反射性的东西。一个人享有的名誉可以对其父母、子女、配偶、朋友甚至一定程度上的我们的名誉产生影响。同样,一个社会的代表人物的名誉也会对这个社会产生重要影响。我们要求法律对这些人的反射名誉提供保护。"①Brown 先生在批评英美司法判例基于名誉的个人性而拒绝责令行为人就其侵害死者名誉的行为对死者家属承担侵权责任时认为,虽然司法判例拒绝行为人就其诽谤死者名誉的行为对死者家属承担侵权责任与普通法所持的"一个人的成功归功于自己的名誉"观念保持一致,但是司法判例在作出这样判决时往往仅仅注意到了死者名誉利益问题,没有注意到死者名誉之外的其他利益。当一个人死亡之后不久,如果行为人对该死亡者的名誉进行诽谤,则行为人对死者名誉的诽谤行为的确给死者的家人造成了严重的精神损害,此种损害要比行为人毁损一个活着的家庭成员时遭受的精神损害严重得多,因为在被毁损名誉的人刚刚死去之后不久,死者的家属正经历着最为痛苦和悲伤的时期。此外,行为人对死者名誉进行的诽谤也会给死者家人的财产利益造成不利影响。当死者的家属的确因为行为人的诽谤行为遭受严重的精神损害或者财产损害时,死者的家属当然可以获得类似于不当死亡或者公开权侵权诉讼中受害人获得的地位,他们应当有权向法院起诉,要求行为人就其诽谤死者名誉的行为对自己承担侵权责任。②

在侵权法上,名誉的牵连性、共享性同名誉的独立性、独享性之间如何协调?笔者认为,在两大法系国家和我国,侵权法协调名誉牵连性、共享性和名誉独立性、独享性的方式是,在名誉权人生存期间,侵权法不承认名誉的牵连性、共享性而仅仅承认名誉的独立性、独享性,而在名誉权人死亡时,侵权法则开始承认名誉的牵连性、共享性而否则名誉的独立性、独享性。侵权法之所以在自然人生存期间仅仅承认名誉的独立性、独享性而不承认名誉的牵连性、共享性,是基于公共政策的理由:如果在自然人生存期间承认名誉的牵连性、共享性,则行为人将要就去同一名誉侵权行为对两个或者两个以上的受害人承担侵权责任,行为人不仅要就其名誉侵权行为对某一个

---

① Robert N. Bellah, New Perspectives in the Law of Defamation: the Meaning of Reputation in American Society, (1986)74 *Calif L. Rev.* 743, p.745.

② Lisa Brown, Dead but Not Forgotten Proposals for Imposing Liability for Defamation of the Dead, (1989)67 *Fex. L. Rve.* 1525, p.1529.

自然人承担侵权责任,而且还要就其同一名誉侵权行为对该自然人的家庭成员或者其他同该自然人有特殊关系的人承担名誉侵权责任。此时,行为人承担的侵权责任将过重,将会严重损害行为人的利益。而承认自然人名誉的独立性、独享性将会阻止行为人对过多的受害人承担名誉侵权责任,使行为人承担的名誉侵权责任限制在合理的范围内,符合公共政策的要求。侵权法之所以在自然人死亡期间承认名誉的牵连性、共享性,也是基于公共政策的理由:如果不承认自然人名誉的牵连性、共享性,则行为人将无须就其侵害死者名誉的行为对任何人承担名誉侵权责任,即便他们的名誉毁损行为同时使死者和死者的家庭成员遭受了名誉损害;只有承认名誉的牵连性、共享性,侵权法才能够责令行为人就其侵害死者名誉的行为对死者家庭成员承担名誉侵权责任,此时,行为人承担的名誉侵权责任不会过重,因为侵权法仅仅责令行为人就其侵害死者名誉的行为对死者家庭成员承担名誉侵权责任,不会对死者本人承担名誉侵权责任。

死者名誉的牵连性、共享性理论的优点有二:其一,该种理论使人们认识到家庭成员之间名誉的关联性,使人们注意到一个家庭成员的名誉对其他家庭成员名誉产生的影响,为侵权法责令行为人就其侵害死者名誉的行为对死者家庭成员承担名誉侵权责任的提供了理论根据,既保护了死者和死者家庭成员的名誉利益,也制裁了行为人的名誉侵权行为。其二,该种理论能够较好地够解释行为人就其侵害死者名誉的行为对死者家庭成员承担精神损害赔偿责任的问题,因为该种理论认为,凡是侵害死者名誉的一切侵权行为都是直接侵害死者家庭成员名誉的侵权行为,凡是侵害死者名誉的一切侵权行为都会直接使死者家庭成员遭受精神痛苦、心理伤害。死者名誉的牵连性、共享性理论的缺点有三:其一,该种理论过分牵强。名誉的牵连性、共享性理论并非建立在令人信服的基础上,而是建立在牵强附会和十分勉强的基础上,因为,一方面,行为人侵害死者名誉的侵权行为未必一定会给死者家庭成员的名誉造成损害,行为人在侵害死者名誉时仅仅针对死者的名誉而没有针对死者家庭成员的名誉,责令行为人就其侵害死者名誉的侵权行为对死者家庭成员承担侵权责任不符合名誉侵权责任的必要构成要件;另一方面,行为人在侵害死者名誉时有可能仅是为了毁损死者的名誉,不希望通过侵害死者名誉的方式来侵害死者家庭成员的名誉,他们有时根本就不知道或者根本就不关心死者是否还有在世的家庭成员或者有多少在世的家庭成员。其二,该种理论违反了正常的逻辑思维。名誉的牵连性、共享性理论违反了正常的逻辑思维。因为,既然家庭成员之间的名誉具有牵连性、共享性,为什么在一个家庭成员没有死亡时,行为人仅仅就其侵害该家庭成员名誉的行为对该家庭成员本身承担名誉侵权责任,不就其侵害该家庭成员的名誉侵权行为对其他家庭成员承担名誉侵权责任。而在该家庭成员死亡时,行为人应当就其侵害该家庭成员名誉的行为对其他家庭成员承担名誉侵权责任。其三,该种理论很难解释侵权法责令行为人就其侵害死者名誉的侵权行为对死者家庭成员承担财产损害赔偿责任的原因。名誉的牵连性、共享性理论虽然能够较好地解释行为人就其侵害死者名誉的行为对死者家庭成员承担精神损害赔偿责任的原因,但是很难解释侵权法责令行为人就其侵害死者名誉的行为对死者家庭成员承担财产损害赔偿责任的原因。因为,如果说行为人侵害死者名誉的行为一定会导致死者家庭成员遭受精神痛苦是能够勉强成立的话,那么,说行为人侵害死者名誉的行为一定会导致死者家庭成员遭受财产损害赔偿则是很难成立的。

(三)死者名誉保护的财产性、可继承性理论

此种理论认为,侵权法之所以拒绝责令行为人就其侵害死者名誉的行为对死者家庭成员承担侵权责任,是因为侵权法仅将死者的名誉看做一种人格权、专属性质的权利,使死者生前享有的名誉权在其死亡之后无法为死者的家庭成员所继承。实际上,自然人的名誉权也是一种财产权,至少某些自然人的名誉权是一种财产权,此种财产权不会因为权利人死亡而消灭,当名誉权人死亡时,他们享有的名誉权能够作为一种遗产被其继承人所继承。当行为人侵害死者名誉时,他们不再是侵害死者本身的财产权,而是侵害死者继承人的财产权,当然应当对死者继承人承担侵权责任。这就是所谓的名誉权的财产性和可继承性理论。此种理论为英美法系国家的学说所主张。

Post 认为,名誉虽然可以看做一种荣誉或者尊严,它也可以看做一种财产,即通过个人的努力所获得的一种类似于商人商誉的无形财产,行为人毁损他人名誉的行为实际上就是破坏他人财产的行为,应当对他人承担侵权责任。[1] Cameron 也指出,名誉侵权法的目的在于保护他人的名誉,名誉具

---

[1] Robert C. Post, New Perspectives in the Law of Defamation: The Social Foundation of Defamation Law Reputation and the Constitution, (1986) 74 *Calif L. Rev.* 691, pp. 693-694.

有多种价值即它除了人格尊严的价值之外,还具有财产的价值和经济的价值。他指出:"良好名誉对于那些从事法律、医疗和政治活动的人而言显然具有商事价值或者职业价值。这种意义上的名誉主要表现为一种财产利益即具有金钱价值的利益。名誉还包括其他方面的意义,诸如涉及人格和人的尊严的利益,这是名誉所固有的利益。因此,名誉侵权法对原告所起的作用是多方面的,澄清并恢复原告名誉的固有功能,赔偿原告名誉遭受损害的外在功能,包括赔偿原告遭受的财产损失和精神损害。"①Cameron 认为,如果仅将名誉看做个人性和不可转让性的权利,则对死者的家属明显不公平,如果法律区分死者家属的侵权诉讼请求权和死者家属的有形财产或无形财产侵权诉讼请求权,则该种法律是十分武断的,因为许多契约性纷争与死者名誉侵权纷争一样具有个人性的特点,法律并没有因为这些契约具有的个人性而否定死者继承人对此种契约利益的继承。"根据传统侵权法理论,当行为人侵害他人有形财产时,即便他人在诉讼期间死亡,他人的继承人也有权继承他人生前提起的侵权诉讼请求权,有权继续进行他人已经提起的侵权诉讼,要求行为人就其侵害死者的财产行为对自己承担侵权责任。因为他人死亡之前对其有形财产享有的利益在其死亡之后转出其继承人继承,继承人在被继承人死亡后有权提起诉讼,要求行为人就其侵权行为对自己承担侵权责任;同样,当行为人侵害他人的契约性权利时,即便他人在诉讼期间死亡,该人的继承人也可以继续对行为人提起侵权诉讼并要求行为人就其侵害死者契约权的行为对自己承担侵权责任,因为这些契约性权利影响死者的财产,成为死者继承人继承遗产的组成部分。当行为人毁损他人名誉时,他人原本可以主张的侵权诉讼请求权将会作为财产成为他人财产的组成部分。如果他人死亡后,其继承人可以成功起诉并获得金钱赔偿的话,则该种金钱赔偿可以成为死者遗产中的组成部分。"②

在美国,死者在名誉侵权责任当中的地位不同于他们在公开权侵权责任当中的地位,因为根据美国公开权侵权责任,当肖像权人或者姓名权人死亡时,如果行为人为了商事目的使用他们的肖像或者姓名,美国侵权法会责令行为人就其侵害死者肖像、姓名的行为对死者继承人承担侵权责任,但是

---

① Florence Frances Cameron, Note: Defamation Surviablity and the Demise of the Antiquated "Actio Personails" Doctrine, (1985) 85 *Colum. L. Rev.* 1833, p.1838.

② Ibid., p.1837.

根据美国名誉侵权责任,当名誉权人死亡时,如果行为人为了商事目的侵害死者名誉,美国侵权法却不责令行为人就其侵害死者名誉的行为对死者继承人承担侵权责任。美国某些学说注意到了法律对死者地位的不平等对待问题,他们认为,美国法律应当采取措施,消除死者在法律地位上不平等的现象,要么都让死者享有公开权和名誉权,要么都不让他们享有公开权和名誉权,不应当让死者享有公开权的同时不让他们享有名誉权。Binder 先生采取此种观点。他认为,美国法律在将公开权当做可继承的权利的同时又禁止死者的家属对行为人提起侵权诉讼,要求他们就其诽谤死者名誉的行为对自己承担侵权责任。此种法律的精神表明,死者虽然对自己的某些身份享有利益,但是他们不对自己的名誉享有利益,无权采取措施,禁止行为人对其作出具有名誉毁损性质的陈述。法律对死者利益采取的态度并不具有连惯性,因为,根据这种法律,某些人死后仍然可以复活,当行为人利用其身份时,他们可以行使诉讼提起权,而某些人死后无法复活,当行为人侵害他们的名誉时,他们无权行使诉讼提起权。死者的名誉要么随着其死亡而消灭,要么像公开权那样不会随着其死亡后消灭。法律应当对死者的公开权和名誉权采取统一的态度。① 还某些学者认为,在美国,法律明确区分死者公开权和死者名誉权的做法是不合理的、不公平的。为什么法律在行为人侵犯死者公开权时要责令他们对死者家属承担侵权责任,而在行为人诽谤死者名誉时不责令他们对死者家属承担侵权责任?法律应当统一死者在公开权、隐私权和名誉权方面的法律规则,让行为人同时就其侵犯死者公开权、隐私权和名誉权的行为对死者的家属承担侵权责任。Cameron 指出,某些司法判例认为,名誉权随着自然人的死亡而结束,死者的家属不能请求行为人就其诽谤死者名誉的行为对自己承担侵权责任,但是这些司法判例又认为,某些具有高度个人性质的请求权在自然人死亡后并不消灭。除非人们能够提供令人信服的理由说明为什么要区别死者名誉侵权与死者公开权侵权,否则,法律对死者名誉侵权采取的特殊政策不应当再持续下去。②

笔者在前面有关章节当中已经指出,我国侵权法应当将某些自然人的

---

① William H. Binder, Publicity Rights and Defamation of the Deceased: Resurrection or R. I. P.? (2002)12 *Depaw-L. CA J. Brt & Ent. L.* 297, p.298.

② Florence Frances Cameron, Note: Defamation Surviablity and the Demise of the Antiquated "Actio Personails" Doctrine, (1985) 85 *Colum. L. Rev.* 1833, p.1837.

名誉权看做财产权,这样做的目的除了能够解释侵权法责令行为人就其侵害某些自然人名誉权的行为对他们承担财产损害赔偿责任的理由之外,也能够解释侵权法责令行为人就其侵害某些死者名誉的行为对死者家庭成员承担财产损害赔偿责任的理由:死者生前的名誉具有商事价值、经济价值或者财产价值,他们能够将其具有商事价值、经济价值或者财产价值的名誉权授予给商人使用并因此获得收益;死者名誉所具有的此种商事价值、经济价值或者财产价值在他们死亡之后并不消失,作为一种遗产为其家庭成员所继承。行为人未经死者家庭成员的同意就擅自侵害死者名誉,实际上侵害了死者家庭成员享有的财产权,当然要对死者家庭成员遭受的财产损害承担侵权责任。笔者认为,原则上讲,影视明星、体育明星等公众人物的名誉权具有财产性,当他们死亡之后,其具有财产性的名誉权将由他们的家庭成员继承,当行为人基于商事目的侵害已经死亡的影视明星、体育明星等公众人物的名誉时,他们应当对死者家庭成员遭受的财产损害承担侵权责任。此外,如果行为人基于商事目的侵害已经死亡的普通社会公众的名誉,侵权法也应当将其名誉看做一种能够被继承的财产并责令行为人就其侵害行为对死者家庭成员承担财产损害赔偿责任。在其他情况下,死者的名誉不得被看做能够被其家庭成员继承的遗产,行为人在这些情况下侵害死者的名誉,应当适用名誉的牵连性、共享性理论或者公共利益理论,对死者家庭成员承担精神损害赔偿责任,不承担财产损害赔偿责任。

死者名誉的财产性、可继承性理论消除了名誉的牵连性、共享性理论存在的牵强附会、过分勉强的问题,将行为人就其侵害死者名誉的行为对死者家庭成员承担的名誉侵权责任建立在确切的、令人信服的基础上。但是,此种理论也存在一定的问题,即此种理论仅仅可以解释行为人就其侵害已经死亡的影视明星、体育明星等公众人物的名誉对他们的家庭成员承担侵权责任的问题,能够解释行为人基于商事目的侵害死者名誉而对死者家庭成员承担名誉侵权责任的问题,无法解释行为人就其侵害已经死亡的一般社会公众的名誉或者基于非商事目的的侵害死者名誉的行为对他们的家庭成员承担侵权责任的问题。

(四)死者名誉保护的公共利益性理论

死者名誉保护的公共利益理论认为,仅将名誉看做具有个人利益的东西是不对的,名誉既具有个人性,也具有社会性。将名誉看做具有个人性质的利益是基于个人主义的要求,因为个人主义强调个人的意思自治,强调个人的独立性和个人成就的取得。在这方面,个人在社会生活中的作用就是寻求本人更大的自治权、更大的独立性和更大成就的获得。此时,个人通常要离开自己的家,离开自己生长的社区去上大学,大学毕业后再去寻找一份工作并在连续的更换工作中获得个人的成就。获得成就后的个人即获得了个人名誉,此种名誉是通过个人而非家庭成员的努力获得的,因此不能说其家庭成员离开生养自己的父母、兄弟姐妹之后去工作而获得的名誉具有共享性和反射性。此种理论为英美法系国家的 Bellah、Cameron 和 Brown 等人所主张。具体说来,死者名誉保护的公共利益理论主要有三个观点:

其一,名誉在本质上是社会性的。死者名誉保护的公共利益理论认为,自然人的名誉在本质上是社会性的而非个人性的,因为自然人的名誉源于基本的赏识行为、赞誉行为。例如,一个婴幼儿第一次从其父母那儿拿回汤匙并试着用汤匙去喂他妈妈,该婴幼儿的行为是在赞誉其母亲,是对其他母亲赞赏他的一种反应。赏识或者赞誉行为可能是一种心理需要,但绝不仅是一种心理需求。赏识或者赞赏行为是社会得以形成的基础。名誉实际上就是此种赏识或者赞誉行为的扩张和详尽说明,它构成我们社会存在的根本。因此,虽然人们认为一个人享有名誉,但此种名誉并非是该人的一种财产或占有物,它实际上是人与人之间的一种关系。①

其二,保护死者名誉是为了更好地鼓励他们生前努力获得良好名誉。死者名誉保护的公共利益理论认为,人在活着时会关心自己的名誉,此种关心体现在两个方面:一方面,他们时刻担心自己通过努力获得的名誉在其有生之年被人侵害,并因此给其生活、工作、学习造成不良影响;另一方面,他们也时刻担心自己通过努力获得的名誉在他们寿终正寝之后被人侵害,会不会造成死后被人指责、唾骂甚至造成遗臭万年的后果。虽然自然人一旦获得良好的名誉,他们无须为了保护自己的名誉而活着,因为社会应当采取措施保护死者生前表示出的愿望,要采取措施保护死者生前获得的名誉,以便使活着的人对从事法律工作的机构抱有坚定的信心,例如司法机构等。当活着的人确信自己生前通过努力获得的名誉在死后会得到像生前一样的

---

① Robert N. Bellah, New Perspectives in the Law of Defamation: the Meaning of Reputation in American Society, (1986)74 *Calif L. Rev.* 743, p.744.

保护时,活着的人会更加努力通过事业的成功获得更大的名誉,他们无须担心自己生前获得的名誉在死亡后不受法律保护。①

其三,对死者名誉的毁损不仅关乎死者本身的利益,而且还关乎死者家属和社会公众的利益。对死者名誉的毁损行为绝不仅仅涉及死者本身的利益,它也会涉及死者之外其他众多人的利益,包括死者家属的利益和社会公众的利益。责令行为人对死者家属承担侵权责任就能够有效地保护死者,以及死者和社会公众的利益。Brown 先生指出,在分析是否对死者名誉提供保护时,英美法系国家的侵权法往往将其分析集中在形成上学的名誉概念方面或者仅将强调的重点放在对活者名誉有意义的规则方面。因此,英美法系国家的普通法时常无视行为人对死者名誉进行诽谤时其诽谤行为在现代新闻媒体占统治地位的时代所产生的真实影响。在当今新闻媒体时代,行为人对死者名誉进行的毁损行为除了可以影响死者名誉之外,还可以影响其他人的利益,包括死者家人遭受的感情痛苦、经济损失,社会公众的知情权以及死者家属要求澄清是非曲直的利益等。为了平衡这些利益,在分析法律是否应当责令行为人就其毁损死者名誉的行为对死者家属承担侵权责任时,我们应当将重点从分析死后名誉的含义转到分析行为人的诽谤行为造成的真实影响方面。②

在我国,侵权法是否应当采取此种理论？笔者认为,我国侵权法应当采取此种理论,因为公共利益的理论实际上就是公共政策的理论,该种理论不仅能够克服死者名誉的牵连性、共享性理论所存在的各种弊端,而且也能够克服死者名誉的财产性、可继承性理论存在的问题,能够同时解释侵权法责令行为人就其侵害死者名誉的行为对死者家属承担精神损害赔偿责任和财产损害赔偿责任的根据。具体说来,侵权法之所以责令行为人就其侵害死者名誉的行为对死者家属承担精神损害或者财产损害赔偿责任,完全是基于公共政策的考虑：

一方面,名誉不具有私人性而仅仅具有公共利益性,侵权法对死者名誉的保护除了关乎死者利益、死者家庭成员的利益之外还关乎社会公共利益。

---

① Florence Frances Cameron, Note: Defamation Surviablity and the Demise of the Antiquated "Actio Personails" Doctrine, (1985) 85 *Colum. L. Rev.* 1833, p.1838.

② Lisa Brown, Dead but Not Forgotten Proposals for Imposing Liability for Defamation of the Dead, (1989) 67 *Fex. L. Rve.* 1525, pp.1526 – 1527.

对于死者而言,行为人诽谤其名誉,使他们生前通过自己努力获得的成就被人怀疑,使他们生前通过自己努力获得的良好评价被降低,使死者生前的努力付之东流,他们生前的愿望无法实现。对死者名誉提高的保护可以使他们生前通过努力获得的名誉在其死亡之后仍然名垂青史。对于死者家属而言,行为人诽谤死者名誉的行为不仅严重伤害了他们的感情,使他们感情上遭受了重大痛苦,而且还严重侵害了他们的商事利益、经济利益或者财产利益,使他们遭受了财产损失。责令行为人对死者家属承担侵权责任,死者家属不仅能够获得精神损害的赔偿,而且还能够获得财产损害的赔偿。对于社会公众而言,行为人诽谤死者名誉的行为实际上是混淆黑白、颠倒是非的行为,使社会公众无法了解事情的真相,导致其知情权被扭曲。责令行为人就其侵害死者名誉的行为对死者家属承担侵权责任可以使社会公众了解事情的真相,确保社会公众的知情权得以实现。

另一方面,如果仅仅因为自然人死亡而不责令行为人就其侵害死者名誉的行为对死者家属承担名誉侵权责任,则行为人实施的违法行为将得不到有效制裁。在任何国家,即便是不对死者名誉提供保护的英美法系国家,法律都认为行为人擅自侵害死者名誉的行为是违反公序良俗的非法行为,情节严重的将受到刑事制裁。因为侵害死者名誉的行为除了会给死者家庭成员造成严重的精神痛苦之外,还可能会引起严重的社会不安。但是,仅仅通过刑事制裁的方式来保护死者名誉还不足以达到减少或者遏制行为人侵害死者名誉行为的效果,因为,一方面,并非所有侵害死者名誉的行为都能够构成刑事犯罪行为,另一方面,如果行为人能够通过侵害死者名誉获得大量的商事利益、经济利益或者财产利益的话,他们将不惜铤而走险,置刑法的禁止性规定于不顾而实施侵害死者名誉的犯罪行为。如果不责令行为人就其侵害死者名誉的行为对死者家属承担名誉侵权责任,则行为人实施的大量名誉毁损行为将得不到法律的制裁,行为人将无须就其侵害死者名誉的行为承担任何责任,即便他们通过侵害死者名誉获得大量的商事利益、经济利益或者财产利益,即便他们是恶意侵害死者名誉,也是如此。只有责令行为人就其侵害死者名誉的行为对死者家属承担名誉侵权责任,行为人侵害死者名誉的违法行为才可能得到有效抑制;只有责令行为人就其侵害死者名誉的行为对死者家属承担精神损害赔偿责任,行为人才会抑制基于非商事目的侵害死者名誉的侵权行为,否则,行为人将会大量实施导致死者家属遭受精神痛苦的名誉毁损行为;只有责令行为人就其侵害死者名誉的行为对死者家属承担财产损害赔偿责任,行为人才会抑制基于商事目的侵害死者名誉的侵权行为,否则,一旦一个影视明星、体育明星死亡,他们就会通过侵害其名誉的方式来获得大量的商事利益、经济利益或者财产利益。

第五章 名誉侵权责任的构成要件

一、导　　论

　　名誉侵权责任的构成要件也称为名誉侵权责任的构成要素,是指行为人对他人名誉承担侵权责任的必要条件,如果行为人不具备这些必要条件,则行为人不对他人遭受的损害承担名誉侵权责任。问题在于,行为人承担名誉侵权责任的构成要件有哪些。对此问题,两大法系国家和我国学说作出的回答并不完全相同。在法国,行为人要对他人承担名誉侵权责任,应当具备三个构成要件:行为人要有侮辱或者诽谤他人名誉的侵权行为,行为人公开其诽谤和诽谤行为,行为人的行为构成过错行为。在英美法系国家,名誉侵权责任应当具备哪些构成要件,学说并没有统一的意见。Balkin 和 Davis 认为,侵害他人名誉权的构成要件有三个:行为人作出的陈述是具有名誉毁损性质的陈述;行为人作出的此种陈述涉及原告的名誉;行为人对第三人公开其陈述。[①] Rogers 认为,名誉侵权的构成要件有三个:行为人作出的陈述必须是具有名誉毁损性的陈述,行为人作出的陈述必须涉及原告的名誉;行为人必须"恶意"公开其陈述。[②]《美国侵权法重述》(第 2 版)第 558 条对名誉侵权责任的构成要件作出了说明,它规定,行为人要就其名誉侵权行为对他人承担侵权责任,必须符合四个要件:行为人作出有关他人的某种虚假和具有名誉毁损性质的陈述;行为人在不享有特权时对某个第三人公开其具有名誉毁损性质的陈述;公开此种陈述的人至少具有等同于过失的过错;行为人公开的陈述或者是本身可以起诉的陈述,不依赖特殊损害的存

---

① R. P. Balkin and JLRDavis, *Law of Torts* (third edition), Butterworths, 2004, p. 557.
② W. V. H. Rogers, *Winfield and Jolowicz on Torts* (thirteen edition), Sweet & Maxwell, p. 303.

在;或者行为人公开的陈述引起了特殊损害的存在。

笔者认为,名誉侵权责任属于过无形人格侵权责任的有机组成部分,当然应当具备无形人格侵权责任的一般构成要件,即行为人实施了侵害他人名誉的过错行为;行为人的过错行为导致他人遭受了损害,行为人的过错行为同他人遭受的损害之间存在因果关系。但是,仅仅具备无形人格侵权责任的一般构成要件还不足以使行为人就其作出的名誉毁损行为对他人承担侵权责任,行为人要就其名誉毁损行为对他人承担侵权责任,还应当具备某些特殊的构成要件,如果不具备名誉侵权责任的特殊构成要件,行为人也不就其名誉毁损行为对他人承担侵权责任。只有同时具备无形人格侵权责任的一般构成要件和名誉侵权责任的特殊构成要件,行为人才就其名誉毁损行为引起的精神损害甚至财产损害对他人承担侵权责任。笔者借鉴英美法系国家的名誉侵权责任,认为名誉侵权责任的特殊构成要件有四:行为人作出的陈述是具有名誉毁损性质的虚假陈述;行为人对第三人公开具有名誉毁损性质的陈述;行为人作出的陈述必须关乎和涉及原告;行为人在公开对他人名誉具有毁损性质的陈述时存在过错。

二、行为人作出的陈述是具有名誉毁损性质的虚假陈述

(一)具有名誉毁损性质的陈述的界定

在两大法系国家和我国,行为人承担名誉侵权责任的第一个构成要件是,行为人作出了某种具有名誉毁损性质的虚假陈述,该种陈述使他人名誉遭受了损害,使他人精神或者财产利益遭受了损害。如果行为人作出的某种陈述是不具有名誉毁损性质的陈述,则即便行为人将其陈述对第三人公开,即便行为人在公开此种陈述方面存在过失,他们也不对他人承担名誉侵权责任。因此行为人作出具有名誉毁损性质的虚假陈述是行为人承担名誉侵权责任的必要构成要件。根据法国法的规定,只有行为人声称或者断言的事实是那些能够引起他人名誉或尊重遭受损害的事实,行为人才有可能对他人承担侵权责任。如果行为人声称或者断言的事实不是那些能够引起他人名誉或尊重遭受损害的事实,行为人不用对他人承担侵权责任。根据英美法系国家法律的规定,只有行为人作出的陈述是对他人名誉具有毁损

性质的虚假陈述,他们才对他人遭受的损害承担名誉侵权责任,无论他们作出的陈述是口头陈述还是书面陈述。如果行为人作出的陈述不是对他人名誉具有毁损性质的虚假陈述,则他们不用对他人承担名誉侵权责任。在我国,《民法通则》虽然没有使用这样的词语,但是,我国《民法通则》仍然承认这样的规则,根据我国《民法通则》第101条,只有行为人对他人实施了诽谤行为,他们才对他人承担名誉侵权责任,如果行为人没有对他人实施诽谤行为,他们将不对他人承担名誉侵权责任,其中诽谤就是指行为人作出的具有名誉毁损性质的虚假陈述。关于行为人具有名誉毁损性陈述的虚假性,笔者将在名誉侵权责任的抗辩事由当中讨论,此处从略。此处仅仅讨论具有名誉毁损性质的陈述问题。

在名誉侵权法当中,何谓具有名誉毁损性质的陈述?对此问题,学说存在不同的界定。Heuston 和 Buckley 指出,所谓具有名誉毁损性质的陈述,是指行为人作出的具有损害原告名誉趋向的陈述。换句话说,行为人作出的陈述使具有正确思维的社会成员对原告的评价普遍降低,尤其是使具有正确思维的社会成员对原告怀有讨厌、蔑视、奚落、恐惧等感情。① Rogers 指出,行为具有名誉毁损性质的陈述,是指行为人作出的陈述被一个思维正确的人认为会降低原告名誉的陈述,或者一个思维正确的人认为会引起原告被人规避、被人回避的陈述。② 在美国,《美国侵权法重述》(第2版)对具有名誉毁损性质的陈述作出了界定,这就是《美国侵权法重述》(第2版)第559条,该条规定,所谓具有名誉毁损性质的陈述,是指行为人作出的会损害他人名誉的陈述,此种陈述使他人的社会评价降低,或者阻止第三人同他人交往、打交道。美国著名侵权法学家 Prosser 教授采取《美国侵权法重述》(第2版)第559条的理论,认为所谓具有名誉毁损性质的陈述,是指行为人作出的会损害他人名誉的陈述,此种陈述使他人的社会评价降低,或者阻止第三人同他人交往、打交道。在适用此种理论时,法律仅仅要求少数真实的、令人尊敬的人认为行为人作出的陈述会损害原告的名誉,就足以认定行

---

① R. F. V. Heuston and R. A. Buckley, *Salmond and Heuston on the Law of Torts*(twenty-first edition), Sweet & Maxwell Ltd., p.140.

② W. V. H. Rogers, *Winfield and Jolowicz on Tort*(thirteen edition), Sweet & Maxwell, p.303.

为人作出的陈述是具有名誉毁损性质的陈述。① Heuston、Buckley 和 Rogers 的界定同 Prosser 教授的界定存在的一个主要区别在于,根据 Heuston、Buckley 和 Rogers 的界定,行为人作出的陈述是否具有毁损他人名誉的趋向,其判断标准是一个具有正确思维的人或者一般理性人的判断标准,而根据 Prosser 的观点,行为人作出的陈述是否具有名誉毁损性质,其判断标准是特定的少数人的判断标准。笔者认为,所谓具有名誉毁损性质的陈述,是指行为人作出的能够毁损他人名誉、导致他人被社会公众所回避的陈述。行为人作出的任何陈述,只要在客观上具有损害他人名誉利益的趋向,具有使他人的社会评价降低或者具有使他人被社会成员孤立的趋向,都是具有名誉毁损性质的陈述,在符合名誉侵权责任的其他构成要件的情况下,行为人都应当承担名誉侵权责任。要构成具有名誉毁损性质的陈述,应当符合一定的条件,包括:行为人作出了某种陈述;行为人作出的此种陈述具有毁损他人名誉、导致他人社会评价降低的趋向;行为人作出的此种陈述在公开之后的确引起他人损害,包括他人的社会评价降低、他人被社会成员孤立,他人遭受精神上的痛苦或者遭受了财产损失等。行为人的陈述是否是具有名誉毁损性质的陈述,其判断标准是特定少数人的行为标准,不适用一般理性人、思维正确人的判断标准。

在侵权法上,法律不会认定行为人作出的一切陈述都是具有名誉毁损性质的陈述并因此责令行为人就其作出的一切陈述对他人承担名誉侵权责任,即便是那些表面上具有名誉毁损性质的陈述也可能不具有名誉毁损性质,行为人也可以通过提供证据证明,他们作出的陈述虽然是表面上具有名誉毁损性质的陈述,但是,他们作出的陈述实际上是不具有名誉毁损性质的陈述,例如,被告可以证明,他们作出的陈述虽然是表面上具有名誉毁损性质的陈述,但是他们作出的陈述也仅是为了开玩笑、讽刺或者隐喻。Prosser 教授指出,如果被告的陈述要被看做具有名誉毁损性质的陈述,则被告的陈述应当被人理解为具有名誉毁损性质的陈述。被告完全可以证明,他们作出的陈述根本没有被人理解是具有名誉毁损性质的陈述,他们作出的陈述完全被人当做玩笑话,或者读者、听众对他们作出的陈述作出的理解不同于这些陈述的表面含义。在决定行为人作出的陈述是否是具有名誉毁

---

① W. Page Keeton, *Prosser and Keeton on Torts* (fifth edition), West Publishing Co, p. 774.

损性质的陈述时,行为人使用的语言并非是决定因素,因为,行为人可能会通过质问、间接影射、对观点的坚信、挖苦或者讽刺来毁损他人名誉。① Heuston 和 Buckley 也指出,十分清楚的是,行为人作出的陈述未必一定是和在任何情况下必定是具有名誉毁损性质的陈述。即便行为人作出的陈述是在表面上具有名誉毁损性质的陈述,如果原告向法院起诉,要求行为人就其陈述对自己承担侵权责任,行为人完全能够通过证据证明,在案件的特殊情况下,行为人作出此种陈述并非是为了毁损原告的名誉,或者行为人作出的此种陈述并不理解为是具有名誉毁损性质的陈述。例如,行为人可以证明,他们仅是为了开玩笑而作出引起纠纷的陈述,或者他们仅是为了讽刺、隐喻的目的而作出陈述,或者他们作出的陈述虽然是具有名誉毁损性质的陈述,但是,其陈述还具有非名誉毁损性质的次要意义,并且对其作出陈述的人是这样或者应当是这样理解其作出的陈述的含义。② 同时,侵权法也不会认为,行为人作出的一切陈述一定是和在任何情况下必定是不具有名誉毁损性质的陈述,即便行为人作出的陈述是那些表面上根本不具有名誉毁损性质的陈述,因为,即便行为人作出的陈述在表面上是同原告名誉没有关系的名誉,原告也能够提供证据证明,在特定情况下,行为人作出的陈述也包含着具有名誉毁损性质的意义,此时,行为人仍然要对原告承担侵权责任。③

在名誉侵权法上,学说仍然将行为人作出的所有陈述分为两大类型:表面上具有名誉毁损性质的陈述(statements prima facie defamatory)和表面上不具有名誉毁损性质的陈述(statements prima facie innocent)。所谓表面上具有名誉毁损性质的陈述,是指行为人作出的陈述在性质上是具有名誉毁损性质的陈述,或者其作出的陈述是显而易见的具有名誉毁损性质的陈述,或者其作出的陈述的主要含义是具有名誉毁损性质的陈述。一旦行为人作出的陈述被看做是表面上具有名誉毁损性质的陈述,则他人可以向法院起诉,要求行为人就其作出的表面上具有名誉毁损性质的陈述对自己承担侵权责任,除非行为人能够提供证据证明,其作出的表面上具有名誉毁损性质的陈述实际上不具有名誉毁损性,否则,行为人应当对原告承担侵权责任。

---

① W. Page Keeton, *Prosser and Keeton on Torts*(fifth edition), West Publishing Co., p. 780.
② R. F. V. Heuston and R. A. Buckley, *Salmond and Heuston on the Law of Torts*(twenty-first edition), Sweet & Maxwell Ltd., pp. 147 – 148.
③ Ibid., p. 148.

所谓表面上不具有名誉毁损性质的陈述,是指行为人作出的陈述在性质上不属于具有名誉毁损性质的陈述,或者其作出的陈述不是显而易见的具有名誉毁损性质的陈述,或者在众多的意义中,其陈述的第一个意义或者首要的意义不是具有名誉毁损性质的陈述。如果行为人作出的陈述不是表面上具有名誉毁损性质的陈述,则当行为人作出此种陈述时,法律推定行为人作出的陈述是不具有名誉毁损性质的陈述,除非行为人能够提供证据证明,行为人作出的表面上不具有名誉毁损性质的陈述实际上是具有名誉毁损性质的陈述,否则,行为人将不对原告承担侵权责任。如果原告能够举证证明,被告行为人作出的表面上不具有名誉毁损性质的陈述实际上是具有名誉毁损性质的陈述,则行为人作出的具有名誉毁损性质的陈述将被看做影射行为。

(二)表面上具有名誉毁损性质的陈述

如果行为人作出的某种陈述是自然而然地、明显的或者其首要意义是具有名誉毁损性的,则该种陈述被看做表面上具有名誉毁损性质的陈述。对于表面上具有名誉毁损性质的陈述而言,侵权法认为,此种陈述一旦作出,即对他人名誉构成毁损,行为人即应对他人承担侵权责任,除非被告能够承担举证责任,成功证明其表面上具有名誉毁损性质的陈述实际上不具有名誉毁损性。在决定行为人作出的陈述是不是具有名誉毁损性质的陈述时,法官要考虑众多的因素,诸如行为人公开其陈述的方式、时间、地点甚至历史时期等因素。

首先,行为人直接宣称他人存在不诚实、不道德的或者其他不光彩的、可耻的行为当然构成对他人名誉具有毁损性的陈述,因为这些陈述是典型的、明显的表面上具有名誉毁损性质的陈述,或者说它们在性质上就属于表面上具有名誉毁损性质的陈述,在符合名誉侵权责任其他构成要件的情况下,行为人应当对他人承担名誉侵权责任。因此,行为人声称他人试图自杀的行为,声称他人拒绝支付到期债务的行为,声称他人从事不道德行为或者从事不贞洁的行为,声称他人妖里妖气的行为,声称他人存在不当勾引妇女的行为,声称他人与其妻子存在问题并准备离婚的行为,声称他人是胆小鬼、酒鬼、伪君子、骗子等均是名誉毁损行为,因为这些陈述都是表面上具有名誉毁损性质的陈述,都会明显降低社会成员对他人所作的评价。① 同样,当行为人声称某一个政治家因为与别人同谋而改变政治信念时,行为人的陈述构成表面上具有名誉毁损性质的陈述。

其次,即便行为人没有直接责难他人道德上的过错或者人格方面的缺陷,如果行为人声称他人欠缺某种职业、职位或者商事活动方面的技能、能力,行为人的陈述也构成表面上具有名誉毁损性质的陈述,在符合名誉侵权责任其他构成要件的情况下,行为人应当就其陈述引起的名誉毁损对他人承担侵权责任。Lord Pearson 对此做了原则说明,他指出:"行为人使用的言词可能会毁损一个从事贸易、商事活动者或者某种从事专业服务者的名誉,即便行为人使用的言词没有责难这些人在道德上的罪过或者人格方面的缺陷。如果行为人声称他人欠缺从事这些活动的资格、知识、技能、能力、判断或者效率,行为人的陈述也构成对他人名誉具有毁损性质的陈述。"② 因此,当行为人声称某一个医师、建筑师、律师或者地方市政机关的被选代理人或者国会议员欠缺技能或者能力时,行为人的陈述构成表面上具有名誉毁损性质的陈述;同样,当行为人声称某一个改革的领袖已经丧失了该党的信任的行为构成表面上具有名誉毁损性质的陈述,因为此种陈述表明该领袖欠缺能力。③

最后,行为人作出的陈述是否是表面上具有名誉毁损性质的陈述,也要考虑行为人作出的陈述的历史时代,因为同样的陈述在不同时具有不同的意义。例如,在中国古代,小姐的称呼是不具有名誉毁损性质的称呼,因此,行为人将原告称为小姐,其行为不构成名誉毁损行为,无须对原告承担侵权责任。但是,在今天,小姐这样的词语已经被赋予了不同于中国古代的含义,其表面上的意义就是卖淫女,因此行为人称呼他人为小姐的行为实际上就是表面上具有名誉毁损性质的行为,应当对他人遭受的损害承担名誉侵权责任。同样,在 20 世纪 50 年代到 70 年代,行为人使用同志这样的称呼去称呼他人,其行为人不构成名誉毁损行为,因为在那个年代,同志是一种政治称呼,表明行为人同被称呼的人属于同一政治立场。但是,到了 20 世

---

① W. Page Keeton, *Prosser and Keeton on Torts*(fifth edition), West Publishing Co., p.775.
② Drummond-Jackson v. British Medical Association [1970]1WLR688.
③ See R P Balkin and J L R Davis, *Law of Torts*(third edition), Butterworths, pp. 559 - 560.

纪90年代和21世纪初期,行为人再使用同志这样的称呼去称呼别人,其行为可能构成名誉侵权行为,因为在这个时代,同志一词不再是一种政治称呼而是一种性取向的称呼,也就是同性恋的代名词。因此,同志这样的称呼是表面上就具有名誉毁损性质的称呼。

只要行为人作出的陈述是表面上具有名誉毁损性质的陈述,即便他们在作出此种陈述时是无辜的,他们的行为也被看做对他人名誉具有毁损性质的陈述,在符合名誉侵权责任其他构成要件的情况下,行为人应当对他人承担侵权责任。Heuston和Buckley对此作出了说明,他们认为,即便行为人没有意图使原告陷入被人厌恶、讥笑或者蔑视的境地,他们作出的陈述仍然会成为对他人名誉具有毁损性质的陈述。行为人作出陈述的意义未必一定是他们在公开此种陈述时所具有的含义,而是或者被推定是陈述对其公开的那些人合理赋予其陈述所具有的含义。具有毁损他人名誉的目的并不会使被告就其陈述对他人承担侵权责任,如果行为人作出的陈述对他人而言不具有毁损意义;相反,如果行为人作出的陈述对那些被公开者而言具有名誉毁损的意义,则即便行为人没有毁损他人的意图,他们仍然要承担侵权责任,虽然无辜可以作为减缓损害赔偿数额的证据。①

(三) 表面上不具有名誉毁损性质的陈述

如果行为人作出的陈述不是表面上具有名誉毁损性质的陈述,行为人是否就其作出的陈述对他人承担名誉侵权责任? 在现代社会,无论是学说还是司法判例都坚持肯定的意见,认为在行为人的陈述构成真影射和假影射的情况下,他们作出的陈述仍然构成具有名誉毁损性质的陈述,符合名誉侵权责任的其他构成要件的情况下,他们仍然要对受害人承担名誉侵权责任,即便他们作出的陈述是表面上不具有名誉毁损性质的陈述。

1. 行为人的真影射

即便行为人作出的陈述是表面上不具有名誉毁损性质的陈述,如果知道某种外在事实存在的人知道行为人作出的陈述实际上毁损了原告的名誉,则行为人作出的陈述仍然能够构成具有名誉毁损性质的陈述,在符合其他责任构成要件的情况下,行为人仍然要就其作出的陈述对他人承担名誉

---

① R. F. V. Heuston and R. A. Buckley, *Salmond and Heuston on the Law of Torts*(twenty-first edition), Sweet & Maxwell Ltd., p.145.

侵权责任。在侵权法上,学说将此种规则被称为"真影射"(the true innuendo)、"法定影射"(legal innuendo)。Rogers 先生指出:"当行为人使用的词语是那些在性质上不具有名誉毁损性的通常词语时,或者当原告希望依赖那些了解某种特定事实存在的人认定被告使用的词语是具有名誉毁损性质的词语时,法律要求这些词语存在影射的意义。这就是,行为人使用的词语具有原告赋予它们所具有的意义,此时,原告必须证明存在能够支持此种含义的事实。如果此种事实不存在,则法定影射将不成立,原告的诉讼请求将被驳回。"[1]Prosser 教授指出,行为人公开的陈述可能是表面上就具有名誉毁损性质的陈述,但是,他们公开的陈述也可能仅仅因为某种外在事实的存在而成为具有名誉毁损性质的陈述。如果行为人的陈述所具有的名誉毁损性质仅仅源于该种陈述之外的事实,原告必须承担举证责任,证明这些事实的存在。同样,原告必须证明因为这些事实的存在,行为人作出的表面上不具有名誉毁损性质的陈述实际上是具有名誉毁损性质的陈述,这就是行为人的陈述是含沙射影的陈述。[2]

除了学说认可真影射之外,司法判例也认可真影射。在 Bloss v. Tobey[3] 一案中,法官认定被告的行为构成真影射,应当对原告承担名誉侵权责任。在该案中,被告说原告放火烧了自己的谷场,被告的陈述表面上不具有名誉毁损性质的陈述,因为,既然被烧毁的谷场是原告自己的,他当然有权自己这样做。但被告的陈述实际上是具有名誉毁损性质的陈述,因为那些知道原告已经就其谷场购买了保险的人会认为被告的陈述是在影射原告欺诈保险公司。在 Cassidy v. Daily Mirror Newspapers Ltd.[4],法官认定被告的行为人构成真影射行为,应当对原告遭受的损害承担侵权责任。在该案中,被告在其报纸中公开了 Cassidy 先生与某小姐的相片,宣布这两个人订了婚。Cassidy 先生的太太向法院起诉,要求被告对其名誉侵权行为承担侵权责任,因为在被告宣称 Cassidy 先生与某小姐订婚消息的同时,Cassidy 先生实际上已经同其太太结了婚,虽然他们没有生活在一起,被告的陈述影射

---

[1] W. V. H. Rogers, *Winfield and Jolowicz on Tort* (thirteen edition), Sweet & Maxwell, p.307.

[2] W. Page Keeton, *Prosser and Keeton on Torts* (fifth edition), West Publishing Co., p.782.

[3] 1824,19 Mass. (2 Pick.)320.

[4] [1929]2K. B. 331.

Cassidy 先生的太太与其丈夫之间的关系不是婚姻关系,而是不道德的同居关系。法院判决被告就其表面上不具有名誉毁损性质的陈述对原告承担侵权责任,责令被告赔偿 500 元给原告。在 Tolley v. Fry & Sons Ltd.[①]一案中,法官认定被告的行为构成真影射行为,应当对原告承担名誉侵权责任。在该案中,被告在未经原告同意的情况下,在其有关巧克力的广告中以漫画的方式使用了原告的肖像。原告是著名的业余高尔夫运动员,认为自己作为运动员的名誉被侵犯,要求法院责令被告对其名誉损害承担侵权责任,因为原告认为,被告使用其肖像的行为实际上影射了原告同意被告使用其肖像的行为,影射原告为了经济上的利益而许可他人使用其肖像,其行为侵害了原告作为业余高尔夫运动员的名誉。英国上议院认为,被告以其夸张的漫画手法使用原告的肖像当然影射原告为了经济上的利益而允许被告使用其肖像,因为高尔夫运动员提供证据证明,任何业余高尔夫运动员一旦同意别人使用其肖像做广告,将被任何受人尊敬的俱乐部取消其会员资格。

2. 行为人的假影射

即便行为人作出的陈述是表面上不具有名誉毁损性质的陈述,如果行为人对其公开陈述的读者、听众能够合理理解行为人作出的陈述实际上是对原告名誉具有名誉毁损性质的陈述,则行为人作出的表面上不具有名誉毁损性质的陈述将被看做是具有没有毁损性质的陈述,在符合名誉侵权责任的其他构成要件的情况下,行为人应当就其作出的表面上不具有名誉毁损性质的陈述对他人承担侵权责任。在侵权法上,学说将行为人作出的此种陈述称为"假影射"(the false innuendo)。一旦原告认定行为人作出的陈述构成假影射,他们就应当举证证明,行为人作出的陈述虽然是表面上不具有名誉毁损性质的陈述,但是他们作出的陈述除了具有行为人理解的一般意义之外,还具有其他意义,而行为人陈述所具有的其他意义是具有名誉毁损性质的,是对原告名誉的毁损。Heuston 和 Buckley 对行为人的假影射作出了说明,他们指出:"当行为人作出的某种陈述是表面上不具有名誉毁损性质的陈述时,原告必须在其起诉状中明确和肯定地说明此种陈述所具有的名誉毁损性质。此时,被告作出陈述所具有的名誉毁损性可能不是该陈述通常的意义,或者是两个或者更多通常含义中的一个。在前一种情况下,

---

① [1931] A.C. 333.

原告必须阐明他们认为行为人使用的词语所具有的意义;在后一种情况下,原告应当阐明他们认为行为人使用的词语所具有的意义。此种解释性的陈述(explanatory statement)被称作假影射。"①

除了学说认可假影射之外,司法判例也认可假影射。在 Loughans v. Odhans Press Ltd② 一案中,被告作出陈述,说当法官宣告谋杀 X 的原告被无罪释放时,司法制度实际上已经流产。原告向法院起诉,认为被告的陈述实际上是具有名誉毁损性质的陈述,应当对自己遭受的损害承担侵权责任。因为,原告认为,被告的陈述虽然表面上是说法官在滥用职权,但是其陈述实际上也有另外的意义,即原告的确杀害了 X,其陈述所具有的此种意义具有名誉毁损性质。法官认为,被告的陈述实际上影射原告是杀人犯,杀害了 X,应当对原告承担名誉侵权责任。在 Mirror Newspapers Ltd v. Harrison③ 一案中,法官认定被告作出的陈述构成假影射,应当对原告遭受的名誉损害承担侵权责任。在该案中,被告作出陈述,说 X 已被控犯有某种刑事犯罪行为。原告认为,被告的陈述实际上是含沙射影并因此损害了自己的名誉,因为,根据被告作出陈述的方式,被告的陈述意义可能多种多样,它或者仅仅指有关检察机关已经开始了对 X 的刑事检控程序,或者法院已经开始了对 X 的刑事审判程序,或者可能影射对 X 的检控程序已经准备就绪,或者可能影射对 X 的检控已经完成,X 已被认定犯有某种刑事犯罪等。无论是那种含义,都会毁损原告的名誉。④

3. 真影射同假影射的联系和区别

在当今社会,学说和司法判例既承认真影射,也承认假影射。根据学说和司法判例的意见,真影射同假影射既有共同点,也存在区别。真影射和假影射的共同点有二:其一,无论行为人作出的陈述是看做真影射还是假影射,行为人作出的陈述虽然被看做是表面上不具有名誉毁损性质的陈述,但他们作出的陈述实际上都是具有名誉毁损性质的陈述,都给原告造成了名誉损害。其二,无论行为人作出的陈述是真影射还是假影射,只要原告认为

---

① R. F. V. Heuston and R. A. Buckley, *Salmond and Heuston on the Law of Torts* (twenty-first edition), Sweet & Maxwell Ltd., p. 148.
② [1963]1 QB309, 331-333.
③ (1982)149CLR293.
④ R P Balkin and JLR Davis, *Law of Torts* (third edition), Butterworths, p. 561.

行为人作出的表面上不具有名誉毁损性质的陈述是实际上具有名誉毁损性质的陈述,原告应当承担举证责任,证明行为人作出的表面上不具有名誉毁损性质的陈述是实际上的具有名誉毁损性质的陈述。

真影射和假影射的区别有二:其一,在真影射中,原告要通过某种外在的事实来说明行为人作出的表面上不具有名誉毁损性质的陈述实际上是具有名誉毁损性质的陈述,而在"假影射"中,原告无须凭借某种外在事实来证明行为人作出的表面上不具有名誉毁损性质的陈述实际上是具有名誉毁损性质的陈述,他们仅仅因行为人作出的陈述进行解释,认为行为人作出的陈述虽然是表面上不具有名誉毁损性质的陈述,但实际上仍然是具有名誉毁损性质的陈述。其二,当原告认定行为人作出的陈述构成真影射时,原告承担的举证责任是证明某种外在事实的存在,该种外在事实使行为人作出的表面上不具有名誉毁损性质的陈述成为具有名誉毁损性质的陈述;当原告认定行为人作出的陈述构成假影射时,原告承担的举证责任是证明行为人作出陈述时使用的词语虽然仅是普通词语,一般意义上的词语,是表面上不具有名誉毁损性质的词语,但是,该种词语还具有其他的意义,还具有特殊意义,而其他意义或者特殊意义则是具有名誉毁损性质的意义。

表面上看,真影射同假影射的区别一目了然,但是,在具体案件中,究竟什么样的陈述构成"真影射",什么样的陈述构成"假影射",英美侵权法学家也没有明确的指导原则。例如,Rogers 先生认为,当行为人将原告的肖像与令人讨厌的东西并列排放在一起时,行为人的行为构成"真影射",使行为人作出的表面上不具有名誉毁损性质的陈述成为具有名誉毁损性质的陈述。[①] 而 Balkin 和 Davis 先生则认为,行为人此时的陈述仅仅构成"假影射",他们认为,当行为人将作为外科医生的原告的肖像刊登在有关医疗纠纷解决方式的小册子的封面时,一般的读者可能会推导出这样的结论即被告因为此种纠纷而参与了针对原告的医疗诉讼。[②]

(四)行为人的陈述是否是具有名誉毁损性质的陈述的判断标准

如果原告向法院起诉,要求法官认定被告作出的陈述是具有名誉毁损

[①] W. V. H. Rogers, *Winfield and Jolowicz on Tort* (thirteen edition), Sweet & Maxwell, p. 309.

[②] R. P. Balkin and JLR Davis, *Law of Trots* (third edition), Butterworths, p. 561.

性质的陈述,而被告提出抗辩,认为自己作出的陈述不是具有名誉毁损性质的陈述,法官应当如何判断行为人的陈述究竟是不是具有名誉毁损性质的陈述?对于这样的问题,两大法系国家的司法判例作出的回答并不完全相同。在法国,行为人声称或断言的事实是否是对他人名誉具有毁损性质的陈述,其判断标准是正直性、诚实性原则。凡是行为人声称或者断言的事实违反了社会公众应当具有的正直性(probité)、诚实性(loyauté),则行为人声称或者断言的事实成为具有名誉毁损性质的陈述。在英美法系国家,侵权法采取的理论并不完全相同。英国,司法判例认为,如果一般社会公众或者至少一个有理性的人认为行为人作出的陈述会毁损原告的名誉,则行为人作出的陈述才被看做是具有名誉毁损性质的陈述,如果仅仅特定群体认为行为人作出的陈述是具有名誉毁损性质的陈述,行为人作出的陈述不被看做是具有毁损性质的陈述。这就是一般理性人、正确思维人的理论。而在美国,司法判例采取更加现实主义的观点,他们认为,只要任何实在的、令人尊敬的群体认为行为人作出的陈述毁损了原告的名誉,哪怕该种群体仅是一个非常小的群体,行为人作出的陈述也应当看做是具有名誉毁损性质的陈述。这就是特定群体理论。在我国,侵权法对这样的问题没有作出规定,学说普遍采用一般理性人的理论。笔者认为,一般理性人的判断标准存在问题,我国侵权法应当采取特定群体理论。

1. 法国侵权法采取的理论

在法国,法律要求行为人在作出陈述时要遵守社会所践行的道德,遵守一个人因为其社会地位或职业要求他们遵守的正直性原则、诚实性原则,不得虚构某种具体事实毁损他人名誉。因此,行为人声称一个已婚男人又有一个女人,其行为违反了正直性、诚实性原则,构成名誉侵权行为;行为人声称一个继承人已经放弃了其父亲的遗产继承权,其行为违反了正直性、诚实性原则,构成名誉侵权行为;行为人因为其同乡是其政敌而声称其受贿,其行为违反了正直性、诚实性原则,构成名誉侵权行为;行为人断言其诉讼代理人在处理司法助理人员委托的事务时没有尽到责任,其行为违反了正直性、诚实性原则,构成名誉侵权行为;行为人断言某个制衣厂提供虚假报表的行为违反正直性、诚实性原则,构成名誉侵权行为;行为人因为政治观点不同而断言某个法官基于偏见作出裁判的行为违反了正直性、诚实性原则,构成名誉侵权责任。同样,行为人断言他看见某教士与他人姘居时,其行为违反了正直性、诚实性原则,侵犯了该教士的名誉权;行为人声称某模特儿脸上长满痘痘,其胸部扁平,骨瘦如柴,其行为违反了正直性、诚实性原则,侵犯了该模特儿的名誉权。

2. 英美法系国家侵权法采取的理论

在英国,司法判例认为,法官在确定行为人作出的陈述是否对他人名誉具有毁损性质的陈述时,应当采取一个有理性人的行为标准;如果一个有理性的人认为行为人作出的陈述是对他人名誉具有毁损性的陈述,则法官应当认定行为人作出的陈述是对他人名誉具有毁损性的陈述;如果仅仅特定的人群认定行为人的陈述是对他人名誉具有毁损性质的陈述,法官不得认定行为人的陈述是对他人名誉具有毁损性的陈述。英国 Rogers 采取此种观点,他认为,在确定行为人的陈述是否是对他人名誉具有毁损性的陈述时,法国采取的标准是客观判断标准,也就是理性人的标准。理性人的标准一方面将那些做事马马虎虎、自私自利的人排除出去,因为这些人不会将行为人作出的严重名誉毁损行为看做名誉毁损行为,一方面也将那些对任何事情都会吹毛求疵的人剔除掉,因为这些人喜欢将那些对其名誉仅仅有轻微毁损的陈述看做可以起诉的名誉侵权行为,一方面将那些喜欢草率行事的行为人排除掉,因为这些人喜欢动不动就认定行为人作出的模糊陈述是对他人名誉有最大毁损的陈述。法官不能将这些人的判断作为决定行为人的陈述是否是对他人名誉具有毁损性陈述的标准,法官只能将通常市民的判断作为决定行为人的陈述是否是对他人名誉具有毁损性陈述的标准。此种人既不会对行为人的行为过分挑剔,也不会过分偏信,他们在对引起纠纷的词语作出解释时并不会像一个学者那样,因为他们不会像学者那样受有关解释规则的限制。因此,如果原告仅仅能够证明,行为人作出的陈述仅仅被特定群体看做名誉毁损行为,行为人作出的陈述将不被看做对他人名誉具有毁损性的陈述,除非一般有理性的人也采取同样的观点。①

在英国,司法判例有时也使用"正确思维人"标准(right-thinking person),它们认为,如果社会成员当中有正确思维的人认为行为人作出的陈述是对他人名誉具有毁损性的陈述,则行为人的陈述构成具有名誉毁损性质的陈述,否则,行为人的陈述不构成具有名誉毁损性质的陈述。Lord Atkin

---

① W. V. H. Rogers, *Winfield and Jolowicz on Tort* (thirteen edition), Sweet & Maxwell, p. 295.

认为,在决定行为人的陈述是否是对他人名誉具有毁损性的陈述时,法官采取的标准是"行为人作出的陈述是否会导致有正确思维的普遍社会成员对他人的评价降低。"①"正确思维人"标准同一般"理性人"标准之间的关系如何? 实际上,一般理性人的行为标准同正确思维的标准是同一判断标准,因为,一方面,Rogers 先生在讨论"理性人"的标准时也援引了 Lord Atkin 在上述案例中使用的"正确思维人"标准,另一方面,Heuston 和 Buckley 在讨论行为人作出的陈述是否是具有名誉毁损性质的陈述时也同时使用了一般人的标准、正确思维人的标准。Heuston 和 Buckley 指出,行为人作出的陈述是否是具有名誉毁损性质的陈述,其判断标准是一个普通的、思维正确的社会成员的判断标准。此种判断标准是一种客观判断标准,因此行为人不得提出抗辩,认为他们作出陈述时并没有意图使其陈述成为具有名誉毁损性质的陈述或者其陈述也仅是一句玩笑话。②

在美国,司法判例采取"特定群体"理论,该种理论认为,如果行为人作出的陈述被某种特定的群体看做是对他人名誉具有毁损性质的陈述,则行为人作出的陈述将被看做是具有名誉毁损性质的陈述,在符合名誉侵权责任的其他构成要件的情况下,行为人应当对他人承担名誉侵权责任;如果行为人作出的陈述不被某种特定的群体看做是具有名誉毁损性质的陈述,则行为人作出的陈述将不被看做是具有名誉毁损性质的陈述,行为人无须就其陈述对他人承担名誉侵权责任。Prosser 教授和 Balkin 和 Davis 采取这样的观点。Prosser 教授指出,行为人在作出具有名誉毁损性质的陈述时无须直接指名道姓,他们可以通过间接方式毁损原告的名誉,此时,原告身份的确定要考虑行为人对其公开陈述的第三人对原告情况的熟知程度而决定。在决定行为人作出的陈述是针对原告时,法律并不要求行为人对其公开陈述的每一个第三人都认为被告的陈述针对原告,只要求行为人对其公开陈述的某些第三人能够合理认为,行为人的陈述是针对原告的即可。③ Balkin 和 Davis 也认为,行为人作出的陈述并不必然要求被社会的所有成员看做是

---

① Sim v. Stretch [1936] 2 AllER. 1237, 1240.

② R. F. V. Heuston and R. A. Buckley, *Salmond and Heuston on the Law of Torts* (twenty-first edition), Sweet & Maxwell Ltd., p. 140.

③ W. Page Keeton, *Prosser and Keeton on Torts* (fifth edition), West Publishing Co., p. 783.

会毁损原告名誉的陈述,因为在一个多元化的社会,人们关于同样的问题会存在完全冲突的观点。如果名誉侵权法认定,只有当所有人均认为行为人作出的陈述是具有名誉毁损性质的陈述,侵权法才将行为人作出的陈述看做是具有名誉毁损性质的陈述,则名誉侵权法的适用范围将受到限制,其适用领域将大大缩小。实际上,只要行为人作出的陈述使特定群体对原告的评价降低,行为人作出的陈述就足以被看做侵权行为,如果行为人作出的陈述是对此种群体公开的话。因此,说某个人在罢工期间仍然坚守工作岗位可能会使某些人对该人的评价提高,使其名誉增加,但该种陈述可能会使工会组织的成员对该人的评价降低并因此使其名誉受到损害,此时,行为人作出的陈述对工会组织的成员而言是具有名誉毁损性质的陈述。同样,称他人为"流产主义者"虽然并非暗示他人参与非法的堕胎活动,但是行为人作出的陈述仍然会损害原告的名誉,会降低反对堕胎者对他人作出的评价。①

3. 我国侵权法采取的理论

在我国,行为人的陈述是否构成诽谤行为,其判断标准是什么?对此,问题,我国学说主张一般理性人的判断标准。梁慧星教授指出:"是否有损于该自然人的名誉,不以该自然人的判断为标准,而是以一般人的通常判断为标准。"②王利明教授指出,在判断行为人作出的陈述是否是具有名誉毁损性质的陈述时,我国法律应当采取一般人的标准。"这是因为名誉本身是社会公众对对每个人的价值的评价,而言词具有诽谤性就意味着这些言词在公众看来是不恰当的,于事实不符的,并有损他人人格。"③将一般理性人的判断标准看做行为人的陈述是否是具有名誉毁损性质的陈述的标准存在的问题是:一方面,适用一般理性人的判断标准,违反了社会生活的常理。在当今社会,大多数自然人往往仅仅生活在一定的空间,仅仅同一定范围内的特定的人交往、打交道,他们不会同所有的人交往和打交道。因此,自然人的名誉仅仅同一定范围内的特定人有关系,同特定范围之外的其他人没有关系,因为对大多数自然人而言,他们仅仅关心同自己有关系的人对自己名誉作出的评价,不会关心同自己没有关系的人对自己名誉作出的评价:只要同自己有关系的人对自己的评价好,其他人对自己的看法是什么无关宏

---

① R. P. Balkin and J. L. R Davis, *Law of Torts*(third edition), Butterworths, p. 559.
② 梁慧星:《民法总论》(第2版),法律出版社2001年版,第131页。
③ 王利明:《人格权法研究》,中国人民大学出版社2005年版,第509页。

旨。因此,用同原告没有关系的大多数自然人的看法来决定行为人作出的陈述是不是具有名誉毁损性质的陈述,实际上无视生活的常识。而如果适用特定群体的判断标准,则此种法律能够很好地体现生活的要求。另一方面,适用一般理性人的判断标准会损害原告的利益,对原告不公平。如果适用一般理性人的判断标准,则行为人作出的具有名誉毁损性质的陈述可能不会被看做具有名誉毁损性质的陈述,行为人将不用对原告遭受的名誉损害承担侵权责任,即便原告的确因为被告作出的陈述而遭受了损害。例如,如果被告作出陈述,说原告张三在出租车司机罢工期间仍然坚守岗位,将旅客运送到机场。原告向法院起诉,认为被告作出的陈述是具有名誉毁损性质的陈述,应当对自己承担侵权责任,原告认为,被告作出的陈述使其他出租车司机对自己的评价降低,当其他出租车司机看到被告的报道之后,他们开始疏远自己,使自己陷入孤立之中。此时,如果法官适用一般理性人的标准或者社会公众的标准,则原告的主张根本无法得到法官的支持,法官认为,虽然被告的陈述使其他出租车司机对原告的评价降低,但是大多数社会公众在看到被告的报道之后都被被告的行为感动,纷纷赞扬、表扬原告,使其名誉大大提高。此时,对原告名誉进行低评价的出租车司机数量要比对原告名誉进行高评价的一般社会公众的数量小,因此原告的名誉将无法得到保护,虽然原告已经因为被告的报道而被其同事孤立、规避,虽然原告因为被告的报道而被其工会开除,他们也无法要求法官保护其名誉。而如果适用特定群体理论,则原告的名誉利益将能够获得有效的保护,根据特定群体理论,只要行为人的陈述使原告在少数特定群体中的名誉下降,则行为人作出的陈述将被看做是具有名誉毁损性质的陈述,行为人就应当对原告因此遭受的损害承担侵权责任。同样,如果被告说原告准备离婚,被告的陈述是不是构成具有名誉毁损性质的陈述?对于大多数社会公众而言,一个人离婚是很正常的,因此,被告作出的陈述并没有毁损原告的名誉。但是,对于熟悉原告的某些人而言,被告的陈述的确使这些人对原告的评价降低,使原告在这些人中被孤立。如果法官适用一般理性人的标准,则原告的主张得不到满足,其遭受的损害无法得到救济,但是,如果适用特定群体理论,则原告的主张能够得到满足,其遭受的损害将会得到救济。可见,我国侵权法应当采取特定群体理论而非一般理性人的理论。

三、行为人对第三人公开具有名誉毁损性质的陈述

(一) 公开要件在名誉侵权责任中的地位

在两大法系国家和我国,行为人承担名誉侵权责任的第二个构成要件是,行为人对第三人公开了他们作出的具有名誉毁损性质的陈述。如果行为人仅仅作出对他人名誉具有毁损性质的陈述而没有对第三人公开其作出的此种陈述,他们将不就其作出的具有名誉毁损性质的陈述对他人承担名誉侵权责任。因此,行为人对第三人公开其作出的具有名誉毁损性质的陈述是他们承担名誉侵权责任的必要构成要件。

在法国,侵权法认为,行为人就其诽谤行为、侮辱行为对他人承担名誉侵权责任的一个重要条件是,他们公开实施其诽谤行为、侮辱行为,如果他们没有公开实施其诽谤行为、侮辱行为,则他们实施的诽谤行为、侮辱行为将不构成名誉侵权行为,无须对他人承担名誉侵权责任,他们此时实施的诽谤行为、侮辱行为仅仅构成违反治安管理的行为,将要遭受行政处罚。根据法国1881年7月29日的法律第23条和第28条的规定,诽谤和侮辱的公开方式可以多种多样,包括但不限于这些方式:通过公开场所或聚会场所的言语、大声责骂或者大声威吓等口语方式公开;通过书面作品、印刷品或者具有侮辱性的揭帖或海报等方式公开,如果这些书面作品、印刷品被出卖或者被分配的话,或者被放在公开场所或者聚会场所予以出卖或者展示的话;或者这些揭贴或海报放置在公众场所的话;通过绘画、版画、图画、标志或者肖像等方式予以公开,如果这些绘画、版画、图画、标志或者肖像被出卖、分配或者对公众加以暴露的话。

在英美法系国家,侵权法也采取同样的规则,认为行为人只有在公开其作出的具有名誉毁损性质的陈述时才对他人遭受的损害承担名誉侵权责任,如果他们不公开其作出的具有名誉毁损性质的陈述,则他们不用对他人承担名誉侵权责任。在英美法系国家"公开"也仅是名誉侵权法中使用的一种艺术性或者技术性的词语,它并不是指行为人要通过印刷物品的方式、书面方式甚至新闻媒体的宣传报道方式来公布对他人名誉具有毁损性质的陈述,它仅是指行为人将其陈述传达给原告之外的第三人的行为,即便第三

人只有一个人,行为人对其传达陈述的行为也构成公开。Heuston 和 Buckley 指出,所谓公开,是指行为人让原告之外的第三人知悉其作出的具有名誉毁损性质的陈述。在侵权法上,行为人无须让社会公众知悉其作出的具有名誉毁损性质的陈述,他们只要在私下或者秘密场合将其作出的具有名誉毁损性质的陈述告诉原告之外的另外一个人,其行为也就构成公开行为。行为人同样无须通过书面或者印刷方式公开其陈述,因为英美法系国家的侵权法认为,行为人口头作出的陈述也能够构成具有名誉毁损性质的陈述。但是,行为人仅将其作出的具有名誉毁损性质的陈述告诉名誉被毁损的原告还不构成名誉侵权意义上的公开,行为人不就其行为对原告承担名誉侵权责任,虽然行为人也许在此种情况下会遭受刑事检控。①

在我国,《民法通则》虽然没有规定公开这一构成要件,但是我国法律完全认可公开这一构成要件,因为名誉侵权行为是对原告的名誉进行毁损的行为,而原告的名誉也仅是别人对其作出的评价和看法,不是原告对自己作出的评价和看法。如果行为人没有将其具有名誉毁损性质的陈述对第三人公开,第三人对原告的评价或者看法将不会受到不利影响,原告的名誉也就没有遭受损害。只有当行为人将其作出的具有名誉毁损性质的陈述对第三人公开时,第三人才会对原告作出不利的评价或者看法,原告才会遭受名誉损害、精神损害或者财产损害。可见,只有行为人公开其作出的具有名誉毁损性质的陈述,行为人才会对原告遭受的损害承担名誉侵权责任,如果行为人没有对第三人公开其作出的具有名誉毁损性质的陈述,他们当然不会对原告承担名誉侵权责任。

(二)"公开"的具体认定

1. 法国司法判例对公开的认定

根据法国法,诽谤和侮辱可以通过语言、书面文字或者绘画方式进行。如果行为人通过言语方式对他人进行诽谤和侮辱,则该种言语应当在公开场所予以大声表达,诸如大声责骂、大声辱骂。如果行为人仅仅在非公开场所对他人进行诽谤或者侮辱,则行为人的行为不构成侵权行为,因为私人场合的言语诽谤或者言语侮辱不具有公开性。行为人言语表达的场所是否

---

① R. F. V. Heuston and R. A. Buckley, *Salmond and Heuston on the Law of Torts* (twenty-first edition), Sweet & Maxwell Ltd., pp. 153 – 154.

是公开场所,实际上是一个事实问题,由法官根据案件的具体情况自由裁量。

法国司法判例认为,站在言语诽谤或者言语侮辱公开性的立场,公开场所有三种,即固有性的公共场所(lieux publics par nature)、保留性的公共场所(lieux public par destination)以及偶然性的公共场所(lieux public par accident)。所谓固有性的公共场所,是指任何时候都对所任何人开放的公共场所,例如露天广场。所谓保留性的公共场所,是指在仅仅在某些确定的时间才对社会公众开放的公共场所,诸如咖啡厅、教堂、音乐厅、办公室等。[①] 所谓偶然性的公共场所,是指那些在性质上属于私人场所,因为某种偶然因素而成为公共场所。例如,行为人的住所原本是私人场所,当行为人邀请别人到其家中举行私人舞会时,行为人的住所就成为偶然性的公共场所。无论是什么性质的公开场所,均可以成为行为人的言语诽谤或者言语侮辱的公开场所。不过,不能因此认为,凡是在这些公开场所表达的言语均具有诽谤性、侮辱性的效果,根据法国司法判例的规定,如果行为人的诽谤性和侮辱性言辞仅仅以很小的声音表示出来,无法让第三人听见,则行为人的行为即便发生在上述公共场所,他们的行为也不具有公开性,不构成侵权行为,只有行为人的诽谤性、侮辱性的言语以足够让第三人听得见的声音表示出来,他们在上述公共场所进行的行为才构成侵权行为,因为声音大得足以让第三人听得见即表明行为人的诽谤行为、侮辱行为具有公开性。[②] 除了言语诽谤和言语侮辱通过大声方式在公开场合公开之外,法国法律也规定,通过书面文字或者绘画方式对他人进行诽谤或者侮辱时,行为人只有在公开场所进行上述行为时,他们的行为才构成侵权行为,因为只有在公开场所进行上述行为,行为人的诽谤行为、侮辱行为才具有公开性,否则,其行为因为欠缺公开性而不构成侵权行为。根据法国司法判例确立的规则,行为人的书面文字、出版物或者绘画只要被出卖、被分配,则即便它们在事实上还没有在某一公开场所予以展示、公开,行为人的书面文字、出版物、绘画就已经被公开,因为出卖、分配书面文字、出版物、绘画的行为本身即构成公开。[③] 不过,行为人的书面文字、出版物、绘画是否已经公开,仍然是一个事实问题,由法

---

① Cass. 19 avril 1945, p. 1946.
② Cass. 5 juillet 1917, s. 1920. 1. 87; 1er février 1950. B. 38, s. 50. 1. 173, D50. 230.
③ Cass. 16 déc. 1918, s. 1918. 1. 157.

官根据案件的具体情况加以判断。

2. 英美法系国家司法判例对公开的具体认定

在英美法系国家,司法判例对行为人的哪些行为构成名誉侵权意义上的公开和哪些行为人不构成名誉侵权意义上的公开作出了说明。根据英美司法判例确立的规则,当丈夫将对他人名誉具有毁损性质的陈述传达给其妻子或者当妻子将对他人名誉具有毁损性质的陈述传达给其丈夫时,行为人的行为不构成名誉侵权意义上的公开,因为英美司法判例很早以前就认定夫妻一体主义,认为夫妻双方等同于一个人;如果采取相反的规则,则会对"社会生活产生致命后果"[①]。但是,如果行为人对原告的丈夫或者妻子传达对原告名誉具有毁损性质的陈述,他们的行为构成名誉侵权意义上的公开,在符合名誉侵权责任其他构成要件的情况下,行为人应当对原告承担名誉侵权责任。[②] 当行为人将对他人名誉具有毁损性质的文件交由打印者予以打印时,当打印者按照正常的商事活动将该文件打印完后交还给行为人时,打印者交还已被打印好文件的行为不被看做名誉侵权意义上的公开,打印者不对他人承担名誉侵权责任。[③] 同样,当雇员或者打字员根据其雇主的命令复印或打印对他人名誉具有毁损性质的文件后将其交还给雇主时,他们交还复印或者打印文件的行为也不被看做名誉侵权意义上的公开,他们无须对原告承担名誉侵权责任。不过,在上述两种情况下,仍然存在名誉侵权意义上的公开;在第一种情况下,行为人将其对他人名誉具有毁损性质的文件交给打印者打印的行为被看做名誉侵权意义上的公开,在符合名誉侵权责任其他构成要件的情况下,行为人应当就其名誉侵权行为对他人承担侵权责任;在后一种情况下,雇主将其对他人名誉具有毁损性质的文件交给其雇员或打字员复印或者打印的行为构成名誉侵权意义上的公开,在符合名誉侵权责任其他构成要件的情况下,雇主应当就其名誉侵权行为对他人承担侵权责任。同时,根据英美司法判例,当某个组织或者公司的官员、代理人或者办公人员在履行职责时将对他人名誉有毁损性质的文件交给其他人时,这些人的行为被认为构成名誉侵权意义上的公开,在符合名誉侵权责任其他构成要件的情况下,他们应当对原告承担名誉侵权责任,他们所在

---

① Wennhak v. Morgan (1888) 20 Q. B. D. 635. 639.
② Wenman v. Ash (1853) 13 C. B. 836.
③ Eglantine Inn Ltd. v. Smith [1948] N. I. 29.

的组织或者公司也应对原告承担替代侵权责任。①

3. 我国司法判例对公开的具体认定

在我国,司法判例很少在具体案件当中对公开的认定问题作出详细的说明。笔者认为,应当考虑三种具体情况来对公开问题作出认定即行为人通过口头方式传达其具有名誉毁损性质的陈述、行为人通过信函方式传达其具有名誉毁损性质的陈述以及行为人通过报纸杂志、电台电视台节目方式传达其具有名誉毁损性质的陈述。

其一,行为人通过口头方式将其陈述传达给第三人。如果行为人通过口头方式将其作出的具有名誉毁损性质的陈述传达给第三人,在决定行为人对第三人所为的口头传达行为是否构成名誉侵权意义上公开时,法官要考虑的一个重要因素是,第三人对行为人口头传达内容的理解力、了解力,因为,名誉侵权意义上的公开虽然是指行为人将口头陈述传达给原告以外的第三人的行为,但是仅仅有行为人的口头传达行为,行为人的行为还不能够构成名誉侵权意义上的公开;只有被传达的第三人能够听见并因此理解行为人的口头陈述,行为人的行为才被看做名誉侵权意义上的公开,行为人才对他人承担名誉侵权责任。因此,如果行为人当着第三人的面所作出的陈述在事实上没有被第三人听见、理解,行为人的行为不构成名誉侵权意义上的公开,行为人不用对他人承担名誉侵权责任。同样,如果行为人以外语口语的方式将他们的陈述传达给一个听不懂外语的第三人,或者如果行为人将其陈述传达给因为耳聋而无法听见、因为年龄太小而无法理解、或者因为某种原因而没有意识到是指原告的第三人,行为人的行为均不构成名誉侵权意义上的公开,他们无须对他人承担名誉侵权责任。

其二,如果行为人以信函方式将其陈述传达给第三人,他们的传达行为在什么情况下构成名誉侵权意义上的公开?笔者认为,如果行为人将其具有名誉毁损性质的信函交由某个报社或杂志社,期待该报纸或杂志予以发表,则当该报社或杂志社的编辑拆阅其信函时,行为人的行为即构成名誉侵权意义上的公开,行为人应当就其公开行为对他人承担名誉侵权责任。如果行为人仅将对他人名誉具有毁损性质的信函以密封方式邮寄给原告本人,即便原告本人开拆行为人邮寄的信函,行为人的行为也不构成名誉侵权

---

① Ribiddick v. Thames Board Mills Ltd. [1977] Q.13.881.

意义上的公开,行为人不对原告承担名誉侵权责任。如果原告以外的第三人开拆行为人邮寄的信函,行为人的行为是否构成名誉侵权意义上的公开?笔者认为,如果行为人邮寄给原告本人的信函被行为人无法合理预见的第三人开拆和阅读,行为人的行为不构成名誉侵权意义上的公开,行为人不对原告本人承担名誉侵权责任。但是,如果行为人知道或者应当知道原告的配偶、秘书等人习惯上会开拆并阅读原告的信函,或者具体情况表明这些人可能会阅读原告的信函,并且这些人的确开拆和阅读了行为人邮寄的信函,则行为人的行为将构成名誉侵权意义上的公开,他们应当对原告承担名誉侵权责任。此外,如果行为人乱放有关信函,或者不小心将信函放在错误的信封中,导致第三人开拆和阅读有关信函,行为人的行为构成名誉侵权意义上的公开,应当对他人承担名誉侵权责任。如果行为人邮寄给原告的信函是没有密封的信函,当第三人开启和阅读后,行为人的行为是否构成名誉侵权意义上的公开?英国司法判例在 Huth v. Huth[①] 一案中作出了否定的回答。在该案中,行为人将其作出的对原告名誉具有毁损性质的信函以非密封的方式邮寄给原告,原告的管家开拆和阅读了该信函,原告向法院起诉,要求被告承担侵权责任。法院认为,由于原告管家的职责并不包括代原告接受和阅读信函,因此,行为人的行为不构成名誉侵权意义上的公开,被告不对原告承担名誉侵权责任。如果行为人允许别人为其阅读对他人名誉具有毁损性质的信函或者文件,或者如果行为人允许别人对其大声朗读对他人名誉具有毁损性质的信函或者文件,他们的行为构成名誉侵权意义上的公开,应当对他人承担名誉侵权责任。

其三,如果行为人通过报纸杂志、书籍网络或者电台、电视台节目方式传达具有名誉毁损性质的陈述,他们的传达行为在说明情况下构成名誉侵权意义上的公开?笔者认为,只要行为人通过报纸杂志、书籍网络传达其具有名誉毁损性质的陈述,或者通过电台、电视台节目的播放方式传达其具有名誉毁损性质的陈述,一旦再载有名誉毁损性质内容的报纸杂志、书籍网络出版,或者载有名誉毁损性质内容的节目播放,行为人的传达行为就构成名誉侵权意义上的公开行为,在符合名誉侵权责任的其他构成要件的情况下,行为人应当对他人遭受的损害承担侵权责任,因为法律推定行为人通过这

---

① [1915]3K.B.32.

些方式传达的内容已经为第三人所看到、所听见,即便行为人使用的语言是外语。

(三)重复公开

1. 重复公开的界定

所谓重复公开,是指行为人在公开对他人名誉具有毁损性质的陈述之后,其他人再次将行为人的陈述对原告之外的第三人公开。例如,当行为人 A 对 B 说原告 C 是小偷之后,B 对 D 重复了 A 的陈述,说 C 是小偷,其中 B 对 D 重复 A 的陈述行为就是重复公开行为。在重复公开中,A 被看做是最初公开者或者原始公开者,他说 C 是小偷的行为构成具有名誉毁损性质的行为,当他将 C 是小偷的虚假情况告诉 B 时,他的行为已经构成名誉侵权意义上的公开行为,应当对 C 遭受的损害承担侵权责任。当 B 对 D 重复了 A 对 B 作出的具有名誉毁损性质的陈述时,B 就被看做重复公开人,应当就其重复毁损 C 的名誉的行为对 C 承担名誉侵权责任。Prosser 教授指出,任何人,只要他们重复行为人作出的对他人名誉具有毁损性质的陈述,其重复行为就构成名誉侵权意义上的公开行为,他们就应当就其重复行为引起的损害对原告承担名誉侵权责任,即便重复者在重复行为人作出的陈述时指明了其陈述的来源或者清楚地说明他们本人并不相信行为人作出的此种陈述。①《美国侵权法重述》(第 2 版)第 578 条对此规则作出了明确说明,它规定:只要行为人重复公开或者再公开对他人名誉具有毁损性质的陈述,他们应当就其重复公开或者再公开行为对他人承担名誉侵权责任,就像他们是首次公开对他人名誉具有毁损性质的陈述那样。但如果他们仅是投递或者传达第三人公开的对他人名誉具有毁损性质的陈述的话,则他们不对他人承担侵权责任。

2. 典型重复公开者

在名誉侵权领域,重复公开者虽然多种多样,但是主要包括出版社、报社杂志社、电台电视台和网站经营者,当它们或者他们重复公开对他人名誉具有毁损性质的陈述时,他们应当对他人遭受的损害承担侵权责任。

首先,出版社、报社和杂志社是重复公开者,当它们出版的书籍、报纸或

---

① W. Page Keeton, *Prosser and Keeton on Torts* (fifth edition), West Publishing Co., p.799.

者期刊发表、刊登对原告名誉具有毁损性质的文章时,他们的出版行为、发表行为或者刊登行为就构成重复公开行为,在符合名誉侵权责任其他构成要件的情况下,它们应当就其重复公开行为对他人承担名誉侵权责任。出版社、报社或者杂志社之所以是重复公开者,是因为它们为其出版书籍的作者或者为其在报纸杂志上发表文章的作者被看做最初公开者,当这些作者将其对原告名誉具有毁损性质的书籍或者文章交到出版社、报社或者杂志社时,他们的行为已经构成名誉侵权意义上的公开,在符合名誉侵权责任构成要件的情况下,应当对原告承担名誉侵权责任。当出版社、报社或者杂志社将这些作者交给他们出版的书籍或者刊登的文章予以出版或者发表时,它们的出版行为或者发表行为就构成重复公开行为,在符合名誉侵权责任的其他构成要件的情况下,它们应当对原告承担名誉侵权责任。

其次,电台、电视台是重复公开者,当它们播放的电台节目或者电视台节目侵害了原告的名誉时,它们的节目播放行为就构成重复公开行为,在符合名誉侵权责任其他构成要件的情况下,它们应当就其重复公开行为对他人承担名誉侵权责任。Balkin 和 Davis 对这样的规则作出了说明,他们指出,电台、电视台不仅应当就其雇员在进行报道时实施的名誉侵权行为对他人承担侵权责任,而且还应当就其被采访者发表的具有名誉毁损性质的评论对他人承担侵权责任,同时还应当就其参加脱口秀节目的嘉宾作出的具有名誉毁损性质的陈述对他人承担名誉侵权责任。[1] 电台、电视台的节目播放行为之所以被看做重复公开行为,是因为它们播放的节目或者是他们的记者采访稿,或者是它们的编辑制作的专题片,或者是他们邀请的嘉宾发表的意见,当这些记者将其具有名誉毁损性质的采访稿件交给电台、电视台时,当这些编辑将其制作的具有名誉毁损性质的专题片交给电台、电视台时,或者当嘉宾在电台、电视台节目当中发表对他人具有名誉毁损性质的意见时,他们的行为都构成名誉侵权意义上的公开行为,构成最初的公开行为,在符合名誉侵权责任其他构成要件的情况下,这些最初公开者也应当对他人承担名誉侵权责任。

最后,网络服务提供者是重复公开者,当他们重复公开对他人名誉具有毁损性质的陈述时,他们应当对他人遭受的名誉损害承担侵权责任。在侵

---

[1] R. P. Balkin and JLR Davis, *Law of Torts* (third edition), Butterworths, p.568.

权法上,网络经营者或者是具有名誉毁损性质陈述的最初公开者,或者是具有名誉毁损性质的陈述的重复公开者。它们的公开行为究竟是被看做最初公开者还是重复公开者,取决于他们是网络内容提供者(Internet Content Provider,简称 ICP)还是网络服务提供者(Internet Service Provider,简称 ISP)。如果网络经营者是 ICP,当他们公开的内容是具有名誉毁损性质的内容时,他们的公开行为被看做是最初公开行为,在符合名誉侵权责任的其他构成要件的情况下,他们应当就其最初公开行为引起的损害对他人承担侵权责任。如果网络经营者是 ISP,当他们公开的内容是具有名誉毁损性质的内容时,他们的公开行为被看做是重复公开,在符合名誉侵权责任的其他构成要件的情况下,他们应当就其重复公开行为引起的损害对他人承担侵权责任,除非有关制定法明确规定,ISP 不就其重复公开行为引起的名誉损害对他人承担侵权责任。ISP 的公开行为之所以被看做是重复公开行为,是因为他们重复公开了别人在其网络上公开的对他人名誉具有毁损性质的陈述,在 ISP 经营者提供的空间上发表对他人名誉具有毁损性质的陈述的人被看做最初公开者。在两大法系国家,立法机关往往制定特别法,一方面免除 ISP 就其重复公开行为引起的名誉侵权责任,一方面要求 ISP 承担某些侵权法上的作为义务。① 我国《侵权责任法》第 36 条对这样的规则作出了明确规定:网络用户利用网络服务实施侵权行为的,被侵权人有权通知网络服务提供者采取删除、屏蔽、断开链接等必要措施。网络服务提供者接到通知后未及时采取必要措施的,对损害的扩大部分与该网络用户承担连带责任。网络服务提供者知道网络用户利用其网络服务侵害他人民事权益,未采取必要措施的,与该网络用户承担连带责任。

3. 最初公开者就其公开行为对他人承担的侵权责任

在我国,某些学说认为,如果报社、杂志社的记者发表的文章侵害了原告的名誉,原告只能要求报社、杂志社等新闻单位对他们承担名誉侵权责任,不得要求记者对他们承担名誉侵权责任,因为报社、杂志社的记者发表名誉侵权文章的行为是职务行为而非个人行为,应当由报社、杂志社承担名誉侵权责任,不得由记者承担名誉侵权责任。此种观点显然存在问题,既违反了雇佣关系的基本理论,也违反了侵权法的基本理论,还违反了名誉侵权

---

① 参见肖晋进:《网络服务提供者在网络名誉侵权中的法律责任》,载张民安主编:《名誉侵权责任》,中山大学出版社 2008 年版,第 388—389 页。

责任的基本理论：

首先，此种观点违反了一般雇佣关系理论。在我国，正如在两大法系国家，虽然报社、杂志社的记者在报纸杂志上在发表文章时代表报社、杂志社的意志而不是代表他们自己的个人意志，但他们的身份也仅是雇员，其所在的报社、杂志社是雇主，他们就其职务范围内实施的名誉侵权行为承担的侵权责任，要适用一般雇佣关系的理论。根据两大法系国家的雇佣关系理论，雇主承担侵权责任以雇员承担侵权责任作为前提，当雇员在其职务范围内实施了侵权行为时，雇主应当同其雇员共同对受害人承担连带责任。受害人有权根据自己的意愿或者要求雇主承担侵权责任，或者要求雇员承担侵权责任，或者要求雇主同雇员一起共同承担连带责任。① 因此，当记者在报社、杂志社的报纸杂志上发表的文章侵害他人名誉时，不仅记者所在的报社、杂志社应当对受害人承担名誉侵权责任，而且记者本人也应当对受害人承担名誉侵权责任，报社、杂志社和记者应当共同对原告承担连带责任。此时，受害人有权要求记者单独就其名誉侵权行为对自己承担侵权责任，也有权要求报社、杂志社单独就其名誉侵权行为对自己承担侵权责任，还有权要求记者和报社、杂志社共同对自己承担连带侵权责任。

其次，此种观点也违反了一般侵权法的基本理论。两大法系国家的侵权法认为，任何人，一旦他们实施了侵权行为，他们就应当就其侵权行为引起的损害对他人承担侵权责任，不管他们在实施侵权行为时的身份是什么，是他人的代理人也罢，是他人的雇员也罢，行为人都应当对他人承担侵权责任。② 此种规则当然在名誉侵权责任当中适用。因此，一旦报社、杂志社的记者发表的文章侵害了他人的名誉，无论报社、杂志社的记者在发表文章时的身份是什么，他们都应当就其实施的名誉毁损行为对他人承担名誉侵权责任，只要他们符合名誉侵权责任的构成要件，记者在发表侵害他人名誉的文章时时报社、杂志社的雇员、工作人员的身份不是他们不对他人承担名誉侵权责任的理由。

最后，此种观点违反了名誉侵权法的基本理论。在名誉侵权法上，为报社、杂志社撰写具有名誉毁损性质文章的记者是最初公开者、原始公开者，

---

① 张民安：《过错侵权责任研究》，中国政法大学出版社2002年版，第418页；张民安：《雇主替代责任在我国侵权法中的地位》，载《中国法学》2009年第3期，第25—26页。
② 张民安：《公司法上的利益平衡》，北京大学出版社2003年版，第153页。

而发表其具有名誉毁损性质的文章的报社、杂志社则是重复公开者,当他们将其具有名誉毁损性质的文章交给报社、杂志社时,他们的行为构成名誉侵权意义上的公开,在符合名誉侵权责任其他构成要件的情况下,他们应当就其名誉侵权行为对他人承担侵权责任;作为重复公开者的报社、杂志社也应当就其重复公开行为引起的损害对他人承担名誉侵权责任,但是他们对他人承担的名誉侵权责任不是记者不承担侵权责任的理由。

4. 重复公开者同最初公开者之间的共同责任

在侵权法上,当记者将其具有名誉毁损性质的文章发表在报社、杂志社的报纸杂志上时,不仅报社、杂志社或者记者应当分别就公开行为对受害人承担名誉侵权责任,而且报社、杂志社及其记者也应当共同对他人承担名誉侵权责任。因为当报社、杂志社的报纸杂志刊登对他人名誉具有毁损性质的文章时,即便此种文章是报社、杂志社的记者撰写的,他们之间在法律上存在一系列的公开行为,每一次公开行为均构成单独的、独立的侵权行为:首先,记者对报社、杂志社存在公开行为,当他们将对他人名誉具有毁损性质的文章交由报社、杂志社发表时,他们的行为构成名誉侵权意义上的公开,应当对他人承担名誉侵权责任;其次,记者和报社、杂志社共同对印刷者存在公开行为,当他们将对他人名誉具有毁损性质的文章交给印刷者印刷时,他们的行为构成名誉侵权意义上的公开,记者和报社、杂志社应当共同对他人承担名誉侵权责任;再次,报社、杂志社对经销商和社会公众存在公开行为,当他们将其出版的报纸杂志对经销商和社会公众予以发行和销售时,他们的发行和销售行为构成公开行为,记者、报社、杂志社和印刷者要共同对他人承担名誉侵权责任。① 同样,当电台、电视台播放其记者撰写的具有名誉毁损性质的文章或者播放其嘉宾发表的具有名誉毁损性质的评论时,不仅电台、电视台或者记者、嘉宾应当分别就其公开行为对他人承担名誉侵权责任,而且电台、电视台及其记者、嘉宾也应当共同对他人承担名誉侵权责任。因为他们之间也存在一系列的公开行为。Rogers 先生对此规则作出了说明,他指出,对行为人作出的具有名誉毁损性质的陈述的每一次重复行为都构成新的公开行为,并且产生一个新的诉讼原因。这尤其能够在

---

① See R. F. V. Heuston and R. A. Bulkley, *Salmond and Heuston on the Law of Torts* (twenty-first edition), Sweet & Maxwell Ltd., p.155, W. Page Keeton, *Prosser and Keeton on Torts* (fifth edition), West Publishing Co., p.799.

报纸或者电视引起的名誉侵权当中得到说明,因为从技术上讲,报纸或者电视刊登或者播放别人撰写的具有名誉毁损性质的文章对任何一位读者或者听众都是一次单独的公开行为,虽然在实际案件中,原告往往起诉报纸的编辑或者电视台的主播,要求他们就其公开行为对自己承担侵权责任。① Balkin 和 Davis 也对这样的规则作出了明确的说明,他们指出,任何人,只要他们参与散布对他人名誉具有毁损性质的活动,都应当对他人承担侵权责任。因此,如果报纸刊发的文章毁损了他人名誉,文章的作者、印刷者、公开出版报纸的所有权人以及安排报纸发行的人都应当对受害人承担侵权责任。报纸的所有权人和作者也应当就其读者来信当中发表的具有名誉毁损性质的文章对他人承担名誉侵权责任。②

5. 同一版本的侵权报纸杂志的多次发行或者出卖

如果行为人出版的报纸杂志载有侵害原告名誉的文章,当报社、杂志社对经销商或者社会公众发行或者出卖载有侵害原告名誉的文章时,出版社、报社、杂志社的行为当然构成重复公开行为,它们应当就其重复公开行为对他人承担侵权责任。问题在于,如果行为人在经过若干年之后再次发行或者出卖原先已经发行过或者出卖过的、载有毁损他人名誉文章的报纸杂志,行为人的再发行行为或者再出卖行为是构成新的公开行为还是不构成新的公开行为?受害人是否有权对行为人的再次发行或者再次出卖行为提起名誉侵权诉讼?对此问题,英美法系国家的侵权法作出的回答并不完全相同。在英国,普通法一直以来都认为,书籍、期刊或报纸的每一次发行或者出卖行为均构成一次新的公开行为,在符合名誉侵权责任的其他构成要件的情况下,行为人应当就其每一次的发行或者出卖行为对他人承担名誉侵权责任,受害人有权对行为人每一次的发行或者出卖行为提起新的名誉侵权诉讼,要求法官责令行为人就其每一次的发行或者出卖行为对自己承担新的侵权责任。在 1849 年的 The Duke of Brunswick v. Harmer③ 一案中,英国司法判例对这样的规则作出了说明。在该案中,某份报纸已在 1830 年出版发行,该份报纸上刊登了有关侵害原告名誉方面的文章。被告在 17 年之后再

---

① W. V. H. Rogers, *Winfield and Jolowicz on Tort* (thirteen edition), Sweet & Maxwell, p.317.
② R. P. Balkin and JLR Davis, *Law of Tort* (, third edition), Butterworths, p.568.
③ 14 Q. B. 185, 117 Eng. Rep. 75 (1849).

次出卖1830年出版的这份报纸。原告向法院起诉,要求被告就其公开行为对自己承担名誉侵权责任,因为原告认为,被告出卖此份报纸的行为构成名誉侵权意义上的公开。被告认为原告的诉讼请求已经超过了诉讼时效,应当驳回。法院满足了原告的要求,责令被告就其公开行为对原告承担侵权责任,因为法院认为,每一份报纸的出卖或者发行行为都被看做一次新的公开行为,可以产生新的、独立的侵权诉讼原因。在美国,第一版的侵权法重述第578条之评论采取了英国侵权法的规则,认定每一次发行或者出售书籍、期刊或者报纸的行为均构成一次新的公开,行为人应当就其每次公开行为对受害人承担侵权责任。美国也有少数州采取英国侵权法的规则。不过,美国大多数州的司法判例拒绝采取英国侵权法的规则,它们更愿意将出版者根据商事惯例对其书籍、期刊或者报纸的发行或者出卖行为看做一个公开行为,允许受害人对它们提起一次侵权诉讼,不将出版者每次发行或者出卖同一版本的书籍、期刊或者报纸的行为看做新的公开行为,不允许受害人对出版者的每次发行或者出卖行为提起新的侵权诉讼。《美国侵权法重述》(第2版)反映了美国大多数州司法判例的精神,该复述第577A条对此规则作出了明确规定。该条规定:(1)除了下列(2)和(3)之外,同一行为人对第三人多次公开对他人名誉具有毁损性质的内容,行为人的每次公开行为均构成一次独立的公开行为;(2)行为人在同一时间对两个或两个以上的人做单一公开的,其公开被看做单一公开;(3)任何一版的书籍、报纸的出版,任何一次电台、电视台节目的播放,或者任何一次电影的放映,均为单一公开行为;(4)对于任何单一公开:(A)受害人只能提起一次性损害赔偿诉讼请求;(B)受害人只能在一次性诉讼中要求行为人赔偿所有的损害;(C)针对原告主张的损害赔偿所作出的有利于、不利于原告的判决阻却原告在其他州再次针对同一行为人提起其他损害赔偿诉讼。在 Ogden v. Association① 一案中,法官对此规则作出了说明。他认为,在决定每一版本的书籍、期刊或者报纸的每次发行或者出卖是否可以看做一次新的公开时,美国主流学说采取的观点是,当出版者出版的每一版本的书籍、期刊或者报纸包含了对他人名誉具有毁损性质的内容时,行为人的行为只能看做一次公开,法律不会将同一版本的书籍、期刊或者报纸的每次发行或者出卖行为看

---

① Of the United States Army (1959)177F. Supp. 498.

做独立的、新的公开。换句话说,受害人只能对他们提起一次名誉侵权诉讼,此种名誉侵权诉讼仅仅在此种版本的书籍、期刊或者报纸的最初出版和公开时产生,有关的侵权诉讼时效也从此时开始计算。如果像英国侵权法那样将每次发行或者出卖同一版本的书籍、期刊或者报纸看做新的公开,允许受害人多次提起名誉侵权诉讼,则名誉侵权诉讼将大量增加,侵权诉讼时效制度将被破坏。

(四)报刊书籍经销者

当出版者出版了对他人名誉具有毁损性质的书籍、期刊或者报纸并将它们交由报刊书籍经销者出卖、销售时,报刊书籍的经销者出卖、销售这些报刊书籍的行为是否构成名誉侵权意义上的公开?在英美法系国家,人们将出卖对他人名誉有毁损性质的报刊书籍的经销者称之为单纯的经销者(a mere distributor)、"机械性的经销者"(a mechanical distributor)、"无辜的散布者"(innocent dissemination)或者"次要公开者"(secondary publishers)。根据英美侵权法的规定,如果报刊书籍的经销者能够证明他们在经销这些报刊书籍时不知道这些报刊书籍中存在有对他人名誉毁损性质的内容时,他们将不对他人承担名誉侵权责任。此种规则最早由司法判例在1885年的 Emmens v. Pottle[①] 一案中确立,后来由 Romer 法官在1900年的 Vizetelly v. Mudie's[②] 一案中得到适用,至今仍然为英美法系国家的侵权法所遵守。在当今英美法系国家,此种规则保护的范围得到扩大,它除了对报纸杂志、书籍的经销者提供保护外,也对图书馆的所有者、邮政当局、包裹投递者、音像商店的所有者、租书者或者出借者提供保护,当他们将包含有毁损他人名誉内容的报纸、杂志、书籍或者其他出版物出租、出借、出卖、交付给第三人时,在符合上述三个条件的情况下,他们的行为将不被看做名誉侵权意义上的公开,他们也不用对他人承担名誉侵权责任。此外,一些英美法系国家的制定法明确保护邮政当局的利益,认为邮政公司及其雇员在履行制定法规定的职责时不用对他人承担名誉侵权责任,即便他们邮寄的报纸杂志、书籍或者其出版物包含了对他人名誉有毁损性质的内容。在我国,侵权法也应当采取同样的态度,即如果报纸、杂志、书籍或其他出版物的经销商不知道

---

① (1885)16QBD354(CA).
② Select Library Ltd. [1900]2QB170(CA).

或者不应当知道其出卖、出租或出借的报纸、杂志、书籍或者其他出版物存在对他人名誉具有毁损性质的内容,则他们不用就其出卖、出租或者出借行为对他人承担名誉侵权责任,因为他们出卖、出租或出借这些报纸、杂志、书籍或者其他出版物的行为不构成名誉侵权意义上的公开。但是,如果报纸、杂志、书籍或者其他出版物的经销商知道或应当知道其出卖、出租或者出借的报纸、杂志、书籍或其他出版物当中存在对他人名誉具有毁损性质的内容而仍然出卖、出租或者出借含这些报纸、杂志、书籍或其他出版物,则他们应当就其出卖、出租或者出借行为对他人承担名誉侵权责任,因为他们在此种情况下的出卖、出租或者出借行为将构成名誉侵权意义上的公开。同样的规则也适用于图书馆、邮政当局、包裹投递者等。

(五)不作为公开行为

如果行为人没有积极实施侵害他人名誉的侵权行为,他们是否要对他人承担名誉侵权责任?在我国,学说普遍持否定意见,他们认为,行为人仅仅就其积极侵害他人名誉的行为对他人承担名誉侵权责任,不就其消极行为、不作为行为引起的损害对他人承担名誉侵权责任。王利明教授指出:行为人的不作为行为一般不构成名誉侵权行为。[1] 张新宝教授在援引王利明教授的观点时指出,他同意王利明教授的这一观点。[2] 我国侵权法学说之所以否定行为人就其不作为行为对他人承担的名誉侵权责任,其原因有三:其一,行为人就其不作为行为对他人承担名誉侵权责任的情形在事实上是不存在的。此种理论认为,虽然我们可以在逻辑上推论出行为人以不作为方式侵害他人名誉权的情形存在,但是在事实上,这样的情况是不可能存在的。其二,行为人不对他人名誉权承担积极的作为义务。此种理论认为,行为人仅仅对他人名誉权承担消极不作为义务,不对他人名誉权承担积极的作为义务,因为要求行为人对他人名誉权承担积极的作为义务,显然是不合理的。[3] 其三,我国《民法通则》的影响。在我国,《民法通则》第101条仅仅规定,行为人应当就其作为行为对他人承担名誉侵权责任,没有规定行为人就其不作为行为对他人承担名誉侵权责任,因为,《民法通则》第101条规

---

[1] 王利明主编:《侵权行为法》,中国人民大学出版社1993年版,第291页。
[2] 张新宝:《侵权行为法》(第2版),中国社会科学出版社1998年版,第328页。
[3] 同上。

定,禁止行为人侮辱、诽谤他人,而无论是侮辱还是诽谤行为都是作为行为。

在侵权法上,行为人是否真的仅仅就其作为行为对他人承担名誉侵权责任?答案是否定的。在名誉侵权法上,虽然行为人在大多数情况下要就其实施的积极行为、作为行为对他人承担名誉侵权责任,但是不能够因此认为,行为人在任何情况下都仅仅就其积极行为、作为行为对他人承担名誉侵权责任。事实上,行为人在某些例外情况下也应当就其消极行为、不作为行为对他人承担名誉侵权责任,因为在这些例外情况下,行为人对他人承担了某种作为义务,此种作为义务要求行为人及时采取合理措施,消除对他人名誉具有毁损性质的内容。如果行为人没有采取措施或者没有及时采取措施消除对他人名誉具有毁损性质的内容;他们的不作为行为将构成过错行为,在符合名誉侵权责任的其他构成要件的情况下,行为人应当就其不作为行为引起的损害对他人承担名誉侵权责任。

一种例外情况是,如果不动产或者动产的占有人、控制人知道或者应当知道别人将对他人名誉具有毁损性质的内容粘贴、粘贴甚至刻在他们的不动产、动产之上或者之内,不动产或者动产的占有人、控制人应当及时采取措施,清除、消除对他人名誉具有毁损性质的内容。如果不动产或者动产的占有人、控制人没有采取积极措施清除或者消除对他人名誉具有毁损性质的内容或者虽然采取了这样的措施,但是所采取的措施不及时,导致对他人名誉具有毁损性质的内容在其不动产、动产之上或者之内展示的时间过长,行为人的不作为行为将构成过错行为,应当对他人承担名誉侵权责任。侵权法之所以设定这样的一个例外,其原因在于,如果不动产、动产的占有人、控制人知道别人在其不动产、动产之上或者之内展示对他人名誉具有毁损性质的内容而不及时加以清除、消除,他们的不作为行为将被看做是对他人名誉具有毁损性质的内容的持续公开,在符合名誉侵权责任其他构成要件的情况下,行为人当然应当就其不作为的公开行为对他人承担名誉侵权责任。《美国侵权法重述》(第2版)第577(2)条对这样的原则作出了明确说明,该条规定:如果行为人知道在其占有或者控制的不动产或动产之上或者之内存在对他人名誉具有毁损性质的内容而故意不加以清除或者不合理地怠于清除,他们应当就其持续性的公开行为对他人遭受的损害承担侵权责任。Heuston和Buckley对这样的规则作出了说明,他们指出,公开无须以某种作为方式进行。如果行为人知道自己控制的不动产之上或者不动产之内存在对他人名誉具有毁损性质的内容而故意不将这些内容除去或者毁掉，则他们应当就其不作为行为引起的损害对他人承担名誉侵权责任。① 因此，当火车、汽车或者轮船的承运人知道有人在火车、汽车车厢或者轮船上粘贴对他人名誉具有毁损性质的大字报、漫画时，他们应当及时采取措施，将对他人名誉具有毁损性质的大字报、漫画清除掉，如果他们故意不清除掉这些大字报、漫画，或者仅仅在不合理地延续一段时间之后才清除掉这些大字报、漫画，他们的不作为行为将构成名誉侵权意义上的公开，当然要对他人承担名誉侵权责任。当树木的所有权人或者管理权人知道有人在其控制的树枝上张贴对他人名誉具有毁损性质的告示时，他们应当及时采取措施，撕毁对他人名誉具有毁损性质的告示，如果他们故意不撕毁或者仅仅在不合理延续一段时期之后才撕毁告示，他们的不作为行为将构成名誉侵权意义上的公开行为，当然要对他人承担名誉侵权责任。在侵权法上，行为人就其不作为行为对他人承担名誉侵权责任，除了应当具有名誉侵权责任的其他构成要件之外，还应当具备自己的特殊构成要件，包括：

其一，行为人的不动产、动产之上或者之内出现的具有名誉毁损性质的内容不是行为人本人或者行为人对其承担控制义务的人作出的。如果行为人的不动产、动产之上或者之内存在的对他人名誉具有毁损性质的陈述是行为人本人作出的，或者是行为人对其承担控制义务的人作出的，例如，行为人的雇员在其职务范围内作出的，或者是行为人的小孩作出的，则行为人虽然应当就其作出的陈述对他人承担名誉侵权责任，但是行为人承担的名誉侵权责任是建立在一般名誉侵权责任的基础上，不是建立在不作为公开意义上的名誉侵权责任的基础上，因为，如果行为人本人或者行为人对其承担控制义务的人在行为人的不动产、动产之上或者之内粘贴或刻下对他人名誉具有毁损性质的内容，行为人要么是就自己的公开行为对他人承担名誉侵权责任，要么是就其被控制的人的公开行为对他人承担名誉侵权责任。只有在行为人对其没有控制义务的人在其不动产、动产之上或者之内作出对他人名誉具有毁损性质的陈述时，行为人才根据不作为公开理论对他人承担名誉侵权责任。例如，甲的邻居同原告发生争执，为了报复原告，甲的邻居在甲的房屋外墙上写下原告是婊子的句子。如果甲知道之后故意不清

---

① R. F. V. Heuston and R. A. Buckley, *Salmond and Heuston on the Law of Torts* (twenty-first edition), Sweet & Maxwell Ltd., p.154.

除这样的句子,其不清除的行为将构成不作为公开,应当对原告遭受的精神损害承担赔偿责任。

其二,行为人知道其不动产、动产之上或者之内存在对他人名誉具有毁损性质的陈述。即便不动产、动产的占有人、控制人占有、控制的不动产、动产之上或者之内存在对他人名誉具有毁损性质的海报、大字报或者宣传画,即便这些海报、大字报、宣传画不是不动产、动产的占有人、控制人或者他们对其承担控制义务的人所粘贴,行为人也未必要就其不作为行为引起的损害对他人承担名誉侵权责任,因为,如果不动产、动产的占有人、控制人不知道其不动产、动产之上或者之内存在这样的内容,他们就没有清除的作为义务,也就无所谓不作为过错。只有在不动产、动产的占有人、控制人知道其占有、控制的不动产、动产之上或者之内存在对他人名誉具有毁损性质的海报、大字报、宣传画时,他们才承担及时加以清除的义务,他们不及时清除的不作为行为才构成不作为过错。

其三,行为人能够轻易地清除具有名誉毁损性质的内容而没有清楚或者在不合理期限内清除。即便不动产、动产的占有人、控制人知道别人在其不动产、动产之上或者之内粘贴了或者刻下了对他人名誉具有毁损性质的内容而没有采取措施除去或者清除这些内容,他们也未必要就其不作为行为对他人承担名誉侵权责任,侵权法认为,如果不动产、动产的占有人、控制人能够轻易除去或者清除这些内容而没有除去或者清除,或者仅仅在不合理延续一段期限之后才除去或者清除,他们的不作为行为能够构成不作为过错,他们才就其不作为行为对他人承担名誉侵权责任;如果行为人除去或者清除这些内容很困难或者成本很高,则他们不承担除去或者清除这些内容的义务,他们的不作为行为将不构成不作为过错,也无须对他人承担名誉侵权责任。侵权法之所以采取这样的规则,其原因在于,如果除去或者毁掉对他人名誉具有毁损性质的内容较为容易而行为人不采取措施予以除去或者毁掉的话,则法律就认为行为人公开了对他人名誉具有毁损性质的内容。但是,当别人将具有名誉毁损性质的内容留在行为人的不动产之上或者不动产之内时,如果行为人根本不可能或者非常难于除去或毁掉这些具有名誉毁损性质的内容时,则行为人没有采取措施除去或者毁掉这些具有名誉毁损性质内容的不作为行为不被认为构成名誉意义上的公开行为,他们将不用就其不作为行为对他人承担名誉侵权责任。例如,当陌生人将对他人名誉具有毁损性的词语深深地刻在行为人石屋上时,行为人没有将这些内容从前石屋上清除掉,侵权法不会将行为人的不作为行为看做公开行为并因此责令行为人对他人承担名誉侵权责任。①

四、具有名誉毁损性质的陈述关乎或者涉及原告

(一) 行为人针对原告作出的具有名誉毁损性质的陈述

在两大法系国家和我国,行为人承担名誉侵权责任的第三个构成要件是,行为人作出的具有名誉毁损性质的陈述是针对他人的陈述,是关乎或者涉及原告的陈述。如果行为人仅仅作出和公开了具有名誉毁损性质的陈述并而没有指明其陈述是针对什么人的,行为人也不就其陈述对他人承担侵权责任。因此,行为人的陈述关乎或者涉及原告是行为人对承担名誉侵权责任的必要构成要件。在法国,行为人无论声称某种事实或者断言某种事实,他们均须针对某个特定的具体的个人,包括自然人和私法人。如果行为人的声称或者断言仅仅针对某个群体组织,则他们的行为不构成诽谤行为。在英美法系国家,如果行为人作出的具有名誉毁损性质的陈述同原告没有关系,其名誉毁损行为不关乎、涉及原告的利益,则原告不能要求法院责令行为人对他们承担名誉侵权责任。如果原告要求行为人就其作出的具有名誉毁损性质的陈述对自己承担名誉侵权责任,他们不仅要证明行为人作出的陈述是具有名誉毁损性质的陈述,而且还要证明行为人作出的具有名誉毁损性质的陈述是针对自己的陈述,是关乎、涉及自己名誉的陈述。Greer法官指出,行为人作出的具有名誉毁损性质的陈述必须是对原告名誉具有毁损性质的陈述而不是对原告之外的其他人名誉具有毁损性质的陈述,无论其他人是现实生活中真实存在的人还是虚构的人。② Heuston 和 Buckley 指出,在名誉侵权诉讼中,原告必须举证证明被告作出的具有名誉毁损性质的陈述是针对原告名誉作出的。如果法官认为一个有理性的人不会相信原

---

① R. F. V. Heuston and R. A. Buckley, *Salmond and Heuston on the Law of Torts* (twenty-first edition), Sweet & Maxwell Ltd., p. 154.
② Bruce v. Odhms press Ltd, [1936] 1 K. B. 697, 705.

告就是被告对其进行名誉毁损的人,则法官有权驳回原告的诉讼请求。当然,行为人在对原告名誉进行毁损时无须一定要明确表示原告是谁。行为人在对原告进行名誉毁损时可以影射原告。此时,只要有一个人认为被告作出的陈述是针对原告的,则即便原告隐藏在其他人之中,法官也会认定,被告作出的陈述是针对原告的陈述。① Prosser 教授也指出,在决定行为人就其作出的具有名誉毁损性质的陈述对原告承担侵权责任时,法律要求行为人对其公开此种陈述的第三人相信行为人作出的陈述是针对原告的陈述,因为名誉侵权责任的前提条件是,行为人作出的具有名誉毁损性质的陈述应当关乎和涉及原告。如果行为人的确打算毁损原告的名誉,而且行为人对其公开陈述的第三人的确认定行为人的陈述是针对原告的,则行为人承担名誉侵权责任的构成要件即得到满足,无论认为行为人作出的陈述是针对原告的陈述是如何让人意外,也是如此。②

在我国,学说也普遍认为,只有当行为人作出的具有名誉毁损性质的陈述是针对特定的受害人时,他们才对受害人承担名誉侵权责任,如果行为人作出的陈述不是针对特定的受害人,则他们无须承担名誉侵权责任。问题在于,所谓特定受害人是指什么范围内的受害人,我国学说存在争议。某些学者认为,特定的受害人既包括单一的个人或者法人,也包括某个特定的群体。③ 某些学者认为,特定人并不限于个人,而是指依据行为实施的环境,如果可以确定某一个人、某几个人(包括法人)或者特定的一群人,如某个家庭、工作小组、个体工商户、个人合伙等,便可以认为行为人的陈述指向特定的人。④ 我国学说存在的主要问题是,他们将原本没有名誉权的人也看做行为人名誉毁损行为所针对的原告,使名誉侵权法保护的范围过于宽泛,既违反了两大法系国家侵权法的一般原则,也过分限制行为人言论自由权的行使。笔者认为,在决定行为人作出的陈述是否涉及原告时,两大法系国家和我国的侵权法应当考虑四个方面的问题:谁的名誉会被毁损;决定行为人的陈述是否是涉及原告的陈述时的判断标准时什么;群体组织是否有权以其

---

① R. F. V. Heuston and r. A. Buckley, *Salmond and Heuston on the Law of Torts* (twenty-first edition), Sweet & Maxwell Ltd, p. 142.
② W. Page Keeton, *Prosser and Keeton on Torts* (fifth edition), West Publishing Co., p. 783.
③ 张新宝:《中国侵权行为法》(第2版),中国社会科学出版社1998年版,第324页。
④ 王利明:《人格权法研究》,中国人民大学出版社2005年版,第514页。

群体组织的名誉被毁损为由向法院起诉,要求行为人对群体组织承担名誉侵权责任;群体组织的成员是否有权要求行为人就其针对群体组织作出的陈述对自己承担名誉侵权责任。笔者现在此种讨论前两个问题,将在群体组织名誉侵权责任当中讨论其他两个问题。

(二) 谁的名誉会被毁损

在名誉侵权领域,能够作为原告的人究竟包括那些人?对此问题,两大法系国家和我国的侵权法作出的回答有时是完全相同的,有时则存在差异。

1. 能够作为原告的自然人

无论是两大法系国家还是我国的侵权法都认为,自然人从出生之日起一直到死亡时止享有名誉权,当行为人作出的具有名誉毁损性质的陈述侵害他们的名誉时,他们有权要求行为人就其具有名誉毁损性质的陈述对自己承担侵权责任,只要他们能够证明行为人作出的具有名誉毁损性质的陈述关乎或者涉及自己的名誉。因此,任何活着的自然人,无论其年龄大小,无论其民族籍贯,无论其受教育程度,无论他们是不是公众人物,均有权成为原告,当他们的名誉被侵害时,均有权要求行为人就其作出的具有名誉毁损性质的陈述引起的损害对自己承担侵权责任。这一点在任何国家都不存在问题。

在决定自然人作为名誉侵权的原告时,侵权法面临两个问题:其一,自然人一旦死亡,他们是否有权作为原告向法院起诉,要求法官责令行为人对自己承担侵权责任。关于这样的问题,笔者已经在死者名誉的法律保护当中作出了详细的说明,此处从略。其二,如果名誉受到毁损的自然人是公众人物,他们的名誉权受到保护的程度是否同非公众人物名誉权受到的保护程度相同。对于这样的问题,两大法系国家侵权法作出的回答并不完全相同。在英美法系国家尤其是在美国,名誉侵权法虽然也对公众人物的名誉权提供保护,认为行为人应当就其针对公众人物作出的名誉毁损行为对他们承担名誉侵权责任,但是英美法系国家的名誉侵权法对公众人物名誉权提供的保护弱于它们对非公众人物名誉权提供的保护,因为英美法系国家的侵权法认为,只有当公众人物能够证明行为人是基于蓄意侵害他们的名誉权或者行为人在侵害他们的名誉权时存在鲁莽行为,侵权法才能责令行为人就其名誉毁损行为对他们承担名誉侵权责任,如果公众人物无法证明行为人在侵害他们的名誉权时存在蓄意或者鲁莽行为,则行为人将不对他们承担名誉侵权责任。英美法系国家的侵权法之所以对公众人物的名誉权施加这样的限制,是为了保护社会公众能够充分行使他们享有的言论自由权和新闻自由权,以便对公众人物的监督。而在大陆法系国家和我国,侵权法并没有对公众人物的名誉权施加特殊限制,因此公众人物仍然像一般自然人那样享有完全的名誉权。笔者认为,我国侵权法也应当区分公众人物和非公众人物在名誉侵权法上的地位,因为作为自然人,公众人物的特殊地位、特殊影响力决定了他们的名誉权应当受到弱势保护,否则,他们就有可能滥用其特殊地位、特殊影响力来打击、压制行为人,使社会公众享有的言论自由权和新闻自由权被窒息。关于公众人物在侵权法上的弱势保护问题,笔者将在下面作出讨论,此处从略。

2. 公司或者合伙

两大法系国家和我国的侵权法都认为,公司或者合伙组织享有名誉权,当它们的名誉权受到毁损时,它们作为一种经济组织或者商事组织有权向法院起诉,要求法院责令行为人就其作出的具有名誉毁损性质的陈述对自己遭受的损失承担侵权责任。不过,由于公司和合伙组织不像自然人那样享有社会名誉(social reputation),它们的名誉侵权诉讼只能建立在行为人针对其商事名誉作出的陈述基础上,此时,侵权法要求作为原告的公司或者合伙组织承担举证责任,证明它们因为被告的名誉侵权行为遭受了经济上的损失。总的说来,当公司或者合伙组织向法院起诉,要求法官责令行为人就其侵害名誉的行为对他们承担侵权责任时,它们必须证明,被告的名誉毁损行为系针对公司或者合伙组织处理其事务的方法,必须声称公司或合伙组织从事欺诈行为或者管理不当行为、或者必须攻击公司或合伙组织的财务或经济地位。① 例如,当行为人声称作为原告的公司或者合伙组织在承运旅客时使用了不合格的运输工具时,他们的行为侵犯了原告的名誉,应当对原告承担侵权责任;当行为人声称作为原告的公司或者合伙组织虐待其工人时,他们的行为侵犯了原告的名誉,应当对原告承担侵权责任;同样,当行为人声称作为原告的公司或者合伙组织以不道德的方式从事商事经营活动或者声称原告公司的董事是骗子时,他们的行为也侵犯了原告的名誉,也应对

---

① Mirror Newspapers Ltd. v. World Hosts pty ltd (1979)141CLE632, 638 639.

原告承担侵权责任。关于公司或者合伙人享有的名誉权问题,笔者将在群体组织名誉侵权责任当中进行讨论,此处从略。

3. 公法人

两大法系国家的侵权法都认为,公法人不享有名誉权,当它们的名誉被毁损时,他们不得向法院起诉,要求法院责令行为人对他们承担名誉侵权责任。在我国,无论是《民法通则》还是民法学说都认为,公法人组织也享有名誉权,当他们的名誉权被侵害时,它们也有权向法院起诉,要求行为人就其作出的具有名誉毁损性质的陈述对自己承担侵权责任。在我国,如果公法人享有名誉权的话,则它们可能就会借口其名誉权的保护而限制社会公众行使其言论自由权、新闻自由权或者出版自由权,使公法人成为社会的特权阶层。因此,我国侵权法应当否认公法人的名誉权,当他们的名誉利益被侵犯时,侵权法不应当允许他们向法院起诉,要求行为人就其针对公法人作出的具有名誉毁损性质的陈述对自己承担侵权责任。关于公法人的名誉权问题,笔者将在有关群体组织名誉侵权当中作出详细说明,此处从略。

(三)决定行为人的陈述是否是关乎、涉及原告名誉的陈述的判断标准

当原告向法院起诉,要求法官责令行为人就其作出的具有名誉毁损性质的陈述对自己承担侵权责任时,他们应当承担举证责任,证明被行为人作出的具有名誉毁损性质的陈述是否是关乎、涉及原告的名誉。如果原告不能举证证明,行为人作出的具有名誉毁损性质的陈述是针对自己的陈述,则他们不得要求行为人就其陈述对自己承担侵权责任。Salmond 先生指出,"在任何名誉侵权诉讼中,原告均应承担举证责任,证明行为人作出的具有名誉毁损性陈述涉及原告的名誉……当然,行为人在作出对原告名誉具有毁损性质的陈述时完全不用以明示的方式,他们可以使用默示的方式。"[1] Prosser 教授指出,有时候,行为人作出的具有名誉毁损性质的陈述显然是针对某个人的,但是行为人在作出此种陈述时至少在表面上没有提到原告。此时,原告应当承担举证责任,证明行为人作出的陈述是针对自己的陈述,如果行为人无法提供证据证明,行为人作出的陈述是针对自己的陈述,则其

---

[1] R. F. V. Heuston R. A. Buckley, *Salmond and Heuston on the Law of Torts* (twenty-first edition), Sweet & Maxwell Ltd., pp. 144 – 145.

诉讼请求将无法得到法院的支持。①

如果行为人在其作出的具有名誉毁损性质的陈述中明确地、清楚地表明其陈述是针对原告的,甚至直接指名道姓,说其陈述是针对原告的,原告在提起名誉侵权诉讼时往往不会存在困难,他们能够轻易地满足行为人作出的具有名誉毁损性质的陈述关乎、涉及原告的要求。问题在于,如果被告在其作出的具有名誉毁损性质的陈述中没有说明其陈述是针对原告,当原告认为行为人作出的陈述是针对自己的陈述而被告否认自己的陈述是针对原告的陈述时,法官应当适用什么判断标准来决定被告作出的陈述是不是针对原告的陈述。在法国,法律采取的标准是一般理性人的标准或者社会公众的判断标准,根据法国司法判例的精神,在决定行为人的诽谤行为不是不针对特定的原告时,法律并不要求行为人在作出声称或者断言时指名道姓,即便行为人仅仅影射或者含沙射影,只要社会公众能够通过行为人声称或者断言的事实判断出原告是谁即可。② 在英美法系国家,侵权法也采取理性人的判断标准,此种标准认为,即便行为人在作出具有名誉毁损性质的陈述时没有讲明原告是谁,只要一个有理性的人看到、听到行为人作出的陈述之后会认定行为人的陈述是针对某个特定的原告,则即便行为人没有毁损原告名誉的主观意图,行为人的行为也构成对原告名誉的侵犯。Balkin 和 Davis 指出,为了提起名誉侵权诉讼,原告无须证明被告在其具有名誉毁损性质的陈述中指出自己的姓名,原告如果能够证明,知道外在事实的某些人可能合理相信,行为人作出的陈述是针对原告的,则原告即可提起名誉侵权诉讼。③ Heuston 和 Buckley 也指出,在普通法上,法律并不要求行为人在作出对他人名誉具有毁损性质的陈述时要具有对原告名誉予以毁损的主观意图。问题不在于被告是否意图针对原告,问题在于,一个有理性的人在听到或者看到被告作出的对他人名誉有毁损的陈述时是否会合理地认为被告的陈述是针对原告的陈述。此时,被告不得予以抗辩,认为自己没有理由相信其陈述是针对原告的陈述,英国侵权法认为,即便行为人在作出对他人名誉有毁损性的陈述时不知道诸如原告这样的人在现实生活中存在,只要一个

---

① W. Page Keeton, *Prosser and Keeton on Torts* (fifth edition), West Publishing Co., p. 783.

② Cass. 18 juin 1874 D. 75. 1. 398;24 oct. 1967, D. 67. 728.

③ R P Balkin and JLR Davis, *Law of Torts* (third edition), Butterworths, 2004, pp. 564 – 565.

有理性的人认为,行为人作出的具有名誉毁损性质的陈述是针对原告的陈述,则行为人的陈述将被看做是针对原告的陈述。①

在我国,学说没有对这样的问题作出说明。笔者认为,在决定行为人作出的陈述是不是关乎、涉及或者针对原告的陈述时,我国侵权法也应当适用一般理性人的判断标准:如果一个有理性的人在看到、听到行为人作出的具有名誉毁损性质的陈述时会认定行为人作出的陈述是针对特定原告的陈述,则行为人的陈述就被认为是关乎、涉及原告的陈述,在符合名誉侵权责任的其他构成要件的情况下,行为人应当对原告承担侵权责任,即便行为人在作出具有名誉毁损性质的陈述时没有毁损原告名誉的主观意图,或者即便他们在作出具有名誉毁损性质的陈述时不知道所谓的原告存在或者不知道是对其他人情况的客观陈述。如果一个有理性的人在看到、听到行为人作出的具有名誉毁损性质的陈述时不会认定行为人作出的陈述是针对特定原告的陈述,则行为人的陈述将不会认为是关于、涉及原告的陈述,行为人无须对原告承担侵权责任。当然,理性人的判断标准不得机械地加以适用,因为从理论上讲,即便只有一个人认为行为人作出的具有名誉毁损性质的陈述是针对原告的陈述,其他人都不知道行为人的陈述是针对原告的陈述,行为人的陈述也被看做是关乎、涉及原告名誉的陈述。

通过一般理性人的判断标准来决定谁是名誉侵权案件中的原告的做法得到了众多司法判例的适用。在 Hulton & Co. v. Jones② 一案中,法官适用一般理性人的判断标准,认定原告就是被告对其进行名誉毁损的人。在该案中,被告是一家报社,它在其出版的报纸中虚构了一个名叫 Artemus Jones 的人,说此人是 Peckham 的一名管理教会财务的常务理事,他在法国与一名情妇同居。被告在其报纸上刊登这样的故事是为了娱乐报纸的读者,被告刊发的故事主人公是文章作者虚构的人物,文章作者在虚构故事主人公名字时并不知道有人叫做 Artemus Jones。文章刊出之后,有一个名叫 Artemus Jones 的原告向法院起诉,要求被告就其毁损自己名誉权的行为对自己承担侵权责任,因为原告认为,虽然自己并不居住在 Peckham,虽然自己并非文章声称的常务理事而是一名律师和记者,但被告故事中使用的主人公名字

---

① R. F. V. Heuston and R. A. Buckley, *Salmond and Heuston on the Law of Torts*(twenty-first edition), Sweet & Maxwell Ltd,. p. 143.

② [1910] A. C. 20.

与自己完全相同,原告的朋友都认为,被告的文章其实就是指他。英国上议院认为,被告的行为侵犯了原告的名誉,它认为,即便被告没有毁损原告名誉的主观意图,只要一个有理性的人认为被告作出的具有名誉毁损性质的陈述是针对特定原告的,被告就应当对原告承担侵权责任。在 Newstead v. London①一案中,被告的报纸刊登了一则新闻,该新闻说,一个住在 Camberwell、年龄约 30 岁、名叫 Harold Newstead 的男人因为犯有重婚罪而被法院判处刑罚。被告的新闻报道是根据一名酒吧男侍的真实情况作出的,该男侍名叫 Harod Newstead。原告是一名理发师,他的年龄也是 30 岁,他也住在 Camberwell。原告向法院起诉,要求被告对其承担侵权责任,因为原告认为,被告的新闻报道侵害了自己的名誉。法院认为,虽然被告的新闻报道是指另外一个真实的人,但其报道使原告的朋友以为被告的报道是指原告,使原告的朋友以为原告构成重婚并被判刑事处罚,被告的行为构成名誉侵权,应当对原告承担名誉侵权责任。在 Morgan v. Odhams② 一案中,被告的报纸刊登文章说,一伙人麻醉了看门狗之后将一名姑娘绑架,而被绑架的姑娘在被绑架时正在原告的公寓玩耍。原告向法院起诉,要求被告就其名誉侵权行为对自己承担侵权责任,因为原告提供六份证人证词证明,他们从被告的文章中认为原告参与了团伙绑架事件。英国上议院认为,被告的行为构成了名誉侵权,因为在法律上,被告的陈述是否是针对原告的陈述,其判断标准是一个假定的、具有理智的读者在特定的环境下是否相信被告的陈述涉及原告。

五、行为人在公开对他人名誉具有毁损性质的陈述时存在过错

(一)两大法系国家侵权法关于名誉侵权责任性质的差异

在两大法系国家和我国,行为人就其作出的具有名誉毁损性质的陈述对他人承担的侵权责任究竟是过错责任还是严格责任?对此问题,两大法系国家和我国的侵权法作出的回答并非始终一致。在大陆法系国家,侵权

---

① Express Newspaper Ltd [1940]1K.B.377.
② Press Ltd.[1971]1WLR 1239.

法认为行为人就其作出的具有名誉毁损性质的陈述对他人承担的侵权责任是过错侵权责任,此种侵权责任要求行为人在作出对他人名誉具有毁损性质的陈述方面存在故意或者过失,如果行为人在作出具有名誉毁损性质的陈述方面没有过错,他们将不用对他人承担侵权责任。在法国,行为人就其诽谤行为对他人承担名誉侵权责任的法律根据是《法国民法典》第1382条和第1383条,这两条都是建立在行为人的过错行为基础上,没有过错,行为人当然不用对他人承担名誉侵权责任,虽然,法官很少会在具体案件中去确定行为人在公开其诽谤、侮辱时是否存在过错,因为法国司法判例对名誉侵权责任采取过错推定理论,认定行为人只要公开了对他人的诽谤、侮辱行为,即推定他们的行为具有过错,行为人就应当在表面上对他人承担侵权责任,除非他们能够证明自己存在某种免责事由。在德国,司法判例通过一般人格权理论来保护他人的名誉权时,也认为该种理论是建立在《德国民法典》第823(1)条规定的过错侵权责任基础上,如果行为人在侵害他人名誉权时没有过错,他们当然不对他人承担名誉侵权责任。在英美法系国家,无论是司法判例还是学说都对这样的问题存在争议。大多数国家的司法判例和学说认为,行为人就其作出的具有名誉毁损性质的陈述对他人承担的侵权责任是严格责任,此种侵权责任并不要求行为人在作出对他人名誉具有毁损性质的陈述方面存在故意或者过失行为,只要行为人作出的陈述是具有名誉毁损性质的陈述,只要行为人作出的陈述被认为是关乎、涉及原告名誉的陈述,只要行为人对原告之外的第三人公开了所做的陈述,他们就应当对他人承担侵权责任,除非他们具有拒绝承担名誉侵权责任的抗辩事由。少数国家的司法判例和学说认为,行为人就其作出的具有名誉毁损性质的陈述对他人承担的侵权责任是过错侵权责任,此种侵权责任以行为人存在某种过错作为必要条件,如果行为人没有过错,他们将不对他人承担名誉侵权责任。《美国侵权法重述》(第2版)第558条采取少数司法判例和学说的意见,认为行为人就其名誉毁损行为对他人承担的侵权责任是过错责任。此外,美国联邦最高法院在1964年之后对政府官员、影视明星、体育明星等公众人物的名誉采取特殊的侵权责任理论,认为行为人仅仅就其蓄意侵害公众人物名誉权的行为对他们承担侵权责任,如果行为人没有蓄意,则他们不就其侵害公众人物名誉权的行为对公众人物承担名誉侵权责任。在我国,行为人就其作出的具有名誉毁损性质的陈述对他人承担的侵权责任究竟是严格责任还是过错责任？我国学说普遍认为，行为人就其侵害他人名誉的行为对他人承担的侵权责任是过错侵权责任理论，只有行为人在毁损他人名誉时存在故意或者过失，他们才对他人承担名誉侵权责任，如果行为人在毁损他人名誉时没有过错，他们将不对他人承担侵权责任。笔者认为，此种理论具有合理性，应当继续为我国侵权法所坚持。但是我国侵权法还应当再进一步，即借鉴美国联邦最高法院在1964年确立的蓄意侵权责任理论，将行为人侵害政府官员、准政府官员、影视明星、体育明星等公众人物的名誉权所产生的侵权责任建立在故意行为的基础上，如果行为人在侵害公众人物的名誉时没有故意而仅仅具有过失，他们将不对公众人物承担名誉侵权责任。

（二）英美法系国家的严格侵权责任理论

1. 20 世纪之前的故意侵权责任理论

在17世纪之前，英美法系国家的名誉侵权责任系建立在严格责任的基础上，法律在要求行为人对他人承担名誉侵权责任时并不要求行为人具有故意或者过失，行为人的行为只要造成他人名誉毁损的后果，他们就应对他人承担名誉侵权责任。[①] 到了17世纪，由于教会法对名誉侵权的影响逐渐加深，由于刑事诽谤法对诽谤行为的制裁加重，英美法系国家的侵权法放弃了17世纪之前的严格责任理论而改采故意侵权责任理论。根据故意侵权责任理论，如果行为人在毁损他人名誉时没有故意、蓄意的主观意图，则即便他们作出的陈述是具有名誉毁损性质的陈述，他们也不对他人遭受的损害承担侵权责任；如果原告要求行为人就其作出的具有名誉毁损性质的陈述对自己承担名誉侵权责任，他们必须举证证明，行为人在作出具有名誉毁损性质的陈述时不仅具有毁损原告名誉的主观意图，而且行为人是基于"蓄意"（malice）才作出此种陈述的。这就是所谓的蓄意名誉侵权责任理论。所谓"蓄意"侵害他人名誉，是指行为人出于泄愤（spite）、恶意（ill will）或者意图给他人造成损害的目的而作出对他人名誉具有毁损性质的陈述。如果原告不能证明行为人是基于蓄意对其作出具有名誉毁损性质的陈述，则即便行为人作出的陈述是具有名誉毁损性质的陈述，他们也不就其作出的陈

---

① See Holdsworth, Defamation in the Sixteenth and Seventeenth Centuries, 41 *L. Q. Rev.* 13 (1925).

述对原告承担名誉侵权责任。此种规则从 17 世纪开始流行,经过 18 世纪并一直持续到 19 世纪 20 年代。到了 1825 年,英国司法判例在著名的 Bromage v. Prosser[①] 一案中认为,虽然名誉侵权责任仍然建立在"蓄意"的基础上,但是,"蓄意"应当区分为"法律上的蓄意"和"实际蓄意"(actual malice)。所谓"法律上的蓄意",是指行为人在没有正当理由或者免责事由的情况下故意实施毁损他人名誉的非法行为、侵权行为。所谓"实际蓄意",也称为"事实上的蓄意"、"普通意义上的蓄意",是指行为人在主观上出于泄愤、恶意或者意图给他人造成损害的目的或者动机而实施对他人名誉具有毁损性质的陈述。Bayley 法官指出:"普通意义上的蓄意是指对他人的恶意,而法律意义上的蓄意则是指行为人在没有正当理由或者免责事由的情况下故意实施的某种非法行为。因此,如果我给了一个陌生人致命的一击,我是出于蓄意这样做的,因为我是故意这样做的,是在正当理由和免责事由的情况下这样做的;如果我在不知道是谁的牲口的情况下重伤这些牲口,或者如果我在不知道渔场主是谁的情况下毒毒死了渔场的鱼,我是基于蓄意这样做的,因为我的行为是非法行为,并且是故意实施的行为。"[②]根据 Bromage 一案确立的规则,所谓"法律上的蓄意"是行为人承担名誉侵权责任的必要构成要件,如果原告要求法官责令行为人就其名誉毁损行为对自己承担侵权责任,他们必须证明行为人在实施名誉毁损行为时存在"法律上的蓄意",也就是证明行为人在没有正当理由的情况故意作出对他人名誉具有毁损性质的陈述。而所谓"实际蓄意",则不是名誉侵权责任的必要构成要件,它只是原告用来反驳行为人就其作出的具有名誉毁损性质的陈述主张某种相对免权(qualified privilege)的手段,或者要求行为人就其作出的具有名誉毁损性质的陈述对自己承担惩罚性损害赔偿责任的手段。

2. 20 世纪之后的严格侵权责任理论

Bromage 一案的规则确立之后得到了英美法系国家司法判例的广泛遵行,司法判例在决定行为人是否就其作出的具有名誉毁损性质的陈述对他人承担侵权责任时仅仅考虑法律上的蓄意,不再考虑实际蓄意。在具体案件当中,法官在责令行为人就其作出的具有名誉毁损性质的陈述对他人承担侵权责任时虽然仍然要求法律上的蓄意这样的构成要件,但是他们并不

---

① 4. B. &. C. 247, 107 Eng. Rep, 1051 (K. B.).
② 4. B. &. C. 247, 107 Eng. Rep, 1051 (K. B.).

关心该种要件的具体内容,并不关心行为人是不是故意作出对他人名誉具有毁损性质的陈述。这样,在 19 世纪 20 年代到 20 世纪初期的几十年间,英美法系国家的司法判例虽然仍然在名誉侵权责任当中论及法律上的蓄意这样的构成要件,但是法律上的蓄意这样的概念逐渐丧失了其原本的意义,即行为人故意实施毁损他人名誉的非法行为,而仅仅成为单纯的虚拟要件(pure fiction)。其结果就是,法官在具体的名誉侵权责任当中不再将法律上的蓄意作为名誉侵权责任的构成要件,当行为人作出了对他人名誉具有毁损性质的陈述时,无论行为人是故意作出这样的陈述还是非故意作出这样的陈述,法官都会责令行为人就其作出的陈述对他人承担名誉侵权责任,即便行为人在作出陈述时不知道原告的存在,只要同原告有关的人认为行为人作出的陈述是关乎、涉及原告的名誉,法官就会责令行为人对原告承担名誉侵权责任。

因为这样的原因,到了 20 世纪初期,英美法系国家的侵权法放弃了 19 世纪之前的故意侵权责任,对名誉侵权责任采取非故意的、无过错的严格责任。此种严格责任认为,即便行为人不是故意侵害原告的名誉,只要行为人作出的陈述被证明是虚假的、对原告名誉具有毁损性质的,行为人即应对原告承担名誉侵权责任;在判断行为人的陈述是否是对原告的名誉具有毁损性质的陈述时,法律并不考虑行为人在作出陈述时是否有毁损他人名誉的主观意图,只要一个有理性的人认为行为人作出的陈述是针对原告的陈述,在符合名誉侵权责任其他构成要件的情况下,行为人就应当对他人承担名誉侵权责任。此种规则最早在 1904 年的 Morrison v. Ritchie & Co.① 一案中确定。在该案中,作为报社的被告基于善意发表了一篇报道,说作为原告的妻子生下了一对双胞胎。由于此篇报道被证明是虚假的并且原告也仅仅与其丈夫结婚 3 个月,法官责令被告就其报道对原告承担名誉侵权责任。在 1910 年,英国上议院在前述 Hulton v. Jones② 一案中认定,即便被告在其文章当中杜撰、虚构了一个故事的主人公,只要一个有理性的人认为被告的文章毁损了现实生活中存在的原告名誉,行为人即便没有故意或者过失,他们也应对原告承担侵权责任。此种规则确立之后得到英美法系国家司法判例的广泛遵循,成为当今英美法系国家名誉侵权责任的重要规则。

---

① 4 Sess cas. (Fr.)645,39 Scot. L. Rep. 432(1904).
② [1910]A. C. 20.

除了英美法系国家的司法判例认可行为人承担的名誉侵权责任是严格责任之外,英美法系国家的主流学说也认为行为人对他人承担的名誉侵权责任时严格责任,即便行为人在毁损他人名誉或者公开对他人名誉具有毁损性质的陈述时没有过错,他们也应当对他人承担名誉侵权责任。Balkin 和 Davis 指出,行为人承担的名誉侵权责任是严格责任,因为此种侵权责任的承担不仅同被告是否存在毁损他人名誉的意图无关,也同被告在公开对他人名誉具有毁损性质的陈述时是否尽到了合理注意义务无关。① Rogers 指出,行为人就其作出的具有名誉毁损性质的陈述对原告承担的侵权责任并不取决于行为人在公开其陈述时具有针对原告的意图,也不取决于行为人在公开其陈述时是否知悉那些在表面上不具有名誉毁损性质但实际上是对原告名誉进行毁损的事实。② Heuston 和 Buckley 也指出,虽然对行为人的陈述是否构成具有名誉毁损性质的陈述进行适当的解释可能存在解释的困难问题,但有一点是非常清楚和毫无疑问的,这就是,即便行为人在作出陈述时没有希望使原告陷入被人厌恶、讥讽或者蔑视的境地,行为人作出的陈述仍然是对原告具有名誉毁损性质的陈述。行为人作出的陈述所具有的意义并非必然是行为人公开其陈述时所具有的意义,而是行为人对其公开陈述的第三人能够合理理解的意义。行为人基于毁损他人名誉的目的作出的陈述如果对第三人而言不具有名誉毁损的含义,则行为人不用就其陈述对原告承担侵权责任。与此相反,如果行为人作出的陈述被第三人理解为是具有名誉毁损性质的陈述,行为人也不得借口自己在作出此种陈述时没有想毁损原告的意图而拒绝对原告承担侵权责任。③

3. 英国制定法对名誉侵权责任的弱化

在英国,侵权法对名誉侵权责任采取严格责任理论虽然能够较好地保护他人的利益免受行为人名誉毁损行为的侵害,但是该种理论会严重窒息行为人的自由,使行为人要就其作出的任何具有名誉毁损性质的陈述对与其虚构人物的名字、故事情节、出生地点或者生活背景相同或者相似的陌生

---

① R P Balkin and JLR Davis, *Law of Torts*(third edition), Butterworths, p. 569.
② W. V. H. Rogers, *Winfield and Jolowicz on Tort*(thirteen edition), Sweet & Maxwell, p. 313.
③ R. F. V. Heuston and R. A. Buckley, *Salmond and Heuston on the Law of Torts*(twenty-first edition), Sweet & Maxwell Ltd., p. 145.

人承担侵权责任。为了对行为人提供一定限度的保护,英国1843年的书面诽谤法对报社、杂志社提供了制定法上的保护,它认为,一旦报社、杂志社在其报纸杂志中刊登了被认为毁损他人名誉的文章,如果它们在刊登这些文章时没有意识到其文章侵犯了他人的名誉并且愿意对他人的名誉予以校正的话,则它们可以享受该法提供的保护。英国1843年的书面诽谤法规定的此种保护方式为英国1952年名誉侵权法所借鉴,该《名誉侵权法》第4条规定了一种保护行为人的程序,它规定,一旦行为人在无过错的情况下公开对他人名誉具有毁损性质的陈述,行为人可以不用对他人承担侵权损害赔偿责任,如果他们愿意公开合理的校正措施、愿意赔礼道歉并且愿意支付他人为此支付的合理费用的话。根据该法的规定,如果行为人在公开那些表面上不具有名誉毁损性质的陈述但实际上被认为是对他人名誉具有毁损性质的陈述时不具有针对他人的意图并且不知道被认为是针对他人的那些外在情况的存在,则行为人被看做该法规定意义上的无过错公开者(published innocently)。行为人在其作出的陈述被认为是关乎、涉及他人名誉的情况下如果认为自己作出的陈述不是针对他人名誉作出的陈述,他们应当对他人提出对其陈述进行校正的要约并附加一份书面证词(affidavit),由那些看到行为人陈述的人证明引起争议的陈述不是针对他人的陈述。如果行为人提出的对其陈述予以校正的要约得到他人的同意并且得到及时履行的话,则他人不能对行为人提起名誉侵权诉讼或者不能继续进行已经开始的名誉侵权诉讼;如果行为人对其陈述进行校正的要约没有得到他人的同意,则行为人应当在他人提起的名誉侵权诉讼中通过证明下列内容予以抗辩:(1)行为人作出的陈述对于他人而言是无过错的;(2)在他人将其陈述构成具有名誉毁损性质陈述的通知传达给行为人之后,行为人在最短的时间内对他人提出了愿意对其陈述进行校正的要约;(3)行为人提出的原意校正陈述的要约还没有撤回。英国1952年《名誉侵权法》第4条的规定得到英美法系国家侵权法的广泛遵行,虽然许多国家在遵循此条规定的同时对该条规定作出了变通。例如,新西兰1992年《名誉侵权法》第25条规定,当他人认为行为人的陈述侵犯了自己的名誉时,他人可以请求行为人撤回针对其名誉作出的陈述或者作出答复,即便作为新闻媒体的行为人按照他人的要求撤回其陈述,他们仍然要支付他人因此发费的费用;在确定减轻行为人承担的赔偿责任时,法官会考虑撤回的性质。

无论是英国 1843 年的书面诽谤法、1952 年的名誉侵权法还是新西兰 1992 年名誉侵权法或者其他国家类似的名誉侵权法所提供的此种保护均是针对作为行为人的报纸、杂志所为的名誉侵权行为,很少针对单纯的自然人作出的名誉毁损行为。此外,一些国家的名誉侵权法也将此种保护的范围拓展到作为行为人的电台、电视台等新闻媒体。不过,在具体实践中,行为人很少会根据这些制定法的规定对其陈述予以校正或对他人赔礼道歉,因为,一方面,当他人拒绝接受行为人的校正要约和赔礼道歉而向法院提起名誉侵权诉讼时,他人会利用行为人的校正要约和赔礼道歉作为证明行为人对其名誉予以毁损的证据;另一方面,一旦行为人的抗辩不成功,它们除了要支付他人的诉讼费用之外,还应赔偿他人因此遭受的损害。

(三) 美国侵权法采取的严格责任理论和过失侵权责任理论

1. 美国司法判例和学说对严格责任的坚持

在美国,司法判例长期以来也采取英美法系国家侵权法采取的规则,认为行为人就其具有名誉毁损性质的陈述对他人承担的侵权责任是严格责任,即便行为人没有毁损原告名誉的主观意图,他们也应当对他人承担名誉侵权责任。除了司法判例认可这样的规则之外,Smith、Morris 和 Franklin 也认可严格责任理论。早在 1912 年,Smith 就认为,行为人应当就其作出的具有名誉毁损性质的陈述对他人承担严格责任,即便行为人在作出或者公开此种陈述时没有过错,他们也应当对他人遭受的名誉损害承担侵权责任。Smith 还认为,行为人就其作出的具有名誉毁损性质的陈述对他人承担的严格责任是最优越的制度,要比让行为人承担过错侵权责任更好。[1] Morris 指出,行为人承担的名誉侵权责任之所以应当是严格责任而非过失侵权责任,是因为严格责任规则的实行使原告免除了证明行为人有过失的烦恼。[2] Franklin 也指出,普通法时常认为,公开者应当就其作出的对他人名誉具有毁损性质的陈述对他人承担严格责任,即便公开者在公开具有冒犯性的陈述时站在不偏不倚的立场或者作出了积极肯定的陈述,如果行为人不知道

---

[1] Smith, Hulton v. Jones: Three Conflicting Judicial Views as to Question of Defamation, 60 *U. Pa. . L. Rev.* 365(1912).

[2] Morris, Inadvertent Newspaper Libel and Retraction, 32 *Ill. L. Rev.* 36(1937)

的外在原因使行为人作出的陈述成为具有名誉毁损性质的陈述,侵权法也会责令行为人就其陈述对他人承担侵权责任。虽然普通法确立了某些免责特权来软化最初公开者承担的严格责任,但是,侵权法仍然固守行为人就其具有名誉毁损性质的陈述对他人承担严格责任的规则。①

2. 美国司法判例和学说对过失侵权责任理论的坚持

在美国,虽然司法判例和学说广泛认可严格责任理论,但并非所有的司法判例和学说都认可这样的规则。一方面,某些司法判例明确反对责令行为人就其作出的陈述对他人承担严格责任的规则,它们认为,如果行为人在公开对他人名誉具有毁损性质的陈述时没有过失,他们将不对他人承担名誉侵权责任,因此行为人在公开引起争议的陈述时至少具有过失时名誉侵权责任的必要构成要件。目前,采取过错侵权责任的司法判例逐渐成为一种趋势。② 另一方面,某些学说对行为人承担严格责任的理论持反对意见,他们认为,行为人就其名誉毁损行为对他人承担的名誉侵权责任不应当是严格责任,而应当是过错侵权责任,此种侵权责任要求行为人在作出或者公开对他人名誉具有毁损性质的陈述时至少存在某种过失,如果他们在作出或者公开此种性质的陈述时没有过失,他们将不对他人遭受的损害承担侵权责任。名誉侵权责任是一种过失侵权责任的规则为美国学者 Holdsworth 和 Prosser 所采取。Holdsworth 认为,行为人就其作出的名誉毁损性质的陈述对他人承担的侵权责任不应当是严格责任,而应当是过错责任,如果行为人没有过失时,他们将不就其作出的具有名誉毁损性质的陈述对他人承担侵权责任。③ Prosser 教授在批评责令行为人就其作出的具有名誉毁损性质的陈述对他人承担名誉侵权责任的规则时认为,责令行为人承担严格责任的效果无疑是将行为人的印刷言词、书面言词、口头言词等同于炸药的使用行为、危险动物的饲养行为,因为根据严格责任理论,如果行为人作出的陈述是虚假的、被合理理解为是对原告名誉具有毁损性质的陈述,则行为人就要对原告承担名誉侵权责任,行为人除了能够通过相当狭小的一个免责特

---

① Marc A. Franklin Robert L. Rabin, *Tort Law and Alternpives* (17th edition), Foundation Press, pp. 966 – 967.

② W. Page Keeton, *Prosser and Keeton on Torts* (fifth edition), West Publishing Co., p. 810.

③ Holdsworth, A Chapter of Accident in the Law of Libel, 57 *Law Q. Rev.* 74 (1941).

权主张免责之外,他们并没有什么可能的抗辩事由。① 为此,Prosser 教授建议,在名誉侵权责任当中,行为人承担的侵权责任应当是过错侵权责任,行为人或者应当就其过失行为对他人承担名誉侵权责任,或者应当就其鲁莽行为对他人承担名誉侵权责任,至少在关乎公共利益的问题上是如此。②《美国侵权法重述》(第 2 版)反应了这些司法判例和学说的意见,认为行为人就其具有名誉毁损性质的陈述对他人承担的名誉侵权责任是过失侵权责任。《美国侵权法重述》(第 2 版)第 558 条明确规定,名誉侵权责任的必要构成要件包括:公开者至少存在等同于过失的过错,已如前述。

在美国,即便司法判例不承认行为人就其作出的具有名誉毁损性质的陈述对他人承担的过失侵权责任,它们也认为,行为人至少在两种情况下要就去过失行为对他人承担名誉侵权责任,如果行为人没有过失,它们将不对他人承担名誉侵权责任:其一,如果行为人是次要公开者时,他们仅仅对他人承担过失侵权责任,不承担严格责任。根据美国侵权法的规定,当行为人仅是次要公开者时,如果他们在公开对他人名誉还有毁损性质的陈述时不知道或者不应当知道其经销的书籍、报纸和杂志当中存在对他人名誉具有毁损性质的内容时,他们将不对他人承担名誉侵权责任,只有当他们知道其经销的书籍、报纸和杂志当中存在对他人名誉具有毁损性质的内容时,他们才就其公开行为对他人承担名誉侵权责任,已如前述。其二,如果行为人基于实际蓄意侵害公众人物的名誉权,他们将对公众人物承担故意侵权责任,如果行为人不是基于实际蓄意侵害公众人物的名誉权,则他们将不对公众人物承担名誉侵权责任。当作为原告的公共官员向法院起诉,要求作为新闻媒体的被告就其具有名誉毁损性质的陈述对自己承担名誉侵权责任时,公共官员应当证明被告在作出具有名誉毁损性质的陈述时具有"实际蓄意"(actual malice),否则,即便被告作出的陈述是对他们名誉具有毁损性质的陈述,他们也不用对原告承担侵权责任。这就是美国联邦最高法院在 1964 年的 New York Times Co. v. Sullivan③ 一案中确立的公众人物实际蓄意名誉侵权理论。随着实际蓄意理论的广泛适用,美国司法判例除了责令作为新闻媒体的被告就其毁损作为公众人物的原告名誉的行为对原告承担故意侵

---

① W. Page Keeton, *Prosser and Keeton on Torts* (fifth edition) West Publishing Co., p.809.
② Ibid., p.810.
③ 376 U. S. 254,84 S. ct. 710,11 L. Ed. 2d 686(1964).

权责任之外,还责令作为新闻媒体的被告就其毁损非公众人物名誉的行为对非公众人物承担过错侵权责任,如果新闻媒体在公开对非公众人物的名誉具有毁损性质的陈述时存在故意或者过失,他们就应当对作为非公众人物的原告承担名誉侵权责任,否则,他们将不对非公众人物遭受的损害承担侵权责任。

3. 新闻媒体就其实际蓄意行为对公众人物承担的名誉侵权责任

在美国,公众人物名誉侵权责任的实际蓄意理论是在著名的 New York Times Co. v. Sullivan① 一案中确立的。在该案中,原告 Sulliven 是美国 Alabama 州 Montgomery 市公共事务委员会的委员,其职责是对该市的警察部门等多个部分予以监督。原告向法院起诉,要求被告美国纽约时代公司就其报纸上作出的具有名誉毁损性质的报道对自己遭受的损害承担侵权责任。在 1960 年 3 月 29 日的报纸中,被告刊登的报道说,Alabama 州 Montgomery 市的警察对参加和平示威游行的黑人大学生进行暴力镇压,当 Alabama 州立大学的黑人学生高唱歌曲在 Montgomery 市游行示威时,Montgomery 市的警察将组织游行示威的领导者从学校予以驱逐,全副武装的警察包围了 Alabama 州立大学校园;当整个学生团体通过拒绝注册的方式向州政府机关进行抗议时,警察封锁 Alabama 州立大学的学生饭堂,试图通过让学生挨饿的方式来逼迫学生放弃其抗议行动。被告刊登的报道还说,哪些反对黑人游行示威的人使用威胁、恐吓和暴力的手段对付黑人领袖 King 的和平抗议活动。他们炸毁了 King 的房子,几乎炸死了 King 的妻子和孩子,他们攻击 King 的人身,他们前后七次逮捕 King,其理由要么是超速驾驶,要么是闲荡,要么是类似的所谓"犯罪行为"。现在,他们又在控告 King 做伪证,可能会使 King 被处以 10 年的徒刑。原告认为,表面上看,被告的上述两段报道是在毁损 Alabama 州 Montgomery 市警察的名誉,因为被告的报道说警察全副武装包围大学校园、通过封锁大学饭堂的方式逼迫挨饿的学生就范、前后七次逮捕黑人领袖都是虚假的、具有名誉毁损性质的报道,实际上,被告的报道是在毁损自己的名誉,因为自己的职责就是对警察滥用职权的行为进行监督,说警察滥用职权就是说自己在监督警察履行职责方面存在懈怠行为,虽然被告的报道并没有直接提及自己或者使用自己的姓名。原告提供的几

---

① 376U. S. 254,84S. ct. 710,11L. Ed. 2d 686(1964).

个证人证明,他们在读了被告的报道之后认为被告的报道是指原告。被告承认,其报道的确存在几处不够准确的地方,诸如游行示威的学生所唱的歌曲不是其报道所称的"我的祖国",而是另外的歌曲;警察驱逐的不是其报道所称的游行示威的领导者,而是九名学生;警察并没有像报道所称的那样封锁了大学饭堂或者大学校园,虽然大量的警察呆在大学校园附近;King 并非像报道所称的那样被警察逮捕了七次,而仅仅逮捕了四次。原告认为,在 King 的前三次被逮捕时,原告还不是 Montgomery 市公共事务委员会的委员,因此原告同 King 被控犯有伪证罪的程序无关。初审法院认为,被告的报道是本身就可以起诉的书面诽谤行为,应当对原告承担侵权责任。为此,初审法院判决被告补偿原告 500,000 元的一般损害赔偿金和惩罚性损害赔偿金。被告不服,上诉到美国 Alabama 州最高法院。Alabama 州最高法院作出了维持原判的判决,认为被告在报道对原告具有名誉毁损性质的内容时存在几个方面的蓄意,应当对原告承担惩罚性损害赔偿金。被告不服,上诉到美国联邦最高法院。美国联邦最高法院撤销了 Alabama 州最高法院的判决,认为被告无须就其作出的具有名誉毁损性质的报道对原告承担侵权责任。美国联邦最高法院认为,为了平衡被告作为新闻媒体享有的言论自由权和出版自由权与原告作为公共官员享有的名誉权之间的冲突,美国联邦宪法第一修正案确认的言论自由权和出版自由权要求美国联邦最高法院确立这样的规则:除非作为公共官员的原告能够证明被告基于"实际蓄意"作出对其名誉有毁损性质的陈述,否则,即便被告作出的陈述是对原告名誉具有毁损性质的虚假陈述,他们也无权要求被告对自己承担名誉侵权责任。在这里,被告基于"实际蓄意"作出对原告名誉具有毁损性质的陈述是指行为人在作出此种陈述时知道所作出的陈述是虚假的,或者在作出此种陈述时鲁莽行为、全然不顾所作出的陈述是真是假的行为。

在美国,美国联邦最高法院在 1964 年的 New York Times 一案中确立的规则具有重大意义,它改变了英美普通法长期以来实行的新闻媒体要就其作出的具有名誉毁损性质的报道对他人承担严格责任的规则,认为作为公共官员的原告在要求作为新闻媒体的被告就其作出的具有名誉毁损性质的报道对自己承担侵权责任时,他们必须证明被告是基于故意或蓄意的目的作出对自己名誉有毁损性质的陈述,如果原告无法证明被告是基于实际蓄意毁损他们的名誉,他们将不能要求作为新闻媒体的被告对自己承担侵权责任。美国联邦最高法院之所以实行这样的规则,其原因多种多样:首先,美国联邦最高法院认为,美国联邦宪法第一修正案保护他人的言论自由权和出版自由权,此种权利的保护使人们对公共问题的争论建立在不受约束的、强劲的和广泛的基础上,使人们能够对政府和公共官员的行为进行开诚布公的、激烈的、讽刺性的有时甚至是尖锐的攻击。其次,美国联邦最高法院认为,作为公共官员的原告在其名誉被作为新闻媒体的报告侵害之后有比一般的社会公众更多的机会接触新闻媒体,有比后者更多的机会为自己辩护、澄清。再次,美国联邦最高法院认为,一旦某个自然人基于自愿担当政府的官员,他们就应当被推定为能够容忍社会公众或者新闻媒体对他们职务履行方面的行为作出的评论,即便此种评论存在虚假的、对他们名誉具有毁损性质的地方,他们也应当加以容忍,因为他们担当的职务和作出的决定是关乎一般社会公众重大利益的问题。最后,美国联邦最高法院认为,新闻媒体在当今社会中的地位十分重要,它们在传播有关理念、观点方面起着重大的作用,对社会公众及其行为会产生重要影响。New York Times 一案的规则确立之后在其他众多案件中得到适用,成为美国侵权法上具有重要意义的规则。在 St. Amant v. Thompson[①] 一案中,被告 St. Amant 在电视上进行政治演说并回答有关观众对作为美国地方治安官的原告的问题时认为,原告实施了犯罪行为。原告向法院起诉,要求被告就其侵犯自己名誉权的行为对自己承担侵权责任。美国联邦最高法院认为,根据美国 New York Times 一案确立的规则,被告不用对原告承担名誉侵权责任,因为,虽然被告在电视演说中作出的陈述是不真实的陈述,身为公共官员的原告没有能够举证证明,被告是基于 New York Times 一案意义上的"实际蓄意"对原告进行毁损的。在该案中,美国联邦最高法院认为,原告要求被告承担侵权责任,他们或者要证明,被告蓄意毁损作为公共官员的原告名誉,或者要证明,被告在实施名誉侵权行为时存在鲁莽行为、完全不顾及自己陈述的真假性的行为。在决定被告的行为是否构成鲁莽行为时,法律不应采取理性人的标准而应当采取重大怀疑理论:在公开对原告名誉具有毁损性质的内容时,如果被告对其公开内容的真假性存在重大怀疑而仍然公开其内容,则被告的公开行为构成鲁莽行为、完全不顾及其陈述的真假性的行为。

---

① 390 U. S. 727,88 S. Ct. 1323,20 L. Ed,2d 262(1968).

到了 1967 年,美国联邦最高法院将它在 New York Times 一案中确立的"实际蓄意"标准从"公共官员"身上拓展到诸如影视明星、体育明星等"公共人物"(public figures)身上,认为当做为公共人物的原告向法院起诉、要求作为新闻媒体的被告对他们承担名誉侵权责任时,他们除了要证明被告作出的陈述是对原告名誉具有毁损性质的虚假陈述之外,还要证明被告是基于"实际蓄意"作出对其名誉具有毁损性质的陈述。如果公共人物仅仅证明新闻媒体作出的陈述是对其名誉具有毁损性质的虚假陈述,无法证明新闻媒体是基于实际蓄意作出这样的虚假陈述,他们无权要求新闻媒体对他们遭受的损害承担侵权责任。这就是 Curtis Pub. Co. v. Butts[1] 一案确立的规则。在该案中,原告是某大学的足球运动员,被告在其出版的报纸中毁损原告的名誉,说原告在参加大学举行的足球比赛时存在欺诈现象。原告认为被告的行为侵犯了自己的名誉,应当对自己承担侵权责任。美国联邦最高法院认为,即便被告的行为的确侵害了原告的名誉权,但是被告无须对原告承担名誉侵权责任,因为原告虽然不是公共官员而仅是一名公共人物,他们也像公共官员那样有众多的机会通过新闻媒体来为自己辩护,因此,当他们起诉作为新闻媒体的报告时,他们也应当证明,被告在毁损自己的名誉时具有"实际蓄意"。如果原告无法举证证明,被告是基于实际蓄意目的毁损其名誉,他们将无权要求被告对他们承担侵权责任。此案规则确立之后亦得到其他判例的遵循。这样,美国联邦最高法院将"公共人物"同"公共官员"的地位同等对待,对他们适用"实际蓄意"的故意侵权责任理论,以便对作为新闻媒体的被告提供美国联邦宪法第一修正案规定的保护,防止公共官员和公共人物借口其名誉权的保护而窒息了宪法规定的言论自由权和新闻自由权的行使。

4. 新闻媒体就其名誉毁损行为对非公众人物承担的过失侵权责任

美国 New York Times 一案确立的规则是否可以适用于公共官员和公共人物之外的私人原告?对此问题,美国联邦最高法院在 1974 年的 Gertz v. Robert Welch[2] 一案中认为,New York Times 一案确立的规则仅仅适用于公共官员和公共人物,不适用于他们之外的私人原告。在该案中,一名叫做 Nuccio 的警察射杀了被叫做 Nelson 的青年。该州的执法机关对 Nuccio 提

---

[1] 388 U. S. 130 (1967).
[2] Inc. 418 U. S. 323, 94 S. Ct. 2997, 41 L. Ed. 2d 789 (1974).

起检控,Nuccio 最终被判二级谋杀罪。为此,Nelson 的家人聘请作为著名律师的原告 Elmer Gertz 代表他们向法院起诉,要求 Nuccio 对他们承担侵权责任。被告是一家出版公司,它出版一份杂志《美国观点》(American Opinion)。在 1969 年 3 月,被告在其杂志上刊登文章,对原告的名誉进行攻击,认为原告曾经是某个以推翻政府为目的组织成员,认为原告存在犯罪记录。为此,原告 Gertz 向法院起诉,要求法院责令被告对自己承担侵权责任。被告认为,根据 New York Times 一案确立的"实际蓄意"标准,自己作为新闻媒体不应对原告承担侵权责任,要求法院驳回原告的诉讼请求。在该案中,法院面临的主要问题是,当做为新闻媒体的被告对既不是公共官员也不是公共人物的私人原告进行名誉毁损时,他们是否有权要求获得 New York Times 一案确立的宪政特权的保护,不就其具有名誉毁损性质的文章对原告承担侵权责任。对此问题,美国联邦最高法院作出了否定的回答,它认为,New York Times 一案将适当的宪政保护限定在某种公众人物的名誉侵权领域,不对公共官员和公共人物之外的私人原告予以适用,因为,如果将 New York Times 一案确立的规则适用到非公众人物名誉被毁损的场合,则该种规则将在极大程度上损害了非公众人物享有的要求国家对其名誉提供保护的利益,因此这样的规则是无法接受的。为此,美国名誉侵权法应当确立适当的私人名誉侵权责任标准,以便私人的名誉在被新闻媒体侵犯时能够要求新闻媒体对他们承担侵权责任。新闻媒体就其侵害私人名誉的行为对私人承担的侵权责任应当建立在过错侵权责任的基础上,以新闻媒体在公开对私人名誉具有毁损性质的陈述时存在过错作为要件,如果新闻媒体在毁损私人名誉时不存在过错,他们将不对私人遭受的名誉损害承担侵权责任。当私人向法院起诉,要求法官责令新闻媒体就其名誉毁损行为对自己承担过错侵权责任时,他们应当承担举证责任,证明新闻媒体在公开引起争议的陈述时存在过错,如果他们无法证明新闻媒体存在公开方面的过错,他们无法获得损害赔偿。此种过错侵权责任的承担能够使作为私人的享有享有的名誉利益与作为新闻媒体的被告享有的新闻自由利益处于平衡状态:一方面,过错侵权责任强化了国家享有的合法利益,此种合法利益要求国家对那些名誉遭受损害的私人提供保护,使他们在遭受名誉毁损时能够获得损害赔偿;另一方面,过错侵权责任又可以对作为新闻媒体的被告提供保护,使他们免受严格侵权责任的承担。

到了 1986 年,美国联邦最高法院将其在 Gertz 一案中确立的规则适用到 Philadephia Newspapers Inc. v. Hepps① 一案中,认为当原告是私人时,如果作为新闻媒体的被告就该原告面临的公共问题作出虚假陈述,在要求被告就其陈述对自己遭受的名誉损害承担侵权责任时,原告必须承担举证责任,证明被告的陈述具有虚假性。在该案中,原告是从事特许经营事业的公司,被告在其出版的报纸中发表系列文章,认定原告不仅同有组织的犯罪活动有关联,而且还利用此种关联活动去影响国家的立法活动和行政活动。原告向 Pennsylvania 州的法院起诉,要求法官责令就其具有名誉毁损性质的虚假内容对自己承担侵权责任。初审法院认为,在该案中,作为私人的原告要求作为新闻媒体的被告就其文章引起的名誉损害对自己承担侵权责任,他们必须承担举证责任,证明被告在作出此种虚假陈述时具有过失或者蓄意,而作为新闻媒体的被告应当承担举证责任,证明其作出的具有名誉毁损性质的陈述具有真实性,如果它们作出的陈述仅仅关乎私人名誉的话。美国联邦最高法院认为,初审法院的判决存在问题,根据 Gertz 一案确立的规则,如果作为私人的原告向法院起诉,要求作为新闻媒体的被告就其作出的具有名誉毁损性质的陈述对自己承担侵权责任,他们必须承担举证责任,证明作为新闻媒体的被告在公开引起争议的陈述时存在过错。不仅如此,至少在报纸公开公众关心的问题时,如果作为私人的原告要求被告就其具有名誉毁损性质的陈述对自己承担侵权责任,他们还必须承担举证责任,证明被告作出的具有名誉毁损性质的陈述是虚假陈述,作为新闻媒体的被告不承担证明其作出的具有名誉毁损性质的陈述是真实陈述的责任,即便普通法推定行为人作出的陈述是虚假的陈述,该种规则也不得在新闻媒体公开私人具有公共性质的事务方面加以适用,因为,此时普通法的规则让位于《美国联邦宪法第一修正案》确立的规则,即被告必须证明其陈述的真实性的规则为原告必须证明被告的陈述是虚假陈述和被告在公开其虚假陈述方面存在过错所取代。

总之,从 1964 年开始,美国司法判例开始将行为人承担的名誉侵权责任从严格责任转为过错责任,至少在行为人是新闻媒体时是如此。此种过错侵权责任要求行为人在公开对原告名誉具有毁损性质的陈述时存在故意

---

① (1986)475U. S. 767,106S. ct. 1558,89L. Ed. 2d 783.

或者过失:如果新闻媒体对其毁损名誉的人是公共官员、公共人物,则新闻媒体仅仅在具有实际蓄意的情况下才对公众人物真实的名誉损害承担侵权责任,如果新闻媒体对其毁损名誉的人是私人、非公众人物,则新闻媒体只要在公开其虚假陈述方面存在过失,它们就要对私人、非公众人物承担名誉侵权责任。如果新闻媒体在公开对他人名誉具有毁损性质的陈述时不存在蓄意、过失,则它们将不用对他人承担名誉侵权责任,即便他们作出的陈述是对他人名誉具有毁损性质的陈述,也是如此。

(四) 我国侵权法应当采取的理论

在我国,《民法通则》第 120 条虽然规定了行为人就其侵害他人名誉权的行为对他人承担的侵权责任,但是没有规定行为人就其侵害他人名誉权的行为对他人承担的侵权责任究竟是过错侵权责任还是严格责任。虽然如此,我国学说和司法判例普遍认为,行为人就其侵害他人名誉权的行为对他人承担的侵权责任是过错侵权责任而非严格责任,即如果行为人在毁损他人名誉权方面或者公开对他人名誉具有毁损性质的陈述方面存在过失或者故意,则行为人应当对他人承担名誉侵权责任,如果行为人在毁损他人名誉权方面或者公开对他人名誉具有毁损性质的陈述方面没有过失或者故意,则行为人将不对他人承担名誉侵权责任。对于我国学说而言,行为人就其毁损他人名誉权的行为对他人承担的侵权责任究竟是故意侵权责任还是过失侵权责任,学者之间存在争议。某些学说认为,无论是行为人的故意行为还是过失行为都足以让行为人就其作出的具有名誉毁损性质的陈述对他人承担名誉侵权责任。某些学说认为,虽然行为人有时要就其过失毁损他人名誉权的行为对他人承担侵权责任,但行为人实施的名誉毁损行为大都是故意侵权行为,少有过失侵权行为。因此,行为人对他人承担的名誉侵权责任是故意侵权责任。某些学说认为,如果行为人侵害非公众人物的名誉权时,他们应当承担过失侵权责任,如果行为人侵害公众人物的名誉权时,他们应当承担故意侵权责任,不承担过失侵权责任。对于我国司法判例而言,最高人民法院的有关司法解释虽然没有对这样的问题作出明确规定,但是,其司法解释一直以来都暗含地认为,行为人就其侵害他人名誉权的行为对他人承担的名誉侵权责任是过失侵权责任。例如,在 1988 年的《关于贯彻执行〈中华人民共和国民法通则〉若干问题的意见(试行)》,最高人民法院通过其第150条暗含地认为,行为人就其毁损他人名誉的侵权行为对他人承担的侵权责任是过失侵权责任。同样,在2001年的《关于确定民事侵权精神损害赔偿责任若干问题的解释》,最高人民法院通过其第10条和第11条暗含地认为,行为人就其毁损他人名誉的行为对他人承担的侵权责任是过失侵权责任。笔者认为,责令行为人就其作出的具有名誉毁损性质的陈述对他人承担过失侵权责任,既符合两大法系国家侵权法的基本规则,也符合无形人格权的性质要求,对于平衡行为人的言论自由权、新闻媒体的新闻自由权和他人的名誉权具有重要意义,应当为我国的侵权法所继续坚持。不过,笔者认为,在决定行为人就其侵害他人名誉权的行为对他人承担过错侵权责任时,我国侵权法应当借鉴美国侵权法的经验,区别公共官员、公众人物和一般社会公众在侵权法上的地位,区分公共官员、公众人物的公共事务和私人事务,区分一般社会公众的纯个人事务和涉公共事务,并根据他们的不同地位和事务的不同性质来决定行为人对他们承担的名誉侵权责任究竟是故意侵权责任还是过失侵权责任。

1. 公共官员、公共人物同非公共官员、公共人物的区分

如果行为人作出的具有名誉毁损性质的陈述是关乎公共官员、公共人物的陈述,则他们仅仅就其故意作出此种陈述的行为对受害人承担侵权责任,不就其过失作出此种陈述的行为对受害人承担侵权责任;如果行为人作出的具有名誉毁损性质的陈述是关乎公共官员、公共人物之外的其他人的陈述,则行为人不仅就其故意作出此种陈述的行为对受害人承担侵权责任,而且还要就其过失作出此种陈述的行为对受害人承担侵权责任。《美国侵权法重述》(第2版)第580A条规定:如果行为人就公共官员或者公共人物履行职责时的行为、适格性或者所起的作用作出具有名誉毁损性质的虚假陈述,他们应当就其陈述对公共官员、公共人物引起的损害承担名誉侵权责任,如果并且也仅仅如果:(A)他们知道其陈述是对公共官员、公共人物名誉具有毁损性质的虚假陈述;(B)他们鲁莽行为,对其作出的陈述漠不关心。

有问题的时,公共官员、公共人物的范围有哪些。对于这样的问题,美国司法判例和学说作出了说明。根据美国司法判例确立的精神,在决定一个人的身份是不是公共官员时,应当考虑该人在政府部门占有的位置是否具有表面上的重要性,社会公众对担当此种职位者的资格和职责的履行是

否享有某种独立的利益。如果一个人在政府部门占有的位置具有重要性，如果社会公众对该人担任职务的资格或者职责的履行享有独立的利益，则该人就被看做政府官员。根据此种标准，被看做公共官员的自然人除了包括在政府部门担当管理职责的和行使政府权力的人之外，还包括那些行使政府权力的公共雇员，诸如巡警、为公共排水系统工程进行临时核算的会计师等以及公共官员候选人等。Prosser 教授指出，在美国，公共官员不仅包括那些通常被看做公共官员的人，也包括那些实质上行使任何政府权力的公共雇员。在此种意义上讲，人们认为，即便是那些在巡逻地段巡逻的警察也属于公共官员。这是因为，执行法律的人完全遵守法律被认为是对个人尊严提供保护的社会认为非常重要的规则。[1] 在我国，侵权法也应当采取这样的规则，将政府官员的范围进行扩张，认为凡是在政府机构执行事务的人都是政府官员，都应当适用故意侵权责任。此外，此种规则还应当适用到所谓的准政府官员，当行为人侵害准政府官员的名誉权时，他们也仅仅对准政府官员承担故意侵权责任。

　　如果说确定谁是公共官员不会存在困难的话，那么确定谁是公共人物则存在极大的困难。在 Gertz v. Robert Welch[2] 一案中，美国联邦最高法院明确认可两类公共人物：通过自己的努力获得成功的人，因为在某个领域取得的令人瞩目的成绩而成为公共人物；因为自愿参与某种特定问题的争议而成为公共人物。在上述两种公共人物之中，前一种公共人物是社会公众普遍认可的公共人物，其数量有限，而后一种公共人物则不是社会公众普遍认可的公共人物，他们仅是有限的人群所认可的社会公共人物，其数量众多。在决定原告是否属于公共人物时，侵权法要考虑 5 个具体因素：(1) 原告是否有机会接触新闻媒体并且利用新闻媒体对行为人作出的具有名誉毁损性质的陈述进行反驳；(2) 原告是否自愿参加引起社会公众广泛争议问题的争论；(3) 原告是否试图影响社会公众争议问题的解决或者结果；(4) 社会公众争议的问题存在于行为人作出的具有名誉毁损性质的陈述之前；(5) 在引起争议的陈述存在之时，原告仍然保留其公共人物的身份。[3] 总的说来，当原告越是基于自愿参与社会公众广泛争议问题的讨论时，越是

---

[1]　W Page Keeton, p.806.
[2]　Inc. 418 U. S. 323, 94 S. Ct. 2997, 41 L. Ed. 2d 789 (1974).
[3]　Wells v. Libiddy 186 F.3d 505 (4th cir, 1999).

想通过自己的参与对此种争议的结论产生影响时,越是有机会接触新闻媒体并且利用新闻媒体对被认为侵害其名誉的陈述予以反驳时,则他们越是会被看做公共人物。美国司法判例在众多案件中对这些因素的考量作出了说明。美国司法判例认为,虽然身为富人的原告离婚引起了美国社会公众的广泛兴趣,新闻媒体也对原告的离婚进行广泛的报道,但是原告不能看做公共人物,因为仅仅存在公众的兴趣还不够,公众虽然对富人离婚存在好奇,但好奇不等于存在公众的争议。① 在侵权法上,要成为公共人物,必须存在公众的广泛争议,要存在意见的分歧,此种争议对于没有参与争议的人产生可以合理预见的意义或者重要的后果。② 除了要存在社会公众的广泛争议之外,要成为公共人物,原告还要基于自愿参与此种争议并试图对此种争议的解决或结果产生影响。在 Wolston v. Reader's Digest Association③ 一案中,被告在其期刊上刊登文章,认定原告是苏联特务机关的特务,在美国从事共产主义的间谍活动。原告起诉,要求被告就其虚假陈述对自己承担名誉侵权责任。被告认为,原告是公共人物,应当适用 New York Times 一案确立的"蓄意"标准。美国联邦最高法院认为,原告不是公共人物,不适用 New York Times 一案的规则,因为,要成为公共人物,必须存在公众争议的问题,公众必须在引起争议的问题上存在意见分歧,原告必须自愿投入此种争议中并试图对此种争议的解决施加影响。在本案中,既不存在公众争议,因为苏联在美国从事共产主义间谍活动是所有有责任心的美国人在过去和现在均加以反对的,美国人在此问题上不存在争议,并且原告也没有主动参与此种问题的争议。在 Hutchinson v. Proxmire④ 一案中,美国联邦最高法院也认为,原告因为没有自愿参加有关争议而不能被看做公共人物,不应对其适用美国 New York Times 一案确立的蓄意标准。在该案中,原告是州立精神疾病医院的院长和州立大学的教授,他成功地申请了动物攻击性研究课题,获得联邦资金资助。被告在说明自己的观点时拿原告作例证,说联邦资金被原告花在无意义的研究方面。原告向法院起诉,要求被告对自己承担名誉侵权责任。被告认为,鉴于原告是公共人物,应当适用 New York Times 一案确

---

① Time Inc. v. Firestone, 424 u. S. 498(1976),
② Waldbaum v. Fairchild Pablicpions Inc., 627F. 2d 1287 (D. C. Cir. 1980).
③ 443U. S. 157(1979).
④ 443U. S. 111(1979).

立的蓄意标准。美国联邦最高法院认为,原告不是公共人物,不应适用 New York Times 一案的标准,因为原告没有参与公众的争论并因此影响他人的意见。

在我国,正如在美国,侵权法之之所以要对公共官员、公共人物与非公共官员、非公共人物采取不同的名誉侵权规则,认为行为人仅仅就其故意或者鲁莽行为引起的损害对公共官员、公共人物承担名誉侵权责任,不就其过失行为引起的损害对公共官员、公共人物承担名誉侵权责任,其原因有二:一方面,公共官员、公共人物在名誉遭受损害时有更多的机会来减轻甚至消除行为人的名誉毁损行为给自己造成的不利影响。在侵权法上,当他人的名誉权遭受损害时,他们最常用的也是最先使用的法律救济手段不是向法院起诉,要求法官责令行为人就其作出的名誉毁损行为对自己承担名誉侵权责任,而是寻求自我救助手段,即利用一切可以利用的机会驳斥行为人的谎言、澄清有关事实、纠正行为人的错误,以便将行为人的名誉毁损行为给自己名誉造成的不利影响降低到最小程度。此种规则对名誉受到毁损的任何人都适用,包括公共官员、公共人物和非公共官员、非公共人物。但是,当公共官员、公共人物等公众人物的名誉遭受损害时,他们能够用来驳斥谎言、澄清事实、纠正错误的机会要远远大于名誉受到同样毁损的非公众人物。例如,当公共官员、公共人物的名誉权遭受毁损时,他们能够轻易利用新闻媒体来驳斥行为人的谎言,澄清有关事实,纠正行为人的错误,使对其不利的影响及时减轻甚至消除。而当非公众人物的名誉权遭受损害时,他们很难像公众人物那样轻易、及时地利用新闻媒体来驳斥行为人的谎言、澄清有关事实、纠正行为人的错误。这一点在任何国家都得到表现,而在我国表现尤其明显,因为在我国,新闻媒体往往被党政机构所控制,成为传播党政领导干部声音的最重要工具。当党政领导干部的名誉被毁损时,他们可以及时利用所控制的新闻媒体来澄清有关事实,驳斥行为人的谎言,使行为人名誉毁损行为造成的损害减小到最低限度。另一方面,公共官员、公共人物应当接受社会公众更彻底的审查。在侵权法上,一个人在社会当中担当的职位、职务同他们应当承担的义务和职责是密切相关的。如果一个人基于自愿而担当政府官员的职位、职务,他们在履行政府官员职责时就必须接受由此产生的某些法律后果,包括社会公众或者新闻媒体对他们履行职务、职责时的评头品足,社会公众或者新闻媒体对他们担当政府官员资格的质疑质询,社会公众或者新闻媒体对他们一言一行的批评监督,社会公众或者新闻媒体对他们生活工作作风的讥讽鞭笞,因为政府官员的职位、职务当中就暗含了这些内容,政府官员的职位、职务的接受也就意味着对这些必要后果的承受。政府官员不能够仅仅享受其职位、职务给他们带来的权力、利益而拒绝承受其职位、职务给他们带来的不利后果,在履行其职责时不意愿接受社会公众或者新闻媒体对他们的严格监督、严密监视,就像一个人在享受燃放烟花爆竹带来的惬意愉悦、赏心悦目的同时也要承受烟花爆竹可能带来的爆炸危险一样。对于影视明星、体育明星等公共人物而言,同样的规则也对他们适用,因为在大多数情况下,一个人成为公共人物往往也是他们自觉自愿的结果。当一个人基于自愿而成为一个公共人物时,他们实际上已经将自己置于社会公众或者新闻媒体对他们进行监督的风口浪尖上,他们同样要承受其身份给他们带来的不利后果,诸如社会公众或者新闻媒体对他们的评头品足、批评监督、讥讽鞭笞。

2. 公共官员、公共人物的私人事务和公共事务的区分

在我国,《侵权法》应当借鉴《美国侵权法》的经验,明确区分公共官员、公共人物的公共事务和私人事务,并根据其事务的不同性质规定不同的过错侵权责任原则:如果行为人作出的具有名誉毁损性质的陈述仅仅涉及公共官员、公共人物的纯私人问题,他们应当就其过错行为引起的损害对他人承担名誉侵权责任,包括行为人的故意行为、过失行为;如果行为人作出的陈述涉及公共官员、公共人物的公共问题或者公众关心的问题,他们应当就其故意侵害行为对他人承担名誉侵权责任,无须就其过失侵害行为对他人承担名誉侵权责任。其理由应当与区分公共官员、公共人物的理由完全一致。《美国侵权法重述》(第2版)对此种性质的侵权责任作出了明确说明,该法第580B条规定,一旦行为人对私人或者有关公共官员或者公共人物的纯私人事务作出具有名誉毁损性质的虚假陈述,他们应当就其陈述引起的损害对他人承担名誉侵权责任,如果并且仅仅如果该行为人(A)知道其陈述是虚假的并且对另一方名誉具有毁损性;(B)不顾其陈述是否虚假性、名誉毁损性而鲁莽行为;(C)在确定其陈述是否真实和是否具有名誉毁损性方面存在过失。对于公共官员、公共人物而言,哪些事务是他们的公共事务,哪些事务是他们的私人事务?《美国侵权法重述》(第2版)第580A和第580B条实际上作出了说明,认为涉及公共官员、公共人物行为方面的事

务属于公众关心的事务,涉及公共官员、公共人物是否适合他们的职位和是否称职方面的事务属于公众关心的事务,涉及公共官员、公共人物在以此种身份或资格行为时的职能是否得以实现的事务属于公共关心的事务。对于这些事务之外的其他事务而言即属于公共官员和公共人物的纯私人事务。我国侵权法也应当采取类似的规则。

3. 一般社会公众的私人事务和公众关心的事务

在一般情况下,社会公众的名誉利益在侵权法上的地位要高于公共官员、公众人物在侵权法上的地位,因为行为人对一般社会公众名誉利益的侵犯在他们存在过失时就能够产生侵权责任。问题在于,如果社会公众的个人事务引起社会公众和新闻媒体的广泛关注,社会公众的个人事务是否能够上升为具有公共事务性质的事务并因此适用故意侵权责任。对此问题,我国学说没有作出说明。笔者认为,一般社会公众的私人事务虽然同社会公共利益没有关系,但是当社会公众对某一个特定原告的私人事务表现出特别兴趣时,该原告的私人事务就已经上升为具有公共利益性质的事务。此时,原告在名誉侵权法上的地位不再适用一般社会公众的侵权法规则,而应当适用公众人物的侵权法规则,因为当一个社会公众因为某种特殊的事件或者原因而引起社会公众或者新闻媒体的广泛关注时,他们就已经不再是单纯的社会公众,他们已经是公众人物。虽然他们也许仅是暂时性的公众人物而非永久的公众人物,因为当社会公众和新闻媒体对他们的私人事务不再关注时,他们就沦落为一般的社会公众,不再是曾经吸引社会公众眼球和新闻媒体聚光灯注意的公众人物。至于什么样的事务是一般社会公众的私人事务,什么事务是具有公共利益性质的事务,取决于法官的自由裁量。在 Dun & Bradstreet Inc. v. Greenmoss① 一案中,美国联邦最高法院认为,在决定一个具体案件当中引起争议的问题究竟是否属于社会公众关心的问题,要考虑行为人作出陈述的内容、作出陈述的形式和作出陈述的上下文等。在该案中,行为人就原告的信用报告问题作出陈述,说原告的信用不佳。原告认为被告的陈述毁损了自己的名誉,要求被告就其毁损自己名誉的行为对自己承担侵权责任。被告认为其陈述涉及原告的信用报告问题,此种问题属于公众关心的问题,应适用 New York Times 一案确立的实际蓄

---

① Builders Inc. 472 U. S. 749, 105s. ct. 2939, 86L. Ed. 2d 593.

意规则。美国联邦最高法院认为,原告的信用报告问题仅仅涉及原告的特定利益,被告对原告的信用报告作出陈述也仅是为被告的个人利益和其特定商事听众的利益,因此当被告作出的陈述是对原告的商事名誉具有毁损性质的陈述时,它们应当对原告承担过失侵权责任,不得主张美国联邦宪法第一修正案的保护。更进一步讲,原告的信用报告仅仅提供给5个认购人,这些认购人根据认购协议不得对其他人泄露信用报告的内容,因此不能说原告的信用报告涉及商事信息自由流通的强大利益。

第六章 群体组织名誉侵权责任

一、导　　论

所谓群体组织侵权，是指行为人对某一具有法人资格或者不具有法人资格的群体、阶层、组织或单位本身作出具有名誉毁损性质的陈述，使该群体、阶层、组织或单位本身或者他们的成员的名誉受到不利影响，该群体、阶层、组织或单位某些成员向法院提其名誉侵权诉讼，要求行为人就其作出的陈述对自己遭受的损害承担侵权责任。

在名誉侵权法中，群体组织名誉侵权诉讼主要涉及两个方面的问题：哪些群体组织享有名誉权，哪些群体组织不享有名誉权，因为，根据名誉侵权法的规定，只有享有名誉权的群体组织的名誉权受到侵害时，它们才可以提起名誉侵权诉讼；当行为人的行为侵害了某种群体组织的名誉时，该群体组织的个人成员是否有权以个人名誉遭受损害为由要求侵害群体组织名誉的行为人对自己遭受的损害承担名誉侵权责任。

关于群体组织名誉侵权的第一个方面的问题，各国名誉侵权法的回答大同小异，它们都认为，并非所有的群体组织均享有名誉权而仅仅某些群体组织享有名誉侵权，当行为人作出的陈述侵害了那些不享有名誉权的群体组织的利益时，法律不会责令行为人对该群体组织本身承担名誉侵权责任，当行为人作出的陈述侵害了那些享有名誉权的群体组织的利益时，法律就会责令行为人对该群体组织承担名誉侵权责任。关于群体组织名誉侵权的第二个方面的问题，不同国家的法律甚至同一个国家的不同地区的法律作出的回答也不完全相同。

二、群体组织本身原则上不得享有名誉权的一般原则

除非法律特别规定某个群体组织享有名誉权,否则,群体组织不享有名誉权,当行为人作出的具有名誉毁损性陈述侵害它们的名誉时,它们不得向法院起诉,要求法院责令行为人就其毁损行为承担侵权责任。因此,原则上讲,群体组织不能作为名誉侵权法上的主体,不享有受法律保护的名誉权,只有自然人个人和少数私法人组织可以享有名誉权,当他们的名誉遭受损害时,他们有权向法院起诉,要求行为人对他们承担名誉侵权责任。

(一)英美法系国家关于群体组织本身的名誉权

在英美法系国家,如果行为人毁损某种群体组织的名誉,他们是否应当对该种群体组织承担名誉侵权责任?对此问题,英美法系国家的侵权法认为,公司或者合伙组织享有名誉权,当它们的名誉权受到毁损时,它们作为一种经济组织或者商事组织有权向法院起诉,要求法院责令行为人就其名誉毁损行为对自己遭受的损失承担侵权责任。《美国侵权法重述》(第2版)第561条规定:任何人,一旦对公司作出具有名誉毁损性质的陈述,即应对该公司承担侵权责任,如果:(A)公司是为了营利的公司并且行为人作出的陈述有可能损害公司从事商事活动的行为或者阻却别人与该公司从事交易活动;(B)虽然公司不是营利性公司而是依赖于公众的财务支持,行为人的陈述因为损害了公众对其评价而使活动受到干预。根据此条规定,公司享有自己的名誉权,当行为人针对该种公司作出具有名誉毁损性质的陈述时,公司作为一个独立的法律实体有权提起诉讼,要求行为人对自己承担名誉侵权责任。公司的投资人、公司的管理者和公司的雇员均不得就行为人对公司作出的陈述提起个人名誉侵权诉讼。《美国侵权法重述》(第2版)第562条规定:任何人,一旦对合伙组织作出具有名誉毁损性质的陈述,行为人应当就其陈述对该合伙组织承担名誉侵权责任,就像行为人对一个公司承担责任那样。就司法判例而言,英美司法判例认为,当行为人毁损作为公司或者合伙组织的原告所享有的名誉权时,行为人应当就其行为对原告

承担名誉侵权责任。①

如果行为人侵害了公司或者合伙组织之外的群体组织,他们是否应当对他人承担侵权责任?英美侵权法认为,除了公司和合伙组织享有名誉权之外,工会也享有名誉权,当行为人毁损工会的名誉时,他们应当对工会承担侵权责任。除此之外,其他组织不享有名誉权,诸如普选的地方当局、中央政府机构、某种政党组织等,当行为人毁损它们的名誉时,它们不得向法院起诉,要求行为人就其陈述对自己承担名誉侵权责任,因为,如果法律允许它们提起名誉侵权诉讼,则行为人的言论自由权将受到不当限制。同样,那些不享有法人资格的行业协会或者社团组织等也不享有名誉权,当它们的名誉遭受毁损时,它们也不能起诉,要求行为人就其陈述对自己承担名誉侵权责任。②

(二) 法国侵权法关于群体组织本身的名誉权

在法国,如果声称或者断言仅仅针对某个组织,则行为人的行为不构成诽谤行为。一方面,行为人的声称或者断言行为须直接针对法律对其提供保护的具体个人。此时,法国法并不要求行为人在作出声称或者断言时指名道姓,即便行为人仅仅隐射或者含沙射影,只要社会公众能够通过行为人声称或者断言的事实判断出被隐射或者被含沙射影的人是谁即可。③ 另一方面,行为人的声称行为或者断言行为只能针对特定的个人,不能针对某个集体组织,诸如政党、宗教团体,也不能针对某一个职业或者社会阶层,因为,法国法认为,法律保护的名誉权仅仅为单个的个人所享有,法律仅仅保护单个的自然人免受他人侵权行为的损害。当然,如果行为人的行为仅仅针对某个集体组织中的个别成员,则该成员有权向法院起诉,要求行为人承担侵权责任。④ 当行为人的声称或者断言行为直接针对某个集体组织或者某个职业团体或者社会阶层时,即便这些集体组织、职业团体或者社会阶层的所有人或者某些成员间接受到伤害,他们中的任何成员均不得以个人身

---

① Jodd v. Swan Television & Radio Broadcasters Pty Ltd. (2001)25WAR284.
② See R P Balkin and JLR Davis, *Law of Torts* (third edition), Butterworths, p.564.
③ Cass. 18 juin 1874 D. 75. 1. 398; 24oct. 1967, D. 67. 728.
④ Cass. 26 oct. 1953, B. 272.

份向法院起诉,要求行为人承担侵权责任。① 不过,根据法国法的规定,行为人的名誉毁损行为可以针对公司法人,因为法国法认为,公司法人也享有名誉利益。②

(三) 我国法律关于群体组织本身的名誉权

在我国,群体组织是否享有名誉权?对此问题,我国《民法通则》明确规定,作为法人的群体组织享有名誉权,当行为人侵害作为法人的群体组织的名誉权时,他们应当对法人组织承担名誉侵权责任。我国《民法通则》第101条明确规定:公民、法人享有名誉权,公民的人格尊严受法律保护,禁止用侮辱、诽谤等方式损害公民、法人的名誉。如果行为人侵害法人根据《民法通则》第101条享有的名誉权,则他们应当根据我国《民法通则》第120条的规定对法人承担侵权责任。我国《民法通则》第120条规定:公民的姓名权、肖像权、名誉权、荣誉权受到侵害的,有权要求停止侵害,恢复名誉,消除影响,赔礼道歉,并可以要求赔偿损失。法人的名称权、名誉权、荣誉权受到侵害的,适用前款规定。在这里,《民法通则》第101条和第120条所谓的法人当然是指《民法通则》第三章规定的四种类型的法人:企业法人、机关、事业单位和社会团体法人。如果行为人侵害这四种法人之外的其他群体组织的名誉权,诸如我国学者所谓的非法人团体,他们是否应当对这些群体织织承担名誉侵权责任,我国《民法通则》没有作出明确规定。不过,既然非法人团体在民法上的地位类似法人的地位,我国《民法通则》第101条、第120条的规定可以类推适用非法人团体。因此,我国《民法通则》也认可非法人团体享有名誉权,侵害非法人团体的名誉权时,行为人也应当对他人承担侵权责任。

在我国,《侵权责任法》没有对这样的问题作出明确规定,因此,《侵权责任法》第2条规定的名誉权是否为法人、非法人团体或者其他群体组织享有,当行为人毁损这些群体组织的名誉时,他们是否应当根据《侵权责任法》第22条对他人承担精神损害赔偿责任,《侵权责任法》也没有规定。因此,在《侵权责任法》通过之后,《民法通则》第101条和第120条的上述规定仍然适用。

---

① 9févr. 1954,Bull. crim. 63,D. 1954. 117,note M. R. M. P.
② Cass. 10 juillet 1937,B. 147:12juin 1956. B. 461.

我国学者对法人、非法人团体是否享有名誉权的问题存在争论,主要有三种理论:其一,认为所有的法人组织和非法人组织均享有名誉权的理论,为杨立新教授所采取,他指出:"法人和其他组织具有人格,当然享有名誉权,对其名誉权进行侵害造成精神利益的损害,应当承担赔偿责任。"①其二,法人组织享有名誉权而非法人组织不享有名誉权的理论。为王利明教授所采取,他指出:"名誉权的主体只有公民和法人,对于无法人人格之团体,团体之名誉,为其成员之名誉,故行为指向家庭或合伙等的,应视为侵犯该组织各个成员的名誉。"②(3)所有法人组织均不享有名誉权理论,为张新宝教授所采取。他指出,人格权的本质在于保护自然人的生命、健康、自由、名誉和隐私等,无论对法人采取什么样的理论,法人都不会享有与自然人一样的情感、思维等,法人不可能产生精神损害。规定法人享有名誉权可能会造成这样的后果即某些法人可能会利用民法的规定以提起名誉侵权诉讼的方式达到提高法人知名度的目的。③

笔者认为,上述三种理论均存在问题,因为在侵权法上,既不是所有的法人、非法人团体或者其他群体组织均享有名誉权,也不是所有的法人、非法人团体或者其他群体组织均不享有名誉权,我国《民法通则》第101条和120条的规定是民法和侵权法理论不发达造成的畸形怪胎。总的说来,在当今社会,法人组织种类众多、功能和目标不同,它们在侵权法上的地位也未必完全相同。某些法人组织仅仅从事公共事务之外的私人活动,此时,侵权法赋予它们以名誉权不仅会违反社会公共利益,而且会使这些法人组织充分利用自己的名誉与他人建立良好的关系,以便更好地满足法人组织本身或者法人成员的需要。而某些法人组织从事的活动是社会公共事务方面的活动,如果法律授予它们以名誉权,则它们可能会利用自己的地位打击他人,使社会公众无法对这些法人组织从事的活动、职责的履行予以有效监督,赋予它们以名誉权会损害社会的公共利益。可见,在当代社会,如果某种法人组织从事的活动是社会公共事务之外的活动,则侵权法会授予它们以名誉权;如果某些法人组织从事的活动是社会公共事务方面的活动,则侵

---

① 杨立新:《侵权法论》(第3版),人民法院出版社2005年版,第341页。
② 王利明、杨立新:《侵权行为法》,法律出版社1996年版,第176页。
③ 张新宝:《中国侵权行为法》(第2版),中国社会科学出版社1998年版,第310—311页。

权法不会授予它们以名誉权。

在名誉侵权法领域,群体组织的性质不同,它们对名誉侵权法的影响也不同。如果群体组织是经济性质的组织,则侵权法认为这样的群体组织有受侵权法保护的名誉权,当行为人作出具有名誉毁损性质的陈述并使此类性质的群体组织享有的名誉权受到损害时,法律应当责令行为人就其陈述对群体组织承担名誉侵权责任。如果群体组织是政治性的、国家机关性质的、宗教性质的、种族性的群体组织或者其他非经济性质的群体组织,则即便它们具有独立的民事主体地位,具有独立的法人格,它们也不得享有受侵权法保护的名誉权,当行为人对它们作出具有名誉毁损性质的陈述时,法律不应当责令行为人对此类性质的群体组织承担名誉侵权责任。在现代两大法系国家,名誉侵权法均坚持这样的规则,已如前述。

为什么同样是群体组织,法律认可公司和合伙组织的名誉权而不认可政治组织、国家机关组织、宗教组织或种族组织的名誉权?这主要是因为,赋予公司和合伙组织以名誉权不会阻止社会公众行使自己享有的言论自由权,不会妨碍公共媒体对他们进行的监督;而赋予政治组织、国家机关、宗教组织和种族组织以名誉权则会阻止社会公众行使自己享有的言论自由权,妨碍公共媒体对它们的行为进行的监督。

三、群体组织成员不得提起个人名誉侵权诉讼的一般原则和例外

(一)群体组织成员不得提起个人名誉侵权诉讼的一般原则

当行为人仅仅对某个群体组织作出具有名誉毁损性质的陈述时,该群体组织的个人成员是否有权提起诉讼,要求行为人就其针对群体组织作出的具有名誉毁损性陈述对自己承担侵权责任?对此问题,两大法系国家的侵权法基本上持否定的态度,认为群体组织的个人成员不得提起侵权诉讼,要求行为人就其针对群体组织作出的陈述对自己承担名誉侵权责任。

在法国,当行为人的声称或者断言行为直接针对某个集体组织或者某个职业团体或者社会阶层时,即便这些集体组织、职业团体或者社会阶层的所有人或者某些成员间接受到伤害,他们中的任何成员均不得以个人身份

向法院起诉,要求行为人承担侵权责任。①

在英美法系国家,侵权法认为,除非符合法律特别规定的某种例外,否则,当行为人作出的具有名誉毁损性陈述仅仅涉及群体组织时,该群体组织的成员不得向法院起诉,要求法院责令行为人就其陈述对自己承担个人侵权责任。因此,当行为人说所有律师都是卑鄙小人时,不仅律师群体组织本身不能向法院起诉,要求法院责令行为人就其虚假陈述对律师群体组织本身承担名誉侵权责任,就是律师群体组织中的任何个人律师也不得向法院起诉,要求行为人就其陈述对自己承担名誉侵权责任;同样,当行为人说所有医师都是骗子时,不仅医师组织本身不得向法院起诉,要求法院责令行为人就其陈述承担名誉侵权责任,就是该医师组织中的任何个人医师也不得向法院起诉,要求行为人就其针对整个医师组织的名誉毁损陈述对自己承担侵权责任。

在我国,《民法通则》或者《侵权责任法》均没有对这样的问题作出说明,除了笔者之外,我国侵权法学界也没有作出讨论。笔者认为,我国侵权法也应当采取这样的原则。

(二) 群体组织成员不得提起个人名誉侵权诉讼一般原则确立的原因

其一,这是名誉侵权责任构成要件的必然要求。

根据名誉侵权法的理论,原告要求被告就其作出的陈述对自己承担侵权责任,他们不仅要证明被告作出的陈述是具有名誉毁损性质的陈述,而且还要证明此种具有名誉毁损性质的陈述是涉及自己名誉的陈述。因此,如果行为人作出的陈述没有涉及原告本身的利益,则原告自然不能要求行为人对自己承担侵权责任,即便行为人作出的陈述是具有名誉毁损性质的虚假陈述。著名侵权法学家 King 教授对此理论作出了说明,他指出:"名誉侵权责任的一个必要构成要件是,行为人作出的具有名誉毁损性陈述必须已经涉及原告。此种要件的称呼多种多样,诸如'有关原告'的要件,牵涉原告要件,具体指明原告要件,确定性规则或者可予确定者规则等等。虽然司法判例在讨论这一要件时使用的称呼并不完全相同,但是它们坚持这一要件的根据则是相同的。如果原告不能使自己同行为人作出的具有名誉毁损性

---

① 9févr. 1954, Bull. crim. 63, D. 1954. 117, note M. R. M. P.

陈述联系在一起,法律将不可能认定他们的名誉已经遭受行为人作出的具有毁损性质的陈述的损害。"① 在群体组织的名誉侵权纠纷中,行为人虽然作出了具有名誉毁损性质的虚假陈述,但此种陈述仅仅针对该群体组织本身而非针对该群体组织中的某个个人成员,因此群体组织中的个人成员对行为人提起名誉侵权诉讼显然违反了名誉侵权法的一般理论,不符合名誉侵权责任的构成要件。

其二,这是理性人标准适用的必然体现。在名誉侵权责任中,在决定行为人作出的陈述是否是对他人名誉具有毁损性质的陈述时,法律采取的标准或者是一般理性人的标准,或者是"正确思维人"标准,或者是"特定群体"理论,已如前述。无论是哪一种标准,它们均可以在个人名誉侵权诉讼中得到较好的适用,但很难在群体名誉侵权诉讼中加以适用,因为当行为人仅仅针对原告所在的群体组织作出具有名誉毁损性质的陈述时,原告很难证明,一个有理性的人在了解行为人作出的此种陈述之后会认为行为人有对原告名誉进行毁损的意图。②

其三,这是公共政策在名誉侵权法中予以贯彻的需要。作为公共政策的反映,现代侵权法认为,当行为人作出的具有名誉毁损性陈述仅仅涉及某种群体组织时,无论群体组织是否有权对行为人提起名誉侵权诉讼,法律均应禁止群体组织的成员以其个人名义向法院起诉,要求行为人就其针对群体组织的陈述对自己承担名誉侵权责任。因为,一旦法律允许群体组织的成员对此种性质的陈述提起名誉侵权诉讼的话,则大量的原告会向法院起诉,要求行为人就其同一性质的陈述对自己承担侵权责任,行为人就会对众多的个人原告承担名誉侵权责任,此时,大量的诉讼就会因此产生,导致了名誉侵权诉讼的泛滥;同时,动不动就责令行为人就其针对某种群体组织的陈述对群体组织中的个人成员承担名誉侵权责任,也会打击行为人行使言论自由权尤其是新闻自由权的积极性,使这些群体组织的行为无法被有效监督。为了保护社会公众的言论自由权尤其是公共媒体的新闻自由权,法律原则上不应当责令行为人就其针对群体组织的陈述对群体组织的个人成

---

① Joseph H. King, Reference to the Plaintiff Requirement in Defamatory Statements Directed at Groups, (2000)35 *Wake Forest L. Rev.* 343, p.348.

② See W. Page Keeton, *Prosser and Keeton on Tor*(fifth edition), West Publishing Co., p.784.

员承担名誉侵权责任。

(三) 群体组织成员不得提起个人名誉侵权诉讼的例外

在坚持群体组织的个人成员不得就行为人对所在群体组织作出的具有名誉毁损性陈述提起个人名誉侵权诉讼的一般原则时,侵权法也对此一般原则设定了某些例外,在符合这些例外情形之下,该群体组织的个人成员有权向法院起诉,要求法院责令行为人就其针对群体组织作出的具有名誉毁损性陈述对自己承担名誉侵权责任。

此种例外或者表现为,个人成员所在的群体组织规模较小和人数较少,行为人针对群体组织本身作出的陈述可以理解为针对群体组织的所有成员,或者表现为,行为人针对该个人成员所在的群体组织作出的陈述也可以解释为针对该个人成员,该个人成员提起名誉侵权诉讼符合涉及原告的构成要件的要求,或者表现为,行为人作出的陈述虽然针对原告所在的群体组织,但其陈述是当着原告个人的面作出的。

Roger 先生在其侵权法著作中对此种原则做了全面阐述,他认为,有关群体组织的个人成员是否有权就行为人针对该群体组织作出的陈述提起名誉侵权诉讼的问题,英国上议院实际上已经在著名的 Knuppfer v. London Express Newspaper Ltd.[①]一案中作出了回答。在此问题上,英国法律坚持这样的原则:(1) 群体组织的个人成员是否可以就行为人针对有关群体组织作出的陈述提起个人名誉侵权诉讼,其核心问题是,行为人在作出此种陈述时其陈述是否牵涉原告,行为人作出的陈述除了涉及群体组织之外还特别涉及原告个人;(2) 在通常情况下,如果行为人作出的具有名誉毁损性陈述是针对某种群体组织本身的话,则该群体组织的个人成员无权主张,行为人作出的陈述是针对他本人的陈述;(3) 即便行为人作出的陈述是针对某个群体组织作出的陈述,群体组织的个人成员也有权提起名誉侵权诉讼,如果行为人的陈述中存在涉及该个人成员名誉的某些内容或者行为人公开其陈述时的环境表明行为人的陈述也涉及该特定的个人成员;(4) 虽然行为人作出的具有名誉毁损性陈述是针对某一群体组织的陈述,如果群体组织的成员数量有限,则群体组织的任何个人成员均有权起诉,要求行为人就其针

---

① [1944] A. C. 116.

对群体组织的陈述对自己承担名誉侵权责任,因为针对该群体组织的陈述也可以说是针对该群体组织中的每一个个人成员的陈述。①

基于公共政策的考量,现代侵权法学说普遍认为,在某些例外情况下,群体组织承担成员可以提起个人名誉侵权责任,为此,他们主要提出了二种理论即"群体组织规模"理论和多因素平衡理论。《美国侵权法重述》(第2版)第564A条对这两种例外规则作出了明确规定,它认为,当行为人对某种群体或者组织作出具有名誉毁损性质的陈述时,行为人只有在符合下列两种情形下才就其陈述对该种群体或者组织的个人成员承担名誉侵权责任:(a)此种群体或者组织规模小,行为人针对此种群体或者组织作出的陈述也可以合理地理解涉及该个人成员;(b)行为人公开其对群体组织名誉具有毁损性质的陈述使人合理得出其陈述也涉及群体组织个人成员的结论。

四、群体组织规模大小理论

(一) 一般原则

在决定行为人是否就其针对某种群体组织作出的陈述对群体组织的个人成员承担名誉侵权责任时,法律要考虑群体组织的规模大小和人数多少。原则上讲,如果行为人对其作出具有名誉毁损性质陈述的群体组织规模较大或者成员人数较多,则行为人不就其针对群体组织作出的陈述对其个人成员承担名誉侵权责任;如果行为人对其作出具有名誉毁损性质陈述的群体组织规模较小,成员人数较少,则行为人应当就其针对群体组织作出的陈述对其个人成员承担名誉侵权责任。

法律之所以在群体组织名誉侵权问题上区分规模大的群体组织和规模小的群体组织,区分成员人数多的群体组织和成员人数少的群体组织并分别根据它们的规模大小和成员人数多少来决定是否责令行为人就其针对群体组织的陈述对群体组织个人成员承担名誉侵权责任,其原因在于,如果行为人对其作出具有名誉毁损性质陈述的群体组织规模较小或者成员人数较

---

① W. V. H. Rogers, *Winfield and Jolowicz on Tort*, thirteen edition (Sweet & Maxwell), pp. 311 – 312.

少,行为人对群体组织作出的具有名誉毁损性陈述更容易被理解是对群体组织个人成员作出的具有名誉毁损性陈述,尤其是当行为人针对群体组织作出的陈述也被合理理解为涉及群体组织的所有个人成员时;如果行为人对其作出具有名誉毁损性质陈述的群体组织规模过大或者成员人数较多,则行为人对群体组织作出的陈述难以被合理理解为是对群体组织个人成员作出的具有名誉毁损性陈述。《美国侵权法重述》(第2版)第564A条第1款对此种规则作出了说明,已如前述。Heuston和Buckley教授指出,在决定某种群体组织的个人成员是否有权就行为人针对所在群体组织作出的陈述提起个人诉讼时,法律会例外地考虑原告所在的群体组织的规模大小,如果原告所在的群体组织规模较小,其个人成员的身份完全可以确定,则行为人针对群体组织作出的陈述也必然回被看做是针对群体组织的每个成员作出的陈述,此时,群体组织的任何个人成员均有权提起侵权诉讼,要求行为人对自己承担名誉侵权责任。①

(二) 历史发展

行为人仅仅就其针对规模较小和人数较少的群体组织作出的陈述对群体组织的个人成员承担名誉侵权责任的规则源于19世纪,在20世纪得到广泛地适用。例如,在1834年,司法判例就在 Ellis v. Kimball② 一案中认定,当行为人对其作出具有名誉毁损性质陈述的群体组织的成员少于10人时,行为人应当就其针对群体组织作出的陈述对群体组织的个人成员承担名誉侵权责任。在1906年,司法判例在 Watson v. Detroit Journal Co.③ 一案中认定,当行为人对邮票贸易产业这一行业整体作出具有名誉毁损性质的陈述时,属于群体组织的一家邮票贸易公司不享有诉讼提起权,它无权向法院起诉,要求被告就其陈述对自己承担侵权责任,因为原告所属的群体组织成员人数太多。

在20世纪40年代,虽然司法判例已经在众多的案件中明确区分行为人对其作出陈述的群体组织规模大小和成员人数多少并分别根据群体组织

---

① R. F. V. Heuston and R. A. Buckley, *Salmond and Heuston on the Law of Torts*(twenty-first edition), Sweet & Maxwell Ltd., p. 145.
② 33Mass. (16Pick)132(1834).
③ 143Mich,430,440,107N. W. 81,85(1906).

规模大小和成员人数多少认定行为人是否就其针对群体组织作出的陈述对群体组织的个人成员承担名誉侵权责任,但司法判例所表现出的此种发展趋向并没有引起学说的高度重视和广泛兴趣,学说很少对这样的重要问题作出探讨,他们没有像现在这样发表大量的学术论文,探讨群体组织名誉侵权与群体组织规模大小的关系;他们也没有在他们的侵权法著作中对这样的重要问题作出介绍,虽然他们有时也在他们的侵权法著作中对群体组织名誉侵权方面的问题作出简单说明。因此,在20世纪40年代,侵权法没有形成所谓的群体组织名誉侵权规则。

在1941年出版的第一版的《侵权法》著作中,Prosser教授对群体组织名誉侵权作出的说明是:"当行为人作出的具有名誉毁损性陈述是针对由某些人构成的群体组织时,群体组织的个人成员是否可以对行为人作出的陈述提起名誉侵权诉讼,法律上存在某些困难。此时,原告必须首先证明自己属于被行为人毁损名誉的那个群体组织的成员;此外,他们还必须证明行为人作出的陈述被一个有理性的人认为涉及原告本人的名誉。"[1]在这一版的侵权法著作中,Prosser教授既没涉及任何群体组织名誉侵权规则,也没有区分规模较大的群体组织和规模较小的群体组织。

(三) 25名个人成员最高数额限制规则的确立

20世纪50年代,司法判例不仅沿延了20世纪初期司法判例区分规模较大的群体组织和规模较小的群体组织并分别决定行为人是否对规模不同的群体组织的个人成员承担名誉侵权责任的判例法精神,而且还尝试在具体案件中对规模较大和规模较小的区分标准进行具体的、数量上的限制,它们认为,当群体组织的个人成员数量超过一定的限度时,群体组织即被看做规模较大的群体组织,行为人即便对此种规模的群体组织作出具有名誉毁损性质的陈述,法律也不会允许作为群体组织个人成员的原告对行为人提起诉讼,要求行为人就其陈述对自己承担个人名誉侵权责任;当群体组织的个人成员数量没有超过此种限度时,群体组织即被看做规模较小的群体组织,行为人对此种规模的群体组织作出具有名誉毁损性质的陈述,法律会允许作为群体组织个人成员的原告对行为人提起诉讼,要求行为人就其陈述

---

[1] W. Prosser, *Handbook of The Law of Trots* (1st edition), West Publishing Co., 1941 p. 792.

对自己承担个人名誉侵权责任。

在侵权法从抽象的判断标准迈向具体判断标准的进程中,美国司法判例在1952年的 Neiman-Marcus v. Lait① 一案中作出的判决具有里程碑的意义。在该案中,被告分别对三个群体作出具有名誉毁损性质的陈述,其中第一个群体包括9名商店模特儿,被告将其中的某些模特儿说成是应召女郎(callgirls);第二个群体包括25名男售货员,被告将其中的绝大多数男售货员说成是妖精,是同性恋者,说他们整天妖里妖气的;第三个群体包括382名女售货员,被告将她们称作"应召女郎"。不过,被告在毁损这些女售货员的名誉时并没有确切地说明,被称作应召女郎的女售货员究竟有多少。为了维护自己的利益,第一个群体的9名模特儿、第二个群体中的15名男售货员和第三个群体中的30名女售货员均分别向法院起诉,要求被告就其作出的具有名誉毁损性陈述对他们承担名誉侵权责任。法院认为,第一个群体的全体成员和第二个群体的25名成员有权向法院起诉,要求行为人就其陈述对他们承担名誉侵权责任,而第三个群体的382名成员无权向法院起诉,要求行为人就其陈述对他们承担名誉侵权责任。法院之所以得出此种结论,其判决理由有三:

其一,直到1952年司法判例确立群体组织名誉侵权制度以来,还没有司法判例在其个人成员如此众多和规模如此庞大的群体组织名誉侵权诉讼中允许其中的一个或几个成员向法院起诉,要求行为人就其针对所在群体组织的名誉毁损行为对自己承担名誉侵权责任,因此,责令行为人就其针对382名群体作出的陈述对原告承担名誉侵权责任没有判例法根据。

其二,在本案中,行为人作出的具有名誉毁损性陈述仅是针对382名售货员构成的群体,行为人在作出此种陈述时并没有针对该种群体中的某个个人售货员,因此,该382名女售货员中的任何个人成员均不能起诉,虽然行为人在针对上述第一个群体和第二个群体作出具有名誉毁损性质的陈述时也没有针对群体组织中的某个个人售货员或模特儿,但上述第一个群体和第二个群体的规模较小,个人成员人数较少,行为人对此类规模的群体组织作出的陈述更容易被看做是针对群体组织个人成员作出的陈述。

其三,在本案中,由于由382名女售货员组成的群体规模太大,当行为

---

① 13F. R. D. 311C. D. S. N. Y. (1952).

人在其文章中毁损此种群体的名誉时,一个有理性的人不会将行为人作出的陈述当回事,他们不会认为行为人作出的陈述牵涉到群体组织中的任何个人售货员的名誉。

此案的规则确立之后,不仅得到了其他司法判例的遵循,而且还引起侵权法学者的高度重视,成为对当今英美侵权法尤其是美国侵权法有重要影响的规则。具体而言,Neiman-Marcus 一案的规则产生的影响力表现在两个方面:

一方面,Neiman-Marcus 一案确立的规则首次将群体组织规模的大小建立在具体数额限制方面,认为群体组织的个人成员超过 25 人时,群体组织就被看做大规模的群体组织,其个人成员不得要求行为人就其针对群体组织作出的陈述对自己承担名誉侵权责任,当群体组织的个人成员等于或者小于 25 人时,群体组织就被看做小规模的群体组织,其个人成员有权要求行为人就其针对群体组织作出的陈述对自己承担名誉侵权责任。自此以后,司法判例就将 25 人的个人成员数看做判断群体组织规模大小和成员人数多少的判断标准,当行为人对其作出具有名誉毁损性质陈述的群体组织拥有的成员人数少于或者等于 25 人时,行为人就要对群体组织的个人成员承担名誉侵权责任,因为群体组织被看做规模较小的群体组织;当行为人对其作出具有名誉毁损性质陈述的群体组织拥有的成员人数多于 25 人时,行为人就不用对群体组织的个人成员承担名誉侵权责任,此时群体组织被看做规模较大的群体组织。此种判例规则被其他司法判例反复援引,成为司法判例决定群体组织名誉侵权纠纷的最重要判断标准甚至是具有决定意义的标准。

另一方面,Neiman-Marcus 一案确立的规则也为美国 20 世纪 50 年代后的侵权法学说产生了重要影响,一些学者开始在他们的侵权法著作中援引此案确立的规则,将 25 个成员数看做决定群体组织规模大小的判断根据。在 1955 年出版的第二版《侵权法》中,Prosser 教授改变了第一版《侵权法》中没有讨论群体组织名誉侵权规则的现状,既讨论了群体组织名誉侵权规则,也讨论了群体组织规模大小对群体组织个人成员名誉侵权诉讼的影响。Prosser 教授在其《侵权法》著作中指出:"群体组织名誉侵权规则已经统一适用到相对较大的群体或者组织。当这些群体组织的规模小于 25 个成员数时……法院愿意得出行为人作出的具有名誉毁损行为的陈述是直接指向群体组织的个人成员的结论。"①此后,Prosser 教授分别在其 1964 年和 1971 年出版的第三版和第四版的《侵权法》著作中使用了类似的语言,认为群体组织的个人成员是否已经超过 25 人是决定群体组织究竟是相对较大规模的群体组织还是相对较小规模的群体组织的判断标准。如果行为人对其作出陈述的群体组织的个人成员人数多于 25 人,则群体组织为规模相对较大的群体组织,行为人针对群体组织作出的陈述将不会看做针对群体组织个人成员作出的陈述,该群体组织的成员将不能提起个人名誉侵权诉讼;如果行为人对其作出陈述的群体组织的个人成员数等于或者小于 25 人,则群体组织为规模相对较小的群体组织,行为人针对群体组织作出的陈述将会被看做针对群体组织个人成员作出的陈述,群体组织的成员将有权提起个人名誉侵权诉讼,要求行为人就其针对群体组织作出的陈述对自己承担侵权责任。

由于 Prosser 教授在美国侵权法学界的至尊地位,Prosser 教授在其第四版的侵权法著作中发表的上述学术观点不仅被美国众多的侵权法学家所认同,而且还对美国司法判例产生了重要影响。自此以后,美国众多司法判例都将不超过 25 人的个人成员数作为某种群体组织的个人成员能够提起名誉侵权诉讼的标准,即便行为人作出的此种陈述仅是针对原告所在的群体组织作出的陈述;如果原告所在的群体组织有超过 25 人以上的个人成员,则当行为人作出的陈述仅是针对群体组织作出的陈述时,原告无权向法院起诉,要求行为人就其陈述对自己承担名誉侵权责任。早在 1958 年,司法判例即在 Mick v. American Dental Ass'n②一案中援引 Prosser 教授在其第二版的侵权法著作中提出的观点,认为决定群体组织规模大小的标准是 25 人的个人成员数的最高限额标准。在 1983 年,司法判例在 Gintert v. Howard Publications Inc.③一案中认为,只有群体组织的个人成员等于或者少于 25 人时,群体组织的个人成员才有权向法院起诉,要求行为人对自己承担侵权责任,即便行为人作出的陈述是针对群体组织作出的陈述。在 1997 年,司法判例在 Thomas v. Jacksonville Television,Inc.④一案中认定,当其名誉被毁

---

① W. Prosser,*Handbook of the Law of Torts*(2d ed),West Publishing Co.,1955,pp.583-584.
② 139 A. 2d 570,.582-83(N. J. Super,Ct. App. Div. 1958).
③ 565F. Supp. 829,839(N. D. Ind. 1983).
④ 699So. 2d 800,805(Fla,Dist. ct. App. 1997).

损的群体组织个人成员超过 25 人时,行为人对群体组织作出的具有名誉毁损性陈述不可能被认为是涉及原告名誉的陈述。在 1998 年,司法判例在 Fexas Beef Group v. Winfrey① 一案中认为,当行为人对由美国大约 100 万的养牛人组成的群体作出具有名誉毁损性质的陈述时,该种群体规模太大,使行为人无须就其陈述对其中的一个养牛户承担名誉侵权责任。

(四)群体组织规模大小理论在现代英美侵权法中的地位

在当今社会,随着群体组织名誉侵权法的不断发展,司法判例和学说也开始注重其他有关群体组织名誉侵权法方面的理论,尤其是有关多因素考量的理论,但群体组织规模大小理论仍然是司法判例和学说坚持的最重要理论,仍然是群体组织名誉侵权法方面最重要的例外规则,在群体组织名誉侵权法律制度中仍然占据核心地位。表现在三个方面:其一,在当今社会,虽然某些侵权法学家已经不再在他们的侵权法著作中固守他们曾经坚守的群体组织规模大小理论,但大多数侵权法学家仍然在他们的侵权法著作或者论文中坚持此种理论,认定群体组织规模大小是决定群体组织的个人成员是否享有提起个人名誉侵权诉讼的最重要的和唯一的标准,法律在作出此种决定时仅仅考虑行为人对其作出具有名誉毁损性质陈述的群体组织规模大小,不需要再考虑其他方面的因素。Epstein 教授在其《侵权法》中指出,在决定作为某种群体组织个人成员的原告是否有权就行为人针对群体组织作出的陈述提起个人名誉侵权诉讼时,法律要考虑的因素是群体组织的规模大小。② King 教授在其侵权法论文中指出,在决定作为群体组织个人成员的原告是否有权就行为人针对群体组织作出的陈述提起个人名誉侵权诉讼时,法律必须将最高成员数额限制看做此种名誉侵权诉讼的必要条件。具体而言,当超过 25 人的群体组织成员向法院起诉,要求行为人就其针对群体组织的陈述对自己承担个人名誉侵权责任时,法院应当驳回原告提出的此种诉讼请求。③

其二,《美国侵权法重述》(第 2 版)明确规定了群体组织规模大小理论

---

① 11 F. Supp. 2d 858,864 (N. D. Tex. 1998).
② Richard A. Epstein, *Torts* (fifth edition), Little, Brown and Company, p. 1094.
③ Joseph H. King Reference to the Plaintiff Requirement in Defamatory Statements Directed at Groups, (2000) 35 *Wake Forest L Rev.* 343, 344.

并间接承认了25个个人成员数的判断标准理论。《美国侵权法重述》(第2版)第564A条虽然并没有规定判断群体组织规模大小的最高数额标准,但有关此条的官方评论间接认可了25个个人成员数的最高限额标准。该条的官方评论B指出,"虽然法律没有办法对群体组织规模大小作出确定的限额,但是司法判例通常仅仅允许其成员人数为25人或者少于25人的群体组织成员获得名誉侵权损害赔偿"。

其三,司法判例仍然适用群体组织规模大小理论。在当今社会,由于其他有关群体组织名誉侵权学说的影响和公共政策在群体组织名誉侵权案件中的具体运用,某些司法判例已经放弃了群体组织规模大小理论,认为在决定群体组织的成员是否有权要求行为人就其针对群体组织本身作出的陈述对自己承担侵权责任时,法律不得仅仅考虑群体组织的规模大小,还应当考虑其他具体因素,但是,绝大多数司法判例仍然坚持群体组织规模大小理论,仍然将群体组织规模大小看做决定行为人是否有权要求行为人就其针对群体组织作出的陈述对自己承担侵权责任的唯一标准。已如前述。

五、群体组织成员不得提起个人名誉侵权诉讼的例外:行为人的陈述涉及群体组织的个人成员

(一)两种解决途径

如果行为人针对群体组织作出的陈述也被认为涉及群体组织的部分成员,群体组织的成员是否有权提起诉讼,要求行为人就其陈述对自己承担名誉侵权责任?在英美法系国家,无论是司法判例还是学说都对此持肯定意见,认为行为人应当就其针对群体组织作出的陈述对群体组织的个人成员承担名誉侵权责任,群体组织的个人成员有权要求行为人就其陈述对自己承担侵权责任。但是,司法判例和学说得出这样的结论是基于不同的理论。

某些司法判例和学说认为,法律之所以要责令行为人就其针对群体组织作出的陈述对群体组织的成员承担名誉侵权责任,是因为被告针对群体组织作出的陈述也被认为是针对群体组织成员作出的陈述,原告对行为人提起名誉侵权诉讼符合一般名誉侵权责任的构成要件。此时,无须适用群

体组织名誉侵权理论。

某些司法判例认为,当行为人针对群体组织作出的陈述也被认为涉及群体组织大多数成员或者部分成员的名誉时,法律责令行为人就其陈述对群体组织的成员承担名誉侵权责任,其理论根据不在于原告的名誉侵权请求权符合一般名誉侵权责任的构成要件,而在于群体组织名誉侵权一般原则的例外。

在英美法系国家,如果行为人针对群体组织作出的陈述也被认为涉及群体组织大多数或者部分成员的名誉,则行为人应当就其陈述对群体组织的成员承担侵权责任,原告有权要求被告就其陈述对自己承担侵权责任。此时,被告承担侵权责任的根据并不是群体组织名誉侵权理论而是符合"涉及原告"构成要件的一般名誉侵权责任。

不过,主流司法判例或者学说并不采取这样的理论,他们认为,在一般情况下,行为人不用就他们针对群体组织作出的陈述对群体组织的个人成员承担名誉侵权责任,但是,如果行为人作出的此种陈述也特别涉及群体组织的所有成员或者被理解为也涉及特定的原告,则行为人仍然要就其针对群体组织作出的陈述对其群体组织的个人成员承担侵权责任,原告有权要求行为人就其陈述对自己承担名誉侵权责任。《美国侵权法重述》(第2版)第564A条之官方评论B对此规则作出了说明,它指出,行为人公开其具有名誉毁损性质陈述的外在事实可能清楚地说明,虽然行为人使用的语言可能表面上不会毁损任何人的名誉,但行为人作出的陈述实际上涉及某个特定的个人。[①]

法律之所以认为此种例外使群体组织的个人成员有权要求行为人就其针对群体组织作出的陈述对自己承担名誉侵权责任,其原因在于,行为人作出的具有名誉毁损性陈述虽然直接针对群体组织,但是行为人作出的此种陈述也使作为群体组织的个人成员遭受同样的名誉损害,就像行为人直接针对该个人成员作出具有名誉毁损性质的陈述一样。不过,行为人作出的陈述究竟要达到什么样的程度才允许群体组织的个人成员提起名誉侵权诉讼,司法判例和学说有不同的意见。

---

① Restatement (Second) of Torts, 564A Cmt. b.

(二) 涉及所有成员、大多数成员或者部分成员的理论

某些司法判例认为,只有行为人作出的陈述被认为涉及群体组织的所有成员时,法律才会允许群体组织的个人成员提起名誉侵权诉讼。在 Granger v. Time, Inc.① 一案中,法官认为,除非行为人针对原告所在的群体组织作出的陈述可以被合理理解为涉及该群体组织的所有成员,否则,群体组织的任何个人成员均不得就行为人作出的陈述提起名誉侵权诉讼。在 Nationa Nutritional Foods Ass'n v. Whelan②,法官也指出,除非行为人作出的具有名誉毁损性陈述被理解为涉及该群体组织的每一个成员,否则,群体组织的任何个人成员均不得提起名誉侵权诉讼。

某些司法判例对上述规则提出批判,它们认为,即便行为人针对某种群体组织作出的陈述仅仅涉及群体组织的部分或者个别成员,法律也允许被涉及的部分或个别成员提起名誉侵权诉讼,要求行为人就其针对群体组织作出的陈述对自己承担名誉侵权责任,法律并不要求行为人作出的陈述涉及群体组织的所有成员。在 Gross v. Cantor③ 一案中,司法判例认为,即便行为人作出的陈述是针对某种群体组织作出的陈述,如果行为人作出的陈述涉及 12 名成员中的 11 名成员的名誉的话,则该群体组织的个人成员有权起诉,要求行为人就其陈述对自己承担名誉侵权责任。在 Neiman-Marcus v. Laits④ 一案中,法官认为,即便行为人作出的陈述是针对具有 25 名售货员的群体组织作出的,只要此种陈述涉及 25 名售货员中的大多数,则其中一个售货员有权提起名誉侵权诉讼。

(三) 有关学说的争论

在法律上,在决定行为人是否就其具有名誉毁损性质的陈述对某种群体组织的个人成员承担名誉侵权责任时,上述哪一种方式更优越?有些学者认为,后一种理论优越于前一种理论,在决定行为人是否就其针对群体组织作出的陈述对群体组织的个人成员承担侵权责任时,法律并不要求行为

---

① 174 Mont 42,48,568p. 2d 535,539(1977).
② 492 F. Supp. 374,380(S. D. N. Y. 1980).
③ 2000N. E. 592,593(N. Y. 1936).
④ 13F. R. D. 311, 315 – 16(S. D. N. Y. 1952).

人针对群体组织作出的陈述亦被理解为针对群体组织的全体成员,只要行为人作出的陈述涉及群体组织的部门成员或者一个或者少数几个成员,该群体组织的个人成员即有权要求行为人就其陈述对自己承担侵权责任。①

而有些学者认为,前一种理论更优越于后一种理论。他们认为,在决定行为人是否就其陈述对原告承担名誉侵权责任时,法律要求行为人针对群体组织的名誉毁损陈述涉及群体组织的所有成员,如果不能涉及群体组织的所有成员,至少也要涉及群体组织的大多数成员;如果行为人针对群体组织的名誉毁损仅仅涉及群体组织的少数成员或者个人成员,则行为人不就其陈述对群体组织的个人成员承担名誉侵权责任。②

在上述二种理论中,笔者采取涉及少数个人成员的理论,认为行为人针对群体组织的陈述如果仅仅涉及群体组织的个别成员或者少数成员,行为人即应对提起名誉侵权诉讼的原告承担名誉侵权责任。此时,原告不仅要证明被告针对群体组织作出的陈述也涉及群体组织的个别或者部分成员,即便被涉及的这一部分个人成员所占的比例不高,数量不大,原告也可以向法院起诉,要求行为人就其陈述对自己承担名誉侵权责任,法律不能仅仅因为被行为人陈述涉及的个人成员不包括全体成员或者至少不包括大多数成员而否定原告享有的名誉侵权诉讼提起权;而且还要证明自己是被行为人陈述涉及的少数个人成员之一,被告的陈述虽然是针对自己所在的群体组织,而且也影响到了包括自己在内的某些群体组织成员的名誉。原告之所以要证明这一点,其原因在于,如果原告仅仅证明行为人针对群体组织作出的陈述涉及群体组织的个人成员而不能证明自己属于此种个人成员的一员,则他们将无法证明自己符合"涉及原告"侵权责任构成要件的要求。采取此种理论的好处在于,只要行为人针对原告所在群体组织作出的陈述涉及包括原告在内的少数个人成员的名誉,行为人即应就其陈述对群体组织中的少数个人成员承担名誉侵权责任,法律不会仅仅因为被行为人陈述涉及的群体组织的成员数量太少、比例太小而影响群体组织个人成员的诉讼提起权,为群体组织个人成员名誉权的保护提供制度保障。

---

① Jeffrey S. Bromme, Group Defamation: Five Guiding Factors, (1985) 64 *Tex. L. Rev.* 591, 593.

② Joseph H. King, Reference to the Plaintiff Requirement in Defamatory Statements Directed at Group, (2000) 35 *Wake Forest L. Rev.* 343, 364.

六、群体组织成员不得提起个人名誉侵权诉讼的例外：多因素考量理论

（一）基本原则

所谓多因素考量理论（the multi-factor tests）也称"怀疑强度"（intensity of suspicion）理论，它认为，在决定行为人是否就其针对群体组织作出的陈述对群体组织的个人成员承担名誉侵权责任时，法律不应当仅仅考虑群体组织的规模大小或者群体组织成员人数的多少这一因素，而应当考虑各个案件所面临的各种具体因素，对这些因素进行平衡考虑并最终作出行为人是否要就其针对群体组织作出的陈述对群体组织的个人成员承担侵权责任。根据多因素考量理论，无论是规模较大的群体组织还是规模较小的群体组织，只要法官在考虑案件面临的各种具体因素之后认为，行为人针对群体组织作出的具有名誉毁损性陈述也使人强烈怀疑，行为人作出的陈述实际上是对作为群体组织中个人成员的原告作出的，则法官应当责令行为人就其陈述对原告承担名誉侵权责任，作为群体组织个人成员的原告有权向法院起诉，要求行为人就其针对群体组织作出的陈述对自己承担名誉侵权责任；如果法官考虑案件面临的各种具体因素之后认为，行为人针对群体组织作出的陈述不会使人强力怀疑也是针对作为群体组织个人成员的原告作出的陈述，则法官不应责令行为人就其针对群体组织作出的陈述对原告承担名誉侵权责任，作为群体组织个人成员的原告无权向法院起诉，要求行为人就其针对群体组织作出的陈述对自己承担名誉侵权责任。

（二）多因素考量理论的历史发展

在历史上，多因素考量理论最初被称之为"怀疑强度"理论，此种理论最初由一篇注释文章提出来的。在1934年，第34期《哥伦比亚大学法律评论》上发表了题为《就群体组织名誉毁损行为承担的侵权责任》的注释文章，认为在决定群体组织的个人成员是否有权就其针对群体组织作出的陈述提起个人名誉侵权诉讼时，法律不应当采取群体组织规模大小理论，而应当采取一种更加现实的方法，即行为人针对群体组织作出的具有名誉毁损

性陈述是否对原告个人名誉产生了具有名誉毁损性质的怀疑强度,如果行为人作出的陈述被人强烈怀疑为实际上是对群体组织中的个人成员作出的陈述,则即便行为人作出的陈述是针对群体组织的,群体组织的成员也有权要求行为人就其陈述对自己承担侵权责任;否则,当行为人作出的陈述不会被人强烈怀疑为是对群体组织的个人成员作出的陈述时,群体组织的成员无权要求行为人就其陈述对自己承担侵权责任。该篇注释文章认为,此种标准是一种纯事实性质的探询标准,它根据名誉侵权法的客观理论来判断行为人是否应当就其针对群体组织作出的陈述对作为群体组织个人成员的原告承担名誉侵权责任。① 该篇注释文章还认为,之所以要采取这样的判断标准,"是因为行为人对其作出具有名誉毁损性质陈述的群体组织种类众多、变化极大,对它们采取有关侵权责任方面的确定性规则似乎是不可能的"②。该篇注释文章因此提出建议,认为在决定行为人是否就其针对群体组织作出的陈述对群体组织的个人成员承担名誉侵权责任时,法官要考虑几种因素,包括群体组织的规模、群体组织个人成员数量、群体组织组成人员的确定性以及群体组织的系统性等。这样做的好处在于,采取"怀疑强度"理论史容易使作为群体组织个人成员的原告获得名誉损害赔偿,因为"怀疑强度"理论更趋向于将问题的售点更清晰地集中于每个成员遭受的损害与行为人作出的陈述之间所具有的因果联系上。③

"怀疑强度"理论提出之后,虽然在20世纪60年代对美国某些司法判例产生了影响并被它们适用于某些案件中,但是它并没有对英美法系国家的侵权法学家产生影响,此种状况一直持续到20世纪70年代末期才得到改善。到了1978年,Eldredge先生开始在其侵权法著作中援引此种理论,他认为,"在讨论群体组织的成员是否有权要求行为人就其针对所在群体组织作出的陈述对自己承担侵权责任时,大多数学说都强调群体组织的规模大小,他们很少强调行为人作出的陈述对群体组织成员名誉造成的影响。"④到了1984年,在修改Prosser教授第四版的《侵权法》著作时,Keeton先生和其他侵权法学家们突然放弃了Prosser教授在其前几版中一直坚守的群体

---

① Note: Liability for Defamation of a Group, 34 *Colum L. Rev.* 1322,1325(1934).
② Ibid.
③ See Note: Liability for Defamation of a Group, 34 *Colum L. Rev.* 1322,1326(1934).
④ Lawrence H. Eldredg, The Law of Defamation 55, 1978.

组织规模大小理论,改采'怀疑强度'理论。在第五版的《侵权法》著作中,Keeton 先生和其他学者在讨论群体组织名誉侵权时指出,"通常而言,当行为人对由大量人员组成的规模较大的群体组织作出具有名誉毁损性质的陈述时,群体组织的个人成员不得对此种行为人提出名誉侵权诉讼,其原因仅仅在于,行为人针对群体组织作出的一般陈述不可能被合理地认为涉及群体组织的每个个人成员或者某个特定成员。它同样也不会使人合理地相信,行为人作出的此种陈述存在损害特定群体成员个人名誉的足够可能性。但是,群体组织的规模、行为人作出的具有名誉毁损性质陈述的性质或者一般性、行为人诽谤的放肆性等因素,均可以作为认定行为人作出的陈述是否涉及原告名誉的考量因素;一旦认定行为人的陈述使他人产生了对原告的足够怀疑,并使他人基于此种怀疑而合理地相信行为人作出的陈述可能涉及原告的话",则行为人应当就其陈述对原告承担个人名誉侵权责任。[①] 在1985 年,Bromme 先生在其文章中倡导多因素考量理论,他认为,在决定行为人是否就其针对群体组织作出的陈述对作为群体组织个人成员的原告承担名誉侵权责任时,法官应当考虑 5 个重要因素即行为人作出的具有名誉毁损性陈述的性质、毁损群体组织名誉的行为人的可信度、群体组织的结构和原告在群体组织中的地位、群体组织的受欢迎程度以及社会公众对公共问题享有的受限制讨论的利益,其中前四种因素是法官用来决定群体组织的个人成员是否有权要求行为人就其针对群体组织作出的陈述对自己承担名誉侵权责任的要素,而后一种构成要素不作为决定此种问题的构成要素,而仅仅作为法官在反对群体组织的个人成员提起个人名誉侵权诉讼的加强要素。[②] 到了 1999 年,Smolla 在其《名誉侵权法》的著作中认定,在当代,有几个法院在他们的说理充分的判例中开始抛弃群体组织规模大小这一狭小理论,在群体名誉侵权案件中适用更具灵活性的"怀疑强度"理论。

(三) 多因素考量理论的具体考量因素

在当今侵权法学界,即便像 Keeton 这样的侵权法学家也在主张多因素

[①] W. Page Keeton, *Prosser and Keeton on Torts* (fifth edition), West Publishing Co., p. 784.

[②] Jeffrey S. Bromme, Note: Group Defamation: Five Guiding Factors, (1985) 64 *Tex L. Rev.* pp. 591, 595.

考量理论,主张用"怀疑强度"理论取代群体组织规模大小理论,但此种理论究竟如何加以适用,侵权法学界并没有非常详尽的讨论。迄今为止,只有少数侵权法学家在他们的著作或论文中对这一理论作出过详尽的分析,其中尤以 Bromme 先生为典型。在 1985 年,Bromme 在第 64 期《德克萨斯州法律评论》上发表注释文章《群体组织名誉侵权:五个指导因素》,对多因素考量理论作出了详尽的分析。在其文章中,Bromme 分析了现代英美法系国家关于群体组织名誉侵权法领域存在的各种混乱现象,对英国和美国群体组织名誉侵权规则产生的历史做了剖析,提出了五个指导因素的多因素考量理论,认为在决定群体组织个人成员是否有权要求行为人就其针对群体组织作出的陈述对自己承担名誉侵权责任时,法官必须具体考虑下列五个具体因素:

1. 行为人作出陈述的性质

Bromme 先生认为,在认定行为人针对群体组织作出的陈述是否也是针对群体组织成员作出的陈述时,法官应当考虑的第一个也是最重要因素是,行为人作出的具有名誉毁损性陈述是什么性质的陈述。当行为人作出的陈述是观点陈述而非事实陈述时,行为人作出的观点陈述是不得被起诉的,即便群体组织的成员因为行为人作出的观点陈述遭受了名誉损害,他们也不得提起侵权诉讼,要求行为人就其陈述对自己承担名誉侵权责任。只有当行为人作出的陈述被看做是事实陈述时,群体组织的成员才有可能提起侵权诉讼,要求行为人就其陈述对自己承担侵权责任。在行为人陈述的众多事实中,有些事实的陈述比其他事实的陈述更容易产生名誉侵权诉讼。此时,行为人对事实的陈述越是恶毒,法官越是有可能认可,群体组织的个人成员有权提起诉讼,要求行为人就其针对群体组织的陈述对自己承担名誉侵权责任。而对于其他类型的事实陈述而言,行为人针对群体组织作出的陈述不会被看做是针对群体组织个人成员作出的陈述,社会公众不可能会认定,行为人针对群体组织作出的此类陈述涉及群体组织特定个人成员的名誉。[①]

2. 行为人的可信度

Bromme 先生认为,在认定行为人针对群体组织作出的陈述是否也是针对群体组织成员作出的陈述时,法官应当考虑的第二个因素是,作出具有名

[①] Jeffrey S. Bromme, Note: Group Defamation: Five Guiding Factors, (1985) 64 *Tex L. Rev.*, pp.599 – 600.

誉毁损性质陈述的行为人的可信度。当针对群体组织作出名誉毁损性陈述的行为人是一个可信度高的行为人时,法律更愿意将他们针对群体组织作出的陈述看做是针对群体组织的个人成员作出的陈述,因为当一个具有高可信度的行为人作出陈述时,他们作出的陈述更有可能会长久吸引公众的注意力,使社会公众将行为人针对群体组织作出的陈述与作为该群体组织个人成员的原告联系在一起。如果针对群体组织作出具有名誉毁损性陈述的行为人是可信度低的行为人,法律更不愿意将行为人针对群体组织作出的陈述看做是针对群体组织的个人成员作出的陈述,因为当作出陈述的人可信度低时,社会公众可能会忽视行为人作出的陈述,他们不会将行为人针对群体组织作出的陈述与特定的原告联系在一起。①

3. 群体组织的结构和原告在该群体组织中的地位

Bromme先生认为,在认定行为人针对群体组织作出的陈述是否也是针对群体组织成员作出的陈述时,法官应当考虑的第三个因素是,群体组织的结构和原告在群体组织中的地位。侵权法认定,并非行为人作出的一切陈述都可以看做涉及原告的陈述,行为人作出的陈述要被看做是涉及原告的陈述,不仅要求行为人对其作出陈述的听者或者读者在听到或者读到行为人作出的陈述后会将行为人的陈述与原告联系在一起,而且还要求听者或者读者将行为人作出的陈述与特定的原告联系在一起的行为是合理的,否则,原告不能要求行为人就其陈述对自己承担侵权责任。原则上讲,一个具有清晰成员标识的群体组织的成员、一个仅仅因为其群体组织成员资格而闻名的群体组织的成员要比界定模棱两可的群体组织的成员或者轮廓不鲜明的群体组织的成员更容易获得损害赔偿。由于群体组织的结构往往和群体组织的规模存在联系,群体组织规模越大,其组织性越差,因此群体组织的规模通常被看做群体组织结构的组成部分。此外,如果原告在某个群体组织中是公众认可的著名成员,其地位突出,影响较大,则该人更容易因为其知名度而获得损害赔偿。②

4. 群体组织的受欢迎程度

Bromme先生认为,在认定行为人针对群体组织作出的陈述是否也是针

---

① See Jeffrey S. Bromme, Note: Group Defamation: Five Guiding Factors, 64 *Tex L. Rev.*, p. 600.

② Ibid., pp. 601 – 602.

对群体组织成员作出的陈述时,法官应当考虑的第四个因素是,行为人对其作出具有名誉毁损性陈述的群体组织的受欢迎程度。当原告是一个非常受社会公众欢迎的群体组织的成员时,法官更应当驳回原告的名誉侵权请求,因为,当群体组织越是受公众欢迎时,公众越是怀疑行为人对这种群体组织作出的陈述,公众越是不会将行为人针对该种群体组织作出的陈述与群体组织中的某个特定个人成员联系在一起。相反,当原告所属的群体组织不受社会公众欢迎时,法官更应当保护原告的名誉,认为行为人针对这样的群体组织作出的陈述极有可能是针对群体组织成员个人作出的陈述,因为社会公众此时更愿意将行为人作出的陈述与原告联系在一起。①

5. 公共问题的公开讨论

Bromme 先生认为,在认定行为人针对群体组织作出的陈述是否也是针对群体组织成员作出的陈述时,法官应当考虑的第五个因素是,一旦法官通过平衡上述四种因素之后责令行为人就其陈述对原告承担名誉侵权责任,法官的判决虽然保护了原告的名誉利益,但可能会阻却社会公众对社会问题的公开讨论。因此,当行为人作出的陈述涉及社会公共问题的讨论时,法官更有可能会驳回原告的诉讼请求,不愿责令行为人就其陈述对原告承担名誉侵权责任。②

(四)多因素考量理论在司法实践中的具体运用

在当今社会,虽然包括 Keeton 等著名教授在内的侵权法学家都在积极倡导"怀疑强度"理论或者多因素考量理论,但是,迄今为止,此种理论还没有得到司法判例的广泛遵循,只有美国为数不多的州在他们为数不多的案例中适用此种理论,其中最重要的州是美国 Oklahoma 和 New York 州,它们在少数案件中适用此种理论,将其作为解决群体组织的个人成员是否享有要求行为人就其针对群体组织作出的陈述对自己承担侵权责任的根据。

1. Fawcett Publications, Inc. v. Morris③

在该案中,被告是一家出版商,它在自己出版的一本杂志中发表文章,

---

① See Jeffrey S. Bromme, Note: Group Defamation: Five Guiding Factors, 64 *Tex L. Rev.*, p. 602.

② Ibid., p. 603.

③ 377 p. 2d 42(Okoa,1962).

说 Oklahoma 州立大学足球队的运动员在从事足球比赛时,在他们的鼻孔里喷洒苯丙胺和其他类似的违禁药。被告对其毁损名誉的足球队有 60—70 个运动员,原告属于其中的一名足球运动员,他向法院起诉,认为被告作出的陈述侵犯了自己的名誉,应当对自己承担名誉侵权责任,因为原告认为,自己在从事足球比赛时虽然的确喷洒过东西,但他所喷洒的东西仅是烈性胡椒薄荷油,不是被告声称的苯丙胺或其他类似的违禁药物。此种喷洒物属于无害物,其目的在于减轻于嘴唇的隐痛。被告认为自己没有侵犯原告的名誉,因为其陈述针对的是 Oklahoma 州立大学的足球队,原告所属的足球队成员过多,其规模过大,自己不用就其陈述对此种规模较大的群体组织的个人成员承担名誉侵权责任。Oklahoma 州的最高法院认为,虽然行为人作出的具有名誉毁损性陈述是针对 Oklahoma 州立大学的足球队,虽然原告所属的足球队规模较大,但行为人仍然要就其针对足球队作出的陈述对原告承担个人名誉侵权责任。该法院认为,虽然原告所在足球队的规模要比美国 Neiman-Marcus 一案规定的最大群体组织的规模几乎大 3 倍,但在是否责令行为人就其针对群体组织作出的陈述对群体组织的个人成员承担名誉侵权责任时,法官不应仅仅考虑群体组织规模大小这一唯一的因素。他们还应考虑原告的知名度以及原告在所属群体组织的个人资格的确定性等因素。在本案中,由于被告刊登文章的期刊读者熟悉原告所在的群体,了解原告并且可以确定原告的身份,行为人对原告所在足球队作出的具有名誉毁损性陈述也被认为是对原告本人作出的具有名誉毁损性陈述,虽然行为人在其文章中没有明确使用原告的姓名。

　　Fawcett 一案值得关注的地方有二:其一,在本案中,被行为人作出具有名誉毁损性质陈述的足球队运动员人数众多,共有 60 至 70 名成员。行为人对如此大规模的群体组织作出具有名誉毁损性质的陈述也要使他们对其中的每一个个人成员承担名誉侵权责任。因此,Fawcett 一案似乎已经明确偏离了 Neiman-Marcus 一案确立的 25 个个人成员的最高数额限制规则。其二,在本案中,法官明确抛弃了群体组织规模大小理论,认为在决定行为人是否就其针对群体组织作出的陈述对该群体组织的个人成员承担名誉侵权责任时,法官不能仅仅考虑群体组织的规模大小这一唯一因素,而必须考虑多重因素,因此法官以"怀疑强度"理论取代了"群体组织规模大小"理论。

　　2. Fawcett 一案规则在 Oklahoma 州的继受

　　Fawcett 一案规则确立之后得到 Oklahoma 州最高法院的遵循,它分别在

1965 和 1984 年的 Layman v. Readers Digest Association① 一案和 Mocullought v. Cities Service Co.② 一案中适用 Fawcett 一案规则，抛弃了群体组织规模大小理论而采取了多因素考量理论。在前一案件中，被告在其文章中说，承建某段高速路的一个承包商建筑的工程质量差。原告向法院起诉，认为被告的文章实际上毁损了自己的名誉，应当对自己承担侵权责任。法院认为，原告无权要求被告就其文章对自己承担名誉侵权责任，因为在该案中，原告没有提供证据，证明被告杂志的征订者认为被告的名誉毁损行为是针对原告个人的，因为承建该路段高速公路的承包商很多。法院认为，在适用"怀疑强度"理论时，必须具备这样的构成要件即原告必须提供证据，证明行为人的陈述涉及原告本人的名誉。在后一案件中，被告对在美国执业的 19,686 名骨疗医生作出具有名誉毁损性质的陈述，原告也是其中的一名骨疗医生，他认为被告的陈述也侵犯了自己的个人名誉，他向法院起诉，要求被告就其陈述对自己承担名誉侵权责任。法院认为，原告无权要求被告就其陈述对自己承担名誉侵权责任，因为原告的主张不符合"怀疑强度"理论的要求。法院认为，当行为人针对不确定群体作出具有名誉毁损性质的陈述时，诸如由 19,686 名骨疗医生组成的群体，此种陈述不是针对这一群体中的某个人作出的，其群体中的个人成员不能就行为人的此种陈述提起个人名誉侵权诉讼，因为行为人对其作出诽谤的群体规模越大，被告文章的读者越是不会认定行为人的陈述涉及该种群体中的特定个人。此外，法院还认为，美国宪法第一修正案还保护社会公众对公共问题的公开讨论，当行为人针对大型群体组织作出的具有名誉毁损性陈述对群体组织的个人造成偶然性或经常性损害时，此种损害可以因为公众的知情权而被抵消。在本案中，由于原告承认，行为人作出的陈述并没有特别牵涉到他本人的名誉，因此，法院认定，被告的陈述不会使人对原告的名誉产生强度怀疑，故被告无须对原告承担名誉侵权责任。

3. Fawcett 一案规则在美国纽约州和其他州的继受

在美国，Fawcett 一案确立的规则除了被 Oklahoma 州的司法判例所遵循外，也被其他个别州所遵循，其中主要为美国纽约州所遵循。在 1981 年，美

---

① 412 P. 2d 192 (Okla. 1965).
② 676p. 2d 833 (Okla. 1984).

国纽约州的司法判例在 Brady v. Ottaway Newspapr Inc.[①]一案中适用 Fawcett 一案的规则,责令行为人就其针对某种群体组织作出的陈述对群体组织的个人成员承担名誉侵权责任。在该案中,被告对由 53 名警察组成的群体作出具有名誉毁损性质的陈述,原告属于此种群体中的一员,他向法院起诉,要求行为人就其针对全体警察作出的陈述对自己个人承担名誉侵权责任。法院认为,不能仅仅因为原告所属的群体组织有超过 25 个成员就阻止群体组织的个人成员向法院起诉,要求行为人对自己承担名誉侵权责任。法院认为,在决定行为人是否就其针对群体组织作出的陈述对该群体组织的个人成员承担名誉侵权责任时,法官虽然要考虑群体组织的规模大小,但法官也仅将群体组织规模大小看做众多应当予以考虑的因素之一,法官除了要考虑群体组织的规模之外,还应当考虑群体组织人数的确定性,群体组织的构成和群体组织的组织程度,群体组织的受欢迎程度以及原告在群体组织中的突出程度。法官明确拒绝被告的意见,认为不应当采用 25 个成员数额限制的规则。在 1995 年,美国司法判例在 Anyanwu v. Columbia Broadcasting System, Inc.[②]一案中适用"怀疑强度"理论拒绝原告的个人名誉侵权请求。在该案中,被告对在美国从事国际贸易的尼日利亚商人作出具有名誉毁损性质的陈述,该商人团共有 500 人以上。原告属于此种团体中的一名商人,他向法院起诉,要求法官责令行为人就其陈述对自己承担个人名誉侵权责任。法院适用"怀疑强度"理论驳回了原告的诉讼请求。到了 1998 年,纽约州的司法判例在 Sovik v. Healing Network[③]一案中,援引 Fawcett 和 Brady 两案确立的规则,责令行为人就其针对群体组织作出的具有名誉毁损性陈述对群体组织中的个人成员承担名誉侵权责任。在该案中,被告对某国际学院的 15 名高级教师进行名誉毁损,原告是 15 名中的 1 名,他向法院起诉,要求被告就其陈述对自己承担名誉侵权责任。法院适用 Fawcett 和 Brady 两案的规则,责令被告就其陈述对原告承担名誉侵权责任。

[①] 495 N.Y.S. 2d 786(App. Div. 1981).
[②] 887 F/Supp, 690(S.D.Y.N. 1995).
[③] 665 N.Y.S. 2d 997(App. Div. 1997).

第七章 小说名誉侵权责任

一、小说的性质对小说名誉侵权责任的影响

（一）小说的界定

所谓小说,是指通过塑造人物、叙述故事、描写环境来反映现实生活、表达作者见解的一种文学方式。无论是什么性质的小说,它们都应当具备三个基本构成要素：小说人物、小说的故事情节以及小说人物生活的自然或者社会环境,其中小说人物是小说的核心要素,因为小说是以塑造人物形象为中心,通过故事情节的展开和自然环境或者社会环境的描写来反映社会生活或者表达小说作者见解；如果没有小说人物,作者不仅无法展开故事情节、描写故事展开的自然环境或者社会环境,而且也无法反映生活面貌,或者表达作者的见解。

（二）小说的性质

无论是什么样的小说,都具有现实性和虚构性。所谓小说的现实性,是指即便小说是作者通过运用想象力创作的作品,小说仍然源于生活、反映现实生活,是对现实生活的艺术再现。在创作小说时,小说作者之所以愿意在他们的小说中描述现实生活当中发生的事件或者现实生活当中存在的人,其主要原因有三：其一,小说作者之所以愿意以现实生活当中的人或者事作为他们小说创作的源泉,是为了使他们在其小说当中表达的观点更具有现实性、更具有说服力。其二,小说作者有意在他们的著作中使用真实人物作为小说人物的原型,是为了表明其小说故事发生的时代,增强读者阅读其小说的兴趣或者阐明小说人物的特性、故事发展的过程等。其三,在小说作者的创造力无法得以发挥时,小说作者使用真实人物作为小说人物可以弥补

小说存在的缺陷,因为现实生活有时是非同寻常的,它们往往超出了人类可以想象的范围。同时,为了创造理想的效果和引起读者的共鸣,小说作者可能有必要描写他们所熟悉的人物。

所谓小说的虚构性,是指小说作者在创作小说时通过艺术方式来再现小说的情节、小说的结构、小说的人物和小说的环境,通过运用想象力来创造其小说作品。小说虽然源于生活,具有一定的真实性、现实性,但是仅仅具有真实性、现实性的作品并非是小说,这是小说作品和其他作品之间的重大差异。作为一种作品,小说应当是小说作者通过艺术手法来再现生活的作品,没有艺术性的作品,当然不是小说。为了通过艺术的方式来表现、再现生活,小说作者在创作小说时必须虚构小说的情节、小说的结构、小说的人物和小说的环境,以便突破真人真事的限制,更好地体现小说作者创作小说的意图。这就是小说的虚构性、创造性。

虽然小说同时具有现实性和虚构性,但是两种性质在小说当中的地位并不完全相同。总的说来,小说的现实性仅是小说的非本质特征,因为小说作者虽然在创作小说时要反映社会生活的要求,但他们对社会真实生活的反应往往是间接的、转弯抹角的,而很少是直接的。而小说的虚构性、创造性是小说的本质特征,因为没有虚构性、创造性,也就没有小说。Prechtel 指出:"小说作者显然是基于想象创作了小说,他们在创作小说作品时并没有期待其创造的小说是真实的。小说的本质特征意味着小说是远离事实或者真实的。"[①]Savare 也指出:"虽然小说作者创造的小说人物各不相同,但是,无可否认的是,真实的生活经验是所有艺术创造活动的源泉。小说作者,尤其是资历较浅的作者,时常以真实的个人作为小说人物的原型。不过,同小说的虚拟性相比,小说的现实性并不占有非常重要的意义,因为小说作者往往根据几个不同人的特性来虚构具有复合性质的人物。"[②]

(三)小说性质同侵权责任之间的关系

在侵权法上,小说的性质对小说名誉侵权责任的影响是,如果小说的现

---

① Mary Frances Prechtel, Classical Malice: A New Fault Standard for Defamation in Fiction, (1994) 55 *Ohio St. L. J.* 187, p.188.

② Mpthew Savare, Falsity, Fault, and Fiction: A New Standard for Defamation in Fiction, (2004) 12 *UCLA Ent. L. Rev.* 129, 130.

实性、真实性过于黯淡而其虚构性过于明显,小说读者在阅读时将不会认定小说人物就是他们,因为他们在阅读小说时很难找到小说人物同他们之间的相同点或者相似点,或者虽然能够找到,但这些相同点、相似点似是而非,似有似无。这样,他们很少会向法院起诉,要求法官责令小说作者就其小说对他们承担名誉侵权责任。

但是,如果小说的现实性、真实性过于明显而其小说的虚构性过于黯淡,则小说读者在阅读小说时将会认定小说人物就是他们自己,因为他们发现,小说人物同他们在诸多重要方面存在相同或者相似的地方。此时,他们就会向法院起诉,要求法官责令小说作者就其小说对自己承担名誉侵权责任。一旦小说读者向法院起诉,要求法官责令小说作者就其小说对自己承担名誉侵权责任,法官应当决定,被告的小说人物是否就是原告,原告是否就是被告小说当中的人物。

法官在作出这样的决定时实际上还是要考虑小说的性质:如果小说的现实性、真实性过强而其虚构性过弱,一个有理性的读者在阅读被告的小说时将被告的小说人物看做是原告,则法官可能会将被告的小说人物看做是原告,将被告的小说看做是关乎、涉及原告名誉的小说,此时,法官是否会责令小说作者对原告承担名誉侵权责任,还要看小说作者是否符合小说名誉侵权责任的其他构成要件,尤其是否符合过错侵权责任的特殊构成要件;如果小说的现实性、真实性过弱而其虚构性过强,一个有理性的读者在阅读被告的小说时不会将被告的小说人物看做是原告,则法官不会将被告的小说人物看做是原告,不会将被告的小说看做是关乎、涉及原告名誉的小说,也不会责令被告小说作者就其小说对原告承担名誉侵权责任。

二、我国的小说名誉侵权责任

在我国,虽然小说名誉侵权案件大量发生,但无论是我国《民法通则》还是我国民法学说或者侵权法学说都没有对这样的问题作出说明。因此有关小说名誉侵权案件同一般的名誉侵权案件的关系如何,有关引起争议的小说是否是关乎、涉及原告名誉的小说,有关小说作者就什么程度的过错对原告承担名誉侵权责任,有关小说名誉侵权责任的承担同小说作者出版自由权、创作自由权之间的关系如何协调,有关小说的性质对小说作者名誉侵权责任的影响等问题,不仅我国《民法通则》没有作出明确规定,就是我国民法学说或者侵权法学说也很少加以论及。

(一)最高人民法院关于小说名誉侵权的司法解释

在《关于审理名誉权案件若干问题的解答》当中,最高人民法院对小说名誉侵权案件的处理问题作出了说明。该《解答》第9条规定:撰写、发表文学作品,不是以生活中特定的人为描写对象,仅是作品的情节与生活中某人的情况相似,不应认定为侵害他人名誉权。描写真人真事的文学作品,对特定人进行侮辱、诽谤或者披露隐私损害其名誉的;或者虽未写明真实姓名和住址,但事实是以特定人或者特定人的特定事实为描写对象,文中有侮辱、诽谤或者披露隐私的内容,致其名誉受到损害的,应认定为侵害他人名誉权。编辑出版单位在作品已被认定为侵害他人名誉权或者被告知明显属于侵害他人名誉权后,应刊登声明消除影响或者采取其他补救措施;拒不刊登声明,不采取其他补救措施,或者继续刊登、出版侵权作品的,应认定为侵权。此种解释的核心规则有三:

其一,根据小说的性质来决定小说作者是否就其小说对他人承担名誉侵权责任。根据最高人民法院《关于审理名誉权案件若干问题的解答》第9条的规定,如果小说不是纪实小说、历史小说而是纯小说,则当小说的人物同原告存在相同或者相似性时,小说作者不就其小说引起的名誉损害对原告承担名誉侵权责任;如果小说是纪实小说、历史小说,则当其小说存在对原告具有名誉毁损性质的内容时,小说作者应当对原告承担名誉侵权责任,即便小说作者在进行纪实小说、历史小说创造时掩饰了、隐藏了小说人物的身份,他们也应当对原告承担名誉侵权责任。

其二,仅仅根据小说是否关乎、涉及原告的名誉来决定小说作者是否就其小说对原告承担名誉侵权责任,不要求小说作者在出版引起争议的小说时存在某种过错。根据最高人民法院《关于审理名誉权案件若干问题的解答》第9条的规定,只要小说作者的小说被看做是纪实小说、历史小说,只要其纪实小说、历史小说当中存在虚假的、具有名誉毁损性质的内容,小说作者就应当对原告承担名誉侵权责任,即便他们在创作或者出版这些小说时没有过错,他们也应当对原告承担名誉侵权责任。因此,纪实小说、历史小说的作者就其纪实小说、历史小说承担的名誉侵权责任是严格责任而非过错侵权责任。

其三,区分小说作者和小说出版者在名誉侵权法上的地位。根据最高人民法院《关于审理名誉权案件若干问题的解答》第9条的规定,即便小说作者已经出版的小说被看做是具有名誉毁损性质的小说,即便小说作者要就其小说对原告承担名誉侵权责任,小说的出版者也未必一定要就出版的小说对原告承担名誉侵权责任,即便具有名誉毁损性质的小说是由它们出版的,只要他们在小说作者的小说被认定为具有名誉毁损性质的小说之后及时采取事后的补救措施,诸如刊登声明,消除不利影响,停止发行或者销毁具有名誉毁损性质的小说等。

(二) 最高人民法院的司法解释存在的问题

最高人民法院的此种司法解释对于保护受害人的利益具有重大意义,但是此种解释存在重大的问题,违反了小说作品的固有性质,违反了小说作者的创作自由权、出版自由权同原告名誉权之间的利益平衡理论,严重窒息了小说作者的创作自由权、出版自由权,损害了社会公共利益。

其一,责令小说作者就其创作的纪实小说、历史小说对他人承担名誉侵权责任的规则违反了小说的固有性质,将纪实小说、历史小说等同于新闻媒体的新闻报道、报纸杂志刊登的文章。无论是什么性质的小说,都不可能是照镜子似的描写他人的真实生活,一定会伴有小说作者想象的虚假情节,这是小说的本性之所在。没有假象的内容,就没有小说,这一点对任何小说都是如此,包括纪实小说、历史小说。关于这一点,笔者将在下面作出详细的讨论,此处从略。

其二,要求纪实小说、历史小说作者在进行小说创作时对任何虚假的、不真实的内容对原告承担名誉侵权责任将会使小说作者成为历史学家,因为只有历史学家在撰写其历史著作时才有承担客观真实记录他人事件的义务,小说作者在创作小说时无须也不可能像历史学家那样对所有的事实、所有的事件研究得清清楚楚、明明白白、完完整整。

其三,仅仅因为小说作者的纪实小说、历史小说是关乎、涉及原告名誉的小说就责令小说作者对原告承担名誉侵权责任,完全不关注小说作者在创作纪实小说、历史小说时是否已经尽到了合理的注意义务的问题,违反了名誉权的无形人格性质,使小说作者就其小说侵权行为对原告承担了严格责任。

其四,对构成名誉侵权的小说作者和小说出版者采取不同的待遇显然违反了侵权法的一般规则,因为在侵权法上,小说的作者同小说的出版者在侵权法上的地位是一样,当小说作者将其具有名誉毁损性质的小说交给出版者时,他们的行为符合名誉侵权责任的构成要件,应当对原告承担名誉侵权责任;当小说出版者将作者交给他们出版的具有名誉毁损性质的小说出版时,他们的行为也符合名誉侵权责任的构成要件,同样应当对原告承担名誉侵权责任。在符合名誉侵权责任构成要件的情况下却不让小说的出版者承担名誉侵权责任,显然没有正当理由。

其五,如果仅仅根据关乎、涉及原告名誉的构成要件要决定小说作者是否就其引起争议的小说对他人承担名誉侵权责任,法官在决定引起争议的小说是否是关乎、涉及原告名誉的小说时应当遵循什么样的规则,应当考虑哪些具体要素,最高人民法院上述第9条并没有作出明确说明。因为这样的原因,当小说名誉侵权案件发生之后,被告的小说是否是关乎、涉及原告名誉的小说的问题将由审批具体案件的法官自由裁量,法官如何自由裁量,人们很难判断。这样,最高人民法院上述第9条仍然是不确定的、模糊的,无法为从事小说名誉侵权案件的法官提供明确、清晰的指导。

(三)小说名誉侵权的特点和分析方法

笔者认为,小说名誉侵权责任应当规定小说作者或者出版者承担名誉侵权责任的具体构成要件,此种具体构成要件同一般的名誉侵权责任的构成要件基本相同:其一,小说作者出版的小说是具有名誉毁损性质的小说,其内容或者是本身就具有名誉毁损性质的陈述,或者是表面上不具有名誉毁损性质的陈述,但实际上是具有名誉毁损性质的陈述,例如影射。其二,具有名誉毁损性质的小说是关乎、涉及原告名誉的小说,其名誉毁损行为是针对原告作出的。其三,小说作者对原告之外的第三人公开了具有名誉毁损性质的小说。其四,小说作者在创作或者公开其小说时存在某种形式的过错。如果小说作者在创作或者出版小说时没有过错,即便他们的小说是具有名誉毁损性质的小说,即便其小说是关乎、涉及原告名誉的小说,他们也不就其小说对他人承担名誉侵权责任。只有同时符合这些构成要件,小说作者才就其小说引起的名誉损害对他人承担侵权责任,如果不同时符合这些构成要件,小说作者将不对他人承担名誉侵权责任。

同一般名誉侵权法相比,小说名誉侵权具有其特殊性,即小说作者一旦出版其小说,他们更容易被认为实施了名誉侵权行为,并且也更容易就被责令对他人承担名誉侵权责任,因为小说作者一旦被原告起诉,要求他们就其小说的内容对原告承担名誉侵权责任,小说作者的小说名誉侵权案件更容易被认为符合小说名誉侵权责任的构成要件:

首先,小说的内容更容易被看做是具有名誉毁损性质的虚假陈述。虽然小说作者通过小说作出的陈述同行为人通过其他方式作出的陈述一样都可能成为具有名誉毁损性质的陈述,但是小说作者通过小说作出的陈述更容易被看做是具有名誉毁损性质的陈述,因为,一方面,小说本身具有天生的虚假性,是小说作者通过运用想象力、创造力所创造的精神作品;另一方面,小说天生就具有名誉毁损性,小说作者为了反应现实问题、增加故事的吸引力或者鞭笞社会的丑恶现象而往往将其小说人物描写成愚昧无知、冷血无情、大逆不道、贪婪成性、无恶不作、狡诈凶狠的人,无论是愚昧无知、冷血无情、大逆不道还是贪婪成性、无恶不作、狡诈凶狠都是表面上就具有名誉毁损性质的陈述。

其次,小说作者出版小说的行为更容易看做是对第三人的公开行为。虽然小说作者作者出版其小说的行为也被认为是一种名誉侵权意义上的公开行为,但是小说作者出版其小说的公开行为要比一般名誉侵权意义上的公开更接近法律意义上的公开,因为在一般名誉侵权法中,公开有时仅是对原告以外的一个人进行,而小说作者出版其小说的公开,不是对原告之外的某一个人或者某几个人公开,而是对原告以外的成千上万的读者公开,对广大的社会公众公开。

再次,小说作者出版的小说有时更容易被认为是关乎、涉及原告名誉的小说。因为,只要原告的朋友或者家人能够提供证据证明,他们认为原告与小说当中的人物其实是同一个人,则侵权法就会认为小说作者的小说关乎、涉及原告的名誉。

最后,小说作者出版小说的行为更轻易被看做是一种过错行为。因为他们明明知道自己出版的小说存在虚假的、不真实的地方而仍然出版其小说,其行为当然构成故意侵权行为。

笔者认为,动不动就责令小说作者就其具有名誉毁损性质的小说对他人承担名誉侵权责任,虽然能够较好地保护他人的名誉,但是此种方法显然严重违反了社会公共利益,窒息了小说作者享有的创作自由权、出版自由权的行使,打击了作者、出版者创作出版文学作品的积极性,使社会公众减少了可供阅读的文学作品数量,影响到了他们的文学修养、精神修养和娱休享乐。为此,我国侵权法应当借鉴美国侵权法在著名的 Miss America Pageant v. Penthouse International Ltd.① 一案中所确立的二步分析法来解决小说名誉侵权问题。

所谓二步分析法,是指法官在分析小说名誉侵权案件时,要分别讨论两个问题:其一,确定被告的小说是否关乎、涉及原告名誉;其二,被告在出版其小说时是否存在过错。只有在这两个问题都得到肯定回答时,法官才会责令小说作者就其小说对他人承担名誉侵权责任。在二步分析法当中,法官首先要决定引起名誉纠纷的小说是否是关乎、涉及原告名誉的小说,如果对这样的问题作出了否定回答,则法官会驳回原告的诉讼请求;只有对这样的问题作出了肯定回答,法官才会分析第二个问题:小说作者是否在出版其引起纠纷的小说时存在过错,如果法官认定小说作者在出版小说时存在过错,则他们会责令小说作者对原告承担名誉侵权责任,否则,就会驳回原告的诉讼请求。

三、小说名誉侵权责任的构成要件:"涉及原告"要件

(一)"涉及原告"要件在小说名誉侵权中的重要性

如果原告要求小说作者就其具有名誉毁损性质的小说对自己承担名誉侵权责任,他们必须承担举证责任,证明小说作者的小说是关乎、涉及自己名誉的小说,否则他们无权要求小说作者对他们承担名誉侵权责任。因此,引起争议的小说是关乎、涉及原告名誉的小说是小说作者承担名誉侵权责任的必要构成要件。

---

① 524F. Supp. 1280, (D. N. J. 1981).

（二）小说是否关乎原告名誉的判断标准

如果原告主张被告的小说是否关乎、涉及自己名誉的小说，而被告否认，法官如何判断被告的小说是否是关乎、涉及原告名誉的小说？侵权法认为，应当适用一般理性人的判断标准、一般有理性读者的判断标准，该种标准认为，如果一个有理性的读者在阅读了引起争议的小说之后认为，被告的小说人物同原告是一个人，则小说作者的小说就是关乎、涉及原告名誉的小说；如果一个有理性的读者在阅读了引起争议的小说之后认为，被告的小说人物同原告不是一个人，则小说作者的小说就不是关乎、涉及原告名誉的小说。《美国侵权法重述》（第2版）第564条之官方评论D对此规则作出了说明，它规定：文章、小说、戏剧或者动画片会公开对某个实际存在的人构成诽谤，即便这些故事、文章、小说、戏剧或者动画片仅仅涉及虚构人物，如果这些虚构人物或情节类似于实际存在的人或事件，使一个读者或者听众合理地认为，这些特定虚拟人物实际上是由作者用来描述真实存在的人……如果此种著作被合理地理解为是描述某个实际存在的人，则即便该著作的作者没有此种意图，也不能说作者的著作就不会涉及原告的名誉。①

在适用理性读者这一判断标准时，法官要考虑小说人物与原告之间是否存在相似性，如果存在相似性，他们之间在哪些方面存在相似性，在哪些方面存在差异。某些法官认为，只要小说人物的姓名同原告的姓名相同就足以认为被告的小说关乎、涉及原告的名誉，即便小说作者根本不认识原告；某些法官认为，仅仅小说人物的姓名同被告小说人物的姓名相同还不足以认定小说作者的小说关乎、涉及原告的名誉，原告还必须证明，被告小说人物在其他方面同原告相同或相似；有些法官认为，只要小说人物的外部特征与原告的外部特征相同，就足以认为被告的小说关乎、涉及原告的名誉，某些法官则认为，仅仅被告小说人物的外部特征与原告的外部特征相同或相似，还不足以说明被告小说关乎、涉及原告名誉。

因此，究竟被告的小说人物是否与原告是同一个人，实际上是个事实问题，由法官在具体案件当中自由裁量，法官此时要考虑众多的因素，诸如被告小说人物的姓名、性别、年龄、身高、外貌是否与原告的姓名、性别、年龄、

---

① Restatement (Second) of Torts, 564, cmt. d.

身高、外貌相同或类似,被告小说人物的求学经历、工作经历、是否同原告的相同或者相似,被告小说人物的民族种类、宗教信仰、出身背景、职业身份、家庭组成、居住场所、生活方式、生活习惯是否与原告的相同或相似;引起争议的小说人物在小说中的地位是否突出以及被告与原告之间的关系是否亲疏远近;小说作者是否在其小说开头作出了标准的免责声明,小说的性质究竟是纯小说还是历史小说、纪实小说还是其他小说等。

总的说来,小说人物同现实生活当中的原告相似性越多,小说人物就越会被看做是原告,被告的小说就越有可能被认为是关乎、涉及原告名誉的小说;小说人物同现实生活当中的原告差异性越多,小说人物就越不会被看做是原告,报告的小说就越不会被看做是关乎、涉及原告名誉的小说。

(三) 小说人物同原告之间的高度相似性

在决定被告的小说是否是关乎、涉及原告名誉的小说时,法官首先要考虑一个最重要的因素:被告小说人物的姓名是否同原告的姓名相同或者相似;其次还要考虑五种重要的因素:被告小说人物的职业身份是否同原告的相同、相似;小说人物的外貌特征是否与原告的相同或者相似;小说人物的家庭构成、家庭成员人数是否同原告的相同或者相似;小说人物的生活背景、生活方式、人生观是否同原告的是否相同或者相似;小说人物的年龄同原告的年龄是否相同或者相似;最后还要考虑三个问题:小说作者同原告之间的关系是陌生还是熟悉;小说人物在小说当中所起的作用是否显著;小说描写的内容是否能够为原告现实地实现。

如果被告的小说人物同原告在所有方面都是相同的或者相似的,则法官当然会认定被告的小说人物就是原告,被告的小说就是关乎、涉及原告名誉的小说,在符合小说名誉侵权责任其他构成要件的情况下,法官会责令小说作者就其小说对原告承担名誉侵权责任。问题在于,如果被告的小说人物并非在所有方面都同原告相同或者相似,法官是否应当将被告的小说人物等同于原告,将被告的小说看成是关乎、涉及原告名誉的小说。在英美法系国家,这样的问题往往由法官在具体案件当中自由裁量,不同的法官有不同的意见。少数法官认为,即便小说人物同原告仅仅存在一种因素的相同性或者相似性,法官都会认定被告的小说人物等同于原告,被告的小说是关乎、涉及原告名誉的小说,例如,法官认定,如果小说人物的姓名同原告的姓名相同或者相似,被告的小说人物就能够等同于原告,其小说就是关乎、涉及原告名誉的小说,即便他们之间在其他方面没有相同性、相似性。大多数法官认为,不得仅仅因为小说人物同原告在某一个方面或者某两个方面的相同性、相似性而认定被告的小说人物就是原告,被告的小说就是关乎、涉及原告名誉的小说;如果要将被告的小说人物等同于原告,将被告的小说看做是关乎、涉及原告名誉的小说,必须两者在众多方面具有相同性、相似性。

在我国,无论是侵权法学说还是司法判例都没有对这样的问题作出说明。笔者认为,如果被告的小说人物同原告仅仅在上述各种因素当中存在一种或两种或者两者因素的相同或相似性,则我国侵权法不应当将被告的小说人物看做是原告,不得将被告的小说看做是关乎、涉及原告名誉的小说,因为一方面,如果小说人物仅仅在姓名、职业身份方面同原告相同或者相似就认定被告的小说人物就是原告,则大量的原告会向法院起诉,要求被告就其小说承担名誉侵权责任,使潜在的原告数量过多而导致诉讼的泛滥,使被告小说作者承担的名誉侵权责任过重,违反了小说名誉侵权责任领域贯彻的公共政策;另一方面,如果小说人物同原告仅仅存在一个或者两个方面的相同性或相似性,则一个有理性的读者将不会将被告的小说人物等同于原告,不会认为被告的小说是关乎、涉及原告名誉的小说。只有当小说人物同原告在上述主要方面或者大多数方面存在相同性或相似性时,侵权法才会将被告的小说人物看做是原告,将被告的小说看做是关乎、涉及原告名誉的小说,这就是前述所谓的小说人物同原告的高度相似性理论。我国侵权法之所以采取小说人物同原告的高度相似性理论,一方面是公共政策的要求,一方面是有理性人的判断标准的要求。从公共政策的要求来看,只有实行小说人物同原告的高度相似性理论,侵权法才能够保护小说作者创作小说的积极性和创造性,防止小说名誉侵权责任的泛滥。从理性人的判断标准来看,只有当小说人物在上述大多数方面同原告相同或者相似时,一个有理性的读者才会将被告的小说人物等同于原告,才会认定被告的小说是关乎、涉及原告名誉的小说。

四、小说名誉侵权责任的构成要件：小说作者的故意

（一）小说名誉侵权责任的五种理论根据

小说作者就其具有名誉毁损性质的小说对他人承担的名誉侵权责任究竟是什么性质的侵权责任？对此问题，两大法系国家和我国的侵权法作出了不同的回答，主要有五种理论：

其一，严格责任理论。在英国和1964年之前的美国，侵权法认为小说名誉侵权责任是严格责任，此种责任不以小说作者在出版小说时存在过错作为条件，无论他们在出版小说时是否存在过错，只要他们出版的小说被认为是对原告名誉具有毁损性质的小说，他们就应当对他人承担名誉侵权责任。

其二，实际蓄意侵权责任理论。在1964年之后，由于前述 New York Times 一案规则和此后的 Gertz 一案规则的再确立，美国侵权法认为，小说作者仅仅在存在实际蓄意或者鲁莽行为时才就其小说引起的损害对他人承担名誉侵权责任，如果小说作者在出版小说时没有实际蓄意或者鲁莽行为，他们将不对原告承担名誉侵权责任。

其三，虚假陈述理论。为了克服实际蓄意理论在小说名誉侵权责任领域存在的问题，美国某些学者提出了虚假陈述理论，该种理论认为，如果小说作者毁损了公共官员、公共人物的名誉权，则他们仅仅就其故意作出虚假陈述的行为对这些原告承担名誉侵权责任，如果仅仅存在过失虚假陈述，则小说作者不对这些原告承担名誉侵权责任。如果小说作者毁损了非公共官员、非公共人物的名誉权，则他们应当就其过失虚假陈述的行为对这些原告承担名誉侵权责任。

其四，经典蓄意理论。为了克服实际蓄意理论在小说名誉侵权责任领域存在的问题，美国某些学者提出了经典蓄意理论，该种理论认为，如果小说作者是出于泄愤、打击报复原告的目的出版其小说，他们就应当对原告承担名誉侵权责任，如果他们不是基于这样的主观目的出版其小说，则他们不对原告承担名誉侵权责任。

其五，一般过错侵权责任理论。在大陆法系国家，无论是法国侵权法还

是德国侵权法都认为,小说作者仅仅就其小说引起的损害对他人承担过错侵权责任,如果小说作者没有过错,他们将不对原告承担名誉侵权责任。

(二)我国小说名誉侵权责任的理论根据

在我国,侵权法采取大陆法系国家的侵权法理论,认为小说作者像一般行为人那样要就其过错行为对其他人承担名誉侵权责任,包括就其故意行为、过失行为对他人承担名誉侵权责任。如果小说作者没有故意或者过失,则他们不就其小说引起的名誉损害对他人承担名誉侵权责任。将一般过错侵权责任理论适用到小说名誉侵权责任领域虽然能够使我国小说名誉侵权责任的过错理论同一般过错侵权责任理论保持一致,能够较好地保护受害人的利益,但是该种理论很难在小说名誉侵权责任领域得到适用。

一方面,如果小说作者要就其过失行为对他人承担名誉侵权责任,则意味着小说作者在创作小说时要花费大量的时间、精力去调查他们即将创作的小说人物是否会同现实生活当中可能会存在的原告存在相同或者相似的地方;如果通过调查发现,他们即将出版的小说人物同现实生活当中存在的可能原告存在相同或者相似的地方,他们还要花费大量的时间、精力去调查他们创作的小说人物同原告在哪些方面存在相同或者相似的地方,要判断这些相同或者相似的地方是否足以让一般的有理性的读者将其原告看做小说人物;一旦认定一般的有理性的读者可能会将其小说人物等同于现实生活当中的某一个原告,他们还应当花费大量的时间、精力去采取各种积极措施,掩饰、隐藏其小说人物所具有的这些特性,尽量减少其小说人物同现实生活当中的原告之间的相同性或者相似性,防止其小说出版之后被一般的有理性的读者将其小说人物等同于现实生活当中的某一个原告。如果小说作者在创作小说之前或者创作之时没有作出这些努力,当他们的小说出版之后被认为侵害了现实生活当中的某一个原告的名誉时,法官就会认定小说作者在创作之前或者创作之时没有尽到合理的注意义务并因此责令他们对原告承担名誉侵权责任。

另一方面,如果小说作者要就其过失行为对原告承担名誉侵权责任,则意味着纪实小说、历史小说的作者在创作纪实小说、历史小说之前要广泛、深入地研究小说人物的真实生活,掌握其小说人物的一切真实情况,包括其家庭成员的构成、婚姻状况、生理特征等,不得遗漏重要的内容,不得添加任何不真实的内容,否则,当小说作者的纪实小说、历史小说出版之后,他们就会被人起诉,要求他们就其小说承担名誉侵权责任,因为没有掌握小说人物的所有真实情况就出版其小说的行为可以看做过失行为。如果上述两个立论成立的话,则任何小说作者都无法从事小说的创作活动,因为,一旦他们出版的小说被认为构成名誉侵权行为,法官就会因为他们在创作小说之前或者之时没有进行调查、或者虽然进行调查但是调查时间不充分、调查范围不足够、调查对象不全面、调查内容不深入、全面而认定他们存在过失,并因此责令他们承担名誉侵权责任。可见,责令小说作者就其小说对他人承担过失侵权责任会打击小说作者创作小说的积极性,会窒息小说作者享有的创作自由权、出版自由权,会影响我国文学事业的发展并最终影响社会的公共利益。

(三)我国侵权法应当规定的故意侵权责任

我国侵权法应当在小说名誉侵权责任领域适用故意侵权责任理论,认为小说作者如果将出版小说作为毁损原告名誉的手段或者工具,则他们应当就其小说引起的名誉损害对他人承担名誉侵权责任,如果小说作者没有希望通过出版小说来毁损他人名誉的故意,则他们不就其小说引起的损害对他人承担名誉侵权责任,即便其小说被认为是关乎、涉及他人名誉的小说,即便小说作者在创作或者出版小说时存在过失,也是如此。在我国,小说作者之所以仅仅就其故意侵权行为对他人承担名誉侵权责任,其原因在于:

其一,为了保护小说作者享有的创作自由权、出版自由权。正如社会公众享有自由权一样,小说作者也享有创作自由权和出版自由权,侵权法也像保护一般社会公众享有的自由权那样保护小说作者享有的创作自由权、出版自由权。侵权法之所以保护小说作者的创作自由权、出版自由权,是因为小说作者创作自由权、出版自由权的保护是丰富文化生活、繁荣文化市场和娱乐社会公众的需要。小说虽然是小说作者表达其观念的方式,但是小说并非仅是小说作者表达其观念的方式。小说对于丰富我们的文化生活、繁荣我们的文化市场和娱乐社会大众起到了巨大的作用。为了丰富文化生活,繁荣文化市场和娱乐社会大众,侵权法应当刺激小说作者创作小说的积极性,不得动不动就责令小说作者就其小说对他人承担名誉侵权责任,否则,小说作者创作小说的积极性将遭受重大打击。Prechtel 指出:"文学作品不仅使美国文化繁荣了起来,而且还提供了供美国人逃避现实生活的一种娱乐方法。在录像和视觉新闻媒体泛滥的时代,法律不应当采取抑制小说作者创作小说积极性的政策。如果仅仅因为伪装小说人物失败或仅仅因为小说人物同他人姓名相同或者相似就责令小说作者就其小说引起的名誉损害对他人承担侵权责任,则文艺的繁荣将会因为文学社会采取的自我审查方式而受到不利影响。毕竟,如果狄更斯因为害怕其小说创作的人物与他同时代的作家之间存在相似性就不创作其小说《荒凉山庄》,那么,我们将会失去一部经典小说。当小说作者在描写一部具有可信性和娱乐性的小说时,他们应当被允许在他们的小说中吸收现实生活的经验。"[①]故意侵权责任最能够体现侵权法保护小说作者创作自由权、出版自由权的精神,因为根据故意侵权责任,如果小说作者将创作、出版小说当做侵害原告名誉的手段,则他们的行为将构成故意行为、恶意行为,在符合名誉侵权责任的其他构成要件的情况下,侵权法会责令他们将其小说对原告承担名誉侵权责任。如果小说作者没有此种故意、恶意,即便他们的小说在诸多方面同原告相同或者相似,他们也无须就其小说引起的损害对他人承担名誉侵权责任。因为故意侵权责任的实行,小说作者承担的名誉侵权责任会大量减少,因为,他们无须就其过失侵权行为对原告承担名誉侵权责任。

其二,这是小说的性质决定的。同其他作品相比,小说应当获得更大程度的保护,因为小说作者出版小说并不是让公众将其小说看做对某种事实的陈述,对于小说读者而言,小说只不过是他们逃离社会现实而进入假象、想象世界的一种手段,即便是纪实小说或者历史小说,也是如此。除非原告能够通过清楚的证据证明,小说作者是为了毁损自己名誉的目的而出版其小说,否则,小说作者即便在纪实小说、历史小说当中使用了虚假的、具有名誉毁损性质的内容,原告也不得要求小说作者对他们承担名誉侵权责任。

小说名誉侵权责任领域的故意侵权责任具有两个重要特点:其一,故意侵权责任理论能够统一适用于所有的原告,无论他们的身份是不是公共官员、公众人物。在美国,根据 New York Times 一案确立的规则,当原告是公共官员或公共人物时,行为人对他们承担侵权责任名誉侵权责任的根据是

[①] Mary Frances Prechtel, Classical Malice: A New Fault Standard for Defamation in Fiction, (1994) 55 *Ohio St. L. J.* 187, p.194.

行为人实际蓄意或者鲁莽行为;当原告是非公共官员、非公共人物时,行为人对他们承担名誉侵权责任的根据是行为人的过失。在我国,学说也采取类似的态度,认为在决定行为人就其名誉毁损行为对他人承担侵权责任时,我国侵权法应当区分原告的身份是否是公共官员、公共人物,并根据原告的身份来决定行为人承担侵权责任究的根据究竟是故意还是过失,已如前述。在小说名誉侵权责任领域,侵权法无须采取这样的区分原则。无论被小说毁损名誉的原告是公共官员、公共人物还是非公共官员、非公共人物,小说作者都对他们承担故意侵权责任,不对他们承担过失侵权责任。其二,故意侵权责任理论适用于所有类型的小说,无论这些小说是否是以原告为原型。任何作品,只要在性质上是小说作品,无论它们是所谓的"纯小说"、历史小说、纪实小说或者文献记录小说,小说作者都仅仅就其故意行为对原告承担名誉侵权责任,不就过失行为对原告承担名誉侵权责任。

五、小说作者免责声明的效果

为了避免小说出版之后被人提起名誉侵权诉讼,小说作者往往在他们的小说扉页发表这样的标准免责声明:"本故事描写的事件、本故事中的人物均系作者虚构;本故事如果与现实生活当中的真人真事相同或类似或者与现实生活当中的真人姓名相同或者类似,无论他们是生者还是死者,均属巧合。"或者仅仅在他们的小说扉页发表这样的简单声明:"本故事纯属虚构,如有雷同,纯属巧合。"问题在于,一旦小说作者在其小说当中发表了这样的标准免责声明或者简单的免责声明,他们发表的免责声明是否能够起到免除小说作者就其小说承担的名誉侵权责任。在英美法系国家,司法判例对这样的问题作出的回答并不完全相同。

持肯定理论的司法判例认为,一旦小说作者在他们的著作中发表了类似类似于上述标准免责声明或者简单免责声明,则即便被告的小说人物与原告存在诸多方面的相同或相似性,侵权法不会认定被告的小说人物就是原告,被告的小说关乎、涉及原告的名誉,因为,一旦小说作者在其小说当中发表了上述标准或者简单免责声明,一个有理性的人就不会将被告的小说人物等同于原告,被告的小说也就不会被认为是关乎、涉及原告名誉的小说,他们也就无须对原告承担名誉侵权责任。在 Allen v. Gondon① 一案中,法官采取同样的规则。在该案中,被告小说作者在其小说的扉页上发表上述标准免责声明,说其小说当中使用的人物姓名完全是虚构的,如果当现实生活当中的某一个人的姓名雷同,纯属巧合。当被告的小说出版之后,原告发现其小说人物同自己的姓名相同之后向法院起诉,要求法官责令被告小说作者对其承担名誉侵权责任。法官在驳回原告的名誉侵权请求权权时也强调了被告小说免责声明的重要性,认为既然被告在其小说扉页的显著位置作出声明,说明自己小说中使用的所有姓名都是虚构的,则仅仅原告的姓名与被告小说人物的姓名相同还不足以认定被告的小说涉及原告的名誉。

　　持否定理论的司法判例认为,即便小说作者在其小说扉页或者其他显著位置发表上述标准免责声明,说其小说所描写的事件、小说当中描写的人物和小说人物的姓名均属虚构,如果一个有理性的人认为,被告的小说人物同原告之间存在的诸多相同性、相似性足以让他们将被告的小说人物等同于原告,被告的小说被看做是关乎、涉及原告名誉的小说的话,则被告的小说人物仍然应当被看做是原告,其小说仍然应当被看做是关乎、涉及原告名誉的小说。这在众多的司法判例当中得到了说明。在 Foiter v Houghton Mifflin Co.②一案中,小说作者在其小说显著位置发表了上述标准免责声明,说其小说完全是虚构的,其小说人物也是完全虚构的,如果同现实生活当中的人相同或者相似,纯属巧合。被告的小说出版之后被原告起诉,因为原告认为,被告的小说人物就是自己,其小说人物同自己在诸多方面存在相同或者相似的地方。被告认为,他已经在其小说中作出了标准免责声明,不应当对原告承担名誉侵权责任,请求法院驳回原告的诉讼请求。法院认为,如果被告的小说人物在众多方面同原告存在相同或者相似的地方,则被告的小说人物就应当看做是原告,被告的小说就应当被看做是关乎、涉及原告名誉的小说,没有理由根据被告在其小说当中作出的标准免责声明即认定被告的小说不关乎、涉及原告的名誉。

　　持折中理论的司法判例认为,完全肯定小说作者的免责声明存在对原告保护不利的地方,而完全否定作者的免责声明也存在对被告保护不利的

---

① 80 A. D. 2d 514,515 (N. Y. App. Div 1982).
② 364 F/2d 650 653-[54 (2d Cir. 1966).

问题,在决定是否认可小说作者的免责声明时,法官除了要考虑免责声明本身的问题之外,还应考虑一个有理性读者的理解力,即便小说作者在其小说当中明确声明其小说描述的事件、小说涉及的人物故事或姓名纯属虚构,如果一个有理性的读者仍然会合理地认定,被告的小说关乎、涉及原告的名誉,则小说作者的免责声明不产生法律上的效力。在前述 Middlebrooks v. Curtis Publishing Co.① 案中,法官即采取折中理论。在该案中,法官之所以不责令被告小说作者就其小说对原告承担名誉侵权责任,一个重要的理由在于,被告在刊登引起争议的小说时说明所刊登的故事是小说,一个有理性的读者在考虑了此种声明和其他内容之后不会认定被告的小说人物就是原告,即便被告的小说人物同原告的姓名相似,即便小说作者同原告小时候是朋友。《美国侵权法重述》(第2版)即采取此种规则,其第564条之官方评论D条规定:如果小说作者在其小说当中发表声明,其著作完全属于小说,在任何情况下都不适用于活着的人,小说作者的此种声明并不具有决定性的意义,如果小说读者在实际上对其小说做相反理解并且其理解是合理的话。陪审团在决定读者是否做相反理解或者读者的相反理解是否是合理的决定时,应当考虑小说作者声明这一因素。②

在我国,无论是学说还是司法判例都没有对这样的问题作出说明,笔者认为,如果小说作者在他们的小说开头发表上述免责声明,该种免责声明原则上能够起到免除小说作者承担名誉侵权责任的效力,其原因有二:一方面,如果小说作者在他们的小说开头发表了上述标准或者简单免责声明,则一个有理性的读者在阅读引起争议的小说时不会将原告看做被告的小说人物,即便被告的小说人物同原告在诸多方面存在相同或者相似的地方。因为,一旦作者将其作品标榜成小说,则小说读者在阅读小说时会暂且放下他们对小说情节、小说事件和小说人物所持有的怀疑态度,会跟着小说人物进入小说作者精心安排的故事情节,会经历小说人物经历的各种事件。此时,他们完全忘记了自我的存在,完全忘记了现实世界的存在而进入了作者精心构造的想象世界。他们不会一边阅读小说作者的小说而一边怀疑小说故事的真假,不会将小说人物经历的各种事件同自己或自己身边的人联系在一起,看看小说人物身上是否存在自己或自己亲朋好友身上存在的东西,找

---

① 413 F.2d 141 (4th cir. 1969).
② Restatement (Second) of Torts 564 cmt. d.

到小说人物与自己或自己亲朋好友之间是否存在相同或相似的地方。这一点同他们在阅读新闻媒体的报纸、期刊时所抱有的态度形成鲜明对比。当新闻媒体在其报纸杂志上刊登具有新闻性质的文章时，读者往往会带着怀疑的态度去阅读这些报纸杂志上刊登的文章，他们会边阅读边怀疑新闻报道的真实性，他们甚至试图通过各种途径去打听新闻报道的来源，看看新闻报道当中的事件是不是真实的。另一方面，即便法官认定，一个有理性的读者不会仅仅因为小说作者在其小说开头发表了上述免责声明就认定原告不是小说人物、被告的小说不是关乎、涉及原告名誉的小说，法官也会认为，既然小说作者在他们的小说开头发表了上述免责声明，这些免责声明表明，小说作者没有希望通过其小说来毁损原告名誉的故意，责令小说作者就其关乎、涉及原告名誉的小说对原告承担名誉侵权责任，不符合小说名誉侵权责任的故意构成要件，虽然也许符合关乎、涉及原告名誉的构成要件。

不过，这样的规则应当设定例外，在例外情况下，即便小说作者在其小说开头发表上述标准或者简单免责声明，他们仍然应当就其小说引起的损害对原告承担名誉侵权责任。这个例外就是：如果小说作者在出版或者发表小说时完全不对小说人物进行掩饰、隐藏，导致小说人物在众多重要方面同现实生活当中的原告相同或者相似，使一个有理性的人一读到被告的小说就认为被告的小说人物就是原告，被告的小说是在毁损原告的名誉。之所以设定这样的例外，其原因有二：一方面，如果小说作者在创作小说时完全不对其小说人物进行掩饰、隐藏，导致小说人物在众多重要方面同原告完全一致，则一个有理性的人会认为，被告的小说人物就是原告，他们之间几乎没有什么区分；另一方面，如果小说作者在创作小说时完全不对小说人物进行掩饰、隐藏，导致一个有理性的读者将其小说人物等同于原告，则侵权法可以推定，被告小说作者是希望通过其小说来达到毁损原告名誉的目的，小说作者具有毁损原告名誉的故意，因为一个有理性的人认为，如果小说作者不是为了故意通过小说来毁损原告的名誉，他们就会在创作其小说时采取或者试图采取各种合理措施来掩饰、隐藏其小说人物，一个声称其小说是完全虚构的人，如果在根据真人真事创作小说时不采取或者不试图采取各种合理措施来保护潜在原告的利益，则他们显然是为了通过其小说来达到侵害原告名誉的目的而又想借其免责声明逃避原本应当承担的名誉侵权责任。

第八章 名誉侵权责任的抗辩制度

一、名誉侵权责任抗辩事由的种类

所谓名誉侵权责任的抗辩制度,是指行为人用来对抗他人要求其承担名誉侵权责任的各种正当理由。在名誉侵权法当中,如果行为人不符合名誉侵权责任的构成要件,他们当然不会对他人承担名誉侵权责任。如果符合名誉侵权责任的构成要件,他们是否一定要对他人承担名誉侵权责任?两大法系国家的名誉侵权法普遍认为,即便符合名誉侵权责任的构成要件,行为人也未必一定要对他人承担名誉侵权责任,如果他们具有拒绝对他人承担名誉侵权责任的某种正当事由,他们无须就其实施的名誉毁损行为对他人承担侵权责任。在侵权法上,行为人具有的拒绝对他人承担名誉侵权责任的正当事由就是名誉侵权责任的抗辩事由。

在两大法系国家,不仅侵权法对行为人的名誉侵权责任抗辩事由作出了明确规定,而且学说也对名誉侵权责任的抗辩事由作出了说明。在法国,学说普遍认为,名誉侵权责任的抗辩事由有四种:行为人善意行为、具有诽谤性的事件的真实性、受害人的挑衅(provocation)以及豁免(immunites)等。在英美法系国家,名誉侵权责任的抗辩事由有几种,学说存在争议。某些学者认为,名誉侵权责任的抗辩事由有六种:事实真实、绝对免责特权、相对免责特权、公正评论、同意和道歉。[①] 某些学者认为,名誉侵权责任的抗辩事由有三种:事实真实、公正评论和免责,其中免责包括绝对免责特权和相对免责特权。[②] 某些学者认为,名誉侵权责任的抗辩事由有三种:绝对免责特权、

[①] See R. E. V. Heuston and R. A. Buckley, *Salmond and Heuston on the Law of Torts*(21rd ed), Sweet & Maxwell Ltd., p.157.

[②] See W. V. H. Rogers, *Winfield and Jolowicz on Tort*(thirteen edition), Sweet & Maxwell, p.320.

相对免责特权和事实真实,其中公正评论被认为是相对免责特权的组成部分,不被看做独立的抗辩事由。① 某些学者认为,名誉侵权责任的抗辩事由有四种:事实真实、公正评论、免责以及同意,其中免责包括绝对免责特权和相对免责特权两种形式。②

总的说来,在英美法系国家,学者之间存在的差异有三:其一,免责究竟是一种抗辩事由还是两种抗辩事由。某些学者认为,免责仅是一种独立的抗辩事由,既包括绝对免责特权,也包括相对免责特权,它们共同构成免责的组成部分,而某些学者则认为,免责应当是两种抗辩事由,其中的绝对免责特权独立于相对免责特权。其二,公正评论究竟是一种独立的抗辩事由还是非独立的抗辩事由。某些学者认为,公正评论是独立的抗辩事由,不是相对免责特权的组成部分,而某些学者则认为,公正评论不是独立的抗辩事由,它仅是相对免责特权的组成部分。其三,道歉是不是名誉侵权责任的抗辩事由。大多数学说都不将道歉看做是名誉侵权责任的抗辩事由,只有少数学者才将它看做名誉侵权责任的抗辩事由。

在我国,《民法通则》虽然规定了名誉侵权责任,但是没有规定名誉侵权责任的抗辩制度。因此,当行为人毁损他人名誉时,他们是否能够主张某种抗辩事由,我国《民法通则》没有作出规定,使我国《民法通则》存在法律漏洞,影响到了《民法通则》的有效实施。在《关于审理名誉权案件若干问题的解释》中,最高人民法院对名誉侵权责任的抗辩事由作出了说明,首次确立了名誉侵权责任的两种抗辩事由:相对免责特权和公正评论。

其中相对免责特权的抗辩由该《解释》第5条和第6条加以规定。该司法《解释》第5条:公民依法向有关部门检举、控告他人的违法违纪行为,他人以检举、控告侵害其名誉权向人民法院提起诉讼的,人民法院不予受理。如果借检举、控告之名侮辱、诽谤他人,造成他人名誉损害,当事人以其名誉权受到侵害向人民法院提起诉讼的,人民法院应当受理。该《解释》第6条规定:因为根据该《司法解释》第6条的规定,新闻单位根据国家机关依职权制作的公开的文书和实施的公开的职权行为所做的报道,其报道客观准确的,不应当认定为侵害他人名誉权;其报道失实,或者前述文书和职权行为已公开纠正

---

① See W. Page Keeton, *Prosser and Keeton on Torts*(fifth edition), West Publishing Co., pp. 815 – 842.
② R. P. Balkin & JLR Davis, *Law of Torts*(third edition), Butterworths, pp. 574 – 613.

而拒绝更正报道,致使他人名誉受到损害的,应当认定为侵害他人名誉权。

而公正评论的抗辩则由该《解释》第 9 条加以规定。该《司法解释》第 9 条规定:消费者对生产者、经营者、销售者的产品质量或者服务质量进行批评、评论,不应当认定为侵害他人名誉权。但借机诽谤、诋毁,损害其名誉的,应当认定为侵害名誉权。新闻单位对生产者、经营者、销售者的产品质量或者服务质量进行批评、评论,内容基本属实,没有侮辱内容的,不应当认定为侵害其名誉权;主要内容失实,损害其名誉的,应当认定为侵害名誉权。在我国,侵权责任法像民法通则那样没有对名誉侵权责任的抗辩制度作出规定,使侵权责任法存在致命的问题。在最高人民法院没有就名誉侵权责任的抗辩事由作出新的司法解释之前,最高人民法院在《关于审理名誉权案件若干问题的解释》当中规定的上述规则仍然有效,能够继续实行。

除了司法判例对名誉侵权责任的抗辩作出规定之外,我国学说也认可名誉侵权责任的抗辩制度。不过,名誉侵权责任的抗辩事由究竟有几种,学者之间存在争议。某些学者认为,名誉侵权责任的抗辩事由有三种:受害人同意、绝对免责事由、附条件的免责事由,其中附条件的免责事由由包括:循正当途径反映情况、合理引用或者重复传播以及公正评论。某些学者认为,名誉侵权责任的抗辩事由有七种:内容真实、正当的舆论监督、合理引用、正当行使权利、受害人的同意、第三人的过错以及履行法律和道德上的义务。笔者认为,名誉侵权责任的抗辩事由分为六种:事实真实、公正评论、绝对免责、相对免责、宪政保护特权以及原告的同意。

二、事实真实的抗辩事由

(一) 事实真实抗辩在现代侵权法中的地位

所谓事实真实(truth)抗辩,也称正当理由抗辩(justification),是指行为人能够以其作出的具有名誉毁损性质的陈述是客观的、真实的陈述作为拒绝承担名誉侵权责任的正当理由。根据事实真实抗辩制度,即便行为人作出的陈述是具有名誉毁损性质的陈述,即便行为人作出的陈述是针对他人作出的陈述,即便行为人作出的陈述已经给他人造成了严重的名誉毁损后果,只要行为人作出的陈述是真实的、客观的而不是虚假的,则他们无须就其陈述对他人承担名誉侵权责任。

在历史上，法律不允许行为人主张事实真实的抗辩事由，当他们作出的陈述构成具有名誉毁损性质的陈述时，无论其陈述的内容是真实的还是虚假的，是客观的还是主观的，他们都应当就其陈述对国家承担刑事责任和对他人承担名誉侵权责任，行为人不得以其陈述是真实、客观陈述作为拒绝承担刑事责任或者名誉侵权责任的抗辩事由。例如，法国1881年7月29日的法律就明确规定，无论行为人声称或者断言的事实是真实的还是虚假的事实，行为人都要对他人承担侵权责任，他们不得以所声称或者断言的事实是真实的事实作为拒绝承担侵权责任的理由，除非他们能够证明具备该法规定的几种例外情形。在英美法系国家，早期的普通法也采取同样的规则，因为早期的普通法认为，即便行为人作出的具有名誉毁损性质的陈述是真实的陈述，该种陈述引起的社会后果同行为人作出的具有名誉毁损性质的虚假陈述引起的社会后果相同，它们都会引起行为人与他人之间的争斗，引起社会秩序的不稳定。

在法国，1944年3月6日的行政规章废除了行为人要就其真实陈述引起的损害对他人承担名誉侵权责任的规则，认为除非该行政规章特别规定行为人不得以所声称或者断言的事实是真实的事实作为拒绝承担名誉侵权责任的理由，否则，行为人原则上可以以所声称或者断言的事实是真实的事实作为拒绝承担名誉侵权责任的正当事由。在现代英美法系国家，侵权法完全认可事实真实这一抗辩规则，认为只要行为人作出的陈述是真实的陈述，他们就不用对原告承担名誉侵权责任，即便他们作出的陈述是具有名誉毁损性质的陈述并且的确使原告遭受了名誉损害。《美国侵权法重述》（第2版）第581A条认可了事实真实的抗辩原则，它规定：即便行为人作出的陈述是对他人名誉具有毁损性质的陈述，只要他们作出的陈述是真实的陈述，他们就不用对他人承担名誉侵权责任。

除了侵权法认可事实真实的抗辩事由之外，英美法系国家的学者也普遍认可事实真实的抗辩事由。Prosser教授指出："事实真实是所有名誉侵权诉讼的抗辩事由，无论是书面诽谤引起的名誉侵权诉讼还是口头诽谤引起的名誉侵权诉讼，这或者是因为法官认为，拖欠他人债务的原告名声不好，不应当在法院起诉行为人；这或者是因为，被告在公开对原告名誉具有不利影响的陈述时是在履行自己承担的公共职责；或者是因为，公共政策要求事实真相不得仅仅因为担心损害赔偿诉讼的发生而得不到公开。"①Rogers 先生指出:"在名誉侵权诉讼中,原告无须证明被告作出的陈述是虚假陈述,因为,一旦被告作出的陈述是对原告名誉具有毁损性质的陈述,法律即推定被告作出的陈述是虚假陈述。但是,被告可以用事实真实来对抗原告的诉讼主张;一旦被告提供证据证明,他们作出的陈述是真实的,他们就不用对原告承担名誉侵权责任,即便他们是基于恶意作出对原告名誉具有毁损性质的陈述。"②Salmond 先生指出:"如果被告能够举证证明,他们作出的具有名誉毁损性质的陈述是真实的陈述,则原告不能向法院起诉,要求法官责令被告就其作出的陈述对自己承担名誉侵权责任,因为法律不会允许一个人就其不拥有或不应当拥有的名誉损害获得损害赔偿,即便被告是基于蓄意或不适当的目的作出对原告名誉具有毁损性质的陈述,他们也不用对原告承担名誉侵权责任。在这方面,法律认为行为人的言论自由权优先于他人的名誉权。"③

在我国,事实真实是否可以作为名誉侵权责任的抗辩事由,我国《民法通则》、《侵权责任法》没有作出具体规定,最高人民法院的有关司法解释也没有作出明确说明,因此只能由侵权法学说作出说明。笔者认为,我国侵权法也认可事实真实的抗辩事由,其原因有二:一方面,名誉侵权责任是建立在行为人作出的虚假陈述基础上,当行为人作出的陈述是虚假陈述时,他们才会对他人承担名誉侵权责任,如果行为人作出的陈述是真实的陈述,他们不用对原告承担名誉侵权责任;另一方面,如果一个人依靠隐瞒对其名誉不利的事实而获得现有的名誉的话,则该人实际上是在从事欺世盗名的活动,其获得的名誉不是建立在客观真实的基础上;当被告揭露原告的假象,公开其隐瞒的事实真相,即便此种被公开的事实是对原告名誉具有毁损性质的事实,当原告的名誉的确因此下降时,原告也不能因此被认定遭受了名誉损害,因为原告的名誉仅是回复到了它原本应当具有的水平面上。因为原告没有因为被告公开的真实事实遭受损害,法律当然不会责令被告对原告承

---

① W. Pase Keeton, *Prosser and Keeton on Torts* (fifth edition), West Publishing Co., p. 840.

② W. V. H. Rogers, *Winfield and Jolowicz on Tort* (thirteen edition), Sweet & Maxwell, pp. 320 – 321.

③ R. F. V. Heuston and R. A. Buckley, *Salmond and Heuston on the Law of Torts* (twenty-first edition), Sweet & Maxwell Ltd., p. 157.

担名誉侵权责任。正如 Rogers 先生指出的那样："虽然法律并不喜好行为人任意公开他人的真实事实,但是法律不会认定行为人在公开他人真实事实的情况下要对他人承担名誉侵权责任,因为名誉侵权行为也仅是损害他人名誉的行为,如果人们听到行为人关于他人真实事实的陈述之后会对他人的看法变得更坏,那也仅仅说明他人的名誉已经被减损到其正常水平上而已。"[1]

根据两大法系国家的事实真实的抗辩事由,只要行为人作出的陈述是真实的陈述,行为人不用对他人承担名誉侵权责任,无论他们是否是基于恶意的目的或动机作出此种陈述。因此,如果行为人基于社会公众知情权的实现而公开对他人名誉具有毁损性质的事实,他们有权以事实真实作为拒绝对他人承担名誉侵权责任的抗辩事由;如果行为人基于打击报复的目的公开对他人名誉具有毁损性质的事实,他们仍然不对他人承担名誉侵权责任。Prosser 教授指出："事实真实是书面诽谤和口头诽谤名誉侵权的责任抗辩事由,在当今绝大多数国家,它仍然是名誉侵权的责任抗辩事由。被告基于不好的理由或者基于最恶劣的动机公开对他人名誉具有毁损性质的事实都不影响此种抗辩事由的存在,即便被告在公开其陈述时并不相信其陈述是真实的,他们也不用对原告承担名誉侵权责任。"[2]

(二)"事实真实"的基本要求:事实必须基本真实

事实真实的抗辩事由以行为人陈述的事实是真实事实作为必要条件。如果行为人陈述的事实是虚假事实,在符合名誉侵权责任构成要件的情况下,行为人应当对他人承担名誉侵权责任。问题在于,如果行为人陈述的事实在某些方面是真实的,在某些方面是虚假的,他们是否能够借口其陈述是真实陈述而拒绝对他人承担名誉侵权责任? 对此问题,20 世纪之前的侵权法和 20 世纪之后的侵权法作出的回答并不完全相同。

在 20 世纪之前,侵权法认为,只有行为人陈述的事实是完全真实的事实时,他们才能够以事实真实作为拒绝承担名誉侵权责任的理由,如果他们

---

[1] W. V. H. Rogers, *Winfield and Jolowicz on Tort* (thirteen edition), Sweet & Maxwell, p. 321.

[2] W. Page Keeton, *Prosser and Keeton on Torts* (fifth edition), West Publishing Co., pp. 840 – 841.

陈述的事实存在任何虚假的地方,他们都不得以事实真实作为拒绝承担名誉侵权责任的理由。这就是所谓的事实完全真实的规则。所谓事实完全真实,是指行为人陈述的事实在任何方面都是真实的事实,没有任何虚假的地方,包括事实的本质方面和非本质方面,事实的主要方面和次要方面。只要行为人陈述的事实存在一点点虚假的地方,即便事实的本质方面、主要方面是客观真实的,行为人都不得借口事实真实而免责,他们仍然要对他人承担名誉侵权责任。因此,如果被告宣称原告盗窃他人财产,即便原告的确盗窃了他人财产,被告仍然要对原告承担名誉侵权责任,如果被告陈述的事实同原告的真实事实存在差异的话;被告要想通过事实真实的抗辩事由来免除其责任,他们不仅要证明原告盗窃的财产性质、财产数量与其声称的一致,而且还要证明原告盗窃他人财产的时间、地点与其声称的一致。①

事实完全真实规则使行为人承担的侵权责任过重,不利于行为人自由权的积极行使。为此,20世纪的侵权法已经放弃了事实完全真实规则,采取了"事实基本真实"的法律规则。根据事实基本真实的规则,只要行为人陈述的事实在本质方面、主要方面是真实的,他们就有权以事实真实为由拒绝对他人承担侵权责任,即便行为人陈述的事实在非本质方面、次要方面是虚假的,也是如此。例如,当行为人说他人在2009年5月20日盗窃了价值5000元的电线时,如果行为人能够举证证明,他人的确实施了盗窃电线的行为,行为人就有权借口其陈述基本真实而拒绝对他人承担名誉侵权责任,即便他人不是在2009年5月20日实施盗窃行为,或者即便他人盗窃的财产价值仅仅有3000元而非5000元。侵权法认为,虽然行为人陈述的盗窃时间、盗窃财产的价值同真实情况存在差异,这些差异都是非本质性质的差异,不会影响行为人陈述在本质上的真实性,即他人的确实施了电线的盗窃行为。Salmond对事实基本真实规则作出了说明,他指出:"法律并不要求被告证明其陈述是完全真实的(literally true),他们仅仅证明自己作出的陈述在本质上是真实的即可。如果被告对他人的指责在本质上是真实的,并且如果被告对他人的指责存在的错误情节不会加重对他人名誉的侵犯或者不会改变其陈述的性质的话,被告也就成功证明了自己陈述的真实性。"②

---

① Swann v. Rary Znd. 1833,3Black f.298; Coffin v. Brown, 1901, 94 Md. 190,50A. 567.
② R. F. V. Heuston and R. A. Buckley, *Salmond & Heuston on the Law of Torts*(twenty-first editon), Sweet & Maxwell Ltd., 1996, p.158.

Prosser 教授也指出:"司法判例普遍认为,行为人无须证明其作出的具有名誉毁损性质的陈述在任何方面都是完全真实的,司法判例普遍认为,行为人只要证明其具有名誉毁损性质的陈述大体上、总体上是真实的(substantially true),或者能够证明其具有名誉毁损性质的陈述主旨是真实的,他们就能够不就其具有名誉毁损性质的陈述对他人承担名誉侵权责任。因此,如果行为人说镇长浪费了纳税人的 80,000 元钱,即便行为人最终证明该镇长仅仅浪费了纳税人 17,500 元钱,行为人也就其证明了其陈述的真实性,无须对原告承担名誉侵权责任。"[1]

(三)事实真实的具体判断

如果行为人要主张事实真实的抗辩事由来拒绝对他人承担的名誉侵权责任,他们应当承担举证责任,证明其陈述的事实是基本真实的事实,原告无须承担举证责任,证明行为人陈述的事实是虚假或者基本虚假的事实,因为侵权法对行为人陈述的事实是虚假事实采取推定规则,认为只要行为人作出的陈述是具有名誉毁损性质的陈述,侵权法就推定行为人作出的陈述是虚假陈述,除非行为人能够证明其陈述是基本真实的陈述,否则,行为人就要对他人承担名誉侵权责任。如果行为人无法举证证明,其陈述的事实是基本事实的事实,他们就要对他人承担名誉侵权责任。问题在于,如何判断被告陈述的事实是基本真实的事实。关于这样的问题,侵权法无法作出明确规定,只能由法官在具体案件当中加以自由裁量。案件的具体情况不同,法官得出的具体结论也不同。不过,仍然存在一些具有指导意义的规则。

如果行为人作出的陈述是表面上具有名誉毁损性质的陈述,当他们主张事实真实抗辩事由来拒绝承担名誉侵权责任时,他们应当承担举证责任,证明他们作出的表面上具有名誉毁损性质的陈述在本质方面、主要方面是真实的,即便其作出的表面上具有名誉毁损性质的陈述在非本质方面、次要方面是虚假的。一旦他们成功证明了这一点,他们无须就其表面上具有名誉毁损性质的陈述对他人承担名誉侵权责任。例如,一旦行为人声称他人是一个不诚实的、工于心计的骗子时,如果行为人仅仅证明他人在一次场合背离事实真相,他们陈述的事实还不足以构成基本真实的事实,他们对他人

---

[1] W. Page Keeton, *Prosser and Keeton on Torts* (fifth edition), West Publishing Co., p. 842.

承担的名誉侵权责任还不足以被免除;同样,一旦行为人说他人作为所在镇的市政官员已经丧失了该镇大多数人的信赖时,如果行为人仅仅证明只有10%的人对该官员丧失信赖,他们陈述的事实还不足以构成基本真实的事实,他们对该市政官员承担的名誉侵权责任还不足以被免除。①

即便行为人作出的陈述是表面上不具有名誉毁损性质的陈述,他们作出的此种陈述仍然有可能被原告或者法官看做是具有名誉毁损性质的陈述,并因此被责令对原告承担名誉侵权责任。这就是名誉侵权责任领域的影射,包括真影射和假影射制度,已如前述。当原告诉请行为人就其真影射行为对其承担名誉侵权责任时,如果行为人不希望就其陈述对原告承担名誉侵权责任,他们应当承担举证责任,证明其陈述的某种事实是真实事实。当原告诉请行为人就其假影射行为对其承担名誉侵权责任时,如果行为人不希望就其陈述对原告承担名誉侵权责任,他们应当承担举证责任,证明他们作出的表面上不具有名誉毁损性质的陈述不具有原告理解的意义。

如果行为人毁损他人名誉的行为建立在行为人的具体指控行为基础上,当他人要求行为人就其具有名誉毁损性质的具体指控行为承担侵权责任时,如果行为人不希望就其具有名誉毁损性质的具体指控行为对他人承担名誉侵权责任,他们必须承担举证责任,证明其具体指控行为的本质方面、主要方面是真实的。如果他们能够证明其具体指控行为的本质方面、主要方面是真实的,即便其具体指控的非本质方面、次要方面是虚假的,他们也无需就其具体指控行为对他人承担名誉侵权责任。如果其具体指控行为的本质方面、主要方面是虚假的,他们仍然要就其具体指控行为对他人承担名誉侵权责任。

同时,一旦行为人通过具体指控毁损他人名誉,他们也只能通过证明其具体指控的本质方面、主要方面是真实指控来拒绝对他人承担名誉侵权责任,不得以他人名誉普遍不好或者还存在其他不法行为作为拒绝对他人承担名誉侵权责任的抗辩事由。Prosser 教授指出:"行为人作出的具有名誉毁损性质的陈述如果是建立在特定事实的指控方面,则行为人不得通过证明原告的名誉普遍不好来证明其陈述的基本真实性;如果行为人仅仅控告原告实施了某种特定的非法行为,行为人仅仅证明原告实施了其他非法行为

---

① R P Balkin JLR Davie, *Law of Torts*(third edition), Butterworths, p.575.

还不足以证明他们的陈述是基本真实的陈述,即便原告实施的其他非法行为是更为严重的行为。例如,如果行为人说原告盗窃了 A 的手表,当原告向法院起诉、要求行为人对其承担名誉侵权责任时,行为人只能通过证明原告的确盗窃了 A 的手表的方式来免责,他们不得通过证明原告盗窃了 A 的时钟或者盗窃了 B 的六块手表的方式来免责。"① 在 Bookbinder v. Telobit② 一案中,法官对这样的规则作出了说明。在该案中,被告控告原告,说原告在某一特定的场合乱用公款。原告向法院起诉,要求法官责令被告就其陈述对自己承担名誉侵权责任,因为原告认为,他并没有像被告陈述的那样在该特定场合滥用公款。法院认为,即便被告可以证明,原告在其他场合存在滥用公款的情况,其证明也不足以否定他们对原告承担的侵权责任。

如果行为人作出的具有名誉毁损性质的陈述包含了两个或者两个以上非法行为的指责,当他人要求行为人就其两个或者两个以上非法行为的指责对他们承担名誉侵权责任,行为人如何证明其陈述的真实性? 在普通法上,当被告在其具有名誉毁损性质的陈述当中同时指责原告实施了两个或两个以上的非法行为时,如果原告同时对被告提起名誉侵权请求权,要求被告就其陈述当中的两个或者两个以上非法行为的指责承担名誉侵权责任,被告只有在同时证明了其陈述当中的两个或者两个以上非法行为的指责都是真实时才能够免责,如果行为人仅仅能够证明其陈述当中的一个非法行为的指责是真实的,无法证明其陈述当中的其他非法行为的指责是真实的,他们仍然要对原告承担名誉侵权责任,不得以事实真实作为拒绝承担名誉侵权责任的抗辩事由。在今天,侵权法虽然已经放弃了普通法上的此种规则,他们认为,如果行为人作出的具有名誉毁损性质的陈述包括了两个或者两个以上的独立非法行为的指责,当原告向法院起诉,要求行为人就其所有指责行为对他们承担侵权责任,行为人也能够借口其部分陈述的真实性而拒绝对他人承担名誉侵权责任,即便行为人仅仅证明其中的部分独立非法行为的指责是真实的而无法证明所有独立非法行为是真实的,如果没有被证实是真实性的独立非法行为并没有实质性地毁损他人名誉的话。英国 1952 年《名誉侵权法》第 5 条对这样的规则作出了明确说明,它规定:当原

---

① W. Page Keeton, *Prosser and Keeton on Torts* (fifth edition), West Publishing Co., p. 841.

② [1989]1All ER 1169(CA).

告向法院起诉,要求被告就其具有名誉毁损性质的陈述当中包含的两个或两个以上的独立非法行为对他们承担名誉侵权责任时,行为人的事实真实抗辩并不因为他们没有能够证明每一个非法行为的指责是真实的指责而失败,如果在考虑了已经被证实其真实性的指责之后,没有被证明其真实性的指责不会实质性地毁损他人名誉权的话。在新西兰,1992年《名誉侵权法》第8条也规定了这样的规则。例如,如果被告宣称原告:(1)参加了战争期间进行的大屠杀活动;(2)在参加战争时,提出了某些不诚实的费用主张。如果被告能够提供证据证明,原告的确参加了战争期间进行的大屠杀活动,他们就能够借口事实真实的抗辩事由拒绝对原告承担名誉侵权责任,即便被告无法提供证据证明,原告在服兵役期间的确提出了不诚实的费用主张。[①] 此种规则的理论根据在于,当然行为人作出的具有名誉毁损性质的陈述包含了两个或者两个以上独立非法行为的指责,如果行为人能够证明其中一个独立非法行为的指责是真实的、客观的,则被证实具有真实性的非法行为的指责将吸收、合并没有被证实具有真实性的非法行为的指责。

即便行为人作出的具有名誉毁损性质的陈述包含了两个或者两个以上独立非法行为的指责,他人也有权仅仅对行为人陈述当中的部分独立非法行为的指责提起名誉侵权诉讼,要求行为人就被起诉的非法行为的指责对他们承担名誉侵权责任,他人无须对行为人陈述当中的所有独立非法行为指责提起名誉侵权诉讼,要求他们就其陈述当中包含的所有独立非法行为的指责对他们承担名誉侵权责任。问题在于,如果他人仅仅对行为人陈述当中的部分非法行为的指责提起名誉侵权诉讼,行为人如何证明其陈述的真实性?侵权法认为,一旦原告对行为人陈述当中的部分独立非法行为的指责提起名誉侵权诉讼,要求他们就其部分独立非法行为的指责承担名誉侵权责任,行为人如果不想对原告承担名誉侵权责任,他们必须证明被原告起诉的独立非法行为的指责是真实的,一旦他们能够证明被原告起诉的独立非法行为的指责是真实的,他们有权以事实真实作为拒绝对他人承担名誉侵权责任的抗辩事由;如果他们无法证明被原告起诉的独立非法行为是真实的,则他们仍然要对原告承担名誉侵权责任,即便他们能够证明没有被

[①] W. V. H. Rogers, *Winfield and Jolowicz on Tort* (thirteen edition), Sweet & Maxwell, p. 322.

原告起诉的独立非法行为是真实的,也是如此。在 Speidel v. Plato Films Ltd.①一案中,法官对这样的规则作出了说明。法官指出,即便行为人在其具有名誉毁损性质的陈述当中指责他人实施了几个独立的非法行为,他人也有权选择其中一个独立非法行为的指责来提起名誉侵权诉讼,要求行为人仅仅就该独立非法行为的指责对他们承担名誉侵权责任。此时,行为人只能通过证明该种非法行为的指责是真实的来免除其原本应当承担的名誉侵权责任,他们无权通过证明其他非法行为的指责是真实的来免除原本应当承担的名誉侵权责任。

行为人虽然在其具有名誉毁损性质的陈述当中指责原告实施了两个或两个以上的独立非法行为,如果被指责的所有独立非法行为都具有共同主旨(sting),则行为人不用对其陈述当中涉及的所有非法行为的指责加以证明,如果他们证明了这些指责的共同主旨是真实的,他们就有权以事实真实作为拒绝承担名誉侵权责任的抗辩事由。Rogers 先生对这样的规则作出了说明,他指出:"原告并非有权完全自由地选择他们认为被告不能证明其真实性指责来起诉,因为被告陈述当中所包含的两个或者两个以上的指责是不是可以分割的独立指责,这是一个事实问题和程度问题;当被告陈述当中包含了两个或者两个以上具有名誉毁损性质的指责时,如果这些指责具有同一主旨,则被告有权通过证明其陈述的主旨是真实的而拒绝对他人承担名誉侵权责任。"②因此,如果被告在其陈述当中指责原告多次从事婚外恋行为,被告的陈述虽然也包括了两个或者两个以上非法行为的指责,但这些指责都具有共同的主旨,即原告的行为人不检点。如果行为人能够证明其中的大多数婚外情的指责是真实的,即便某些婚外情的指责是不真实的,他们也有权以事实真实作为拒绝承担名誉侵权责任的抗辩事由。③

如果行为人作出的具有名誉毁损性质的陈述表现为流言飞语或者小道消息的重复,当他人诉请行为人就其流言飞语或者小道消息承担名誉侵权责任时,行为人仅仅证明其流言飞语或小道消息的确存在还不足以让他们免除所承担的名誉侵权责任,他们必须证明所重复的流言飞语或小道消息是真实的才足以使他们免除所承担的侵权责任。Heuston 和 Buckley 对这样

---

① [1961] AC1090.
② W. V. H. Rogers, *Winfield and Jolowicz on Tort* (thirteen edition), Sweet & Maxwell, p.323.
③ Kha shoggi v. IPCMagazines Ltd. [1986] 3AllER 577(CA).

的规则作出了说明,他们指出:"如果行为人作出的具有名誉毁损性质的陈述表现为流言飞语或者传闻时,行为人仅仅证明其流言飞语或者传闻真实存在还不足以使他们承担的名誉侵权责任被免除;他们必须证明其流言飞语或者传闻是真实的才能够免除所承担的名誉侵权责任。因为继续传播流言飞语或者传闻就暗示所传播的流言飞语或者传闻是有根据的,行为人如果希望不就其传播的流言飞语或者传闻承担名誉侵权责任,他们应当证明其暗示是有理由的。如果仅仅因为所传播的是流言飞语或者传闻而非事实就拒绝承担名誉侵权责任,则每一个行为人将不用就其书面或者口头诽谤行为引起的损害对他人承担名誉侵权责任。"①

因此,如果我告诉你,"Smith 告诉我,Brown 欺诈了自己的债权人。"我能够证明我的陈述是真实陈述的唯一方式是证明 Brown 的确欺炸了债权人,如果我仅仅证明 Smith 给我提供这样的消息,我的名誉侵权责任还不足以免除。② 侵权法之所以实行这样的规则,其原因有二:一方面,行为人对流言飞语或者小道消息的进一步传播表明他们相信所见到的流言飞语或者小道消息是有根据的,行为人要想免除所承担的名誉侵权责任,就应当证明其传播的流言飞语或者小道消息是真实的;另一方面,如果法律采取相反的规则,则行为人很容易借口其具有名誉毁损性质的陈述是流言飞语或者小道消息而不是事实逃避原本应当承担的名誉侵权责任。

三、公正评论的抗辩事由

(一)公正评论地位的独立性

如果行为人作出的陈述是对他人名誉具有毁损性质的虚假事实陈述,在符合名誉侵权责任构成要件的情况下,他们当然应当对他人承担名誉侵权责任;如果行为人作出的陈述是对他人名誉具有毁损性质的真实事实陈述,他们无须对他人承担名誉侵权责任,因为,既然行为人陈述的事实是真

---

① R. F. V. Heuston and R. A. Buckley, *Salmond & Heuston on the Law of Torts*(twenty-first editon), Sweet & Maxwell Ltd., 1996, p.159.

② Truth (N Z)Ltd. v. Hollowcuy[1906]1W. L. R.997.

实事实,他们就能够主张事实真实的抗辩事由而拒绝对他人承担名誉侵权责任。问题在于,如果行为人作出的陈述不是对某种事实的陈述而是对某种观点、意见或者看法的陈述,当该种观点、意见或者看法陈述构成对他人名誉具有毁损性质的陈述时,他们是否应当就其观点、意见或者看法陈述引起的名誉损害对他人承担名誉侵权责任。侵权法认为,如果行为人对公共利益问题或者社会公众关心的问题表达自己的观点、提出自己的意见或者发表自己的看法,只要这些观点、意见或者看法是公平的,行为人无须就其观点、意见或者看法引起的损害对他人承担侵权责任,即便这些观点、意见或者看法是具有名誉毁损性质的观点、意见或者看法,即便具有名誉毁损性质的观点、意见或者看法的确对他人名誉造成损害,这就是侵权法上的公正评论抗辩事由制度(fair comment),其中行为人对公共利益问题或者社会公众关心的问题表达的观点、提出的意见或者发表的看法被称为评论。根据公正评论抗辩事由制度,如果行为人对公共利益问题或者社会公众关心的问题发表的评论是公正的,即便其评论是具有名誉毁损性质的,即便其评论导致他人遭受名誉损害,行为人也不就其公正评论引起的名誉损害对他人承担侵权责任;如果行为人对公共利益问题或者社会公众关心的问题发表的评论是不公平的,当该种评论给他人造成名誉损害时,行为人应当对他人遭受的名誉损害承担侵权责任。可见,公正评论是行为人对抗原告名誉侵权请求权权的重要抗辩手段,是行为人免除名誉侵权责任的重要途径。

  在侵权法上,公正评论究竟是一种独立的抗辩制度还是其他抗辩制度的组成部分?对此问题,学说和司法判例作出的回答并不完全相同。少数学说和司法判例认为,公正评论抗辩本身并不具有独立性,它不是一种独立的责任抗辩制度,而仅是相对免责特权制度的组成部分。Salmond 先生和 Prosser 先生即采取此种学说。Salmond 先生在其第六版的侵权法著作中认为,公正评论仅是相对免责特权制度的一种表现形式,其本身不具有独立地位。[1] Prosser 教授也在其侵权法著作中认为,公正评论也仅是相对免责的表现形式之一,它本身不被看做独立的抗辩事由。[2] 除了少数学说否认公正

---

  [1] R. F. V. Heuston and R. A. Buckley, *Salmond and Heuston on the Law of Torts*(twenty-first edition), Sweet & Maxwell Ltd., p.179.
  [2] W. Page Keeton, *Prosser and Keeton on Torts*(fifth edition), West Publishing Co., pp. 831 – 832.

评论的独立性之外,少数司法判例也否认公正评论的独立性,认为它仅是相对免责特权的组成部分。例如 Willes 法官认为,公正评论仅是相对免责特权的表现形式,其本身不具有独立性。① 大多数侵权法学家认为,公正评论抗辩是一种独立的责任抗辩制度,它同事实真实抗辩、绝对免责特权和相对免责特权一样具有独立的地位,不能为其他责任抗辩制度所包含。此种观点为 Heuston、Buckley、Rogers、Balkin 和 Davis 所采取。Heuston 和 Buckley 指出,虽然少数学者和法官认为公正评论仅是相对免责特权的组成部分,但是,英国主流学说认为,公正评论是独立的抗辩制度,不是相对免责特权的组成部分,因为两种制度之间存在区别。② Rogers 明确指出,公正评论独立于免责特权制度,两种都是名誉侵权责任的抗辩事由。③ Balkin 和 Davis 也认为,公正评论是独立的抗辩事由制度,不同于免责特权的抗辩事由制度。④ 除了学说和司法判例认可公正评论的独立性之外,某些国家的制定法也承认公正评论的独立性。例如,新西兰 1954 年《名誉侵权法》对公正评论这一独立的责任抗辩事由作出了规定,其第 8 条规定:当原告提起名誉侵权诉讼,要求被告就其陈述引起的损害对自己承担名誉侵权责任时,如果被告的陈述同时包括部分事实的宣称和部分观点的表达,则公正评论的抗辩不应当仅仅因为所宣称的所有事实没有被证实而失败,如果考虑到被宣称的事实或者被起诉的事实被证明属实而使行为人的观点表达构成公正评论的话。学说之所以认可公正评论的独立性,其原因在于,公正评论同相对免责特权之间存在两个方面的差异:其一,公正评论是对行为人书面诽谤行为的否认,当他人诉请行为人就其评论对他们承担名誉侵权责任时,行为人认为他们的评论不构成名誉侵权行为,无须对他人承担名誉侵权责任;而相对免责特权则是对行为人书面诽谤行为的承认,当他人诉请行为人就其陈述对他们承担名誉侵权责任时,行为人虽然承认他们的陈述构成名誉侵权行为,但是主张他们在特定的场合享有不就其名誉侵权行为对他人承担名誉侵权

---

① Henwood v. Harrison (1872) LR7CP. 606, 625.
② R. F. V. Heuston and R. A. Buckley, *Salmond & Heuston on the Law of Torts*(twenty-first editon), Sweet & Maxwell Ltd., 1996, p.179.
③ W. V. H. Rogers, *Winfield and Jolowicz on Tort*(thirteen edition), Sweet & Maxwell, p.322.
④ R. P. Heuston and R. A. Buckley, *Salmond & Heuston on the Law of Tort*(twenty-first editon), Sweet & Maxwell Ltd., 1996, p.580.

责任的正当事由。其二,在公正评论当中,行为人应当首先承担举证责任,证明他们作出的评论是公正的,而在相对免责特权当中,原告应当承担举证责任,证明行为人在特定免责场合基于蓄意作出具有名誉毁损性质的陈述,如果原告无法证明行为人是基于蓄意作出具有名誉毁损性质的陈述,行为人将不就其在特定场合作出的具有名誉毁损性质的陈述对他人承担名誉侵权责任。

侵权法之所以认可公正评论这一免责途径,其主要原因有三:其一,对潜在行为人提供强有力保护的需要。在侵权法上,公正评论抗辩制度对发表评论的行为人提供了强有力的保护,因为公正评论抗辩事由制度不仅保护对他人或者他人事务发表有理性的或者符合正统观念要求看法的行为人免受他人侵权诉讼的追究,而且还保护对他人或者他人事务言过其实、夸大其谈甚至耸人所闻看法的行为人免受他人侵权诉讼的追究。在实际生活中,公正评论抗辩制度尤其对报纸杂志、电台电视台等新闻媒体或者他们的主编、记者或者编辑等具有重要意义,它可以为这些潜在的被告提供保护,因为这些行为人从事的主要工作就是对他人事务或者他人的行为作出评估、判断并因此发表相关的评论。此外,随着互联网的快速发展,公正评论抗辩制度也为互联网运营商提供保护,使他们不用就其互联网上发表的评论对他人承担侵权责任。其二,对言论自由权提供保护的需要。在侵权法上,公正评论权的保护是言论自由权保护的必然体现,因为公正评论权是言论自由权的重要表现形式,构成自然人基本权利的重要组成部分。如果公正评论权得不到保护,则言论自由权也就失去了其应有的作用。新西兰1990年《权利法案》第14条明确规定公正评论权,它规定,任何人均享有寻求、接受和传播任何形式的任何观点的自由。Salmond先生也指出:"对公共利益问题发表的公正评论或者对提交给公众批判的问题发表的公正评论是不能提起名誉侵权诉讼的。公正评论权属于言论自由权这一基本原则的重要组成部分。法官愿意对其提供保护,使其免受侵害。"[①]其三,对政府机构、政府官员或者其他人实施监督的需要。公正评论权是社会公众借以实现监督政府及其他公职部门依法履行职责的重要手段,当政府及其公职部门存在违法滥纪的行为时,社会公众可以利用公正评论权对它们提出批评,

---

① R. F. V. Heuston and R. A. Buckley, *Salmond & Heuston on the Law of Torts*(twenty-first editon), Sweet & Maxwell Ltd., 1996, p.178.

使它们改进自己的作风,提高自己的运作效率。Rogers 先生指出:"在任何文明的法制社会,诚实批评应当被看做并且的确被看做是提高任何公共机构或者公共官员工作效率的必要手段,应当被看做并且的确被看做是提高私人工作效率的必要手段,如果他们的工作成为社会公众关心的问题的话。"①

(二) 公正评论的构成要件

作为一种抗辩手段,公正评论应当具备一定的构成要件,只有符合公正评论的构成要件,行为人才不用就其评论对他人承担名誉侵权责任,如果不符合公正评论的构成要件,行为人仍然要就其评论对他人承担名誉侵权责任。公正评论的构成要件多种多样,诸如行为人作出的陈述只能是观点陈述而非事实陈述,行为人作出的评论必须是公正的评论,他们评论的对象必须是涉及公共利益的事项或者社会公众关心的事项,行为人真诚地相信其作出的评论等。

1. 行为人的观点陈述

公正评论的第一个构成要件是,行为人作出的具有名誉毁损性质的陈述不是对某种事实的陈述而是对某种观点的陈述,只有行为人作出的具有名誉毁损性质的陈述构成某种观点的陈述时,他们才能够主张公正评论的抗辩事由来拒绝对他人承担名誉侵权责任。如果行为人作出的具有名誉毁损性质的陈述仅是对某种事实的陈述,则他们不得主张公正评论的抗辩事由来拒绝对他人承担名誉侵权责任。Heuston 和 Buckley 先生指出:"公正评论抗辩的必要条件是,行为人作出的对他人名誉具有毁损性质的陈述必须在表面上以某种评论的方式作出,他们不是在对某种事实作出陈述。为了符合公正评论抗辩的要求,行为人在陈述观点时必须陈述其观点得以建立的事实,他们在对原告或原告的行为予以指责时,其谴责应当表现为某种观点,这些观点应当建立在这些事实的基础上。"② Balkin 和 Davis 也指出:"虽然法律给了行为人批评他人的巨大空间,认为行为人发表的意见无论是

---

① W. V. H. Rogers, *Winfield and Jolowicz on Tort* (thirteen edition), Sweet & Maxwell, p. 324.

② R. F. V. Heuston and R. A. Buckley, *Salmond & Heuston on the Law of Torts* (twenty-first editon), Sweet & Maxwell Ltd., 1996, p. 180.

有偏见的还是言过其实的,只要他们是基于诚实发表这样的观点,他们都可以免责,但是侵权法也对公正评论的抗辩施加了某些限制,要求行为人以评审团认为构成意见而非事实的方式来作出对他人名誉具有毁损性质的陈述。"①

所谓事实陈述,是指行为人对某种客观、真实现象所作出的说明,所谓观点陈述,是指行为人在某种事实基础上通过演绎、推理、归纳等方式表达的观点、提出的意见或者发表的看法或者得出的结论,诸如对他人进行的批评、批判、评判、评述等。在名誉侵权法上,事实陈述同观点陈述的共同点体现在两个方面:其一,事实陈述和观点陈述都能够成为具有名誉毁损性质的陈述。在侵权法上,行为人作出的具有名誉毁损性质的陈述或者表现为事实陈述或者表现为观点陈述,或者同时表现为事实陈述或者观点陈述,在符合名誉侵权责任构成要件的情况下,行为人都可能要就其事实陈述或者观点陈述对他人承担名誉侵权责任。侵权法认为,除了行为人的事实陈述能够导致他人遭受名誉损害之外,行为人的观点陈述也能够导致他人遭受名誉损害。其二,观点陈述依赖事实陈述。在侵权法上,任何观点陈述都是建立在事实陈述的基础上,一个有正常思维的人在进行观点陈述时都将其观点陈述建立在或多或少、或强或弱、或真或假的事实基础上。没有事实陈述作为观点陈述的前提,观点陈述也就成了无渊之水、天本之木。事实陈述同观点陈述的差别主要体现在:其一,事实陈述和观点陈述的目的不同。事实陈述的目的在于说明某种客观真实的事实,或者给社会公众或一定范围内的人提供某种信息,让他们了解、知悉行为人提供的信息。而观点陈述的目的不是为了对社会公众或者一定范围内的人提供信息,其目的在于发表自己的观点、意见或者看法。其二,事实陈述和观点陈述的性质不同。在侵权法上,事实陈述仅是对某种客观的、真实的事件进行说明,很少掺杂行为人的主观意见,对于同样的事实,不同的行为人作出的陈述并没有太大的差异;而观点陈述则不同,它是行为人对某种客观事实的主观反映,对于同样的现象或者事实,不同的行为人作出的陈述存在很大的差异。其三,事实陈述和观点陈述的方式不同。事实陈述无须借助于演绎、推理、归纳等方式进行,而观点陈述则必须借助于这些手段来进行,离开这些特定的手段,行为

---

① R. F. V. Heuston and R. A. Buckley, *Salmond & Heuston on the Law of Torts* (twenty-first editon), Sweet & Maxwell Ltd., 1996, p.581.

人无法进行观点陈述。例如,如果被告说原告是个江湖郎中,则被告的陈述被看做事实陈述,被告如果不能提供证据证明原告的确是个江湖郎中,则被告作出的事实陈述是虚假事实陈述,当其陈述对原告构成具有名誉毁损性质的陈述时,被告即应就其虚假事实陈述对原告承担名誉侵权责任。但是,如果被告在声称原告没有取得医师证之前就以主任医师的名义对外行医、原告行医的场所狭小、卫生条件不过关之后得出"原告是个江湖郎中"的结论,则被告的陈述被看做观点陈述,因为它是在陈述一定的事实之后通过推论的方式得出结论的。其四,观点陈述往往有特定的表现形式。在侵权法上,事实陈述的表现形式往往简单明了,清晰易懂,诸如说李密昨天病了,说李密前天去了广州。而观点陈述的表现方式则更加复杂,其表现方式多种多样,既可以表现为行为人对某种问题发表的意见、观点或者看法,也可以表现为行为人对他人或者他人行为作出的批评、批判、评价或者评判,既可以表现为行为人对某种问题得出的某种结论,还可以表现为行为人对某种事物或者现象作出的观察、展望等。其五,事实陈述和观点陈述的抗辩事由不同。如果行为人作出的陈述是具有名誉毁损性质的事实陈述,他们应当主张事实真实的抗辩事由来拒绝承担名誉侵权责任。如果行为人作出的陈述是具有名誉毁损性质的观点陈述,则他们应当主张公正评论的抗辩事由来拒绝对他人承担名誉侵权责任。

虽然观点陈述和事实陈述的区别在表面上一清二楚,但在具体案件当中,行为人作出的陈述究竟是观点陈述还是事实陈述往往模棱两可。例如,在 Dakhyl v. Labsuchere[①] 一案中,原告将自己说成是治疗耳、喉、鼻方面疾病的专家。被告在其文章当中将原告称作"最低级的江湖郎中"。原告向法院起诉,要求被告就具有名誉毁损性质的文章对其承担侵权责任。问题在于,称原告是"最低级的江湖郎中"的陈述究竟是事实陈述还是观点陈述?英国上议院认为,被告的陈述是观点陈述而非事实陈述,因为其陈述实际上是对被告行为作出的一种评价。如果被告称原告为"通奸者"或者"诈骗犯",他们的陈述究竟是事实陈述还是观点陈述?同样,如果被告称原告为"淫妇"或者"罪人",他们的陈述是事实陈述还是观点陈述?对于这样的问题,法律并没有提供教条式的答案,行为人作出的每一个陈述究竟是事实陈

---

① [1908]2 K. B. 325.

述还是观点陈述,完全由评审团或者法官作出决定,评审团或者法官在作出此种决定时,要考虑行为人作出陈述时的具体情况。情况不同,同一词语的意义可能不同,在此种情况下,行为人作出的陈述可能被看做是事实陈述,在此种情况下,行为人作出的陈述可能被看做观点陈述。因此,如果行为人说 A 的行为让人丢尽了脸,他们的陈述可能仅是一种事实陈述;但是,如果行为人说 A 杀害了自己的父亲,其行为让人丢尽了脸,则行为人的陈述可以看做观点陈述而非事实陈述,因为让人丢尽了脸这句话是对 A 杀害自己父亲的评论。[①]

在侵权法上,具有名誉毁损性质的观点陈述(defamatory opinions)可以分成三种:演绎性的观点陈述(a deductive opinion)、评价性的观点陈述(a evaluation opinion)以及信息性的观点陈述(an informational opinion)。所谓演绎性的观点陈述,是指行为人根据提供给社会公众的真实信息或者社会公众可以利用的真实信息,推论或者演绎出原告从事了某种对其名誉具有毁损性质的不当行为或者推论或者演绎出原告还存在其他对其名誉具有毁损性质的事实并且将其推论或者演绎的结论加以公开的行为。例如,行为人根据有关真实信息推论出原告是共谋犯,与其他人一起杀死了其同伴,当行为人将其结论对原告以外的第三人公开时,其陈述就构成演绎性的观点陈述。所谓评价性观点陈述,是指行为人根据某种真实信息对他人或者他人行为作出的某种价值判断并且将其作出的此种价值判断予以公开的行为。例如,行为人根据有关真实信息得出他人的行为是可耻的、他人是不守信用的人或者他人的行为是不道德的等意见,当行为人将其价值判断对有原告之外的第三人公开时,其陈述就构成评价性的观点陈述。评价性的观点陈述同演绎性的观点陈述存在的共同点是,无论是评价性观点陈述还是演绎性观点陈述都是建立在某种事实的基础上,都是行为人通过所掌握的信息来发表对他人名誉具有毁损性质的观点陈述。评价性的观点陈述同演绎性的观点陈述存在的主要区别是,行为人的评价性观点陈述以好坏、善恶、美丑等价值判断的方式加以表现,而演绎性观点陈述往往以虚假事实的指责的方式加以表现。所谓信息性观点陈述,是指行为人以观点的方式给社会公众或者第三人提供有关原告方面的信息。如果行为人认为有关原告的某

---

① W. V. H. Rogers, *Winfield and Jolowicz on Tort* (thirteen edition), Sweet & Maxwell, p. 325.

些信息还没有公开,当他们以观点的方式暗示还有没有公开的信息时,他们的观点陈述就构成信息性观点陈述。信息性观点陈述的主要特点有二:其一,行为人作出此种陈述的目的在于公开原告的某种信息,让社会公众或者第三人了解有关原告的信息。其二,行为人以观点的方式作出这样的陈述。① 根据信息性观点陈述,如果没有公开的信息无法证明行为人结论的正确性,则行为人对没有公开的事实的陈述将构成错误,在符合名誉侵权责任构成要件的情况下,行为人可能要对他人承担名誉侵权责任。当然,在某些情况下,行为人作出的观点陈述可能具有多重性,诸如行为人的观点陈述同时包含了演绎性观点陈述和评价性观点陈述,或者同时包括了评价性观点陈述和信息性观点陈述,甚至同时包含了演绎性观点陈述、评价性观点陈述和信息性观点陈述。

2. 建立在真实事实基础上的评论

公正评论的第二个构成要件是,行为人的评论必须建立在某种真实性的事实基础上。如果行为人作出的评论不是建立在某种真实事实的基础上,则行为人不得以公正评论作为拒绝承担名誉侵权责任的抗辩事由,行为人仍然要就其具有名誉毁损性质的陈述对他人承担名誉侵权责任。Rogers对这样的构成要件作出了说明,他指出:"除非行为人的评论是建立在事实的基础上,否则,他们不可能成功地主张公正评论的抗辩。如果行为人的评论是建立在他们编造的或者歪曲的事实基础上,他们作出的评论不可能是公正的。如果行为人的评论所依赖的事实被证明是不真实的事实,即便行为人的观点是诚实的,行为人也不得以公正评论作为拒绝承担名誉侵权责任的理由。"② Balkin 和 Davis 也对这样的构成要件作出了说明,他们指出:"公正评论的一个要件是,行为人作出的陈述被完全看做观点陈述而非某种事实陈述,并且其观点陈述时建立在被证明是真实的事实基础上,或者建立在某种免责场合作出的陈述基础上。"③

公正评论的抗辩虽然独立于事实真实抗辩,但公证评论这种抗辩事由

---

① See W. Page Keeton, *Prosser and Keeton on Torts* (fifth edition), West Publishing Co., pp. 810 – 811.

② W. V. H. Rogers, *Winfield and Jolowicz on Tort* (thirteen edition), Sweet & Maxwell, p. 322.

③ R. P. Balkin and J. L. R. Davis, *Law of Torts* (third edition), Butterworths, p. 581.

并非仅仅关心行为人作出的观点陈述而完全忽视行为人作出的事实陈述,它在关注行为人观点陈述时也十分关注行为人作出的事实陈述,其原因有三:其一,在许多情况下,行为人作出的陈述有时被看做观点陈述,有时被看做事实陈述,使观点陈述与事实陈述之间的界限模棱两可,无法绝对分开,已如前述。其二,事实陈述是观点陈述的必要构成要素。任何观点陈述都离不开事实陈述,因为事实是评论的基础和前提,评论是事实的结果。行为人无论是通过演绎、推理、归纳的方式对他人或者他人的行为作出具有名誉毁损性质的评论还是通过价值判断的方式对他人或者他人的行为作出具有名誉毁损性质的评价,他们在对他人或者他人的行为作出评论时都离不开他人作出的或者被认为作出的各种行为,他们的演绎、推理、归纳或者价值判断都是建立在某种事实的基础上。因为这样的原因,法律认为,行为人在对他人或者他人的行为作出评论时,他们应当在自己作出的具有名誉毁损性质的陈述中具体列明其评论赖以建立的各种事实。其三,包含了事实陈述的观点陈述对他人造成的名誉损害要比单纯的事实陈述对他人造成的损害轻。当行为人仅仅作出了某种事实陈述时,他们作出的事实陈述对他人造成的名誉损害可能会比行为人作出的包含了事实陈述在内的观点陈述对他人造成的名誉损害要轻,因为当行为人作出的包含了事实陈述在内的观点陈述被其读者或者听者读到或者听到时,其读者或听者也可以根据行为人提供的事实作出自己的评论,此时,他们或者会作出不同意行为人的评价,此种不同的评价也可能会毁损他人的名誉。

从理论上讲,行为人在其具有名誉毁损性质的陈述中列明的事实越是清楚、具体和丰富,他们对他人或者他人行为作出的评论越是客观、充分和公正;行为人在其具有名誉毁损性质的陈述中列明的事实越是模糊、不确定和稀少,他们对他人或者他人的行为作出的评价越是主观和有失公允。问题在于,行为人在对他人或者他人的行为作出评论时是不是都要列明其评论得以建立的所有事实根据。对此问题,学说和司法判例都做了否定的回答。他们认为,虽然事实是行为人作出评论的基础,但是行为人在对他人或他人的行为作出评论时无须清楚地列明其评论得以建立的所有事实。当行为人对其作出评论的事项被他人起诉到法院时,法律仅仅要求行为人在作出引起纠纷的评论时有足够的事实,此种足够的事实可以由行为人在其作出引起纠纷的评论时明确加以列举,也可以由法律在引起纠纷之后根据案件的具体情况予以暗含,如果行为人在作出引起纠纷的评论时没有明确指出其评论赖以建立的根据的话。这在 Kemsley v. Foot① 一案中得到说明。在该案中,被告在其报纸中发表了"比 Kemsley 更低级"的标准文章,对原告 Lord Kemsley 控制的报刊进行攻击。Lord Kemsley 向法院起诉,要求被告就其文章对自己承担侵权责任。被告提出抗辩,认为自己的评论是公正评论,无须对原告承担侵权责任。原告认为被告的抗辩不成立,因为它没有在其评论中列明其评论赖以作出的事实。英国上议院认为,被告的抗辩成立,因为它认为,虽然被告没有在其文章中以明示方式指明其评论得以作出的事实根据,但根据案件的具体情况,法律可以默含认定被告的评论指明了其评论作出的事实根据。Lord Kemsley 是被告对其进行攻击的报章的实际控制人,该报纸在美国公开发行,该报纸的行为存在不妥的地方。笔者认为,虽然事实是评论的必要构成要件,虽然行为人在进行评论时应当尽可能列明其评论得以建立的事实根据,但是在实际生活中,要求行为人在对他人或者他人的行为作出任何具有名誉毁损性质的评论时都清楚地列明其具体事实是既不现实的,也是不可能的。一方面,当行为人看到或者听到他人作出某种非法行为时,他们可能在看到或者听到他人从事的非法行为时即刻通过口头方式对他人的行为作出评价,例如看到他人见死不救时,对他人作出"冷血动物"的评价,或者听到他人杀害其情人时,对他人作出"猪狗不如"的评价,要求行为人在对他人的非法行为作出即刻的、口头的评价时要列明其评价得以作出的事实根据既违反了人性,也显得十分可笑。另一方面,当行为人对他人的文艺作品作出批判时,他们无须具体列明他们作出批评时赖以建立的事实根据,他们只要在引起名誉侵权纠纷的批评陈述中指明被其批评的文艺作品即可。当然,由于观点陈述毕竟不同于事实陈述,因此,行为人在作出观点陈述时应当尽可能地将其观点建立在一定的事实基础上,否则,其观点陈述有可能被看做事实陈述,行为人将无法援引公正评论作为拒绝承担名誉侵权责任的抗辩事由,而只能援引事实真实作出拒绝承担名誉侵权责任的抗辩事由。

行为人对他人或者他人的行为作出的评论不仅应当建立在某种事实的基础上,而且还应当建立某种真实事实的基础上。如果行为人作出的评论

---

① [1952] AC 345.

建立在虚假事实的基础上,则行为人不应当以其评论公正来对抗他人的名誉侵权请求权,除非其评论系建立在他人在某种免责场合作出的陈述基础上。Rogers 先生指出:"某种评论要被看做公正评论,该种评论必须首先建立真实的事实基础上,此种事实必须在行为人作出评论时就已经存在和真实。你不能虚构一个人的虚假事实,之后再对这个人的行为作出评价。"[1]因此,当他人向法院起诉,要求法院责令行为人就其具有名誉毁损性质的评论对自己承担侵权责任时,行为人应当承担举证责任,证明他们作出的对原告名誉具有毁损性质的评论是建立在客观真实的事实基础上,如果行为人不能证明其评论赖以建立的事实是真实的事实,则除非符合例外情况,否则,行为人应当就其评论对他人承担侵权责任。当行为人的评论是建立在两个或者两个以上的事实基础上时,如果行为人能够完全证明其评论得以作出的所有事实都是客观真实的事实,行为人的公正评论抗辩当然可以成立。如果他们仅能证明其评论得以成立的某些事实是客观真实的事实时,行为人的公正评论是否可以成立? 在普通法中,法律对这样的问题作出了否定回答,它认为,如果行为人在其具有名誉毁损性质的观点陈述中清楚地列明了其评论得以建立的各种事实,则他们必须承担举证责任,证明他们在其陈述中列明的所有事实都是真实的,如果他们无法证明其中某一事实是真实的,即便该种事实再微不足道,行为人的公正评论抗辩都不能成立。当行为人作出的评论是建立在暗含的事实基础上时,如果被告需要证明所暗含的事实的话,则只有当行为人证明了所暗含的事实存在并且真实的情况下,其公正评论抗辩才能成立。在英国,1954 年《名誉侵权法》第 6 条废除了普通法上的规则,它规定,当行为人在其具有名誉毁损性质的陈述中既作出了观点陈述也作出了事实陈述时,行为人的公正评论抗辩并不能因为行为人没有全部证明其事实陈述中所有指责的事实是真实的而失败,如果考虑到所证实的事实而认定行为人作出的评论是公正的话。这就是笔者在前面事实真实抗辩中所讨论的事实基本真实原则。英国 1952 年名誉侵权法上的此种规则被新西兰和澳大利亚 New South Wales 州的制定法所借鉴,成为这些国家或地区的制定法的组成部分。不过,澳大利亚的大部分州仍然采取普通法的规则,认为行为人仍然要证明其评论赖已建立的所有事实都

---

[1] W. V. H. Rogers, *Winfield and Jolowicz on Tort* (thirteen edition), Sweet & Maxwell, pp. 325 - 326.

是真实的事实,无论该种事实是如何微不足道。笔者认为,在上述两种制度当中,英国制定法的规定更加合理,对行为人的保护更加周到,也更符合社会公共利益的要求,因为,虽然行为人的评论要建立在一定的事实基础上,但是并非行为人作出的所有事实陈述都可能同其评论有关,当行为人可以证明具有真实性的部分事实足以支撑行为人对其作出的评论时,行为人的评论就可以看做充分的评论,其他事实即便没有被证实,也不会从根本上影响行为人评论的充分性和公正性。

原则上讲,行为人作出评论的事实应当是真实事实,行为人在虚假事实基础上作出的评论不能被看做是公正的评论。但是,对此规则有两种例外,在符合这两种例外的情况下,行为人作出的评论即便是建立在不真实的基础上,他们作出的评论仍然被看做公正评论,行为人有权拒绝就其评论给他人造成的名誉损害承担侵权责任。其一,行为人作出评论的事实根据是某些人在某种特定免责场合作出的不真实陈述。当行为人的评论建立在某个人在某种特定免责场合作出的陈述基础上时,即便该人在这些特定免责场合作出的陈述是虚假陈述,不真实的陈述,行为人根据此种虚假陈述作出的评论也被认为是公正评论,行为人也可以公正评论作为拒绝对他人承担名誉侵权责任的根据。例如,证人在法庭作证时作出的陈述即便最终证明是虚假陈述,行为人根据该证人的虚假作证作出的评论也是公正评论。其二,当行为人根据他人根本不需要加以证明其真实性的陈述作出评论时,行为人对他人陈述作出的评论也被认为是公正评论。Rogers 先生指出,如果行为人作出的评论是关于另外一个人陈述的评论,即便另外一个人作出的陈述不是在某种免责场合作出的陈述,其作出的陈述也被认为是公正评论,因为另外一个作出的陈述并不需要被证明是真实的陈述,因为,在这种情况下,要证明另外一个人的陈述是真实的根本是不可能的。例如,A 作出陈述,说火星存在人类。B 对 A 的陈述作出批评,认为其陈述是没有根据的。B 的批评被认为是公平批评,因为 B 的批评是建立在 A 作出的陈述基础上,B 没有义务证明火星上是否存在人类。①

3. 对涉及公共利益的问题或者社会公众关心的问题作出的评论

公正评论的第三个构成要件是,行为人只能对涉及公共利益的问题或

---

① W. V. H. Rogers, *Winfield and Jolowicz on Tort* (thirteen edition), Sweet & Maxwell, p. 326.

者对社会公众关心的问题作出评论,他们不得对他人的私人问题作出评论。Heuston 和 Buckley 对此种规则作出了说明,他们指出:"评论权是普遍存在的权利;行为人享有批评任何人或者任何事的权利,只要被批评的人或者被批评的事是涉及公共利益的人或者涉及公共利益的事,只要行为人的批评是诚实的批评。更进一步而言,人人都享有评论权。报刊记者、编辑与自然人一样享有评论权,他们享有的评论权与自然人完全一样,因此,无论他们是在公开发行的星期天报纸中对他人作出评论还是仅仅在私人信函中对他人作出评论,他们的评论权并没有什么差异。不过,行为人也仅仅在有限的场合可以行使其享有的公正评论权,在这些场合,无论别人是否赞同他们作出的评论,他们都可以享有诚实地、无畏地发表自己看法的权利。行为人能够对其行使公正评论权的有限场合可以分为两种:(1)涉及公共利益的问题;(2)虽然不是涉及公共利益的问题,但是有关人员将提交给社会公众加以批评、讨论的问题。"①

公正评论所涉及的对象是有关公共利益或者社会公众关心的问题,行为人对这些方面的问题发表自己的意见、提出自己的批评,都被认为是公正评论。侵权法之所以将公正评论的对象限制在有关公共利益或者社会公众关心的问题方面,其主要原因在于,当他人利益仅仅表现为私人利益时,法律基于他人名誉利益或者隐私利益保护的需要而不鼓励行为人对他人私人利益方面的问题作出评论,否则,私人利益与公共利益方面的界限就会模糊不清。问题在于,什么样的问题是有关公共利益方面的问题,什么样的问题是有关私人利益方面的问题。对此问题,法律很少作出明确规定,司法判例和学说普遍认为应当采取 Lord Denning 在其判例中采取的观点。Lord Denning 认为:"任何问题,只要会给大多数人的利益造成影响,使大多数人基于此种影响或者关心正在发生的事情是什么,或者担心未来发生的事情是什么,则它们即构成公共利益方面的问题。对于此类公共利益问题,每个人都有权作出公正的评价。"②不过,Lord Denning 的标准并不具体、清楚,因为,什么样的问题会给大多数人的利益造成影响,什么样的问题不会给大多数

---

① R. F. V. Heuston and R. A. Buckley, *Salmond & Heuston on the Law of Torts*(twenty-first editon), Sweet & Maxwell Ltd., 1996, pp. 184 – 185.

② London Artists Ltd. v. Littler [1969]2QB375,391;[1969]2AiiER193, p. 198 perLord Denning MR(CA).

人的利益造成影响,仍然是无法说明的问题。实际上,在侵权法上,行为人对其进行评论的问题究竟是不是有关公共利益的问题,应当由法官在具体案件当中结合具体的事实加以讨论,案件的具体情况不同,法官得出的结论并不完全相同。Rogers 指出:"行为人讨论的问题是不是公共利益方面的问题,应当是由法官而不是评审团作出回答的问题。法官并没有就什么样的问题是关于公共利益的问题规定原则。虽然一些侵权法著作当中举例对什么样的问题是有关公共利益方面的问题作出了说明,但是,公共利益并不限于社会公众对其享有合法利益的或者社会公众对其进行合法关注的哪些狭小事项。公共利益的范围十分广泛,涉及首相的行为、卫生当局的行为、花博会的行为以及每一个公众人物和公共机构的行为,但是,公共利益并不限于人们常说的公共生活。一个新戏剧的上演,一家经营很成功的公司突然的倒闭,一本书的出版,一幅画的展览,一家报纸的行为,公司使用人行道作为机动车道,甚至公开作出的批评等,都属于公正评论的对象。"①

笔者认为,公共利益的范围虽然具有不确定性,但是,公共利益问题至少包括下面三个方面的问题:(1) 公共机构、公共官员或公众人物的管理、运作、职责履行、职能发挥方面的问题;公共官员、公众人物的品德、资格、能力、技能方面的问题。任何问题,只要涉及公共机构、公共官员、公众人物的行为或管理方面的问题都是公共利益方面的问题,法律允许任何社会公众对这些机构或者这些人物或者这些人物的行为作出评论。上至国家机关下至市镇机构、上至国家总统主席、下至市镇市长镇长,它们或他们从事的活动都是有关公共利益方面的活动,社会公众都可以对其作出评论。应当注意的是,即便是地方性报纸杂志、电台电视台都有权对中央或其他地方的有关公共利益方面的问题作出评论,不受地域或区域的影响。Heuston 和 Buckley 指出,社会公众有权对有关公共利益或公众关心的问题作出公正评论,诸如对法院的管理、政府和公共官员的行为、地方权力机构或者其他公共团体履行职责、公共机构的管理等问题作出评论。即便引起争议的公共问题是在某一个地方发生,该种问题仍然属于全国性质的公共利益问题,因为,直接关乎曼彻斯特居民的公共利益问题也间接成为整个英国的公共利

---

① W. V. H. Rogers, *Winfield and Jolowicz on Tort* (thirteen edition), Sweet & Maxwell, pp. 324 – 325.

益问题。① （2）他人自愿提交给公众批评评论的事项。任何人,如果自愿放弃自己享有的隐私利益而愿意将自己面临的问题提交给公众讨论、批评的,则社会公众也有权对他人的权利问题作出评论。例如,他人公开自己与其上级的恋情,他人公开自己长期被人包养的事实,引发社会公众的广泛讨论。社会公众对他人恋情或者被包养的问题作出的评论也被看做涉及公共利益问题的评论。同时,他人公开出版书籍著作,在报纸杂志上发表文章,制作、发行电影、电视节目,组织戏剧演出或者进行画展等,都被认为是公开将自己的事情提交公众讨论的行为,他人有义务接受社会公众的批判,社会公众有权利对他人出版、发表或者发行的小说、著作、文章、电影、戏剧或者电视节目等发表评论。（3）事关社会公众利益的其他方面的问题。诸如运营良好的大型企业倒闭,国有企业的经营管理行为,股份公司股份的发行,大型公司对待雇员的态度,大学教授职称的评审,中小学校的教学工作,铁路的运营、食品的分配、假冒的医疗服务以及水电煤气的供应等。

4. 评论的公正性

公正评论的第四个构成要件是,行为人对他人或者他人行为作出的评论被认为是公正的评论,如果行为人作出的评论不公正,即便其评论是建立在某种客观真实的事实基础上,即便其评论的问题是公共利益问题或者社会公众关心的问题,行为人仍然要就其对他人名誉具有毁损性质的评论对他人承担名誉侵权责任。在侵权法上,评论的公正性涉及两个方面的问题:评论公正性的判断标准和行为人作出评论的动机,其中前一个问题涉及如何判断行为人作出的评论是否公平合理的问题,而后一个问题则涉及行为人在作出评论时的主观动机是否善意。

在判断行为人对他人或者对他人的行为作出的评论是不是公正时,侵权法没有采取一般理性人的客观标准,而是采取主观判断标准,即行为人在对他人或者他人行为作出评论时是否是真诚地相信自己的观点,是否诚实地表达自己的观点。如果行为人在作出评论时是一个诚实的人,是对有关公共利益问题发表他们真实的意见,则他们作出的评论将被认为是公正的,无论他们作出的评论是怎样对他人名誉具有毁损性质的影响,无论他们的观点是怎样的错误,无论他们在作出评论时是怎样对其观点夸大其词或者

---

① R. F. V. Heuston and R. A. Buckley, *Salmond & Heuston on the Law of Torts*(twenty-first editon), Sweet & Maxwell Ltd., 1996, p.185.

是带有偏见,无论他们表达的观点是怎样的恶劣,使别人从其观点中读出了各种弦外之音,行为人均可以主张公正评论抗辩。因为,在侵权法上,行为人在对他人或者他人行为作出评论时是否诚实地表达自己的观点,其评论是否是公正的核心判断标准。只要行为人是诚实地表达自己的观点,则他们在对他人或者他人的行为作出评论时就可以毫无畏惧,即便其他人认为行为人的评论含有弦外之音。[1] 因为公正评论之构成要件"公正"并非要求行为人在对他人或者他人行为作出评论时要达到一般有理性人的人在同类或类似问题上所达到的程度,而仅仅要求行为人真诚地相信自己作出的陈述,因此,新西兰1992年《名誉侵权法》第10条废除了普通法或者其他国家使用的"公正评论"这一概念而代之以"诚实观点"抗辩,它规定,一旦作为被告的行为人能够证明其表达的观点是自己真实的观点,则他们可以以其诚实的观点抗辩对抗他人。Balk 和 Davis 也指出:"虽然此种抗辩被法官说成是'公正'评论,但是,比'公正'一词更准确的词语是'诚实'。在名誉侵权诉讼中,被告在主张公正评论抗辩时无需证明其观点是一个有理性的人所公正持有的观点,他们在此时仅需证明他们诚实地相信自己提出的观点,即便他们提出的观点存在偏见。"[2]

　　法律之所以对公正评论采取主观判断标准而非客观标准,其原因在于:其一,评论因人而异,很难有统一的判断标准。行为人对他人或者他人的行为作出的评价虽然是建立在某种客观真实的事实基础上,但是,他们在同样的事实基础上作出的评论可能千差万别,因为,评论是行为人根据某种事实作出的一种演绎推理或者价值判断。演绎推理能力不同,价值判断的能力不同,行为人作出的评论也未必相同。例如,当某人冒着生命的危险抢救了一个正在火车铁轨上玩耍的小孩的性命时,甲从此种事实中推断出的结论是,此人是个精神病,精神不正常;乙从此种事实中推断出的结论是,此人是一个伟大的人,是个撒马利亚人式的人物,具有舍己为人的高尚精神;而丙从此种事实中推断出的结论是,此人是个想出风头的人,他想利用自己的救人行为引起社会的关注从而获得某种利益。其二,观点无对错之分,仅有说服力强弱之分。行为人在对他人或者他人的行为作出评论时实际上是在对他人或者他人的行为发表自己的观点、看法。同样的行为、同样的人或者同

---

[1] Slim v. Daily Telegraph Ltd. [1969]2Q B.157, 170.
[2] R. P. Balkin and J. L. R. Davie, *Law of Torts*(third edition), Butterworths, p.584.

样的事，不同的人有不同的观点或者看法，这些观点都是行为人基于自己的经验、知识、能力或者人生观、价值观作出的，谈不上对错，仅仅存在有无说服力的问题。因此，观点的问题无法用一般有理性人的标准来加以判断。正如美国联邦最高法院指出的那样："根据美国联邦宪法第一修正案，世界上不会存在观点错误这样的东西。一个观点无论看上去是多么有害，我们在判断其正确性时不是根据法官或者陪审团的良心，而是根据其他观点的说服力。"①其三，主观标准在保护行为人评论自由权得以积极行使的同时又防止了他们滥用自己的评论权。公正评论权属于言论自由权的重要组成部分，它属于人享有的最基本权利，已如前述。对于评论的公正性采取主观判断标准而非客观标准，可以更好地保护行为人对他人或者他人行为作出批评的权利，避免适用客观判断标准将行为人的个人评论看做不正确的、错误的评论。正如 Jordan 法官指出的那样："任何批评者均有权用自己的笔对那些厚颜无耻的人进行批评，只要他们在作出此种批评时是基于合法的目的。他们在对他们认为构成胡说八道、拙劣的画风或者与自己观点不一致的人的行为作出批评时无须拐弯抹角。"②同时，采取主观标准又可以防止行为人在对他人或者他人行为作出批评时滥用其批评权，因为，根据公正评论抗辩的判断标准，如果行为人在对他人或者他人行为作出具有名誉毁损性质的评价时并不相信自己作出的评价，则他们仍然应当对他人遭受的损害承担名誉侵权责任，换句话说，诚实的观点保护行为人的真实观点而不保护其具有欺诈性的观点。

  行为人在对他人或者他人行为进行批评时，即便其批评是非常激烈的、尖锐的甚至充满火药味的，他们的批评也不被认为是不公正的批评，只要行为人在对他人或者他人行为进行批评时真诚地相信自己的批评，因为，在判断行为人作出的批评是不是公正评论时，法律采取的标准不是行为人对他人或者他人行为批评的方式，而是看行为人对他人的批评是不是他们真实观点的诚实表达，即便激烈的、尖锐的或者是充满火药味的批评方式，只要不是借口批评而对他人进行人身攻击或者谩骂，都可以看做公正的评论，行为人不用就其充满火药味的批评对他人承担侵权责任。Rogers 先生对此规则作出了说明，他指出："行为人仅仅对他人或者他人的行为作出激烈批评

---

① Gertz v. Robert Welch, Inc. 418 U. S. 323, (1974).
② Gardiner v. John Fairfax & Sons Ltd. (1942) 42SR (NSW) 171, 1/4.

并不会使其批评成为不公正的评论。在这里,批评的适中(moderation)也仅是用来指行为人的谩骂不是批评的含义。批评的适中显然不是指陪审团认可的适中,因为,在文艺批评的情形中,评审团会认为,对一个诚实的作者进行毫无节制的批评显然超出了公正批评的限制。"① 在 McUuire v. Western Morning News Co., Ltd.② 一案中,被告在对原告的戏剧进行批评时采取了充满火药味的方式,他认为原告的戏剧一无是处,不仅其戏剧的内容枯燥无味、庸俗低级,而且还辱没人类文明。原告认为被告的评论有失公正,毁损了自己的名誉,向法院起诉,要求被告对自己承担侵权责任。法院认为,被告的评论虽然是激烈的、尖锐的批评,但仍然构成公正评论,被告不用对原告承担侵权责任。在 Grundmann v. Georgeson③ 一案中,被告在对原告医生从事的堕胎活动作出评论时说,原告的行为就是杀人犯的行为,其堕胎等同于谋杀。原告向法院起诉,要求被告就其激烈的批评对自己承担名誉侵权责任。法院认为,被告的批评虽然言过其实,十分激烈尖锐,但被告仍然诚实地相信自己的批评是真实的批评,因此,可以受公正评论抗辩的保护。法官之所以对行为人采取的过激批评方式持肯定的态度,是因为法官认识到,法律应当给行为人的评论提供足够大的自由空间,使他们在对他人或者他人行为作出批评时可以表露自己的真实看法;此时,他们表达的看法可能是温文尔雅的,也可能是激烈尖锐的;可能是恰到好处的,也可能是言过其实的甚至是危言耸听的。无论是什么样的表达,无论是什么样的批评,只要是行为人诚实相信的批评,是他们真诚相信的批评,都被看做是公正的批评,即受公正评论抗辩的保护。

如果行为人对他人或者他人行为作出评论是基于不正当的目的或者基于蓄意,他们的评论是否可以受公正评论抗辩规则的保护?对此问题,侵权法作出的回答并不完全相同。在普通法时代,法律普遍认为,公正评论之公正不仅要求行为人真诚地相信自己作出的评论,而且还要求行为人基于适当的目的作出评论,如果行为人是基于不当目的作出评论,即便他们真诚地相信自己的陈述是真实的,他们也应就其评论对他人承担名誉侵权责任。

---

① W. V. H. Rogers, *Winfield and Jolowicz on Tort*(thirteen edition), Sweet & Maxwell, p. 329.

② [1903]2K. B. 100, 110.

③ (1996) Aust Torts Reports 81-396p 63,510-1.

在 Campbell v. Spottiswoode①一案中,一家宗教团体创办的杂志编辑对他人的行为作出批评被认为是基于不当目的作出的批评,因为他作出的批评是为了获得经济上的利益。法官认为,即便被告真诚地相信自己的批评,如果其批评的目的是为了获得个人经济上的利益,他的行为也不受公正评论抗辩的保护。到了1906年,司法判例在 Thomas v. Bradbury Agnew & Co., Ltd.②一案中,法官认为,即便被告真诚相信自己对原告作出的批评是真实的,他们的评论也不得被看做公正评论,如果被告是因为对原告怀有个人敌意而对原告加以批评的话。目前,普通法上的此种规则在某些国家仍然得到适用而在另外一些国家已经被废除。在澳大利亚的某些州,诸如 South Australia 州和 Victoria 州等,法律仍然坚持普通法上的规则,认为公正评论不得基于不适当的目的或者恶意动机而成立,一旦被告基于恶意对他人或者他人行为作出评论,其评论不得被看做公正评论。在 Renouf v. Federal Capital Press of Australia Pty Ltd.③中,Blackburn 法官对此规则作出了说明:"如果原告能够证明行为人的评论所表达的观点受到个人敌意的影响,或者受到其他同其评论主旨无关的动机的影响,则原告的恶意动机的答辩即获得成功,即便原告没有证明,被告作出的评论不代表被告的真实观点。"在澳大利亚的某些州和新西兰,法律已经放弃了普通法上的规则,认定行为人即便基于不当目的或动机作出评论,只要他们真诚地相信自己的观点是真实的,他们就可以受公正评论抗辩的保护。新西兰1992年《名誉侵权法》第10(2)条规定,诚实观点抗辩不会因为被告基于蓄意目的作出而失败。

在上述两种立法模式中,我国侵权法应当采取哪一种模式?笔者认为,我国立法应当采取后一种模式,认定行为人的公正评论不受行为人恶意或者蓄意动机的影响。的确,在现实生活中,某些人利用自己享有的言论自由权和评论自由权对他人或者他人涉及公共利益的行为作出批评,他们在作出此种批评时或者是为了谋求经济上的利益,或者是为了对与自己有纠纷的人进行打击报复。例如,新闻媒体为了使酒家在自己的报纸上投放广告或者为了增加报纸的发行量而对酒家的卫生状况作出评论。在这里,新闻媒体对酒家在经营过程中存在的卫生状况作出的评论虽然属于公共利益的

---

① (1863)3B&S769.
② [1906]2K.B.627.
③ (1977)17 ACTR 35, p.54.

范围,并且新闻媒体也完全相信自己作出的评论是真实的,但它们作出评论的目的并不为了监督酒家的经营行为,而是为了增加其报纸的吸引力和发行量,或者是为了酒店行业协会同自己协商,在其报纸上投放广告。此时,新闻媒体的行为可以说是基于经济利益上的考量,其评论受不当利益的影响。再如,行为人在受到他人批评后,为了报复批评者,他们在有关报纸杂志上撰写文章,对批评者的行为作出批评。此时,行为人的批评是基于报复的不当动机作出的,其批评也受到了个人敌意的影响。当行为人基于不当目的对他人或者他人行为作出批评时,他们的批评仍然构成公正评论,因为:其一,并非任何人都是基于社会正义的立场而对他人或者他人的行为进行批评,许多人对他人或他人的行为作出的批评也许是基于社会正义,也许是基于个人恩怨,或者同时受社会正义和个人恩怨的影响,当法律仅将基于社会正义的目的作出的批评看做公正批评时,公正评论的范围就会受到影响,行为人对他人或者他人行为评论的积极性就会受到打击,言论自由权和评论自由权就会受到不当限制。其二,如果法律对公正评论施加正当目的限制,则当行为人对他人或者他人行为作出批评时,他人就会以行为人批评目的不当要求行为人对自己承担名誉侵权责任,法官在决定被告的评论是否是公正评论时,不仅要考虑行为人作出评论时的事实根据是否充分,他们作出的评论是否是涉及公共利益的问题,他们作出评论时是否相信自己的评论,而且还要考虑行为人作出评论的动机和目的。此时,法官在审判行为人的评论引起的名誉侵权时将会面临困难,增加了法官审判案件的成本,影响案件审判的效率。其三,行为人即便是基于经济利益上的考虑或者基于个人恩怨对他人或者他人行为作出批评,他们的批评在客观上也达到了法律认可公正评论权的宪法目的,即通过公正评论权的实施对涉及公共利益的问题发表自己的看法,提出自己的意见,使这些问题引起社会的关心或者得到妥当的解决。

(三)具有名誉毁损性质的观点陈述的重复者

在侵权法上,行为人公开对他人名誉具有毁损性质的观点陈述的方式可以多种多样,他们可以口头将其观点陈述告诉原告之外的第三人,让第三人知道他们针对原告作出的评论;他们可以将其观点陈述发表在报纸杂志、书籍当中,让读者了解他们针对原告作出的评论;他们可以在电台、电视台

第八章 名誉侵权责任的抗辩制度 317

节目当中发表其观点陈述,让其节目听众或者观众了解他们针对原告作出的评论;他们还可以将其观点陈述发表在网络当中,让互联网的读者能够了解他们针对原告作出的评论。无论是通过什么方式发表或者公开其观点陈述,只要行为人的观点陈述符合上述公正评论的构成要件,行为人的观点陈述就构成公正评论,即便这些公正评论是对原告名誉具有毁损性质的评论,行为人也可以借口公正评论抗辩事由拒绝对他人承担名誉侵权责任。如果行为人的观点陈述不符合公正评论的构成要件,他们就应当就其具有名誉毁损性质的观点陈述对他人承担名誉侵权责任。问题在于,如果行为人是通过报纸杂志、书籍、电台、电视台节目或者网络服务发表对他人名誉具有毁损性质的观点陈述,那些为行为人发表其观点陈述的报社、杂志社、出版社、电台电视台或者网络经营者是否要就其公开行为对他人遭受的名誉损害对他人承担侵权责任。在侵权法上,将其对他人名誉具有毁损性质的观点陈述对报社、杂志社、出版社、电台、电视台或者网络经营者公开的行为人称为最初公开者,他们的公开行为被称为最初的公开行为,将最初公开者的观点陈述进行再公开的报社、杂志社、出版社、电台、电视台或者网络经营者被称为重复公开者,他们对行为人的观点陈述进行的公开被称为重复公开行为。这一点,同一般名誉侵权责任当中的重复公开没有什么差异。

如果重复公开者公开最初公开者作出的具有名誉毁损性质的观点陈述,重复公开者就其重复公开行为是否对他人遭受的名誉损害承担侵权责任,重复公开者是否能够主张最初公开者能够主张的公正评论以对抗他人的名誉侵权请求权,这样的问题取决于最初公开者同重复公开者之间的关系是不是雇佣关系。

如果公开对他人名誉具有毁损性质的观点陈述的最初公开者在公开其观点陈述时仅是报社、杂志社、出版社、电台、电视台、网络经营者等重复公开者的雇员,当名誉遭受损害的原告向法院起诉,要求作为雇主的报社、杂志社、出版社、电台、电视台、网络经营者等重复公开者就其作为雇员的行为人作出的观点陈述对他们承担名誉侵权责任,报社、杂志社、出版社、电台、电视台、网络经营者等重复公开者是否就其最初公开者的观点陈述对原告承担名誉侵权责任,应当适用一般侵权法上的雇佣关系:如果作为雇员的最初公开者要就其观点陈述对他人承担名誉侵权责任,则作为雇主的报社、杂志社、出版社、电台、电视台、网络经营者等重复公开者也应当就其重复公开行为对他人承担侵权责任,如果作为雇员的最初公开者能够借口公正评论拒绝对他人承担名誉侵权责任,则作为雇主的报社、杂志社、出版社、电台、电视台、网络经营者等重复公开者也能够借口公正评论拒绝对他人承担名誉侵权责任。换句话说,凡是作为雇员的最初公开者能够主张公开评论的地方,作为雇主的重复公开者也都能够主张公正评论以对抗他人的名誉侵权请求权。凡是作为雇员的最初公开者不能够主张公正评论的地方,作为雇主的重复公开者也不能够主张公正评论以对抗他人的名誉侵权请求权。此时,重复公开者应当同最初公开者一起就其公开对他人名誉具有毁损性质的观点陈述对原告承担共同侵权责任和连带侵权责任,他人既可以单独起诉最初公开者,也可以单独起诉重复公开者,或者同时起诉最初公开者和重复公开者,要求他们单独或者共同对他们遭受的名誉损害承担侵权责任。此外,当做为雇员的最初公开者在对他人或者他人行为作出评论时,作为雇主的报社、杂志社、出版社、电台、电视台、网络经营者不得发表声明,认为最初公开者作出的评论与它们无关,不代表他们的立场,因为最初公开者作出的观点陈述被看做是重复公开者作出的观点陈述。

如果公开对他人名誉具有毁损性质的观点陈述的最初公开者在公开其观点陈述时不是报社、杂志社、出版社、电台、电视台、网络经营者等重复公开者的雇员,报社、杂志社、出版社、电台电视台、网络经营者等重复公开者同最初公开者之间的责任如何承担?对此问题,各国的侵权法作出的回答并不完全相同。某些国家的侵权法认为,一旦报社、杂志社、出版社、电台、电视台、网络经营者等重复公开者在公开最初公开者作出的具有名誉毁损性质的观点陈述时明确说明,它们虽然发表了最初公开者的观点陈述,但是他们并不相信最初公开者的意见,即便最初公开者在公开对他人名誉具有毁损性质的观点陈述时没有诚实性,重复公开者仍然能够主张公正评论以对抗原告的名誉侵权请求权。某些国家的侵权法则认为,即便报社、杂志社、出版社、电台、电视台、网络经营者等重复公开者在公开最初公开者作出的具有名誉毁损性质的观点陈述时明确说明,它们虽然发表了最初公开者的观点陈述,但是他们并不相信最初公开者的意见,它们也不得主张公正评论的抗辩制度以便对抗原告的名誉侵权请求权,它们仍然要就重复公开行为对他们承担名誉侵权责任。笔者认为,如果重复公开者公开最初公开者作出的对他人名誉具有毁损性质的陈述,在决定重复公开者是否能够主张公正评论出的抗辩是仅仅根据上述公正评论的构成要件来决定,如果符合上述公正评论的各种构成要件,即便最初公开者在公开对他人名誉具有毁损性质的观点陈述时存在问题,不符合公正评论的构成要件,重复公开者仍然有权主张公正评论的抗辩权,仍然有权拒绝就其重复公开行为对他人承担名誉侵权责任。

四、绝对免责特权的抗辩事由

(一)免责、绝对免责与相对免责

侵权法认为,为了保护行为人提供信息的积极性,行为人在某些特定场合作出的陈述是不能被提起名誉侵权诉讼的陈述,即便行为人作出的陈述是具有名誉毁损性质的陈述,即便行为人做到的陈述是关乎、涉及他人名誉的陈述,行为人也不用就其在特定场合作出的陈述对他人承担名誉侵权责任。在侵权法上,人们将行为人不用就其在特定场合作出的具有名誉毁损性质的陈述对他人承担名誉侵权责任的制度称之为免责特权制度(privilege)。两大法系国家的侵权法都认可此种免责特权制度。

在法国,1881年7月29日的法律对于国会辩论或者法庭辩论中的言论是否构成诽谤、侮辱犯罪或者侵权问题作出了说明,它认为,对于行为人在国会辩论或者法庭辩论中的演说、谈话、争论等不得提起诽谤、侮辱犯罪或者侵权诉讼。对于国会的辩论而言,法国法律认为,在法国国民议会或者上议院召开会议时,国会议员的发言不受刑法的追究,任何人不得对他们在会议上的发言提起犯罪或者侵权诉讼,要求追究他们的诽谤、侮辱罪或者追究他们的侵权责任。新闻媒体基于善意对国会会议上的辩论所做的报道不得被追究刑事责任或者民事责任。对于法庭辩论而言,法国法认为,任何人均不得对他人在法庭上的发言、辩论提起诽谤犯罪、侮辱犯罪的诉讼,也不得提起名誉侵权诉讼,包括提交给法庭的书面材料等。对于新闻媒体而言,他们对于法庭辩论的报道要想获得豁免特权,须符合三个要件:不违反法律的禁止性规定,在客观上忠实于事实,在主观上出于善意。一旦新闻媒体完全再现已经被认定为构成名誉侵权的诽谤行为,则法律推定它们出于恶意行为。对于法院判决所作的评论如果既不符合所公开的裁判,也不符合法庭辩论的报道,受害人可以提起名誉侵权与诽谤犯罪诉讼。①

在英美法系国家,侵权法根据行为人作出陈述场合的重要性将免责特权分为两种:绝对免责特权(absolute privilege)和相对免责特权(qualified privilege)。所谓绝对免责特权,是指行为人作出陈述的场合被认为是极端重要的场合,行为人在这样的场合作出任何性质的陈述都不会使他们就其陈述对他人名誉承担侵权责任,无论他们作出的陈述是怎样对他人名誉具有毁损性质,也无论他们在作出陈述时是基于什么样的目的或者动机,行为人均不用就其在这些重要场合作出的陈述对他人承担名誉侵权责任。所谓相对免责特权,是指行为人作出陈述的场合被认为是很重要的场合,在符合法律规定的条件下,行为人无须就他们在这些场合作出的陈述对他人名誉承担侵权责任,即便行为人作出的陈述是对他人名誉具有毁损性质的陈述;如果不符合法律规定的条件,行为人仍然要就他们在这些重要场合作出的陈述对他人承担名誉侵权责任。绝对免责特权与相对免责特权的共同点在于,行为人在某些场合作出的陈述使他们不用就其陈述对他人承担名誉侵权责任,即便他们在这些场合作出的陈述是对他人名誉具有毁损性质的陈述。它们的不同点在于,绝对免责特权发生时,行为人绝对不用就其陈述对他人名誉承担侵权责任,而相对免责特权发生时,行为人仅在符合法律规定的条件下才会不用就其陈述对他人名誉承担侵权责任,如果不符合法律规定的条件,行为人仍然要就其在此种场合作出的陈述对他人承担名誉侵权责任。

在英美法系国家,除了司法判例认可行为人的免责特权之外,侵权法学说都承认名誉侵权责任领域的绝对免责特权和相对免责特权。Rogers 先生指出:"法律认为,行为人在某些场合享有的言论自由权要比他人的名誉权更重要,行为人在这些场合作出陈述不用担心被人提起名誉侵权诉讼。此类场合即被称作免责特权场合。此种免责特权或者是绝对免责特权或者是相对免责特权。所谓绝对免责特权,是指法律认为行为人在某些场合享有的完全言论自由是十分重要的,他人不得在此种场合向法院起诉,要求行为人就其陈述对自己承担名誉侵权责任;一个在绝对免责场合被行为人毁损其名誉的人不享有法律上的救济权,不得要求行为人就此种场合作出的陈

---

① Crim. 16oct. 1968, trois arrêts, Bull. crim. 256 et 259.

述对他们承担名誉侵权责任,无论行为人作出的具有名誉毁损性质的虚假陈述对其产生的损害后果多么严重,也无论行为人在作出其陈述时是基于怎样恶意的目的或者动机。所谓相对免责特权,是指行为人虽然在某些场合不用就其作出的具有名誉毁损性质的虚假陈述对他人承担名誉侵权责任,但行为人也仅仅在诚实行为和没有蓄意时才不用就其陈述对他人承担名誉侵权责任,如果原告能够证明行为人在作出陈述时存在明示蓄意,则行为人将不享有免责特权,他们仍然有可能要对他人承担侵权责任。"[①]Heuston和Buckley也指出:"众所周知,在一般情况下,那些作出对他人名誉具有毁损性质陈述的人应当责任自负,当他们作出的陈述是不真实的陈述时,他们应当就其虚假陈述对他人承担名誉侵权责任,即便他们在作出此种陈述时是如何诚实、如何谨小慎微,其错误时如何不可避免,也是如此。但是,此种规则应受众多例外的限制,这些例外都可以同一称作免责特权。行为人在免责场合作出的陈述可以称作免责陈述,行为人无须就他们在这些免责场合作出的陈述对他人承担名誉侵权责任,一般名誉侵权责任法无法对此种陈述予以适用。换句话说,免责特权认为,在某些特殊情况下,原告仅仅证明行为人公开了对其名誉具有毁损性质的陈述还不足以让行为人对他们承担名誉侵权责任。因为享有免责特权,行为人或者完全不用就其陈述对他人承担名誉侵权责任,或者仅仅在证明了行为人是基于法律认可的目的之外的蓄意目的作出陈述时才就其陈述对他人承担名誉侵权责任。"[②]

在我国,《民法通则》没有规定免责特权制度,我国某些学说虽然对此问题作出过说明,但他们的说明过于简短。为了保护某些人的利益,使他们在履行自己职责时能够充分行使自己的职权,我国侵权法应当借鉴两大法系国家尤其是英美法系国家侵权法有关免责特权方面的成功经验,规定行为人的免责特权制度。免责特权之所以要在我国名誉侵权法中得以确立,其目的在于平衡他人的名誉权和社会公众享有的言论自由权和信息传播权。在一般情况下,行为人的言论自由权可能要服从于他人的名誉权,行为人在作出陈述时不得毁损他人名誉,否则,他们可能要就其陈述对他人承担名誉

---

① W. V. H. Rogers, *Winfield and Jolowicz on Tort* (thirteen edition), Sweet & Maxwell, p.332.

② R. F. V. Heuston and R. A. Buckley, *Salmond & Heuston on the Law of Torts* (twenty-first editon), Sweet & Maxwell Ltd., p.160.

侵权责任。但是,在某些特殊情况下,行为人的言论自由权可能要高于他人的名誉权,行为人在这些特殊情况下作出的陈述即便毁损他人名誉,他们也不用就其陈述对他人承担名誉侵权责任,因为法律认为,只有行为人不用就其在这些特殊情况下作出的陈述对他人承担名誉侵权责任,他们才敢毫无顾虑地陈述事实真相,为社会公众提供更多的信息,否则,行为人就不愿作出开诚布公的陈述,社会公众也无法掌握必要的信息。所谓某些特殊情况,是指行为人在某些特定的场合作出的陈述,包括行为人在特别重要的场合作出的陈述和在相对重要的场合作出的陈述。如果行为人在特别重要的场合作出对他人名誉具有毁损性质的陈述,法律认定行为人的言论自由权要绝对高于他人的名誉权,当行为人在特别重要的场合行使言论自由权时,无论他们基于什么目的或者基于什么动机,法律都认定行为人不用就其陈述对他人承担名誉侵权责任;法律在此时既不会考虑行为人作出陈述的目的或者动机,也不会考虑行为人作出陈述行为的适当性,法律仅仅考虑行为人作出陈述的具体场合是否是特别重要的场合,只要是特别重要的场合,行为人即可不就其对他人名誉具有毁损性质的陈述对他人承担侵权责任。如果行为人在相对重要的场合作出对他人名誉具有毁损性质的陈述,法律虽然也认为行为人的言论自由权要高于他人的名誉权,但行为人的言论自由权的行使必须符合一定的条件,行为人才不用就其作出的对他人名誉具有毁损性质的陈述对他人承担侵权责任。

  免责特权与事实真实之间的关系如何?侵权法认为,只有在行为人作出的对他人名誉具有毁损性质的陈述是虚假陈述的场合,行为人才可以借口免责特权拒绝对他人承担名誉侵权责任,如果行为人作出的对他人名誉具有毁损性质的陈述被证明是真实性的陈述,行为人无须借口免责特权拒绝对他人承担名誉侵权责任,因为,名誉侵权法要求行为人就其陈述对他人承担名誉侵权责任以行为人作出的陈述是虚假陈述作为条件,行为人作出的陈述只要是真实陈述,无论此种陈述是在法律规定的免责场合作出的陈述还是在法律没有规定的免责场合作出的陈述,无论此种陈述是基于善意作出的陈述还是基于恶意作出的陈述,行为人均不用就其真实陈述对他人承担名誉侵权责任,即便此种真实陈述的确侵害了他人名誉并使他人遭受了财产性质的或者非财产性质的损害,虽然行为人作出的真实陈述也许会让他们就其陈述对他人承担隐私侵权责任。

在某些情形下,行为人可以利用绝对免责特权对抗他人提出的名誉侵权请求权,在某些情况下,行为人可以利用相对免责特权对抗他人提出的名誉侵权请求权。行为人在某种特定情况下究竟是援引绝对免责特权还是相对免责特权对抗他人,既取决于法律的具体规定,也取决于法官的具体裁量。当法律没有明确规定某个场合是绝对免责场合或相对免责场合时,究竟该种特定场合是不是免责场合,如果是免责场合,究竟是属于绝对免责场合还是相对免责场合,往往由法官作出具体的说明,基于不同因素的考量,不同国家的法官得出的结论并不完全相同,一些国家不看做免责的场合在另外一些国家被看做免责的场合,一些国家看做免责的场合在另外一些国家则不被看做免责的场合,一些国家看做绝对免责的场合在另外一些国家则被看做相对免责的场合或者相反。虽然如此,大多数国家的法律和司法判例在绝对免责和相对免责问题上仍然具有共同性,即大多数国家的法律都将行为人在从事司法活动、立法活动或者高级行政官员从事行政活动时作出的陈述看做是在绝对免责场合作出的陈述,将夫妻在婚姻关系存续期间作出的陈述看做是在绝对免责场合作出的陈述,在这些情况下,无论行为人作出的陈述是基于什么动机或者原因,也无论他们作出的陈述是如何对他人名誉具有毁损性质的陈述,他们都绝对地免除责任,不用就其陈述对他人承担名誉侵权责任。

(二)绝对免责场合之一:司法活动与准司法活动

任何人,只要他们参与了司法活动,就不用就其在从事司法活动时作出的口头或书面陈述对他人承担名誉侵权责任,即便他们在从事司法活动时作出的陈述是对他人名誉具有毁损性质的虚假陈述,因为,司法活动的参与者在从事司法活动时作出的陈述被认为是在绝对免责场合作出的陈述,行为人在此种场合作出的陈述绝对免受法律的追究,他人不得向法院起诉,要求行为人就其在此种场合作出的陈述对自己承担名誉侵权责任。在侵权法上,人们将司法活动的参与者绝对不用就其在参与司法活动过程中作出的陈述对他人承担名誉侵权责任的绝对免责特权称之为司法活动领域的绝对免责特权(judicial proceeding privilege)。早在1892年,Lopes法官就这样的规则作出了说明,他指出:"毫无疑问,司法判例已经确立了这样的规则:诉讼的任何一方当事人,包括证人、律师、陪审员或者法官均不得被起诉,要求他们就其在履行职务期间作出的陈述承担民事或者刑事责任;原告不得向法院起诉,要求法官、律师、证人或者诉讼当事人就他们在法律认可的法院面前从事诉讼活动时作出的书面或者口头陈述对他们承担名誉侵权责任,即便行为人在作出书面或者口头陈述时是出于恶意,没有事实真实,或者出于个人恶意对名誉被毁损的人作出陈述。侵权法之所以认可此种绝对免责特权,其根据在于保护言论自由的公共政策。"① 现代侵权法基本上都认可司法领域的绝对免责特权制度。Rogers 指出:"行为人在从事司法活动时作出的任何陈述都是绝对免责的,无论其陈述是口头的还是书面的,无论行为人作出的陈述是怎样虚假的陈述或者是怎样蓄意的陈述,他们都不就其从事司法活动时作出的陈述对他人承担名誉侵权责任。"② Balkin 和 Davis 也指出:"公共政策要求司法管理也像立法活动那样享有绝对免责特权,使参与司法活动人无须就他们从事司法活动时作出的具有名誉毁损性质的陈述对他人承担名誉侵权责任。其结果就是,司法活动的参与者在法庭面前作出的任何陈述都是绝对免责的陈述,他人不得向法院起诉,要求法官责令司法活动的参与者就其陈述对他们承担名誉侵权责任,只要这些陈述同司法活动有关,无论参与者在作出陈述时作出这样虚假的陈述或者保有怎样的蓄意,也都是如此。"③

在现代侵权法当中,司法领域的绝对免责特权保护的范围包括在各个司法活动领域或者程序当中从事司法活动的参与者,使他们绝对不同就其司法活动当中的作出的任何陈述对他人承担名誉侵权责任。从司法活动参加者的立场看,司法活动领域的绝对免责特权对所有参与诉讼活动的人员均提供绝对保护,诸如法官、律师、原被告当事人、证人和陪审员等。从程序方面讲,司法活动领域的绝对免责特权对有关诉讼领域存在的任何问题作出的陈述均提供保护,包括委托人在起诉前对其委托律师作出的陈述,证人在起诉之前对当事人一方或者他们的律师作出的陈述,原告或者刑事自诉案件的检控者在他们的起诉状中作出的陈述,被告或者刑事自控案件中的

---

① Royal Aquarium and Summer and Winter Garden Society Ltd. v. Parkinson[1892]1Q. B. 431, 451.
② W. V. H. Rogers, *Winfield and Jolowicz on Tort*(thirteen edition), Sweet & Maxwell, p.333.
③ R. P. Balkin and J. L. R. Davie, Law of Torts, third edition, Butterworths, pp. 589 – 590.

被检控者在他们提交的答辩状中作出的陈述,证人向诉讼当事人、当事人的律师或者法院提交的书面证词以及诉讼当事人、律师、证人、法官或者陪审员在开庭过程中作出的陈述。从审级方面来看,司法活动领域的绝对免责特权适用于诉讼程序的任何阶段,包括一审程序、二审程序、三审程序、重审程序或者再审程序等。在案件结束后,有关案件当事人作出的陈述将不再受司法活动领域的绝对免责特权保护。

第一,司法活动领域的绝对免责特权保护从事司法审判功能的法官,使他们不用就其在审判案件过程中作出的陈述对他人承担名誉侵权责任,即便他们在从事审判活动时作出的陈述是对他人名誉具有毁损性质的陈述,即便他们在作出此种陈述时知道自己作出的陈述是虚假的,是基于对原告的恶意而作出此种陈述。[①] 司法活动领域的绝对免责特权对所有级别的法院法官都提供保护,使他们不用就其陈述对原告承担名誉侵权责任,包括民事法院的法官、军事法院的法官、基层法院的法官、上诉法院的法官、最高法院的法官等。如果法官在从事司法裁判活动时滥用自己享有的此种绝对免责特权,故意作出对原告具有名誉毁损性质的虚假陈述,法律对法官滥用绝对免责特权的救济手段是解除他们担当的法官职位而不是让名誉遭受损害的原告向法院起诉,要求法官就其陈述对自己承担侵权责任。《美国侵权法重述》(第2版)对法官从事司法活动时享有的绝对免责特权作出了明确规定,该《重述》第585条规定:任何法官或者任何从事司法活动的其他官员在履行其职责时均享有绝对免责的特权,不用就其作出的对他人名誉具有毁损性质的陈述对他人承担名誉侵权责任,如果他们公开的陈述同他们免责处理的事项之间存在某种关联的话。[②]

第二,司法活动领域的绝对免责特权还保护律师的利益,使他们不用就其在参与诉讼活动时作出的对他人名誉具有毁损性质的陈述对他人承担名誉侵权责任。在英美法系国家,第一个确认律师享有绝对免责特权的案件是发生在1606年的 Brook v. Montague[③] 一案。在该案中,被告律师接受委

---

① Scott v. Standfield, 1868, L. R. 3Ex220 Ginger v. Bowles,1963, 369Mich, 680, 120N. W. 2d 842.

② R. F. V. Heuston and R. A. Buckley, *Salmond & Heuston on the Law of Tort*s(twenty-first editon), Sweet & Maxwell Ltd., 1996, p.162.

③ 78Eng. Rep. 77,77(K. B. 1606).

托人的委托,代表其委托人出庭参与诉讼。在诉讼过程中,被告律师称对方当事人是犯罪分子。诉讼结束之后,对方当事人向法院起诉,要求被告律师就其称其为犯罪分子的行为对自己承担名誉侵权责任。法官驳回了原告的诉讼请求,让与被告律师不用就其陈述对原告承担名誉侵权责任,因为法官认为,为了履行律师的职责,法官有权在法庭上作出任何陈述,他们无需就其在法庭上作出的具有名誉毁损性质的陈述对他人承担名誉侵权责任。此种规则确立之后得到英美法系国家司法判例的广泛遵行。在1883年,司法判例在 Munster v Lamb[①] 一案当中适用此种规则免除了被告律师承担的名誉侵权责任。在该案中,原告向法院起诉,认为被告律师在代表其委托人参与诉讼活动时基于对自己的个人厌恶而作出对其名誉具有毁损性质的陈述,应当对自己承担侵权责任。法院认为被告律师享有绝对免责特权,不用就其作出的具有名誉毁损性质的陈述对原告承担名誉侵权责任。法官指出:"对于律师而言,不存在恶意、善意问题。唯一的问题是,原告对被告律师提起诉讼的陈述是不是在诉讼过程中作出的,如果是,则对被告律师提起的名誉侵权诉讼必须即刻停止。"现代英美法系国家的侵权法均认可了这样的规则。《美国侵权法重述》(第2版)第586条规定,任何律师,只要他们就有关建议的司法活动开始之前的事项作出陈述,或者就他们作为律师参加的司法活动作出陈述,他们均享有绝对免责特权,可以就事关他人的问题作出对他人名誉具有名誉毁损性质的陈述,如果其这些陈述同司法活动有关的话。英美法系国家的普通法或者制定法之所以认可这样的规则,其重要原因在于,只有确立律师在诉讼过程中的绝对免责特权,他们才能够充分代表委托人陈述案件的事实,为法官具体查明案件的事实真相提供协助,使法官对案件的判决建立在事实清楚、证据充分的基础上。否则,如果他们在作出陈述时要就其陈述对原告承担名誉侵权责任,那么他们在代表委托人作出陈述时就会有所保留,使法官无法清楚了解案件事实并因此作出公正的裁判。正如美国 Ohio 州最高法院指出的那样:"我们的司法制度所要达到的最基本目标,就是要给诉讼当事人提供充分和自由讨论案件的机会,使他们对案件面临的该种问题进行讨论,协助法院确定案件的事实真相并因此作出公正和正义的判决。让司法活动享有绝对免责的特权虽然可能会阻

---

① 11 Q. B. D. 588, 599 (1883).

却名誉遭受损害的人提起名誉侵权诉讼,但是,我们认为如果采取相反的规则,则一方面会窒息律师维护委托人利益的积极性,使他们在为委托人提供服务时基于名誉侵权责任的担心而谨小慎微,另一方面也会使法院面临大量的诉讼活动而无法自拔。"①

律师的绝对免责特权不仅适用于他们在诉讼活动当中作出的陈述,而且还适用于他们就诉讼事务的委托问题进行协商、沟通期间作出的陈述。问题在于,如果律师与其委托人之间不是就有关即将进行的诉讼问题进行沟通,律师与其委托人之间的沟通是不是受绝对免责特权的保护。对此问题,各国法律的规定并不完全相同。在新西兰,法律认为,律师与委托人之间的沟通属于绝对免责的范围,当委托人委托律师提供法律意见时,他们之间的沟通受绝对免责特权的保护,他人不得起诉,要求委托人或者律师就其作出的对他人名誉具有毁损性质的陈述对自己承担名誉侵权责任。② 在澳大利亚的 Queensland 和 Tasmania 州,其制定法规定,律师与其委托人之间的沟通仅仅属于相对免责特权保护的范围,不属于绝对免责特权保护的范围。在英国,上诉法院在 More v. Weaver③ 一案中认为,当委托人对被委托人作出陈述时,即便委托人作出的陈述是对他人名誉具有毁损性质的陈述,他们也绝对不用就其陈述对他人承担侵权责任,因此,律师与其委托人之间的沟通属于绝对免责特权。不过,英国上议院认为,英国上诉法院的判决不适当地将司法活动当事人的保护拓展到律师与其委托人之间的沟通关系。④ Rogers 认为,原则上讲,并没有强有力的理由认定律师与其委托人之间的沟通构成绝对免责特权,只有在非常例外的情况下,为了社会公众的利益,法律才会将律师与委托人之间的关系看做绝对免责特权。在一般情况下,仅将他们之间的沟通看做相对免责特权即可对他们提供充分的保护。⑤

第三,司法活动领域的绝对免责特权对诉讼活动中的证人提供保护,使他们无需就其作证活动对他人承担名誉侵权责任。任何人,无论是基于自愿为他人提供证据或者作证还是基于法院的命令而为他人提供证据或者作

---

① Surace v. Wuliger 495, N. E. 2d 939, 944(Ohio. 1986).
② Defamation Act 1992(NZ)s. 14(2).
③ [1928]2KB520.
④ Minter v. Priest[1930] AC558.
⑤ W. V. H. Rogers, *Winfield and Jolowicz on Tort*(thirteen edition), Sweet & Maxwell, pp. 334 – 335.

证,无论证人作证的方式是什么,是书面证词或者是口头作证,证人受侵权法的绝对保护,不用就其证据对他人承担名誉侵权责任,即使他们作出的证词毁损了他人名誉,他人也不得向法院起诉,要求证人对其承担侵权责任。《美国侵权法重述》(第2版)第588条规定:任何证人均享有绝对免责特权,有权公开对他人名誉具有毁损性质的陈述,如果他们对其加以证实的事项是所建议的司法活动之前的沟通或者司法活动的一部分的话,并且如果他们提供证据加以证明的事项同司法活动存在一定关联的话。从理论上讲,证人的绝对免责特权适用的范围十分广泛,可以适用于证人在就有关诉讼活动提供证据时作出的任何陈述,只要此种陈述是一个人在此时可能会自然而然地、有理有据地作出的陈述,包括:证人在法庭作出的陈述,或者在准备诉讼之前,证人对诉讼一方当事人作出的陈述,证人对当事人的律师作出的陈述。但是,如果证人作出的陈述同案件没有任何关联,证人可能会就其陈述对他人承担名誉侵权责任。例如,当律师向证人,"你10月1日正在York吗?"证人回答,"是的,10月1日我正在York,那一天,A在那儿盗窃了我的钱包。"由于A是否盗窃了证人的钱包同案件完全没有关系,因此,如果A并没有盗窃证人的钱包时,证人就应当就其陈述对A承担名誉侵权责任。①

第四,司法活动领域的绝对免责特权对诉讼活动的当事人提供保护,使他们不用就其在诉讼过程中作出的陈述对他人承担名誉侵权责任,即便他们在从事诉讼活动时故意作出对他人名誉具有毁损性质的陈述。《美国侵权法重述》(第2版)第587条对此规则作出了明确规定,它认为,任何私人诉讼的一方当事人或者刑事自诉案件中的私人检控者或者被告均享有绝对免责特权,可以在所建议的司法活动之前的沟通或者所参加的司法活动中作出对他人名誉具有毁损性质的陈述,只要所陈述的事项同司法活动存在某些关联。

第五,司法活动领域的绝对免责特权对陪审员提供保护,使他们不用就其具有名誉毁损性质的陈述对他人承担名誉侵权责任。在英美法系国家,大陪审团或者小陪审团的陪审员受绝对免责特权的保护,当他们履行其职责时作出对他人名誉具有毁损性质的陈述,他们不用就其陈述对他人承担

---

① See W. V. H. Rogers, *Winfield and Jolowicz on Tort*(thirteen edition), Sweet & Maxwell, p. 334.

名誉侵权责任。《美国侵权法重述》(第 2 版)第 589 条对此规则作出了具体说明,它规定:无论是大陪审团还是小陪审团的陪审员,他们在履行陪审员的职责时,就有关他人的事项作出了对他人名誉具有毁损性质的陈述,他们绝对不用就其陈述对他人承担名誉侵权责任,只要其陈述同他作为陪审员参加的活动存在某种关联。

在侵权法上,司法活动领域的绝对免责特权不仅保护诉讼过程中的法官、律师、当事人、证人、陪审团等,而且还保护非诉讼过程当中的法官、当事人或者其他参与者,只要这些非诉讼活动属于法官职责范围内的活动。例如,法官在负责处理有关利害关系人提出的宣告某一个人为精神病人的申请时受绝对免责特权的保护,无须就他们在此时作出的对他人名誉具有毁损性质的陈述对他人承担名誉侵权责任;法官在处理有关破产案件时也受绝对免责特权的保护,无须就他们在此时作出的对他人名誉具有毁损性质的陈述对他人承担名誉侵权责任;法官在处理有关人员是否获得某国国籍的问题时受绝对免责特权的保护,无须就他们在此时作出的对他人名誉具有毁损性质的陈述对他人承担名誉侵权责任。因为这些方面的活动也被看做司法活动,属于法官职权范围内的事情。除此之外,司法活动还可以作更广义的理解,包括某些行政官员从事的某些类似于司法机关从事的司法活动,某些专业人士组织机构从事的某些类似于司法机关从事的司法活动,或者某些商事组织机构从事的某些类似于司法机关从事的司法活动,它们均被称之为"准司法活动"(quasi judicial proceeding)。准司法活动也受司法活动领域的绝对免责特权的保护,有关人员在从事准司法活动时作出的陈述绝对不会让他们对他人承担名誉侵权责任,即便这些人员在从事准司法活动时作出的陈述是对他人名誉具有毁损性质的陈述。准司法活动要同单纯的行政管理活动区分开来,因为准司法活动被看做司法活动,享受绝对免责特权的保护,而行政管理活动除了特别规定之外仅受相对免责的保护。例如,行政机关为了决定是否颁发酒类牌照给某一个申请人而举行听证会,行政机关为了决定是否颁发音乐舞蹈牌照给某一个申请人而举行的听证会,欧洲共同体委员会调查欧共体成员国是否违反其条约规定的竞争条款等,均不被看做准司法活动而仅看做单纯的行政活动,它们从事的活动仅是调查事实真相的行政管理活动,而不涉及类似于司法机关从事的司法活动。判断某个组织从事的活动是不是准司法活动,法律虽然要考虑众多的机关因素,包括该种组织拟对其展开调查的事项的性质,该组织采取的程序以及该组织作出的结论所产生的法律后果等,但法律考虑的最重要的因素是"这些组织所从事的活动是否会导致它们作出某种决定,确定某种事实真相和作出某种法律制裁,因为这些问题都是公众极其关注的问题。"① 根据此种判断标准,有关行政机关组成委员会,对被认为滥用职权的警察作出调查,该种委员会从事的活动被看做准司法活动,它受绝对免责特权的保护;律师协会举行听证会,就律师违反有关律师职业道德的行为作出调查,该律师协会的活动被看做准司法活动,受绝对免责特权的保护;商事仲裁机构开展仲裁活动,就他人之间的商事纠纷作出裁判,其活动被看做准司法活动,受绝对免责特权的保护。

(三) 绝对免责场合之二:立法活动

在侵权法上,任何国会议员或者任何立法机构之成员均享有绝对免责特权,无论他们在履行作为国会议员或者国家立法机构成员的职责时作出的任何陈述或者作出的行为是如何对他人名誉有毁损性质,他们均不就其陈述对他人承担名誉侵权责任或刑事责任,他人均不得向法院起诉,要求国会议员或者立法机构的成员就他们作出的陈述或者行为对他们承担民事侵权责任或者刑事责任。这就是立法活动领域的绝对免责特权(parliamentary proceeding or privilege)。立法活动领域的绝对免责特权缘于英国 1688 年通过的权利法案,该法案第 9 条明确规定:国会议员在国会召开时享有言论自由、辩论自由和活动自由,他们的行为不得在国会之外的法院或者任何其他地方被人控告或者被人质询。此种规定作出之后得到英美法系国家法律的广泛遵循,被认为是国会议员或者立法机关成员享有的重要特权。英国司法判例在 1869 年的 Exp. Wason② 一案中适用了 1688 年《权利法案》第 9 条的规定,认为在英国,即便英国上议院或者下议院的议员知道自己作出的陈述是不真实的陈述,只要他们作出的陈述是在上议院或者下议院履行职责时作出的陈述,他们作出的陈述均不得成为民事诉讼或者刑事诉讼的根据,无论他们作出的陈述是怎样毁损原告的名誉。在英国,1996 年《名誉侵权法》对此规则作出了规定;新西兰和澳大利亚的 Tasmania 州的《名誉侵权

---

① R. P. Balkin and J. L. R. Davis, *Law of Torts*(third edition), Butterworths, 2004, p. 590.
② (1869) L. R. 4Q/B/573.

法》也对此规则作出了明确规定,虽然它们的规定同普通法的规定存在一定的差异,即根据普通法的规定,国会议员或者立法机关的成员在履行职责期间在国会或立法机构内部作出的所有陈述或者所有的所作所为均受绝对免责特权的保护,而根据澳大利亚 Tasmania 州和新西兰的《名誉侵权法》规定,它们仅仅对《名誉侵权法》明确规定的各种陈述或所作出的行为提供绝对免责特权保护,不对《名誉侵权法》没有规定的陈述或者行为提供绝对保护。[1] 在美国,《侵权法重述》(第二版)第 590 条对此规定作出了说明,它规定:美国国会的成员,美国各个州的立法机关成员或者地方立法机构的成员在履行他们的立法职责时享有绝对免责特权,当他们作出对他人名誉具有毁损性质的陈述时,他们不用就其陈述对他人承担名誉侵权责任。

不过,应当注意的是,英国 1996 年《名誉侵权法》第 13(1)规定,虽然英国上议院或者下议院的议员在履行议员职责时享有作出对他人名誉具有毁损性质的陈述的绝对免责特权,他们也可以基于自愿放弃法律规定的此种绝对免责特权,一旦他们自愿放弃法律规定的绝对免责特权,他们就要就其具有名誉毁损性质的陈述对他人承担名誉侵权责任。还应当注意的是,如果立法机关的成员在国会之外对他人重复他们在国会履行职责期间对他人作出的具有名誉毁损性质的陈述,他们可能不会享有绝对免责特权,因为法官认为,他们要就其重复行为对他人承担名誉侵权责任。[2] 如果立法机关的成员在立法机构履行职责时重复了社会公众作出的对他人名誉具有毁损性质的陈述,立法活动领域的绝对免责特权仍然保护立法机关成员的重复行为,但不保护社会公众的名誉毁损行为,社会公众仍然要就其作出的具有名誉毁损性质的陈述对他人承担侵权责任。[3] 一旦立法活动领域的绝对免责特权得以确立,它就产生三个方面的法律效果:其一,因为立法机关的成员在履行职责时作出的陈述或行为而遭受名誉损害的人不得向法院起诉,要求法官责令立法机关的成员就其陈述或者行为对他们承担名誉侵权责任或者刑事责任,因为,立法机关的成员在此种情况下绝对免责,既不用就其陈述或者行为对他人承担名誉侵权责任,也不用就其陈述或者行为对他人承担刑事责任。其二,无论立法机关的成员在履行职责时作出的具有名誉毁

---

[1] Defamation Act 1957(Tas)S10(1); Defamation Act 1992(NZ) s.13.
[2] Beitzel v. Crabb[1992]2VR121.
[3] Rowan v. Cornwall (1997)68SASR253.

损性质的陈述经过了多长时间,他人都不得以立法机关的成员在履行职责期间作出的陈述作为证据,以便证明他们在履行职责之外基于蓄意或者恶意作出对他人名誉具有毁损性质的陈述。其三,为了立法活动的顺利进行,当立法机关要求证人就某一立法事项作证时,证人就他们在立法机关从事立法活动时作出的任何陈述享有绝对免责特权,就如同司法活动中的证人一样。《美国侵权法重述》(第 2 版)第 590A 条规定,任何证人,如果在有关立法活动中就某一部分作证或者在立法活动开始前就有关内容作证,他们就其作出的对他人名誉具有毁损性质的陈述享有绝对免责特权。

(四)绝对免责场合之三:高级行政官员的行政行为

在侵权法上,不仅法官、立法者享有绝对免责特权,就是某些行政官员也享有绝对免责特权,当他们在履行职责时作出对他人名誉具有毁损性质的陈述,他人不得向法院起诉,要求他们就其陈述对自己承担名誉侵权责任。此种规则源于 1895 年的两个案例,即英国的 Chatterton v. Secretary of State For India[①] 和美国的 Spalding v. Viles[②]。在 Chatterton 一案中,原告是一名参谋人员,被告在履行自己的职责时给有关上级部门写信,建议解除原告的参谋职务并说明了提出这样建议的理由。原告向法院起诉,认为被告在其信中陈述的内容侵犯了自己的名誉权,应当对自己承担名誉侵权责任。法院认为,应当驳回原告的诉讼请求,因为,如果允许原告对被告提起名誉侵权诉讼,将会损害社会公共利益,使国家官员在事关公共利益问题上丧失了行动自由;如果允许原告对被告提起名誉侵权诉讼,则实际上是将国家官员的行为交由陪审团去评判,使陪审团取代公共官员成为这个国家的管理者。在 Spalding 一案中,美国邮政总局局长在履行自己的职责时被认为侵犯了原告的名誉,原告向法院起诉,要求被告就其陈述对自己承担名誉侵权责任。美国联邦最高法院驳回了原告的诉讼请求,认为被告不用就其陈述对原告承担侵权责任。法官指出,为了防止公共官员担心自己的言论被人起诉,法律应当认定被告享有作出对他人名誉共有毁损性质陈述的绝对免责特权。这两个判例确立之后,得到英美普通法的广泛遵循,成为现代侵权法的主要免责制度。现代英美法系国家的法律均认为,某些行政官员在履

---

① [1895] 2 Q. B. 189.
② 1896, 161 U. S. 483, 16 S. Ct. 631. 40 L. Ed. 780.

行职责时享有绝对免责特权,他们不用就其履行职责时作出的对他人名誉具有毁损性质的陈述对他人承担名誉侵权责任。法律之所以规定某些高级行政官员享有作出对他人名誉具有毁损性质陈述的绝对免责特权,其主要目的在于确保行使国家职权的行政官员能够自由地履行其职责,无须担心其履行职责的行为被人提起名誉侵权诉讼。至于说能够享有绝对免责特权的行政官员的范围是什么,各国侵权法作出的规定并不完全相同。在英国和英联邦国家,无论是普通法还是名誉侵权法均认为,受绝对免责特权保护的行政官员应当是国家官员,他们至少应当是大臣(minstor)级别的行政官员,当他们作为行政官员履行职责时,他们不用就其作出的对他人名誉具有毁损性质的陈述对他人承担名誉侵权责任。① 至于说比大臣级别更低的行政官员,他们在履行职责时虽然会受相对免责特权的保护,但是不受绝对免责特权的保护。在美国,司法判例对其提供绝对免责特权保护的行政官员的范围要比英联邦国家的广泛,因为它除了保护国家的行政官员之外,还保护地方政府的某些高级行政官员,诸如州的州长等。《美国侵权法重述》(第2版)第591条对此种规则做了说明,它规定:任何美国联邦行政官员、各州之州长或其他高级行政官员人员在履行其官员职责时均享有绝对免责特权,不用就其作出的对他人名誉具有毁损性质的陈述对他人承担名誉侵权责任。至于说绝对免责特权应当保护的州高级行政官员是哪些,司法判例往往有不同的解释。例如,美国一些州的司法判例认为,诸如教育局长、市长、市政委员会委员等行政官员不享有绝对免责特权,他们充其量仅享有相对免责特权。②

(五)绝对免责场合之四:夫妻彼此之间作出的陈述

当丈夫对其妻子公开对他人名誉具有毁损性质的陈述时,或者当妻子对其丈夫公开对他人名誉具有毁损性质的陈述时,他人不得向法院起诉,要求丈夫或者妻子就其向对方配偶作出的陈述对自己承担名誉侵权责任,即便丈夫或者妻子在向对方作出此种陈述时知道其陈述是虚假的,也是如此。此种规则在普通法上和现代侵权法上都得到认可,虽然普通法和现代侵权

---

① Defamation Act1974(NSW)ss25, 26; Defamation Act1957(Tas)S. 13(Dca).

② See W. Page Keeton, *Prosser and Keeton on Torts*(fifth edition), West Publishing Co., p. 822.

法认可这样规则的原因并不相同。在历史上，普通法认可这样的规则，其原因在于夫妻人格一体理论的采用。根据此种理论，当夫妻结婚后，妻子的人格即为丈夫的人格吸引，夫妻在法律上不被看做两个独立的主体而仅被看做一个独立主体，当夫向妻作出陈述时或者当妻向夫作出陈述时，即便此种陈述是对原告名誉具有毁损性质的陈述，原告也不能提起诉讼，要求对其配偶公开此种陈述的被告对其承担名誉侵权责任，因为夫妻一方对另一方作出此种陈述的行为不构成名誉侵权意义上的公开行为。《美国侵权法重述》(第2版)第592条对此规则作出了说明，它规定：丈夫或者妻子享有绝对免责特权，他或者她有权对其作出对他人名誉具有毁损性质的陈述。现代侵权法认可此种理论的原因，在于保护夫妻之间的特别信任和信赖关系。

五、相对免责特权的抗辩事由

(一) 相对免责特权的构成要件

在某些情况下，如果行为人能够证明他们是为了某些重要利益而作出对他人名誉具有毁损性质的虚假陈述，如果行为人能够证明他们不是基于蓄意或者不当动机作出对他人名誉具有毁损性质的虚假陈述，则他们无须就其陈述引起的名誉损害对他人承担名誉侵权责任；他人无权向法院起诉，要求法官责令行为人就他们在这些情况下作出的具有名誉毁损性质的虚假陈述对他们承担名誉侵权责任。但是，如果行为人在这些情况下是基于明示蓄意或者不当动机作出具有名誉毁损性质的陈述，则他们应当就其作出的具有名誉毁损性质的虚假陈述对他人承担名誉侵权责任。这就是相对免责特权制度。Heuston 和 Buckley 指出，当某种相对免责特权的场合存在时，行为人有权作出对他人名誉具有毁损性质的陈述，如果行为人不是基于蓄意作出这样的陈述，他们无须就其陈述对他人承担名誉侵权责任。此时，行为人的言论自由权虽然优先于他人的名誉权，但是此种优先权也仅仅在一定范围内有效。行为人作出的陈述应当是诚实的，没有直接的或者不适当的动机。因此，相对免责特权是介于完全不享有免责特权和享有绝对免责特权中间的一种制度。① Balkin 和 Davis 也指出,侵权法认为,在某些情况下,行为人就其针对他人名誉作出的不真实陈述不会使行为人对他人承担名誉侵权责任,如果作出此种陈述的行为人能够证明,他们是为了某种公共利益而作出此种陈述并且他们没有滥用侵权法对他们提供的保护手段。行为人在这些情况下的免责就是相对免责特权制度。② 在侵权法上,行为人的相对免责特权也称为有条件的免责特权,因为行为人不用就其作出的具有名誉毁损性质的虚假陈述对他人承担名誉侵权责任是有条件的,如果符合侵权法规定的条件,行为人无须就其作出的具有名誉毁损性质承担陈述对他人承担名誉侵权责任,如果不符合侵权法规定的条件,行为人仍然要就其作出的具有名誉毁损性质的虚假陈述对他人承担名誉侵权责任。因为这样的原因,相对免责特权也称为有条件的免责特权或者附条件的免责特权。在相对免责场合存在时,行为人的言论自由权优先于他人的名誉权,他们可以凭借其言论自由权作出对他人名誉具有毁损性质的虚假陈述,他人不得向法院起诉,要求法官责令行为人就其虚假陈述对他们承担名誉侵权责任。侵权法之所以认可相对免责特权,其目的是为了维护社会利益,因为当社会利益要求行为人作出某种陈述时,行为人即应公开作出此种陈述,以便为社会公众提供足够充分的信息,即便行为人在提供此种信息时存在错误,提供了某些虚假信息;如果法律仅仅因为行为人提供了虚假信息或者作出了对他人名誉具有毁损性质的陈述就责令他们就其陈述对他人承担名誉侵权责任,则行为人无法坦率地、真诚地、毫无保留地作出陈述,使社会公众无法获得足够充分的信息。

在侵权法上,行为人的相对免责特权的构成要件有两个:其一,具有名誉毁损性质的陈述是在法律规定的相对免责场合作出的。只有在法律规定的相对免责场合作出对他人名誉具有毁损性质的陈述,行为人才有可能不会就其陈述对他人承担名誉侵权责任;如果行为人不是是在法律规定的相对免责场合作出对他人名誉具有毁损性质的陈述,则他们仍然要对他人遭受的名誉损害承担侵权责任。其二,行为人在作出具有名誉毁损性质的陈

---

① R. F. V. Heuston and R. A. Buckley, *Salmond & Heuston on the Law of Torts*(twenty-first editon), Sweet & Maxwell Ltd., 1996, p.165.

② R. P. Balkin and J. L. R. Davis, *Law of Torts*(third edition), Butterworths, 2004, p.593.

述是没有滥用其免责特权。如果行为人在作出对他人名誉具有毁损性质的陈述时没有滥用其免责特权,他们不用就其陈述对他人承担侵权责任,如果他们滥用了其免责特权,他们仍然要就其陈述对他人承担侵权责任。《美国侵权法重述》(第2版)对相对免责的构成要件作出了说明,该复述第593条规定:行为人无须就其作出的对他人名誉具有毁损性质的陈述对他人承担名誉侵权责任,如果:(1)事项是在享有免责特权的场合公开的;并且(2)行为人没有滥用其享有的免责特权。

(二)相对免责特权存在的各种场合

在相对免责特权中,行为人对他人承担的名誉侵权责任之所以被免除,其原因在于行为人作出的陈述是在某种特定免责场合作出的陈述,因此在决定行为人是否享有相对免责特权时,法官要考虑的问题时,行为人在哪些场合作出的陈述被看做是在特定免责场合作出的陈述,他们在哪些场合作出的陈述不被看做是在特定免责场合作出的陈述。一旦行为人作出的陈述被认为是在特定免责场合作出的陈述,则他们不用就其作出的陈述对他人承担名誉侵权责任,除非原告能够证明行为人在此种场合作出陈述时滥用其享有的免责特权。行为人作出陈述的场合究竟是不是特定的免责场合,应当由法官根据案件的具体情况加以衡量,案件的具体情况不同,法官得出的结论也完全不同。虽然如此,学说或者司法判例基本上都采取 Parke 法官提出的理论。Parke 指出:"一般而言,当行为人作出对他人名誉具有毁损性质的虚假陈述时,他人有权提起诉讼,要求行为人就其蓄意公开的陈述对自己承担名誉侵权责任……但是,如果行为人在履行公法上或者私法上的义务时作出了公平的陈述,无论他们履行的义务是法定义务还是道德义务,或者如果行为人是在处理自己的事务过程当中或者是在处理同他们的利益没有关系的事务过程当中作出了公正的陈述,他们也不就其陈述对他人承担名誉侵权责任,即便他们作出的陈述是具有名誉毁损性质的虚假陈述……如果行为人作出的陈述是在任何合理的场合或者所需要的场合作出的陈述,如果行为人在这些场合诚实地作出陈述,则侵权法认为,为了社会的共同方便或者社会的共同利益,行为人无需就其陈述对他人承担名誉侵权责任。"①根据行为人在作出陈述时承担的义务或者追求的利益的不同,主流侵权法学家将行为人作出陈述的特定免责场合分为:为了社会的公共利益,法律将行为人作出的陈述看做是在相对免责场合作出的陈述;为了行为人的个人利益,法律将行为人作出的陈述看做在相对免责场合作出的陈述;为了行为人和陈述对其作出的相对人的利益,法律将行为人作出的陈述看做在相对免责场合作出的陈述;为了行为人和相对人之外的第三人的利益,法律将行为人作出的陈述看做在相对免责场合作出的陈述。

1. 行为人为了自己的利益作出对他人名誉具有毁损性质的陈述

如果行为人是为了维护自己的名誉利益、财产利益、经济利益而作出对他人名誉具有毁损性质的陈述,则侵权法会将他们作出的陈述看做在相对免责场合作出的陈述并因此免除他们就其陈述对他人承担的名誉侵权责任。Prosser 教授对这样的规则作出了说明,他指出:"正如行为人享有自卫特权或者财产保护特权一样,当行为人为了保护自己的合法利益时,他们也享有公开对他人名誉具有毁损性质的陈述的免责特权。因此,当别人毁损行为人的名誉时,行为人有权以某种适当方式来捍卫自己的名誉权,只要其捍卫方式是合理的、必要的,此时,他们无需就其在捍卫自己名誉过程当中作出的具有名誉毁损性质的陈述对别人承担名誉侵权责任。例如,当他人毁损行为人的名誉时,行为人有权称他人为不折不扣的骗子,即便他人不是骗子,行为人也无需就其具有名誉毁损性质的陈述对他人承担名誉侵权责任。"②在 Osborn v. Boulter③ 案中,法官认为,如果行为人为了自己的名誉利益而作出对原告名誉具有毁损性质的陈述,他们无须就其陈述对原告承担名誉侵权责任。在该案中,一个啤酒购买者向啤酒生产商抱怨,说啤酒生产商生产的啤酒质量低劣。啤酒生产商对此抱怨作出答复,说他们听到谣言,说啤酒购买者自己将水注入其购买的啤酒当中,使其啤酒质量变差。啤酒生产商将其理由对第三人作出了公开陈述。啤酒购买者认为啤酒生产商的陈述侵犯了自己的名誉,要求其对自己承担名誉侵权责任。法院认为,被告不用对原告承担名誉侵权责任,因为被告之所以作出对原告名誉具有毁损

---

① Toogood v. Spyring (1834)1Cr M&R 181, 149 Er1044.

② W. Page Keeton, *Prosser and Keeton on Torts* (fifth edition), West Publishing Co., p. 825.

③ [1930]2. K. B. 226,233.

性质的陈述,是为了维护自己的名誉利益,其作出陈述的场合属于相对免责的场合。除了认定行为人为了保护自己的名誉利益而作出对他人名誉具有毁损性质的陈述是相对免责场合作出的陈述之外,侵权法还认为,行为人为了自己的经济利益、商业利益、财产利益或者任何其他利益而作出的对他人名誉具有毁损性质的陈述也被看做特定相对免责场合作出的陈述,他们无须就其基于这些目的作出的陈述对他人承担名誉责任。Prosser 教授对这样的规则作出了说明,他指出:"行为人的相对免责特权拓展到行为人为了保护其他重要利益而作出的具有名誉毁损性质陈述的场合,包括:为了讨回被他人盗窃的财产,行为人作出的合理努力构成具有名誉毁损性质的陈述;为了讨回被他人盗窃的财产,行为人试图发现和检控盗窃者的行为构成名誉毁损行为;为了逼迫债务人偿还债务或者为了阻止别人获得债务人偿还的金钱,行为人作出对他人名誉具有毁损性质的陈述;为了警告雇员在代表雇主行为时当心原告的行为,雇主作出了对他人名誉具有毁损性质的陈述;为了向律师咨询法律意见,行为人作出了对他人没有具有毁损性质的陈述;为了保护行为人对其享有经济利益的企业免受他人不当管理行为的影响,或者为了保护自己的经济利益免受他人不当竞争行为人的影响,行为人作出了对他人名誉具有毁损性质的陈述。"[1]

在侵权法上,行为人虽然能够基于自己利益的维护而主张不就其具有名誉毁损性质的陈述对他人承担名誉侵权责任,但是,行为人在主张此种场合的免责特权时也受到某些方面的条件限制,即行为人作出的陈述不得超出一定的范围,要同他人的行为保持协调。具体说来,行为人在此种场合的免责特权要受两个方面条件的限制:一方面,当行为人为了反击他人而作出对他人名誉具有毁损性质的虚假陈述时,他们不应当陈述同他人指控内容无关的内容,他们作出的陈述必须同他人指控的内容相关,有一定的联系。如果行为人在反击他人时作出的陈述同他人指控的内容风马牛不相及,则其陈述不受相对免责特权的保护,他们应当就其不相关的陈述对他人承担名誉侵权责任。例如,当他人说行为人存在不道德的性行为时,行为人为了反击他人对其不道德性行为的指控而说他人盗窃别人的马匹。[2] 另一方面,

---

[1] W. Page Keeton, *Prosser and Keeton on Torts* (fifth edition), West Publishing Co., pp. 825 – 826.

[2] Ivie v. King 1914, 167N. C. 174, 83S. E. 339.

即便行为人作出的对他人名誉具有毁损性质的陈述同他人对行为人行为的指责存在关系,他们作出的陈述也必须与他人的指责保持协调和对应。如果他人对行为人行为的指责仅仅在较小范围内的人群之间公开,则行为人对他人指责作出的回应也应在较小范围内的人群之间公开,否则,行为人将丧失其相对免责特权,要就其具有名誉毁损性质的陈述对他人承担名誉侵权责任;如果他人对行为人行为的指责在广泛范围内公开,则行为人对他人的指责作出的回应也可以在广泛范围内公开,此时,行为人仍然享有免责特权,无须就其广泛范围内的陈述对他人承担名誉侵权责任。例如,当他人通过新闻媒体作出对行为人的名誉具有毁损性质的陈述时,行为人为了捍卫自己的名誉利益、财产利益或者其他利益而通过新闻媒体作出对他人名誉具有毁损性质的陈述时,行为人无须就其陈述对他人承担名誉侵权责任。

2. 行为人为了陈述接受者的利益作出对他人名誉具有毁损性质的陈述

如果行为人与陈述接受者之间存在某种法定关系、亲密关系或者信赖关系,该种法定关系、亲密关系或者信赖关系使行为人对陈述接受者承担某种法定义务或者道德义务,当行为人在履行所承担的法定义务或者道德义务时对陈述接受者作出对他人名誉具有毁损性质的陈述时,行为人不用就其陈述对他人承担侵权责任,因为在此时,他们是为了陈述接受者的利益作出对他人名誉具有毁损性质的陈述,其陈述被看做行为人在特定免责场合作出的陈述。Balkin 和 Davis 对这样的规则作出了说明,他们指出:"正如在殴打侵权和攻击侵权当中行为人能够以保护别人人身作为拒绝承担侵权责任的抗辩事由一样,行为人也能够以保护别人利益的需要作为拒绝承担名誉侵权责任的抗辩事由,当他们是为了保护别人利益而作出对他人名誉具有毁损性质的陈述时,他们无须就其陈述对他人承担名誉侵权责任。就像别人人身保护的抗辩事由一样,被告在主张不就其作出的具有名誉毁损性质的陈述对他人承担名誉侵权责任时应当证明,他们在引起名誉纠纷的情况下要对别人承担保护义务,或者说,被告承担法定的、社会的或者道德性质的公开义务。"[①]《美国侵权法重述》(第 2 版)第 595 条对此规则作出了说明,它规定:(1)如果行为人作出陈述的具体情况使人正确或者合理相信:(a)存在对陈述接受者或者第三人的足够重要利益产生影响的信息;并且

---

① R. P. Balkin and J. L. R. Davis, *Law of Torts* (third edition), Butterworths, 2004, p.599.

(b) 陈述接受者是行为人在公开作出对他人名誉具有毁损性质的陈述时对其承担某种法定义务的人或者行为人对其公开此种陈述被认为符合社会普遍认可的适当行为标准的人。(2) 在决定行为人的公开行为是否符合社会普遍认可的适当行为标准时，要考虑的重要因素包括：(a) 行为人作出此种陈述是为了对某种要求作出的答复而非自愿提供信息；(b) 当事人之间存在家庭或者其他关系。

如果制定法明确规定行为人对其陈述接受者承担某种法定义务或者职责，当行为人在履行对他人承担的法定义务或者职责时作出对他人名誉具有毁损性质的陈述，他们当然无须就其作出的陈述对他人承担名誉侵权责任。如果行为人同陈述接受者之间的契约规定了行为人对陈述接受者承担的契约义务，当行为人在履行所承担的契约义务时作出对他人名誉具有毁损性质的陈述，他们同样不就其陈述对他人承担名誉侵权责任。问题在于，如果制定法没有规定行为人对其陈述接受者承担法定义务或者职责，如果当事人之间的契约没有规定行为人对陈述接受者承担的契约义务，侵权法如何确定行为人是否对其陈述接受者承担某种道德义务？对此问题，主流司法判例和学说还是采取一般有理性人的判断标准，即当行为人对陈述接受者作出的具有名誉毁损性质的陈述被他人起诉到法院时，如果处在被告位置上的一个有理性的人认为被告对其陈述接受者承担某种道德义务或者道德责任，则被告基于此种道德义务或者道德责任对陈述接受者作出对他人名誉具有毁损性质的陈述，他们无须对他人承担名誉侵权责任；如果处在被告位置的一个有理性的人不会认为被告对其陈述接受者承担某种道德义务或者道德责任，则行为人应当就其陈述对他人承担名誉侵权责任。虽然如此，在具体案件当中，行为人在对陈述接受者作出陈述时是否承担道德义务或者道德责任，仍然取决于法官的自由裁量，法官要结合案件的实际情况，要考虑案件的各种具体因素，要平衡这些因素的价值大小，诸如案件当中涉及的家庭利益、生活利益、名誉利益或者财产利益等。

当一个家庭成员对另外一个家庭成员作出对他人名誉毁损性质的陈述时，作出此种陈述的家庭成员无须就其陈述对他人承担名誉侵权责任，因为家庭成员之间要么存在某种法定义务，要么存在某种道德义务。因此，当未成年子女要嫁给原告时，如果未成年子女的父母为了不让其未成年子女嫁给原告而说原告是流氓或者是犯罪分子，未成年子女的父母不用对原告承担名誉侵权责任,因为,作出陈述的父母是陈述接受者未成年子女的监护人,他们有职责保护其未成年子女的利益;他们是在履行所承担的法定职责时作出对他人名誉具有毁损性质的陈述。同样,当一个成年子女准备嫁给原告时,如果该成年子女的父母不希望其成年子女嫁给原告而说原告是个恶棍,成年子女的父母无须就其作出的具有名誉毁损性质的虚假陈述对原告承担名誉侵权责任,因为,即便被告已经不再是其成年子女的监护人,他们仍然是其成年子女的直系尊亲属,他们仍然对其成年子女承担道德上的义务。《美国侵权法重述》(第2版)第596条对此规则作出说明,它规定:(1)如果行为人作出陈述的具体情况使人正确或者合理相信:(A)存在对行为人的家庭成员利益有影响的信息;(B)信息接受者知道行为人作出的具有名誉毁损性质的事项后会利用这些信息为其家庭成员的利益提供保护,则行为人作出的陈述是在特定免责场合作出的陈述。不过,应当指出的是,夫妻之间作出的陈述被看做是绝对免责场合作出的陈述而不是相对免责场合作出的陈述。当契约一方当事人对契约另一方当事人作出对他人名誉具有毁损性质的虚假陈述时,他们无须就其陈述对他人承担名誉侵权责任,因为契约一方当事人对另外一方当事人承担契约义务。因此,当律师对其委托人提出建议,认为鉴于他人的信用不佳而要求其委托人不要将钱借给他人时,律师无需就其具有名誉毁损性质的虚假陈述对原告承担侵权责任,因为,律师同其委托人之间存在契约关系,律师对其委托人作出此种陈述是为了履行他们对其委托人承担的约定义务。当医师对其病人作出对他人名誉具有毁损性质的陈述时,他们无须就其陈述对他人承担名誉侵权责任,因为医师同其病人之间存在契约关系,医师对其病人作出此种陈述是为了履行他们对其病人承担的契约义务。当代理人对被代理人作出对他人名誉具有毁损性质的陈述时,他们无须就其作出的陈述对他人承担名誉侵权责任,因为代理人同被代理人之间存在代理关系,代理人对其被代理人作出此种陈述是为了履行他们对其被代理人承担的契约义务。同样,当雇员对其雇主作出对他人名誉具有毁损性质的虚假陈述时,他们也不用就其陈述对他人承担名誉侵权责任,因为雇员同其雇主之间存在雇佣关系,雇员对其雇主作出此种陈述是为了履行他们对其雇主承担的契约义务。

如果行为人同陈述接受者之间不存在家庭关系或者契约关系,当行为人对陈述接受者作出对他人名誉具有毁损性质的陈述时,行为人是否能够主张免责特权抗辩而拒绝就其陈述对他人承担名誉侵权责任？司法判例认为,如果根据一般理性人的判断标准能够确定行为人同陈述接受者之间存在某种道德关系,该种道德关系使行为人对陈述接受者承担道德上的义务,则当行为人对陈述接受者作出对他人名誉具有毁损性质的陈述时,他们无须就其陈述对他人承担名誉侵权责任。司法判例普遍认为,如果行为人对现任或者潜在的雇主进行警告,让他们当心其雇员的非法行为时,即便行为人作出的陈述是对该雇员名誉具有毁损性质的虚假陈述,他们也不就其虚假陈述行为对该雇员承担名誉侵权责任,因为法官认为行为人同雇主之间存在道德关系,该种道德关系使行为人对雇主承担道德上的警告义务。当行为人将保险人在进行保险欺诈的行为通知给保险公司时,即便行为人陈述的事实是具有名誉毁损性质的虚假事实,他们也不用就其陈述对保险人承担名誉侵权责任,因为法官认为,行为人同保险公司之间存在道德关系,该种道德关系使行为人对保险公司承担道德上的通知义务。当行为人将承租人存在不受欢迎的情况告诉出租人时,即便行为人作出的陈述是对承租人具有名誉毁损性质的虚假陈述,他们也不就其陈述对承租人承担名誉侵权责任,因为法官认为,行为人同出租人之间存在道德关系,该种道德关系使行为人对出租人承担道德上的通知义务。当行为人告诉债权人其债务人已经资不抵债时,即便行为人作出的陈述是对债务人名誉具有毁损性质的虚假陈述,他们也不就其陈述对债务人承担名誉侵权责任,因为法官认为,行为人同债权人之间存在道德关系,该种道德关系使行为人对债权人承担了道德上的告知义务。在上述情况下,行为人无论是基于陈述接受者的请求而作出对他人名誉具有毁损性质的陈述还是基于自愿主动对陈述接受者作出对他人名誉具有毁损性质的陈述,都适用同样的规则。

3. 行为人为了自己和陈述接受者双方的共同利益作出对他人名誉具有毁损性质的陈述

当行为人为了自己的利益和陈述接受者的利益而作出某种陈述时,即便他们作出的陈述是对他人名誉具有毁损性质的虚假陈述,他们也不用就其陈述对他人承担名誉侵权责任,因为行为人在这样的场合作出的陈述被看做是在相对免责场合作出的陈述。Prosser教授对这样的规则作出了说明,他指出:"如果行为人和陈述接受者对行为人作出的陈述具有共同利益,当行为人对陈述接受者作出对他人名誉具有毁损性质的陈述时,行为人无须就其作出的陈述对他人承担名誉侵权责任,因为行为人对陈述接受者作出此种陈述是为了保护或者推进行为人和陈述接受者双方享有的共同利益。在大多数情况下,行为人对陈述接受者承担作出陈述的法定或者道德义务。"①《美国侵权法重述》(第2版)第596条对此规则作出了说明,它规定:如果几个人对某一特定事项享有共同利益,当具体情况使其中的一个行为人正确地或者合理地相信,某些信息是其他享有共同利益的人有权知道的信息,当行为人对其他享有公共利益的人公开该种信息时作出了对他人名誉具有毁损性质的陈述时,行为人作出的陈述是在特定免责场合作出的陈述。

行为人和陈述接受者对行为人作出的陈述具有共同利益往往表现在经济利益方面,当行为人为了自己的经济利益和陈述接受者的经济利益作出了对他人名誉具有毁损性质的陈述时,他们不用就其陈述对他人承担名誉侵权责任。在大多数情况下,作出对他人名誉具有毁损性质的虚假陈述的行为人和陈述接受者之间要么存在商事关系、交易关系,当商事关系、交易关系当中的一方当事人对另外一方当事人作出了对他人名誉具有毁损性质的陈述时,他们不仅是为了自己的利益而且也是为了另外一方当事人的利益作出其陈述;要么都是某一个企业集团的成员,当其中的一个成员对其他成员作出对他人名誉具有毁损性质的陈述时,作出陈述的一个成员不仅是为了自己的利益而且也是为了其他成员的利益作出其陈述;要么都是同一家公司、企业的高级行政官员、代理人、雇员,当其中的一个人对其他人作出对他人名誉具有毁损性质的陈述时,他们不仅是为了自己的利益而且也是为了其他人的利益作出其陈述;要么都是一个公司、企业的所有权人,当其中的一个所有权人对其他所有权人作出对他人名誉具有毁损性质的陈述时,他们不仅是为了自己的利益而且也是为了其他所有权人的利益作出其陈述;要么都是同一债务人的债权人,当其中一个债权人就其共同债务人的问题对其他债权人作出具有名誉毁损性质的虚假陈述时,他们不仅是为了自己的利益而且也是为了其他债权人的利益作出其陈述;要么都是工会组织的成员,当其中的一个工会组织成员对其他工会组织成员作出对他人名誉具有毁损性质的陈述时,他们不仅是为了自己的利益而且也是为了其他

---

① W. Page Keeton, *Prosser and Keeton on Torts* (fifth edition), West Publishing Co., p. 828.

工会成员的利益作出其陈述;或者都是律师协会、会计师协会等协会组织的成员,当其中的一个成员对其成员作出对他人名誉具有毁损性质的陈述时,他们不是是为了自己的利益而且也是为了其他成员的利益作出其陈述。

因此,如果保险公司告诉其被保险人其保险代理人存在不诚实的情况,让被保险人当心其保险代理人,即便保险公司的保险代理人没有不诚实的情况存在,保险公司也不用就其作出的对保险代理人名誉具有毁损性质的陈述对保险代理人承担名誉侵权责任,因为保险公司既是为了自己的利益也是为了被保险人的利益作出此种陈述。当一个债权人对另外一个债权人作出陈述,说他们共同的债务人信用不佳时,即便债权人作出的此种陈述是具有名誉毁损性质的虚假陈述,他们也不用就其陈述对债务人承担名誉侵权责任,因为债权人作出这样的陈述既是为了自己的利益,也是为了陈述接受者的利益,债务人的信用好不好既涉及作出虚假陈述的债权人的经济利益,也涉及陈述对其作出的债权人的经济利益。当公司董事将公司总经理存在的管理不善问题告诉公司其他董事时,即便公司总经理并不存在管理不善的问题,公司董事也不就其具有名誉毁损性质的虚假陈述对总经理承担名誉侵权责任,因为公司董事对其他董事作出这样的陈述既是为了自己的利益,也是为了其他董事的利益。同样,当专业信用机构根据委托人的要求就他人的信用作出评价时,即便专业信用机构作出的信用评估报告存在虚假的、不真实的地方,它们也不用信用评估报告对他人承担名誉侵权责任,因为,信用评估机构对他人作出的信用评估报告既是为了自己的利益,也是为了委托人的利益。

4. 行为人为了公共利益作出对他人名誉具有毁损性质的陈述:对有关立法活动、司法活动和行政活动的公正和准确报道

由于国家的立法活动、司法活动和某些行政活动关系到社会公众的利益,社会公众对这些活动享有知情人,报纸、杂志、电台、电视台等新闻媒体应当承担义务,将这些活动及时公之于众,让社会公众了解和掌握这些重大信息。在报道有关立法活动、司法活动和某些行政活动时,新闻媒体享有相对免责的特权,它们无须就其公正和准确报道对他人承担名誉侵权责任,即便它们作出的报道是具有名誉毁损性质的虚假报道。Prosser教授对这样的规则作出了说明,他指出:"在司法判例认可名誉侵权责任领域的宪政免责特权之前,英美法系国家的侵权法承认,当司法活动、立法活动或者其他公开

活动进行之时，社会公众有权了解这些活动，这是为了社会的公共利益。因此，侵权法认可了一种相对免责特权制度，该种免责特权制度认为，如果报纸杂志或者其他人将司法活动、立法活动或者其他公共活动，它们不用就其具有名誉毁损性质的报告对他人承担名誉侵权责任。侵权法之所以认可此种免责特权，其理论根据在于，社会公众如果在司法活动、立法活动或者其他公开活动的现场，他们将会亲自看到或者听到这些活动；新闻媒体或者其他人将这些活动对社会公众加以报道，它们实际上成为社会公众的眼睛；司法活动、立法活动或者其他公开活动涉及公共事务，社会公众对这些公共事务享有知情权，新闻媒体或其其他人通过其报道使社会公众了解这些活动。"①

如果新闻媒体对司法活动或者准司法活动作出了公正和准确的报道，即便它们作出的报道是对他人名誉具有毁损性质的虚假报道，它们也不用就其报道对他人承担名誉侵权责任，因为新闻媒体对司法活动或者准司法活动作出的公正和准确报道被认为是为了社会的公共利益，使社会公众能够通过新闻媒体作出的报道了解司法的运作程序和司法裁判规则。② 此种规则既适用于新闻媒体对所有法院从事的司法活动的报道，无论从事司法活动的法院是基层法院、高级法院、最高法院甚至英国上议院，因为，就新闻媒体对法院司法活动的报道享有相对免责特权而言，侵权法并不区别低级法院、高级法院和作为法院的英国上议院；此种规则也适用于所有法院从事的所有司法活动、所有阶段的司法活动，除非法律规定或者法院命令不得公开的司法活动。所谓所有的司法活动既包括法院通过审判程序进行的裁判活动，也包括法院通过非审判程序进行的活动；所谓所有阶段的司法活动，是指法院在审判案件时要采取的审判过程和审级活动。Heuston 和 Buckley 对这样的规则作出了说明，他们指出："行为人无论是通过其报纸还是通过其他方式对法院从事的公开活动作出的公正和准确报道都被普通法看做是在相对免责场合作出的报道。至于说行为人作出的报道是不是公正、准确的报道，这样的问题是事实性质的问题，由评审团来决定。行为人对法院公开活动的公正、准确报道享有的免责特权对所有的法院都适用，无论它们是

---

① W. Page Keeton, *Prosser and Keeton on Torts* (fifth edition), West Publishing Co., p.836.

② Wperhouse v. Broodcasting Stpion 2GBPty Ltd. (1985)1N.S.WLR58,62.

高级法院还是低级法院,无论他们是最高法院还是其他法院。行为人对法院公开活动的公正、准确报道享有的免责特权对法院的所有活动都适用,无论他们是诉前活动还是最后活动。"① 换句话说,在侵权法上,新闻媒体没有义务一定要等到法院作出最后的裁判才可以对其从事的司法活动做公正和准确的报道,因为,当一个案件被起诉到法院时,从案件的受理到案件的审判一直到案件的最终裁判,需要经过相当长的时间,如果新闻媒体仅能在案件最后裁判或者最终裁判作出之后才有权对其作出公正和准确的报道,则社会公众的知情权将会受到不利影响。正如 Lord Esher M. R. 法官指出的那样:"相对免责特权适用于最后判决作出之前法院所从事的司法活动的公正和准确报道,如果法院必须作出最后的裁判的话……否则,就会产生这样的荒谬结果:法官对涉及社会公众最大利益的案件所进行的审判持续了 50 天,而新闻媒体对案件的报道仅仅在案件结束时才可以作出。"② 由于准司法机关的准司法活动被看做司法活动,新闻媒体对准司法活动的公正和准确报道也被看做相对免责场合作出的报道,它们不用就其报道引起的名誉损害对他人承担名誉侵权责任。③

不过,新闻媒体对司法活动报道享有的免责特权也是有条件的,只有符合这些条件,新闻媒体才不用就其报道对他人承担名誉侵权责任,即便其报道是对他人名誉具有毁损性质的虚假报道。这些条件包括:其一,新闻媒体对司法活动的报道必须公正和准确。所谓公正报道,是指新闻媒体对司法活动的报道不能存在某种倾向性,不能歪曲事实;所谓准确报道,是指新闻媒体在报道司法活动时不能让人对法官从事的司法活动产生误导。由于报道仅限于说明某种事实的存在,因此,新闻媒体对司法活动的报道也仅限于对已经发生的事实作出某种说明,在法院的最终裁判作出之前,新闻媒体对案件的报道仅限于事实报道,不包括评论,因为新闻媒体作出的评论可能被认为干涉了法院的裁判活动,可能会被处以藐视法院的刑事处罚。当然,新闻媒体的报道也无须逐字逐句地对法官、律师、证人或者当事人的陈述作出说明,即便他们对司法活动作出的报道存在细小的遗漏或者不准确的地方,

---

① R. F. V. Heuston and R. A. Buckley, *Salmond & Heuston on the Law of Torts* (twenty-first editon), Sweet & Maxwell Ltd., 1996, p.169.
② Kimber v. Press Associpion Ltd. [1893]1Q.B.65,71.
③ Homestead Award winning Homes Pty Ltd. v. Sauth Australia(1997)72SASR 299.

新闻媒体的报道仍然被看做相对免责特权,只要新闻媒体的报道在实质上是对所发生的事件作出的公正说明即可。其二,新闻媒体对司法活动的报道仅限于法院从事的公开司法活动。如果法院从事的司法活动是公开进行的司法活动,新闻媒体当然有权对其公开进行的司法活动进行公正、准确的报道,他们此时作出的报道受相对免责特权的保护。如果法院从事的司法活动不是公开进行的司法活动,则新闻媒体无权对其司法活动进行报道,如果新闻媒体对非公开的司法活动进行报道,即便其报道是公正和准确的,他们仍然要就其具有名誉毁损性质的虚假报道对他人承担名誉侵权责任。所谓公开司法活动是指法院允许社会公众予以旁听的司法活动。所谓不公开的司法活动,是指法官不允许社会公众予以旁听的司法活动。侵权法之所以认为新闻媒体要就其报道不公开司法活动的行为承担名誉侵权责任,是因为侵权法认为,相对免责的根据在于,如果社会公众有权到庭参加案件的旁听,当他们没有到庭旁听时,他们也有权知悉他们没有到庭时法庭上发生的事件。新闻媒体的报道能够让没有到庭旁听的社会公众能够了解法庭上发生的事件。法院从事的司法活动是否是公开的司法活动取决于制定法的明确规定,如果制定法明确规定某些类型的案件不得进行公开审判,则法院对这些案件的审判活动就构成不公开的司法活动,新闻媒体无权对这些司法活动进行报道。在制定法之外,法官是否能够通过命令方式禁止新闻媒体对某一个案件的报道?英美法系国家的侵权法认为,除了制定法能够禁止新闻媒体对某些案件的报道之外,法官也能够通过命令方式禁止新闻媒体对某一个案件的报道。在我国,法官不得享有这样的权利,他们不得通过命令方式禁止新闻媒体对案件的报道,新闻媒体是否能够报道法院从事的审判活动,完全取决于制定法的规定。凡是制定法没有进行公开报道的案件,新闻媒体都有权进行报道。其三,新闻媒体对外国法院司法活动的报道也可享受相对免责特权的保护,但应以外国法院的裁判活动对本国社会公众有合法利益作为条件。① 至于说外国法院的裁判活动是否与本国社会公众的利益存在关系,实际上是一个事实问题,由法官自由裁量。例如,美国司法判例在1964年的 New York Times Co. v. Sullivan② 一案中确立了新闻媒体享有的宪政免责特权规则,英国新闻媒体对美国司法裁判的报道对英国

---

① Thompson v. Australian Consolibidped Press Ltd. (1968)89WN(Ptl)(NSW)121.
② 1964, 376 U.S.254, 84S. Ct. 710, 11 L. Ed. 2d 686.

社会公众尤其是公共官员和新闻媒体意义重大,被告作出此种报道可以看做相对免责场合做的报道。其四,仅仅为了提升报刊的发行量或者满足社会公众的好奇心而对司法活动作出报道不被看做相对免责特权。在侵权法上,新闻媒体对司法活动的报道应当是为了社会公众的利益,使他们通过新闻媒体的报道了解正在发生的案件事实和了解法院的裁判活动,而不应当是为了新闻媒体的私人利益,例如为了提升报纸、期刊的发行量,为了吸引更多的电台听众收听其广播或者为了吸引更多的广告商在其电视节目中投放广告而对司法活动作出报道。因为司法活动涉及的案件也许是公共官员、公众人物的案件,或者涉及感情生活的案件、故事曲折的案件,新闻媒体在它们的报纸杂志、电台电视台节目中对这些案件的裁判予以报道,可以更好地刺激社会公众的好奇心,满足社会公众茶余饭后对他人说长道短、评头品足的欲望,以便增加报纸杂志的发行量,并因此谋求更大的经济利益。此时,新闻媒体对司法活动的报道不被看做相对免责特权,它们的报道如果导致他人名誉遭受损害,他们应当就其报道对他人承担名誉侵权责任。①

在英美法系国家,新闻媒体对立法活动作出的公开报道究竟是被看做绝对免责特权还是被看做相对免责特权应当区分两种情况:其一,新闻媒体根据法律或者立法机关的命令作出的公开报道被看做绝对免责报道,行为人即便是故意的,它们也不用就其公开报道对他人承担名誉侵权责任。英国《1840年议会文献法》(the parliamentary papers Act 1840)第1条规定,无论是根据上议院还是根据下议院的命令公开的报道、文件、表决和活动均受绝对免责特权的保护,对根据议会命令公开材料的完整复制也受绝对免责特权的保护。《美国侵权法重述》(第2版)第592A条也规定:任何人,一旦根据法律的要求公开某种事情,即便他们的公开行为毁损了他人名誉,他们也绝对不用就其公开行为对他人承担名誉侵权责任。其二,新闻媒体不是基于法律规定或者不是基于立法机关的命令作出报道,其报道被看做相对免责特权,行为人仅仅在一定条件下才不用就其报道引起的名誉损害对他人承担侵权责任,即新闻媒体对立法活动作出的报道是公正的和准确的报道,它们才能够主张相对免责特权的保护,否则,它们应当就其报道引起的名誉损害对他人承担侵权责任。英国司法判例早在1868年就指出,新闻媒

---

① Webb v. Times Publishing Co. [1960] 2Q. B. 535.

体对立法活动的自愿报道是为了将具有重大利益的问题公之于众的手段,此时,社会公众的知情权高于受害人的名誉权,只要新闻媒体的报道公正和准确,它们就不用就其报道引起的损害对他人承担名誉侵权责任。① 在今天,此种普通法规则仍然得到适用,如果新闻媒体对议会或者立法机关进行的会议辩论作出公正和准确的报道,他们将不用就其报道引起的名誉损害对他人承担名誉侵权责任。不仅如此,新闻媒体的此种相对免责特权还延伸到新闻媒体对所有的立法活动作出的公正和准确报道,诸如委员会对某些问题作出的调查活动等。在英美法系国家,新闻媒体对政府部门或者大臣级别的行政人员从事的行政活动、它们发布的通告或者报告作出的公正和准确报道也受到相对免责特权的保护,它们不用就其报道对他人遭受的名誉损害承担侵权责任。侵权法之所以实行这样的规则,其主要目的同样在于保护社会公众的知情权。在历史上,此种保护仅仅对报纸作出的报道加以适用,不对其他行为人作出的报道加以适用。之后,此种保护由拓展到其他新闻媒体作出的报道。在今天,除了少数国家的法律对作出报道的新闻媒体作出限制外,大多数国家的法律不再对新闻媒体的范围施加限制,报纸、期刊、电台、电视台等新闻媒体均受相对免责特权的保护,当它们对政府部门或者大臣级别的行政人员从事的行政活动作出公正和准确报道时,即便他们作出的报道是对他人名誉具有毁损性质的报道,它们也不用对他人承担名誉侵权责任。

5. 为了社会公共利益作出对他人名誉具有毁损性质的陈述:社会公众对有关机关进行的举报

当行为人为了社会公共利益而向有关机构或者个人检举、举报、揭发他人的不当行为、犯罪行为,或者为了公共利益而向有关机构或者个人反映他人存在的问题时,行为人不用就其检举、举报、揭发或者反映问题的行为对他人承担名誉侵权责任,即便他们检举、举报、揭发或者反应的问题不真实,构成对他人名誉具有毁损性质的陈述,因为社会公众是为了维护社会公共利益而检举、举报、揭发或者反映他人此种问题的。例如,委托人向律师协会反映某一个律师存在的问题,公民向检察机关检举某个公共官员的贪污受贿行为,公民向警察揭发某个人的抢劫行为等,只要他们不是基于明示的

---

① Wason v. Walter L. R. 4 Q. B. 73(1868).

蓄意反映所存在的问题或者检举、揭发他人的犯罪行为,即便他们反映、检举、揭发的事实存在虚假的地方,对他人构成具有名誉毁损性质的陈述,行为人也不用对他人承担名誉侵权责任。《美国侵权法重述》(第2版)第598条对此规则作出了说明,它规定:如果行为人作出陈述的具体情况使人正确或者合理相信,存在影响足够重要的公共利益的信息,并且公共利益要求行为人将对他人名誉具有毁损性质的事项反映给某一个公共官员或者私人,他们被授权或者在具有名誉毁损性质的事实是真实时采取措施,则行为人作出的陈述将受相对免责特权的保护。不过,根据英美普通法的规定,社会公众不用就其举报、检举或者揭发行为对他人承担名誉侵权责任也是有条件的,即他们仅能向适当的机构或者适当的人进行举报、检举或者揭发,不能向任何机构或个人进行举报、检举或者揭发,否则,他们应当就其举报、检举或者揭发行为引起的名誉损害对他人承担名誉侵权责任。例如,行为人向警察揭发律师的纪律违反行为,向律师协会举报一个人的犯罪行为等。所谓向有关机构举报、检举或者揭发他人的违法犯罪行为,是指行为人向根据法律的规定对其举报、检举或者揭发事项具有管辖权的机构进行举报、检举或者揭发;换句话说,是指行为人对其举报、检举或者揭发事项享有法定管辖职权或者承担法定管辖职责的机构。如果有关机构对行为人举报、检举或者揭发的事项没有管辖权,行为人对这些机构进行举报、检举或者揭发,他们不得主张相对免责特权的保护。所谓向有关个人举报、检举或者揭发他人的违法、犯罪行为,是指行为人向国家法律授权可以采取措施的个人进行举报、检举或者揭发。例如,国会议员可以以个人名义接受选举人的举报、检举或者揭发,大臣级别的行政官员可以接受社会公众对其管辖下的行政官员进行的举报、检举或者揭发。不过,某些国家的制定法认为普通法的此种规定过分严厉,不利于社会公众对公共官员的监督,为此,它们废除了普通法上的规则,它们认为,即便行为人对不适当的机构或者个人举报他人,只要他们的举报在具体情况下是合理的,行为人的举报行为也受相对免责特权的保护,他们无须就其举报行为对他人承担名誉侵权责任。[①]

---

① See R. P. Balkin and J. L. R. Davis, *Law of Torts* (third edition), Butterworths, 2004, p. 598.

6. 为了公共利益作出对他人名誉具有毁损性质的陈述:级别较低的行政官员

在侵权法上,级别特别高的行政官员在履行其法官职责时作出的陈述被看做绝对免责场合作出的陈述,他们绝对不用就其作出的对他人名誉具有毁损性质的陈述对他人承担名誉侵权责任。当级别较低的公共官员在履行其法定职责时对另外一个级别较低的公共官员作出了对他人名誉具有毁损性质的陈述,他们作出的此种陈述不受绝对免责特权的保护,但是仍然受相对免责特权的保护。《美国侵权法重述》(第2版)第598A条对此规则作出了说明,它规定,任何州的级别较低的行政官员在履行其作为官员的职责时作出了所要求的或者所允许的对他人名誉具有毁损性质的陈述,他们作出的陈述受相对免责特权的保护,无须就其陈述对他人承担名誉侵权责任。

(三) 相对免责特权的滥用(abuse of privilege)

一旦行为人在某种相对免责场合作出对他人名誉具有毁损性质的陈述,他们无须就其作出的陈述对他人承担名誉侵权责任,即便行为人作出的陈述是对他人名誉具有毁损性质的陈述,因为侵权法在这些相对免责场合实行善意推定规则,认为行为人在这些场合是基于善意作出其陈述,即行为人真诚地相信他们作出的陈述是真实的陈述。那些因为行为人在相对免责场合作出陈述而遭受名誉损害的人要想提起诉讼,要求行为人就其陈述对自己承担侵权责任,他们必须反证推翻法律对行为人作出陈述的善意推定,证明行为人是基于明示蓄意(express malice)作出对他们名誉具有毁损性质的虚假陈述。如果他们能够举证证明,行为人是基于明示蓄意作出对他们名誉具有毁损性质的虚假陈述,他们有权要求行为人就其陈述对自己承担侵权责任,行为人也应就其陈述对他们承担名誉侵权责任,侵权法认为,如果行为人是基于明示蓄意的目的作出对他人名誉具有毁损性质的陈述,他们实际上是在滥用其相对免责特权,即便行为人作出陈述的场合是能够产生相对免责特权的场合,也是如此。Balkin和Davis对此规则作出了说明,他们指出,行为人不用就其在上述场合作出的对他人名誉具有毁损性质虚假陈述对他人承担名誉侵权责任是有条件的。如果他人能够证明,行为人滥用他们在上述免责场合享有的免责特权,他们仍然要就其作出的陈述对他人承担名誉侵权责任。①《美国侵权法重述》(第2版)第599条对此规则作出了说明,它规定:一旦行为人滥用自己享有的相对免责特权,他们应当就在能够产生相对免责特权场合作出的对他人名誉具有毁损性质的陈述对他人承担名誉侵权责任。在名誉侵权法上,相对免责特权的滥用涉及三个方面的问题:其一,相对免责特权滥用的表现有哪些;其二,相对免责特权滥用的举证责任由谁来承担;其三,相对免责特权滥用时引起的侵权责任如何承担。

1. 相对免责特权滥用的具体表现

在相对免责特权的滥用场合,"明示蓄意"有其特定的含义,至于此种特定含义究竟是什么,学者的意见并不完全相同。某些学者认为,在相对免责特权滥用领域,明示蓄意仅仅有一个方面的含义,即行为人基于不适当的动机作出对他人名誉具有毁损性质的陈述。Heuston 和 Buckley 采取这样的理论,他们指出:"如果被告是基于蓄意作出对他人名誉具有毁损性质的陈述,则他们不得主张相对免责特权的抗辩。在这里,蓄意是指行为人基于不适当的动机作出其陈述……蓄意并不一定是指行为人基于个人恶意作出其陈述,虽然行为人希望通过其陈述毁损原告的名誉。一旦行为人不是基于法律认可免责特权的目的作出陈述,他们作出的陈述就构成蓄意陈述。"②某些学者认为,在相对免责特权滥用领域,明示蓄意有两个方面的含义,即它或者是指行为人不相信陈述的真实性,或者是指行为人为了不适当的目的作出其陈述。Rogers 采取这样的观点,他指出:"行为人享有的相对免责特权能够被明示蓄意的证明所推翻。在相对免责特权领域,蓄意或者是指行为人不相信其陈述的真实性,或者是指行为人滥用其免责场合来实现某种不适当的目的。一旦行为人不相信其作出的陈述是真实陈述,行为人当然被看做是蓄意作出陈述……即便行为人诚实地相信其作出的陈述是真实的,如果行为人利用其相对免责场合来实现法律认可相对免责场合目的之外的目的,行为人也看做蓄意陈述,应当对他人承担名誉侵权责任。"③某些

---

① R. P. Balkin and J. L. R. Davis, *Law of Torts* (third edition), Butterworths, 2004, p.601.

② R. F. V. Heuston and R. A. Buckley, *Salmond & Heuston on the Law of Torts* (twenty-first editon), Sweet & Maxwell Ltd., 1996, pp.173–174.

③ W. V. H. Rogers, *Winfield and Jolowicz on Tort* (thirteen edition), Sweet & Maxwell, p.351.

学者认为,在相对免责特权滥用的领域,明示蓄意有四种含义,即行为人基于不适当的目的作出陈述;行为人知道其陈述内容的虚假性;行为人作出的陈述同相对免责场合作出的陈述没有关系;行为人过度公开。Balkin 和 Davis 采取这样的观点,他们指出,除了直接证明行为人基于不适当的目的作出陈述之外,如果他人能够证明行为人知道其陈述是虚假陈述,或者行为人在其陈述当中加入同免责场合内容无关的内容,则法律也认为行为人存在明示蓄意。此外,行为人过度公开其陈述也表明他们存在明示蓄意。[1] 美国侵权法重述采取最广义的含义,它认为,明示蓄意的含义有四:行为人知道自己作出的陈述是虚假陈述而仍然作出此种虚假陈述;基于不当目的作出陈述;在特定免责场合作出无关的陈述以及过分公开。

(1) 行为人故意作出对他人名誉具有毁损性质的虚假陈述

如果行为人在作出对他人名誉具有毁损性质的虚假陈述时并不相信其陈述是真实的,他们或者知道自己作出的陈述是虚假陈述而仍然作出虚假陈述,或者采取鲁莽行为,不关心自己作出的陈述是不是虚假陈述,则即便行为人是在相对免责场合作出陈述,他们仍然要就其陈述对他人承担名誉侵权责任,因为行为人故意作出对他人名誉具有毁损性质的陈述,就表明行为人是在滥用其享有的免责特权,应当就其免责特权的滥用行为对他人承担名誉侵权责任。《美国侵权法重述》(第 2 版) 第 600 条对此规则作出了说明,它规定:除了第 602 条的规定之外,任何人,一旦他们在某种相对免责场合作出对他人名誉具有毁损性质的虚假陈述,其陈述在下列情况下构成相对免责特权的滥用:(A) 知道自己作出的陈述事项是虚假的;或者(B) 鲁莽行为,不关心自己作出的陈述是真是假。根据此种规则,如果原告仅仅证明被告在作出陈述时存在过失行为,或者被告虽然相信自己作出的陈述是真实的,但被告的行为存在不合理性,他们无权要求被告就其在特定免责场合作出的陈述对自己承担侵权责任。如果行为人在相对免责场合重复了别人散布的对他人名誉具有毁损性质的谣言,行为人的重复行为是否构成相对免责特权的滥用?对此问题,有两种不同的意见:一种意见认为,行为人在特定免责场合重复对他人名誉具有毁损性质的谣言,其行为构成相对免责特权的滥用,他们应当就其重复行为对他人承担名誉侵权责任,因为,

---

[1] R. P. Balkin J. L. R. Davie, *Law of Torts* (third edition), Butterworths, 2004, p. 602.

既然所重复的是谣言,行为人就应采取措施证实其公开的谣言是真是假,行为人不采取措施去证实所公开的谣言是真是假,即表明行为人的行为是鲁莽行为,他们在公开谣言时并不关心其重复谣言的真假性。① 一种意见认为,行为人在特定相对免责场合重复谣言的行为不能被看做相对免责特权的滥用,行为人不用就其重复行为对他人承担侵权责任,如果行为人将有关谣言方面的信息提供给他人是完全适当的话。②《美国侵权法重述》(第2版)第602条采取了后一种意见,它规定:如果行为人在能够产生相对免责特权的场合公开了对他人名誉具有毁损性质的谣言或者怀疑,他们的公开行为不构成免责特权的滥用行为,即便他们知道或者相信所公开的谣言或者怀疑是虚假的,如果:(1)行为人是以谣言或者怀疑的方式而不是事实的方式陈述具有名誉毁损性质的事项;并且(2)当事人之间的关系、受到影响的利益的重要性和可能导致的损害使行为人的公开行为成为合理行为。

(2) 行为人利用相对免责特权实现不正当的目的

如果行为人不是基于相对免责特权的本来目的作出对他人名誉具有毁损性质的陈述,而是基于相对免责特权本来目的之外的目的作出对他人名誉具有毁损性质的陈述,即便行为人是在相对免责场合作出此种陈述,他们仍然要就其作出的陈述对他人承担名誉侵权责任,因为行为人基于相对免责特权本来目的之外的作出对他人名誉具有毁损性质的陈述,表明行为人是在滥用其相对免责特权,应当就其免责特权的滥用行为对他人承担名誉侵权责任。Balkin 和 Davis 对此种规则作出了说明,他们指出:"如果被告行为的目的不是为了保护相对免责特权意图加以保护的利益,则行为人不得主张相对免责特权的保护。即便被告相信其作出的陈述是真实的陈述,如果评审团认为行为人作出对他人名誉具有毁损性质的陈述的主要目的是不适当的,则行为人不得享受相对免责特权的保护。行为人要想获得相对免责特权的保护,他们作出陈述的目的应当同相对免责特权授予的目的保持一致。"③《美国侵权法重述》(第2版)第603条对这样的规则作出了明确说明,它规定:如果行为人不是为了保护相对免责特权意图加以保护的利益而作出对他人名誉具有毁损性质的陈述,即便他们是在相对免责场合作出其

---

① Shelmerdine v. Mewett(1993)170LSJS228(SAFC).
② Doane v. Grew,1915,220Mass, 171, 107N. E. 620.
③ R. P. Balkin J. L. R. Davie, *Law of Torts*(third edition), Butterworths, 2004, p. 602.

陈述,他们的行为也构成相对免责特权的滥用。在具体适用这一规则时应注意两点:其一,如果行为人利用相对免责特权作出陈述的目的多种多样,行为人的行为是否构成相对免责特权的滥用,要看其主要目的是不是为了保护相对免责特权意图加以保护的利益。如果行为人作出陈述的主要目的是为了保护相对免责特权同意加以保护的利益,即便他们作出陈述的次要目的不是为了保护相对免责特权同意加以保护的利益,行为人的行为仍然被看做相对免责特权的正当使用,不看做相对免责特权的滥用,行为人无须就其陈述对他人承担名誉侵权责任;如果行为人作出陈述的主要目的不是为了保护相对免责特权意图加以保护的利益,则他们的行为构成相对免责特权的滥用,应当对他人承担名誉侵权责任。其二,如果行为人在相对免责场合作出陈述的目的与相对免责场合授予的本来目的一致,法律不会仅仅因为行为人在作出此种陈述时对原告怀有敌意、对其怀恨在心或者愤怒而认定其行为构成相对免责特权的滥用。① 这一点尤其在行为人是为了还击原告的攻击行为而作出陈述的场合得到表现。当原告对被告进行人身攻击或者名誉毁损时,被告为了自己的利益而奋起还击,他们作出对原告具有名誉毁损性质的陈述一方面是为了维护自己的利益,一方面是为了发泄对原告的不满或者打击报复。此时,法律不能仅仅因为行为人对原告心怀不满就认定其还击行为是滥用相对免责特权的行为,因为当一个人遭受人身攻击或者名誉毁损时,他们会采取措施奋力还击,这是对他人人身攻击或者名誉毁损行为的正常反应。②

(3) 行为人在相对免责场合作出的陈述同相对免责事项无关

如果行为人在相对免责场合陈述的事项是同相对免责场合有关的事项,他们不用就其陈述对他人承担名誉侵权责任,即便他们作出的陈述是对他人名誉具有毁损性质的虚假陈述。但是,如果行为人在相对免责场合陈述的事项是同相对免责场合无关的事项(extraneous matter),他们仍然要就其作出的陈述对他人承担名誉侵权责任,如果他们作出的陈述是具有名誉毁损性质的虚假陈述的话。侵权法认为,如果行为人在相对免责场合作出同相对免责场合没有关系的陈述,他们实际上是在滥用相对免责特权。Balkin 和 Davis 对此种规则作出了说明,他们指出:"如果行为人在能够产生

---

① Fahr v. Hayes 1888,50N. J. L. 275, 13A. 261.
② R. P. Balkin and J. L. R. Davie, *Law of Torts*(third edition), Butterworths, p.603.

相对免责特权的场合作出同相对免责场合完全或者实际上无关的陈述,行为人实际上已经滥用了所享有的免责特权。"①《美国侵权法重述》(第2版)第605A条对此种规则作出了说明,它规定:一旦行为人在能够产生相对免责特权的场合作出对他人名誉具有毁损性质的陈述,即便行为人作出的此种陈述属于相对免责特权保护的范围,如果他们也作出了不属于相对免责特权保护范围内的陈述,他们的行为也构成相对免责特权的滥用。例如,在Skalkos v. Assaf② 一案中,法官认为行为人在相对免责场合作出的陈述同相对免责特权无关,行为人应当就其陈述对原告承担名誉侵权责任。在该案中,行为人是一家外国语报刊的发行者,它向总理大臣上书,抱怨政府有关部门在处理有关宗教报刊方面存在的问题。在这里,行为人向政府首脑上书,反映其政府部门存在的问题,其行为被看做在相对免责场合作出的行为,受相对免责特权的保护,即便他在其上书当中作出了对他人名誉具有毁损性质的虚假陈述,他也无须就其陈述对他人承担名誉侵权责任。但是,他在信中对另一家宗教报刊出版者作出具有名誉毁损性质的陈述。该家出版者向法院起诉,要求法官责令行为人就其陈述对自己承担名誉侵权责任。法官认为,行为人针对原告名誉作出的陈述是同相对免责事项无关的陈述,构成相对免责特权的滥用,应当对原告承担名誉侵权责任。

(4) 过度公开陈述

如果行为人作出的对他人名誉具有毁损性质的虚假陈述超出了相对免责特权和公平正义要求的范围,即便行为人是在相对免责场合作出的陈述,他们也应就其陈述对他人承担名誉侵权责任,因为行为人超出相对免责特权和公平正义要求的范围作出的陈述被看做过度公开陈述(excessive publication),此种过度公开陈述构成相对免责特权的滥用,行为人应当就其过度公开行为对他人承担名誉侵权责任。Balkin 和 Davis 对此种规则作出了说明,他们指出:"如果行为人对其公开陈述的人数大大超出了相对免责场合所要求的人数,他们将无法获得相对免责特权的保护,即便他们是在相对免责场合作出对他人名誉具有毁损性质的虚假陈述。"③美《美国侵权法重述》(第2版)第604条对此种规则作出了说明,它规定:如果行为人将对他人名

---

① R. P. Balkin and J. L. R. Davie, *Law of Torts*(third edition), Butterworths, p.604.
② (2002) Aust Torts Reports 81-644(NSWCA).
③ R. P. Balkin and J. L. R. Davie, *Law of Torts*(third edition), Butterworths, p.604.

誉具有毁损性质的陈述对特定人公开能够使他们获得相对免责特权的保护,当行为人故意将对他人名誉具有毁损性质的陈述对特定人之外的人公开时,行为人的公开行为构成相对免责特权的滥用。在侵权法上,行为人的过度公开不同于行为人对无关事项的公开,因为过度公开是指行为人对过多的陈述接受者公开对他人名誉具有毁损性质的陈述,而对无关事项的公开则是指行为人对适当的陈述接受者公开了同免责事项没有关系的事项。例如,行为人为了检举其同事的不当行为而将检举信直接递交给其上级主管部门,行为人在其举报信中虽然作出了对他人名誉具有毁损性质的陈述,其陈述也被看做相对免责场合作出的陈述,他们不用就其陈述对他人承担侵权责任,但是,如果行为人将其举报信予以复印并交给了办公室的其他人员或者在大街小巷予以张贴,则行为人的公开行为构成过度公开行为,应当就其过度公开陈述行为对他人承担名誉侵权责任。同样,当原告在小范围内的人中间对行为人进行名誉攻击时,如果行为人在同等范围的人中间对原告进行还击,行为人的行为将被看做在免责场合作出的陈述,他们不用就其行为对原告承担名誉侵权责任。但是,如果行为人通过全国发行的报纸对原告的攻击行为进行反击,则行为人的行为被认为是过度公开行为,应当对原告承担侵权责任。当然,行为人的公开行为是否构成过度公开行为,由法官结合案件的具体情况进行自由裁量。如果法官认定被告没有必要通过明信片的方式将对他人名誉具有毁损性质的陈述传达给他人,或者没有必要大声向有关主管人员反映他人的问题,则法官就会认定行为人的公开行为构成过度公开,要求行为人就其过度公开行为对他人承担侵权责任。但是,当行为人为了履行特定职责而将其对他人名誉具有毁损性质的材料交给别人来处理时,行为人的行为不被看做过度公开行为。例如,为了举报他人的违法犯罪行为,行为人将其举报材料交给打印人员打印的行为不被看做过度公开行为,他们无须就其行为对他人承担名誉侵权责任,即便其举报事项时具有名誉毁损性质的虚假事项。

2. 行为人明示蓄意的证明

在名誉侵权法上,证明行为人在相对免责场合存在明示蓄意的举证责任由原告承担,如果原告能够提供证据证明,行为人在相对免责场合存在明示蓄意,则他们有权要求行为人就其在相对免责场合作出的具有名誉毁损性质的陈述对自己承担名誉侵权责任;如果他们无法提供证据证明,行为人在相对免责场合存在明示蓄意,他们无权要求行为人就其作出的陈述对自己承担名誉侵权责任。名誉侵权法认为,一旦行为人在相对免责场合作出对他人名誉具有毁损性质的虚假陈述,法律就推定行为人是基于适当目的作出陈述,除非原告能够举证证明,行为人不是基于适当目的作出其陈述,否则,行为人无须对原告承担名誉侵权责任。Heuston 和 Buckley 指出:"原告应当承担举证责任,证明行为人是基于蓄意作出对其名誉具有毁损性质的陈述……除非原告能够提供相反的证据证明行为人是基于蓄意作出其陈述,否则,法律推定行为人相信其作出的陈述是真实的陈述。"[①]如果原告要求被告就其在相对免责场合作出的陈述对自己承担名誉侵权责任,他们必须提供证据,或者证明行为人是基于不适当的目的作出其陈述,或者证明行为人是基于故意或者鲁莽行为作出其虚假陈述,知道其陈述是虚假的或者不关心其陈述的真假,或者证明行为人作出的陈述是同相对免责事项无关的陈述,或者证明行为人的公开行为是过度公开行为。如果原告无法证明行为人具备四种情况当中的一种情况,则他们无权要求行为人对他们承担名誉侵权责任。

3. 共同责任或者个人责任的承担

当一个行为人在相对免责场合作出了对他人名誉具有毁损性质的陈述时,如果该行为人不是基于明示蓄意作出其陈述,他无须就其陈述对他人承担名誉侵权责任;如果该行为人是基于明示蓄意作出其陈述,他应当就其陈述对他人承担名誉侵权责任。如果雇主通过其雇员作出对他人名誉具有毁损性质的陈述,当雇员作出的陈述受相对免责特权的保护时,雇主也受到相对免责特权的保护;当雇员作出的陈述不受相对免责特权的保护时,雇主也不受相对免责特权的保护。此时,雇员和雇主要就其雇员作出的对他人名誉具有毁损性质的陈述对他人承担名誉侵权责任,此种侵权责任是共同责任和连带责任,雇主不得以自己没有滥用免责特权作为拒绝承担名誉侵权责任的理由,因为雇主承担的侵权责任是替代责任,该种责任仅仅以其雇员承担名誉侵权责任作为必要条件,如果雇员在相对免责场合滥用其相对免责特权,除了雇员要对他人承担名誉侵权责任之外,雇主也应当对他人承担名誉侵权责任,如果雇员是在其职责范围内作出对他人名誉具有毁损性质

[①] R. F. V. Heuston and R. A. Buckley, *Salmond & Heuston on the Law of Torts* (twenty-first editon), Sweet & Maxwell Ltd., 1996, pp. 174 – 175.

的陈述的话。同样,如果被代理人通过代理人作出对他人名誉具有毁损性质的陈述,当代理人作出的陈述受相对免责特权的保护时,被代理人也受相对免责特权的保护;当代理人作出的陈述不受相对免责特权的保护时,被代理人也不受相对免责特权的保护。此时,代理人和被代理人要就其代理人作出的对他人名誉具有毁损性质的陈述对他人承担名誉侵权责任,此种侵权责任是共同责任和连带责任,被代理人不得以自己没有滥用相对免责特权作为拒绝承担名誉侵权责任的抗辩,因为被代理人承担的侵权责任是替代责任,该种侵权责任仅仅以代理人承担名誉侵权责任作为必要构成要件,如果代理人在相对免责场合滥用其相对免责特权,除了代理人要对他人承担名誉侵权责任之外,被代理人也应当对他人承担名誉侵权责任,如果代理人是在被代理人的授权范围之内或者是在代理人的职责范围之内作出其陈述的话。

如果雇员、代理人在代表雇主、被代理人作出对他人名誉具有毁损性质的虚假陈述时没有滥用其相对免责特权,而其雇主、被代理人在通过其雇员、代理人作出了对他人名誉具有毁损性质的陈述时滥用了其相对免责特权,雇员和雇主之间的侵权责任如何承担?20世纪初期的司法判例普遍认为,如果雇主、被代理人在通过其雇员、代理人作出对他人名誉具有毁损性质的陈述时滥用其相对免责特权,则除了雇主、被代理人要就其雇员、代理人作出的陈述对他人承担名誉侵权责任之外,代表雇主、被代理人作出对他人名誉具有毁损性质的陈述的雇员、代理人也应当对他人承担名誉侵权责任,即便雇员、代理人在代表雇主、被代理人作出陈述时没有滥用其相对免责特权,他们也应当对他人承担名誉侵权责任,雇员、代理人不得基于自己没有滥用相对免责特权而拒绝对他人承担名誉侵权责任。此种理论的基础在于,当雇主、被代理人通过雇员、代理人作出对他人名誉具有毁损性质的陈述时,雇员、代理人显然也享有相对免责特权,但是他们的相对免责特权是附属性质的相对免责特权,是从雇主、被代理人享有的相对免责特权当中派生出来的,当雇主、被代理人存在明示蓄意时,该种蓄意不仅使雇主、被代理人无权获得相对免责特权的保护,而且也使雇员、代理人丧失了相对免责特权的保护。

当两个或者两个以上的行为人在相对免责场合共同作出了对他人名誉具有毁损性质的陈述时,如果他们都不是基于明示蓄意作出其陈述,他们均不用就其作出的陈述对他人承担名誉侵权责任;如果他们均是基于明示蓄意作出其陈述,他们都应当就其陈述对他人承担名誉侵权责任。此时,他们应当就其陈述对他人承担共同责任和连带责任。这一点同一个行为人在相对免责场合作出的陈述完全一样。问题在于,当两个或者两个以上的行为人在相对免责场合共同作出了对他人名誉具有毁损性质的陈述时,如果其中某些人在作出此种陈述时不存在明示蓄意,而其中某些人在作出此种陈述时存在明示蓄意,他们对他人的名誉侵权责任如何承担?例如,A与B均为合伙组织的合伙人,他们通过的合伙组织决议包含了对他人名誉具有毁损性质的陈述,其中A同意此种决议的目的在于维护合伙组织的利益,而B同意此种决议的目的在于将此种决议提交给他人的债权人,使他人的债权人不对他人提供所急需的贷款。此时,A在其通过的决议中毁损原告的名誉不具有不适当的目的,而B在其决议当中毁损原告名誉的目的是不适当的。A与B是否要就其共同作出的对原告名誉具有毁损性质的陈述对原告承担名誉侵权责任?对此问题,司法判例有两种不同的意见。某些司法判例认为,一旦共同被告有两个或两个以上,只要其中一个被告基于明示蓄意作出对他人名誉具有毁损性质的陈述,则即便其他被告没有此种明示蓄意,所有被告均应就其陈述对他人承担名誉侵权责任。[1] 某些司法判例则认为,即便作出对他人名誉具有毁损性质的陈述的共同被告有两个或者两个以上,如果其中部分被告不是基于明示蓄意作出其陈述,他们无须就其陈述对原告承担名誉侵权责任,仅那些基于明示蓄意作出此种陈述的部分被告要就其陈述对他人承担名誉侵权责任。[2] 虽然上述两种理论都有司法判例加以遵循,但是相比较而言,后一种理论为多数司法判例所采取,也为主流侵权法学家所认同。Balkin和Davis对此种规则作出了说明,他们指出:"当两个或者两个以上的行为人因为共同公开对他人名誉具有毁损性质的陈述而要对他人承担连带责任的场合(例如两个或者两个以上的受托人、合伙人或者委员会的委员等),他们当中的任何一个人均享有独立的免责特权,该种免责特权不会因为他们当中的一个人或者几个人滥用其相对免责特权而受到影响。因此,如果合伙人A知道某种陈述是虚假陈述而B和C不知道该种陈述是虚假陈述,则A不受相对免责特权的保护,但是B和C则受相对

---

[1] Smith v. Strepfield[1913]3K. B. 764.
[2] Egger v. Chelmstord (Viscount)[1965]1Q. B. 248.

免责特权的保护。如果具有名誉毁损性质的虚假陈述的次要公开者(例如报纸、电视台)被人起诉,要求他们就其公开行为对他人承担名誉侵权责任,他们仍然能够主张相对免责特权的保护,只要他们不是基于蓄意公开其陈述,即便是有的主要公开者是基于蓄意公开其陈述。"①Rogers 也指出:"如果几个行为人在某种相对免责场合作出对他人名誉具有毁损性质的陈述,只有被证明了基于明示蓄意作出此种陈述的那些行为人才对他人承担名誉侵权责任。"②

六、宪政保护特权

(一)新闻媒体在名誉侵权法当中的地位

在美国联邦最高法院于 1964 年确立宪政保护特权之前,作为新闻媒体的行为人同一般的行为人在名誉侵权法上的地位完全相同,它们就其具有名誉毁损性质的虚假报道所享有的相对免责特权同一般的社会公众就其作出的具有名誉毁损性质的陈述享有的相对免责特权相同。当报纸、杂志、电台、电视台等新闻媒体在他们的文章或者节目中就有关公共官员或者公共人物的行为作出陈述时,如果他们的陈述存在对有关公共官员或者公共人物的名誉具有毁损性质的虚假内容,报纸、杂志、电台、电视台等新闻媒体应当就其报道中存在的虚假陈述对这些公众人物承担名誉侵权责任,他们既不得以自己作出此种报道是为了社会的公共利益作为拒绝承担名誉侵权责任的根据,也不得以有合理的理由相信其报道是真实的作为拒绝承担名誉侵权责任的根据。Heuston 和 Buckley 对新闻媒体在名誉侵权法的一般地位作出了明确说明,他们指出:"如果新闻媒体在其报纸当中作出对公众人物的名誉具有毁损性质的陈述,当公众人物要求新闻媒体就其报纸当中的陈述对他们承担名誉侵权责任时,新闻媒体是否能够主张相对免责特权的问题就会经常产生。如果新闻媒体在其报纸当中作出的陈述仅是某种事实的

---

① R. P. Balkin and J. L. R. Davie, *Law of Torts*(third edition), Butterworths, p.606.

② W. V. H. Rogers, *Winfield and Jolowicz on Tort*(thirteen edition), Sweet & Maxwell, p.353.

陈述而不是评论,新闻媒体无法主张公正评论的抗辩。此时,不能够或者不愿意证明其陈述真实性的新闻媒体有时也主张相对免责特权的抗辩。虽然普通法承认,为了让社会公众了解新闻媒体对公众人物作出的检举、控告内容,新闻媒体享有相对免责特权,并且此种免责特权独立于英国1952年《名誉侵权法》第7条,但是,普通法并不承认,专业性质的新闻媒体并不享有任何特殊的免责特权。新闻媒体的记者同任何其他人一样,他们在对公众人物进行报道时也受一般名誉侵权法的约束……一个获得有关公众人物信息的新闻媒体记者在公开所获得的信息时要像任何其他私人公开其陈述一样,无权将其获得的信息对世界公开。即便新闻媒体的记者在其文章当中讨论的一般主题是有关公共利益性质的主题,新闻媒体也不得主张其讨论的主题受相对免责特权的保护,除非新闻媒体的报道是对公开会议或者司法活动的报道。"① Romer法官也对新闻媒体在名誉侵权法当中的一般地位作出了说明,他指出:"在一定的意义上讲,人们说报纸对他们的读者承担公开其读者感兴趣的每一件新闻的义务是真实的,但是,报纸承担的此种义务不会使它们报道的所有内容都成为相对免责特权保护的内容,即便它们的报道是涉及社会公共利益的问题,也是如此。如果不采取这样的规则,则报纸对那些存在问题的公众人物享有的名誉毁损权不受限制,它们可以在对公众人物的名誉进行毁损时又不用对其名誉毁损行为承担侵权责任,因为它们在此种场合作出的报道欠缺蓄意。"②

由于英美法系国家的名誉侵权法不区分新闻媒体和其他行为人,当新闻媒体合理相信公共官员、公共人物存在违法犯罪的行为时,它们也应当像一般行为人那样向有关机构或者有关人员检举、举报、揭发或者反映公共官员、公共人物存在的违法犯罪行为,不得通过其报纸杂志、电台、电视台节目将公共官员、公共人物的违法犯罪行为公开,因为,只有通过向有关机构或者有关人员进行检举、举报、揭发或者反映公共官员、公共人物的违法犯罪行为,新闻媒体的公开才能够看做是适当的公开,他们才符合相对免责特权的构成要件,也才能够主张相对免责特权的保护;如果新闻媒体通过其报纸杂志、电台电视台节目公开公共官员、公共人物存在的违法犯罪行为,则它

---

① R. F. V. Heuston and R. A. Buckley, *Salmond & Heuston on the Law of Torts*(twenty-first editon), Sweet & Maxwell Ltd. , 1996, pp. 176 – 177.
② Chepman v. Ellesmere(Lord)[1932]2K. B. 431,474 – 475.

们的公开行为将构成过度公开,属于相对免责特权的滥用,应当对遭受名誉损害的公共官员、公共人物承担名誉侵权责任。因为这样的原因,相对免责特权长期以来保护新闻媒体就其立法活动或者司法活动作出的报道,但是它长期以来不保护新闻媒体对政治利益或者公共利益作出的报道。相对免责特权不保护新闻媒体对被怀疑有贪污腐败行为的公共官员进行的报道,因为根据相对免责特权制度,如果新闻媒体怀疑公共官员存在贪污腐败行为,它们应当对有关机构进行举报。此外,根据相对免责特权,即便新闻媒体有合理的理由相信其报道是真实的,如果他们的报道被最终证明是虚假的,相对免责特权也不保护新闻媒体作出的虚假报道。①

(二) 新闻媒体宪政保护特权的确立

到了1964年,美国联邦最高法院在著名的 New York Times Co. v. Sullivan② 一案中废除了名誉侵权法不区分新闻媒体同一般行为人的普通法规则,认为新闻媒体在报道公共官员、公共人物时享有相对免责特权,即便他们通过其报刊杂志、电台、电视台的节目作出对公共官员、公共人物的名誉具有毁损性质的虚假陈述,他们也不用就其虚假陈述对公共官员、公共人物承担名誉侵权责任,除非作为公共官员、公共人物的原告能够举证证明,作为新闻媒体的被告知道其报道是不真实的或者存在鲁莽行为,不关心其报道是否真实,因为,新闻媒体是为了社会的公共利益作出报道。这就是所谓的宪政保护特权(constitutionally protected privilege)。美国联邦最高法院建立新闻媒体的宪政保护特权的主要根据是公共政策:鼓励新闻媒体对涉及公共利益的问题展开公开的讨论、辩论,包括对作为原告的公共官员、公共人物的猛烈抨击、严厉责难;公共官员、公共人物有更多的机会接近新闻媒体,当新闻媒体对他们的报道存在具有名誉毁损性质的虚假内容时,他们可以轻易利用新闻媒体为自己辩护;如果责令作为新闻媒体的被告就其具有名誉毁损性质的虚假报道对公共官员、公共人物承担名誉侵权责任,则新闻媒体将因为担心被起诉而不愿对公共官员、公共人物予以合法的批评;为了确保民主政治的有效运行,新闻媒体有权充分行使美国宪法第一修正案规

---

① Andrew T. Kenyon, Lange and Reynolds Qualified Privelege: Australian and English Defamtion Law and Practice, (2004)28*Melbourne U. L. R.*406, 409.

② 376U. S.254(1964).

定的言论自由权和新闻自由权,已如前述。New York Times Co. 一案的规则确立之后虽然得到了美国学说和司法判例的广泛认同,但是在20世纪90年代之前,该案确立的宪政保护特权并没有得到其他英美法系国家学说和司法判例的广泛认可和遵行,其他英美法系国家的名誉侵权责任仍然固守普通法的规则,认为新闻媒体在报道公共官员、公共人物方面并不享有相对免责特权。20世纪90年代以来,其他英美法系国家的司法判例开始认可新闻媒体在报道公共官员、公共人物方面享有的宪政保护特权,使新闻媒体无须就其具有名誉毁损性质的虚假报道对公共官员、公众人物承担名誉侵权责任。

(三) 英美法系国家侵权法对新闻媒体宪政保护特权的广泛认可

在澳大利亚,司法判例开始在1994年的Theophanous v. Herald & Weekly Times Ltd.[①]一案中认定,当做为新闻媒体的被告在其报纸杂志中发表文章,讨论有关政府和政治问题时,新闻媒体享有宪政保护特权,此种宪政保护特权属于一种新的相对免责特权,而不属于传统相对免责特权的扩张。在该案中,司法判例认为,当被告在就政府或者政治问题作出陈述时,他们不就其陈述对原告承担名誉侵权责任,即便它们作出的陈述是对原告名誉具有毁损性质的虚假陈述,如果被告在就这些问题作出陈述时没有意识到其陈述是虚假的,或者没有鲁莽地作出陈述,在陈述时并不关心其陈述的真假性。在这里,新闻媒体享受宪政保护特权的陈述仅限于他们就政治问题作出的陈述。新闻媒体就政治问题作出陈述的范围十分广泛,诸如关于政府的陈述,关于政客的陈述,关于候选人方面的陈述,关于公共官员的陈述,关于政治团体和公共团体的陈述,关于那些成为公众对其活动加以讨论的人的陈述,如关于工会领导或者时事评论人员的陈述等。到了1997年,澳大利亚的法官在著名的 Lange v. Australia Broadcasting Corp.[②]一案中废除了它在1994年的Theophanous一案里采取的理论,它认为,新闻媒体就政治问题作出的陈述虽然受免责特权的保护,但是该种免责特权不是一种独立的宪政保护特权,它仅是传统相对免责特权的一种表现形式,是既存的相对免责特权的拓展形式,不构成新的相对免责特权。在该案中,作为新闻

---

① [1994]182CLR 104.
② (1997)189CLR520.

媒体的被告在其媒体当中对作为原告的时任新西兰总理 David Lange 提出批评。原告向法院起诉,认为被告的行为侵犯了其名誉,要求被告对其承担名誉侵权责任,因为被告的批评实际上意味着原告不适宜担当总理这一职位。被告提出抗辩,认为其陈述受宪政保护特权的保护,不用对原告承担名誉侵权责任。法院虽然认为被告享有宪政保护的权利,但不认为此种宪政保护是一种新的相对免责特权,而仅认为是传统相对免责特权的拓展。法院认为,任何人,只要他们是澳大利亚的公民,均有权接受有关政府、政治问题方面的信息、观点和争论,如果这些信息、观点和争论对他们的利益产生影响的话。与此相对应,任何人,只要他们是澳大利亚的公民,均应承担公开此种信息、观点和争论的对应义务。此种权利和义务使他们在就政治、政府问题作出陈述时享有相对免责特权。法官指出,新闻媒体所讨论的政治问题包括两个方面的内容:讨论的问题和讨论的对象,其中讨论的问题范围十分广泛,诸如有关的政策问题,那些担当官员职务的人是否适合其职务的问题,制定政策的人或者担当公共职务的人在处理他们管理的事务时的行为问题等;讨论的对象范围同样十分广泛,诸如政府成员、政党成员、公共团体成员、担当其他公共官员职位的人、工会领导、政治评论员或者经济评论员等。无论是就讨论的问题还是就讨论的对象主张免责特权,新闻媒体的行为均应当是合理行为,如果新闻媒体的行为是合理的,他们无须对他人承担名誉侵权责任;如果新闻媒体的行为是不合理的,它们仍然应当对他人承担名誉侵权责任。新闻媒体的行为是否是合理行为,取决于案件的具体情况,由法官自由裁量。法官还认为,除非被告有合理的根据相信他们在其陈述中对他人作出的指责是真实的,当其合理根据存在问题时,它们应当采取措施去证实其材料的准确性,否则,他们的行为将被看做不合理的行为;此外,在可能和必要时,新闻媒体在作出陈述之前应当试图寻找潜在原告,让他们对其陈述作出答复并公开其答复,否则,他们的行为被认为不合理。

在澳大利亚,虽然 Theophanous 一案和 Lange 一案都将新闻媒体对政府、政治问题作出的陈述看做宪政保护的对象,但两者在保护范围方面存在较大的差异。总的说来,Theophanous 一案对新闻媒体保护的力度和强度要大于 Lamge 一案,因为,一方面,根据 Theophanous 一案,新闻媒体享有的宪政保护特权不会因为新闻媒体存在过失、不合理的行为而失败,它们享有的宪政保护特权仅仅会因为故意行为或者鲁莽行为而失败。而根据 Lange 一案,新闻媒体即便仅仅存在过失行为,它们也应当就其陈述对他人承担侵权责任;另一方面,根据 Theophanoas 一案的规则,新闻媒体在作出陈述之前无须采取措施证实其陈述的真假性,而根据 Lange 一案的规则,新闻媒体在作出陈述时要采取适当措施去证实其陈述的真实性,否则,它们的陈述行为可能被看做不合理的行为,应当就其陈述对他人承担名誉侵权责任。

在新西兰,司法判例长期以来也不承认新闻媒体在报道公共官员、公共人物方面享有的相对免责特权,认为它们在报道公共官员、公共人物方面的特权同其他行为人享有的特权完全一样。但到了在1998年,司法判例在著名的 Lange v. Atkinson① 一案中放弃了普通法上的规则,确立了新闻媒体在公共官员、公共人物的报道方面所享有的相对免责特权。在该案中,法官认为,当新闻媒体在它们的报纸杂志或者电台、电视台节目中对有关政客作出陈述时,它们在一定的条件下不用就其作出的陈述对他人承担侵权责任,即便它们作出的陈述是对他人名誉具有毁损性质的虚假陈述。新闻媒体之所以享有这样的相对免责特权,是因为公共政策的要求:新西兰实行的民主政治意味着,社会公众对新闻媒体针对公共官员、公共人物作出的报道享有利害关系,此种利害关系使新闻媒体就它们针对政治、政府作出的报道成为相对免责特权产生的新型场合。在发回重审的 Lang v. Atkinson② 一案中,新西兰法院对此种相对免责特权的条件作出了说明,它认为,一旦新闻媒体滥用其相对免责场合对他人作出具有名誉毁损性质的虚假陈述,它们应就其陈述对他人承担名誉侵权责任。在这里,相对免责特权的滥用是指新闻媒体在作出对他人名誉具有毁损性质的虚假陈述时没有对其陈述的真假性作出负责任的考虑,新闻媒体在作出陈述时是否对其陈述的真假性作出过负责任的考虑,应当由陪审团决定,评审团在作出此种决定时会考虑案件的具体情况。具体而言,如果新闻媒体在作出陈述时被认为对其陈述的真假性采取不闻不问、漫不经心的态度,则新闻媒体的行为即构成滥用相对免责特权的行为,它们应当就其陈述对他人承担名誉侵权责任。

在英国,在美国联邦最高法院确立新闻媒体享有宪政保护特权的第二年,英国律师组织和记者组织即提出报告,建议让英国的新闻媒体享有新的相对免责特权,这就是,如果新闻媒体的报道是建立在有合理根据相信是真

---

① [1998]3NZLR424.
② [2000]3NZLE 385.

实的信息基础上,当其作出的报道被最终证明是具有名誉毁损性质的虚假报道时,他们无须就其虚假报道对他人承担名誉侵权责任,如果新闻媒体在公开此种陈述时也公开了原告为了解释而作出的合理陈述的话。① 不过,英国律师组织和记者组织提出的此种建议并没有得到英国立法机关的支持,也没有得到英国司法机关的认可。英国新闻媒体在报道公共官员、公共人物时不享有宪政保护特权的规则一直延续到 2001 年。到了 2001 年,英国上议院开始放弃新闻媒体不享有宪政保护特权的规则,在著名的 Reynolds v. Times Newspapers Ltd.②一案中认定新闻媒体享有宪政保护特权。在该案中,被告在其伦敦版的报刊上刊登一篇故事,对刚刚从首相位置退下来的 Albert Reynolds 进行批判。原告向法院起诉,要求被告就其小说引起的名誉毁损对自己承担侵权责任。英国上议院认为,当社会公众有权知悉某些信息时,新闻媒体有义务对此信息予以提供;当新闻媒体提供的信息是对他人名誉具有毁损性质的虚假信息时,新闻媒体是否就其陈述对他人承担名誉侵权责任要考虑众多的具体因素,包括新闻媒体指责他人行为的严重性,新闻媒体公开信息的性质,新闻媒体为证实其信息的真伪而采取的措施,新闻媒体在公开信息时是否寻找原告的评论等。在英国,学说对 Reynolds 一案的规则十分重视,认为该案是英国近些年来最重要的判例,它改变了英国司法判例长期以来不认可新闻媒体在报道政治、政府事务方面享有相对免责特权的现状,认可了新闻媒体在一定条件下的相对免责特权。

七、原告的同意

如果原告明示或者默示同意被告公开对其名誉具有毁损性质的陈述,被告无须就其公开行为对原告承担名誉侵权责任,这就是名誉侵权责任领域的原告同意的抗辩制度,该种抗辩事由制度是同意不得被看做损害的侵权法规则在名誉侵权责任领域的适用。在名誉侵权责任领域,原告的同意免责在侵权法上的地位是什么,学说有两种不同的理论:一种理论认为,"原

---

① See R. F. V. Heuston and R. A. Buckley, *Salmond & Heuston on the Law of Torts*(twenty-first editon), Sweet & Maxwell Ltd., 1996, p.177.

② [2001] 2AC127.

告的同意"不属于独立的免责制度,而属于绝对免责特权的范围,此种理论为 Prosser 教授所采取。Prosser 教授指出,否认行为人就原告同意的行为对原告承担侵权责任的公共政策在绝对免责特权当中也得到适用。根据此种规则,一旦原告邀请或者诱使被告公开对他人名誉具有毁损性质的陈述,原告就不得向法院起诉,要求法官责令被告就其公开行为对自己承担名誉侵权责任,即便原告是为了让被告陷入诉讼而邀请或者诱使被告作出其陈述。① Prosser 先生的此种观点为《美国侵权法重述》(第 2 版)所采取,其第 583 条规定:除了本复述第 484 条的规定之外,一旦原告同意行为人作出对其名誉具有毁损性质的陈述,原告的同意即使行为人享有绝对免责特权,他们不用就具有名誉毁损性质的陈述对原告承担侵权责任。另一种理论认为,原告的同意既不属于绝对免责特权,也不属于相对免责特权,它本质上属于一种与绝对免责特权和相对免责特权互不隶属的独立抗辩事由。此种理论为英美法系国家的主流学说所采用。Balkin 和 Davis 对此种规则作出了说明,他们指出,普通法在名誉侵权责任领域认可一种独立的抗辩事由制度,即他人对行为人的公开行为作出的同意,此种抗辩事由制度不同于其他名誉侵权责任的抗辩事由制度。② 笔者采取主流学说的意见,认为原告的同意属于独立的抗辩事由,不能为绝对免责特权或者相对免责特权所包含。之所以说原告的同意这种抗辩事由不能看做绝对免责特权的范围,是因为原告的同意并非使被告在任何情况下均不用就其陈述对原告承担名誉侵权责任,被告在某些情况下仍然可能会就其陈述对原告承担名誉侵权责任,因为,根据名誉侵权法确立的规则,被告公开的范围或者公开的方式应受原告同意的限制,超出原告同意的范围或者采取原告不同意的方式公开时,行为人仍然要就其陈述对他人承担名誉侵权责任。之所以说原告的同意不属于相对免责特权的范围,是因为,原告是否同意被告对其陈述的公开属于事实问题,而被告是否享有作出陈述的相对免责场合则是一个法律问题。

在名誉侵权法上,原告的同意可以使被告不用就其作出的两种陈述对原告本人承担名誉侵权责任:其一,原告故意作出有关自己方面的虚假陈述并希望被告公开其虚假陈述,当被告根据原告的请求公开其作出的虚假陈

---

① See W. Page Keeton, *Prosser and Keeton on Torts* (fifth edition), West Publishing Co., p. 823.

② R. P. Balkin and J. L. R. Davie, *Law of Torts* (third edition), Butterworths, p. 613.

述时,原告不能以被告公开的陈述是对其名誉具有毁损性质的陈述为由,要求被告就其陈述对自己承担名誉侵权责任。例如,原告不是某个影视明星的私生子而故意对某人说自己是该影视明星的私生子,当被告将其信息告诉第三人时,原告不能起诉,要求被告承担名誉侵权责任。其二,如果原告相信自己对行为人作出的陈述是对其本人不具有名誉毁损性质的真实陈述,当行为人根据原告的同意公开其陈述时,如果别人对行为人公开的陈述作出对原告名誉具有毁损性质的解释时,原告不能要求被告就其陈述引起的名誉损害对其承担侵权责任,因为,原告在向被告作出陈述时应当考虑到他们作出的陈述可能会被人解释为存在弦外之音,此种弦外之音不同于原告或者被告对原告陈述作出的字面理解。当然,原告的同意并非在任何情况下均使被告不用就其公开的陈述对原告承担名誉侵权责任,因为被告不用就其陈述对原告承担名誉侵权责任也是有条件的:其一,被告应当按照原告同意的范围进行公开,不得超出原告同意公开的范围公开其陈述,当被告公开陈述的范围超出原告同意的范围时,被告应当对原告承担名誉侵权责任。例如,原告仅同意被告对其亲朋好友公开自己的陈述,当被告对所有的人公开了原告作出的陈述时,被告仍然要对原告承担名誉侵权责任。其二,被告应当按照原告同意的方式进行公开。如果原告仅仅同意被告在其报刊中公开自己的陈述,被告不得在电台电视台节目当中公开其陈述,否则,被告应当对原告承担名誉侵权责任。

第九章 名誉权的法律救济方式

一、导 论

（一）名誉权的各种法律救济措施

如果原告的名誉权遭受非法侵害,他们有权采取相应的法律救济措施,使其名誉权恢复到名誉侵权行为没有实施之前的状态,这就是名誉权的法律救济制度。在法国,名誉权的法律救济措施主要有两种:损害赔偿和颁发禁止令;在德国,名誉权的法律救济措施有四种:损害赔偿、颁发禁止令、陈述之撤回以及回应权等。在英美法系国家,名誉权的法律救济措施有五种:损害赔偿(damages)、宣示性判决(declaratory jndgement)、回应权(right to reply)、陈述之撤回(retraction)以及颁发禁止令(injunctive relief)。在我国,名誉权的法律救济措施有五种:停止侵害、恢复名誉、消除影响、赔礼道歉和损害赔偿,其中,停止侵害相对于英美法系国家和德国侵权法当中的申请禁止令的救济方式,恢复名誉、消除影响相对于英美法系国家和德国侵权法当中的陈述之撤回。笔者根据两大法系国家法律的规定,将名誉权的法律救济方式分为五种:损害赔偿、回应权、陈述之撤回、禁止令的颁发以及宣示性判决的作出。

（二）损害赔偿的法律救济措施同其他法律救济措施之间的关系

当原告的名誉权遭受损害时,他们应当优先主张损害赔偿的法律救济措施还是损害赔偿之外的其他法律救济措施？对此问题,两大法系国家和我国的侵权法作出的回答并不相同。在法国,侵权法高度重视损害赔偿的法律救济措施,认为当他人名誉权遭受损害时,他人应当优先主张损害赔偿的法律救济措施,只有在损害赔偿的法律救济措施无法或者不足以保护他人名誉权时,他人才能够主张损害赔偿之外的其他法律救济措施。在德国,侵权法高度重视损害赔偿之外的其他法律救济措施而高度轻视损害赔偿的法律救济措施,认为损害赔偿之外的其他法律救济措施是名誉权的最主要、最重要也是最经常适用的法律救济措施,当他人的名誉权遭受损害时,他人应当首先主张损害赔偿之外的其他法律救济措施,只有在损害赔偿之外的其他法律救济措施无法主张或者不足以保护他人名誉权时,他人才能够主张损害赔偿的法律救济措施,要求行为人就其名誉侵权行为对他们承担名誉侵权责任。在英美法系国家,侵权法高度重视损害赔偿的法律救济措施而高度轻视损害赔偿之外的其他法律救济措施,认为损害赔偿的法律救济措施是名誉权的最主要、最重要也是最经常适用的法律救济措施,当他人的名誉权遭受损害时,他人应当优先主张损害赔偿的法律救济措施,要求行为人就其实施的名誉侵权行为对他们承担损害赔偿责任;只有在损害赔偿的法律救济措施无法主张或者不足以保护他人的名誉权时,他人才能够主张损害赔偿之外的其他法律救济措施。在我国,由于受到德国民法和我国台湾地区民法的影响,我国《民法通则》高度重视损害赔偿之外的其他法律救济措施,高度忽视损害赔偿的法律救济措施,认为当他人的名誉权遭受损害时,他人应当首先主张停止侵害、恢复名誉、消除影响、赔礼道歉的法律救济措施,不得首先主张损害赔偿的法律救济措施。只有在这些法律救济措施无法适用或者不足以保护他人的名誉权时,他人才能够主张损害赔偿的法律救济措施。这就是我国《民法通则》第120条的规定,该条规定:公民的姓名权、肖像权、名誉权、荣誉权受到侵害的,有权要求停止侵害、恢复名誉、消除影响、赔礼道歉,并可以要求赔偿损失。除了《民法通则》高度轻视损害赔偿的法律救济措施之外,我国侵权法学说也高度轻视损害赔偿的法律救济措施而高度重视损害赔偿之外的其他法律救济措施,认为当他人名誉权遭受损害时,他人应当优先主张损害赔偿之外的其他法律救济措施,不得优先主张损害赔偿的法律救济措施。这些学说认为,当行为人侵害他人名誉权时,由行为人"承担停止侵害、恢复名誉、消除影响、赔礼道歉的民事责任,是更为重要的"[1]。

在我国,《民法通则》和侵权法学说颠倒了损害赔偿的法律救济措施同

---

[1] 张新宝:《中国侵权行为法》(第2版),中国社会科学出版社1998年版,第353页。

损害赔偿之外的其他法律救济措施之间的主次关系,既违反了当今两大法系国家名誉侵权法的一般原则,也不符合名誉侵权法的本来目的,严重牺牲了行为人的利益,违反了侵权法上的利益平衡的公共政策。首先,我国《民法通则》的规定违反了两大法系国家侵权法的一般原则。在当今两大法系国家,除了德国侵权法高度重视损害赔偿之外的其他法律救济措施而轻视损害赔偿的法律救济措施之外,其他国家的侵权法都认为,当他人的名誉权遭受损害时,他人应当优先主张损害赔偿的法律救济措施,只有在损害赔偿的法律救济措施无法主张或者不足以保护他人的名誉权时,他人才能够主张损害赔偿之外的法律救济措施,已如前述。我国民法在名誉权的法律救济问题上不采取大多数国家侵权法采取的原则,而仅仅采取少数国家侵权法采取的原则,本身就存在问题。其次我国《民法通则》的规定违反了名誉侵权法的本来目的。在侵权法上,名誉侵权法的本来目的不是要通过名誉权的法律救济措施来禁止行为人实施对他人名誉具有毁损性质的行为,其本来目的是为了对他人名誉提供保护,使他人因为行为人的名誉毁损行为而遭受的非财产损害得以赔偿,使他人被扭曲的心理得以平衡,使他人被激起的烦恼得以减缓。只有当此种法律救济手段还不能完全实现名誉侵权法的本来目的时,法律才考虑采取损害赔偿之外的其他法律救济措施。其三,我国《民法通则》的规定原则牺牲了行为人的利益,违反了侵权法上的利益平衡的公共政策。在决定是否保护他人的名誉权时,侵权法不会仅仅考虑他人名誉权的重要性,还会考虑行为人的言论自由权、出版自由权的重要性,防止借口他人名誉权的保护牺牲行为人的言论自由权、出版自由权。这就是名誉侵权法领域的利益平衡理论。我国《民法通则》的规定仅仅保护他人享有的名誉权而完全忽视、牺牲了行为人的言论自由权、出版自由权,显然违反了侵权法上的利益平衡的公共政策。因为,根据我国《民法通则》的规定,只要行为人行使言论自由权、出版自由权的行为可能会侵害他人的名誉权,他人就有权向法院提出申请,要求法官采取强制措施,禁止行为人继续实施其侵害行为;法官也应当根据《民法通则》第120条的规定采取强制措施,禁止行为人继续实施其侵害行为。如果是这样的话,则行为人根本就无自由权可言。可见,我国未来侵权法应当放弃《民法通则》轻视损害赔偿的法律救济措施的做法,像两大法系国家的侵权法那样高度重视损害赔偿的法律救济措施,认为损害赔偿的法律救济措施优先于损害赔偿之外的其他法律救济措施,当他人名誉权遭受损害时,他人应当首先主张损害赔偿请求权,不得主权损害赔偿之外的其他法律救济措施;只有在损害赔偿请求权无法主张或者不足以保护他人的名誉权时,他人才能够例外地主张损害赔偿之外的其他法律救济措施。

(三) 侵权法规定损害赔偿之外的法律救济措施的原因

在两大法系国家,侵权法虽然将损害赔偿看做名誉权的最主要、最重要的法律救济措施,但两大法系国家的侵权法还是规定了损害赔偿之外的其他法律救济措施,认为当他人的名誉权遭受损害时,他人除了能够主张损害赔偿请求权之外,还能够主张损害赔偿请求权之外的法律救济措施。侵权法之所以在规定损害赔偿请求权的法律救济措施的同时还规定损害赔偿之外的其他法律救济措施,其原因有五:其一,损害赔偿有时难于确定。当他人的名誉权遭受损害时,他人虽然能够主张损害赔偿请求权,但他们有时会发现,他们虽然的确因为行为人的名誉毁损行为遭受了损害,他们却很难举证证明,他们因为行为人的名誉毁损行为遭受了损害,因为,如果他们仅仅因为行为人的名誉毁损行为遭受了非财产损害或者一般损害,该种损害是否存在,如果存在,该种损害的价值究竟是多少,他们很难举证证明。其二,损害赔偿有时不能够使行为人实施的名誉毁损行为得到完全遏制。当他人的名誉权遭受损害时,如果法官责令行为人对他人承担损害赔偿责任,该种损害赔偿责任除了能够起到弥补他人损害的功能之外,往往还会起到遏制行为人继续实施名誉侵权行为的功能。但是,损害赔偿有时也仅仅能够起到弥补他人损害的功能,无法起到遏制行为人继续实施名誉毁损行为的功能,因为,为了继续获得某种利益,行为人可能会在法官责令他们承担损害赔偿责任之后继续实施名誉侵权行为。此时,为了防止行为人继续实施名誉毁损行为,侵权法应当授予他人以损害赔偿之外的法律救济措施。其三,在英美法系国家,如果被告对原告进行名誉毁损的方式是口头方式,则当原告要求被告就其名誉毁损行为对自己承担损害侵权责任时,他们必须承担举证责任,证明自己遭受了特殊损害,只有他们证明自己遭受了特殊损害时,他们才可能要求被告赔偿其遭受的一般损害;如果他们仅仅遭受了一般损害而没有遭受特殊损害,则他们不得请求被告对其承担损害赔偿责任。原告此时很难通过主张损害赔偿的法律救济措施来保护其名誉权,他们必须借助于损害赔偿之外的法律救济措施来保护其名誉权。其四,损害赔偿这种法律救济措施本身的缺陷。名誉侵权法的目的是通过法律救济方式的适用,使原告的名誉恢复到侵权行为没有发生之前的状态。损害赔偿这种法律救济方式有时并不能完全达到这样的目的,因为损害赔偿仅仅能够恢复原告已经被破坏的经济地位、商事地位,或者仅仅能够恢复原告已经被扭曲的心理。它们无法完全消除行为人的不利陈述对原告造成的不利影响,使社会公众对原告的评价、认同恢复到侵权行为发生之前的状况。为了完全恢复原告的名誉,侵权法在责令被告对原告承担财产损害赔偿或者非财产损害赔偿责任时还会采取损害赔偿之外的其他法律救济措施。其五,原告主张法律救济的目的在于澄清错误事实,还自己一个清白。在大多数情况下,他人向法院提起名誉侵权诉讼的目的是为了获得损害赔偿,一旦法官责令行为人赔偿他人遭受的损害,行为人承担的损害赔偿责任既可达到恢复原告经济地位的目的,也可达到恢复原告心理地位的目的,因此,法官在责令行为人对他人承担损害赔偿责任的同时不会责令行为人采取损害赔偿之外的其他法律救济措施。但是,在少数情况下,原告向法院提起名誉侵权诉讼的目的并不是为了获得损害赔偿,他们提起名誉侵权诉讼的唯一目的,是要求法官通过名誉侵权案件的审判来澄清有关错误事实,证明被告作出陈述是虚假陈述,让社会公众了解事实的真相,消除社会公众对他们的误解,还他们一个清白。此种目的通过损害赔偿的法律救济方式往往无法完全达到,而通过损害赔偿之外的其他法律救济措施则可以达到,尤其是可以通过宣示性判决的法律救济措施可以轻易达到。

二、名誉侵权法的法律救济方式之一:损害赔偿

(一) 行为人承担的损害赔偿责任范围

在两大法系国家和我国,名誉侵权法对他人名誉权的最主要、最重要的法律救济方式是责令行为人就其名誉毁损行为对他人遭受的损害承担赔偿责任,通过责令行为人给付一定数量的金钱给他人的方式使他人的名誉恢复到名誉毁损行为没有实施之前的状态。问题在于,一旦他人主张损害赔偿的法律救济措施,法官会责令行为人对他人承担什么范围内的损害赔偿

责任。对于这样的问题,两大法系国家的侵权法作出的回答并不完全相同。

在法国,主流学说认为,如果行为人侵害他人的名誉权,他们应当赔偿他人因此遭受的非财产损害,不应当赔偿他人遭受的财产损害,因为名誉权在本质上是一种无形人格权,本身不具有财产性质;即便行为人是为了商事目的侵害他人名誉权,他人也仅仅能够要求行为人对他们遭受的非财产损害承担赔偿责任,不得要求行为人对他们遭受的财产损害承担赔偿责任。

在德国,传统侵权法也采取法国侵权法采取的规则,认为当行为人侵害他人名誉权时,他人只能要求行为人对他们遭受的精神损害承担赔偿责任,不得要求行为人对他们遭受的财产损害承担赔偿责任,即便行为人是为了商事目的侵害他人的名誉权,也是如此。不过,在当今德国,侵权法认为,他人享有的名誉权也像其他一般人格权一样既既具有精神的性质,也具有财产的性质,当行为人侵害他人名誉权时,他人除了有权要求行为人对他们遭受的精神损害承担赔偿责任之外,还有权要求行为人对他们遭受的财产损害承担赔偿责任。他人究竟是要求行为人对他们承担精神损害赔偿责任还是要求行为人对他们承担财产损害赔偿责任,取决于他人的身份是不是公共人物,行为人是不是基于商事目的侵害他人的名誉权等。

在英美法系国家,如果行为人侵害他人名誉权,他们应当赔偿的损害有三种:名义上的损害赔偿(nominal damage)、补偿性的损害赔偿(compensatory damages)以及惩罚性损害赔偿(punitive damages exemplary damages),其中补偿性的损害赔偿又包括两种损害赔偿:特殊损害赔偿(special damages)和一般损害赔偿(general damages),其中特殊损害赔偿相对于大陆法系国家和我国侵权法当中的财产损害赔偿,一般损害赔偿相对于大陆法系国家和我国侵权法当中的非财产损害赔偿。

在我国,《民法通则》第120条虽然规定了名誉权遭受损害的他人"并可以要求赔偿损失",但是,《民法通则》没有对赔偿损失的性质究竟是非财产损害还是财产损害作出说明。我国学说关于《民法通则》第120条规定的损失赔偿究竟是精神损害赔偿还是财产损失赔偿虽然存在争论,主要有两种观点:其一,单纯的精神损害赔偿理论。某些学说认为,一旦行为人侵害他人名誉权,他们就应当根据《民法通则》第120条的规定赔偿他人遭受的损失,此种损失在性质上属于精神损害,不属于财产损害。行为人究竟应当赔偿多少数额的赔偿金,要按照精神损害赔偿的一般原则来进行处理,由法官结合案件的具体情况来决定。① 其二,精神损害赔偿和附带的财产损害赔偿理论。某些学说认为,一旦行为人侵害他人的名誉权,他们应当根据《民法通则》第 120 条的规定赔偿他人遭受的损失,此种损失的赔偿包括精神损害的赔偿和附带财产损失的赔偿,其中精神损害赔偿要考虑案件的各种具体情况来决定;而附带财产损失的赔偿则包括:他人为了治疗严重的精神病所支出的医疗费、治疗费;因为名誉权遭受损害而没有获得的原本应当获得的收入;为了维护自己的名誉而支出的必要费用等。②

表面上,上述两种理论存在差异,因为第一种观点仅将《民法通则》第 120 条规定的赔偿损失看做单纯的精神损害的赔偿之外,根本不承认任何形式的财产损害的赔偿,即便是附带的财产损害的赔偿;而第二种规定除了承认《民法通则》第 120 条规定的赔偿损失是精神损害的赔偿之外,还承认某些例外情况下的财产损害的赔偿。实质上,上述两种理论并没有本质区别。因为,无论是第一种理论还是第二种理论都认为,他人的名誉权本质上就是一种人格权,否认他人名誉权的财产性。

在我国,《侵权责任法》第 22 条明确规定,当行为人侵害他人包括名誉权在内的人身权时,他们应当对他人承担精神损害赔偿责任。而我国《侵权责任法》第 20 条也规定,当行为人侵害他人包括名誉权在内的人身权并因此导致他人遭受经济损失时,他们也应当对他人承担财产损失的赔偿责任。这样,我国侵权责任法已经认可了名誉侵权责任当中的精神损害和财产损失的赔偿。侵权责任法认可这两种损害的前提是认可了他人名誉权的人格性和财产性。

(二) 名义上的损害赔偿

所谓名义上的损害赔偿,是指当被告作出的陈述是对原告名誉具有毁损性质的虚假陈述时,法官责令被告支付一笔相对少的赔偿金给原告,以便证明被告作出的陈述是具有名誉毁损性质的虚假陈述。在侵权法上,名义上的损害赔偿责任制度为英美法系的侵权法所认可。根据英美法系国家的侵权法,当原告向法院起诉要求被告对其遭受的损害承担侵权责任时,如果

---

① 参见杨立新主编:《类型侵权行为法研究》,人民法院出版社 2006 年版,第 136 页。
② 参见张新宝:《中国侵权行为法》(第 2 版),中国社会科学出版社 1998 年版,第 353 页;王利明:《人格权法研究》,中国人民大学出版社 2005 年版,第 534 页。

陪审团认定被告的名誉毁损行为没有给原告的名誉造成重大损害(substantial harm),他们就会责令被告象征性地支付给原告一笔较小数额的赔偿金,此种象征性的损害赔偿金就是名义上的损害赔偿金。名义上的损害赔偿金的目的既不是为了补偿原告遭受的经济损失、财产损害,也不是为了安慰受害人遭受的精神痛苦,而是为了通过象征性的赔偿金的支付来证明被告针对原告名誉作出的陈述是虚假陈述,澄清有关的错误事实,让社会公众真正了解案件的是非曲直并因此恢复原告的名誉。在我国,侵权法虽然没有规定名义上的损害赔偿责任制度,但是,我国法官有时也在具体案件当中责令行为人象征性地赔偿他人一小笔数额的赔偿金,以便证明行为人的确对他人实施了具有名誉毁损性质的虚假陈述行为。

一般而言,法官可能会在下列情况下责令行为人对他人承担名义上的损害赔偿责任:其一,原告仅仅要求被告象征性地赔偿他们遭受的损害。在某些情况下,原告向法院起诉,要求被告就其作出的具有名誉毁损性质的陈述对自己承担侵权责任,其目的不在于获得行为人支付的损害赔偿金,而在于弄清事实的真相,让社会公众知道案件的是非曲直,还原告清白。此时,原告仅仅向法院主张,要求被告赔偿他们一元、二元、十元的损害赔偿,法官或者陪审团为了证明被告作出的陈述是虚假陈述而作出判决,责令被告支付一元、二元、十元的损害赔偿金给原告。其二,原告虽然要求被告赔偿他们遭受的一般损害,但他们无法提供证据证明此种损害的存在,法官或者陪审团也会责令被告对原告承担名义上的损害赔偿责任。在英美法系国家,名义上的损害赔偿主要适用于书面诽谤和本身即可以起诉的口头诽谤中,此时原告无须证明他们遭受了一般损害,因为他们遭受的一般损害由法律加以推定。但是,在实际案件中,原告仍然要提供证据证明,他们主张的一般损害的存在。如果他人无法证明,他们因为行为人的名誉毁损行为遭受了一般损害,陪审员就不会判决被告对他们承担一般损害赔偿责任,而仅仅会判决被告对他们承担名义上的损害赔偿责任。[①] 其三,法官或者陪审团认定原告遭受的名誉损害极小,仅仅判决被告对原告承担名义上的损害赔偿责任。在名誉侵权诉讼中,即便原告主张自己因为行为人的名誉毁损行为遭受了严重的名誉损害,如果原告的主张得不到法官或者评审团的认可,法

---

① See Harvey McGregor, *McGregor on Damage*(16th ed), Sweet & Maxwell Ltd., p.1230.

官或者评审团将不会责令行为人对他人承担补偿性的损害赔偿责任;但是,如果法官或者评审团认定原告遭受了极小的或者不大的损害时,他们也会责令被告对原告承担名义上的损害赔偿责任。其四,原告的名誉本身就不好时,法官或者评审团可能会判决被告对原告承担名义上的损害赔偿责任。当原告要求被告就其作出的具有名誉毁损性质的虚假陈述对自己承担补偿性的损害赔偿责任时,如果被告提出的证据证明原告本人的名誉本身就不好,法官或者评审团可能会责令被告对原告承担名义上的损害赔偿责任。

(三) 财产损害赔偿

如果行为人的名誉毁损行为给他人造成了财产性质的损害,行为人应当对他人承担财产损害的赔偿责任。在侵权法上,他人因为行为人的名誉毁损行为遭受的财产损害主要有四种:他人因为行为人的名誉毁损行为所遭受的经济损失,这些经济损失因为他人已经存在的或者准备签订的契约被提前解除或者拒绝签订而产生;他人因为行为人的名誉毁损行为而无法获得原本能够获得的经济援助、经济帮助,这些经济援助、经济帮助因为他人同别人之间的某种特殊关系而产生,诸如未婚夫妻关系、家庭关系、朋友关系;他人因为行为人的名誉毁损行为遭受的健康损害,这些健康损害因为他人的心理疾病或者生理疾病、因为疾病无法工作所产生;他人因为支出必要费用而遭受的财产损失,这些财产损失因为他人的还击、回应或者澄清有关事实而产生。

1. 他人因为行为人的名誉毁损行为遭受的经济损失

如果行为人的名誉毁损行为使他人原本能够签订的契约无法签订,或者使他人原本能够继续履行的契约无法继续履行,行为人应当就其名誉毁损行为对他人遭受的经济损失承担赔偿责任。同样,如果行为人的名誉毁损行为导致的他人的顾客普遍减少,或者如果行为人的名誉毁损行为导致他人报纸杂志的发行普遍下降,或者如果行为人的名誉毁损行为导致他人商事收入的普遍减少,行为人也应当对他人遭受的财产损失承担赔偿责任。在德国,侵权法认可这样的规则,因为德国法官认为,如果行为人作出的对他人名誉具有毁损性质的陈述使第三人解除了同原告签订的契约,行为人应当就其作出的陈述给原告遭受的经济损失承担赔偿责任,因为如果行为人没有作出对原告名誉有毁损性质的陈述,第三人将会履行同原告之间签订的契约,原告也因为第三人的契约履行行为获得经济上的利益。① 在英美法系国家,侵权法也认可这样的规则,英美法系国家的司法判例认为,当原告同别人之间已经订立了或者正准备订立诸如买卖契约、赠与契约、雇佣契约、劳动契约、合伙契约或者公司契约时,如果被告作出的对原告名誉具有毁损性质的陈述使别人解除了他们同原告订立的契约或不同原告订立这些契约,原告因为被告的名誉毁损行为而遭受的经济损失就构成特殊损害,被告应当就其名誉毁损行为给原告造成的特殊损害承担赔偿责任。McGregor 指出:"虽然特殊损害的类型较多,但最主要的类型是经济损失,即行为人的名誉毁损行为给原告的某种契约、雇佣关系或者商事事业造成的损失,无论是既存的契约、雇佣关系或者商事事业还是原告意图加以签订的契约、从事的雇佣关系或者其他商事事业。"② 在 Storey v. Challends③ 一案中,法官认为,当原告提供的证人证明,由于被告的一般口头诽谤,别人拒绝与原告从事交易时,原告因为被拒绝交易而产生的经济损失被看做特殊损害,可以要求被告承担赔偿责任。在 Ratcliffe v. Evans④ 一案中,法官认定,即便原告无法提供证人证明,原告因为被告的陈述被拒绝与别人从事交易活动,如果原告可以提供会证账簿或者其他证据证明,由于被告的一般口头诽谤,原告的商事收入普遍减少,原告的商事损失也被看做是特殊损害,有权要求被告承担赔偿责任。在 Faulk v. Aware, Inc.⑤ 一案中,法官也采取同样的规则。在该案中,原告是一家电视台的表演者,他通过在该电视台进行表演获得大量的收入。被告是一家以娱乐公司,该娱乐公司在其出版的著作中对原告进行攻击,说原告是一名共产组织的成员,对共产主义者抱有同情心。由于被告的诽谤,原告所在的电视台解除了与原告之间的合同,使原告没有获得原本应当获得的收入。原告向法院起诉,要求被告赔偿其原本取得的收入损失。在该案中,原告提供了几位电视节目制片人的专家证词,认为,以原告在娱乐业界取得的成就和个人的能力,原告每年获得的报酬至少是 150,000 至 500,000 美元。法院认为,美国司法判例一直以来就认为,当被

---

① BGHZ 26,26,349,352 f.
② See Harvey McGregor, *McGregor on Damages* (16th ed), Sweet & Maxwell Ltd., pp. 1214 – 1215.
③ 8C. & P. 234,173Eng. Rep,475(1873).
④ [1892]2Q. B. 524.
⑤ 35Misc,2d 302,231N. Y. S. 2d 270(1962).

告的诽谤行为使原告的未来谋生能力被剥夺时,原告有权要求被告对其收入损失承担赔偿责任,法律没有对原告遭受损害之前的实际获得的收入施加限制。原告提供的专家证人作出的证明没有被被告加以反驳,因此,应当予以采纳。按照专家确定的最低年收入计算,原告在 6 年期间仅仅因为收入损失就达到 900,000 美元。假定陪审团接受这个损失数额,他们还会考虑其他因素,诸如被告的诽谤给原告造成的名誉损害,原告在公共生活和私人生活中遭受的精神痛苦等,陪审团最终确定的补偿性损害赔偿金为 1,000,0000 美元。由于名誉侵权损害赔偿的确定问题是陪审团的职责,只要他们确定的赔偿数额有证据作为理论根据,他们作出的判决即不得被撤销,因此被告提出要求撤销陪审团有关补偿性损害赔偿的判决的请求应当被驳回。《美国侵权法重述》(第 2 版)总结司法判例的经验,其第 575 条之官方评论 B 对这样的规则作出了说明:"特殊损害可能是指现在既存利益的损失,诸如雇佣关系的解除,也可能是指还没有实现的合理期待的利益,诸如如果没有被告的一般口头诽谤,原告原本可以被他人雇佣而因为被告的一般口头诽谤,原告没有被他人雇佣。在这里,法律并不要求特殊损害是原告有权获得而因为被告的一般口头诽谤而没有获得的利益,只要被告的一般口头诽谤行为使原告可以合理期待获得的报偿没有获得,原告的损失即足以构成特殊损害,被告即应予以赔偿。"

在我国,侵权法也认可这样的规则,因为,无论是我国侵权法学说还是侵权法判例都认为,一旦行为人作出的名誉毁损行为使他人无法获得原本应当获得的经济利益,则行为人应当赔偿他人因此遭受的财产损失。因此,如果行为人作出的名誉毁损行为使别人解除了同他人之间的契约,行为人应当对他人因为契约解除遭受的经济损失承担赔偿责任;如果行为人作出的名誉毁损行为使别人拒绝同他人签订原本会签订的契约,行为人应当对他人遭受的财产损失承担赔偿责任。在我国,传统侵权法学说将他人遭受的此种经济损失称作附带的财产损失。我国主流学说之所以将他人遭受的这些财产损失称作附带的财产损失,是因为我国主流学说认为,名誉权本质上是一种人格权,当行为人侵害他人的名誉权时,他们应当首先赔偿他人遭受的精神损害,该种精神损害是最主要的损害形式,在名誉侵权责任当中居于核心地位。行为人侵害他人名誉权的行为虽然可能会给他人造成某些财产损失,但行为人的名誉毁损行为给他人造成的财产损失仅是次要的、附属的,以行为人的名誉毁损行为给他人造成主要损害、精神损害作为前提,如果行为人的名誉毁损行为仅仅给他人造成了财产损失而没有给他人造成精神损害,则行为人无须赔偿他人遭受的财产损失。如果说这样的理论在计划经济时代是适当的话,那么这样的理论在市场经济时代已经是不适当的,因为:一方面,在市场经济社会,商自然人的名誉权往往仅仅具有商事价值、财产价值或者经济价值,很少具有精神价值、心里价值,行为人毁损自然人的名誉权很少会使他们遭受精神上的损害,而往往会使他们遭受财产损失。此时,他人因为行为人的名誉毁损行为遭受的主要甚至唯一的损害是财产损失。另一方面,对于影视明星、体育明星而言,他们的名誉权与其说是一种人格权不如说是一种财产权,因为他们获得名誉的目的绝对不是仅仅为了满足其精神、心里的要求,而是为了满足其财产、经济要求,即通过良好的名誉吸引商人同他们签订契约,通过为商人做广告等方式获得商人支付的广告费或者其收入。行为人毁损影视明星、体育明星的名誉权,导致原本要同影视明星、体育明星签订广告代言的商人不同他们签订契约,或者导致已经同影视明星、体育明星签订广告代言契约的商人解除契约。此时,影视明星、体育明星遭受的财产损失不再是附带的财产损失,而是主要的财产损失,甚至是唯一的财产损失,因为影视明星、体育明星此时并没有因为行为人的名誉毁损行为遭受精神损害。

2. 他人因为行为人的名誉毁损行为而丧失的经济援助

在现实生活当中,原告往往因为同别人之间存在特殊关系而获得别人提供的经济援助、经济帮助。例如,已经参加工作的未婚夫为其正在读大学的未婚妻提供生活费,曾经共同出生入死的战友为其穷困潦倒的战友提供居所,有过失的前夫对其有经济困难的前妻进行经济上的扶助等。如果行为人对他人作出的具有名誉毁损性质的陈述使别人不再对他人提供原本会继续提供的经济援助、经济帮助,则行为人应当对他人遭受的财产损失承担赔偿责任。例如,当行为人作出虚假陈述,说正在读大学的未婚妻经常同社会上的不三不四的人鬼混时,如果未婚夫因为相信行为人的虚假陈述而不再对其未婚妻提供生活费,行为人应当就其虚假陈述对丧失生活费来源的未婚妻承担财产损失赔偿责任;当行为人作出虚假陈述,说穷困潦倒的战友曾经在战场上出卖其他战友时,如果给该穷困潦倒的战友提供居所的战友因为相信行为人的虚假陈述而不再给其走投无路的战友提供居所,行为人应当就其虚假陈述对丧失居所的原告承担财产损失赔偿责任;同样,当行为人作出虚假陈述,说前妻在与前夫离婚之前也存在婚外情时,如果前夫因为相信行为人的虚假陈述而拒绝对其前妻提供经济上的扶助,行为人应当就其虚假陈述对丧失经济上扶助的前妻承担财产损失赔偿责任。Prosser 教授指出,除非原告与别人之间的朋友关系、伙伴关系使别人能够对原告提供某种衣食住行,否则,原告仅仅丧失了自己的朋友或者伙伴还不足以认定原告遭受了特殊损害。①《美国侵权法重述》(第 2 版)第 575 条之官方评论 B 对此作出了说明:"当广泛传播的一般口头诽谤引起原告之前的朋友拒绝与原告继续来往时,原告失去朋友的损失本身不构成特殊损害,但是,因为原告的朋友拒绝对原告提供原本提供的衣食住行等服务而产生的物质利益足以构成特殊损害。"

3. 他人因为行为人的名誉毁损行为遭受的健康损害

如果行为人的名誉毁损行为使他人遭受了健康损害,行为人是否应当就其名誉毁损行为对他人遭受的健康损害承担赔偿责任? 对此问题,两大法系国家和我国的侵权法作出的回答并不完全相同。在德国,司法判例认为,一旦行为人实施的名誉毁损行为使他人遭受严重的健康损害,他们应当就其名誉毁损行为对他人承担财产损害赔偿责任。此时,受害人有权要求行为人根据《德国民法典》第 823(1)条、第 249 条和以下各条的一般规定赔偿他们因为行为人的名誉毁损行为遭受的健康损害。②

在英美法系国家,侵权法则持相反的意见,认为行为人无须就其名誉毁损行为对他人遭受的健康损害承担赔偿责任,如果原告因为听到行为人作出的对其名誉具有毁损性质的陈述病倒,他们因为被告的行为而遭受的疾病、健康损害不被看做特殊损害。常识认为,并非任何人在听到被告作出的陈述时都会十分生气并因此影响其健康,原告因为被告的陈述而生病并影响其健康,显然是因为他们的承受能力有限所至。这在众多的司法判例当中得到说明。在 Terwilliger v. Wands③ 一案中,法官认为,鉴于原告因为被告的一般口头诽谤遭受的损害是健康损害,原告不得要求被告赔偿所遭受

---

① W. Page Keeton, *Prosser and Keeton on Torts*(fifth editon), West Publishing Co., p.794.
② BGHZ 26,26,349,352 f.
③ 17N. Y.54(1858).

的损失,因为健康损害不是特殊损害。在 Allsop v. Allsop① 一案中,法官也采取同样的意见,认为原告因为被告的一般口头诽谤而遭受的特殊损害不包括原告遭受的心理痛苦和身体上的疾病。

在我国,无论是侵权法学说还是司法判例都认为,一旦行为人作出的名誉毁损行为导致他人生病之后无法工作,行为人应当就其名誉毁损行为对他人遭受的健康损害承担赔偿责任,此种健康损害不仅包括他人因为行为人的名誉毁损行为而成为精神病人,为了治疗精神病所支出的各种必要费用,而且也包括他人因为行为人的名誉毁损行为所患上的生理或者机能上的疾病,为了治疗生理疾病或者技能疾病所支出的各种必要费用,还包括他人因为行为人的名誉毁损行为而暂时或者永久无法工作,因为失业遭受的财产损失等。我国侵权法之所以承认此种类型的财产损失,是因为行为人的名誉毁损行为同他人遭受的健康损害之间存在因果关系:行为人的名誉毁损行为是他人遭受健康损害的原因,他人遭受的健康损害是行为人的名誉毁损行为引起的后果。

4. 他人因为还击、回应或者澄清有关事实所支出的合理费用

当行为人作出对他人名誉具有毁损性质的虚假陈述时,如果他人为了还击、回应行为人的名誉毁损行为或者为了澄清有关事实而支出合理费用,行为人是否应当对他人为了这些目的而支出的必要费用承担赔偿责任?对此问题,两大法系国家的侵权法和我国的侵权法作出的回答并不完全相同。在德国,司法判例对此作出了肯定的回答,认为一旦行为人对他人作出了具有名誉毁损性质的陈述时,他人有权采取必要的措施来还击、回应或者澄清有关事实,当他人因为还击、回应或者澄清有关事实而支出必要费用时,行为人应当赔偿他人因此支出的必要费用。② 在英美法系国家,无论是司法判例还是学说都不承认这样的规则,因此,当他人针对行为人作出的具有名誉毁损性质的陈述进行反击、回应或者澄清而支出必要的费用时,他人不得要求行为人对他们承担赔偿责任。在我国,无论是侵权法学说还是司法判例都认可此种形式的财产损害赔偿,认为行为人应当赔偿他人因为反击、回应或者澄清有关事实而支出的必要费用。

---

① 5Hurl & N.534,157 Eng. Rep.1292(1860).
② BGHZ66,182.

（四）非财产损害赔偿

在侵权法上,行为人就其实施的名誉侵权行为对他人承担的非财产损失赔偿责任包括二种:精神损害和名誉损害。

1. 精神损害的赔偿

其中所谓精神损害(injury to feelings and mental anguish),是指他人因为行为人的名誉毁损行为所遭受的感情痛苦、心理伤害,诸如愤怒、焦虑、烦恼、羞愧、悲伤、失望、苦恼等。一旦行为人实施的名誉毁损行为导致他人遭受感情痛苦、心理伤害,他们应当就其名誉毁损行为对他人承担精神损害赔偿责任。这在大陆法系国家和英美法系国家是如此,在我国也是如此。

在德国,司法判例在众多的案件当中责令行为人就其毁损原告名誉的行为对原告遭受的精神损害承担赔偿责任。[①] 在法国,司法判例和学说也承认,一旦行为人毁损他人名誉,他们应当对他人遭受的精神损害承担赔偿责任。[②] 在英美法系国家,无论是学说还是司法判例都认为,如果行为人毁损他人名誉,他们应当赔偿他人遭受的精神损害。McGregor 指出:"一旦行为人通过书面诽谤或者本身就可以起诉的开头诽谤行为毁损原告的名誉,他们应当赔偿原告遭受的感情伤害,这一点得到侵权法的广泛认可。"[③]我国《侵权责任法》第22条明确规定,侵害他人名誉权时,应当赔偿他人遭受的精神损害。

在决定行为人承担的精神损害赔偿责任范围时,法官虽然要考虑名誉侵权案件的各种具体因素,尤其是行为人侵害他人名誉权的动机、原告名誉的好坏、被告公开陈述的范围、行为人的过错程度、行为人侵害他人名誉权的手段、场合、行为方式、行为人的名誉毁损行为所造成的后果等。

2. 名誉损害

所谓名誉损害(injury to reputation),是指他人已经建立起来的某种社会关系因为行为人的名誉毁损行为而遭受的破坏,诸如朋友关系、夫妻关系、家庭关系、合作关系、合伙关系、宗教关系等遭受的破坏。如果他人已经建立起来的某种社会关系因为行为人的名誉毁损行为遭受破坏,行为人是

---

① BGHZ 26, 349; BGH NJW 1996, 984.
② Henri Roland Laurent Boyer, *Responsabilité délictuelle*(3e édition), Iitec, p.70.
③ Harvey McGregor, *McGregor on Damages*(16th ed) Sweet & Maxwell Ltd., p.1227.

否应当赔偿他人因此遭受的名誉损害？对此问题，两大法系国家的侵权法作出的回答并不完全相同。

在大陆法系国家，侵权法不认可名誉损害的独立性，当行为人实施的名誉毁损行为导致他人已经建立的某种社会关系遭受破坏时，他们无须单独赔偿他人遭受的此种形式的损害，因为他人遭受的社会关系破坏不是精神损害之外的独立损害。不过，大陆法系国家的侵权法并非完全不考虑他人社会关系遭受破坏的问题，而是将这样的问题放在精神损害赔偿当中进行考虑，即在决定行为人承担的精神损害赔偿范围时，法官也要考虑行为人的名誉毁损行为给他人社会关系带来的不利影响：如果行为人的名誉毁损行为使他人已经建立的社会关系遭受严重的破坏，则法官会责令行为人赔偿较大数额的赔偿金给他人；否则，会责令行为人赔偿较小数额的赔偿金给他人。

在英美法系国家，侵权法认可名誉损害的独立性，认为他人遭受的名誉损害独立于他人遭受的精神损害，当行为人的名誉毁损行为导致他人已经建立的社会关系遭受破坏时，他们应当赔偿他人因此遭受的名誉损害。McGregor 对此规则作出了说明，他指出："在书面诽谤和本身就可以起诉的口头诽谤当中，他人遭受的名誉损害是最重要的损害形式，这种形式的损害被认为是一种非财产性质的损害。"① Prosser 先生指出："当行为人毁损他人名誉时，他们的名誉毁损行为会影响他人同别人之间已经建立的某种关系，诸如商事关系、社交关系、宗教关系和家庭关系等。对他人社会关系的破坏的确会以众多无法预见的、不可知的形式影响他人的生活。"②

在我国，侵权法是否应当认可名誉损害的独立性？我国《民法通则》、《侵权责任法》均没有作出规定，最高人民法院的有关司法解释也没有作出说明。笔者认为，在我国，侵权法应当认可名誉损害本身的独立性，当行为人毁损他人名誉并因此导致他人已经建立的某种社会关系遭受破坏时，行为人除了要对他人遭受的精神损害承担赔偿责任之外，还应当赔偿他人因为社会关系遭受破坏所导致的名誉损害。其理由有三：

其一，这是名誉权本质的要求和反映。他人享有的名誉权本质上就是他人同别人之间的某种社会关系，行为人毁损他人名誉的行为实际上是破

---

① Harvey McGregor, *McGregor on Damages*(16th ed), Sweet & Maxwell Ltd., p.1226.
② W. Page Keeton, *Prosser and Keeton on Tort*(fifth editon), West Publishing Co., p.843

坏他人社会关系的行为。之所以说他人的名誉权实际上表现为一种社会关系，是因为他人享有的名誉权实际上反映了他人同其他社会公众之间的评价与被评价的关系：他人的名誉良好，是因为同他人有社会关系的人对他人的评价好；他人的评价差，是因为同他人有社会关系的人对他人的评价差。同他人有社会关系的人对他人评价的好与坏又直接影响到他人各种社会关系的建立、发展或者巩固。当他人基于良好的名誉同别人建立起某种社会关系时，如果行为人实施的名誉毁损行为使他人已经建立起来的社会关系遭受破坏，他人要花费大量的时间、精力甚至物力、财力来重新建立起社会关系。

其二，这是他人进行正常社会生活的前提和基础。任何自然人都无法离开其他人而独立地生活在社会。为了过正常的生活，自然人必须同其他人建立各种各样的社会关系：为了满足感情的要求，他们必须同其他异性甚至同性建立恋爱关系、朋友关系；为了满足家庭生活的要求，他们必须同其他人建立婚姻关系、夫妻关系、亲子关系；为了满足经济利益的要求，他们必须同其他人建立契约关系、合伙关系、股权关系等。如果自然人不同其他人建立这样或者那样的关系，他们根本就无法享受正常的生活。一旦行为人对他人作出具有名誉毁损性质的陈述，并因此使同他人有这种或者那种关系的人离开他人，拒绝同他人进行交往、来往，则他人将被其亲朋好友所抛弃、拒绝、孤立而处于孤立无援、孤家寡人的状态。这会严重影响他人的利益。

其三，这是为了弥补我国侵权法存在的法律漏洞的需要。在我国，侵权法在责令行为人就其名誉毁损行为对他人承担精神损害赔偿责任时，要求法官考虑案件的各种具体因素，以便确定行为人赔偿的数额。但是，到今天为止，我国学说和司法判例都没有要求法官考虑行为人的名誉毁损行为给他人造成的社会关系破坏这样的因素，法官在决定行为人承担的精神损害赔偿数额时也没有考虑这一因素，使他人获得的精神损害赔偿数额没有完全反应他人遭受损害的具体情况。责令行为人赔偿他人遭受的名誉损害，可以弥补这样的缺陷，使侵权法注意到他人社会关系遭受破坏的重要因素。

（四）惩罚性的损害赔偿

所谓惩罚性损害赔偿，是指法官责令被告就其侵权行为对受害人承担超出补偿性范围的赔偿责任。在大陆法系国家,侵权法不承认惩罚性损害赔偿责任制度,因此,即便行为人基于故意、蓄意的目的或者动机毁损他人名誉,即便行为人的名誉毁损行为给他人造成了严重损害,法官也不得责令行为人对他人承担惩罚性损害赔偿责任。① 在英美法系国家,侵权法则认可名誉侵权责任领域的惩罚性损害赔偿责任制度,虽然某些学者或者司法判例也反对此种侵权责任。

在英美法系国家,名誉侵权法要求行为人在毁损他人名誉时存在蓄意才对他人承担惩罚性损害赔偿责任。其中所谓的蓄意或者是指经典意义上的不适当动机或者是指行为人知悉其陈述的虚假性或者鲁莽行为,不关心他们作出的陈述是真是假。其中,前一种意义上的蓄意为大多数英美法系国家的名誉侵权法所适用,根据此种理论,当行为人基于恶意、故意目的作出对他人名誉具有毁损性的陈述时,他们即应对原告承担惩罚性损害赔偿责任;而后一种理论仅为美国司法判例所适用,它由美国联邦最高法院在著名的 New York Times 一案中所创设,根据此种理论,当行为人尤其是作为新闻媒体的行为人在知道其陈述是虚假时或在存在鲁莽行为,不关心其陈述是真是假时作出对他人名誉具有毁损性质的陈述时,行为人即应对原告承担惩罚性损害赔偿责任。

在 Gertz v. Robert Welch Inc.②一案中,美国联邦最高法院对名誉侵权责任中的惩罚性损害赔偿制度的目的作出了说明,它认为,在名誉侵权领域责令被告赔偿惩罚性损害赔偿金,其目的与在其他侵权领域责令被告赔偿惩罚性损害赔偿金的目的相同,因为,名誉侵权领域的惩罚性损害赔偿金的目的"也仅是一种私人罚金,此种罚金由陪审员决定,其目的在于惩罚行为人实施的反道德行为,阻止他们在将来再实施这样的行为。"③美国联邦最高法院认为,由于惩罚性损害赔偿金的实行可能会对原告的言论自由权造成不利影响,因此,在决定是否责令被告承担此种赔偿责任时,法律应当采取 New York Times 一案采取的"实际蓄意"标准,当行为人知道其陈述是虚假时还作出对他人名誉具有毁损性质的陈述,或者当行为人对其陈述采取

---

① 参见张民安:《过错侵权责任研究》,中国政法大学出版社 2002 年版,第 701 页;张民安:《现代法国侵权责任研究》(第 2 版),法律出版社 2007 年版,第 160 页。

② 418 U.S.323,347(1947).

③ Gertz,418 U.S.323,350(1974).

鲁莽行为,对其陈述的真假性采取不问不闻的态度时,行为人即应对他人承担惩罚性损害赔偿责任,如果原告是公共官员、公众人物或者虽然是私人,但引起争议的问题属于公共问题的话。根据 Gertz 一案的规则,当原告因为被告的名誉毁损行为而遭受实际损害时,原告才可以要求被告承担惩罚性损害赔偿责任。在这里,实际损害既包括笔者前面论及的特殊损害,也包括笔者前面论及的一般损害。不过,美国联邦最高法院在 Gertz 一案中确立的此种规则并没有完全得到美国司法判例的遵循。美国绝大多数司法判例认为,只要原告能够证明被告作出名誉毁损陈述时存在"实际蓄意",即便行为人的实际蓄意行为没有造成原告"实际损害"而仅仅造成名义上的损害,被告也应对原告承担惩罚性损害赔偿责任,法官作出判决,维持陪审团作出的裁决:被告赔偿原告 1 美元的实际损害,赔偿原告 50,000 元的惩罚性损害。在 Goldwater v. Ginzburg① 一案中,法官认为,法律没有必要将实际损害的赔偿看做惩罚性损害赔偿的前提条件。同样,在 Sncdgrass v. Headco Irdus.② 一案中,法官判决维持陪审团作出的判决,认为被告应当赔偿 1 美元的实际损害给原告,赔偿 75,000 美元的惩罚性损害赔偿给原告。

在当今美国,无论是学说还是司法判例均对名誉侵权责任领域的惩罚性损害赔偿责任制度的问题存在极大的争论。某些学说和司法判例认为,名誉侵权法领域的惩罚性损害赔偿责任制度应当继续坚持,因为此种责任制度可以达到某些目的,而某些学说和司法判例认为,名誉侵权责任领域的惩罚性损害赔偿金制度应当被废除,因为此种责任制度的实行会带来众多不利的后果。这就是名誉侵权责任领域的肯定理论和否定理论。

肯定理论之所以主张继续坚持名誉侵权责任领域的惩罚性损害赔偿,其原因在于:

其一,名誉侵权责任领域的惩罚性损害赔偿制度可以达到实现惩罚被告行为和阻却被告或者其他人继续从事其类似行为的法律效果。此种理论认为,在名誉侵权责任领域责令被告就其名誉毁损行为对他人承担惩罚性损害赔偿责任,可以对被告实施的那些既严重违反道德又没有触犯刑律的名誉毁损行为予以惩罚,使他们就其名誉毁损行为对原告承担超出实际损害范围的赔偿责任,可以阻止被告在将来继续实施相同或类似的行为。《美

---

① 414F. 2d 324,340 – 341(2d cir. 1969).
② 640S. W. 2d 147,157(Mo. ct. App. 1982).

国侵权法重述》(第 2 版)采取此种理论,该复述第 901(1) 条规定,所谓惩罚性损害赔偿金是指补偿性或者名义上的损害赔偿金之外的赔偿金,法律责令行为人在补偿性损害赔偿金或者名义上的损害赔偿之外对他人赔偿惩罚性损害赔偿金,其目的在于惩罚他们实施的反常行为,阻止行为人和其他人在将来继续实施类似的反常行为。

其二,名誉侵权责任领域的惩罚性损害赔偿制度可以更好地保护原告的名誉,使其名誉利益得到更大程度上的保护。在美国,虽然美国联邦最高法院在前述 Gertz 一案中认为,名誉侵权责任领域的惩罚性损害赔偿金的目的是为了保护国家利益,同原告的名誉利益没有任何关系,但美国众多司法判例和学说并不认同此种观点,他们认为,惩罚性损害赔偿责任制度的实行,可以更好地保护原告的利益。某些学者认为,虽然名誉侵权诉讼中的原告可以要求被告赔偿他们因为被告的毁损行为遭受的"实际蓄意",但"实际蓄意"往往没有完全能够得到赔偿,责令被告赔偿原告的惩罚性损害赔偿可以使原告的"实际损害"得以完全赔偿。例如,原告为了提起名誉侵权诉讼而花费的诉讼费用没有作为补偿性损害予以赔偿。①

其三,名誉侵权责任领域的惩罚性损害赔偿责任制度能够鼓励新闻媒体在作出陈述时对其报道更具有责任性。此种理论认为,责令被告就其具有名誉毁损性质的陈述对原告承担惩罚性损害赔偿责任,可以使新闻媒体在作出报道时更具有责任性,因为,当作为新闻媒体的被告就其陈述引起的损害对他人给付数额更大的金钱赔偿时,新闻媒体才会认真考虑其陈述的准确性。如果对原告给予赔偿的数额施加限制,作为新闻媒体的被告就不会认真考虑其报道的准确性,原告面临的名誉损害就会加重。② 第四,名誉侵权责任领域的惩罚性损害赔偿责任制度可以惩罚新闻媒体的行为,如果新闻媒体是为了故意毁损某个特定原告的名誉而作出报道的话。某些学者认为,如果新闻媒体是为了故意毁损某个特定原告的名誉而作出报道或者发表有名誉毁损性质的陈述,法律应当责令被告对原告承担惩罚性损害赔偿责任,即便被其毁损名誉的人是公共官员、公众人物。法律责令被告承担

---

① See Note Punitive Damages Under Federal Stputes: A Function al Analysis, 60 *Calif L. Rev.* 191,192(1912).

② See Jerome A. Barron, Punitive Damages in Libel Cass-First Smendement Equalizer? 47*Wash. & Lee L. Rev.* 105,113(1990).

这样的赔偿责任,是为了惩罚被告的故意行为。①

否定理论认为,法律应当废除名誉侵权责任领域的惩罚性损害赔偿金,其主要原因在于:

其一,惩罚性损害赔偿金的给付窒息了宪法提供的保护,使行为人的言论自由权、新闻自由权无法有效行使。某些学者认为,当行为人尤其是作为新闻媒体的行为人作出的陈述被认为是虚假陈述时,陪审团作出的巨额惩罚性损害赔偿金的裁决的确阻却了行为人行使言论自由权,新闻自由权的积极性,使被告因为害怕自己的报道不准确而承担巨额的惩罚性损害赔偿责任,尤其是行为人为了害怕被人起诉而拒绝对政府可能存在的不当行为予以调查或者公开所做的调查。②

其二,名誉侵权领域的惩罚性损害赔偿制度是用来惩罚不受欢迎的行为人的手段。此种观点认为,陪审团在名誉侵权领域裁决被告尤其是作为新闻媒体的被告给付原告巨额的惩罚性损害赔偿金,其目的在于惩罚被告作出的不受欢迎的陈述,或者发表的不受欢迎的观点,使那些不受陪审团喜爱的行为人承担了过重的责任。

其三,惩罚性损害赔偿制度并不能够有效恢复原告的名誉。在美国,虽然美国联邦最高法院通过 New York Times 一案确立的规则限制公共官员、公众人物的名誉侵权诉讼,但美国大量的公共官员、公众人物还是一如既往地提起名誉侵权诉讼,要求被告对自己承担侵权责任。公共官员、公众人物提起名誉侵权诉讼的目的同一般私人不一样,他们的主要目的不是为了获得财产上的损失和收入损失的赔偿,而是为了澄清虚假事实,恢复自己已经毁损的名誉。责令被告赔偿作为公共官员、公众人物的原告以惩罚性损害赔偿,实际上使原告获得了巨额横财,但仍然没有达到原告所希望达到的目的。在上述两种理论中,肯定说为英美侵权法的主流学说,为英美众多的司法判例所适用,它们认为,只要被告在作出对原告名誉具有毁损性质的陈述时符合惩罚性损害赔偿责任的构成条件,被告即应承担惩罚性损害赔偿责

---

① See Sheldon W. Halpern, Values and Volue An Essay on Libel Reform, 47 *Wash. & Lee. L. Rev.* 227, 249 (1990).

② See Nicole B. Casarez, Punitive Damages in Defamation Actions: Hn Area of Libel Law Worth Reforming? (1994) 32 *Duq. L. Rev.* 667, 706.

任。这在众多的司法判例中得到说明,在 Burnett v. National Enquirer① 一案中,被告被责令就其作出的毁损性陈述对原告承担给付 1,300,000 元的惩罚性损害赔偿金的责任;在 Douglass v. Hustler Magazine Inc.② 一案中,被告被责令给付原告 1,500,000 元的惩罚性损害赔偿;在 Guccione v. Hustler Magazine③ 一案中,被告被责令给付原告 37,000,000 元的惩罚损害赔偿金,在 Lerman v. Flynt Distrihuting Co.④ 一案中,被告被责令支付原告 33,000,000 元的惩罚性损害赔偿金;在 Pring v. Penthouse Int'L, Ltd.⑤ 一案中,被告被责令支付原告 25,000,000 元的惩罚性损害赔偿金。

在我国,《民法通则》、《侵权责任法》或者最高人民法院有关司法解释都没有规定名誉侵权领域的惩罚性损害赔偿责任。笔者认为,在我国名誉侵权法不应当认可惩罚性损害赔偿责任制度,即便行为人是基于故意、蓄意的目的侵害他人名誉权,他们也不得被责令对他人承担惩罚性损害赔偿责任。我国名誉侵权法之所以不应当认可惩罚性损害赔偿责任制度,其原因有四:

其一,惩罚性损害赔偿责任制度违反了侵权责任的目的。在我国,和在其他国家一样,侵权责任的主要目的是为了补偿他人因为行为人的侵权行为所遭受的损害,使他人因为行为人的侵权行为遭受的损失恢复到侵权行为发生之前的状态。侵权责任的主要目的不是为了惩罚行为人实施的侵权行为。名誉侵权责任也是如此。如果承认名誉侵权责任的惩罚性,让行为人就其名誉侵权行为对他人承担惩罚性损害赔偿责任,则名誉侵权责任的主要目的不是为了弥补他人遭受的损害,而是为了惩罚行为人实施的名誉侵权行为。在侵权法上,如果行为人基于故意或者蓄意实施名誉侵权行为,刑法能够对行为人的名誉侵权行为进行惩罚,因为包括我国在内的许多国家的刑法都规定,行为人的名誉毁损行为可以构成犯罪行为。责令行为人对他人承担赔偿惩罚性损害赔偿责任,实际上混淆了名誉侵权责任和刑事责任。

---

① 193cal. Rptr, 206(ct. App. 1983).
② 769F. 2d 1128(7th cir. 1985).
③ 7Media L. Rptr., 2077(ohio ct. App. 1981).
④ 745F. 2d 123(2d 1948).
⑤ 637F. 2d 438(10th cir. 1982).

其二,惩罚性损害赔偿责任制度违反了仅仅赔偿他人损害的一般原则。在侵权责任问题上,我国侵权法固守仅仅赔偿他人损害的原则,行为人的侵权行为导致他人遭受了多少损失,他们就应当赔偿他人多少损失。行为人不得超出他人损失的范围赔偿他人遭受的损失。此种规则在名誉侵权责任中当然适用。当行为人实施名誉侵权行为时,他们也仅仅赔偿他人因为行为人的名誉毁损行为所遭受的损失。责令行为人承担惩罚性损害赔偿责任,违反了名誉侵权责任领域的仅仅赔偿损失的一般原则。

其三,惩罚性损害赔偿责任使他人获得了不当利益。如果责令行为人就其名誉侵权行为对他人承担惩罚性损害赔偿责任,则他人获得的损害赔偿数额将远远大于他们实际遭受的损害,使他人获得大量的不当利益。

其四,精神损害赔偿责任制度担负着惩罚行为人的目的。在我国,行为人承担的精神损害赔偿责任担负双重功能:抚慰他人的功能和制裁行为人的功能。在精神损害赔偿责任之外无须再认可惩罚性损害赔偿责任制度,否则,行为人将会因为同一名誉侵权行为而受到双重制裁、惩罚。

(五) 损害赔偿的减少

在责令被告就其名誉毁损行为对原告承担补偿性质的损害赔偿责任时,法官会考虑众多的因素,以便减少被告原本应当对原告承担的赔偿数额。根据英美法系国家的法律,可以减少被告赔偿数额的因素主要包括:原告的名声不好,被告就其作出的具有名誉毁损性质的陈述向原告赔礼道歉,原告就其作出的具有名誉毁损性质的陈述予以撤回,原告作出的具有名誉毁损性质的陈述是建立在被告的激怒行为基础上,原告作出的具有名誉毁损性质的陈述仅是重复别人作出的陈述等。关于撤回,笔者将在后面的章节加以讨论。

1. 原告的坏名声

当原告向法院起诉,要求被告就其作出的具有名誉毁损性质的陈述对自己承担侵权责任时,被告可以提供证据,证明原告的名誉普遍不好,要求法院减少自己对原告赔偿的数额。此时,陪审团或者法院在确定被告的损害赔偿范围时要考虑被告提供的此种证据,并根据此种证据来减少被告承担的赔偿数额。因此,原告的名声不好是法官减少被告赔偿数额的重要因素。Cave 法官指出:"损害赔偿……必须完全建立在人们之前对原告名誉所做的评价基础上……具体而言,当陪审团在确定损害赔偿的数额时,他们应当知道原告是一个不具有良好名誉的人。"① 在英美侵权法中,法律对原告是否具有良好名誉采取推定规则,认定向法院起诉的原告具有良好的名誉,被告毁损原告的良好名誉应当对他们承担侵权损害赔偿责任。但是,法律对原告名誉作出的此种推定允许被告用证据加以推翻,一旦被告在诉讼中提供证据证明原告的名誉不好,则陪审团应当在确定被告的赔偿范围时考虑原告名声不好这一证据并因此减少被告的赔偿数额。不过,并非所有证据均可以起到减少损害赔偿范围的作用,只有某些证据才可以起到这样的作用。根据英美普通法的规定,能够起到减少损害赔偿范围的证据应当是有关原告名誉普遍不好的证据(general bad reputation),不应当是原告具体实施某种不当行为的特定证据。Prosser 教授指出:"英美普通法已经确立了这样的规则即为了减少自己承担的损害赔偿范围,被告可以提供原告名誉普遍不好的证据。"② 不过,根据英美司法判例的规定,一方面,被告可以将有关原告的谣言、嫌疑等作为证据,证明原告的名誉不好,以便减少他们承担的赔偿责任,如果有关原告的谣言、嫌疑被认为广为传播并影响到原告的普遍名誉的话。Cave 法官在 Scott v. Sampson③ 一案中对此规则作出了说明。他指出:"如果这些谣言、嫌疑已经在事实上影响了原告的名誉,则被告提供的有关原告谣言、嫌疑方面的证据可以起到证明原告的普遍名誉的效果;如果这些谣言、嫌疑并没有影响原告的名誉的话,则它们同被告的名誉普遍不好没有关系。"另一方面,原告的名誉普遍不好当然可以建立在一定时期内原告实施的众多具体行为方面,如果它们均同引起争议的纠纷有关系的话。因此,被告应提供证据,证明原告在一定的期限内从事了对其名誉有不利影响的众多行为。

2. 被告的赔礼道歉

在英国,当被告作出了对原告名誉具有毁损性质的陈述时,他们可以在新闻媒体上对原告作出公开道歉,承认自己的陈述是错误陈述,对自己作出此种陈述表示遗憾,撤回自己作出的陈述。被告的此种赔礼道歉不会完全免除它们对原告承担损害赔偿责任,但是可以减轻它们对原告承担的损害

---

① Scott v. Sampson,(1882)8Q. B. D. 491,503.
② W. Page Keeton, *Prosser and Keeton on Torts*(fifth edition), West Publishing Co, p.847.
③ (1882)8Q. B. D. 491,504.

赔偿责任。英国1843年《书面诽谤法》第1条对此规则作出了规定,它认为,在任何名誉侵权诉讼中,被告可以提供证据证明自己在诉讼程序开始之前已经就其作出的陈述对原告进行了赔礼道歉或者已经提出了进行赔礼道歉的请求,则他们对原告承担的损害赔偿责任可以减少。

3. 原告的激怒行为

英美侵权法认为,如果被告的陈述是在受到原告激怒、刺激或者挑衅后作出的,则即便被告要就其作出的具有名誉毁损性质的陈述对原告承担名誉侵权责任,它们也不用就其陈述对原告承担全部损害赔偿责任,因为它们可以将原告的激怒、刺激或者挑衅作为自己赔偿责任减轻的根据。不过,根据英美侵权法,被告如果要以原告的挑衅作为自己减轻赔偿责任的根据,他们必须证明,自己作出的名誉毁损行为与原告的激怒行为之间存在某种关联。因此,当原告宣称被告是骗子时,被告为了还击原告而宣称原告是伪君子,当原告起诉要求被告对其承担损害赔偿责任时,被告可以原告的激怒作为减少其赔偿范围的抗辩。

4. 被告的名誉毁损陈述仅是对第三人陈述的重复

根据英美侵权法,如果被告仅是重复第三人作出的陈述,它们虽然仍然要就其重复行为引起的损害对原告承担侵权责任,但它们可以以其名誉毁损行为仅是重复行为作为减轻其赔偿责任的证据。例如,被告的报纸所刊登的内容并非被告本身的记者所撰写,它仅是转载另一家报纸上的文章,此时,被告的赔偿责任应当予以减少。

(六)损害赔偿的增加

在英美法系国家,如果原告能够提供某种证据证明,自己因为被告的名誉毁损行为而遭受了损害,陪审团或者法官在责令被告对原告承担损害赔偿责任时亦可以增加被告的损害赔偿数额。从理论上讲,增加性损害赔偿(aggravated dameges)在性质上仍然属于补偿性的损害赔偿,不属于惩罚性损害赔偿。根据英美侵权法,可以导致被告的损害赔偿责任增加的因素很多,主要包括:原告的名誉特别好,被告除了对原告作出引起纠纷的陈述之外,还对原告作出了其他有名誉毁损性质的陈述;被告撤回道歉的方式不当;被告使用的事实真实抗辩事由不当等。

1. 原告的名声特别好

同原告的名誉普遍不好可以减轻被告的损害赔偿责任相对应,英美侵权法也认为,一旦原告能够证明,在自己的名誉被毁损之前,自己享有特别好的名声,则当他们要求被告赔偿他们遭受的损害时,他们有权要求被告赔偿更多的损害,使其获得的损害赔偿数额增加。此时,原告提供的证据应当是自己的一般名誉特别好的证据,不包括自己从事某种特定行为方面的具体证据。

2. 被告对原告作出了其他具有名誉毁损性质的陈述

当原告对被告提起名誉侵权诉讼时,他们不仅可以提供证据证明被告作出的陈述是虚假陈述,对原告名誉具有毁损性陈述,他们还可以提供证据证明,被告除了在引起纠纷的案件中作出此种陈述之外,还在其他场合、其他领域毁损自己的名誉。一旦原告能够证明被告在其他场合、其他领域毁损自己的故意,法律即会认定被告在引起纠纷的案件中存在毁损原告名誉的故意,被告对原告承担的损害赔偿责任将会增加,无论被告作出的其他具有名誉毁损性质的陈述是否同引起纠纷的陈述相同或者相关,也无论被告作出的其他具有名誉毁损性质的陈述是在引起纠纷的陈述之前作出的还是之后作出的,均是如此。

3. 被告的撤回、道歉方式不当

根据英美侵权法,一旦被告就其作出的具有名誉毁损性质的陈述予以撤回或者予以赔礼道歉,则它们对原告承担的损害赔偿责任应当予以减少。但是,如果它们撤回的方式不当,赔礼道歉的方式不当,则它们承担的损害赔偿责任不仅不应减少,反而应当予以增加。例如,撤回、道歉不及时,撤回、道歉不真诚,不完全,使原告逐渐好转的伤疤又被被告掀起。此外,某些英美司法判例甚至还认为,当被告接到原告要求它们对其具有名誉毁损性质的陈述予以撤回,并进行赔礼道歉而被告对此请求予以拒绝时,被告对原告承担的损害赔偿责任应当增加。

4. 被告在毫无根据的情况下以事实真实作为拒绝承担侵权责任的抗辩事由

根据英美侵权法,即便被告作出的陈述是对原告名誉具有毁损性质的陈述,只要它们作出的陈述是真实陈述,它们就不用就其陈述对他人承担名誉侵权责任,因此,事实真实是被告拒绝承担侵权责任的法定抗辩事由,然而,如果被告知道自己作出的陈述是不真实的陈述而仍然以事实真实作为责任抗辩,则被告对原告承担的损害赔偿责任应当加重。

三、名誉侵权法的救济方式之二：回应权

(一) 导论

如果一个人的名誉因为新闻媒体作出的报道而遭受损害,他们可以请求新闻媒体以某种方式在其报纸杂志、电台电视台节目中公开自己对有关报道作出的答复,以便让社会公众能够了解事实真相,澄清错误事实,减轻或者消除新闻媒体的报道给自己造成的不利影响。新闻媒体应当采取措施,在其报纸杂志、电台电视台节目中公开此人针对其具有名誉毁损性质的陈述作出的答复,否则,应当承担一定的法律责任。此种请求新闻媒体公开其答复的权利在名誉侵权法上被称之为答复权或者回应权(right to reply drot de reponse)。回应权作为一种名誉权的法律救济手段源于法国1881年的新闻法,之后为两大法系国家的法律所借鉴,成为现代名誉侵权责任的重要内容。

(二) 大陆法系国家规定的回应权

在法国,为了保护社会公众尤其是政府的利益,防止新闻媒体的报道破坏社会程序,危害公共安全和损害私人利益,法国立法机关在1822年制定了世界上第一部《新闻法》。该法对新闻媒体享有的新闻自由权作出了各种限制,认为新闻媒体在作出报道时要保护个人利益,使他们免受新闻媒体作出的充满偏见,失衡报道的影响;要保护社会公众的利益,使他们的新闻自由权与社会公众的权利协调。当新闻媒体对他人作出具有名誉毁损性质的报道时,法律除了对新闻媒体处以刑事制裁外,还允许名誉遭受损害的人根据此种法律提起名誉侵权诉讼,要求作为新闻媒体的被告就其报道对自己承担侵权责任。由于法国1822年《新闻法》过分限制了新闻媒体的权利,法国立法机关在1881年废除了此种法律,制定了新的《新闻法》,这就是法国1881年《新闻法》,该法废除了1822年《新闻法》中的约束性规定、限制性规定,使新闻媒体享有的新闻自由权得到了极大提高,虽然它还保留了某些不合时宜的规定。根据该法的规定,如果新闻媒体在其报纸杂志中作出对他人名誉具有毁损性质的陈述,它们应当承担刑事责任,包括至少6个月的刑

事监禁,150元至80,000元的刑事罚金。新闻媒体作出此种陈述的行为也可以看做民事过错行为,他们应当根据《法国民法典》第1382条的规定对原告承担名誉侵权责任。

根据法国法的规定,任何人,无论他们是自然人还是法人,只要他们发现新闻媒体在其出版的报纸杂志上作出了对自己的名誉具有毁损性质的报道,他们应有权要求新闻媒体在其报纸杂志中免费公开自己对此种报道作出的答复或者回应。无论新闻媒体作出的此种具有名誉毁损性质的陈述是否是可以提起诉讼的陈述,新闻媒体均应在按照法律的要求在其报纸杂志上公开发表此种答复或者回应。新闻媒体拒绝在其报纸杂志中公开发表此种答复或者回应,既要承担刑事责任,也要承担民事责任。① 根据法国法的规定,回应权不仅在自然人生存期间享有,就是在他们死亡后也享有。当新闻媒体的陈述涉及死者的名誉利益时,死者的家属有权代表死者向新闻媒体提出请求,要求新闻媒体在其报纸杂志上公开发表死者家人代表死者作出的答复或者回应。

在德国,回应权最初由德国1831年的《Baden新闻法》所规定。该法是根据法国1822年《新闻法》的规定制定出来的。到了1874年,德国联邦立法机关根据1831年的《Baden新闻法》制定了《帝国新闻法》,它是德国联邦意义上第一个规定回应权的法律。到了1949年,德国各个州都制定了各自的《新闻法》,其中均包括回应权的内容。这些《新闻法》的规定大同小异,有关回应酒吧的规定是如此。根据德国Hambarg州的《新闻法》,期刊的责任编辑和出版人有义务公开某个自然人或者团体作出的答复,如果此种答复是针对其期刊作品中作出的不真实的事实陈述的话。任何人,无论他们是个人、社会团体组织、公司或者公共机构,无论他们是德国人还是外国人,均有权要求新闻媒体在他们出版的报纸、杂志或者电台、电视台节目中公开权利人要求它们公开的答复。新闻媒体应当在其公开有关陈述之后即刻或者3个月内公开权利人要求其公开的答复。根据德国Hamburg州的《新闻法》,如果引起争议的陈述还没有排版印刷的话,则新闻媒体应当在下期出版的报纸杂志或电台、电视节目中公共权利人的答复。新闻期刊公开答复地方应当与其公开引起争议的报道的地方相同,公开答复的方式也应当与

---

① See Alan Ward & Ruth Redmond Cooper, The Right of Reply in England France and the Unitedl States, 4J. *Media L. & Practice*, 205, 211-212(1983).

其公开引起争议的报道的方式相同。电台新闻媒体一旦作出对他人名誉具有毁损性质的陈述,它们应当在得到权利人的回应请求后即刻公开其答复,其广播播出的范围、播出的时间应当与它们播出有关引起争议的内容完全相同。新闻媒体不得在权利人作出的答复内容中插入自己的东西,也不得删减权利人答复的内容。新闻媒体不得以读者来信的方式替代答复。如果新闻媒体拒绝以法律要求的方式公开权利人的答复,权利人可以向法院提出申请,由法院采取措施来保障权利人答复权的实现。法官可以颁发临时性禁止令,禁止新闻媒体继续发行自己的报纸杂志,直到它们公开权利人的答复为止。①

(三)英美法系国家规定的回应权

在英国,虽然法律在新闻自由与名誉利益问题上更加强调名誉利益的保护,但是,当新闻媒体在其报纸杂志或者电台、电视台节目中作出对他人名誉具有毁损性质的陈述时,他人虽然可以对新闻媒体提起诉讼,要求新闻媒体就其报道对自己承担侵权责任,但他们并不享有回应权,无权要求新闻媒体在其报纸杂志或者电台、电视台节目中公开自己对其陈述作出的回应,因为,无论是英国普通法还是英国制定法均没有规定他人的回应权。不过,在实际生活中,他人仍然享有此种权利,当作为新闻媒体的被告作出对他人名誉具有毁损性质的陈述时,新闻媒体常常会在其报纸杂志或者电台、电视台节目中公开他人就其报道作出的答复或者回应,以便在原告起诉自己并要求自己就其报道承担侵权责任时将其允许原告作出回应作为减轻责任的抗辩手段,或者拒绝承担侵权责任的手段,因为被告给予原告回应的机会即表明被告的报道是公平的报道。② 在美国,司法机关关于回应权的说明存在两个互相矛盾的判决,其中司法判例在著名的 red Lion Broadcasting Co. v. FCC③一案中,认可他人的回应权;而司法判例在著名的 Miami Herald Publishing Co. v. Tornillo④ 一案中则否认他人的回应权。在 Red Lion 一案

---

① See Jae jin Lee, Freedon of the Press and Right of Reply under the contemporary korean Libel Law: A Comparpiv Analysis, (1998)16*ULCA Pac. Basin L. J.*155, 164 - 165.
② See Mary Ann McMahon, Defamation Claims in Europe: A Survey of the Legal Armory, 2002 19*WTR Comm. Law*24, 26.
③ 395 U. S. 367(1969).
④ 418 U. S. 241(1974).

中,一家电台在其节目中播出了被称之为"Christian Crusade"的宗教节目,在该节目中,Reverend Billy James Hargis 口头批评 Fred J. Cook Hargis 指出,Cook 那时是一家对共产主义组织抱有同情心的出版机构的工作人员,他因为对市政官员进行虚假攻击而被这家报社开除;他对美国中央情报机构进行攻击;他写了一笔者,对 Barry Goldwater 进行抹黑。Cook 要求电台在其节目中公开自己对 Hargis 陈述所作出的回应。因为美国联邦情报委员会要求新闻媒体在涉及人身攻击问题时给被攻击者以回应权。该电台向法院起诉,要求法官宣告美国联邦情报委员会的规定违宪。美国联邦最高法院认为,当新闻媒体对他人名誉作出具有名誉毁损性质的陈述时,新闻媒体应当给他人提供作出回应的机会,他人享有要求新闻媒体公开其答复的权利,公开新闻媒体满足他人答复权的要求并不违反《美国联邦宪法》规定的新闻自由权的精神,因此,美国联邦通信委员会(the Federal Communication commission)基于公平原则的精神所规定的回应权符合美国联邦宪法的规定。美国联邦最高法院作出此种判决的理由众多,包括公平原则(the fairness doctrine)和频率稀缺规则(the scarcity argument)。根据公平原则,新闻媒体应当抽出一定比例的时间来讨论具有重要意义的公开问题的讨论;在讨论具有重大意义的公共问题时,新闻媒体应当在有争议的问题上呈现不同的观点。此种规则既适用于新闻媒体对他人进行人身攻击的情形,也适用于新闻媒体加政治候选人进行广告宣传的情形还适用于新闻媒体对政治候选人作出有利的政治评论的情形。在本案中,被告的嘉宾在其电台节目中对他人进行人身攻击,被告当然应当根据公平原则允许他人在其节目中对其人身攻击进行回应,以便公众能够听到不同的观点。根据频率稀缺理论,美国联邦最高法院认为,虽然新闻媒体享有美国联邦宪法规定的言论自由权和新闻自由权;但新闻媒体此种权利的享有并不包括它们享有扼杀他人言论自由权的权利,他们应当保护他人的言论自由权,因为在当今社会那些想通过自己的电波频率来传播自己声音的个人远远超过了可以分配的电波频率。因为公平原则和频率稀缺这两个方面的理由,美国联邦情报委员会要求新闻媒体在人身攻击领域给被攻击的人提供回应的规定完全符合《美国联邦宪法第一修正案》的精神。

到了1972年,美国联邦最高法院在著名的 Tornillo 一案中废除了它在前述 red Lion 一案中确立的规则,认为美国 Florida 一项规定回应权的制定法违反了《美国联邦宪法第一修正案》的规定。在该案中,Miami Herald 出版了两个评论,对欲参加美国 Florida 州参议院议员的竞选人 Pat Tornillo 提出批评。Tornillo 提出请求,要求 Miami Herald 根据 Florida《制定法》第 104-38 条的规定公开自己对此批评作出的回应。Tornillo 的此种要求被拒绝,认为 Florida 州《制定法》第 104-38 条的规定违反了《美国联邦宪法第一修正案》的规定。其理由有三:其一,该规定试图对新闻媒体公开的内容进行规范;其二,该规定太过模棱两可;其三,该规定没有区分具有观点性的政治评论和具有名誉毁损性质的事实陈述。美国联邦最高法院同意原告的意见,认为美国 Florida 州《制定法》第 104-38 条实质上是对新闻自由的内容进行的规范,如果坚持此种规则,则会对新闻媒体在社会生活中所起的作用和效力产生各种不利影响。法院认为,责令公开新闻媒体在其报纸杂志或者电台、电视台节目中公开权利人的主张的答复内容不仅会耗费大量的经济成本和时间成本,而且从经济适用性的角度也是不现实的,因为报纸不可能腾出确定的版面空间去刊登权利人要求它们予以刊登的答复。对新闻媒体科以此种处罚既不现实,也侵犯了美国联邦宪法保护的评论自由的原则,因为理性告诉新闻媒体,报纸无须刊登权利人要求他们予以刊登的答复,同时,强制执行 Florida 州制定法规定的答复权,会不可避免地抑制新闻媒体对各种公共问题的争议,削弱了新闻媒体在这一领域呈现出来的活力。

在美国,学说认为,作为名誉权的法律救济手段,答复权应当为美国法律所坚持,当新闻媒体在其报纸杂志、电台、电视台节目中作出对他人名誉具有毁损性质的陈述时,名誉受到毁损的权利人有权要求新闻媒体公开自己针对名誉毁损性陈述作出的答复。新闻媒体应当在其合理的时间内以同样显著的方式公开权利人作出的答复。因为答复权是宪法规定的基本权利之一,它们强加并不仅不会违反宪法的规定,而且还可以达到更好地维护原告名誉利益的目的。[1]

(四)我国法律是否应当规定回应权

在我国,法律虽然认可他人的名誉权,当行为人作出的具有名誉毁损性质的陈述侵犯了他人名誉时,他人可以要求行为人就其陈述对自己承担侵

---

[1] See John Hayes, The Right to Reply: A Conflict of Fundamental Riqhts, (2004)37 *Colum. J. L. & Soc*, *Prolos*, 551, 552.

权责任或者要求行为人采取其他救济措施。问题在于,如果毁损他人名誉的行为人是新闻媒体,他人是否有权要求新闻媒体在其公开具有名誉毁损性陈述的报纸杂志或者电台、电视台节目中公开自己针对其陈述作出的答复或者回应?对此问题,我国法律没有明确规定,司法判例没有明确说明,学说也没有作出过探讨。笔者认为,我国法律应当借鉴两大法系国家法律的经验,明确规定回应权,以便对遭受新闻媒体或者可能遭受新闻媒体报道损害的人提供更好的保护。

1. 规定回应权的必要性

在我国,法律应当规定回应权,其理由有:其一,回应权可以更好地保护他人名誉利益,使他人名誉利益得到更好的恢复。当新闻媒体的报道可能会对他人名誉构成具有毁损性质的陈述时,他人虽然可以根据《民法通则》的规定提起名誉侵权诉讼,要求新闻媒体就其报道对自己承担侵权损害赔偿责任或者采取赔礼道歉、恢复名誉等救济措施,但这些法律救济方式无法完全恢复他人已被毁损的名誉,无法使他人已被毁损的名誉恢复到新闻媒体报道没有公开之前的状态,因为名誉侵权诉讼不仅费时费力,而且其结果难以确定;损害赔偿或者其他补救措施均系事后补救措施,以新闻媒体的报道已经给他人造成名誉损害作为前提条件。而回应权则不同,它可以作为一种事先的预防措施,保护好他人的名誉利益。例如,当新闻媒体准备在其报纸杂志上发表可能对他人名誉具有毁损性质的报道时,如果法律规定了回应权,则新闻媒体在发表此篇报道时应当同时发表他人就此篇报道作出的答复。回应,使新闻媒体的报道可能产生的名誉毁损后果因为他人的答复、回应而消失或者减缓,此时,回应权的规定可以起到预先防止他人名誉被毁损的功能;即便新闻媒体的报道已经使他人名誉遭受损害,新闻媒体按照法律的要求公开发表他人就其报道作出的回应,此种回应产生的效果要比新闻媒体事后的赔礼道歉或者撤回其报道的方式更好,因为回应权要求新闻媒体按照他人的答复来消除其报道产生的不利影响,新闻媒体在发表他人的答复或者回应时既不得增加自己的内容,也不得删除他人答复的内容。其二,回应权可以保护他人的言论自由权。在我国,《宪法》规定的言论自由权不仅能够为新闻媒体所享有,它们有权利用《宪法》规定的言论自由权来对他人的事实作出报道或者对他人的行为作出评论,它们不能仅仅因为其报道的事实或者发表的评论是对他人名誉具有毁损性质的事实或评论而就对他人承担名誉侵权责任,如果他们发表的事实是真实的事实,所作出的评论是公正评论的话;宪法规定的言论自由权也可以为他人所享有,他人有权利用此种权利来陈述某种事实或者作出某种评论,只要他们陈述的事实是真实事实,作出的评论是公正评论,则即便他们的陈述毁损了别人的名誉,他们也不用就其陈述对他人承担侵权责任。规定回应权不仅可以保护他人的名誉利益,而且还可以保护他们享有的宪法利益,使其言论自由权得以实现,因为当新闻媒体作出的陈述可能会危及其陈述涉及的某些人的名誉利益时,法律要求公开新闻媒体在公开对他人名誉有毁损性质的陈述时也同时或者事后公开他人就其陈述作出的答复,以消除或者减缓新闻媒体的报道可能产生的不利后果。其三,回应权满足了社会公众对有关信息的要求,使他们在作出自己的判断和评价时不受信息不对称的影响。所谓名誉就是指社会公众对他人的品行、能力、职责履行等方面作出的评价。社会公众对他人作出的评价往往取决于社会公众对他人信息掌握的全面与否、准确与否。如果法律不规定回应权,则社会公众新闻媒体报道涉及的个人评价将建立在新闻媒体一方提供的信息基础上,此时,他们的评价难免会出现偏差;如果法律规定回应权,则社会公众对新闻媒体报道涉及的个人评价将会同时建立在新闻媒体和他人提供的信息基础上,此时,他们对他人作出的评价可能会更加客观、公正。其四,回应权的规定不会不适当地限制新闻媒体的言论自由权。回应权的规定会使新闻媒体按照法律的要求公开发表他人的答复,表面上看,此种权利的规定会使新闻媒体的新闻自由权受到限制。实际上,回应权不会限制新闻媒体享有的新闻自由权,因为新闻媒体在当今社会的重要使命是给社会公众提供重要信息,引导他们参与有关公共问题的争议。当新闻媒体作出的报道可能会引起社会公众对他人评价降低时,新闻媒体有义务公开他人对其报道作出的回应,使其报道可能产生的不利后果予以减缓或消除。新闻媒体应当认识到,名誉侵权法实际上禁止他们通过其报道毁损他人名誉。回应权的规定仅仅确保了新闻媒体在行使新闻自由权时所应当持有的客观、公正立场,不会从根本上限制新闻媒体享有的新闻自由权。

2. 回应权适用的范围

在我国,回应权适用的对象是新闻媒体作出的具有某种名誉毁损性质的事实陈述还是新闻媒体作出的具有某种名誉毁损性质的观点陈述? 对此问题,各国法律的回答并不完全相同。在德国,法律规定的回应权仅仅适用于新闻媒体对某种事实作出的陈述,不适用于新闻媒体对某种观点的陈述,即便新闻媒体作出的观点陈述是对他人名誉具有毁损性质的陈述。[1] 在法国,回应权既适用于新闻媒体对某种事实作出的陈述,也适用于新闻媒体对某种观点的陈述,只要所陈述的事实或陈述的观点是对他人名誉具有毁损性质的陈述。[2] 在我国,回应权是针对新闻媒体作出的事实陈述还是观点陈述?笔者认为,回应权适用的对象既包括新闻媒体作出的某种事实陈述,也包括它们作出的某种观点陈述,因为,一方面,无论是新闻媒体作出的事实陈述还是它们作出的观点陈述均可能是对他人名誉毁损性质的陈述,当新闻媒体作出的事实陈述或者观点陈述是对他人名誉具有毁损性质的陈述时,新闻媒体即应在其报纸杂志或者电台、电视台节目中公开发表他人对其事实陈述或者观点陈述作出的答复或者回应;另一方面,新闻媒体的事实陈述往往与观点陈述密切相关,它们对某种观点的陈述会建立在某种事实陈述的基础上。回应权同时适用于新闻媒体作出的事实陈述和观点陈述,使新闻媒体无需在公开发表他人回应时费力区分其作出的陈述究竟是什么性质的陈述。

3. 回应权的实现方式

如果新闻媒体作出对他人名誉具有毁损性质的陈述,它们应当在其公开此种陈述的报纸杂志或者电台、电视台节目中公开他人对其陈述作出的回应。公开新闻媒体应当采取什么样的措施来保证他人回应权的实现?笔者认为,新闻媒体可以采取两种方式来保证他人回应权的实现:其一,在公开对他人名誉具有毁损性质的陈述时公开他人对此种陈述作出的答复;其二,在公开对他人名誉具有毁损性质的陈述之后的合理期限内公开他人对此种陈述作出的答复。如果公开,新闻媒体有理由怀疑它们作出的某种陈述可能会涉及他人的名誉,它们在公开此种陈述之前如果能够找到他人的话,新闻媒体应当预先找到他人,要求他人就其即将公开的陈述作出回应或发表评论,新闻媒体在公开发表其作出的陈述时应同时公开他人对此陈述作出的回应;当新闻媒体没有预先请求他人就其即将作出的陈述予以回应或者当新闻媒体公开的陈述被他人举报,认为其陈述毁损了自己名誉时,新闻媒体应当在接到他人对其陈述作出的回应后的合理期限内公开他人的回

---

[1] Charles Danziger, The Right of Reply in the United States and Europe, (1986) *N. Y. U. J. Int'L. L. & Pal*, 171, p. 184.

[2] Ibid., pp. 183 – 184.

应。新闻媒体采取的回应方式不同,法律对它们提出的要求也不相同。在第一种情况下,新闻媒体公开陈述的方式、时间应当与它们公开他人回应的方式、时间相同。而在后一种情况下,新闻媒体公开其陈述的方式也应当与它们公开他人的回应方式相同。因此新闻媒体公开回应的具体方式,取决于它们公开其引起争议的陈述方式。如果报纸在 A2 版刊登攻击他人内容时,报纸接到他人投诉,认为报纸在 A2 版刊登的内容毁损了自己的名誉,他人要求新闻媒体刊登其作出的回应,该报纸也应当在接到投诉之日起的下一期报纸 A2 版同样的位置,以同样的字体刊登他人的回应。如果是电台、电视台在其节目中攻击他人,电台、电视台应当在其节目中给予被攻击者以回应的机会,或者让攻击者与被攻击者均同时出现在其节目中,或者让被攻击者在接到投诉之后的下一期节目中对攻击者的攻击作出回应。此时,被攻击者在下一期节目中的回应时间、频率、频道应当与攻击者使用的频率、频道相同。不过,无论是采取什么样的方式,新闻媒体在公开发表他人作出的回应时,必须忠实于原文,不得增删他人回应的内容。

4. 回应权的法律效力

一旦新闻媒体公开了他人针对其陈述作出的回应,当他人针对新闻媒体作出的陈述提起名誉侵权诉讼时,被告是否可以以其公开了他人回应作为拒绝承担名誉侵权责任的抗辩？我国法律没有作出规定。笔者认为,被告公开他人的回应仅是减轻它们侵权责任的条件而非完全免除他们责任的条件。如果法律认定新闻媒体应当就其具有名誉毁损性质的陈述对他人承担名誉侵权责任,则法官可以减轻新闻媒体对他人承担的侵权责任,仅仅责令新闻媒体就其陈述对他人遭受的财产损害、经济损害承担赔偿责任,免除新闻媒体就其陈述对他人遭受的无形损害承担赔偿责任。但是,如果法律认定新闻媒体不用就其具有名誉毁损性质的陈述对他人承担名誉侵权责任,新闻媒体仍然有义务公开他人对其陈述作出的回应,例如,新闻媒体作出的陈述虽然毁损了公共官员、公众人物的名誉,但新闻媒体不是基于恶意作出此种陈述,此时,新闻媒体不用就其陈述对他人承担侵权责任;但新闻媒体仍然要在其报纸杂志或者电台、电视台节目中公开公共官员、公众人物作出的回应。当新闻媒体拒绝公开公共官员、公众人物的回应时,法律应当责令新闻媒体就其陈述对原告承担名誉侵权责任,因为新闻媒体拒绝公开回应的行为表明它们是基于恶意作出对原告名誉具有毁损性质的陈述。

四、名誉权的法律救济方式之三:撤回

(一) 大陆法系国家的撤回制度

所谓撤回(retraction)是指名誉受到损害的人提出请求,要求对其作出具有名誉毁损性质陈述的人或者法院责令对其作出名誉毁损性质的人收回它们作出的具有名誉毁损性质的陈述,承认自己作出的陈述是具有名誉毁损性质的陈述,以便澄清错误事实,校正其错误陈述所造成的不利影响,恢复名誉受到损害的人已被毁损的名誉。在现代社会,虽然两大法系国家均规定了名誉毁损陈述的撤回制度,但它们规定的撤回制度并不相同。在德国,法律长期以来都承认撤回制度,但是德国法律规定的撤回制度不同于其他国家规定的撤回制度。根据德国法的规定,当被告作出的陈述侵犯了原告的名誉时,原告可以向法院起诉,要求法院作出判决,命令作为被告的报纸、电台、电视台撤回它们作出的有争议的陈述或者至少要澄清其作出的错误陈述。此时,撤回分为完全撤回(complete retraction)和限定撤回(restricted retraction)。当原告能够确定无疑地证明被告的陈述是虚假的陈述时,则他们有权要求法院完全撤回被告作出的陈述;当原告不能确定无疑地证明被告的陈述是虚假陈述时,他们仍然有权要求法官责令被告有限制地撤回它们作出的陈述即被告作出说明,声称它们并不认同它们作出的具有名誉毁损性质的陈述。此时,他们应当通过优势证据证明被告作出的陈述具有虚假性。[①] 在法国,1881 年的《新闻法》规定了撤回权(droit de rectification)。它规定,当新闻媒体对公共官员作出具有名誉毁损性质的陈述时,政府有权要求新闻媒体撤回它们作出的此种陈述,以便校正其报道给公共官员造成的不利影响。法律之所以作出这样的规定,是为了确保新闻媒体在报道官员活动时能够准确和正确。当然,法国法也许可公共官员个人对新闻媒体提出请求,要求它们撤回其作出的对自己名誉具有毁损性质的报道,但他们享有此种权利是有条件的,即新闻媒体的报道是涉及自己职责履行

---

① Alexander Bruns, Access to Media Sources in Defamation Litigpion in the United States and Germany, (2000)10Duke J. Comp & Int'l L. 283, p.287.

活动方面的错误报道,具有名誉毁损性质的报道。

(二)英美法系国家的撤回制度

在美国,各个州都制定了具有名誉毁损性质陈述的撤回制度,这些撤回制度的内容虽然并不完全相同,但其包含的内容也存在共性即撤回的成立必须具备一定的实质要件,撤回应当具备一定的程序要件,符合实质要件和程序要件的撤回不能产生一定的法律后果。根据美国各个州的制定法,有关撤回的功能有二:其一,新闻媒体是否撤回他们作出的具有名誉毁损性质的陈述是证明它们在作出此种陈述时是否存在蓄意的证据。此种理论认为,如果新闻媒体在作出对他人名誉具有毁损性质的陈述时基于他们请求或者基于其自愿在其报纸杂志、电台、电视台节目中撤回所做的陈述,则行为人对其先前陈述行为的撤回即表明新闻媒体不是基于恶意公开对他人名誉具有毁损性质的陈述;如果新闻媒体在作出对他人名誉具有毁损性质的陈述时基于他人的请求而拒绝撤回其陈述,则行为人拒绝撤回的行为即表明它在作出对他人名誉具有毁损性质陈述时存在蓄意。这一点尤其对公共官员、公众人物的名誉侵权产生影响,根据美国联邦最高法院在 New York Time 一案中确立的规则,如果名誉受到毁损的公共官员、公众人物要求新闻媒体就其具有名誉毁损性质的陈述对自己承担侵权责任,他们必须证明被告存在蓄意,否则,新闻媒体不用就其报道对他们承担侵权责任。其二,新闻媒体是否撤回它们作出的具有名誉毁损性质的陈述是决定是否减少它们承担名誉侵权损害赔偿责任的根据。此种理论认为,如果新闻媒体在公开对他人名誉具有毁损性质的报道之后主动或者基于他人的请求而撤回它们作出的此种陈述,则当他们被起诉并被要求就其陈述对他人承担名誉侵权责任时,法律仅仅责令他们就其公开的陈述对他人承担部分损害赔偿,不会责令他们就其陈述对他人承担全部损害赔偿责任。如果它们在公开对他人名誉具有毁损性质的陈述后基于他人的请求而拒绝撤回它们先前公开的陈述,则当他们被起诉并被要求承担赔偿责任时,法律会责令它们就其陈述对他人承担全部损害赔偿责任而非部分损害赔偿责任。至于说新闻媒体撤回其先前作出的陈述会在什么范围内承担名誉侵权责任,美国各个州的规定并不完全相同,主要有三种方式:其一,法官自由裁量。此种理论认为,当新闻媒体撤回其作出的陈述时,如果他人提起诉讼,要求新闻媒体就其陈述承担侵权损害赔偿责任,在决定被告承担的实际损害范围和减少惩罚性损害赔偿金时,法官可以考虑案件的各种具体情况,包括被告对其公开陈述的撤回等。此种理论为美国 Texas 州的制定法所采取。该州的制定法规定:在任何书面诽谤侵权案件中,在决定实际损害的范围和决定减少惩罚性损害赔偿金的数额时被告可以提供有关损害方面的各种具体事实和各种情况并将它们看做证据,包括被告作出的赔礼道歉、校正和撤回等。① 其二,被告仅仅赔偿"实际损害",不赔偿惩罚性损害。在美国,绝大多数州的司法判例和制定法都认为,一旦作为新闻媒体的被告在作出对原告名誉有毁损性质的陈述后撤回它们作出的陈述,法律仅仅会责令它们就其陈述对原告承担"实际损害"(actual damages)赔偿责任,免除它们就其陈述承担的惩罚性损害赔偿责任。例如,美国 Connecticut 州撤回法明确规定,除非原告能够证明被告在公开对其具有名誉毁损性质时存在实际蓄意或者当原告要求被告撤回其作出的陈述而被拒绝,否则,原告仅仅有权获得实际损害赔偿,如果他们能够具体主张和加以证明的话。② 在这里,"实际损害"这一词如何理解,存在疑问。在美国联邦最高法院确立 New York Times 一案规则之前,"实际损害"这一词语往往用来指前述论及的"特殊损害",不包括一般损害。但是,到了 1964 年之后,美国联邦最高法院认为,"实际损害"既包括笔者前面论及的"特殊损害",也包括笔者前面论及的"一般损害"。美国联邦最高法院认为,实际损害不仅包括原告遭受的名誉损害,而且还包括原告遭受的"人身羞辱和精神痛苦"。③ 其三,被告仅仅赔偿"特殊损害"。此种理论认为,当被告作出的陈述毁损了原告名誉时,除非原告对被告提出正式请求要求被告撤回其陈述并且原告的请求被拒绝,否则,原告仅仅能够请求被告赔偿他们遭受的"特殊损害"。此种理论为《美国加利福尼亚州民法典》第 48 条所规定。它规定:如果原告因为报刊、电台公开的陈述而遭受损害,他们在提起名誉侵权损害赔偿之诉时,只能要求被告赔偿他们遭受的特殊损害,除非他们对被告提出正式请求,要求被告撤回此种陈述,对其陈述引起的损害予以校正并且此种请求被拒绝。④

---

① Tex Rev Civ. Stp Ann 5431(Vernon 1991).
② Conn Gen Stp Ann52-237(west1991).
③ Gertz v. Robert Welch Ino., 418 U. S. 350.
④ Cal Civ. Code 48a(1)(West.1992).

当然,无论美国各个州的制定法对撤回的效力做什么样的规定,它们对撤回产生的上述效力均规定了各种条件的限制,只有在符合这些条件的情况下,被告承担的赔偿范围才得以减少:(1)被告对其陈述的撤回应当在法定期限或者合理时间内作出,超出合理的时间限制,被告作出的撤回将不会产生减轻其责任范围的效力;例如,美国 Idaho 州的制定法明确规定,被告应当在接到他人请求后的 3 个星期内撤回其陈述①,美国 Connecticut 州的制定法规定,被告应当在接到他人通知后的 10 天内撤回其陈述。(2)被告的撤回应当以公开的方式进行。在美国,各个州的撤回法对被告撤回的方式作出了明确规定,这些规定虽然存在差异,但实际上大同小异,即撤回应是公开的,以原陈述相同的方式作出。例如,美国 Okla 州的制定法规定,被告的撤回标题必须明确使用"撤回"这样的标题,其标题的字体应当为 18 号或者之上的字体,撤回的内容应当与引起纠纷的内容放在同一版面或者页数上,使用相同的字体。② 美国 Utah 州的制定法也明确规定,被告的撤回应当与其引起纠纷的陈述处于同一版本和页数的同一位置,并且使用同样大小的字体。(3)撤回仅限于法律明确规定的被告。在美国,某些州的制定法认为,所有的被告均适用撤回法的规定,只要它们作出了对他人名誉具有毁损性质的陈述。③ 某些州仅仅保护报社的利益,认为撤回仅仅适用于报社这一特定的被告④;某些州的制定法不仅保护报社的利益,而且还保护杂志的利益,无论它们是否是连续出版物,撤回法均适用于它们。

为了消除美国各个州在撤回法律问题上存在的差异,统一各个州关于撤回方面的法律,美国统一州法国家委员会(the Natianal conference of Commissioners on uniform State Law)在 1989 年任命了一个专家委员会,具体负责起草统一的名誉侵权法(the Uniferm Dafamation Act)。几年之后,该专家委员会提交了统一名誉侵权法草案,由于该草案广受批判,美国统一州法国家委员会放弃了此种草案。不过,其中关于撤回和校正制度的规定被认为具有很大的价值,被美国法学会(the Hmercan Bar Association)在 1994 年批准,这就是美国《统一校正或澄清名誉侵权法》(the Uniform correction or clarifi-

---

① Ibidaho Code 6-712(1990).
② Okla Stp Ann 14460(West 1989).
③ Neb Rev. Stp. 25 840.01(1988).
④ Minn. Stp Ann. 548,06(West,1988).

cation of Defamation Act)。以下简称 UCCDA。该法对有关撤回的地位、方式、时间和法律效力均作出了明确规定。到了 1995 年,美国 North Dakota 州首先在美国采用 UCCDA 的规定,之后它又被引入到 Minnesot 州,New York 州,Nebraska 州以及 Delaware 州。UCCDA 的主要内容有:(1) 撤回在名誉侵权法中的地位。根据 UCCDA 第 3 条,当原告的名誉遭受被告作出的具体名誉毁损性质的陈述损害时,如果原告要就被告的陈述提起名誉侵权诉讼,他们必须首先要对被告提出正式请求,要求被告校正其错误陈述,澄清有关是非,否则,他们不得提起名誉侵权诉讼。该条规定,除非名誉被毁损的人首先要求被告校正其错误陈述或澄清有关是非,或者除非被告自愿校正其错误陈述或有关是非,否则,原告无权对被告提起名誉侵权诉讼。(2) 原告撤回请求作出的时间。根据 UCCDA 第 8(3) 条,当原告的名誉遭受被告的损害时,如果原告不知道其名誉被毁损,他们应当在法律规定的名誉侵权诉讼期间内提出请求,要求被告撤回它们作出的陈述;如果原告意识到了被告对其作出的具有名誉毁损性质的陈述,则他们应当在知道此种信息之后的 90 天内提出撤回请求,要求被告校正其错误陈述和澄清有关是非。如果原告没有在法定期间内提出撤回请求,UCCDA 也对他们的迟延请求给予制裁,即一旦他们提出的请求迟延,他们仅仅有权要求被告赔偿他们能够予以证明的经济损失(provable economic loss)。根据 UCCDA 第 1 条,所谓"经济损失"是指被告作出的具有名誉毁损性质的虚假陈述引起的特殊损害和财产损害,它不包括一般损害、推定损害、名誉损害或者惩罚性损害。(3) 要求撤回的程序。根据 UCCDA 第 3 条,原告提出撤回的方式有两种:原告在其诉讼中提出请求,要求被告撤回其陈述。被告不提起诉讼,而是直接对被告提出要求,要求被告撤回其陈述。无论是通过诉状方式还是通过直接的方式提出请求,原告的请求只能是书面形式,要具体说明被告的陈述是虚假陈述,说明被告陈述作出的时间和地点;要说明被告作出的陈述是具有名誉毁损性质的陈述;如果被告使用的陈述语言不是那些本质上不具有名誉毁损性质的陈述,要解释能使被告的陈述成为具有名誉毁损性质的陈述的具体情况;说明被告作出的具有名誉毁损性质的陈述是不真实的陈述。(4) 充分撤回的构成要素。根据 UCCDA 第 6 条,被告作出的撤回应当是充分的,否则,将难以产生撤回的法律效力。该条对充分校正或者充分澄清(sufficient correction or clarification)的具体要素作出了明确规定。具体而言,只有同时符合下列五个构成要素,被告的校正或者澄清才构成充分撤回:① 校正或者澄清陈述以与引起纠纷的原公开陈述一样的突出地位公开,其公开方式、公开的新闻媒体、公开的范围与原公开陈述一样;② 校正或者澄清提及被校正或者澄清的陈述;③ 具有名誉毁损性质的陈述所具有的含义源于其陈述的上下文时,被告的校正或者澄清否认它们在作出陈述意图使其陈述具有对原告名誉有毁损性质的那种意义;④ 校正或者澄清表示,被告并不相信第三人作出的某种陈述是真实的;⑤ 校正或者澄清已经传达给了要求它们对其陈述予以校正或者澄清的人。(5) 撤回的方式及撤回公开的范围。根据上述充分校正或者充分澄清的要求,被告撤回的公开范围应当与其引起纠纷的陈述公开范围相同,即有同样的读者、同样的听众或者同样的观众能够读到、听到或者看到被告的撤回内容。这样,当被告作出对他人有名誉毁损性质的陈述时,被告原则上应当在其下一版,下一期报纸杂志或者电台、电视台节目中公开其校正或者澄清内容,因为该法认为,在被告下一期、下一版的报纸杂志、电台、电视台节目中予以校正或者澄清,该种校正或者澄清的范围与被认为与引起争议的陈述公开范围在实际上是相同的。如果被告的下一版、下一期报纸杂志或者电台、电视台节目中无法在引起争议的陈述公开后的 45 天内公开出版或者播出,则该法允许被告在其他新闻媒体公开它们就其陈述作出的校正或者澄清,不过,该法认为,公开其校正或者澄清内容的其他新闻媒体应当在显著的地方公开,该法认为,其他新闻媒体在其显著的地方公开被告的撤回内容,其达到的范围实际上相同。此时,替代新闻媒体由双方当事人协调确定。如果双方当事人无法就此问题达到协议,则被告应当在其引起纠纷的陈述公开的地区发行量最大的报纸上公开其撤回内容。(6) 及时公开撤回的效果以及不及时公开撤回的效果。根据 UCCDA 第 5 条,当被告按照该法规定的期限公开其校正或者澄清其陈述时,他们仅仅就其具有名誉毁损性质的陈述对原告承担可予证明的经济损失,不赔偿原告遭受的一般损害或者惩罚性损害。根据 UCCDA 第 8 条,当被告没有及时公开其校正或者澄清陈述时,或者当及时校正或者澄清不可能时,被告也可以在审判之前的任何时候公开其校正或者澄清其陈述。此时,它们除了要赔偿可以证明的经济损失之外,还应赔偿原告因为诉讼而支出的合理费用。

在当今美国,虽然各个州的制定法均规定了撤回制度,并且各个州的司法判例也大多承认此种制度,但关于此种制度是否具有价值,学说和司法判例存在两种决然不同的观点。某些学说和司法判例认为,作为名誉侵权的一种救济手段,撤回制度毫无意义,它无法治愈原告因为被告的名誉毁损行为所遭受的名誉损害和精神痛苦,无法使原告的名誉回复到被告毁损行为公开之前的状态,这或者是因为,被告的撤回陈述在实际上无法为引起纠纷的陈述的读者、听众或者观众所阅读、所听到或者所看到,或者是因为责令被告赔偿原告遭受的特殊损害,经济损失无法达到消除原告精神痛苦、恢复其名誉的目的,因为,"在绝大多数书面诽谤侵权案件中,原告对被告提起侵权诉讼的目的并不是为了获得金钱上的赔偿,因为被告作出的具有名誉毁损性质的陈述往往同金钱问题无关,被告的陈述对原告造成的真正损害是无形损害(intangible harm),诸如耻辱、羞愧、感情伤害等"[1]。法官在 Dehoe v. New York Tribune Inc.[2]一案中即采取此种观点,认为作为名誉侵权的一种法律救济手段,"撤回经常是施延时日的手段,是对他人进行攻击的手段,是不会产生什么效果的。作出名誉毁损陈述的人往往不愿意及时作出撤回陈述或者虽然作出及时的撤回陈述,但不愿使用适当的语言作出此种撤回陈述,使被告的撤回陈述导致了损害的加重,使原告遭受更深的损害。一旦被告将其撤回放在不起眼的地方,或者虽然放在突出的地方,但使用的语言不当,则被告作出的撤回陈述将丝毫没有价值"。某些学说和司法判例认为,作为名誉侵权的一种法律救济手段,撤回具有比损害赔偿制度更优势的地位,它是解决名誉侵权纠纷的高度有效的手段,因为,一方面,此种救济手段使人们摆脱了令人困扰的理论问题的纠缠即名誉损害无法以金钱的方式确定的价值;另一方面,撤回陈述一旦对大量的读者、听众或者观众公开,将会成为恢复原告名誉的最好手段。Peled 采用此种理论。他认为,"在美国名誉侵权法中,撤回并非是没有意义的制度。在普通法中,当被告主动撤回它们作出的具有名誉毁损性质的陈述时,陪审团在决定被告的赔偿范围时可以基于其主动撤回而减少它们承担的赔偿数额。在今天,美国有超过一半的州的制定法都认为,一旦被告以适当的方式对其陈述予以撤回,则被告的撤回可以阻止原告对其提起名誉侵权诉讼或者阻止原告要求它们赔偿某些类型的损害赔偿(一般损害或者惩罚性损害)"[3]。

---

[1] Rodney A. Smolla, *Suing the Ppress*, Oxford University Press,1986, p.108.
[2] 229 A D220, 241 NYS 676,680 (N.Y.App, Div.1930).
[3] Elad Peled, Constitutionalizing Mandatory Retraction in Defamation Law, (2007) 30 *Hastings Comm. & Ent. L. J.* 33,34.

(三) 我国法律规定的撤回制度

在我国《民法通则》第 120 条对侵害他人名誉的各种法律救济方式作出了规定,诸如要求停止侵害、恢复名誉、消除影响、赔礼道歉以及赔偿损失等,《民法通则》并没有明确规定对具有名誉毁损性质的陈述的撤回制度。不过,我国法律并非完全否认撤回制度,因为根据我国司法实践的精神,一旦被告的陈述尤其是当作为新闻媒体的被告陈述引起原告名誉遭受损害,如果原告向法院起诉,要求被告采取措施消除其陈述给自己名誉造成的不利影响,当法官认定被告的陈述是对原告名誉具有毁损性质的陈述时,法官会责令被告在其报纸杂志,电台、电视台节目中公开作出陈述,校正其错误陈述,澄清其错误报道,消除被告的陈述给原告造成的损害。可见,在我国,撤回制度仅为一种法律强制性的制度,它同《德国民法典》规定的撤回制度相似而不同于英美侵权法上的撤回制度。问题在于,我国侵权法是否应当承认美国侵权法上的撤回制度?如果承认,此种撤回制度会产生什么样的法律后果?我国法律、学说和司法判例均没有作出说明,有探讨的必要。
(1) 撤回制度可以更好地实现名誉侵权法的目的。作为名誉侵权的一种法律救济方式,撤回制度尤其适合于新闻媒体引起的名誉权的法律救济,当它们在其报纸杂志,电台、电视台节目中公开对他人名誉具有毁损性质的陈述时,法律责令新闻媒体在下一期的报纸杂志,电台、电视台节目中校正自己作出的错误陈述,澄清是非黑白,可以使新闻媒体通过此种撤回消除其报道,陈述给他人名誉带来的不利影响,恢复新闻媒体先前陈述给他人造成的名誉损害,避免了他人的法院起诉的发生,减少了名誉侵权案件的数量。
(3) 撤回制度不会影响新闻媒体享有的言论自由权、新闻自由权的实现。新闻媒体享有宪法规定的言论自由权和新闻自由权,它们可以通过此种权利的行使来监督社会公众尤其是公共官员、公众人物的行为,对他们实施的违法行为予以揭露,批评;可以通过此种权利的行使来引导社会公众对社会公共问题进行探讨、争辩;可以通过此种权利的行使来给社会提供大量的信息。因此,侵权法应当采取措施保障新闻媒体的利益,使它们享有的言论自由权、新闻自由权得以充分实现。责令新闻媒体在其报纸杂志,电台、电视台节目中撤回它们作出的对他人名誉有毁损性质的报道是否同新闻媒体享有的言论自由权、新闻自由权相冲突?笔者认为,撤回权的强加不会影响新闻媒体的言论自由权、新闻自由权的有效行使和充分行使。一方面,新闻媒体的撤回不会影响其报纸杂志的发行量,或者影响其电台、电视台节目的收听、收看率,因为,当新闻媒体先前的陈述引起社会公众的关注时,它们作出的撤回陈述同样会引起社会公众的关注,社会公众会像它们关注先前引起纠纷的陈述那样关注新闻媒体对其先前报道的校正和澄清;另一方面,当新闻媒体的报道影响他人名誉时,它们的报道也违反了新闻媒体的职责,侵犯了他人名誉,即便它们最终不用就其报道对他人承担名誉侵权责任,它们也应采取法律措施,消除其报道给他人造成的不利影响。(2) 撤回的优越性。在我国,法律应当建立的撤回制度同我国现代司法判例采取的强制制度相比,具有其优越性,主要表现在两个方面:一方面,我国现代司法判例采取的撤回制度是强制性撤回制度,它是由法官责令被告消除其陈述给原告造成不利影响的制度;而我国法律应当建立的此种撤回制度不是强制性撤回制度,而是一种自愿性撤回制度,即便法律对此种制度作出了明确规定,新闻媒体是否愿意撤回其作出的对他人名誉有毁损性质的陈述也取决于新闻媒体的意愿,如果它们按照法律规定的期限撤回其陈述,将会承担较少范围内的赔偿责任,否则,要承担完全的损害赔偿责任。另一方面,我国司法判例采用的撤回制度是事后补救制度,它是在原告起诉之后,法官责令被告承担侵权责任时采用的一种制度,而我国法律应当建立的撤回制度则是预先预防侵权诉讼发生的制度,此种制度要求名誉被侵犯的人在起诉之前向新闻媒体提出正式请求,要求新闻媒体采取措施校正其错误陈述,澄清是非曲直。(4) 撤回的程序条件。在我国,法律应当借鉴美国撤回法的规定,对撤回的具体程序作出明确规定,诸如名誉侵权的受害人以书面方式对新闻媒体提出撤回的请求、请求提出的时间、请求应当包括的内容等。(5) 撤回的实质要件。在我国,法律应当借鉴美国撤回法的规定,撤回的方式、时间、地点、范围及法律效果作出规定。关于这些问题,除了充分撤回的法律效果之外,其他方面的规定均可适用美国 UCCDA 的有关规定。之所以法律效果不应适用美国侵权法的规定,是因为我国名誉侵权法不像美国法律那样承认惩罚性损害赔偿金。当新闻媒体按照要求作出了充分撤回时,它们应当承担什么范围内的损害赔偿责任?笔者认为,当被告按照法律的规定对其引起争议的陈述予以撤回,它们仅仅赔偿原告遭受的财产性、经济性损失,不赔偿它们遭受的非财产性损害。如果被告不按照法律的规定对其引起争议的陈述予以撤回,则它们既要赔偿原告遭受的财产性、经济性损失,也应赔偿它们遭受的非财产性损失。(5)充分撤回的要件。在我国,法律除了应当对撤回的方式、时间、地点、范围和效果作出明确规定外,还应当对充分撤回的各种条件作出规定。在这方面,我国法律应当像美国 UCCDA 那样对充分撤回的具体要素作出明确说明。充分撤回除了要具备 UCCDA 规定的各种内容之外,它还应当是完全的(full)、毫不含糊的(unequivocal),不得包含对原告名誉进行旁敲侧击的内容,不得包含假定的内容,也不得包括犹豫不决的陈述。否则,被告的陈述不仅不构成撤回,其陈述又构成进一步的名誉侵权行为。换言之,被告的撤回行为应当是真诚的行为,是被告为了消除其先前的陈述给原告名誉造成的不利影响而作出的诚实努力。①

五、名誉权的法律救济方式之四:
请求法院颁发禁令

当行为人作出的陈述是对他人名誉具有毁损性质的陈述时,他人是否有权向法院起诉,要求法院颁发命令,禁止行为人作出对自己的名誉具有毁损性质的陈述? 在侵权法上,人们将此种救济方式称之为禁令救济方式(injunctive relief)。在德国,不仅法律明确认可禁止令这种法律救济方式,而且德国司法判例普遍适用这种法律救济方式,当作为被告的新闻媒体作出对他人名誉有毁损性质的陈述时,法官会根据原告的请求颁发命令,责令被告重复其已经作出的对他人名誉具有毁损性质的报道。根据德国法的规定,德国法院颁发的禁止令可以是永久性禁止令,也可以是临时性的禁止令,其中前一种禁止令由法官在作出最后判决时颁发,它禁止被告在法院判决生效以后的任何时候作出对原告名誉具有毁损性质的陈述;而后一种禁止令则由法官在受理案件后至最后裁判作出期间颁发。② 在英美普通法上,法律对此问题作出否定的回答,认为当被告对原告作出具有名誉毁损性质

---

① W. Page Keeton, *Prosser and Keeton on Torts* (fifth edition), West Publishing Co., p.846.

② Alexanddr Bruns, Access to Media Sources in Defamation Litigation in the United States and Germany, (2000)10 *Duke J. Comp & Int'cL.* 283, 286.

的陈述时,即使原告向法院起诉,要求法院责令被告停止其名誉毁损行为,法院也无权颁发禁止令,禁止被告继续作出对原告名誉具有毁损性质的陈述。此种规则始于18世纪的英国,它由Lord Chancellor Hardwicke在著名的Roach v. Garvan[1]一案中首次确立。在该案中,作为报社的被告在其报纸中发表对原告名誉有毁损性质的评论,使原告的名誉遭受不利影响。原告向法院起诉,要求法院颁发禁止令,禁止被告的名誉毁损行为。Lord Hardwicke认为,法院无权颁发禁止令,因为,"被告作出的书面陈述是否是对公共人物或者私人名誉构成毁损性质的陈述其唯一的解决方法是由原告向法院起诉,由法院通过审判方式解决"。此种规则被确立之后,被英美法系国家的司法判例广泛援引,成为19世纪和20世纪英美侵权法上的重要规则。英美司法判例之所以拒绝颁发禁止令,禁止行为人继续从事对原告名誉具有毁损性质的陈述,其原因有二:其一,名誉权的法律救济方式主要是损害赔偿而非禁止令的颁发。此种理论认为,当被告的行为毁损了原告的名誉时,原告对其遭受的名誉损害所采取的最好也是最平常的救济手段是向法院起诉,要求法院责令被告就其名誉毁损行为对自己承担损害赔偿责任;他们无须向法院起诉,要求法院颁发禁止令,禁止被告继续作出对原告名誉具有毁损性质的陈述。早在1788年,美国司法判例就在Respuolica V. Oswald[2]一案中采取此种理论,驳回原告要求法院颁发禁止令的请求。法院指出,虽然对他人名誉进行书面诽谤的行为是一个严重的犯罪行为,虽然被告对他人进行的名誉毁损行为是持续不断的行为,原告也仅能请求法院责令被告赔偿他们遭受的损害,他们无权请求法院颁发禁止令,禁止被告在将来再作出类似的名誉毁损行为。在Pennekamp v. Florida[3]一案中,法官虽然认定被告不应当毁损作为原告的法官名誉,但它也认为,当法官的名誉遭受损害时,他们应当向法院起诉,要求被告赔偿他们遭受的损失,而不是向法院起诉,要求法院颁发禁令,禁止被告继续作出不利于原告的陈述。其二,禁止令的颁发会限制被告尤其是作为新闻媒体的被告的言论自由权、新闻自由权。此种理论认为,法院颁发的禁止令虽然可以强有力地保护原告的利益,但此种法律救济措施对于被告过于苛刻,严重限制被告的言论自由

---

[1] 26 Eng. Rep. 683(ch. 1742).
[2] 1 U. S. 319, 324-325(pa. 1788).
[3] 328U. S. 331(1946).

权、新闻自由权,违反了美国联邦宪法的规定。早在1839年,美国司法判例就基于禁止令限制新闻媒体的言论自由权的考虑而拒绝颁发禁止令,禁止被告继续从事对原告具有名誉毁损性质的陈述。法官指出:"十分明显,法院不能按照原告的要求颁发禁止令,禁止被告继续从事对原告名誉具有毁损性质的陈述,因为法院一旦行使颁发禁止令的职权,则其禁止令的颁发必将会阻碍原告言论自由权的行使,因此,如果法律将此种权利授予给法院的话,则该种法律同自由政府的原则产生冲突。"①在1994年,美国联邦最高法院在著名的 Madsen v. Women's Health Center, Inc.②一案中认为:"禁止令的颁发实际上就是禁止他人说话,它实质上就是预先限制被告的言论自由权,是对美国联邦宪法第一修正案规定的言论自由权和新闻自由权的最大威胁。"不过,英美司法判例采取的此种规则并非得到所有司法判例的遵循允许法官颁发禁止令,禁止行为人继续毁损他人名誉。美国加利福尼亚州司法判例在著名的 Joint Appendix, Torg v. Cochran③一案中认为,当被告作出对原告的名誉具有毁损性质的陈述时,如果原告向法院提出申请,要求法院颁发禁止令,禁止被告继续从事对其名誉具有毁损性质的陈述,法院有权颁发禁止令,禁止被告永久性地作出对原告名誉具有毁损性质的陈述。在本案中,原告是一名律师,他接受被告的委托代理被告从事诉讼活动。由于被告认定原告没有认真履行律师的职责,加上其他的纠纷,被告开始在原告的律师事务所周围进行抗议活动,对原告及其所在律师事务所进行大肆的攻击、诋毁活动。原告在忍无可忍的情况下,向法院起诉,要求法院颁发禁止令,禁止被告继续从事对其名誉进行攻击、诋毁活动。一审法院满足了原告的要求,对被告颁发禁止令,永久禁止被告对原告继续作出攻击、诋毁活动。其禁止令规定,除非本院撤销此种命令,否则,被告 Tory 及其顾客、代理人、代表人或者所有一起行动的人等均永久禁止从事毁损原告及其所在事务所名誉的行为。一审法院的此种禁止令得到了美国加利福尼亚州上诉法院和最高法院的认可。

在我国,《民法通则》第120条规定了原告申请法院颁发禁止令这种方式,这就是该条规定的"受害人有权要求停止侵害"。一旦被告侵害他人名

---

① Brandreth v. Lance & Paige Ch. 24,26(N. Y. Ch. 1839).
② 512, U. S. 753 764(1994).
③ 544 U. S. 734(2005), No. 03-1488, 2004WL289186, pp. 56 – 57.

誉权的,他人有权向法院起诉,要求法院颁发禁止令,禁止被告继续实施名誉侵权行为。法院也有权作出判决,责令被告停止侵害。问题在于,我国《民法通则》第 120 条规定的要求停止侵害在法律上究竟是永久性禁止令还是临时性禁止令?一旦法院作出命令,责令被告永久性或临时性停止其对原告作出名誉毁损行为,当被告违反法院的命令而仍然对原告继续实施名誉毁损行为时,法院应当采取什么样的法律措施确保其禁止令得到强制执行?我国法律并没有作出说明,学说和司法判例也没有作出探讨。(1) 临时性禁止令是否可行?当原告认为其名誉遭受损害时,如果他们在没有向法院起诉之前向法院提出申请要求法院颁发临时禁止令,禁止被告继续从事其名誉毁损行为,法院是否应当适用《民法通则》第 120 条规定的"停止侵害"的法律救济措施,责令被告临时放弃其名誉侵权行为?笔者认为,法院无权颁发此类临时性禁止令,因为名誉侵权领域的禁止令不得在名誉侵权诉讼进行之前颁发,否则,此种法律措施会成为某些人非法限制他人行使言论自由权、新闻自由权的手段;成为某些人打压他人言论的非法手段。那么,当原告提起名誉侵权诉讼之后至法院最后作出裁判之前,法院是否有权适用《民法通则》第 120 条规定的"停止侵害"的法律救济措施,责令被告抑制其名誉侵权行为?笔者认为,我国法院仍然无权在诉讼进行期间颁发禁止令,禁止被告继续从事其先前进行的行为。因为,一方面,如果法院根据原告的请求给被告颁发临时性禁止令,当法院通过诉讼程序最终认定被告的行为不构成对原告名誉具有毁损性质的行为时,被告的言论自由权、新闻自由权将被严重牺牲,申请临时性禁止令的原告是否要就其错误起诉,错误申请行为对被告承担侵权责任?颁发临时性禁止令的法院是否要就其错误的禁止令对被告遭受的损害承担侵权责任?如果承担,它们承担什么性质的侵权责任,承担什么范围内的侵权责任?法律很难加以确定,因为被禁止作出陈述的被告也仅仅不能按照其愿意作出陈述,此种言论自由权被临时阻却究竟应当如何加以救济,是一个十分困难的问题。另一方面,在诉讼期间颁发禁止令禁止被告重复其之前一直重复的陈述,从根本上侵犯了他人的言论自由权、新闻自由权,从根本上动摇了我国《宪法》规定的基本权利。因为这些方面的原因,英美普通法和制定法一直以来都不愿意颁发临时性禁止令,禁止行为人继续作出被认为是对他人名誉具有毁损性质的陈述。Lord Esher 在 1887 年的司法判例中认为:"法院能否颁发临时性的禁止令取决于法院是否得出了被告的陈述是否构成具有名誉毁损性质的陈述的判决。法院如果要颁发临时性禁止令,必须符合这样的条件即陪审团认定原告提起诉讼的事项是构成名誉诽谤的事项。"①(2)永久性禁止令是否可行?如果说我国《民法通则》第120条规定的"停止侵害"不是指法院基于申请人或者原告的请求而颁发的临时性禁止令制度的话,那么,它必然是指法院在作出最终裁判时所颁发的永久性禁止令,即通过法院的最终裁判,法官认定被告的行为的确构成名誉毁损行为,如果不颁发永久性禁止令,则被告在法院判决认定其行为构成名誉毁损行为时仍然会继续实施此种行为。一旦法院的终审判决认定被告不得再继续实施其侵权行为,他们即应停止其侵权行为。如果此种理解正确的话,我国《民法通则》显然仅仅允许法院颁发永久性禁止令,禁止被告自判决生效以后的任何时候均不得再对原告作出具有名誉毁损性质的陈述。问题在于,一旦法院通过其判决永久性禁止被告作出陈述,被告未来是否还有机会针对原告作出陈述?我国法律没有规定。一旦被告违反法院颁发的永久性禁止令,继续实施对原告名誉具有毁损性质的陈述,原告或者法院如何确保法院的永久性禁止令得以遵守?我国法院没有作出规定。笔者认为,在前一种情况下,我国法律应当规定,即便法院的永久性禁止令禁止被告继续作出对他人名誉有毁损性质的陈述,被告也未必要一生一世被禁止对他人作出陈述,他们可以向法院提出申请,要求法院允许他们作出针对原告的陈述,一旦法院允许,则法院的永久性禁止令即失效。在后一种情况下,我国法律应当规定藐视法院犯罪,通过责令违反永久性禁止令的行为人在刑法上承担刑事责任的方式保证它们对永久性禁止令的遵守。

六、名誉权的法律救济方式之五:宣示性判决的作出

所谓宣示性判决(declaratory judgement)的作出,是指当原告认定被告作出的陈述是对其名誉具有毁损性质的陈述时,他们向法院起诉,要求法院作出判决,宣告被告作出的陈述是对其名誉具有毁损性质的虚假陈述。由

---

① William Coulson & Sons v. James Coulson & Co., (1887)3JLR846.

于法院的判决认定被告作出的陈述是对原告名誉具有毁损性质的虚假陈述,原告已被被告的陈述而毁损的名誉通过法院的宣示性判决得以恢复。在德国,某些侵权法学家在1990年时提出建议,要求立法机关修改《德国民事诉讼法典》第256条的规定,以便允许原告在名誉侵权诉讼中提起侵权诉讼,要求法院作出宣示性判决。然而,德国立法机关并没有采取措施,将这些学者的意见上升到立法的高度,这或者是因为德国政治家的希望与德国新闻媒体保持良好的关系所至。德国主流学说不赞成此种法律救济方式,即便宣告被告侵犯一般人格权的判决可以归并在德国民事诉讼法的有关条款中。主流学说之所以反对将宣示性判决看做名誉权的法律救济,是因为确定被告作出的某种陈述是否是真实的陈述并不是民事诉讼要解决的问题,法院要解决的问题是重大的法律问题而非引起争议的事实问题。[1]

在美国,学说对英美名誉侵权法提出批判,认为英美名誉侵权法存在众多的问题,为了克服名誉侵权法存在的问题,美国侵权法学家提出了规定宣示性判决这一法律救济制度。在1983年,Franklin发表了其大作《好名誉与坏法律:名誉侵权法批判与建议》[2],开始创导宣示性判决这种名誉侵权救济措施。它认为,只有通过立法的方式才能为美国制定一个具有效率的、公平的名誉诽谤法。对于名誉权的法律救济而言,Franklin教授认为,美国应当采取一种新的法律救济方式即宣示性判决。无论新闻媒体在作出具有名誉毁损性质的陈述时存在什么样的心理状态,只要它们的陈述侵犯了作为原告的公共官员、公众人物的名誉,公共官员、公众人物即可向法院起诉,要求法院作出判决,宣告新闻媒体针对原告作出的陈述是具有名誉毁损性质的虚假陈述。无论作为新闻媒体的被告是基于故意、鲁莽行为,过失或者无辜的心理作出陈述。原告有权获得法院作出的宣示性判决。因此,Franklin教授认为,宣示性判决是一种严格责任基础上的救济方式而非过错侵权责任基础上的救济方式。根据Frandlin教授的观点,一旦原告因为新闻媒体作出的陈述遭受损害,他们仅能要求法院作出有利于自己的宣示性判决,宣告被告的陈述是虚假陈述,是具有名誉毁损性质的陈述,他们不得要求法院

---

[1] See Alexander Bruns, Access to Media Sources in Defamation Litigation in the United States and Germany, (2000)10 *Duke J. Comp & Int'c L.* 28, p.288.

[2] Franklin, Good Names and Bad Law: A Critique of Litel Law and a Proposal, 18 *U. S. F. L. Rev.* 1(1983).

责令被告赔偿他们遭受的任何损失,也不能提出任何其他主张。到了1986年,美国著名学者Barrett也发表文章,主张在名誉侵权诉讼中放弃损害赔偿这种法律救济方式,用宣示性判决取代之。Barrett认为,宣示性判决这种救济方式是解决现行美国名誉侵权危机的最适当方式,因为它的目标直接针对美国名誉侵权法面临的各种危机。原告提起宣示性判决作出的名誉侵权诉讼,其关注的核心问题是被告作出的陈述是否是准确陈述,他们并不关心被告为什么、如何会作出此种虚假陈述。"否定原告就其遭受的损害向行为人提起名誉侵权诉讼的权利是为了创设恢复原告名誉的更有效方法。同原告在提起名誉损害赔偿诉讼面临的50%的成功率相比,原告一旦提起宣示性判决诉讼,他们可以在绝大多数情况下胜诉。由于此种救济方式快捷、肯定,那些提起此种诉讼的原告能够在起诉时对其诉讼充满信心,而那些存在问题的原告将会放弃自己的诉讼。从被告的角度来看,一旦以宣示性解决救济取代损害赔偿这种救济方式,则被告无需遭受巨大的损害赔偿数额的威胁,避免了赔偿使他们面临破产倒闭的危险……由于被告不用再就其名誉毁损行为对原告承担几百万的损害赔偿责任,诉讼成本将会大量减少,名誉侵权诉讼对新闻媒体造成的窒息影响也将大量减缓。"①

在当今两大法系国家,学说所创导的宣示性判决这种法律救济方式并没有得到学说的广泛认同,也没有得到司法判例的遵循,更没有得到立法机关的认可,将学说提出的建议上升为制定法的高度,因此,倡导宣示性判决这种法律救济的学说至今仍然属于非主流性的学说。我国法律是否应当采取此种理由?笔者认为,我国学说不应当采取此种理论,因为,其一,宣示性判决救济与损害赔偿救济方式不能同时并存,使原告的损害无法得到有效的恢复。根据两大法系国家侵权法学家的意见,当原告的名誉被行为人作出的毁损性陈述所侵害时,原告不能向法院起诉,要求被告对自己承担损害赔偿责任,他们只能向法院起诉,要求法院宣告被告作出的陈述是虚假陈述和具有名誉毁损性质的陈述。一旦法院作出判决宣告被告作出的陈述是虚假陈述和具有名誉毁损性质的陈述,则原告的名誉将回复到损害没有发生之前的状态。此种理论存在问题时,即便法院作出的宣告性判决真的能够消除行为人的名誉毁损行为给原告造成的损害,它也仅仅能够消除行为人

---

① David A Barrett, Newperspectives in the Law of Defamation: Declaratory Judgements for libel: A Better Alternative, (1986)74*Calf. L. Rev.*847, p.856.

的名誉毁损行为给原告造成的部分损害,无法消除行为人的名誉毁损行为给原告造成的全部损害。当行为人实施对他人名誉具有毁损性质的陈述时,该种陈述给他人造成的损害或者是财产性损害和经济损害,或者是非财产性损害。宣示性判决这种救济方式如果的确可以消除行为人的名誉毁损行为给原告造成的损害的话,它也只能消除其行为给原告造成的非财产性损害,无法消除其行为给原告造成的财产性损害,因为通过法院的判决宣告被告的陈述是虚假的可能会使原告被毁损的名誉得以恢复,被刺痛的心理得以缓和。可见,宣示性判决无法使原告完全回复到损害没有发生之前的状态,无法完全实现恢复原状的目的。其二,宣示性判决如果不通过新闻媒体予以公开的话,则该种救济方式甚至无法消除行为人的名誉毁损行为给原告造成的非财产性损害。当被告是新闻媒体时,它们对原告作出的具有名誉毁损性质的陈述将会到达范围广泛的读者、听众或观众,使大量的人对原告的评价下降。此时,如果法律仅仅要求法院作出判决,宣告作为新闻媒体的被告作出的陈述是虚假的和具有名誉毁损性质的,则原告的名誉也将无法回复,因为法院的判决并没有通过被告的报纸杂志,电台、电视台节目予以公开,对原告评价降低的广大社会公众无法了解法院判决的内容,无法知悉被告陈述的虚假性。可见,宣示性判决救济方式如果要起到消除被告陈述给原告造成的非财产性损害的法律效果,必须以法律预先规定作为新闻媒体的被告有在其引起争议的报纸杂志,电台、电视台节目上公开法院宣示性判决作为条件,没有这样的法律规定作为条件,宣示性判决无法消除被告的行为给原告造成的非财产性损害。其三,宣示性判决理论是美国学说为克服其名誉侵权法存在的弊端而提出的一种理论,我国名誉侵权法并不存在美国名誉侵权法所存在的弊端。在美国,名誉侵权法存在的弊端众多,其中一个主要弊端就是,陪审团动不动就责令被告赔偿几十万、上百万甚至上千万的补偿性损害赔偿金和惩罚性损害赔偿金,使被告就其名誉毁损行为对原告承担十分沉重的赔偿责任;使原告通过其名誉侵权诉讼的主张而获得了超出实际损害的损害赔偿金,并因此成为一夜暴富的人。在美国,在19世纪30年代至20世纪50年代一直到20世纪80年代中期,陪审团在名誉侵权诉讼中判决被告赔偿的数额很低,被告承担的赔偿责任并不重,原告很少会通过损害赔偿获得横财。例如,某些学者统计,在美国20世纪40年代之前,美国司法判例在名誉侵权案件中判决被告赔偿的平均数额为1000

美元,其幅度从 1 美元至 5000 美元不等。到了 1940 年到 1956 年,美国司法判例在名誉侵权案件中判决被告赔偿的平均数额为 1200 元,其幅度从 500 美元到 3250 美元不等。① 到了 20 世纪 80 年代中后期,美国人对名誉侵权的态度大变,他们一旦认定自己的名誉遭受损害,他们就会毫不犹豫地向法院起诉,陪审团也大手笔地责令被告就其作为新闻媒体的被告对原告承担损害赔偿责任,包括大手笔地责令被告赔偿原告遭受的补偿性损害和惩罚性损害赔偿。例如,有研究表明,在 20 世纪 80 年代,陪审团判决被告赔偿的平均补偿性损害赔偿金为 20 万美元,但是到了 1990 年至 1991 年,陪审团判决被告赔偿的平均补偿性损害赔偿金则上升到了 150 万美元,在 20 世纪 80 年代,陪审团判决被告赔偿的平均惩罚性赔偿金为 20 万美元,但是,到了 1990 年至 1991 年,此种平均数额已经上涨到了 250 万美元。② 因为美国名誉损害赔偿的数额太重,加上其他方面的原因,美国侵权法学家普遍认为,美国名誉侵权法存在众多的问题,诸如过于复杂、过于混乱、过于昂贵、无法操作并且无效率等。因为美国名誉侵权法存在这样或者那样的问题,美国侵权法学家提出各种各样的方法、对策,希望消除美国名誉侵权法存在的问题,建立统一的、可供适用的规则。由于美国名誉侵权法使原告不满、被告不满和社会公众不满,因此,美国某些学者认为,应当用宣示性判决救济方式取代损害赔偿方式。在我国,名誉侵权法并不存在美国名誉侵权法存在的问题,法律一方面不承认惩罚性损害赔偿责任制度,另一方面不会大手笔地责令被告赔偿原告遭受的财产性损害和非财产性损害,因此,我国法律没有必要规定宣示性判决这种法律救济方式。

---

① See Robert A. Leflar, Legal Liability for the Exercise of Free Speech, (1956)10*Ark L. Rev.*155, pp.166-167.

② Nicole B. Casarez, Punitive Damages in Defamation Actions: An Area of Libel Law Worth Reforming, (1994)32*Duq. L. Rev.* 667, p.668.

第三编

隐私侵权责任

第三编

信用和信用工具

第十章 隐私侵权责任的基本理论

一、隐私侵权的界定

(一) 两种意义上的隐私

在当今两大法系国家,隐私有狭义和广义两种含义。所谓狭义的隐私,是指他人对其家庭生活、感情生活、性生活和财产状况等单纯私人利益享有的利益。所谓广义的隐私,是指除了包括狭义的隐私内容之外,隐私还包括他人对其姓名利益、肖像利益、声音利益、形象利益或者其他人格利益享有的利益。

其中,狭义的隐私理论为法国侵权法和我国侵权法所采取。在法国,Raymond指出,隐私被称作私人生活(la vie privée),是指所有不是发生在公共场所的生活,诸如他人在其饭厅的生活、商场后面发生的事情、在他人办公室发生的事情等,是在非公共场所发生的事情,属于私人生活,属于隐私的范围,而在职业场所发生的事情,在公开活动中进行的活动,则属于公共场所的生活,不属于隐私。[①] 在我国,梅伟教授指出,所谓隐私,是指一种与公共利益、群体利益无关的、当事人不愿他人知道或他人不便知道的个人信息及当事人不愿他人干涉或他人不便干涉的个人私事。[②] 此外,我国《侵权责任法》第2条明确区分他人对其隐私享有的权利和他人对其姓名、肖像享有的权利。

而广义的隐私理论则为美国侵权法所采取,根据美国隐私侵权责任,隐私利益除了包括他人对其家庭生活、感情生活、性生活和财产状况等私人生活享有的利益之外,要包括他人对其姓名、肖像、声音或者形象享有的利益。

---

① Guy Raymond, *Droit civil*(2e éditon), litec, p. 88.
② 张民安、梅伟:《侵权法》(第2版),中山大学出版社2008年版,第255页。

当然,近些年来,由于美国侵权法学家已经意识到将他人的姓名、肖像、声音或者形象享有的利益看做是隐私利益显然不符合一般隐私的要求,同隐私权的本质存在冲突,因此,他们在隐私权的基础上逐渐建立起一种新的权利,这就是所谓的公开权。公开权的提出和建立一方面使隐私权的范围被缩小,一方面使隐私权的性质从人格权转为财产权,为公众人物的财产损害赔偿请求权提供了理论基础。

笔者在此处讨论的隐私属于狭义隐私,狭义隐私有两个主要特征,这就是其私人性和非公开性。

1. 隐私的私人性

隐私虽然表现为某种信息,但是此种信息仅仅表现为一种个人信息、私人信息,不表现为一种公共信息,因为隐私仅仅同自然人的个人生活、私人生活有关,同社会利益、公共利益无关。如果他人的某种信息同社会利益、公共利益有关,则这些信息将不被看做是他人的隐私,而被看做是公共信息。在侵权法上,他人的某些信息也许是单纯的个人信息、私人信息,也许构成公共信息的组成部分。如果他人的信息构成单纯的个人信息、私人信息,则他人的信息即为隐私。如果他人的信息构成公共信息的组成部分,则他人的信息即为公共信息。

他人的信息究竟表现为隐私还是公共信息,或者取决于制定法的规定或者取决于他人的身份是不是公共官员、公众人物。在法制完善的社会,立法机关往往会制定有关信息公开方面的法律,对有关信息的公开作出了规定。此时,判断他人的信息究竟是隐私还是公共信息,往往取决于他人的身份是不是公共官员、公众人物。一般情况下,公共官员、公众人物的信息往往构成公共信息,不构成隐私;非公共官员、公众人物的信息构成隐私,不构成公共信息。不过,此种规则也不能绝对化,因为,一方面,即便是公共官员、公众人物,他们有时也生活在私人生活之中,此时,他们的私人生活构成隐私而不构成公共信息;另一方面,即便是非公共官员、公众人物,他们有时也生活在公共生活之中,他们或者因为某种事件而成为暂时的公众人物,此时,他们的公共生活就构成公共信息而不构成隐私。

2. 隐私的非公开性

隐私虽然是一种信息,但是隐私这种信息不具有公开性而仅仅具有保密性,除非对隐私权人愿意公开其隐私,否则,任何人都不得擅自公开他人的隐私。隐私的保密性和非公开性表现在:除非经过隐私权人的同意,否则,任何人都不得公开他人隐私;即便他人允许第三人公开其隐私,第三人也只能在隐私权人许可的范围内公开,不得超出被许可的范围公开其隐私;即便他人基于自愿公开其个人信息,在他人公开的范围内,该种信息不构成隐私,但是超出他人公开的范围,他人的此种信息仍然构成隐私;依照制定法的规定应当公开的信息,他人依照制定法的规定已经公开的,此种信息不属于隐私而构成公共信息,行为人公开这些信息不构成侵权行为。依照制定法的规定应当公开的信息,即便他人没有依照制定法公开,也不属于隐私,而属于公共信息,行为人公开此种信息不构成侵权行为。

(二)隐私权的界定

所谓隐私权,是指自然人对其隐私利益所享有的权利。隐私权的主要特征有:

其一,隐私权主体的自然性。隐私权的主体是仅仅指自然人还是包括自然人之外的法人或者其他组织?在法国,侵权法认为,隐私权的主体只能是自然人,法国侵权法认为,隐私权也仅是为了保护自然人免受他人干预的权利。在英美法系国家,主流侵权法理论也认为,隐私权的主体只能是自然人,法人或者其他组织不享有隐私权。《美国侵权法重述》(第2版)第652D条之官方评论b规定,隐私权仅仅为自然人所享有,法人不得享有隐私权。

不过,美国少数司法判例认为,除了自然人享有隐私权之外,法人或者其他组织也享有隐私权。例如,在 Dayton Newspapers, Inc. v. City of Dayton[①]一案中,法官认为,隐私权既适用于自然人,也适用于公司和非法人组织,还适用于政府机构和公共官员。在该案中,原告向法院起诉,要求法官责令政府机关公开所有政府会议,允许新闻媒体进入政府机构报道其会议。法官拒绝了原告的要求,认为公共机构也享有某种隐私权。对于政府机构而言,国家或者国家立法机关制定的法律是规定政府公开其内部事务的问题。

笔者认为,隐私权的主体只能是自然人。法人不享有隐私权,法人的秘密实际上是商业秘密。商业秘密与隐私有本质区别,商业秘密保护的是企

---

① 23 Ohio Misc. 49, 67, 259 N. E. 2d 522, 534 (1970), aff'd, 28 Ohio App. 2d 95, 274 N. E. 2d 766 (1971).

业经济利益,而隐私权保护的是自然人的人格利益。在一般情况下,隐私权人往往是生存的自然人,无论他们的社会地位如何,无论他们的年龄有多大,无论他们是不是犯罪分子,他们都享有隐私权。在特殊情况下,一个已经死亡的自然人也享有隐私权,行为人侵犯死者的隐私权,仍然要对死者的家属承担隐私侵权责任。关于死者的隐私权保护,笔者将在下面有关章节作出讨论。

其二,隐私权客体的私隐性。隐私权的客体是个人信息和个人私事。个人信息指当事人不愿他人知道的个人情报资料。如身体缺陷、生活经历、财产状况、女性三围、婚恋情况、病历等。个人私事指日常生活、社会交往、夫妻的两性生活、婚外恋、宗教信仰等。

其三,隐私权内容的真实性和隐秘性。隐私权的内容具有真实性和隐秘性。隐私权是以事实不被公开为内容的权利,因被公开而受侵害。隐私的内容是按照正常的心理的道德标准不便为公众所知晓的事实。它是客观存在的人格利益。这与名誉权有重要区别,侵害名誉权的事实往往是捏造的或虚假的。

其四,隐私权范围的有限性。隐私权的保护范围受公共利益的限制。当隐私权与公共利益发生冲突时,隐私权则相应受到一定限制。例如,当涉嫌贪污受贿等财产犯罪时,个人的财产状况、私人储蓄就必须接受调查;个人的性生活涉嫌犯罪,则私生活须接受调查;当进行征兵、招工时,应征应聘者对个人的身体情况须接受检查。[①]

(三) 隐私侵权的界定

在大陆法系国家,即便法国立法机关在1970年制定法律,保护他人的隐私权,但是,法国立法机关并没有对隐私侵权作出界定,法国学说也很少对隐私侵权作出说明。在英美法系国家,除了美国侵权法和学说对隐私侵权作出某些说明之外,大多数英美法系国家的法律和学说都没有对隐私侵权作出界定。在我国,侵权责任法没有对隐私侵权作出规定,学说也很少对隐私侵权作出界定。笔者认为,所谓隐私侵权,是指行为人基于故意或者过失公开他人的私人生活,基于故意或者过失侵扰他人的安宁并因此使他人

---

① 张民安、梅伟:《侵权法》(第3版),中山大学出版社2008年版,第255—256页。

遭受财产损害或者精神损害的行为。两大法系国家和我国之所以规定隐私侵权责任,其主要目的有三:

其一,隐私侵权责任保护他人的生活安宁不被侵犯和侵扰,使社会稳定得以实现和维持。生活安宁是自然人的最高价值追求,是自然人生存的唯一目的,也是社会稳定的最重要基础。行为人实施的侵扰行为扰乱了他人的生活安宁,使他人的最高价值追求受挫,使他人生存的唯一目的失败,也使社会陷入混乱不堪的状态。责令行为人就其隐私侵权行为对他人承担隐私侵权责任,一方面能够保护他人的私生活不被侵扰,另一方面能够确保社会稳定得以实现和维持。Carbonnier 教授指出,隐私侵权责任保护自然人保有一定范围内的生活秘密,他们有权要求第三人不干扰自己的生活秘密。现代民法理论认为,自然人有权要求别人尊重其个人隐私,自然人享有的此种权利被称为安宁权。①

其二,隐私侵权责任保护他人的人格尊严不受侵犯。隐私利益是他人人格尊严的重要构成要素,是自然人之所以成为人的重要衡量指标。隐私侵扰行为显然是最典型的对个人尊严的侵犯,因为在当今社会,一定范围内的个人隔绝,一定范围内的对放弃条件的个人控制,本质上就是一种个人自由和个人尊严的反映,构成个人自由和个人尊严的组成部分。如果一个人的住所可以根据另外一个人的意愿而进入,如果一个人的通话可以根据另外一个人的意愿而被偷听,如果一个人的夫妻关系和家庭关系可以根据另外一个人的意愿而被偷看,则这个人实际上已经不是一个完整的人,已经不是享有完全人格尊严的人。那些能够随意侵扰他人的人实际上就是他人的主人,其侵扰行为实际上已经沦为统治他人的主要手段。②

其三,隐私侵权责任保护他人的活动自由不受侵犯。个人活动自由是隐私权的体现,隐私权人可以依自己的意志从事或不从事与公共利益无关的私人活动,任何人不得干涉、监视、窥视、骚扰。监视隐私权人与他人的交往、窃听偷窥夫妻性生活、窥视他人的日记或阴私、骚扰他人的安宁生活等都是侵害他人隐私权的行为。

---

① Jean Carbonnier, *Droit Civil*, *1/Introduction*, *les Personnes*, Presses Universitaires De France, p.317.
② Shulman v. Group W Productions,Inc., et al..

（四）隐私侵权责任的构成要件

所谓隐私侵权责任的构成要件，是指行为人就其隐私侵权行为对他人承担隐私侵权责任的必要构成要素，如果行为人的行为符合隐私侵权责任的必要构成要素，则行为人应当对他人遭受的损害承担隐私侵权责任，如果行为人的行为不符合隐私侵权责任的必要构成要素，则行为人不应当对他人遭受的损害承担隐私侵权责任。

由于隐私侵权责任是过错侵权责任，因此，隐私侵权责任当然应当具备无形人格侵权责任的一般构成要件。但是，仅具备无形人格侵权责任的一般构成要件还不足以让行为人对他人承担隐私侵权责任，因为隐私侵权责任还应当具备其特殊的构成要件。只有同时具备无形人格侵权责任的一般构成要件和隐私侵权责任的特殊构成要件，行为人才能够对他人承担侵权责任。由于笔者将隐私侵权责任分为侵扰他人安宁的隐私侵权责任和公开他人私人事务的隐私侵权责任，因此，笔者将分别在下面有关章节讨论这两种隐私侵权责任的特殊构成要件，此处从略。

二、法国的隐私侵权责任

在德国，《民法典》第 823(1) 条并没有明确规定保护他人享有的隐私利益，当行为人侵害他人主张的隐私利益时，德国法官适用所谓的一般人格权理论来责令行为人对他人承担侵权责任，已如前述。在法国，在 1970 年制定 1970 年 7 月 17 日的法律颁布之前，法国司法机关适用《法国民法典》第 1382 条和第 1383 条规定的一般过错侵权责任来保护他人的隐私权。随着 1970 年 7 月 17 日法律的颁布，法官司法机关对他人隐私权的保护不再建立在《法国民法典》第 1382 条和第 1383 条的基础上，而建立在《法国民法典》第 9 条的基础上，因为法国立法机关制定的 1970 年 7 月 17 日的法律被编入《法国民法典》，这就是该《民法典》的第 9 条。

（一）法国 19 世纪的隐私侵权责任

在法国，1804 年《民法典》虽然通过第 1382 条和第 1383 条，建立了当时保护范围最为宽泛的过错侵权责任,但无论是法国学说还是判例都认为,法国1804年《民法典》第1382条和第1383条规定的过错侵权责任并不对他人主张的隐私利益提供保护,行为人侵害他人隐私利益的行为不构成过错侵权行为,无须对他人承担过错侵权责任。此种状态一直持续到1858年才得以改变,因为在1858年的 The Rachel Affaire[①] 一案中,法国司法判例终于放弃了法国民法不对他人隐私权加以保护的规则,认为行为人侵害他人隐私利益的行为构成法国1804年民法典第1382条意义上的过失行为,在符合一般过失侵权责任的构成条件的情况下,行为人应当就其侵犯他人隐私利益的行为对他人承担侵权责任。

在该案中,原告的姐姐名叫Rachel,她是19世纪早期的著名演员。当她奄奄一息地躺在医院的临终床上时,原告雇请被告摄影师为其姐姐拍照,以便留下其姐姐的照片音容笑貌供家人留念。原告同被告达成协议,被告不得将其姐姐的相片对社会公众公开。在原告的姐姐死亡之后不久,原告姐姐在临终床上的画像就被一个画家以草图的方式画了出来,并且放在当地商店出卖。原告向法院起诉,要求法官责令被告和画家将其全部草图予以没收和销毁。法院认为,被告的行为已经构成法国1804年《民法典》第1382条意义上的过错,法官为此作出判决,同意没收和销毁被告画的草图。法官指出,无论临终者是不是名人,只要没有经过临终者家人的明示同意,任何人都不得复制临终者躺在床上的肖像。被告的过错在于,在没有经过原告同意的情况下就公开其私人生活场景。法官还指出,原告反对被告复制其临终家人肖像的权利是绝对的权利,原告家人之所以享有此种权利,是因为一旦被告复制其家中成员临终前的遗像,原告的感情将遭受痛苦。

在Rachel一案中,法官在适用《法国民法典》第1382条来保护原告的隐私权时,确立了几个重要的基本原则:

其一,在决定行为人的侵权行为是否侵犯他人隐私权时,法官无须考虑行为人采取什么样的手段来再现他人的肖像,诸如拍摄、画像等,无论行为人采取什么样的方式来再现他人肖像,去行为都可以构成隐私侵权行为。其二,即便行为人使用他人的笔名,他们的行为也构成隐私侵权行为。其三,如果行为人再现他人的肖像,被行为人再现其肖像的人应当是能够被确

---

① T. P. I. de la Seine, June 16, 1858, D. P. III 1858, 62.

定的人。其四,行为人要给他人拍照、画像并且使用他人肖像,应当获得他人的明示同意,如果行为人没有获得他人同意就给他们拍照、画像或者使用,其行为就构成隐私侵权行为。

Rachel 一案的判决具有几个重要特点:其一,行为人就其侵害他人隐私权的行为对他人承担的侵权责任是过错责任,此种过错侵权责任建立在《法国民法典》第 1382 条规定的一般过错侵权责任基础上。因此,如果行为人在公开他人隐私方面没有过错,行为人不对原告承担侵权责任。其二,行为人要公开他人的私人生活场景,应当预先获得他人的明示同意,一旦获得他人的明示同意,则行为人公开他人隐私的行为将不构成隐私侵权行为,行为人将无须对他人承担侵权责任。其三,行为人公开死者的隐私应当获得死者家属的同意,未经死者家属的同意而公开死者的隐私,应当对死者家属遭受的损害承担侵权责任。因此,死者的名誉权也获得保护。其四,一旦行为人的隐私侵权行为导致他人遭受精神上的痛苦,法官往往会采取金钱损害赔偿责任之外的救济措施对原告遭受的精神痛苦进行救济,诸如责令没收和销毁行为人的画图、照片等。

到了 1868 年,法国立法机关制定了 1868 年《新闻法》,该法对侵犯他人隐私权的行为进行刑事制裁,因为该法第 11 条规定,任何人,一旦在书面报纸杂志中公开他人私人生活方面的某种事实,其行为都构成犯罪行为,应当处以 500 法郎的刑事罚金。根据该《新闻法》的规定,如果行为人侵犯他人隐私的行为构成刑事犯罪行为,能够其他刑事检控的人是隐私犯罪行为的受害人而非国家。到了 1881 年,法国立法机关制定了内容广泛的 1881 年《新闻法》,该法废除了 1868 年《新闻法》,因此对隐私犯罪行为进行刑事制裁的上述规定也同时废除。

(二)法国 1970 年之前的隐私侵权责任

在 19 世纪,法国法官处理有关隐私侵权案件的方式同前述 Rachel 一案的法官采取的方式基本上相同:在决定被告是否就其公开他人私人事实的行为承担侵权责任时,法官一方面借助于《法国民法典》第 1382 条,一方面又不过分讨论被告行为的合理性和过错性。19 世纪的法国法官处理隐私侵权案件的此种思路一直延续到 20 世纪 50 年代。到了 20 世纪 50 年代,法国司法机关虽然仍然会责令行为人就其侵犯他人隐私权的行为对他人承担侵权责任,但是,他们在作出此种判决时不再依赖《法国民法典》第1382条和第1383条。法国学说普遍认为,在法国,司法机关在1954年的Dietrich affair① 一案中确立的规则具有里程碑的意义,因为,在该案中,法官司法机关虽然责令行为人就其隐私侵权行为对他人承担侵权责任,但是它们在作出此种判决时没有依赖《法国民法典》第1382条和第1383条。

在该案中,原告为了出版自己的回忆录而同某些出版商谈判,希望将自己的回忆录写成书出版。正当原告在同其他出版商谈判时,被告在其期刊中刊发系列文章,对原告的性生活和家庭生活等私人生活细节进行描写。被告文章中对原告众多隐私的描写是真实的,虽然某些生活细节的描写是虚构的。原告向法院起诉,要求被告就其侵犯隐私权的行为对自己遭受的损害承担赔偿责任。一审法院的法官判决被告赔偿原告5000法郎的精神损害、无形损害。原告和被告均不服一审法院的判决而提起上诉。原告认为,一审法院仅仅判决被告赔偿其遭受的精神损害、无形损害,没有判决被告赔偿其遭受的财产损害,因此要求法院责令被告赔偿其遭受的财产损害。被告提出上诉的理由是,其期刊文章刊发的内容主要是对德国记者的稿件进行总结和归纳,原告已经将这些信息对德国的记者进行了公开,因此,法官应当驳回原告的诉讼请求。

二审法院认为,被告除了应当赔偿原告遭受的精神损害之外,还应当赔偿原告遭受的财产损害,因为被告的隐私侵权行为侵害了原告面临的出版其回忆录的商事机会。为此,法官判决被告赔偿原告120万的财产损害赔偿。② 法官指出:"有关个人私生活方面的回忆是他人无形财产的重要组成部分,任何人,在没有获得他人明示和明确授权的情况下,都不得公开他人的私人生活,即便他们在公开他人私生活方面没有蓄意的主观意图,也是如此。"法官还指出,对待像原告Dietrich这样的人物,如果行为人公开其公共生活,法律应当采取不同的法律规则,因为,如果对待公众人物的公共生活不采取不同规则,则历史著作将无法撰写。但是,即便是公众人物,如果行为人要公开其私人生活,他们仍然应当获得原告的同意,否则,应当对原告承担侵权责任。

在法国,Dietrich affair一案的规则具有几个重要特点:

---

① Mar. 16, 1955, Cour d'appel de Paris, 1955 D S, Jur. 295 (Fr.).
② Ibid.

其一,隐私权的保护不依赖于《法国民法典》规定的一般过错侵权责任。根据 Dietrich affair 一案确立的规则,行为人虽然要就其侵犯他人隐私权的行为对他人承担侵权责任,但他们承担的此种侵权责任不是建立在《法国民法典》第 1382 条的基础上,不是建立在法国一般侵权责任法的基础上;侵犯他人隐私权的侵权责任具有独立性。

其二,隐私权的性质从人格权转为财产权。在 Dietrich affair 一案的判决之前,法国司法判例往往认为隐私权仅是一种人格权而非财产权,行为人侵害他人隐私权时仅仅会导致他人无形损害、精神损害的发生,不会导致他人财产损害的发生。法官虽然也会责令行为人就其隐私侵权行为对他人承担侵权责任,但是他们仅仅责令行为人对他人遭受的无形损害、精神损害承担赔偿责任,不会责令行为人对他人遭受的财产损害承担赔偿责任。Dietrich affair 一案改变了此种规则,它认为,他人对其隐私享有的权利类似于财产权,行为人侵害他人隐私的行为会导致他人财产上的损害,行为人应当对他人遭受的损害承担赔偿责任。Broyles 对 Dietrich affair 一案确立的此种规则作出了高度的评价,他指出:"法国 Dietrich affair 一案的重要性表现在法官判决被告承担的损害赔偿责任的数额方面。在本案中,法官没有将原告的口头故事看做是原告的非财产性质的人格利益,而是将其过去生活中发生的事件看做是具有商业价值的财产,即便原告过去生活中发生的事件是未出版的、无形的事件。在一定的意义上讲,一个人的过去构成一个人的人格,因此,原告 Dietrich 的非书面性质的人身故事也是其人格的集体体现。但是,在传统民法面前和非财产性质的人格面前,法官认定原告 Dietrich 的人身故事——其身份——是能够被评估的一种财产。"[①]

其三,法国侵权法区分公众人物的公共生活和私人生活。根据 Dietrich affair 一案的规则,即便是公众人物,他们也享有隐私权,行为人也应当尊重他们的隐私权,未经他们同意而擅自公开其私人生活,仍然应当对公众人物遭受的损害承担侵权责任。但是,如果行为人公开公众人物的公共生活,则他们的行为不构成隐私侵权行为,行为人不对公众人物承担侵权责任。

[①] Pprick N. Broyles, Intercontinental Identity: The Right to the Identity in the Louisiana Civil Code, (2005) 65 *La. L. Rev.* 823,832.

(三)《法国民法典》第9条对隐私侵权责任的规定

在法国,虽然 Dietrich affair 一案确立的规则被众多学说认为是完全适当的隐私侵权责任规则,但是,法国某些学说也对这样的规则提出了质疑,他们认为法官在面临行为人的名誉权行为时享有的权利低于法国最高法院在 Dietrich 一案中享有的权利。在法国,虽然法国 1881 年《新闻法》在倡导言论自由权和新闻自由权的情况下制裁行为人实施的侮辱或者诽谤行为,授权法官对行为人的侮辱或者诽谤行为采取诉前强制措施,没收、销毁对他人具有名誉毁损性质陈述的行为人的书面材料,但是,该法规定,法官在没收、销毁行为人的有关材料时不得全部没收或者销毁,他们应当保留四份有关材料。

而根据法国最高法院在前述 Dietrich 一案中确立的规则,只要行为人实施了对他人隐私具有损害的行为,法官就能够采取诉前程序,全部没收、销毁有关隐私侵权方面的书面材料。为此,法国最高法院在其 1968—1969 年的年度报告中恳请法国立法机关制定法律,以便协调隐私权的保护和言论自由权、新闻自由权的关系。法国立法机关响应法国最高法院的要求,制定了 1970 年 7 月 17 日的法律,对他人隐私权提供明确保护。此种法律被编入法国民法典中,这就是《法国民法典》第 9 条。该条第 1 款规定,任何自然人均享有其私人生活受尊重的权利。该条第 2 款规定,在不影响对受害人给予损害赔偿的情况下,法官有权采取各种措施以便避免或者结束对他人亲密生活的侵犯,诸如扣押有关侵犯他人隐私的材料,没收有关侵犯他人隐私的材料或者其他措施;如情况紧急,可以由法院的独任法官颁布采取这些措施。

根据《法国民法典》第 9 条第 1 款的规定,隐私权,为任何法国人均享有,无论他们的年龄多大,姓别是什么,身体状况如何,根据民法典第 9 条的规定,任何人均享有其私人生活受尊重的权利,在这里,法律没有对享受隐私权的主体范围作出限制。Carbonnier 指出:"隐私被尊重成为主观性权利的客体,使隐私被尊重的权利在性质上等同于人格权。此种权利为所有人所享有,即便是那些不能行使自己权利的无行为能力的人,诸如未成年人等。此种权利不仅对任何第三人予以主张,而且还可以对亲权享有者予以主张,因为未成年人有权要求其父母尊重其隐私生活。"①

在法国,立法机关制度 1970 年 7 月 17 日法律的一个主要的目的是,授权法官在情况紧急时能够采取诉前强制措施,防止行为人侵犯他人隐私的材料公开给他人造成损害,使法国最高法院在上述案件中的做法具有合法根据。不过,《法国民法典》第 9 条规定的诉前强制措施并非在任何情况下都可以由法官采取。根据《法国民法典》第 9 条的规定,在一般情况下,如果行为人实施的隐私侵权行为侵害了他人亲密关系之外的其他隐私利益,则行为人仅仅对他人遭受的损害承担损害赔偿责任;受害人要求行为人就其隐私侵权行为对自己承担侵权责任,他们必须向法院起诉,要求法官责令行为人对他们承担侵权责任;只有法官通过正常的审判程序认定行为人的行为构成隐私侵权行为时,法官才能够责令行为人就其隐私侵权行为对受害人承担损害赔偿责任。此时,法官不得对行为人的隐私侵权行为采取诉前强制措施,诸如扣押、没收其报纸杂志等。只有在行为人实施的隐私侵权行为直接侵害他人亲密关系时,他人才能够要求法官采取诉前强制措施,法官也才能够在此时采取《法国民法典》第 9 条第 2 款规定的强制措施。因为,法国学说认为,虽然他人的隐私种类众多,但他人的亲密关系是最具有秘密性质的隐私。

(四)其他法律对他人隐私权的保护

在法国,除了《法国民法典》第 9 条对他人隐私权提供保护外,法国刑法、劳动法和其他法律专业人也对他人隐私权提供保护,认为行为人侵犯他人隐私的,应当对他人承担法律责任。

其一,《法国刑法典》第 368 条(新《刑法典》第 226-1 条)对他人隐私权提供了强有力的保护。该条规定:行为人在没有获得他人同意的情况下故意截听、偷录或者播放他人之间的私下或秘密谈话,或者在没有获得他人同意的情况下故意定影、刻录或者传播他人在私人场所的肖像,将要受到 1 年的刑事监禁和 300,000 元罚金的刑事处罚。法国法官对此条在实务中的适用作出了说明,认为行为人侵犯他人隐私的行为要构成犯罪行为,必须符合这样的条件:行为人侵犯他人隐私的行为必须是故意行为,但此种故意行为

---

① Jean Carbonnier, *Droit civil*, *1/Introduction*, *Les personnes*, Presses Universitaires De France, p. 318.

并不必然要求十分严重;此种故意行为或者通过窃听方式进行或者通过摄影的方式进行。①

其二,法国劳动法对他人的隐私权提供了保护,因为法国劳动法规定,妇女在怀孕时同其雇主签订劳动契约,不承担将其怀孕的事实告之雇主的义务;雇主不得因为妇女生育的未成年子女数量众多而拒绝雇佣她们;边工作边传教的教士不得对其招聘的工人泄露其僧侣身份;雇主为了确定雇员的报酬而对他们的职业活动进行评估时不得考虑雇员在私人生活领域所具有的异常行为,除非此类异常行为对其雇员职务活动的开展和企业的良好运行产生了不利影响;雇主不得因为其雇员患有艾滋病而解雇他们,不得将他们患有艾滋病的情况泄露给其他人。②

其三,法国1978年1月6日的法律对他人的隐私权提供保护,因为该法第1条规定:有关信息权的行使既不能损害他人身份权,也不能损害他人人身权,既不能损害他人私人生活,也不能损害他人个人自由或公众自由。

其四,《法国民法典》有关特别条款也对夫妻之间的隐私提供了保护。《法国民法典》第259-2条规定,基于配偶一方的请求而制作的有关另一方通奸的笔录不得在法庭予以辩论,如果此种笔录会侵犯他人住所权或非法侵犯他人个人隐私权的话。根据《法国民法典》第248条的规定,有关离婚的问题不得在法庭公开辩论,根据《法国民法典》第248-1条的规定,配偶在离婚时有权要求法官不在他们作出的离婚判决中陈述自己的过错。

其五,法国其他特别法也保护他人的隐私权。《法国刑法典》第378条(新刑法典)第226-13条规定,专业人士违反所承担的保密义务将受到刑法的惩处;《法国刑法典》第187条(新《刑法典》第226-15条)规定,侵犯他人通信自由权时要承担刑事责任;法国1999年7月10日的法律保护他人之间的电话通话秘密,规定非法窃听、截取他人之间的电话通话内容将受刑法惩罚。法国1959年2月4日的行政规章第10条规定,所有公务员均要承担保守他人秘密的义务,如果有关事件或信息是在他们行使公务员职务活动中了解到的话。法国1951年6月7日第51 711号法律禁止公法人和私法人将有关他人健康或性生活方面的记名信息泄露给INSEE或者其他信息

---

① 8 déc. 1983; Bull. crim., n. 353; crim., 21 oct. 1980; Bull. crim., n. 262.
② Guy Raymond, *Droit Civil* (2e éditon), litec, pp. 91-92.

统计机关。①

三、美国的隐私侵权责任

(一) Warren 和 Brandeis 的隐私权理论

1. Warren 和 Brandeis 提出隐私权的时代背景

在英美法系国家,普通法虽然承认他人的隐私利益,认为行为人侵犯他人隐私利益的行为应当构成侵权行为,行为人应当就其侵权行为对他人承担侵权责任,但是英美普通法并不承认独立的隐私侵权责任,根据英美法系国家的普通法,如果行为人侵犯他人的某种隐私利益,他们应当根据英美法系国家已经确立的其他侵权责任来对受害人承担侵权责任。在19世纪末期之前,英美法系国家的普通法采取五种侵权责任来保护他人的隐私利益:

其一,书面诽谤的名誉侵权责任。在19世纪末期之前,英美法系国家的普通法认为,如果行为人侵害他人隐私的行为符合书面诽谤侵权责任的要求,受害人有权要求行为人就其书面诽谤行为对自己承担侵权责任,行为人应当根据书面诽谤侵权责任对受害人承担侵权责任。其二,宪法保护。在美国,无论是法律还是文化都承认家庭生活和隐私的重要性,美国宪法第四修正案保护他人的通信自由和往来书信的自由。如果行为人刺探、开拆他人通信或者往来书信,则行为人的行为侵犯了他人的宪政性权利,权利人有权要求他人根据《美国宪法第四修正案》对自己承担责任。其三,刑法保护。根据美国19世纪末期之前的刑法,如果行为人窃听他人谈话,则他们的行为将构成犯罪行为,应当受到刑法制裁。其四,不动产侵入侵权责任。根据英美法系国家19世纪的普通法,如果行为人刺探、打听他人隐私并且公开他人隐私,他们应当根据英美法系国家的不动产侵入侵权责任来对受害人承担侵权责任,因为行为人去他人房屋内刺探、打听其隐私,实际上是非法侵入他人不动产的行为,构成不动产侵入侵权行为。其五,阻止行为人公开他人私人信件的禁令制度。根据英美法系国家19世纪的普通法,如果

---

① V. Guy Raymond, *Droit Civil*(2e éditon), litec, pp. 92 – 93.

行为人未经他人同意擅自拆开他人私人信件,他人可以寻求法官对其进行衡平法上的救济措施,即要求法院颁布禁止令,阻止行为人的开拆行为。

虽然通过其他已经建立的侵权责任对他人隐私利益进行保护也能够在一定程度上对他人的隐私利益提供保护,但是上述各种保护方式都存在问题,无法为他人隐私利益提供周详的保护。例如,即便英美法系国家的普通法允许隐私利益遭受损害的受害人向法院起诉,要求行为人就其侵犯隐私利益的行为对自己承担名誉侵权责任,但是,一旦行为人能够证明其公开的信息是真实的信息,则受害人无法根据书面诽谤的名誉侵权责任来要求行为人对其承担侵权责任,因为,根据英美法系国家的名誉侵权责任,行为人能够用事实真实来抗辩行为人的侵权请求。再例如,当行为人侵犯原告的隐私利益时,原告虽然可以要求行为人根据不动产侵入侵权责任对其承担侵权责任,但是,该种侵权责任要求行为人在没有获得原告同意的情况下具体进入原告的不动产之内或者之上,如果行为人在刺探、窃听时没有具体进入原告的家中,原告也就无法要求行为人根据不动产侵入侵权责任对他们承担侵权责任。

2. Warren 和 Brandeis 在《隐私权》一文当中的主要观点

正是为了克服英美法系国家普通法在保护他人隐私利益方面存在的问题,为他人隐私利益提供更好的保护,美国 Warren 和 Brandeis 在 1890 年第 4 期的《哈佛大学法律评论》上发表了著名的《隐私权》一文,明确要求英美法系国家承认隐私权的独立性和隐私侵权责任的独立性。[1] Warren 和 Brandeis 文章的主要观点有四:

其一,普通法会随着社会的发展而不断认可和保护新的权利。个人的人身和财产应当获得完全的保护是古老的普通法认可的一项原则,但是,随着时代的发展,人们也认为有必要重新界定此种法律保护的确切性质和内容。政治、社会和经济的变化要求普通法认可新的权利而普通法所具有的永葆青春活力的特性也使它能够得到不停的生长,以便满足社会的需要。因此,在很早时,普通法就对具体干预他人的生命和财产的行为给予救济,对侵入他人不动产的行为给予救助,对其他的行为进行救济等。在那时,普通法认可的生命权也仅是用来保护他人免受行为人各种形式的殴打行为;

---

[1] Louis D. Brandeis Samuel D. Warren, *Right to Privacy*, (1890) 4 *Harv. L. Rev.* 193.

自由权则保护他人免受行为人实施的实际限制行为的干预；财产权则保护他人免受行为人对其不动产和动产的侵害。后来，普通法由认可了他人的精神性质的、感情性质的和智力性质的权利。在逐渐的社会发展中，他人的这些权利范围得到进一步的拓展。因此，在当下，他人的生命权是指他人享有享受生活的权利、享有独处的权利；自由权意味着他人享有更广泛范围内的民事特权，而财产权则包括了任何形式的占有，无论是对不动产的占有还是对动产的占有等。随着法律对他人感情所具有的法律价值的认可，普通法认为，保护他人免受身体的实际损害的法律规则也得到拓展，保护他人避免遭受此种危险的恐惧。普通法从殴打侵权责任中产生出了攻击侵权责任。后来，普通法又建立了相对保护他人免受无法容忍的噪音、灰尘、烟雾等侵扰的侵权责任。滋扰侵权责任因此得到了发展。关于他人的感情而言，普通法又将保护他人感情免受损害的侵权责任延伸到人身之外的领域。法律要考虑他人的名誉，他人同其他人之间的关系，在这样的基础上产生了口头和书面诽谤侵权责任。从有形财产权中产生了无形财产权利制度，诸如著作权、商标权等。

其二，当前的社会发展对隐私权提出的要求。Warren 和 Brandeis 指出，最近的发明和商事手段要求普通法采取新的步骤来保护他人，使他们能够享有 Cooley 法官称之为"独处权"的权利。由于照相技术和报纸杂志的发展，快照和新闻媒体记者大量侵入他人的私人生活和家庭生活的领域，使他人的私人生活和家庭生活存在暴露于天下的危险。多年以来，人们都产生了这样的愿望，即法律应当对行为人在没有经过他人授权的情况下公开其他肖像的行为提供法律救济。近些年来，一个能干的作者也详细地讨论过报纸杂志侵害他人隐私的问题。几个月之前，纽约的一个基层法院受理的一个案件直接涉及新闻媒体在没有经过他人同意的情况下就公开其肖像的行为。法院马上就要考虑的问题是，普通法是否应当承认和保护这一方面或者其他方面的隐私权。

其三，美国普通法应当承认和保护隐私权。Warren 和 Brandeis 指出，美国普通法有必要保护他人的隐私权，保护他人的隐私免受行为人尤其是新闻媒体的侵害，因为美国新闻媒体正在进入社会生活的各个领域，正在渗透到社会的各个角落。在今天，闲聊已经不再是懒散者、粗暴者的话题，它已经变成一个商业活动、工业化的活动。为了迎合社会公众的低级趣味，报纸杂志连篇累牍地刊登他人性关系的各种细节。而为了满足社会公众的低级趣味,报纸杂志不得不大量刊登各种奇闻轶事。报纸杂志为了获得这些奇闻轶事不得不采取侵入他人住宅等方式。随着文明的日益发展,社会生活变得更加复杂,他人的私人生活更加有可能被公开。因此,他人的安宁生活和隐私已经成为个人生活的必需。但是,现代工业和现代发明通过对他人隐私的侵犯而使他人遭受精神痛苦和烦恼,此种精神痛苦和烦恼要比对他人身体上的伤害更加严重。

其四,英美法系国家过去的既存侵权责任虽然能够对他人的隐私利益提供某些保护,但是这些保护都存在这样或者那样的问题。为了对他人的隐私利益进行良好的保护,美国侵权法应当承认一种独立的隐私权,此种隐私权不依赖于其他既存的侵权责任,诸如名誉侵权责任。

3. 美国学者对 Warren 和 Brandeis《隐私权》一文的评价

在美国甚至整个英美法系国家,学说对 Warren 和 Brandeis《隐私权》一文作出了非常高的评价,认为 Warren 和 Brandeis 的文章是"当之无愧的经典文章",是"英美法系国家所有法律评论当中最有影响力的文章",是"对司法判例产生最大影响的文章之一",是"法律学术期刊对美国法律产生影响的杰出范例",是对美国侵权法增加了一章的文章。Prosser 教授对 Warren 和 Brandeis《隐私权》一文作出了这样的评价:"隐私权的认可和发展或许是法律期刊对法院产生影响的杰出范例。在 1890 年之前,无论是英国法官还是美国法官都不会明确对隐私权的侵犯行为加以救济,虽然,如果我们回头看,也许会发现,某些案件正在不遗余力地往这个方向走,并且 Cooley 法官已经使用过独处权这样的概念。"① Leeborn 教授指出,在英美法系国家,在普通法的历史中,学术上的理论创新很少能够确定其具体的年代。但是,隐私权对普通法的影响则能够具体确定其创新的时间,因为普通法上的隐私权源于 Warren 和 Brandeis 在 1890 年发表的《隐私权》一文。②

美国学说之所以对 Warren 和 Brandeis 的文章作出如此高的评价,其主要原因在于,Warren 和 Brandeis 的《隐私权》一文不仅对美国乃至整个英美法系国家的司法判例产生了重要影响,而且还对美国乃至整个英美法系国

---

① W. Page Keeton, *Prosser and Keeton on Torts* (fifth editon), West Publishing Co., p. 849.
② David W. Leebron, Symposium: The Right to Privacy one Hundred Years Late: The Right to Privacy's Place in the Intellectual History of Tort Law, (1991) 41 *Case W. Res.* 769,770.

家的制定法和学说都产生了重要影响。

(二) Warren 和 Brandeis《隐私权》一文对美国侵权法产生的影响

1. Warren 和 Brandeis 的《隐私权》一文对美国司法判例产生的影响

Warren 和 Brandeis 的《隐私权》一文对美国司法判例产生了重要影响,某些判例在责令行为人就其隐私侵权行为对他人承担侵权责任的生活直接援引 Warren 和 Brandeis 的《隐私权》中的内容。

在美国,援引 Warren 和 Brandeis《隐私权》一文作为责令行为人承担隐私侵权责任根据的第一个案件是美国纽约州在 1891 年裁定的 Schuyler v. Curtis①一案。在该案中,被告希望创作 Schuyler 太太的雕像,并且将该雕像进行展览,以便弘扬其慈善精神。Schuyler 家属没有人同意过被告的创作行为和展览行为。原告向法院起诉,要求法官颁布禁止令,禁止被告创作 Schuyler 太太的雕像。一审法院的法官同意原告的意见,颁布了禁止令,禁止被告从事创作 Schuyler 太太雕像的行为。法官指出,虽然没有报道过的案件支持他人隐私权,虽然本案是一个新型的案件,但法官仍然认为,应当保护他人的隐私权,应当禁止行为人在没有获得他人家属同意的情况下创作他人家庭成员的雕像。法官在颁发此种禁止令时直接从 Warren 和 Brandeis 的《隐私权》中援引了三段话作为根据。被告不服一审法院的裁决,上诉到二审法院,二审法院作出了维持原判的决定。被告还是不服,上诉到三审法院,三审法院最终撤销了一审法院作出的颁发禁止令的裁判。但是,三审法院撤销裁判的根据是,被告创作的雕像是死去的 Schuyler 太太,如果说 Schuyler 生前享有隐私权的话,则当她死亡之后,其隐私权也终止了。

在 1893 年,美国纽约州的法官又在 Marks v. Jaffa②一案中援引 Warren 和 Brandeis 的《隐私权》一文责令行为人放弃其侵犯他人隐私权的侵权行为。在该案中,被告是一家报社,在没有获得演员同意的情况下,它在其报纸上公开了两个演员的相片,要求读者投票选出他们最喜欢的一名演员。原告向法院起诉,要求法官颁布禁止令,禁止被告刊登原告的相片。法官根据 Warren 和 Brandeis 的《隐私权》一文和前述 Schuyler 一案的规则,同意颁布禁止令,禁止被告在没有获得原告同意的情况下公开其相片。

---

① 15 N.Y.S. 787 (N.Y. Spec. Term 1891).
② 26 N.Y.S. 908 (N.Y. City Super. Ct. 1893).

到了 1902 年,美国纽约州的司法判例在著名的 Roberson v. Rochester Folding Box Co.①一案中否定了原告的隐私权,认为被告使用原告肖像的行为不构成隐私侵权行为。在该案中,被告为了给自己的面粉做广告而擅自印刷原告的肖像,并将附有原告肖像的广告张贴在商店或者其他地方。原告向法院起诉,要求法官颁布禁止令,禁止被告使用其肖像。初审法院同意其意见,裁定颁布禁止令,禁止被告使用其肖像。被告不服,向二审法院提起上诉。二审法院作出了维持一审法院裁判的决定。二审法院的法官指出,原告提起诉讼所依据的理论虽然是一个新的理论,虽然原告要求被告承担责任所依据的先例已经足够,但是,法官仍然根据前述两个案件及 Warren 和 Brandeis 在其文章中援引的那些英国案件责令被告承担责任。被告不服,向上级法院上述。最后,上级法院最终以 4 比 3 的比例撤销了二审法院的裁判,认定行为人使用原告肖像的行为不构成隐私侵权行为。法官之所以不愿意认定被告的行为构成隐私侵权行为,其原因多种多样,诸如:原告的诉讼请求欠缺先例,原告遭受的损害是纯精神性质的损害,如果允许被告承担侵权责任,则会产生大量的案件,使隐私侵权诉讼像潮水般涌到法院;法官难以区分公众人物和非公众人物,责令被告承担隐私侵权责任可能会不适当地限制了其行使所享有的言论自由权和新闻自由权。

在 1905 年,美国 Georgia 州最高法院在 Pavesich v. New England Life Insurance Co.②一案中承认他人的隐私权,认为原告有权要求行为人就其侵犯其隐私权的行为对其承担侵权责任。在该案中,在没有获得原告同意的情况下,被告为了在报纸上推销人身损害保险而假借原告的名义和使用原告的肖像。原告认为被告的行为侵犯了自己的隐私,要求法官责令被告承担隐私侵权责任。美国 Georgia 州最高法院指出,原告享有自然法中的隐私权,原告在要求被告对其承担侵权责任时无需证明自己遭受了特殊损害,因为行为人侵犯他人隐私权的行为是直接侵害他人某种法定权利的行为。法官指出:"隐私权的根据在于其自然本质。此种权利是根据直觉、良心确立的,因为人们的直觉和良心要求法律保护他人的隐私权。……任何人在本能上都反感社会公众侵犯其隐私权,此种隐私权表现在他人对其本质上属于私人性质的事务所享有的权利。因此,隐私权源于自然法。……在一定

---

① 64 N.E. 442 (N.Y. 1902).

② 50 S.E. 68 (Ga. 1905).

的限度上来说,隐私权源于自然法,此种权利得到市政法确立的原则的认可,《美国宪法》和 Georgia 州的《宪法》对保护本州的市民享有隐私权,因为美国宪法和 Georgia 州的宪法规定,除非经过正当程序,否则,任何人的自由都不得被剥夺。"法官还指出,认为他人享有隐私权的结论同自然正义的原则非常一致,同每个文明社会的法律原则高度一致,尤其是同普通法的原则保持一致。在讨论行为人的言论自由权和他人的隐私权的关系时,Pavesich 一案的法官指出,无论是他人的隐私权还是行为人的言论自由权都不是宪法创设的权利,它们都是古老的权利,都是自然权利,每一个权利都独立存在,因为它们在不同时期都存在被大量侵犯的现象,因此为了防止它们在将来再被侵犯,宪法对它们提供了保护。Pavesich 一案的法官认为,法律既不允许行为人滥用其言论自由权来损害他人的隐私权,也不允许他人滥用其隐私权来损害他人的言论自由权。在该案中,法官在责令被告就其侵害原告隐私权的行为对原告承担侵权责任时直接援引了 Warren 和 Brandeis 的文章;在作出此种判决后,Cobb 法官还给 Brandeis 写信,提请他注意 Pavesich 一案的判决。

在 1907 年,美国 New Jersey 州的司法判例在 Edison v. Edison Polyform Mfg Co.[①]一案中认为,被告的行为侵犯了原告的隐私权,应当对原告承担侵权责任。在该案中,被告在没有经过原告允许的情况下擅自在其产品上使用原告的姓名、照片和身份。原告认为被告的行为侵犯其享有的隐私权,要求法官颁发禁止令,禁止被告的行为。法官在讨论包括 Pavesich and Roberson 等案件在内的各种案件之后认为,在上述两类案件中,Pavesich 一案确立的规则更好,应当在本案中使用。

在 1908 年,美国 Indiana 州的司法判例在 Pritchettv. Bd of Comm'rs[②] 一案中认为,被告的行为侵犯了原告的隐私权,应当对原告承担侵权责任。在该案中,原告的家挨着被告的监狱,被告监狱的犯人能够随时窥探其家里的情况。原告向法院起诉,要求被告承担侵权责任。法官援引 Pavesich 一案确立的规则,认定被告的行为构成隐私侵权行为,应当对原告承担侵权责任。在 1909 年,美国 Kentucky 州的司法判例在 Foster-Millburn Co. v. Chinn

---

[①] 67 A.392,395(N.J.Ch.1907).
[②] 85 N.E. 32,33(Ind. App. 108).

一案①中也认为,被告的行为侵犯了原告的隐私权,应当对原告承担侵权责任。在该案中,被告没有经过原告的许可就使用其相片做商业广告。法官认定被告使用原告相片的行为侵犯了原告的隐私权。在1911年,美国Missouri州的司法判例在Munden v. Harris②一案中也采取同意的态度。

2. Warren和Brandeis的《隐私权》一文对美国学说产生的影响

在美国,Warren和Brandeis的《隐私权》一文发表之后对美国侵权法学说也产生了重大影响,在该文发表之后的20年内,除了少数学说反对Warren和Brandeis的观点之外,美国大多数学说都对Warren和Brandeis《隐私权》一文的观点持肯定的意见。支持Warren和Brandeis观点的人或者对Warren和Brandeis的《隐私权》一文发表意见,或者对有关隐私权方面的案件发表意见,或者对侵犯他人隐私权的法律救济问题发表意见。有人认为,Warren和Brandeis的文章是非常犀利的文章,对问题透视得十分深刻,并且在他们的文章中大范围地援引Warren和Brandeis文章中的内容,主张美国侵权法应当承认隐私权。有人认为,Warren和Brandeis的文章令人敬佩地和非常详尽地讨论了隐私权。还有人认为,Warren和Brandeis的文章观点十分具有说服力,没有人能够提出让人信服的观点来反驳他们的观点。某些学说强烈支持那些援引Warren和Brandeis的文章来证明原告享有隐私权和被告侵犯原告隐私权的案件,认为这些案件是正确的,侵权法应当承认他人的隐私权,应当承认隐私侵权责任。某些学说则对美国纽约法官在前述Roberson一案中否定隐私权的做法提出强烈的批评,认为法官的态度过于消极。还有些案件对其他州反对认可隐私权的判决提出批评。例如,在1902年的《耶鲁大学法律评论》上刊发的评论就严厉批评法官在Roberson一案中的判决,认为法官的判决将会使行为人更加狂妄地叫嚣,他们享有随时潜入他人家庭刺探他人私人事务的权利,使他人遭受哪怕是最隐秘的事务都能够被公之于众的危险。③

3. Warren和Brandeis的《隐私权》一文对美国制定法产生的影响

Roberson一案作出之后受到美国学说的广泛批评,认为该种判决存在

---

① 120 S. W. 364, 366 (Ky. 1909).
② 134 S. W. ! 076,1079(Mo. Ct. App. 1911).
③ Comment, An Actionable Right of Privacy? Roberson v. Rochester Folding Box Co., 12 *Yale L. J.* 35, 37–38 (1902).

问题。为此，Roberson 一案作出的主要法官 O'Brien 在 1902 年的《耶鲁大学法律评论》上发表《隐私权》的文章，对 Roberson 一案的判决进行辩护。不久之后，美国纽约州的立法机关制定了一个《制定法》，规定没有经过他人许可的情况使用他人姓名、相片或者肖像来做广告或者从事商事活动的行为构成犯罪行为。同时，该《制定法》也规定，一旦行为人在没有经过他人许可的情况下使用他人姓名、相片或者肖像，他人有权要求法院颁布禁止令，禁止行为人从事这些行为。美国纽约州的此种立法虽然是根据美国纽约州 Roberson 一案的事实作出的，但它对他人的隐私权进行了有限度的保护，并且此种保护显然是建立在 Warren 和 Brandeis 文章的基础上。美国纽约州的此种《制定法》对其他美国州的《制定法》也产生了重要影响。因为，在 1904 年，美国 Virginia 州和 Utah 州分别在 1904 年和 1909 年制定了类似的《制定法》对他人的隐私权提供法律保护。到 1911 年为止，美国 California、New York、Utah 和 Virginia 等州都制定了《制定法》，对他人的隐私权加以保护，对行为人侵犯他人隐私权的侵权行为予以制裁。

（三）现代美国隐私侵权责任

在 1960 年，在 Warren 和 Brandeis 的文章发表后的第 70 个年头，美国著名侵权法教授 Prosser 在加利福尼亚州大学法律评论上发表了影响现代美国隐私侵权责任的文章《隐私》。[①] 该文认为，虽然 Warren 和 Brandeis 的文章对于建立美国隐私侵权责任具有重要的意义，但是，Warren 和 Brandeis 的文章也有此种问题，即 Warren 和 Brandeis 的文章所论及的隐私范围过窄，他们仅将行为人公开披露他人私人事实的行为看做隐私侵权行为。实际上，从美国司法判例开始适用 Warren 和 Brandeis 的隐私权理论来责令行为人就其隐私侵权行为承担侵权责任以来，美国的司法判例除了在行为人公开他人私人生活领域责令行为人对他人承担侵权责任之外，他们还在很多领域责令行为人就他们实施的侵权行为对他人承担侵权责任，这些领域的侵权行为也构成隐私侵权行为，行为人也被责令对他人承担侵权责任。

为此，Prosser 教授对美国 1890 年到 1960 年之前的有关隐私侵权方面的案件进行总结，认为美国司法判例实际上已经认可了四种隐私侵权责任：

---

① Prosser, *Privacy*, 48 *Calif. L. Rev.* 383(1960).

擅自使用他人姓名、肖像甚至其他身份特征的侵权行为(appropriation)、不合理地侵扰他人安宁的侵权行为(unreasonnable intrusion)、不合理地公开他人私人生活的侵权行为(unreasonnable publicity of private life)、在公众面前丑化他人形象的侵权行为(Placing another in false light)。这四种隐私侵权责任除了都是原告权利的干预之外，在其他方面并没有共同性。Prosser 教授指出，"隐私侵权法由四种分别侵犯原告四种利益的侵权行为组成，这四种侵权行为分别以一个共同的名称捆绑在一起。实际上，除了每一种侵权行为都是对原告的被 Cooley 称为独处权的权利进行干预之外，它们之间没有共同的地方。在不试图对这四种侵权行为进行界定的情况下，这四种隐私侵权行为可以分为：侵扰原告的居所安宁和安静或者侵入其私人事务；公开披露原告让人尴尬的私人事实；在公众面前丑化原告；为了被告的利益而擅自使用原告的姓名或者肖像。"Prosser 教授还指出，应当注意的是，这四种侵权行为的法律规则显然是不相同的，对一种隐私侵权适用的规则对另外一种隐私侵权行为则可能不会适用。为什么要将隐私侵权分为这样的四种侵权行为？Prosser 教授对此作出了这样的说明："Biggs 法官对目前的隐私侵权的现状作出了说明，认为目前的隐私侵权仍然是一盘散沙。隐私侵权领域的混乱的确存在，但是，隐私侵权之所以如此混乱，完全是因为人们没有将这四种形式的隐私侵权责任区分和区别开来，没有意识到这四种形式的隐私侵权责任分别适用于不同的情况。如果我们将隐私侵权责任进行整理并使之处于有序之中，我们就会发现，在侵扰原告的居所安宁和安静的隐私侵权、公开披露原告的私人事务的隐私侵权、公开丑化原告的隐私侵权和擅自使用他人姓名或者肖像的隐私侵权这四种隐私侵权中，第一种隐私侵权和第二种隐私侵权要求行为人侵害原告的某种隐秘的东西、某种不受打扰的东西或者某种属于私人性质东西，而第三种和第四种则无需要求这些因素。第二种和第三种隐私侵权要求行为人作出某种公开行为，而第一种和第四种隐私侵权则不要求行为人此种公开行为，虽然它们时常也设计行为人的公开行为。第三种隐私侵权要求行为人陈述的事实具有虚假性或者虚构性，而其他三种形式的隐私侵权都不要求这一因素。第四种隐私侵权要求行为人为了自己的利益使用原告的姓名或者肖像，而其他三种隐私侵权则不要求这一要素。"

在第五版的侵权法教科书中，Prosser 教授仍然坚持其四分法的隐私侵权责任。他指出,在早期,美国所有的司法判例仅仅关心这样的问题即原告主张的隐私权是否存在,它们很少考虑这样的问题:一旦隐私权存在,该种隐私权是什么。在今天,由于由几百个隐私侵权案件存在,我们已经能够得出某些非常确定的结论。正如到目前为止已经判决的那些案件表明的那样,隐私侵权不是一种侵权而是由四种侵权构成的复合侵权。具体说来,隐私侵权法由四种分别侵犯原告四种利益的侵权行为组成,这四种侵权行为虽然分别以一个共同的名称来捆绑在一起,但是在实际上,除了每一种侵权行为都是对原告的独处权进行的干预之外,它们之间没有共同的地方。[①] Prosser 教授的观点提出之后,不仅得到了美国学说和司法判例的广泛认可,并且还得到了美国法学会的支持,美国法学会在其制定的《美国侵权法重述》(第 2 版)中完全采取了 Prosser 教授的四分法理论。

一方面,美国侵权法学说大都同意 Prosser 教授的四分法的隐私侵权责任,将隐私侵权分为侵扰侵权、公开披露侵权、公开丑化他人形象的侵权以及擅自使用他人姓名、肖像侵权。Epstein 也认可 Prosser 教授的四分法理论,在其主编的《侵权法案例》中将隐私侵权分为四种,他指出,在本书中,我们将采取 Prosser 教授的分类,将隐私侵权分为四种,虽然我们的分类顺序不同于 Prosser 教授的分类顺序,即:擅自使用他人姓名或者肖像的隐私侵权、公开披露让他人尴尬的私事、公开丑化原告以及侵扰他人的安宁。[②] Franklin 和 Rabin 也指出,在美国,隐私是一个相对而言较为新潮的法律概念,它有多种表现形式,包括行为人公开他人不愿意其公开的信息,此种隐私侵权被称为不合理地公开他人私人生活的侵权行为,在公众面前丑化原告形象的侵权行为,侵扰他人安宁的侵权行为以及擅自利用他人姓名、肖像的侵权行为。[③]

另一方面,Prosser 教授的四分法完全得到《美国侵权法重述》(第 2 版)的遵循,因为,该复述完全将侵犯他人隐私权的行为分为四种:《侵权法重述》(第 2 版)第 652A 条对隐私侵权的一般原则和四种类型作出规定,该条

[①] See W. Page Keeton, *Prosser and Keeton on Torts* (fifth edition), West Publishing Co., p. 851.

[②] Richard A. Epstein, *Cases and Materials on Torts* (15th ed), Little, Brown and Company, p. 1201.

[③] Marc A. Franklin Robert L. Rabin, *Tort Law and Alternateives* (7th ed), Foundation Press, p. 1098.

规定:(1)任何人,一旦他人的隐私权,即应对他人因此遭受的损害承担侵权责任。(2)侵害他人隐私权的侵权行为有:不合理地侵扰他人的安宁;擅自利用他人的姓名或者肖像;不合理地公开他人私人生活;不合理地在公众面前丑化原告形象。此外,《美国侵权法重述》(第2版)还分别用了四个具体的条款对四种类型的隐私侵权作出了具体规定,其中第652B条规定了侵扰他人安宁的隐私侵权责任,第652C条规定了擅自使用他人姓名或者肖像的隐私侵权责任,第652D条规定了公开他人私人生活的隐私侵权责任,第652E条规定了公开丑化他人形象的隐私侵权责任。除了美国《侵权法重述》采取 Prosser 教授的四分法理论之外,美国许多州的制定法也采取 Prosser 教授的四分法理论,规定了四种类似的隐私侵权责任。

当然,应当说明的是:一方面,虽然 Prosser 教授的四分法理论得到了美国学说、判例和制定法的广泛认可,但是,Prosser 教授的四分法理论也遭受到某些学说的反对。某些学者认为,Prosser 教授的四分法理论存在的不足表现在,他将隐私侵权分为四种并非建立在充分的案例的基础上,已经存在的案例不能够充分说明法官将隐私侵权案件分为四种;某些教授认为,Prosser 教授的四分法理论没有看到隐私侵权责任虽然建立在四种类型的基础上,但它们并非分别保护四种不同的利益,它们实际上还是保护他人的一种利益,这就是人格尊严。某些教授认为,Prosser 教授的四分法理论虽然具有一定的合理性,但那些仍然不是非常明确的侵权责任,很多具体的问题仍然模棱两可,例如,隐私侵权责任的构成要件是什么,如何确定受害人遭受的损害,行为人承担侵权责任的根据是什么,行为人的免责途径是什么。另一方面,虽然美国许多州的判例法或者制定法都认可 Prosser 教授的四分法理论,将隐私侵权责任分为四种,但是,并非所有州的制定法或者判例法都采取这样的理论,某些州的制定法或者判例法或者仅仅认可 Prosser 教授分类中的这种形式而拒绝承认另外一种形式。例如,美国 Ohio 州的判例法仅仅认可 Prosser 教授的四分法理论中的三种:侵扰他人的安宁、擅自使用他人的姓名、肖像以及公开披露他人私事。①

基于笔者体例的考虑,基于笔者对无形人格权种类和性质的认识,笔者仅将不合理地侵扰他人的安宁和不合理地公开他人私人生活看做隐私侵权

---

① Housh v. Peth, 165 Ohio St. 35, 133 N.E. 2d 340 (1956).

行为,不将擅自利用他人姓名或者肖像的侵权行为或者在公众面前丑化他人形象的侵权行为看做隐私侵权行为,而看做姓名侵权行为、肖像侵权行为和人格尊严侵权行为。因为这样的原因,笔者仅仅在隐私侵权责任中介绍没有隐私侵权责任中的两种隐私侵权责任,即不合理地侵扰他人的安宁和不合理地公开他人私人生活,而在其他有关章节接受美国隐私侵权责任中的其他两种隐私侵权责任,这就是擅自利用他人姓名或者肖像的侵权行为或者在公众面前丑化他人形象的侵权行为。

四、英国的隐私侵权责任

(一) 英国现行侵权法对他人隐私利益的救济方式

在英国,普通法虽然对他人的隐私利益提供法律上的保护,但英国普通法并不承认独立的隐私侵权责任,当行为人侵犯他人隐私利益时,他人不得要求行为人对他人承担独立的隐私侵权责任,他们只能要求行为人对其承担隐私侵权责任之外的其他侵权责任;法官也不得责令行为人对他人承担独立的隐私侵权责任,而应当根据隐私侵权之外的侵权责任来责令行为人对他人承担侵权责任。受害人究竟应当根据独立的隐私侵权责任之外的其他什么侵权责任来提起侵权诉讼,法官究竟应当根据隐私侵权责任之外的什么侵权责任责令行为人对原告承担侵权责任,取决于原告的案件的具体情况是否符合其他既存的某种侵权责任的构成要件。总的说来,如果行为人的行为侵犯了他人的隐私利益,原告能够提起的侵权诉讼形式包括:泄露秘密的衡平救济;侵扰他人不动产的侵权行为;滋扰侵权;名誉侵权等。

1. 通过衡平法的泄露秘密侵权责任来保护他人的隐私利益

根据英国衡平法,如果行为人实施的侵权行为侵害了原告的隐私利益,原告最常用的侵权诉讼方式是泄露秘密诉讼(breach of confidence)。根据泄露秘密诉讼,如果他人将自己的秘密告诉行为人,行为人就应当保守他人的秘密,不得将他人告诉自己的秘密再告诉第三人,否则,行为人的行为侵犯了他人秘密,应当对他人承担法律责任。在 Argyll v. Duke of Argyll[①] 一

---

① 1967 Ch. 302(1967).

案中,法官将此种泄露秘密诉讼的衡平法救济方式适用到他人隐私利益的保护领域。在该案中,原告 Duchess 同 Duke of Argyll 结婚时将某一个秘密信息告诉了 Duke of Argyll,Duke of Argyll 将该秘密信息泄露给了一家报社,报社准备刊登此种秘密信息。原告向法院起诉,要求法官禁止 Duke of Argyll 和这家报纸公开其信息。法官认为,被告的行为侵犯了原告的秘密,应当被禁止。侵犯秘密诉讼在原告同被告之间此种秘密信息交流时能够得到较好的适用,因为,如果原告将自己的秘密告诉被告,被告就应当承担保密义务,不得擅自泄露其秘密,否则,就是侵犯信赖关系和秘密,应当对受害人承担法律责任。但是,此种理论很难在现代社会使用,因为在现代社会,行为人获得信息的方式很少是原告将某种秘密信息告诉他们,而是行为人主动采取措施,偷偷地刺探、打探得来的。

2. 通过不动产侵入侵权责任来保护他人的隐私利益

根据英国普通法的规则,如果行为人侵犯他人隐私,他人能够提起不动产侵入之诉,要求行为人根据不动产侵入侵权对自己遭受的损害承担侵权责任。因为,行为人要获得他人的隐私,他们往往会采取潜入他人家中进行窥探的方式。但是,此种隐私保护方式也存在问题,根据英国普通法的不动产侵入侵权责任,只有行为人采取具体潜入、进入他人不动产之内或者之上的侵权行为时,他人才能够要求行为人根据不动产侵入侵权责任对自己承担侵权责任。如果行为人没有采取具体的进入不动产之内或者不动产之上的侵入措施,他人不得主张此种侵权诉讼。在现代社会,虽然新闻媒体有时为了获得他人尤其是名人隐私而采取进入他人不动产之内或者不动产之上的侵入措施,但新闻媒体更主要的方式是通过在他人尤其是名人的不动产之外通过长焦距镜头来获得他们隐私,此时,行为人虽然获得了他人隐私但是没有侵入他人不动产之内或者不动产之上。

3. 通过滋扰侵权责任来保护他人的隐私利益

根据英国普通法,如果行为人侵犯他人隐私的行为符合英国私人滋扰侵权责任的构成要件,受害人有权向法院起诉,要求法官责令行为人就其进行的私人滋扰侵权行为直接承担侵权责任。根据英美法系国家的私人滋扰侵权责任,如果行为人对他人使用其不动产构成重大的、不合理的干预,则行为人的行为将构成私人滋扰侵权行为。诸如,行为人用足球打破他人窗户的行为,行为人毁损他人商店门窗的行为,行为人排放噪音、烟尘使他人生活受到影响的行为等。在 Khorasandjian v. Bush① 一案中,法官使用滋扰侵权责任来保护他人的隐私利益。在该案中,被告不停地给原告打电话,使原告的生活受到影响。原告向法院起诉,要求法官颁布禁止令,禁止被告的行为。法官认为,被告的行为侵犯了原告的隐私利益,应当承担侵权责任。为此,法官颁布禁止令,禁止被告再骚扰原告。但是,通过私人滋扰侵权责任来保护他人的隐私利益仍然存在问题,因为,在当今社会,行为人虽然有时会采取骚扰他人的方式获得有关他人的隐私,但是,他们常常在公开场合或者他人不动产之外获得他人隐私,此时,受害人无法要求行为人根据私人滋扰侵权责任对自己承担侵权责任。

4. 通过名誉侵权责任来保护他人的隐私利益

根据英国普通法,如果行为人公开他人隐私的行为会导致他人名誉受到毁损,他人有权向法院起诉,有权要求法官责令行为人对其承担名誉侵权责任。例如,在 Tolley v. Fry 一案中,法官就责令行为人就其公开他人隐私的行为对他人承担名誉侵权责任。在该案中,原告是一名业余高尔夫选手。被告在没有获得原告同意的情况下滥用其肖像。原告向法院起诉,要求被告就其侵犯隐私利益的行为承担名誉侵权责任。法官认为,在本案的特殊情况下,被告滥用原告肖像的行为实际上构成一种名誉侵权行为,因为被告适用原告肖像的行为被认为是表明原告是专业高尔夫选手而非业余高尔夫选手,使其名誉遭受损害。通过名誉侵权责任来保护他人隐私利益显然存在此种问题,因为根据英国普通法的规定,名誉侵权责任要求行为人陈述的事实是虚假的事实,如果行为人陈述的事实是真实的事实,则行为人的行为很难构成侵权行为。

(二) 英国学说和司法判例对一般隐私侵权责任的论争

在现代英国,隐私侵权的法律保护并没有建立在独立的、具有一般意义上的隐私侵权责任的基础上,它仍然是建立在各种错综复杂的、既存的侵权责任的基础上,当行为人实施的侵权行为侵害了他人隐私利益时,他人不得要求行为人对他们承担隐私侵权责任,只能要求行为人对他们承担隐私侵权责任之外的其他侵权责任。问题在于,适用错综复杂的、既存的侵权责

---

① [1993] QB727.

任,法官如何判断原告的案件究竟是这种形式的侵权责任还是那种形式的侵权责任。此种侵权责任同那种侵权责任之间的关系如何协调。此种困境在 2001 年的 R v. Wainwright① 一案中得到体现。

在该案中,被告对原告的行为进行调查。原告认为被告的行为侵犯其隐私,要求被告承担侵权责任。一审法院的法官作出判决,认为被告的行为构成侵犯原告人身的侵权行为(trespass to the person)。法官作出这样的判决是基于两个方面的理由:一方面,虽然侵犯原告人身的侵权行为往往是针对行为人故意侵害他人身体的行为,但是此种规则进行扩展解释,将行为人故意侵害他人感情的行为也看做侵害他人人身的侵权行为;另一方面,在英国人权法即将生效适用时,行为人在没有正当理由的情况下侵犯他人隐私的行为也构成侵犯原告人身的侵权行为,因为英国普通法中的人身侵犯责任制度除了保护他人人身免受损害之外还保护其他利益,包括隐私利益。然而,一审法院法官作出判决的这两个理由即刻遭到了二审法院法官的反对,Lord Justice Buxton 认为,让被告根据侵犯原告人身的侵权行为对原告承担侵权责任是不适当的,他指出,无论 Wainwright 一案中原告能够提起的侵权诉讼是什么,原告都不得根据侵犯人身的侵权行为来要求被告承担侵权责任。之所以不应当适用此种形式的侵权责任来保护原告的隐私利益,是因为现代英国法要限制侵权责任适用的范围,无论此种做法是否正确。

除了反对扩张解释侵犯人身的侵权行为来保护他人的隐私利益之外,二审法院的法官还在 Wainwright 一案中对英国侵权法不应当承认独立的隐私侵权责任的一般原则作出了说明。Mummery 法官指出,在英国,司法判例不应当承认独立的隐私侵权责任,英国没有人想创设隐私侵权责任这样一个新的侵权责任,包括社会公众、国会议员和新闻媒体的从业人员。因为,隐私侵权责任的概念难于界定,如果承认隐私侵权责任,该种侵权责任将会产生众多问题,虽然它能够解决某些问题。同创设独立的隐私侵权责任相比,更好的办法是通过普通法和制定法来完善既存的侵权责任,包括这些侵权责任的构成条件、具体的抗辩事由和适当的救济措施,一般能够旧瓶装新酒,使它们能够适应各种不同隐私利益和隐私侵权的要求。

在英国,为什么司法判例不愿意建立起独立的隐私侵权责任?其理由

---

① [2001]EWCA Civ.2081.

多种多样,诸如:独立的隐私侵权责任的承认会阻止新闻媒体对他人事务的调查;独立的隐私侵权责任的承认会极大地限制行为人的言论自由权;独立的隐私侵权责任的承认会导致隐私侵权案件大量发生,使法官面临潮水般的隐私侵权诉讼等。不过,并非所有的法官都反对建立独立的隐私侵权责任。英国少数案件的法官在裁判中也主张英国承认独立的隐私侵权责任。

(三) 英国 1998 年人权法对英国隐私侵权责任的影响

《欧洲人权公约》(the European Convention on Human Rights)也称《欧洲人权和基本自由保护公约》(the European Convention for the Protection of Human Rights and Fundamental Freedoms),是欧洲理事会成员于 1950 年 11 月 4 日于罗马订立的第一个区域性质的国际人权公约。该公约对自然人享有的各种人权和基本自由作出了规定,其中就包括了隐私权和言论自由权,这就是该《公约》第 8 条和第 10 条的规定。《公约》第 8 条规定:人人有权享有使自己的私人和家庭生活、家庭和通信得到尊重的权利。公共机构不得干预上述权利的行使,但是,依照法律规定的干预以及基于在民主社会中为了国家安全、公共安全或者国家的经济福利的利益考虑,为了防止混乱或者犯罪,为了保护健康或者道德,为了保护他人的权利与自由而有必要进行干预的,不受此限。《公约》第 10 条规定,人人享有表达自由的权利。此项权利应当包括持有主张的自由,以及在不受公共机构干预和不分国界的情况下,接受和传播信息和思想的自由。人人享有表达自由的权利。本条不得阻止各国对广播、电视、电影等企业规定许可制度。行使上述各项自由,因为负有义务和责任,必须接受法律所规定的和民主社会所必需的程式、条件、限制或者是惩罚的约束。这些约束是基于对国家安全、领土完整或者公共安全的利益,为了防止混乱或者犯罪,保护健康或者道德,为了保护他人的名誉或者权利,为了防止秘密收到的情报的泄漏,或者为了维护司法官员的权威与公正的因素的考虑。从理论上讲,《欧洲人权公约》第 8 条和第 10 条之间存在冲突,因为,第 8 条,他人享有隐私权,有权要求行为人尊重自己的隐私,不公开自己的隐私。而根据第 10 条,行为人享有言论自由权的权利,他们可以凭借此种权利对他人事情发表意见。如何平衡《公约》第 8 条和第 10 条的关系,是欧洲人权法院要具体考虑的问题。

在欧洲,欧洲人权公约对欧盟各国的隐私权和隐私侵权责任都产生了重要影响,因为当欧洲人权公约对欧盟成员国生效之后,欧盟成员国应当制定法律,具体落实《欧洲人权公约》第 8 条和其他条款的规定,使欧洲人权公约规定的隐私权和其他人权、基本自由成为欧盟各国国内法的内容。

一方面,欧洲人权法院有权采取措施,强制执行欧洲人权公约规定的各种人权和基本自由不被侵犯。在法国,法国立法机关在 1970 年 7 月 17 日制定的法律一方面是为了响应法国最高法院的呼吁,一方面也是为了具体落实《欧洲人权公约》第 8 条的规定。在英国,虽然普通法对他人的隐私权提供保护,但严格普通法并不像美国侵权法那样认可隐私侵权责任的独立性,它仅仅通过其他具体的侵权责任对他人隐私权提供保护。但是,此种规则从 1998 年开始就发生了改变,因为英国在 1998 年制定了英国 1998 年《人权法》,对包括隐私权在内的各种人权和基本自由作出了规定。英国 1998 年《人权法》也是为了具体落实欧洲人权公约的具体内容。

另一方面,当欧盟成员国的国内法存在保护隐私权的问题时,有关的原告能够直接向欧洲人权法院的法官起诉,要求欧洲人权法院保护其隐私权。当然,《欧洲人权公约》对欧盟各个成员国产生的影响并不完全相同。例如,在法国,欧洲人权公约对法国隐私权保护产生的影响不在于使法国认可隐私权的独立性,因为,在欧洲人权公约颁布之前法国司法判例就已经认可他人的隐私权,并且法国司法判例对隐私权的保护十分强势。《欧洲人权公约》对法国隐私侵权的影响在于,法官在平衡原告的隐私权和被告的言论自由权和新闻自由权时,更加愿意牺牲原告的隐私权和保护行为人的言论自由权及新闻自由权。这就改变了法国过去更愿意保护原告的隐私权而牺牲被告的言论自由权和新闻自由权的态度。而在英国,《欧洲人权公约》对其隐私权的影响主要表现在两个方面:使隐私权逐渐成为一种独立性质的权利,为英国放弃通过其他侵权责任的方式来保护他人隐私权并因此建立专门的隐私侵权责任提供了可能;当英国民众认为英国法官保护他人的隐私权不力时,他们有权寻求欧洲人权法院的强力保护。

为了执行《欧洲人权公约》,英国立法机关在 1998 年制定了英国 1998 年《人权法》,该法于 2001 年开始在英国生效。英国 1998 年《人权法》第 8 条规定,英国国内法院由义务保护英国公民享有的尊重私人生活、家庭生活、住房和通信的权利。问题在于,《英国人权法》第 8 条规定的隐私权是不是一种独立的权利?侵犯他人隐私权的行为是不是构成独立的侵权责任?

对于这样的问题,英国司法判例仍然持否定的意见,他们认为,即便《英国人权法》第 8 条规定国内法院由保护他人隐私权的义务,但是,行为人侵害他人隐私利益的行为仍然不构成独立的隐私侵权行为,他们不对受害人承担独立的隐私侵权责任,法官仍然要适用英国既存的其他侵权责任来保护他人的隐私权。

在 2001 年的案件,被告违反同原告的约定范围擅自公开其结婚照。英国向法院起诉,认为被告侵犯了其享有的隐私权,要求法官颁发禁止令,禁止被告公开其结婚照。法官认为,被告的行为侵犯了原告的隐私利益,应当根据泄露秘密诉讼对原告承担侵权责任。在这里,法官认为,即便被告同原告之间不再存在秘密关系,法官也能够扩展泄露秘密诉讼侵权责任来保护原告的私人信息。①

当然,《欧洲人权公约》第 8 条也对英国民众产生了影响,因为,一旦他们认为被告的行为尤其是政府的行为侵犯了自己的隐私权,他们就能够根据欧洲人权公约的规定,要求欧洲人权法院责令被告承担侵权责任。在 Peck v. United Kingdom② 一案中,欧洲人权法院就违反《欧洲人权公约》第 8 条规定的问题作出了说明。在该案中,原告 Peck 由于精神特别忧郁于深夜到了其所在小镇的中心位置,用刀割开自己的筋脉,然后目光呆滞地看着马路上来来往往的汽车,万念俱灰地等着死去。当该小镇中心位置安装的闭路电视看到 Peck 自杀的情景时,有人拨打急救电话,Peck 被送往医院被救活。不久之后,Peck 自杀的录像片段开始出现在电视节目中,包括电视台播出的新闻和制作的电视节目中,其自杀的肖像出现在报纸杂志中。原告向欧洲人权法院起诉,要求英国各地电视台、报纸杂志公开其自杀场景的新闻媒体委员会承担法律责任。法官认为,原告的隐私权被侵犯。欧洲人权法院的法官认为,身份权包括在《欧洲人权公约》第 8 条规定的隐私权之中。

法官指出,《欧洲人权公约》第 8 条规定的隐私权是一个意义广泛的词语,法律无法对其范围作出明确规定。法官在以前的判决中已经认为,一个人的性别身份、姓名、性取向和性生活都是《欧洲人权公约》第 8 条规定的隐私权的重要构成部分,是自然人人身的必要构成要素。《欧洲人权公约》除了对自然人享有的这些隐私利益提供保护之外,也对自然人的身份权和个

---

① Douglas v. Hello! Ltd [2001] QB967.
② 36 Eur. H. R. Rep. 41 (2003).

人发展权提供保护,对自然人享有的同其他人和外部世界建立及发展关系的权利提供保护,其中,自然人享有的同其他人和外部世界建立及发展关系的权利就包括了从事专业活动和商事活动的权利。在此种意义上讲,一个人同其他人自己的互动区域也属于私人生活的范畴,即便此种互动是发生在公共领域。

欧洲人权法院的法官还指出,在许多情况下,一个自然人应当能够合理知道,他们从事的某些活动可能被以某种公开的方式进行记录或者报道。此时,法官在决定他人的隐私是否被侵犯时要考虑的问题是,他人对其隐私保护的期待是否合理。如果他人对其隐私保护的期待是合理的,则法官有权禁止行为人公开他人隐私,否则,法官不得禁止他人公开其隐私。在本案中,原告期待其隐私权获得保护的期待是否合理?欧洲人权法院的法官认为,原告 Peck 期待其隐私权获得法律的保护是完全合理的,因为,虽然原告是在公共场所进行自杀行为,但他是在深夜去公共场所进行自杀的,原告在公共场所进行自杀并不是为了参与某种公共活动。法官还认为,被告到处播放原告自杀的录像带,既没有获得原告的同意,也没有采取合理措施,使原告的身份被掩饰。

五、我国的隐私侵权责任

在我国,隐私侵权责任是不是独立的侵权责任?当行为人泄漏或者公开他人具有私密性质的信息时,他们是否对他人承担侵权责任?如果承担,应当承担什么样的侵权责任?在《侵权责任法》通过之前,《民法通则》没有对这样的问题作出明确规定,司法判例则对这样的问题作出了前后不一致的说明。在《侵权责任法》通过之后,我国侵权法明确规定隐私侵权责任的独立性,认为当行为人侵害他人隐私权时,他们应当根据《侵权责任法》第2条、第22条甚至第20条的规定对他人承担侵权责任。

(一)作为名誉侵权责任组成部分的隐私侵权

为了填补《民法通则》没有规定隐私权和隐私侵权责任的法律漏洞,最高人民法院在《关于贯彻执行〈中华人民共和国民法通则〉若干问题的意见

(试行)》当中,将隐私权看做名誉权的组成部分,当行为人侵害他人隐私利益时,他们应当按照《民法通则》关于名誉侵权责任的规定对他人承担侵权责任,这就是该《司法解释》第140(1)条。该条规定:以书面、口头等形式宣扬他人的隐私,或者捏造事实公然丑化他人人格,以及用侮辱、诽谤等方式损害他人名誉,造成一定影响的,应当认定为侵害公民名誉权的行为。在《关于审理名誉权案件若干问题的解答》当中,最高人民法院仍然坚持此种规则,认为行为人侵犯他人隐私的行为仍然构成名誉侵权行为,应当对他人承担名誉侵权责任,这就是该《解答》的第7条。该条规定,对未经他人同意,擅自公布他人的隐私材料或者以书面、口头形式宣扬他人隐私,致他人名誉受到损害的,按照侵害他人名誉权处理。

将隐私侵权责任看做名誉侵权责任的组成部分的司法解释,其积极意义在于保护了自然人享有的隐私利益,使《民法通则》没有规定隐私权的法律漏洞得到一定承担的弥补,其存在的问题也是非常明显的,因为在侵权法上,隐私侵权责任不同于名誉侵权责任,有关名誉侵权责任的规则无法在名誉侵权责任当中使用,表现在:

其一,隐私侵权责任的构成要件不同于名誉侵权责任的构成要件。虽然隐私侵权责任和名誉侵权责任都要求行为人实施了某种公开行为,但是隐私侵权责任所要求的公开行为不同于名誉侵权责任所要求的公开:行为人应当将他人的隐私对一定数量的人公开,仅对一个人公开,则他们的公开行为未必会使他们对他人承担隐私侵权责任。而名誉侵权责任则不同。只要行为人对他人之外的一个人公开其陈述,他们就应当对他人承担名誉侵权责任。

其二,隐私侵权责任的抗辩事由不同于名誉侵权责任的抗辩事由。在两大法系国家和我国,隐私侵权责任的抗辩事由不包括事实真实原则,即便行为人公开的事实是真实事实,他们也应当对他人遭受的损害承担侵权责任,只要被行为人公开的真实事实是被认为构成隐私的事实。而名誉侵权责任则不同。如果行为人作出的陈述是真实的事实,即便该种事实是具有名誉毁损性质的事实,行为人也不应当对受害人承担名誉侵权责任,因为,名誉侵权责任以行为人陈述的事实是虚假的事实作为必要条件,如果行为人作出的陈述是真实的陈述,则他们无须对受害人承担名誉侵权责任。

其三,公开他人隐私的行为未必一定会导致他人名誉遭受损害。并非行为人公开的一切私人事实都足以导致自然人遭受名誉损害,有时候,他们公开的某些事实可能不仅不会使受害人名誉遭受损害,反而会使受害人的名誉提升。将受害人的隐私利益看做是名誉利益,可能会使受害人遭受的某种利益无法得到赔偿。

(二)建立在隐私利益基础上的隐私侵权责任

为了保护他人享有的隐私利益,最高人民法院在《关于确定民事侵权精神损害赔偿责任若干问题的解释》放弃了将隐私侵权责任看做名誉侵权责任组成部分的做法,将隐私侵权责任看做独立于名誉侵权责任之外的独立侵权责任形态,这就是该《解释》第1条的规定:"自然人因下列人格权利遭受非法侵害,向人民法院起诉请求赔偿精神损害的,人民法院应当依法予以受理:(一)生命权、健康权、身体权;(二)姓名权、肖像权、名誉权、荣誉权;(三)人格尊严权、人身自由权。违反社会公共利益、社会公德侵害他人隐私或者其他人格利益,受害人以侵权为由向人民法院起诉请求赔偿精神损害的,人民法院应当依法予以受理。"

在这里,最高人民法院已经放弃了它在《关于贯彻执行〈中华人民共和国民法通则〉若干问题的意见(试行)》和《关于审理名誉权案件若干问题的解答》当中采取的立场,没有再将侵害他人隐私利益的侵权行为等同于侵害他人名誉权的侵权行为,认为侵害他人隐私利益的侵权行为是独立的侵权行为,应当根据该条的规定对他人承担精神损害赔偿责任,无须再根据名誉侵权责任对他人承担精神损害赔偿责任。

不过,最高人民法院的此种司法解释仍然在字面上区别名誉侵权责任和隐私侵权责任,没有在侵权法上将两种侵权责任同等对待。根据最高人民法院的此种司法解释,隐私侵权责任同名誉侵权责任的区别有二:其一,隐私侵权责任所保护的是他人的隐私利益,而名誉侵权责任所保护的是他人的名誉权;其二,隐私侵权责任的构成要件不同于名誉侵权责任的构成要件,根据此种司法解释,隐私侵权责任以行为人违反"社会公共利益、社会公德"作为条件,而名誉侵权责任则没有要求这样的要件。至于说违反"社会公共利益、社会公德"该如何理解,最高人民法院并没有作出说明;至于说侵害他人名誉权的侵权责任和侵害他人隐私利益的隐私侵权责任之间究竟有什么差异,最高人民法院的此种司法解释也没有作出说明。

(三）隐私侵权责任完全独立于名誉侵权责任的规则

在我国，侵权责任法完全认可了隐私权和隐私侵权责任的独立性，认为他人享有的隐私权像他人享有的名誉权一样是一种重要的民事权益，当行为人侵害他人隐私权时，他们应当像其侵害他人名誉权那样对他人承担独立的隐私侵权责任。这样，隐私权和隐私侵权责任在中国民法的历史上首次获得了独立的地位，成为同名誉权和名誉侵权责任平起平坐的民事权益和侵权责任，首次为他人的隐私提供强有力的保护。当然，就像我国侵权责任法没有规定名誉侵权责任的各种抗辩事由一样，我国侵权责任法在规定独立的隐私侵权责任的同时也没有对隐私侵权责任的各种抗辩事由作出明确规定，使我国侵权责任法在隐私侵权责任方面存在法律漏洞。此种法律漏洞应当通过最高人民法院或者立法机关的有关司法解释或制定法得以弥补。

六、隐私权的人格性和财产性

（一）隐私权的人格性质

在两大法系国家和我国，传统民法理论都认为，隐私权仅是一种人身权、人格权，它们不是财产权。隐私权不得转让、出让，不得继承。

在法国，学说普遍认为，隐私权属于人身权、人格权的范畴，具有人格权的各种重要特征，诸如同自然人的人身不可分离性、不得转让性。在英美法系国家，Warren 和 Brandeis 在主张隐私权时认为，对个人著作和其他作品提供的保护并不是为了防止这些著作或者作品被行为人盗窃或者擅自使用，而是要防止行为人以任何方式将它们公开。此时，侵权法建立的保护原则并不是私人财产的保护原则，而是人格的不可侵犯性原则。因此，Warren 和 Brandeis 认为，隐私并非是一种财产利益而是一种人格利益，隐私权并非是一种财产权而是一种人格权。[①] 行为人侵犯他人隐私，应当对他人遭受的精神损害承担赔偿责任。Warren 和 Brandeis 的隐私权理论提出之后一直得到

---

① Warren & Brandeis, The Right to Privacy, (1890)4*Harv. L. Rev.* 193,205.

美国学说和司法判例的遵循,美国侵权法重述反映了 Warren 和 Brandeis 的意见,认为隐私权属于人身权而非财产权,隐私权人不得转让、出卖其享有的隐私权,隐私权人不得通过遗嘱处分其隐私利益,当隐私权人死亡时,其继承人不得继承。行为人侵犯他人隐私权时,应当对他人遭受的精神损害承担赔偿责任。《美国侵权法重述》(第 2 版)第 652I 条之官方评论 a 条对此作出了说明:十分清楚,隐私权是单纯的人身权,隐私权只能由隐私权被侵犯的人来主张,任何其他人都不得主张之;换句话说,原告在要求行为人承担隐私侵权责任时,应当具体陈述和证明其隐私被侵犯。当隐私权被侵犯时,要求行为人承担隐私侵权责任的诉讼请求权通常不得出卖、转让或者以其他方式转让给别人。

在 Lugosi v. Universal Pictures[①] 一案中,法官对这样的规则作出了明确的说明。法官指出:"美国侵权法认为,他人的隐私权完全是一种专属性权利,该种权利只能由隐私权被侵犯的人来主张,其他任何人都不得主张此种权利,也即原告必须主张和证明其隐私权被侵犯。"在 Hendrickson v. California Newspapers, Inc.[②] 一案中,法官也对这样的规则作出了说明,法官指出,隐私权人虽然有权放弃其享有的隐私权,但是他们不得出卖或者转让其隐私权。

在我国,最高人民法院的有关司法解释都将他人享有的隐私利益看做精神性利益,没有看做财产性利益,因为根据最高人民法院的上述三个司法解释的规定,当行为人侵害他人隐私利益时,他们仅对他人承担精神损害赔偿责任。除了司法解释将他人享有的隐私利益看做精神性利益之外,我国民法学说也采取类似的意见,认为隐私权也仅是一种人格权而非财产权。梁慧星教授指出,隐私权为独立的人格权。[③] 王利明教授指出,隐私具有人格性。所谓隐私的人格性,是指隐私必须直接体现为人格利益而非财产利益,尽管在现代社会,信息等隐私可以进行商业化利用,可以转化为财产利益,但其本身仍然属于精神利益。无论是私生活秘密还是私生活安宁,都是个人人格完善和健康发展所必需的。[④] 我国《侵权责任法》第 2 条和第 22

---

① 25 Cal. 3d 813, 821, 603 P. 2d 425, 430, 160 Cal. Rptr. 323, 328 (1979).
② 48 Cal. App. 3d 59, 62, 121 Cal. Rptr. 429, 431 (1975).
③ 梁慧星:《民法总论》(第 2 版),法律出版社 2001 年版,第 135 页。
④ 王利明:《人格权法研究》,中国人民大学出版社 2005 年版,第 564 页。

条也认可了隐私权的人格性,认为当行为人侵害他人隐私权时,应当对他人承担精神损害赔偿责任。

(二)将隐私权看做单纯的人格权的弊端

将隐私权界定为人格权具有重要意义,因为,在当今经济社会、商事社会,大量的商业机构为了获得经济上的利益而违法搜集、刺探他人个人信息,为了获得经济上的利益而违法出卖所合法或者违法获得的信息,使他人的个人信息面临随时被泄露的危险,使他人的安宁生活面临随时被侵扰的危险。将他人的隐私权界定为人格性质的权利,可以保护他人的隐私不被非法公开或者非法刺探、搜集,可以保护他人的人格尊严不受侵犯,可以保护他人的心里安宁不被侵扰。根据隐私人格权理论,非法公开他人隐私的行为或者非法侵扰他人生活安宁的行为会使他人人格尊严遭受损害,会使他人遭受羞愧、耻辱或者其他精神痛苦。责令行为人对他人承担隐私侵权责任,能够遏制行为人的隐私侵权行为,使他人的心里痛苦、精神痛苦得到减缓或者消失。

但是,仅将隐私权界定为一种人格权也存在明显的、严重的问题:一方面,此种理论严重损害了隐私权人的利益,使他们获得的损害赔偿过少。如果仅仅承认隐私权是一种人格权,不承认隐私权是一种财产权,则当行为人侵害他人隐私权时,行为人的隐私侵权行为仅仅被看做侵害了他人的人格利益,没有侵害他人的财产利益,受害人只能要求行为人对其遭受的精神损害承担赔偿责任,不得要求行为人对其遭受的财产损害承担赔偿责任。而如果既承认隐私权是一种人格权,也承认隐私权是一种财产权,则当行为人侵害他人隐私权时,行为人的隐私侵权行为将不仅侵犯了隐私权的人格利益,而且也侵害了隐私权人的财产利益,受害人将不仅能够要求行为人对其遭受的精神利益承担赔偿责任,而且有权要求行为人对其遭受的财产利益承担侵权责任。此时,隐私权人获得的损害赔偿将达到超出不承认隐私权是财产权时的损害赔偿。

另一方面,不承认他人隐私权的财产性将无法遏制行为人侵害他人隐私权现象的蔓延,无法有效地保护他人的隐私权。如果仅仅承认隐私权的人格性而不承认隐私权的财产性,当行为人为了获得经济上的利益而实施隐私侵权行为时,他们虽然会因为其隐私侵权行为而获得大量的经济利益,但是,他们仅仅需要对受害人承担微不足道的损害赔偿责任,这就是赔偿受害人遭受的精神损害赔偿。因为行为人通过隐私侵权行为获得的经济利益远远大于他们承担的损害赔偿责任,行为人将有足够的动力去实施隐私侵权行为,这样,侵权法保护他人隐私权的目的将无法实现,他人的隐私利益将无法获得法律的保护。

(三) 隐私权的财产性

正是为了保护隐私权人的财产利益,为了防止行为人通过隐私侵权行为获得的利益大于他们通过侵权责任支出的代价,两大法系国家的司法判例或者学说开始在20世纪50年代之后放弃仅将隐私权看做人格权的理论,认为隐私权同时具有人格权和财产权的性质;当行为人侵害他人隐私权的时,侵权法除了责令行为人就其侵犯隐私权的行为对他人遭受的精神损害承担赔偿责任之外,也应当责令行为人就其侵犯隐私权的行为对他人遭受的财产损害承担赔偿责任,他们不得借口被侵害的隐私权是人格权而拒绝对他人承担财产损害赔偿责任。

在法国,司法判例在1955年的案件[①]中首次承认,隐私不仅是一种精神利益而且还是一种财产利益,行为人侵犯他人隐私时不仅要对他人遭受的精神损害、无形损害承担赔偿责任,而且还要对他人遭受的财产损害承担赔偿责任。在法国,某些学说也采取类似的态度,他们认为,通过类推适用知识产权财产权理论,他人的隐私权包括了他人的撤回权,该种权利使他人能够撤销他们作出的同意行为人公开披露其私人事实或者使用其肖像的意思表示。在此种意义上,他人的隐私权也具有无形财产权的性质,一旦适用到他人的隐私当中时,可以对作者、艺术家或者记者使用他人隐私的权利施加限制。

在美国,学说开始在20世纪50年代主张公开权理论,认为传统侵权法看做隐私的某些人格利益、人格身份实际上也是一种财产利益,这些具有商业性质的、财产性质的人格利益是通过他人尤其是名人的努力获得的,他人能够将其具有商业性质和财产性质的人格利益出卖给别人使用并因此获得经济上的利益,行为人未经他人同意就擅自使用他人具有商业性质和财产

---

① Mar. 16, 1955, Cour d'appel de Paris, 1955 D. S. Jur. 295 (Fr.).

性质的人格利益，使他人没有获得原本应当获得的经济利益，行为人应当对他人因此遭受的财产损害承担赔偿责任。这就是美国侵权法中的公开权理论，已如前述。公开权理论的提出使美国侵权法中隐私权的性质发生了重大改变，即隐私权从单纯的人格权转为人格权和财产权的混合，隐私利益从单纯的人格利益转为人格利益和财产利益的混合，使隐私权也具有了一般财产权所具有的众多重要特征，诸如可转让性、可继承性等。

在我国，《侵权责任法》第2条和第20条也认可了隐私权的财产性理论，认为隐私权作为一种人身权具有财产性的内容，当行为人侵害他人具有财产性的隐私权并因此导致他人遭受财产损失时，他们应当根据《侵权责任法》第20条的规定对他人承担损害赔偿责任。

七、隐私侵权责任的性质

（一）大陆法系国家关于隐私侵权责任的性质

行为人就其隐私侵害行为对他人承担的隐私侵权责任究竟是过错侵权责任还是严格责任？在法国，在1970年7月17日的法律没有规定隐私权的保护之前，法国学说和司法判例都认为，当行为人侵害他人隐私利益时，他们应当根据《法国民法典》第1382条对受害人承担侵权责任。因此，行为人承担的隐私侵权责任是过错侵权责任。

到了1970年之后，由于法国1970年7月17日法律的制定，行为人侵害他人隐私权的行为不再适用《法国民法典》第1382条，因此，行为人承担的隐私侵权责任究竟是不是过错责任，存在问题。Carbonnier教授认为，行为人根据《法国民法典》第9条承担的隐私侵权责任是过错推定责任，只要行为人在客观上违反了《法国民法典》第9条的规定，侵权法就推定行为人存在过错和引起他人损害。Carbonnier教授指出，既然《法国民法典》第9条将隐私权看做一种主观性质的权利，人们可以轻易得出这样的结论：只要受害人存在遭受损害的事实，《法国民法典》第9条的规定就适用，行为人就应当对受害人承担隐私侵权责任，受害人无须证明其案件符合过错侵权责任的构成要件。受害人隐私权的保护也无须借助于《法国民法典》第1382条，受害人要求行为人承担损害赔偿责任也无须借助于《法国民法典》第1382

条来实现。虽然《法国民法典》第9条规定的隐私侵权责任是一个新的侵权责任,但该条也仅是一种事实推定的规定而已即一旦行为人侵害了《法国民法典》第9条规定的隐私权,法律就推定行为人的隐私侵权行为引起了无形损害,行为人就此种过错承担隐私侵权责任。①

(二) 英美法系国家关于隐私侵权责任的性质

在英美法系国家,虽然学说或者司法判例很少对隐私侵权责任的性质作出说明,但英美法系国家的侵权法还是认为行为人就其隐私侵权行为对他人承担的侵权责任是过错责任,无论是学说还是司法判例都认为,行为人的隐私侵权行为主要是故意侵权行为,包括故意公开他人的隐私的侵权行为和故意侵扰他人安宁的侵权行为。无论是故意公开他人隐私的侵权行为还是故意侵扰他人安宁的侵权行为,行为人都应当对他人因此遭受的损害承担侵权责任。

除了认为行为人实施的故意行为可以产生隐私侵权责任之外,美国某些司法判例和学说也认为,即便行为人存在过失行为,他们也应当就其过失侵害他人隐私权的行为对他人承担隐私侵权责任。在 Prince v. St. Francis-St. George Hospital Inc.② 一案中,美国司法判例认为,即便行为人没有实施故意侵害他人隐私的侵权行为,他们也应当对他人承担隐私侵权责任,如果他们实施了过失侵害他人隐私的侵权行为的话。美国某些学说也认为,在美国,侵权法应当坚持过失侵权责任规则,当行为人实施了过失隐私侵权行为时,侵权法也应当责令他们对受害人承担隐私侵权责任,因为,一方面,美国法官已经承认了过失侵害他人隐私的损害赔偿责任制度;另一方面,既然美国法官在前述 Prince 一案中责令行为人就其过失披露原告因为酗酒而被治疗的隐私对原告承担隐私侵权责任,那么,法官也可以在行为人因为其过失披露他人其他隐私的情况被责令对他人承担隐私侵权责任,例如,当行为人因为过失披露原告因为吸毒、进行 HIV 检测而被治疗的隐私时,法官同意能够适用 Prince 一案确立过失责任理论来责令行为人对他人承担损害赔偿

---

① Jean Carbonnier, *Droit Civil*, *1/Introduction*, *les Personnes*, Presses Universitaires De France, p.319.
② 20 Ohio App. 3d 4, 484 N. E. 2d 265 (1985).

责任。[①]

(三) 我国侵权法关于隐私侵权责任的性质

在我国,行为人就其侵犯他人隐私的行为对受害人承担的侵权责任究竟是过失侵权责任还是严格责任? 对此问题,我国学说存在争议。某些学者认为,行为人承担的隐私侵权责任是严格责任,此种责任的承担不以行为人在实施隐私侵权行为时存在故意或者过失作为构成要件,只要行为人在客观上侵害了他人的隐私,他们就应当对他人承担侵权损害赔偿责任。某些学说认为,行为人承担的隐私侵权责任应当是过错侵权责任而非严格责任,以行为人在实施隐私侵害行为时存在过错作为必要条件,如果行为人在实施隐私侵害行为时没有过错,则行为人不就其隐私侵害行为对他人承担损害赔偿责任。某些学者过去认为,行为人承担的隐私侵权责任是严格责任而非过错责任,行为人即便没有过错,也应当就其实施的隐私侵害行为对他人承担损害赔偿责任,但是后来又放弃了这样的观点,认为行为人承担的隐私侵权责任是过错责任而非严格责任,如果行为人在实施隐私侵害行为时没有故意或者过失,则他们不对他人承担损害赔偿责任。某些学者认为,行为人承担的隐私侵权责任虽然是过错侵权责任,但是,只有在行为人由故意时,行为人才就其过错行为对他人承担隐私侵权责任。如果行为人没有故意行为而仅仅具有过失行为,则他们不对受害人承担隐私侵权责任。

笔者认为,行为人承担的隐私侵权责任只能是过错侵权责任,不得是严格责任。其理由有二:一方面,严格责任仅仅在因为物的侵权行为引起的侵权责任中适用,不得在因为人的侵权行为引起的侵权责任中适用。行为人侵害他人隐私利益、名誉利益或者其他无形利益的行为不得被看做物的侵权行为,只能看做人的侵权行为,因此,只能承担过错侵权责任而非严格责任。另一方面,基于公共政策的考虑,行为人侵害他人隐私的侵权责任只能是过错侵权责任而不是严格责任。在我国,正如在其他国家,侵权法虽然要保护他人的隐私权,但是,侵权法不会认定行为人实施的一切隐私侵害行为都构成侵权行为并因此责令行为人对他人承担隐私侵权责任,因为,如果责令行为人就其实施的一切隐私侵害行为对他人承担承担侵权责任,则行为

[①] Anthony J. DeGirolano, The Tort of Invasion of Privacy in Ohio: Vibideotape Invasion and the Negligence Standard, (1991) 52 *Ohio St. L. J.* 1599, 1602.

人的言论自由权和新闻自由权将消失殆尽。为了保护行为人的言论自由权和新闻自由权,防止侵权法借口他人隐私权的保护而牺牲行为人的言论自由权和新闻自由权,侵权法在保护他人隐私权的同时要平衡行为人的言论自由权和新闻自由权。侵权法实现他人的隐私权和行为人的言论自由权及新闻自由权平衡的手段虽然多种多样,但最主要的手段是责令行为人在由于过错时才承担隐私侵权责任,在没有过错时不对他人承担隐私侵权责任。关于隐私权同言论自由权和新闻自由权的冲突和平衡,笔者将在隐私侵权责任的抗辩事由中作出详细说明,此处从略。

既然我国隐私侵权责任应当是过错侵权责任而非严格责任,行为人承担的过错责任究竟是故意侵权责任还是过失侵权责任?笔者认为,隐私侵权责任既包括故意侵权责任,也包括过失侵权责任。根据故意侵权责任,如果行为人故意公开他人私人事务并因此导致他人因此遭受损害,行为人应当对他人承担损害赔偿责任;如果行为人故意侵扰他人安宁并因此导致他人遭受损害,行为人同样应当对他人承担损害赔偿责任。根据过失侵权责任,如果行为人在公开他人隐私方面没有尽到合理的注意义务并因此导致他人遭受损害,行为人应当对他人承担隐私侵权责任;如果行为人在侵扰他人生活安宁方面没有尽到合理的注意义务并因此导致他人遭受损害,行为人同样应当对他人承担损害赔偿责任。

之所以责令行为人就其过失公开他人隐私的行为或者过失侵扰他人安宁的行为对他人承担损害赔偿责任,其理由有二:一方面,无论是故意公开他人私人事务还是过失公开他人私人事务,无论是故意侵扰他人安宁还是过失侵扰他人安宁,行为人的故意行为和过失行为都会导致他人财产性质的、精神性质的损害。并且,行为人的过失公开行为、过失侵扰行为引起的损害同行为人故意公开行为、故意侵扰行为引起的损害在范围上、性质上没有本质的区分,虽然侵权法为了惩罚行为人实施的故意行为而会责令行为人就其隐私侵权行为对他人承担惩罚性损害赔偿责任。其二,行为人在公开他人私人事务或者进入他人家中时应当尽到合理的注意义务,否则,应当对他人承担侵权责任。任何人,只要他们生活在社会中,就应当学会尊重他人隐私,一旦他们通过合法或者非法的途径获得他人隐私,他们应当在保护他人隐私不被公开方面尽到合理的注意义务,如果他们在公开他人隐私方面没有尽到一般有理性的人能够尽到的注意义务,导致其保有的隐私被公开,他们应当根据一般过失侵权责任法的规定对他人承担隐私侵权责任。同样,任何人,只要他们生活在社会中,就应当学会尊重他人隐私,学会什么时候能够进入他人家中、什么时候不能够进入他人家中,如果他们在这些方面没有尽到合理的注意义务并因此进入一般有理性的人不会进入的地方,他们的行为就构成过失行为,应当对他人承担隐私侵权责任。

八、死者的隐私权保护

(一)两大法系国家和我国侵权法对待死者隐私权的态度

如果享有隐私权的人已经死亡,侵权法是否仍然要保护死者的隐私权?如果侵权法仍然保护死者的隐私权,它们如何保护死者的隐私权?对此问题,两大法系国家和我国作出的回答并不完全相同,主要有两种理论:其一,某些国家的侵权法认为,隐私权属于专属性质的权利,仅仅为生存的自然人享有,不得转让和继承。一旦自然人死亡,死者或者死者家属都不再享有隐私权,当行为人公开死者生前隐私时,即便此种公开给死者或者死者家属造成损害,死者或者死者家属都无法向法院起诉,要求行为人就其公开死者生前隐私的行为承担隐私侵权责任。此种理论为德国、法国和美国的某些司法判例所采取。其二,某些国家的侵权法认为,一旦享有隐私权的自然人死亡,他们的隐私权也随着他们的死亡而终止。行为人公开他们生前的隐私行为不再构成对他们隐私权的侵害行为,无须对他们承担隐私侵权责任;但是,死者家属享有相关隐私权,行为人公开死者生前隐私的行为侵害了死者家属的相关隐私权,应当对死者家属承担隐私侵权责任,死者家属有权以自己的名义向法院起诉,要求行为人承担隐私侵权责任,这就是相关隐私权理论。所谓相关隐私权(relational right of privacy)是指,如果一个家庭成员享有隐私权,其他家庭成员也享有隐私权。当享有隐私权的家庭成员死亡时,如果行为人公开死者生前隐私,行为人的公开行为也将会使死者家属遭受隐私权的损害,诸如精神上的痛苦和安宁的破坏等。此种理论为法国、我国和美国的某些司法判例、学说所采取。

（二）死者隐私权和死者家属相关隐私权不受侵权法保护的规则

在德国，无论是学说还是司法判例都认为，虽然自然人在生存期间享有隐私权，但是，一旦自然人死亡，则他们不再享有隐私权，行为人侵害死者的隐私利益，无须对死者承担隐私侵权责任。德国学说和司法判例之所以否认死者的隐私权，其原因有二：隐私权属于一般人格权的范畴，具有高度的个人性质，既不得转移，也不得继承。它随着自然人的出生而产生，随着自然人的死亡而终止。行为人侵犯他人隐私权的行为虽然要使他们对受害人承担侵权责任，但是行为人仅仅承担精神损害赔偿责任，此种责任的目的仅是抚慰受害人，使他们遭受的精神痛苦得以缓解和延缓。如果受害人已经死亡，责令行为人对死者承担精神损害赔偿责任无法实现抚慰死者的目的，因为死者死亡之后，无法感受精神上的痛苦。在法国1980年的司法判例中①，法国最高法院的司法判例认为，一旦自然人死亡，他们的隐私权就消灭，行为人公开其隐私，无须对死者的家属承担隐私侵权责任，死者家属不得向法院起诉，要求行为人承担隐私侵权责任。法官认为，隐私权属于人格权，本身具有个人性、不得转让性或者不得继承性。在1996年的司法判例中②，法国司法判例也认为，隐私权仅仅属于活着的人，当隐私权人死亡时，隐私权不得被其继承人继承。

在英美法系国家，某些法律认为，当行为人公开死者的隐私时，行为人既不对死者承担隐私侵权责任，也不对死者的生存家属承担隐私侵权责任，这些法律认为，隐私权属于个人性质的权利，具有专属性，以自然人生存作为前提，当自然人死亡时，其隐私权即消灭；在自然人生存期间，自然人不得转让其隐私权；在自然人死亡之后，其继承人不得继承其隐私权。《美国侵权法重述》（第2版）第652I条采取此种理论，它规定：除了擅自利用他人姓名、肖像的隐私侵权之外，隐私侵权诉讼只能由隐私被侵害的生存者来提起。

美国众多的司法判例采取此种理论。在 Young v. That Week That Was The Week That Was③ 一案中，法官认为，被告公开死者信息时，死者家属无

---

① Crim. 21 October 1980, D. 1981, p. 172, note J. Lindon.
② CA Paris, 11e ch., July 2, 1997, D. 1997, 596.
③ 312 F. Supp. 1337, 1340 (N. D. Ohio 1969).

权向法院起诉,要求被告承担隐私侵权责任。在该案中,被告公开了死者生前的某种信息。死者的家属向法院起诉,要求法官责令行为人对他们承担隐私侵权责任。法官指出,实际上,所有有关这样的案件都认为,当行为人公开原告已经死亡的亲属的信息时,原告无权向法院起诉,要求行为人就其公开自己隐私的行为对自己承担隐私侵权责任。因为,法官很少援引案件来认可死者家属享有的所谓相关隐私权。在 Blethen Me. Newspapers, Inc. v. Maine[1] 一案中,法官也认为,被告公开死者信息的行为不构成隐私侵权行为,无须对死者或者死者家属承担隐私侵权责任。在该案中,死者在1983年时对他人实施了性暴力行为。到了2005年,被告将死者在1983年时实施的性暴力行为予以公开。死者的家属向法院起诉,认为被告的公开行为侵犯了死者和死者家属的隐私利益,要求法官责令被告就其公开对死者和死者家属承担隐私侵权责任。法官指出,由于被公开的最后一起性暴力行为发生在20年之前,时间的经过已经消灭了死者和死者家属享有的隐私权,被告无须就其公开行为对原告承担隐私侵权责任。

（三）死者家属相关隐私权受侵权法保护的规则

在法国,虽然司法判例不承认隐私权的可继承性,但是,司法判例仍然认为,行为人不得侵害死者生前的隐私,未经死者家属同意就擅自公开死者生前的隐私,应当对死者家属遭受的精神损害承担侵权责任,因为擅自公开死者生前隐私的行为被认为是侵害了死者家属享有的隐私权的行为。在1996年的司法判例中[2],法官认为,死者的隐私权虽然不得继承,但是被告未经原告同意就擅自拍摄和公开死者躺在床上的肖像,其行为侵害了死者家属享有的隐私权,侵扰了死者的安宁,应当对死者家属承担精神损害赔偿责任。被告未经死者家属同意就擅自拍摄和公开死者的肖像,违反了人格尊严受保护的一般原则。为此,法官责令被告赔偿原告1元的精神损害赔偿金。

在1999年的司法判例中[3],法国司法判例采取了类似的立场,认为行为人侵犯死者的隐私时,应当对死者的家属承担隐私侵权责任。在该案中,死

---

[1] 871 A.2d 523,529(Me.2005).

[2] CA Paris, 11e ch., July 2, 1997, D. 1997, 596.

[3] Civ. 1 re 14 December 1999, Mitterang, JCP. 2000. II. 241, conl. C. Petit.

者被人杀死,躺在大街上。被告给躺在大街上的死者拍照并将所拍摄的照片公开。由于死者的脸部能够被人认出来,死者的家属向法院起诉,要求被告就其公开死亡躺在大街上的照片行为对自己承担隐私侵权责任。法国上诉法院认为,被告应当对原告承担隐私侵权责任。法官指出,当被告公开死者躺在大街上的照片时,因为被告的公开行为而遭受痛苦的人不是死者而是死者的家属。死者虽然已经死亡,但是其隐私权并不因此消灭,可以转由死者家属继承。被告不服,上诉到法国最高法院。法官最高法院认为,被告拍摄死者相片并将其公开的行为侵犯了死者的人格尊严,被告应当对死者家属承担侵权责任。

在英美法系国家,某些法律认为,一旦享有隐私权的自然人死亡,他们享有的隐私权也消灭。行为人公开死者生前的隐私,不会侵害死者的隐私权,无须对死者承担隐私侵权责任;但是,行为人公开死者生前的隐私行为侵害了死者家属的隐私权,应当对死者家属承担隐私侵权责任,死者家属有权向法院起诉,要求行为人承担隐私侵权责任。这在众多的司法判例中得到说明。在 Schuyler v. Curtis[①] 一案中认为,当行为人公开死者的隐私时,侵权法仅仅承担死者家属享有的权利,不承认死者享有的权利。法官指出:"侵权法仅仅承认生者的权利而非死者的权利。当一个人死亡时,侵权法给予死者的生存家属以特权,死者家属能够凭借此种特权要求侵权法保护他们对死者享有的记忆。但是,此种特权也仅是为了死者生存家属的利益,其目的是为了保护他们的感情,保护他们对死者特征和记忆享有的权利不受侵犯。"在 New York Times Company v. City of New York Fire Department[②] 一案中,法官认为,被告应当就其公开死者的通话记录对死者家属承担隐私侵权责任。在该案中,死者在 2001 年 12 月 11 日时临近死亡之前,从美国世界贸易中心打电话到 911 急救中心。被告将死者同 911 急救中心的通话记录予以公开。死者家属向法院起诉,要求被告就其公开行为承担隐私侵权责任。被告提出抗辩,认为社会公众有权知道美国 911 急救中心在那天运行得怎么样。法官认为,死者家属享有的法定隐私利益优先于社会公众对死者临死之前通话记录享有的知情权,死者家属要求行为人不公开死者临死之前的通话内容的隐私权是非常重要的,应当加以保护。

---

① 42 N. E. 22,25(N. Y. 1895).
② 829 N. E. 2d 266 (N. Y. 2005).

（四）我国侵权法应当采取的理论

在我国，《民法通则》、《侵权责任法》没有对死者隐私权的保护问题作出规定，因此当行为人公开死者生前隐私时，行为人是否应当对死者或者死者家属承担隐私侵权责任，《民法通则》和《侵权责任法》仍然处于法律空白之中。我国侵权法应当对这样的问题作出明确的规定。

在死者隐私权的保护问题上，我国侵权法面临的第一个问题是，死者的隐私权是否应当保护。笔者认为，我国侵权法应当对死者的隐私权提供侵权法保护，其原因有二：一方面，完全否认死者隐私利益和死者家属隐私利益的保护，既不利于社会的稳定，也不利于死者家属的保护，不应当为我国侵权法所采取。在侵权法上，包括死者、死者家属在内的所有人的隐私利益虽然仅是一种私人利益，但是此种私人利益不仅关乎死者、死者家属的利益，而且还关系到社会公共利益，如果听凭行为人擅自公开死者生前的私人信息而不责令他们就其公开行为承担侵权责任，则行为人在自然人死亡之后就享有公开他人私人事务的绝对免责特权，使他们享有的言论自由权和新闻自由权处于毫无限制的境地，行为人就能够凭借此种绝对免责特权公开死者的任何隐私，即便其公开行为严重侵害死者家属的利益，使死者家属处于被人嘲笑、讥笑、讽刺、被人抛弃的境地，行为人也毫不在意。因此，我国侵权法应当对死者隐私权提供侵权法的保护，甚至刑法或者宪法的保护，以便保护死者、死者家属的隐私利益，制裁行为人的违法行为。另一方面，保护隐私的隐私权同隐私权的性质并不冲突。在我国，正如在其他国家，学说或者司法判例否认死者隐私权的一个主要根据是，隐私权属于人格权，具有不得转让性和继承性。实际上，此种观点仅是传统民法采取的理论，同现代民法理论不符。在隐私权问题上，现代民法理论认为，隐私权既具有人格权的性质，也具有财产权的性质，作为人格权的隐私权具有不得转让性和继承性，但是作为财产权的隐私权具有能够转让性和继承性。已如前述。

在死者隐私权的保护问题上，我国侵权法面临的第二个问题是，死者的隐私权应当如何进行保护。对于这样的问题，我国大多数学者都没有作出说明，仅仅少数学说作出了说明。张新宝教授指出，隐私权只能由生存的自然人享有，当隐私权人死亡时，他们不得再享有隐私权，无权向法院起诉，要求行为人就其公开隐私的行为对自己承担隐私侵权责任。但是，如果行为人公开死者生前的隐私，导致死者家属遭受损害的，死者家属有权向法院起诉，要求侵权行为人承担隐私侵权责任，因为，当行为人公开死者家属时，死者不是受害人，死者的家属才是受害人，死者家属只能以自己名义向法院起诉，不得以死者名义向法院起诉，要求行为人承担隐私侵权责任。①张新宝教授的此种理论同两大法系国家侵权法采取的死者家属相关隐私权理论非常类似。笔者认为，我国学说主张的相关隐私权理论虽然对死者家属提供了较好的保护，但是该种理论将死者隐私利益的保护建立在死者家属相关隐私权的理论上，也存在令人无法信服的问题。在侵权法上，名誉利益具有相关性，一个家庭成员具有良好的名誉，其他的家庭成员往往也附带获得了良好的名誉，一个家庭成员名誉扫地，其他的家庭成员也会因此而名誉扫地，即便名誉好或者名誉差的家庭成员已经死亡，也是如此，因为在名誉问题上，人们认可一荣俱荣、一损俱损的生活规则。但是，隐私利益不具有相关性，一个家庭成员享有某种隐私权，不意味着其他家庭成员也享有隐私权；一个家庭成员不享有隐私权，不意味着其他家庭成员也不享有隐私权。一个家庭成员享有的隐私权不仅要求社会公众给予尊重，而且也要求其他家庭成员给予尊重，其他家庭成员也不得侵害其家庭成员的隐私权，否则，也应当承担隐私侵权责任。笔者认为，行为人之所以要就其公开死者生前隐私的行为对死者家属承担隐私侵权责任，其根据不在于他们的非法公开行为侵害了死者家属的相关隐私权，其根据在于，行为人的公开行为侵害了死者家属本身享有的隐私权，该种隐私权源于他们对死者隐私权的继承。在侵权法上，隐私权虽然可以看做人格权，但是，隐私权尤其是某种信息性质的、经历性质的、回忆录性质的隐私权也可以看做财产权，当享有隐私权的自然人死亡时，其隐私权也随着他们的死亡而消灭。但是，死者隐私权的消灭也仅是相对消灭而非绝对消灭，因为，一旦自然人死亡，他们享有的隐私权将像其他财产权一样转为死者家属继承，由死者家属获得死者的隐私权。因此，当行为人公开死者生前的隐私时，他们侵害的隐私权已经不是死者的隐私权而是死者家属的隐私权，他们应当就其隐私侵权行为对死者家属而非死者承担隐私侵权责任。

在死者隐私权保护问题上，我国侵权法面临的第三个问题是，死者隐私

---

① 张新宝：《侵权行为法》（第2版），中国社会科学出版社1998年版，第378—379页。

权保护适用的领域。笔者将隐私侵权责任分为公开他人私人事务的隐私侵权责任和侵扰他人安宁的隐私侵权责任。死者隐私权的保护是否在两种隐私侵权责任都适用？我国学说没有作出说明。笔者认为，死者隐私权的保护仅仅适用于公开他人私人事务的隐私侵权责任，如果行为人公开死者生前的隐私并给死者家属造成财产损害或者精神损害，行为人应当就其非法公开行为造成的损害对死者家属承担隐私侵权责任。死者隐私权的保护原则上不适用于侵扰他人安宁的隐私侵权责任，因为，一旦自然人死亡，行为人虽然可以公开死者生前的隐私，但是，他们无法侵扰死者生前的生活安宁；即便行为人在死者死亡之后非法进入死者埋葬的私人墓地或者死者生前具有隐秘性质的地方，他们实施的侵扰行为也仅仅侵害了死者家属享有的隐私权，没有侵犯死者的隐私权，此时，死者埋葬的私人墓地或者死者生前具有隐秘性质的地方是死者家属享有所有权或者使用权的场所，行为人非法刺探、非法进入这些地方的行为仅仅侵扰了死者家属的安宁，就像他们侵扰死者家属的居所安宁一样。不过，如果行为人在死者生前侵扰死者的安宁，在符合侵扰他人安宁的隐私侵权责任的前提下，行为人也应当对死者承担隐私权转让。如果死者生前来不及向法院起诉，要求行为人承担隐私侵权责任，死者享有的隐私侵权请求权能够转由死者家属继承，由死者家属向法院起诉，要求行为人承担隐私侵权责任。

在死者隐私权保护问题上，我国侵权法面临的第四个问题是，一旦行为人的公开行为侵害了死者的隐私权，死者家属如何要求法官进行法律救济。笔者认为，如果行为人还没有公开死者的隐私但是准备公开死者的隐私，死者家属有权向法院提出诉前申请，要求法官颁发禁止令，禁止行为人公开死者的隐私，法官有权颁发禁止令，暂时禁止行为人公开死者的隐私；如果法官最终通过审判认定行为人即将公开的行为符合公开他人私人事务的隐私侵权责任的构成要件，法官有权颁发禁止令，禁止行为人公开死者的隐私，诸如要求法官颁发禁止令，禁止具有隐私侵权内容的报纸杂志出版、发行，禁止电台、电视台播放涉及死者隐私的节目，收缴、没收、销毁还没有来得及发行的报纸杂志。如果行为人已经公开死者的隐私，死者家属除了有权要求法官采取收缴、没收、销毁已经发行的报纸杂志之外，还有权要求行为人承担隐私侵权责任。

第十一章　公开他人私人事务的隐私侵权责任

一、公开他人私人事务的隐私侵权责任的界定

所谓公开他人私人事务的隐私侵权(public disclosure of private facts publicity of private affaire),也称公开披露令人尴尬的私人事实的隐私侵权(public disclosure of embarrassing private facts),是指行为人在没有获得他人许可或者在没有公开他人事务正当理由的情况下,以让人反感、让人无法容忍的方式公开披露他人的私人事务、私人事实,并因此使他人遭受精神痛苦或者财产损害的隐私侵权行为。根据此种隐私侵权责任,如果行为人没有正当理由而擅自公开他人私人事务、私人事实,他们应当就其隐私侵权行为引起的精神损害或者财产损害对他人承担侵权责任。

在大陆法系国家,无论是德国侵权法还是法国侵权法都没有规定此种类型的隐私侵权责任,因为大陆法系国家虽然建立了隐私侵权责任,但它们并没有对隐私侵权责任进行分类,它们在讨论隐私侵权责任时并不明确区分公开他人隐私的隐私侵权责任和侵扰他人安宁的隐私侵权责任。不过,不能因此认为,大陆法系国家不承认此种意义上的隐私侵权责任。

在大陆法系国家,虽然学说并不区分公开他人私人事务的隐私侵权责任和侵扰他人安宁的隐私侵权责任,但是,大陆法系国家的侵权法实际上完全认可行为人擅自公开他人隐私的行为构成隐私侵权行为,并因此责令行为人就其擅自公开他人隐私的行为对他人承担侵权责任。在法国,学说一方面认为,侵权法保护他人的各种隐私利益,一方面要求行为人承担不作为义务,不实施侵害他人安宁的行为。其中,侵权法保护的隐私利益如果被行为人擅自公开,则行为人的擅自公开行为就构成隐私侵权行为,他们应当就其侵权行为对他人承担侵权责任。在德国,侵权法学说和司法判例也不明

确区分公开他人私人事务的隐私侵权和侵扰他人安宁的隐私侵权,认为行为人擅自公开他人隐私的行为当然构成隐私侵权行为,他们应当对他人承担侵权责任;行为人采取非法手段侵扰他人的居住、生活安宁,他们的行为也构成隐私侵权行为,也应当对受害人承担隐私侵权责任。

在英美法系国家,侵权法明确区分公开他人私人事务的隐私侵权和侵扰他人安宁的隐私侵权,认为两种侵权责任虽然都是隐私侵权责任,但是,两种侵权责任存在明显的区别:一方面,公开他人私人事务的隐私侵权强调行为人在没有正当理由的情况下公开他人私人事务,而侵扰他人安宁的隐私侵权则强调行为人采取不合理的措施或者手段来扰乱他人的生活,使他人无法安静、安宁地生活。另一方面,公开他人私人事务的隐私侵权责任的构成要件不同于侵扰他人安宁的隐私侵权责任的构成要件。《美国侵权法重述》(第2版)第652D条对公开他人私人生活的隐私侵权责任作出了明确说明,它规定:任何人,只要他们公开有关他人私人事务,就应当就其侵犯他人隐私的行为对他人承担侵权责任,如果他们公开的事项是:(1)让一个有理性的人高度反感的事项;(2)社会公众对其不享有合法利益的事项。

在我国,由于受大陆法系国家侵权法学说的影响,我国侵权法学说并不区分各种类型的隐私侵权责任,也不承认公开他人私人事务的隐私侵权责任的独立性,因为在讨论隐私侵权责任构成时,我国学说都将公开他人私人事务的行为和侵扰他人安宁的行为看做是侵害他人隐私的具体侵权行为。实际上,公开他人隐私的侵权行为和侵扰他人安宁的隐私侵权行为虽然都是隐私侵权行为,但是这两种隐私侵权行为仍然存在重要差异:

其一,公开他人私人事务的隐私侵权责任的目的不同于侵扰他人安宁的隐私侵权责任的目的。在侵权法上,公开他人私人事务的隐私侵权责任的目的不同于侵扰他人安宁的隐私侵权责任的目的,因为侵权法创设公开他人私人事务的隐私侵权责任的目的完全是为了保护他人的隐私利益,防止行为人在没有获得他人同意或者没有正当理由的情况下擅自公开他人隐私,使他人遭受精神痛苦或者财产损害;而侵扰他人安宁的隐私侵权责任的目的是保护他人的住所、居所不被非法窥探、滋扰或者侵害,防止行为人采取非法手段获得他人隐私。

其二,公开他人私人事务的隐私侵权责任的构成要件不同于侵扰他人安宁的隐私侵权责任的构成要件。根据公开他人私人事务的隐私侵权责任,无论行为人是通过合法还是非法手段获得他人隐私,只要他们在没有权利公开他人隐私的情况下公开他人隐私,他们的行为就构成隐私侵权行为,他们就应当对他人承担隐私侵权责任;而根据侵扰他人安宁的隐私侵权责任,只要行为人试图通过非法方式获得隐私,即便他们没有获得所意图获得的隐私,或者只要行为人通过非法方式获得他人隐私,即便他们没有公开通过非法方式获得的隐私,他们的行为也构成隐私侵权行为,也应当对他人承担隐私侵权责任。因此,我国侵权法应当借鉴英美法系国家侵权法的经验,明确区分公开他人私人事务的隐私侵权责任和侵扰他人安宁的隐私侵权责任。

其三,公开他人私人事务的隐私侵权责任的抗辩事由不完全等同于侵扰他人安宁的隐私侵权责任的抗辩事由。在侵权法上,大凡名誉侵权责任的抗辩事由都可以在公开他人私人事务的隐私侵权责任当中得到适用,但是,这些抗辩事由未必都能够在侵扰他人安宁的隐私侵权责任当中适用。关于两种隐私侵权责任的抗辩事由,笔者将在有关章节作出讨论。

公开他人私人事务的隐私侵权责任应当具备哪些构成要件,学说存在争议。Prosser 教授认为,如果行为人要就其公开他人私人事务的行为对他人承担隐私侵权责任,应当具备三个构成要件:(1) 行为人对他人私人事实的披露应当是公开披露而非私下披露;(2) 对社会公众披露的事实应当是有关原告的私人事实而非公共事实;(3) 被行为人公开披露的事实应当是具有普通情感的一个有理性的人高度反感的事实。① Hill 先生指出,在决定行为人是否就其公开他人私人事务的行为对他人承担隐私侵权责任时,法律仅仅考虑单一原则,即如果行为人公开披露他人私人事务的行为是令人震惊的,则行为人的公开披露行为应当构成隐私侵权行为,否则,行为人的公开披露行为将不构成隐私侵权行为。例如,行为人在强奸犯罪行为过去很久之后还公开披露强奸犯罪行为的受害人姓名,其披露行为是令人震惊的,应当构成隐私侵权行为。在决定行为人的行为是否构成隐私侵权行为时,法官应当考虑各种要素,诸如行为人公开的性质,社会公众对被公开披露的事实享有的利益范围,或者案件的其他具体要素。② 而《美国侵权法重

---

① W. Page Keeton, *Prosser and Keeton on Torts* (fifth edition), West Publishing Co., p.856.
② Alfrd Hill, Defamation and Privacy Under the First Amendment, (1976)76*Colum. L. Rev.* pp.1205, 1258-1262.

述》(第 2 版)第 652D 条除了要求行为人具备 Prosser 教授所主张的三个构成要件之外,还应当具备第四个构成要件,即社会公众对行为人公开披露的私人事务不享有合法领域。

笔者认为,除了应当具备无形人格侵权责任的一般构成要件之外,行为人就其公开他人私人事务的行为对他人承担隐私侵权责任,还应当具备四个特殊的构成要件,即:(1) 被行为人披露的事务或者事实是私人事务或者私人事实;(2) 行为人对他人私人事务或者私人事实的披露是公开披露;(3) 行为人公开披露的事项是令人高度反感的事项;(4) 被行为人公开的事务、事实不是社会公众对其享有合法利益的事务、事实。

二、行为人公开披露的事实应当是具有私人性质的事实

(一) 私人事务和公共事务的区分原则

行为人就其公开披露他人事务的行为对他人承担隐私侵权责任的第一个构成要件是,行为人公开披露的事实应当是有关他人私人事务性质方面的事实,如果他们公开披露的事实是有关他人公共事务方面的事实,则行为人将不对他人承担隐私侵权责任。在两大法系国家和我国,他人的隐私实际上就是他人的私人生活,私人事务或者私人事实,是指在他人有关私人场合发生的事件或者产生的相关信息。因此,隐私是与公共生活相对立的一个概念:凡是他人的私人生活、私人事务或者私人事实,两大法系国家的侵权法均对它们加以保护,行为人不得对这些私人生活、私人事务或者私人事实加以公开披露,否则,他们应当对他人承担隐私侵权责任,情节严重的,还可能要承担刑事责任;凡是他人的公共生活、公共事务或者公共事实,两大法系国家的侵权法均不对它们提供保护,行为人完全可以公开这些公共生活、公共事务或者公共事实而无须承担民事责任或者刑事责任。

《美国侵权法重述》(第 2 版)第 652D 条之官方评论 b 对此种规则作出了明确的说明:《美国侵权法重述》(第 2 版)第 652D 条仅仅适用于行为人所公开的事实涉及他人的私人事项,以便区别于他人的公共事项。如果行为人仅仅进一步公开他人之公共事项,则行为人将不用对他人承担隐私侵

权责任。因此,如果行为人公开的事项是有关公共记录上要件记载的事项,诸如他人的出生日期、婚姻事实、服兵役记录、就医记录或者获得驾照或提出了诉讼请求等,则行为人的公开将不用承担隐私侵权责任。但是,如果行为人公开的记录不是被公众公开查阅的记录,诸如,个人收入所得税的凭证,则行为人公开的记录不是公开的记录,行为人应当承担隐私侵权责任。

问题在于,他人的哪些生活是私人生活并受侵权法的保护,哪些生活是公共生活,不受侵权法的保护。对于这样的问题,两大法系国家和我国的侵权法很少作出明确规定,因此,这样的问题也只能由学说和司法判例作出回答。在两大法系国家,学说和司法判例普遍认为,在公开场所发生的事实被认为是他人的公共生活,不构成隐私,行为人公开这样的事实不构成隐私侵权行为,无须对他人承担隐私侵权责任;在非公开场所发生的事实被认为是他人的私人事实,构成隐私,行为人公开这样的事实构成隐私侵权行为,应当对他人承担隐私侵权责任。Prosser 教授指出,行为人对社会公众公开披露的事实必须是私人事实而非公共事实。因此,当行为人将他人从事的职业活动对社会公众公开时,原告不得向法院起诉,要求行为人承担隐私侵权责任;当行为人公开诸如他人出生日期、结婚日或者服兵役的记录时,他人也不得向法院起诉,要求行为人承担隐私侵权责任,因为这些事项都是公共记录记载的事项,是能够为社会公众查阅的事项。人们似乎普遍同意,在公共场所通过肉眼能够看得见的东西都是能够被照相机拍照下来的,也是可以被人通过书面文字记录下来的。因为,拍照也罢,书面记载也罢,行为人所做的工作无非是将要件对社会公众公开的东西、任何人都能够看见的东西再对他们公开。因此,当一个人被行为人从公开场所单独挑出来并赋予过多的注意,他人认为行为人的行为侵害了其隐私权的主张并没有获得法院的支持。另一方面,十分清楚的是,如果行为人在没有获得原告同意的情况下在私人场所拍摄原告的照片或者如果行为人拍摄的照片是偷拍的、通过贿赂或者引诱违反秘密协议而拍摄的,行为人的行为侵害了原告的隐私权,原告能够向法院起诉,要求行为人承担隐私侵权责任。[①] Raymond 也指出,原则上讲,他人的私人生活是指那些不是发生在公开场所的生活。例如,他人的职业场所、医务室或者医院是公开场所,而他人的饭堂、商场的后

[①] W. Page Keeton, *Prosser and Keeton on Torts* (fifth edition), West Publishing Co., pp. 858 - 859.

部或者他人的办公室是私人场所。但是,如果行为人公开他人参加公开示威的行为,则行为人的行为侵犯了他人的隐私,应当承担隐私侵权责任。①

(二) 属于隐私范围的私人事务

在两大法系国家,究竟什么样的事务属于私人事务,往往由学说和司法判例作出规定。在德国,一般人格权保护的隐私或隐私权范围十分广泛,包括:未经他人许可而擅自使用他人肖像的行为;未经许可擅自泄露他人病历记载内容的行为;未经他人许可而对于贵族成员正在离婚的问题做公开披露;在未经允许的情况下,从尸体上摘取器官、披露他人的变性情况,公开他人在其出生证上变更性别的内容;非法公开他人之间的电话谈话记录;未经允许开启他人密封的信件②;雇主在雇员招聘失败后,保留含有雇员隐私内容的问卷;强迫一个被宣告为禁治产的人在与他人订立租赁合同时公开自己的身份;未经同意,对他人进行艾滋病的测试;公开足球运动员的金钱收入;等等。

在法国,法国司法判例和学说普遍认为,他人的隐私利益多种多样,法律无法对隐私的范围作出明确的列举。Raymond 指出,在法国,司法判例认为,他人的私人生活主要包括由家庭生活、感情生活、肉体生活、夫妻或者家庭财产、回记以及宗教生活等,它们共同构成隐私的范畴,在没有经过他人允许的情况下擅自公开披露他人这些方面的生活,将构成隐私侵权行为,应当对他人承担侵权责任。③ Hauch 指出,在法国,隐私的基本领域包括家庭生活,性活动和性趋向,疾病和死亡,以及私人修养或者娱乐等。④ 具体而言,在法国,他人的隐私包括身体、疾病,身体上的残疾,外科手术,他人的健康状态;诸如他人怀孕、分娩、妊娠,以及节育或者避孕;夫妻之间的争吵,夫妻之间的离婚计划,夫妻之间的分居,他人秘密进行的第二次婚姻;性活动和性取向,同性恋,他人的精神痛苦,烦恼;甚至私人休闲或者娱乐活动。法国司法判例认为,如果行为人在没有获得他人同意的情况下公开他人裸露

---

① Guy Raymond, *Droit Civil*(2e éditon), llitec, p. 88.
② See Basil S. Markesinis & Hannes Unberath, *The German Law of Torts*(fourth edition), Hart Publishing, p. 75.
③ Guy Raymond, *Droit Civil*(2e éditon), litec, pp. 88 – 90.
④ Jeanne M. Hauch, (1994)68 *Tul. L. Rev.* 1219,1231.

的身体或者半裸的身体,则行为人的行为侵犯了他人的隐私权,应当对他人承担侵权责任。① 法国司法判例认为,行为人公开披露一个非婚生子女母亲的姓名的行为构成隐私侵权行为,应当对他人遭受的损害承担隐私侵权责任。② 在法国,他人某些方面的社会生活或者生活方式也受到隐私侵权法的保护,行为人侵犯他人这些方面的社会生活或者生活方式仍然构成隐私侵权行为,应当对他人承担隐私侵权责任,即便这些社会生活或者生活方式在以前要件中公开披露过。例如,法国巴黎上诉法院在一个案件中认为,即便原告参加了支持同性恋的游行活动,即便该种活动是在公开场所进行的,如果被告在没有经过原告同意的情况下擅自刊登其参加同性恋游行活动时的照片,原告也有权要求行为人就其公开行为引起的损害对其直接承担隐私侵权责任,因为,被告刊登原告支持同性恋游行活动时的相片实际上泄露了原告是同性恋的秘密,使原告的家人和同事在了解了原告的同性恋身份之后遗弃或者规避他。③ 法官司法判例还认为,他人的职业生活和公共生活不属于他人隐私的范畴,行为人公开他人有关职业生活或者公共生活方面的事情,不构成隐私侵权行为,无需对他人承担隐私侵权责任。④

在美国,他人的哪些生活和事务属于隐私的范畴并因此受隐私侵权责任的保护,侵权法并没有作出明确的规定,因此应当由司法判例加以具体的说明。在 Trammell v. Citizens News Co.⑤一案中,法官认为,被告在报刊上公布原告欠债的行为是公开披露其隐私的侵权行为,应当对原告遭受的损害承担侵权责任。在 Fernandez v. United Acceptance Corp⑥一案中认为,如果被告公开原告对其欠债的私事,则被告的行为构成对原告隐私的侵犯,应当对原告承担隐私侵权责任。在该案中,原告欠了被告一笔到期债务,由于原告没有按期归还,被告将原告的邻居和雇主叫到一起,当着他们的面要求原告偿还其债务。法官认为,被告为了逼迫原告偿还债务而将其邻居和雇主叫过来的行为侵犯了原告的隐私,应当对原告承担侵权责任。在

---

① Cour d'appel de Paris, 54 J. C. P. II, No. 19.343 (1980) (Fr.).
② Trib. gr. inst. de Paris, 43 J. C. P. II, No. 15931 (1969) (Fr.).
③ Judgment of June 14, 1985, Cour d'appel de Paris, 1986 D. S. inf. rap. 50 somm. Raymond Lindon (Fr.).
④ Judgment of Mar. 17, 1966, Cour d'appel de Paris, 1966 D. S. Jur. 749 (Fr.).
⑤ 148 SW. 2d 708, 709-10 (Ky. 1941).
⑥ 610 P. 2d 461, 464 (Ariz. Ct. App. 1980).

Biederman' of Springfield Inc. v. Wright① 一案中,法官认为,当债权人当着原告雇主的面大声要求原告偿还其债务时,被告的行为侵犯了原告的隐私权,应当对原告承担隐私侵权责任。在 Penwell v. Taft Broadcasting Co.② 一案中,法官认为,当新闻记者用摄像机录下警察抓捕吸毒者的过程时,如果他们偶然录下了原告并将其公开,新闻记者的公开行为不构成隐私侵权行为,不用对原告承担隐私侵权责任。在 Haynik v. Zimlich③ 一案中,法官认为,当新闻记者在警察办公楼的公开走廊拍摄犯罪嫌疑人时,他们公开犯罪嫌疑人的行为不构成隐私侵权行为,无须对犯罪嫌疑人承担隐私侵权责任。在 Strutner v. Dispatch Printing Co.④ 一案中,法官认为,行为人将犯罪嫌疑人父母的姓名和地址印在信件上的行为不构成隐私侵权行为,无须对他人承担隐私侵权责任。到了 20 世纪 80 年代,美国司法判例表现出抑制他人隐私权和保护行为人的言论自由权和新闻自由权的趋向。例如,美国司法判例认为,当行为人将他人的同性恋性趋向对同性恋社群之外的人公开,行为人的行为并不构成隐私侵权行为,行为人不对他人遭受的损害承担隐私侵权责任。⑤

在我国,隐私权包括哪些范围? 我国学说作出的说明并不完全相同。某些学说认为,他人的隐私包括身体隐私、病患者的隐私、通信隐私、个人身份资料、个人历史资料或者家庭信息。某些学说认为,他们的隐私包括其姓名、住址、住宅电话、储蓄、财产状况等。笔者认为,受到隐私侵权责任保护的他人隐私范围主要包括:(1) 家庭生活(la vie familiale)。一般而言,属于隐私范围的家庭生活包括家庭成员彼此之间所存在的各种关系,无论此种家庭关系是合法的家庭关系还是非婚生子女与其亲生父母之间的家庭关系。家庭成员共同居住的住所或者居所属于隐私的范围,因此,如果行为人在没有取得他人同意的情况下拍摄他人住所,其行为侵犯了他人的隐私权。即使行为人在拍摄他人住所时故意遮蔽他人的住所,他们的行为也侵犯了他人的隐私权。⑥ (2) 感情生活(la vie sentimental)。感情生活独立于家庭

---

① 322 SW. 2d 892,893,898(Mo.1959).
② 13 Ohio App. 3d 382, 384, 469 N. E. 2d 1025, 1028 (1984).
③ 30 Ohio Misc. 2d 16, 498 N. E. 2d 1095 (1986).
④ 2 Ohio App. 3d 377, 442 N. E. 2d 129 (1982).
⑤ Sipple v. Chronicle Publishing Co., 201 Cal. Rptr. 665, 669-71 (Ct. App. 1984).
⑥ Guy Raymond, *Droit Civil*(2e éditon), litec, p.88.

生活,成为私人生活的重要组成部分:书面出版物不得发表有关他人与某人之间存在某种男欢女爱关系内容的文章,即便某人能够容忍该书面出版物对他们男女感情生活的描述,也是如此,电影拍摄者拍摄著名犯人与其女友的感情生活同样侵犯了该女友的隐私,应当对该女友承担侵权责任。①
(3)肉体生活(L'mtimité corporelle)。首先,肉体生活关乎一个人的性隐私,行为人不得公开他人的同性特征,违反他人意愿公开他人裸露身体的信息,无论是全裸还是半裸;其次,肉体生活关乎一个人的健康状况:行为人不得公开某一歌手已患上艾滋病或某一播音员已做了隆鼻手术的信息或者公开某个演员因为某种事故而遭受严重损害的信息;不得公开某个人遭受其他精神痛苦的信息;行为人不得公开王妃坐在床上或躺在摇椅上的相片;著名人物的健康状况不得予以公开,尤其是如果此人已患上了艾滋病或者所公开的信息是虚假的话。最后,肉体生活关乎有关女人怀孕的隐私。未经他人同意,公开他人怀孕的状况是对他人隐私的侵犯,即便被公开的所谓怀孕信息是假的,也是如此。② (4)财产生活(la vie patrimoniale)。在1991年3月28日作出的判决中,法国最高法院认为,公开他人拥有的财产数量不构成侵犯他人隐私权的行为,如果此种公开不涉及有利害关系的生活或人格的话。法国最高法院的此种判决同它在以前确立的规则保持一致,因为在以前的判决中,法国最高法院认定,公开法国100名最富有人的名单的行为不是过错行为;公开公司管理人员的工资数量同样不是侵犯他人隐私权的行为。但是,即便行为人有权公开他人的财产状况,行为人公开他人财产状况的行为也是有条件的,即行为人在行为时不存在恶意行为,或者他们是为了让公众获得信息而公开他人财产状况。法国司法判例认为,他人负债构成其隐私的组成部分,行为人不得予以泄露,出租人不得将其承租人没有按期支付租金的情况披露给其承租人的雇主。企业委员会不得为了支付奖金而要求他人提供以前年收入申报表复印件。他人可能会获得的遗产数量(L'importance)构成其隐私的组成部分,他人不得公开。③ (5)荣誉和回忆录(la réputation et les souvenirs)。回忆录是每个人内心深处的重要秘密。因此,是否公开自己的回忆录完全由他人自由决定。未经他人明示或默示

---

① Guy Raymond, *Droit Civil*(2e éditon), litec, pp. 88 – 89.
② Ibid., p. 89.
③ Ibid., pp. 89 – 90.

同意,任何人不得公开他人回忆录。法国最高法院认为,当行为人在其出版物中发表他已通过公开的法庭辩论合法公开的事实时,行为人仍然侵犯他人隐私,因为法国最高法院拒绝认可法国巴黎法院确认的遗忘权(le droit à l'oubli)。① (6)宗教生活(la vie religieuse)。宗教活动可以被暴露在光天化日之下;但是,是否可以公开每个人对该种宗教活动的参与,应当由该人自由决定;即便是在公开祭祀场所进行的祭祀活动,报纸杂志也不能在没有获得有关利害关系人同意的情况下公开犹太教主持的相片,即便此种公开不是基于恶意的主观故意。②

(三)已经公开的事实、公开的记录

如果行为人公开的事实是那些已经公开的事实或者通过公开记录能够合法查阅到的信息,行为人的公开行为是否构成隐私侵权行为?他们是否要就其公开已经公开的事实行为对他人承担隐私侵权责任?对于这样的问题,两大法系国家的司法判例和学说作出的回答并不完全相同。

在法国,司法判例普遍认为,即便他人的私人事务、私人事实已经被公开,行为人在没有获得他人同意的情况下仍然不得公开他人的私人事务、私人事实,否则,行为人的公开行为仍然构成隐私侵权行为,仍然应当对他人承担隐私侵权责任,行为人不得借口他们公开的事实是已经公开过的事实而拒绝对他人承担隐私侵权责任。这在法国众多的司法判例中都得到说明。

在1966年的Sachs③一案中,法官认为,被告公开他人已经公开过的事实的行为仍然构成隐私侵权行为,仍然要对他人承担隐私侵权责任。在该案中,被告在其期刊中发表文章,对原告的有关隐私生活进行披露。原告向法院起诉,要求法官颁发禁止令,禁止被告发行其载有自己隐私文章的期刊。一审法院认为,被告不应当公开原告的私人生活而却公开了其私人生活,其行为构成隐私侵权行为,应当承担隐私侵权责任。为此,一审法院颁发禁止令,禁止被告的期刊公开发行。被告不服,上诉到二审法院,认为被告颁发禁止令的行为存在问题。二审法院一方面认为,一审法院颁发禁止

---

① Guy Raymond, *Droit Civil*(2e éditon), litec, p.90.
② Ibid.
③ Nov. 15, 1966, Cour d'appel de Paris, 1967 D.S. Jur. 181, 182 (Fr.).

令的行为存在问题,为此撤销了一审法院作出的诉前禁止令,允许被告公开发行其载有原告私人生活的文章的期刊公开发行,一方面认为,被告公开他人私人生活的行为仍然构成隐私侵权行为,应当对原告遭受的损害承担隐私侵权责任。二审法院的法官认为,在本案中,被告在其期刊中公开的有关原告的事实都是这些年来在不同场合已经公开的事实,被告的文章所刊登的事实都是在引起争议的文章发表之前就已经公开了的事实,被告也仅是将已经发表的公开事实进行再整理,在不同的地方发表而已。既然原告已经授权其他人公开自己的私人生活,原告就应当忍受被告在其期刊中再公开这些事实。因此,原告不得要求法官颁发禁止令,禁止被告公开发行其期刊。

二审法院还认为,虽然原告无权要求法院颁发禁止令禁止被告的再次公开行为,被告在没有获得原告同意的情况下擅自公开原告私人事实的行为仍然构成隐私侵权行为,应当对原告遭受的损害承担侵权责任,即便被公开的事实是过去已经在其他地方、其他期刊杂志上公开过的事实,也是如此。被告不服二审法院的判决并上诉到法国最高法院。法官最高法院认为,虽然原告能够容忍甚至能够与报纸杂志合作,公开其私人生活,但是,原告对报纸杂志公开行为的容忍或者合作不能够被认为产生了这样一种推定:原告既然已经对其他报纸杂志公开过其私人生活,允许其他报纸杂志刊登有关自己私人生活的文章,他们实际上已经完全地、毫无限制地允许任何报纸杂志来重新对已经公开过的私人事实进行整理和再发表、再公开。最高法院法官认为,即便原告的私人生活是已经公开的,在没有获得原告同意的情况下,行为人也不得对已经被公开的原告私人事实进行再整理、再收集,使有关原告的零零碎碎的私人事实在被整理和收集之后对新的读者公开,否则,行为人的行为将构成隐私侵权行为,应当对原告承担侵权责任。

在 1975 年的 Chaplin affair[①] 一案中,法官仍然坚持了这样的规则,认为行为人在没有获得他人同意的情况下公开他人已经公开过的事实的行为仍然构成隐私侵权行为,应当对他人承担隐私侵权责任。在该案中,原告 Chaplin 同意与 Villalonga 合作,出版了其法文版的自传。几年之后,原告授权 Villalonga 在其家中对自己进行独家采访。采访之后不久,Villalonga 根据

---

① Nov. 14, 1975, Cass. civ. 2e, 1976 D. S. Jur. 421 (Fr.).

此种采访获得的资料撰写了一篇小文章,对原告的有关私人生活进行说明。Villalonga 将其文章出卖给了 Asa-Presse,由 Asa-Presse 发表 Villalonga 的文章。该文章不久在德国以德文方式发表。原告 Chaplin 对 Asa-Presse 一德文方式发表 Villalonga 的文章没有异议。到了 1971 年,Asa-Presse 又将其再公开 Villalonga 文章的权利授予了被告 Lui 杂志社,Lui 杂志社对文章的方式进行了重大修改,将原本为故事的文章改为 Chaplin 和被告 Lui 杂志社之间的问答形式,使读者误以为原告授权被告对其进行了独家采访。原告向法院起诉,认为被告的行为侵犯了自己享有的隐私权,应当对自己承担隐私侵权责任。原告认为,一方面,被告对 Villalonga 的文章进行篡改的行为违反了《法国民法典》第 1382 条的规定,应当对自己承担侵权责任;另一方面,被告在没有获得自己同意的情况下再次公开自己的私人事实,其行为违反了《法国民法典》第 9 条的规定。一审法院认可原告的两个理论根据,认为被告的行为已经侵犯了原告的隐私权,应当对原告承担隐私侵权责任,为此,判决被告赔偿原告损害费 45000 法郎。二审法院和法国最高法院都认定被告的行为构成隐私侵权行为,应当对原告承担隐私侵权责任。

除了法国司法判例认可行为人的再公开行为构成隐私侵权行为之外,法国某些学说也认为,行为人未经他人同意就公开他人已经公开的事实仍然构成隐私侵权行为,仍然要对受害人承担隐私侵权责任。Kayser 教授指出,行为人公开他人已经公开的事实的行为之所以构成隐私侵权行为,是因为隐私权的性质属于人格权。他指出,任何个人都能够同意别人公开其私人生活,但是,他们也仅仅能够同意别人将其私人生活用于已经同意的活动或者将要用于的活动。一个人不得授权行为人将其私人生活用于未来的、非特定的活动,因为这样就表明他人完全放弃了自己的隐私权。①

在美国,司法判例认为,只要行为人公开的信息是已经公开的信息,只要行为人公开的信息是通过合法手段在公共记录中查阅到的信息,行为人公开这些信息的行为就不构成隐私侵权行为,行为人将无需承担隐私侵权责任,即便行为人公开这些信息的行为给他人造成损害。

一方面,美国司法判例认为,只要行为人公开的事实、信息是要件公开的事实或者信息,该种事实、信息就不再构成隐私,行为人公开这些事实、信

---

① Pierre Kayser, *La protection de La vie privée*, 1984, p. 147.

息的行为不构成隐私侵权行为,不承担隐私侵权责任。这在 Sipple v. Chronicles Publishing Co.① 一案中得到说明。在该案中,当犯罪嫌疑人试图射杀美国 Gerald Ford 总统时,原告抓住了该犯罪嫌疑人的胳臂并且因此救了总统一命。原告为此名声大噪,一时间新闻媒体连篇累牍地介绍原告的情况。被告也在报刊上刊登文章,介绍原告的情况,包括原告是同性恋者。原告向法院起诉,认为被告的公开报道侵犯了原告的隐私权。原告指出,由于被告报道其同性恋趋向,原告的父母、兄弟姐妹才第一次知道其同性恋的事实,并且在知道之后都抛弃了他;被告的报道使原告遭受嘲笑、奚落,精神遭受了痛苦。一审法院驳回了原告的诉讼请求,认为被告的行为不构成隐私侵权行为。原告不服,提起上诉。二审法院作出了维持原判的决定。二审法院的法官指出,被告在其报刊中公开的事实虽然是有关原告的事实,但是这些事实已经不再是隐私,因为在被告的文章报道原告是同性恋的事实之前,美国众多城市的同性恋者都知道原告的同性恋身份;在被告的报道之前,已经有一家新闻媒体在其报刊上公开了原告同另外一名同性恋之间的同性恋关系。

另一方面,美国司法判例认为,如果行为人公开的事实是通过公开记录合法查阅到的事实,则即便该种事实的公开使他人遭受损害,行为人的公开行为也不构成隐私侵权责任,他们无须对他人承担隐私侵权责任。这在众多案件中得到说明。在 Meetze v. Associated Press② 一案中,法官认为,被告的公开行为不构成隐私侵权行为,无须承担隐私侵权责任。在该案中,一名仅仅具有12周岁的未成年人生了一个健康的婴儿。被告在其报纸上公开刊登这一个信息。原告向法院起诉,要求法院责令被告就其公开自己隐私的行为对自己承担侵权责任。法官认为,由于原告生下一名婴儿的信息是公共记录中已经记录下来的信息,因此,该种信息已经不再属于原告的隐私,被告有权公开公共记录中公开的事实,其行为不构成隐私侵权责任。在著名的 Cox Broadcasting Corp v. Cohn③ 一案中,法官也采取同样的立场,认为被告公开已经公开记录中的信息的行为不构成隐私侵权行为,无须对原告承担隐私侵权责任。在该案中,原告17岁的女儿因为犯罪分子实施的强

---

① 154 Cal. App. 3d 1040, 201 Cal. Rpt. 665(1984).
② 95 SE. 2d 606, 610(S. C. 1956).
③ 420 U. S. 469(1975).

奸犯罪和谋杀犯罪而死亡。检察官因为这起案件而对6名年轻人提起了公诉,要求法院责令这些犯罪分子承担刑事责任。虽然新闻媒体在这一起刑事犯罪案件的发生和提起公诉进行了连篇累牍的报道,但是在案件审理期间,新闻媒体都没有公开这起刑事案件受害人的姓名,因为美国佐治亚州的《制定法 Ga. Code. Ann.》第 26-9901 条明确规定,报道或者广播强奸犯罪受害人姓名或者身份的行为是犯罪行为,应当追究刑事责任。在 1972 年 4 月,法官对 6 个刑事犯罪分子进行开庭审判。在此审判过程中,被告新闻媒体的一名记者在对检察机关的公诉书进行翻阅时了解到了受害人的姓名,因为公诉机关的公诉书当时就放在法庭的办公室,供其查阅。此后不久,被告公司就其主办的电台中公开了这起刑事案件的受害人的姓名;并且在后来的电台广播中再次重复这起刑事案件受害人的姓名。在 1972 年 5 月,原告根据佐治亚州的《制定法 Ga. Code. Ann.》第 26-9901 条的规定向法院起诉,认为被告的行为侵犯了其隐私权,应当对其遭受的损害承担赔偿责任。被告承认其广播公开了原告女儿的姓名,但是认为自己无须对原告承担隐私侵权责任,因为被告作为新闻媒体,享有《美国宪法第一修正案》和《第四修正案》规定的特权。一审法院认为,被告不得主张《美国宪法第一修正案》和《第四修正案》规定的特权,其公开原告女儿姓名的行为违反了佐治亚州的《制定法 Ga. Code. Ann.》第 26-9901 条的规定,其公开行为构成隐私侵权行为,应当对原告承担侵权损害赔偿责任。被告不服,上诉到美国佐治亚州最高法院。在重审该案时,佐治亚州最高法院援引《美国侵权法重述》(第 2 版)第 652D 条的官方评论 b 认为,被告虽然公开了原告女儿的姓名,但是被告的公开行为不构成隐私侵权行为,无须对原告承担隐私侵权责任。法官指出,《美国侵权法重述》(第 2 版)第 652D 条的官方评论 b 规定,如果行为人公开的引起诉讼争议的信息是公开记录中规定的信息,行为人公开这样的信息时不应当承担隐私侵权责任;最流行的隐私侵权责任理论也认为,一旦被公开的信息是已经出现在公开记录中的信息,他人将不对这样的信息享有隐私权。法官还指出,将公共领域的信息记载在公开记录中,国家实际上就已经认为,这些信息是为了公共利益。公共记录关乎政府的管理问题。当新闻媒体对公共记录中的内容进行报道时,社会公共利益就得到实现。公开已经公开记录中的信息是言论自由权的体现,此种言论自由权对民主社会而言意义重大,因为,在民主社会,社会公众是公共事务是否适当处理的最终法官。为了保护此种形式的政府制度，美国宪法第1修正案和第4修正案也仅仅要求，当新闻媒体公开报道能够供社会公众查阅的法庭记录中包含的信息时，法律不会制裁它们的公开报道行为。

在我国，行为人公开他人已经公开的事实的行为是否构成隐私侵权行为？我国学说很少作出讨论。笔者认为，在法国侵权法和美国侵权法采取的上述两种理论中，我国侵权法应当采取法国侵权法采取的原则，认为行为人的再公开行为也构成隐私侵权行为，行为人应当就其再公开行为对他人承担侵权责任，因为，责令行为人就其重复公开已经公开的事实对原告承担隐私侵权责任，能够体现原告本人的意愿，防止原告的私人生活在超出原告能够合理预见的范围内得以公开，保护原告的隐私利益不受侵犯。从理论上讲，即便原告同意A公开其私人生活，也未必意味着原告同意B公开其私人生活，因此，如果不责令被告B就其重复A的公开行为对自己承担隐私侵权责任，则原告的意愿将无法实现；而如果责令B就其重复A的公开行为对原告承担隐私侵权责任，则原告的意愿将得到有效的实现；如果原告仅仅同意A公开其私人生活，则当A公开其私人生活时，A的公开行为不会侵害原告的隐私权，因为原告知道A的公开行为不会使自己的私人生活为某些特定的人知道，不会因此给自己的生活带来不利影响；当B重复公开原告的私人生活时，B的再公开行为完全有可能使自己的隐私为原告不希望其知道的某些特定人知道并因此给原告的生活带来不利影响。例如，原告仅将自己的隐私泄露给A报社，仅仅同意A报社在其报刊上公开，因为，原告知道A报社的报纸发行量很小，仅仅限于特定的省份，不会在特定省份之外发行。原告将自己的隐私泄露给A报社，其他省份的读者很难看到，对自己的私人生活不会带来不利影响；如果B报社的报纸在没有经过原告同意的情况下就开始转载A报纸上的内容，则原告的隐私将不仅在A报社影响所及的范围内公开，而且还在B报社影响所及的范围内公开，使原告的私人生活公开的范围远远超出原告能够合理预见的范围。

不过，对此原则应当加以限制，否则，社会公众的知情权和新闻媒体的新闻自由权将会受到不当影响。此种限制表现在：其一，如果首次公开原告私人生活的人享有公开其私人生活的免责特权，则行为人对首次公开者公开的内容进行在公开，其行为将不构成隐私侵权行为，行为人无须就其再公开行为对他人承担隐私侵权责任。例如，新闻媒体依法公开有关原告的案情,法官对原告案件的审判和裁判程序等,新闻媒体的公开行为是具有免责特权的行为,其公开行为不构成隐私侵权行为,其他新闻媒体转载该新闻媒体报道内容的行为也不构成隐私侵权行为。其二,即便首次公开原告私人生活的人在公开时不享有免责特权,如果原告在将其私人生活首次告诉公开者时明确告诉授权该公开者,其公开的内容允许其他人再公开,则行为人的再公开行为将不构成隐私侵权行为,行为人无须对原告承担隐私侵权责任。

如果行为人公开的信息是能够在公开记录中查阅到的信息,行为人的公开行为是否构成隐私侵权行为?笔者认为,对于这样的问题,应当考虑行为人是否是通过合法途径获得的信息:如果行为人是通过合法手段在有关公共记录中获得他人信息并将所合法获得的信息公开则行为人的新闻不构成隐私侵权行为,无须对他人承担隐私侵权责任;如果行为人是通过违法手段获得公共记录中记载的信息并将所获得的信息公开,则行为人的公开行为将构成隐私侵权行为,应当对他人遭受的损害承担隐私侵权责任。因为,一方面,公共记录是对社会公众开放的记录,社会公众能够查阅这些记录;另一方面,社会公众在行使公共记录的查阅权时,也应当本着合法的目的和采取合法的手段。

(四) 过去的事实

如果行为人公开的事实是他人过去发生的事实,行为人的公开行为是否构成隐私侵权行为?对于这样的问题,两大法系国家的司法判例都作出了说明。

在法国,司法判例在 Monanges Affair 一案中认为,他人的隐私包括他人在过去经历过的事件,即使该种事件在过去被公开披露过,已经成为公共领域的信息,《法国民法典》第 9 条仍然对其进行保护,行为人不得对他人过去的事件予以公开披露,否则,行为人的公开行为仍然构成隐私侵权行为,仍然要产生隐私侵权责任。对此有一个例外,即:如果著作者是为了研究历史的需要而使用他人过去已经发生的事实,是为了保留历史而公开他人过去发生的事实,在符合其他构成要件的情况下,行为人的公开行为将不构成隐私侵权行为。这就是所谓的公平使用他人事实的抗辩事由规则。关于 Monanges Affai,笔者将在有关隐私侵权责任的抗辩中进行讨论。

在美国,司法判例认为,即便行为人公开的事实是他人过去发生的事实,同他人现在的情况没有什么关系,行为人的公开行为仍然构成隐私侵权行为,仍然要对他人承担侵权责任。在 Mclvin v. Read① 一案中,法官对这样的规则作出了说明。在该案中,原告曾经是一名妓女,被控犯有谋杀罪之后被无罪释放。原告决定改过自新和重新做人之后,嫁入豪门为妻,原告为此获得了那些不知道其过去经历的许多人的友谊。原告结婚之后,过了几年幸福的生活,直到几年之后被告拍摄的电影将原告过去的真实生活展现在人们的面前,人们才知道原告过去的历史。当原告的朋友知道原告的过去不体面的生活时,他们大都遗弃了原告,不再同原告保持原先的友谊。原告向法院起诉,认为被告的电影侵犯其享有的隐私权,导致其遭受了损害,应当对自己承担隐私侵权责任。法官认为,被告在其电影中使用原告真实姓名的行为侵害了原告的隐私权,因为,当原告已经改过自新之后,被告再在其电影当中使用原告的姓名,其行为违反了我们所知道的任何道德规范,被告的行为直接侵害了原告的无法剥夺的追求和获得幸福的权利,直接侵害了美国宪法保障的权利。

在我国,侵权法是否也应当承认这样的规则,我国学说少有说明。笔者认为,除非行为人享有公开他人私人生活的某种特权,否则,行为人不得公开他人令人尴尬的过去事件,如果他人的过去事件同现在要说明的问题没有关系的话。因为,行为人公开的往事即便是发生在过去,当此种往事被公开时,会直接对他人现在的生活带来不利的影响,诸如亲人的离去、朋友的疏远、同事的讥笑等,并且最终损害他人的身心健康。但是,对此规则应当设定一个例外,即:如果行为人是为了说明他人现在的问题,并且所说明的问题是社会公众对其享有合法利益的问题,则行为人公开他人过去私人生活的行为将不构成隐私侵权行为,行为人无须对他人承担隐私侵权责任。例如,行为人为了批评某一个已婚女人行为不检点而公开其在未婚之前的不检点的性生活,行为人的行为不构成隐私侵权行为,因为,他人现在性生活的不检点同他人过去性生活的不检点之间也许存在某种联系,行为人公开他人过去性生活的不检点就是为了说明他人现在性生活不检点的原因。再例如,如果他人过去是一个公众人物,而现在则是一个小人物,则行为人

---

① 112 Cal. App. 285,297 P.91(1931).

能够对公众人物过去的事件进行公开,因为,既然行为人过去是一个公众人物,社会公众有权期待该公众人物取得伟大的成就,而实际上他人并没有获得这样的成就,社会公众有权了解该公众人物的现状、其失败的原因何在等。

三、行为人公开披露他人隐私

(一)公开披露的两种界定方式

行为人就其公开披露他人隐私的行为对他人承担隐私侵权责任的第二个构成要件是,行为人公开披露了他人隐私。如何界定公开披露这样的词语?对此,有二种不同的方式:其一,所谓公开披露他人隐私,是指行为人将他人的隐私对他人之外的第三人加以公开,使第三人知道他人的隐私。其二,所谓公开他人隐私,是指行为人将他人的隐私对一般的、普通的社会公众加以公开,或者对非常多的人进行公开。两种界定存在的主要区别在于,根据前一种界定,只要行为人将他人的隐私告诉他人之外的任何第三人,行为人的行为都构成公开行为,在符合其他构成要件的情况下,行为人就应当对他人承担隐私侵权责任。而根据后一种界定,只有行为人将他人的隐私告诉一般社会公众、数量众多的人时,他们的行为才构成公开披露行为,在符合其他构成要件的情况下,行为人应当对他人承担隐私侵权责任。

(二)美国侵权法采取的界定方式

在美国,无论是学说、司法判例还是制定法都认为,虽然行为人承担名誉侵权责任要求他们将其作出的具有名誉毁损性质的陈述公开,但是,隐私侵权责任意义上的公开不同于名誉侵权责任意义上的公开,因为,根据名誉侵权责任意义上的公开,只要行为人将其作出的具有名誉毁损性质的陈述告诉原告之外的任何人,哪怕只有一个人,行为人的行为就构成名誉侵权,行为人应当对原告承担隐私侵权责任。而根据隐私侵权责任意义上的公开,如果行为人仅将原告的隐私告诉原告之外的少数人,则行为人的行为将不构成隐私侵权行为,无须对原告承担隐私侵权责任,只有当行为人将原告的隐私告诉一般意义上的社会公众,或者非常多的人时,行为人的行为才构成隐私侵权行为,应当对原告承担隐私侵权责任。因此,美国侵权法是采取上述第二种界定方法。

《美国侵权法重述》(第2版)第652D条之评论a对此规则作出了说明。该评论指出,《美国侵权法重述》(第2版)第652D条规定的隐私侵权责任要求行为人公开他人的私人生活。本条规定的公开不同于《美国侵权法重述》(第2版)第577条规定的公开,因为,《美国侵权法重述》(第2版)第577条规定使用的公开一词也仅是一个艺术性的词语,包括行为人将其作出的具有名誉毁损性质的陈述传达给一个第三人。《美国侵权法重述》(第2版)第652D条规定的公开则是指行为人将他人的隐私对公众公开,将他人的隐私对普通社会公众公开,或者对非常多的人公开,其公开的内容被认为实际上就是对社会公众公开。《美国侵权法重述》(第2版)第652D条规定的公开同《美国侵权法重述》(第2版)第577条规定的公开的区分不在于公开的方式,因为,无论是第652D条规定的公开还是第577条规定的公开都可以采取口头方式、书面方式或任何其他方式。它们之间的区别在于,公开的范围不同,《美国侵权法重述》(第2版)第652D条规定的公开要求所公开的内容达到普通社会公众,而《美国侵权法重述》(第2版)第577条规定的公开仅仅要求所公开的内容达到任何一个第三人,哪怕仅仅只有一个人。

除了制定法对此种要求作出规定之外,美国司法判例也对这样的要件作出了说明。在Vogel v. W. T. Grant Co.①一案中,原告欠被告的钱,被告将原告欠他钱的详细情况告诉了原告的雇主和亲戚。原告向法院起诉,认为被告的行为侵害了其享有的隐私权,应当对自己承担隐私侵权责任。法官认为,被告无须对原告承担隐私侵权责任,因为,被告的披露行为不符合隐私侵权责任要求的公开披露的要件。在Beaumont v. Brown②一案中,如果被告将原告的私人信息对那些知道这些信息之后会使原告陷入尴尬境地的公众,则被告的行为符合隐私侵权责任的公开披露的要件,应当对原告遭受的损害承担隐私侵权责任。在Dancy v. Fina Oil & Chem Co.③一案中,原告在为被告工作时经常心不在焉,责任心不强。被告将原告们的工作表现

---

① 327 A. 2d 133,134,137(Pa. 1974).
② 257 N. W. 2d 522,531-32(Mich. 1977).
③ 3 F. Supp. 2d 737,738,740(E. D. Tex. 1997).

告诉了原告的监督者、工会头目或者其他雇员。原告认为被告的行为侵害了他们享有的隐私权,要求被告承担隐私侵权责任。法官认为,被告所做的披露不符合隐私侵权责任的公开披露的要件,无须对原告承担隐私侵权责任。在 Ozer v. Borquez[①] 一案中,法官认为,被告的行为不构成隐私侵权意义上的公开行为,无须对原告承担隐私侵权责任。在该案中,原告是一家律师事务所的律师,也是一个同性恋者。他发现同其保持性关系的人感染了 HIV 病毒。由于感觉恐惧和不安,原告将其面临的情况告诉了该律师事务所的主人,并且要求该主人保守秘密。然而,该主人没有保守原告的秘密,将原告的秘密告诉了律师事务所的几个人。不久之后,该律师事务所的所有人都知道原告是一个同性恋者。不久,原告被律师事务所开除。原告向法院起诉,认为被告开除自己的行为存在错误,应当对自己承担责任;被告擅自公开自己的隐私,构成隐私侵权行为,也应当对自己承担隐私侵权责任。一审法院认为,被告擅自公开原告的隐私,其行为构成隐私侵权责任,应当对原告承担隐私侵权责任。被告不服,上诉到二审法院。二审法院认为,一审法院的判决,应当撤销。法官在分析被告的披露行为是否构成隐私侵权意义上的公开披露行为时指出,公开披露意味着行为人的披露应当是公开的,它要求行为人将他人的隐私对一般的、普通的社会公众公开,或者将他人的隐私对非常多的人公开,而不是将他人的隐私对一个或者几个人公开。当然,即便侵权法要求行为人将他人的隐私对一般的、普通的社会公众或者非常多的人披露,究竟一般的、普通的社会公众或者非常多的人是指多少数目的人,侵权法也没有最低数额方面的明确要求,究竟对多少范围内的人披露他人隐私构成公开披露是一个事实问题,取决于案件的具体情况,由法官根据某一个案件的具体情况作出判断。

(三) 我国侵权法应当采取的界定方式

在我国,侵权法也应当要求行为人具有公开披露他人隐私的责任构成要件,因为,如果行为人知道他人隐私而没有进行公开披露,则行为人当然不对他人承担隐私侵权责任。问题不在于行为人是否需要具备公开披露他人隐私的构成要件,问题在于,行为人什么样的披露行为构成公开披露行

---

① 940 P. 2d 371(Colo. 1997).

为。在我国和法国,无论是学说还是司法判例都很少对这样的问题作出说明。笔者认为,我国侵权法不应当采取美国侵权法采取的理论,将行为人的公开披露理解为对一般的社会公众的公开,排除行为人对特定人的公开,我国侵权法应当采取隐私名誉侵权法意义上的公开理论,认为行为人只要将其隐私告诉任何可能对原告产生不利影响的第三人,行为人的披露行为就构成公开披露行为。之所以这么理解,其原因有二:

其一,隐私侵权责任的目的是为了保护他人的隐私在没有经过他人同意的情况下被公开,因为侵权法认为,一旦他人的某种隐私被公开,他人将会陷入被人嘲笑、讥讽甚至众叛亲离的境地,使他人生活遭受严重的不利影响,使他人精神遭受严重的痛苦。此时,对他人进行嘲笑、讥讽甚至众叛亲离的人既包括社会公众,也包括同他人共同生活、交往的亲朋好友、同事。他人当然会重视自己的隐私被公开披露之后社会公众对他们进行的嘲笑、讥讽,但是,他们更加害怕自己的隐私被公开披露之后被其亲朋好友、同事嘲笑、讥讽甚至众叛亲离。

其二,虽然隐私侵权责任独立于名誉侵权责任,虽然两种侵权责任保护的利益范围未必相同,但是,隐私侵权责任和名誉侵权责任仍然具有共同点,即只有行为人作出的公开行为给他人造成精神上的甚至财产上的损害时,侵权法才会责令行为人对他人承担隐私侵权责任或者名誉侵权责任,无论行为人作出的公开行为是涉及他人名誉的公开行为还是涉及他人隐私的公开行为。既然两种侵权责任都是为了防止他人遭受的精神损害甚至财产损害,隐私侵权责任没有必要在公开问题上采取完全不同于名誉侵权责任的要求。

在侵权法上,行为人对他人隐私的公开披露方式可以是多种多样的,包括书面方式、口头方式或者其他方式,其中最常见的方式是报纸杂志刊登文章,公开他人私人生活、私人事实;电台、电视台报道他人私人生活、私人事实等。

四、行为人公开的事项是令人高度反感的事项

行为人就其公开披露他人隐私的行为对他人承担隐私侵权责任的第三个构成要件是,行为人公开的事项是令人高度反感的、让人无法忍受的事项。因此,即便行为人所公开的事项是他人反对公开的事项,行为人也未必

要就其公开行为引起的损害对他人承担隐私侵权责任,因为,如果行为人公开的事项不是令人高度反感的事项、令人无法容忍的事项,则行为人将不就其公开行为对他人承担隐私侵权责任,只有行为人公开的事项是令人高度反感的事项、让人无法容忍的事项,行为人才会就其公开行为对他人承担隐私侵权责任。

在英美法系国家,侵权法学说、司法判例和制定法都认可这一要件。根据英美法系国家的侵权法,行为人公开的事项是不是让人高度反感的事项,其判断标准是一般理性人的标准,这就是,如果一般理性人认为行为人公开的事项是让人无法容忍的、非常不合理的事项,则行为人公开的事项就构成令人高度反感的事项,在符合其他构成要件的情况下,行为人应当就其公开行为对他人承担隐私侵权责任;如果一般理性人认为行为人公开的事项是能够容忍的、不是非常不合理的,则行为人公开的事项将不构成令人高度反感的事项,即便符合其他构成要件,行为人也不用就其公开行为对他人承担隐私侵权责任。

《美国侵权法重述》(第 2 版)第 652D 条明确规定,只有行为人公开的事项是令一般理性人高度反感的事项,行为人才就其公开行为对他人承担隐私侵权责任。《美国侵权法重述》(第 2 版)第 652D 条之官方评论也指出,行为人对他人活动进行偶然的注意是可以理解的,是一般人所能够预见的;只有一般理性人对行为人的公开行为严重抱不平时,行为人才要就其公开行为对他人承担隐私侵权责任。在 Talley v. Farrell[①] 一案中,法官,行为人的公开行为应当是具有足够的让人反感的行为,侵权法才会让行为人就其不合理的公开行为对他人承担隐私侵权责任,因为,只有公开行为让人高度反感,原告才会遭受精神上的痛苦。在 Progressive Animal Welfare Soc'y v. Uni. Of Wash[②] 一案中,被告公开披露原告的社会保障金的数目。原告向法院起诉,要求法官责令被告就其公开行为对自己承担隐私侵权责任。法官认为,被告公开披露他人社会保障金数目的行为是令人高度反感的行为,被告应当对原告承担隐私侵权责任。在 Housh v. Peth[③] 一案中,法官指出,行为人对他人隐私的公开行为或者应当是令人无法容忍的,或者是能够

[①] 156 F. Supp. 2d 534, 544 (D. Md. 2001).
[②] 884 P. 2d 592, 598 (Wash. 1994).
[③] 165 OhioSt. 35, 133 N. E. 2d 340, 341.

引起他人精神痛苦的,或者是令人高度反感的,否则,行为人不得被责令就其公开行为对他人承担隐私侵权责任。

在我国,侵权法是否应当规定这样的构成要件,笔者认为,我国侵权法也应当规定这样的构成要件,因为,一方面,当今社会是一个信息开放的社会,社会公众有权知道、了解他人的某些重要信息,即便他人不意愿公开这些信息,侵权法也不能动不动就责令行为人就其公开行为对他人承担隐私侵权责任;另一方面,当今社会也是一个人口密集的社会,人们生活的空间越来越小,生活的距离越来越短,人们必须时刻忍受别人对其生活的偶然或者随意的观察,必须容忍别人对其行为的议论,必须容忍别人对他们的行为交流意见。如果认为行为人违反他人意愿作出的一切公开行为都要承担隐私侵权责任,则社会生活根本无法进行。例如,不能仅仅因为行为人公开他人的职业、姓名、住址、出生日期或者电话号码而责令他们对他人承担隐私侵权责任,也不能仅仅因为一个邻居公开他人的婚姻状况而责令该邻居对他人承担隐私侵权责任。因为,当该邻居同他人生活在同一楼层时,即便他不去主动打探,他也可能会知道他人已经离婚的事实,在遇到别人时,他也许会自觉或者不自觉地将他人离婚的事实告诉别人。可见,并非行为人的一切公开披露都构成隐私侵权行为,只有他们的公开行为是一般的理性人认为无法容忍的、一般理性人高度反感的,侵权法才会责令行为人承担隐私侵权责任。正如 Prosser 教授指出的那样,在当今社会,所有人都同意,行为人对社会公众公开的事实应当是让一个理性人高度反感、让一般理性人非常不适的事实。侵权法并不是保护一个动不动就喜欢发脾气的人;任何人,只要他们生活在社会,都应当忍受社会公众对他们的审视,只要此种审视保持在合理的限度内,人们就应当加以容忍。任何人,只要他们不是生活在封闭状态,都要遭受其邻居或者路过的公众对他们进行的观察,因为,他们的邻居或者路过的公众可能想知道他们是干什么工作的,想知道他们是些什么人,想报告他们从事的日常活动。一般理性人并不反感报纸报道他们访问归来、去森林野营、在家中同朋友举行舞会等事项。但是,一般理性人十分反感报纸公开报道他们的性关系细节,高度反感报纸报道他们具有非常亲密性质的活动。[①]

[①] W. Page Keeton, *Prosser and Keeton on Torts* (fifth edition), West Publishing Co., p. 857.

五、行为人公开的事项是社会公众不享有
合法利益的事项

（一）美国侵权法对此种构成要件的认可

行为人就其公开披露他人隐私的行为对他人承担隐私侵权责任的第四个构成要件是,行为人公开的事项是社会公众不享有合法利益的事项。因此,即便行为人公开的事项是他人的私人事务,即便行为人公开的事项是令人反感的事项,如果行为人公开的事项是社会公众对其享有合法利益的事项,则当行为人公开这样的事项并因此使他人遭受损害时,行为人的公开行为也不构成隐私侵权责任,无须对他人遭受的损害承担隐私侵权责任。只有行为人公开的事项是社会公众不享有合法利益的事项时,行为人的公开行为才构成隐私侵权行为,他们才就其公开行为对他人承担隐私侵权责任。从隐私侵权责任的抗辩事由来看,如果行为人公开的事项是社会公众对其享有合法利益的事项,则是行为人免除隐私侵权责任的正当抗辩事由。这是一个问题的两个方面:如果行为人公开的事项是社会公众不享有合法利益的事项,则行为人应当就其公开行为对他人承担隐私侵权责任,因为,行为人的公开行为符合隐私侵权责任的构成要件;如果行为人公开的事项是社会公众享有合法利益的事项,则行为人不就其公开行为对他人承担隐私侵权责任,因为他们的公开行为不符合隐私侵权责任的第四个构成要件。

《美国侵权法重述》(第 2 版)第 652D 条明确认可了这一构成要件,它认为,如果行为人所公开的事项不是社会公众所合法关心的事项,在符合其他构成要件的情况下,行为人应当就其公开行为对他人承担隐私侵权责任。在英美法系国家,司法判例经常运用此种理论来免除行为人就其公开行为对他人承担的隐私侵权责任。在 Virgil v. Time Inc.①一案中,法官认为,被告公开的事项是社会公众对其享有合理利益的事项,无须对原告承担隐私侵权责任。在该案中,原告是一名著名的冲浪运动员。被告在报道中说,原告喜欢吃蜘蛛和其他昆虫,从来不读书,被其他冲浪运动员看做怪物。原告

---

① 527 F. 2 d 1122(9th Cir. 1975), cert. denied, 425 U. S. 998(1976).

向法院起诉,认为被告侵犯了自己的隐私,应当对自己承担隐私侵权责任。法官认为,被告无须就其公开原告隐私的行为承担隐私侵权责任,因为,一方面,虽然被告公开的事实是令人不讨好的事实,是令人陷入尴尬的事实,但是,被告公开的事实还没有达到令人高度反感的程度。另一方面,即便被告公开的事项已经达到令人高度反感的程度,被告报道的事项也是社会公众对其享有合法利益的事项。法官指出,既然原告和被告都同意在 Wedge 进行的团体冲浪活动是社会公众能够合法关注的活动,那么,毫无疑问的是,在 Wedge 进行团体冲浪运动的原告所具有的独特活力当然也是社会公众关系的问题。任何一个有理性的人都同意,被告对原告参与的活动和原告的个人事实进行报道显然是为了满足社会公众的要求,被告对原告个人事实的报道显然不是为了满足社会公众的病态性质的猎奇心态。在 Peckham v. Boston Herald,Inc.①一案中,法官认为,被告公开的事项是社会公众对其享有合法利益的事项,被告无须就其公开行为对原告承担隐私侵权责任。在该案中,原告是波士顿地区的著名商人。在 1989 年,原告雇请一个女人作为自己的不动产经纪人。不久之后,该女人告诉原告,她已经怀有原告的骨肉。当原告拒绝承认其生父的身份时,该女人向法院起诉,要求原告承认其生父身份。原告将此种事实告诉了自己的女儿和两个关系非常好的朋友。不久之后,一个闲谈杂志的记者知道了该女人向法院起诉的事,在采访该女人的律师之后,该记者在其杂志上公开了原告的事情。

(二)我国侵权法对此种要件的认可

在我国,侵权法是否应当认可这样的要件?我国学说和司法判例没有作出说明,笔者认为,我国侵权法应当认可这样的规则。一方面,如果行为人尤其是作为新闻媒体的行为人所公开的事项是公共官员、公众人物的个人情况,他们原则上无须就其公开行为对公共官员、公众人物承担隐私侵权责任,因为,在我国,就如在两大法系国家一样,公共官员、公众人物从事的活动往往都是具有公共性质的活动,社会公众有权知道他们从事的活动。如果认为行为人尤其是作为新闻媒体的行为人公开公共官员、公众人物的个人情况的行为构成隐私侵权行为,则社会公众的合理利益将受到影响。

---

① 719 N. E. 2d 888(Mass. App. 1999).

在侵权法上,公共官员、公众人物往往被看做自愿性质的公共人物,因为,他们往往愿意行为人讨论、关注他们的活动,甚至他们的个人情况。当行为人尤其是作为新闻媒体的行为人公开披露他们从事的活动甚至个人情况时,他们无权向法院起诉,要求行为人对他们承担隐私侵权责任。Schwartz 等人指出,如果一个人故意寻求行为人对其事项的公开或者故意将自己置于社会公众面前,则他们将被看做公共人物,当行为人公开其从事的公共活动时,他们无权向法院起诉,要求行为人承担隐私侵权责任,诸如演员、职业棒球手、探险家和发明家等。① 关于公共官员、公众人物的隐私权同行为人的言论自由权和新闻媒体的新闻自由权之间的关系,笔者将在有关章节作出讨论。另一方面,即便不是公共官员、公众人物,一般的普通社会成员的个人情况也未必完全同社会公众的利益没有关系,因为,社会公众完全可能因为他们从事的某种特殊活动或者遭遇的某种特别事故而对他们的个人情况表示关注,行为人为了满足社会公众的要求完全可以公开他们的有关个人情况。此时,行为人的公开行为也是为了社会公众的利益,因为社会公众对他们的情况享有合法的利益。如果认为行为人尤其是作为新闻媒体的行为人公开这些人的个人情况的行为构成隐私侵权行为,则社会公共利益同样会受到影响。在侵权法上,人们将一般的普通社会公众因为从事的某种特殊活动或者遭遇的某种特别事故而引起社会公众关注的人称为非自愿性质的公共人物,因为,虽然他们本身不愿意行为人尤其是作为新闻媒体的行为人对他们进行的特殊活动或者遭遇的特别事故表示关注,但是,他们仍然有义务容忍行为人公开他们的有关信息,不得要求公开其信息的行为人承担隐私侵权责任。Schwartz 等人指出,除了公共官员和公众人物之外,其他人可能偶然卷入到某种公共事件当中,并因此成为一个公共人物。② 关于非自愿性质的公共人物的隐私侵权问题,笔者将在下面有关章节作出讨论。

(三) 行为人公开公共人物某些私人生活的权利

应当注意的是,一旦侵权法认定某一个人是公共人物,无论他们是自愿性质的公共人物还是非自愿性质的公共人物,侵权法都允许行为人在公开

---

① Victor E. Schwartz and et, Prosser, *Wade and Schwartz's Torts* (tenth edition), Foundation Press, p. 953.
② Ibid.

他们从事的特定公共活动之时也公开同他们有关的其他信息,包括某些个人信息。因为,社会公众除了对公共人物的公共活动享有合法利益之外,也对公共人物的其他信息享有合法利益,行为人的公开行为是为了满足社会公众对他们享有的合法利益,不构成隐私侵权行为,无须承担隐私侵权责任。例如,公共官员的健康状态是社会公众享有合法利益的事项,行为人将其公开的行为不构成隐私侵权行为。因为,如果公共官员的身体存在问题,社会公众有权知道他们的疾病是如何形成的,其疾病是否影响他们职责的履行,他们疾病的治疗费用是如何分担的等。新闻媒体公开他们的身体健康状况的行为不构成隐私侵权行为。《美国侵权法重述》(第2版)第652D条之官方评论h对此种规则作出了说明。该评论指出,行为人对自愿性质的公共人物或者非自愿性质的公共人物所进行的信息公开不限于引起社会公众兴趣的特定事件。一旦社会公众对公共人物的特定事件感兴趣,行为人除了能够公开披露此种特定事件之外,还可以公开披露公共人物的其他信息或者事实,即便这些信息或者事实在公共人物没有成为公共人物之前仅是私人性质的信息或者事实,在公共人物没有成为公共人物之前公开披露时就会产生隐私侵权责任的承担。因此,被控谋杀者的人生经历,迄今为止的私人事实,但是社会公众对其享有合法利益的事项,只要这些事实对该人是一个什么样的人、该人可能犯罪或者没有犯罪、该人实施犯罪行为的理由等问题产生影响即可。基于同样的理由,当社会公众在荧屏上看到一个动漫片的女演员时,社会公众享有合法和合理的利益来了解该女演员的家庭生活和日常习惯等。

当然,行为人对公共人物私人生活进行公开披露的权利也不是没有限制的。在公共人物的生活中,他们的某些非常亲密的生活细节将不得被公开披露,例如,公共人物的性关系,即便是一个女演员也享有要求行为人加以保密的权利。行为人不得在没有经过公共人物同意的情况公开这些非常亲密的关系,否则,应当对公共人物承担隐私侵权责任。但是,如果公共人物的性关系是不道德的,行为人就能够公开,因为,社会公众对公共人物不道德的性关系享有合法的利益。在决定社会公众对公共人物什么样的事项享有合法利益时,应当考虑社会的道德规范,社会公众遵守的风俗习惯。凡是社会公众对其享有合法利益的事项,行为人都能够公开,其公开行为将不构成隐私侵权行为,行为人无须对他人承担隐私侵权责任。凡是社会公众不享有合法利益的事项,行为人都不得公开,否则,其公开行为应当构成隐私侵权行为,行为人应当对他人承担隐私侵权责任。在决定社会公众是否对被公开的事项享有合法利益时,侵权法应当采取一般理性人的判断标准:如果一般理性人对行为人公开的事实不感兴趣,则行为人公开的事项是社会公众不影响合法利益的事项,否则,就是社会公众享有合法利益的事项。

第十二章 侵扰他人安宁的隐私侵权责任

一、侵扰他人安宁的隐私侵权责任的地位

(一) 侵扰他人安宁的隐私侵权的界定

所谓侵扰他人安宁的隐私侵权,是指行为人故意侵入他人具有隐私性质的场所或者事务的侵权行为,无论行为人是通过物质的方式还是非物质的方式侵入他人具有隐私性质的场所或者事务,行为人都应当对他人因此遭受的损害承担隐私侵权责任。在美国,侵权法完全认可侵扰他人安宁的隐私侵权责任的独立性,认为侵扰他人安宁的隐私侵权责任是美国四种隐私侵权责任中的一种,具有独立的调整范围、独立的构成要件和独立的抗辩事由。

《美国侵权法重述》(第2版)第652B条对侵扰他人安宁的隐私侵权责任作出了明确说明。该条规定:行为人故意侵入他人具有隐私性质的住所或者居所,故意侵入他人具有隐私性质的事务,应当就其隐私侵害行为对他人承担侵权责任,如果行为人实施的侵入行为是一个有理性的人高度反感的行为,无论行为人实施的侵入行为是物质的还是非物质的行为。美国学说和司法判例一般根据《美国侵权法重述》(第2版)第652B条对侵扰他人安宁的隐私侵权作出界定。

Barnett指出,在现代美国,隐私侵权包括四种独立的隐私侵权责任:侵扰原告的具有隐秘性质的住所、居所;公开丑化原告的形象;为了商业上的目的使用原告的姓名、肖像;公开原告的私人事实。其中,侵扰他人住所、居所的行为实际上是一种心里侵入行为。正如《美国侵权法重述》(第2版)第652B条所作出的界定那样,侵扰他人安宁的隐私侵权是指新闻媒体的记者或者私人故意侵入他人具有隐私性质的住所、居所或者侵扰他人私人事

务的侵权行为,无论是通过物质的还是非物质的方式。① Lidsky 指出,在美国,侵扰他人安宁的隐私侵权责任是美国特别对隐私侵权行为进行救济的四种隐私侵权责任之一,同其他三种隐私侵权责任不同的是,侵扰他人安宁的隐私侵权责任并非是针对行为人公开他人具有隐私性质的信息的行为,相反侵扰他人安宁的隐私侵权责任适用范围广泛,包括了行为人进行的新闻采访行为。侵扰他人安宁的隐私侵权责任的目的是为了保护他人的隐私范围免受行为人实施的令人厌恶、无法容忍的行为的干预,无论他人的隐私范围是空间的隐私还是心里的隐私。

许多法官都采取《美国侵权法重述》(第2版)第652B条对侵扰他人安宁的隐私侵权作出的界定。根据此种界定,无论是新闻媒体还是非新闻媒体的被告都应当对它们实施的侵扰行为承担隐私侵权责任,如果它们故意侵入他人具有隐私性质的住所或者居所,故意侵入他人具有隐私性质的事务,并且,如果他们实施的侵入行为是一个有理性的人高度反感的行为,无论他们实施的侵入行为是物质的还是非物质的行为。公开行为并不是此种隐私侵权责任的构成要件。②

在法国,侵权法不承认侵扰他人安宁的隐私侵权责任的独立性,认为侵扰他人安宁的隐私侵权同公开他人隐私侵权一样都是隐私侵权责任的具体内容。因此,关于侵扰他人安宁的隐私侵权的概念、构成要件或者抗辩事由是什么,法国侵权法很少作出清楚的说明。虽然如此,法国侵权法仍然认为侵扰他人安宁的行为是隐私侵权行为,仍然会产生隐私侵权责任。Carbonnier 指出,在法国,他人的隐私权能否得到尊重取决于行为人是否履行了他们对他人承担的不作为义务;如果行为人履行了自己承担的不作为义务,没有采取积极的措施刺探、跟踪、偷拍、偷听他人的隐蔽、隐秘生活,则他人的隐私权即得到尊重;如果行为人违反自己承担的不作为义务,积极采取措施去干预他人的私人生活,他人隐私权即没有得到尊重。因为,隐私权保护的利益是他人生活的安宁和不受侵扰性。此种生活的安宁(tranquillité)被认为是一种受到法律保护的心理价值,它在社会生活中有众多的表现包括:居

---

① Lyrissa C. Barnett, *Intrusion and the Investigative Reporter*, (1992) 71 Tex. L. Rev. 433, 435.

② Lyrissa Barnett Libidsky, Prying, Spying, and Lying: Intrusive Newsgphering and Why the Law Should Do About It, (1998) 73 Tul. L. Rev. 173,189.

住在不为人所知悉的地方;不被人窥视、跟踪、询问或者描述。①

在我国,由于学说和侵权法不认可侵扰他人安宁的隐私侵权责任的独立性,因此,学说或者侵权法都没有对侵扰他人安宁的隐私侵权作出界定。笔者借鉴美国侵权法的经验,对侵扰他人安宁的隐私侵权作出界定:所谓侵扰他人安宁的隐私侵权,是指行为人在没有权利的情况通过物质的或者精神的方式进入他人具有隐私性质的场所或者偷听、偷录或者偷拍他人具有隐私性质的谈话、对话或者活动并因此使他人安宁生活被破坏或者精神遭受打击的侵权行为。

侵扰他人安宁的隐私侵权责任的重要特点有:其一,侵扰他人安宁的隐私侵权责任保护的隐私范围广泛。主要包括:(1)他人免受个人或者电话侵扰的自由;(2)个人通信安全;(3)住所、居所或者其他个人空间免受物质性质的侵入;(4)免受不合理的观察、监督的自由;(5)免受令人震惊的、令人反感的书面材料侵扰的自由。其二,侵扰他人安宁的隐私侵权责任防范的侵扰行为广泛。侵扰他人安宁的隐私侵权责任既防范行为人实施的具体、物质性质的侵扰行为,保护他人的住所、居所或者其他具有隐秘性质的空间、场所免受行为人的非法进入行为的影响;也防范行为人实施的精神性质的侵扰行为,保护他人的心里安静、平和。

(二)侵扰他人安宁的隐私侵权同公开他人隐私侵权的区别

在我国,侵权法之所以应当区分侵扰他人安宁的隐私侵权责任和公开他人私人事务的隐私侵权责任,其原因有四:

其一,侵扰他人安宁的隐私侵权的目的不同于公开他人私人事务的隐私侵权责任。在侵权法上,公开他人私人事务的隐私侵权责任针对的问题是行为人非法公开他人私人生活、私人事实,认为行为人在没有权利的情况下不得公开他人的私人生活、私人事实,否则,应当对他人因为其公开行为遭受的损害承担隐私权侵权责任。公开他人私人事务的隐私侵权责任防范的行为是行为人的公开行为而非获得信息的方式。无论行为人是通过合法方式获得的信息还是通过非法方式获得的信息,只要行为人没有权利公开所获得的信息而公开此信息,行为人的公开就构成隐私侵权行为。而侵扰

---

① Jean Carbonnier, *Droit Civil, 1/Introduction, les Personnes*, Presses Universitaires De France, p.318.

他人安宁的隐私侵权责任不是针对行为人在没有权利公开他人隐私的情况下公开他人隐私的行为,而是针对行为人非法进入他人的住所、居所或者他人隐秘场所的行为,针对行为人非法刺探、打探或者收集他人信息的行为,只要行为人在客观上实施了侵扰他人安宁的侵权行为,即便他们没有获得有关他人的私人生活、私人事实,或者虽然获得了有关人的私人生活、私人事实而没有公开其非法刺探、打探或者收集的信息,他们也应当对他人遭受的损害承担隐私侵权责任,因为,只要行为人实施了非法进入他人住所、居所或者其他隐秘场所的行为或者实施了非法刺探、打探或者收集他人信息的行为,他人的生活安宁就受到不利影响,他人的精神就会遭受痛苦。Lidsky 指出,原告之所以选择侵扰他人安宁的隐私侵权责任要求行为人对他们遭受的损害承担隐私侵权责任,一个很重要的原因在于,侵扰他人安宁的隐私侵权责任无须具备公开这一构成要件。在大多数情况下,侵扰他人安宁的隐私侵权关注的问题是行为人获得信息使用的手段而不是信息的公开本身。①

其二,两种隐私侵权责任的构成要件存在差异。在侵权法上,侵扰他人安宁的隐私侵权责任的构成要件同公开他人私人事务的隐私侵权责任的构成要件存在差异。除了是否要求行为人具有公开行为之一要件的差异之外,还存在其他差异。根据侵扰他人安宁的隐私侵权责任,即便行为人实施的侵扰行为是为了获得他人的信息,无论他们通过侵扰行为获得的信息是公共性质的信息还是私人性质的信息,行为人都应当对他人承担隐私侵权责任。而根据公开他人私人事务的隐私侵权责任,只有行为人公开的信息是具有私人性质的信息时,他们的公开行为才能够被看做侵权行为,才会让他们对他人承担隐私侵权责任;如果行为人公开的信息是具有公共性质的信息,则行为人的公开行为将不被看做侵权行为,行为人将不对他人承担隐私侵权责任。Wright 法官对此区别作出了说明,他指出,侵权法应当明确区分因为行为人的侵扰行为导致的损害和因为行为人的公开行为而导致的损害。一方面,如果行为人的行为构成隐私侵扰行为,行为人应当对他人承担隐私侵权责任,无论他们通过侵扰行为了解的信息是什么。当行为人窃听夫妻在卧室里面的谈话时,他们可能听到的是夫妻之间的亲密谈话内容,也

---

① Lyrissa Barnett Libidsky, Prying, Spying, and Lying: Intrusive Newspapering and Why the Law Should Do About It, (1998)73 *Tul. L. Rev.* 173, 190.

可能听到的是社会公众对具有合法利益的事实陈述或者观点陈述。无论行为人听到的是夫妻之间的亲密谈话内容还是社会公众对具有合法利益的事实陈述或者观点陈述,行为人都应当对他人遭受的损害承担隐私侵权责任,因为侵权法不区分行为人窃听他人谈话的内容究竟是私人性质的还是公共性质的。另一方面,如果原告要求行为人就其公开信息的行为对自己承担隐私侵权责任,法官在决定行为人是否对原告承担隐私侵权责任时要考虑的问题是,行为人公开的信息是不是真正的具有私人性质的信息,是不是具有公共性质的信息,他们不会考虑行为人获得公开信息的方式。①

其三,即便行为人通过侵扰他人安宁的方式获得了他人信息,如果所获得的信息是不具有私人性质的信息,行为人仍然有权公开,其公开行为不构成隐私侵权责任,但是,其通过侵扰他人安宁的违法方式获得信息的行为仍然构成隐私侵权责任,仍然要对他人承担隐私侵权责任。在侵权法上,行为人侵扰他人安宁的行为总是具有一定的目的性,诸如基于好奇的心里去窥探他人隐私,基于监督他人行为的目的去窃听他人之间的谈话,基于公开所获得的信息的目的而去偷拍他人进行的活动。在前两种情况下,行为人仅仅实施了侵扰他人安宁的侵权行为,没有实施公开他人隐私的侵权行为,他们应当就其实施的侵扰行为引起的损害对他人承担隐私侵权责任。而在后一种情况下,行为人当然实施了侵扰他人安宁的侵权行为,应当对他人遭受的损害承担隐私侵权责任。问题在于,如果行为人通过侵扰方式获得的信息是具有公共性质的信息,当他们公开之后,行为人是否要对受害人承担隐私侵权责任。由于侵权法认为侵扰他人安宁的隐私侵权责任独立于公开他人私人事务的隐私侵权责任,因此,如果行为人通过侵扰方式获得的信息仅是公共性质的信息,他人只能要求行为人就其侵扰行为引起的损害承担隐私侵权责任,不得要求行为人就其公开具有公共性质的信息的行为承担隐私侵权责任。这在 In re King World Productions, Inc.②一案中得到说明。在该案中,《内部编辑》的电视节目制片人为了获得并且公开原告医师违法行医和违反医师道德行为的故事而伪装成病人进入原告的诊所,偷录了原告对病人进行治疗的活动。被告在准备播放之前,原告向法院起诉,要求法官颁布诉前禁止令,禁止被告在其电视节目中公开其偷录的内容。一审法院

---

① Pearson v. Dodd 1969, 410 F. 2d 701.
② 898 F. 2d 56 (6th Cir. 1990).

认为被告的行为侵害了原告的隐私,应当予以禁止,为此,一审法院颁布禁止令,禁止被告公开其通过伪装方式获得的内容。被告不服,进行上诉。二审法院认为,一审法院不应当颁布禁止令,禁止被告在其电视节目中播放有关内容。二审法院的法官指出,禁止被告在其电视台中播放有关节目违反了美国宪法第 1 修正案的规定,因为,无论被告获得所意图播放的节目的方式是这样不适当或错误,但被告播放其获得的信息的权利是宪法对其通过保护的权利。法官还指出,虽然被告有权在其电视中播放引起纠纷的节目,但是,被告通过违法方式获得的信息的方式仍然是隐私侵权责任,仍然要对受害人承担隐私侵权责任。

其四,侵扰他人安宁的隐私侵权责任同公开他人私人事务的隐私侵权责任的免责事由存在差异。在美国,侵扰他人安宁的隐私侵权责任同公开他人私人事务的隐私侵权责任的免责事由存在差异,因为根据美国侵权法的规定,公开他人私人事务的隐私侵权责任的抗辩事由要大于侵扰他人安宁的隐私侵权责任。某些适用于公开他人私人事务的隐私侵权责任的抗辩事由并不适用于侵扰他人安宁的隐私侵权责任。表现在两个方面:一方面,《美国宪法第一修正案》能够作为公开他人私人事务的隐私侵权责任的抗辩事由,但是不得作为侵扰他人安宁的隐私侵权责任的抗辩事由;另一方面,具有新闻价值的事件或者人物能够作为公开他人私人事务的隐私侵权责任的抗辩事由,但是不得作为侵扰他人安宁的隐私侵权责任的抗辩事由。在我国,学说虽然没有对这样的问题作出说明,但是行为人在公开他人私人事务的隐私侵权中能够运用的抗辩事由显然不能够完全适用于侵扰他人安宁的隐私侵权。因为,即便是公众人物,行为人也不得在没有获得他人同意的情况下潜入他人家中刺探他人信息,否则,其行为将构成隐私侵权责任,应当对遭受损害的公众人物承担隐私侵权责任。关于侵扰他人安宁的隐私侵权责任的抗辩事由,笔者将在有关隐私侵权责任的抗辩事由中进行讨论,此处从略。

(三)侵扰他人安宁的隐私侵权责任的构成要件

行为人就其实施的侵扰他人安宁的隐私侵权行为对他人承担隐私侵权责任也应当具备一定的条件,如果行为人不具有所要求的构成要件,则他们将不对他人承担隐私侵权责任。问题在于,行为人应当具备哪些构成要件?

对于这样的问题,学说和司法判例作出的回答并不完全相同。

Schwartz 等人认为,侵扰他人安宁的隐私侵权应当具备两个构成要件:行为人的侵扰行为应当是侵入他人的私人地点、谈话或者私人事项;行为人的侵扰行为应当是让一个有理性的人高度反感的行为。[①] 美国法官在 Melvin v. Burling[②] 一案中认为,侵扰他人安宁的隐私侵权责任应当具备四个构成要件,包括:(1) 行为人在没有权利的情况下侵入或者刺探他人住所、居所;(2) 行为人的侵扰行为应当是一个有理性的人高度反感的行为;(3) 侵扰的事项应当是具有私人性质的事项;(4) 行为人的侵扰行为应当引起他人痛苦、恼怒。

《美国侵权法重述》(第 2 版)第 652B 条规定,行为人承担隐私侵权责任的构成要件有三:(1) 行为人实施了故意侵扰行为;(2) 行为人侵扰了他人住所、居所的安宁,侵扰了他人私人事实;(3) 行为人实施的侵扰行为是让一个有理性的人感到反感的。笔者认为,侵扰他人安宁的隐私侵权责任的构成要件有三个:(1) 行为人实施了侵扰行为;(2) 行为人实施的侵扰行为侵扰了他人的住所、居所或者其他私人场所的安宁,侵扰了他人的心理或者精神的安宁;(3) 行为人实施的侵扰行为是让一个有理性的人高度反感的行为。只有同时具备这三个构成要素,行为人才就其侵扰行为引起的损害对他人承担隐私侵权责任。

笔者认为,除了应当具备无形人格侵权责任的一般构成要件之外,侵扰他人安宁的隐私侵权责任还应当具备三个特殊的构成要件:行为人实施的隐私侵扰行为;被侵扰的场所或者事项是具有隐私性质的场所或者事项;侵扰行为是让一个有理性的人高度反感的行为。除非具备某种正当的抗辩事由,否则,一旦符合这些构成要件,行为人就应当对他人承担隐私侵权责任。问题在于,如果行为人在通过侵扰他人安宁的方式获得了具有隐私性质的信息并公开了所获得的信息,在符合公开他人私人事务的侵权责任构成要件的情况下,行为人也应当对他人承担隐私侵权责任。此时,行为人的侵权责任如何承担?行为人是仅仅承担一个隐私侵权责任还是同时承担两个隐私侵权责任?

---

① Victor E. Schwartz and et, Prosser, *Wade and Schwartz's Torts*(tenth edition), Foundation Press, p.947.

② 490 N.E. 2d 1011(Ill. App. 1986).

在美国,司法判例认为,如果被告通过侵扰他人安宁的方式获得有关他人具有私人性质的信息之后又将所获得的私人性质的信息公开,则行为人在对他人承担隐私侵权责任时仅仅承担一个隐私侵权责任而非两个隐私侵权责任。有时,法官倾向于让行为人对原告承担公开他人私人事务的隐私侵权责任。

在 Miller v. National Broadcasting Co.[①]一案中,法官认为,被告公开通过侵扰方式获得的隐私信息,应当承担侵扰他人安宁的隐私侵权责任。在该案中,被告侵扰原告的隐秘场所获得了原告丈夫死亡的准确时刻并且在其广播中播出了其丈夫死亡的时间,原告向法院起诉,要求被告承担隐私侵权责任。法官认为,被告的侵权行为构成侵扰他人安宁的隐私侵权行为,应当对原告遭受的精神痛苦承担赔偿责任。有时,法官倾向于让行为人对原告承担侵扰他人安宁的隐私侵权责任。不过,无论原告是要求行为人对他们承担侵扰他人安宁的隐私侵权责任还是要求行为人对他们承担公开他人私人事务的隐私侵权责任,法官在责令行为人对原告承担侵扰他人安宁的隐私侵权责任或者公开他人私人事务的隐私侵权责任时,往往会责令行为人赔偿增加的损害赔偿金。

在 Dietemann v. Time, Inc.[②]一案中,法官对这样的规则作出了说明。法官指出,当行为人通过侵扰他人安宁的方式获得他人私人性质的信息并且公开时,如果原告要求行为人就其侵扰自己安宁的行为对自己承担隐私侵权责任,法官有权增加原告遭受的损害赔偿金。此种增加的损害赔偿金的支付没有违美国宪法第 1 修正案,不会妨害行为人表达自由权的形式。在我国,侵权法应当采取什么样的原则?我国侵权法学说没有作出说明。

笔者认为,如果行为人公开他们通过侵扰他人安宁的方式获得的私人信息,行为人究竟是承担侵扰他人安宁的隐私侵权责任还是承担公开他人私人事务的隐私侵权责任,取决于原告的诉讼主张,如果原告要求行为人对他们承担侵扰他人安宁的隐私侵权责任,则法官应当责令行为人对原告承担侵扰他人安宁的隐私侵权责任;如果原告要求行为人对他们承担公开他人私人事务的隐私侵权责任,则法官应当责令行为人对他们承担此种性质

---

① 187 Cal. App. 3d 1463,1488(1986).
② 449 F. 2d 24,250(9th Cir. 1971).

的隐私侵权责任。但是,无论责令行为人对原告承担什么性质的隐私侵权责任,法官在责令行为人对原告承担隐私侵权责任时都应当加重行为人的承担责任,增加行为人赔偿的数额,因为行为人的行为构成了两个不同的隐私侵权行为,原本应当承担两个隐私侵权责任。

二、行为人实施的隐私侵扰行为

(一)侵扰行为的种类

行为人就其侵扰他人安宁的行为对他人承担隐私侵权责任的第一个构成要件是,行为人实施了侵扰他人安宁的侵扰行为。只有行为人实施了侵扰他人隐私的侵扰行为,行为人才会对他人遭受的损害承担隐私侵权责任。如果行为人没有实施侵扰他人安宁的侵扰行为,则行为人将不用对他人承担隐私侵权责任。

在当今社会,行为人实施的侵扰行为种类繁多。在美国,Lidsky 对侵扰行为的广泛性作出了说明。他指出,因为侵扰他人安宁的隐私侵权责任对他人的安宁权作出了广泛的界定,因此,该种隐私侵权涉及的范围可能包括了新闻媒体现今使用的各种新闻采访方法。判例法至少认为,秘密监督他人的私人事务、意图进入他人家中或者商业场所的私人部分可以构成能够提起隐私侵权诉讼的侵扰行为;新闻媒体持续不断地对他人进行盯梢,尤其是采取可能危及他人人身安全的跟踪方式或者采取高科技窃听手段,其行为也构成能够提起隐私侵权诉讼的侵扰行为;侵扰他人安宁的隐私侵权责任仅仅要求行为人实施了侵扰行为,它没有规定行为人采取的侵扰行为方式。[①] 在我国,学说也对侵扰行为的种类作出了说明。某些学者,侵扰他人安宁的侵扰行为既包括非法窥视、监视、跟踪、骚扰他人的行为,也包括非法进入他人私人空间的行为,还包括非法暴露、接触他人身体敏感部位的行为。[②] 某些学者认为,侵扰他人安宁的侵扰行为主要包括:侵入侵扰行为、监

[①] Lyrissa Barnett Libidsky, Prying, Spying, and Lying: Intrusive Newsgphering and Why the Law Should Do About It. (1998)73 *Tul. L. Rev.* 173, 190.

[②] 王利明:《人格权法研究》,中国人民大学出版社 2005 年版,第 611—614 页。

听监视行为、窥视、刺探、非法搜查、非法干扰他人等。①

笔者认为,无论侵扰行为的种类有多少,行为人实施的侵扰行为可以分为两种:物质性质的侵扰行为(physical intrusions)和精神性质的侵扰行为(psychological intrusions)。所谓物质性质的侵扰行为,也称空间性质的侵扰行为,是指行为人侵入他人住所、居所或者其他具有隐秘性质的不动产之内或者之上实施的侵扰他人安宁生活的侵权行为。所谓精神性质的侵扰行为,也称心理性质的侵扰行为,是指行为人在没有侵入他人住所、居所或者其他具有隐秘性质的不动产之内或者不动产之上实施的扰乱他人生活安宁的侵权行为。Prosser 教授指出,一种明显不同的隐私侵权责任是,行为人以令人高度反感和不合理的方式进入他人具有隐秘性质的住所、居所。行为人以此种方法实施的隐私侵权行为被认为是故意干预他人对其隐秘场所享有的安宁和不被侵扰的利益的行为,无论行为人的侵扰行为是针对他人的人身侵扰还是针对他人的私人事务的侵扰。行为人实施的侵扰行为虽然多种多样,但其最重要的侵扰方式是,行为人具有侵入原告具有隐秘性质的住所、居所,诸如非法进入原告的家中,或者非法搜查他人商店购物袋的行为。此种侵权法原则适用的范围已经拓展到行为人实施的物质侵扰行为之外的其他侵扰行为,诸如通过秘密在他人电话线上搭线或者通过麦克风等方式窃听他人谈话等。美国司法判例还认为,此种规则也适用于行为人在他人家外通过窗口窥视他人屋内的行为,适用于行为人持续不断地给他人打电话的行为。适用于行为人非法打探他人银行账户的行为,使用传票要求他人提供所有账册的行为,非法强制他人进行验血的行为等。②

在著名的 Shulman v. Group W Productions, Inc., et al.③一案中,法官也认为,侵扰他人安宁的侵权行为包括两种。法官指出,在 Prosser 教授认定的四种隐私侵权当中,侵扰他人安宁的隐私侵权或许是最典型的隐私侵权行为。该种隐私侵权包括行为人在没有经过他人同意的情况下侵入他人的家中、医院病房或者其他法律认可的具有隐秘性质的地方,包括行为人在没有权利的情况下实施的感官方面的侵扰行为,诸如偷录、偷听、偷拍或者用

---

① 张新宝:《侵权行为法》(第 2 版),中国社会科学出版社 1998 年版,第 374—375 页。
② W. Page Keeton, *Prosser and Keeton on Torts*(fifth edition), West Publishing Co., pp. 854 - 855.
③ (1998) 18 Cal. 4th 200,955 F. 2d 469,74 Cal. Rptr. 2d 843.

相机刺探的行为。

物质性质的侵扰行为同精神性质的侵扰行为虽然都是侵扰行为,都会导致行为人隐私侵权责任的产生,但是,两种侵扰行为仍然存在差异。物质性质的侵扰行为强调行为人非法进入他人具有隐秘性质的不动产之上或者不动产之内实施侵扰行为,这些侵扰行为使他人感觉到恐惧、忧虑和不安。如果行为人没有非法进入他人具有隐秘性质的不动产之上或者不动产之内实施侵扰行为,则行为人的侵扰行为将不构成物质性质的侵扰行为而构成精神性质的侵扰行为。精神性质的侵扰行为强调的是行为人在他人具有隐秘性质的不动产之外实施的侵扰行为,这些侵扰行为使他人的内心存在焦虑、痛苦和不安。如果行为人非法进入他人具有隐秘性质的不动产之上或者不动产之内实施侵扰行为,则行为人的侵扰行为只能构成物质性质的侵扰行为,不构成精神性质的侵扰行为。侵权法区分物质性质的侵扰行为与精神性质的侵扰行为并不是因为两种侵扰行为对行为人承担的隐私侵权责任产生不同的影响,因为,无论是物质性质的侵扰行为还是精神性质的侵扰行为都是侵扰他人生活安宁的行为,都使他人遭受了心里的苦闷、精神上的痛苦和内心的不安,因此,行为人都应当对他人承担隐私侵权责任。侵权法区分物质性质的侵扰行为和精神性质的侵扰行为的主要原因是历史原因,因为,在历史上,由于科技水平的限制,行为人尤其是新闻媒体为了刺探、窥视他人隐私往往只能采取深入他人家中获得他人信息的做法,他们在采取物质性质的侵扰行为之后,无法再采取精神性质的侵扰行为。

在现代社会,由于科技的进步,行为人能够用来刺探、窥探他人隐私的科技手段越来越先进,诸如针孔摄像机、窃听器、微型手提摄像机、摄像遥控小车、机器狗、透视摄像机、网络摄像头、带有摄像功能的手机等,都可能用做偷听、偷窥、偷拍的工具。其中采用针孔摄像机偷拍、采用窃听器偷听偷录他人之间的谈话是最常见的手段。此时,行为人在无须侵入他人具有隐秘性质的不动产之上或者不动产之内的情况下就能够凭借先进的科技手段刺探窥探他人隐私,因此,侵权法将传统侵扰行为从物质性质的侵扰行为拓展到精神性质的、心理性质的侵扰行为,使行为人承担的隐私侵权责任范围大大加重。

(二) 行为人实施的各种具体侵扰行为

1. 行为人非法进入他人住所、居所或者其他具有隐秘性质的场所

侵扰行为的最典型、最原始的方式是,行为人在没有获得他人同意的情况下采取秘密方式或者欺诈方式进入他人具有隐秘性质的不动产之上或者不动产之内并因此侵扰他人安宁。此时,行为人的侵扰行为当然构成隐私侵权行为,应当对他人遭受的损害承担隐私侵权责任。

一方面,行为人在没有获得他人同意的情况下潜入他人具有隐秘性质的不动产之上或者不动产之内的行为是侵扰行为,在符合其他构成要件的情况下,行为人应当就其潜入行为对他人遭受的损害承担隐私侵权责任。例如,行为人潜入原告的家中,窥视刚刚新婚的原告在其卧室内实施的亲密行为,偷听原告在其卧室内同其新婚妻子的谈话内容。行为人的潜入行为、窥视行为和偷听行为都构成侵扰行为,应当对原告遭受的损害承担隐私侵权责任。在 Byfield v. Candler[①] 一案中,法官认定,被告进入原告在游艇上的特等客舱的行为构成侵扰行为,应当对原告承担隐私侵权责任。在 Welsh v. Pritchard[②] 一案中,法官认定,作为出租人的被告擅自进入承租人承租的房屋中的行为构成侵扰行为,应当对承租人遭受的损害承担隐私侵权责任。在 Hamberger v. Eastman[③] 一案中,被告将其房屋出租给原告之后潜入在原告的承租房中,将微型窃听器安装在原告的卧室之内。原告发现之后向法院起诉,要求法院责令被告承担隐私侵权责任。法官认为,被告出租人的行为构成侵扰行为,应当对原告承担隐私侵权责任。

另一方面,即便行为人进入他人不动产之上或者不动产之内的行为获得了原告的同意,如果行为人是通过欺诈方式进入原告具有隐秘性质的不动产之上或者不动产之内,则行为人的进入行为仍然构成侵扰行为,在符合其他构成要件的情况下,行为人要对他人遭受的损害承担隐私侵权责任。在 De May v. Robert[④] 一案中,法官对这样的规则作出了说明。在该案中,原告是一名即将临盆的孕妇,她雇请被告医师去为自己接生。被告医师的

---

① 33 Ga. App. 275,125 S. E. 905(1924).
② 125 Mont. 517,241 P. 2d 816(1952).
③ 106 N. H. 107,206 A. 2d 239(1964).
④ 46 Mich. 160,9 N. W. 146(1881).

一名朋友并不是医师,他因为没有见过女人生孩子而要求被告带他去看原告生孩子。被告医师同意之后就带其朋友来到原告家中,跟原告说其朋友也是医师,是原告的助手。原告同意被告的朋友来到原告生孩子的地方,让其参与接生的工作。事后,原告才知道被告的朋友并非是医师。原告向法院起诉,要求被告就其行为对自己遭受的损害承担侵权责任。法官作出判决,被告在没有充分披露被告朋友的真实身份的情况下获得了原告的同意,允许被告的朋友在那个时候和那种场合进入原告的家中,被告和其朋友的行为都构成欺诈行为,其实施的非法行为使原告在发现被告朋友的真实身份时感觉羞愧、羞辱,被告应当对原告遭受的损害承担侵权责任。通过欺诈方式进入原告具有隐秘性质的场所的行为往往发生在新闻媒体进行新闻采访的过程中。新闻媒体为了获得真实的情况往往不惜采取假冒身份的方式进入原告的家中或者工作场所,偷拍、偷录原告从事的各种活动并将其公开。新闻媒体通过欺诈方式进入原告具有隐秘性质的场所的行为是否构成侵扰行为,是否应当承担隐私侵权责任,成为侵扰他人安宁的隐私侵权责任的重要问题。笔者将在下面有关章节进行讨论。

2. 行为人使用连接原告的电话线、安装窃听器或者其他电子设备的侵扰行为

即便行为人没有具体进入原告的具有隐秘性质的不动产之上或者不动产之内实施侵扰行为,如果他们通过在原告不动产之外的电话线上搭线方式、通过在原告不动产周围安装窃听器或者其他电子设备来窃听原告具有隐私性质的谈话,行为人的窃听行为仍然构成侵扰行为,在符合其他构成要件的情况下,行为人仍然要就其实施的侵扰行为对他人承担隐私侵权责任。

在 Rhodes v. Graham[①] 一案中,法官认为,被告在原告屋外的电话线上搭线窃听原告与他人之间的具有隐秘性质的谈话行为构成隐私侵扰行为,应当对原告承担隐私侵权责任。在该案中,被告为了了解原告同他人之间的通话内容,将电话线接在原告屋外的电话线之上,当原告同别人通话时,被告也能够听到原告同别人之间的谈话内容。原告发现被告的行为之后向法院起诉,要求法官责令被告就其侵扰行为对之对自己承担隐私侵权责任。法官认为,即便被告在窃听原告同别人的通话时没有具体侵入原告的家中,

---

① 238 Ky 225,37 S. W. 2d 46(1931).

被告的窃听行为仍然构成侵扰行为,此种侵扰行为是技术上的侵扰行为。应当像具体的、物质性质的侵入行为那样产生隐私侵权责任。

Rhodes 一案的规则确立之后,得到 Roach v. Harper[①] 一案的遵循。在该案中,被告为了窃听原告同别人之间的谈话内容而承租了原告的房屋。原告将窃听器安装在所承租的房屋内。当原告同别人通话时,被告就通过其安装的窃听器来偷听原告同别人之间的谈话,包括原告同别人之间的具有亲密关系的谈话。原告发现被告的窃听行为之后向法院起诉,要求法官责令行为人承担隐私侵权责任。法官认为,被告在原告的住所周围安装窃听器偷听原告与他人之间的谈话的行为构成侵扰行为,应当对原告承担隐私侵权责任。

在美国,除了判例法禁止行为人采取偷听、偷拍、偷录的方式侵扰他人隐私之外,美国某些州的制定法也禁止行为人尤其是新闻媒体采取偷听、偷拍、偷录的方式侵扰他人的隐私,否则,应当承担侵权责任甚至刑事责任。在美国加利福尼亚,《刑法典》第 631(1) 条明确规定,一旦行为人在没有获得他人同意的情况下在他人的电话线、电缆上搭线、连线,或者在没有获得通话的所有当事人同意的情况下故意阅读、或者试图阅读或者了解传输过程中的任何信息的内容、意义,都应当承担刑事责任。根据加利福尼亚州《刑法典》第 637(2) 条的规定,一旦行为人违反此种禁止性规定,偷听、偷录或者偷看他人之间的通话内容,将赔偿原告最多 3000 美元的赔偿金,或者实际损害赔偿金的三倍。

在 Ribas v. Clark[②] 一案中,法官对此种规则作出了说明。在该案中,妻子决定同已经疏远了的丈夫打电话,她要求被告使用另外一部电话窃听自己同其丈夫之间的通话。在有关仲裁程序中,被告出庭作证,证明妻子同其丈夫之间的通话内容。该丈夫了解到了此种情况之后,认为被告窃听其妻子同自己之间的电话通话的行为违反加利福尼亚州刑法典的规定,应当对自己承担隐私侵权责任。法官认为,被告的行为构成侵扰行为,应当对原告承担隐私侵权责任,因为,加利福尼亚州的《刑法典》第 631 条禁止的侵扰行为含义广泛,除了包括非法搭线偷听、偷录他人之间的通话内容的侵扰行为之外,也包括在没有获得对方当事人同意的情况下对对方当事人的通话内

---

① 243 W. Va. 869, 105 S. E. 2d 546 (1958).
② 696 P. 2d 637 (Cal. 1985).

容进行录音。

3. 电话骚扰行为

如果行为人在不合理的时间、不合理的场合给他人打电话,导致他人的心里安宁受到影响,行为人的打电话行为可以构成侵扰行为,在符合其他责任构成要件的情况下,应当就其电话骚扰行为引起的损害对他人承担隐私侵权责任。这在 Donnel v. Lara[①] 一案中得到说明。在该案中,被告总是在不合理的时间内反复给原告打电话,使原告的心里安宁遭受影响。原告向法院起诉,要求法官责令被告承担隐私侵权责任。法官认为,被告的电话骚扰行为构成侵扰行为,应当对原告承担隐私侵权责任。在 Housh v. Peth[②] 一案中,法官认为,被告为讨债而不得给原告打电话的行为构成侵扰行为,应当对原告承担隐私侵权责任。在该案中,原告没有及时履行对被告的债务。被告为了逼迫原告偿还债务而昼夜不停地给原告打电话,严重骚扰了原告的生活。原告向法院起诉,要求被告承担隐私侵权责任。法官认为,债权人为了讨债而不断骚扰原告的行为构成隐私侵扰行为,应当对原告承担隐私侵权责任。在 Mill v. First Nat'L Credit Bureau[③] 一案中,法官认为,当债权人为了讨债而在电话中使用粗暴的语言、具有侵犯性质的语言时,债权人的讨债行为也构成侵扰行为,应当对债务人遭受的损害承担隐私侵权责任。

电话骚扰行为要构成侵扰行为,应当同时具有几个构成要件:

其一,行为人在不合理的时间、不合理的地点给原告打电话。如果行为人在合理时间、合理地点给他人打电话,则他们打电话的行为可能看做正常的行为,如果行为人在不合理的时间、不合理的地点给他人打电话,则他们打电话的行为可能会看做骚扰行为。例如,行为人在深更半夜给原告打电话,其打电话的行为可能构成骚扰行为。如果行为人在晚上8点钟时给原告打电话,则其打电话的行为可能不会构成骚扰行为。

其二,行为人反复地、经常地、持续不断地给他人打电话。如果行为人仅仅偶尔给他人打电话,则行为人打电话的行为将不构成骚扰行为,只有行为人反复地、经常地、持续不断地给他人打电话,他们打电话的行为才构成

---

① 703 S. W. 2d 257 (Tex. App. 1985).
② 165 Ohio St. 35, 133 N. E. 2d 340 (1956).
③ 27 Ohio App. 2d 267 192 N. E. 2d 511, 512 (1963).

骚扰行为。

其三,行为人持续不断地打电话的行为遭到他人的反感。即便行为人在不合理的时间、地点持续不断地给他人打电话,如果他人对行为人的打电话的行为不反感,则行为人的行为不构成侵扰行为。只有他人对行为人打电话的行为反感时,行为人的行为才构成侵扰行为。因此,债权人为了要求债务人偿还债务而偶尔打电话给债务人,其行为不构成侵扰行为,因为根据侵权法,当债务人不及时履行所承担的债务时,原告有权采取合理措施要求债务人偿还债务,包括打电话要求债务人尽快偿还债务,或者在电话中采取某些威胁的词语。因为,债权人这样做不会让一般人、一个有理性的人高度反感。只有债权人为了逼迫债务人还债而不分昼夜地打电话骚扰债务人,债权人的讨债行为才构成侵扰行为,他们才就其讨债行为引起的损害对他人承担隐私侵权责任。

电话骚扰行为是否受行为人打电话的内容、目的的影响？笔者认为,无论行为人打电话的目的是什么,无论他们在电话中讨论的内容是什么,只要行为人在不合理的时间、不合理的地点持续不断地给他人打电话,则他们打电话的行为将构成侵扰行为,在符合侵权责任的其他构成要件的情况下,行为人应当对他人承担隐私侵权责任。因此,行为人为了报复他人而持续不断地给他人打电话的行为构成侵扰行为,行为人为了讨债而持续不断地给他人打电话的行为同样构成侵扰行为。行为人用恶毒的、下流的、淫秽的语言持续不断地给他人打电话的行为构成侵扰行为,行为人用温柔的、和气的、文明的语言持续不断地给他人打电话,其行为也构成侵扰行为。

4. 持续监督、跟踪、盯梢行为

如果行为人违反他人的意愿,在没有监督、跟踪或者盯梢权利的情况下持续不断地监督、跟踪或者盯梢他人的行为,行为人的监督、跟踪或者盯梢行为是否构成能够提起隐私侵权诉讼的侵扰行为？对此问题,司法判例存在争议。某些司法判例认为,如果行为人实施的持续不断的监督、跟踪或者盯梢行为发生在公开场合,则行为人的监督、跟踪或者盯梢行为不构成侵扰行为,只有行为人的持续监督发生在私人场所,则其监督、跟踪或者盯梢行为才构成侵扰行为。某些司法判例认为,即便行为人实施的持续监督、跟踪或者盯梢行为发生在公共场所,行为人的监督、跟踪或者盯梢行为也构成侵扰行为,行为人应当对他人遭受的损害承担隐私侵权责任。笔者认为,监

督、跟踪或者盯梢行为要构成隐私侵扰行为,应当具备几个构成要件:

其一,行为人在没有监督权利的情况下对他人实施监督、跟踪或者盯梢行为,如果行为人是有权对他人实施监督、跟踪或者盯梢行为的人,则其监督、跟踪或者盯梢行为将不构成侵扰行为。

其二,行为人持续不断地监督、跟踪或者盯梢他人。如果行为人仅仅偶尔对他人实施监督、跟踪或者盯梢行为,则他们的监督、跟踪或者盯梢行为不构成隐私侵权行为,只有行为人反复地、经常地、持续不断地对他人实施监督、跟踪或者盯梢行为,他们的监督、跟踪或者盯梢行为才构成侵扰行为。

其三,行为人监督、跟踪或者盯梢的场所是具有隐秘性质的场所。只有行为人监督、跟踪或者盯梢的场所是具有隐秘性质的场所,行为人的监督、跟踪或者盯梢行为才有可能构成侵扰行为,如果行为人的监督、跟踪或者盯梢场所是公共场所,则行为人的监督、跟踪或者盯梢行为将不构成侵扰行为,无须对他人承担隐私侵权责任。因为,隐私侵扰行为的前提是他人的隐私被侵扰,如果被侵扰的内容是不具有隐私性质的内容,被侵扰的场所不是具有隐私性质的场所,则行为人将无法对他人承担隐私侵权责任。但是,受害人可以根据其他侵权责任要求行为人就其在公开场所实施的监督、跟踪或者盯梢行为对自己承担隐私侵权责任,因为,行为人在公开场所实施的监督、跟踪或者盯梢行为仍然会损害原告的利益,仍然会使原告遭受精神上的、心理上的损害。

其四,行为人的监督、跟踪或者盯梢使他人的安全或者其家人的安全遭受威胁。只有行为人实施的监督、跟踪或者盯梢行为可能会使他人或者他人的家庭成员产生合理的恐惧并因此担心自己或者其家庭成员的人身安全时,行为人才会就其监督、跟踪或者盯梢行为引起的损害对他人承担隐私侵权责任。如果行为人的监督、跟踪或者盯梢行为不会使他人产生合理的恐惧,则行为人的监督、跟踪或者盯梢行为将不构成侵扰行为,无须对他人承担隐私侵权责任。在 Summers v. Bailey[①] 一案中法官认为,被告的跟踪、盯梢行为构成侵扰行为,应当对原告承担隐私侵权责任。在该案中,被告将其商店卖给了原告之后又想重新得到所出卖的商店。为此,被告采取不断跟踪、盯梢原告的办法逼迫原告将其购买的商店返还给被告。原告向法院起

---

① 55 F.3d 1564(11th Cir.1995).

诉,认为被告的跟踪、盯梢行为已危及自己和家人的人身安全,构成骚扰原告的侵扰行为,要求法官责令被告承担侵权责任。法官认为,被告的跟踪、盯梢行为构成侵扰行为,应当对原告承担隐私侵权责任。

5. 其他侵扰行为

除了上述四种典型的侵扰行为之后,行为人实施的侵扰行为种类繁多,诸如通过开拆他人私人信函、偷看他人私人邮件的方式实施的侵扰行为;通过以他人名义订购商品的行为实施的侵扰行为等。在符合侵扰他人安宁的隐私侵权责任的其他构成要件的情况下,行为人应当就其实施的这些侵扰行为对他人承担隐私侵权责任。

(1) 私拆信函行为

如果行为人擅自拆开他人私人信函或者偷看他人私人邮件,无论是一般邮件还是电子邮件,行为人的行为将构成侵扰行为,在符合隐私侵权责任的其他构成要件的情况下,行为人应当就其实施的私拆行为、偷看行为引起的损害对他人承担隐私侵权责任。这在 Vernars v. Young[1] 一案中得到说明。在该案中,原告同被告都是同一家公司的高级管理人员。有人向原告发送了一封邮件,该邮件上注明是私人性质的邮件。被告在没有获得原告同意的情况下拆开该邮件并阅读了邮件的有关内容。原告向法院起诉,认为被告擅自拆阅其私人邮件的行为构成侵扰行为,应当对自己承担隐私侵权责任。法官援引《美国侵权法重述》(第 2 版)第 652B 条责令被告对原告承担隐私侵权责任。

(2) 强行拍照行为

如果行为人违反他人意愿强行给他人拍照,行为人的强行拍照行为将可能构成隐私侵扰行为,在符合其他构成要件的情况下,行为人应当就其强行拍照行为给他人带来的损害承担隐私侵权责任。这在 Estate of Berthiaume v. Pratt, M.D.[2] 一案中得到说明。在该案中,一名病人在被告所在的医院接受被告之外的医师治疗。当该名病人躺在病床上时,被告要求给该病人拍照。该名病人反对被告给其拍照。被告不顾病人的反对仍然给其拍了照。当该名病人死亡之后,其遗产管理人向法院起诉,要求法官责令被告医师就其侵扰行为引起的损害承担侵权责任。被告医师提出抗辩,认为其

---

[1] 539 F.2d 966(3d Cir.1976).
[2] 365 A.2d 792(Me.1976).

之所以要给病人拍照,是为了将来更好地评估其他病人的疾病的治疗效果。法官认为,被告强行给病人拍照的行为构成隐私侵扰行为,即便被告医师没有公开所拍摄的照片,他也应当承担侵权责任;无论病人的相片对医学具有怎样的价值,原告仍然有权控制其肖像是否应当为了他人的利益而予以保留。

(3) 故意以原告名义订购商品的行为

如果行为人知道原告没有订购某种商品的意图而仍然假冒原告的名义订购该种商品,导致商品经销商将行为人假借原告名义订购的商品送到原告家中,行为人的行为将构成侵扰行为,在符合其他构成要件的情况下,行为人应当对原告遭受的损害承担隐私侵权责任。这在 Melvin v. Burling[①] 一案中得到说明。在该案中,被告假冒原告的名义向他人订购了某种商品。原告向法院起诉,认为被告的行为构成侵扰行为,应当对自己承担侵权责任。一审法院认为,被告的行为不构成侵扰行为,无须对原告承担侵权责任。原告不服,上诉到二审法院。二审法院认为,被告的行为符合侵扰他人安宁的隐私侵权责任的构成要件,应当对原告承担隐私侵权责任。

(三) 公共官员或者国家实施的侵扰行为

如果公共官员实施偷录、偷听或者监督他人的行为,公共官员实施的这些行为是否构成隐私侵扰行为?对于这样的问题,两大法系国家的侵权法分两种情况来作出说明。如果公共官员具有合法的监督权,则他们在实施监督行为时可以实施偷录、偷听他人谈话的行为。此时,公共官员的行为不构成侵扰行为,他们或者他们代表的国家无须对他人承担隐私侵权责任。

在法国,刑法规定,在两种情况下,公共官员窃听、截取他人电话通话内容将不构成隐私的侵犯:其一,基于法官的命令,行为人可以窃听、截取他人之间的电话通话内容。它规定,为了获取所必要的信息,以便确定其刑事处罚高于或等于2年刑罚的所有刑事犯罪或侵权行为,法官可以颁发命令,以便截取(interception)、录制和翻译他人之间的电话通话内容;其二,基于国防等安全的考虑,行为人可以窃听、截取他人之间的电话通话内容。它规定,当行为机关为了查找有关国家安全的信息,保护法国科技和经济利益或者为了阻止恐怖活动,预防有组织的犯罪活动,防止已被解散的组织死灰复

---

① 490 N.E.2d 1011(Ill. App. 1986).

燃,有关行政机关可以窃听、截取他人之间的电话谈话内容。

在美国,侵权法认为,公共官员实施的合法监督不构成侵扰行为,无须承担隐私侵权责任。因此,如果警察获得了搜查证,有权对犯罪嫌疑人进行搜查的话,则当警察为了搜查的需要而跟踪、监督或者盯梢犯罪嫌疑人时,警察的跟踪、监督或者盯梢行为不构成隐私侵扰行为,警察或合作国家无需对犯罪嫌疑人承担隐私侵权责任;为了侦破案件的需要,公共官员有权偷听、偷录或者偷拍犯罪嫌疑人的谈话、对话或者行踪。美国 Ohio 州的判例法认为,一旦公共官员享有合法的监督权,他们对被监督者的监督手段可以多种多样,包括使用望远镜监督和观察,使用照相机来拍照,甚至能够在树上建立瞭望台,以便获得更好的视野。①

如果公共官员在没有合法权利的情况下实施侵扰行为并因此导致原告遭受了损害,公共官员或者公共官员代表的国家是否应当对原告承担隐私侵权责任?对此问题,两大法系国家的侵权法基本上都作出了肯定的回答,认为公共官员或者公共官员代表的国家应当对受害人承担隐私侵权责任,如果公共官员实施的侵扰行为符合侵扰他人安宁的隐私侵权责任的构成要件的话。

一方面,如果公共官员在没有合法权利的情况下实施了物质上的侵扰行为,公共官员或者公共官员代表的国家应当承担隐私侵权责任。这在 Mauri v. Smith② 一案中得到说明。在该案中,原告因为同别人发生了口角而要求被告警察进行干预。被告警察来到发生口角的地方对原告同别人之间的纠纷进行了调解。之后不久,在没有得到原告允许的情况下,被告警察在同原告发生口角的人的陪同下进入原告居住的公寓。原告向法院起诉,要求法官责令被告警察就其侵扰行为引起的损害对自己承担隐私侵权责任。一审法院认为,被告的进入行为不构成能够提起侵权诉讼的侵扰行为,无须承担隐私侵权责任。原告不服,上诉到二审法院。二审法院认为,被告的进入行为构成隐私侵扰行为,应当对原告承担隐私侵权责任。法官认为,在本案中,原告提供的证据对原告十分有利,因为原告提供的证据能够证明:警察进入原告的住所时没有获得原告的同意或者虽然获得原告的同意,但是原告仅仅基于某一个特定目的同意警察进入;被告警察意图实施没有

---

① Sustin v. Fee,69 Ohio St. 2d 143,146 N. E. 2d 994(1982).
② 929 P. 2d 307(Or. 1996).

获得授权情况下的侵扰行为。法官指出,当行为人在没有获得他人邀请、允许或者欢迎的情况下进入他人家中,他们的进入行为就构成侵扰行为。如果行为人希望其进入行为会引起他人心里不安的后果或者相信其进入行为实际上会引起他人心里不安的后果,则行为人的进入行为是故意实施的侵扰行为。

另一方面,如果公共官员在没有合法权利的情况下采取非物质性质的侵扰行为侵扰他人的隐私,诸如窃听、偷听或者偷拍他人具有隐私性质的谈话、谈话或者场所,公共官员或者公共官员代表的国家也应当对受害人遭受的损害承担隐私侵权责任。在法国,侵权法认为,除非公共官员有权窃听、偷听他人之间的谈话,否则,他们采取违法方式侵扰他人私人生活的行为既构成侵权行为,有时也构成犯罪行为,应当承担隐私侵权责任甚至刑事责任。在美国,主流司法判例认为,公共官员实施的违法行为应当构成隐私侵扰行为,国家应当就其公共官员实施的侵扰行为对原告承担隐私侵权责任。在 Katz v. United States[①] 一案中,法官认为,公共官员为了窃听原告的通话内容而在原告的电话线上搭线的行为构成侵扰行为,应当对原告承担隐私侵权责任。在该案中,被告为了窃听原告的通话内容而在公共电话亭的电话线上搭线窃听原告的通话内容。原告向法院起诉,要求被告承担隐私侵权责任。被告提出抗辩,认为其窃听行为应当受到美国宪法第 4 修正案的保护。法官认为,即便被告是为了侦破案件而使用窃听手段,其使用的窃听手段存在不合理的地方,应当构成侵扰行为。在 Birnbaum v. United States[②] 一案中,法官也认为,被告联邦调查局偷拆原告信件的行为构成侵扰行为,应当对原告承担隐私侵权责任。在该案中,原告同苏联之间发生往来书信。被告为了侦察案件擅自偷拆原告同苏联之间往来的书信。原告发现之后向法院起诉,要求法官责令被告承担隐私侵权责任。法官认为,被告偷拆美国公民同苏联之间往来书信的行为构成侵扰行为,应当承担隐私侵权责任。在美国,少数司法判例认为,即便公共官员采取违法手段窃听、偷录他人之间的谈话内容,被告的行为也不构成侵扰行为,无须对原告遭受的损害承担隐私侵权责任。在 Smith v. Maryland[③] 一案中,法官认为,警察偷录他人之

---

① 389 U.S.347(1967).
② 588 F.2d 319(2d Cir. 1978).
③ 442 U.S.735(1979).

间的电话数次的行为不构成侵扰行为,无须对原告承担隐私侵权责任。在该案中,警察为了记录某一个特定的电话每天打电话的数目和打电话的时间而使用特殊手段来记录原告打电话的次数和事件。原告向法院起诉,要求被告就其警察实施的侵扰行为对自己承担隐私侵权责任。法官认为,由于被告的警察没有偷录到原告同他人之间的电话通话内容,因此,被告无须对原告承担隐私侵权责任。

在我国,侵权法应当采取什么样的态度?笔者认为,如果公共官员有权进入他人具有隐秘性质的不动产之上或者不动产之内执行任务并且如果公共官员在进入他人不动产之上或者不动产之内执行任务时已经履行了法律规定的程序,则即便他们的进入行为遭受到不动产权人的反对,公共官员进入他人不动产之上或者不动产之内的行为不构成隐私侵扰行为,公共官员或者国家将不用就其进入行为承担隐私侵权责任。例如,警察依法对原告的家中执行搜查任务的行为不构成侵扰行为,即便此种搜查行为使原告遭受精神上的损害,警察也不对原告遭受的损害承担隐私侵权责任。但是,如果公共官员在没有权利进入他人不动产之上或者不动产之内执行任务的情况下强制进入他人不动产之上或者不动产之内,公共官员的行为既构成滥用职权的行为,也构成侵扰行为,如果公共官员进入的不动产是具有隐私性质的不动产的话,公共官员的进入行为也构成侵扰行为,他们或者所代表的国家应当对受害人承担隐私侵权责任;同时,即便公共官员有关进入他人不动产之上或者不动产之内,如果公共官员在进入时没有履行制定法规定的程序,公共官员的进入行为同样构成滥用职权的行为和侵扰行为,公共官员或者所代表的国家应当就其侵扰行为对他人承担隐私侵权责任如果公共官员进入的地方是具有隐私性质的地方的话。最后,即便公共官员依法进入他人不动产之上或者不动产之内完全遵守了制定法规定的程序,他们在执行任务时进入了不应当进入的地方,公共官员的进入行为仍然构成侵扰行为,在符合隐私侵权责任的其他构成要件的情况下,公共官员或者所代表的国家应当对他人遭受的损害承担隐私侵权责任。同时,即便公共官员没有实施物质性质的侵扰行为,如果他们在履行职责时实施了精神性质的侵扰行为,诸如偷听他人之间的通话内容、偷拆他人之间的往来书信、偷拍他人具有隐私内容的活动,公共官员或者公共官员所代表的国家也应当对受害人承担隐私侵权责任。

三、被侵扰的场所或者事项是具有隐私性质的场所或者事项

(一) 一般原则

行为人就其侵扰行为对他人承担隐私侵权责任的第二个要件是,行为人实施的侵扰行为侵扰了他人具有私人性质的场所或者具有私人性质的事项。如果行为人侵扰的对象不是他人具有私人性质的场所或者事项,则行为人将不对他人遭受的损害承担隐私侵权责任,即便行为人实施的侵扰行为是让一般理性人高度反感的行为,也是如此。因此,如果行为人侵扰的地方是公共场所,则行为人的侵扰行为将不会使他们对他人承担隐私侵权责任,即便行为人是通过欺诈方式进入他人的不动产之上或者不动产之内,即便行为人采取的方式是偷拍、偷录或者偷听他人从事的某种活动。

Prosser 教授对这样的规则作出了说明。他指出,十分明显,行为人侵入的地方或者刺探的事项应当是私人性质的地方或者事项。因此,当行为人记录原告审判之前的证词时,原告不得起诉,要求行为人承担隐私侵权责任。当警察在其职责范围内对他人拍照、采指纹或者采取其他措施时,他人不得起诉,要求警察承担隐私侵权责任。当行为人检查、公开披露法律要求公司保留和供社会公众查阅的公司记录时,原告不得起诉,要求行为人承担隐私侵权责任。在大街上或者其他公共场所,原告不享有独处的权利而行为人仅仅跟踪他、监督他时,行为人的行为不构成隐私侵扰行为。当行为人在大街上或者其他公共场所给他人拍照时,行为人的行为不构成侵扰行为,因为,行为人此时的行为实际上就是做记录,等同于对任何人都能够看到的公共现象进行完全的书面描述。另一方面,如果原告躺在医院的病床上,如果原告处于自己家中的隐秘地方,当行为人给原告拍照时,行为人的行为构成侵扰行为,原告有权起诉,要求行为人承担隐私侵权责任。[①]

《美国侵权法重述》(第 2 版) 第 652B 条之官方评论 c 条对此规则作出

---

① W. Page Keeton, *Prosser and Keeton on Torts* (fifth edition), West Publishing Co., pp. 855 – 856.

了规定,它指出,当行为人检查有关原告方面的公共文件时,行为人无须对原告承担隐私侵权责任;当行为人观察或者拍摄正在高速公路上行走的原告时,行为人无须对原告承担隐私侵权责任。司法判例也在众多的案件中对这样的规则作出了说明。在 Miller v. National BroadcastingCo.① 一案中,法官认为,作为新闻媒体的被告拍摄医师对原告进行紧急抢救的场面的行为构成隐私侵权责任,应当对原告遭受的损害承担隐私侵权责任。因为,法官认为,医师对病人进行紧急抢救的场面属于具有隐私性质的场面,被告的侵扰行为侵扰了他人具有隐秘性质的事项,应当承担隐私侵权责任。在 Aisenson v. American Broadcasting Co.② 一案中,法官认为,当新闻媒体为了新闻采访的目的而在在大街上拍摄到原告时,行为人无须对原告承担隐私侵权责任。在该案中,原告正在从其家中走近自己的小汽车,被告赶紧对原告进行拍摄。原告向法院起诉,要求法官责令被告对其承担隐私侵权责任。法官认为,由于被告侵扰的地方是大街,其拍摄行为对原告隐私造成的侵犯非常小,因此,被告无须对原告承担隐私侵权责任。

在 Nader v. General Motors③ 一案中,法官认为,被告无须就其在公共场所实施的侵扰行为对原告承担隐私侵权责任。在该案中,原告是一名汽车安全方面的讲师和作者,他花了几年时间研究美国通用汽车公司产生的汽车安全问题并且出版了一本名为《通用汽车根本就不安全》的书,该书对通用公司生产的汽车进行了研究,认为其生产的汽车存在这样或者那样的质量问题。为了压制原告对被告公司产品质量的批评,阻止原告公开有关通用公司产品质量方面的信息,被告通用公司指使其雇员采取各种方式威胁原告。为此,原告向法院起诉,要求法院责令被告通用公司就其侵扰行为对自己承担隐私侵权责任。原告的诉状具体列举了被告公司实施的各种侵扰行为:(1) 访问原告的熟人,询问他们关于原告的政治、社会、种族和宗教的意见;询问他们关于原告的性趋向,个人习惯;(2) 在公共场所对原告进行非常长时间的不合理监督;(3) 为了设置陷阱,被告雇请女人勾引原告,以便让原告同他们发生不正当的性关系;(4) 对原告不断地打电话,威胁、恐吓和骚扰原告;(5) 当原告同他人进行私人谈话时,被告通过机械或者电子

---

① 232 Cal. Rptr. 668(App. 1986).
② 269 Cal. Rpt. 379(App. 1990).
③ 25 N. Y. 2d 560,255 N. E. 2d 765,307 N. Y2d 647(1970).

设备偷录其通话;(6)对原告进行持续不断的、具有骚扰性质的调查。法官指出,应当指出的是,行为人仅仅收集特定原告的信息的行为不得被看做能够提起侵权诉讼的侵扰行为。只有在被收集的信息是具有隐秘性质的信息和被告的行为是不合理的侵扰行为时,行为人的隐私才被侵扰。正如普通法认为当某种材料要件公开时就不存在版权一样,当行为人寻求的信息是已经对社会公众公开的信息或者行为人寻求的信息是原告基于自愿对别人公开的信息时,行为人的行为就不构成隐私侵扰行为。为了提起隐私侵扰侵权诉讼,原告必须证明行为人实施的行为是真正的侵扰行为,必须证明行为人获得的信息是通过通常调查或者观察无法获得的信息。法官指出,在将此种理论适用到本案时,应当认为,在原告提起诉讼的上述几种行为中,第一种行为和第二种行为、第三种行为和第四种行为都不构成隐私侵扰行为,因此,被告不就其实施的这些行为对原告承担隐私侵权责任。法官指出,首先,被告的雇员访问原告的熟人的行为不构成隐私侵扰行为。法官指出,虽然被告的雇员到处访问原告的熟人,询问他们关于原告的各种观点,但是,被告的雇员实施的询问行为不构成隐私侵扰行为,因为打探别人已经知道的关于原告的信息对原告而言不构成隐私,原告既然之前就将这些信息告诉了其他人,即便他告诉别人时要求别人保密,原告应当承受别人会将其秘密泄露出去的危险。其次,被告雇员在公开场所对原告进行监督的行为不构成侵扰行为。法官指出,即便被告的雇员在监督原告时同原告的距离很近,甚至跟踪他进入银行,能够看到其账户上的姓名,但是被告的监督行为、跟踪行为不构成隐私侵扰行为,因为在公共场所进行的监督不等于隐私的侵扰。虽然在某些情况下,行为人过分热心的监督行为可能会构成隐私侵扰行为。如果原告采取任何一个人随时都能够看到的方式行为,则侵权法不得认为被告侵扰其私人领域。最后,被告雇请女人勾引原告同他们发生性关系的行为和被告雇员反复给其大骚扰、威胁电话的行为也不构成侵扰行为。法官认为,虽然被告的雇员实施的这两种行为是非常让人反感的行为,但是这两种行为都不是为了收集有关私人性质和亲密性质的信息而实施的侵扰行为。法官认为,只有被告的雇员实施的后两种行为才构成隐私侵扰行为,因为,法官认为,一旦被告的雇员提供机械或者电子手段窃听原告的私人电话,其行为当然构成侵扰行为。原告有权要求被告就其窃听电话的行为承担隐私侵权责任。

(二) 公共场所、私人场所的区分

在隐私侵权法中,法律面临的问题不是法律是否应当坚持行为人仅仅就其侵扰他人私人场所或者私人事项的行为对他人承担隐私侵权责任的问题,因为,隐私侵扰侵权的前提条件是他人的隐私被侵扰,如果行为人侵扰的场所不是具有隐私性质的场所或者如果行为人侵扰的事项不是具有隐私性质的事项,则行为人当然不会对他人承担隐私侵权责任。在隐私侵权法中,法律面临的问题是,行为人侵扰的场所、事项是不是具有隐私性质的场所或者事项。因为,只有行为人侵扰的场所、事项是具有隐私性质的场所、事项,行为人才就其侵扰行为对他人承担隐私侵权责任,如果行为人侵扰的场所事项不是具有隐私性质的场所、事项,则行为人将不对他人承担隐私侵权责任。在侵权法上,认定行为人侵扰的场所是不是公共场所,有时根本不会发生困难,因为,如果行为人侵扰的场所是最典型的公共场所或者是最典型的私人场所,则法官能够轻易作出是否责令行为人承担隐私侵权责任的判决。因此,如果行为人在广场、电影院、集会场所对他人实施侵扰行为,行为人当然不用对受害人承担隐私侵权责任,因为广场、电影院、集会场所是公开场所,任何人都能够自由进出。如果行为人在他人卧室、洗手间实施侵扰行为,行为人当然要对他人承担隐私侵权责任,因为他人卧室、洗手间是最典型的私人场所,除了原告和原告的家人能够进出之外,任何人都不得随意进出。除了典型的公共场所和典型的私人场所之外,其他的场所究竟是公共场所还是私人场所,往往取决于法官的判断。总的说来,法官认为,行为人有权进入医师的诊所、医院的办公大楼,行为人侵扰这些场所不承担隐私侵权责任,即便行为人尤其是作为新闻媒体的行为人通过伪装、欺诈的方式进入这些地方并且偷拍、偷录医师的职业活动,因为医师的诊所、医院的办公大楼属于公共场所;但是,行为人不得进入医院的病房,否则,行为人应当就其侵扰行为对原告承担隐私侵权责任,因为病人的病房被认为是私人性质的场所;行为人尤其是作为新闻媒体的行为人有权进入事故现场,因为事故现场是公共场所,但是,行为人不得通过救护车、救援性的直升机进出事故现场,因为救护车、救援性的直升机被看做是私人场所而非公共场所。

在著名的 Shulman v. Group W. Productions, Inc., et al① 一案中,法官认为,新闻媒体报道事故现场的行为不构成隐私侵权行为,但是他们进入参与救助事故受害人的直升机和病人病房的行为构成隐私侵权行为,因为事故现场是公共场所而直升机和病人的病房则是私人场所。在该案中,原告一家人乘坐的小车翻倒,发生了损害事故,使原告和其儿子遭受了损害。原告为此打电话报警求助。警察派出直升机到事故现场参与救助和救援。救援直升机上除了参与救助的护士、医师和其他工作人员之外,还包括被告公司派出的新闻采访人员。该新闻采访人员不仅用摄像机记录事故现场,而且还将救助人员同原告之间的通话记录下来。当救助人员将原告和其儿子从事故现场送到医院时,被告的工作人员也随同救护人员一起乘坐直升机到医院,被告不仅将救护人员同原告在直升机上的对话记录了下来,而且下了直升机之后还随着救护人员一起进入对原告进行抢救的病房。当原告躺在医院的病房之后,看到了被告在其电视节目中播出的内容,包括自己同救护人员之间的对话和其他重要内容。原告认为,被告的行为侵扰了自己的隐私,使其遭受了严重的精神上的损害。为此,原告向法院起诉,要求被告既承担侵扰其隐私的侵权责任,也承担非法公开其隐私的侵权责任。法官指出,根据《美国侵权法重述》(第 2 版)的规定,如果原告要求行为人就其实施的侵扰行为对自己承担隐私侵权责任,他们必须证明被告侵入到具有物质性质或者感情性质的隐私环境中去,或者在没有获得允许的情况下进入有关原告的数据库。只有在原告对某一个地方、谈话或者数据库享有客观的合理的隐私期待时,此种隐私侵权才被证明。当事故发生时,被告进入事故现场的行为或者被告对事故现场进行拍摄的行为不得被看做侵扰原告隐私的行为,不管原告是物质性质的隐私还是精神性质的隐私。在本案中,原告对救助发生的地方既不享有财产所有权、财产占有权,也没有实施任何实际控制。原告无权合理期待被告新闻媒体的工作人员不得进入事故现场,或者禁止对事故现场进行拍摄。因为,新闻媒体的记者进入事故现场和救助现场是非常常见的,是完全能够预料到的。不过,本案中的被告仍然在两个方面侵扰了原告的隐私权。其一,原告对充当救护车的救助直升机内部空间享有客观合理的隐私期待。被告未经原告许可进入直升机拍摄的行

---

① 18 Cal. 4th 200, 955 P. 2d 469(1998).

为侵扰了原告的隐私。因为,虽然我们能够合理期待新闻媒体的记者、摄影师进入事故现场拍摄和报道所发生的事故,但是我们认为,无论是法律还是习惯允许新闻媒体的记者或合作摄影师在没有获得病人同意的情况下进入救护车或合作治疗期间的病房。其二,原告对自己同参与救助的医疗人员之间的谈话享有合理的隐私期待利益,被告在参与事故救助的直升机里,录下参与救助的医疗人员同原告之间的谈话,其行为侵害了原告的隐私权。在著名的 Desnick v. American Broadcasting Companies, Inc[①] 一案中,法官认为,即便新闻媒体或合作新闻媒体的工作人员采取欺诈手段进入原告的诊所并因此实施偷录、偷拍行为,他们的行为也不构成隐私侵扰行为,无须对原告承担隐私侵权责任,法官认为,被告侵入的诊所不是私人场所而是公共场所。在该案中,原告是一家眼科中心的医师。被告新闻媒体的两名工作人员进入该眼科中心,要求医师为其进行白内障切除手术。原告同意被告对该手术进行现场拍摄录像,同意被告对芝加哥诊所的医护人员进行采访拍摄。与此同时,被告还派出其他工作人员假冒病人进入原告美国其他地区的眼科中心,用隐藏的摄像机偷拍和录制这些眼科中心医师及其与所治疗的病人之间的通话。此后不久,被告将其工作人员在美国各个地方偷拍到的镜头在其电视节目中进行播放。原告向法院起诉,认为被告的行为侵扰了自己的隐私,要求法官责令被告对自己承担隐私侵权责任。法官认为,被告的行为不构成隐私侵扰行为,无须对原告承担隐私侵权责任。法官指出,在本案中,被告的行为没有侵犯隐私侵权责任意图对其保护的任何具体利益。被告的工作人员进入原告的眼科中心接受原告医师的眼科检查时,他们进入的地方是医师的办公室,该办公室是任何人都能够进入的,只要这些人希望医师给他们进行眼科检查;被告的工作人员虽然偷录了医师同其病人之间的谈话,但是,他们偷录的谈话也仅是原告医师同病人之间的专业性质的对话,不涉及具有个人隐私性质的对话;被告虽然公开了所偷拍的内容,但是它公开的内容也是不具有亲密关系的隐私内容。法官还指出,虽然原告在要求被告承担隐私侵权责任时援引了著名的 Dietemanm v. Time, Inc[②] 一案,认为法官应当遵循该案确立的规则,但是法官认为,本案同 Dietemanm 一案存在差异。虽然本案和 Dietemanm 一案一样都涉及新闻媒体

---

① 1995 44 F.3d 1345(7th Cir.)
② 449 F.2d 245, 247 – 250(9th Cir. 1971).

为了新闻采访活动而偷拍医师的执业活动,但是在本案中,被告的工作人员进入的地方是眼科中心医师的办公室,而在 Dietemanm 一案中,被告的工作人员进入的地方是原告的家里。

(三)公共场所的例外

虽然大多数司法判例认为,如果行为人侵扰的地方或者事项是公共场所或者具有公开性质的事项,则行为人将无须对他人承担隐私侵权责任。但是,仍然有某些司法判例认为,即便行为人侵扰的地方是公共性质的地方,行为人的侵扰行为仍然构成隐私侵权行为,应当对他人遭受的损害承担隐私侵权责任。这在 Le Mistral Inc. v. Columbia Broadcasting System[1] 一案中得到说明。在该案中,原告的酒店被认为违反了健康法的规定,所经营餐饮活动存在不安全的地方。为此,被告命令其工作人员扛着摄像机到原告酒楼进行采访。被告的工作人员在原告的酒店开饭时间去采访,直接用摄像机对着原告的酒楼大厅摄影;为了拍摄到正在吃饭的情境,被告的工作人员使用了最强烈的灯光;被告的记者大声要求摄像机将正在用餐的顾客拍摄下来。由于被告工作人员的侵扰行为,原告的许多客人在没有买单的情况下离开原告的酒店,某些客人为了躲避被告摄像机的镜头而不得不到处躲藏。原告向法院起诉,认为被告的侵入行为构成侵扰行为,应当对自己承担隐私侵权责任。被告认为,其侵扰行为所侵扰的地方并非是具有隐秘性质的场所,而是公开场所,因此无须对原告承担隐私侵权责任。法官认为,被告的侵入行为构成侵扰行为,应当对原告遭受的损害承担侵权责任。因为,法官认为,虽然原告的酒店是一个公共场所,但是被告的工作人员不是为了到原告那儿吃饭,他们没有购买原告出卖的饮食的意图。因此,被告的工作人员进入的行为构成侵扰行为。在 Daily Times Democrat Co v. Graham[2] 一案中,法官也认为,被告应当就其在公共场所实施的侵扰行为对原告承担隐私侵权责任。在该案中,原告在"欢乐屋"中参加活动。当原告的衣服被吹翻到原告的头顶时,被告的记者将其拍摄了下来并且在其报纸杂志上公开。

---

[1] 61 A. D. 2d 491, 496, 402 N. Y. S. 2d 815, 818 (1978).
[2] 276 Ala. 380, 162, So. 2d 474 (1964).

四、侵扰行为是让一个有理性的人高度反感的行为

(一) 让人高度反感的构成要件的重要性

即便行为人实施了侵扰行为,即便行为人的侵扰行为是针对他人具有隐私性质的场所或者事项,如果行为人实施的侵扰行为是一般社会公众能够容忍的行为,行为人仍然无须就其实施的侵扰行为对他人承担隐私侵权责任。只有在行为人实施的侵扰行为是社会公众无法容忍的行为时,行为人才就其实施的侵扰行为对他人承担隐私侵权责任。因此,行为人承担隐私侵权责任的第三个构成要件是,行为人实施的侵扰行为是让人无法容忍的行为。行为人的行为是否构成让人无法容忍的侵扰行为,其判断标准仍然是一般理性人的标准,即:如果处于原告地位的一个有理性的人能够容忍行为人的侵扰行为,则行为人将不用就其实施的侵扰行为对他人承担隐私侵权责任;如果处于原告地位的一个有理性的人无法容忍行为人的侵扰行为,处于原告地位的一个有理性的人对行为人实施的侵扰行为高度反感,则行为人就应当就其实施的侵扰行为对他人承担隐私侵权责任。之所以实行这样的规则,其主要原因在于,在社会生活中,每个人都容忍他人对包括自己的私人事务在内的事务进行一定程度的刺探、窥视、打探的义务,否则,个人的生活将无法进行下去。Prosser 教授对此规则作出了说明。他指出,十分清楚的是,行为人实施的侵扰行为应当是令一个有理性的人反感或反对的行为。如果行为人实施的侵扰行为不是令一个有理性的人反感或者反对的行为,则行为人不对他人承担隐私侵权责任。因此,当出租人在一个星期天早晨出现在承租人的家门口要求承租人交租金时,出租人的行为不构成隐私侵权责任。① 的确,侵权法虽然保护他人的安宁免受行为人侵扰行为的干预,但是侵权法也认为,他人的不受侵扰的安宁权、隐私权也仅是相对性质的权利而绝非绝对性质的权利。侵权法不会将行为人实施的一切侵扰行为都看做是能够提起隐私侵权诉讼的侵扰行为。因为,在工业社会和人口

---

① W. Page Keeton, *Prosser and Keeton on Torts* (fifth edition), West Publishing Co., p. 855.

密集的社会,每个人的私人生活都可能遭遇到别人的某些侵扰行为的侵扰。这是社会生活当中无法避免的现象。即便法律能够禁止行为人对他人实施任何侵扰行为,法律也不会这样做,因为法律不会对日常生活中发生的每一个侵扰行为引起的损害提供法律救济。因此,我国侵权法应当借鉴美国侵权法的经验,仅仅责令行为人就其实施的某些侵扰行为对他人承担隐私侵权责任,不应当责令行为人就其实施的一切侵扰行为对他人承担隐私侵权责任。只有行为人实施的侵扰行为是一个有理性的人高度反感的行为,是让一个有理性的人无法容忍的行为,侵权法才能够责令行为人就其实施的侵扰行为对他人承担隐私侵权责任。如果行为人实施的侵扰行为是一个有理性的人不会高度反感的行为或者是一个有理性的人能够容忍的行为,则侵权法不应当责令行为人就其实施的侵扰行为对他人承担隐私侵权责任。

(二) 令人高度反感的侵扰行为的私法说明

行为人实施的侵扰行为是不是让一个有理性的人高度反感的行为,往往取决于法官的自由裁量权。在 Pinkerton National Detective Agency, Inc., v. Stevens[1] 一案中,法官认为,被告实施的行为是让一个有理性的人高度反感的行为,应当对原告承担隐私侵权责任。在该案中,被告的侦探对其住所进行了连续5个月的侦察;被告的侦探在原告的围墙上凿开一个猫眼,以便窥视原告室内的情况;被告的侦探偷偷地来到原告的窗户边,通过其窗户窥视原告家中的情况;被告的侦探夜以继日地偷录原告的通话;当原告离开家外出时,被告的侦探就偷偷跟踪她。因为被告侦探实施的这些侵扰行为,原告逐渐变得焦虑不安,经常做噩梦,无法入睡,最后不得不进入医院进行身体和心理治疗。原告向法院起诉,要求法官责令被告就其侵扰行为对自己承担隐私侵权责任。法官认为,一方面,原告应当能够合理预见到被告对其进行合理的调查,如果被告的调查行为是合理的,则其侵扰行为将不会构成隐私侵权行为。另一方面,法官认为,原告陈述的侵扰行为不仅限于被告实施的合理侵扰行为,而且也包括被告实施的不合理的侵扰行为,这些侵扰行为使一般的人会遭受心里的痛苦。因此,被告应当就其实施的让一般人无法容忍的行为对原告承担隐私侵权责任。在 I. C. U. Investigation v. Jones[2]

---

[1] 132 S. E. 2d 119 (Ga. App. 1963).
[2] 2000 WL 869595 (Ala. 2000).

一案中,法官认为被告的调查行为没有达到让一个有理性的人高度反感的程度,被告无须对原告承担隐私侵权责任。在该案中,原告是一名雇员,他在为雇主工作时遭遇电击,从转向架承梁上跌落下来,导致错位和骨折。由于原告就损害赔偿的数额问题同其雇主发生争执,原告同其雇主决定就此问题进行听证会。为了准备听证会,原告的雇主雇请私家侦探对原告的日常活动进行调查。为了了解原告的日常活动,被告分四次偷拍了原告在其前院撒尿的行为。当原告了解被告的行为之后,原告向法院起诉,要求法官责令被告就其实施的侵扰行为对自己承担侵权责任。一审法院认为,被告应当就其实施的侵扰行为对原告承担隐私侵权责任。被告不服提起上诉。二审法院认为,被告的行为虽然构成侵扰行为,但是还没有达到让一般人、一个有理性的人高度反感的程度,无须对原告承担隐私侵权责任。二审法院指出,在原告同其雇主之间的关系中,最核心的问题是,作为雇员的原告遭受损害的范围。因此,原告应当能够预见到,为了确定原告遭受损害的程度,雇主会对原告发生事故之后的真实劳动能力进行合理的调查。在该案中,被告虽然对原告进行了调查,但是被告在调查时使用的手段并不是让人反感的,或者让人无法容忍的。在 Plaxico v. Michael[①] 一案中,法官认为,被告实施的偷拍行为不构成隐私侵权责任,无须对原告承担隐私侵权责任。在该案中,被告在同其前妻离婚之后展开了争夺子女抚养权的斗争。为了获得子女的抚养权,被告用相机拍摄了同其前妻保有同性恋关系的原告的相片。该相片是原告坐在床上腰部以上的裸像。被告仅将所拍摄的相片给了自己的律师看,该律师在同其前妻进行诉前协商时将其给了被告的前妻看。当被告的前妻将此事告诉原告时,原告向法院起诉,要求被告就其偷拍行为对自己遭受的损害承担隐私侵权责任。一审法院认为,被告的行为虽然是侵扰行为,但是该种侵扰行为还没有达到令人高度反感的程度,无须承担隐私侵权责任。原告不服,上诉到二审法院。二审法院作出了维持原判的决定。法官指出,虽然原告所处的卧室是原告对其享有隐私期待利益的地方,但是一个有理性的人不会认为被告偷拍原告在卧室坐立的相片行为是让人高度反感的行为。法官指出,当被告听说其前妻同原告之间存在同性恋关系的谣言时,被告为了证明该种谣言是否真实而拍摄同其前妻保有

---

① 735 So. 2d 1036(Miss. 1999)。

同性恋关系的原告的相片,其行为是适当的。由于被告关心其子女的利益,为了保护自己的子女免受其前妻不良行为的影响而拍摄原告的相片,其偷拍行为不得被看做是让有理性的人高度反感的行为。

(三) 决定行为人的侵扰行为是不是让人高度反感的行为时要考虑的因素

在决定行为人的侵扰行为是不是达到了让一个有理性的人高度反感的程度时,法官应当考虑众多的因素,诸如行为人实施侵扰行为的强度,行为人实施侵扰行为的时间和次数,行为人实施侵扰行为的动机和目的,行为人实施侵扰行为的手段和方式以及其他要素。在 Miller v. National Broadcasting Co.[①]一案中,法官认为,在决定行为人实施的侵扰行为是不是让人高度反感的侵扰行为时,应当考虑行为人实施的侵扰行为的各种具体情况,包括行为人实施侵扰行为的强度、行为人实施侵扰行为的背景、行为人实施侵扰行为的动机和目的。在该案中,被告在没有获得原告同意的情况下用摄像机偷拍下被告在家中对病人实施急救手术的场景,其行为完全无视普通民众的隐私权,构成让人高度反感的侵扰行为,应当承担隐私侵权责任。

在决定行为人的侵扰行为是不是让人高度反感的侵扰行为时,法官要考虑的第一个因素是行为人实施侵扰行为的强度。行为人实施侵扰行为的强度越强,其侵扰行为越有可能构成让一个有理性的人高度反感的行为,行为人也就越有可能被责令对他人承担隐私侵权责任。反之,行为人实施侵扰行为的强度越弱,其侵扰行为越不会构成让一个有理性的人高度反感的行为,行为人也越没有可能被责令对他人承担隐私侵权责任。因此,如果行为人仅仅一次通过望远镜远距离地窥视他人卧室,则行为人的窥视行为可能被认为强度不够,没有达到让一个有理性的人高度反感的程度,因此,行为人不用就其窥视行为对他人承担隐私侵权责任。但是,如果行为人偷偷地翻墙入室,在原告的卧室窗外窥视原告的卧室,则行为人的窥视行为被认为强度非常强,达到了让一个有理性的人高度反感的程度,行为人应当就其进入他人住所窥视的行为对他人承担隐私侵权责任。为什么同样是窥视行为,行为人在前一种情况下不用承担隐私侵权责任而在后一种情况下应当承担隐私侵权责任?侵权法认为,物质性质的侵扰行为在强度方面要超过

---

① 232 Cal. Rptr. 668(App. 1986).

精神性质的侵扰行为。行为人只要实施了一次物质性质的侵扰行为,侵权法都认为其侵扰行为是让一个有理性的人高度反感的行为;而行为人仅仅实施一次精神性质的侵扰行为,侵权法认为其侵扰行为还没有达到让一个有理性的人高度反感的程度。在 McCormick v. Haley[①] 一案中,法官认为,被告仅仅对原告邮寄一次邮件的行为就构成隐私侵权责任,应当对原告承担隐私侵权责任。在该案中,被告为了骚扰原告给原告邮寄邮件,使原告遭受严重的精神痛苦。原告向法院起诉,要求法官责令被告承担隐私侵权责任。被告认为,即便其邮寄邮件的行为构成侵扰行为,该侵扰行为还没有达到让人高度反感的程度,因此,无需承担隐私侵权责任。法官认为,只要被告是为了骚扰和折磨原告的目的而对其邮寄邮件,当被告采取的方式会引起原告精神痛苦或者是让人无法容忍时,即便被告仅仅实施了一次侵扰行为,他们也应当对原告承担隐私侵权责任。

在决定行为人的侵扰行为是不是让人高度反感的侵扰行为时,法官要考虑的第二个因素是行为人实施侵扰行为的时间和次数。行为人实施侵扰行为的时间和次数越长,其侵扰行为越有可能构成让一个有理性的人高度反感的行为,行为人也就越有可能被责令对他人承担隐私侵权责任。反之,行为人实施的侵扰行为的时间和次数越短,其侵扰行为越不会构成让一个有理性的人高度反感的行为,行为人也越没有可能被责令对他人承担隐私侵权责任。因此,如果行为人仅仅一次或者几次打电话给债务人,要求债务人偿还债务,则行为人的行为还没有达到让一个有理性的人的高度反感的程度,行为人无须对债务人承担隐私侵权责任,但是,如果债权人为了讨债而反复、持续不断地给债务人打电话,则其侵扰行为达到了让一个有理性的人高度反感的程度,债权人应当对债务人承担隐私侵权责任。在 Donnel v. Lara[②] 一案中,法官认为,被告在不合理的时间反复打电话骚扰原告的行为是让人无法容忍的行为,是令人高度反感的侵扰行为,应当对原告承担隐私侵权责任。在 Stephens v. Harmony Loan Corp.[③] 一案中,法官认为,如果债权人对不是债务人的人反复打电话,要求其偿还所谓的债务,债权人的讨债行为也构成令人高度反感的侵扰行为,应当对原告承担隐私侵权责任。

---

① 37 Ohio App. 2d 73, 307 N. E. 2d 34, 35(1973).
② 703 S. W. 2d 257(Tex. App. 1985).
③ 37 Ohio App. 2d 23, 27 - 28, 306 N. E. 2d 163, 166 (1973).

在决定行为人的侵扰行为是不是让人高度反感的侵扰行为时,法官要考虑的第三个因素是行为人实施侵扰行为的动机和目的。行为人实施侵扰行为的动机和目的越是不合法,他们实施的侵扰行为越是有可能被看做让一个有理性人高度反感的行为,行为人越是有可能被责令对他人承担隐私侵权责任;反之,行为人实施侵扰行为的动机和目的越是合法,他们实施的侵扰行为越是有可能不被看做让一个有理性的人高度反感的行为,行为人越是没有可能被责令对他人承担隐私侵权责任。这在 Tureen v. Equifax Inc.①一案中得到说明。在该案中,法官认为,被告实施的侵扰行为是为了合法的目的,其侵扰行为不构成让人高度反感的行为,无须对原告承担隐私侵权责任。在该案中,原告向保险公司投保健康险,保险公司接受其投保请求之后委托被告对原告进行调查。被告在对原告进行调查之后将其调查报告提交给了保险公司。被告在其调查报告中作出了虚假陈述,说原告在过去多次向保险公司提出过类似的保险申请,因此,原告看上去像个潜在的自杀者。由于被告提交的报告,保险公司拒绝了原告的保险请求,没有同原告签订保险契约。原告向法院起诉,认为被告的调查行为侵犯了隐私,应当对自己承担隐私侵权责任。一审法院认为,被告对原告进行的调查行为的确构成隐私侵权行为,判决被告赔偿原告 5000 美元的损害赔偿金。被告不服,上诉到二审法院。二审法院认为,被告实施的调查成为目的合法,其调查行为不构成让人高度反感的侵扰行为,无须对原告承担隐私侵权责任。法官指出,在当今复杂的社会,为了侦破信用申请诈骗和保险申请诈骗,行为人有必要委托调查机构对申请者进行调查话题提交调查报告的合法需要。为了在这些事务方面作出有理智的决定,行为人有必要获得那些通常被看做隐私的私人信息,如果行为人获得这些私人信息是为了某种合法的目的,则行为人的行为将不构成让人高度反感的侵扰行为,无须对原告承担隐私侵权责任。

在决定行为人的侵扰行为是不是让人高度反感的侵扰行为时,法官要考虑的第四个因素是行为人实施侵扰行为的手段和方式。行为人实施侵扰行为的手段和方式越是不合法,他们实施的侵扰行为越有可能被看做让一个有理性的人高度反感的行为,行为人越有可能被责令对他人承担隐私侵

---

① 571 F.2d 411 416-417(8th Cir.1978).

权责任。反之,行为人实施侵扰行为的手段和方式越是合法,他们实施的侵扰行为越是没有可能被看做让一个有理性的人高度反感的行为,行为人越是没有可能被责令对他人承担隐私侵权责任。问题在于,如果行为人采取非法手段或者非法方式是为了实现合法的目的,行为人实施的侵扰行为是看做让一个有理性的人高度反感的行为还是不看做让一个有理性的人高度反感的行为? 在前述 Shulman v. Group W Productions, Inc., et al.[①]一案中,法官认为,即便行为人是为了合法的目的实施侵扰行为,只要他们实施的手段非法,则行为人实施的侵扰行为仍然被看做是让一个有理性的人高度反感的行为,行为人仍然要对原告承担隐私侵权责任。法官指出,在决定新闻媒体的记者侵入私人事项或者私人空间的侵扰行为是不是达到了令人反感的程度并因此构成能够提起隐私侵权责任诉讼的侵扰行为时,法官应当考虑行为人实施的侵扰行为的强度范围,行为人实施侵扰行为的背景,新闻媒体进行新闻采访时的合法动机。如果新闻媒体进行新闻采访是为了社会不保护的理由,诸如骚扰、勒索钱财或者单纯的好奇等,则他们进行的新闻采访行为可能构成让人高度反感的行为;但是,如果新闻媒体进行新闻采访是为了获得具有重要社会或者政治意义的信息,则他们实施的新闻采访行为可能不会构成令人高度反感的行为。因此,如果债权人为了讨债而持续对债务人进行监督,债权人的持续监督行为可能构成侵权行为,但是,如果新闻媒体的记者基于重要的社会利益而实施持续的监督行为,则他们为了获得有关信息所实施的持续监督行为可能不会构成侵权行为。但是,新闻媒体仅是为了获得某种故事而实施侵扰行为,其侵扰行为不会使原本构成让人高度反感的行为成为不具有令人高度反感的行为,行为人实施的侵扰行为是否构成让人高度反感的侵扰行为,也取决于行为人实施侵扰行为所使用的特定手段。一方面,新闻媒体通常采取的新闻报道技巧很少会被看做是能够提起侵权诉讼的侵扰行为,例如,对那些知道有关信息的人提问题,希望这些人能够回答所提出的问题;另一方面,侵犯社会公众广泛承认的物质性质的或者精神性质的隐私领域的新闻报道行为很少会因为新闻媒体需要报道这些信息而被免责,例如,行为人非法进入他人家中进行新闻采访或者通过连接他人电话线偷听他人之间的私人谈话的行为。行为人实施的这

---

① (1998)18 Cal. 4th 200,955 P. 2d 469,74 Cal. Rptr. 2d 843.

些行为都被认为是让人高度反感的行为,即便行为人获得的信息是社会公众高度关注的信息。美国宪法也不保护新闻媒体为了新闻采访而实施的这些行为。除了这两种极端的方式之外,新闻媒体使用其他方式进行新闻采访的行为是否构成让人高度反感的行为,要根据案件的具体情况来决定,包括新闻媒体实施侵扰行为的强度、新闻媒体进行新闻采访的地点等。

第十三章 隐私侵权责任的抗辩事由

一、隐私侵权责任抗辩事由的种类

在两大法系国家和我国,他人的隐私权直接同行为人的言论自由权、新闻自由权产生冲突,侵权法应当对这两种权利的冲突进行平衡:一方面,侵权法既要保护他人的隐私权,防止行为人借口言论自由权和新闻自由权的行使而恣意侵犯他人的隐私权;另一方面,侵权法也要保护行为人的言论自由权和新闻自由权,防止他人借口其隐私权的保护而严重牺牲行为人的言论自由权和新闻自由权。

在法国,侵权法在保护他人隐私权的同时要平衡行为人的言论自由权、出版自由权和知情权的关系,防止借口保护他人隐私权而牺牲行为人的言论自由权、出版自由权和知情权。在法国,法国1789年《人权宣言》第11条规定,言论自由是自然人享有的最基本人权之一。1881年的《新闻法》第1条规定,任何人都享有出版和发行印刷物的自由。法国1958年《宪法》也规定,任何人都享有言论自由权和出版自由权,这些权利只能通过实体法进行修改。由于法国最高法院在前述 Dietrich 一案中采取诉前强制措施被批判为限制了行为人的言论自由权和出版自由权,法国立法机关在1970年7月17日的法律中规定了平衡原告隐私权和被告言论自由权和出版自由权之间关系的方式,即在一般情况下,行为人的隐私侵权行为只能适用损害赔偿的原则,不得适用诉前强制措施,只有在行为人侵犯他人最隐秘的隐私利益的情况下,行为人的隐私侵权行为才能够适用诉前强制措施,由法官颁发扣押、没收或者其他措施。根据法国学说和司法判例的精神,他人的隐私权也存在一定的限制,如果符合一定的条件,公开他人隐私的行为不构成侵权行为,行为人不用对他人承担非财产损害赔偿责任。包括:如果行为人在公开他人信息之前获得了他人明示或默示同意,则行为人公开他人私人生活不构成侵权行为;为了满足公众的信息获得权,满足历史研究的需要而公开他人信息,行为人公开他人信息的行为不构成侵权行为,此时,法官应当根据利益平衡的原则,决定公众的知情权与他人的隐私权之间究竟谁优先获得保护:行为人公开他人的公开生活,诸如宗教活动,如果此种公开行为的目的不是为了对他人施加损害,产生歧视或者具有敌对态度的话①;或者行为人仅仅公开他人财产或经济状况,不涉及他人人格的话。因为,法国最高法院认为,公开他人纯经济状况的行为不构成侵犯他人隐私权的行为。② 在法国,《欧洲人权公约》对法国司法机关产生的影响主要表现在,在平衡他人的隐私权和行为人的言论自由权时,法国法官从过去倾向于牺牲行为人的言论自由权和新闻自由权而保护他人隐私权变为倾向于保护行为人的言论自由权和新闻自由权而牺牲他人的隐私权,如果他人的隐私权同行为人的言论自由权和新闻自由权产生冲突的话。Deringer 指出,在法国,虽然立法机关制定的法律将《欧洲人权公约》第 8 条规定的隐私权规定在自己国内法律中,但是,《欧洲人权公约》第 8 条对法国隐私权的影响不是表现在法官固守隐私权的严格保护规则,而表现在法国更加愿意保护行为人的言论自由权。近些年来,法国出现了这样一种趋向:为了保护自己享有的言论自由权,行为人更愿意向欧洲人权法院提起诉讼,要求欧洲人权法院通过适用《欧洲人权公约》第 10 条来保护自己享有的言论自由权。因为,法国国内法有关新闻方面的法律对新闻媒体更加严格。由于《欧洲人权公约》的影响,那些认为法国法官在言论自由权保护方面没有达到《欧洲人权公约》第 1 条保护要求的人能够向欧洲人权法院提起诉讼,要求其保护自己享有的言论自由权。③

在德国,司法判例虽然认可他人隐私权属于《德国民法典》第 823(1) 条规定的其他权利的一种,但是德国司法判例并不因此认为,任何侵害他人隐私利益的行为均构成侵权行为,均会使行为人对他人遭受的非财产损害承担侵权责任,因为,正如在对一般人格权的保护要适用利益平衡的理论之外,德国司法判例在保护他人隐私利益时也会适用利益平衡的理论,要考虑

---

① paris 1/Feb. 1987, D1987. som. 385.
② Cass. civ. 1re 28 Mai 1991.
③ Kphryn F. Deringer, Privacy and the Press: The Convergence of British and French Law in Accordance With the European Convention of Human Rights, (2003) 22 Penn St. Int'l L. Rev. 191, 200.

原告的隐私利益与被告的一般人格权之间的平衡,免得借口原告隐私利益的保护而妨碍了被告言论自由权利的行使,影响了社会公众享有的知情权。在原告的隐私权与被告的言论自由权产生冲突时,德国司法判例会考虑案件的众多具体因素,以决定原告的隐私权是否受到侵害和被告的行为是否构成侵权行为,包括但不限于这些具体因素:(1)被告尤其是报纸杂志出版者公开他人信息的动机。如果行为人公开他人信息的动机是以牺牲原告的一般人格权为代价来获得金钱上的利益,则法官更易于作出行为人的行为侵害了他人隐私权的判决,并因此责令被告根据他们获得的不当利益对原告遭受的损害承担赔偿责任,因为法官在此时采取的评估方法往往是更客观的方法,以便剥夺行为人通过侵害他人隐私权的方式获得的不当利益。不过,此种方法遭到德国某些学说的批评,因为它实际上使他人的非财产损害具有了财产上的价值,容易出现无形人格受损害的现象。(2)被公开信息者的身份。在德国,司法判例重视被公开信息者的身份,区分他们是否属于公众人物还是非公众之物,以便决定行为人的行为是否是侵害他人隐私权的行为,因为,如果原告是公众人物,则该种人物更有义务公开自己的众多信息,以便满足社会公众对其享有的信息知情权;如果原告不是公众人物,则他们不会承担公众人物应当承担的信息公开义务,他们有更多的权利避开公众探询的目光。因此,一个人参与公共领域的活动越多,他们享有的隐私权范围越小,他们主张被告的行为侵害其隐私权的成功机会就越小;一个人参与公共领域的活动越少,他们享有的隐私权范围越大,他们主张被告的行为侵害其隐私权的成功机会就越大。不过,此种规则并没有得到德国民法判例始终如一的坚守。例如,在1996年12月19日的案件中,德国联邦最高法院认为,作为被告的出版商在公众场合拍摄了作为公众人物的原告的相片,并在其期刊上发表,侵害了作为公众人物的原告的隐私权。(3)被告言论的重要性。例如,被告的言论是为了阐释某种知识,推动学术,引起公众讨论还是仅仅为了自己获得经济上的收入?如果被告公开某种信息的目的是为了阐释某种理论,普及某种知识,引导公众对某种问题的讨论,则法官倾向于该种言论的重要性而否认其行为的侵权性,如果被告公开某种信息是为了自己获得经济上的利益,则法官更倾向于将被告的行为看做侵害他人隐私权的行为。(4)信息公开的方式和公开程度。被告获得原告信息的方式是否合法,是法官认定行为人的行为是否是侵害他人隐私权的重要因素,如果行为人获得他人信息的方式是非法的,则法官更容易将其行为看做侵权行为;否则,法官更容易将其行为不看做侵权行为。例如,行为人通过秘密刺探的方式获得他人信息并将其公开,其行为可能会被法官看做侵害他人隐私权的侵权行为;而行为人在公开场合通过公开拍摄方式获得他人肖像并予以发表,其行为可能不会被看做侵权行为;即便行为人可以在一定范围内公开他人信息,他们也不能在所有情况下公开他人信息,超出必要的范围公开他人信息,行为人的行为可能会被认定为侵权行为。例如,被告公开他人犯罪事实的同时还公开了该人的同性恋趋向,被告的行为可能会被法官看做侵权行为,因为即便被告有权公开他人犯罪的信息,它们也无权公开他人同性恋的信息。(5)其他因素,诸如行为人公开信息的准确度是否通过新闻媒体手段公开,原告希望对被告言论自由权施加限制的范围以及其他社会目标等等。①

在英美法系国家,《美国宪法》一方面保护行为人的言论自由权和新闻自由权,一方面保护他人的隐私权。当行为人的言论自由权和新闻自由权同他人的隐私权产生冲突时,法官也应当采取利益平衡的方式来解决这两种权利之间的冲突。法官解决此种冲突的方式有二:其一,在公开他人私人事务的隐私侵权责任领域,美国侵权法认为,在一般情况下,他人的隐私权优先于行为人的言论自由权和新闻自由权,如果行为人擅自公开他人隐私,则他们应当就公开行为引起的损害对他人承担隐私侵权责任,此时,他人的隐私权优先于行为人的言论自由权和新闻自由权。在特殊情况下,行为人的言论自由权和新闻自由权优先于他人的隐私权,即便行为人公开他人隐私,他们也不就其公开行为对他人承担隐私侵权责任。所谓特殊情况包括两种情况:如果被行为人公开其隐私的人是公共官员、公共人物,则行为人的言论自由权和新闻自由权优先于公共官员、公众人物的隐私权,当行为人公开公共官员、公众人物的隐私时,行为人无须对他们承担隐私侵权责任;如果行为人公开的事项是社会公众对其享有合法利益的事项,则行为人的言论自由权和新闻自由权优先于他人的隐私权,行为人公开他人隐私的行为不会使他们对他人承担隐私侵权责任。Prosser教授指出,普通法认为两个相互关联的规则并且这两个规则都是建立在基本的新闻自由的基础上。

---

① See Basil S. Markesinis & Hannes Unberath, *The German Law of Torts* (fourth edition), Hart Publishing, 2002, p.77.

其中一个规则是,新闻媒体享有对已经存在的公众人物作出进一步公开的免责特权。另一个规则是,新闻媒体享有公开新闻或者社会公众享有公共利益的其他事项的免责特权。其中一个规则是关于新闻媒体对其进行公开的人的规则,另外一个规则则是关于新闻媒体能够进行公开的事件、事实的规则。实际上,这两个规则也仅是同一事情的不同状态而言。它们在实际生活中的关系密切,往往无法分离。① 其二,在侵扰他人安宁的隐私侵权责任中,他人的隐私权优先于行为人的言论自由权和新闻自由权。即便是公共官员、公众人物的隐私权都优先于行为人的言论自由权和新闻自由权,行为人侵扰他人公共官员、公众人物的安宁,应当对他们承担隐私侵权责任;即便是社会公众对其享有合法利益的事项,行为人也不得借口言论自由权和新闻自由权而非法侵扰,否则,应当对他人承担隐私侵权责任。

在我国,他人的隐私权同行为人的言论自由权和新闻自由权如何协调?笔者认为,在我国,侵权法平衡他人的隐私权和行为人的言论自由权及新闻自由权的方式虽然多种多样,但是,主要方式有三:其一,规定他人隐私权的范围。侵权法平衡他人的隐私权和行为人的言论自由权及新闻自由权的第一种方式是限制他人隐私权的范围,对他人的隐私权范围作出严格的限制,仅将他人的某些信息看做隐私,将他人的某些信息从隐私权的范围中排除出去,允许行为人收集或者公开那些不被看做隐私的信息,只有行为人收集或者公开那些被看做隐私的信息时,行为人的收集或者公开行为才有可能被看做隐私侵权行为,他们才有可能被责令对他人承担隐私侵权责任,如果行为人收集或者公开的信息是不被看做隐私的信息,行为人的收集或者公开行为将不被看做侵权行为,行为人无须就其收集或者公开行为对他人承担隐私侵权责任。其二,规定隐私侵权责任的构成要件。侵权法平衡他人的隐私权和行为人的言论自由权及新闻自由权的第二种方式是规定行为人承担隐私侵权责任的构成要件,通过隐私侵权责任的构成要件来保护行为人的言论自由权和新闻自由权,防止借口隐私权的保护而损害行为人的言论自由权和新闻自由权的行使。根据隐私侵权责任,如果行为人要就其公开行为或者侵扰行为对他人承担隐私侵权责任,他们实施的公开行为或者侵扰行为必须达到让一个有理性的人高度反感的程度,如果他们实施的公

---

① W. Page Keeton, *Prosser and Keeton on Torts* (fifth edition), West Publishing Co., p. 859.

开行为或者侵扰行为还没有达到让一个有理性的人高度反感的程度,则行为人将不就其公开行为或者侵扰行为对他人承担隐私侵权责任。其三,规定行为人的正当抗辩事由。即便行为人实施了公开行为、侵扰行为,即便行为人实施的公开行为、侵扰行为已经达到了让一个有理性的人高度反感的程度,如果行为人存在侵权法认可的各种正当抗辩事由,行为人也无需就其实施的隐私侵权行为对他人承担隐私侵权责任,只有在行为人不存在正当的抗辩事由的情况下,行为人才要就其实施的公开行为或者侵扰行为对他人承担隐私侵权责任。笔者已经在前面有关章节对侵权法平衡他人的隐私权和行为人的言论自由权及新闻自由权的第一种方式和第二种方式作出了说明,笔者在这里仅仅讨论侵权法平衡他人的隐私权和行为人的言论自由权及新闻自由权的第三种方式。

所谓隐私侵权责任的抗辩事由,是指行为人在实施了隐私侵权行为的情况下拒绝就其实施的隐私侵权行为对他人承担隐私侵权责任的各种正当理由。一旦行为人在实施隐私侵权行为时存在抗辩事由,他们将无须就其实施的隐私侵权行为对他人承担隐私侵权责任。因此,隐私侵权责任的抗辩事由是免除行为人就其实施的隐私侵权行为承担侵权责任的原因。在侵权法上,隐私侵权责任的抗辩事由有哪些?这些抗辩事由是否能够同时适用于公开他人私人事务的隐私侵权责任和侵扰他人安宁的隐私侵权责任?对于这样的问题,两大法系国家的侵权法作出的回答并不完全相同。在大陆法系国家,由于隐私侵权责任建立在统一的基础上,侵权法并不区分公开他人私人事务的隐私侵权责任和侵扰他人安宁的隐私侵权责任,因此,学说和司法判例并没有严格区分隐私侵权责任的抗辩事由。无论是学说还是司法判例都认为,隐私侵权责任的抗辩事由包括:行为人和新闻媒体的相对免责特权、公共官员和公众人物身份的抗辩事由、公平使用原则的抗辩事由以及他人的同意等。在美国,由于侵权法严格区分公开他人私人事务的隐私侵权责任和侵扰他人安宁的隐私侵权责任,因此,学说和司法判例也严格区分隐私侵权责任的抗辩事由。总的说来,美国侵权法认为,如果隐私侵权责任表现为公开他人私人事务的隐私侵权责任,则行为人的抗辩事由多种多样,包括新闻媒体的相对免责特权的抗辩、受害人的公共官员、公众人物的身份抗辩、司法活动、立法活动或者高级行政官员的绝对免责特权的抗辩、他人对其隐私公开行为的同意等。《美国侵权法重述》(第2版)第652F条对公开他人私人事务方面的绝对免责特权作出了明确规定,该条规定:《美国侵权法重述》(第2版)第583条至第592条关于名誉侵权责任的绝对免责规则同样适用于公开他人私人事务的隐私侵权。美国侵权法认为,这些抗辩事由仅仅适用于行为人公开他人私人事务的隐私侵权责任,不得适用于行为人侵扰他人安宁的隐私侵权制度。在我国,学说因为不区分公开他人私人事务的隐私侵权责任获得侵扰他人安宁的隐私侵权责任,因此,他们也没有区分两种隐私侵权责任的抗辩事由。笔者认为,我国隐私侵权责任应当明确区分两种性质不同的隐私侵权责任及其抗辩事由。为此,笔者将隐私侵权责任的抗辩事由分为:行为人尤其是作为新闻媒体的行为人的相对免责特权、他人是公共官员或公共人物身份的抗辩事由、行为人的绝对抗辩事由、行为人的公正使用以及他人的同意等。

二、新闻媒体享有的相对免责特权:具有新闻性质的事件或者人物

(一)具有新闻价值性的免责特权

在隐私侵权法上,侵权法原则上保护一般的、普通的社会成员的隐私权,当行为人公开他们的隐私时,行为人应当就其公开行为对他们承担隐私侵权责任,行为人仅仅在例外的情况下才不就其公开行为对他们承担隐私侵权责任。行为人在什么例外情况下不就其公开一般人的、普通的社会成员的隐私对他们承担隐私权侵权责任?两大法系国家的侵权法都对这样的问题作出了明确的说明。总的说来,在大陆法系国家,侵权法并不认可具有新闻价值性的事件或者具有新闻价值性的人物的规则,认为行为人公开具有新闻价值性的事件或者人物的行为仍然构成隐私侵权责任,只要行为人的公开行为涉及原告的隐私,他们就应当对原告承担隐私侵权责任。而在美国,司法判例在认为,如果原告经历的事件是具新闻价值性的事件或者如果原告是具有新闻价值性的人物,则行为人公开他们的隐私的行为不构成隐私侵权责任,行为人无须对他人承担隐私侵权责任。在我国,学说没有对这样的问题作出说明。笔者认为,我国侵权法应当采取美国侵权法的立场,区分具有新闻价值性的事件和人物并因此决定行为人是否就其公开行为对

原告承担隐私侵权责任。

在1973年6月5日的案件中①,德国联邦最高法院认为,即便被告公开的事件是具有新闻价值性的事件,被告也应当对原告承担隐私侵权责任,被告不得借口原告经历的事件是具有新闻价值性的事件而拒绝对原告承担隐私侵权责任。在该案中,申请人曾经参与德国军人弹药库的武装抢劫活动,造成了守卫士兵的死亡或重伤。在经过长期调查后,申请人被捕并被作为从犯判了6年刑期。作为被告的一家德国电视台认为申请人的刑事案件具有社会教育意义,根据申请人的犯罪事实将其拍摄成社会纪录片,包括申请人实施抢劫的计划、有关机关对该案的侦查过程和该犯罪分子的背景,其中,被告在介绍原告的背景时还特别介绍其同性恋趋向。纪录片中还有申请人的肖像,解说员在进行介绍时还多次提到申请人的姓名。申请人在服刑2/3并且即将刑满释放前向法院起诉,要求法院颁发禁令,禁止被告播放其电视纪录片,因为申请人认为,被告制作的电视纪录片已经侵犯了自己享有的一般人格权。一审法院和二审法院均驳回了申请人的请求,认定被告制作的电视纪录片没有侵害申请人的一般人格权,德国联邦宪法法院撤销了两审法院判决,根据《德国宪法》第1条和第2条颁发禁止令,禁止被告播放其电视纪录片。

在将上述原则适用到本案中时,德国联邦宪法法院对广播电台、电视台报道犯罪时应遵守的规则作出了说明,它认为,从宪法的立场看,在评估像本案这样的案件纠纷时,应当遵循下列几个方面的原则:(1)如果广播电视节目公开报道某种犯罪时公开使用了罪犯的姓名、相片和对其犯罪事实进行描述,则广播电视节目放送者的行为已经严重侵犯了该罪犯的私生活,因为通过广播电视节目的播放,罪犯的劣行公之于众,使那些听众或观众从一开始就对此人有否定性的看法;如果广播电视节目的报道是为了听众或观众对罪犯产生同情,以便开始再审程序,或者对罪犯予以免罪或提供其他帮助,则其报道不会构成罪犯私人生活的干预。(2)抛开广播电视节目以辩论或者伪造的方式对他人的人格权造成损害不谈,即便一个报道是客观的、真实的,如果该报道以电视节目的方式播出,则其对他人私人生活的损害也要比通过电台口头播出或报纸书面公开方式造成的损害更大,因为,一方

---

① BVERFGE35, 202; NJW1973, 1227.

面,通过电视节目的报道,其视觉效果和文字与图像的结合要比其他方式更强有力;另一方面,由于电视在社会生活中的影响,其观众要比电影院和剧院的观众更多。因这样的原因,我们有特殊理由对电视节目的播放施加更多的法律限制,以便阻止它们对他人人格权的侵犯。在这个方面,法律不得屈服于技术的发展。(3)因为上述原因,当人们需要对人格权提供特殊保护以免其遭受观众众多的电视节目侵害时,人们应当记住的是,即便是电视台制作的纪录片也存在侵害他人一般人格权的危险。总之,人们可以这样说,当电视台以纪录片的方式报道犯罪现象时,如果它们使用了罪犯的姓名、相片和对其形象进行了描述时,则电视台的行为通常构成严重侵害他人私人生活的行为。

在美国,侵权法则采取完全相反的立场,美国侵权法认为,如果一般的、普通的社会成员因为某种特殊事件而成为具有新闻价值性的人物,则行为人尤其是作为新闻媒体的行为人除了有权公开此种特殊事件之外,还有权公开那些原本属于私人生活的事项。行为人公开他们遭遇的特殊事件和其他私人事务的行为不构成隐私侵权责任,无须对他人承担隐私侵权责任,《美国侵权法重述》(第2版)第652D条之官方评论f对此规则作出了说明。它指出,如果某个人因为某种事故或者犯罪行为而成为不幸的受害人,或者通过其他方式卷入某种事件,这些非自愿性质的人将成为公共人物,他们在侵权法上的地位同那些自愿性质的公共官员、公众人物在侵权法上的地位没有什么两样。因为,这些人被认为要受到公共利益的约束,行为人能够公开他们的信息,以便满足社会公众的好奇心,社会公众想了解他们的英雄壮举,想了解他们任何组织实施犯罪行为的,想了解他们在实施犯罪活动时是怎样丧尽天良,想了解他们是怎样成为事故的受害人。正如行为人在公开公共官员、公众人物的信息时能够公开那些性质上属于隐私的某些信息一样,行为人在公开这些人的信息时不仅能够公开社会公众对其享有合法利益的事件本身,而且还能够公开那些在性质上原本属于隐私权保护范围的信息,那些公开之后原本要承担隐私侵权责任的单纯私人信息。

笔者在前面有关章节已经指出,我国侵权法应当借鉴美国侵权法上的此种规则,因为,虽然公共官员、公众人物经常能够引起社会公众对他们的兴趣,行为人尤其是新闻媒体会经常报道他们从事的活动,公开他们某些方面的私人生活,但是在某些特殊情况下,一般的、普通的社会成员也可能成为一时的公共人物,他们可能因为某种特殊的事件而成为社会公众关注的对象,新闻媒体为了满足社会公众对他们的好奇心不仅会报道发生在他们身上的事件,而且还会报道他们的某些信息,公开他们的某些隐私,因为当一般的、普通的社会成员遭遇某种事件时,公开社会公众除了有权知道发生在他们身上的事件之外,还有权知道他们原本属于私人事务的某些信息,只要这些原本属于私人事务的信息同他们遭遇的事件存在千丝万缕的联系即可。例如,原告为了见到某一个歌星而不惜以死亡威胁,当该歌星最终拒绝见原告时,原告跳江自杀。因为别人的救助,原告总算没有死。原告的事件发生之后,新闻媒体认为发生在原告身上的事件具有重要社会价值和新闻价值,它们开始在自己的报纸杂志上刊发文章,向社会公众公开原告为了自杀的事件和原告的成长经历、家庭成长环境、家庭成员的构成、父母的职业和爱好等。新闻媒体对原告自杀事件的说明当然属于社会公众对其享有知情权的范围,属于社会公众对其享有合法利益的事项。因此,新闻媒体对自杀事件的报道本身不构成隐私侵权行为,无须对原告承担隐私侵权责任。同样,新闻媒体对原告的成长经历、家庭成长环境、家庭成员的构成、父母的职业和爱好等的说明原本应当构成隐私侵权行为,原本应当承担隐私侵权责任,因为在一般情况下,这些信息属于单纯的、典型的隐私。但是,因为这些信息同原告自杀事件存在偶然的、必然的关系,社会公众也有权知道,社会公众对这些事项也享有合法的利益,新闻媒体公开这些事项的行为不构成隐私侵权行为。

在芸芸众生中,新闻媒体往往仅仅刊登它们认为具有新闻价值的人的故事,不会刊登没有新闻价值的人的故事;在千千万万的事件中,新闻媒体往往仅仅刊登它们认为具有新闻价值性质的事件,它们不会刊登没有新闻价值性质的事件。因此,在隐私侵权案件中,一个一般的、普通的社会成员能够成为非自愿性质的公共人物的原因有二:其一,具有新闻价值的事件。一旦所发生的事件是重要事件,它们就被认为是具有新闻价值的事件,新闻媒体就有权公开这些事件,即便他们在公开这些事件时可能涉及事件当中某些人的隐私,新闻媒体的公开行为也不构成隐私侵权行为,无需对事件涉及的人承担隐私侵权责任。例如,新闻媒体在报道非婚生父亲身份确认之诉时用摄像机拍摄原告开庭之后同其母亲在法庭之外的镜头,被告公开原告身份的行为不构成隐私侵权行为,无须对原告承担隐私侵权责任。因为原告是不是非婚生子女,是社会公众对其享有合法利益的事项,一个人成为非婚生子女的事件本身就是具有新闻价值的事件。同样,新闻媒体在报道医疗纠纷时拍摄了引起医疗纠纷的原告站在其诊所之前的镜头,被告公开原告身份的行为不构成隐私侵权行为,无须对原告承担隐私侵权责任,因为原告在治疗病人时是不是尽到了合理的注意义务,是社会公众对其享有合法利益的事项,医疗事件本身就是具有新闻价值的事件。其二,具有新闻价值的人物。某些事件之所以具有新闻价值性不是因为该事件本身的重要性,而是因为导致事件发生的人具有特殊性和新闻价值性。如果导致事件发生的人不具有新闻价值性,则这些事件也不会成为具有新闻价值性质的事件。新闻媒体有权公开具有新闻价值性的人物的故事,即便新闻媒体在公开这些人物的故事时涉及他们的某些隐私,新闻媒体的公开行为也不构成隐私侵权行为,无需对涉及的人物承担隐私侵权责任。例如,报纸很少会对乱停车的问题表示关注,但是,如果市长的太太乱停车的话,则新闻媒体也许会对这样的故事感兴趣,因为社会公众很想知道,市长太太乱停车是不是狗仗人势,警察是不是秉公办事,给市长太太开出罚单。同样,新闻媒体很少会对醉酒驾车的行为表示关注,但是,如果酒后驾车的人是交警的小姨子,新闻媒体就会发现此种故事具有新闻价值性,应当加以公开报道。因为社会公众对这样的故事享有合法的利益,他们有权知道交警是不是会秉公处理。

(二)具有新闻价值的事件与新闻媒体的免责特权

在隐私侵权领域,法官时常面临这样的问题:当某种犯罪行为发生之后,新闻媒体在对该种犯罪行为以及此后的公诉程序或者民事诉讼程序进行报道时公开了犯罪行为人、受害人的姓名或者身份,使犯罪行为人、受害人遭受了严重的损害,犯罪行为人、受害人因此向法院起诉,要求公开自己姓名或者身份的新闻媒体对自己遭受的损害承担侵权责任。此时,法官是应当优先保护犯罪行为人、受害人的隐私利益,责令新闻媒体就其公开犯罪行为人、受害人姓名或者身份的行为对他人承担隐私侵权责任,还是应当优先保护新闻媒体的新闻自由权并因此拒绝责令新闻媒体对犯罪行为人、受害人承担隐私侵权责任?对此问题,我国学说和司法判例少有说明。英美法系国家的司法判例对这样的问题作出过较为详细的说明。

英美法系国家的侵权法认为,如果新闻媒体在报道现行刑事案件时公开刑事犯罪行为人的姓名或者身份,他们的公开行为不构成隐私侵权行为,无须对刑事犯罪行为人遭受的损害承担隐私侵权责任。但是,如果他们报道的刑事案件是发生在过去的案件,则新闻媒体在报道这些案件时不得公开刑事案件犯罪行为人的姓名或者身份,否则,其行为将构成隐私侵权行为,应当对他人遭受的损害承担隐私侵权责任。在 Briscoe v. Reader's Digest① 一案中,法官对这样的规则作出了说明。在该案中,被告在其期刊中发表了《抢劫的大生意》(The Big Business of Hijacking)的文章,对卡车司机进行卡车重复盗窃的严重问题以及卡车司机为了抢劫而采取的各种反侦察措施进行了详细的描述。文章对非常多的特定抢劫案件作出了说明,包括原告参与的抢劫案件,文章在描述原告参与的卡车抢劫案件时,直接使用了原告的姓名。被告文章披露的抢劫事件发生在 11 年之前,11 年之后,这些参与抢劫的人有的已经改过自新,有的已经获得体面的身份,过着幸福的生活。当被告的文章发表之后,原告 11 年之前参与的卡车抢劫案件被其 11 岁的孩子和朋友知道,这些人知道原告的经历之后不仅嘲笑和讥讽原告,而且都逐渐远离原告。原告向法院起诉,要求法官责令被告就其文章公开披露的事实引起的损害对自己承担隐私侵权责任。法官认为,原告有权要求被告承担隐私侵权责任。法官指出,一方面,新闻媒体在报道现行犯罪行为时有权公开犯罪行为人的姓名、身份,新闻媒体公开现行犯罪行为人的姓名、身份的行为不构成隐私侵权行为,即便因此造成损害,新闻媒体也不对他们承担隐私侵权责任;另一方面,新闻媒体在报道过去犯罪行为时不得公开过去犯罪行为人的姓名、身份,否则,其公开行为将构成隐私侵权行为,应当对他人承担隐私侵权责任。此种规则具有合理性,能够较好地平衡新闻媒体享有的新闻自由权和他人的隐私权。

对于现行犯罪活动而言,新闻媒体享有的新闻自由权优先于犯罪行为人的隐私权,此种优先权使新闻媒体不仅有权对现行犯罪行为进行报道,包括犯罪行为发生的具体情况、犯罪行为人采取的具体犯罪手段、犯罪行为人的犯罪动机、犯罪行为对受害人和社会公众造成的社会危害,而且有权公开现行犯罪行为人的姓名、身份。新闻媒体之所以享有报道现行犯罪活动的

---

① 4 Cal. 3 d 529, 483 P. 2d 34, 93 Cal. Rptr. 866(1971).

优先权,其原因有四:其一,新闻媒体对现行犯罪活动的报道能够满足社会公众享有的知情权。社会公众有权知道现行犯罪活动方面的所有信息,新闻媒体对这些现行犯罪活动进行报道能够满足社会公众的知情权。其二,新闻媒体对现行犯罪活动和此后的审判活动进行报道,能够鼓励知道、了解案件真实情况的证人提供有价值的证据,为公安机关侦破刑事案件和检察机关提起公诉提供线索。其三,新闻媒体对现行犯罪活动的报道能够鼓励犯罪行为受害人的亲朋好友来帮助受害人,使受害人在遭受犯罪行为的侵害时能够得到及时的心理安慰,减少他们遭受的痛苦。其四,新闻媒体对刑事审判活动的报道尤其是对犯罪分子的刑事制裁活动进行报道,能够教育社会公众,让他们知道违反刑法的后果是什么,从而减少犯罪行为的发生。新闻媒体之所以享有报道现行犯罪行为人姓名或者身份的优先权,其原因有三:其一,让社会公众知道犯罪行为人的姓名或者身份之后能够及时向公安机关或者检察机关提供有价值的信息、线索,为公安机关或者检察机关及时侦破刑事案件提供线索。其二,让社会公众知道某一个特定的人可能是犯罪嫌疑人,该人可能还会实施同样或者类似的犯罪行为,以便社会公众能够采取措施,避免再次遭受犯罪嫌疑人犯罪行为的损害。其三,让那些了解、知道案件具体情况的证人能够及时作证,以便能够及时审判犯罪行为人的犯罪活动。

对于过去实施的犯罪活动而言,新闻媒体也享有报道有关过去犯罪事实的优先权,当他们的报告公开犯罪行为人过去实施的犯罪活动时,他们的公开行为不构成隐私侵权行为。其原因有二:其一,正如新闻媒体对现行犯罪行为的报道能够起到教育社会公众的作用一样,新闻媒体对过去发生的犯罪活动进行的报道也能够起到教育社会公众的目的。其二,社会公众有权知道有关机关是否严格执行法律,有权知道犯罪行为人的犯罪事实是否同他们遭受的刑事制裁一致。但是,对于过去犯罪行为人而言,新闻媒体仅仅报道过去犯罪事实的优先权,不具有公开过去实施犯罪的行为人的姓名或者身份的优先权,如果新闻媒体在报道过去发生的犯罪活动时公开了犯罪行为人的姓名或者身份,则他们的公开行为将构成隐私侵权行为,应当对他人承担侵权责任。因为,一方面,一旦诉讼程序已经结束,犯罪嫌疑人已经被宣告为无罪,新闻媒体再公开行为人的姓名、身份对于司法活动的进行没有意义:新闻媒体此时无需公开犯罪行为人的姓名或者身份以便鼓励证人提供证据,或者对受害人提供帮助。另一方面,新闻媒体公开过去犯罪行为人的姓名或者身份会直接影响他们的婚姻、家庭生活,使他人面临被人讥笑、讽刺甚至遗弃的境地。因为这样的原因,《美国侵权法重述》(第2版)第867条之官方评论C指出:"当犯罪行为人实施的犯罪行为使他们受到社会公众关注时,犯罪行为人将在一段时期内成为社会公众对其享有合法利益的目标。除非他们已经回复到大多数人过着的合法生活、平淡无奇的生活,否则,他们应当忍受新闻媒体的报道,因为新闻媒体要满足于社会公众对他们犯罪行为的猎奇心态。"

在英美法系国家,司法判例普遍认为,新闻媒体在报道有关刑事案件时有权公开刑事案件受害人的姓名或者身份,他们的公开行为不构成隐私侵权行为,无需对他人遭受的损害承担隐私侵权责任。这在著名的 Cox Broadcasting Corp v. Cohn① 一案中得到说明。在该案中,被告新闻媒体在其报道中公开了刑事案件受害人的姓名和其他身份。原告向法院起诉,认为被告的行为侵害直接享有的隐私权,应当承担隐私侵权责任。法官认为,被告公开原告女儿姓名和身份的行为不构成隐私侵权行为,无须对原告承担隐私侵权责任。法官的一个主要理由在于,新闻媒体有报道有关案件的特权。法官指出,在本案中,原告认为,被告公开其女儿是强奸犯受害人的事实侵犯了直接享有的隐私权。此种观点存在问题。因为,刑事犯罪行为的实施,因为刑事犯罪而提起的公诉,因为公诉的提起而产生的法定审判程序,毫无疑问都是社会公众对其享有合法利益的事件,新闻媒体有责任对这些事件进行报道。新闻媒体享有准确报道法定诉讼活动特殊保护的权利已经得到反复承认。日益发展的隐私侵权责任也承认新闻媒体所享有的此种特权,它们也有权准确报道法定诉讼活动的免责特权。Warren 和 Brandeis 也在他们的《隐私权》一文中指出,他们建议侵权法认可的隐私权也应当受到限制,就像书面诽谤和口头诽谤侵权诉讼应当受到限制一样:如果新闻媒体对审判活动进行报道,新闻媒体的报道行为不应当被认为侵犯了有关利害关系人的隐私权,它们对法庭审判活动的报道隐私授予免责特权。法官还指出,无论是他人的隐私权还是行为人的新闻自由权都植根于我们的传统,对我们的社会意义重大。法官不愿意在普遍意义上讨论这两种权利的冲突

---

① 420 U.S. 469(1975).

和平衡问题,他们仅仅愿意在狭义的场合来讨论,即当新闻媒体通过查阅公开记录而获得犯罪行为受害人的姓名时,他们公开受害人姓名的行为是否构成隐私侵权行为?国家是否能够责令新闻媒体就其公开犯罪行为受害人姓名的行为对他人承担隐私侵权责任?法官认为,当新闻媒体公开要件记载在公开记录中的信息时,国家不应当责令新闻媒体就其公开行为对他人承担隐私侵权责任。此时,法官应当牺牲他人的隐私权而保护行为人的新闻自由权。法官指出,在当今社会,每一个人虽然能够了解其政府的行为,但是他们通过获得第一手资料的方式来了解政府行为的时间和资源有限,他们不得不依赖新闻媒体给他们提供有关政府行为方面的事实。此时,新闻媒体要承担巨大的责任来充分、准确地报道政府的行为,而官方对社会公众公开的记录和文件是有关政府活动方面的基本数据。如果新闻媒体不给我们提供信息,我们当中的绝大多数人和我们的许多代表人将无法理智地进行投票表决,无法对政府管理行为发表意见。对于诉讼活动而言,新闻媒体的功能在于保障审判活动的公正性,确保社会公众能够对司法管理进行监督。法官认为,如果认为新闻媒体公开公共记录中记载的信息会使一个由理性的人对所公开的信息高度反感而禁止新闻媒体公开这些信息,则新闻媒体在决定将公共事务告诉自己的读者时将面临困难。让新闻媒体就其公开公共记录中存在的信息对他人承担隐私侵权行为,会使新闻媒体自我决定公开什么信息时会面临自我审查的问题,会使他们在决定公开的内容时犹豫不决,会使他们将许多重要信息束之高阁而不予公开。实际上,《美国宪法第一修正案》和《第四修正案》不允许责令新闻媒体承担隐私侵权责任,如果新闻媒体客观真实地公开法庭记录中已经对社会公众公开的信息的话。如果法庭审判活动中存在需要保护的隐私利益,国家应当采取措施,防止这些信息进入公共记录的文件中或者采取其他措施,防止这些私人信息被公开。国家的政治机关应当平衡他人对其隐私享有的利益和社会公众享有知情利益及新闻媒体享有的公开利益。一旦供社会公众查阅的法庭公共记录已经记载了真实的信息,侵权法不得因为新闻媒体公开这些真实的信息而被责令对他人承担隐私侵权责任。在 Oklahoma Publishing Co. v.

第十三章 隐私侵权责任的抗辩事由

District Court[①]一案中,法官也对原告的隐私权和行为人的言论自由权及新闻自由权的关系作出了说明。在该案中,被告公开了一名仅有11岁大的未成年人的姓名和相片,该未成年人被控犯有二级谋杀犯罪行为。原告向法院起诉,要求法官颁发禁止令,禁止被告公开其姓名和相片。法官认为,禁止被告公开原告的姓名或者相片的行为将违反美国宪法第1修正案的规定。法官指出,被告参加法庭对少年犯的审判活动或者当在少年犯离开法庭时给该少年犯拍照,原告不得要求法庭予以禁止;没有证据证明被告是通过违法方式获得有关信息;当检察机关在该少年犯提起检控时,原告的姓名和相片就已经公开了。在Smith v. Daily Mail[②]一案中,法官认为,即便制定法明确规定新闻媒体不得公开少年犯的身份,被告公开少年犯姓名的行为没有侵犯原告的隐私权,无须对原告承担隐私侵权责任,法官认为,被告新闻媒体享有《美国宪法第一修正案》享有的新闻自由权。在该案中,有关州的制定法规定,未经未成年法庭的许可,任何人都不得公开少年犯的身份,否则,其行为人将构成犯罪。在本案中,被告通过合法手段获得了少年犯的名字,之后不久,为了让目击证人提供证据,被告就在其电台节目中公开了少年犯的名字。原告向法院起诉,认为被告违反制定法的规定,公开少年犯姓名的行为侵犯了原告的隐私,应当对证据承担隐私侵权责任。被告提出抗辩,认为根据《美国宪法第一修正案》,被告享有客观和准确报告刑事案件的特权。法官认为,既然《宪法第一修正案》规定被告享有新闻自由权,他们公开通过合法手段获得的少年犯的姓名的行为不构成隐私侵权行为,无须对原告承担隐私权侵权责任。在Landmark Communications, Inc., v. Virginia[③]一案中,法官也认为,被告享有《宪法第一修正案》规定的新闻自由权,对公开原告身份的行为没有侵犯原告的隐私权,不用对原告承担隐私侵权责任。在该案中,州制定法明确规定,当州司法委员会调查法官的非法行为或者欠缺能力的案件时,任何人不得公开该委员会的调查活动,否则,其行为构成犯罪。在该案中,被告违反了该州制定法的禁止性规定,在其报刊上发表消息,公开了州司法委员会所进行的调查活动。原告向法院起诉,认为被告公开报道的行为侵犯了自己的隐私权,应当承担隐私侵权责任。法

---

① 430 U.S. 308(1977).
② 443 U.S. 97(1979).
③ 435 U.S. 829(1979).

官认为,根据美国宪法第 1 修正案的规定,被告在其报纸上准确报道司法委员会的调查活动不应当受到惩罚,其公开报道活动没有侵害原告的隐私权,无须承担隐私侵权责任。在 Florida Stay v. BJF①一案中,法官认为,被告不小心公开性犯罪受害人的姓名的行为不构成隐私侵权行为,无须承担隐私侵权责任,即便被告的行为违反了州制定法的禁止性规定。在该案中,原告在遭受性暴露侵犯之后向地方警察当局提交报告,在该报告中,原告说自己遭到犯罪分子的抢劫和强奸,要求警察当局采取措施抓捕罪犯。被告通过合法途径获得此种信息之后违反州《制定法》的禁止性规定,也违反了其不公开犯罪行为受害人身份的内部政策,将该种信息在其"警察报告"中作出了说明,使受害人的身份被不小心公开。原告向法院起诉,认为被告违反所在州的《制定法》的行为侵犯了自己的隐私,应当承担隐私侵权责任。该种的《制定法》规定,通过任何新闻媒体公开性犯罪受害人的姓名、住址或者其他能够确定受害人身份的事实或者信息,都是违法行为。一审法院认为,被告的行为是隐私侵权行为,应当对原告承担隐私侵权责任,为此,一审法院的陪审团判决被告赔偿原告补偿性的损害赔偿金 75000 美元,承担惩罚性的损害赔偿金 25000 美元。被告不服,上诉到州最高法院。州最高法院撤销了一审法院的判决,认为被告的行为不构成隐私侵权行为,无须对原告承担隐私侵权责任。法官根据前述 Daily Mail 一案的规则,认为,如果报纸合法获得某种真实信息并且如果它们获得的此种信息是关乎公共利益的信息时,法官不应当制裁它们。

(三)具有新闻价值的人物与新闻媒体的免责特权

除了公共官员、公众人物本身是具有新闻价值的人物之外,一般的社会成员也可能因为其特殊的经历、特殊身份而成为具有新闻价值的人物。一旦他们因为某种特殊的经历、特殊的身份而成为具有新闻价值的人物,新闻媒体就不仅有权公开他们的特殊经历、特殊身份,而且还有权公开其特殊经历、特殊身份之外的其他属于隐私的信息。此时,新闻媒体的公开行为不构成隐私侵权行为,无须对他人遭受的损害承担隐私侵权责任。法官在众多案件中对这样的规则作出了明确规定。

---

① U.S. 109 Sup. Ct. 2603(1989).

在 Sidis v. F-R Publishing Corp[①] 一案中,法官认为,由于原告是一个具有新闻价值的人物,被告公开原告私人经历的行为不构成隐私侵权行为,无须对原告承担隐私侵权责任。在该案中,原告 Sidis 在 1910 年时是一个大名鼎鼎的数学神童。那个时候的报纸读者对他的名字、造诣了如指掌。在 11 岁时,原告就已经就思维几何理论(Four-Dimensional Bodies)对当时那些著名的数学家发表过演说。在 16 岁时,他就毕业于美国著名的高等学府哈佛大学,并因此引起了社会公众的广泛关注。从那时起,原告的名字仅仅开始断断续续地出现在报纸杂志上,因为原告意图过着隐秘的生活,不希望成为报纸杂志追逐的对象。在被告的报纸杂志于 1937 年再次公开原告的现状之前,原告非常成功地实现了自己的愿望,因为很少有报纸杂志再对原告表示关注和报道。到了 1937 年 8 月 14 日,被告在其期刊《纽约周刊》上发表文章,对原告的经历作出简单的介绍,并附加了原告的漫画。在 1937 年 12 月 25 日的《纽约周刊》上,被告对原告的经历作出了更多的介绍,并且又提到对 1937 年 8 月 14 日《纽约周刊》上刊登的有关文章。被告的文章主要包括三个方面的内容:其一,被告的文章描述了原告早期在数学方面的杰出成就和原告在早期所受到的广泛关注,原告目前的破败衰落和原告对自己之前的名声和成就感到的惶恐不安的状态。其二,被告的文章描述了这个不幸的数学神童多年来的不幸命运,包括原告试图隐姓埋名,包括原告在选择事业时选择无须使用特殊数学知识的低下职业,包括原告喜欢收藏某些特殊东西的奇异爱好等。其三,被告的文章公开了被告在原告现在的居所对原告进行的采访内容,披露了原告现行居所的寒酸破败、邋里邋遢,披露了原告现在发出的古怪笑声、讲话方式和其他个人习惯等。被告的文章还附加了原告在 11 岁时对那些呆若木鸡的教授们发表演说的漫画。

被告的文章发表之后,引起了非常大的轰动,使社会公众再次对原告表示关注。原告认为被告的文章严重侵犯自己享有的隐私权,应当对自己遭受的损害承担隐私侵权责任。为此,原告向法院起诉,要求法官责令被告就其公开披露自己隐私的行为对自己承担隐私侵权责任。法官认为,被告的报纸杂志虽然公开了原告的隐私,但是,被告不应当对原告遭受的损害承担隐私侵权责任。法官指出,侵权法不会因为新闻媒体公开披露他人所有具

---

① 113 F.2d 806(2d Cir. 1940).

有亲密关系的私人生活而要让它们承担隐私侵权责任,任何人都同意,在某些方面,社会公众获得信息的公共利益要压倒个人获得隐私权保护的愿望。虽然 Warren 和 Brandeis 认为,只有公共官员的隐私权要让位于社会公众获得信息的公共利益,但是,我们准备走得更远一些,虽然我们还没有决定我们究竟应当走多远。最大限度地,如果一个人要件获得了公共人物的身份,侵权法应当允许社会公众对他们的"私人生活"进行有限的审视。在本案中,原告 Sidis 曾经是一个公共人物。作为一个少年神童,他曾经既获得了社会公众的羡慕,也获得了社会公众的好奇心。社会公众能够期待他获得伟大的成就。在 1910 年,新闻媒体对原告的事项享有合法的利益,并因此对其数学天赋进行了报道,新闻媒体对原告数学天赋的报道并非是为了满足社会公众的猎奇心里。虽然如此,新闻媒体报道原告事项的准确动机并不是很重要。即便原告在 1910 年时就讨厌新闻媒体对其事项的报道,我们认为,原告获得的不平凡的成就也使新闻媒体有权对其事迹进行报道。由于原告从 1910 年时逐渐将自己封闭起来,社会公众对其了解逐渐减少。原告此后的历史,包括原告是否已经实现了当年的承诺,是否在数学领域获得了令人瞩目的成就,仍然是社会公众关心的重要问题。被告的文章对原告的不平凡的人生进行了描述,因为,原告的人生经历是具有普遍新闻价值的东西。

在 Haynes v. Alfred A. Knopf, Inc.[①]一案中,Posner 法官也认为,原告是一个具有新闻价值的人物,被告公开原告的人生经历的行为不构成隐私侵权行为,无须对原告承担隐私侵权责任。在该案中,被告出版了一本名为《乐土:伟大的黑人变迁以及对美国产生的影响》的著作,该著作使用了 Ruby Lee Daniels 的经历来说明美国 20 世纪 40 年代到 70 年代南方黑人所经历的从乡村到城市化的变迁给美国带来的社会、政治和经济影响。被告的著作既有对美国黑人变迁的一般讨论,也有对原告真实人生和经历的描述。在其著作中,被告首先描述了 Ruby Lee Daniel 在美国密西西比州所过的佃农生活;之后,描述了 Ruby Lee Daniel 迁徙到美国芝加哥的经历;最后,描述了 Ruby Lee Daniel 此后在美国芝加哥 40 年的生活。除了讨论 Ruby Lee Daniel 的其他生活之外,被告的著作也讨论过 Ruby Lee Daniel 同其前夫 Lu-

---

① United States Court of Appeals, (1993) 8F. 3d 1222.

ther Haynes 之间的关系。被告在其著作中将 Haynes 描述成为一个酗酒成性、对孩子极端不负责的、工作不稳定、对 Ruby Lee Daniel 不忠实并且为了另外一个女人而最终离开了 Ruby Lee Daniel 的人。Haynes 向法院起诉,认为被告出版的著作侵犯了他们的隐私权,要求法官责令被告就其著作对自己承担隐私侵权责任,因为,原告认为,Haynes 认为,虽然被告的著作中公开的许多事实都是真实的事实,但是,其公开的事实都是发生在 25 年之前的事实;原告已经改过自新,再次结婚并且过着体面的生活,被告的著作使他们的正常生活受到影响。Posner 法官援引前述 Sidis 一案确立的规则,作出了驳回原告诉讼请求的判决,认为被告的著作没有侵犯原告的隐私权,无需对原告承担隐私侵权责任。法官指出,被告的著作并没有公开披露原告的亲密关系的细节,而仅是公开披露原告 Luther 实施的非法行为,包括原告 Luther 的酗酒行为、不稳定的雇佣关系、通奸行为、对前妻和小孩的不负责行为等。这些非法行为虽然原本应当属于隐私权的范畴,被告公开其隐私原本应当承担隐私侵权责任,但是,因为发生在原告身上的事项是具有新闻价值的事项,被告有权对其进行公开。Posner 法官指出,如果发生在一个人身上的经历是具有新闻价值性质的经历,即便这些人是非公共性质的人物,是不希望公开其经历的人,他们也无权要求新闻媒体不公开其经历。隐私侵权认为,如果一个非自愿性质的人物要求行为人就其公开行为承担隐私侵权责任,他们不仅要证明,行为人公开的私人事实是让一个理性人高度反感的事实,而且还要证明,行为人公开的私人事实是社会公众对其不享有合法利益的事实。行为人公开的事项是让人高度反感的事项和行为人的事项是具有新闻价值性质的事项,是两个关系密切的标准。一个人甚至一个社会常常反感行为人公开他人的亲密关系,因为社会公众对他们的亲密关系不享有合法利益。在本案中,被告著作的读者不对原告的亲密性生活享有合法利益。如果被告在其著作中公开原告的性生活,被告的行为当然构成隐私侵权行为。问题在于,被告并没有在其著作中公开披露原告的亲密性生活。被告的读者的确对被告在其书公开披露的原告行为享有合法利益。被告著作的一个重要的主题是原生态地再现美国黑人从南部母系社会变迁到北部城市社会的过程。法官指出,虽然包括历史学在内的社会科学往往在采取抽象、归纳等方式来进行研究,虽然他们很少会采取案例研究的方式来进行社会科学的研究,但是,如果认为社会科学仅仅采取计量的方法或者其他的归纳方法来进行社会科学的研究才是唯一准确的研究方法或者才是最好的方法显然是荒谬的。被告的著作出版之后可谓好评如潮,包括大量黑人学者在内的著名学者都对被告的著作倍加赞誉。被告在其著作中采取了个人案例的研究方法。如果被告不讲述 Ruby Lee Daniel 的人生经历或者故事,如果被告在讲述 Ruby Lee Daniel 故事时不敢公开披露其认为从事了不当行为的每一个人的姓名或者他们经历的事情,则被告根本就无法写作引起纠纷的著作。

(四)新闻媒体免责特权的相对性

虽然两大法系国家的侵权法都认为,新闻媒体享有报道他人事实的某种特权,但是,两大法系国家的侵权法也都认为,新闻媒体享有的此种免责特权并不是绝对的而是相对的,以新闻媒体在报道他人事件时不存在主观上的恶意作为条件,以新闻媒体在报道有关事件时存在公正、客观的立场作出条件,以新闻媒体在准确报道有关事件作为条件,如果新闻媒体在报道他人事件时欠缺公正、客观的态度或者欠缺准确的报道,或者是处于毁损他人隐私利益的恶意,则新闻媒体的报道行为和公开行为将构成隐私侵权行为,应当对他人因此遭受的损害承担隐私侵权责任。在法国,司法判例对这样的规则作出了说明。在 1990 年的案件中,法官最高法院认为,新闻媒体在公开报道他人事件时存在问题,其报道行为构成隐私侵权行为,应当对他人承担侵权责任。在该案中,被告是一家报社,其报纸在报道一个年轻女子的谋杀案件时还附带了该女子的邻居对该女子的行为作出的评价。在所刊发的文章当中,该女子的邻居说受害女子的家庭道德存在问题,受害女子本身就是坏人,品质恶劣,好斗逞强。① 该女子的家庭向法院起诉,认为被告的行为侵犯了自己的隐私权,要求法官责令被告对其承担隐私侵权责任。被告提出抗辩,认为自己有权公开此种信息,有权报道这个刑事案件。法官认为,虽然被告作为新闻媒体有权报道刑事案件,但是,他们在报道刑事案件时仅仅有权报道一个刑事案件发生的文化背景和社会背景,没有权利报道没有获得原告同意的、对原告家庭有损害的陈述,因为新闻媒体虽然享有将刑事案件告诉其读者的利益,但是它们没有公开第三人对受害人作出的不

---

① June 20, 1990, Cass. civ. 2e, LEXIS Pourvoi No. 89-14.391 (Fr.)

利陈述的义务。在前述 Sipple v. Chronicles Publishing Co.①一案中,英美法系国家的法官在免除被告新闻媒体的隐私侵权责任时也认为,被告新闻媒体虽然享有公开报道原告性趋向的免责特权,但是,此种特权不应当被滥用。法官指出,在本案中,被告对原告是同性恋事实的报道并不会让人非常反感,因为,在被告报道原告的性取向时,原告是同性恋的事实已经被充分地公开,大量的同性恋者都知道这一事实。更进一步而言,被告在公开原告是同性恋的身份时,其主观目的不是为了刺探原告的隐私,而是为了合法的政治上的考量:因为社会公众总是认为同性恋者是胆小的、懦弱的、不英勇的形象,被告的报道就是要打破社会公众对同性恋者存在的此种虚假印象;被告的报道还提出了一个非常重要的政治问题:美国总统是否应当继续对同性恋者抱有偏见或者歧视的态度。Sipple 一案的判决被美国司法判例在 Virgil v. Times, Inc.②一案中,法官也认为,被告享有公开他人事务的免责特权。法官指出,《美国侵权法重述》(第 2 版)第 652D 条规定的隐私侵权包括了行为人享有公开他人具有新闻价值事件的免责特权。《美国侵权法重述》(第 2 版)第 652D 条规定,只有被公开的事项是社会公众不对其享有利害关系的事项时,法律才会责令行为人就其公开行为对他人承担隐私侵权责任。虽然《美国侵权法重述》(第 2 版)第 652D 条没有这样强调,但是,我们仍然认为,此种规定是一个宪法性质的问题,它对行为人的行为究竟是不是侵权行为作出了界定。因此,行为人究竟享有什么范围内的免责特权,应当是美国联邦法律而非美国州法律规定的问题。在该案中,法官也对行为人的免责特权的限制问题作出了说明。法官指出,认为行为人的免责特权适用于他们作出的一切真实性质的陈述,似乎已经否认了私人事实的存在,因为事实就是事实,换句话说,如果行为人陈述的事实是真实的事实,则这些事实将不是私人性质的事实,至少对新闻媒体而言是如此。此时,新闻媒体想公开什么事实就能够公开什么事实,想在什么范围内公开这些事实就在什么范围内公开。如果是这样的话,即便他人仍然享有隐私权,这些隐私权的范围将不取决于法律的规定,而取决于新闻媒体的偏好和自由决定权。我们无法接受这样的结果。如果社会公众无权知道他人的事实,我们还能够说新闻媒体仍然享有宪法规定的询问权和通知权?我们认为,新闻媒体

---

① 154 Cal. App. 3d 1040, 201 Cal. Rpt. 665(1984).
② 527 F. 2d 1122, 1128-1129(9th Cir. 1975).

没有这样的权利,因为社会公众有权知道,新闻媒体具有对他人事务进行询问和通知的权利。这样,新闻媒体享有的询问权和通知权不得大于社会公众有权知道的范围。

(五) 新闻媒体相对免责特权在侵扰他人安宁的隐私侵权制度中的适用

美国司法判例认为,即便被告是新闻媒体或者新闻媒体的记者,如果他们通过欺诈手段获得原告的同意而进入原告的不动产之上或者不动产之内,被告新闻媒体或者其记者的行为仍然构成侵扰行为,在符合其他构成要件的情况下,新闻媒体或者新闻媒体的记者仍然要对原告遭受的损害承担隐私侵权责任,新闻媒体此时不得主张美国宪法第1修正案的保护,主张享有免责特权。在我国,新闻媒体是否也不具有新闻自由权的抗辩事由,我国学说和司法判例并没有作出明确的说明。笔者认为,我国侵权法应当认可新闻媒体在新闻采访方面享有的相对免责特权,允许他们在一定的条件下借口新闻自由权而拒绝对他人承担隐私侵权责任。

1. 美国司法判例对待新闻媒体实施的侵扰行为的态度

这在众多的案件中得到说明。在 Dietemanm v. Time, Inc[①] 一案中,法官认为,被告新闻媒体采取欺诈手段进入原告的不动产之内的行为构成侵扰行为,应当对原告遭受的损害承担隐私侵权责任。在该案中,原告是一名残疾的退伍老兵,他在没有接受任何教育的情况下开设诊所,用黏土、矿物和药草给人治病。为了曝光原告和同原告类似的庸医的治疗活动,被告派出的两个记者假冒原告的病人,获得原告的同意之后进入原告的家中。被告的记者进入原告的家中之后使用隐藏设备,将原告同被告的两个记者之间的对话传到了由被告和公共官员控制的汽车装置之上。同时,当原告正准备给被告的一名女记者进行检查时,被告的另外一名记者偷拍了原告给被告的女记者检查的照片,包括原告将手放在女记者胸脯上部而眼看着医疗器械的照片。后来,被告的记者所偷拍的相片在有关故事中发表,在该故事中,被告提到了原告同被告记者之间的对话但是没有直接引用。被告的记者进入原告家中进行偷拍和偷录的事件发生之后不久,原告即因为无证行医而遭逮捕和检控。原告在遭检控时向法院起诉,要求法官责令被告就

---

① 449 F.2d 245,247-250(9th Cir.1971).

其侵扰行为对自己承担隐私侵权责任。一审法院的法官认为,一方面,被告的两名记者最初的进入行为不构成侵扰行为,无需承担隐私侵权责任,即便被告的两个记者是通过欺诈方式进入原告的家中,法官认为,任何人,一旦他们邀请别人到他们家中或者办公室,他们应当承受这样的风险即被邀请者可能不是他们表面上的身份,被邀请者在离开时可能会对别人重复他们听到的内容或者观察到的情况。另一方面,被告的两名记者在没有获得原告同意的情况下进入原告的家中,将原告同被告的记者之间的对话偷传到被告和公共官员控制的设备里面,将原告在给病人进行检查的相片偷拍下来并进行发表的行为构成侵扰行为,应当对原告遭受的精神损害承担赔偿责任。为此,法官判决被告派出原告损害赔偿金1000元。被告不服,认为其进行偷拍、偷听的行为属于《美国宪法第一修正案》保护的行为,应当被免除侵权责任的承担。二审法院作出了维持一审判决的意见。法官指出,被告的行为构成侵扰行为,该种侵扰行为不受《美国宪法第一修正案》的保护,因为,"《美国宪法第一修正案》从来就没有被解释为对新闻媒体提供保护,使它们能够享有不就其新闻采访过程中实施的侵权行为或者犯罪行为承担侵权责任的特权。《美国宪法第一修正案》并不是新闻媒体实施侵入行为、盗窃行为的特许证,也不是新闻媒体通过电子设备手段进入他人家中或者办公室的隐秘地方实施侵扰行为的特许证。"在 Branzburg v. Hayes[①] 一案中,美国联邦最高法院认为,《美国宪法第一修正案》不保护新闻媒体通过侵扰行为实施的新闻采访活动,新闻媒体仍然应当就其实施的侵扰行为对他人承担隐私侵权责任。在该案中,美国联邦最高法院一方面认为,新闻媒体为了公开所获得的信息就要进行新闻采访,因此,新闻采访活动是新闻媒体公开报道的必要组成部分;新闻媒体的新闻采访活动并非不受《美国宪法第一修正案》的保护。如果《美国宪法第一修正案》不对新闻媒体通过某些保护,则新闻媒体享有的新闻自由权将无法实现;一方面又认为,当新闻媒体在进行新闻采访时就其新闻采访获得发生争议,法官应当对它们使用对一般人适用的法律,当涉及他们获得的信息问题时,新闻媒体应当承担在大陪审团面前作证的法定义务,新闻媒体没有不适用一般法律的免责特权,没有侵害他人权利和自由的特殊免责特权。当信息还没有对社会公众普遍公开

[①] 408 U.S. 665 (1972).

时，《美国宪法第一修正案》不会赋予新闻媒体获得这些特殊信息的宪政权利。美国联邦最高法院的此种判决究竟如何理解，是承认还是反对新闻媒体在进行新闻采访时享有的宪法特权，美国主流学说和司法判例都作出了肯定的意见，认为美国联邦最高法院的此种判决事实上否定了新闻媒体在新闻采访方面享有的宪政特权，当他们采取侵扰他人安宁的违反手段进行新闻采访时，他们应当就其实施的侵扰行为对他人承担隐私侵权责任，新闻媒体不得借口《美国宪法第一修正案》规定的新闻自由权而拒绝承担隐私侵权责任。不过，某些学说认为，对美国联邦最高法院的此种判决作出这样的解释存在问题，因为，美国联邦最高法院在此种案件中也仅仅确立了新闻媒体有义务就其公开的信息在大陪审团面前进行作证，当它们采取侵扰方式获得引起争议的信息时，它们仍然能够主张《美国宪法第一修正案》的保护，无须就其新闻采访过程中实施的侵扰行为对他人承担隐私侵权责任。不过，美国少数学说的观点显然违反了美国联邦最高法院的意图，因为，此后不久，美国联邦最高法院在众多的案件中都坚守了 Branzburg 一案确立的规则，认为新闻媒体在进行新闻采访时享有的权利同一般社会公众享有的权利没有什么差异，当新闻媒体因为新闻采访活动引起隐私纠纷时，法官不得适用《美国宪法第一修正案》来免除新闻媒体承担的隐私侵权责任，而应当适用一般法律来责令新闻媒体对他人承担隐私侵权责任。在 Cohen v. Cowles Media Co.① 一案中，美国联邦最高法院的法官认为，在新闻媒体实施的隐私侵权问题上，适用一般侵权法而非《美国宪法第一修正案》并没有违反美国宪法第1修正案，适用一般侵权法时对新闻媒体实施的审查并不比适用其他人或者组织实施的审查更严格。在 Houchins v. KQED 一案中，法官也认为，侵权法既禁止一般的社会公众获得有关每个月进行的囚犯室外活动方面的信息，也禁止新闻媒体获得每个月进行的囚犯室内活动方面的信息，新闻媒体如果采取偷拍的方式获得这一方面的信息，则他们的偷拍行为构成隐私侵权行为，新闻媒体不得借口《美国宪法第一修正案》而主张免责。法官指出，除非政治部门作出相反的规定，否则，无论是新闻媒体还是一般的社会公众都没有权利获得有关监狱方面的信息。②

在美国，福罗里达州的《制定法》规定，除非打电话的所有当事人都预先

---

① 501 U.S. 663, 669 (1991).
② 438 U.S. 1, 15 (1978).

同意,否则,任何一方当事人都不得在对方当事人不知道的情况下偷听、偷录其电话通话,也不得在对方不知道的情况下通过电话搭线的方式偷听他人之间的通话。美国新闻媒体的记者和其他人认为,美国福罗里达州的此种制定法违反宪法,使新闻媒体或者其他人无法行使宪法规定的新闻自由权和言论自由权。他们认为,新闻媒体在进行新闻采访时完全有必要使用秘密的偷录、偷拍或者偷听的设备,理由有三:这样做才能增加新闻报道的准确度;如果让他人知道新闻媒体对他们采访时正在录音,则他人在接受新闻采访时就不会推心置腹和畅所欲言;一旦他人起诉新闻媒体实施了名誉侵权,新闻媒体能够使用其偷录的内容来进行反击。美国福罗里达州最高法院认为,福罗里达州的此种制定法并不违反美国宪法的规定,其规定合宪。法官指出,福罗里达州的制定法允许通话的每一当事人对其谈话享有不被偷录的隐私期待利益,防止他们之间的通话被对方当事人所偷录。该制定法没有将新闻媒体排除在制定法调整范围之外,如果新闻媒体为了获得新闻线索而实施侵扰行为,如果新闻媒体在通话时在没有获得对方当事人的允许,则新闻媒体也应当承担隐私侵权责任。美国宪法第1修正案规定的新闻自由权并不包括新闻媒体享有在进行新闻采访时使用偷拍、偷听或者偷录等方式窃听他人电话通话内容的宪法权利,因为立法机关制度的制定法已经明确承认自然人享有的隐私权。[1]

2. 美国学说对待新闻媒体实施的侵扰行为的态度

在美国,学说近些年来对美国司法判例采取的上述规则作出了严厉的批评,认为美国司法判例采取的上述规则存在问题。美国司法判例或者立法机关应当认可新闻媒体在新闻采访方面享有的有限免责特权。当新闻媒体为了社会公众的利益而实施潜在的侵扰行为时,侵权法也应当享有美国宪法第1修正案享有的免责特权。但是,新闻媒体享有的此种免责特权也仅是相对的而非绝对的,以新闻媒体在进行新闻采访时符合一定的条件作为免责的要件。至于新闻媒体在新闻采访方面享有限度免责特权的条件是什么,美国学说存在不同的意见。某些学说认为,如果新闻媒体在新闻采访符合两个方面的构成要件,则新闻媒体即便实施了侵扰行为,他们也享有不就其侵扰行为对他人承担隐私侵权责任的免责特权:其一,新闻媒体进行新

---

[1] See Marc A. Franklin Robert L. Rabin, *Tort Law and Alternatives*(7th edtion), Foundation Press, p. 1173.

闻采访时应当证明,它们有合理的原因相信原告实施的行为会严重危及别人的健康、安全或者经济问题;其二,新闻媒体进行新闻采访时应当证明,新闻媒体进行新闻采访时使用的手段相对于获得原告存在过错的文件的必要性而言实际上并不构成侵扰行为。① 某些学说认为,当新闻媒体在进行新闻采访时使用了偷录、偷拍手段,如果被偷录、偷拍的活动是一个从事公共事业的人在从事同其工作有关的活动,并且如果新闻媒体能够证明,他们有合理的原因相信原告从事的活动是非法的活动、具有欺诈性质的活动或者具有潜在危险性质的行为,则新闻媒体实施的偷录、偷拍行为即便构成侵扰行为,新闻媒体也无须对原告承担隐私侵权责任。此种学说认为,新闻媒体要享有新闻采访方面的相对免责特权,应当具备的条件是:其一,新闻媒体进行偷录、偷拍时应当具有合理的原因。如果新闻媒体主张新闻采访方面的免责特权,他们必须证明,在进行偷录、偷拍之前,他们有合理的理由相信原告从事非法行为、欺诈行为或者潜在的有害行为。其二,新闻媒体享有的免责特权在范围方面是有限的。此种免责特权不允许新闻媒体对他人私人住所或者居所进行偷录、偷拍。其三,新闻媒体享有的免责特权受到滥用免责特权原则的限制。如果新闻媒体进行偷录、偷拍的目的不是它们原本具有的目的,则新闻媒体不得主张此种免责特权。②

3. 我国侵权法应当采取的态度

在我国,新闻媒体在进行新闻采访活动时实施了偷录、偷拍的行为,在符合侵扰他人安宁的隐私侵权制度的构成要件的情况下,他们是否应当就其实施的侵扰行为对他人承担隐私侵权责任? 我国学说和司法判例对这样的问题少有说明。笔者认为,在我国,新闻媒体在一般情况下不得侵扰他人私人生活的安宁,否则,新闻媒体应当就其侵扰行为引起的损害对他人承担隐私侵权责任。但是,他们在一定条件下能够实施侵扰行为,当他们实施的侵扰行为引起他人损害时,他们无需就其侵扰行为对他人承担隐私侵权责任。这些条件包括:其一,新闻媒体实施偷录、偷拍的目的。如果新闻媒体仅是为了娱乐、好奇、敲诈或者威胁的目的去刺探他人的隐私,则新闻媒体

---

① Lyrissa Barnett Libidsky, Prying, Spying, and Lying: Intrusive Newsgphering and Why the Law Should Do About It, (1998) 73 *Tul. L. Rev.* 173, 211.

② Lyrissa C. Barnett, Intrusion and the Investigpive Reporter, (1992)71 *Tex. L. Rev.* 433, 443-444.

偷录、偷拍或者偷看他人从事某种活动的行为就构成隐私侵扰行为,在符合隐私侵扰侵权责任的构成要件的情况下,行为人应当对他人承担隐私侵权责任。如果新闻媒体是为了揭露社会的黑暗面和反映社会问题,在符合其他免责条件的情况下,新闻媒体无须承担隐私侵权责任。其二,新闻媒体实施偷录、偷拍的场所。在一般情况下,新闻媒体实施偷录、偷拍的场所应当是原告从事某种违法犯罪活动的场所,诸如工厂、办公室等场所,但是,如果原告从事的违法活动不在这些地方而在原告的家中,在符合其他构成要件的情况下,新闻媒体也有权进行偷录、偷拍,因为,如果原告是在家中从事违法、犯罪行为,则其家已经丧失了作为家所具有的意义。其三,新闻媒体有正当理由怀疑原告实施违法犯罪行为。如果新闻媒体没有正当理由怀疑原告实施违法犯罪活动,则他们不得偷录、偷拍原告从事的活动;只有新闻媒体有适当的理由怀疑原告实施违法犯罪行为,他们才能够实施偷录、偷拍行为。之所以实行这样的规则,其理由有三:其一,在我国,新闻媒体对他人实施的某种违法犯罪行为进行偷录、偷拍能够使他人的违法犯罪行为得到一定程度的遏制,为社会减少违法犯罪行为提供潜在的动力。在我国,正如在其他国家,违法犯罪的现象大量存在,虽然某些违法犯罪行为是明目张胆地进行,但大多数违法犯罪行为都是偷偷摸摸进行的,为了揭露这些违法犯罪行为,侵权法应当赋予新闻媒体一定的免责特权,让他们采取非正常的手段来揭露他人的违法犯罪行为。其二,新闻媒体担当了搜集和传播信息的角色。在我国,正如在其他国家,新闻媒体的一个重要功能是对社会公众提供信息,包括对社会公众提供原本应当由政府提供而政府消极不提供的信息。如果不赋予新闻媒体偷录、偷拍他人从事违法犯罪的免责特权,则社会公众很可能无法知道这些方面的信息。其三,对政府官员的监督功能。在我国,政府官员违法犯罪的现象屡禁不绝,他们不仅在公共场所实施违法犯罪行为,而且还可能在家中实施违法犯罪行为。让新闻媒体享有相对免责特权,新闻媒体就能够进入政府官员的家中偷录、偷拍他们收受贿赂的证据,为社会公众监督政府官员的行为提供最有效的动力。

三、公众人物的抗辩

所谓公众人物,是指因为其获得的成就、名声、生活方式或者所从事的职业而成为社会公众广泛知悉的人。换句话说,公众人物是指名人,是社会公众广泛知悉的自然人。公众人物包括的范围广泛,既包括那些经常出现在社会公众面前的人,诸如演员、职业棒球运动员、拳击运动员和其他娱乐明星,也包括那些社会公众对其关注的自然人,诸如政府的公共官员、著名的发明家、探险家、战争英雄甚至普通的士兵、神童等。[1] 当行为人尤其是作为新闻媒体的行为人公开公众人物的隐私、侵扰公众人物的私人生活时,公众人物是否有权要求行为人就其公开行为、侵扰行为对自己承担隐私侵权责任?行为人尤其是作为新闻媒体的行为人是否能够以隐私被公开的人、安宁被侵扰的人是公众人物作为拒绝承担隐私侵权责任的抗辩事由?对于这样的问题,两大法系国家的侵权法作出的回答并不相同。总的说来,在大陆法系国家,无论是法国还是德国,侵权法都不太区分公众人物和非公众人物,认为行为人公开公众人物的隐私或者侵扰公众人物的生活安宁的行为构成隐私侵权责任,应当对公众人物承担隐私侵权责任,行为人尤其是作为新闻媒体的行为人不得以原告是公共官员、公共人物作为拒绝承担隐私侵权责任的抗辩事由。而在美国,侵权法认为,公众人物的抗辩事由能够在公开他人私人事务的隐私侵权责任当中得到适用,但是此种抗辩不得在侵扰他人安宁的隐私侵权责任中得到适用。在我国,学说普遍认为,公众人物的抗辩事由能够在隐私侵权责任中得到适用。

(一) 大陆法系国家关于公众人物的抗辩事由

在法国,无论是学说还是司法判例都认为,隐私权是包括公共官员、公共人物在内的所有人都享有的权利,行为人公开公众人物隐私、侵扰公众人物安宁的行为也构成隐私侵权行为,应当对公众人物承担隐私侵权责任,正如行为人公开一般普通社会民众的隐私也应当对他们承担隐私侵权责任一样。因此,法国侵权法在隐私侵权问题上并不区分公众人物和非公众人物,对他们适用相同的法律规则,不允许行为人以原告是公众人物作为拒绝承担隐私侵权责任的抗辩事由。Raymond 指出:"对隐私的侵犯大量增加。隐私可以因为出版物上刊登的文章被侵犯,可以因为电台、电视台的报道被侵犯,可以因为电影的拍摄和放映被侵犯。可以因为电话窃听他人之间的私

---

[1] See W. Page Keeton, *Prosser and Keeton on Torts* (fifth edition), West Publishing Co., pp. 859 – 860.

人通话被侵犯。即使公众人物也是如此。对公众人物隐私的侵犯可以是讽刺性的,也是批评性的。"① Raymond 还出指出:"所有人均享有要求他人尊重其隐私的权利,包括从事广泛公共活动的公众人物,诸如艺术家、电影演员政客等,也包括犯罪嫌疑人或者已被判刑的人。"② 法官司法判例在 1990 年的司法判例中认为,即便被告侵犯公众人物的隐私,他们也应当对作为原告的公众人物承担隐私侵权责任。在该案中,一家英国的报纸《每日邮件报》刊登了一篇关于年轻王子 Rahim 的故事,配有一幅让人讨厌的坏小孩的漫画。在该故事中,被告在没有获得原告父母同意的情况下公开了原告在学校和家中存在的坏习惯。该王子向法院起诉,要求法官责令被告就其侵害自己隐私的行为对自己承担隐私侵权责任。二审法院认为,被告的行为侵害了原告的隐私,责令被告赔偿原告 100,000 法郎。被告不服,上诉到法国最高法院。被告认为,当一个人因为其地位或者财富而成为公众人物时,侵权法应当对他们提供较少的保护,在决定隐私侵权的保护程度时,侵权法应当区分公众人物的隐私保护和非公众人物的隐私保护。法国最高法院拒绝采取被告的意见,认为在隐私权问题上,法国侵权法不区分公众人物和非公众人物,无论是公众人物还是非公众人物都享有平等的隐私权。法国最高法院在其判决中指出,任何个人,无论他们的地位是什么,无论他们的出生是什么,无论他们的财富状况如何,无论他们现在和未来的地位是什么,都享有要求别人尊重其隐私的权利。③ 除了对公众人物的隐私权问题作出说明之外,法国一审法院的法官也在该案中对原告的隐私权和被告的新闻自由权作出了说明。在该案中,被告在一审中提出,如果让自己对原告承担隐私侵权责任,则被告根据《欧洲人权公约》第 10 条享有的言论自由权将被侵犯。法国一审法院的法官认为,责令被告就其侵犯原告隐私权的行为对原告承担隐私侵权责任,并没有侵犯原告依据《欧洲人权公约》第 10 条享有的言论自由权,因为,无论是《欧洲人权公约》第 10 条规定的言论自由权还是第 9 条规定的隐私权都存在各种正当限制。

在德国,司法判例也采取类似于法官司法判例采取的规则,认为公众人物也享有隐私权,行为人不得借口被侵害隐私权的人是公共官员、公众人物

---

① Guy Raymond, *Droit Civil*(2e éditon), litec, p. 90.
② Ibid., p. 88.
③ Oct. 23,1990 Cass. Civ. 1re, 1990 D. S, inf. rap. 270, Lexis Pourvoi No. 89-13.163(Fr.).

而拒绝就其侵害行为对他们承担隐私侵权责任。在 1995 年 12 月 19 日的案件中①,德国联邦最高法院对这样的规则作出了说明。在本案中,原告是 Monaco 的 Caroline,她的相片被被告在其杂志上公开发表。该杂志同时在德国和法国发行。在 1993 年 7 月 22 日的某杂志上,被告公开了原告与演员 Vincent Lindon 在法国一家花园酒店的 5 张相片,其中,一张相片伴有文章,其标题是"与 Vincent 在一起浪漫时最亲切的相片"其他四张相片也伴有文章"能够证明当代最亲切最浪漫爱情的相片"在 1993 年 8 月 5 日的另一本杂志上,被告又刊登一张原告骑马的相片和原告与两个小孩在一起的相片。两张相片亦伴有文章,其标题是:"Caroline:我认为我不是一位理想的妻子"。在 1993 年 8 月 19 日的某杂志上,被告发表的一篇名为"简单的幸福"的文章又附有原告的几张相片,相片的内容有原告与其女儿在一起划船的,有原告单独散步的,有原告手捧柳条篮子的,有原告骑单车的,有原告与演员 London 在酒吧的,也有原告与另外一个女人在市场上合影的,等等。由于原告不允许被告继续刊登自己的照片,被告在与原告进行了长时间的谈判无果后向法院起诉,要求法院作出宣示性判决,使被告在将来可以继续刊发原告的相片。原告认为,被告公开发表其相片的行为实际上侵犯了其享有的个人隐私权,要求法官根据德国法和法国法判令被告在将来不再继续刊登自己的相片。原告认为,即便她是"当代公众人物",她也没有义务容忍被告刊登自己的相片,因为,被告刊登的所有相片均是远距离拍摄的,她本人完全不知道,这些相片应当看做自己私生活的组成部分。原告本人总是被摄影记者跟踪,使她无安宁日。即便对于她而言,除了自己的家之外还存在受保护的私人领域。德国联邦最高法院认为,原告有权保护自己的隐私权不受侵犯,被告不得继续刊登原告的相片。德国联邦最高法院指出,即便被告的杂志同时在德国和法国发行,根据有关国际私法的基本原则,有关侵权的案件,法官应当适用侵权行为实施地的法律。对于新闻报纸上而言,侵权行为地是指报纸期刊的出版地和销售地。由于被告的杂志在德国销售,故侵权行为实施点和结果发生地均在德国,故法官应当适用德国法。德国联邦最高法院指出,根据德国法律,被告在上述杂志中刊登原告相片的行为是非法的;被告发行相片的行为没有得到德国《艺术著作权法》第 22 条和

---

① BGHZ131, 332; NJW1996, 1128; JZ1997, 39.

第 23 条规定的出版自由的保护,也没有得到《德国宪法》第 5 条第 1 款的保护。首先,根据德国《艺术著作权法》第 22 条的规定,除非行为人得到他人许可,否则,他们不得公开他人肖像。对自己肖像享有的权利形成了一般人格权的特殊方面。因此,只有权利人有权决定自己的相片是否和以什么样的方式对公众公开。在本案中,毫无疑问的是,原告没有对被告予以许可。其次,除非肖像权人的法定利益被侵犯,否则,当代公众人物的相片可以在没有取得肖像权人允许的情况下予以公开。被认为是"绝对的当代人物"的人被看做当代公众人物。原告属于当代公众人物这样一类人。区分一个人是不是当代公众人物的决定因素是公众将他们的相片看做重要的、值得关注的相片。基于信息的真正需要,社会公众享有看到这些人物的相片的正当利益。国王、国家领导人和著名政治家属于此类人群。作为 Monaco 当政王子的长女,原告属于公众人物之列,这一点原告自己已经承认。但是,并非在任何情况下均可以不经公众人物的允许就可以公开其相片。再次,法律对不经公众人物许可公开其相片的权利做了限制。根据德国《艺术著作权法》第 23 条的规定,如果公众人物享有正当并且此种正当利益大于希望发表公众人物相片的利益,则公众人物的相片不得公开。公众人物的正当利益是否大于其他人的利益,需要通过平衡具体案件中当事人双方的权利和利益来决定即《德国宪法》第 5 条规定的出版自由原则所保护的公众对信息享有的利益是否优先于原告的一般人格权。在这方面,德国联邦最高法院认为,在平衡原告的一般人格权和被告的出版自由权的冲突时,法律应当高度重视原告的私人生活领域的保护问题,因为,当今天德国,私人生活领域的法律保护十分重要。对他人私人生活领域的重要保护是对他人享有一般人格权尊重的重要表现,对他人私人生活领域的尊重实际上是让每个人享有个人生活中可以自由决定的领域,在这一领域,他人可以发展自己的人格,经验自己的人格,免受其他人的干预。此时,他人可以单独相处,可以成为自我。自从 1954 年以来德国法院持续关注他人的隐私权,将它看做宪法保护的基本权利,其中包括他人对其肖像享有的权利。尊重他人私人生活的领域的权利可以被任何人主张,当然也可以被原告主张,即便她是当代公众人物。对于公众之物而言,他们无须容忍在没有经过他们同意的情况下拍摄和公开其相片的行为,如果所拍摄和公开的相片是有关他们私人生活的核心方面的话。例如,他们居家环境方面的内容的话。只有在例外情况下,行为人才可以拍摄这一领域的相片。行为人不得干预他人私人生活领域的规则不仅限于他人居所范围之外那些值得保护的私人领域。即便是当代公众之物,他们也享有隐居到自己家外的某个地方的权利,在这个地方,他们希望过着僻静的、不被外人打扰的私人生活,或者过着远隔公众目光的生活,此种权利也应当受到第三人的尊重。例如,公众人物虽然住在宾馆、酒店,但他们希望自己单独呆在宾馆、酒店的房间不被人打扰,他们将自己关在房间,不希望公众打扰,此时,公众人物对其房间内部范围和房间周围内享有隐私权。再如,公众人物在体育运动场、电话亭等,他们也享有隐私权。行为人侵入这些地方偷拍他人照片并予以发表也侵犯了他人的隐私权。最后,如果行为人为了个人经济上的利益,在他人不知情的情况下拍摄他人相片或公开他人相片,则行为人的行为侵害了他人值得保护的隐私生活领域。例如行为人通过锁眼拍摄他人相片或者采取其他偷拍方式拍摄他人相片。行为人虽然是公开拍摄他人相片,但是采取突然袭击的方式,使他人没有准备时间。之所以禁止行为人在这些情况下拍摄他人照片是因为,私人生活领域的范围拓展到每个人可以进入的领域。在这些情况下,行为人只有在拍摄他人照片时采取偷拍或突然袭击的方式,其行为才侵犯了他人的隐私权。德国司法判例一直以来都认为,通过秘密手段偷拍他人相片的行为是非法的。直到现在为止,此种规则仅仅适用于他人家里面的私人范围,如果行为人要拍摄他人在家里生活的相片,他们必须获得他人的同意。但是,当他人将自己私人生活的场所迁到家之外的地方时,行为人也应当遵守同样的规则,他们必须获得他人同意时才可以拍摄他人相片,也只有获得他人同意时,他们才可以公开所拍摄的照片。

(二) 美国侵权法关于公众人物抗辩事由的规定

在美国,学说和司法判例认为,当行为人公开公众人物的隐私时,行为人有权以原告是公众人物作为拒绝承担隐私侵权责任的抗辩事由。其理由有三:公众人物寻求行为人尤其是作为新闻媒体的行为人对其隐私的公开并且同意行为人对其隐私的公开,当行为人根据公众人物的同意而公开其隐私时,公众人物不得提起隐私侵权诉讼;公众人物的人格和事务已经成为社会公众广泛知悉的人格和公共事务,这些人格或者事务不得再被看做隐私;新闻媒体享有美国宪法规定的免责特权,将具有社会公共利益的合法事项通知给社会公众。① 如果行为人侵扰公共官员或者公共人物具有隐私性质的不动产或者事项，行为人是否因为被侵扰的人是公共官员、公众人物而主张免责特权？对此问题，美国司法判例存在两种完全相反的意见。某些司法判例认为，如果被侵扰的原告是公共官员、公众人物，则行为人可以主张美国宪法第1修正案的免责特权，行为人无需就其侵扰行为对原告遭受的损害承担隐私侵权责任。在 Cassidy v. ABC② 一案中，法官即采取此种态度，认为被告无须就其侵扰行为对原告承担隐私侵权责任。在该案中，原告是一名警察，他在一家按摩院偷偷地设置某种陷阱，以便该按摩院陷入其设置的陷阱之中。被告知道原告警察的肮脏行为之后偷偷地将其行为录了下来。原告知道之后向法院起诉，认为被告偷录其活动的行为侵扰了其享有的隐私权，应当对自己承担隐私侵权责任。法官认为，鉴于原告是在履行公共职责的公共官员，当被告为了进行新闻报道而偷录其执行职务的活动并将其偷录的信息予以公开时，被告的行为不构成侵扰原告隐私权的侵权行为，无须对原告承担隐私侵权责任。某些司法判例认为，如果行为人侵扰的人是公共官员、公众人物，行为人仍然要就其实施的侵扰行为引起的损害对他人承担隐私侵权责任，只要行为人的行为符合侵扰他人安宁的隐私侵权责任的构成要件即可；侵权法不应当因为原告的身份而对他们实施不同的侵权法规则。这在 Galella v. Onassis③ 一案中得到说明。在该案中，原告 Galella 是一名自由摄影师，专门负责给名人拍照并将其所拍摄的照片出卖给报纸杂志。被告 Onassis 曾经是美国前总统肯尼迪的遗孀，是两个小肯尼迪的母亲。现在则是一个著名的商人的太太。根据美国有关法律，美国有关机构派出秘密人员对未满18周岁的两个小肯尼迪提供保护。原告将自己形容为狗仔队，其主要任务就是给被告和被告的小孩拍照。在本案中，原告曾经拍摄过被告的小孩从家中骑车到中央公园的照片；原告为了拍摄该小孩踩单车的照片而擅自进入该小孩正在踩单车的道路，导致负责保安的有关人员对该小孩的安全表示关注。由于负责保安的人员同原告发生争执，保安人员逮捕了原告；在其他场所，原告进入被告的小孩打网球的地方

---

① W. Page Keeton, *Prosser and Keeton on Torts*(fifth edition), West Publishing Co., p. 860.
② 377 N. E. 2d 126(Ill. App. Ct. 1978).
③ 487 F. 2d 986(2d Cir. 1973).

并打断其打球的行为;有时,原告擅自闯入原告的小孩所在的私人学校采访其小孩;有时,原告将船舶开到离被告游泳的地方非常近的地方;有时,当被告在公开剧院参加舞会时,原告会跳起来拍摄被告的相片。此外,为了获得被告的有关活动,原告还不断地贿赂公寓、酒店、夜总会的服务员,让他们提供有关被告活动的信息。当保安人员逮捕和监禁了原告之后,原告向法院起诉,要求被告和其保安人员承担侵权责任,因为,根据被告的命令,保安人员对其进行了虚假的逮捕和蓄意控告,并且使其经营无法开展而遭受损害。被告提起反诉,认为原告侵犯了其享有的隐私权,实施了攻击和殴打行为,实施了一系列的骚扰行为,使其精神遭受损害,应当对自己承担侵权责任,要求法官颁布禁止令,禁止原告再接近自己和小孩。原告认为,被告是一个公众人物,无所谓隐私权;禁止原告接近被告和其小孩违反了《美国宪法第一修正案》的规定。法官认为,即便一个人对其生活享有合理的隐私期待,享有合理的免受行为人骚扰的自由,但合法的社会需要使行为人对他人生活的某些侵扰行为具有正当性。但是,行为人对他人私人生活的干预也仅仅以保护社会公共利益的需要为限度。在本案中,被告 Onassis 太太当然是一个公共人物,因此,她有义务接受新闻媒体对其进行的报道。但是,原告对被告 Onassis 太太的行为进行的报道远远超过了新闻采访的合理限度。虽然社会公众有权了解被告 Onassis 太太的日常活动,但是,原告采取的持续不断的监督行为、其实施的惹人厌恶的跟踪行为、其实施的侵扰行为都是没有根据的,不合理的。在本案中,原告对法官认定其行为构成侵权行为的判决没有什么争议,但是,原告认为,《美国宪法第一修正案》保护新闻媒体的利益,免除了他们就其新闻采访过程中实施的行为所承担的侵权责任。法官认为,在新闻采访时,新闻媒体无所谓《美国宪法第一修正案》规定的权利。《美国宪法第一修正案》并不保护新闻媒体在新闻采访活动中实施的侵权行为或者犯罪行为。要求新闻媒体的工作人员在法律范围内活动,不会对新闻自由构成威胁。在 Boehner v. McDermott[1] 一案中,法官认为,作为公共人物的被告违反美国有关制定法的行为也构成隐私侵扰行为,应当对原告承担隐私侵权责任。在该案中,身为美国国会议员的共和党人的 John Boehner 准备召集他人几个共和党的成员召开会议,商讨有关即将召开的道

---

[1] 191 F. 3d 463 (D. C. Cir. 1999).

德委员会的问题。身为美国国会议员的民主党人的McDermott,通过私人无线电的方式窃听到此种信息之后,将原告同其他党员之间的谈话内容偷录下来并将其交给新闻媒体。Boehner认为,被告McDermott的窃听行为违反了美国电信隐私法(Electronic Communication Privacy Act)第2511(1)(c)条的规定,构成侵扰行为,应当对自己遭受的损害承担隐私侵权责任。美国电信隐私法(Electronic Communication Privacy Act)第2511(1)(c)条规定,任何人,一旦故意披露或者意图故意披露任何电信通话的内容,知道或者应当知道该种信息是通过违反本条规定而采取电话线搭线的方式获得的或者通过口头方式获得的,均应当承担侵权责任。McDermott认为,法官不应当对其适用美国电信隐私法(Electronic Communication Privacy Act)第2511(1)(c)条的规定,要求法官驳回原告的诉讼请求,被告认为,美国宪法第1修正案禁止法官惩罚自己公开通过合法途径获得的真实信息的行为,如果被公开的信息是社会公众对其享有重大利益的信息的话。法官认为,被告的抗辩事由存在问题,不应当予以维持。一方面,被告违反美国电信隐私法(Electronic Communication Privacy Act)第2511(1)(c)条规定的行为构成隐私侵扰行为,应当对原告承担隐私侵权责任。法官指出,美国电信隐私法事关政府的重要利益,即保护他人之间具有隐私内容的电话通话被窃听、偷录。如果行为人公开通过窃听方式获得的电话内容,则该种制定法的目的将落空。另一方面,即便《美国宪法第一修正案》的基本目的是禁止对社会公众享有的言论自由权施加不适当的限制,但是行为人的言论自由权既包括行为人积极发表言论的权利,也包括行为人不公开发表言论的权利。如果宪法要求行为人仅仅私下发表言论,则他们不享有公开发表言论的权利。当行为人通过非法方式获得他人的电话谈话内容并将其公开时,行为人的行为即违反了宪法规定的不应当公开发表言论的权利。在Bartnicki v. Vopper[①]一案中,法官认为,即便被告的目的是合法的,即便被告侵扰的事项涉及社会公众对其享有合法利益的事项,被告实施的侵扰行为仍然构成侵权行为,被告应当对原告承担隐私侵权责任。在该案中,原告是中小学工会的两个代表人,他们在电话中讨论同教育当局之间的纷争问题。原告之间的谈话内容不知道被什么人偷录之后交给了反对工会行为的Yocum,Yocum

---

① 200 F.3d 109 (3d Cir. 1999).

又将偷录的材料交给了一家地方电台。该地方电台在其节目中播放了原告之间的谈话内容。两个原告向法院起诉,要求法官责令 Yocum 和电台承担隐私侵权责任。法官认为,即便两个被告没有偷录原告之间的通话内容,他们也应当对原告遭受的损害承担隐私侵权责任,因为美国电信隐私法规定,一旦行为人知道偷录的内容非法而仍然使用、公开,即便行为人没有参与偷录活动,也应当对原告遭受的损害和支出的费用承担赔偿责任。法官指出,有关《美国宪法第一修正案》在决定是否保护被告的行为时并不区分通过合法获得的信息和通过非法获得的信息。虽然作为政府的被告的目的适当,但是,它们的行为仍然违反了美国电信隐私法的有关规定。

(三) 我国侵权法关于公众人物抗辩事由的规定

在我国,侵权法是否应当在隐私侵权领域承担公众人物的抗辩事由? 我国学说作出了肯定的回答。根据我国主流学说的意见,我国侵权法不应当对公众人物的隐私权提供全面的保护,侵权法应当限制公众人物的隐私权。其原因在于:限制公众人物的隐私权是社会公共利益的需要;是公众人物自愿选择的结果,是公平的;公众人物放弃隐私权获得了各种回报,诸如社会公众的普遍尊重、抱负的实现、成就感的满足以及物质待遇的享有等。不过,根据此种观点,我国侵权法也仅是对公众人物的隐私权施加限制,公众人物仍然享有较大程度的隐私权,行为人侵害公众人物的隐私权仍然要对他们承担隐私侵权责任。我国学说认为,公众人物仍然享有私人生活安宁不被侵扰的权利,行为人如果实施了侵扰他人安宁的隐私侵权行为,他们仍然要对公众人物承担隐私侵权责任。因为,我国学说认为,即便是公众人物,他们的住宅不受侵扰、其私生活不受监督、其夫妻性生活不受干扰或者调查、其通信秘密和自由不受侵扰。① 换句话说,我国学说认为,公众人物的抗辩事由仅仅能够在公开他人私人事务的隐私侵权责任中适用,不得在侵扰他人安宁的隐私侵权责任中适用。我国学说所坚持的此种观点存在较大的问题,应当被废除。为此,笔者认为,公众人物的抗辩事由不仅适用于公开他人私人事务的隐私侵权责任,而且还应当适用于侵扰他人安宁的隐私侵权责任,当行为人公开公众人物的隐私时,行为人有权借口隐私被公开的

---

① 张新宝:《侵权行为法》(第2版),中国社会科学出版社1998年版,第384—386页。

原告是公众人物而拒绝就其公开行为对他们承担隐私侵权责任；当行为人侵扰公众人物的安宁时，行为人也有权借口安宁被侵扰的原告是公众人物而拒绝就其侵扰行为对他们承担隐私侵权责任。之所以要实行这样的规则，其理由有三：其一，在隐私侵权领域，虽然我国侵权法应当区分公开他人私人事务的隐私侵权责任和侵扰他人安宁的隐私侵权责任，但是，这两种制度有时很难加以完全的区分，因为在很多情况下，行为人公开公众人物的隐私仅是目的，为了实现这样的目的，行为人往往不得不采取非法的手段去收集、刺探、偷录、偷拍或者偷听公众人物有关私生活方面的信息。其二，在我国，公众人物尤其是作为公共官员的公众人物的公共生活和私人生活往往无法分清。公共官员在下班的时间从事原本应当在上班的时间从事的活动，或者在上班时间从事原本应当在下班时间从事的活动；公共官员在公共场所从事原本应当在私人场所从事的活动，或者在私人场所从事原本应当在公共场所从事的活动。例如，公共官员在上班时间在办公室、酒店、家中或者其他私人场所同其情妇幽会，从事不道德的性交易，或者公共官员在下班之后同其情妇在办公室、酒店、家中或者其他私人场所同其情妇幽会，从事不道德的性交易，此时，公共官员的公共生活和私人生活根本无法分清。公共官员同其情妇幽会的行为本身就是具有重大新闻价值的行为，如果仅仅借口公共官员实施违法犯罪的场所是私人场所而不允许行为人尤其是作为新闻媒体的行为人进行刺探、偷拍、偷录，则公共官员的违法犯罪行为将根本无法对社会公众公开，其违法犯罪行为也将无法得到遏制。在我国，政府官员实施违法犯罪的地方虽然五花八门，但是一个重要的、主要的场所是政府官员的家中。如果行为人尤其是作为新闻媒体的行为人有合理的理由相信政府官员在家中或者其他地方实施违法犯罪行为，他们能够采取偷录、偷拍或者偷听的方式记录政府官员实施的违法犯罪活动。当行为人尤其是作为新闻媒体的行为人对政府官员实施了侵扰行为时，政府官员不得向法院起诉，要求行为人承担隐私侵权责任。当然，如果行为人没有正当理由怀疑公共人物实施违法犯罪行为，则他们不得实施偷录、偷拍或者偷听的侵扰行为，否则，他们的行为构成让人高度反感的侵扰行为，应当对遭受损害的政府官员承担隐私侵权责任。只有在行为人有正当的理由怀疑公共人物实施违法犯罪行为时，行为人才能够对他们实施偷录、偷拍或者偷听的侵扰行为。其三，社会公众虽然享有某些方面的知情权，但是，他们享有的知情权无法得到完全的保障,某些应当公开所持信息的人或者机构总是基于这样或者那样的理由拒绝公开原本应当公开的信息,使社会公众无法了解原本应当了解的信息。此时,赋予行为人尤其是作为新闻媒体的行为人以相对免责特权,行为人尤其是作为新闻媒体的行为人就有积极性去收集有关信息并将其对社会公众公开。如果侵权法认为行为人采取偷录、偷拍的方式获得信息的行为构成能够提起隐私侵权诉讼的侵扰行为,则行为人尤其是作为新闻媒体的行为人将会基于自身侵权责任的承担的考虑而不愿意去收集、整理有关信息并将其对社会公众公开。为了保护社会公众的知情权,为了迫使掌握社会公众对其享有知情权的人或者机构能够及时公开所掌握的信息,我国侵权法应当承认行为人的相对免责特权,使行为人尤其是作为新闻媒体的行为无需就其收集社会公众对其享有合法利益和知情权的信息的行为对他人承担隐私侵权责任。

四、行为人对他人隐私的公正使用抗辩

(一)公正使用原则的界定

所谓公正使用原则(the fair use defence),是指行为人基于批评、评论、新闻报道、教学、学术研究等目的使用著作权人的著作,即便行为人没有经过著作权人的同意和向著作权人支付报酬,著作权人也不得要求行为人就其使用著作的行为对自己承担侵权责任。如果著作权人要求行为人就其使用著作的行为对自己承担侵权责任,行为人有权以公正使用作为拒绝承担侵权责任的抗辩事由。传统上,公正使用原则往往在著作权法中使用,使行为人在没有经过著作权人允许的情况下使用著作权人的著作而无须对著作权人承担侵权责任。在现代社会,公正使用的抗辩事由除了适用于著作权之外,也适用于隐私侵权行为。即:如果行为人本着客观、公正地使用他人的某种私人事实,在符合其他特定构成要件的情况下,行为人使用他人私人事实的行为不构成隐私侵权行为,行为人无须对他人承担隐私侵权责任。这就是隐私侵权领域的公正使用抗辩规则。两大法系国家的侵权法都承认隐私侵权领域的公正使用抗辩制度,我国侵权法也应当认可隐私侵权领域的公正使用抗辩制度。

（二）两大法系国家关于隐私侵权领域的公正使用原则

在法国，司法判例承认公正使用的抗辩规则。在前述 Chaplin affair[①] 一案中，法国司法判例在责令行为人就其公开已经公开的事实对原告承担隐私侵权责任时认为，如果行为人公开他人隐私的著作是严肃的、严格意义上的学术著作，则行为人将不就其公开他人隐私的著作对他人承担隐私侵权责任。在该案中，被告在向二审法院提起上诉时认为，无论是历史学家还是新闻记者都能够使用私人事实，如果有关的利害关系人已经将这些私人事实带进社会公共领域，尤其是当他们通过出版回忆录的方式将其私人事实带入公共领域时，更是如此。二审法院认为，在本案中，被告在其期刊上发表的文章并非是有关原告生活和工作方面的严肃历史著作或者批评著作；当行为人公开有关他人私人事实时，他们应当按照他人喜欢的方式、以他人同意的方式来公开，因为，只有他人才能够决定是否将自己的有效私人事实完全公开或者根据什么条件来公开自己的私人生活。被告不服二审法院的判决，向法国最高法院提起上诉。被告认为，为什么一个历史学家能够使用原告已经公开的私人事实而被告作为一家期刊就不能够使用原告已经被公开的私人事实；怎样区分真正的批评著作、历史著作和被告已经发表的文章。法国最高法院认为，事实上，被告从来就没有主张其创办的期刊是一个学术性质的期刊，因此，无论二审法院要求区分严肃的学术著作和非严肃的学术性著作的问题对于二审法院的判决没有什么影响。法国最高法院还认为，虽然行为人无权再公开他人已经公开的事实，但是，他人反对行为人再公开已经公开的事实的权利并非是没有限制的，在某些情况下，他人不得反对行为人再公开其已经公开的事实。根据法国最高法院的意见，如果行为人使用他人私人事实是为了严肃的学术创作或者批评，则行为人对他人私人事实的使用构成公平使用，行为人使用他人已经公开的事实的行为不构成隐私侵权行为，无须对他人承担隐私侵权责任。

在 Monanges Affair[②] 一案中，法国司法判例同样认为，如果行为人在公开他人过去的事实时能够本着客观的、无害的态度，则他们公开他人过去发生的事实将不构成隐私侵权行为，否则，仍然构成隐私侵权责任，应当对他

[①] Nov. 14, 1975, Cass. civ. 2e, 1976 D.S. Jur. 421 (Fr.).

[②] Nov. 20, 1990, Cass. civ. 1re, LEXIS Pourvoi No. 89-12,580 (Fr.).

人遭受的损害承担隐私侵权责任。在该案中,被告在 1986 年出版的著作中对德国占领法国期间法国人 Monanges 的活动进行描述,包括法国某些卖国者所进行的活动。被告在其著作中说,原告作为一个卖国者,虽然被控出卖法国人的利益并且虽然最终被宣告为无罪,但是,原告并没有被恢复名誉,仍然过着不体面的生活。原告向法院起诉,认为被告的著作侵害了自己的隐私权,要求法官没收被告出版的著作。一审法院认为,被告的著作侵犯了原告的隐私权,应当予以没收,将其中涉及原告隐私的部分删除。被告不服,上诉到二审法院,二审法院认为,被告的著作没有侵犯原告的隐私权,法官不应当作出没收被告著作的判决。为此,二审法院撤销了一审法院的判决,驳回了原告的诉讼请求。原告不服,上诉到法国最高法院。法官最高法院认为,被告的著作没有侵犯原告的隐私权,无须采取没收被告著作的强制措施。法官指出,如果著作者的目的是为了保留有关历史方面的资料,他们有权在没有获得他人同意的情况下描述某些事实,即便被描述的事实是有关他人私人生活方面的事实,只要被描述的事实同其著作的主旨有密切关系,只要著作者在描述事实时本着客观的态度,没有希望引起他人损害的意图,并且如果被描述的事实已经因为地方新闻媒体对法庭审判的说明而进入了公共领域的话。法国最高法院认为,在本案中,被告的著作虽然涉及原告的隐私,但是,被告在其著作中公开的事实已经进入了公共领域,因为,在原告被检控机关检控时,法官新闻媒体已经对此事件作出了说明,有关原告的事实成为公共记录中记载的事件。《法国民法典》第 9 条并不保护原告享有让其事实被人遗忘的权利。

根据法国 Monanges Affair 一案确立的规则,著作者使用他人过去发生的事实应当符合的其他条件是:其一,著作者在其著作中应当客观地、公正地陈述有关历史事件,不得在有关原告方面的历史事件进行主观的评价。其二,著作者在其著作中陈述有关原告的历史事件不是为了损害原告的意图。如果著作者是为了揭露原告的隐私、丑化原告或者毁损原告的名誉而使用有关原告方面的历史事件,则他们的行为将构成隐私侵权行为。其三,著作者在其著作中使用的历史事件是已经进入公共领域的事件,是通过公共记录能够查阅到的事件。即便著作者的目的是为了说明历史,即便著作者在其著作中客观、公正地陈述有关历史事件,如果著作者公开的历史事实不是已经进入公共领域的事件,不是通过公共记录能够合法查阅到的事件,著作者也不得公开这些历史事件,否则,著作者的公开行为仍然构成隐私侵权行为,应当对他人承担隐私侵权责任。

在英美法系国家,无论是判例法还是制定法都认可著作权领域的公正使用原则。美国1976年《版权法》第107条对公正使用原则作出了明确说明,该条规定:如果行为人基于批评、评论、新闻报道、教学、学术研究等目的使用他人具有版权的著作,行为人的使用就构成公正使用,其公正使用行为没有侵犯他人版权。为了确定行为人使用他人著作的行为是否构成公正使用行为,美国制定法规定了法官应当考虑的四个重要因素:行为人使用他人享有版权的著作的目的,包括是为了商业目的还是非谋利的教育目的;享有版权的著作的性质;行为人使用的部分占整个作品的比例;行为人的使用行为对版权人著作潜在价值造成的影响。问题在于,版权领域的公正使用原则是否能够适用于隐私侵权领域。对于这样的问题,英美法系国家的学说和司法判例作出了肯定的回答,认为版权领域的公正使用原则也能够适用于隐私侵权领域,即:如果行为人基于客观、公正的目的使用他人隐私,他人不得要求行为人就其使用隐私的行为对自己承担隐私侵权责任。Morrill先生对这样的规则作出了说明:"公正使用原则承认,艺术和科学的发展能够通过自由传播某些信息的方式来最好地实现,如果这些信息是社会公众普遍关心的信息的话,诸如他人的经历和自传。通过提供有限的使用作者的著作的免责特权,公正使用原则使著作权人的利益同行为人的《美国宪法第一修正案》规定的利益得到平衡,此种平衡对于繁荣思想市场具有重要意义。"[①]

(三)我国侵权法对隐私侵权领域公正使用原则的认可

在我国,侵权法是否承认隐私领域的公正使用原则,我国学说没有作出说明。笔者认为,我国侵权法应当认可隐私侵权领域的公正使用抗辩制度。其原因有二:其一,只有认可隐私领域的公正使用原则,我国著作权法领域的公正使用原则才能够得到最终实现。如果不承认隐私领域的公正使用原则,则我国著作权法规定的公正使用原则也将无法适用。根据我国《著作权法》第22条的规定,如果行为人是基于下列目的使用他人著作权,可以不经

---

① Stephen S. Morrill, Harper & Row, Publishers v. Npion Enterprises: Emasculping the Fair Use Accommodation of Competing Copyright and First Amendment Interests, 79 *NW. U. L. REV.* 587, 610 (1984).

著作权人许可,不向其支付报酬:为个人学习、研究或欣赏,使用他人已经发表的作品;为介绍、评论某一作品或者说明某一问题,在作品中适当引用他人已经发表的作品;为报道时事新闻,在报纸、期刊、广播、电视节目或者新闻纪录片中引用已经发表的作品;报纸、期刊、广播电台、电视台刊登或者播放其他报纸、期刊、广播电台、电视台已经发表的社论、评论员文章;报纸、期刊、广播电台、电视台刊登或者播放在公众集会上发表的讲话,但作者声明不许刊登、播放的除外;为学校课堂教学或者科学研究,翻译或者少量复制已经发表的作品,供教学或者科研人员使用,但不得出版发行;国家机关为执行公务使用已经发表的作品;图书馆、档案馆、纪念馆、博物馆、美术馆等为陈列或者保存版本的需要,复制本馆收藏的作品;免费表演已经发表的作品;对设置或者陈列在室外公共场所的艺术作品进行临摹、绘画、摄影、录像;将已经发表的汉族文字翻译成少数民族文字在国内出版发行;将已经发表的作品改成盲文出版。在我国,《著作权法》第22条规定的12种公正使用方式都可能涉及行为人的隐私侵权问题,因为,如果行为人使用的作品部分涉及他人隐私,当他人向法院起诉要求行为人就其使用涉及他人隐私的部分内容对自己承担隐私侵权责任,行为人是否有权以公正使用涉及他人隐私的作品作为拒绝承担隐私侵权责任的抗辩,将不仅关系到行为人的重要利益,而且也关系到隐私权人的利益。笔者认为,如果行为人在使用著作权人的作品时不知道或者不应当知道著作权人的作品涉及他人隐私的侵犯,在符合我国《著作权法》第22条规定的12种情况下,行为人可以以公正使用原则作出拒绝承担隐私侵权责任的抗辩;但是,如果行为人知道或者应当知道著作权人的作品涉及他人隐私的侵犯而仍然使用其涉及隐私侵权内容的作品,则行为人应当对他人遭受的隐私损害承担侵权责任,行为人不得借口公正使用原则拒绝对受害人承担隐私侵权责任。另一方面,认可隐私侵权领域的公正使用原则同我国侵权法应当采取的行为人公开已经被公开信息的行为不构成隐私侵权行为的规则保持一致。在我国,侵权法应当认可行为人公开已经被公开的信息的行为不构成隐私侵权行为的规则,因为,一旦行为人公开的信息是已经公开的信息,则各种信息已经不再具备隐秘性质,不得再被看做隐私,已如前述。认可隐私侵权领域的公正使用原则刚好同这样的规则保持一致,因为,根据我国《著作权法》第22条的规定,公正使用原则适用的前提是,行为人使用的作品是已经公开的作品,如果行为人使用的作品是没有公开的作品,则公正使用原则将不得适用。

五、立法机关、司法机关或者高级行政官员享有的绝对免责特权

如果立法机关、司法机关或者高级行政官员公开他人私人信息,即便此种信息的公开给他人造成损害,立法机关、司法机关或者高级行政官员的公开行为也不构成隐私侵权行为,无须对他人承担隐私侵权责任,因为,立法机关、司法机关或者高级行政官员享有公开他人信息的绝对免责特权。《美国侵权法重述》(第2版)第652F条对这样的规则作出了明确规定:有关立法者、司法者或者高级行政官员在公开对他人名誉具有毁损性质的陈述方面享有的绝对免责特权都适用于立法者、司法者或者高级行政官员在公开他人隐私方面的行为。具体而言,绝对免责特权包括三种:其一,立法者在公开他人隐私方面享有的绝对免责特权。根据《美国侵权法重述》(第2版)第652F条的规定,第590条规定的立法官员在名誉侵权责任方面享有的绝对免责特权适用于行为人公开他人私人事务的隐私侵权责任。因此,根据《美国侵权法重述》(第2版)第652F条和第590条的规定,美国国会、美国各个州或者地方立法机关的成员在履行他们的立法职责时享有公开他人隐私的绝对免责特权,当他们在履行立法官员的职责时公开他人隐私,无论他们基于什么目的、动机公开他人隐私,他们都无须就其公开他人隐私的行为对他人承担隐私侵权责任。其二,司法者在公开他人隐私方面享有的绝对免责特权。根据《美国侵权法重述》(第2版)第652F条的规定,第585条规定的司法官员在名誉侵权责任方面享有的绝对免责特权适用于行为人公开他人私人事务的隐私侵权责任,因此,根据《美国侵权法重述》(第2版)第652F条和第585条的规定,法官或者其他履行法定职责的司法人员在履行同被公开的事项有关系的职责时具有公开他人隐私的绝对免责特权,无论他们基于什么目的、动机公开他人隐私,他们都无须就其公开他人隐私的行为对他人承担隐私侵权责任。其三,高级行政官员在公开他人隐私方面的绝对免责特权。根据《美国侵权法重述》(第2版)第652F条的规定,第591条规定的高级行政官员在名誉侵权责任方面享有的绝对免责特

权适用于行为人公开他人私人事务的隐私侵权责任,因此,根据《美国侵权法重述》(第2版)第652F条和第591条的规定,高级行政官员在履行其职责时具有公开他人隐私的绝对免责特权,无论他们基于什么目的、动机公开他人隐私,他们都无须就其公开他人隐私的行为对他人承担隐私侵权责任。这在 Doe v. McMilan[①] 一案中,司法判例对立法者在公开他人隐私方面享有的绝对免责特权作出了说明。在该案中,美国国会准备就哥伦比亚特区的中小学校提交报告。该报告直接对某些中小学校的学生进行点名批评,详细地说明了这些学生实施的各种行为,并对他们的行为进行谴责。被该报告谴责的学生的父母匿名向法院起诉,要求法院颁发禁止令,禁止美国国会公开这个报告。一审法院认为,被告的诉讼请求应当被驳回,因为被告的行为不构成隐私侵权责任,无须承担隐私侵权责任。原告不服,上诉到上诉法院。上诉法院作出了维持一审法院判决的判决,认为被告的行为不构成隐私侵权行为。法官指出,即便美国国会成员公开的事实涉及原告的事实,美国国会成员也受美国宪法的保护,美国宪法规定,国会议员无论是上议院还是下议院作出的发言或者进行的辩论都不得在任何地方进行质询。

在我国,侵权法也应当规定同意的规则,认为立法者、法官和高级行政官员在公开他人隐私方面享有绝对免责特权。只要他们在履行自己的相应职责时公开他人隐私,即便其公开行为给他人造成损害,他们也无须对他人遭受的损害承担隐私侵权责任。侵权法规定这样的规则,一方面是为了保护立法者、法官和高级行政官员的利益,使他们能够在履行法定职责时无须担心侵权责任的承担,否则,立法者、法官或合作高级行政官员将无法积极履行自己承担的法定职责;另一方面是为了保护社会公众的知情权,使社会公众能够及时了解涉及社会公共利益的信息。不过,应当注意的是,如果制定法要求立法者、法官或者高级行政官员保守他人的秘密,则这些人员不得违反制定法的规定,公开他人的秘密。否则,他们仍然要就其公开他人秘密的行为对他人承担隐私侵权责任。

---

① 412 U.S. 306(1973).

六、他人的同意

如果他人同意行为人公开其隐私,当行为人公开其隐私时,他人不得向法院起诉,要求行为人就其公开隐私的行为对自己承担隐私侵权责任。因此,他人的同意是行为人免除隐私侵权责任的重要抗辩事由。在两大法系国家和我国,侵权法当然承认此种隐私侵权责任的抗辩事由,因为,行为人承担隐私侵权责任的重要原因是行为人在公开他人隐私时没有获得隐私权人的同意。如果行为人在公开他人私人事务时已经获得了隐私权人的同意,则行为人的公开行为将不构成隐私侵权行为,无须对他人承担隐私侵权责任。《美国侵权法重述》(第 2 版)第 652F 条对这样的规则作出了明确规定:第 583 条的规定适用于行为人公开他人私人事务的隐私侵权责任。《美国侵权法重述》(第 2 版)第 583 条规定,如果他人同意行为人公开对其具有名誉毁损性质的陈述,则当他人起诉要求行为人承担名誉侵权责任时,行为人能够以他人同意作为完全的抗辩事由。根据《美国侵权法重述》(第 2 版)第 652F 条的规定,如果他人同意行为人公开其私人事务,当他人起诉要求行为人承担隐私侵权责任时,行为人能够以他人同意作为完全的抗辩事由。

作为一种抗辩事由,他人的同意存在几个方面的问题:其一,他人的同意适用的范围。《美国侵权法重述》(第 2 版)第 652F 条仅仅规定,他人的同意仅仅适用于行为人公开他人私人事务的隐私侵权责任,不适用于行为人侵扰他人安宁的隐私侵权责任。笔者认为,他人的同意虽然主要适用于公开他人私人事务的隐私侵权责任中,但是,该种抗辩事由也能够适用于侵扰他人安宁的隐私侵权责任当中,因为,如果他人同意行为人进入其具有隐私性质的场所或者同意他人收集其具有隐私性质的信息,则当行为人进入他人具有隐私性质的场所或者收集其具有隐私性质的信息时,他人不得要求行为人对其承担隐私侵权责任。其二,他人作出同意的方式。作为一种抗辩事由,他人对行为人公开其具有隐私性质的事项或者进入其具有隐私性质的场所的同意是仅仅指他人作出的明示同意还是包括默示同意?笔者认为,他人作出的同意只能是明示同意而不包括默示同意,只有他人明确同意行为人公开其具有隐私性质的事项或者明确同意行为人进入其具有隐私性质的场所,行为人才能够公开他人的隐私或者进入他人的私人场所,否则,行为人的公开行为或者进入行为将构成隐私侵权行为,应当对他人承担隐私侵权责任。因为,根据社会经验和一般的生活常识,行为人不应当擅自公开他人隐私或者擅自进入他人具有隐私性质的场所,否则,他人的隐私权将会遭受损害。其三,他人作出同意的范围。如果他人仅仅授权甲方公开其隐私,当甲方公开其隐私时,甲方的公开行为当然不构成隐私侵权责任。问题在于,如果甲方公开其隐私之后,乙方重复公开甲方的公开行为,乙方是否就其重复公开行为对他人承担隐私侵权责任。

关于这样的问题,我国学说没有作出说明。笔者认为,一旦他人同意行为人公开其隐私,当行为人公开他人的隐私时,第三人重复公开这些信息时的行为不构成隐私侵权责任,无须对他人承担隐私侵权责任。因为,一方面,隐私虽然属于他人私人生活、私人信息,但是一旦行为人根据其同意公开这些私人生活、私人信息,则这些其私人生活、私人信息就已经丧失了隐私的性质,成为具有公共性质的信息;另一方面,第三人重复公开的行为也不符合隐私侵权责任的构成要件,无法对他人承担隐私侵权责任,因为隐私侵权责任的构成要件包括行为人公开的信息是具有私人性质的事项,或者行为人侵扰的事项或场所是具有隐私性质的场所或事项。

第十四章 隐私侵权的法律救济

一、隐私侵权的法律救济措施

(一) 隐私侵权法律救济的界定

所谓隐私侵权的法律救济,是指他人的隐私利益遭受损害之后,他人能够主张的各种隐私保护手段。当他人的隐私利益遭受行为人隐私侵权行为的损害时,无论此种隐私利益损害是源于行为人实施的隐私侵扰行为还是源于行为人实施的非法公开行为,法律都会对他人提供侵权法上的法律救济。这在大陆法系国家和英美法系国家是如此,在我国也是如此。问题不在于侵权法是否对遭受隐私利益损害的受害人提供法律救济,而在于侵权法如何对遭受隐私利益损害的受害人提供法律救济。

(二) 两大法系国家的隐私侵权救济措施

在两大法系国家,侵权法对隐私遭受损害的受害人提供的法律救济有两种,即损害赔偿和损害赔偿之外的其他救济措施。所谓损害赔偿的法律救济,是指两大法系国家的侵权法责令行为人就其实施的隐私侵权行为对受害人承担赔偿责任,通过一定数量的金钱的给付,使隐私遭受损害的受害人所遭受的损害恢复到隐私侵权行为没有发生之前的状态。所谓损害赔偿之外的其他救济措施,是指大陆法系国家的法官根据隐私侵权的具体情况,通过诉前、诉讼中或者诉讼后颁发的各种强制措施,阻止、防止或者消除行为人实施的隐私侵权行为给他人造成损害,诸如扣押、查封、没收或者销毁涉及他人隐私权的报纸杂志,禁止拍摄、播放涉及他人隐私的电影、电视剧,禁止公开涉及他人隐私的信函、电话通话等。在英美法系国家,侵权法也将损害赔偿之外的其他救济措施称为禁止令的颁发,就是受害人要求法官颁发禁止令,禁止行为人实施隐私侵权行为。两大法系国家虽然都承认损害赔偿和损害赔偿之外的其他救济措施,但是,两大法系国家在这两种救济措施方面仍然存在某些差异。主要表现在两个方面:一方面,两大法系国家的侵权法规定的损害赔偿范围并不完全相同。虽然两大法系国家的侵权法都承认,行为人对他人遭受的损害承担赔偿责任是侵权法对受害人提供的主要救济方式,但是两大法系国家的侵权法在行为人承担的损害赔偿责任范围方面仍然存在差异。在大陆法系国家,行为人承担的损害赔偿责任范围仅仅包括财产损害和精神损害,行为人无须就其隐私侵权行为对他人承担惩罚性的损害赔偿责任。而在英美法系国家,行为人除了要赔偿他人遭受的财产损害、精神损害之外,还有可能被责令对他人承担惩罚性损害赔偿责任。另一方面,法官对待损害赔偿之外的其他法律救济方式的态度不一样。虽然两大法系国家的侵权法都承认损害赔偿之外的其他法律救济,但是两大法系国家的法官对待这些救济方式的态度并不一样。总的说来,大陆法系国家的法官更愿意适用损害赔偿之外的其他法律救济措施,而英美法系国家的法官则对损害赔偿之外的其他法律救济措施持相对保守甚至敌意的态度,他们很少会在具体的案件中适用这些救济措施。之所以造成这样的差异,其原因有二:一方面,大陆法系国家在进行隐私权和言论自由权及新闻自由权平衡时,更加倾向于保护他人的隐私权而限制行为人的言论自由权和新闻自由权;而英美法系国家则不同,英美法系国家在进行隐私权和言论自由权及新闻自由权平衡时,更加倾向于保护行为人的言论自由权和新闻自由权而牺牲他人的隐私权;另一方面,大陆法系国家并不注重区分公共官员、公众人物和非公共官员、非公众人物,不注重区分具有新闻价值性的事件、人物和不具有新闻价值性的事件、人物,认为两种都享有隐私权,行为人不得侵害任何人的隐私权,否则,应当对他们承担隐私侵权责任;而英美法系国家则不同。英美法系国家非常注重区分公共官员、公众人物和非公共官员、非公众人物,非常注重区分具有新闻价值性的事件、人物和不具有新闻价值性的事件、人物,认为行为人可以以受害人是公共官员、公众人物或者是具有新闻价值性的事件作为作出拒绝承担隐私侵权责任的抗辩。

(三) 我国的隐私侵权救济措施

在我国,隐私侵权的法律救济方式有哪些?我国主流学说认为,隐私侵权的法律救济方式有四种:停止侵害、消除影响和恢复名誉、赔礼道歉、赔偿损害。根据我国主流学说,隐私利益遭受损害的受害人能够主张的第一种法律救济方式是要求行为人停止隐私侵权行为,至于行为人如何停止隐私侵权行为,我国学说没有作出明确说明,笔者认为,我国隐私侵权领域适用的停止侵害相当于两大法系国家侵权法规定的禁止令制度,该种制度允许隐私正在遭受损害的受害人向法院起诉,要求法官采取各种措施,阻止行为人继续实施隐私侵权行为。关于受害人要求法官颁发禁止令的救济制度,笔者将在损害赔偿之外的法律救济中作出详细的说明。

根据我国主流学说,隐私利益遭受损害的受害人能够主张的第二种法律救济方式是要求行为人消除影响、恢复名誉。所谓消除影响和恢复名誉,是指行为人如果实施了隐私侵权行为,他们应当采取登报或者其他合理方式,消除其隐私侵权行为给他人造成的不利影响,恢复他人因为隐私侵权行为遭受的名誉损害。① 我国学说采取的此种意见是否正确?笔者认为,将消除影响、恢复名誉适用到隐私侵权责任领域显然是不对的,其原因有二:其一,行为人一旦实施了隐私侵权行为,他们无法通过消除影响、恢复名誉的救济方式来消除其隐私侵权行为给他人造成的不利影响。因为,一旦行为人已经公开他人隐私,其公开行为就已经给他人造成了损害,即便行为人采取措施,想要消除其隐私公开行为给他人造成的不利影响,行为人也没有办法消除此种影响;如果行为人一定要求通过登报或者其他方式消除其公开行为造成的影响,其消除影响的行为不仅不会使他人遭受的影响消除,反而会使他人的不利影响得到扩大。其二,消除影响、恢复名誉仅是名誉权的法律救济方式而非隐私侵权的法律救济方式。在两大法系国家,侵权法明确区分隐私侵权责任和名誉侵权责任,如果行为人实施的侵权行为仅仅侵害他人隐私利益,他人只能要求法官对其提供隐私侵权的法律救济,不得要求法官对他们提供名誉权的法律救济;同样,当行为人实施的侵权行为仅仅侵犯他人名誉利益时,他人只能要求法官对其通过名誉权的法律救济,不得要求法官对其提供隐私侵权的法律救济。如果行为人实施的侵权行为同时侵害了他人的隐私利益和名誉利益,则他人有权要求法官同时对其提供隐私侵权和名誉权的法律救济。在我国,侵权法也应当采取这样的立场,明确区

---

① 参见张新宝:《侵权行为法》(第2版),中国社会科学出版社1998年版,第393页;王利明:《人格权法研究》,中国人民大学出版社2005年版,第619页。

分隐私侵权的法律救济方式和名誉权的法律救济方式。在侵权法上,虽然隐私侵权的法律救济和名誉权的法律救济方式都包括损害赔偿和禁止令的颁发,但是,名誉权的法律救济方式要多于隐私侵权的法律救济,因为在名誉侵权领域,他人除了有权要求行为人赔偿其所遭受的损害和要求法官颁发禁止令,禁止行为人继续实施侵权行为之后,还有权要求行为人采取其他救济措施,诸如回应权、撤回和宣示性的判决等,已于前述。其中撤回相当于我国学说所谓的消除影响、恢复名誉。可见,消除影响、恢复名誉也仅是名誉权的法律救济方式,不是隐私侵权的法律救济方式。因为这样的原因,两大法系国家的侵权法都不将消除影响、恢复名誉看做隐私侵权的法律救济方式。我国侵权法当然也不应当将它们看做是隐私侵权的法律救济方式。

根据我国主流学说,隐私利益遭受损害的受害人能够主张的第三种法律救济方式是要求行为人赔礼道歉。所谓赔礼道歉,是指行为人如果实施了隐私侵权行为,他们应当就其实施的隐私侵权行为给受害人赔不是,请求受害人对其隐私侵权行为的原谅、谅解。隐私侵权行为人对受害人进行赔礼道歉时,应当是在非公开的场合进行,不得在公开场合进行,因为行为人就其隐私侵权行为对受害人进行公开赔礼道歉实际上是一种隐私的公开行为,会使他人的隐私在更大的范围内公开,使他人遭受更进一步的精神痛苦、心理痛苦。① 我国学说采取的此种观点同样存在问题,因为,一方面,一旦行为人要件公开了他人隐私,一旦行为人公开隐私的行为给他人造成精神上的损害、心理上的损害,行为人对受害人赔礼道歉的行为也无法消除隐私已经被公开的事实,无法消除他人已经遭受的损害;另一方面,赔礼道歉也仅是名誉权的法律救济方式,不是隐私侵权的法律救济方式。因为这样的原因,两大法系国家的侵权法都不将赔礼道歉看做隐私侵权的法律救济方式。我国侵权法当然也不应当将其看做是隐私侵权的法律救济方式。

根据我国主流学说,隐私利益遭受损害的受害人能够主张的第四种法律救济方式是要求行为人就其隐私侵权行为引起的损害对自己承担赔偿责任。此种赔偿责任除了精神损害赔偿之外,还包括财产损害赔偿。如何理解财产损害?我国主流学说认为,行为人实施的隐私侵权行为导致的财产

---

① 参见张新宝:《侵权行为法》(第2版),中国社会科学出版社1998年版,第394页;王利明:《人格权法研究》,中国人民大学出版社2005年版,第619页。

损害是指行为人实施的隐私侵权行为给他人带来的附带的、间接的财产损失。① 此种观点存在的问题是,虽然行为人的隐私侵权行为有时会同时给他人的精神利益和财产利益造成损害,此时可以将行为人的隐私侵权行为造成的财产损害看做其精神损害的附带、间接损害,但是,在很多时候,行为人侵害他人隐私权的行为根本没有给他人带来精神上的、心理上的损害,而仅仅给他人带来财产上、经济上的损害。此时,侵权法很难将行为人的隐私侵权行为带来的财产损害看做是附带的、间接的损害,而只能将其财产损害看做是直接损害、唯一损害。我国学说重视隐私侵权领域的精神损害而轻视财产损害,不仅违反了隐私权的财产性理论,而且还严重损害受害人的利益,使他人遭受的损害无法得到完全的赔偿,因为,根据我国侵权法学说,只有在行为人的隐私侵权行为造成他人精神损害时,行为人才就其隐私侵权行为对他人造成的财产损害承担赔偿责任;如果行为人的隐私侵权行为仅仅给他人造成了财产损害而没有造成精神损害,行为人将不用就其隐私侵权行为对他人承担赔偿责任。我国侵权法之所以采取这样的理论,一个主要的原因在于,他们仅仅认可隐私权的人格性,不承认隐私权的财产性。关于隐私侵权领域的损害赔偿,笔者将在损害赔偿的法律救济当中作出详细讨论,此处从略。

二、隐私侵权损害赔偿的法律救济措施

(一) 行为人承担的损害赔偿范围

在两大法系国家和我国,侵权法都认为,如果行为人实施的隐私公开行为或者隐私侵扰行为侵犯了他人的隐私权,行为人应当就其实施的隐私侵权行为对原告遭受的损害承担隐私侵权责任。行为人承担的侵权责任或者是精神损害赔偿责任,或者是财产损害赔偿责任,甚至可能是惩罚性的损害赔偿责任。行为人究竟承担什么范围内的隐私侵权责任,取决于各国侵权法的不同规定。在两大法系国家,无论是法国还是德国,司法判例都认为,

---

① 参见张新宝:《侵权行为法》(第2版),中国社会科学出版社1998年版,第394页;王利明:《人格权法研究》,中国人民大学出版社2005年版,第619页。

如果行为人实施的隐私侵权行为导致他人遭受精神痛苦、心理痛苦,行为人应当对他人遭受的精神损害、非财产性质的损害承担赔偿责任。此种责任的具体范围,取决于法官的自由裁量,法官应当结合隐私侵权案件的各种具体情况来决定行为人赔偿的具体数额是多少。如果行为人实施的隐私侵权行为导致他人遭受财产上的、经济上的损害,行为人应当对他人遭受的财产上的、经济上的损害承担赔偿责任。此种赔偿责任的范围取决于行为人实施的隐私侵权责任导致的实际损害范围,原告因为行为人的隐私侵权行为遭受了多大范围内的财产损害,行为人就应当赔偿原告遭受的这些实际损害。不过,在上述两种性质的损害赔偿中,行为人往往赔偿他人遭受的非财产性质的损害、精神损害,很少会赔偿他人遭受的财产损害、经济上的损害。在英美法系国家,司法判例和制定法都认为,行为人侵犯他人隐私权时,他们应当承担两种形式的损害赔偿责任,这就是补偿性的损害赔偿(compensatory damages)和惩罚性损害赔偿(punitive damages exemplary damages),其中补偿性的损害赔偿又包括两种损害赔偿即特殊损害赔偿(special dameges)和一般损害赔偿(general damages)。《美国侵权法重述》(第2版)第652H条对行为人侵犯他人隐私时的侵权损害赔偿范围作出了规定,该条规定:任何人,一旦他们能够证明隐私侵权诉讼的存在,他们就有权要求行为人赔偿他们所遭受的下列损害:(1)因为隐私侵权行为遭受的隐私利益损害;(2)因为隐私侵权行为遭受的精神痛苦,如果该种精神痛苦是此种隐私侵权行为一般会引起的损害后果的话;(3)因为隐私侵权行为导致的特殊损害,如果行为人的隐私侵权行为是其遭受的特殊损害的法定原因的话。

在我国,学说普遍认为,行为人侵害他人隐私权时,应当承担的赔偿范围包括非财产性质的损害和财产性质的损害。

(二)大陆法系国家的侵权损害赔偿责任制度

在大陆法系国家,虽然侵权法认可行为人就其隐私侵权行为对他人遭受的财产损害承担隐私侵权责任的规则,但是此种规则往往仅仅在特殊情况下才得到适用,因为在大多数情况下,行为人侵犯他人隐私权的行为不会导致他人遭受财产损害,而仅仅会导致他人遭受非财产性质的、精神性质的损害。因此,两大法系国家的侵权法通常都是责令行为人就其隐私侵权行为对他人承担非财产性质和精神性质的损害赔偿责任。

在 1987 年 6 月 2 日的案件①中,德国联邦最高法院认为,被告应当就其侵害公共官员隐私权的行为对公共官员遭受的精神损害承担赔偿责任。在该案中,原告是某市政官员,担当该市外事出入境管理处的处长。在处理几个叙利亚人入境的申请时,该处长同意他们的申请,同意这几个叙利亚人进入德国。当这几个叙利亚人进行德国居留后,他们计划在德国境内从事恐怖活动。德国检控机关怀疑原告受贿而决定对其立案调查,德国联邦刑事调查机构代表市政机构对原告展开调查。德国联邦刑事调查机构在 1983 年 4 月提交了最后的调查报告。在做更进一步调查后,德国检控机构决定在 1985 年 1 月开始对原告提起刑事控告程序。一审和二审法院在审查起诉阶段均作出不予受理控告和开始审判程序的决定,因为他们认为调查报告中的一个关键句子说明,没有证据证明原告在履行职责时违反了自己职责规定的条件。被告是一家著名的新闻杂志的出版机构。它在其 1982 年 2 月 21 日出版的杂志中刊登了有关原告的文章,其标题是:"在外事出入境管理处存在非法允许他人居留的非法交易,获得居留权的人是叙利亚恐怖分子"。文章附有原告的一张相片,旁边附加这样的文字:"作为犯罪嫌疑人的出入境管理处的处长是否知道此种恐怖活动?"文章正文有这样的内容:德国联邦刑事调查机构正在做内容调查,以便查清这几个恐怖分子是怎样提出居留申请和出境管理处处长是如何作出同意决定的。原告向法院起诉,要求被告对其遭受的精神损害承担赔偿责任,因为原告认为自己是无辜的,没有被检控,被告发表的文章严重侵害其享有的一般隐私权。德国联邦最高法院认为,被告的文章同时侵犯了原告的隐私权和肖像权。应当赔偿原告精神损害 10,000 元。法院指出,被告作为出版公司在其新闻杂志中发表文章,认为原告为获得金钱而给他人颁发居留许可,并且在其杂志中附有原告的相片,说明原告担当的职务、其工作地址和年龄,其行为违反了《德国民法典》第 823(2)条和《德国刑法典》第 186 条;被告在其文章中陈述的内容不具有真实性,因为原告提供的证据证明了这一点,而被告没有提供证据证明其文章陈述的内容具有真实性,此外,被告还侵犯了原告对其肖像享有的权利,实施了《德国民法典》第 823(1)条规定意义上的侵权行为。一个被怀疑受贿但又无证据对此加以证明的市政官员的相片是否属于公众人物的相

---

① NJW1987, 2682.

片无需予以决议,因为在任何情况下,被告已经侵犯了原告根据 1907 年 9 月 1 日生效的《艺术著作权法》享有的合法利益,因为被告将原告的相片与不恰当的文字混在一起予以发表。被告将原告的相片与不真实的文字结合在一起予以发表,此种公开宣称原告在没有被刑事法院判刑之前就已犯有罪刑,被告的行为违反了《欧洲人权公约》第 6 条第 2 款规定的无罪推定原则,侵犯了原告的一般隐私权。德国联邦最高法院认为,被告实施的侵权行为已经严重侵犯了原告的隐私权,因此,被告应当根据《德国民法典》第 847 条的规定赔偿原告遭受的精神损害。被告侵害原告的隐私权所造成的后果是严重的,除了被告在其杂志中使用的语言文字对原告造成了严重后果外,被告的所作所为还使原告遭到了公众不折不扣的审查,由于被告公开肖像,使被告在社会公众面前形成了负面评价。被告通过这样的方式对原告隐私权的侵犯所造成的后果要比它们仅仅指名道姓的方式所造成的后果严重得多。同时,被告的过错,或者更具体地讲,那些代表被告行为的人的过失也被看做重大过失,因为被告的行为已经超出了德国新闻委员会颁布的《新闻法典》第 12 条的规定,该条被认为是新闻媒体从事时所应遵守的注意义务的正确判断标准。原告因为被告的侵权行为所遭受的损害只能通过赔偿精神慰抚金的方式得以救济,无法通过其他方式加以救济。总之,考虑案件的各种具体情况后,责令被告赔偿原告精神慰抚金 10,000 元是适当的。

在法国,在立法机关没有制定 1970 年 7 月 17 日的法律之前,法国司法判例就已经认定,侵犯他人隐私权的行为人应当对他人遭受的非财产损害承担赔偿责任,此时,行为人对他人非财产损害承担侵权赔偿责任的法律根据是《法国民法典》第 1382 条和第 1383 条,以行为人的行为存在过错作为构成条件,无论此种过错是表现为故意侵权行为还是表现为过失侵权行为,均是如此。当法国立法机关制定了 1970 年 7 月 17 日的法律之后,《法国民法典》第 9 条不仅明确认可了隐私权,而且还对侵犯他人隐私权产生的法律责任或其他法律救济措施作出了规定,认为行为人侵犯他人隐私权时,除了要由法院颁发命令禁止行为人的侵权行为之外,还可以由法院责令行为人就其侵害他人隐私权的行为对他人遭受的非财产损害承担赔偿责任。此时,行为人根据《法国民法典》第 9 条承担的侵权责任是什么性质的侵权责任?此种责任根据与《法国民法典》第 1382 条规定的过错侵权责任根据如何协调?在法国,学说有不同的意见。某些学者认为,既然《法国民法典》第

9条对侵犯他人隐私权承担的侵权责任作出了规定,当他人因为行为人的侵权行为而遭受非财产损害时,受害人可以仅仅根据其遭受损害的事实要求他人对其非财产损害承担赔偿责任,他们无须证明其侵权请求符合《民法典》第1382条规定的过错侵权责任的构成要件。也有某些学者认为,即便《法国民法典》第9条对侵犯他人隐私权的侵权赔偿问题作出了规定,他人要求行为人根据第9条对其非财产损害承担赔偿责任时仍然要证明自己的侵权请求符合《法国民法典》第1382条的责任构成要件。因此,《法国民法典》第9条规定的侵权责任仍然是《法国民法典》第1382条规定的过错侵权责任。不过,根据后面这一派学者的观点,《法国民法典》第9条规定的侵权责任属于过错推定责任,只要存在受害人的隐私被侵犯的事实,法律即推定受害人遭受了非财产损害,侵害他人隐私的行为人即存在过错,行为人即应对他人承担侵权责任。目前,后一种理论成为法国主流学说。Goubeaux指出,由于立法机关明确将隐私权规定在《法国民法典》中,法国1970年7月17日的法律不仅对法国公众产生了心理影响,而且也产生了法律影响:《法国民法典》第1382条在隐私权领域的适用变得简单化和纯形式主义,因为,该条要求的过错和非财产损害均因为隐私被侵犯而得以确立。[①] Carbonnier也指出,由于《法国民法典》第9条明确保护他人隐私权并将隐私权看做一种主观性权利,人们认为,民法典第9条可以在不要求受害人证明过错侵权责任要件具备的情况下予以适用,隐私权的保护同民法典第1382条没有关系。此种观点是有问题的,因为有关损害赔偿的规定表明第9条规定的隐私权仍然要受《法国民法典》第1382条的保护。不过,《法国民法典》第9条规定的制度仍然是一个创新制度,因为它认为,一旦行为人侵犯了他人隐私,第9条即推定他人因此遭受了非财产损害和行为人的行为存在过错。[②]

在法国,司法判例在众多的案例中责令行为人就其侵犯他人隐私权的行为对他人遭受的非财产损害承担赔偿责任。在1971年3月28日的案例中,法国最高法院认为,即便他人已经同意某一杂志刊登反映自己隐私生活的文章,行为人也不得未经他人同意即刊登该文章中公开的信息,否则,其

[①] Goubeaux p. 248, para. 275, See Walt van Gerren, *Torts*, Hart Publishing Oxford, 1998, p. 183.

[②] Jean Carbonnier, *Droit Civil*, *1/Introduction LesPpersonnes*, Presses Universitaires De France, p. 319.

行为构成侵犯他人隐私权的侵权行为,应当对他人遭受的非财产损害承担赔偿责任。① 在该案中,原告 Gunther Sachs 同意某些杂志刊登文章,披露其某些方面的隐私。被告未经原告同意,在其出版的杂志中发表文章,公开原告已经在其他杂志中同意公开的隐私内容,在有关原告隐私的文章中,被告还附有原告的两张照片,其中一张相片以漫画方式表现出来。原告起诉,认为被告的行为侵犯了其享有的隐私权,要求法院责令被告对自己遭受的非财产损害承担赔偿责任。法国最高法院认为,被告的行为既侵犯了原告的隐私权,也侵犯了原告的肖像权,应当对原告遭受的非财产损害承担赔偿责任。法院认为,即便原告过去可以允许某些杂志公开自己的某些隐私内容,也并不意味着原告今天仍然允许被告在其杂志中继续公开自己的隐私内容;即便原告过去可以容忍某些杂志刊登有关自己隐私生活方面的文章,法律也不能够推定原告确定地、毫无限制地授权其他杂志整理、复制和刊登已经在其这些杂志上公开的内容。被告未经原告同意即整理、复制其他杂志上的信息并将它们与原告的两张相片结合在一起予以发表的行为,侵犯了原告的隐私权和肖像权,应对原告承担赔偿责任。在 1987 年 3 月 26 日的判例中,法国司法判例根据《法国民法典》第 9 条责令被告对原告遭受的非财产损害承担赔偿责任。② 在该案中,原告 Michel Sardou 刊发文章,并伴有自己与其再婚妻子在一起的相片,当他了解到被告的杂志还没有发表此篇文章就将此篇文章移到杂志的最后一页时,原告反悔,决定收回自己已经作出的授权,不同意被告的杂志刊发有关文章和相片。被告对原告的决定不予理睬,仍然刊发了有关文章和照片。原告向法院起诉,认为被告侵犯了其享有的隐私权,应当对自己遭受的非财产损害承担赔偿责任。法国司法判例认为,被告的行为的确侵犯了原告的隐私权;因为它认为,一个歌唱家,即便他们是公众所熟知的人物,也像所有人那样享有隐私被尊重的权利,即使他们过去同意或者往往容忍别人对他们的隐私生活进行某种介入,也是如此。在 1996 年 3 月 13 日的案件中,法国巴黎上诉法院认为,医师不得泄露其病人的隐私,不得公开其病人的秘密医疗信息,否则,应当对其病人或者病人的近亲属承担非财产损害赔偿责任。③ 在该案中,被告是一名私人医

---

① Cass. civ. 1re 6 January 1971.
② J. C. P. 87, II, 20904, note Agostini.
③ J. C. P. 1996. II. 22632, n. E. Derieux.

生,他在长达 13 年的时间内为 MItterrand 总统提供医疗保健服务。在该总统逝世后的几天内,被告与他人一起共同出版了一本名为"重大秘密"的书,详细披露了总统的疾病情况,总统治疗其疾病的方法以及医生对总统采取的治疗措施等。死亡总统的遗孀及其子女们认为被告医师出版的书籍泄露了总统生前的隐私,侵犯了他们享有的隐私权,应当承担侵权责任,为此,他们请求法院采取措施,扣押所出版的书籍,并给予被告刑事处罚。法院认为被告的行为违反了医师应当承担的保密义务,侵犯了原告的隐私权。法院认为,被告的行为违反了《法国医师道德法典》第 4(2) 条规定的保密义务。该条规定,医师应当对他们在执业过程中掌握的所有信息予以保密,包括病人告诉他们的秘密和他们自己在执业过程中看到的、听到的和感悟到的秘密。医师违反此种义务,不仅要受到刑事制裁,而且还要受到医师执业纪律的处罚。在本案件,被告在其书中披露病人的医疗信息的行为是非法的,使原告的感情遭受最深的伤害。为此,法国司法判例在颁发禁令的同时还责令被告分别对 Mitterrands 总统的遗孀和其子女们赔偿 100,000 和 80,000 法郎的非财产损害赔偿金。在有关 Mitterrands 总统遗孀的另外一个隐私权纠纷中,被告作为一家出版商,在其出版的期刊中刊发了 Mitterrands 总统死在床上的相片,Mitterrands 总统的遗孀及其子女们向法院起诉,要求法院责令被告就其侵犯隐私权的行驶对自己遭受的非财产损害承担赔偿责任。法院认为被告的行为侵犯了原告的隐私权,应当对原告承担赔偿责任,为此,判决被告分别支付 Mitterrands 总统的遗孀及其三个子女每人 1 美元的非财产损害赔偿金。① 除此之外,法国司法判例还在众多案件责令被告就他们侵犯他人隐私权的行为为对他人遭受的非财产损害承担赔偿责任,包括:行为人公开某演员的结婚信息,行为人泄露摩洛哥王子被人绑架的信息;行为人泄露剧组的主要演员名单;行为人泄露他人的地址、疾病或者可能继承的遗产数额;行为人宣称他人有同性恋癖好;公开电影中坏人与其女仆之间的感情关系;提供有关王子再婚的假信息,仅仅得到仆人的简单授权就刊登他人住所的照片;公开古巴电影演员进行外科手术的事实。②

---

① J. C. P. 1997 II. 22845, n. E. Derieu.
② Henri Roland et Laurent Boyer, *Responsabilité délictuelle*(3e édition), litec, pp. 71 - 72.

(三) 英美法系国家的侵权损害赔偿责任制度

在英美法系国家,行为人承担的隐私侵权损害赔偿责任同他们承担的名誉侵权损害赔偿责任制度基本上是相同的,即当行为人实施的隐私侵权行为导致他人遭受损害时,行为人承担的损害赔偿责任除了补偿性的损害赔偿责任之外,还包括惩罚性损害赔偿责任。所谓补偿性质的损害赔偿,是指行为人通过一定数量的金钱来填补隐私权人因为行为人的隐私侵权行为遭受的财产损害或者精神损害,使受害人遭受的财产损害或者精神损害恢复到隐私侵权行为没有发生之前的状态。补偿性质的损害赔偿包括特殊损害赔偿和一般损害赔偿。所谓特殊损害赔偿,是指行为人因为其隐私侵权行为使他人遭受的各种财产性质的损害,行为人应当通过一定数量的金钱赔偿原告因为其隐私侵权行为遭受的财产性质的损害。所谓一般损害赔偿,是指行为人因为其隐私侵权行为使他人遭受的精神性质的、心理性质的损害,行为人应当通过一定数量的金钱来赔偿原告因为其隐私侵权行为遭受的非财产性质的损害。

所谓惩罚性的损害赔偿,是指行为人应当超出其隐私侵权行为实际造成的损害范围对他人承担损害赔偿责任,使行为人承担的隐私侵权责任范围大于他们的隐私侵权行为实际造成的损害范围。根据美国司法判例的精神,无论行为人实施的隐私侵权行为是公开他人私人事务的隐私侵权行为还是侵扰他人安宁的隐私侵权行为,他们都应当赔偿他人因此遭受的精神损害和财产损害。但是,只有在符合其他条件的情况下,行为人才就其隐私侵权行为对他人承担惩罚性损害赔偿责任。

美国司法判例指出,一旦行为人公开他人的私人事务或者一旦行为人侵扰他人安宁,他们就应当对他人承担补偿性质的损害赔偿,赔偿他人遭受的精神损害和财产损害。行为人承担的此种损害赔偿的目的是为了补偿受害人遭受的损害,使其遭受的精神损害和财产损害恢复到隐私侵权行为没有发生之前的状态。[①] 不过,根据美国司法判例的精神,行为人对他人承担精神性质的损害赔偿责任,以他人因为行为人的隐私侵权行为遭受严重的精神痛苦作为条件,如果行为人的隐私侵权行为没有使他人遭受严重的精

---

① Columbus Finance 42 Ohio St. 2d p 184, 327 N.E.2d p.658.

神痛苦,则行为人将不对他人承担精神性质的损害赔偿责任。在 Housh v. Peth①一案中,法官认为,只有行为人实施的隐私侵权行为造成严重的损害时,行为人才就其隐私侵权行为对原告遭受的损害承担精神损害赔偿责任。法官指出,只有行为人实施的隐私侵权行为是严重的、使人身心衰竭时,行为人才对原告承担精神损害赔偿责任,诸如行为人的隐私侵权行为导致原告患有神经衰弱症、精神病、长期抑郁症或者患有恐惧症等。对于美国司法判例而言,行为人就其实施的隐私侵权行为对他人承担惩罚性的损害赔偿责任也是有条件的。根据美国司法判例,行为人只有在两种情况下才就其实施的隐私侵权行为对他人承担惩罚性损害赔偿责任:其一,行为人基于蓄意实施隐私侵权行为。在 Columbus Finance②一案中,法官认为,一旦行为人基于蓄意实施隐私侵权行为,他们应当对他人承担惩罚性损害赔偿责任。根据此种法官的意见,行为人实施隐私侵权行为时的蓄意,是指行为人基于憎恨、恶意、报复、报仇等心理公开他人隐私。在 Kawkins v. Multimedia, Inc③一案中,法官认为被告应当就其隐私侵权行为对原告承担补偿性质的损害赔偿责任和惩罚性的损害赔偿责任。在该案中,被告在其报纸杂志上发表文章,公开一个未婚先孕的未成年人的非婚生父亲的身份。原告向法院起诉,要求被告就其隐私侵权行为对自己承担补偿性的损害赔偿责任和惩罚性的损害赔偿责任。被告提出抗辩,认为原告要求自己就其隐私侵权行为承担损害赔偿责任,应当承担举证责任,证明被告此种蓄意。法官认为,在隐私侵权责任中,原告要求行为人就其实施的隐私侵权行为对自己承担隐私侵权责任时,无须证明行为人是基于蓄意实施隐私侵权行为,因为蓄意仅仅同惩罚性损害赔偿责任有关。为此,法官责令被告赔偿原告实际损害 1500 美元,惩罚性损害 25,000 美元。其二,行为人实施的隐私侵权行为在造成他人财产性质的损害时也同时造成了他人精神性质的损害。美国司法判例认为,如果行为人实施的隐私侵权行为同时给他人造成财产损害和精神损害,则行为人应当就其隐私侵权行为对他人承担惩罚性的损害赔偿责任。在 Diaz v. Oakland Tribune Inc.④一案中,一审法院认为,被告蓄意

---

① 165 Ohio St. 35, 133 N. E. 2d 340 (1956).
② 42 Ohio St. 2d 178, 327 N. E. 2d 654 (1975).
③ 344 S. E. 2d 145(S. C.), cert. denied 479 U. S. 1012(1986).
④ 188 Cal. Rptr. 762(App. 1983).

公开原告是变性人的事实,判决被告赔偿原告损害 775,000 美元,其中补偿性质的损害赔偿是 250,000 美元,惩罚性的损害赔偿金是 525,000 美元。被告不服,上诉到二审法院,二审法院虽然撤销了一审法院的判决,但是,二审法院的法官说,在本案中,被告应当赔偿原告这么多的损害赔偿,因此,责令被告赔偿原告 775,000 美元的损害赔偿责任并非存在问题。不过,美国某些司法判例认为,即便行为人不是基于蓄意实施隐私侵权行为,他们也应当对他人遭受的损害承担惩罚性损害赔偿责任,如果行为人实施的隐私侵权行为是让人无法容忍的行为的话。

(四) 我国侵权法应当规定的损害赔偿责任

在我国,行为人应当就其实施的隐私侵权行为对他人承担什么范围内的赔偿责任?对此问题,我国学说作出的回答并不完全相同。张新宝教授认为,行为人应当就其实施的隐私侵权行为对他人承担两种范围内的赔偿责任:赔偿受害人遭受的精神损害;赔偿受害人因为隐私侵权遭受的附带或者财产间接损失。[①] 王利明教授认为,行为人侵犯他人隐私时,应当赔偿他人遭受的财产损害和精神损害。其中财产损害通常是对侵害隐私权所发生的经济上费用的支出等赔偿。精神损害赔偿是对侵害隐私权所导致的受害人精神痛苦的慰藉。[②] 梅伟教授认为,行为人侵犯他人隐私权时应当赔偿他人隐私遭受的精神损害,包括他人因为隐私侵权行为而遭受的情绪低落、焦虑不安、羞愧内疚等。[③]

对于财产损害而言,我国学说采取的观点既不同于大陆法系国家司法判例采取的意见,也不同于英美法系的司法判例采取的观点,因为,在两大法系国家,司法判例认为,在责令行为人就其实施的隐私侵权行为对他人承担财产性质的损害赔偿责任时,行为人承担的财产性质的损害赔偿责并非是指或者主要是指行为人实施的隐私侵权行为给他人造成的经济上的费用、律师费用等,他们是指行为人的隐私侵权行为使他人没有获得原本应当获得的收益等。例如,他人正在同某一个电影公司谈判,准备将自己的经历出卖给该电影公司拍摄成电影。由于被告将其经历公开,使他人无法再将

[①] 张新宝:《侵权行为法》(第 2 版),中国社会科学出版社 1998 年版,第 394 页。
[②] 王利明:《人格权法研究》,中国人民大学出版社 2005 年版,第 619—620 页。
[③] 张民安、梅伟:《侵权法》(第 3 版),中山大学出版社 2008 年版,第 258—259 页。

其经历出卖给电影公司而获得经济利益。此时,被告应当就其实施的隐私侵权行为对原告应当获得而没有获得的收益承担财产性质的损害赔偿责任。而在我国,学说仅将他人遭受的财产损害限制在他人因为行为人的隐私侵权行为遭受的各种次要的财产损害方面,诸如他人因为精神痛苦而生病治疗所支出的费用方面,他人因为打官司而聘请律师支付的律师代理费等。实际上,当行为人实施隐私侵权行为时,他人可能会因此遭受这样的财产损害,他人当然有权要求行为人承担损害赔偿责任。但是,仅将他人遭受的财产损害限制在这些领域,既违反了隐私侵权法保护他人财产利益的初衷,也违反了隐私权是同时具有人格权和财产权双重性质的理论,对受害人的保护十分不利。为此,笔者认为,行为人就其隐私侵权行为对他人承担的财产性质的损害赔偿责任主要是指行为人因为实施的隐私侵权行为使他人作为财产权性质的隐私权遭受损害时承担的损害赔偿责任。此种财产性质的损害赔偿尤其在公开他人私人事务的隐私侵权责任中表现突出,因为在此种隐私侵权责任中,行为人非法公开的隐私本身就构成他人财产的组成部分,行为人公开他人隐私的行为就像他们毁灭他人动产、不动产财产一样是对他人财产的侵害,应当对他人承担财产损害赔偿侵权责任。

  对于精神损害而言,我国学说同两大法系国家学说和司法判例基本一致,认为并非任何隐私侵权责任都会使行为人对他人承担精神损害赔偿责任,只有少数隐私侵权行为才会使行为人对他人承担精神损害赔偿责任,因为,在我国,精神损害赔偿责任以行为人实施的隐私侵权行为给他人造成严重的精神痛苦和心理痛苦作为条件,如果行为人实施的隐私侵权行为没有给他人造成严重的精神痛苦或者心理痛苦,则行为人无须就其实施的隐私侵权行为对他人承担精神损害赔偿责任。这一点同财产损害赔偿责任形成鲜明的对比。因为,根据财产损害赔偿责任,只要行为人实施的隐私侵权行为使他人遭受某种财产损害,行为人就应当对他人遭受的财产损害承担赔偿责任,无须要求行为人实施的隐私侵权行为给他人造成严重的、重大的财产损害作为条件。在一般情况下,行为人仅仅实施公开他人私人事务的隐私侵权行为或者仅仅实施侵扰他人安宁的隐私侵权行为,行为人都会对他人承担精神损害赔偿责任,只要行为人实施的隐私公开行为或者隐私侵扰行为符合精神损害赔偿责任的条件即可。如果行为人同时实施了公开他人私人事务的隐私侵权行为和侵扰他人安宁的隐私侵权行为,在符合精神损害赔偿责任的构成要件的情况下,行为人如何承担精神损害赔偿责任?笔者认为,此时,行为人无须承担两次精神损害赔偿责任,他们只需承担一次性精神损害赔偿责任。此时,法官或者首先根据侵扰他人安宁的隐私侵权责任确定行为人应当赔偿的数额,之后再根据行为人实施的公开他人私人事务的隐私侵权行为增加行为人赔偿的数额,或者首先根据公开他人私人事务的隐私侵权责任确定行为人应当赔偿的数额,之后再根据侵扰他人安宁的隐私侵权责任增加行为人赔偿的数额。法官将这两个数额加在一起,就是行为人承担的精神损害赔偿责任的范围。

当行为人实施隐私侵权行为时,我国侵权法是否应当责令行为人对他人承担惩罚性的损害赔偿责任?我国学说没有作出说明。笔者认为,我国侵权法应当认可隐私侵权领域的惩罚性损害赔偿责任制度,要求行为人就其实施的隐私侵权行为对他人承担超出实际损害的赔偿责任。因为,一方面,行为人实施的隐私侵权行为往往是故意侵权行为,过失侵权行为虽然存在,但是往往很少;另一方面,行为人为了刺探、窥视他人隐私往往会实施多次隐私侵权行为而非一次性隐私侵权行为,如果不让行为人对他人承担惩罚性损害赔偿责任,则行为人的隐私侵权行为将难以遏制。为此,笔者认为,责令行为人就其实施的隐私侵权行为对他人承担隐私侵权责任,应当同时具备几个构成要件:其一,行为人基于恶意实施隐私侵权行为。并非行为人实施的一切故意侵权行为都足以让行为人对他们承担惩罚性的损害赔偿责任,只有行为人是基于恶意实施隐私侵权行为时,侵权法才能够责令他们对他人承担惩罚性损害赔偿责任。所谓恶意,是指行为人不是为了社会公共利益的目的实施隐私侵权行为,而是为了个人嫉妒憎恨、个人报复报仇、个人敲诈勒索等目的实施隐私侵权行为。因此,同样是行为人实施的偷录、偷听或者偷拍行为,如果行为人是为了曝光他人的违法犯罪行为,则行为人将不对他人承担惩罚性损害赔偿责任;如果行为人是为了打击报复他人或者敲诈勒索他人,则行为人应当对他人承担惩罚性损害赔偿责任。其二,行为人为了同一个目的而反复、多次实施隐私侵权行为。如果行为人仅仅实施一次性的隐私侵权行为,侵权法不应当责令他们对他人承担惩罚性损害赔偿责任,只有行为人为了同一目的而多次、反复实施隐私侵权行为时,侵权法才会责令行为人就其隐私侵权行为对他人承担惩罚性损害赔偿责任。

三、隐私侵权损害赔偿之外的法律救济措施

（一）损害赔偿之外的法律救济的种类

两大法系国家的侵权法认为，无论行为人实施的隐私侵权行为是否给他人造成财产损害、精神损害，只要他人认为行为人即将公开的信息是涉及自己隐私的信息，他们有权在来不及提起隐私侵权诉讼的情况下向法院提出诉前申请，要求法官颁发禁止令，禁止行为人公开其可能涉及自己隐私的信息；如果法官通过审查认为，行为人即将公开的信息符合隐私侵权责任的构成要件，他们有权适用简易程序及时颁发禁止令，禁止行为人在诉讼判决最终作出之前公开可能涉及他人隐私的信息。同时，两大法系国家的侵权法还认为，如果原告认为行为人要件公开的信息涉及自己的隐私，他们也有权向法院起诉，或者要求法官颁发禁止令，禁止行为人继续实施隐私侵权行为，包括继续公开对原告具有隐私侵害的信息，继续对原告实施侵扰行为，或者要求法官颁发禁止令，扣押、没收、销毁涉及原告隐私的著作、报纸杂志、电影、录音等。如果法官认为被告的公开新闻或者侵扰行为符合隐私侵权责任的构成要件，法官有权颁发禁止令，禁止行为人继续实施隐私侵权行为，或者扣押、没收、销毁涉及原告隐私的著作、报纸杂志、电影、录音等。

在我国，学说虽然没有对这些法律救济方式作出说明，但是，我国学说认可的停止侵害的救济方式类似于两大法系国家的救济方式。根据我国主流学说，所谓停止侵害，是指行为人对受害人正在实施隐私侵权行为时，受害人有权要求行为人停止其隐私侵权行为。停止侵害这种救济方式应当以侵害他人隐私权的行为已经开始并且仍在持续进行中为条件，行为人虽然扬言要公开他人隐私，但是还没有实施此种行为，或者如果行为人对他人隐私权的侵害行为已经停止，则受害人不得主张此种救济方式。在我国，隐私利益遭受损害的受害人如何主张此种救济方式，我国学说并没有作出详细的说明。笔者认为，我国侵权法应当借鉴两大法系国家侵权法的规则，对隐私侵权的其他法律救济方式作出明确规定，不应当简单地、笼统地使用停止侵害这样的词语。实际上，如果停止侵害能够在隐私侵权领域适用的话，则受害人能够主张的救济方式多种多样，诸如：限制行为人同受害人的距离；

如果行为人同他人的距离过近,导致其行为对受害人构成让人无法容忍的侵扰行为,他人有权向法院起诉,要求法官颁发禁止令,禁止行为人过分接近自己;排除行为人的跟踪、盯梢或者监督行为:如果行为人对他人进行跟踪、盯梢或者监督,无论此种跟踪、盯梢或合作监督是否对他人人身或者财产构成威胁,他人向法院起诉,要求法官颁发禁止令,禁止行为人继续实施的跟踪、盯梢或者监督行为;禁止作者或者出版机构出版涉及他人隐私的报纸杂志、书籍:如果作者、出版机构将要出版的报纸杂志、书籍涉及他人隐私,他人有权要求这些人放弃出版、发行行为,或者删除涉及他人隐私的内容之后在出版、发行有关报纸杂志、书籍;如果报纸杂志社已经出版的报纸杂志或者书籍涉及侵害他人隐私,他人有权向法院起诉,要求法官扣押、没收或者销毁有关报纸杂志、书籍;禁止电台、电视台播放涉及他人隐私的节目:如果电台、电视台即将播出的节目涉及他人隐私的,他人有权向法院起诉,要求法官颁发禁止令,禁止电台、电视台播放有关节目。

(二) 没收、销毁具有隐私侵权性质的出版物

如果行为人即将出版或者已经出版的报纸杂志或著作书籍已经或者即将侵犯原告的隐私权,要求有权向法院起诉,要求法官颁发禁止令,扣押、没收、销毁行为人即将出版或者已经出版的报纸杂志、著作书籍,阻止或者减少行为人的公开行为对原告隐私造成的不利影响。在符合隐私侵权责任的构成要件的情况下,法官有权颁发禁止令,扣押、没收、销毁行为人即将出版或者已经出版的报纸杂志、著作书籍。这在两大法系国家的侵权法中都得到说明,也应当成为我国侵权法采取的规则。

在法国,在 1970 年 7 月 17 人的制定法通过之前,法官司法判例就认为隐私权人所享有的此种救济权。在 1965 年的 Gerard Philipe affair[①] 一案中,法官认为,当行为人即将出版的报纸杂志涉及侵犯原告隐私权的内容时,法官有权采取诉前强制措施,扣押、没收或者销毁即将出版的报纸杂志。在该案中,年仅 9 岁大的小孩 Olivie Philip 在医院住院时,被告的几个记者闯进原 Olivie Philip 的病房,对 Olivie Philip 提出各种问题并给他照相。Olivie 是法国已故著名戏剧演员 Gerard Philip 的儿子。被告准备在其即将出版的期

---

① July 12, 1966, Cass. civ. 2e, 1967 D.S. Jur. 181 (Fr.).

刊中发表其记者拍摄的照片，附上 Philip 一家的相片，并且对 Olivie 的疾病和治疗措施等细节进行详细的说明。被告在报摊上发布广告，将即将出版的期刊中有关 Gerard Philip 和其儿子在一起的相片刊登了出来。为了阻止被告在其即将出版的期刊中公开自己死去的丈夫和其儿子的照片，Gerard 的妻子向法院起诉，要求法院在被告将其期刊发送给各个报摊出卖之前采取强制措施，没收并且销毁被告载有其丈夫和儿子相片的期刊。法官适用诉前程序来决定是否没收和销毁被告出版的期刊。原告认为，法官应当采取诉前程序，颁发临时命令，没收被告即将出版的期刊，否则，当被告的情况出版和发行时，原告将遭受金钱损害赔偿无法弥补的损害。一审法院作出裁定，决定没收和销毁被告即将出版的期刊。被告不服，二审法院提起上诉，认为一审法院作出的裁定存在问题，不具有合理性：在被告的期刊公开原告儿子的疾病和疾病治疗措施之前，法国其他报刊已经对原告儿子的病情和治疗措施进行了报道；被告期刊即将刊登的文章所描述的内容也是其他报道中大量报道过的东西；被告即将出版的期刊所刊登的原告一家的照片绝大多数都是以前公开过的；被告即将出版的期刊不会导致原告遭受即刻的、例外的损害。二审法院认可一审法院的裁决，认为应当对被告的期刊进行预先限制，其理由有二：一方面，即便被告期刊上发表的文章和公开的照片在以前的报纸杂志上都发表过和公开过，原告仍然对其私人生活和照片享有隐私权，被告未经原告同意不得发表这些文章的内容或者刊登这些照片；另一方面，为了单纯的商业目的而再现原告没有同意其公开发表的相片，发表表明一个未成年人真实或者假定的健康状况方面的文章，被告的行为实际上构成让人无法容忍的侵扰行为，是对原告一家人私人生活的非法侵扰。被告不服二审法院的判决，上诉到法国最高法院。被告认为，上诉法院的裁决存在严重的问题，其采取的强制措施实际上构成一种刑事处罚措施，侵犯了其享有的新闻自由权。法国最高法院认为，被告的意见存在问题，不应当支持，因为一旦二审法院发现被告的行为构成对他人私生活无法容忍的侵扰，则法官有权采取临时措施没收被告的期刊，以防止被告公开发行的期刊给原告造成潜在的损害。

到了 1970 年，由于法国 1970 年 7 月 17 日制定法的通过，法官享有的此种隐私侵权救济手段得到了该法的明确承认，这就是《法国民法典》第 9(2) 条，该条规定，一旦法官认定行为人的公开行为侵犯他人隐私，法官有权采取没收、扣押或者其他方式保护他人隐私权。虽然《法国民法典》第9条规定,法官能够采取扣押、没收有关隐私侵权材料的方式,但是,当行为人的行为构成隐私侵权时,法官能够采取的措施并不限于这两种,法官有权根据案件的具体情况分别采取不同的措施。诸如查封有关报纸杂志,禁止有损他人隐私的文章出版、发行;删除某些电影场景或者禁止行为人公开放映涉及他人隐私方面内容的电影等。① 即便有关侵犯他人隐私的文章、照片已经公开发表,法官仍然可以采取这些措施,责令行为人以引起争议的文章同样的条件发表法院的判决,通过电视播放法院的判决等。同时,根据《法国民法典》第9条,法官也仅仅在行为人的行为侵犯原告的亲密关系时才能够颁发禁止令,禁止行为人公开其涉及原告隐私的书面材料,如果行为人的隐私侵权行为没有侵犯他人的亲密关系,则法官不得颁发禁止令,禁止行为人公开其涉及原告隐私的材料。这在 Rossi affair② 一案中得到说明。在该案中,法官认为,即便被告在其即将出版的著作书籍中公开的事实是已经公开的事实,行为人的再公开的行为仍然构成隐私侵权行为,原告有权要求法官颁发诉前禁止令,禁止被告公开原告的隐私。在该案中,原告年仅16周岁的儿子同一名已经离婚的中学女教师恋爱。当师生恋的事情被发现之后,该女教师被所在中学开除。此后,检控机关对该女教师提起刑事检控,要求法院追究该女教师的犯罪行为。不久之后,该女教师自杀。此种事件发生之后,法国新闻媒体对这一事件进行了连篇累牍的报道,使法国人对这一事件了如指掌。不久,被告准备出版有关书籍,对涉及原告儿子的事件进行描写。原告向法院起诉,认为被告出版书籍的行为侵犯其隐私权,要求法官颁发禁止令,禁止被告出版其书籍。一审法院和二审法院都认为,即便有关原告儿子师生恋的事件已经在法国新闻媒体得到广泛报道,被告在没有经过原告同意的情况下出版有关书籍,公开有关其儿子师生恋的隐私,被告的行为仍然构成隐私侵权行为,法官为此颁发了禁止令,禁止被告出版其书籍。被告不服,上诉到法国最高法院,要求法官撤销二审法院作出的颁发禁止令的判决。被告在其上诉状中指出,由于被告出版的书籍也仅是对之前法国各个新闻媒体有关报道的内容进行了归纳、整理,即便其即将出版的书籍构成隐私侵权行为,被告也仅仅对其承担损害赔偿责任,被告出版书籍的行为还不

---

① Civ. 1re, 4oct. 1989; Bull. civ. I, . n. 307.
② May 18, 1972, Cass. civ. 1re, 46 J. C. P. II, No. 17209 (1972) (Fr.).

符合"令人无法容忍的侵入"要求,不符合法官颁发禁止令的正当事由。法国最高法院拒绝上诉人的意见,作出了维持二审法院判决的结论。法官最高法院指出,首先,即便被告书中公开的事实已经被法国的报纸杂志所公开,被告在其书中对这些公开事实进行整理和公开的行为仍然构成隐私侵权行为,因为被告的行为使报纸杂志公开的事实的范围更加广泛,强度更强;其次,即便被告的行为是再公开行为,该种再公开行为也能够构成"令人无法容忍的侵入"行为,使法官能够因此颁发诉前禁止令,禁止被告出版其涉及原告儿子隐私的书籍;最后,被告的隐私侵权行为是否达到了要求法官颁发禁止令的程度,应当是一个事实问题,由审判案件的法官自由裁量。

在美国,司法判例也采取类似的态度。在 Roe v. Doe[①] 一案中对此种规则作出了说明。在该案中,原告是一个精神病人,他到被告医师那儿接受治疗。被告医师出版了一部书,对其治疗行为进行描写。当被告将其书籍发行到市场之后不久,原告向法院起诉,认为被告出版的书籍侵犯了自己享有的隐私权,要求法官颁发禁止令,禁止被告在诉讼期间继续发行其书籍。州法院的法官认为,被告在其出版的书籍中描写的某些内容侵犯了原告的隐私,为此,法官在诉讼期间颁发禁止令,禁止被告的书籍继续发行。被告不服,上诉到美国联邦最高法院。美国联邦最高法院将案件发回到州法院重审。美国州法院通过重审后仍然认为,被告的行为侵犯了原告的隐私,应当对原告承担隐私侵权责任;法官颁发禁止令,除了早前被告已经发行的 220 本书无需销毁之外,其他还没有发行的书一律被销毁。

(三) 禁止被告播放涉及原告隐私的电影

如果行为人拍摄的电影、电视剧涉及原告的隐私利益,原告是否有权向法院起诉,要求法官颁发禁止令,禁止行为人发行或者放映涉及原告隐私的电影或电视剧? 在两大法系国家,司法判例对这样的问题作出了肯定的回答。在法国,司法判例在 Essel Affair 一案中,当被告在没有经过原告同意的情况下将其经历拍摄成电影时,被告拍摄电影的行为构成隐私侵权责任,原告有权向法院起诉,要求法官颁发禁止令,禁止被告发行或者播放其涉及隐私权的电影。[②] 在该案中,原告 Essel 女士的女儿出版了自传。被告在没有

---

① 417 U.S. 907 (1974).

② Oct. 16, 1984, Cass. civ. 1re, 124 R.I.D.A. 139 (1985) (Fr.).

经过原告同意的情况下根据原告女儿的自传拍摄了电影。被告准备首先在电影院播放该电影,之后再在电视台播放。被告拍摄的电影对原告 Essel 女士的婚姻问题进行了描述,包括她离家出走并且将其孩子放在宗教机构的场景。原告向法院起诉,要求法官禁止公开放映该部电影。一审法院和二审法院都认为,被告拍摄的电影披露了原告的亲密关系,应当根据《法国民法典》第9(2)条颁布禁止令,禁止被告播放其电影。被告不服,上诉到法官最高法院,认为一审法院和二审法院的判决存在问题,应当被撤销。被告上诉的理由是,当被告出版原告女儿的自传时,原告没有反对;原告没有反对的行为使她无权要求法官颁发禁止令,禁止被告将所出版的自传改编为电影。法官最高法院认为,被告提出的此种理论存在问题,法官认为,行为人通过拍摄电影侵犯原告的隐私权同它们通过出版其女儿的自传引起的隐私侵权是两个不同的隐私侵权行为。被告通过出版自传的方式虽然也侵犯了原告的隐私权,但是,此种隐私侵权涉及的读者范围较小;而被告通过在电影院和电视台播放电影的方式侵犯原告的隐私权,此种隐私侵权涉及的范围非常广泛,是自传无法企及的。为此,法官最高法院作出判决,认定被告不得以原告没有阻止他出版其女儿的自传为由,要求法官认定原告无权要求法官颁发禁止令,禁止被告公开放映其拍摄的电影;被告不应当在电影院或者电视台播放涉及原告隐私的电影。在美国司法判例也在 Wiseman v. Massachusetts[①]一案中,美国司法判例也认为,如果被告拍摄的电影侵犯原告的隐私权,原告有权要求法官颁发禁止令,禁止被告发行或者播放其拍摄的电影。不过,到了1991年夏天,一个法官解除了此种禁止令,被告的电影得以公开放映。

(四)禁止行为人公开公共官员电话通话记录

如果行为人或者行为人之外的第三人通过偷录、偷听他人电话谈话的方式获得他人的隐私,他人是否有权向法院起诉,要求法官禁止行为人公开其偷录的通话内容或者在其报纸杂志上发表偷录、偷听的电话谈话内容?大陆法系国家的司法判例作出了肯定的回答。在1978年12月19日的案件中[②],德国联邦最高法院认为,被告不得公开涉及公共官员隐私的谈话记

---

① 398 U.S. 954(1970).
② BGHZ73,120; NJW1979, 647.

录,原告有权要求法官颁发禁止令,禁止被告在其报纸杂志上公开原告的通话记录。在该案中,第一申请人是德国 CDU(the christian Democratic Union)的主席,他于 1974 年 10 月 3 日与时任 CDU 秘书长的第二申请人打电话,讨论有关问题。两个申请人之间的电话谈话内容不知被何人录音并予以记录整理成文字材料,并以匿名信的方式寄到被告那儿。被告的主编收到材料之后打电话告诉了第二申请人。第二申请人要求该主编不要在其主编的刊物上发表电话谈话内容,该主编不同意。为此,上述两个申请人向法院起诉,要求法院颁布禁令,禁止被告和其作为第二被告的主编在其刊物上刊发其电话谈话内容,不要将他们的电话谈话内容全部或部分泄露给第三人。一审、二审和终审法院均作出肯定裁判,禁止被告泄露申请人之间的电话谈话内容。德国联邦最高法院在其裁判中认为,作为出版商的第一被告和作为主编的第二被告、第三被告出版了申请人之间的电话谈话内容,其行为在两个领域侵犯了申请人的人格权:其一,被告公开他人谈话内容的行为干预了申请人享有的不允许其谈话内容让公众知悉的利益。申请人对其谈话内容享有保密的利益,仅是因为他们的谈话内容涉及的问题属于他们的个人领域的组成部分。同一政党组织的两位朋友,在其电话中谈论自己政党内部的问题,这些问题即便是由两个在该政党内部占有重要地位的人所谈论,也属于私人性质、个人性质的问题,即便谈话者提及申请人在公共领域所从事的工作。在他们的电话交谈中,两个申请人表达了自己的想法和感情,而这种想法和感情十分开诚布公,十分真实、真诚,只有可以信赖的人才会这样做,因为他们相信对方不会将其想法告之公众。其二,被告的行为干预了享有的一般隐私权,在德国,任何人,即便是出现在公共领域并寻求公开性的政客均有权主张私人生活领域的保护,此种保护源于《德国宪法》第 1 条和第 2 条的规定。对于此种私人生活领域,法律采取的原则是,除非权利人允许,否则,他人不得干预,因为在此私人生活领域,权利人可以安全地生活,不受公众的支配或者审查,否则,权利人可以实现和发展其人格的基础将会受到威胁。原则上讲,此种个人生活领域的所有事件和生活表达均被此种自我决定的人格权所保护。此种规则对于像本案中的电话谈话等私人性质的谈话而言也完全适用,因为,即便谈话的内容涉及政治方面的内容,它仍然不失为私人性质的谈话。之所以说申请人之间的谈话仅为私人性质的谈话,是因为谈话的内容和谈话的方式在很大程度上取决于参与谈话的人是谁;只有当一个人对参与谈话的人予以控制或者至少知道他们时,他们才会毫无顾忌地参与此种谈话;如果他们之间的秘密谈话被人私自录音并整理成书面文字,供社会公众阅读,则他们之间的谈话内容将无法获得法律的保护。在此种情况下其人格受到影响的人所遭受的精神损害要比他们的谈话内容泄露出去时遭受的痛苦大。其理由在于,通过此种方式,行为人将他人复杂多样的个人生活信息置于社会公众的关注之下。为了保护他人人格免受此种损害危险,法律保护每个人对其私人谈话内容享有的权利,即私人谈话内容原则上不得被录音,在没有谈话人同意的情况下,他人的谈话不得被记录整理并被第三人公开,此种权利源于宪法的规定和德国刑法的规定。当然,法律也承认,私人之间的谈话原则上在取得谈话人同意时可以以该人同意的方式予以公开。判例法保护他人的人格免受相片公开行为损害的根据也是如此。在本案中,引起争议的问题不是秘密录音问题和该录音的使用问题,而是录音内容的书面记录材料的公开问题。实际上,行为人的电话录音整理材料也受法律的保护,以免被行为人公开,因为电话谈话录音整理材料像电话谈话录音一样是私人性质的东西,其重要性不比电话谈话录音轻。当然,应当承认的是,他人的私人谈话不得公开的人格权并不受绝对保护,由于他人的隐私权保护和新闻媒体享有的出版自由权产生冲突,在决定是否对他人人格权进行保护时,必须平衡他人人格权和新闻媒体享有的出版自由权之间的关系,因为,在宪法对他人的一般人格权提供保护的同时,宪法也同样对新闻媒体享有的出版自由权提供保护,这就是《德国宪法》第 5 条。此时,法官要考虑具体案件所涉及的各种特殊情况,以决定新闻媒体享有的出版自由权和他人的一般隐私权谁优先受到保护。

(五) 禁止行为人继续实施侵扰行为

如果行为人符合侵扰他人安宁的隐私侵权责任的构成要件,行为人应当就其实施的侵扰行为引起的精神性质的甚至财产性质的损害对他人承担赔偿责任。除了承担损害赔偿责任之外,受害人也有权要求法官颁发禁止令,禁止行为人继续实施侵扰行为。一旦法官颁发禁止令禁止行为人继续侵扰他人,则行为人应当放弃其侵扰行为。不过,为了平衡行为人的新闻自由权、言论自由权和受害人的隐私权,侵权法认为,行为人侵扰行为的禁止应当保持在合理的限度为必要,否则,行为人的新闻自由权和言论自由权将会被剥夺。这在前述 Galella v. Onassis①一案中得到说明。在该案中,一审法院的法官认为,被告 Galella 实施的众多行为都构成侵扰行为。为了防止 Galella 继续侵扰 Onassis 和其两个小孩,法官在审判之前颁布了临时禁止令,暂时禁止 Galella"骚扰、恐吓、折磨、惊吓或者接触被告和被告的两个小孩,禁止 Galella 在公共场所和大路上挡住被告和被告的两个小孩的通行,禁止 Galella 通过身体动作、姿态或者照相设备侵扰被告和被告的两个小孩,禁止 Galella 实施任何可能将被告和被告的两个小孩的生命和安全置于危险当中的行为"。在临时禁止令颁发之后的两个月内,Galella 被控违反了此种禁止令。为此,法官又颁发新的禁止令,该新的禁止令要求 Galella 在离 Onassis 住所 100 码之外的地方才能够给 Onassis 和其两个小孩拍照;要求 Galella 同 Onassis 和其小孩保持 50 码的距离;禁止 Galella 对 Onassis 和其两个小孩实施监督。在经过 6 个月的审判之后,法官驳回了原告 Galella 的诉讼请求,认定被告对原告的反诉成立,责令 Galella 对反诉原告承担侵权责任。法官判决:(1)禁止 Galella 监督 Onassis 和其两个小孩或者跟踪他们当中的任何一个人;(2)禁止 Galella 接近 Onassis 或者其小孩的住所 100 码;禁止 Galella 接近 Onassis 小孩的私立学校 100 码;禁止 Galella 接近 Onassis 50 码或者其小孩 75 码;(3)禁止 Galella 使用 Onassis 和其两个小孩的姓名、肖像或者相片来做广告;(4)除非通过 Onassis 的律师,禁止 Galella 同被告和其两个小孩谈话。原告不服,上诉到二审法院。二审法院一方面认为,一审法院的法官颁发禁止令是适当的,因为,只要 Onassis 仍然是一个具有新闻价值的人物,Galella 就会继续跟踪、监督她,即便法官颁发了临时禁止令禁止其实施侵扰行为时,Galella 仍然违反法官颁发的临时禁止令,仍然骚扰 Onassis 和她的两个小孩,一方面认为,一审法院的禁止令超过了必要的限度,因为,虽然法官应当对被告 Onassis 通过保护,但是此种保护仅仅限于必要的范围。为此,二审法院的法官对一审法院的法官颁发的禁止令作出了变更:(1)禁止原告接近被告 25 英尺或者禁止原告接触被告;(2)禁止原告在公共场所和大路上挡住被告的通行;(3)禁止原告实施任何可能将被告生命和安全置于危险当中的行为;(4)禁止原告对被告实施任何骚扰、恐吓、惊吓行为。对于被告的两个小孩而言,二审法院的法官颁发的

---

① 487 F. 2d 986(2d Cir. 1973).

禁止令是:(1)禁止原告进入被告小孩的学校或者游玩场所;(2)禁止原告实施任何可能将被告小孩生命和安全置于危险当中的行为;(3)禁止原告对被告小孩实施任何骚扰、恐吓、惊吓行为;(4)禁止原告接近被告小孩30英尺。二审法院的法官指出,之所以对一审法院的禁止令作出这样的修改,完全是为了给原告提供机会,使他能够对被告参与的公共活动进行拍照和报道。

第四编

肖像侵权责任

第十五章 肖像侵权责任(一)

一、肖像侵权责任概述

(一) 肖像侵权的界定

所谓肖像侵权,是指行为人未经肖像权人或者肖像权继承人的同意就擅自为了自己的利益再现、公开或者使用他人肖像的行为。肖像侵权行为包括行为人未经他人同意就擅自再现他人肖像的行为、未经他人同意就擅自公开他人肖像的行为以及未经他人同意就擅自使用他人肖像的行为。在侵权法上,肖像侵权行为是一种过错侵权责任,以行为人在再现、公开或者使用他人肖像时存在过错作为构成要件,如果行为人在再现、公开或者使用他人肖像时没有过错,则他们无须对肖像权人承担侵权责任。行为人再现、公开或者使用他人肖像的过错往往表现为故意,也就是知道自己不应当再现、公开或者使用他人肖像而仍然再现、公开或者使用他人肖像。在某些情况下,行为人再现、公开或者使用他人肖像的过错也表现为过失,也就是行为人在再现、公开或者使用他人肖像时没有尽到合理的注意义务。不过,侵权法并不注重行为人再现、公开或者使用他人肖像的侵权行为是故意侵权行为还是过失侵权行为,因为侵权法认为,只要行为人在再现、公开或者使用他人肖像时没有获得肖像权人或者肖像权继承人的预先同意,他们的肖像再现行为、公开行为或者使用行为就构成过错行为,在符合肖像侵权责任的其他构成要件的情况下,行为人就应当对他人承担侵权责任。在侵权法上,行为人实施的肖像侵权行为侵害了他人对其肖像享有的人格权或者财产权并因此导致他人遭受精神上的或者财产上的损害,因为他人对其肖像享有的权利或者被认为是一种人格权,行为人实施的肖像侵权行为会导致他人遭受精神上、心理上或者感情上的损害,在符合肖像侵权责任的构成要件的情况下,行为人应当对受害人承担精神损害赔偿责任;或者被认为是一种财产权,行为人实施的肖像侵权行为会导致他人遭受财产上、商事上或者经济上的损失,在符合肖像侵权责任的构成要件的情况下,行为人应当对受害人承担财产损害赔偿责任;或者被同时认为是一种人格权和财产权,行为人实施的肖像侵权行为会导致他人同时遭受精神上、心理上或者感情上的损害和财产上、商事上或者经济上的损失,在符合肖像侵权责任构成要件的情况下,行为人应当同时对受害人承担精神损害赔偿责任和财产损害赔偿责任。在法国,Carbonnier 教授对这样的肖像侵权责任作出了说明,他指出,根据法国司法判例确立的肖像权制度,一个人有权反对行为人在没有获得其明示或者默示同意的情况下再现其肖像,更具体地说是反对第三人拍摄其相片;基于更强有力的理由,一个人有权反对行为人在报纸杂志上出版其肖像或者将其肖像对社会公众公开。侵权法不要求行为人在再现、公开或者使用他人肖像时存在故意。一旦行为人在没有获得肖像权同意的情况下就再现、出版或者公开他人肖像,肖像权的所有权人有权要求行为人对他们遭受的损害承担赔偿责任,有权要求法官颁布禁止令,禁止行为人继续公开其肖像,如果有必要,要求法官责令行为人毁灭其相片的底片。[①] 在美国,Ludington 先生也对这样的侵权责任作出了说明,他指出,擅自使用他人肖像、姓名的侵权责任对肖像、姓名被被告擅自使用的原告提供了一种法律救济措施,如果被告未经原告同意就擅自为了自己的利益使用原告的肖像或者姓名的话。此种侵权责任保护原告对其身份使用享有的控制利益,赔偿肖像权人或者姓名权人因为行为人擅自使用其肖像、姓名遭受的精神损害或者商事损失。[②]

(二)肖像侵权法保护的肖像范围

在两大法系国家和我国,肖像侵权责任的目的是为了保护他人的肖像,防止行为人未经肖像权人的同意就擅自为了自己的利益再现、公开或者使用他人肖像。问题在于,受肖像侵权责任保护的肖像如何界定。对此问题,

---

① Jean Carbonnier, *Droit Civil, 1/Introduction, les Personnes*, Presses Universitaires De France, p.309.

② Sarah Ludington,Reining in the DPA Traders:A Tort for the Misuse of Personal Information, (2006) 66 *Md. L. Rev.* 140, 154.

两大法系国家和我国的侵权法学说作出的回答并不完全相同。在法国,学说虽然广泛认可肖像权和侵权责任的独立性,但是他们很少对肖像侵权责任保护的肖像范围作出明确的说明。法国司法判例认为,肖像侵权责任保护的肖像(image)这一词语包括的范围广泛,除了包括传统意义上的画像、雕像、照片、相片之外,还包括他人在其小说、电影或者电视剧中创造出来的人物、声音、视频等。在美国,司法判例也采取类似的意见,他们认为,擅自使用他人肖像、姓名的隐私侵权责任或者公开权侵权责任所保护的肖像范围十分广泛。根据《美国侵权法》的规定,擅自使用他人肖像、姓名的隐私侵权责任或者公开权侵权责任保护的肖像范围包括:图画、绘画、相片、照片、雕像,无论是静止的还是动态的;任何视频或者电视现场拍摄和播放的人,只要这些人能够被识别;除此之外,美国某些州的司法判例还认为,肖像包括他人的外貌、特殊习惯、创造的人物以及表演方式,他人使用的特殊物件等。因此,行为人未经他人同意就擅自使用他人图画、绘画、相片、照片、雕像的行为构成肖像侵权行为,未经他人同意就擅自使用他人外貌、特殊习惯、创造人物或者表演方式的行为能够构成肖像侵权行为,未经他人同意就使用他人使用的特殊物件的行为也构成肖像侵权行为,在符合侵权责任构成要件的情况下,行为人应当对他人遭受的精神损害或者财产损害承担侵权责任。在我国,肖像侵权法保护的肖像范围有哪些?我国《民法通则》没有作出说明,学说对这样的问题作出的回答基本上大同小异,没有什么大的差异。佟柔教授指出,肖像是公民人身真实形象及特征的再现,它可以用照片、画像、雕刻、雕塑等艺术作品表现出来,也可以录像、全息摄影等视感形象反映出来。[①] 根据此种观点,侵权法保护的肖像范围包括他人的照片、画像、雕刻、雕塑、录像、全息摄影等。张新宝教授指出,肖像是公民以面部为中心的形态和神态的客观表现形式。这种表现形式是多种多样的,包括照片、图画、雕塑、录像、录影以及通过计算机显示人的肖像等。[②] 梅伟教授指出,法律意义上的肖像,是指自然人所具有的客观的、实在的物质实体的外在形态,因而,只有自然人才会有肖像。[③] 根据我国学说的主流规定,肖像的法律特征表现在:肖像是自然人以面部为中心的外貌所再现的视觉形象;肖

[①] 佟柔主编:《中国民法》,法律出版社1990年版,第485页。
[②] 张新宝:《侵权行为法》(第2版),中国社会科学出版社1998年版,第296—297页。
[③] 张民安、梅伟:《侵权法》(第3版),中山大学出版社2008年版,第246页。

像须通过绘画、照相、雕塑、录像、电影艺术等形式将自然人外貌形象固定在物质载体上。我国学说对肖像侵权法保护的肖像范围作出的说明范围过于狭小,同两大法系国家的肖像侵权责任存在差异。

1. 肖像侵权是否仅仅保护他人对其面部或者面部中心区域享有的肖像权

在两大法系国家和我国,肖像侵权法都保护他人对其画像、雕像、照片、相片享有的人格利益或者财产利益,如果行为人未经他人同意就擅自再现、公开或者使用他人画像、雕像、照片、相片,他们的再现、公开或者使用行为当然构成肖像侵权责任,在符合肖像侵权责任构成要件的情况下,他们应当对他人承担侵权责任。在1994年的司法判例中[①],法国司法判例对这样的规则作出了明确的说明。在该案中,摩洛哥公主在被告的商店购买过东西,被告委托别人将摩洛哥公主的肖像制作成小雕像,放置在摩洛哥公主买东西的地方。摩洛哥公主听说之后,向法院起诉,要求法国颁发禁止令,禁止被告摆放其雕像并因此赔偿其遭受的财产损害。法国颁发临时禁止令,禁止被告继续摆放原告的雕像,责令被告赔偿原告遭受的精神损害而非财产损害,因为法官认为,原告作为一个公众人物不可能同被告讨价还价,要求被告在使用其雕像吸引顾客时获得大量的收益;被告的行为使社会公众误以为原告同意被告为了商事目的使用其肖像来做广告,给原告造成了精神损害。在美国,有关司法判例也对这样的规则作出了说明。在 Ali v. Playgirl, Inc.[②] 一案中,法官认为被告公开的卡通人物画像实际上就是原告的肖像,应当对原告承担侵权责任。在该案中,被告是一家杂志社,它在其出版的杂志中公开了一副裸体画像,该裸体画像配有"最伟大的人"这样的字样。原告认为被告在其杂志中公开的画像就是自己,要求法官责令被告就其擅自使用自己肖像的行为对自己承担侵权责任。被告提出抗辩,认为其杂志刊登的画像不是原告的肖像,而仅是通过艺术再现的卡通人物。法官认为,被告在其杂志中刊登的卡通人物画像的确就是原告的肖像,应当对原告遭受的损害承担侵权责任,因为被告使用的"最伟大的人"是公众给原告起的绰号;将被告使用的卡通人物和被告使用的绰号结合起来看,被告公开的卡通人物画像实际上就是原告的肖像。在 Martin Luther King, Jr. Ctr. for

---

① CA Versailles, June 30, 1994, D. 1995, 645, note Ravanas.
② 447 F. Supp. 723, 726–28 (S.D.N.Y. 1978).

Soc. Change, Inc. v. American Heritage Prods., Inc.①一案中,法官认为被告擅自制作马丁·路德金雕像的行为构成侵权行为,应当对原告承担侵权责任。在该案中,被告为了纪念已经死去的黑人运动领袖马丁·路德金而制作了马丁·路德金的雕像并准备发行。原告向法院起诉,认为被告无权制定马丁·路德金的雕像,要求法官责令被告停止其发行行为。法官认为,即便马丁·路德金已经死亡,原告仍然是推广马丁·路德金纪念品的唯一合法权利人,被告未经原告同意就擅自使用发行马丁·路德金的雕像,其行为构成公开权的侵权行为,应当对原告承担侵权责任。在我国,学说都认可这样的规则,认为行为人未经他人同意就擅自制作、公开或者使用他人的画像、照片、相片或者雕像时,他们应当对受害人遭受的损害承担侵权责任。

问题在于,肖像侵权法保护的肖像范围是不是仅仅限于自然人的面部或者面部周围区域的再现、公开或者使用行为?对此问题,某些学说作出了肯定的回答,认为肖像侵权法仅仅保护他人以面部为中心的形态和神态的客观表现形式,不保护他人其他部分的形态和神态的客观表现形式。只有当行为人再现、公开或者使用他人以面部为中心的形态或者神态时,行为人的肖像再现、公开或者使用行为才构成肖像侵权行为,在符合肖像侵权责任构成要件的情况下,行为人应当对他人承担侵权责任;如果行为人再现、公开或者使用他人面部中心之外的其他部分,行为人的肖像再现、公开或者使用行为将不构成肖像侵权行为,无须对他人承担侵权责任。因此,如果行为人仅仅再现、公开或者使用他人的大腿、胳膊、脚趾,则行为人的行为不构成肖像侵权行为,无须对他人承担侵权责任。在美国,Prosser 先生即采取此种观点,他认为,如果行为人公开一个人的手、腿和脚的图像,行为人无须对他人承担隐私侵权责任。② 在我国,张新宝教授和王利明教授采取这样的观点。张新宝教授指出,给肖像下定义时强调以正面的面部为中心是十分必要的,因为人的面部特征最能直观、准确地反映一个人的形态和神态。在实际生活中,涉及肖像侵权的案件,被侵害的肖像权客体——肖像,都是以当事人的面部为中心或者包括当事人的面部。如果行为人仅仅使用当事人身

---

① 296 S. E. 2d 697, 698, 706 (Ga. 1982).
② W. Page Keeton, *Prosser and Keeton on Torts* (fifth edition), West Publishing Co., p. 853.

体的其他部分,则不被认为是对肖像的不当使用。① 王利明教授也指出,肖像的重要特征是其面部性,即肖像主要是自然人的面部特征及其再现。"尽管身体各部位都能反映人的特征,但肖像作为自然人现象的反映,是以人的面部为中心的形态和神态的表现。"②

在侵权法上,如果行为人未经他人同意就擅自再现、公开或者使用的身体部分是他人的面部或者以面部为中心的区域,则行为人的再现、公开或者使用行为当然构成肖像侵权行为,行为人当然应当对受害人承担肖像侵权责任,因为面部或者面部周围的身体部分是最能够将一个自然人和另外一个自然人区分开来的标志特征,是最能够集中反映和体现一个自然人独特人格特征的部位,是自然人众多自我人格当中最稳定、最核心的自我。但不能够因此认为,他人面部或者面部周围之外的其他身体组成部分就一定不会构成肖像侵权法保护的对象。一方面,自然人的面部或者面部中心区域之外的身体组成部分有时也是自然人形态和神态的再现,有时也能够将一个自然人同另外一个自然人区分开来。行为人未经他人同意为了营利的目的再现、公开或者使用他人这些身体的组成部分,其行为当然也构成肖像侵权行为,在符合肖像侵权责任构成要件的情况下,行为人也应当对他人承担侵权责任。另一方面,侵权法之所以责令行为人就其再现、公开或者使用他人面部或者面部周围区域的部分对他人承担侵权责任,不是因为这些部分最能够体现他人的形态和神态,而是因为这些部位被再现、公开或者使用时,受害人能够被轻易识别出来,法官能够判断出被再现、公开或者使用的人是不是原告。而侵权法之所以拒绝责令行为人就其再现面部之外的其他身体组成部分对他人承担侵权责任,不是因为这些部位不能够体现他人的形态或者神态,而是因为受害人很难证明被行为人再现、公开或者使用的身体部分就是自己的身体部分,法官很难判断引起纠纷的身体部位是不是原告的身体部位。

因为这样的原因,笔者认为,我国侵权法不应当将肖像权的范围限制在他人面部或者面部周围的身体部分,应当将肖像权的范围从面部或者面部周围区域扩张到自然人身体的所有组成部分。不仅行为人未经他人同意就擅自再现、公开或者使用他人面部或者面部周围区域的行为能够构成肖像

---

① 张新宝:《中国侵权行为法》(第2版),中国社会科学出版社1998年版,第297页。
② 王利明:《人格权法研究》,中国人民大学出版社2005年版,第446页。

侵权行为,而且行为人未经他人同意就擅自再现、公开或者使用他人身体的其他组成部分的行为也能够构成肖像侵权行为,在符合肖像侵权责任构成要件的情况下,行为人应当对他人承担侵权责任。如果原告要求被告就其再现、公开或者使用面部或者面部周围区域的行为对他们遭受的损害承担侵权责任,他们应当承担举证责任,证明被被告再现、公开或者使用的面部或面部周围区域就是自己的面部或自己的面部周围区域;同样,如果原告要求被告就其再现、公开或者使用的其他部位对自己承担侵权责任,他们应当承担举证责任,证明被被告再现、公开或者使用的身体部位就是自己的身体部位。这就是肖像侵权责任构成要件当中原告的可识别性原则。关于这一规则,笔者将在肖像侵权责任的构成要件当中讨论,此处从略。

2. 肖像侵权法是否仅仅保护他人对其身体部位享有的肖像权

在侵权法上,肖像侵权法保护的肖像是仅仅指自然人对其身体部位享有的再现、公开或者使用权还是包括自然人对其身体之外的物件享有的再现、公开或者使用权?对此问题,学说作出的回答并不完全相同。某些学说认为,如果行为人未经他人同意就擅自公开他人的某种物件,他们的公开行为不构成肖像侵权行为,无须承担侵权责任。Prosser 教授采取此种观点,他指出,如果行为人公开他人房屋、汽车或者狗的相片而没有说明是谁的房屋、汽车或者狗,行为人也不就其公开行为对他人承担侵权责任。① 某些学说认为,即便行为人未经他人同意就公开他人的某种特定物件,行为人公开他人物件的行为也构成肖像侵权行为,在符合侵权责任构成要件的情况下,行为人也应当对他人承担侵权责任。Kahn 采取这样的观点,他指出,除了责令行为人就其直接再现权利主体的个人特征对他人承担侵权责任之外,法官也责令行为人就其使用权利主体的物体或者标语对他人承担侵权责任,如果该种物体或者标语能够完全等同于权利主体的话。② 美国有关司法判例也采取肯定的意见,认为即便行为人没有直接再现、使用原告的肖像、相片、画像或者雕像,如果行为人未经他人同意就擅自使他人使用的某种特定物件、标语,行为人的行为也构成肖像侵权行为,在符合侵权责任构成要

---

① W. Page Keeton, *Prosser and Keeton on Torts* (fifth edition), West Publishing Co., p. 853.

② Jonphan Kahn, *What's in a Name? Law's Identity under the Tort of Appropriation*, (2001) 74 Temp. L. Rev. 263,281.

件的情况下,行为人应当对原告承担侵权责任。在 Carson v. Johnny Portable Toilets, Inc① 法官认为,被告为了出卖和出租其"这就是杰尼轻便座厕"而其座厕上使用了"这就是杰尼"的字样。杰尼 Johnny Carson 是美国"今晚秀"节目的主持人。他每次在主持节目时都使用"这就是杰尼"的口头禅。原告认为被告的行为侵害了其享有的公开权,要求法官责令被告就其使用"这就是杰尼"的行为对自己承担损害赔偿责任。一审法院认为,被告的行为没有侵害原告的公开权,因为公开权仅仅包括原告对其肖像、姓名享有的权利,不包括原告对其使用的词语享有的权利。美国第六巡回法院撤销了一审法院的裁判,认为其对公开权的解释过于狭小,公开权应当包括行为人为了商事目的使用原告使用的词语的权利。被告应当对原告承担财产损害赔偿责任。法官指出:根据已经确立的裁判规则,当行为人基于商事目的而擅自故意使用名人的身份时,行为人的使用行为就侵害了名人享有的公开权……在决定行为人是否承担侵权责任时,法律并不认为行为人是不是使用了原告的姓名是一个决定性质的因素。的确,即便行为人已经使用了原告的姓名来命名其轻便性座厕,行为人也不会侵害原告的公开权。因为,行为人即便使用了原告的姓名来命名其轻便性座厕,行为人也没有擅自使用原告作为名人的姓名。在 1974 年,美国联邦法院在 Motschenbacher v. R. J. Reynolds Tobacco Co.② 适用加利福尼亚州的普通法,认为被告使用了赛车时使用的赛车的行为构成侵权行为,应当对原告承担侵权责任。在该案中,原告是一名汽车赛选手。被告是一家烟草公司,它在其烟草广告中使用了原告参加车赛的赛车。原告向法院起诉,认为被告为了商业目的使用其肖像,应当对自己遭受的财产损害承担赔偿责任。法官认为,公开权是指他人对其身份特征享有的使用权;原告虽然无法被人识别,但是,被告使用赛车的独特风格使某些读者认为,被告使用的小汽车是原告的小汽车,原告实际上正在驾驶该小汽车。在 White v. Samsung Electronics America, Inc.③ 一案中,法官认为,被告的机器人模仿原告 White 的发型和衣着方式的行为侵害了原告的公开权,应当对原告遭受的损害承担侵权责任。在该案中,被告为

---

① 698 F. 2d 831, 837 (6th Cir. 1983).
② 849 F. 2d 460 (9th Cir. 1988).
③ 971 F. 2d 1395 (9th Cir. 1992), reh'g denied, 989 F. 2d 1512 (9th Cir. 1993), cert. denied, 113 S. Ct. 2443 (1993).

了向消费者证明它们出卖的产品是寿命很长的产品而制作广告和散发广告。其广告上配有一部机器人,该机器人的打扮和衣着同原告 White 的打扮和衣着相似。原告 White 认为被告的行为侵害其享有的公开权,应当对其遭受的财产损害承担侵权责任,因为原告没有同意被告使用其打扮和衣着方式来做广告。法官认为,被告的行为侵害了原告的公开权,因为公开权保护的无形人格利益范围除了包括他人对其肖像、姓名享有的利益之外,还包括他人对其人格身份享有的权利。

在我国,学说虽然没有作出明确的说明,但是他们实际上都认为,肖像也仅是指自然人对其身体享有的再现、公开或者使用的权利,不包括自然人对其物件享有的再现、使用或者公开的权利。我国侵权法学说认为,肖像仅仅反映自然人面部五官的外部特征,肖像具有个人性、面部性。根据此种理论,如果行为人未经他人同意就擅自再现、公开或者使用他人身体的组成部分,尤其是面部或者面部周围的区域,则行为人的再现、公开或者使用行为将构成肖像侵权行为,在符合肖像侵权责任构成要件的情况下,行为人应当对他人承担侵权责任;如果行为人未经他人同意就擅自再现、公开或者使用他人的某种物件,则即便该种物件能够被轻易识别出是原告的物件,行为人的再现、公开或者使用行为也不构成肖像侵权行为,无须对受害人承担侵权责任。在侵权法上,仅将他人的肖像权建立在他人对其身体部位享有的再现、公开或者使用方面是不够的,肖像侵权法保护的范围应当延伸到自然人身体之外的物件之上,当行为人未经他人同意就擅自使用他人的某种特定物件时,侵权法也应当责令行为人对他人承担侵权责任。其理由有三:其一,在当今社会,某些物件不仅具有特定的财产性,而且还具有特定的人格性,社会公众有时习惯于将他人使用的某种物件等同于使用者本人,当该种特定的物件出现时,社会公众就会联想到其使用者,从该种特定物件当中能够即刻识别出物件的使用人是谁,此时,物件同物件使用人之间的人格混同。其二,虽然自然人的特定形态或者神态往往要通过其身体特征来再现,但是,某些人的特定形态或者神态也会通过其使用的物件来表现,离开所使用的物件,肖像权人有时无法表现出其特定的形态和神态。这样,物件成为自然人表现其肖像的重要方式,尤其是对某些特定职业的人而言,更是如此。其三,如果不将他人使用表现其特定形态和神态的物件看做肖像侵权法保护的范围,则行为人使用他人具有特定身份标志的物件行为将无法得到制裁,行为人即便是为了自己的商事商业使用他人物件,他们也无须对他人遭受的财产损害承担赔偿责任。

3. 肖像侵权法是否保护他人对其创造人物享有的肖像权

如果行为人未经他人同意就擅自再现、公开或者使用他人在影视作品或舞台剧中创造的人物,行为人再现、公开或者使用他人创造人物的行为是否构成肖像侵权行为?对此问题,两大法系国家的学说和司法判例存在不同意见。某些司法判例认为,肖像侵权法不仅应当保护他人对自己肖像享有的权利,而且还保护他人对其创造人物享有的肖像权,未经影视剧、舞台剧人物的创造者的同意就擅自使用其创造人物的行为构成侵权行为,应当承担侵权责任。1996年法国的司法判例中①对这样的规则作出了说明。法官指出,被告未经原告同意在其视频游戏中使用原告再现的卡通人物,其行为构成肖像侵权行为,应当对原告遭受的损害承担赔偿责任。在 Price v. Worldvision Enterprises, Inc.②一案中,美国司法判例也对这样的规则作出了说明。在该案中,Laurel and Hardy 生前创造了喜剧人物。当他们死亡之后,被告未经两位喜剧演员继承人的同意就擅自使用在其电视节目当中模仿两位喜剧演员生前创造人物的表演。两位喜剧演员的继承人向法院起诉,要求法官禁止被告模仿两位喜剧演员生前创造的人物并且承担侵权责任。法官认为,公开权除了保护他人对其肖像、姓名享有的权利之外,也延伸到他人对其创造人物的肖像、姓名等享有的权利。当他人创造了某种人物时,他人对该种人物的肖像、姓名享有排他性的使用权,被告未经他人或者他人继承人的同意就擅自为了商事目的使用他人创造人物的肖像、姓名,其行为构成公开权的侵权行为,应当对原告承担侵权责任。在 Marx Prods. v. Day and Night Co., Inc.③一案中,美国司法判例对这样的规则作出了说明。在该案中,Marx 分别创造了多种人物,这些人物为美国社会公众所熟悉。Marx 同原告签订契约,将其对所创造人物的姓名、肖像和表演方式等享有的所有权利和利益都转让给原告,由原告享有 Marx 创造人物姓名、肖像或者表演方式的使用权。被告未经原告同意就在其节目当中模仿 Marx

---

① CA Versailles, Mar. 8, 1996, Gaz. Pal. 1996, 213, Concl. Duplp, Ptorney General.
② 455 F. Supp. 252 (S.D.N.Y. 1978).
③ 523 F. Supp. 485, 491 (S.D.N.Y. 1981), rev'd on other grounds, 689 F.2d 317 (2d Cir. 1982).

创造人物的独特外貌、风格和表演方式。原告向法院起诉,要求法官责令被告承担侵权责任。被告提出抗辩,认为其行为不构成侵权行为,因为他们仅是模仿 Marx 创造人物的行为,没有模仿 Marx 的真实身份。法官认为,即便被告仅仅模仿 Marx 创造人物的外貌、风格和表演方式,其模仿行为也构成公开权的侵权行为,应当对原告承担侵权责任,因为,Marx 通过自己的努力创造了能够识别的、社会知名度高的舞台剧人物。

某些学说对此作出了否定的回答,认为肖像侵权法不保护他人创造的人物,行为人擅自使用他人创造的影视剧人物、舞台剧人物,他们的行为不构成公开权的侵权行为,无须对他人承担侵权责任。他们的理由有二:一方面,演员表现的人物不是演员形态和神态的客观真实反映,不符合肖像侵权责任的构成要件。张新宝教授对这样的原因作出了说明,他指出,肖像是公民形态和神态的客观真实反映,肖像应当反映公民的真实面貌,而公开创造的某些艺术形象(如猪八戒、孙悟空),并非创造者(演员)的形态和神态的客观真实反映,因而不能认为这种艺术形象为其肖像。① 另一方面,影视剧、舞台剧中的人物并非是演员创造的,他们实际上是由演员之外的影视公司、制片人、作家和公众创造的。行为人使用演员扮演的角色的行为没有侵害演员的肖像,无需对他们承担侵权责任。Coombe 采取这样的观点,他指出,演员没有创造出他们饰演的影视剧、舞台剧当中的人物,影视剧、舞台剧当中的人物是由影视剧、舞台剧的投资人、制片人、作家和观众开发出来的。② 实际上,这样的理由是没有说服力的,一方面,即便他人的真实形态和神态同其扮演的角色的形态和神态不一样,如果他人扮演的角色如此深入人心,以至于社会公众忽视他人真实的形态和神态而仅仅在意他人扮演的角色的形态和神态,则他人扮演的人物的神态和神态将取代其真实的形态、神态并因此成为他人的肖像。另一方面,一个成功的影视剧、舞台剧人物的塑造和深入人心需要演员付出大量的心血和汗水,需要演员用自己特定的方式、风格和形象来演绎,并非仅是作家、制片人开发出来的。为了保护演员的积极性,我国侵权法应当承认他人对其影视剧、舞台剧创作人物享有的肖像权,当行为人未经他人同意就擅自使用他人创造的影视剧、舞台剧来从事商事

---

① 张新宝:《侵权行为法》(第 2 版),中国社会科学出版社 1998 年版,第 297 页。
② Rosemary J. Coombe, *Authorizing the Celebrity: Publicity Rights Postmodern Politics, and Unauthorized Genders*, 10 Cardozo Arts & Ent. L. J. 365, 368 (1992).

活动时,我国侵权法应当责令行为人对他人承担侵权责任。

不过,不能够因此认为,肖像侵权法会将他人创造的所有影视剧、舞台剧中的人物都看做他人的肖像,将行为人对他人创造人物的使用行为都看做是侵权行为。问题在于,他人创造的哪些人物应当受到肖像侵权法的保护,哪些人物不应当受到肖像侵权法的保护?笔者认为,他人通过影视剧、舞台剧创造的人物是否应当受到肖像侵权法的保护,其判断标准是他人创造的人物同他人之间的关系是否密不可分,他人创造的人物的形态和神态是不是等同于他人的形态和神态。如果他人创造的人物同他人之间的关系密不可分,社会公众已经不再关心他人真实的形态和神态而仅仅关心他人创造人物的形态和神态,认为他人创造的人物形态和神态就是他人的形态和神态,则他人创造的人物应当被看做他人的肖像,行为人未经他人同意就擅自使用他人创造的人物,其行为构成肖像侵权行为,应当对他人承担侵权责任;如果他人创造的人物同他人之间的关系松散,社会公众不会将他人创造的人物形态和神态等同于他人真实的形态和神态,则他人创造的人物将不被看做他人的肖像,行为人使用他人创造的人物的行为将不构成肖像侵权行为,无须对他人承担侵权责任。

4. 肖像侵权法是否反对行为人模仿他人或者他人创造人物的动作、行为方式和衣着打扮

两大法系国家的侵权法认为,行为人不得使用同原告长得像的人来冒充原告,否则,应当对原告遭受的精神损害甚至财产损害承担侵权责任。两大法系国家的侵权法认为,即便行为人没有直接使用他人的肖像,只要他们使用类似人的肖像来误导社会公众,让社会公众误以为行为人使用的肖像是原告的肖像,则行为人使用类似人的肖像的行为也构成肖像侵权行为,在符合肖像侵权责任构成要件的情况下,行为人也应当对肖像被模仿的原告承担侵权责任。在法国,司法判例在众多案件中对这样的规则作出了说明。在1976年的司法判例中[①],法官认为,被告用来做广告的人就是原告,应当对原告承担侵权责任。在该案中,原告是一对夫妻,双方都是法国著名的歌星。被告为了给其内衣做广告而找人模仿原告夫妻的肖像。原告向法院起诉,要求法官责令被告对自己承担侵权责任。被告提出抗辩,认为其广告中

---

① T. G. I. Paris, 3e ch., Feb. 24, 1976.

使用的人不是原告,无须对原告承担侵权责任。法官认为,即便被告内衣广告中使用的肖像不是原告夫妻的肖像,只要原告的歌迷误以为被告内衣广告中使用的肖像就是原告的肖像,只要原告的歌迷因为被告使用的肖像而相信原告夫妻为被告的内衣进行宣传,则被告应当就其使用模仿者肖像的行为对原告承担侵权责任。在该案中,法国法官仅仅责令被告对原告遭受的精神损害承担赔偿责任,拒绝责令被告对原告遭受的财产损害承担赔偿责任。法官认为,原告过去没有使用其肖像来为别人做广告,因此,其肖像不具有商事价值而仅仅具有精神价值。在1985年的司法判例中①,法官认为,被告使用与原告相似的人做广告的行为侵害了原告的肖像权,应当对原告承担侵权责任。在该案中,原告是法国著名的电影演员,被告为了给其生产的巧克力做广告,使用了同原告长得相似的英国模特的肖像。原告向法院起诉,认为被告的行为侵害了自己享有的肖像权,应当对自己遭受的损害承担侵权责任。法官认为,被告的行为是非法行为,应当对原告遭受的损害承担侵权责任,因为被告使用的模特儿的肖像合并到原告的肖像之中,被告使用的模特儿实际上利用了原告的名声。在1989年的司法判例中②,法官也采取同样的意见。在该案中,被告在其杂志中使用了一个同原告长得非常相似的游泳者的裸照为其产品做广告。原告是法国著名的游泳运动员,她认为被告的行为侵害了自己享有的肖像权,要求法官责令被告承担侵权责任。法官认为被告的肖像再现行为侵害了原告的肖像权,应当对原告承担侵权责任。法官认为,被告的肖像再现行为使人相信原告同意被告给其拍摄裸照,使人相信原告为了获得金钱而同意被告公开其裸照。为此,法官责令被告赔偿原告100,000元的损失。

在美国,有关司法判例也认为,如果行为人使用同原告长得类似的人的肖像来做广告或者从事其他商事活动,则行为人的肖像使用行为也构成侵权行为,在符合侵权责任构成要件的情况下,行为人也应当对原告承担侵权责任。在 Onassis v. Christian Dior-New York, Inc.③一案中,法官认为,被告使用同原告长得相似的人的肖像来做广告的行为构成隐私侵权行为,应当对原告承担承担侵权责任。在该案中,被告在其广告中使用了一个同原告

---

① T. G. I. Paris, Oct. 17, 1984, D. 1985, Somm. 324.
② T. G. I. Paris, Oct. 27, 1988, D. 1989, Somm. 358.
③ 472 N. Y. S. 2d 254, 258 – 60 (N. Y. Sup. Ct. 1984).

Onassis 长得非常像的人来为其进行广告宣传,原告向法院起诉,要求法官禁止被告进行发布其广告并对自己遭受的损害承担侵权责任。法官认为,被告的行为构成隐私侵权行为,应当加以禁止并因此责令被告对原告遭受的损害承担侵权责任,因为被告使用同原告长得像的人来做广告就是要传达这样的信息:其用来做广告的人就是原告 Onassis,或者被告至少是希望引起社会公众对做广告人的身份的混淆。在 Allen v. Nat'l Video, Inc.[①]一案中,法官也认为,被告使用与原告长得像的人来做广告的行为构成侵权行为,应当对原告承担侵权责任。在该案中,原告 Woody Allen 是一名公众人物,被告为了提升其产品的知名度而使用了同原告长得像的人的肖像来为其产品做广告。原告向法院起诉,要求法官责令被告对其遭受的损害承担侵权责任。法官认为,被告的行为侵害了原告对其肖像享有的权利,应当对原告遭受的损害承担侵权责任。

为了保护他人创造的积极性,美国有关司法判例认为,如果行为人擅自模仿他人创造的人物的外貌、特殊习惯、表演方式,他们应当对他人承担侵权责任。此种规则历史悠久。早在 1928 年,美国司法判例就在著名的 Chaplin v. Amador[②] 一案中认为,被告模仿原告的在电影中的表演方式、行为方式的行为构成肖像侵权行为,应当对原告承担侵权责任。在该案中,原告 Chaplin 是美国好莱坞电影明星,他在一部电影中成功扮演重要角色。被告未经原告同意就擅自模仿原告的衣着方式、打扮方式、外部表情、身体动作以及他人表现方式。原告向法院起诉,要求被告承担侵权责任。法官认为,被告在进行表演时,既不得使用原告的姓名,也不得模仿原告的各种特定行为方式、表演方式,因为被告的模仿行为会欺骗社会公众,损害原告的商事活动。在 1977 年的 Lombardo v. Doyle, Dane & Bernbach, Inc.[③]一案中,法官认为,即便纽约州的制定法没有规定保护他人对其表演方式提供保护,美国纽约州的侵权法当然会保护他人对其表演方式享有的合法财产利益,当被告未经原告同意就模仿其表演方式、行为方式时,被告应当对原告遭受的损害承担侵权责任,因为,在本案中,原告已经对其表演投入了四十多年的时间和精力开发其表演方式。

---

① 610 F. Supp. 612, 622-23, 632 (S. D. N. Y. 1985).
② 269 P. 544 (Cal. Ct. App. 1928).
③ 396 N. Y. S. 2d 661 (App. Div. 1977).

在我国,学说没有对这样的问题作出说明。笔者认为,我国侵权法也应当采取肯定意见,认为行为人为了营利目的使用同名人长得像的人来做广告或者从事其他活动,包括为了营利的目的而模仿名人创造的影视剧、舞台剧当中创造人物的动作、行为方式、衣着打扮方式、表演方式等,他们的行为构成肖像侵权行为,应当对受害人承担侵权责任。其理由有三:其一,虽然行为人使用的肖像是一个疑似名人的肖像,但是,该种疑似名人的肖像之所以具有商事价值显然不是因为隐私名人本身肖像存在商事价值,而是因为被模仿的名人本身的肖像具有的商事价值;此时,疑似名人的肖像实际上被真正的名人肖像所吸收,其本身没有独立性。因为,当行为人使用疑似名人的肖像来做广告或者从事其他商事活动时,他们知道他们是为了让消费者对疑似名人的肖像发生误解,让消费者误以为疑似名人是他们喜欢的真实、真正的名人,让消费者基于此种误解而购买被模仿的名人推荐的产品或者接受被模仿的名人推荐的服务。其二,如果不责令行为人就其使用疑似名人肖像的行为对真实名人遭受的损害承担侵权责任,则行为人实施的欺诈行为将无法被制裁,他们将因为其欺诈行为而获得大量的不当利益。为了制裁行为人的欺诈行为,为了防止行为人通过使用疑似名人肖像来获得大量的商事利益、经济利益,侵权法应当责令行为人对受害人遭受的财产损害承担侵权责任。其三,被模仿的名人或者被模仿的名人创造的人物之所以具有商事价值,是因为真正的名人或者创造人物的名人付出了大量的心血和汗水,如果不责令行为人就其模仿名人或者名人创造人物的行为对名人承担侵权责任,则名人将没有积极性来使其肖像产生商事价值、财产价值;也没有积极性来创造影视剧、舞台剧当中的人物。为了保护他人开发其肖像所具有的商事价值的积极性,保护他人创造影视剧、舞台剧人物的积极性,我国侵权法应当责令行为人就其模仿名人或者名人所创造的人物的行为对名人承担侵权责任。

(三) 肖像侵权同其他无形人格侵权之间的关系

1. 肖像侵权同名誉侵权、人格尊严权之间的关系

肖像侵权同名誉侵权之间的关系如何?在两大法系国家的早期,侵权法仅仅认可名誉侵权而不认可肖像侵权,行为人未经他人同意就擅自再现、公开或者使用他人肖像的行为仅仅构成名誉侵权行为,不构成肖像侵权行

为,在符合名誉侵权责任构成要件的情况下,行为人应当就其再现、公开或者使用他人肖像的侵权行为对受害人遭受的名誉损害承担侵权责任。早期的侵权法认为,即便被再现、公开或者使用的肖像是真实的,只要被再现、公开或者使用的肖像会导致他人被嘲笑、讥笑,会引起社会的不安,行为人的肖像再现、公开或者使用行为就构成名誉侵权行为,行为人就应当对受害人承担侵权责任。在现代两大法系国家,侵权法是否仍然采取这样的立场?对于这样的问题,两大法系国家的侵权法作出的回答并不完全相同。在除了美国之外的英美法系国家,侵权法仍然不承认肖像权和肖像侵权责任的独立性,行为人未经他人同意就擅自再现、公开或者使用他人肖像的行为仍然不被看做独立的肖像侵权行为,有时仍然被看做名誉侵权行为,在符合名誉侵权责任构成要件的情况下,行为人仅仅就其再现、公开或者使用他人肖像的行为对他人承担名誉侵权责任。在现代美国,由于侵权法将擅自使用他人肖像的行为看做隐私侵权行为或者公开权侵权行为,因此,肖像侵权行为独立于名誉侵权行为,行为人擅自使用他人肖像的行为将不再构成名誉侵权行为,无须对他人承担名誉侵权责任。在现代法国,由于侵权法认可了肖像侵权责任的独立性,因此,如果行为人擅自再现、公开或者使用他人肖像时,侵权法不会责令行为人对他人承担名誉侵权责任而仅仅责令行为人对他人承担肖像侵权责任。

在我国,肖像侵权责任同名誉侵权法是什么样的关系?我国《民法通则》认为,肖像侵权责任独立于名誉侵权责任,因为,《民法通则》第100条和第101条分别对肖像权、名誉权作出了明确规定,第120条对肖像侵权责任和名誉侵权责任作出了规定。问题在于,如果行为人使用他人肖像的行为同时导致他人名誉遭受损害,行为人是否应当对他人遭受的名誉损害承担侵权责任?如果行为人此时要对他人遭受的名誉损害承担侵权责任,他们对受害人遭受的损害如何承担?在我国,学说普遍认为,如果行为人故意侮辱、丑化、玷污、毁损他人的肖像,或者故意涂改、歪曲、焚烧、撕扯他人照片,行为人的行为构成肖像侵权行为,应当对他人遭受的损害承担赔偿责任。问题在于,行为人实施的这些行为是否构成名誉侵权行为甚至人格尊严的侵权行为。笔者认为,如果行为人故意侮辱、丑化、玷污、毁损、涂改、歪曲、焚烧、撕扯他人照片,他们的行为除了构成肖像侵权行为之外,还构成名誉侵权行为、人格尊严的侵权行为,应当对他人遭受的损害承担名誉侵权责任或者人格尊严的侵权责任,因为,这些行为实际上既毁损了他人名誉,导致他人的社会评价降低,也侵害了他人的人格尊严,使他人作为人应当受到的基本尊重被破坏。此时,行为人的行为同时构成肖像侵权行为、名誉侵权行为和人格尊严的侵权行为,在符合这三种侵权责任构成要件的情况下,行为人应当对他人承担肖像侵权责任、名誉侵权责任或者人格尊严侵权责任。这就是三种侵权责任的竞合问题。如果行为人实施的肖像侵权行为同时构成名誉侵权行为、人格尊严的侵权行为,行为人是否要分别对受害人承担三种不同的侵权责任？笔者认为,如果肖像侵权责任同名誉侵权责任甚至人格尊严侵权责任发生竞合,行为人不应当对受害人同时承担二种或者三种侵权责任,因为让行为人就其侵权行为同时对受害人承担二种或者三种侵权责任显然违反了公共政策,使受害人承担的侵权责任过重,也会使受害人获得大量的不当利益。为此,我国侵权法应当以行为人的肖像侵权责任范围作为基础,在此基础上考虑行为人侵权行为的严重性和后果性,包括对受害人名誉造成的损害和人格尊严造成的损害,增加行为人的赔偿范围,必要时甚至可以责令行为人对受害人承担惩罚性损害赔偿责任。

2. 肖像侵权同隐私侵权之间的关系

肖像侵权同隐私侵权之间的关系如何？在法国,19世纪50年代之后到20世纪70年代之前的司法判例认为,行为人未经他人同意就擅自再现、公开或者使用他人肖像的行为构成隐私侵权行为,行为人应当对他人遭受的损害承担隐私侵权责任。到了20世纪70年代,法国司法判例逐渐认可肖像权和肖像侵权责任的独立性,认为行为人未经他人同意就擅自再现、公开或者使用他人肖像的行为不再构成隐私侵权行为而构成肖像侵权行为,行为人应当对他人承担肖像侵权责任而非隐私侵权责任。到了20世纪80年代末期,司法判例即便认可了肖像侵权责任的独立性,不再将再现、公开或者使用他人肖像的行为看做隐私侵权行为,虽然偶尔还会有司法判例将再现、公开或者使用他人肖像的行为看做隐私侵权行为和肖像侵权行为。例如,在1996年的司法判例中[1],法国法官仍然认为,被告在其有关原告电影事业的文章中使用原告肖像的行为构成肖像侵权行为和隐私侵权行为,应当对原告承担侵权责任。在该案中,原告是一名著名的电影演员,当原告在

---

[1] T. G. I. Nanterre, Feb. 21, 1996.

舞台上表演时,被告拍摄了原告的三张相片;当原告参加官方活动时,被告拍摄了原告的二张相片。后来,被告将这五张相片用在被告的期刊中。原告向法院起诉,要求法官责令行为人就其公开自己肖像的行为对自己承担侵权责任。法官根据《法国民法典》第9条和第1382条的规定,责令被告赔偿原告50,000法郎的损害赔偿金。法官指出,单纯公开这五张相片的行为还没有侵害原告的肖像权,但是,被告使用原告的肖像来披露原告私人生活方面的信息,其行为侵害了原告的隐私权和肖像权。在现代法国,学说基本上都认可肖像侵权责任的独立性,认为行为人未经他人同意就擅自再现、公开或者使用他人肖像的行为构成肖像侵权行为,应当承担肖像侵权责任而非隐私侵权责任。在美国,20世纪初期,学说和司法判例开始将未经他人同意就擅自使用他人肖像的行为看做隐私侵权行为。在今天,即便公开权得到广泛的认可,美国某些学说和司法判例仍然采取这样的观点,认为行为人未经他人同意就擅自再现、公开或者使用他人肖像的行为构成隐私侵权行为,不构成独立的肖像侵权行为,行为人仅仅对他人承担隐私侵权责任,无须承担肖像侵权责任。在我国,肖像侵权责任同隐私侵权责任是什么关系?我国《民法通则》没有作出说明,因为《民法通则》仅仅规定了肖像侵权责任,没有规定隐私侵权责任。虽然如此,我国学说普遍认可肖像侵权责任和隐私侵权责任,认为两者是两种独立的侵权责任。问题在于,肖像侵权责任同隐私侵权责任是否能够构成竞合。我国学说没有作出说明。笔者认为,行为人未经他人同意就擅自再现、公开或者使用他人肖像的行为有时也会构成隐私侵权行为,在符合隐私侵权责任构成要件的情况下,行为人也应当对他人承担隐私侵权责任。这主要表现在,行为人未经他人同意就擅自偷拍、偷摄他人在私人场所的相片并将所偷拍、偷摄的相片公开。此时,行为人的偷拍、偷摄行为既构成肖像侵权行为,也构成隐私侵权行为,行为人的行为既符合肖像侵权责任的构成要件,也符合隐私侵权责任的构成要件,构成肖像侵权责任和隐私侵权责任的竞合。此时,受害人有权要求行为人对他们承担隐私侵权责任,也有权要求行为人对他们承担肖像侵权责任,但是不得同时要求行为人对他们承担隐私侵权责任和肖像侵权责任,否则,行为人承担的侵权责任过重,损害了行为人的利益,也使受害人获得了不当利益。

二、大陆法系国家的肖像侵权责任

(一) 大陆法系国家的近代民法典对待肖像侵权的态度

在大陆法系国家,法国1804年《民法典》和德国1896年《民法典》没有明确规定肖像侵权责任,因此,法国和德国民法上的肖像侵权责任不是立法者通过民法典创设的侵权责任,仅是法国和德国的法官通过司法判例创造的侵权责任。在法国,1804年《民法典》没有直接规定肖像侵权责任,如果行为人未经他人同意就使用他人肖像,行为人是否应当对他人遭受的损害承担肖像侵权责任,法国1804年《民法典》没有作出明确的说明。在德国,1896年的《民法典》没有规定肖像侵权责任,因为德国1896年《民法典》第823(1)条没有将他人的肖像权看做是绝对权,因此,行为人擅自使用他人肖像的行为不构成侵权行为,行为人无须对他人遭受的损害承担赔偿责任。在20世纪50年代创设一般人格权理论之前,德国司法判例也不保护他人对其肖像享有的权利,当行为人未经他人同意就擅自使用他人肖像时,法官也不会责令行为人对他人承担侵权责任。

(二) 作为隐私权或者一般人格权组成部分的肖像权

到了19世纪中期,随着经济的发展和科技的进步,行为人未经他人同意就使用他人肖像的现象开始出现,法国法官开始适用《法国民法典》第1382条来保护他人对其肖像享有的利益,认为行为人未经他人同意擅自使用他人肖像的行为构成隐私侵权行为,应当对他人遭受的损害承担隐私侵权责任。法国学说普遍认为,法国的肖像侵权责任源于笔者在隐私侵权责任中介绍的 Rachel Affaire[①] 一案。在该案中,原告的姐姐是一个著名的演员,在临终前,原告委托被告给其躺在临终床上的姐姐拍照。当原告的姐姐死亡时,被告准备将原告姐姐的肖像加以出卖和公开。原告认为被告公开其姐姐遗像的行为会侵害原告的隐私,为此要求法官颁发禁止令,禁止被告出卖或者公开其姐姐的遗像。法官认为被告未经原告同意不得出卖或者公

---

① T. P. I. de la Seine, June 16, 1858, D. P. III 1858, 62.

开原告姐姐的遗像。学说普遍认为,虽然该案涉及死者家属隐私权的保护问题,并且法官也是以侵害死者家属隐私权的名义颁发禁止令,但是,法国学说普遍认为,该案也涉及他人肖像权的保护问题。因为,在该案中,法官指出,在没有获得家属同意的情况下,任何人都不得再现或者公开病人躺在临终床上的肖像,即便该病人是著名人物,也是如此。此案规则确立之后得到法国司法判例的广泛遵循,成为法国20世纪70年代之前司法判例遵循的一般原则。因为,法国司法判例在20世纪70年代之前基本上都遵循了此案确立的规则,否定了肖像权的独立性,仅将他人对其肖像享有的权利看做是他人隐私权的组成部分,侵害他人肖像的行为仅仅构成隐私侵权行为,不构成肖像侵权行为,行为人仅仅对受害人承担隐私侵权行为而不承担肖像侵权责任。在1900年的案件中[①],法官认定行为人侵害他人肖像权的行为构成隐私侵权行为,应当对他人承担隐私侵权责任。在该案中,被告是一名艺术家,他受托给原告画画。被告在画完画之后准备将所画的画加以出卖或者展览。原告向法院起诉,要求法官禁止被告展览或者出卖其画。法官指出,虽然原告无权要求被告返还其画,但是,被告既不得将其画进行出卖,也不得将其画进行展览,因为该画包含了原告的肖像,被告对其画中人物的肖像不享有权利;被告未经原告同意就准备出卖或者展览其画作,侵害了原告的隐私权。在1935年的案件中[②],法官也认为,肖像权仅是隐私权的组成部分。在该案中,被告将一名小孩的相片贴在其工作室的窗户上,该小孩的母亲认为被告的行为侵害了其小孩享有的隐私权,应当承担隐私侵权责任。法官认为,被告将其小孩的肖像贴在窗户上已经预先获得了该小孩父亲的同意,而该小孩的父亲按照当时的法律是其小孩的监护人,因此,被告的行为不构成隐私侵权行为,无须对原告承担侵权责任。

在德国,为了弥补《德国民法典》不保护他人肖像权、隐私权或者其他无形人格权的法律漏洞,德国联邦最高法院在20世纪50年代创设了一般人格权的理论,认为肖像权、隐私权或者其他无形人格权都属于一般人格权的组成部分,当行为人未经他人同意就再现、公开或者使用他人肖像时,他们的再现、公开或者使用行为将构成一般人格权的侵权行为,在符合一般人格权侵权责任构成要件的情况下,他们应当对受害人遭受的非财产损害承担

---

① Cass. le Civ., Mar. 14, 1900, D. P. I, 1900, 497, note M. Planiol.
② T. P. I. Poitiers, Oct. 21, 1935, D. H. 1936, 45.

赔偿责任。在1973年6月5日的案件中①,德国司法判例对这样的规则作出了说明。德国联邦宪法法院在本案中指出,在一般人格权的理论确立之前,权利人对其肖像权的享有也包括宪法之外的一般法律,即德国1907年1月9日的《艺术著作权法》和1956年9月9日的《知识产权法》,其中前一部法律的第22条第23条和后一部法律的第141条对权利人的肖像权作出了规定,根据这些条款的规定,权利人的肖像原则上只有经过权利人的同意才可以被行为人传播和公开展示。长期以来,无论是德国的法官还是德国的学者均对这些条款作出解释,认为这些条款也适用于对他人肖像的复制行为,无论是以签名方式予以复制还是由表演者在舞台上以表演的方式予以复制。自从德国1949年的宪法开始生效以来,法官和学说对他人肖像权法律保护根据的立场已经开始改变。他们认为,他人肖像权也仅是他人一般人格权的一个方面,是他人一般人格权的一个特定方面,此种一般人格权源于《宪法》第1条和第2条的规定。

(三)作为独立地位的肖像权

到了20世纪70年代,法国司法判例开始逐渐认可肖像权的独立性,认为侵害他人肖像权的行为不再构成隐私侵权行为的组成部分,而构成独立的肖像侵权行为,产生独立的肖像侵权责任。在1970年的案件中②,法国认定,被告的行为不构成隐私侵权行为而构成肖像侵权行为,应当对原告承担独立的肖像侵权责任。在该案中,原告过去是一名犯罪分子,后来刑满释放。被告出版的书籍记载了原告的生活,也使用了原告的肖像作为书的封面。原告向法院起诉,要求被告就其侵害自己享有的隐私权和肖像权的行为对自己承担侵权责任。法官一方面认为,被告的行为不构成隐私侵权责任,无须对原告承担隐私侵权责任,因为被告书中记载的故事是被告从法院的案卷材料中整理出来的;另一方面认为,被告的行为构成肖像侵权行为,应当对原告承担肖像侵权责任,因为被告使用原告的肖像作为书的封面时没有获得原告的事先同意。此种规则确立之后,得到法国司法判例的广泛遵循,成为法国司法判例的重要规则,因为法国司法判例在此后的众多司法判例中都坚持这样的规则,认为行为人的行为也许不构成隐私侵权行为,但

---

① BVERFGE35,202; NJW1973,1227.
② T. P. I. Paris,Feb,27, 1970, Gal. Pal. 1970, 1,jurispr., 353, note Sarraute.

是仍然构成肖像侵权行为,他们虽然无须对受害人承担隐私侵权责任,但是应当承担肖像侵权责任。不过,虽然有某些司法判例坚持传统意见,认为肖像权不具有独立性,侵害他人肖像权的行为也仅仅导致隐私侵权责任的承担。在 1975 年的案件中①,法官认为,被告侵害原告肖像权的行为构成隐私侵权行为,应当对原告承担隐私侵权责任。在该案中,原告在美国花花公子杂志上公开出版了自己的裸照,被告在没有获得原告同意的情况下在其杂志上公开出版原告这些裸照。原告向法院起诉,要求被告对其遭受的损害承担侵权责任。法官认为,即便被告是为了商业目的而公开出版原告的裸照,被告的行为也不构成肖像侵权行为而仅仅构成隐私侵权行为,被告仅仅对原告遭受的损害承担隐私侵权责任,无须对原告遭受的损害承担肖像侵权责任。在 1987 年的案件中②,法官仍然根据《法国民法典》第 1382 条和《法国民法典》第 9 条责令行为人就其公开原告肖像的行为对原告承担侵权责任。在 1989 的案件中③,法国司法判例认为,行为人未经原告同意就擅自公开其已经死亡的丈夫肖像的行为不构成隐私侵权行为而构成肖像侵权行为,应当对原告承担侵权责任。在 1996 年的案件中④,法国司法判例也认为,行为人公开原告已经死亡丈夫肖像的行为构成肖像侵权行为,应当对原告承担侵权责任。

  肖像权仅是隐私权的组成部分还是一种独立的人格权,法国学说也存在争议。法国某些学者认为,他人对其肖像享有的权利不是独立的人格权,而仅是他们享有的隐私权的重要内容,行为人未经他人同意就公开、使用他人肖像的行为构成隐私侵权行为,应当对他人遭受的非财产损害承担赔偿责任,因为隐私权包含了权利人享有要求他人未经自己同意时即拍摄和公开自己在私人场合的相片的权利;侵犯他人隐私权的行为同时与侵犯他人肖像权的行为结合在一起,法官在责令行为人就其侵害他人隐私权侵权行为对他人承担侵权责任时并不将侵害他人肖像权的侵权行为与侵犯他人隐私权的侵权行为明确区分开来并因此分别责令行为人对他人遭受的两种独

---

① CP Paris, May 14, 1975, D. 1976, 291, note R. Lindon.
② Cass. le civ., Nov. 17, 1987, Bull. Civ. 1987 I, No. 301, 216, note M. Delon.
③ T. G. I. Aix en Provence, Nov. 24, 1988, J. C. P. ed. G. 1989, II, 21329, note J. Henderycksen, *affirmed*, CA Aix en Provence, 2e ch., May 21, 1991, R. J. D. A. 8-9/91, 756.
④ CA Paris, Sep. 10, 1996, R. D. P. I. 1996, no. 68, 63.

立的人格权损失承担侵权责任。这样,肖像权成为淹没在隐私权汪洋大海中的非独立性权利。某些学说则认为,肖像权虽然与隐私权存在交叉的地方,但肖像权仍然是一种独立的权利,行为人侵犯他人肖像权的应当看做独立的肖像侵权行为,不得看做隐私侵权行为,行为人应当独立承担肖像侵权责任,无须承担隐私侵权责任。这样,肖像权与隐私权一样均构成独立的权利,均受到法国法律的保护。Carbonnier 指出,肖像权像名誉权、姓名权和隐私权那样属于一种人格权,此种人格权由法国司法判例予以确定,根据此种权利,任何人均有权反对第三人在没有获得自己明示或默示同意的情况下再现、复制自己的肖像,有权禁止第三人将自己的肖像发表在有关的报纸杂志中或以其他方式对社会公众公开。① Roland 和 Boyer 指出,作为人格的一种延长,肖像本身就受到法律的保护,而不仅是作为私人生活的一部分受到保护。②

在当今法国,主流学说都认为,肖像权是人格权的重要组成部分,独立于隐私权,行为人侵害他人的肖像权,仅仅对他人承担肖像侵权责任。不仅原原本本地再现、复制他人肖像的行为是对他人肖像权的侵犯,就是再现、复制具有足够相似性的人的肖像也是对他人肖像权的侵犯,如果此种再现、复制的肖像与他人被视为同一人的话。肖像权尤其在行为人为了营利的目的而在他们的广告中使用他人肖像时得到保护。利用与他人相似的人的肖像从事广告活动同样被认为是他人肖像权的侵犯。③ 在今天,法国学说均将肖像权看做独立的人格权,其原因有二:一方面,法国新《刑法典》第 226-1 条已经将司法判例确定的肖像权上升到刑法保护的高度,认为侵犯他人肖像权的行为应当受到刑法的制裁。该条规定,任何人,如果在没有获得他人同意的情况下,意图通过任何方式固定、记录或者传播他人在私人场所的隐私,应当受到一年的刑事监禁和 300000 法郎的刑事罚金的刑事制裁。Raymond 先生指出:"事实上,由于不尊重他人隐私权的行为时常与侵犯他人肖像权的行为混杂在一起,人们不仅会问,肖像权是否是一种真正具有独立地位的权利。在肖像权被确立为独立权利之后的几年内,司法判例又认可了

---

① Jean Carbonnier, *Droit civil*, 1/*Introduction*, *les Personnes*, Presses Universitaires De France, p. 309.
② Henri Roland et Laurent Boyer, *Responsibility délictuelle* (3 e édition), Litec, p. 74.
③ Guy Raymond, *Droit Civil* (2e éditon), llitec, pp. 93 – 94.

另外一种权利即声音权。这两种权利均为人格权的重要组成部分。由于司法判例已经对这两种权利做了很好的说明,《法国刑法典》第368条(新《刑法典》第226-1条)对肖像权和声音权作出了规定,使这两种权利在法国法中建立了自己的法律根据。"①另一方面,法国学说将肖像权看做独立人格权的另一个重要原因是,《德国民法典》和《意大利民法典》规定对肖像权提供法律保护,侵犯他人肖像权的行为受到《德国民法典》和《意大利民法典》的制裁,虽然《德国民法典》和《意大利民法典》没有对此种法律保护的理论根据(Le fondement théorique)作出规定。Carbonnier先生指出,肖像权已经被德国人规定在他们的民法典之中,《意大利民法典》独创性地在其第10条中规定了肖像权的保护,认为行为人不得滥用他人肖像,否则,应当承担法律责任。根据德国和意大利民法的规定,肖像权并非是绝对权,法律对他人肖像权提供的保护是有节制的。虽然如此,这些法律并没有规定肖像权保护的理论根据,可以有几种理论对此种权利获得民法保护提供根据,包括财产权、著作权以及人格权等。②

在法国,传统民法理论和司法判例将他人的肖像权看做单纯的人格权,但是当代某些民法理论和司法判例则将他人的肖像权看做是一种人格权和财产权。行为人侵害他人肖像权时,或者对他人遭受的精神损害承担赔偿责任,或者对他人遭受的财产损害承担赔偿责任,或者同时对他人遭受的精神损害和财产损害承担赔偿责任。

三、美国的肖像侵权责任

在英美法系国家,侵权法长期以来都将行为人擅自使用他人肖像的行为看做是名誉侵权行为,在符合名誉侵权责任构成要件的情况下,侵权法会责令行为人就其使用他人肖像的侵权行为对他人承担名誉侵权责任,因为英美法系国家的侵权法认为,未经他人同意就使用他人肖像的行为显然会毁损他人名誉,导致社会公众或者第三人对他人评价的降低。在今天,除了

---

① Guy Raymond, *Droit Civil* (2e éditon), litec, p.93.
② Jean Carbonnier, *Droit Civil*, *1/Introduction, les Personnes*, Presses Universitaires De France, p.325.

美国侵权法之外,英美法系国家的侵权法仍然采取类似的态度,认为行为人擅自使用他人肖像的行为构成名誉侵权行为,除了要产生名誉侵权责任之外,还可能遭受刑法的制裁,已如前述。

(一)作为隐私权组成部分的肖像权

在1890年,由于Warren和Brandeis开始倡导隐私权的独立性,美国学说和司法判例开始改变英美法系国家普通法的做法,将侵害他人肖像权的行为看做一种隐私侵权行为而非名誉侵权行为,当行为人擅自使用他人肖像并因此导致他人遭受精神损害时,侵权法会责令行为人对他人承担隐私侵权责任而非名誉侵权责任。从此时开始,美国的肖像侵权行为逐渐独立于名誉侵权行为,其隐私侵权责任也逐渐独立于名誉侵权责任。在美国,学说在讨论擅自使用他人肖像的隐私侵权责任时普遍认为,此种隐私侵权责任并不是由Warren和Brandeis创立的,因为,一方面,在1890年倡导隐私权理论时,Warren和Brandeis仅仅讨论了他人的独处权,认为行为人公开他人私人信息或者侵扰他人安宁的行为侵害了他人的独处权,应当对他人承担隐私侵权责任,他们没有讨论他人对其肖像、姓名或者其他人格特征享有的权利,也没有讨论行为人侵害他人肖像权、姓名权所产生的侵权责任问题;另一方面,1890年倡导隐私权理论时,Warren和Brandeis坚持认为,他人对其公开的事务不享有隐私权,如果行为人公开他人已经公开的信息,他们无须对受害人承担隐私侵权责任。由于肖像、姓名被看做是已经公开的信息,因此,当行为人使用他人肖像、姓名时,他们的使用行为不构成隐私侵权行为。美国学说普遍认为,擅自使用他人肖像、姓名的隐私侵权责任是由美国学者Prosser教授在1960年建立的。在1960年的有关隐私权的文章中,Prosser教授对1890年之后到20世纪50年代末期之前的司法判例进行了研究,认为隐私权不仅仅包括他人的独处权,还包括他人对其姓名、肖像或者其他人格特征享有的权利,未经他人同意就使用他人肖像、姓名或者其他人格特征的行为也是一种隐私侵权行为。这样,Prosser教授将隐私侵权行为分为四种:侵扰他人安宁的隐私侵权行为,公开他人私人事实的隐私侵权行为,公开丑化他人形象的隐私侵权行为以及擅自使用他人姓名、肖像的隐私侵权行为,已如前述。

无论Warren和Brandeis在1890年倡导隐私权时是否将擅自使用他人

肖像、姓名的行为看做是一种隐私侵权行为,美国主流司法判例在 1890 年之后的一段时期之内往往意愿将擅自使用他人肖像、姓名的行为看做 Warren 和 Brandeis 所主张的隐私侵权行为并因此责令行为人对他人承担隐私侵权责任。在 1890 年到 1910 的二十年间,司法判例大量适用 Warren 和 Brandeis 倡导的隐私权理论,责令行为人就其使用他人肖像的行为对他人遭受的精神损害承担赔偿责任,虽然在这期间,美国少数司法判例拒绝根据 Warren 和 Brandeis 倡导的隐私侵权责任来责令行为人就其使用他人肖像、姓名的行为对他人遭受的精神损害承担赔偿责任,已如前述。在前述著名的 Pavesich v. New England Life Insurance Co.[1]一案中,法官就采取了 Warren 和 Brandeis 的隐私权理论,认为行为人擅自使用他人肖像的行为侵害了他人的隐私权,应当对隐私权人遭受的损害承担侵权责任。在该案中,被告在没有获得原告同意的情况下就在报纸上使用原告的肖像做广告。原告认为被告擅自使用其肖像的行为侵害了自己享有的隐私权,应当对自己承担隐私侵权责任。法官在认定隐私权属于一种自然权的同时,也认为行为人擅自使用他人肖像的行为属于隐私侵权行为,应当对受害人承担侵权责任。法官指出,侵权法将隐私权看做一种法定权利,当行为人没有经过隐私权人的同意就使用其肖像来做广告时,行为人使用他人肖像的行为侵害了他人的隐私权。到 20 世纪 60 年代,由于 Prosser 教授的倡导,隐私侵权责任的范围当然包括了行为人擅自使用他人肖像、姓名的情形。

在现代美国,无论是学说、制定法还是司法判例都认可此种隐私侵权责任。Prosser 指出,在美国,司法判例认可的第一种隐私侵权是,行为人为了自己的利益而擅自使用原告的姓名或者肖像的侵权行为。因为此种隐私侵权很早就出现在 Roberson v. Rochester Folding Box Co.[2]一案中,并且很早就得到了美国纽约州制定法的认可,该种隐私侵权责任目前已经得到了快速发展,成为隐私侵权责任中重要的组成部分。在美国纽约州和其他许多州,司法判例作出了很多判决,在这些判决中,法官责令行为人就其擅自使用他人姓名、相片或者其他肖像的行为对他人承担损害赔偿责任,如果行为人在使用他人姓名、相片或者其他肖像时没有获得他人同意,如果行为人将他人的姓名、相片或者其他肖像用来为其产品做广告、放在文章当中、增加

---

[1] 50 S.E. 68 (Ga. 1905).
[2] 64 N.E. 442 (N.Y. 1902).

公司的知名度或者为了其他商事目的的话。这些司法判例被美国纽约州和其他州的制定法所遵循,因为这些州的制定法认为,行为人如果为了广告目的或者商事目的使用他人姓名、肖像,应当对他人遭受的损害承担赔偿责任;某些州的普通法则没有限制行为人使用他人姓名、肖像的目的,范围要比纽约州和其他州的制定法规定的范围广泛。①《美国侵权法重述》(第2版)第652C条对此种隐私侵权责任作出了说明,该条规定:任何人,只要他们自己使用或者为了自己的利益擅自使用他人的姓名或者肖像,他们就应当就其侵害他人隐私的行为对他人承担侵权责任。美国纽约州民事权利法(New York Civil Rights Law)第50条和第51条也规定了此种形式的隐私侵权责任,其中第50条规定:自然人、非法人组织或者公司法人组织在没有事先获得在世的自然人的书面同意的情况下为了广告目的或者商事目的而使用他们的姓名、相片、画像,或者没有事先获得未成年人的父母或者监护人书面同意的情况下使用未成年的姓名、相片或者画像,其行为构成轻罪;第51条规定:任何人,一旦他们的姓名、相片、画像在没有事先获得他们书面同意的情况下被用于广告目的或者商事目的,他们有权提起诉讼,要求法官阻却或者限制上述自然人、非法人组织或者公司法人组织使用其姓名、相片、画像;要求法官责令他们对自己因此遭受的损害承担赔偿责任;如果被告故意违反第50条的规定而使用其姓名、相片、画像,他们有权要求评审团责令裁量惩罚性损害赔偿金。

(二)作为公开权组成部分的肖像权

在美国,公开权是在隐私权的基础上发展起来的一种权利。在1890年时,美国学说和司法判例仅仅主张隐私权,认为擅自使用他人肖像、姓名或者其他人格特征的行为构成隐私侵权行为,行为人仅仅对他人承担隐私侵权责任;在20世纪60年代之前,美国主流学说和司法判例基本上主张隐私权,认为行为人擅自使用他人肖像、姓名或者其他人格特征的行为是隐私侵权行为,他们应当对受害人承担隐私侵权责任。问题在于,隐私侵权责任无法完全保护他人对其肖像、姓名或者其他人格特征。表现在三个方面:其一,根据美国隐私侵权责任,如果行为人擅自使用他人肖像、姓名或者其他

---

① W. Page Keeton, *Prosser and Keeton on Torts* (fifth edition), West Publishing Co., pp. 851-852.

人格特征,他们往往仅仅对他人遭受的精神损害承担赔偿责任,不得对他人遭受的财产损害承担赔偿责任。因为,隐私权被看做是一种人格权,侵害具有人格权性质的隐私权导致的损害往往是非财产性质的损害和精神性质的损害。如果严格坚持这样的规则,则行为人可能获得不当利益,受害人尤其是作为名人的受害人将遭受重大损害。其二,根据美国隐私侵权责任,如果行为人擅自使用他人的肖像、姓名或者其他人格特征,行为人应当对他人遭受的损害承担赔偿责任,但是,如果他人已经死亡,则行为人无法对他人的继承人承担侵权责任,因为隐私权被看做是一种人格权,仅仅以权利人生存作为条件,如果权利人已经死亡,则其隐私权也消灭。行为人擅自使用他们的肖像、姓名或者其他人格特征,无须对死者的继承人承担侵权责任。此种规则对名人的家属十分不利。其三,根据美国隐私侵权责任,如果行为人使用名人的肖像、姓名或者其他人格特征,名人很难主张精神损害赔偿。美国司法判例长期以来都认为,公众人物希望公开他们的肖像、姓名或者其他人格特征,行为人公开他们的姓名、肖像或者人格特征,没有侵害这些名人享有的隐私权。

因为这样的原因,美国司法判例和学说在20世纪50年代开始逐渐放弃将擅自使用他人肖像、姓名或者其他人格特征的行为看做是一种侵害他人公开权的侵权行为,不看做是一种隐私侵权行为。在当今美国,至少有25个以上的州认可公开权理论,认为行为人为了商事目的、经济目的使用他人肖像、姓名或者其他人格特征的行为构成侵害他人公开权的侵权行为,在符合侵权责任构成要件的情况下,行为人应当对受害人遭受的损害承担侵权责任。在1962年的Lahr v. Adell Chem. Co.[1]一案中,法官认为,被告模仿原告的声音和喜剧表演风格的行为构成公开权的侵权行为,应当对原告遭受的财产损害承担侵权责任。在1975年的Price v. Hal Roach Studios[2]一案中,法官认为,被告使用原告创造的人物的肖像或者姓名的行为侵害了原告的公开权,应当对原告遭受的财产损害承担侵权责任。在1977年,美国联邦最高法院在Zacchini v. Scripps-Howard Broadcasting Co.[3]一案使用公开权理论,认为原告的公开权独立于其隐私权,被告应当对原告遭受的财产损

---

[1] 300 F. 2d 256 (1st Cir. 1962).
[2] 400 F. Supp. 836 (S.D.N.Y. 1975).
[3] 433 U.S. 562 (1977).

害承担赔偿责任。在该案中,原告是一个娱乐从业人员,他专门进行人弹表演,在其表演中,原告将自己放在一个大炮里面并发射到200英尺的网袋中。被告是一家广播电视公司,当原告应邀进行人弹表演时,被告派出的一名兼职记者也参加了此种表演活动;当被告的记者拿出摄像机准备拍摄原告的人弹表演时,原告对其进行了阻止,要求其停止拍摄。被告的记者此次没有成功拍摄到原告的人弹表演。基于被告的指令,被告的此名记者第二天再次返回到原告的人弹表演现场,将原告的人弹表演全部拍摄了下来并且在当晚11点钟的新闻中进行了全部播放。原告向法院起诉,要求法官指令被告就其公开自己人弹表演的内容承担损害赔偿责任。被告认为,作为新闻机构,其享有免责特权。法官认为,被告应当就其公开原告表演的行为对原告承担侵权责任。法官认为,被告应当对原告遭受的损害承担赔偿责任,虽然被告有权对原告的人弹表演进行报道,但它不得将原告的人弹表演全部公开;原告的人弹表演是原告通过自己的才智和努力获得的结果,是原告花费大量的时间、精力和成本所获得的最终成果;原告的人弹表演具有经济价值,原告对该种人弹表演的公开具有排他性的控制权;被告公开原告的人弹表演同被告公开原告的肖像、姓名还不同,如果被告仅仅公开原告的肖像、姓名,原告的生计还不会遭受损害,被告公开原告的整个人弹表演内容直接危及到原告的生计,因为,如果社会公众能够在被告的电视上看到原告的人弹表演,则他们就不愿意买票观看原告的人弹表演。在这里,原告公开权的内容不是原告对其肖像、姓名享有的经济利益,而是原告对其从事的表演活动享有的经济利益,这是公开权被侵害的最强势案件。

(三) 隐私权同公开权的关系

在美国,他人对其肖像、姓名或者其他人格特征享有的权利究竟是隐私权还是公开权? 隐私权和公开权究竟两种互相独立的权利还是同样性质的权利? 对这样的问题,美国学说和司法判例存在争议。主要有三种理论:隐私权包含公开权的理论;公开权独立于隐私权的理论;公开权包含隐私权的理论。

1. 隐私权包含公开权的理论

某些学说和司法判例认为,他人对其肖像、姓名或者其他人格特征享有的权利在性质上是隐私权,行为人未经他人同意就擅自使用他人肖像、姓名或者其他人格特征的行为是隐私侵权行为,在符合隐私侵权责任构成要件的情况下,行为人应当就其擅自使用他人肖像、姓名或者其他人格特征的行为对他人遭受的损害承担隐私侵权责任。在这里,侵权法只要求行为人是为了自己的利益擅自使用他人肖像、姓名或者其他人格特征,不要求他们一定是为了商业上的、经济上的目的使用他人肖像、姓名或者其他人格特征,无论他们是不是基于商事目的使用他人肖像、姓名或者其他人格特征,他们的行为都有可能构成隐私侵权行为,都应当对他人遭受的损害承担隐私侵权责任;行为人就其擅自使用他人肖像、姓名或者其他人格特征对他人承担的隐私侵权责任不限于精神损害赔偿责任,也包括财产损害赔偿责任。Prosser 教授采取这样的意见。

  Prosser 教授指出,一旦确定了原告的身份,法官在决定被告是不是对原告承担隐私侵权责任时还要考虑的一个问题是,被告是否为了自己的利益使用他人的肖像或者姓名。在美国,制定法虽然将行为人为了经济目的使用他人肖像、姓名看做是隐私侵权责任的构成要件,但是,美国的普通法几乎不将使用肖像、姓名的经济目的看做隐私侵权责任的构成要件。① Prosser 教授还指出,虽然擅自使用他人肖像、姓名的隐私侵权责任会保护他人的个人感情免受损害,但是,擅自使用他人肖像、姓名的隐私侵权责任也承认原告对其肖像、姓名享有的排他性质的权利。在法律上争论他人对其肖像、姓名享有的此种排他性权利究竟是不是财产性质的权利似乎是没有意义的,因为此种权利显然是一种具有所有权性质的权利。一旦此种权利受到法律的保护,则该种权利就成为具有价值的权利,原告就能够通过出卖其特许权而获得收益。美国第二巡回法院将此种权利称为公开权,该种权利使他人有权禁止第三人使用其肖像、姓名。② 除了学说主张隐私权包括公开权之外,美国某些司法判例也认为,公开权并非是独立于隐私权之外的一种权利,它仅是隐私权的组成部分,侵害他人公开权的行为仍然构成隐私侵权行为,应当根据隐私侵权责任来决定行为人承担的侵权责任范围。此种观点除了在 20 世纪 60 年代的司法判例得到广泛适用之外,在现代美国侵权法中也得到广泛使用,其中就包括最早承认公开权独立于隐私权的纽约州。

---

① W. Page Keeton, *Prosser and Keeton on Torts* (fifth edition), West Publishing Co., p. 853.

② Ibid., p. 854.

在 Stephano v. News Group Publications, Inc.①一案中,纽约州的法官指出,在纽约州,公开权包含在美国《纽约州民事权利法》第50条和第51条之中,该种权利仅是隐私权的一个方面。在纽约州,公开权也仅是制定法上的一种权利,在制定法之外,不存在普通法上的公开权。因此,原告不得主张独立的普通法上的公开权。在 James v. Delilah Films②一案中,法官援引 Stephano 一案确立的规则,认为美国纽约州的侵权法仅仅承认隐私权,公开权也仅是隐私权的组成部分。法官指出,在纽约州,所谓的"公开权"也仅是隐私权的一个方面,它并非是一种独立的普通法上的权利。

2. 公开权独立于隐私权的理论

某些学说和司法判例则认为,公开权虽然是在隐私权的基础上发展起来的,但是,公开权仍然独立于隐私权,两种权利不仅在性质上存在差异,而且还在其他方面存在差异。Dymnd、Barnett 和 Franklin 等学者采取这样的态度。Dymnd 则认为,隐私权独立于公开权,公开权是在隐私权的基础上发展出来的权利,隐私权仅仅保护他人的精神利益,而公开权则是保护他人的财产利益;当行为人擅自使用他人肖像、姓名或者其他人格特征并因此导致他人遭受精神损害时,行为人的行为被认为侵害了他人的隐私权,应当对他人遭受的精神损害承担赔偿责任;当行为人擅自使用他人肖像、姓名或者其他人格特征并因此导致他人遭受财产损害时,行为人的侵权行为被认为侵害了他人的公开权,应当对他人遭受的财产损害承担赔偿责任。③ Barnett 认为,公开权独立于隐私权,是为了克服隐私权无法为名人提供有效保护的问题而由美国州的侵权法创设的一种权利。因为,当名人的肖像、姓名为行为人使用时,他们向法院起诉并不是为了反对行为人使用他们的肖像、姓名,甚至不是为了反对行为人基于商业上的目的使用其肖像或者姓名,他们是为了反对行为人在使用其肖像、姓名的情况下不对其支付使用费。为此,从1953年开始,法官开始认可独立的公开权,认为无论名人是否对其肖像、姓名享有隐私权,当行为人为了商事目的使用他们的肖像、姓名或者其他人格特征时,他们有权要求行为人支付肖像、姓名或者其他人格特征的使用费。

---

① 474 N. E. 2d 580, 584 (N. Y. 1984).

② 544 N. Y. S. 2d 447, 450 (Sup. Ct. 1989).

③ Seth A. Dymond, So Many Entertainers, So Little Protection: New York, the Right of Publicity and the Need for Reciprocity, (2003) 47 *N. Y. L. Sch. L. Rev.* 447.449.

公开权同隐私权的一个主要区别是,行为人使用他人肖像、姓名或者其他人格特征是为了商业目的,如果行为人不是基于商事目的使用他人肖像,他们的行为不是侵害他人的公开权而是侵害他人的隐私权;公开权同隐私权的另外一个重要区别是,公开权仅仅为名人享有,一般的社会公众没有公开权。如果行为人使用一般社会公众的肖像、姓名或者其他人格特征,则他们的行为仅仅侵害了受害人的隐私权而非公开权。[1] Franklin 和 Rabin 也采取这样的观点,他们认为,公开权是在隐私权的基础上发展出来的,虽然美国仍然有不少州的普通法或者制定法将公开权看做是一种隐私权,但是隐私权同公开权之间仍然存在固有的区别:传统隐私权主要是保护他人公开侵扰其私人生活,而公开权则保护名人基于商事目的使用其肖像、姓名或者其他人格特征的权利。Franklin 和 Rabin 还认为,将他人对其肖像、姓名或者其他人格特征享有的商事使用权看做隐私权会存在一定的问题,因为,当名人死亡之后,他们享有的隐私权是否能够被其继承人继承,有关的隐私权理论不确定;名人是否能够转让其隐私权,有关的隐私权理论也不清楚。正是因为这些问题的存在,公开权得以被确立。[2]

除了学说认可隐私权独立于公开权之外,美国某些司法判例也认为,公开权是一种独立于隐私权的权利,因为两种权利保护的利益是不同的,两种权利在性质上存在差异,行为人侵害两种权利承担的侵权责任范围是不同的。在 Price v. Hal Roach Studios, Inc.[3] 一案中,法官认为,隐私权的目的是为了保护他人的感情免受损害,而公开权的目的则是保护他人的经济利益免受损害。在 People for the Ethical Treatment of Animals v. Berosini[4] 一案中,法官对隐私权和公开权保护的利益范围作出了说明。法官指出,擅自使用他人肖像、姓名的隐私侵权责任保护他人对其隐私享有的人格利益,他人因为隐私侵权行为遭受的损害是精神损害,在决定行为人承担的赔偿范围时,法官要根据平常人的肖像、姓名被擅自使用时遭受的精神损害来确定;而公开权则保护名人对其肖像、姓名享有的财产利益,他们因为行为人擅自

---

[1] Stephen R. Barnett, "The Right to One'Own Image": Publicity and Privacy Rights in the United States and Spain, (1999)47 *Am. J. Comp. L.* 555, 558–559.

[2] Marc A. Franklin Robert L. Rabin, *Tort Law and Alternatives*(7th ed), Foundation Press, p.1187.

[3] Price, 400 F. Supp. 836, 844 (S.D.N.Y. 1975).

[4] 111 Nev. 615, 636, 895 P.2d 1269, 1283 (1995).

使用其肖像、姓名遭受的损害不是精神损害而是财产损失,法官在确定其赔偿范围时要根据别人擅自干预他们对其肖像、姓名享有的财产利益时遭受的财产损失来判断。在 Ventura v. Titan Sports, Inc.① 一案中,法官认为,公开权同隐私权具有重大区别,因为隐私权是为了保护私人享有的隐私利益,使行为人就其公开行为对受害人遭受的精神损害承担赔偿责任;而公开权则是保护他人的财产利益,不是为了保护他人的感情利益。在 Landham v. Lewis Galoob Toys, Inc.② 一案中,法官认为,公开权是为了保护他人为了商事利益而使用其身份的权利。在 Herman Miller, Inc. v. Palazzetti Imps. & Exps., Inc.③ 一案中,法官认为,公开权保护他人对其肖像、姓名或者其他人格特征享有的商事利益,在性质上属于一种财产权。在 Parks v. LaFace Records④ 一案中,法官认为,公开权侵权责任的目的是为了保护名人的利益,使他们能够借此捍卫他们对其肖像、姓名享有的经济利益。

3. 公开权包含隐私权的理论

某些学说和司法判例认为,公开权包括隐私权,行为人未经他人同意就擅自使用他人肖像的行为或者构成隐私侵权行为,或者构成财产侵权行为。如果行为人擅自使用他人肖像的行为使他人遭受了精神损害,则他人对其肖像享有的权利被看做一种隐私权,行为人将被责令对受害人遭受的精神损害承担赔偿责任;如果行为人擅自使用他人肖像的行为使他人遭受了财产损害,则他人对其肖像享有的权利被看做一种财产权,行为人将被责令对受害人遭受的财产损害承担赔偿责任。Treece 和 Cirino 先生这样的观点。Treece 指出,在美国,即便《纽约州民事权利法》第 50 条和第 51 条明确将他人对其肖像、姓名享有的权利看做是隐私权,但是,如果将这两条放在一起来理解的话,则美国纽约州实际上也认为,如果行为人在没有经过他人同意的情况下基于广告或者商事目的使用他人的肖像、姓名,则他们应当就其侵权行为对受害人遭受的财产损失承担赔偿责任,因此,这两个条款实际上已经认可了今天人们谈论到的公开权。如果行为人未经他人同意就擅自使用他人的个人人格特征,他们的使用行为或者会侵害他人对其肖像、姓名享有

---

① 65 F.3d 725, 730 (8th Cir. 1995).
② 227 F.3d 619, 624 (6th Cir. 2000).
③ 270 F.3d 298, 325 (6th Cir. 2001).
④ 329 F.3d 437, 460 (6th Cir. 2003).

的隐私利益,或者会侵害他人对其肖像、姓名享有的经济利益,或者同时会侵害他人对其肖像、姓名享有的隐私利益或经济利益。因为,他人对其未经允许就擅自用做广告的肖像或者姓名享有的控制权是同时建立在他人对其肖像、姓名享有的隐私权和对其人格享有的财产利益的基础上。① Cirino 先生也指出,在美国,公开权分为普通法上的公开权和制定法上的公开权。普通法上的公开权保护所有人的人格利益在未经允许的情况下被行为人擅自使用。换句话说,公开权阻止别人在未经同意的情况下为了商事目的侵占他人的个人身份,诸如姓名、肖像、声音或者签字。普通法上的公开权已经得到至少 16 个州的认可,包括加利福尼亚州。包括纽约州和加利福尼亚州在内的其他州则制定了制定法,保护他人的人格特征不会遭受行为人商事使用行为的侵害。这些制定法规定了公开权本称作隐私权。② 美国某些司法判例也采取类似的意见,认为公开权既保护他人对其肖像享有的财产权,也保护他人对其肖像享有的人格权,当行为人未经他人同意就擅自使用他人肖像时,行为人应当同时对他人遭受的精神损害和财产损害承担赔偿责任。

(四)公开权同隐私权的关系对行为人承担的侵权责任的影响

在当今,究竟主张隐私权包括公开权的学说和司法判例占主导地位,成为美国侵权法上的主流学说,还是主张公开权独立于和区别于隐私权的学说和司法判例占主导地位,成为美国侵权法上的主流学说? 美国侵权法学说并没有完全统一的意见。Broyles 认为,在当今美国,虽然主张隐私权包括公开权的学说和司法判例仍然很多,但是,主流学说和司法判例仍然采取公开权独立于和区别于隐私权的理论,认为公开权同隐私权保护存在重要区别。Broyles 指出:"在 Prosser 教授的文章发表之后,美国的侵权法准备作出选择。它或者选择按照 Prosser 教授的隐私侵权责任来保护他人对其肖像、姓名或者其他人格特征享有的人格利益和财产利益,或者按照前述 Haelan 一案和 Nimmer 教授主张的公开权独立于隐私权的理论来分别保护他人对

---

① James M. Treece, Commercial Exploitpion of Names, Likenesses, and Personal Histories, 51 *Tex. L. Rev.* 637, 652 (1973).

② Paul Cirino, Advertisers, Celebrities and Publicity Right in New York and California, (1994) 39 *N.Y.L. Sch. L. Rev.* 763,764.

其肖像、姓名或者其他人格特征享有的人格利益和财产利益。虽然公开权独立于隐私权的理论不是没有遭遇问题,但是公开权独立于隐私权的理论最终成为美国侵权法的主流理论。由 Pavesich 一案发展到 Haelan 一案和其他案件,美国侵权法在公开权和隐私权问题上表现出的缓慢和似乎是毫无控制的法律革命最终导致了隐私权和公开权都在美国普通法中得到认可,成为美国普通法的组成部分。今天,大多数法官将擅自使用他人肖像、姓名或者其他人格特征的隐私权看做独立于为了商事目的擅自使用他人肖像、姓名或者其他人格特征的公开权,认为两种权利虽然都是保护他人对其肖像享有的利益,但是两种权利保护他人对其肖像享有的不同利益。根据大多数区分公开权和隐私权的法官的意见,隐私侵权是针对他人心理损害的赔偿,而公开权则是针对他人财产损害的赔偿。"①

不过,即便公开权和隐私权的区别已经得到主流学说和司法判例的认可,公开权同隐私权的区分也仅仅具有形式意义而没有实质意义,因为,一方面,即便学说和司法判例认为,未经他人同意就擅自为了商事利益使用他人肖像、姓名或者其他人格特征的行为是隐私侵权行为,行为人仍然要对他人遭受的财产损害承担侵权责任,对他人遭受的精神损害承担侵权责任或者同时对他人遭受的财产损害和精神损害承担赔偿责任;另一方面,即便学说和司法判例认为,未经他人同意就擅自为了商事利益使用他人肖像、姓名或者其他人格特征的行为是公开权的侵权行为,行为人仍然要对他人遭受的财产损害承担侵权责任,或者对他人遭受的精神损害承担侵权责任,或者同时对他人遭受的财产损害和精神损害承担赔偿责任。行为人在两种理论之下承担的损害赔偿责任范围没有什么差异。因为这样的原因,除了《纽约州民事权利法》第 50 条和第 51 条将他人对其肖像、姓名享有的利益明确称作隐私权之外,美国其他州的制定法在规定他人对其肖像、姓名或者其他人格特征享有的权利时并没有明确规定此种权利究竟是一种隐私权还是一种公开权。这些制定法只是规定,行为人在未经他人同意的情况下就擅自为了广告或者商事利益使用他人肖像、姓名或其他人格特征时应当对他人因此遭受的任何损害承担赔偿责任。其中任何损害或者是指他人因为其肖像、姓名或者其他人格特征遭受的精神损害,或者是指他人因为其肖像、姓

---

① Pprick N. Broyles, Intercontinental Identity: The Right to the Identity in the Louisiana Civil Code, (2005) 65 *La. L. Rev.* 823,828.

名或者其他人格特征遭受的精神损害,或者是指他人因为其肖像、姓名或者其他人格特征同时遭受的精神损害和财产损害。①

总之,在美国,肖像侵权责任并没有独立性,它或者属于隐私侵权责任的组成部分,或者属于公开权侵害责任制度的组成部分。在20世纪50年代之前,美国几乎所有州的法律都认为,行为人擅自使用他人肖像的行为属于侵害他人隐私的侵权行为,在符合隐私侵权责任构成要件的情况下,行为人应当对他人遭受的精神损害承担赔偿责任;在20世纪50年代之后,美国某些州的法律认为,行为人擅自使用他人肖像的行为属于侵害他人的公开权的行为,在符合公开权侵权责任构成要件的情况下,行为人应当对他人遭受的财产损害承担赔偿责任。在今天,美国某些州的法律仍然将擅自使用他人肖像的行为看做是隐私侵权行为,在符合隐私侵权责任构成要件的情况下,这些州的侵权法会责令行为人对他人承担侵权责任;某些州的法律仍然将擅自使用他人肖像的行为看做是公开权的侵权行为,在符合公开权侵权责任构成要件的情况下,这些州的法律会责令行为人对他人承担侵权责任。行为人擅自使用他人肖像的行为究竟是被看做隐私侵权行为还是被看做公开权的侵权行为,其意义重大,涉及行为人的侵权行为究竟是人格侵权行为还是财产侵权行为,行为人承担的损害赔偿责任究竟是精神损害赔偿责任还是财产损害赔偿责任;行为人是否对死者的继承人承担侵权责任。

四、我国的肖像侵权责任

(一) 我国民法通则对肖像侵权责任的规定

在我国,肖像侵权责任不是通过司法判例确立的,而是通过制定法来确立的,这一点同两大法系国家的肖像侵权责任形成鲜明的对比,因为,无论是大陆法系国家还是英美法系国家,肖像侵权责任基本上都是通过法官的具体判例确立的。我国《民法通则》第100条规定,公民享有肖像权,未经本人同意,不得以营利为目的使用公民的肖像。根据此条的规定,肖像权仅仅

---

① See Ca. Civ. Code È 3344 – 3344.1 (West 2002); Fla. Stp. ch. 540.08 (2002); Va. Code Ann. ? 8.01-8.40 (Michie 2002).

为自然人享有,法人或者其他组织不享有肖像权。行为人就其侵害他人肖像权的行为对他人承担侵权责任,应当符合《民法通则》第100条规定的三个要件:行为人使用他人肖像;行为人为了营利目的使用他人肖像;行为人使用他人肖像没有获得他人同意。因此,即便行为人在使用他人肖像时没有获得他人同意,只要行为人不是为了营利的目的使用他人肖像,他们的肖像使用行为也不构成肖像侵权行为,无须对肖像权人承担侵权责任。我国《民法通则》除了明确规定肖像侵权责任的构成要件之外,也对侵害他人肖像权产生的法律救济措施作出了明确规定,这就是我国《民法通则》第120条第1款的规定:公民的姓名权、肖像权、名誉权、荣誉权受到侵害的,有权要求停止侵害,恢复名誉,消除影响,赔礼道歉,并可以要求赔偿损失。根据该条的规定,如果行为人符合《民法通则》第100条的规定,他们就应当根据《民法通则》第120条的规定对受害人承担侵权责任,受害人有权根据《民法通则》第120条的规定要求法官责令行为人停止侵害,恢复名誉,消除影响,赔礼道歉或者赔偿损失。

(二)最高人民法院有关司法解释对肖像侵权责任的说明

除了制定法对肖像侵权责任作出规定之外,我国最高人民法院的有关司法判例也对肖像侵权责任的问题作出了说明。在1988年的《关于贯彻执行〈中华人民共和国民法通则〉若干问题的意见》中,最高人民法院对《民法通则》第100条规定的以营利为目的的问题作出了说明,该条规定,以营利为目的,未经公民同意利用其肖像做广告、商标、装饰橱窗等,应当认定为侵犯公民肖像权的行为。在2001年,最高人民法院在《关于确定民事侵权精神损害赔偿责任若干问题的解释》中对有关肖像侵权问题作出了说明。该司法解释第1条规定,自然人因肖像权遭受非法侵害,向人民法院起诉请求赔偿精神损害的,人民法院应当依法予以受理。第3条规定,自然人死亡后,其近亲属因下列侵权行为遭受精神痛苦,向人民法院起诉请求赔偿精神损害的,人民法院应当依法予以受理:以侮辱、诽谤、贬损、丑化或者违反社会公共利益、社会公德的其他方式,侵害死者姓名、肖像、名誉、荣誉。

(三)我国学说对肖像侵权责任的说明

在我国,除了《民法通则》和最高人民法院的有关司法解释对肖像侵权责任作出规定或者说明之外,我国学说也对肖像侵权责任作出了说明,这些说明并不完全相同,其差异主要表现在几个方面:其一,肖像侵权责任的构成要件是否包括以营利为目的的要件。在我国,《民法通则》第100条明确规定,只有行为人为了营利使用他人肖像,他们的肖像使用行为才构成侵权行为;如果他们不是为了营利的目的使用他人肖像,则他们无须对受害人承担侵权责任。我国学说对这样的构成要件存在极大的争议。某些学说认为,规定以营利为目的的构成要件无疑是画蛇添足,主张我国肖像侵权责任不应当要求这样的构成要件,因为在某些情况下,行为人不以营利为目的的肖像使用行为也构成肖像侵权行为;某些学说则认为,我国侵权法应当规定以营利为目的的构成要件,如果行为人不是为了营利的目的使用他人肖像,则他们无须对受害人承担侵权责任。笔者认为,我国侵权法应当区分肖像权的不同主体并根据肖像权的不同主体来决定肖像侵权责任是否应当具备以营利为目的这一构成要件,认为所有的肖像侵权责任都应当具备以营利为目的的构成要件是不对的,认为所有的肖像侵权责任都不应当具有以营利为目的的构成要求同样也是不对的。关于这一点,笔者将在肖像侵权责任的构成要件中讨论。其二,肖像权的性质。在我国,《民法通则》将肖像权放在人身权一节中,因此,立法机关关于肖像权究竟是人格权还是财产权的意思十分确定,即肖像权只能是一种人格权而不是财产权。我国学说几乎一边倒地认为,肖像权在性质上是一种人格权,肖像权仅仅涉及自然人的人格利益、精神利益,肖像权不是财产权,不涉及自然人的财产利益、商事利益。实际上,我国《民法通则》是在计划经济时代制定的,在那个时代,自然人的肖像也仅仅具有精神利益,没有财产利益,自然人根本无法将其肖像投入市场,无法通过其肖像的转让、出让而获得经济利益。因此,认为肖像权仅是一种人格权当然不会存在问题。但是,在市场经济条件下,某些人的肖像完全没有精神利益、人格利益,他们的肖像仅仅具有财产利益、经济利益,因为,这些人仅仅希望自己或者授权别人使用其肖像来做广告、申请商标或者从事其他商事活动并因此获得财产利益、商事利益。再将肖像权看做单纯的人格权而非财产权显然没有说服力。为此,笔者认为,肖像权除了可以看做一种人格权之外,也可以看做一种财产权。将肖像权看做人格权是为了保护他人精神利益、人格利益,防止行为人的肖像使用行为导致肖像权人遭受精神损害,而将肖像权看做一种财产权则是为了保护他人的商事利益和财产利益,防止行为人的肖像使用行为导致他人遭受财产利益。两种肖像权理论共同作用,能够更好地保护肖像权人的利益。将肖像权看做财产权除了能够说明行为人对受害人承担的财产损害赔偿责任之外,还能够说明肖像权人对其肖像权的转让问题,肖像权人的继承人对其肖像权的继承问题。关于肖像权的财产性、可转让性和可继承性,笔者将在肖像权的人格性和财产性当中作出讨论,此处从略。其三,行为人承担的损害赔偿责任。《民法通则》第120条明确规定,当行为人擅自使用他人肖像来从事营利活动时,肖像权人除了有权要求法官责令行为人停止侵害,恢复名誉,消除影响,赔礼道歉之外,还有关于要求法官责令行为人承担赔偿责任,赔偿受害人遭受的损失。问题在于,《民法通则》没有规定行为人承担的损害赔偿责任究竟是精神损害赔偿责任还是财产损害赔偿责任或者同时包括精神损害赔偿责任和财产损害赔偿责任。在《关于确定民事侵权精神损害赔偿责任若干问题的解释》中,最高人民法院显然认为,行为人侵害他人肖像权时,他们对受害人承担的损害赔偿责任是精神损害赔偿责任,不包括财产损害赔偿责任。我国学说对这样的问题虽然存在争议,但主流学说认为,行为人侵害他人的肖像权时,他们仅仅对受害人遭受的精神损害承担赔偿责任,不对受害人遭受的财产损害承担赔偿责任。某些学说一方面坚持认为,肖像权是一种人格权,肖像侵权责任保护的是他人对其肖像享有的人格利益,一方面又认为,肖像权当中包含了物质利益,包括了财产利益,虽然肖像权中的物质利益、财产利益仅仅居于次要地位、从属地位;在确定受害人遭受的精神损害赔偿范围时要考虑受害人遭受的财产损害。实际上,如果肖像权仅仅被看做一种人格权,仅仅具有精神内容,则行为人仅仅赔偿肖像权人因为肖像侵权行为遭受的精神损害,无须赔偿肖像权人遭受的财产损害。笔者认为,某些人的肖像权本质上是一种人格权,行为人侵害他们享有的肖像权时,仅仅对他人遭受的精神损害承担赔偿责任,无须对他人遭受的财产损害承担赔偿责任;某些人的肖像权本质上是一种财产权,行为人侵害他们享有肖像权时,仅仅对他人遭受的财产损害承担赔偿责任,无须对他们遭受的精神损害承担赔偿责任;某些人的肖像权同时具有人格权和财产性,行为人侵害他们享有的肖像权时,应当同时对受害人遭受的精神损害和财产损害承担赔偿责任。关于行为人的损害赔偿责任范围问题,笔者将在肖像权的法律救济当中进行详细讨论,此处从略。其四,肖像侵权责任的抗辩问题。在我国,《民法通则》第 100 条和第 120 条都没有规定肖像侵权责任的抗辩事由。最高人民法院的有关司法解释也没有对这样的问题作出说明。我国学说普遍认为,肖像侵权责任也具有其正当的抗辩事由,一旦行为人具备了正当的抗辩事由,则他们无需对受害人遭受的损害承担侵权责任。问题不在于我国侵权法是否应当规定肖像侵权的抗辩事由,问题在于,我国侵权法应当规定那些抗辩事由。关于肖像侵权责任的抗辩事由,笔者将在肖像侵权责任的抗辩事由当中作出详细讨论,此处从略。

五、肖像侵权责任的构成要件

(一) 肖像侵权责任构成要件的差异

所谓肖像侵权责任的构成要件,是指行为人就其侵害他人肖像权的行为对他人承担侵权责任的构成要素,只有具备肖像侵权责任的各种构成要素,行为人才能够对他人承担侵权责任,如果不具备隐私侵权责任的构成要素,则行为人将不对他人承担侵权责任。问题不在于行为人对他人承担肖像侵权责任是否应当具备构成要件,问题在于,行为人对他人承担肖像侵权责任应当具备哪些构成要件。对于这样的问题,两大法系国家的侵权法和学说并没有作出完全一致的规定或者说明。

在大陆法系国家,学说很少对肖像侵权责任的构成要件作出详细的说明,不过,因为侵害他人肖像权产生的侵权责任主要适用《法国民法典》第 1382 条的规定,因此,行为人承担肖像侵权责任也应当具备一般过错的构成要件,即行为人实施了再现、公开或者使用他人肖像的行为,行为人的再现、公开或者使用行为是过错行为,行为人的行为导致他人遭受了损害,行为人实施的过错行为同他人遭受的损害之间存在因果关系。不过,法国学说或者司法判例很少对所有的构成要件作出详细的说明。他们往往认为,肖像侵权责任的构成应当符合四个构成要件,即行为人实施了再现、公开或者使用他人肖像的行为,被再现、公开或者使用肖像的人是能够被识别的人,行为人再现、公开或者使用他人肖像没有获得他人的同意;行为人的行为造成了他人损害。因此,法国侵权法并不要求行为人为了赢利的目的而再现、公开或者使用他人肖像。

在英美法系国家,学说很少就肖像侵权责任的构成要件作出说明,不过,某些司法判例还是对这样的问题作出了清楚的说明。在 Eastwood v. Superior Court[①] 一案中,法官认为,肖像侵权责任的构成要件包括四个:其一,被告使用了原告的肖像、姓名或者其他人格特征;其二,被告为了自己的商事或者非商事利益而擅自使用原告的肖像、姓名或者其他人格特征;其三,被告在使用他人肖像、姓名或者其他人格特征时没有获得原告的同意;其四,行为人擅自使用他人肖像、姓名或者其他人格特征的行为导致他人遭受了损害。英美法系国家的肖像侵权责任同法国肖像侵权责任的最主要区别在于,在英美法系国家,肖像侵权责任的构成要件包括了行为人使用他人肖像的目的,要求行为人是为了自己的利益尤其是为了商业上的、经济上的目的而使用他人肖像,而大陆法系国家的法国则不要求这样的构成要件。

在我国,肖像侵权责任的构成要件有哪些,学说并没有完全统一的意见。某些学者认为,行为人对他人承担肖像侵权责任的构成要件包括传统过错侵权责任的几个构成要件,诸如侵权行为、损害后果、因果关系、过错,不包括行为人为了营利目的的构成要件。某些学者认为,肖像侵权责任的构成要件包括四个:未经本人同意、非法利用他人的肖像、过错以及损害后果。我国《民法通则》认为,行为人要对他人承担肖像侵权责任,除了应当具备一般的构成要件之外,还应当具备一个构成要件,即为了营利的目的而使用他人肖像。笔者认为,行为人除了应当具备无形人格侵权责任的一般构成要件之外,肖像侵权责任还应当具备自己的特殊构成要件,即行为人实施了再现、公开或者使用他人肖像的行为;被再现、公开或者使用肖像的人是能够识别的人;行为人的再现、公开或者使用肖像的行为没有获得他人的授权;行为人的再现、公开或者使用行为导致他人遭受了非财产损害或者财产损害。

(二)行为人实施了再现、公开或者使用他人肖像的行为

肖像侵权责任的第一个构成要件是,行为人实施了再现、公开或者使用他人肖像的行为。如果行为人没有实施再现、公开或者使用他人肖像的行为,则他们不对他人遭受的损害承担肖像侵权责任。所谓再现他人肖像,是

---

① 198 Cal. Rptr. 342 (Ct. App. 1983).

指行为人通过各种手段体现、表现或者复制他人的肖像,诸如给他人拍照,给他人画像,给他人雕像等。所谓公开他人肖像,是指行为人传播他人肖像,将他人肖像对社会公众公开。因此,如果行为人仅将他人的肖像对少数朋友公开,则行为人的行为不构成肖像侵权行为,只有行为人将他人的肖像对一般的社会公众公开,他们的公开行为才可以看做公开肖像的行为。例如,行为人公开展示他人肖像,将他人肖像上传到网络上等。所谓使用他人肖像,是指行为人为了某种目的而利用他人肖像的行为,诸如将他人肖像进行展览的行为,将他人肖像用做自己报纸杂志封面的行为,将他人肖像用做自己广告的行为等。在侵权法上,行为人使用他人肖像的目的多种多样,但是侵权法或者侵权法学说一般愿意将行为人使用他人肖像的目的分为营利目的和非营利目的。所谓以营利为目的使用他人肖像,是指行为人是为了商业上的、经济上的目的使用他人肖像,诸如使用他人肖像来做广告。所谓不以营利为目的使用他人肖像,是指行为人不是为了商业上的、经济上的目的使用他人肖像。行为人使用他人肖像的目的对行为人肖像侵权责任的影响表现在,在某些国家,侵权法明确要求行为人具备营利目的才对他人承担肖像侵权责任,如果行为人不是基于营利目的使用他人肖像,则他们不对他人承担肖像侵权责任。而在某些国家,侵权法并不区分行为人使用他人肖像的目的,无论行为人是基于营利目的还是基于非营利目的使用他人肖像,对他们承担的肖像侵权责任不产生影响。公开他人肖像同使用他人肖像的行为有时发生竞合,例如,行为人对他人肖像进行展览的行为既可以看做是使用行为,也可以看做是公开行为。在侵权法上,如果行为人仅仅实施再现、公开或者使用他人肖像的三种行为当中的任何一种行为,在符合肖像侵权责任的其他构成要件时,他们都要对他人承担肖像侵权责任;如果他们实施了再现、公开或者使用当中的任何两种或者三种行为,在符合肖像侵权责任构成要件的情况下,行为人也仅仅就其再现、公开或者使用当中的任何一种侵权行为对他人承担侵权责任,但是在决定行为人承担侵权责任的范围时,应当考虑其他一项或者两种肖像侵权行为并在此基础上增加行为人的责任范围。在1996年的司法判例中[①],法国法官认为,被告未经原告同意就擅自用长焦距拍摄原告的肖像并且大范围地公开其肖像,其再现和公开行

---

① T. G. I. Nanterre, ord. ref., Aug. 24, 1996.

为构成肖像侵权行为,为此法官颁发临时禁止令,禁止被告继续公开原告的肖像。在1996年的另一个案件中①,法国法官认为,被告未经原告同意就擅自公开其肖像的行为构成肖像侵权行为,应当对原告遭受的损害承担侵权责任。在该案中,原告是法国著名的女电影演员,她同意被告为其拍摄自己的半裸相片。后来,被告未经原告的同意就将原告的两幅相片公开了。原告向法院起诉,认为被告的公开行为构成肖像侵权行为,应当对自己遭受的损害承担侵权责任。法官认为,即便原告同意被告给其拍摄相片,被告也不得未经原告同意就擅自公开其拍摄的相片,因为控制其肖像的使用权属于原告而非被告。

在两大法系国家,肖像侵权责任保护的肖像权主体仅仅限于自然人,法人或者非法人组织不享有肖像权。因此,只有当自然人的肖像被再现、公开或者使用时,侵权法才会责令行为人对他人承担侵权责任。问题在于,肖像权究竟是所有的自然人都享有的无形人格权还是只有部分自然人享有的无形人格权?对于这样的问题,两大法系国家的侵权法作出的回答并不完全相同。

1. 法国侵权法关于肖像权主体的规定

在大陆法系国家的侵权法认为,所有自然人都享有肖像权,无论他们是公共官员、公众人物还是一般的社会公众,行为人侵害他们享有的肖像权,应当对他们承担侵权责任。Raymond对此规则作出了说明,他指出,肖像权和声音权是所有人反对行为人再现其肖像或者声音的权利。此种权利属于所有人所享有。无论他们是名人还是非名人,他们都享有肖像权和声音权。② 法国司法判例也认为,任何人均享有肖像权,无论他们是名人还是非名人,他们可以凭借这些权利复制、再现或者公开其肖像行为。即便肖像权人已经死亡,他们仍然享有肖像权。③ 法国司法判例认为,既然公共官员、公众人物都享有肖像权,行为人在使用公共官员、公众人物的肖像时,他们也应当像使用一般社会公众的肖像那样事先获得公共官员、公众人物的同意,并且此种同意应当是明确的、明示的,包括肖像使用的范围或者期限。如果行为人事先没有获得公共官员、公众人物的同意就再现、公开或者使用公共

---

① T. G. I. Paris, Dec. 18, 1995.
② Guy Raymond, *Droit Civil*(2e éditon), litec, p.93.
③ Trib. gr,inst parts 11janv. 1977: D. 1977, 83.

官员、公众人物的肖像,他们应当对受害人承担侵权责任,除非他们具备法定的免责事由。法国侵权法之所以责令行为人对公共官员、公众人物承担肖像侵权责任,一个主要原因在于,法国侵权法认为,同行为人的自由权和社会公众享有的知情权相比,公共官员、公众人物享有的肖像权的价值更大,应当优先获得保护。在1989年的司法判例中①,法国法官对这样的规则作出了说明。在该案中,被告在其刊物中公开伊朗前女皇穿着睡袍站在海滩边和花园内的相片。原告向法院起诉,要求法官责令被告承担侵权责任。法官认为,被告应当对原告承担侵权责任,因为女皇同一般的人一样,有权要求别人尊重他们的私人生活,有权反对别人公开其肖像,如果这些肖像不是在从事公开活动时拍摄的话,被告在没有获得原告同意的情况下不得公开其肖像。

2. 美国侵权法关于肖像权主体的规定

在美国,肖像权并没有独立性,它或者属于隐私权的范畴,或者属于公开权的范畴。因此,关于什么样的人享有肖像权,美国学说和司法判例并没有完全一致的意见。那些采取公开权独立于隐私权的学说和司法判例则认为,肖像权仅是隐私权的组成部分,该种隐私权仅仅为普通法、一般的社会公众所享有,公众人物不享有隐私权;公开权仅是名人享有的一种权利,一般的社会公众不享有公开权,因为,只有名人的肖像、姓名或者其他人格特征具有商事价值、经济价值或者财产价值,一般的社会公众的肖像、姓名或者其他人格特征则不具有商事价值、经济价值或者财产价值;如果行为人侵害名人的肖像、姓名或者其他人格特征,他们应当赔偿名人遭受的财产损害,因为名人对其肖像、姓名或者其他人格特征享有的权利是公开权,该种公开权仅仅具有财产价值,不具有精神价值;如果行为人侵害一般社会公众的肖像、姓名或者其他人格特征,则他们仅仅对受害人遭受的精神损害承担赔偿责任,因为一般社会公众对其肖像、姓名或者其他人格特征享有的权利是隐私权,该种隐私权仅仅具有精神价值,不具有财产价值。

在美国,在司法判例认可公开权之前,司法判例也否认公共官员、公众人物享有的隐私权,认为行为人公开公共官员、公众人物的肖像不构成隐私侵权行为,无须对受害人承担侵权责任。在O'Brien v. Pabst Sales Co.②一案

---

① Civ. 1ere, Apr. 13, 1988, J. C. P. 1989.21219, note E. Putman.
② 124 F. 2d 167 (5th Cir. 1941).

中,法官认为,被告是公众人物,行为人使用其肖像的行为无所谓构成隐私侵权行为,无须对原告承担隐私侵权责任。在该案中,原告是著名的足球运动员,被告在其足球日历中使用了原告的肖像。原告向法院起诉,要求法官责令被告对其遭受的隐私损害承担侵权责任。法官认为,被告是一个名人,被告公开其肖像正是原告努力寻求的东西,被告无所谓遭受了非财产性质的损害。因此,法官拒绝责令被告就其使用原告肖像的行为对原告承担侵权责任。在 Cabaniss v. Hipsley① 一案中,法官也采取同样的态度。在该案中,原告是一名充满异国情调的舞蹈家。被告未经原告同意就使用其肖像来做广告。原告向法院起诉,要求被告就其使用自己肖像的行为对自己遭受的精神痛苦承担赔偿责任。法官认为,虽然原告主张被告的行为侵害了其隐私权,应当对其遭受的精神损害承担赔偿责任,但实际上,原告是在起诉被告,要求被告以营利目的使用自己肖像的行为对自己承担侵权责任。此时,原告应当因为被告的肖像使用行为遭受了特殊性质的财产损害。由于原告没有证明自己因为被告的肖像使用行为遭受了财产性质的损害,因此,法官认定被告无须对原告承担赔偿责任。只有在美国司法判例认可了名人的肖像具有财产价值和名人对其肖像享有公开权时,美国侵权法才认可名人享有肖像权,未经名人同意就使用其肖像,行为人的使用行为侵害名人享有的公开权,应当对名人承担侵权责任,赔偿名人遭受的财产损害。

在美国,那些主张公开权属于隐私权的组成部分的学说和司法判例认为,或者那些主张公开权属于使用人享有的权利的人认为,无论是隐私权还是公开权,其主体既包括名人,也包括非名人,因此,名人固然对其肖像、姓名或者其他人格特征享有隐私权或者公开权,非名人也对其肖像、隐私或者其他人格特征享有隐私权或者公开权。行为人为了自己的利益擅自使用名人的肖像、姓名或者其他人格特征时,他们应当对受害人承担侵权责任;行为人为了自己的利益擅自使用非名人的肖像、姓名或者其他人格特征时,他们也应当对受害人遭受的损害承担侵权责任。因为公开权并非为名人所专有,普通人或者一般的社会公众也享有公开权。目前,后一种观点占据主导地位。Dymnd 认为,公开权是所有人都享有的权利,无论他们是名人还是一般的社会公众,只要行为人基于商事目的使用他们的肖像、姓名或者其他人

---

① 151 S.E.2d 496, 503-09 (Ga. App. 1966).

格特征,他们都应当对他人遭受的财产损害承担赔偿责任。① Broyles 指出,或许并不奇怪,大多数有关公开权的侵权案件都涉及擅自使用名人身份特征的问题。因为名人的身份具有特别重要的商事价值,行为人擅自使用名人的身份特征经常会导致名人遭受巨大的利润损失或财产损害。但是,名人比一般的社会公众更多主张公开权的事实并不意味着只有名人才具有公开权。相反,公开权是所有人都享有的权利,因为公开权是所有人固有的权利,所有人都具有控制其身份特征的商事使用的权利。的确,无论一个人是否将其肖像投入使用之中,他们都对其肖像的潜在商事价值享有权利。一旦他们就其肖像投入商事活动之中,则他们的此种权利就获得实现。一旦行为人未经他人同意就使用他人肖像,他人的肖像就开始获得某些商事价值,因为,如果肖像使用人还没有获得他人肖像的使用权,他们原本应当同他人讨价还价;一句话,行为人基于商业目的使用他人肖像时,该种被使用的肖像就具有了无可替代的价值。② 除了学说采取这样的理论之外,主流的司法判例也采取这样的理论。在 Motschenbacher v. R. J. Reynolds Tobacco Co.③一案中,法官对此种规则作出了说明。法官指出,一般而言,行为人擅自使用其肖像、姓名或者其他人格特征的人的知名度越大,他人因为行为人的擅自使用行为遭受的财产损害也就越大;但是,十分可能的情况是,行为人擅自使用名人身份特征的行为可能会使他人遭受羞辱、尴尬或者精神痛苦;行为人擅自使用一个相对没有什么知名度的人的身份特征,也可能会导致他人遭受经济损失或者使以前没有经济价值的身份特征成为具有经济价值的身份特征。在 Anderson v. Fisher Broadcasting Co.④一案中,法官认为,虽然原告不是名人,他也有权要求被告对其遭受的财产损害承担侵权责任。在该案中,原告因为某种事故而遭受损害。被告的一名记者拍摄了事故现场,其中包括原告在接受紧急治疗时处于流血和疼痛的状态,人们能够从被告的拍摄材料中认出原告的脸。被告拍摄了事故现场之后没有马上在其电视当中播放。被告在后来有关紧急救助新方法当中,使用了原告的肖像。

---

① Seth A. Dymond, So Many Entertainers, So Little Protection: New York, the Right of Publicity and the Need for Reciprocity, (2003)47 *N. Y. L. Sch. L. Rev.* 447.449.

② Pprick N. Broyles, Intercontinental Identity: The Right to the Identity in the Louisiana Civil Code, (2005) 65 *La. L. Rev.* 823, 828.

③ 498 F. 2d 821, 824 n. 11 (9th Cir. 1974).

④ 300 Ore. 452, 465 – 466, 712 P. 2d 803, 811 – 812(1986).

原告向法院起诉,认为被告为了商业目的使用其肖像的行为侵害其享有的公开权,应当赔偿其遭受的财产损害。法官指出,如果演员、体育明星或者其他名人反对行为人未经授权就使用其有价值的公共身份,对受害人的法律救济措施应当反映公开权的性质,因为公开权对原告和被告均具有经济价值;被告应当赔偿原告遭受的财产损失,无须赔偿原告遭受的心里痛苦;当一个人的肖像、姓名或者其他人格特征既没有也不想具有市场化的价值时,如果行为人擅自使用他们的肖像、姓名或者其他人格特征,受害人往往只能要求行为人赔偿他们遭受的心里痛苦而不是财产损害,此时,他们应当要求被告对他们承担隐私侵权责任。不过,情况并非总是如此。当行为人基于商事目的而不是非商事目的的使用一个非名人的肖像时,该非名人也许会遭受心理痛苦,也许不会遭受心理痛苦。即便原告能够证明被告擅自使用他们肖像、姓名或者其他人格特征的行为根本没有给他们造成心理痛苦,他们仍然有权要求被告对他们承担财产损害赔偿责任,因为广告商通过擅自使用其肖像、姓名或者其他人格特征获得了不当利益,例如被告为了给其婴儿食品做广告而使用了一个婴儿的肖像,该婴儿很难说遭受了心理痛苦,但是,被告仍然因为使用该婴儿的肖像获得了不当利益,应当赔偿原告遭受的财产损害。在 Ainsworth v. Century Supply Co.[①]一案中,法官也采取同意的观点。在该案中,被告是一家相片保有公司,它经常收藏别人尤其是名人的相片。当行为人将原告的相片收藏并加以公开时,原告向法院起诉,要求被告就其公开在肖像的行为对自己承担财产损害赔偿责任;被告提出抗辩,认为原告并非名人,其肖像不具有市场价值,被告无须对原告遭受的财产损害承担赔偿责任。法官指出,被告在其相片库中再现的肖像并不比你和我更出名。但是,被告在其相片库中收藏和公开的相片仍然具有独特性,这些具有独特性的相片也传达了某些信息,或者是陈腐的信息或者是幸福的信息。此时,被行为人公开的相片所传达的信息就具有了价值。当被告从相片库中选择相片来公开时,应当选择那些愿意公开其相片的人的相片。如果选择一个不愿意公开其相片的人的相片,它们应当对被公开相片的人遭受的损害承担赔偿责任。在 KNB Enters. v. Matthews[②]一案中,法官也采取类似的态度。法官指出,即便被行为人擅自使用其肖像的原告不是名人,原

---

① 693 N. E. 2d 510, 514-515 (Ill. App. Ct. 1998).
② 92 Cal. Rptr. 2d 713, 717 (Cal. Ct. App. 2d Dist. 2000).

告也有权向法院起诉,要求被告根据《加利福尼亚州民法典》第 3344 条就其侵权行为对自己遭受的损害承担侵权责任,因为,该法并没有将受害人限制在名人领域,也没有对受害人要求被告赔偿的范围作出限定。

3. 我国侵权法关于肖像权主体的规定

在我国,肖像权是否属于所有的自然人?我国学说虽然没有直接作出回答,但是我国学说也持肯定意见,因为我国学说普遍认为,肖像权属于人格权的组成部分,应当为所有自然人享有,无论他们是公共官员、公众人物还是非公共官员、公众人物,无一例外地享有肖像权。此种观点存在的问题有二:一方面,如果公共官员、公众人物都享有肖像权,则行为人无法使用他们的肖像,无论公共官员、公众人物的肖像是在什么情况下获得的,行为人都无法再现、公开或者使用他们的肖像,使社会公众无法了解公共官员、公众人物的有关信息;另一方面,公共官员、公众人物的性质决定了他们的肖像被再现、被使用或者被传播时很少会遭受精神性质的损害,因为公共官员、公众人物本身就希望社会公众再现、公开或者使用其肖像,以便维持其应当具有的关注度。笔者认为,为了保护社会公众享有的知情权和行为人的自由权,平衡公共官员、公众人物享有的肖像权,我国侵权法应当规定,原则上讲,公共官员、公众人物不享有肖像权,他们在公开场所、公开活动中的肖像不受保护,例外情况下则享有肖像权,行为人不得再现、公开或者使用他们的肖像。所谓例外情况有二:其一,公共官员、公众人物在私人场所的肖像,行为人不得公开。即便是公共官员、公众人物,如果他们是在私人场所从事私人性质的活动,则行为人不得擅自再现、公开或者使用他们的肖像,否则,行为人的行为构成非法行为、过错行为,应当对受害人承担侵权责任。但是,如果公共官员、公众人物在私人场所实施违法犯罪行为,则行为人有权公开其从事违法犯罪行为时的肖像。其二,行为人为了营利的目的使用公共官员、公众人物的肖像。即便是在公开场所拍摄的相片,行为人也不得为了营利的目的使用他们的肖像。如果行为人为了商业上的、经济上的目的使用公共官员、公众人物的肖像,他们应当对公共官员、公众人物承担侵权责任。此种侵权责任因为受害人的身份不同而不同。如果被侵害的人是公共官员,公共官员有权要求行为人对他们遭受的非财产性质的损害承担侵权责任,不得要求行为人对他们遭受的财产性质的损害承担侵权责任,否则,公共官员会获得不当利益,也违反了公共官员不得为从商的禁止性规定;如果被侵害的人是体育明星、电影明星等名人,这些公众人物有权要求行为人对他们遭受的财产性质的损害承担侵权责任,不当要求行为人对他们遭受的非财产性质的损害承担侵权责任,因为公众人物的肖像被使用时,他们很少会遭受非财产性质的损害,他们更多的是会遭受财产性质的损害。

(三) 肖像被再现、公开或者使用的人应当是能够被识别的人

在两大法系国家和我国,行为人对他人承担肖像侵权责任的第二个构成要件是,被行为人再现、公开或者使用其肖像的人应当是能够被识别的人,如果行为人再现、公开或者使用其肖像的人是无法被识别的人,则行为人不对他人承担侵权责任。这就是所谓的可识别性原则。所谓可识别性原则,是指行为人通过各种手段再现的肖像被看做是原告的肖像。如果被告再现的肖像不是原告的肖像,则原告不得要求行为人对他们遭受的损害承担侵权责任。在法国,司法判例认可此种规则。在 1980 年的案件中①,法官认为,被告用来做啤酒广告的人不是原告,无须对原告承担侵权责任。在该案中,被告使用了一个人的肖像来为自己的啤酒做广告。原告认为被告使用的肖像就是自己的肖像,要求法官责令被告对其承担侵权责任。法官认为,虽然被告用来做广告的肖像同原告非常像,但是两者在脸部特征方面存在差异,原告无法提供证据证明被告意图使用其肖像来进行欺诈。在 1984 年的司法判例中②,法官认为,被告在其虚构的电影中创造的人物不是原告,无须对原告承担侵权责任。在该案中,被告根据一个真实的谋杀案件创作的电影被原告提起了诉讼,因为原告认为,被告虚构电影中的人物实际上就是自己。法官认为,被告电影中虚构的人物不是原告,无须对原告承担侵权责任。在 1994 年的司法判例中③,法官认为,被告拍摄的照片不是原告的照片,无须对原告承担侵权责任。在该案中,法国著名的摄影家拍摄的影集出版之后,两名妇女分别向法院起诉,要求分享原告出版影集获得的利润,因为这两名妇女宣传,她们就是被告影集中的两名年轻姑娘。法官认为,两名妇女的脸部特征同被告影集中的两名年轻女人的脸部特征不符,无法识别两位妇女就是被告影集中的两名年轻姑娘。为此,法官驳回了原告的诉讼

---

① T. G. I. Paris 3e ch., Sep. 19, 1980.
② CA Paris, 14e ch., June 6, 1984, D. 1985, IR, 18.
③ T. G. I. Paris, 1e ch., June 2,1993, Gaz. Pal. 1994, 16.

请求。

在美国,有关擅自使用他人肖像的隐私侵权责任或者公开权侵权责任也承认原告的可识别性规则,认为原告要求被告就其使用的肖像对自己承担侵权责任,他们应当证明被告使用的肖像就是自己的肖像,被告使用其肖像的人等同于自己。如果原告无法证明被告被告使用的肖像就是自己,则行为人无须对原告承担侵权责任。在 1992 年的 Howell v. New York Post[①] 一案中,被告在其报纸上公开了一个女人在心理医院门诊的肖像。原告向法院起诉,认为被告公开的肖像就是自己的肖像,应当对自己遭受的损害承担侵权责任。被告认为,它在报纸上公开的肖像不是原告,无须对原告承担侵权责任。法官认为,在决定被告是否就其使用他人的肖像对他人遭受侵权责任时,法官首先要考虑的问题是,引起争议的肖像是不是被看做原告的肖像,是不是包括了原告的某些身份特征。如果被告使用的肖像不被看做是原告的肖像,同原告没有什么关系,则被告无须对原告承担侵权责任;原告要求被告就其擅自使用其肖像的行为对自己承担侵权责任,他们必须证明,被告再现的肖像明显属于原告,原告是被告肖像再现的唯一的人;在体现原告的身份特征时,被告再现的肖像等同于原告。美国学者也认可这样的规则。Ludington 先生指出,公开权被侵犯的经典案件是,行为人在没有获得名人同意的情况下使用名人的肖像来宣传其产品。在这些案件中,法官常常面临被告再现的肖像是不是原告的肖像问题,也就是,原告是不是能够从被告的使用行为中得到足够充分的识别。在美国大多数州,公开权的范围并非严格限定在被告对严格姓名或者肖像的使用。美国大部分州的普通法在解释姓名、肖像这样的传统词语时也认为,公开权的范围也包括人格人身的任何方面,包括声音方式、身体动作、衣着、打扮、背景或者诨名等,以及这些人身特征的组合。因此,当被告用机器人来模仿 Vanna White 时,被告通过机器人再现的肖像被告看做是侵害 Vanna White 公开权的行为,因为通过机器人的衣着、行为方式、法式以及其他具体情况,可以看出被告使用的机器人就是原告的肖像。[②]

在我国,《民法通则》没有规定这样的规则,学说也很少对这样的问题作

---

① 612 N. E. 2d 699(N. Y. 1993).

② Sarah Ludington, Reining in the DPA Traders: A Tort for the Misuse of Personal Information, (2006) 66 *Md. L. Rev.* 140, 154.

出说明。笔者认为,此种规则完全应当在我国侵权法中得到承认。因为,在一般情况下,被告再现的肖像是不是就是原告的肖像不会发生争议,因为被告再现的肖像是不是原告,人们很容易凭借肉眼就观察得到。例如,被告用来做广告的肖像就是原告曾经为了到被告那儿应聘工作时使用的相片,被告在将原告的相片作为自己的广告时没有对该相片的任何地方进行技术处理,任何人只要看一眼就能够发现行为人用来做广告的肖像就是原告相片上的人。但是,在特殊情况下,行为人再现的肖像是不是原告的肖像也会发生争议,因为行为人可能会通过各种技术手段将原告的外部特征加以隐藏,使他人很难判断行为人再现的肖像是不是原告的肖像。如果原告认为被告再现、公开或者使用的肖像就是自己的肖像,他们应当举证证明,被告再现、公开或者使用的肖像同自己的外部特征相同,一般的人看见被告再现、公开或者使用的肖像之后马上就认定其肖像就是自己的外部特征,就是自己的肖像。如果受害人无法证明被告再现、公开或者使用的肖像就是自己的肖像,则行为人无须对他们遭受的损害承担侵权责任。不过,行为人再现的肖像是不是原告的肖像,行为人再现的肖像在多大程度上同原告的肖像雷同,这样的问题是一个事实问题而非法律问题,应当由法官结合案件的具体来判断。

(四) 行为人再现、公开或者使用他人肖像的行为没有获得他人同意

在两大法系国家和我国,行为人对他人承担肖像侵权责任的第三个构成要件是,行为人在再现他人肖像、使用他人肖像或者传播他人肖像时没有获得他人或者相关人的同意。如果行为人经过他人或者相关人的同意而再现他人肖像、使用他人肖像或者传播他人肖像,则行为人的行为不构成侵权行为,他们无须对他人承担肖像侵权责任。只有在行为人没有预先获得他人同意的情况下再现、公开或者使用他人肖像,侵权法才会责令行为人对他人承担肖像侵权责任。这在大陆法系国家是如此,在英美法系国家是如此,在我国也是如此。

根据法国法的规定,行为人再现、公开或者使用他人肖像时必须取得他人明示或默示同意,否则,行为人再现他人或者传播他人肖像的行为将构成肖像侵权行为,在符合肖像侵权责任的其他构成要件的情况下,行为人应当对他人承担侵权责任。根据法国司法判例确立的规则,如果行为人在私人

场合摄制、拍摄他人相片、照片,他们必须预先取得肖像权人的明示授权,否则,其摄制、拍摄行为将构成肖像侵权行为;一旦他们的摄制、拍摄行为获得了肖像权人的明示同意,行为人也只能基于肖像权人授权的目的使用所摄制、拍摄的肖像,不得基于其他目的使用肖像权人的肖像。① 一旦肖像权人死亡,行为人在使用死者生前摄制、拍摄的肖像时应当获得死者家属的同意。② 如果肖像权人是未成年人,行为人在再现、使用他们的肖像时应当获得那些对该未成年子女的肖像有处分权的监护人同意,否则,行为人的再现行为、使用行为将构成侵权行为,在符合其他构成要件的情况下,应当对受害人承担肖像侵权责任。③ 当行为人就肖像再现行为、使用行为或者传播行为同肖像权人发生争议时,行为人应当承担举证责任,证明其再现、公开或者使用他人肖像的行为已经获得权利人预先明示同意,否则,行为人的行为将构成侵权行为。在这一领域,法国法不承认推定同意的规则,不允许行为人借口从某某通讯社或代办处购买他人相片而拒绝对他人承担肖像侵权责任。④ 如果行为人在公开场所或者在举行的公开活动过程中摄制、拍摄他人的肖像,则法国新《刑法典》第226-1条规定了肖像再现的推定同意制度(présomption de consentement à la reproduction)。制度认为,当行为人利用拍摄的相片来说明街道上的场景,公开场所的场景或者当有关利害关系人原本同意摆出得意洋洋的姿态时,行为人再现他人肖像的行为不构成侵犯他人肖像权的行为。与此相反,如果他人在某种公开场所处于已被个体化的地位,则行为人再现此人肖像的行为可能会构成侵犯此人肖像权的行为;此时,被行为人再现其肖像的人或者是可以被辨认出的人或者是为了被行为人为了商事目的而再现其肖像的人。即便行为人是在某个公共场所拍摄他人的相片,他们在再现此人的肖像时也不能伴有令人不愉快的评论或解说词或者从事对他人名誉有影响的其他行为。⑤

在美国,侵权法认为,行为人要使用他人肖像或者其他身份特征时应当预先获得他人的同意,如果行为人没有预先获得他人同意就使用他人肖像

---

① Civ. 1re, 13 avril 1988:JCP89, éd, G. II,21320.
② Trib. gr inst Aix-en-provence, 24 nov. 1988:JCP89, éd. G. II,21329.
③ Trib gr inst, paris, 2 juin 1976:D. 1977,365.
④ Guy Raymond, *Droit Civil* (2e éditon), litec, pp. 94-95.
⑤ Ibid., p.95.

或者其他身份特征,在符合其他构成要件的情况下应当对他人承担侵权责任。《美国纽约州民事权利法》第 50 条明确规定,行为人使用他人姓名、肖像时,应当预先获得他人的书面同意,否则,其行为将构成轻罪。美国司法判例普遍认为,擅自使用他人肖像的侵权责任应当具备的要件之一是,行为人在使用他人肖像时没有获得他人同意。例如,在著名的 Cadtoons, L. C. v. Major Baseball Player Association① 一案中,法官认为,公开权被侵犯是产生的侵权责任应当具备的三个要件是:故意使用他人的姓名、肖像;将他人的姓名、肖像用在产品、商品或者货物上;没有获得他人的预先同意。如果符合这三个构成要件,则被告应当承担举证责任,证明其具有正当的抗辩事由,否则,其应当对受害人承担侵权责任。

在我国,《民法通则》第 100 条明确规定,行为人使用他人肖像时应当获得他人同意。如果行为人在获得他人同意的情况下使用他人肖像,他们的肖像使用行为将不构成侵权行为,如果他们在没有获得他人同意的情况下使用他人肖像,他们的肖像使用行为将构成肖像侵权行为,在符合其他构成要件的情况下,行为人应当对他人承担肖像侵权责任。我国学说普遍认可这样的观点,认为行为人应当获得他人的同意才能够使用他人肖像,如果没有获得他人同意就使用他人肖像,则其使用行为构成肖像侵权行为。不过,我国学说很少对同意的构成要件作出详细的分析。笔者认为,我国侵权法应当注重以下几个方面的问题:

其一,肖像权再现、公开或者使用应当获得什么人的同意。在我国,《民法通则》规定,使用他人肖像应当获得肖像权本人的同意,没有获得本人的同意而使用其肖像的行为构成肖像侵权行为。我国某些学说也认为,未经肖像权人本人同意使用其肖像,构成肖像侵权行为,在符合其他构成要件的情况下,行为人应当承担侵权责任。我国《民法通则》和学说采取的此种理论对正常的成年人能够使用,因为,正常的成年人具有授权他人使用其肖像的能力,他们同行为人签订的使用契约不会因为肖像权人欠缺行为能力而无效。但是,此种理论对精神病人、未成年人则无法使用,因为精神病人、未成年人不具备或者不完全具备行为能力,他们无法同行为人签订契约,授权行为人再现、公开或者使用其肖像。例如,行为人为了说明农村未成年人的

---

① 1996,95 F. 3d 956.

现状而希望使用每一个未成年人的肖像,此时,他们无法要求该未成年人授权其再现、公开或者使用其肖像,因为该未成年人属于无行为能力人或者限制行为能力人,无法签订有效的授权契约。因此,笔者认为,在一般情况下,行为人再现、公开或者使用他人肖像时应当获得肖像权人本人的同意,在例外情况下,行为人无须获得本人的同意,而应当获得本人之外的其他人的同意。包括两种情况:一方面,如果行为人希望再现、公开或者使用精神病人、未成年人的肖像,他们应当获得他们的监护人的同意,无需获得精神病人、未成年人本人的同意。如果行为人没有获得监护人的同意,则其再现、公开或者使用行为将构成侵权行为;另一方面,如果为人希望再现、公开或者使用死者的肖像,他们应当获得死者家属的同意。如果没有获得死者家属的同意,则行为人的再现、公开或者使用行为将构成肖像侵权行为。所谓死者家属同意,一般情况下是指死者第一顺位的继承人的同意,如果没有第一顺位的继承人,则是指第二顺位的继承人的同意。如果没有第二顺位的继承人,则应当获得其他亲属的同意。

其二,他人的同意同过错之间的关系。在我国,行为人侵害他人肖像权承担的侵权责任显然是过错侵权责任,以行为人实施肖像再现行为、使用行为或者传播行为时存在过错作为条件,如果行为人在再现、公开或者使用他人肖像时没有过错,他们当然无须对他人承担肖像侵权责任。问题在于,行为人的过错同行为人没有获得他人同意之间是一个什么样的关系。我国学说很少对这样的问题作出说明。少数学者认为,肖像侵权责任除了应当具备行为人未经他人同意就再现、公开或者使用他人肖像的行为的构成要件之外,还应当另外两个构成要件:行为人非法再现、公开或者使用他人肖像;行为人的过错。[①] 在这里,学说将未经他人同意、非法行为和过错三个构成要件看做是相互独立的构成要件。实际上,此种理论混淆了未经他人同意、非法行为和过错之间的关系。在两大法系国家,侵权法虽然认为肖像侵权责任是过错侵权责任,但是两大法系国家的侵权法很少对过错问题作出讨论,也很少对非法行为问题作出讨论。他们往往仅仅对他人的同意问题作出说明。因此,过错、非法行为同同意之间的关系仿佛是一个无人说明的问题。实际上,两大法系国家的侵权法认为,未经肖像权人或者同肖像权人相

---

① 王利明:《人格权法研究》,中国人民大学出版社 2005 年版,第 457—464 页。

关人的同意就再现、公开或者使用他人肖像的行为就是过错行为、非法行为,三者之间是同一的概念,行为人在再现、公开或者使用他人肖像之前奇偶应当预先获得他人同意而没有获得他人同意,其行为就构成过错,其再现行为、使用行为或者传播行为也就构成非法再现行为、非法使用行为或者非法传播行为。可见,我国侵权法仅仅规定未经他人或者相关人同意这样的构成要件就足够了,无须再画蛇添足地规定过错、非法行为等构成要件。在侵权法上,只要行为人再再现、公开或者使用他人肖像时没有预先获得他人或者同他人有关系的人的授权,则行为人的行为就构成过错行为、非法行为,在符合其他构成要件的情况下,行为人应当对受害人承担侵权责任。无论行为人的过错行为是表现在故意行为还是过失行为,他们都应当对受害人承担侵权责任。

其三,同意的范围。如果他人仅仅授权或者同意某一个特定的行为人再现、公开或者使用其肖像,只有该种特定的行为人有权再现、公开或者使用他人肖像,该种特定行为人之外的其他任何人都不得再现使用或者传播他人的肖像,即便他们是基于有权再现、公开或者使用的行为人的授权或者同意而再现、公开或者使用他人的肖像,否则,他们的再现、公开或者使用行为都构成肖像侵权行为,在符合其他构成要件的情况下,行为人应当对他人承担侵权责任。因为,他人对甲方再现、公开或者使用其肖像的授权或者同意并不意味着他们对乙方再现、公开或者使用其肖像的授权或者同意。被授权或者同意再现、公开或者使用的行为人之外的行为人要想再现、公开或者使用他人已经被公开的肖像,仍然应当获得他人的授权或者同意,否则,他们的行为构成过错行为、非法行为,应当对受害人承担侵权责任。如果他人仅仅授权或者同意行为人在过去某些时期内再现、公开或者使用其肖像,行为人仅仅在该种授权或者同意的时期内享有再现、公开或者使用他人肖像的权利,超过了他人授权或者同意的时期,行为人的肖像再现行为、使用行为或者传播行为将构成非法行为、过错行为,在符合其他构成要件的情况下,行为人应当对他人承担肖像侵权责任,因为他人在过去同意行为人再现、公开或者使用其肖像的行为不意味着他们也同意行为人在现在或者在将来再现、公开或者使用其肖像,行为人只能再他人授权或者同意的期限内享有他人肖像的再现权、使用权或者传播权;如果行为人仍然希望再将来再现、公开或者使用他人肖像,他们仍然应当预先获得他人的授权或者同意。

如果他人仅仅授权或者同意行为人为了每一个特定目的而再现、公开或者使用他人肖像,行为人也仅仅在该种特定目的限定的范围内享有再现、公开或者使用他人肖像的权利,超出他人授权或者同意的特定目的而再现、公开或者使用他人肖像,行为人的行为也构成非法行为、过错行为,在符合其他构成要件的情况下,行为人应当对他人承担肖像侵权责任。因为,他人为了此种特定目的而同意行为人再现、公开或者使用其肖像的行为不意味着他们也同意行为人为了彼种目的而再现、公开或者使用其肖像。行为人只能在他人授权或者同意的特定目的内享有他人肖像的再现权、使用权或者传播权,如果行为人还希望为了其他目的而使用他人肖像,他们仍然要获得他人的预先授权或者同意,是否他们的再现行为、使用行为或者传播行为仍然构成肖像侵权行为。

其四,同意的方式。他人同意行为人再现、公开或者使用其肖像时,该种同意应当是事先的、明示的和具体的,不得是事后的、默示的或者抽象的。首先,他人的同意应当是事先的而非事后的。所谓事先的同意,是指行为人在再现、公开或者使用他人肖像之前就已经获得他人的授权或者同意。如果行为人在再现、公开或者使用他人肖像之前没有获得他人的授权或者同意,则他们的再现行为、使用行为或者传播行为就构成非法行为、过错,应当对他人承担侵权责任。其次,他人的同意应当是明示的而非默示的。所谓明示同意,是指行为人在再现、公开或者使用他人肖像之前应当获得他人明确、肯定的授权或者同意,没有他人作出明确的、肯定的授权或者同意,行为人的再现、公开或者使用将构成非法行为、过错行为,应当对他人承担侵权责任。因此,侵权法不得对他人的同意作出推定,认为从他人的行为当中能够推论出他人授权或者同意行为人再现、公开或者使用其肖像。最后,他人的同意应当是具体的而非抽象的。所谓具体同意,是指行为人在再现、公开或者使用他人肖像之前应当同他人签订契约,对行为人再现、公开或者使用其肖像的范围、持续期等问题作出明确规定。行为人只能在契约规定的范围、契约规定的期限内再现、公开或者使用他人肖像,超出契约规定的期限或者范围再现、公开或者使用他人肖像,其行为构成非法行为、过错行为,应当对他人承担侵权责任。

（五）行为人的再现、公开或者使用行为导致他人遭受了损害

在两大法系国家和我国,行为人对他人承担肖像侵权责任的第四个构成要件是:行为人再现他人、使用或者传播他人肖像的行为给他人造成损害。如果行为人再现、公开或者使用他人肖像的行为没有给他人造成损害,行为人也不用对他人承担侵权责任,因此,再现、公开或者使用行为给受害人造成损害是行为人承担肖像侵权责任的必要条件。在侵权法上,行为人再现、公开或者使用他人肖像的行为给他人造成的损害是什么性质的损害?在两大法系国家的法国或者德国,传统侵权法都认为,行为人侵害他人肖像权的行为给他人造成的损害应当是非财产损害、精神损害,不包括财产性质的损害、财产损害,因为肖像权属于人格权、非财产权,具有专属性的特征。在现代法国和德国,主流学说和司法判例仍然坚持这样的理论,认为他人因为行为人的肖像侵权行为遭受的损害是非财产性质的损害,不是财产性质的损害。不过,为了保护他人尤其是所谓的名人因为肖像侵权行为遭受的财产损害,法国学说开始倡导肖像权的财产性理论,认为他人的肖像权同时具有非财产性的特征和财产性特征,行为人侵害他人肖像权时,应当同时对他人遭受的非财产性损害和财产性损害承担侵权责任。法官司法判例和德国司法判例也开始适用这样的理论,将他人尤其是所谓的名人的肖像看做一种财产性质的权利,当行为人侵害他人的肖像权时,法官也会责令行为人对他人遭受的财产损害承担侵权责任。在英美法系国家,肖像侵权责任往往被看做隐私侵权责任的组成部分,属于擅自使用他人姓名、肖像或者其他身份特征的隐私侵权行为。如果行为人在没有经过他人同意的情况下就使用他人肖像,他们应当对受害人承担侵权责任。此种侵权责任被看做是隐私侵权责任。作为此种隐私侵权责任的构成要件,行为人使用他人肖像的侵权行为应当给他人造成了非财产性质的损害,行为人才就其实施的肖像侵权行为对他人承担侵权责任,如果行为人的肖像侵权行为没有给他人造成非财产性质的损害,则行为人将不对他人承担侵权责任。其理由同大陆法系国家的理由一样。20世纪50年代以来,英美法系国家的司法判例开始改变这样的规则,认为肖像权不属于隐私权的范畴而属于公开权的范围,享有肖像权的人有权决定是否公开其肖像,有权决定是否允许他人使用其肖像并因此获得报酬;公开权不是人格权而是财产权,行为人侵害他人作为财产性质的肖像权,应当对他人遭受的财产损害承担侵权责任。这样,他人因为行为人的肖像侵权行为遭受的损害可以是非财产性质的损害,也可以是财产性质的损害。在我国,学说往往认为,他人因为行为人的肖像侵权行为遭受的损害是非财产性质的损害,行为人侵害他人肖像权时仅仅对他人遭受的非财产性质的损害承担侵权责任。不过,此种理论违反了人格权的财产性理论,对受害人不利,尤其是对那些名人不利,因为这些人的肖像权往往仅仅具有财产的性质,很少具有非财产性质。因此,我国侵权法应当认为,当行为人侵害他人的肖像权时,他人遭受的损害既包括非财产性质的损害,也包括财产性质的损害。如果行为人的肖像侵权行为仅仅导致他人遭受非财产性质的损害,在符合其他侵权责任构成要件的情况下,行为人应当对他人遭受的非财产性质的损害承担侵权责任;如果行为人肖像侵权行为仅仅导致他人遭受财产性质的损害,在符合其他侵权责任构成要件的情况下,行为人应当对他人遭受的财产性质的损害承担侵权责任;如果行为人的肖像侵权行为既导致他人遭受了非财产性质的损害,也导致了他人遭受了财产性质的损害,在符合其他侵权责任构成要件的情况下,行为人应当同时对他人遭受的非财产性质的损害和财产性质的损害承担侵权责任。

(六)行为人的营利目的

除了要求上述几个构成要件之外,行为人承担肖像侵权责任是否还应当具备营利的目的这样的特殊构成要件?在大陆法系国家,侵权法并不要求这样的特殊构成要件,无论行为人是为了营利的目的再现、公开或者使用他人的肖像还是不是为了营利的目的再现、公开或者使用他人肖像,在符合上述构成条件的情况下,行为人都应当对他人承担侵权责任。不过,如果不完全考虑行为人使用他人肖像的目的,则对名人十分不利,对行为人的非法再现、公开或者使用行为惩罚不力。因为,行为人虽然通过再现、公开或者使用名人的肖像获得了大量利润,但是他们仅仅对名人承担很小范围内的非财产损害赔偿责任。为此,当代法国的司法判例开始认为,当行为人非法再现、公开或者使用名人的肖像时,他们除了应当对名人遭受的非财产性质的损害承担赔偿责任之外,还应当对名人遭受的财产损害承担侵权责任,名人有权要求分享行为人通过再现、公开或者使用其肖像获得的利润。

在美国,如果行为人未经他人同意就擅自使用他人肖像、姓名或者其他人格特征,他们的擅自使用行为是否构成隐私侵权行为或者公开权侵权行为并因此产生侵权责任的承担?对此问题,美国学说和司法判例存在争议。某些学说和司法判例认为,只要行为人未经他人同意就擅自使用他人的肖像、姓名或者其他人格特征,无论他们是不是为了广告目的或者商事目的、经济目的,行为人的行为都构成隐私行为或者公开权侵权行为,在符合其他责任构成要件的情况下,行为人应当对他人遭受的精神损害或者财产损害承担赔偿责任。Prosser采取这样的观点,已如前述。此种理论被美国法学会所采取,它认为,行为人就其擅自使用他人肖像或者姓名的行为对他人承担隐私侵权责任无须要求行为人具有商业上的、经济上的目的。《美国侵权法重述》(第2版)第652C条之官方评论b条对此规则作出了说明。它指出,根据《美国侵权法重述》(第2版)第652C条产生的隐私侵权虽然多种多样,但是,最普遍的是隐私侵权是,行为人使用他人的姓名、肖像来为其商业或者产品做广告或者为了其他类似的商事目的。然而,除了制定法明确作出规定之外,《美国侵权法重述》(第2版)第652C条规定的规则并不限于行为人为了商业目的使用他人姓名或者肖像的情况。当行为人为了自己的目的和利益使用他人姓名或者肖像时,此条规则仍然适用,即便行为人此时的目的不是商业目的,即便行为人试图获得利益不是经济利益,也是如此。

某些学说、司法判例或者制定法规定,行为人只有为了商业上的、经济上的目的而使用他人肖像时、姓名或者其他人格特征,他们的擅自使用行为才构成侵权行为,如果行为人不是基于商业上的、经济上的目的使用他人肖像、姓名或者人格特征,则他们的行为不构成侵权行为,无须对他人承担侵权责任。一方面,美国大部分州的制定法都采取这样的规则。例如,纽约州的制定法明确规定,只有行为人为了广告的目的或者为了商事目的而擅自使用他人姓名、肖像时,行为人才对他人承担侵权责任;如果行为人不是为了广告的目的或者商事目的使用他人姓名或者肖像,则行为人不就其使用他人姓名、肖像的行为对他人承担侵权责任。Oklahoma州的制定法也规定,只有行为人将他人的肖像、姓名或者其他人格特征用在广告或者从事商事活动,行为人的使用行为才构成侵权行为,如果行为人不是为了广告或者商事目的使用他人姓名、肖像或者其他人格特征,则他们的行为将不构成侵权行为,无须对他人承担侵权责任。已如前述。另一方面,美国某些学说和司法判例也采取这样的规则,他们认为,如果行为人不是为广告或者商事目的使用他人肖像、姓名或者其他人格特征,则他们的行为将不构成隐私侵权行为或者公开权侵权行为,无须对受害人承担侵权责任。美国学说和司法判例将行为人不是为了广告或者商事目的使用他人肖像的行为称作肖像的非有意使用行为(incidental use),行为人有权以肖像的非有意使用作为拒绝承担侵权责任的抗辩事由,这就是肖像的非有意使用抗辩事由规则。关于这一规则,笔者将在肖像侵权责任的抗辩事由当中来讨论,此处从略。

在我国,《民法通则》第100条认为,行为人只有为了营利的目的使用他人肖像,他们的行为才构成肖像侵权行为,他们也才对受害人承担侵权责任,如果行为人不是为了营利的目的使用他人肖像,则他们的行为将不构成侵权行为,无须对受害人承担侵权责任。在1988年的《关于贯彻〈中华人民共和国民法通则〉若干问题的意见》中,最高人民法院坚持了《民法通则》第100条的意见,认为行为人使用他人肖像的目的是肖像侵权责任的构成要件,其第139条规定:以营利为目的,未经自然人同意利用其肖像做广告、商标、装饰橱窗等,应当认定为侵犯公民肖像权的行为。因此,我国现行法律和司法判例都将"以营利为目的"作为侵害他人肖像权的构成要件。在我国,虽然《民法通则》和最高人民法院的有关司法解释已经将行为人使用他人肖像的目的作为肖像侵权责任的构成要件,但是我国主流学说一直以来都对这样的规定提出批评,认为我国侵权法不应当采取这样的理论。我国主流学说认为,即便行为人不是为了营利的目的使用他人的肖像,他们的使用行为也可能构成肖像侵权行为,也对对他人承担侵权责任;将营利目的看做肖像侵权责任的构成要件会使行为人实施的众多主观上不具有营利目的而客观上仍然构成肖像侵权的行为排除在肖像侵权责任之外,难以抑制行为人非法使用他人肖像现象的发生,不利于肖像权人利益的保护。[①] 此种理论存在一定的合理性,但是也存在一定的问题。笔者认为,是否要求行为人以营利为目的再现、公开或者使用他人肖像不能一概而论,应当区分行为人再现、公开或者使用的肖像是谁的肖像。对于公共官员、公众人物之外的一般社会公众而言,他们都享有肖像权,未经他们的同意,行为人不得再现、公开或者使用他们的肖像,无论行为人是基于商业上的、经济上的目的还是基

[①] 参见王利明:《人格权法研究》,中国人民大学出版社2005年版,第462—463页;张新宝:《侵权行为法》(第2版),中国社会科学出版社1998年版,第299—300页。

于非商业上的、非经济上的目的,否则,行为人的再现、使用或者相比行为将构成肖像侵权行为,应当对受害人承担侵权责任。因为,对于普通的社会公众而言,行为人为了营利的目的而再现、公开或者使用他们的肖像,固然是对他们肖像权的侵犯,但是行为人不以营利为目的而再现、公开或者使用他人肖像,未必就不是对他人肖像权的侵害。但是,对于公共官员、公众人物而言,我国侵权法仍然应当区分行为人是不是为了营利目的再现、公开或者使用他人肖像。如果行为人是为了营利目的再现、公开或者使用公共官员、公共人物的肖像,则他们的再现、公开或者使用行为应当看做是肖像侵权行为,在符合其他侵权责任构成要件的情况下,行为人应当对受害人承担肖像侵权责任;如果行为人不是为了营利的目的再现、公开或者使用公共官员、公众人物的肖像,则他们的再现、公开或者使用行为将不构成肖像侵权行为,无须对公共官员、公共人物承担肖像侵权责任。

第十六章　肖像侵权责任(二)

一、肖像权的性质对肖像侵权责任的影响

(一)区分肖像权的人格性和财产性的意义

在侵权法上,他人对其肖像享有的权利究竟是一种人格权还是一种财产权或者同时具有人格权和财产权的双重性?此种问题的回答并非仅是一个单纯的理论问题,它涉及众多的实际问题,诸如肖像权是否能够被转让的问题,肖像权是否能够被继承的问题,行为人侵害他人肖像权承担的侵权责任范围问题。如果肖像权被看做单纯的人格权,则肖像权将仅仅具有精神性质的内容,不具有财产性质的行为,肖像权人不得转让其享有的肖像权,当肖像权人死亡时,其肖像权不得被其继承人继承,行为人使用死者的肖像时无须对死者或者死者的继承人承担侵权责任;行为人侵害肖像权人享有的肖像权,仅仅对其遭受的精神损害承担赔偿责任;如果肖像权被看做单纯的财产权,则肖像权仅仅具有财产性质的内容,不具有精神性质的内容,肖像权人有权转让其享有的肖像权,当肖像权人死亡时,其肖像权能够被其继承人继承,行为人使用死者的肖像时,应当对死者的继承人承担侵权责任;行为人侵害肖像权人享有的肖像权是,仅仅对其遭受的财产损害承担侵权责任;如果肖像权同时被看做一种人格权和财产权,则他人的肖像权同时具有财产性质的内容和精神性质的内容,肖像权人能够转让其具有财产性质的肖像权,不得转让其具有精神性质的肖像权;当肖像权人死亡时,其精神性质的肖像权不得继承,其财产性质的肖像权能够被继承;行为人未经肖像权人或者其继承人的同意擅自使用其肖像,应当同时对受害人遭受的财产损害和精神损害承担赔偿责任。关于肖像权的性质对行为人承担的损害赔偿责任范围的影响,笔者将在肖像权的法律救济当中进行讨论,此处仅仅讨

论肖像权的双重性、肖像权的可转让性和可继承性的问题。

(二) 肖像权的人格性

所谓肖像权的人格性,是指他人对其肖像享有的权利是一种精神性质的权利而不是一种财产性质的权利。此种性质的肖像权既不得通过肖像权人同他人签订契约的方式予以转让;也不得在肖像权人死亡时被其继承人继承,行为人擅自使用死者肖像时无须对死者的继承人承担侵权责任;行为人侵害此种性质的肖像权时,应当对他人遭受的精神损害承担赔偿责任,不得对他人遭受的精神损害承担赔偿责任。

在法国,民法学说普遍认为,肖像权仅是一种人格权,不是财产权,它具有人格权的一般特征,即不得转让性、不得继承性。Larroumet 指出,在法国,最主要的人格权包括:隐私权、身体权、肖像权、名誉权和隐私权等。包括肖像权在内的人格权既不得通过契约被转让,也不得通过继承方式来继承。[1] Goubeaux 也认为,包括肖像权在内的人格权是不得转让的权利。[2] 除了法国学说将他人对其肖像享有的权利看做人格权之外,法国司法判例20世纪80年代末期之前也将他人对其肖像享有的权利看做人格权,不具有财产性。在美国,在20世纪50年代的公开权被确立之前,作为隐私权重要组成部分的肖像权仍然被看做是一种人格权,具有其他人格权的各种性质,诸如不得转让性、不得继承性;即便到了美国学说和司法判例广泛认可公开权理论的今天,仍然有不少学说和司法判例认为,肖像权属于隐私权的范围,它在性质上仅仅属于人格权,不具有财产权的特征,无法被转让和继承。某些司法判例甚至认为,公开权除了保护他人的财产权之外,也保护他人的精神利益,责令行为人就其侵害他人肖像权的行为对他人承担精神损害赔偿责任,可以保护他人的精神利益,防止他人遭受精神痛苦。在著名的 Cardtoons, L. C. v. Major League Baseball Players Association[3] 一案中,法官就采取了这样的规则。法官指出:"保护他人的公开权的最后一种理论根据在于,

---

[1] Christian Larroumet, *Droit Civil*, *Introduction*, *A L'Etude du Droit Prive*, Economica, p. 258.

[2] Gilles Goubeaux, *Droit Civil* (24 e édition), Libraire Générale De Droit et De Jurisprudence, p. 48.

[3] (1996)95F. 3d 959.

公开权能够阻止名人遭受感情损害。例如,行为人基于商事目的使用名人的肖像、姓名,名人可能会发现其肖像、姓名使用行为是令人高度反感的,是会使名人感到苦恼的。即便是那些吸引社会公众关注的名人也会发现行为人对其某种特定身份的使用是让人苦恼的。"

在美国,至少在 20 世纪 50 年代之前,司法判例都认可,行为人擅自使用他人肖像的行为构成隐私侵权行为,应当对受害人遭受的精神损害承担赔偿责任,无须对受害人遭受的财产损害承担赔偿责任。在 Flake v. Greensboro News Co.[①]一案中,法官认为被告未经原告同意就使用其肖像的行为构成隐私侵权行为,应当对原告承担隐私侵权责任。在该案中,被告为了在其报纸上做广告而使用了原告的肖像,原告认为被告使用其肖像做广告的行为侵害其享有的隐私权,要求被告对其遭受的损害承担赔偿责任并且要求法官颁发禁制令,禁止被告继续使用其肖像。法官认为,被告擅自使用原告肖像的行为侵害了原告的隐私权,应当承担隐私侵权责任;法官有权颁发禁制令,禁止被告使用继续使用其肖像。法官在作出这样的判决时既援引了 Gray 法官在前述 Roberson v. Rochester Folding Box Co.[②]一案中作出的判词,又援引了前述 Pavesich 一案中的判词。在 Roberson 一案中,大多数法官否认了原告的隐私权,认为被告未经原告同意就使用其肖像来做广告的行为不构成隐私侵权行为,无须对受害人承担侵权责任。但是,Gray 法官不同意大多数法官的意见,认为被告应当就其擅自使用原告肖像的行为对原告承担隐私侵权责任。Gray 指出,即时照相技术的是一种现代发明,它能够将他人的脸面或者形态拍摄成肖像。虽然即时照相技术会引起他人的不安,但这是社会进步的表现。问题在于,他人的肖像可能通过印刷技术为行为人用来作为广告使用或者为了其他商事目的使用,此时,行为人的使用行为将侵害他人的隐私权。此种隐私侵权行为的后果可能会比侵害他人身体的后果更加严重。人身安全就像财产安全一样是必要的。为了保护他人的完整的人身安全,使他人能够享受安宁的生活,侵权法不仅应当保护他人免受具有名誉毁损性质的肖像公开行为的损害,而且还应当保护他人免受行为人为了商业目的使用或者展示他人肖像的行为的损害;也援引了前述 Pavesich 一案中的判词。法官指出,我们认为,Pavesich 一案中的判决是成

---

① 195.S.E.55,64(N.C.1938).
② 64 N.E. 442 (N.Y. 1902).

熟的,其结论是正确的。因此,如果行为人为了广告或者其他商事目的而擅自使用他人肖像,他们的使用行为构成隐私侵权行为,原告有权要求行为人对他们承担名义上的损害赔偿责任而无须证明他们遭受了特殊损害;如果行为人持续使用其肖像,原告有权要求法官采取禁止令的救济措施。在 Leverton v. Curtis Publ'g Co.①一案中认为,被告公开原告肖像的行为构成隐私侵权责任,应当对原告承担隐私侵权责任。在该案中,被告为了在其文章中说明行人在马路上行走不仔细而导致交通事故发生的问题时,使用了原告的肖像。原告是一个守法的人,他在事故发生时并不是事故的当事人,他仅是接近受害人的人。被告的文章刊登之后,引起原告遭受精神痛苦。原告为此向法院起诉,认为被告的行为侵犯其享有的隐私权,应当承担侵权责任。法官认为,被告未经他人同意就使用其肖像的行为构成隐私侵权行为,应当对原告承担精神损害赔偿责任。在 Gill v. Curtis Publ'g Co.②一案中,法官认为被告擅自使用原告的肖像,应当对原告遭受的损害承担隐私侵权责任。在该案中,为了说明现在夫妻之间的爱情完全是建立在性爱的基础上,被告在其文章中使用了正在参加夫妻性爱活动的夫妻两个人的肖像。夫妻双方向法院起诉,认为被告在其文章中使用自己的肖像的行为侵害其享有的隐私权,应当对自己承担隐私侵权责任。法官认为,被告未经原告同意就使用其肖像的行为侵害了原告的隐私权,应当对原告承担隐私侵权责任。20世纪50年代以来,即便公开权理论得到越来越多学说和司法判例的认可,美国仍然有大量的学说和司法判例认为肖像权的人格性,认为他人对其肖像享有的权利是一种精神性质的权利,行为人未经他人同意就擅自使用他人肖像,应当对他人遭受的精神损害承担赔偿责任。Bloustein 先生就采取这样的理论。他指出,即便行为人是为了商事目的使用他人肖像,他们的肖像使用行为也是一种个人侵犯行为,是对他人人格尊严的侵犯,因为行为人未经他人同意就擅自使用他人肖像的行为会导致他人遭受羞辱、耻辱和落魄。他人因此有权要求行为人对他们遭受的精神损害承担赔偿责任。③

---

① 192 F. 2d 974, 977–78(3d Cir. 1951).

② 239 F. 2d 630, 635(Cal. 1952).

③ Bloustein, Privacy as an Aspect of Human Dignity: An Answer to Dean Prosser, 39 *N. Y. U. L. Rev.* 962, 987 (1964).

在我国,学说和司法判例受传统民法尤其是德国传统民法的影响,认为肖像权是一种人格权而非财产权,仅仅具有人格的内容而没有财产内容,因为我国学说和司法判例认为,肖像是自然人个人基本特征的再现,是自然人容貌的有形识别标志,关系到自然人的人格尊严和形象的社会评价。张新宝教授指出,肖像权作为人格权之一种,具有人格权的一般属性,即它与特定的主体不可分割,本身不直接具有财产的内容,体现和维护人格尊严方面的利益。① 王利明教授指出,肖像权是自然人对自己的肖像所体现的利益的权利。肖像权体现的是自然人的人格利益,法律对自然人肖像权的保护主要是为了维护自然人的人格尊严和精神利益的完整。②

(三) 肖像权的财产性

所谓肖像权的财产性,是指他人对其肖像享有的权利是一种财产性质的权利,行为人侵害此种性质的权利是应当对他人遭受的财产损害承担赔偿责任;此种性质的肖像权既能够像一般财产权那样具有可转让性,可以通过他人同别人签订契约的方式授予别人使用其肖像并因此获得使用费或者报酬;也可以像一般财产权那样具有可继承性,当肖像权人死亡时,其继承人有权继承肖像权人享有的肖像权;行为人擅自使用死者的肖像时,应当对死者的继承人承担侵权责任。在现代两大法系国家,肖像权的财产性也得到学说和司法判例的广泛认可。

1. 法官学说和司法判例对肖像权财产性的认可

在法国,为了保护他人对其肖像享有的财产利益,某些学说认为,为了责令行为人就其侵害他人肖像权的行为对他人遭受的非财产损害或者财产损害承担侵权责任,应当将他人的肖像权同时看做具有非财产性质的权利和具有财产性质的权利,这就是对肖像享有的权利(droit a l'image)和建立在肖像基础上的权利(droit sur l'image)。所谓对肖像享有的权利,也成为消极的肖像权、保护性的肖像权、被动性的肖像权,是指肖像权人有权阻止行为人在没有经过他们同意的情况下使用他们的肖像,当行为人擅自使用他们的肖像时,肖像权人有权要求行为人对他们遭受的非财产性损害承担侵权责任,换句话说,所谓对肖像享有的权利,是指他人的肖像权是一种具

---

① 张新宝:《侵权行为法》(第2版),中国社会科学出版社1998年版,第297页。
② 王利明:《人格权法研究》,中国人民大学出版社2005年版,第449页。

有人格权性质的权利,行为人未经他人同意就使用他人肖像,其行为侵害了他人具有非财产性质的人格权的行为,应当对他人遭受的非财产损害承担侵权责任,应当赔偿他人遭受的非财产损害;所谓建立在肖像基础上的权利,也称为积极的肖像权、宣示性的肖像权、主动性的肖像权,是指肖像权人为了实现商业的、经济的目的而对其肖像享有的使用或者不使用的权利,换句话说,所谓建立在肖像基础上的权利,是指他人的肖像权是一种具有财产性质的权利,行为人侵害他人的肖像权,应当对他人承担侵权责任,应当赔偿他人遭受的财产损害。[1] 法国学说之所以提出双重肖像权理论,一个重要的原因在于,仅将肖像权看做是一种人格权,无法保护名人的肖像利益,因为,名人的肖像很少具有非财产性质,他们的肖像更多是仅仅具有财产性,将名人的肖像看做是一种非财产性质的权利,使受害人在肖像侵权行为发生之后无法要求行为人赔偿他们遭受的财产损害。

在法国,除了学说采取这样的理论之外,法国司法判例在20世纪80年代末期逐渐放弃了仅将他人的肖像权看做人格权的做法,认为他人的肖像权也具有财产性,当行为人侵害他人的肖像权时,他们也应当对受害人遭受的财产性质的损害承担赔偿责任。在1988年的Mme Brun v. SA Expobat[2]一案中,法官认为,他人的肖像权是一种财产权。行为人未经他人同意就擅自使用其肖像,应当对他人遭受的财产损害承担赔偿责任。在该案中,被告公司为了出卖自己开发的房地产而使用著名演员Raimu的遗像做广告。Raimu的遗孀向法院起诉,认为被告的行为同时侵害了其享有的隐私权和肖像权,要求法官责令被告就其使用Raimu漫画做广告的行为对自己遭受的非财产损害和财产损害承担侵权责任。法官认为,被告的行为不构成隐私权行为,无须对原告承担非财产损害赔偿责任,被告的行为构成肖像侵权行为,应当对受害人遭受的财产损害承担侵权责任,判决原告分享被告通过使用其丈夫的肖像所获得的利润。法官指出,他人的肖像权既具有非财产性的特征,也具有财产性的特征。他人对其肖像权享有的财产权性质使他们能够同别人签订契约,让别人为了商业经营而使用其肖像,而他们自己因

---

[1] Emmanuel Gaillard, La double npure du droit a l'image et ses consequences en droit positif francais, D. 1984, Chron. 161.

[2] T. G. I. Aix en Provence, nov. 24, 1988, J. C. P. ed. G. 1989, II, 21329, note J. Henderycksen.

此获得金钱的补偿。此种财产性质的权利并非是单纯的人身性质的权利,该种权利在权利人死亡之后能够被其继承人继承。对于获得广泛知名度的伟大演员而言,他们很少会容忍别人为了商业利益而自由使用他们的肖像,他们往往认为,行为人应当在获得他们同意的情况下才能够使用其肖像,如果行为人要求基于经济目的而使用他们的肖像,他们或者基于人格尊严的理由而拒绝,或者基于行为人支付使用费而作出同意使用的表示。在本案中,被告为了广告目的而使用演员肖像的行为并不是令人高度反感的行为,但是被告在使用之前仍然应当获得该演员继承人的同意;而如果被告试图获得原告同意时,原告会要求被告支付其使用其丈夫肖像获得的利润。该案的意义表现在:其一,它放弃了肖像权不得继承的理论,首次认可了死者肖像权的可继承性,它认为,当肖像权人死亡时,其享有的肖像权并不因此消失,继承人能够继承死者生前享有的肖像权;其二,它放弃了仅将肖像权看做一种人格权的理论,首次认可了双重性质的肖像权理论,它认为,他人对其肖像享有的权利包括精神性质的权利和财产性质的权利;其三,它放弃了行为人仅仅对肖像权人承担精神损害赔偿责任的规则,认为行为人未经肖像权人的预先同意就擅自使用其肖像时,应当对肖像权人遭受的精神损害和财产损害承担赔偿责任;当行为人未经死者继承人同意就擅自使用死者生前的肖像时,他们应当对死者继承人遭受的精神损害和财产损害承担侵权责任。在1996年的 Les Editions Sand & M. Pascuito v. M. Kantor, Mme. Coluccil 案件中①,法国司法判例也认可了类似的规则。在该案中,原告的丈夫在死去之前是著名的男演员,被告在其出版的书籍中讨论原告丈夫生前的生活。被告在其书中刊登了原告丈夫生前的几幅相片,这些相片在过去都被公开过。这些相片有的是在家里拍摄的,有的是在原告丈夫葬礼上拍摄的,其中在家里拍摄的相片主要是家庭成员之间的生活照,包括原告的丈夫同其父母、子女和已经离婚的前妻在一起的照片。原告向法院起诉,要求被告就其公开自己丈夫肖像的行为对自己遭受的财产损害和精神损害承担侵权责任。法官认为,被告应当对原告遭受的财产损害承担侵权责任。法官一方面认为,肖像权是一种人格权,该种人格权使权利人有权反对行为人在没有预先获得肖像权人同意的情况下散布、使用其肖像,一方面

---

① CAParis, Sep. 10, 1996, R. D. P. I. 1996, no. 68, 63.

又认为,行为人侵害他人的肖像权可能会引起权利人遭受非财产性质的损害,也可能会引起权利人遭受财产性质的损害,如果肖像权人因为其从事的活动或者知名度而导致他们的肖像具有商业价值,则行为人应当对他人遭受的财产损害承担赔偿责任,就像本案一样。

2. 美国学说和司法判例对肖像权财产性的认可

在美国,为了保护名人对其肖像、姓名或者其他人格特征享有的权利,司法判例和学说在20世纪50年代开始主张公开权理论,认为名人对其肖像、姓名或者其他人格特征具有的市场价值享有控制权、使用权,行为人未经名人同意就擅自使用其肖像、姓名或者其他人格特征时,应当对名人遭受的财产损害承担赔偿责任。在当代美国,那些仅仅认可隐私权理论的学说和司法判例认为,包括公开权在内的隐私权并非仅仅具有人格性,某些隐私权具有单纯的人格权,行为人擅自使用他人肖像、姓名或者其他人格特征时,仅仅对他人承担精神损害赔偿责任;某些隐私权具有单纯的财产性,行为人擅自使用他人肖像、姓名或者其他人格特征时,应当对他人遭受的财产损害承担侵权责任;某些隐私权同时具有人格性和财产性,行为人擅自使用他人肖像、姓名或者其他人格特征时,应当同时对他人遭受的精神损害和财产损害承担侵权责任,已如前述。那些承认公开权独立于隐私权的学说和司法判例认为,隐私权是一种人格权,其本身没有财产内容,该种隐私权既不得转让,也不得继承,行为人侵害他人的隐私权,应当对受害人承担精神损害赔偿责任,不得承担财产损害赔偿责任;而公开权则是一种财产权,该种权利仅仅具有财产内容,不具有精神内容,公开权既可以转让,也可以继承。行为人侵害他人公开权时,仅仅对他人遭受的财产损害承担侵权责任,无须对他人遭受的非财产损害承担赔偿责任。在前述 Zacchini v. Scripps-Howard Broadcasting Co.①一案中,法官认为,公开权是一种财产性质的权利,行为人侵害他人公开权时,应当对他人遭受的财产损失承担赔偿责任。法官指出,美国之所以认可公开权,其目的是为了保护他人对其表演行为享有的财产利益,并因此鼓励他人从事娱乐活动。国家保护他人的公开权类似于国家保护他人的专利权和版权,因为公开权集中保护他人对其努力获得的报酬所享有的权利,此种权利同他人的感情或者名誉保护无关。在

---

① 433 U.S. 562 (1977).

Cardtoon, L. C. v. Major League Baseball Player Association[①] 一案中,法官也认为,公开权在性质上是一种财产权。法官指出,所谓公开权是指他人的控制其人格特征的商事使用的权利。公开权最初源于隐私权,同隐私权纠缠在一起,但是,法官最终认可了隐私权同公开权的独立性,因为隐私权保护他人的独处权,而公开权则保护他人对其人格特征享有的商事使用权。公开权已经被25个州的普通法或者制定法所认可。像商标权和版权一样,公开权仅是他人对其姓名、肖像或者声音等人格特征享有的商业利用的权利。根据公开权独立于隐私权的学说和司法判例,隐私权同公开权的主要区别表现在:其一,性质不同。此种理论认为,隐私权同公开权是两种性质不同的权利,隐私权是一种人格权,不具有财产内容,而公开权则是一种财产权,仅仅具有财产内容,不具有精神内容。其二,权利主体不同。此种理论认为,隐私权的主体只能是普通人、一般社会公众,而公开权的主体只能是名人,不包括普通人、一般的社会公众。其三,责任构成要件不同。此种理论认为,隐私侵权责任不要求行为人为了经济目的、商事目的使用他人肖像、姓名或者其他人格特征,而公开权侵权责任则要求行为人为了经济目的、商事目的使用他人的肖像、姓名。其四,损害赔偿性质不同。此种理论认为,行为人侵害他人隐私权时,他们仅仅对他人遭受的精神损害承担赔偿责任,不对他人遭受的财产损害承担赔偿责任;行为人侵害他人的公开权时,他们应当对他人遭受的财产损害承担赔偿责任,不对他人遭受的精神损害承担赔偿责任。其五,可继承性不同。当隐私权人死亡时,他们的隐私权就消灭,其继承人不得继承,行为人使用死者的肖像、姓名或者其他人格特征时,死者的继承人不得要求行为人承担侵权责任;当公开权人死亡时,其继承人能够继承其公开权,行为人使用死者的肖像、姓名或者其他人格特征时,死者的继承人有权要求行为人承担损害赔偿责任。

在美国,他人对其肖像享有的权利究竟被看做是一种隐私权还是一种公开权也仅仅具有形式上的意义,不具有实质上的意义,因为,无论是将肖像权看做隐私权还是看做公开权,它们都认可肖像权的双重性并且都责令行为人对受害人遭受的精神损害和财产损害承担赔偿责任。不同的是,如果仅仅认可隐私权理论,则行为人对受害人承担的财产损害赔偿责任将被

---

① 95 F.3d 959(1996).

看做一种隐私侵权责任；如果认可隐私权独立于公开权的理论，则行为人就其肖像使用行为对受害人遭受的精神损害承担的赔偿责任将被看做隐私侵权责任，而行为人就其肖像使用行为对受害人遭受的财产损害承担的赔偿责任将被被看做公开权侵权责任，已如前述。

3. 我国侵权法对肖像权财产性的认可

在我国，肖像权是否应当被看做一种财产权？我国学说没有作出明确的回答。主流学说认为，肖像权只能是一种人格权，不能是一种财产权，已如前述。某些学说认为，肖像权虽然是一种人格权，但是该种人格权包含了物质利益，能够同商品联系在一起。此种观点在认可肖像权是人格权的前提下也认可它所具有的财产内容。根据此种观点，即便肖像权具有财产性质的内容，肖像权仍然属于典型的人格权，精神性质的内容仍然是肖像权最主要的内容，财产性质的内容仅是肖像权的次要内容，从属于肖像权中的人格利益。仅将肖像权所具有的财产利益看做是肖像权的次要利益、从属利益的观点既违反了肖像权的本质要求，也严重损害了肖像权人的利益，对受害人十分不公平；使行为人通过擅自使用他人肖像的方式获得了不当利益。为了体现市场经济条件下肖像权的本质特征，为了保护受害人尤其是作为名人的受害人的利益，为了防止行为人通过擅自使用他人肖像的方式获得不当利益，我国侵权法应当认可肖像权的财产性质。具体说来，将肖像权看做财产权的意义有四：

其一，保护他人免受财产损害。在我国，即便某些学说认可肖像权的财产性，他们也仍然坚持认为，肖像权的财产性仅是其人格性的次要内容，依附于肖像权的人格性。没有肖像权的人格权就不会有肖像权的财产性。此种观点存在问题，无法适用市场经济的要求。在市场经济条件下，某些人的肖像权仅仅具有财产性的内容，不具有人格性的内容，此时，财产性就是肖像权人肖像权的唯一内容，不是人格性的附属物，因为肖像权的内容仅仅表现为肖像权人使用或者授权别人来使用肖像来谋求经济上的利益；行为人未经肖像权人同意就擅自使用其肖像的行为仅仅侵害了肖像权人享有的财产权，没有侵害肖像权人享有的人格权，他们仅仅对受害人遭受的财产损害承担赔偿责任，无须对受害人遭受的精神损害承担赔偿责任。例如，影视明星或者其他的名人的肖像就属于这样的性质，因为影视明星重视其肖像权显然不是为了强化其肖像权具有的精神性质，而是为了强化其肖像权具有的财产性质,也就是开发、使用其肖像来获得经济利益的权利。仅将肖像权看做一种人格利益显然无视此种状况,对影视明星的保护十分不利,因为,当影视明星的肖像被行为人擅自使用时,他们也仅仅能够像一般社会公众那样要求行为人对他们遭受的精神损害承担赔偿责任,不得要求行为人对他们遭受的财产损害承担赔偿责任,即便影视明星在此时根本没有遭受精神损害,他们也只能要求行为人对他们遭受的精神损害承担赔偿责任。认可影视明星肖像权所具有的财产价值,责令行为人对影视明星遭受的财产损害承担赔偿责任能够更好地体现影视明星肖像权的特性,更好地保护影视明星的财产利益。

其二,保护他人享受其劳动成果。侵权法之所以要保护他人对其肖像享有的财产权,一个重要的考虑因素是保护他人的劳动成果,防止行为人窃取他人劳动成果。侵权法之所以保护名人对其肖像享有的财产权,是因为一个人的肖像不会在他们一出生就自动具有商事价值、经济价值或者财产价值,如果这些人希望自己的肖像、姓名或者其他人格特征具有商事价值、经济价值或者财产价值,他们应当付出时间、精力,应当投入资本;名人的肖像、姓名或者其他人格特征本来像一般社会公众一样没有商事价值、经济价值或者财产价值,他们的肖像、姓名或者其他人格特征之所以后来又具有了一般社会公众的肖像、姓名或者其他人格特征所没有的商事价值、经济价值或者财产价值,是因为名人通过长期的投资和长期的付出换来的是他们劳动创造的成果。允许他人对其肖像、姓名或者其他人格特征享有公开权,也就是保护他人对其劳动成果享有的权利;如果行为人未经他人同意就擅自为了商事利益使用他人通过劳动创造的成果,则他人将无法享有其劳动创造的成果。在美国,劳动成果理论是由美国学者 Nimmer 教授最早提出来的,他在其1954年的文章中指出,除非重要的公共政策要求废除他人对其劳动成果享有的权利,否则,任何人都有权利获得其劳动成果。此种规则同样能够在名人的公开权领域适用,因为一个名人的肖像、姓名之所以成为具有商事价值的肖像、姓名,是名人长期努力和不断耕耘的结果,是他们不断花费时间、努力、技能甚至金钱造成的结果。① Nimmer 教授的劳动理论提出之后得到美国学说和司法判例的广泛认可,成为美国学说和司法判例支持

---

① Nimmer, The Right of Publicity, 19 *Law & Contemp. Probs.* 203,216 (1954).

公开权理论的重要根据。Shipley 指出:"如果一个人积极努力地开发其姓名、肖像所具有的市场价值,导致别人希望将其姓名、肖像所具有的市场价值投入市场,则该人就对其姓名、姓名享有的市场价值享有财产权,他们有权控制其在市场中的使用。"① 在 Palmer v. Schonhorn Enters., Inc.② 一案中,法官指出:"侵权法之所以责令行为人就其擅自使用他人肖像、姓名的行为对他人遭受的损害承担赔偿责任,其基本的和起决定作用的理论在于,一个人有权享受其努力获得的成果,保护他们通过努力获得的成果免受行为人的不正当干预。"在 McFarland v. E & K Corp.③ 一案中,法官指出:"名人之所以对包括其姓名、肖像或者其他人格特征在内的身份享有权利,是因为名人对其身份享有的权利是他们通过劳动创造的成果,此种权利成为一种财产权,名人有权要求法律对其提供保护。"法官在著名的 Cardtoons, L. C. v. MajorLeague Baseball Players Association④ 也对这样的规则作出了说明,法官指出:"主张公开权保护的第二种理由是,公开权允许名人享受其劳动成果。根据此种观点,名人应当被认为对那些最终被发现具有市场价值的身份投入了长期的时间和竞争。他们有权控制其身份的商事价值并从其身份的商事价值中获得利益,因为,十分简单的是,这些利益是他们赚来的。根据此种观点,公开权类似于企业对其名称建立起来的商誉享有的商事权利。"除了美国学说和司法判例承认此种理论之外,法国法官也认可此种理论。在 1977 年的案件中,法官指出侵权法之所以要保护艺术家对其肖像享有的权利,是因为"在艺术领域,艺术家获得的名誉源于他们所具有的才智、工作和长期的、艰苦的努力以及投入的资本……只有享有名誉的人才有权决定怎样和什么时候使用其肖像……任何人都有权反对别人损害其享有的肖像权,有权反对他们能够合理预料社会公众期待其会利用其肖像来进行广告时遭受的损害"⑤。当然,此种理论也遭受到某些学说或者司法判例的反对,他们认为,他人的肖像、姓名或者其他人格特征之所以具有商事价值、经济价值或者财产价值,其原因不在于他人付出了劳动、心血和汗水,而在

---

① David E. Shipley, Publicity Never Dies; It Just Fades Away: The Right of Publicity and Federal Preemtion, (1981) *Cornell L. Rev.* 681.
② 232 A. 2d 458,462(N. J. Supp. Ct. 1967).
③ 18 USPQ2d(NBA)1246, 1247(D. Minn. 1991).
④ (1996)95F. 3d 959.
⑤ T. G. I. Paris, 1e ch., Apr. 20, 1977, D. 1977, 610, note R. Lindon.

于新闻媒体的狂轰滥炸和观众的狂热吹捧。某些学者或者司法判例认为，影视明星同体育明星不一样，因为影视明星往往是通过新闻媒体的狂轰滥炸出名的，他们的肖像、姓名或者其他人格特征具有商事价值、经济价值或者财产价值，并非是他们辛勤劳动的结果，因此，他们不应当阻止行为人使用其肖像、姓名或者其他人格特征来做广告，不得要求行为人就其使用肖像、姓名或者其他人格特征的行为对自己承担财产损害赔偿责任；但是，如果是体育明星则不同，他们的肖像、姓名或者其他人格特征具有商事价值、经济价值或者财产价值，完全是由于他们辛勤劳动得来的，因此，体育明星对其肖像、姓名或者其他人格特征享有公开权，行为人侵害他们享有的公开权，应当对他们承担财产损害赔偿责任。

其三，保护他人开发肖像权财产价值的积极性和创造性。侵权法之所以将肖像权看做一种财产权，是因为将他人的肖像权看做财产性，能够更好地保护他人开发、利用其肖像、姓名或者其他人格特征所具有的商事价值、经济价值或者财产价值的积极性和创造性。肖像权的财产性理论导致自然人付出时间、精力和资源来开发获得社会公众认可的才智；这些才智使自然人的肖像、姓名或者其他人格特征具有经济上的、商事上的、财产上的价值，自然人能够在商业上、经济上或者财产上使用其肖像、姓名或者其他人格特征；也可以授权别人在商业上、经济上或者财产上使用其肖像、姓名或者其他人格特征。自然人不仅可以通过其肖像、姓名或者其他人格特征来拍摄电影、电视剧，而且还可以通过其肖像、姓名或者其他人格特征来录制歌剧、歌曲；他们不仅可以通过其肖像、姓名或者其他人格特征来推广某种产品、服务，而且还可以通过其肖像、姓名或者其他人格特征来创造活生生的小说、戏剧、电视电影人物。此时，自然人会获得大量的经济利益。只有认可自然人对他们的肖像、姓名或者其他人格特征享有的商业利益、经济利益或者财产利益，保护他们享有的财产利益免受行为人的侵害，自然人才有积极性去开发自己的肖像、姓名或者其他人格特征所具有的商事价值、经济价值或者财产价值；如果听凭行为人擅自使用他人通过才智开发的肖像、姓名或者其他人格特征，则自然人将丧失积极开发其肖像、姓名或者其他人格特征所具有的商事价值、经济价值或者财产价值。当一个社会的自然人都具有积极开发、利用其肖像、姓名或者其他人格特征所具有的财产价值时，社会作为一个整体将受益。在美国，无论是学说还是司法判例都采取这样的观点来主张保护他人的公开权。Coyne 指出："侵权法之所以保护他人的公开权,主要是为了刺激表演者积极投资其表演活动,以便吸引社会公众观看其表演。其理论根据在于,人们通过表演获得的利益越大,他们越有可能从事具有创造性质的活动。"①Hoffman 指出："正如版权和专利权一样,公开权的目的是为了促进智力成果和具有创造性的著作的产生,使他人具有投入时间、资源来从事这些活动的经济积极性。"②在 Memphis Dev. Found. v. Factors Etc., Inc.③法官指出："虽然名誉和演员身份的获得本身就成为人们行为的目的,但名誉和演员身份的获得往往只是人们从事的各种活动、其具有个人身份特征和人们的运气和宣传的副产品。侵权法之所以保护人们享有的公开权,其基本动因是为了鼓励人们在所选择的领域获得成果,成为杰出人物,鼓励人们为其他人的幸福和提高做出贡献,鼓励人们获得成果之后的心里报酬和财产报酬。"在著名的 Lugosi v. Universal Pictures④一案中,法官也对这样的理论作出了说明。法官指出："侵权法之所以保护名人对其身份享有的经济价值,要求行为人就其商事使用行为对他人承担侵权责任,其目的是为了对他人提供强有力的保护,使他人能够花费时间、资源来发展社会公众能够对其加以承认的技能并因此获得成就……虽然侵权法对他人身份的经济价值通过保护,其最直接的受益人是获得了具有商事价值的专业成就和身份的那些人,但是,他们努力获得的成就也对社会普遍有利。他们进行的表演、他们作出的发明以及他们付出的努力使我们的社会因此丰富多彩。"法官在著名的 Cardtoons, L. C. v. Major League Baseball Players Association⑤也对这样的规则作出了说明,法官指出："支持公开权的主要经济理由是,公开权为名人从事创造活动和获得成就提供了动力。根据此种观点,公开权会引导人们花费时间、努力和资源来开发获得社会公众认可的才智。这些被开发的才智使其人格具有商事价值的人即刻获得利益,他们通过努力创造的产品也对这个社会有利,诸如他们创作的电影、歌曲和从事的体育

---

① Randall T. E. Coyne, Toward A. Modified Fair Use Defense in Right of Publicity Cases, (1988) 29 *Wm and Mary L. Rev.* 785.

② Steven J. Hoffman, *Limitations on the Right of Publicity*, (1980) 28 *Bull. Copyright Soc'Y* 111, 118.

③ 616 F. 2d 956, 958 (6th Cir. 1980).

④ 603 P. 2d 425 (Cal. 1979).

⑤ (1996) 95 F. 3d 959.

活动。因此,人们认为,社会对他人的公开权也享有利害关系,此种利害关系类似于社会对诸如版权和专利权的保护所享有的利害关系。"

其四,阻止行为人获得不当得利。侵权法之所以要保护他人对其肖像享有的财产利益,一个重要的原因是阻止行为人通过擅自使用他人肖像获得不当利益。此种理论认为,无论他人的肖像、姓名或者其他财产具有的商事价值、经济价值或者财产价值是通过他们的努力获得还是通过新闻媒体的狂轰滥炸或者观众的狂热吹捧得来的,或者纯粹是因为偶然事件获得的,如果侵权法允许社会公众自由使用他人的肖像、姓名或者其他人格特征,则行为人将会获得大量的不当利益。因为,行为人往往通过使用他人尤其是名人的肖像、姓名或者其他人格特征获得了商事利益、经济利益或者财产利益。如果不责令行为人就其使用他人肖像、姓名或者其他人格特征的行为对受害人承担财产损害赔偿责任,则行为人的违法行为将无法被制裁。因此,为了防止行为人获得不当利益,为了制裁行为人的违法行为,侵权法应当保护他人尤其是名人的公开权。美国学说或者司法判例对此种理论作出了说明。Madow 指出:"在美国司法判例和法律评论中,法官或者学者往往将擅自使用他人肖像、姓名或者其他人格特征的被告描述成偷猎者、寄生虫、强盗、搭便车者。法官和学者对被告进行谴责,认为他们侵占别人创造的价值,收获别人耕种的果实。"①法官在著名的 Cardtoons, L. C. v. Major League Baseball Players Association② 也对这样的规则作出了说明,法官指出:"保护公开权的第三者相关理论是阻止不当得利的理论。根据此种理论,无论名人的身份所具有的商事价值是不是他们通过努力工作得来的,无论他们的身份所具有的商事价值是不是新闻媒体创造的,也无论他们的身份所具有的商事价值是不是通过单纯的运气获得的,侵权法允许行为人完全免费使用名人的身份是不符合社会利益的。"

是不是所有人的肖像权都应当被看做是一种财产权?笔者认为,我国侵权法应当分一般社会公众、演艺明星和政府官员、准政府官员三个层次来讨论。对于一般社会公众而言,他们享有的肖像权原则上不得被看做财产权,例外情况下可以被看做财产权。在一般情况下,一般社会公众享有的肖

---

① Michael Madow, Private Ownership of Pulic Image: Popular Culture and PublicityRights, (1993)81*Calif. L. Rev*,125,163.

② (1996)95F.3d 959.

像权只能被看做是一种人格权而不得被看做是一种财产权。行为人未经他们同意就再现、公开或者使用其肖像,仅仅对受害人承担非财产性质的损害赔偿责任,无须承担财产性质的损害赔偿责任。其原因在于,一般社会公众享有的肖像权仅是具有精神性质的人格权,不具有市场价值。在例外情况下,一般社会公众享有的肖像权可以被看做是一种财产权。所谓例外情况是指,如果行为人是为了营利目的使用一般社会公众的肖像,则一般社会公众享有的肖像权应当被看做是一种财产权,行为人侵害他们享有的肖像权,应当对他们遭受的财产性质的损害承担侵权责任。侵权法为什么要设定这样的例外?这是因为,既然行为人为了营利的目的使用每一个普通人的肖像,说明该人的肖像具市场价值,行为人通过再现、公开或者使用他人的肖像获得了商业上、经济上的利益,他们当然应当对受害人遭受财产损害承担赔偿责任。对于体育明星、电影明星等名人而言,他们享有的肖像权原则上应当被看做财产权,例外情况下则被看做人格权。在一般情况下,名人的肖像权应当仅仅被看做是一种财产权,行为人侵害他们享有的肖像权时应当对他们遭受的财产性质的损害承担赔偿责任,无须对他们遭受的非财产性质的损害承担赔偿责任。因为,名人往往愿意同行为人签订契约,授权或者同意行为人为了营利目的使用其肖像;行为人也愿意使用名人的肖像来推广他们的产品或者服务。名人之所以愿意授权行为人使用他们的肖像,行为人之所以愿意使用名人的肖像来做广告,其主要原因在于,名人的肖像权具有市场价值,名人能够通过转让其肖像权的再现权、使用权或者传播权而获得经济利益,行为人通过再现、公开或者使用名人的肖像获得了原本无法获得的利益,或者获得了原本无法大量获得的利益。在例外情况下,名人的肖像权只能看做是一种人格权,不得被看做是一种财产权。所谓例外情况是指,如果行为人要求名人授权、同意他们再现、公开或者使用其肖像时,名人原本不会授权或者同意他们再现、公开或者使用其肖像。例如,行为人使用名人的肖像来进行假冒伪劣产品的宣传。此时,名人原本不会同意行为人使用其肖像,他们无法获得经济利益;行为人使用名人的肖像进行假冒伪劣产品的宣传,会使名人遭受精神损害而非财产损害。如果行为人因此获得了经济利益,国家应当予以没收。对于公共官员、准公共官员而言,他们享有的肖像权不得被看做财产权而只能看做人格权,行为人侵害他们享有的肖像权时无须对他们承担财产性质的损害赔偿责任,只能对他们承担非财产性质的损害赔偿责任。为什么公共官员、准公共官员的肖像权不得被看做财产权？这是因为，各国法律都禁止公共官员、准公共官员从商，认为公共官员、准公共官员从事商事活动的行为既同他们担负的公共职责冲突，也会扰乱市场经济秩序；因此，即便是在私人场所的肖像，如果公共官员、准公共官员授权、同意行为人进行再现、公开或者使用，他们也不得获得报酬，否则，公共官员、准公共官员将可能滥用自己的肖像权或者职权损害社会公共利益；他们只能通过无偿的方式授权行为人再现、公开或者使用其私人场所的肖像。

承认肖像权的财产性同承认肖像权的人格性并不矛盾。因为，承认肖像权的人格性是为了保护他人对其肖像享有的精神利益，而承认肖像权的财产性则是为了保护他人对其肖像享有的财产利益。当受害人的肖像权仅仅表现为一种精神利益时，如果行为人未经他人同意就擅自使用他人肖像，侵权法会责令行为人对受害人遭受的精神痛苦承担侵权责任；当受害人的肖像权仅仅表现为一种财产利益时，如果行为人未经他人同意就擅自使用他人肖像，侵权法会责令行为人对受害人遭受的财产损害承担侵权责任；当受害人的肖像权同时表现为精神利益和财产利益时，如果行为人未经他人同意就擅自使用他人肖像，侵权法会同时责令行为人对受害人遭受的精神痛苦和财产损害承担侵权责任。

二、肖像权的可转让性对肖像侵权责任的影响

他人的肖像权是不是一种可以转让的权利？对此问题，两大法系国家的学说和司法判例作出的回答并不完全相同。在法国，由于传统学说将他人的肖像权看做是一种人格权，因此，他们认为，他人的肖像权不具有可转让性，他人不得通过有偿或者无偿的方式将其肖像权转让给别人，由别人行使、支配。在美国，传统理论也采取类似的态度，认为他人对其肖像享有的权利是一种人格权，肖像权人不得通过契约方式将其肖像权转让给他人，由他人使用、控制。在现代两大法系国家，无论是学说还是司法判例都认为，为了反映市场经济条件下肖像权的本质特性，为了保护他人开发、利用其肖像的积极性和创造性，侵权法应当将他人的肖像权看做是一种财产权，允许

肖像权人像一般财产权人那样转让其肖像权给别人使用。

（一）法官学说和司法判例对肖像权可转让性的认可

在法国，无论是学说还是司法判例都认为，肖像权人能够同别人签订契约，同意别人使用其肖像。Ghestin 和 Goubeaux 指出，肖像权人有权同意别人使用其肖像。肖像权人一旦同意别人公开其肖像，则该种同意就被认为是作出了弃权的具体表示，别人使用其肖像时不构成侵权行为；肖像权人同意别人使用其肖像时有权要求使用人支付报酬。这表明，肖像权人有权将其具有肖像性质的肖像转让给别人。① 法国司法判例认为，肖像权人有权通过签订特许契约方式来授权别人使用其肖像，此时，特许契约适用法国契约法的一般原则，因为根据法国司法判例确立的规则，只要肖像权人同别人签订的肖像使用契约不违反公序良俗，则肖像权人同别人签订的授权契约将是有效契约。不过，根据法国司法判例确立的规则，即便肖像权人授权别人使用其肖像，别人也只能在肖像权人授予的有效期限、契约规定的范围内使用其肖像，不得超出契约规定的期限或者范围使用肖像权人的肖像，否则，其肖像使用行为仍然构成肖像侵权行为，应当对肖像权人遭受的损害承担赔偿责任。②

（二）美国侵权法对肖像权可转让性的认可

在美国，司法判例之所以在 20 世纪 50 年代主张他人对其肖像享有的权利不是隐私权而是一种公开权，其重要的考虑是为了将肖像权看做一种财产所有权而非人格权和隐私权，因为只有将他人对其肖像享有的权利看做是一种财产权，权利人才能够像转让其他财产一样转让自己享有的肖像权。在最早确立公开权的 Haelan Laboratories, Inc. v. Topps Chewing Gum, Inc.③ 一案，法官明确承认，他人对其肖像享有的公开权是一种能够被所有权人进行转让的财产权。法官指出："我们认为，除了纽约州的制定法规定

---

① J. Ghestin & G. Goubeaux, Traite de droit civil: Les Personnes, L. G. D. J. 292, 315 (1989).

② Elisabeth Logeais Jean-Baptiste Schroeder, Symposium International Rights of Publicity: the French Right of Image: an Ambigous Concept Protecting the Human Persona, (1998) 18 *Loy. L. A. Ent. L. J.* 511,524.

③ 202 F. 2d 866 (2d Cir.), *cert. denied*, 346 U. S. 816 (1953).

的隐私权之外,一个人对其肖像的公开价值也享有权利,诸如授予别人公开其肖像的排他性特权。公开权的所有权人将其肖像授予别人使用时可以采取总括性授予,无须同某种商事事业一起转让,也无需同任何其他财产一起转让。至于说公开权对其享有的此种转让权是不是称作财产权无关紧要,因为,在这里和其他地方一样,财产一词的含义也仅是强调这样的事实:法官强制执行的诉讼请求是具有财产价值的诉讼请求。"在 Factors Etc., Inc. v. Pro Arts, Inc.①一案中,Ingraham 法官直接援引 Haelan 一案中确立的上述规则,明确指出他人对其肖像享有的公开权是一种能够被其所有权人进行转让的权利。法官指出,自从具有里程碑意义的 Haelan 一案规则确立以来,那些使用美国纽约州法律的几个司法判例都将公开权看做一种能够进行有效转让的财产权;最近使用美国其他州的法律的司法判例也同样将他人对其肖像享有的公开权看做是一种能够进行有效转让的财产权。除了司法判例采取肯定意见之外,美国的制定法也规定,他人对其肖像、姓名或者其他人格特征享有的权利是可以转让的权利,他人有权通过契约方式将其享有的权利转让给别人使用。②

(三)我国侵权法对肖像权可转让性的认可

在我国,肖像权是否具有可转让性?我国主流学说认为,肖像权属于人格权,性质上是一种专属权,肖像权人不得将其肖像权转让给他人。这一点同财产权形成鲜明的对比,因为财产权不是专属权,可以由财产权人将其转让。王利明教授指出,肖像权是专属于自然人的权利。肖像权的专属性是由肖像的专属性决定的。肖像作为人的形象的再现,是个人与生俱来的人格利益,是个人特定化的标志。肖像权作为一种标志性的权利,永远为自然人所享有,它既不能被抛弃,也不能被转让。③ 梁慧星教授也指出,诸如名誉权、肖像权、隐私权等人格权是不能让与的。④ 在我国,将肖像权看做不具有可转让性的权利既违反了我国《民法通则》规定的精神,也违反了市场经济

---

① 579 F.2d 215(2d Cir.1978).

② See Ca. Civ. Code E 3344－3344.1（West 2002）; Fla. Stp. ch. 540.08（2002）; Va. Code Ann. ? 8.01－8.40（Michie 2002）.

③ 王利明:《人格权法研究》,中国人民大学出版社2005年版,第449页。

④ 梁慧星:《民法总论》(第2版),法律出版社2001年版,第126页。

当中名人和广告主的期待利益,还损害了肖像权人的利益。

其一,肖像权不得转让的理论违反了我国《民法通则》的精神。在我国,虽然学说普遍认为肖像权是一种人格权,具有不得转让性的特征,但是我国《民法通则》并不禁止肖像权人转让其享有的肖像权,因为,根据我国《民法通则》的规定,如果行为人事先获得肖像权人的许可,他们使用他人肖像的行为将不构成肖像侵权行为,无须对肖像权人承担侵权责任;如果行为人事先没有获得肖像权人的许可而为了营利的目的使用他人肖像,则他们的肖像使用行为将构成肖像侵权行为,应当对肖像权人遭受的损害承担侵权责任。在这里,肖像权人的许可就包括了肖像权人同行为人签订转让契约、转让其肖像权给受让人享有的情况。

其二,肖像权不得转让的理论违反了市场经济条件下名人和广告主的期待利益。在市场经济条件下,名人和广告主对名人的肖像权均享有期待利益,承认名人肖像权的转让性既能够满足名人的期待利益,也能满足广告主的期待利益。对于名人而言,他们努力工作、辛勤劳动,其目的不仅是为了出名,因为,如果名誉无法为他们带来财产和收益的话,他们也不愿意成为名人;他们之所以付出心血和汗水而成为名人,是因为他们知道,一旦他们成为名人之后,他们不仅能够获得高额的工资和报酬,而且还能够使用或者授权别人使用其肖像、姓名或者其他人格特征来获得财产利益。如果听凭行为人未经名人的同意就擅自使用其肖像来做广告或者从事其他商事活动,则名人的期待利益将落空,他们将无法获得肖像使用者支付的使用费。这就是为什么法国司法判例承认名人的肖像是具有财产价值的原因,也是为什么美国侵权法将名人对其肖像享有的利益称作公开权的原因。Cirino对此作出了说明,他指出,名人通过不同方式成为富人、成为社会公众关注和即刻认可的人。许多人选择成为演员、歌星或者运动员,因为他们知道,一旦他们通过自己的努力成为超级演员、超级歌唱家和超级运动员时,他们就会因此获得高额的工资收入;但在许多情况下,名人获得金钱收入的最主要方式不是获得高额的工资收入,而是为别人进行产品或者服务的宣传,因为名人为别人进行广告宣传已经成为一个活生生的工业活动,广告主意图雇请名人或者他们的代理人进行产品的宣传活动。公开权所保护的就是名人的肖像、姓名或者其他人格特征具有的此种经济价值,就是超级巨星的肖像、姓名或者其他人格特征所具有的商事市场价值。当广告主使用名人的肖像、姓名或者其他人格特征来出卖其产品时,广告主应当支付报酬给名人。这就是公开权得到广泛认可的原因。[①] 对于广告主而言,他们受雇对社会公众进行产品或者服务的营销活动,使他们雇请营销的产品或者服务成为家喻户晓的产品或者服务。广告主的产品或者服务营销活动方式虽然多种多样,但是最有效的营销方式之一是雇请名人来从事产品或者服务的宣传活动。利用名人从事产品或者服务的宣传活动之所以成为最有效的营销方式,是因为该种方式能够将广告主意图加以宣传的产品或者服务同特定名人的肖像结合在一起,通过名人良好的名誉、广泛的信誉度来增加产品或者服务对社会公众的吸引力,使社会公众基于对名人名誉的信赖而对广告主宣传的产品或者服务产生信赖,并且基于此种信赖而购买或者接受广告主宣传的产品或者服务。广告主此时知道他们应当支付肖像使用费给名人,以便换取名人对他们使用其肖像做广告的同意或者授权,因为广告主知道,如果他们不支付肖像使用费给名人,名人将不会同意或者授权他们使用名人的肖像来做广告或者从事其他商事活动。同时,广告主还知道,名人的名声越大,名誉越好,他们支付给名人的肖像使用费将越高;名人的名声越小,名誉越差,他们支付给名人的肖像使用费将越少。这就是为什么两大法系国家的侵权法认为,行为人未经名人同意就擅自使用名人的肖像来做广告或者从事其他商事活动,他们应当对受害人遭受的财产损害承担赔偿责任的原因。因为,如果他们雇请名人为他们进行广告宣传或者产品、服务推广的话,他们原本应当支付肖像使用费给名人。他们对名人承担的财产损害赔偿责任相当于他们原本应当支付给名人而实际上没有支付给名人的肖像使用费。

其三,肖像权不得转让的理论严重损害了肖像权人的利益。如果不承认肖像权的可转让性,则肖像权人将无法允许别人使用其肖像并因此获得财产上、经济上的利益,对肖像权人十分不利,因为笔者在前面有关章节已经指出,他人的肖像之所以经常被别人使用,是因为他人的肖像具有财产上、经济上的价值,他人为了使其肖像具有财产价值、经济价值而付出了心血、汗水和劳动,如果不承认他人对其肖像享有的权利是一种可转让性的权利,则他人的付出将得不到回报,行为人擅自使用他人肖像时将会获得不当

---

① Paul Cirino, *Advertisers*, Celebrities and Publicity Right in New York and California, (1994) 39 *N. Y. L. Sch. L. Rev.* 763,776.

利益。为此,我国侵权法也应当像两大法系国家的侵权法那样放弃将肖像权仅仅看做是一种人格权的做法,将肖像权看做是一种财产权,承认肖像权的可转让性,认为肖像权人有权授权他人使用其肖像,有权同别人签订契约,允许别人使用其肖像。肖像权人对其肖像权的转让既可以是无偿的,也可以是有偿的,虽然一般情况下,肖像权人对其肖像权的转让是有偿的,此时,肖像权的受让人应当根据契约支付使用费或者报酬给转让人。如果行为人未经肖像权人的预先许可就使用其肖像,则他们的肖像使用行为将构成侵权行为,应当对肖像权人遭受的财产损害承担赔偿责任。

三、肖像权的可继承性对肖像侵权责任的影响

当肖像权人死亡时,他们享有的肖像权是否可以作为遗产像其他遗产那样被肖像权人的继承人所继承?对此问题,两大法系国家的侵权法作出的回答并不完全相同。

(一)大陆法系国家对肖像权可继承性的认可

在大陆法系国家,由于传统民法仅将自然人享有的肖像权看做一种人格权,因此,当肖像权人死亡时,其享有的肖像权也消灭,死者生前对其肖像享有的权利不得作为遗产被其家属继承,因为根据大陆法系国家的民法理论,人格权在权利人死亡时不得作为遗产被继承人所继承,只有财产权在权利人死亡时才可以作为遗产被继承人所继承。在1983年的案件中[①],法国法官对这样的规则作出了说明。在该案中,法国著名的歌手死亡后,对该歌手留下的两个未成年小孩进行监护的监护人代表两个小孩同原告签订契约,授权原告对已经死亡歌手的四幅肖像享有复制、使用和销售的排他性权利。原告将死者的肖像固定在所出卖的镜子上,以便吸引消费者的注意和刺激消费者的购买欲望。此后不久,原告发现,为了同原告展开不正当竞争,其竞争者也在所出卖的镜子中使用该歌手生前的肖像。原告向法院起诉,要求法官责令这些竞争者对自己遭受的损害承担赔偿责任,因为原告认

---

① CA Paris, 4e ch., June 7, 1983, Gaz. Pal. 1984, 2, 258, note Pochon & Lamoureux.

为,被告擅自使用歌手生前的肖像,侵害了自己享有的版权,其行为构成不当竞争。法官驳回了原告的诉讼请求,认为被告无须对原告承担侵权责任,因为法官认为,肖像权是一种人格权,该种人格权在权利人死亡时就终止,不得被死者的继承人所继承;继承人的监护人无权将死者生前肖像的排他性使用权授予原告。法官还指出,即便死者生前享有的肖像权不得作为遗产被继承人所继承,但是,如果行为人未经死者继承人的预先许可就擅自使用死者生前的肖像来从事商事活动,则死者的继承人有权向法院起诉,要求法官禁止行为人擅自使用死者的肖像,如果行为人使用死者肖像的行为会让死者继承人反感的话。不过,死者的继承人不得继承死者生前享有的肖像权,不得将其反对行为人使用死者生前肖像的权利通过契约方式转让给原告享有。

到了 1988 年,法国司法判例最终放弃了这样的规则,认为死者生前享有的肖像权并不因为其死亡而消灭,当肖像权人死亡时,他们享有的肖像权能够像其他财产那样由继承人继承。这就是前述 Mme Brun v. SA Expobat① 一案确立的规则。该案是法国法官首次认可死者肖像权具有可继承性的特性的案件。该案认为,肖像权既然是一种财产权,它就能够像一般财产权那样具有可转让性、可继承性,当肖像权死亡时,他们享有的肖像权可以被其继承人继承。当行为人侵害死者的肖像时,死者的继承人能够向法院起诉,要求行为人承担肖像侵权责任,赔偿他们遭受的财产损害。在 1996 年的 Les Editions Sand & M. Pascuito v. M. Kantor, Mme. Coluccil 案件中②,法国司法判例再次认可了这样的规则,法官指出,当肖像权人死亡时,他们的继承人仅仅在死者的肖像被使用或者被展示并因此使社会公众对已经死亡的艺术家的感情受到损害时才能够要求行为人对他们遭受的非财产性质的损害承担侵权责任,但是他们的继承人有权要求行为人对他们侵害死者肖像权遭受的所有财产损害承担全部赔偿责任。

(二) 美国侵权法对肖像权可继承性的认可

在美国,如果行为人未经死者家属同意就擅自使用死者生前的肖像,侵权法是否责令行为人对死者家属遭受的损害承担侵权责任? 如果责令行为

---

① T. G. I. Aix en Provence, nov. 24,1988,J. C. P. ed. G. 1989,II,21329,note J. Henderycksen.

② CA Paris, Sep. 10,1996, R. D. P. I. 1996, no. 68,63.

人对死者家属承担侵权责任,是责令行为人对死者家属承担精神损害赔偿责任还是财产损害赔偿责任?对此问题,美国司法判例作出的回答并不相同。某些司法判例认为,他人对其肖像、姓名或者其他人格特征享有的权利仅是一种人格权或者隐私权,则当行为人侵害他人的隐私权并因此导致他人遭受精神损害时,行为人仅仅对生存的受害人承担侵权责任,不对生存者的家属承担精神损害或者财产损害赔偿责任;一旦隐私权人死亡,他们享有的隐私权也消灭,行为人即便是为了商事目的、经济目的使用死者的肖像、姓名或者其他人格特征时,他们无须对死者家属承担损害赔偿责任。某些司法判例认为,即便承认他人对其肖像、姓名享有的权利是一种公开权,当公开权人死亡时,其公开权也就消灭,其继承人不得继承公开权人生前享有的公开权,因为承认公开权的可继承性存在许多难以解决的问题。这在著名的 Memphis Development Foundation v. Factors Etc., Inc.①一案中得到说明。在该案中,原告为了纪念 Presley 而准备在 Memphis 镇上建立 Presley 的大型铜像,为了获得相应的资金,原告向社会公众进行募捐;当社会公众向被告的基金会捐助资金达到 25 美元时,被告就将其制作的 Presley 的小雕像送给捐助人。被告 Factors 在 Presley 生前同 Presley 签订契约,排他性地使用 Presley 的肖像、姓名来从事商事活动。当原告向社会公众赠送 Presley 的小雕像时,被告提出异议,认为只有被告在 Presley 死亡之后才有权使用 Presley 的肖像,原告无权使用 Presley 的雕像。原告向法院起诉,要求法官作出宣告:被告的特许权不排除原告在 Memphis 镇建立 Presley 铜像的权利,不排除原告对其捐助者赠送 Presley 小雕像的权利。被告提出反诉,要求原告对其遭受的损害承担赔偿责任,要求法官颁发禁制令,禁止原告使用 Presley 肖像。法官认为,在田纳西州,侵权法承认他人对其肖像、姓名享有的公开权,当行为人未经公开权人的同意就擅自使用其肖像、姓名时,他们应当对受害人遭受的财产损害承担赔偿责任。但是,他人对其肖像、姓名享有的公开权以公开权人的生存作为条件,当公开权人死亡时,他们享有的公开权也随之消灭,其继承人不得继承,公开权也随之进入公共领域,任何人都有权使用死者生前的肖像。法官指出,虽然有众多的理由支持公开权在公开权人死亡时能够被其继承人继承,但是,也有众多强有力的理由否认公

---

① 616 F.2d 956,958-960(6th Cir.1980).

开权的可继承性。如果法官认可公开权的可继承性,该种财产性质的权利持续多长期间?是永久持续还是持续一定时期?对此种性质的公开权是否应当征税?公开权同宪法第一修正案规定的自由权如何协调?公开权是否为民选官员和军事英雄享有,是否为电影明星、歌星和体育明星所享有?我们的法律制度通常不允许继承人继承被继承人的其他类似人格特征,即便被继承人生前能够同别人分享这些人格特征或者即便被继承人的这些人格特征具有商事价值,诸如头衔、职位和名誉都是不可继承的。信任、不信任、友谊和敌对也是不可继承的。一个人生前同别人签订的契约不会使该人的继承人继承其工作。

某些司法判例则采取相反的意见,认为他人对其肖像、姓名或者其他人格特征享有的权利是一种财产权或者公开权,则当行为人侵害他人的公开权并因此导致他人遭受财产损害时,行为人应当对生存的受害人承担财产损害侵权责任;一旦公开权人死亡,他们享有的公开权就转为其继承人继承,如果行为人为了商事目的、经济目的使用死者的肖像、姓名或者其他人格特征时,他们应当对死者家属承担损害赔偿责任。这在众多的司法判例中得到说明。在前述 Factors Etc., Inc. v. Pro Arts, Inc.[①]一案中,法官认为,死者的肖像权是一种可以继承的财产权,行为人未经死者继承人同意就擅自使用死者肖像的行为侵害了死者继承人享有的财产权,应当对死者继承人遭受的财产损害承担赔偿责任。在该案中,原告同著名人物 Elvis Presley 的其他合作者控制的公司签订契约,排他性地获得商事使用 Presley 的肖像和姓名的权利,原告为此支付给公司使用费 100,000 美元。当 Presley 死亡时,被告即刻从一家期刊那儿购买了 Presley 生前肖像的版权。在 Presley 死亡之后的第 3 天,被告用 Presley 的肖像制作了一副海报,该海报上方打上了"纪念 Presley"的字样,海报的下方打上了"1935—1977"的字样。当原告了解到被告使用 Presley 的肖像做海报时,原告向法院起诉,要求法官颁发禁制令,禁止被告使用 Presley 的肖像做海报的行为。法官认为,毫无疑问,Presley 已经在自己的肖像、姓名之上建立了一种具有独立性质的无形财产权,Presley 根据与原告签订的协议将其对自己肖像、姓名享有的财产权转让给了原告,原告根据此种转让协议享有印制、公开和分配 Presley 肖像和

---

① 579 F. 2d 215(2d Cir. 1978).

姓名的排他性权利。作为一种财产性质的权利,原告对 Presley 肖像、姓名享有的排他性使用的权利不会因为 Presley 的死亡而消灭。相反,当 Presley 死亡时,Presley 对原告的排他性权利享有的利益关系将作为遗产由 Presley 的继承人继承,这一点同其他无形财产一样。在 Lugosi v. Universal Pictures①一案中,法官认为,行为人擅自使用死者肖像的行为构成公开权的侵权行为,应当对死者的继承人承担侵权责任。在该案中,Lugosi 是一名演员,他创造了 Dracula 这样的人物。在该演员死亡之后,被告在其后来的电影中再次使用 Lugosi 创造的人物。Lugosi 的继承人向法院起诉,要求被告赔偿他们因此遭受的经济损失。在该案中,法官要决定两个问题:Lugosi 是否对其肖像享有财产权;Lugosi 的继承人是否可以继承该种财产权?法官依据 Prosser 教授的意见和美国其他州的司法判例认为,加利福尼亚州的普通法也认可 Lugosi 对其肖像享有的公开权,该种公开权在性质上属于财产性质的权利;当公开权人死亡时,他们对其肖像享有的权利能够被其继承人继承;行为人未经 Lugosi 继承人同意就擅自使用其肖像来从事商事活动,其行为侵害了原告的公开权,应当赔偿原告因此遭受的损害。在 1984 年的 Commerce Union Bank v. Coors of the Cumberland, Inc.②一案中,法官认为,公开权人享有的公开权能够在其死亡时被继承人继承,被告未经死者继承人的同意就擅自使用死者的肖像时,应当对死者继承人承担侵权责任。Commerce 一案的规则分别被 1987 年和 1991 年的司法判例所遵循。在 1987 年的 ex rel. Presley v. Crowell③ 一案中,法官认为,他人的公开权是能够被继承的,当他人死亡时,其享有的公开权将由其继承人继承。在 1991 年的 Elvis Presley Enters. v. Elvisly Yours, Inc.④一案中法官认为,公开权是可以继承的权利,当公开权人死亡时,其继承人享有死者生前肖像、姓名的商事使用权,行为人未经死者家属同意就擅自使用其肖像、姓名,应当对死者家属承担侵权责任。除了司法判例采取肯定意见之外,美国的制定法也规定,他人对其肖像、姓名或者其他人格特征享有的权利是可以继承的权利,当隐私权人或者公开权人死亡时,他们对其肖像、姓名或者其他人格特

---

① 603 P. 2d 425 (Cal. 1979).
② 1984 Tenn. App. LEXIS 2950 (1984).
③ 733 S. W. 2d 89 (Tenn. Ct. App. 1987).
④ 36 F. 2d 889, 897 (6th Cir. 1991).

征享有的权利能够被其继承人继承。①

（三）我国侵权法对肖像权可继承性的认可

在我国,肖像权是否具有可继承性？我国学说对这样的问题存在争议。主流学说认为,肖像权是一种人格权,该种权利以权利人生存作为必要条件,一旦权利人已经死亡,则权利人享有的肖像权也消灭,其继承人不得继承死者生前享有的肖像权。王利明教授指出,肖像权人享有的肖像权是一种人格权,当肖像权人死亡时,该种肖像权不能被继承。② 梁慧星教授也指出,诸如名誉权、肖像权和隐私权这样的人格权因出生而取得,因为死亡而消灭,继承人不得继承死者的人格权。③ 某些学者则认为,肖像权人死亡之后,其肖像权仍然应当受到保护,如果行为人为了营利目的使用死者肖像,他们仍然要承担侵权责任。④ 在上述两种理论中,第二种理论具有合理性,应当为我国侵权法所采取,因为不承认死者肖像权的可继承性既违反了肖像权的财产性,也违反了两大法系国家侵权法的发展趋势；既违反了侵权法实行的鼓励创造性的公共政策,也违反了死者生前的期待利益和肖像使用权人的期待利益,会导致行为人获得不当利益。其一,不承认肖像权的可继承性违反了肖像权的财产性。在我国,正如在其他国家,某些人享有的肖像权不仅具有人格性,而且还具有财产性,肖像权人能够凭借其享有的肖像权来获得财产上的利益。既然肖像权应当被看做一种财产权,当该种财产权人死亡时,他们对其肖像享有的权利就像他们对其契约、知识产权享有的权利一样就成为他们留下的遗产,该种遗产能够被其继承人继承。其二,不承认肖像权的可继承性违反了两大法系国家侵权法的发展趋势。在当今两大法系国家,虽然侵权法有时不认可肖像权的财产性和肖像权的可继承性,但是两大法系国家的侵权法认为,肖像权是一种能够被继承人继承的财产权,肖像权人死亡时,其对自己肖像享有的权利能够被自己的继承人继承。我国侵权法应当迎合两大法系国家侵权法的发展趋势,认可他人肖像权的财

---

① See Ca. Civ. Code E 3344-3344.1 (West 2002); Fla. Stp. ch. 540.08 (2002); Va. Code Ann. ? 8.01-8.40 (Michie 2002).
② 王利明:《人格权法研究》,中国人民大学出版社 2005 年版,第 449 页。
③ 梁慧星:《民法总论》(第 2 版),法律出版社 2001 年版,第 126 页。
④ 魏振瀛主编:《民法》(第 3 版),北京大学出版社 2007 年版,第 655 页。

产性和可继承性。其三,不承认肖像权的可继承性违反了侵权法倡导的鼓励肖像权人积极开发其肖像具有的财产价值的公共政策。在任何国家,侵权法都将鼓励他人将其没有财产价值的肖像权发展成为具有财产价值的肖像权,因为侵权法意识到将没有财产价值的肖像权发展成为具有财产价值的肖像权既有利于肖像权人的利益,而且还有利于社会的整体利益。在我国,侵权法也应当担当其这样的职责,将鼓励他人开发其肖像具有的财产价值的积极性和创造性作为重要的目标,因为在市场经济社会,一个人原本没有财产价值的肖像权完全可以通过肖像权人的努力工作、付出心血和汗水并因此成为某一个特定领域的成功人士、超级巨星而成为具有财产价值的肖像权。如果侵权法不认可肖像权的可继承性,则肖像权人将其没有财产价值的肖像权变为具有财产价值的肖像权的积极性和创造性将遭受重大打击,因为肖像权人此时会选择甘于平庸,不思进取。其四,不承认肖像权的可继承性将违反死者的期待利益。当一个自然人通过自己的不懈努力和奋斗之后成为某一个领域的成功人士、超级巨星时,他们不仅期待着能够在有生之年充分享受其具有财产价值的肖像权给他们带来的经济利益,而且还期待着在他们死亡之后他们的功名能够福泽自己的父母、子女和配偶,使他们能够充分利用自己生前获得的良好名誉获得经济上的收入,能够充分利用自己生前开发的具有财产价值的肖像权来获得财产上的收入,因为他们知道,在迈向成功的道路上,他们得到了父母、子女和配偶的坚强支持和有力援助。如果侵权法不承认肖像权的可继承性,则当具有财产价值的肖像权人死亡时,死者的家属将无法继承死者生前的肖像权并因此获得财产上的收益。其五,不承认肖像权的可继承性也违反了同死者生前签订肖像使用契约的当事人的期待利益。在我国,不承认肖像权的可继承性也损害了同肖像权人签订排他性肖像使用协议的当事人的期待利益,因为,如果名人生前同别人签订肖像使用协议,无论该种肖像使用协议的年限是多少,只要名人没有死亡,该种协议是有效协议,没有获得名人授权的人不得擅自使用名人的肖像来从事商事活动,否则,其肖像使用行为将构成侵权行为,应当对合法使用名人肖像的契约当事人承担侵权责任。但是,一旦名人死亡,即便名人同别人签订的肖像使用协议的期限还没有届满,合法使用名人肖像的契约当事人享有的契约权利也将消灭,他们不得在借口自己对名人肖像享有排他性使用权而要求法官责令行为人对他们遭受的损害承担侵权责任。如果承认肖像权的可继承性,则同肖像权人签订肖像使用协议的当事人的期待利益能够得到有效保护,因为,即便肖像权人死亡,他们仍然能够依据所签订的协议来使用死者的肖像权,他们仍然有权禁止别人擅自使用死者的肖像权来同自己展开不当竞争。其六,不承认肖像权的可继承性将会严重损害死者家属的利益,使行为人获得不当利益。如果承认肖像权的可继承性,当肖像权人死亡时,他们的肖像将进入公共领域,任何人都有权自由使用他人生前的肖像,即便他们是为了做广告或者从事其他商事活动,他们都无须获得死者家属的预先同意,也无须对死者的继承人承担侵权责任,因为死者家属不享有继承权,无权要求行为人预先获得自己的同意,无权要求行为人对他们支付肖像使用费。如果认可肖像权的可继承性,则行为人使用死者肖像来从事商事活动时,他们应当预先获得继承人的同意,否则,应当对死者的继承人承担财产损害或者精神损害赔偿责任,这样,行为人将很难获得不当利益。总之,我国侵权法应当承认死者肖像权的可继承性,当肖像权人死亡时,他们享有的肖像权将自动转为其法定继承人或者遗嘱继承人继承。行为人要使用死者生前的肖像从事商事活动应当预先获得死者继承人的同意,否则,应当对他们遭受的损害承担侵权责任。

四、肖像侵权责任的抗辩事由

(一)两大法系国家侵权法规定的抗辩事由

正如其他无形人格权的过度保护会妨害行为人自由权的行使一样,肖像权的过度保护也会妨害行为人自由权的行使。为了保护行为人的言论自由权和出版自由权的行使,两大法系国家的侵权法都认为,在某些情况下,行为人未经他人同意就擅自再现、公开或者使用他人肖像的行为不构成肖像侵权行为,即便因此给他人造成精神损害或者财产损害,侵权法也不会责令行为人对他人承担侵权责任。在侵权法上,学说将侵权法拒绝责令行为人就其再现、公开或者使用他人肖像的行为对他人承担侵权责任的事由称为肖像侵权责任的抗辩事由。在法国,侵权法认可两种形式的抗辩事由:(1)行为人为了行使言论自由权和出版自由权而使用他人肖像;(2)行为人在公开场所拍摄他人的肖像。在美国,侵权法认可了四种形式的抗辩事由:(1)行为人为了行使宪法规定的言论自由权和出版自由权而使用他人肖像;(2)行为人在具有新闻价值性的事件中使用他人肖像;(3)行为人非有意使用他人肖像;(4)行为人合理使用他人肖像。在我国,《民法通则》虽然没有规定肖像侵权责任的抗辩事由,但是,学说普遍认可肖像侵权责任的抗辩事由。笔者认为,肖像侵权责任的抗辩事由有五种:(1)行为人为了行使言论自由权和出版自由权使用他人肖像的行为;(2)行为人非有意使用他人肖像的行为;(3)在公开场所拍摄他人照片的行为;(4)合理使用他人肖像的行为;(5)国家机关为了执行公务而使用他人肖像的行为。

(二)言论自由权和出版自由权行使的抗辩事由

1. 行为人公开他人肖像的免责特权和免责特权的限制

在两大法系国家和我国,侵权法普遍认为,如果行为人尤其是作为新闻媒体的行为人是为了行使宪法规定的言论自由权和出版自由权而使用他人的肖像,则他们使用他人肖像的行为不构成肖像侵权行为,即便他们的肖像使用行为给他人造成损害,他们也不对他人承担侵权责任。因此,言论自由权和出版自由权是行为人使用他人肖像的正当抗辩事由,行为人享有使用他人肖像的免责特权。不过,两大法系国家和我国的侵权法也认为,行为人尤其是作为新闻媒体的行为人的免责特权不是绝对的而是相对的,因为只有行为人尤其是作为新闻媒体的行为人基于适当的目的和范围使用他人肖像时,行为人尤其是作为新闻媒体的行为人才享有免责特权;否则,行为人尤其是作为新闻媒体的行为人的肖像使用行为仍然构成肖像侵权行为,在符合肖像侵权责任构成要件的情况下,行为人尤其是作为新闻媒体的行为人仍然要对受害人承担侵权责任。总的说来,行为人尤其是作为新闻媒体的行为人使用他人肖像的免责特权受到的限制包括两个方面:目的限制和肖像主体适格性的限制。

2. 两大法系国家和我国的侵权法对行为人公开他人肖像的免责特权的认可

在法国,侵权法虽然对他人的肖像权提供保护,但是法国司法判例也认为,肖像权并非绝对权而是相对权,应当同行为人的其他权利协调。为了保护行为人的言论自由权和出版自由权,为了保护社会公众享有的信息权和知情权,法国司法判例在众多的案件中认为,如果行为人尤其是作为新闻媒体的行为人为了报道具有新闻价值的事件或者为了说明具有新闻价值的问题而使用他人肖像,它们的肖像使用行为将不构成肖像侵权行为,无须对受害人承担侵权责任。在1996年的案件中①,法国认为,如果行为人是为了报道犯罪事实而使用他人肖像,则其肖像使用行为不构成侵权行为,无须对受害人承担侵权责任。在该案中,原告是一名犯罪行为的受害人。被告为了报道该种犯罪事实而公开了受害人的肖像。受害人向法院起诉,要求法官责令被告就其公开自己肖像的行为对自己承担侵权责任。法官认为,即便法国1881年新闻法禁止行为人尤其是作为新闻媒体的行为人公开犯罪行为受害人的相片或者肖像,该案法律很少得到适用,因为,为了让社会公众对有关事件享有信息知情权,侵权法不会责令行为人就其新闻报道中使用受害人肖像的行为对受害人承担侵权责任。在1997年的案件中②,法国法官也认为,行为人为了公开具有新闻价值的事件而使用原告的肖像作为封面的行为不构成肖像侵权行为,无须对原告承担侵权责任。在该案中,原告是一名众目昭彰的恐怖分子,当原告发动恐怖袭击时,被告出版了有关原告从事恐怖活动的书籍,被告使用原告过去的肖像用做书的封面。该书出版之后影响广泛,发行量很大。原告向法院起诉,要求法官责令被告就其使用自己肖像做封面的行为对自己承担侵权责任。法官认为,即便原告是一个恐怖分子,原告也仍然享有肖像权。因为肖像权是任何人都享有的权利。但是,如果行为人是为了公开具有新闻价值性质的事件而使用原告的肖像,则行为人的肖像使用行为不构成肖像侵权行为,无须对原告承担侵权责任。

在美国,为了保护行为人尤其是作为新闻媒体的行为人的新闻自由权,司法判例也认为,如果行为人尤其是作为新闻媒体的行为人或者报纸杂志在报道具有新闻价值的事件时使用了原告的肖像、姓名或者其他人格特征,行为人尤其是作为新闻媒体的行为人无须就其使用原告肖像、姓名或者其他人格特征的行为对他人遭受的精神损害或者财产损害承担赔偿责任,因为美国联邦宪法第一修正案规定的自由权会对行为人使用他人肖像的行为提供保护。这在众多的司法判例当中得到说明。在 Stephano v. News Group Publications, Inc.③一案中,美国纽约州的法官认为,《美国宪法第一修正

---

① T. G. I. Paris, Sept. 10, 1996, D. 1997, obs. Hassler.
② T. G. I. Paris, ord. ref., Oct. 31, 1996, May 1997, III, 69.
③ 474 N. E. 2d 580 (N. Y. 1984).

案》规定的自由权优先于他人对其肖像、姓名或者其他人格特征享有的公开权。法官指出,虽然纽约州的制定法认为,行为人为了广告或者商事目的使用他人肖像、姓名的行为可能构成侵权行为,应当对受害人承担侵权责任,但是纽约州的制定法并没有对广告或者商事目的这样的词语进行界定;纽约州的法官从美国纽约州的制定法制定开始就已经认为,这些词语不应当包括行为人为了具有新闻价值的事件或者社会公众对其享有利益的事件而使用他人肖像、姓名的行为。侵权法之所以认为行为人为了具有新闻价值的事件或者社会公众对其享有利益的事件使用他人肖像、姓名的行为不构成做广告的行为、从事商事活动的行为,一个重要的原因在于,《美国联邦宪法》和州的《宪法》保护新闻或者社会公众对其享有利益的事项的自由传播。Taylor v. Nat'l Broad. Co., 22 Media L. Rep. 2433① 一案中,法官认为,被告在其电视纪录片中使用原告肖像的行为不构成侵权行为,无须对原告承担侵权责任,因为《美国宪法第一修正案》保护被告的肖像使用行为。在 Montana v. San Jose Mercury News, Inc.② 一案中,法官认为被告在其新闻中使用原告肖像的行为不构成侵权行为,无须对原告承担侵权责任。在该案中,被告为了说明某一个体育事件而在其报纸杂志的文章中使用了原告的肖像。原告向法院起诉,要求被告对其遭受的损害承担赔偿责任。法官认为,被告使用原告肖像的行为受到美国宪法的保护,无须对原告承担侵权责任。在 Abdelrazig v. Essence Comm.③ 一案中,法官认为,被告使用衣着非洲服装的原告的肖像的行为是具有新闻价值性质的行为,无须对原告承担侵权责任。在 Messenger v. Gruner + Jahr Printing and Publs④ 一案中,法官认为被告公开他人肖像的行为是具有新闻价值性的事件,无须对原告承担肖像侵权责任。在该案中,被告在有关青少年性行为和吸毒的文章中使用了原告的肖像,原告向法院起诉,要求被告承担侵权责任。法官认为,被告虽然使用了原告的肖像,但是被告是为了说明具有新闻价值性质的事件而使用其肖像,无须对原告承担侵权责任。法官在该案中对具有新闻价值性质的事件作出了宽泛的解释,认为它不仅包括对发生事件的描写,而且还包括

---

① Cal. App. Dep't Super. Ct. 1994.
② 34 Cal. App. 4th 790 (1995).
③ 639 N.Y.S. 2d 811 (App. Div. 1996).
④ 727 N.E. 2d 549 (N.Y. 2000).

有关政治事件、社会趋势或者任何社会公众对其具有利益的事件的文章。

在我国,《民法通则》虽然没有规定言论自由权、出版自由权和新闻自由权的抗辩事由,但是我国学说普遍认为,如果行为人尤其是作为新闻媒体的行为人为了报道有关事件而使用他人肖像,它们将不就其肖像使用行为对他人承担侵权责任,因此,当行为人尤其是作为新闻媒体的行为人的新闻自由权和出版自由权同他人的肖像权产生冲突时,我国侵权法学说认为,行为人尤其是作为新闻媒体的行为人的新闻自由权和出版自由权优先于他人的肖像权,肖像权人不得以自己的肖像被使用为由要求行为人尤其是作为新闻媒体的行为人就其肖像使用行为对自己遭受的损害承担侵权责任。笔者认为,此种学说具有合理性,应当为我国侵权法所规定。行为人尤其是作为新闻媒体的行为人的新闻自由权和出版自由权之所以优先于他人的肖像权,其理由有三:其一,肖像使用行为是行为人尤其是作为新闻媒体的行为人进行新闻报道的重要方式。在当今社会,行为人尤其是作为新闻媒体的行为人报道新闻事件的方式虽然多种多样,但是一个主要的方式是将新闻事件参与人的肖像直接公开,让社会公众了解、掌握新闻事件的当事人是谁,因此,肖像使用行为是行为人尤其是作为新闻媒体的行为人报道具有新闻价值的事件的必要手段,是对社会公众提供某些信息的必要方式,是社会公众知情权实现的重要保障。其二,肖像使用行为是行为人尤其是作为新闻媒体的行为人加强其新闻报道可信度、真实性的重要方式。在当今社会,行为人尤其是作为新闻媒体的行为人虽然往往采取书面文字的方式对有关事件进行报道,但是为了说明书面文字的可信度、真实性,行为人尤其是作为新闻媒体的行为人往往会使用有关人员的肖像来辅助书面完整的说明。如果行为人尤其是作为新闻媒体的行为人仅仅对某种新闻进行文字的报道而没有相应的肖像加以说明,则行为人尤其是作为新闻媒体的行为人的新闻报道的可信度、真实性将大打折扣。其三,肖像使用行为是行为人尤其是作为新闻媒体的行为人履行批评、讽刺、监督职责的需要。在我国,正如在其他国家,行为人尤其是作为新闻媒体的行为人的一个主要职责是担当社会公众的看门人,对社会丑恶现象进行批评、讽刺、鞭打,对担当社会管理职能的党政官员的行为进行监督,防止他们滥用职权,损害社会公共利益。为了履行看门人和监督者的角色,侵权法应当允许行为人尤其是作为新闻媒体的行为人在其报纸杂志上通过漫画、卡通或者其他肖像表现形式来批评、讽刺、鞭打他人。

3. 行为人使用他人肖像的免责特权的目的限制

所谓目的限制,是指行为人尤其是作为新闻媒体的行为人应当基于合法的目的使用他人肖像,包括基于信息公开的目的使用他人肖像,基于监督、批评目的使用他人肖像等,此时,行为人尤其是作为新闻媒体的行为人的肖像使用行为不构成肖像侵权行为;如果行为人尤其是作为新闻媒体的行为人为了营利目的、打击报复目的或者丑化他人目的使用他人肖像,则他们的肖像使用行为将构成肖像侵权行为,应当对他人承担侵权责任。

(1) 行为人基于信息公开目的使用他人肖像的行为

如果行为人尤其是作为新闻媒体的行为人是为了信息公开目的使用他人肖像,则他们的肖像使用行为将不构成侵权行为,无须对受害人承担侵权责任。在法国,侵权法认可这样的规则。Logeais 和 Schroeder 对此规则作出了说明。他们指出,任何人,一旦他们参与了社会公众可能对其享有合法公共利益的事件,则他们将成为公共信息的范畴,将丧失肖像侵权法的完全保护,如果他们的隐私权得到尊重的话。① 问题在于,如何判断行为人尤其是作为新闻媒体的行为人使用他人肖像的行为是不是为了信息公开。笔者认为,行为人尤其是作为新闻媒体的行为人对政治问题、经济问题、社会问题、文化问题、宗教问题、历史问题、文学问题的报道当然被看做是基于信息公开的目的,因为对这些问题的报道既是行为人尤其是作为新闻媒体的行为人的职责,也是其履行信息通知义务的要求,是社会公众了解政治问题、经济问题、社会问题、文化问题、宗教问题、历史问题甚至文学问题的重要甚至唯一手段。因此,如果行为人尤其是作为新闻媒体的行为人为了说明某种犯罪现象而使用了犯罪嫌疑人的肖像,其肖像使用行为将不构成肖像侵权行为;如果行为人尤其是作为新闻媒体的行为人为了说明某种历史问题而使用了有关历史事件当中的人物的肖像,其肖像使用行为也不构成肖像侵权行为。

(2) 行为人基于监督、批评目的使用他人肖像的行为

如果行为人尤其是作为新闻媒体的行为人是为了监督目的、批评目的

---

① Elisabeth Logeais Jean-Baptiste Schroeder, Symposium International Rights of Publicity: the French Right of Image: an Ambigous Concept Protecting the Human Persona, (1998) 18 *Loy. L. A. Ent. L. J.* 511, 521.

使用他人肖像,则他们的肖像使用行为将不构成侵权行为。在民主社会,对党政官员、社会机构的监督、批评是社会稳定和健康发展的必要条件。没有行为人尤其是作为新闻媒体的行为人的监督权、批评权,则民主社会将回归到专制社会,党政官员、社会机构将骑在人民头上作威作福。为了确保党政官员、社会机构不会滥用职权损害社会公共利益,两大法系国家的侵权法认为,当行为人尤其是作为新闻媒体的行为人是基于监督、批评或者讽刺的目的使用他人肖像时,其肖像使用行为将不构成侵权行为,无须对受害人承担侵权责任。在美国,司法判例对此规则作出了说明,它指出,当行为人使用他人戏谑来嘲弄、戏谑、讽刺他人或者对他人作出时事评论时,行为人的行为将不构成公开权的侵权行为,无须对他人承担侵权责任,因为行为人的这些行为是娱乐所必需的,也是文学批评的重要方式。① 在法国,司法判例也认为,如果行为人是为了讽刺的目的使用他人肖像,他们无须事先获得他人的同意,因为讽刺是行为人进行社会评论和文学批评的重要形式。② 在我国,侵权法应当坚持这样的观点,认为行为人尤其是作为新闻媒体的行为人如果是为了监督、批评的目的使用他人肖像,他们无须对受害人承担侵权责任。例如,行为人尤其是作为新闻媒体的行为人为了报道贪官污吏的行贿受贿行为、生活作风腐化行为而公开贪官污吏接受他人赠送的金钱的肖像、同其情妇幽会的肖像,他们的肖像公开行为显然是为了监督目的,其肖像公开行为既不构成隐私侵权行为,也不构成肖像侵权行为,即便这些肖像是在私密场所偷拍的,也是如此。同样,行为人为了讽刺某一个违法征地的官员公开其漫画、卡通画,行为人的行为也不构成肖像侵权行为。

(3) 行为人基于营利、人身攻击或者丑化他人目的使用他人肖像

如果行为人基于营利目的、人身攻击的目的或者丑化他人的目的使用他人肖像,行为人的肖像使用行为将构成肖像侵权行为,应当对他人承担侵权责任。在我国和美国,侵权法都认为,如果行为人是基于营利目的使用他人肖像,他们必须事先获得他人同意,否则,应当对他人承担侵权责任,已如前述。同时,根据法国司法判例确立的规则,即便行为人能够使用他人肖像来对他人进行讽刺,他们也不得借口讽刺来对他人进行人身攻击,否则,应

---

① Groucho Marx Productions, Inc. v. Day & Night Co., 523 F. Supp. 485 (S.D.N.Y. 1981), rev'd on other grounds, 689 F.2d 317 (2d Cir. 1982).

② V. CA Paris, Mar. 11, 1991, Feb. 18, 1992.

当对他人承担侵权责任。① 最后,根据我国学说,如果行为人为了丑化他人而使用他人肖像,则他们的肖像使用行为将构成肖像侵权行为,应当对他人承担侵权责任,已如前述。

4. 行为人使用他人肖像的免责特权的肖像主体适格性限制

所谓肖像主体适格性的限制,是指行为人尤其是作为新闻媒体的行为人即便是为了信息公开或者监督、批评目的使用他人肖像,他们也应当使用有关人员的肖像,不得使用无关人员的肖像,否则,他们的肖像使用行为将构成侵权行为,应当对他人承担侵权责任。一方面,如果行为人是为了监督、批评的目的使用他人肖像,他们应当使用被监督者、被批评者的肖像,不得使用同被批评者、被批评者处于相同、相似地位的人的肖像,也不得使用被监督者、被批评者家庭成员的肖像,更不得使用同被监督者、被批评者毫无关系的人的肖像,除非这些人都是行为人意图对其进行监督、批评的人,否则,行为人的肖像使用行为将构成肖像侵权行为,在符合肖像侵权责任构成要件的情况下,行为人应当对受害人承担侵权责任。因为,如果行为人擅自使用同被监督者、被批评者地位相同或者相似的人的肖像或者使用他们的家庭成员的肖像,则行为人的肖像使用行为会使社会公众以为这些人的行为也存在被监督者、被批评者存在的问题,会导致他们的名誉遭受损害。例如,新闻媒体为了批评某一个教授虐待学生,他们只能使用被认为对其学生进行虐待的教授的肖像,不得使用其他教授的肖像,除非其他教授也对其学生进行虐待。同样,当新闻媒体披露某一个党的书记卖官求财时,他们只能公开该书记的肖像,不得公开其他党的书记的肖像。另一方面,如果行为人是为了报道某种事件的目的而使用他人肖像,他们应当使用同该种事件关系最为密切的人的肖像,不得使用同该种事件关系不太密切的人的肖像,更不得使用同该种事件毫无关系的人的肖像。否则,行为人的肖像使用行为应当构成肖像侵权行为,在符合肖像侵权责任构成要件的情况下,行为人应当对他人承担侵权责任。因为,行为人越是使用同该种事件关系密切的人的肖像,他们对该种事件的说明越是具有可信度、真实性;行为人越是使用同事件关系疏远的人的肖像,他们对该种事件的说明越是不具有可信度、真实性。例如,新闻媒体为了报道地震造成的严重人身伤害后果而使用他

---

① V. CA Paris, 4e ch. B, Nov. 22, 1984, D. 1985, I. R. 165; T. G. I. Nancy, Oct. 22, 1976, JCP 1977, II, 18526, note Lindon.

人肖像,他们只能使用在地震现场因为地震而遭受人身伤害的人的肖像,不得使用犯罪受害人的肖像。

(三) 非有意使用他人肖像的抗辩事由

1. 非有意使用他人肖像的抗辩事由的界定

所谓非有意使用他人肖像的抗辩事由,是指如果行为人不是基于商事目的使用他人肖像,则他们的肖像使用行为将不构成肖像侵权行为,即便受害人因此遭受损害,侵权法也不会责令行为人对受害人承担侵权责任,因为侵权法认为,行为人有权以自己不是为了商事目的使用他人肖像作为拒绝承担侵权责任的理由。

2. 非有意使用他人肖像的抗辩事由在两大法系国家和我国侵权法当中的地位

在法国,侵权法不认可非有意使用他人肖像的抗辩事由,因为法国侵权法认为,只要行为人未经他人同意就擅自使用他人肖像,无论他们擅自使用他人肖像的目的是不是为了营利,侵权法都会责令行为人对受害人承担侵权责任,行为人不得以不是为了商事目的使用他人肖像为由拒绝承担侵权责任,已如前述。在美国,虽然某些学说和司法判例拒绝认可这样的规则,认为行为人无论是否为了商事目的使用他人肖像,他们的肖像使用行为都能够构成肖像侵权行为并因此产生侵权责任的承担,但是美国的某些学说和司法判例仍然认可此种规则,认为如果行为人不是基于商事目的使用他人肖像,则他们的肖像使用行为将构成非有意使用行为,无须对受害人承担侵权责任,已如前述。法官在众多的司法判例中对非有意使用他人的抗辩事由作出了说明。在 Nelson v. Maine Times[①] 一案中,法官认为,被告无须就其擅自使用原告肖像的行为对原告承担侵权责任,因为被告不是为了商业目的使用其肖像,被告的肖像使用行为构成非有意使用行为。在该案中,被告是一家新闻单位,它未经原告同意就擅自使用原告的肖像来说明某些问题。原告向法院起诉,认为被告擅自使用其肖像的行为构成侵权行为,应当承担侵权责任。法官认为,被告无须对原告承担侵权责任,因为根据该州的侵权法,只有行为人为了被告的商事目的使用原告的肖像、姓名

---

① 373 A.2d 1221(Me.1977).

时，被告的擅自使用行为才构成侵权行为，被告才对原告承担侵权责任。被告从事出版事业和出版报纸杂志的事实还不足以使被告对原告肖像、姓名的非有意使用行为成为肖像、姓名的商事使用行为。在 Tropeano v. Atlantic Monthly Co.① 一案中，法官适用 Nelson 一案的规则，认为被告不是为了商事目的使用原告的肖像，其肖像使用行为仅是非有意使用行为，无须对原告承担侵权责任。在该案中，被告在其出版的杂志中发表文章，讨论美国性革命之后的性道德和社会道德问题。被告未经原告同意就在该种文章中使用了原告的肖像。被告在文章中没有具体提到原告的姓名，也没有对原告进行讨论。原告向法院起诉，要求被告承担肖像侵权责任和名誉侵权责任。原告认为，被告未经自己同意就使用其肖像来从事商事活动，应当对自己遭受的财产损害承担侵权责任。法官认为，根据 Nelson 一案中确立的规则，被告在本案中对原告肖像的擅自使用构成非有意使用行为，它不是基于商事目的或者广告目的使用原告的肖像；被告仅是为了对某种社会现象作出评论时才使用了原告的肖像。无论被告发表文章的目的是为了娱乐读者还是为了给读者提供信息，被告在其文章中擅自使用原告肖像的行为都是合法的、非商业性质的使用行为。被告为了营利而出版刊登原告肖像的杂志行为本身不得将原告非故意公开原告肖像的行为转换为基于广告或者商事目的擅自使用原告肖像的侵权行为。在 Crump v. Beckley Newspapers，Inc.② 一案中，法官也适用非有意使用他人肖像的抗辩事由拒绝责令被告对原告承担侵权责任。在该案中，被告是一家报社，为了说明妇女性骚扰的问题，被告在 1977 年时经过原告同意拍摄了原告的肖像，并且经过原告的同意将其肖像在其 1977 年的有关妇女性骚扰的文章中公开。到了 1979 年，被告未经原告同意又在有关妇女性骚扰的另外一篇文章中使用了被告在 1977 年拍摄的照片。原告认为被告的行为构成侵权行为，要求法官责令被告承担侵权责任。法官认为，被告虽然未经原告同意就擅自使用其肖像，但是，被告的肖像使用行为仅仅构成非有意使用行为，不构成商事使用行为，无须对原告承担侵权责任。法官认为，单纯的非有意使用行为还不足以使被告的肖像公开行为成为肖像侵权行为。只有行为人基于广告或者商事目的使用他人肖像、姓名或者其他人格特征，他们的行为才构成隐私侵权行为或者公开

---

① 379 Mass. 745, 400 N. E. 2d 847(1980).
② 320 S. E. 2d 70 (W. Va. 1984).

权侵权行为,在符合侵权责任的其他构成要件的情况下,行为人应当对他人承担侵权责任。在我国,《民法通则》明确规定,只有行为人基于营利目的使用他人肖像时,他们的肖像使用行为才构成肖像侵权行为,如果行为人不是为了营利目的使用他人肖像,他们的肖像使用行为将不构成肖像侵权行为,无须对受害人承担肖像侵权责任。因此,我国《民法通则》也认可非有意使用他人肖像的抗辩事由,已如前述。

3. 非有意使用他人肖像的行为和营利行为具体判断

在侵权法上,如何判断行为人使用他人肖像的行为是营利行为还是非有意使用行为? 在美国,各州的制定法往往对这样的问题作出了明确说明。《美国加利福尼亚州民法典》第 3344 条规定,如果行为人将他人的肖像用在产品、商品、货物之上或者用于广告目的、出卖或者诱导别人购买其产品、商品、货物或者服务的目的,则行为人对他人肖像的使用行为将被看做是营利行为而非有意使用行为,在符合侵权责任的其他构成要件的情况下,行为人应当对他人遭受的损害承担赔偿责任。美国俄克拉荷马州制定法也将行为人在其产品、商品、货物之使用他人肖像的行为或者为了广告目的、出卖或者诱导别人购买其产品、商品、货物或者服务的目的而使用他人肖像的行为看做营利行为。Coyne 认为,他人的公开权可以通过各种方式被侵害,对美国法官最近的案件进行的研究表明,行为人擅自使用他人肖像、姓名的行为在四种情况下将被看做侵权行为,因为行为人在这四种情况下对他人肖像、姓名的使用行为被认为是营利行为:行为人为了广告或者宣传的目的擅自使用他人肖像、姓名的行为构成公开权的侵权行为,因为,行为人的广告或者宣传目的被看做典型的营利目的;行为人为了提升纪念品的销售而擅自使用他人肖像、姓名的行为构成公开权的侵权行为,因为,提升纪念品的销售行为被认为是典型的营利行为;行为人擅自使用原告创造的独特方式或者创造的著名人物的行为构成公开权的侵权行为,因为,擅自使用他人独特方式或者人物的行为被认为是营利行为;或者行为人擅自使用原告的表演行为构成公开权的侵权行为,因为表演他人的表演行为被认为是营利行为。[①]

在我国,行为人擅自使用他人肖像的哪些行为被看做营利行为,哪些行

---

① Randall T. E. Coyne, Toward A. Modified Fair Use Defense in Right of Publicity Cases, (1988) 29 *Wm and Mary L. Rev.* 781,791 – 798.

为被看做是非有意使用行为？我国《民法通则》没有作出明确说明，学说很少作出讨论。笔者认为，在某些情况下，行为人使用他人肖像的行为是营利行为还是非有意使用行为可以轻易作出判断，因为，如果行为人擅自将他人的肖像用来做广告、推销产品或者服务，将他人的肖像摆放在百货公司的货架或者橱窗，或者使用他人肖像做商标，则他们的行为当然是营利行为而不是非有意使用行为，在符合侵权责任构成要件的情况下，行为人应当对他人承担侵权责任。但是在某些情况下，行为人使用他人肖像的行为究竟是营利行为还是非有意使用行为，则不容易判断，需要进行详细的讨论。

其一，行为人基于娱乐目的使用他人肖像的行为究竟是非有意使用行为还是营利行为。在法国，司法判例认为，如果行为人为了出卖他人肖像的目的而将他人的肖像制作成小册子加以发行，行为人发行载有他人肖像的小册子的行为构成营利行为，即便行为人是基于娱乐目的制作和发行原告的肖像。这在 1984 年的案件中得到说明。① 在该案中，被告未经法国著名的网球运动员 Yannick Noah 就将其肖像刊登在一本小册子里。原告向法院起诉，要求被告就其擅自使用自己肖像的行为对自己承担侵权责任。被告提出抗辩，认为其在小册子上刊登原告的肖像不是为了营利，而是为了对那些网球迷提供有关原告的信息，无须对原告承担侵权责任。法官认为，被告将原告的肖像制作成小册子的行为不是为了给原告的网球迷提供信息，而是为了将该种小册子出卖给原告的网球迷赚钱，因此，被告发行原告小册子的行为是单纯的商事行为，即便被告是在公共场所拍摄的这些肖像。在美国，司法判例认为，即便行为人尤其是作为新闻媒体的行为人是为了娱乐目的使用他人肖像，他们的肖像使用行为也不构成营利行为，无须对受害人承担侵权责任。在 Estate of Presley v. Russen② 一案中，法官对这样的规则作出了说明。在该案中，Presley 是一个舞台剧表演者，他生前表演的舞台剧影响巨大。当 Presley 死亡时，被告未经其继承人同意就擅自模仿 Presley 生前的舞台剧，包括其外貌、独特的歌唱方式。Presley 的继承人向法院起诉，要求法官颁发禁止令，禁止被告在任何情况下和任何材料上使用 Presley 的肖像、姓名等。被告提出抗辩，认为被告的《美国联邦宪法第一修正案》保护其肖像使用行为、模仿行为，被告无须对原告承担侵权责任。在本案中，美国

---

① T. G. I. Paris, Dec. 21, 1983, D. 1984, Somm. 331.
② 513 F. Supp. 1339, 1348 (D. N. J. 1981).

法官除了认为 New Jersy 州认可公开权、死者生前的公开权能够被死者继承人继承之外,还认可《美国联邦宪法第一修正案》规定的新闻自由权优先于他人的肖像权。法官指出,在决定被告是否享有美国联邦宪法第一修正案保护的权利时,应当考虑行为人使用他人肖像的目的。行为人使用他人肖像的目的虽然多种多样,但是最主要的目的有三:对社会公众进行信息通知;对社会公众进行娱乐;出卖某一个产品。当被告是为了传播信息或者为了娱乐社会公众而使用他人肖像时,行为人的肖像使用行为值得美国联邦宪法的保护,被告使用原告肖像的行为将不构成公开权的侵权行为,无须对原告承担侵权责任。如果被告仅是为了单纯的商事目的而使用他人的肖像,则美国联邦宪法第一修正案将认为被告对他人肖像的使用意义较小,原告提出的肖像侵权诉讼将会成功。法官认为,在本案中,虽然被告表演 Presley 生前舞台剧的行为包含了消息通知要素、娱乐要素,但被告的首要目的是在商事上使用 Presley 生前的肖像,被告使用 Presley 生前肖像的行为对社会价值不会产生重大的贡献。在 Hoffman v. Capital Cities/ABC, Inc.① 一案中,法官也采取同样的规则,认为被告在其杂志中使用原告肖像的行为不构成侵权行为,无须对原告承担侵权责任。法官指出,被告在其杂志中使用原告肖像的行为并非单纯的商事言论行为,应当受到美国宪法第一修正案的保护。在我国,侵权法应当如何看待新闻媒体为了娱乐目的使用他人肖像的行为?笔者认为,如果新闻媒体是为了娱乐社会公众的目的而使用他人肖像,他们的肖像使用行为不得被看做营利行为,因为娱乐活动一方面丰富了我国的文化生活,另一方面也给社会公众提供了了解公众人物信息的机会。但是,此种规则的使用应当施加限制,即行为人用来娱乐的肖像应当是影视明星、体育明星等公众人物,不得是政府官员、准政府官员或者一般社会公众的肖像。如果行为人为了娱乐目的使用名人的肖像,则行为人的肖像使用行为构成非有意使用行为而非营利行为,即便行为人本身就是一个商人,是电视台或者电视节目的制作者,如果行为人为了娱乐目的使用政府官员、准政府官员或者一般社会公众的肖像,则他们的行为将构成营利行为而非有意使用行为,应当对受害人遭受的精神损害甚至财产损害承担侵权责任。因为,一方面,政府官员、准政府官员从事的工作是严肃性的工作,行为人将

---

① 255 F.3d 1180 (9th Cir. 2001).

他们的肖像用做娱乐会贬损他们的形象;另一方面,一般的社会公众不是名人,他们不希望社会公众了解、关心其生活,行为人用他们的肖像来娱乐,会导致他们遭受精神上的损害。

其二,行为人在其报纸杂志或者电视节目当中使用他人肖像的行为究竟是非有意使用行为还是营利行为。在侵权法上,报纸杂志为了说明时装的流行趋势而使用原告的肖像,其肖像使用行为是不是营利行为?报纸杂志为了赚钱而在其评论文章中使用他人的肖像,他们的行为是不是营利行为?出版社或者书的作者擅自使用他人肖像来做报纸杂志或者书的封面,他们的肖像使用行为是不是构成营利行为?在美国,主流学说和司法判例认为,在这些情况下,行为人擅自使用他人肖像的行为不构成营利行为而仅仅构成非有意使用行为,无须对受害人承担侵权责任。已如前述。《美国不公平竞争法复述》(第3版)也采取这样的规则,其第47条规定:公开权通常不包括在新闻报道、评论、娱乐、小说著作或者非小说著作中使用他人的人格特征。笔者认为,在这些情况下,行为人使用他人肖像的行为不构成营利行为,行为人无须对他人遭受的损害承担赔偿责任,即便行为人从事这些行为是为了营利。因为,一方面,将行为人在其报纸杂志或者书籍当中使用他人肖像的行为看做非有意使用行为会鼓励行为人积极出版报纸杂志、书籍,使我国的文化生活逐渐丰富多彩和日渐繁荣;另一方面,将行为人在其报纸杂志或者书籍当中使用他人肖像的行为看做非有意使用行为会鼓励行为人通过其报纸杂志或者书籍对社会公众提供信息,因为一个人在不同时代留下的肖像会说明那个时代的重要信息。不过,此种规则也存在例外,因为,许多报纸杂志或者书籍的出版者在其报纸杂志或者书籍当中使用他人肖像完全是为了给某种产品做广告或者完全是为了推广某种产品或者服务,此时,报纸杂志或者书籍的出版者的肖像使用行为不得再被看做非有意使用行为,而应当看做营利行为,在符合肖像侵权责任构成要件的情况下,行为人应当对他人承担侵权责任。还应当注意的是,即便行为人是以新闻报道或者历史事件的回忆等方式来使用他人肖像,如果行为人或者行为人的雇员是在收到了广告商的赞助费、好处费的情况下发表有关文章,则行为人在其文章中使用他人肖像的行为应当看做是营利行为,不得看做非有意使用行为,行为人仍然应当对受害人遭受的损害承担侵权责任。

(四) 行为人在公开场所拍摄照片的抗辩事由

如果行为人在公开场所拍摄他人的肖像并将其拍摄的肖像公开,在符合一定条件之情况下,行为人拍摄和公开他人肖像的行为将不被看做肖像侵权行为,行为人无须就其再现、公开或者使用他人肖像的行为对他人承担侵权责任。这就是所谓的公开场所拍摄照片的规则,该种规则使他人的肖像再现、公开或者使用成为合法行为,并因此免除了他人承担的肖像侵权责任。所谓公开场所,是指任何人在无须特别批准的情况下就能够进入的场所,无论该种进入是不是受到具体条件、时间或者理由的限制。例如,城市广场是公开场所,因为,任何人在任何时间都能够随意进入该广场;同样,公园是公开场所,即便公园管理规章规定,他人仅仅能够在上午 8 点钟进入。无论是在什么样的公开场所,行为人都能够基于非商事目的再现、公开或者使用他人肖像,无须事先获得他人的同意。

在法国,司法判例认可在公开场所拍摄他人相片的规则,认为如果行为人是在公开场所拍摄他人肖像的,则在符合一定条件的情况下,行为人无须就其拍摄和公开他人肖像的行为对他人承担侵权责任。法国司法判例在 1981 年的司法判例中认为[①],在符合两种条件的情况下,行为人拍摄他人在公开场所的相片是无须他人事先同意的:一方面,行为人拍摄的相片没有聚焦主张肖像侵权责任的原告的肖像,没有将原告的肖像单独挑选出来;另一方面,行为人拍摄的相片应当显示被拍摄相片的人是在从事公开活动而非私人活动。此外,法国司法判例还认为,如果行为人是在他人参加公开活动、集体活动时拍摄他人肖像,即便该人的肖像能够被人识别出来,行为人的行为也不构成肖像侵权行为,无须对受害人承担侵权责任,已如前述。在美国,学说虽然没有对这样的问题作出明确的讨论,但是美国侵权法也认可此种规则,因为根据美国侵权法的规定,如果新闻媒体为了报道具有新闻价值的事件而再现、公开或者使用他人肖像,则新闻媒体拍摄、公开或者使用他人肖像的行为将不构成肖像侵权行为,无须对他人承担侵权责任,因为具有新闻价值的事件往往发生在公开场所,诸如集会、罢工等。例如,美国 Oklahoma 州的制定法规定,如果行为人为任何新闻、公共事务、体育比赛或

---

① Paris, Feb. 27, 1981, Gaz. Pal. 1981.

者政治竞选的报道或者说明使用他人肖像,他们的肖像使用行为不构成肖像侵权行为,无须对他人承担侵权责任。① 在我国,《民法通则》虽然没有规定此种抗辩事由,但是,我国学说普遍认可此种抗辩事由。梅伟教授指出,在我国,为报道活动而拍摄集会、集体活动参加人的肖像,不构成侵权。②

在侵权法上,在公开场所拍摄相片的免责事由同行为人基于言论自由权和新闻自由权而公开他人肖像的抗辩事由之间的关系如何?它们究竟是一个抗辩事由的两个方面还是两个独立的抗辩事由?如果是两个独立的抗辩事由,它们之间的关系如何协调?笔者认为,在公开场所拍摄他人相片的抗辩事由同行为人基于言论自由权和新闻自由权的享有而公开他人肖像的抗辩事由虽然存在相同的地方,但是两种抗辩事由强调的重点并不完全相同:一方面,在公开场所拍摄他人相片的抗辩事由强调的重点是行为人拍摄他人肖像的地方的公共性、公开性,认为如果行为人是在公开场所拍摄他人的肖像,则他们的相片拍摄行为、公开或者使用行为将不构成肖像侵权行为,无须对他人承担侵权责任。如果行为人是在私人场所拍摄他人相片,则他们的拍摄、公开或者使用行为就构成肖像侵权行为。因此,此种抗辩事由不仅能够适用于一般社会公众,而且还能够适用于公众人物。而行为人基于言论自由权和新闻自由权的享有而公开他人肖像的抗辩事由则不强调行为人拍摄他人肖像的地方是不是公开场所,它强调的重点是,行为人拍摄、公开或者使用他人的肖像是不是具有新闻价值性、信息提供性甚至娱乐性,如果行为人再现、公开或者使用的肖像具有这些性质,即便行为人是通过偷拍、偷摄获得他人肖像,即便行为人是在私人场所获得他人肖像,行为人也有权以行使言论自由权和新闻自由权作为拒绝承担侵权责任的抗辩事由。另一方面,在公开场所拍摄他人相片的抗辩事由不仅能够适用于同有关事件或者新闻关系密切的人的肖像,而且还适用于同有关事件或者新闻关系不太密切的人的肖像,而行为人基于言论自由权和新闻自由权的行使而公开他人肖像的抗辩事由则往往适用于直接同有关事件关系密切的人的肖像,行为人不得使用同有关事件或者新闻毫无关系的人的肖像。不过,在公开场所拍摄他人相片的抗辩事由同行为人基于言论自由权和新闻自由权的享有而公开他人肖像的抗辩事由之间也存在交叉的地方。例如,当新闻媒

---

① S. 1449(D),Okla. Stp. . tit. 12.
② 张民安、梅伟:《侵权法》(第 3 版),中山大学出版社 2008 年版,第 248 页。

体公开某一个政客在公开集会时的演讲相片时,如果该政客要求新闻媒体承担侵权责任,新闻媒体既能够主张公开场所拍摄他人相片的抗辩事由,也能够主张具有新闻价值性的抗辩事由。

即便行为人是在公开场所拍摄他人的肖像,他们也不得基于广告或者其他商事目的使用所拍摄的肖像,否则,他们的肖像再现、公开或者使用行为将构成肖像侵权行为,应当对受害人承担侵权责任。在1973年的司法判例中[①],法国法官对这样的规则作出了说明。在该案中,一家连锁店开张时,原告是一家电视台的记者,他在连锁店的开业现场。当地一家报社报道该连锁店开业的信息时使用了原告的肖像。不久之后,这家连锁店报纸上刊登的原告肖像制作成小册子,向顾客散发。该原告向法院起诉,要求法官责令当地报社和这家连锁店承担侵权责任。法官指出,当地报社使用原告肖像的行为不构成肖像侵权行为,无须对原告承担侵权责任。法官认为,如果新闻媒体在进行新闻报道时需要获得参与公开活动的某一个人的同意才能够使用他们的肖像,则新闻报道根本无法进行下去,因此,当新闻媒体为了新闻报道而享有使用参与公开活动的人的肖像时,他们无须获得他们的明示同意;另一方面,法官认为连锁店使用原告肖像做广告的行为构成肖像侵权行为。法官认为,如果行为人使用他人肖像来从事商事活动,则行为人的肖像使用行为可能会使他人陷入被人嘲笑的境地。

(五)合理使用他人肖像的抗辩事由

1. 著作权法领域的合理使用原则

所谓合理使用原则(fair use doctrine),是指行为人为了个人欣赏、评论、新闻报道、教学、学术研究以及公益事业等目的,在未经著作权人事先同意的情况下,以合理方式使用他人享有著作权的作品。如果行为人符合著作权合理使用原则规定的条件,则行为人对他人享有著作权的作品的使用行为将不构成侵权行为,无须对著作权人承担侵权责任。

在著作权法中,合理使用原则起源于美国,是由美国司法判例在1841年确立的规则。该种原则确立之后得到司法判例的广泛遵循。到了1976年,美国1976年《版权法》第107条对该种原则作出了明确说明,它规定:

---

① T.G.I. Nancy, June 8, 1973, D. 1974, 126.

"如果行为人基于批评、评论、新闻报道、教学、科学研究等目的使用他人享有著作权的作品,行为人的使用行为不构成著作权的侵权行为。"根据该法第 107 条的规定,在决定行为人使用他人享有著作权的作品是不是合理使用时,法官应当考虑四个方面的内容:(1) 行为人使用他人作品的目的和性质,包括行为人是为了商事目的还是非营利性质的教育目的;(2) 享有著作权的作品的性质;(3) 行为人使用的部分在享有著作权的整个作品当中持有的比例或者分量是多少;(4) 行为人的使用对享有著作权的作品的潜在市场或者价值产生的影响。美国版权法中的合理使用原则确立之后不仅得到英美法系国家版权法的遵循,而且还得到了大陆法系国家版权法的遵循,成为版权法领域的重要原则。

在我国,《著作权法》借鉴了两大法系国家版权法的规定,对著作权领域的合理使用原则作出了明确规定,这就是《著作权法》第 22 条,该条规定,行为人如果基于下列原因使用他人享有著作权的作品,他们的使用行为构成合理使用,无须对著作权人承担侵权责任:为个人学习、研究或者欣赏,使用他人已经发表的作品;为介绍、评论某一作品或者说明某一问题,在作品中适当引用他人已经发表的作品;为报道时事新闻,在报纸、期刊、广播电台、电视台等媒体中不可避免地再现或者引用已经发表的作品;报纸、期刊、广播电台、电视台刊登或者播放其他报纸、期刊、广播电台、电视台已经发表的社论、评论员文章;报纸、期刊、广播电台、电视台刊登或者播放在公众集会上发表的讲话,但作者声明不许刊登、播放的除外;为学校课堂教学或者科学研究,翻译或者少量复制已经发表的作品,供教学或者科研人员使用,但不得出版发行;国家机关为执行公务使用已经发表的作品;图书馆、档案馆、纪念馆、博物馆、美术馆等为陈列或者保存版本的需要,复制本馆收藏的作品;免费表演已经发表的作品;对设置或者陈列在室外公共场所的艺术作品进行临摹、绘画、摄影、录像;将已经发表的汉族文字作品翻译成少数民族文字在国内出版发行;将已经发表的作品改成盲文出版。

2. 著作权领域的合理使用原则在肖像权领域的类推适用

问题在于,著作权法领域的合理使用原则是否能够在肖像权领域使用。笔者认为,合理使用原则除了能够在著作权领域适用之外,还能够在肖像权领域适用。其理由有三:其一,肖像权同著作权在许多方面存在共性,使肖像权领域经常类推适用著作权法的理论。例如,在讨论肖像权究竟是一种财产权还是一种人格权时,学说和司法判例往往类推适用著作权法的规定,认为肖像权同著作权一样都能够看做是一种财产权,以便保护权利人的积极性、创造性,防止行为人通过使用他人作品、肖像获得不当利益,保护他人对其作品、肖像享有的财产利益;在讨论肖像权是否能够在肖像权人死亡时被继承人继承,学说和司法判例往往类推适用著作权法的规定,认为肖像权同著作权一样同时具有财产性和人格性,其中作为财产性质的肖像权是能够被肖像权人的继承人继承的,行为人未经继承人同意就擅自使用被继承人的肖像,应当对继承人承担侵权责任。其二,肖像权同著作权一样经常同行为人的言论自由权和新闻自由权产生冲突。著作权将作品的支配权、垄断权授予著作权法,著作权人能够凭借其享有的支配权、垄断权反对行为人擅自使用其作品。同样,肖像权也将肖像的支配权、垄断权授予了肖像权人,肖像权人能够凭借所享有的支配权、垄断权反对行为人擅自使用其肖像。如果著作权人完全、绝对支配、垄断其著作权,则行为人的言论自由权、新闻自由权和出版自由权将将无法行使,为了平衡行为人的自由权和他人的著作权,为了保护行为人的自由权,著作权法规定,在一定的条件下,行为人能够未经著作权人的同意就使用其作品,这就是著作权法规定的合理使用原则。此种规则能够在肖像权领域得到类推适用。如果肖像权人完全、绝对支配和垄断其肖像权,则行为人的言论自由权、新闻自由权和出版自由权将将无法行使,为了平衡行为人的自由权和他人的肖像权,为了保护行为人的自由权,肖像侵权法规定,在一定的条件下,行为人能够未经肖像权人的同意就使用其肖像,这就是肖像侵权法规定的合理使用原则。其三,他人对其肖像享有的权利可能同时受到肖像侵权法和著作权法的保护,行为人擅自使用他人肖像的行为可能同时侵害了他人的肖像权和著作权。例如,某一个明星出版了自己的写真集,该明星除了对其写真集当中的肖像享有肖像权之外,也对写真集享有著作权。行为人未经该明星同意就擅自使用写真集当中的肖像来做广告,其行为同时侵害了该明星享有的肖像权和著作权,应当同时对该明星承担肖像侵权责任和著作权侵权责任。受害人或者有权要求行为人对他们承担肖像侵权责任,或者要求行为人对他们承担著作权侵权责任。

3. 肖像侵权领域合理使用原则的条件

根据合理使用原则,行为人对他人肖像的使用要构成合理使用,应当具备两个条件,即行为人使用他人肖像的目的适当,使用他人肖像的方式合理。只有同时具有目的适当和方式合理这两个条件,行为人才能够主张合理使用的免责特权抗辩事由。一方面,行为人是基于合理的目的使用他人肖像。所谓合理的目的,是指行为人是为了评论、批评、报道、研究、学习等非营利性目的使用他人肖像。只有行为人基于这些非营利性目的使用他人肖像时,他们才能够主张免责特权,如果行为人是基于营利目的使用他人肖像,则他们的肖像使用行为将构成肖像侵权行为,在符合肖像侵权责任构成要件的情况下,他们应当对他人承担侵权责任。例如,行为人为了做广告、推销产品或者服务而使用他人肖像,则他们的肖像使用行为不得被看做合理使用行为,行为人不得借口合理使用原则拒绝对他人承担侵权责任;同样,行为人为了推销名人的纪念品而擅自使用他人肖像的行为也不能够被看做合理使用行为,在符合肖像侵权责任构成要件的情况下,行为人也应当对他人承担侵权责任。另一方面,行为人使用他人肖像的方式应当合理。即便行为人是为了评论、批评、报道、研究、学习等非营利性目的使用他人肖像,如果他们使用他人肖像的方式不合理,他们也不得借口合理使用原则拒绝承担侵权责任,因为合理使用原则要求行为人使用他人肖像的方式合理,以不合理的方式使用他人肖像的行为可能会构成肖像侵权行为,在符合肖像侵权责任构成要件的情况下,行为人应当对他人承担侵权责任。所谓以不合理方式使用他人肖像,或者是指行为人使用的肖像数量超出了合理数量的限制,例如,一个明星出版的写真集当中公开了该明星50张相片。被告为了研究的目的使用了该明星写真集当中的40张相片。或者是指行为人非法毁损、玷污、丑化他人的肖像,例如行为人将明星写真集当中的一副相片进行剪裁,将其下半身用在别人的上半身之上。

(六)国家机关执行公务的抗辩事由

如果国家机关或者国家机关工作人员为了执行公务活动而再现、公开或者使用他人肖像,他们的肖像再现、公开或者使用行为将不构成肖像侵权行为,国家无须就其机关或者机关工作人员实施的行为对他人承担侵权责任,无论他人是否同意国家机关或者国家机关工作人员的肖像再现、公开或者使用行为。因为,国家机关或者国家机关工作人员使用他人肖像的行为是履行职责的行为,他们对他人肖像的再现、公开或者使用具有法律上的根据。例如,公安机关为了抓捕犯罪嫌疑人而在其发布的通缉令中使用被通缉者的肖像,公安干警为了调查取证而偷拍、偷摄他人进行违法犯罪活动的证据,法医对刑事犯罪受害人进行拍照或者检察机关在公诉活动中出示他人实施犯罪活动时的场面等虽然都涉及他人的肖像,但这些机关的行为都不构成肖像侵权行为,无须对受害人承担侵权责任。但是,国家机关或者国家机关工作人员的此种抗辩事由应当受到严格限制:一方面,对他人肖像进行再现、公开或者使用的人应当是国家机关、国家机关工作人员,非国家机关或者国家机关工作人员不得再现、公开或者使用他人肖像。其二,国家机关或者国家机关工作人员是为了履行所承担的法定职责而使用他人肖像,如果他们是基于打击报复或者基于其他同法定职责没有关系的目的再现、公开或者使用他人肖像,则国家机关或者国家机关工作人员不得基于此种抗辩事由而免责。其三,国家机关或者国家机关工作人员只能在法定范围内公开、使用他人肖像,不得超出法定范围公开、使用他人肖像。即便国家机关或者国家机关工作人员是为了履行法定职责公开、使用他人肖像,他们也仅在法定范围内公开、使用他人肖像,不得超出法定范围公开、使用他人肖像,否则,国家机关或者国家机关工作人员不得基于此种抗辩事由而免责。

五、肖像侵权的法律救济措施

(一)两大法系国家的法律救济措施

在法国,当他人的肖像权遭受损害时,受害人可以主张两种法律救济措施:要求行为人承担肖像侵权责任,赔偿他们遭受的非财产损害、财产损害;要求法官采取损害赔偿之外的其他法律救济措施,保护他们享有的肖像权不受侵害。在美国,如果行为人未经他人同意就擅自使用他人肖像,他们应当对他人承担侵权责任,包括对他人遭受的精神损害承担赔偿责任和对他人遭受的财产损害承担侵权责任;受害人除了有权要求行为人赔偿他们遭受的精神损害或者财产损害之外,还有权要求法官颁发禁止令,禁止行为人继续使用其肖像。美国《纽约州民事权利法》第51条对此种规则作出了说明。该条规定:任何人,只要他们的姓名、相片或者画像没有获得预先同意的情况下被用做广告或者商事目的,他们都有权向法院起诉,要求法官阻却或者抑制自然人、非法人组织或者公司法人组织擅自使用其姓名、相片或者画像;他们也有权向法院起诉,要求使用其姓名、相片或者画像的自然人、非法人组织或者公司法人组织对他们遭受的损害承担赔偿责任;如果被告为了广告目的或者商事目的而故意使用他人的姓名、相片或者画像,评审团有权自由裁量被告承担惩罚性损害赔偿金。

在我国,当行为人侵害他人的肖像权时,行为人能够主张的法律救济措施包括几种?我国《民法通则》第120条规定了五种法律救济措施:停止侵害、恢复名誉、消除影响、赔礼道歉,并可以要求赔偿损失。这几种法律救济措施是否都能够适用于肖像侵权的受害人?我国某些学说认为,恢复名誉无法在肖像侵权领域适用,因此,当他人的肖像权遭受损害时,他们能够主张的法律救济措施包括四种:停止侵害、消除影响、赔礼道歉和赔偿损失。① 某些学说认为,恢复名誉也可以在肖像侵权责任当中适用,因此,他人的肖像权遭受损害时,他们能够主张的法律救济措施包括五种:停止侵害、恢复名誉、消除影响、赔礼道歉和赔偿损失。② 笔者认为,恢复名誉、赔礼道歉的法律救济措施往往在名誉侵权责任中适用,它们很少会在肖像侵权责任当中适用。因为,即便行为人在没有获得他人同意的情况下再现、公开或者使用他人的肖像,他人的名誉未必一定会遭受损害,因此,无法使用恢复名誉的法律救济措施。实际上,当行为人再现、公开或者使用他人肖像时,受害人能够主张的法律救济措施往往是要求行为人对其遭受的损害承担赔偿责任,要求法官颁发禁止令,禁止行为人公开其肖像,或者要求行为人收回、销毁其涉及他人肖像的报纸杂志等。因此,肖像侵权的法律救济措施包括:要求行为人承担损害赔偿责任;要求行为人停止再现、公开或者使用其肖像的行为;要求行为人收回、销毁涉及肖像的报纸杂志、电影电视节目等。

(二)行为人对受害人承担的损害赔偿责任

1. 行为人承担的赔偿责任的性质

当行为人侵害他人的肖像权时,两大法系国家和我国的的侵权法都会责令行为人对受害人遭受的损害承担赔偿责任,受害人也有权要求行为人

---

① 参见王利明、杨立新:《侵权行为法》,法律出版社1996年版,第173页。
② 张新宝:《侵权行为法》(第2版),中国社会科学出版社1998年版,第303页。

给付一笔数额的金钱给他们。问题在于,行为人承担的损害赔偿责任是财产性质的赔偿责任还是非财产性质的赔偿责任。对于这样的问题,两大法系国家的侵权法作出的回答并不完全相同。在大陆法系国家,传统侵权法认为,当行为人被责令对受害人遭受的损害承担赔偿责任时,行为人仅仅对受害人遭受的非财产性质的损害承担侵权责任,不对受害人遭受的财产损害承担赔偿责任,因为肖像权被看做是一种非财产性质的权利,被看做是民法或者侵权法上的人格权。在美国,在学说和司法判例认可公开权之前,美国学说和司法判例都认为,行为人擅自使用他人肖像时,应当对他人遭受的非财产性质的损害承担侵权责任,无须对受害人遭受的财产损害承担赔偿责任,因为肖像权属于人格权而非财产权,已如前述。在当代社会,两大法系国家的侵权法逐渐放弃了这样的理论,他们认为,当行为人侵害他人的肖像权时,行为人或者应当对他人遭受的非财产性质的损害承担赔偿责任,因为他人的肖像权被看做是一种人格权,其本身没有财产价值,行为人侵害他人的肖像权会导致他遭受精神痛苦,或者应当对他人遭受的财产性质的损害承担赔偿责任,因为他人的肖像权被看做是一种财产权,其本身就具有财产价值,行为人侵害他人的肖像权的行为不会导致他人遭受精神损害,而仅仅会导致他人遭受财产损害;他们或者应当同时对他人遭受的非财产性质损害和财产性质的损害承担赔偿责任,因为他人的肖像权同时被看做是一种人格权和财产权,既具有人格权的性质,也具有财产权的性质。在法国,司法判例在20世纪80年代末期之前一直认为,行为人即便是为了商事目的使用包括名人在内的他人的肖像,他们也仅仅对受害人遭受的精神损害承担赔偿责任,无须对受害人遭受的财产损害承担赔偿责任;到了1988年,法国司法判例开始认为,他人尤其是名人享有的肖像权也是一种财产权,行为人侵害他人的肖像权,应当对他人遭受的财产损害承担赔偿责任。在美国,那些主张隐私权包括公开权在内的学说和司法判例认为,他人对其肖像享有的权利既可以看做人格权,也可以构成财产权,行为人未经他人同意就擅自使用其肖像时,应当对他人遭受的精神损害或者财产损害承担赔偿责任;那些主张公开权独立于隐私权的学说和司法判例认为,名人对其肖像享有的权利是一种财产权,行为人未经名人同意就擅自使用其肖像,应当对名人因此遭受的财产损害承担侵权责任;一般的社会公众对其肖像享有的权利构成隐私权,行为人未经他人同意就擅自使用其肖像,应当对他人遭受的精神损害承担赔偿责任;那些将隐私权包含在公开权范围内的学说和司法判例则认为,公开权不仅是一种人格权,而且还是一种财产权,行为人未经他人同意就擅自使用其肖像,应当对他人遭受的精神损害或者财产损害承担赔偿责任。Cirino 指出,公开权是为了防止他人的肖像被擅自使用而遭受两种类型的损害:(1)感情损害。当行为人未经他人同意就擅自使用他人肖像、姓名或者其他人格特征时,行为人的行为就侵害了他人的隐私权,应当对他人遭受的精神损害承担赔偿责任。(2)经济损害。当行为人未经他人同意就擅自为了商事利益使用具有财产性质的肖像、姓名或者其他人格特征时,行为人的行为侵害了他人的财产权,应当对他人遭受的损害承担赔偿责任。[1]

在我国,行为人对肖像权人遭受的什么范围的损害承担赔偿责任?我国学说有两种理论:其一,我国某些学说认为,行为人无论是否为了营利的目的而侵害他人肖像权,他们都应当对他人遭受的非财产性质的损害承担赔偿责任,在此种情况下,行为人所承担的侵权责任性质应当是抚慰性的,而不是赔偿性的,不应当按照财产赔偿的方法来计算其赔偿范围,而应当由司法根据受害人遭受精神痛苦的程度,考虑侵害人侵权行为的具体情节,自由决定该种责任范围。其二,我国某些学说认为,在决定行为人承担的赔偿责任范围时,应当考虑两种情况:如果行为人不是为了营利目的侵害他人的肖像权,则按照精神损害赔偿的一般方法来确定行为人承担的赔偿数额;如果行为人是以营利为目的而侵害他人的肖像权,可以参照他人转让其肖像时获得的使用费或者行为人获得的利润来确定。此种方式实际上考虑了名人的肖像权问题,将名人的肖像权看做类似于一种财产性质的权利,因为,如果按照一般精神损害赔偿来决定行为人承担的赔偿责任范围,则受害人获得的损害赔偿数额很少。在上述两种理论中,后一种理论虽然更合理,对某些肖像权的保护更周到,但是仍然存在问题,因为此种理论同肖像权的性质相悖。因为,即便主张后一种理论的学者仍然认为,肖像权在性质上仍然是人格权,具有非财产性质的特点。既然肖像权是一种非财产性质的权利,为什么侵权法能够责令行为人赔偿他人遭受的财产损害?可见,我国侵权法学说已经意识到将他人尤其是名人的肖像权看做一种单纯的人格权和非

---

[1] Paul Cirino, Advertisers, Celebrities and Publicity Right in New York and California, (1994) 39 *N. Y. L. Sch. L. Rev.* 763,773.

财产性质的权利所存在的问题。为了保护他人尤其是名人享有的肖像权，防止行为人通过实施肖像侵权行为获得不当利益，我国侵权法应当引进两大法系国家的财产性质的肖像权理论或者公开权理论，责令行为人对他人遭受的非财产性质的损害或者财产性质的损害承担赔偿责任。

2. 行为人对他人承担的非财产性质的赔偿责任

在法国，侵权法普遍认为，当行为人侵害他人肖像权时，他们应当对受害人遭受的非财产损害承担赔偿责任。至于说行为人侵害他人的肖像权所承担的非财产损害赔偿责任是多少，《法国民法典》没有规定，应当由法官在具体的案件中加以自由裁量，法国要考虑案件的各种具体因素来决定。在法国，法官在众多侵权案件中责令行为人就其侵犯他人肖像权的行为对他人遭受的非财产损害承担侵权责任。行为人在他人不知道的情况下摄制他人肖像，并在有关色情电影中使用，行为人的行为侵犯了他人的肖像权，被法官责令对他人遭受的非财产损害承担侵权责任[1]；行为人未经某演员同意而远距离偷拍该演员在宽敞海洋游船上的相片，其行为侵犯了该演员享有的肖像权；行为人为了说明在法国的突尼斯犹太人而在他们祈祷的教堂用照相机拍摄某个信徒的相片，其行为侵犯了该信徒的肖像权，应当对他承担侵权责任；行为人滥用着新制服的治安警察的相片，其行为侵犯了该警察的肖像权，应当对其承担侵权责任；行为人将某个年青女士为新闻通讯社(agence de presse)保留的相片用于规定之外的目的，其行为侵犯了该女子享有的肖像权，应当对她承担侵权责任。[2]

在法国，即便肖像权人是一个名人，即便行为人为了广告或者其他商事目的使用他们的肖像，法官也会责令行为人对名人遭受的精神损害承担赔偿责任，不会责令行为人对名人遭受的财产损害承担赔偿责任。在1987年的案件中[3]，法官对这样的规则作出了说明。在该案中，原告是一名电视播音员，他同意被告在其电视杂志中公开其肖像。当被告在其电视杂志中公开原告的肖像之后，被告又在其有关海报中使用原告的肖像。原告认为被告在海报中使用其肖像的行为没有获得自己的同意，其使用行为构成肖像侵权行为，应当对自己承担侵权责任。一审法院认为，被告的行为构成肖像

---

[1] T. G. I. Paris, 22 déc, 1975: JCP. 76, II, 18410.
[2] Henri Roland et Laurent Boyer, *Responsabilité délictuelle*(3e édition), litec, pp. 74 – 75.
[3] CA Paris, 1e ch., May 20, 1987, D. 1987, Somm. 384, note Lindon & Amson.

侵权行为,应当对原告遭受的财产损害承担赔偿责任,为此,一审法院责令被告赔偿原告 200,000 法郎的损害赔偿金。被告不服,上诉到法国上诉法院。法国上诉法院认为,被告的行为虽然构成肖像侵权行为,应当对原告承担赔偿责任,但是原告不可能遭受财产损害而仅仅会遭受精神损害,为此,法国责令被告赔偿原告 10,000 法郎损害赔偿金。在 1990 年的案件中①,法国司法判例也采取同样的态度,责令行为人就其使用原告肖像的行为对原告遭受的精神损害承担赔偿责任。在该案中,原告是一名著名的演员,在被告组织的活动中,被告拍摄了原告的肖像。被告后来将原告的肖像用在一本小宣传册里。原告没有同意被告将其肖像用在该宣传册里。原告向法院起诉,要求被告承担财产损害赔偿责任,原告认为,当别人用其肖像做广告时,别人往往对其支付报酬,被告未经自己同意就擅自使用其肖像来做广告,应当对自己遭受的财产损害承担赔偿责任。法官认为,虽然行为人擅自使用原告肖像做广告的行为侵害了原告享有肖像权,但是被告也仅仅对原告遭受的精神损害承担赔偿责任,无须对原告遭受的财产损害承担赔偿责任,因为原告没有提供证据证明,他因为被告发行其宣传册遭受的财产损害或者他原本通过许可被告使用其肖像能够获得的使用费是多少,为此,法官责令被告赔偿原告 1 法郎损害赔偿金。

在美国,传统侵权法也承认隐私权的人格权性质,认为行为人擅自使用他人肖像时,仅仅对他人遭受的精神损害承担赔偿责任,无须对他人遭受的财产损害承担赔偿责任。在 20 世纪 60 年代之前,美国司法判例和学说几乎完全采取这样的观点,认为行为人未经他人同意擅自使用他人肖像、姓名或者其他人格特征时,应当对他人遭受的精神损害承担赔偿责任,无论他人是普通人还是名人,都是如此。20 世纪 60 年代以后,随着公开权理论的逐渐流行和适用,美国侵权法逐渐将名人对其肖像、姓名或者其他人格特征享有的权利看做是一种财产权,当行为人未经名人同意就擅自使用名人的肖像、姓名或者其他人格特征时,侵权法将责令行为人对名人遭受的财产损害承担侵权责任。不过,即便如此,美国侵权法仍然认为,如果行为人未经普通人、一般的社会公众同意就擅自使用其肖像、姓名或者其他人格特征,行为人仍然应当对他人遭受的精神损害承担赔偿责任;某些司法判例甚至认

---

① CA Paris, 1e ch. A, Dec. 5, 1988, D. 1990, Somm. 239, note Amson.

为,如果行为人未经名人同意就擅自使用他人的肖像、姓名或者其他人格特征,他们也应当对名人遭受的精神损害承担赔偿责任,已如前述。

在我国,无论是学说还是司法判例都认为,行为人侵害他人的肖像权时,应当对他人遭受的精神损害承担赔偿责任。我国学说和司法判例之所以责令行为人就其再现、公开或者使用他人肖像的行为对他人遭受的非财产性质的损害承担侵权责任,其主要原因在于,我国学说和司法判例都认为,肖像权是一种人格权,直接关系到自然人的人格尊严和形象的社会评价,肖像权像其他无形人格权一样,具有专属性。笔者认为,行为人侵害他人肖像权时在两种情况下对他人承担非财产性质的损害赔偿责任:其一,当行为人侵害一般社会公众所享有的肖像权时,他们应当对受害人遭受的非财产损害承担侵权责任。对于一般社会公众而言,如果行为人再现、公开或者使用他们的肖像,他们往往会感到烦恼、愤怒、不安,感受到心理上的不快和精神上的痛苦,责令行为人对他们承担非财产性质的损害,能够减轻甚至消除他们遭受的烦恼、愤怒、不安,使他们遭受的心理上的不快和精神上的痛苦得以恢复到肖像没有被再现、公开或者使用时的状态。其二,行为人侵害政府官员或者准政府官员享有的肖像权时,他们应当对他们承担非财产性质的损害赔偿责任。对于政府官员或者准政府官员而言,如果行为人再现、公开或者使用他们在公共场所或者从事公共活动时的肖像,他们无须对公共官员承担非财产性质的损害赔偿责任,因为行为人此时享有正当的抗辩事由;如果行为人再现、公开或者使用公共官员、准公共官员在私人场所的肖像,则他们应当对受害人遭受的非财产性质的损害承担赔偿责任,因为公共官员、准公共官员对他们私人生活中的肖像享有排他性的权利,未经他们的同意,行为人不得再现、公开或者使用他人在私人场所的肖像,否则,会导致公共官员、准公共官员遭受烦恼、愤怒、不安,遭受心理上的不快或者精神上的痛苦。责令行为人对公共官员、准公共官员遭受的非财产损害承担赔偿责任,能够减轻或者消除公共官员、准公共官员遭受的烦恼、愤怒、不安,使他们遭受的心理和精神上的痛苦得以恢复到肖像没有被再现、公开或使用时的状态。但是,如果行为人再现、公开或使用的肖像是公共官员、准公共官员滥用职权从事违反犯罪活动时的肖像,则行为人无须对受害人遭受的非财产性质的损害承担侵权责任,因为行为人再现、公开或者使用他们肖像的行为是行使自由权的表现,是为了揭露公共官员、准公共官员的贪污腐败行为或者滥用职权的行为,也是为了满足社会公众享有的知情权。

3. 行为人对受害人承担的损害赔偿责任:财产性质的损害赔偿

在两大法系国家,侵权法除了责令行为人就其实施的肖像侵权行为对受害人遭受的非财产损害承担赔偿责任之外,还会责令行为人就其实施的肖像侵权行为对受害人遭受的财产损害承担赔偿责任,因为这些国家的侵权法有时会将他人的肖像权看做是一种财产权,有时会将他人的肖像权看做是一种公开权,当行为人基于商业目的、经济目的而使用他人肖像时,两大法系国家的司法判例也会责令行为人对受害人遭受的财产损害承担侵权责任。

在法国,基于肖像权的隐私性和肖像权的人格性的要求,法国司法判例很少会将肖像权人享有的肖像权看做财产权,行为人即便是为了商事目的使用名人的肖像,法官也不太愿意责令行为人对受害人遭受的财产损害承担赔偿责任,已如前述。不过,到了20世纪80年代末期,法国司法判例逐渐放弃了这样的理论,认为名人享有的肖像权是具有财产性质的权利,行为人未经名人同意就擅自使用其肖像,应当对名人遭受的财产损害承担赔偿责任。法国司法判例至少在两个案件中对这样的规则作出了明确说明。在前述 Mme Brun v. SA Expobat[①] 一案中,法官认为,被告未经继承人的同意就擅自使用死者的肖像来从事商事活动,应当对原告遭受的财产损害承担赔偿责任,已如前述。在 1996 年的 Les Editions Sand & M. Pascuito v. M. Kantor, Mme. Coluccil 案件中[②],法国司法判例再次认可了这样的规则,认为行为人侵害他人的肖像权时,应当对他人遭受的财产损害承担赔偿责任,已如前述。虽然法国 Mme 一案和法国 Les Editions Sand 一案都认为,死者的继承人享有继承死者生前享有的肖像权的权利,但是,当行为人未经继承人同意就擅自使用死者生前的肖像时,Mme 一案和法国 Les Editions Sand 责令行为人承担的损害赔偿范围是不同的。在 Mme 一案中,法官认为,当行为人擅自使用死者生前的肖像时,他们应当同时对继承人遭受的财产损害和精神损害承担赔偿责任;而在 Les Editions Sand 一案中,法官则认为,当行为人擅自使用死者生前的肖像时,他们仅仅对继承人遭受的财产损害承

[①] T. G. I. Aix en Provence, nov. 24, 1988, J. C. P. ed. C. 1989, II, 21329, note I. Henderycksen.

[②] CAParis, Sep. 10, 1996, R. D. P. I. 1996, no. 68, 63.

担赔偿责任,不对继承人遭受的精神损害承担赔偿责任。同时,根据法国司法判例确立的规则,如果肖像权人的肖像没有市场价值,则行为人擅自使用肖像权人的肖像,他们仅仅对受害人遭受的精神损害承担赔偿责任,不对受害人遭受的财产损害承担赔偿责任,因为在 Les Editions Sand 一案中,法国认为,被告未经继承人同意就擅自使用已经死亡的歌星的肖像,他们应当对继承人遭受的财产损害承担赔偿责任,但是,被告未经继承人同意就擅自使用已经死亡的歌星母亲的肖像,他们无须对原告遭受的财产损害承担赔偿责任。其理由在于,已经死亡的歌星的肖像在歌星生前已经获得了商事价值,而该歌星母亲的肖像在其生前没有获得商事价值。

在美国,不仅许多州的制定法保护他人对其肖像享有的公开权,认为行为人未经他人同意就擅自为了商事利益使用他人肖像的行为构成公开权的侵权行为,行为人应当对受害人遭受的财产损害承担赔偿责任,已如前述;就是美国许多州的普通法都认可他人的公开权,认为行为人为了自己的利益擅自使用他人肖像、姓名或者其他人格特征时,应当对他人遭受的财产损害承担赔偿责任。在 Cher v. Forum Int'l① 一案中,法官认为被告擅自使用原告肖像和姓名的行为构成公开权的侵权行为,应当对原告遭受的财产损害承担赔偿责任;在 Eastwood v. Superior Court② 一案中,法官认为被告使用原告肖像的行为构成侵害其享有的公开权的侵权行为,应当对原告承担财产性质的损害。在该案中,被告在其封面文章中使用了原告的肖像、姓名。原告向法院起诉,认为被告为了商业目的使用其肖像、姓名,侵害了自己享有的公开权,应当对自己承担侵权责任。法官认为被告的行为侵害了原告的公开权,应当承担财产损害赔偿责任。White v. Samsung Elecs. Am., Inc.③ 一案中,法官认为,被告擅自使用原告肖像和疑似原告的人做广告,应当对原告遭受的财产损害承担赔偿责任。在 Newcombe v. Adolf Coors Co.④ 一案中,法官认为被告为了自己的经济利益而使用原告肖像和姓名的行为侵害了原告的公开权,应当对原告遭受的财产损害承担赔偿责任。

在我国,侵权法是否也应当采取同样的态度? 笔者认为,在我国,侵权

---

① 692 F.2d 634 (9th Cir. 1982).
② 149 Cal. App. 3d. 409, 413 (1983).
③ 971 F.2d 1395 (9th Cir. 1992).
④ 157 F.3d 686 (9th Cir. 1998).

法应当区分肖像权人的身份来决定行为人是否对他们遭受的财产损害承担赔偿责任。对于体育明星、影视明星等公众人物而言,如果行为人为了商事目的使用这些人的肖像,则他们应当对这些受害人遭受的财产损害承担赔偿责任,因为笔者在前面有关章节已经指出,像体育明星、影视明星这样的公众人物享有的肖像权往往具有财产权的性质,商人往往愿意使用这些人的肖像来从事广告活动或者其他商事活动并且往往愿意对这些人支付使用费或者报酬,行为人擅自使用他们的肖像往往会给他们带来财产损失而非精神损害。但是,行为人对这些人遭受的财产损害承担赔偿责任是有条件的,即行为人未经这些公众人物的同意就为了商事目的使用他们的肖像,如果行为人不是为了商事目的使用这些肖像权人的肖像,则他们也不对受害人遭受的财产损害承担赔偿责任,他们仅仅对受害人遭受的精神损害承担赔偿责任。对于普通人、一般的社会公众而言,如果行为人未经他们的同意就擅自使用其肖像,他们仅仅对肖像权人遭受的精神损害承担赔偿责任,无须对受害人遭受的财产损害承担赔偿责任,因为笔者在前面有关章节已经指出,普通人、一般的社会公众的肖像往往没有财产价值而仅仅具有精神价值,行为人擅自使用他们的肖像往往仅仅会给他们带来精神损害而非财产损失。但是,对此有一个例外,即如果行为人为了营利目的使用普通人、一般社会公众的肖像,则他们应当对受害人遭受的财产损害承担赔偿责任,因为,既然商人愿意使用普通人、一般社会公众的肖像做广告或者从事商事活动,说明原告的肖像具有商事价值。对于公共官员或者准公共官员而言,无论行为人是不是为了商事目的使用他们的肖像,行为人均不对他们遭受的财产损害承担赔偿责任,仅仅对他们遭受的精神损害承担赔偿责任,否则,公共官员或者准公共官员将会利用其肖像权获得不当利益。

(四)损害赔偿之外的其他法律救济措施

除了要求行为人对他们遭受的非财产损害或者财产损害承担赔偿责任之外,两大法系国家和我国的侵权法也认为,受害人有权要求法官采取损害赔偿之外的其他法律救济措施保护他们对其肖像享有的财产权或者人格权,诸如要求法官禁止被告继续公开、使用其肖像,要求法官禁止被告继续模仿其表演,要求法官禁止被告继续使用与原告长得像的人的肖像来做广告等。

1. 法国侵权法规定的其他法律救济措施

在法国,无论是司法判例还是学说都认可这样的规则,认为当行为人擅自使用其肖像时,受害人也有权要求法官采取损害赔偿之外的其他法律救济措施来保护他们享有的肖像权,诸如颁发禁止令,禁止行为人继续使用、再现其肖像;责令行为人销毁底片,没收或者销毁载有他人肖像的出版物等。Carbonnier指出,在法国,当肖像权人的肖像被人擅自使用时,肖像权人有权要求行为人对他们遭受的损害承担赔偿责任;他们尤其有权要求法官颁发命令,责令行为人将来继续公开其肖像;如果有必要,有权要求法官责令行为人销毁其底片。在1996年的司法判例中①,法官认为,被告擅自公开他人肖像的行为构成非法行为、过错行为,应当颁发禁止令,禁止行为人在其杂志上刊登申请人的相片。在该案中,被告是一家拥有众多刊物的出版机构,它准备在其刊物上公开原告同其情妇在游泳池周围的相片。原告向法院提出申请,认为被告的行为会侵害其享有的肖像权,要求法官颁发禁止令,禁止被告在其刊物上公开其肖像。法官认为,被告未经原告同意不得公开其肖像,为此,法官颁发禁止令,禁止被告在其刊物中刊登原告的肖像。在1996年的另一个司法判例中②,法官认为被告的行为可能会损害申请人的肖像权,为此颁发禁止令,禁止被申请人公开原告的肖像。在该案中,申请人是一名著名的电视节目主持人,他在一家希腊岛屿上度假被被申请人的狗仔队偷拍并准备在其刊物上公开。申请人向法院提出申请,要求法院颁发禁止令,禁止被申请人公开其肖像。法官颁发禁止令,禁止被申请人公开申请人的肖像,并将其拍摄的相片返还给利害关系人。

2. 美国侵权法规定的其他法律救济措施

在美国,司法判例认为,肖像权人除了有权要求行为人对自己遭受的损害承担损害赔偿责任之外,还有权要求法官颁发禁止令,禁止行为人继续使用其肖像。在Price v. Worldvision Enter., Inc.③一案中,法官也认为,被告未经原告同意就擅自使用死者肖像、姓名或者模仿其表演的行为构成侵权行为,应当颁发禁止令,禁止被告继续使用被继承人生前的肖像、姓名,禁止被告表演被继承人生前的表演。在该案中,Laurel and Hardy死亡之后,被告

---

① T. G. I. Nanterre, ord. ref., Aug. 24,1996.
② T. G. I. Nanterre, ord. ref., Aug. 2,1996.
③ 455 F. Supp. 252, 255 (S.D.N.Y. 1978).

就擅自使用其肖像、姓名来从事商事活动。原告同样向法院起诉,要求法官颁发禁止令,禁止被告继续使用两位的肖像、姓名。法官在颁发永久禁止令时援引了前述 Price 一案确立的规则。法官指出,被告不得为了广告或者商事目的使用 Laurel and Hardy 两位的肖像、姓名,不得模仿其外貌、化妆和独特的表演方式,不得使用同两位长得像的人来冒充两位喜剧表演者。

3. 我国法律规定的其他法律救济措施

在我国,《民法通则》第 120 条明确规定,当他人肖像权受到侵害时,受害人有权要求停止侵害、恢复名誉、消除影响和赔礼道歉,并可以要求赔偿损失。因此,当他人肖像权遭受损害时,行为人除了可以要求行为人赔偿他们遭受的损失之外,还可以主张四种损害赔偿之外的法律救济措施,这就是:停止侵害、恢复名誉、消除影响和赔礼道歉。虽然如此,我国学说关于这样的问题并没有完全相同的答案。某些学说认为,当行为人侵害他人肖像权时,受害人有权主张损害赔偿之外的四种法律救济措施,包括停止侵害、恢复名誉、消除影响、赔礼道歉。佟柔教授和张新宝教授采取这样的观点。佟柔教授指出,当公民的肖像权被侵害时,公民有权要求侵权人停止侵害,并有权要求恢复名誉、消除影响、赔礼道歉和赔偿损失。[1] 张新宝教授也指出,侵害他人肖像权,加害人应当承担停止侵害、恢复名誉、消除影响、赔礼道歉和赔偿损失的民事责任。[2] 某些学说认为,当行为人侵害他人肖像权时,受害人只能主张损害赔偿之外的三种法律救济措施,即停止侵害、消除影响、赔礼道歉。杨立新和梅伟教授采取这样的观点。杨立新教授指出,构成侵害肖像权,侵权人应当承担承担停止侵害、消除影响、赔礼道歉、赔偿损失的民事责任。[3] 梅伟教授也指出,行为人侵害他人肖像权时,应当承担侵权责任。此种责任的方式可以是停止侵害行为、消除影响、赔礼道歉和赔偿损害。[4] 某些学者认为,当行为人侵害他人肖像权时,受害人只能主张损害赔偿之外的两种法律救济措施,即停止侵害、赔礼道歉。王利明教授采取这样的观点,他指出,在侵害肖像权的情况下,权利人有权请求停止侵害、赔礼

---

[1] 佟柔主编:《中国民法》,法律出版社 1990 年版,第 486 页。
[2] 张新宝:《侵权行为法》(第 2 版),中国社会科学出版社 1998 年版,第 303 页。
[3] 杨立新主编:《类型侵权行为法》,人民法院出版社 2006 年版,第 114 页。
[4] 张民安、梅伟:《侵权法》(第 3 版),中山大学出版社 2008 年版,第 248 页。

道歉、损害赔偿。① 在我国,虽然《民法通则》第 120 条对肖像侵权规定了四种非损害赔偿的法律救济措施,虽然我国学说也认可损害赔偿之外的四种法律救济措施,但是我国《民法通则》和学说混淆了名誉权的法律救济措施和肖像侵权的法律救济措施,将名誉权的法律救济措施完全照搬到肖像侵权领域。笔者认为,停止侵害、恢复名誉、消除影响、赔礼道歉这四种法律救济措施当中,只有停止侵害、赔礼道歉这两种法律救济措施能够在肖像侵权中得到使用,恢复名誉、消除影响无法在肖像侵权当中得到适用。

(1) 关于停止侵害在肖像侵权中的适用问题

在我国,所有的学说都认为,当行为人擅自使用他人肖像时,受害人当然有权要求法官责令行为人停止侵害其肖像权,因此,停止侵害当然是肖像权的法律救济措施之一。所谓停止侵害,是指受害人有权要求法官责令行为人继续使用其肖像来从事营利活动。根据学说,此种侵权责任的承担应当以侵害他人肖像权的行为仍在持续进行中为条件,如果行为人对他人肖像权的侵害行为已经停止,则受害人不得主张此种侵权责任的承担。② 笔者认为,要求法官责令行为人停止其肖像使用行为是肖像权人主张的重要法律救济措施,受害人有权根据此种救济措施要求法官责令行为人停止使用其肖像做广告或者从事其他商事活动;有权根据此种救济措施要求法官责令被告将其肖像从有关网络上消除或者屏蔽;有权根据此种法律救济措施要求法官责令行为人销毁其底片、母带;有权要求法官责令行为人停止发行载有肖像的报纸杂志;如果是严重的肖像侵权行为,受害人还有权要求法官责令行为人收回已经发行的载有原告肖像的报纸杂志。

(2) 关于赔礼道歉在肖像侵权中的使用问题

除了停止侵害的法律救济措施之外,受害人是否能够主张赔礼道歉这样的法律救济措施? 我国所有的学说都认为,当受害人的肖像权被侵害时,他们有权主张赔礼道歉这样的救济措施,只要行为人的肖像使用行为已经给他人造成了损害。问题在于,此种罚金救济措施是否对所有的受害人都适用。笔者认为,如果行为人的肖像仅仅侵害了他人具有人格性质的肖像权,无论他们是否能够主张停止侵害这样的法律救济措施,他们都能够主张赔礼道歉这样的法律救济措施,有权要求法官责令行为人就其侵害原告肖

---

① 王利明:《人格权法研究》,中国人民大学出版社 2005 年版,第 474 页。
② 张民安、梅伟:《侵权法》(第 3 版),中山大学出版社 2008 年版,第 248 页。

像的行为对原告当面道歉或者在有关媒介上发表道歉声明,就其肖像侵权行为对原告进行道歉。此时,行为人的道歉应当是真诚的、诚恳的。如果行为人在某个报纸杂志上公开原告的肖像并因此给原告造成了严重的精神损害,法官有权责令行为人在该报纸杂志上发表道歉声明;或者在其相同、相似的报纸杂志上发表道歉声明。关于这一点,笔者在名誉权的法律救济措施当中的有关论述完全能够适用到肖像侵权当中。如果行为人的肖像侵害行为仅仅侵害了他人具有财产性质的肖像权,则受害人只能要求法官责令行为人停止其肖像侵害行为,不得要求法官责令行为人赔礼道歉,因为赔礼道歉仅仅针对他人遭受的精神损害而言的,通过行为人的赔礼道歉来减缓甚至消除他人因为肖像侵权行为遭受的精神痛苦和内心烦闷,不适用于他人遭受的财产损害。如果行为人的肖像侵害行为同时侵害了他人具有人格性质和财产性质的肖像权,则行为人有权要求法官责令行为人赔礼道歉。

(3) 关于恢复名誉在肖像侵权当中的适用问题

在我国,《民法通则》明确规定,恢复名誉能够在肖像侵权当中得到适用。某些学说也认为恢复名誉的法律救济措施能够在肖像侵权当中适用。为什么我国学说认为恢复名誉的救济措施能够在肖像侵权当中适用?这是因为,我国某些学说混淆了名誉侵权、人格尊严侵权和肖像侵权的关系,将利用他人肖像来侮辱他人人格尊严或者毁损他人名誉的侵权行为看做肖像侵权行为。实际上此种观点存在错误,因为,如果行为人不是为了经济上的、商事上的目的使用他人肖像,而是为了侮辱他人人格、毁损他人名誉的目的使用他人肖像,则行为人使用他人肖像的行为不构成肖像侵权行为而构成人格尊严的侵权行为、名誉侵权行为,行为人应当对受害人承担人格尊严的侵权责任或者名誉侵权责任而不承担肖像侵权责任。在侵权法上,恢复名誉的救济措施仅是名誉侵权的救济措施,不是肖像侵权的救济措施,因为,只有他人的名誉因为行为人的侵权行为被降低之后,法律才能够责令行为人采取措施,使名誉权人降低的名誉得以恢复,行为人使用他人肖像的行为并非一定会使他人名誉降低,法律无法责令行为人采取措施来恢复他人名誉。

(4) 关于消除影响在肖像侵权当中的适用。在我国,《民法通则》第120条明确规定,消除影响能够在肖像侵权当中适用,某些学说也认为,消除影响也能够在肖像侵权当中适用。某些学说则持反对意见,认为消除影响不得在肖像侵权当中适用。笔者认为,消除影响这种法律救济措施仅仅能够在名誉侵权当中适用,不得在肖像侵权当中适用,因为,即便行为人使用他人肖像,他们的肖像使用行为也不会给他人的名誉带来不良影响,没有需要加以消除的不良影响,除非行为人为了侮辱他人或者毁谤他人的目的使用他人肖像,此时,行为人的肖像使用行为不构成肖像侵权行为而仅仅构成名誉侵权行为,受害人当然有权要求法官责令行为人采取措施消除其肖像使用行为给自己带来的不良影响。

第五编
其他无形人格侵权责任

第十七章 姓名侵权责任

一、姓名侵权责任概论

(一) 姓名侵权的界定

姓名(le nom name)这一词语实际上是由姓(le nom patronymique surname)和名(les prénoms forename)两部分构成的,是指使用一个或一个以上的字、词来称呼和指明某个人并使该人获得个体化和个性化的一种手段,其中,姓是指一个家族、家庭的姓名,其目的在于区分一个家族、家庭和另外一个家族、家庭。根据两大法系国家和我国长期形成的惯例和有关法律,同一个家族、家庭共同使用同一姓氏;而名(prénoms)则是同一家族、家庭不同成员使用的姓名,其目的在于区分同一家族、家庭内部不同的成员。在现代社会,姓和名结合在一起,共同构成一个自然人的身份符号,它是一个自然人获得独立性、个体化、个性化的重要途径。一般说来,姓具有唯一性,一个家族、家庭只有一个姓,但名则具有多样性,一个人可以有一个名,也可以有两个或两个以上的名。

所谓姓名权,是指他人对其姓名享有的占有、使用、收益甚至处分的权利。姓名权受法律的保护,当行为人侵害他人享有的姓名权并因此导致他人遭受损害时,他们应当对他人承担侵权责任。这就是所谓的姓名侵权。所谓姓名侵权,是指行为人未经他人同意就擅自为了自己的利益干涉、侵占、盗用、假冒或者以其他非法方式侵害他人姓名的侵权行为。

(二) 两大法系国家和我国的姓名侵权责任

在法国,19世纪司法判例认为,自然人的姓名权是一种独立的人格权,当行为人擅自侵占、使用他人姓名时,他们的姓名侵占、使用行为构成姓名侵权行为,应当对受害人承担侵权责任。在当今法国,姓名权无论是被看做一种财产权还是人格权均受法国侵权法的保护,当行为人侵害他人作为财产权或人格权的姓名权时,法律会责令行为人对他人遭受的财产损害或非财产损害承担侵权责任,如果行为人的侵权责任符合侵权责任的构成要件的话。此时,行为人对他人承担侵权责任的法律根据是《法国民法典》第1382条,以行为人侵害他人姓名权的行为构成过错并造成损害作为条件。除了通过侵权损害赔偿责任制度对他人的姓名权提供保护外,法国民法还通过姓名侵占诉讼制度和姓名矫正制度来保护他人姓名权,防止他人的姓名被行为人非法使用。

在德国,虽然《民法典》第12条对他人的姓名权作出了规定,但是该条并没有对侵害他人姓名权所产生的损害赔偿责任作出规定,因此,当行为人侵害他人姓名权使他人遭受财产或非财产损害时,《德国民法典》第12条无法为他人提供保护。为了使姓名权人在其姓名权遭受损害时可以对侵权行为人主张损害赔偿,德国司法判例在20世纪50年代之后拓展《德国民法典》第823(1)条的适用范围,认为姓名权属于《德国民法典》第823(1)条规定的"其他权利",当行为人侵害他人姓名权时,德国法官会通过所谓的一般人格权理论来责令行为人对他人承担侵权责任。

在英美法系国家,姓名权并不具有独立性,行为人擅自使用他人姓名的行为并不构成独立的姓名侵权行为,而构成其他类型的侵权行为。在英国,侵权法往往认为,侵害他人姓名权的行为构成名誉侵权行为,或者构成假冒侵权行为,应当根据名誉侵权或者假冒侵权对他人承担侵权责任。而在美国,侵权法往往认为,侵害他人姓名权的行为或者构成隐私侵权,或者构成公开权侵权,应当根据隐私权侵权或者公开权侵权对他人承担侵权责任,已如前述。

在我国,不仅《民法通则》和最高人民法院的有关司法解释认可了姓名权侵权责任,而且我国《侵权责任法》也明确规定了姓名侵权责任。首先,我国《民法通则》规定了姓名权侵权责任,其第99条第1款规定,公民享有姓名权,有权决定、使用和依照有关规定改变自己的姓名,禁止他人干涉、盗用、假冒。其第120条第1款规定,公民的姓名权、肖像权、名誉权、荣誉权受到侵害的,有权要求停止侵害、恢复名誉、消除影响、赔礼道歉,并可以要求赔偿损失。其次,最高人民法院的有关司法解释对姓名侵权责任作出了规定,包括《关于贯彻执行〈中华人民共和国民法通则〉若干问题的意见(试行)》中的第141条、第149条和第150条,包括《关于确定民事侵权精神损害赔偿责任若干问题的解释》中的第1条和第3条。最后,我国《侵权责任法》也对姓名侵权责任作出了明确规定,这就是《侵权责任法》第2条、第20条和第22条,已如前述。其中第2条明确规定,侵害他人享有的姓名权时,应当依据侵权责任法的规定对他人承担侵权责任;第20条规定,当行为人基于商事目的侵害他人享有的姓名权时,应当赔偿他人遭受的财产损失;第22条规定,当行为人侵害不是基于商事目的而侵害他人享有的姓名权时,他们应当赔偿他人遭受的精神损害。

(三)两大法系国家和我国的侵权法保护自然人姓名权的原因

两大法系国家和我国的侵权法之所以保护自然人对其姓名享有的权利,其原因有三:

其一,姓名是自然人区分的标志,是自然人获得个体化和个性化的重要手段。在任何国家,姓名都是一个人区别于另外一个人的标志,是将大千世界中芸芸众生予以区别的最重要手段,因为姓名是自然人身份的重要组成部分,它与自然人的性别、年龄、出生等民事身份和住所一起,共同构成自然人个体化、个性化的最重要因素,是用来确定和指明特定自然人的手段。Goubaux指出,姓名当然是人格的构成要素,每个自然人均有权要求将自己与其他人区别开来。①

其二,姓名是自然人法律人格的重要组成部分,它与自然人的名誉、隐私、肖像等一起,共同构成自然人的法律人格。Crane法官指出,原告的姓名不仅是一个姓名,它实际上是一种位置、身份、状况,一种关系和能力。原告的姓名也许意义不大,但是原告的姓名所表明的身份、关系可能意义众多,不仅对当事人是如此,而且对世界也是如此。②

其三,除了作为区分一个人和另外一个人的标志之外,姓名还具有一定的经济价值。此种经济价值体现在两个方面:一方面,姓名权人将其在民法中的姓名用于商业领域,使其民法领域的姓名成为商业领域的名称。此时,

---

① Gilles Goubeaux, *Droit Civil*(24 e édition), Librairie Générali De Droit et Jurisprudence, p.54.

② Baumann v. Baumann,165 N.E. 819 (N.Y. 1929).

商人的商事名标除了受民法规范调整之外还受有关商法规范的调整。另一方面,姓名权人虽然没有将其民法上的姓名用于商业领域,但由于姓名权人是某个领域的杰出人物或公众人物,他们可以自己的姓名著称于众,他们与其他人订立协议,允许其他人在其有关服务或商品广告中使用自己的姓名,并因此获得报酬。在这两种意义上讲,自然人的姓名本身已经具有了经济上的价值,能够为姓名权人带来经济上的利益。

二、姓名权的人格性和财产性

在侵权法上,如果认为姓名权是一种人格权,当行为人侵害他人姓名权时,他们仅对他人承担精神损害赔偿责任,如果认为姓名权是一种财产权,当行为人侵害他人姓名权时,他们应当对他人承担财产损害赔偿责任。问题在于,他人的姓名权究竟是一种人格权还是一种财产权?

(一) 姓名权在法国侵权法上的双重性

在法国,学说认可姓名权的双重性,认为姓名权既是一种人格权,也是一种财产权。Carbonnier 指出,在一种情形下,自然人的姓名可以成为财产权的客体,这就是商事名称,即自然人使用其姓氏从事某种商事职业活动。由于商事名称具有吸引其商事顾客的作用,因此,商事名称具有财产价值,可以进行转让。除了将姓名用做商事招牌之外,自然人的姓名同自然人是无法分离的,在民事领域,姓名权或者成为一种家庭身份,或者成为一种人格特征。[①] Goubeaux 也采取双重权利说,认为姓名权既可以看做一种人格权,也可以看做一种财产权。Goubeaux 先生指出,自然人可以将其姓名用做产品或服务的商标或招牌,此时,自然人的姓名成了知识产权的客体。自然人在使用此种商标或招牌时,其姓名自然就成为一种财产权。[②] 同时,姓名当然是人格的构成要素,每个自然人均有权要求将自己与其他人区别开来。[③]

[①] Jean Carbonnier, *Droit civil*, 1/Introduction, *les Personnes*, Presses Universitaires De France, p. 250.

[②] Gilles Goubeaux, *Droit Civil* (24 e édition), Librairie Générali De Droit et Jurisprudence, p. 54.

[③] Ibid.

（二）姓名权在英美法系国家侵权法上的双重性

在美国，20世纪50年代之前的学说和司法判例往往认为，作为隐私权组成部分的姓名权仅是一种人格权，行为人未经权利人同意就擅自使用他人姓名的行为构成隐私侵权行为，在符合隐私侵权责任构成要件的情况下，行为人应当对受害人遭受的精神损害承担赔偿责任。到了20世纪50年代，由于公开权理论的倡导和流行，美国学说和司法判例逐渐认可了姓名权的财产性，认为自然人对其姓名享有的权利是一种财产权，当行为人基于商事目的使用自然人的姓名时，行为人应当就其使用原告姓名的行为对原告遭受的财产损害承担侵权责任。在今天，无论是将自然人对其姓名享有的权利看做隐私权组成部分的学说和司法判例还是将自然人对其姓名享有的权利看做公开权组成部分的学说和司法判例都认为，自然人对其姓名享有的权利一方面可以看做一种人格权，一方面也可以看做财产权，已如前述。

（三）姓名权在我国侵权法的双重性

在我国，他人的姓名权是什么性质的权利？对此问题，我国立法机关、司法机关和学说几乎一边倒地认为，自然人的姓名权是一种人格权而非财产权。首先，我国立法机关认为，自然人的姓名权是一种人格权而非财产权。我国立法机关在其制定的《民法通则》第99条规定了自然人的姓名权，该条被规定在第五章第四节人身权当中，该节同第四章第一节物权和第二节债权相对应，表明立法者仅将自然人对其姓名享有的权利看做人格权而非财产权。其次，我国司法机关认为，自然人的姓名权是一种人格权而非财产权，因为我国最高人民法院在2001年的《关于确定民事侵权精神损害赔偿责任若干问题的解释》中明确规定，行为人侵害他人作为人格权性质的姓名权导致他人遭受精神损害时，应当对受害人承担精神损害赔偿责任。最后，我国学说普遍认为，自然人享有的姓名权是一种人格权而非财产权。张新宝教授指出，姓名权作为人身权之一种，具有人身权的一般属性，即它与特定主体的不可分割性，本身不具有财产的内容；体现和保护人格尊严方面的利益。①

应当注意的是,我国《侵权责任法》第20条和第22条实际上认可了姓名权的双重性理论,认为姓名权或者是一种财产权,或者是一种人格权。因为根据我国《侵权责任法》第20条的规定,如果行为人为了商事目的擅自使用他人姓名并因此造成同时经济损失的,他们应当根据第20条的规定对他人承担财产损害赔偿责任;而根据我国《侵权责任法》第22条的规定,如果行为人不是为了商事目的侵害他人姓名权,他们仅根据第22条的规定对他人承担精神损害赔偿责任。《侵权责任法》第20条的规定具有重大意义,它既反应了市场经济发展的要求,也有利于对姓名权人提供强有力的保护,既保护了他人尤其是影视明星、体育明星的经济利益,而且还会防止行为人实施侵害他人姓名权并因此获得大量不当利益的侵权行为。

承认姓名权的财产性的好处之一是,承认姓名权的财产性就会承认姓名权在性质方面的差异性,就会承认行为人承担的损害赔偿责任的差异性。在非市场经济条件下,自然人的姓名权具有同一性,即所有自然人的姓名权都是一种人格权,不存在某些自然人的姓名权是人格权而另外一些自然人的姓名权是财产权的现象。但是在市场经济条件下,自然人的姓名权具有差异性,即某些人的姓名权仅仅是一种人格权,某些人的姓名权则仅仅是一种财产权,而某些人的姓名权同时构成人格权和财产权。关于这一点,笔者将在有关姓名侵权的法律救济措施当中讨论,此处从略。

承认姓名权财产性的好处之二是,承认姓名权的财产性就必然会承认姓名权的可转让性。在市场经济社会,自然人的姓名权是能够被转让的,此种转让表现在两个方面:一方面,如果自然人将自己的姓名用于商事活动,则他们的姓名将成为具有商事价值的姓名权,自然人能够同他人签订契约,将其具有商事价值的姓名权转让给别人使用。此时,转让人不得再在有关商事领域使用其姓名,否则,构成不当竞争,应当对受让人遭受的财产损害承担侵权责任。另一方面,如果姓名权人是一个影视明星、体育明星或者其他领域的公众人物,则他们的姓名本身就具有商事价值、财产价值或者经济价值,这些公众人物能够同别人签订契约,授权别人使用他们的姓名来做广告或者从事其他商事活动。此时,公众人物往往会获得别人支付的姓名使

---

① 张新宝:《侵权行为法》(第2版),中国社会科学出版社1998年版,第288页;王利明:《人格权法研究》,中国人民大学出版社2005年版,第412页。

用费或者特许使用费,虽然他们有时也会免费授权别人使用他们的姓名。姓名权的可转让性同肖像权的可转让性是完全一致的,笔者在有关肖像侵权责任当中讨论的肖像权的可转让性完全适用于姓名权的可转让性,由于笔者已经在肖像权的可转让性当中对这样的问题作出了说明,笔者在此处不再对此问题作出详细的说明。

承认姓名权的财产性的好处之三是,承认了姓名权的财产性就必然会承认姓名权的可继承性。在市场经济社会,他人尤其是影视明星、体育明星的姓名权不再是一种人格权而仅仅是一种财产权,当他们死亡时,他们的姓名权不再消灭,他们的姓名权能够作为一种遗产为其继承人继承。行为人未经其继承人同意就擅自使用死者生前的姓名来从事商事活动,他们的行为构成侵权行为,应当对死者继承人承担财产损害赔偿责任。

三、姓名侵权责任保护的姓名范围

(一) 侵权法对他人主要姓名的保护

所谓主要姓名,也称本名、法定姓名、强制姓名、真实姓名、正式姓名,是指一个自然人在出生时记载在出生证上或者户籍上的姓名。主要姓名是自然人个性化、特定化的最重要标志,是自然人区别于、独立于其他自然人的最重要符合。

在两大法系国家和我国,侵权法对他人的主要姓名提供保护,认为行为人未经他人同意就擅自使用他人主要姓名的行为构成姓名侵权行为,在符合姓名侵权责任构成要件的情况下,行为人应当对他人承担侵权责任。因此,侵权法对他人的主要姓名提供保护。例如,在 Eastwood v. Superior Court[①] 一案中,法官认为被告擅自使用原告姓名的行为构成侵权行为。在该案中,被告在其封面文章当中使用了原告的姓名,给读者提供虚假信息。原告向法院起诉,认为被告的封面文章擅自使用自己的姓名,侵害了自己的权利,应当承担侵权责任。法官认为,被告未经原告同意就擅自使用其姓名,应当对原告承担侵权责任。

---

① 149 Cal. App. 3d. 409 (1983).

在法国,侵权法认为,姓名侵权责任不仅保护他人的姓,而且还保护他人的名,当行为人侵害他人的姓时,侵权法会责令他们对他人承担侵权责任;当行为人侵害他人名时,侵权法也会责令行为人对他人承担侵权责任。例如,在1986年的司法判例中①,法国法官认为,被告将原告的名字用做香水商标的行为侵害了原告的姓名权,应当对原告遭受的损害承担侵权责任。在美国,姓名侵权责任是否保护自然人的姓或者名,司法判例作出的回答并不完全相同。某些司法判例认为,如果行为人仅仅使用了原告的姓氏或者名字,则他们的姓氏使用行为或者名字使用行为将不构成姓名侵权行为,无须对受害人承担侵权责任。某些司法判例认为,如果行为人仅仅使用原告的姓氏或者名字,他们的姓氏或者名字使用行为也构成姓名侵权行为,应当承担侵权责任。

在我国,侵权法仅仅应当保护他人的姓名,不应当保护他人的姓氏或者名字,当行为人使用他人姓氏或者名字时,侵权法不应责令行为人对他人承担侵权责任。首先,在我国,姓氏种类多种多样,每一种姓氏虽然都有自己独特的历史,但是,姓氏并没有特别的意义,当行为人不喜欢自己的姓氏时,他们完全可以放弃自己的姓氏而改用他人的姓氏,因为行为人擅自使用他人的姓氏不会影响他人的利益。例如,如果狗姓的人觉得狗姓不雅观或者会遭受别人嘲笑的话,他们完全可以将自己的狗姓改为张姓或者李姓,张姓或者李姓的人不得加以反对。其次,在我国,名字可谓五花八门,重名现象多如牛毛,不得仅仅因为别人使用的名字同自己的名字相同而认为别人侵害了自己的名字。最后,如果行为人仅仅使用别人的姓氏或者名字还无法使被使用姓名的人具体确定,原告的身份还无法识别,只有当行为人同时使用他人的姓氏和名字时,原告的身份才有可能被确定,原告的身份才符合原告身份的识别性规则的要求。

(二) 侵权法对次要姓名的保护

所谓次要姓名(les accessories du nom),也称非法定姓名、非强制姓名、虚假姓名或者非正式姓名,是指自然人虚构的姓名或者别人送给他们的姓名。主要姓名同次要姓名的区别是:其一,主要姓名是法定的,具有强制性、

---

① Paris, 10 juil. 1986: J.C.P.87, II, 20712, note Agostini.

不变性的特点,而次要姓名是任意的,具有随意性、可变性的特点。其二,主要姓名具有唯一性,而次要姓名具有多样性。其三,主要姓名具有普遍性,而次要姓名则具有差异性。应当注意的是,姓名权人不得在法律文件上使用包括其笔名、艺名在内的次要姓名,只能使用自己的本名、真实姓名。Raymond 对此规则作出了说明,他指出,姓名权人的笔名、艺名不得取代他们的本名,因为姓名权人虽然有权在日常生活当中使用其笔名、艺名,他们在官方文件当中只能使用记载在出生证上的姓名。[1]

在法国,学说普遍认为,自然人的次要姓名包括三种:le pseuonyme(笔名、艺名)、le surnom(绰号)以及 les titres nobilaires(自然人的贵族头衔)。在英美法系国家,学说和司法判例普遍认为,自然人的次要姓名包括四种:笔名(penname)、艺名(stage-name)、绰号(nickname)和曾用名(former name)。在我国,自然人的次要姓名包括哪些类型,学说之间存在差异。主流学说认为,自然人的次要姓名包括五种:笔名、艺名、别名之外,还包括字、号。少数学说认为,自然人的次要姓名也包括五种:笔名、艺名、曾用名和字、号。

所谓笔名,是指自然人在从事文学活动时使用的名字。笔名不是自然人的本名、真实名字,而是自然人在发表文章、出版著作或者从事其他文学活动时使用的假名。所谓艺名,也不是自然人的本名、真实姓名,而是自然人在从事舞台艺术、戏剧艺术或者其他职业活动时使用的假名。所谓绰号,也称混号、诨名、外号,是指姓名权人的父母、亲朋好友或者社会公众根据他人的特点给他人起的有代表性的称谓。所谓贵族头衔,也称贵族爵位,贵族封爵、世爵,是古代皇族、贵族的封号,用以表示身份等级与权利的大小、高低。所谓曾用名,是指自然人在过去使用过但是目前已经不再使用的姓名。曾用名既包括自然人在过去曾经使用过但是现在已经不再使用的主要姓名,也包括在过去曾经使用过但是现在已经不再使用的笔名、艺名或者字、号。所谓字,是指自然人对其名作出的解释和补充,字又称"表字"。字是为了便于他人称谓,对平辈或尊辈称字出于礼貌和尊敬,往往为有身份的人使用。所谓号,是我国古代文人雅士的别称、别字、别号。号除了供人呼唤之外,还用做文章、书籍、字画的署名。侵权法是否对他人次要姓名提供保护,

---

[1] Gilles Goubeaux, *Droit Civil* (24 e édition), Librairie Générali De Droit et Jurisprudence, p. 161.

取决于各国侵权法的具体规定。

总的说来,在法国,侵权法保护他人对其笔名、艺名、绰号以及贵族头衔享有的权利,当行为人侵害这些次要姓名时,应当对他人承担侵权责任。例如,Carbonnier 指出,自然人在文学或者艺术活动当中使用的笔名或者艺名受到侵权法保护的,这一点同商事姓名相似,因为,正如商事姓名会被人擅自使用之外,自然人的笔名、艺名也可能会被人擅自使用。当一个人通过长期使用而使自己的笔名、艺名成为具有知名度的姓名时,他们就对该种笔名、艺名享有权利,当行为人使用相同或者相似的笔名、艺名时,他们有权要求行为人承担侵权责任。①

在英美法系国家,侵权法存在不同的意见。某些司法判例会保护他人的次要姓名,而某些司法判例则不保护他人的次要姓名。例如,Ali v. Playgirl, Inc.②一案中,法官认为行为人应当就其侵害他人绰号的行为对他人承担侵权责任。在该案中,原告阿里(Muhammad Ali)是美国著名的拳击运动员。由于阿里拳法多变,步伐灵活,出拳快速有力,美国观众给阿里起了一个绰号"The Greatest"。被告在其杂志当中画了一副无法识别的黑人画,画中的黑人站在拳赛场地,其旁边用了"The Greatest"的字样。原告阿里向法院起诉,认为被告的行为侵害了自己的姓名权,应当对自己承担侵权责任。法官认为,即便被告没有使用原告的真实姓名而仅仅使用原告的绰号,他们的行为也构成侵权行为,应当对原告承担侵权责任。而在 Geisel v. Poynter Prods., Inc.③一案中,法官则认为,被告使用原告笔名的行为不构成侵权行为,无须对原告承担侵权责任。

在我国,《民法通则》和《侵权责任法》虽然规定了保护他人的姓名权,但是没有规定所保护的姓名权是不是包括他人的次要姓名权。笔者认为,我国《民法通则》和《侵权责任法》规定的姓名权除了包括主要姓名权之外,当然也包括次要姓名权,当行为人侵害他人次要姓名权时,他们当然也应当根据《民法通则》和《侵权责任法》的有关规定对他人承担侵权责任。因此,当行为人侵害他人的笔名、艺名、别名或者字、号时,在符合姓名侵权责任的

---

① Jean Carbonnier, *Droit Civil, 1/Introduction, les Personnes*, Presses Universitaires De France, p.254.
② 447 F. Supp. 723 (S.D.N.Y. 1978).
③ 295 F. Supp. 331 (S.D.N.Y. 1968).

其他构成要件的情况下,他们当然应当对他人承担侵权责任。不过,侵权法对他人次要姓名权的保护条件要高于他人对其主要姓名权保护的条件,即他人的次要姓名通过长期使用、支配获得了社会公众的认可,使社会公众将他人的笔名、艺名、别名或者字、号等同于他人,他人的笔名、艺名、别名或者字、号已经成为社会公众识别他人的标志,否则,行为人无须对他人承担侵权责任。

(三) 侵权法对他人通过影视剧、舞台表演创造的人物姓名的保护

在美国,少数法院扩张公开权保护的姓名范围,将公开权保护的姓名范围从自然人本人的主要姓名、次要姓名扩张到自然人扮演、创造出的影视剧、舞台剧人物,认为行为人未经人物创造者的同意就擅自使用他们创造人物的姓名的行为构成侵权行为,在符合姓名侵权责任构成要件的情况下,行为人应当就其侵权行为对他人承担侵权责任。①

在 McFarland v. Miller② 一案中,美国司法判例对这样的规则作出了说明。在该案中,原告 George McFarland 是一个演员,在电影、电视剧当中创造 Spanky 这个人物。原告在 20 世纪 90 年代之前一直通过特许契约方式授权别人为了商事目的使用 Spanky 这样的姓名并因此获得经济利益。在 1990 年,被告未经原告同意就擅自将 Spanky 用做其酒店的名称,并且使用了原告在 20 世纪 20 年代到 40 年代的系列电影当中的肖像。法官认为,即便 Spanky 不是原告的真实姓名而仅是原告创造的影视剧人物的姓名,被告仍然应当就其使用原告创造人物姓名的行为对原告承担侵权责任。法官指出,鉴于原告长期扮演 Spanky 的角色,将影视剧当中的 Spanky 等同于演员 McFarland 是合理的;社会公众认为,原告 McFarland 就是 Spanky,Spanky 就是 McFarland,两者的人格混同。

在我国,侵权法是否应当像美国侵权法那样将姓名权的保护范围扩张到他人在影视剧、舞台剧当中扮演的人物姓名,我国学说没有作出说明。笔者认为,我国侵权法应当借鉴美国侵权法的经验,对他人创造人物的姓名提供保护。其理由有二:一方面,演员通过影视剧、舞台剧创造成功人物是需

---

① 参见安吉拉 D. 库克:《公开权是否应保护演员所饰演的角色》,温良苑译,载张民安主编:《公开权侵权责任研究》,中山大学出版社 2010 年版,第 176—193 页。
② 14 F3d. 912, 923 (3d Cir. 1994).

要付出大量心血和汗水的,如果他们通过自己的努力创造了某种人物而侵权法不保护他们对其创造人物的姓名享有的权利和利益,则演员开发、创造影视剧、舞台剧的积极性将大受打击,只有责令行为人就其擅自使用他人创造人物姓名的行为对他人承担侵权责任,他人才有积极性来开发、创造影视剧、舞台剧人物;另一方面,如果听凭行为人擅自使用他人创造的人物姓名来从事商事活动,则不仅他人的利益将遭受重大损害,而且行为人将获得大量的不当利益。只有责令行为人就其擅自使用他人创造人物姓名的行为对他人承担侵权责任,他人对其创造人物姓名享有的利益才不会遭受损失,行为人才不会通过非法手段获得不当利益。不过,侵权法对他人创造人物姓名的保护并非是无条件的而是有条件的,即他人创造的影视剧、舞台剧人物应当具有相当的知名度,为社会公众或者一定范围内的人所熟知;社会公众或者一定范围内的人基于此种熟知而将他人创造的影视剧、舞台剧当中的人物等同于他人,他人的真实姓名已经为他人创造的人物姓名所吸收。

四、姓名侵权责任的构成要件

所谓姓名侵权责任的构成要件,是指行为人就其侵害他人姓名权的行为对他人承担侵权责任的构成要素,只有具备姓名侵权责任的各种构成要素,行为人才能够对他人承担侵权责任,如果不具备姓名侵权责任的构成要素,则行为人将不对他人承担侵权责任。笔者认为,姓名侵权责任除了应当具备无形人格侵权责任的一般构成要件之外,还应当具备姓名侵权责任的特殊构成要件,包括:行为人为了自己的利益使用他人姓名;行为人未经他人同意就擅自使用他人姓名;行为人基于故意使用他人姓名;姓名权人遭受了损害。

(一)行为人为了自己的利益使用他人姓名

行为人对他人承担姓名侵权责任的第一个要件是,行为人为了自己的利益使用他人姓名。如果行为人不是为了自己的利益使用他人姓名,则他们的姓名使用行为将不构成侵权行为,无须承担侵权责任。因此,为了自己利益使用他人姓名是姓名侵权责任的必要构成要件。

在法国,司法判例对行为人使用他人姓名的目的作出宽泛解释,认为行为人无论是基于商事目的、经济目的还是基于其他目的使用他人的姓名,他们的姓名使用行为都能够构成姓名侵权行为,在符合姓名侵权责任的其他构成要件的情况下,行为人应当对受害人承担侵权责任,包括行为人基于商事目的使用他人姓名,基于文学目的使用他人姓名,基于艺术目的使用他人姓名或者基于其他目的使用他人姓名。

在美国,姓名侵权责任是否要求行为人为了商事目的使用他人姓名,学说和司法判例存在争议。某些学说和司法判例认为,只要行为人是为了自己的利益使用他人姓名,他们的姓名使用行为将构成隐私或者公开权的侵权行为,在符合隐私侵权责任或者公开权侵权责任构成要件的情况下,行为人就应当对他人承担侵权责任。《美国侵权法重述》(第2版)第652C条采取这样的意见,认为行为人只要是为了自己的利益使用他人姓名,他们的姓名使用行为将构成侵权行为,无须要求行为人为了经济目的、商事目的使用他人姓名。某些学说和司法判例认为,只有行为人为了商事目的、经济目的使用他人姓名,他们的姓名使用行为才构成侵权行为,如果行为人不是基于商事目的、经济目的使用他人姓名,则他们的姓名使用行为将不构成侵权行为,无须对姓名权人遭受的损害承担侵权责任。此种理论主要为美国纽约州、加利福尼亚州、田纳西州等州的制定法所采取,为美国主张姓名权是公开权的学说和司法判例所采取,已如前述。

在我国,《民法通则》和《侵权责任法》在规定姓名侵权责任时没有规定目的要件,无论行为人基于什么目的使用他人姓名,他们的姓名使用行为都可构成姓名侵权行为。笔者认为,此种规则具有合理性,因为,行为人为了商事目的、经济目的使用他人姓名的行为固然会给他人造成精神损害或者财产损害,他们为了其他目的使用他人姓名的行为当然也会给他人造成精神损害。行为人侵害他人姓名权的目的不会影响行为人姓名侵权责任的成立,仅会影响其承担的损害赔偿责任的性质究竟是精神损害赔偿还是财产损害赔偿。

(二)行为人使用他人姓名的行为没有获得他人的同意

行为人对他人承担姓名侵权责任的第二个构成要件是,行为人使用他人姓名时没有获得他人的同意,也就是擅自使用他人的姓名。如果行为人预先获得了姓名权人的同意,则他们使用他人姓名的行为将不构成侵权行为,无须对他人承担姓名侵权责任。在两大法系国家和我国,侵权法都坚持这样的观点。① 美国《加利福尼亚州民法典》第3344(a)条规定,只有在行为人没有预先获得姓名权人同意的情况下使用他人的姓名,他们的姓名使用行为才构成公开权的侵权行为。姓名权人对行为人使用其姓名作出的同意表示应当是事先的、书面的,应当对有关姓名的使用期限、范围、方式等作出明确的、肯定的、清楚的规定。关于这一点,有关肖像使用当中的规定完全适用于姓名的使用。

(三) 行为人的故意行为

行为人对他人承担姓名侵权责任的第三个构成要件是,行为人是基于故意而侵害他人享有的姓名权,如果他们仅为过失,则无须对他人承担姓名侵权责任。两大法系国家和我国的侵权法之所以要求行为人具有故意或者恶意时才就其使用他人姓名的行为对他人承担侵权责任,其主要原因有二:一方面,两大法系国家和我国的侵权法认为,行为人享有命名的自由权,他们能够根据自己的意愿使用他们希望使用的任何姓名或者名称,即便他们使用的姓名同别人的姓名相同或者类似,他们也能够使用这些姓名,行为人在命名时无须尽到合理的注意义务,看看他们使用的姓名是否同别人的姓名雷同或者类似。另一方面,两大法系国家和我国的侵权法还认为,如果行为人使用的姓名是通用姓名、大众化的姓名,则即便行为人使用的姓名同原告的姓名相同,行为人的姓名使用行为也不得被看做姓名侵权行为,除非原告能够证明被告使用的姓名就是自己的姓名。如果仅仅因为被告使用的姓名同原告的姓名雷同而认定行为人的姓名使用行为构成侵权行为,则大量的同名同姓者会向法院起诉,要求被告承担侵权责任;而此种状态完全违反了公共政策,因为被告此时承担的侵权责任将过重,影响被告自由权的行使;法官会在同一时期审判大量的类似案件,影响到对其他案件的审判。

在当今两大法系国家和我国,故意侵害他人姓名权的行为大同小异,主要包括:故意否认他人姓名的行为、故意干涉他人命名或者改名的行为、故意侵占他人姓名的行为等。所谓故意否认他人姓名的行为,是指姓名权人

---

① Eastwood v. Superior Court, 198 Cal. Rptr. 342 (Ct. App. 1983); Civ. 1re 6 juill. 1965: D. 1965, 701.

依法行使自己姓名权的行为得不到行为人的承认,行为人或者拒绝按照姓名权人的姓名称呼他们,或者使用另外一个姓名称呼他们,或者拒绝按照变更后的姓名称呼他们。所谓故意干涉他人命名或者改名的行为,是指行为人故意阻却姓名权人依法给自己命名或者改名的行为。所谓故意侵占他人姓名的行为,是指行为人未经他人同意就擅自为了自己的某种利益而使用他人姓名的行为。

在两大法系国家和我国,故意侵占他人姓名的行为是最主要也是最重要的姓名侵权行为,有众多的表现形式,包括但是不限于这些形式:(1)通过法律文书侵占他人姓名的行为。(2)行为人擅自以他人婚姻配偶身份自称。(3)侵占他人贵族爵位的行为。(4)侵占他人姓氏的行为。(5)通过影视剧、小说或者戏剧等方式侵占他人姓名的行为。(6)擅自使用他人姓名来做广告的行为。(7)通过商标、招牌方式侵占他人姓名的行为。(8)通过公司或者企业名称方式侵占他人姓名的行为(9)通过使用他人商事名称的方式侵占他人商事名称的行为等。

(四) 姓名权人遭受了损害

行为人对他人承担姓名侵权责任的第四个构成要件是,行为人实施的姓名侵权行为给他人造成了损害,如果行为人实施的姓名侵权行为没有给他人造成损害,则他们无须对他人承担侵权责任。

在法国,学说认为,如果姓名权人要求行为人根据《法国民法典》第1382条的规定对自己承担侵权责任,他们必须证明自己因为行为人的姓名侵害行为遭受了某种损害,如果姓名权人无法证明他们因此遭受了损害,行为人将不会对受害人承担侵权责任。不过,法国侵权法对姓名权人的举证责任要求较低,因为法国侵权法认为,一旦姓名权人向法院起诉,要求法官责令行为人放弃其基于商事目的使用自己姓名的行为,姓名权人遭受的无形损害即得到证明;或者当姓名权人能够证明,行为人使用其姓名的行为可能会使姓名权与行为人的广告或商标发生混乱时,姓名权人即证明自己遭受了无形损害;或者当姓名权人能够证明,行为人在其小说或电影中使用的人名可能与姓名权人的姓名产生混淆时,姓名权人即证明自己遭受了损害。①

在美国,无论是将他人对其姓名享有的权利看做隐私权的学说和司法判例还是将他人对其姓名享有的权利看做公开权的学说和司法判例都认为,姓名权人因为行为人的姓名使用行为遭受了损害是行为人对姓名权人承担侵权责任的必要条件,如果行为人的姓名使用行为没有给姓名权人或者其他利害关系人造成某种损害,则行为人将不用对姓名权人承担侵权责任。

在我国,《侵权责任法》第20条和第22条明确规定,只有当行为人侵害他人姓名权的行为给他人造成财产损失或者精神损害时,行为人才就其实施的姓名侵权行为对他人承担侵权责任。如果行为人实施的姓名侵权行为没有给他人造成任何损害,则他们不得要求行为人对其承担侵权责任。可见,姓名权人遭受了某种损害也是姓名侵权责任的必要构成要件。不具备精神损害或者财产损害的构成要件,行为人将不用对姓名权人承担侵权责任,也无须采取其他法律救济措施。

五、姓名侵权责任的承担和抗辩

(一) 损害赔偿责任

当行为人侵害他人姓名权时,他们对他人承担的侵权责任主要是损害赔偿责任。两大法系国家和我国的侵权法普遍认为,如果行为人侵害他人具有人格性质的姓名权,他们应当对他人遭受的精神损害承担赔偿责任;如果行为人侵害他人具有财产性质的姓名权,他们应当对受害人遭受的损害承担侵权责任。两大法系国家和我国的侵权法之所以采取这样的规则,是因为他们认为,在某些情况下,他人的姓名权仅为精神性的权利,而在某些情况下,他人姓名权则为财产性的权利,已如前述。

例如,法国学说认为,在两种情况下,姓名权能够看做财产权,行为人侵害他人的姓名权,应当对他人遭受的财产损害承担赔偿责任:其一,自然人的商事名称。如果自然人将自己的名字用做商事活动,则自然人的姓名将

---

① Guy Raymond, *Droit Civil* (2e éditon), litec, p. 265.

成为具有财产价值的商事名称,自然人通过该种商事名称来吸引顾客、同顾客从事买卖或者其他商事活动。自然人有权转让该种商事名称,自然人死亡之后,该种商事名称能够被死者继承。如果行为人擅自使用他人的商事名称从事商事活动,则行为人应当对他人遭受的财产损害承担侵权责任。其二,自然人的商标。如果自然人将其姓名用做商标时,则该种姓名即成为具有财产价值的姓名,行为人未经他人同意就擅自使用他人商标来从事商事活动,应当对他人遭受的财产损害承担侵权责任。在其他情况下,自然人的姓名权将被看做人格权。如果行为人擅自使用他人姓名,他们应当对姓名权人遭受的精神损害承担赔偿责任。问题在于,如果行为人侵害他人具有人格性质的姓名权,他们是否对他人遭受的财产损害承担赔偿责任。法国学说对这样的问题并没有十分明确的说明,但是某些学说似乎也认为,一旦行为人侵害他人具有人格性质的姓名权并因此导致他人遭受财产损害,他们也应当对姓名权人遭受的财产损害承担赔偿责任。

在美国,那些将他人姓名权看做隐私权的侵权法或者学者普遍认为,当行为人侵害他人姓名权时,他们仅需赔偿他人遭受的精神损害;那些将他人姓名权看做公开权的侵权法或者学者普遍认为,当行为人侵害他人姓名权时,他们仅需赔偿他人遭受的财产损失。关于这些问题,笔者已经在前面有关的隐私权和公开权当中作出了说明,此处从略。

在我国,《民法通则》和传统的侵权法理论普遍认为,他人的姓名权仅为人格性质的权利,当行为人侵害他人姓名权时,他们仅需对他人承担精神损害赔偿责任,即便因此给他人造成财产损失,也是如此。在责令行为人赔偿他人精神损害时,应当考虑他人遭受财产损失的具体因素。此种理论在计划经济时代是可行的。但是,在市场经济条件下则是有问题的,因为在市场经济条件下,某些人的姓名权不再是人格权,而完全变成了财产权,具有商事价值性、财产性、经济性。例如,影视明星、体育明星的姓名权等。当行为人为了商事目的侵害他们的姓名权时,他们并没有遭受精神损害而遭受了财产损失。因此,责令行为人赔偿他人遭受的精神损害实际上无法弥补他人遭受的损失,也无法防止行为人通过侵害他人姓名权的方式获得不当得利。

为了适应我国市场经济发展的要求,我国《侵权责任法》第20条实际上已经认可了他人姓名权的财产性,认为当行为人基于商事目的侵害他人具有财产性的姓名权时,他们应当根据《侵权责任法》第22条的规定对他人承担侵权责任。此外，我国《侵权责任法》第22条也认可了他人姓名权的人格性，认为当行为人侵害他人具有人格性的姓名权时，应当根据第22条的规定对他人承担精神损害赔偿责任。已如前述。笔者认为，在我国，自然人的姓名权究竟应当被看做一种人格权还是一种财产权，取决于自然人的身份和行为人使用自然人姓名的目的。

对于一般的社会公众而言，他们的姓名权往往表现为人格权，当行为人侵害他们的姓名权时，原则上仅对他们遭受的精神损害承担赔偿责任，无须对他们遭受的财产损害承担赔偿责任。因为，原则上讲，一般社会公众的姓名权并没有商事价值。在例外情况下，社会公众的姓名权可以看做财产权，或者同时看做人格权和财产权，当行为人侵害他们的姓名权时，也应当赔偿他们遭受的财产损失，或者同时赔偿他人遭受的精神损害和财产损失。所谓例外情况是指，行为人将一般社会公众的姓名用于商事经营活动，例如，行为人使用一般社会公众的姓名来做广告，将他们的姓名来做商事招牌或者商标等。

对于影视明星、体育明星等公众人物而言，他们的姓名权原则上应当看做财产权而非人格权，当行为人基于商事目的侵害他们的姓名权时，应当对他们遭受的财产损害承担赔偿责任，无须对他们遭受的精神损害承担侵权责任，因为影视明星、体育明星的姓名权具有天生的财产性；如果不责令行为人就其使用影视明星、体育明星姓名的行为对受害人承担财产损害赔偿责任，则行为人将通过使用他们的姓名权获得大量的不当利益；影视明星、体育明星的姓名权遭受侵害时，他们很少会遭受精神损害。在某些例外情况下，他们的姓名权也能够看做人格权。包括两种例外：一方面，如果行为人未经影视明星、体育明星的同意就擅自使用其姓名来丑化他们的形象，影视明星、体育明星的姓名权应当被看做人格权而非财产权；另一方面，如果行为人原本要求影视明星、体育明星授权他们使用其姓名从事商事活动而影视明星、体育明星原本会拒绝授权行为人使用其姓名时。

对于政府官员或者准政府官员而言，他们的姓名权仅仅被看做人格权而非财产权，因为政府官员或者准政府官员的姓名仅仅具有精神价值、人格价值，不具有财产价值、商事价值。即便行为人是为了商事目的使用他们的姓名，他们也仅仅对受害人遭受的精神损害承担赔偿责任，不对受害人遭受的财产损害承担赔偿责任，行为人因此获得的不当利益应当予以没收。

（二）损害赔偿之外的法律救济

在两大法系国家和我国,侵权法除了责令行为人就其侵害他人姓名权的行为对他人遭受的精神损害或者财产损害承担赔偿责任之外,也会责令行为人采取损害赔偿之外的其他法律救济措施,以便保护他人对其姓名享有的权利。主要包括:请求行为人停止侵占他人姓名的行为以及请求停止使用他人姓名的行为。

1. 请求行为人停止侵占他人姓名的行为

如果行为人在自然人的民事领域使用他人的姓名,则行为人的此种姓名侵害行为被称作姓名侵占行为。姓名权人有权向法院起诉,要求法官责令行为人放弃使用姓名权人的姓名,这就是姓名侵占诉讼制度(l'action en usurpation de nom)。法国主流学说认为,姓名侵占诉讼制度仅仅在民事领域适用,以无权使用他人姓名的行为人在公证书、出生证或者法律文件上使用姓名权人的姓名作为必要条件。姓名被侵占的人或者他们的家庭成员有权向法院起诉,要求法官颁发禁止令,禁止行为人使用姓名权人的姓名或者要求行为人将其姓名返还给自己因此记载在自己出生证或者其他民事法律文书之中。Raymond对此作出了说明,他指出,任何人,只要他们的姓名被姓名权人之外的行为人所使用,他们都有权向法院起诉,要求法官责令行为人停止使用自己的姓名。为了提起此种诉讼,合法姓名权人应当对行为人使用其姓名的行为提出抗议并且要求法官通过简易程序禁止行为人使用其姓名。[①]

2. 停止使用他人姓名的行为

如果行为人未经姓名权人的同意就擅自将其姓名用于小说、电影电视剧的人物姓名或者用于某种产品的名称,姓名权人有权向法院起诉,要求法官颁发禁止令,禁止行为人使用其姓名。姓名权人要求法官责令行为人停止使用其姓名时,应当证明行为人在其小说、电影电视剧当中使用的人物姓名同自己的姓名存在混淆的危险,应当证明自己因此遭受了某种损害。Goubeaux对此作出了说明,他指出,如果行为人不是为了标明自己而使用姓名权人的姓名,而是为了指明小说、电影当中的人物或者某种产品,则姓名

---

① Guy Raymond, *Droit Civil* (2e édition), litec, p.165.

权人有权要求行为人停止使用其姓名并要求他们承担赔偿责任。此时,姓名权人应当证明行为人使用其姓名的行为引起了公众的混淆并且因此导致自己遭受了损害。①

(三) 姓名侵权责任的抗辩事由

所谓姓名侵权责任的抗辩事由,是指行为人就其侵害他人姓名权的行为拒绝对他人承担侵权责任的正当事由。如果具备某种正当事由,行为人无须就其实施的姓名侵权责任对他人承担侵权责任,即便他人因此遭受精神损害或者财产损害。

在法国,学说很少对姓名侵权责任的抗辩事由作出说明,因此姓名侵权责任的抗辩事由有哪些,我们不得而知。在美国,侵权法认为,自然人对其姓名享有的权利和自然人对其肖像享有的权利都是隐私权或者公开权的组成部分,姓名侵权责任的抗辩事由同肖像侵权责任的抗辩事由完全一致,笔者在肖像侵权责任当中讨论的美国肖像侵权责任的抗辩事由也能够适用于姓名侵权责任。这样,美国侵权法至少认可了四种形式的抗辩事由:(1) 行为人为了行使宪法规定的言论自由权和出版自由权而使用他人姓名;(2) 行为人在具有新闻价值性的事件中使用他人姓名;(3) 行为人非有意使用他人姓名;(4) 行为人合理使用他人姓名的行为。

在我国,《民法通则》和《侵权责任法》都没有规定姓名侵权责任的抗辩事由,学说也很少对姓名侵权责任的抗辩事由作出说明。笔者认为,姓名侵权责任的抗辩事由有三种:(1) 行为人为了行使言论自由权和出版自由权使用他人姓名的行为;(2) 行为人合理使用他人姓名的行为;(3) 国家机关为了执行公务而使用他人姓名的行为。由于笔者已经在肖像侵权责任的抗辩事由当中对这些规则作出了讨论,并且由于肖像侵权责任的抗辩事由完全能够在姓名侵权责任当中适用,笔者在此处不再讨论这些抗辩事由。

---

① Gilles Goubeaux, *Droit Civil* (24 e édition), Librairie Générali De Droit et Jurisprudence, p. 55.

第十八章 人身自由侵权责任

一、自由和自由侵权的界定

（一）自由和民事自由的界定

在法国，Carbonnier 指出，所谓自由，是指一个人从事自己愿意从事活动的可能性，是一个人根据自己的适当决定来行为的权限（le pouvoir）。① Raymond 指出，所谓自由，是指一个人享有某种权利的可能性，因此，只有当该人的自由被限制之时，该人才意识到其自由权的存在。② 梅伟教授指出，所谓自由权，是指自然人在法律规定的范围内，依照自己的意志从事某种活动，不受他人约束、限制和妨碍的权利。③ 无论是法国学说对自由的界定还是我国学说对自由的界定，其含义大同小异，都是讲自然人能够按照自己的意愿从事或者不从事某种活动，行为人不得强迫自然人违反自己的意愿从事或者不从事某种活动。既然自由表现为一种权限，则享有自由的人能够行使其自由权，也能够不行使其自由权。

（二）民事自由的种类

Carbonnier 指出，民事自由的种类多种多样，学说无法对民事自由的种类进行详细的列举，因为自然人能够自由从事的活动多种多样。虽然如此，Carbonnier 还是认为，最典型的自由包括身体自由（libertés physique）、住所的不可侵犯性（inviolabilité du domicile）、意志自由（libertés du conscience）和

---

① Jean Carbonnier, *Droit Civil*, *1/Introduction, les Personnes*, Presses Universitaires De France, p. 311.
② Guy Raymond, *Droit Civil*(2e éditon), litec, p. 83.
③ 张民安、梅伟：《侵权法》（第3版），中山大学出版社2008年版，第260页。

职业自由(libertés professionnelles)等。① Raymond 认为,根据 Carbonnier 的意见,属于民事自由的身体自由可以分为三种:来去自由(libertés d'aller et venir)、从事或者不从事某种行为的自由(libertés de faire ou de ne pas faire)以及生活方式的自由(libertés du mode de vie)。② 在英美法系国家,学说很少对民事自由的种类进行研究,因此,有关民事自由究竟如何分类,学说并没有明确的答案。不过,英美法系国家的侵权法也认可法国学说对民事自由的分类,因为英美法系国家的侵权法建立了几种具体的自由侵权责任以便对侵害他人自由的行为进行救济。在我国,无论是《民法通则》还是《侵权责任法》均没有规定他人享有的自由权,因此,自由权究竟有哪些,《民法通则》和《侵权责任法》没有规定,我国学说也少有说明。笔者根据法国学说的精神,将民事自由分为四种:身体自由、行为自由、意志自由和不动产财产的支配自由。

所谓身体自由,也称迁徙自由、来去自由、移动自由,是指自然人能够根据自己的意愿离开某一个地方而去到另外一个人地方的自由。迁徙自由并不仅是一种公法上的权利,它也是一种民事权利,因为当自然人享有自由迁徙、自由进出、自由来去的权利时,其他自然人应当尊重他们享有的身体自由权,不得非法干涉、阻挠他们的身体自由,不得非法逮捕、拘禁、监禁或者采取其他方式限制其人身自由。否则,行为人除了可能要承担刑事责任之外,还应当承担侵权责任,要赔偿受害人遭受的精神损害或者财产损害。所谓行为自由,是指自然人能够按照自己的意愿从事某种活动或者不从事某种活动的自由。所谓意志自由,是指自然人能够按照自己的真实想法、真实意志来作出某种决定的自由。所谓不动产财产的支配自由,是指住宅或者其他不动产的所有权人或者占有权人能够按照自己的意愿占有、使用其住宅或者其他不动产的自由。限于篇幅,笔者仅仅对身体自由和身体自由侵权责任作出研究。

(三) 自由侵权在侵权法当中的地位

所谓自由侵权,是指行为人非法侵害他人自由并因此导致他人遭受损

---

① Jean Carbonnier, *Droit Civil*, 1/*Introduction*, *les Personnes*, Presses Universitaires De France, pp. 312 – 316.

② Guy Raymond, *Droit Civil*(2e éditon), litec, p. 83.

害的侵权行为。当自然人享有自由权时,行为人应当尊重自然人享有的自由,不得采取非法措施干预、限制、剥夺他人的自由。当行为人违反法律的规定采取非法措施干预、限制或者剥夺他人自由时,他们应当对受害人遭受的损害承担侵权责任。此外大陆法系国家和英美法系国家侵权法的一般规则。

在法国,民法典没有对自然人享有的自由权作出明确规定,因此,行为人是否就其侵害他人自由权的行为对他人承担侵权责任,《法国民法典》没有明确规定。不过,法国法律仍然认可自然人享有的自由权,因为法国《人权宣言》明确规定,任何人都享有自由权,除非有法律的明确规定和依照法律规定的程序,否则,任何人都不得被控告、逮捕或者拘留。此种规定虽然被看做公法性质的规定,但是,法国学说认为,它们也能够被转换成私法上的规定。当行为人非法控告、逮捕或者拘留他人并因此使他人自由受到限制时,行为人当然应当对自由权人遭受的损害承担侵权责任。在德国,民法典第 823(1)条明确规定,如果行为人因为故意或者过失侵害他人自由时,他们应当就其过错行为引起的损害对受害人承担侵权责任。根据《德国民法典》第 832(1)条的精神,自由被认为是与他人的生命、身体、健康和所有权一样具有绝对价值的权利,被看做一种绝对权。

在英美法系国家,侵权法认为,如果行为人没有权利或者正当理由拘禁、检控他人并因此使他们暂时丧失人身自由,则他们应当对自由权人承担侵权责任,这就是英美法系国家侵权法当中的虚假监禁侵权责任(false imprisonment)、蓄意检控侵权责任(malicious prosecution),这些自由侵权责任实际上就是保护他人的身体自由或者人身自由、来去自由。

在我国,《民法通则》没有规定自由或者自由权的问题,因此,行为人侵害他人自由是否应当承担侵权责任,如果要承担侵权责任,行为人如何承担侵权责任,《民法通则》都没有作出明确规定。为了弥补《民法通则》存在的法律漏洞,最高人民法院在《关于确定民事侵权精神损害赔偿责任若干问题的解释》当中首次认可自然人享有的自由权,认为行为人擅自侵害他人自由权并因此导致他人遭受精神损害时,应当对自由权人遭受的精神损害承担赔偿责任。《关于确定民事侵权精神损害赔偿责任若干问题的解释》第 1 条规定,自然人因人身自由权遭受非法侵害,向人民法院起诉请求赔偿精神损害的,人民法院应当依法予以受理。

在侵权法上，行为人是否就其侵害他人自由的行为对他人承担侵权责任的问题不应当成为一个司法机关来解决的问题，而应当成为立法机关来解决的问题。为了保护自然人享有的各种自由权，防止行为人实施侵害他人自由权的各种非法行为，我国侵权法应当借鉴两大法系国家的侵权法尤其是英美法系国家侵权法的经验，对各种自由侵权责任作出明确规定。遗憾的是，我国《侵权责任法》第2条并没有明确规定保护他人的自由权。不过，如果行为人非法侵害他人自由权，他们也应当根据《侵权责任法》第22条对他人承担侵权责任，因为我国《侵权责任法》第2条规定，除了保护该条明确规定的几种无形人格权之外，也保护其他没有明确规定的人格利益，其中当然就包括了他人主张的自由利益。

二、虚假监禁侵权责任在侵权法当中的地位

（一）虚假监禁的界定

所谓虚假监禁（false imprisonment），是指行为人通过非法监禁、拘禁、逮捕或者其他非法手段实施的限制他人身体自由的侵权行为。如果行为人采取非法手段限制他人的人身自由并因此导致他人遭受精神损害或者财产损害，他们应当就其实施的非法限制他人人身自由的行为对他人承担侵权责任。此种侵权责任就是虚假监禁侵权责任。

Heuston 和 Buckley 指出，在侵权法上，所谓虚假监禁侵权并非不是指行为人采取虚假措施将他人关在监狱里，而是指行为人在没有合法理由的情况下实施的监禁、拘禁、逮捕或者其他限制他人人身自由的侵权行为，或者是指行为人在没有合法理由的情况下实施的阻止他人离开所在地的侵权行为。虚假监禁侵权的本质是限制一个原本是自由的人的自由，使他们无法自由活动。要构成虚假监禁行为，行为人无须对他人实施通常意义上的实际监禁行为，也就是将他人关进监狱，只要原告的个人自由被行为人实施的某种行为所剥夺，行为人的行为就构成虚假监禁行为，无论原告的个人自由

被剥夺多长时间,都是如此。①

Rogers 指出,所谓虚假监禁,是指行为人在没有获得法律明示或者默示授权的情况下实施的限制他人身体自由的行为。在虚假监禁当中,无论是"虚假"还是"监禁"这样的词语都是具有误导性的词语,因为"虚假"这一词语并不必然是指"不真实的"、"谬误的",而是指"错误的"、"非法的"。十分可能的是,行为人也许根本没有像通常理解的那样监禁过他人,他们仍然会实施虚假监禁侵权行为。在虚假监禁侵权责任当中,法律并不要求行为人同他人实施了身体上的接触,也不要求行为人对他人采取像监狱一样的关押行为。②

(二) 两大法系国家侵权法对虚假监禁侵权责任的规定

在大陆法系国家,虽然《法国民法典》没有对此种侵权责任作出明确规定,但是法国侵权法显然承认虚假监禁侵权责任,因为法国司法判例认为,一旦行为人对他人实施非法监禁的侵权行为,他们应当对人身自由遭受非法限制的受害人承担侵权责任。③

在德国,《民法典》第 823(1) 条明确规定他人的自由权是绝对权,行为人没有合法根据限制他人人身自由时,应当对他人承担侵权责任。德国学说普遍认为,《德国民法典》第 823(1) 条规定的自由权主要就是为了保护他人对其身体享有的自由权,防止行为人非法拘禁、监禁、逮捕他人。

在英美法系国家,无论是普通法还是制定法都明确规定,如果行为人非法限制他人人身自由,非法拘禁、监禁、逮捕他人,他们应当对他人承担侵权责任。Lord Reid 指出:"英国法对他人的人身自由提供极大的保护,任何人,不管其年龄有多大,能力有多强,其人身自由均不受他人非法行为的侵犯。"④《美国侵权法重述》(第 2 版)第 35 条至第 45 条对虚假监禁侵权责任的构成要件作出了明确规定。根据《美国侵权法重述》(第 2 版)第 35 条的规定,如果行为人:(1) 意图将他人或者第三人限制在他们确定的范围之

---

① R. F. V. Heuston and R. A. Buckley, *Salmond and Heuston on the Law of Torts*(twenty-first edition), Sweet & Maxwell Ltd., p.123.

② W. V. H. Rogers, *Winfield and Jolowicz on Tort*(thirteen edition), Sweet & Maxwell, pp.58-59.

③ Crim., 23 déc. 1986;Bull. Crim, n.384.

④ S. V. Mce[1972]A. C. 24, 43.

内;或者(2)其行为直接或者间接导致他人被限制在他们确定的范围内;并且(3)他人意识到此种限制或者因为此种限制遭受损害,则行为人应当就其虚假监禁行为对他人承担侵权责任。

(三)我国侵权法对虚假监禁侵权责任的规定

在我国,《民法通则》、《侵权责任法》均没有规定虚假监禁侵权责任,因此,行为人实施限制他人人身自由的行为时是否要对受害人承担侵权责任,我国《民法通则》、《侵权责任法》均没有明确规定。不过,不能够因此认为,我国法律完全不保护他人的人身自由权,完全不会责令行为人就其实施的限制他人人身自由的行为对他人承担侵权责任,因为我国《刑法》第238条规定,他人的人身自由权受到刑法的保护,一旦行为人违反《刑法》第238条的规定,他们除了要承担刑事责任之外,还应当承担侵权责任。我国《刑法》第238条规定,非法拘禁他人或者以其他方法非法剥夺他人人身自由的,处3年以下有期徒刑、拘役、管制或者剥夺政治权利。具有殴打、侮辱情节的,从重处罚。当他人因为行为人的非法拘禁犯罪行为遭受损害时,受害人能够依据我国刑事诉讼法规定的刑事附带民事诉讼制度要求罪犯承担侵权责任。

不过,仅仅由刑法对他人人身自由提供保护是不够的。为了保护他人的人身自由权,防止行为人实施非法限制他人人身自由的侵权行为,我国侵权法或者民法典应当借鉴两大法系国家尤其是英美法系国家侵权法的经验,明确规定虚假监禁侵权责任,当行为人实施非法拘禁、拘留、逮捕或者其他限制他人人身自由的非法行为时,我国侵权法也责令他们对受害人遭受的损害承担侵权责任,包括对受害人遭受的精神损害承担的赔偿责任和对受害人遭受的财产损害承担的赔偿责任。

三、虚假监禁侵权责任的构成要件

所谓虚假监禁侵权责任的构成要件,是指行为人就其实施的虚假监禁行为对他人承担侵权责任的必要构成要素。笔者认为,除了应当具备无形人格侵权责任的一般构成要件之外,虚假监禁侵权责任还应当具有特殊的构成要件,包括:行为人对他人实施了虚假监禁行为;虚假监禁行为的完全性;行为人基于故意或者过失对他人实施虚假监禁行为;他人知悉行为人实施的虚假监禁行为。

(一)行为人实施了虚假监禁行为

虚假监禁侵权责任的第一个构成要件是,行为人对他人实施了限制他人人身自由的虚假监禁行为。只有当行为人实施了虚假监禁行为,他们才有可能被责令对他人承担侵权责任,如果行为人没有实施虚假监禁行为,他们将不得被责令对他人承担侵权责任。因此,行为人实施了虚假监禁行为是他们对他人承担侵权责任的必要构成要件。在侵权法上,虚假监禁行为涉及三个方面的问题:其一,行为人实施虚假监禁的范围有哪些;其二,行为人实施虚假监禁的方式有哪些;其三,行为人实施虚假监禁的期限有多长。

1. 虚假监禁的范围

只要行为人在没有正当理由的情况下实施了限制他人人身自由的行为,他们实施的任何行为都构成虚假监禁行为,在符合虚假监禁侵权责任其他构成要件的情况下,行为人应当就这些虚假监禁行为引起的损害对他人承担侵权责任,至于说行为人实施限制他人人身自由的地方究竟是什么地方无关紧要,包括监所、看守所、居民的厨房、厕所、地下室或者其他任何地方。Blackstone指出:"对他人进行的每一种人身限制都构成虚假监禁,包括在公共监狱对他人进行的人身限制,在私人房屋或者仓库对他人进行的人身限制,甚至还包括通过武力将他人扣留在大街上的行为。"①Prosser也指出:"虽然虚假监禁最初似乎是指有石头墙壁和铁大门构成的监狱,但虚假监禁已经不再是指将他人关在监狱里。当行为人在大街上限制原告的自由时,原告就遭受了虚假监禁;当行为人将原告限制在一个运行的汽车里面时,原告也遭受了虚假监禁;当行为人将原告限制在一个城市时,原告也遭受了虚假监禁;当行为人强迫原告跟着自己时,原告同意遭受了虚假监禁。"②

2. 虚假监禁的方式

在侵权法上,行为人实施的虚假监禁方式多种多样,主要包括以下

---

① Blackstone, *Commentairies*, vol.3, 17th ed, 1830, p.127.
② W. Page Keeton, *Prosser and Keeton on Torts*(fifth edition), West Publishing Co., p.47.

方式:

(1) 通过设置物理上的障碍来实施的虚假监禁行为

在侵权法上,行为人限制他人人身自由的最通常方式,是将他人关押某一个特定的房屋、房间或者其他密封的空间内,使他人无法自由活动,这就是通过设置物理上的障碍来实施的虚假监禁行为。例如,司法判例认为,当原告要求被告停车而被告拒绝停车并因此导致原告无法从汽车上下来时,被告的行为被认为构成通过物理障碍限制他人人身自由的行为。[①]《美国侵权法重述》(第2版)第38条对此规则作出了说明,它规定,行为人能够通过实际的或者表面上的物理障碍来限制他人的人身自由。如果行为人通过武力、体力(physical force)来限制、约束他人人身自由,导致他人无法摆脱行为人的武力、体力约束,这就是通过武力实施的虚假监禁行为,在符合虚假监禁侵权责任的其他构成要件的情况下,行为人应当对他人承担侵权责任。

(2) 通过武力侵占他人有价值的财产来实施虚假监禁行为

即便行为人没有针对他人人身实施武力行为,如果他们针对他人有价值的财产实施武力行为,导致他人的人身自由被限制,这就是通过武力侵占他人有价值的财产来实施虚假监禁行为。例如,如果商店的雇员抢了原告的钱包,导致原告不得不呆在商店而丧失自由,则被告的行为构成虚假监禁行为,应当对原告遭受的损害承担侵权责任。[②] 同样,当被告将原告的旅行箱从其火车上扔掉时,原告不得不离开还没有到终点的火车,被告的行为构成虚假监禁,应当对原告遭受的损害承担侵权责任。[③] 究竟行为人在多大范围内限制原告的人身自由的行为构成虚假监禁行为是一个事实问题,取决于案件的具体情况,由法官自由裁量。

(3) 通过武力威胁方式实施虚假监禁

如果行为人扬言,一旦他人离开或者试图离开行为人对他们限定的区域,他们将对他人身体采取某种武力措施,当他人基于行为人的身体威胁行为而不敢离开行为人限定的区域时,行为人的武力威胁行为构成虚假监禁行为。

Heuston和Buckley对此规则作出了说明,他们指出,只要行为人接触他

---

① Cieplinski v Severn, 1929, 269 Mass. 261, 168 N. E. 722.
② Ashland Dry Goods Co. v. Wages, 1946, 302 Ky. 577, 195 S. W. 2d 312.
③ Griffin v. Clark, 1935, 55 Ibidaho 364, 42 P. 2d 297.

人并且将其逮捕他人的理由告诉他人,即便行为人没有执行其逮捕令,没有将他人关押起来,行为人的行为也构成虚假监禁行为,因为,他人是否被逮捕,不取决于行为人实施的逮捕行为是否合法,而取决于他人去往别的地方的自由是否被剥夺;逮捕仅是一种事实状态而不是一个法律概念。行为人对他人实施逮捕威胁,当被威胁的受害人基于此种威胁而屈服时,行为人的逮捕威胁行为将构成虚假监禁行为。例如行为人将逮捕证给他人看,导致他人在看到逮捕证之后屈服,行为人的行为构成虚假监禁行为,因为将逮捕证给他人看的行为实际上等同于默示威胁行为:如果他人不屈服,行为人在必要时会采取威力方式执行其逮捕措施。①《美国侵权法重述》(第2版)第40条对这样的规则作出了规定,它规定:当行为人意图限定他人的活动区域时,一旦他人去往或者试图去往行为人限定区域之外的地方,行为人可能会通过对他人人身使用武力的威胁来限制他人人身自由。

侵权法之所以实行这样的规则,是因为侵权法认为,当行为人针对他人人身实施武力威胁时,如果他人屈服于此种威胁而被限制了人身自由,他们的屈服行为不能被看做是一种默示同意行为并因此免除行为人的侵权责任;他们对行为人武力威胁的屈服是不自愿的、强迫的,违反他们意愿的。在侵权法上,只要他人基于行为人的武力威胁而屈服于行为人,行为人的武力威胁行为就构成虚假监禁行为,侵权法并不要求他人在面临行为人武力威胁时要采取武力方式来抵抗行为人的威力威胁。侵权法认为,不得因为他人没有采取武力方式抵挡行为人的威胁行为就认定他人同意行为人的行为。

(4) 通过宣称是国家执法机关或者执法人员来实施虚假监禁

如果行为人为了逮捕、羁押或者通过其他方式限制他人人身自由而虚假宣称自己是国家执法机关或者执法人员,当他人基于相信其国家执法机关或者执法人员的身份而屈服于行为人的命令时,行为人的行为构成虚假监禁。Prosser教授对此规则作出了说明,他指出,如果行为人宣称自己是执法机关或者执法人员,当原告基于其宣称而屈服于行为人时,行为人的行为

---

① R. F. V. Heuston and R. A. Buckley, *Salmond and Heuston on the Law of Torts* (twenty-first edition), Sweet & Maxwell Ltd., p.124.

限制了原告的人身自由。① Balkin 和 Davsi 也对此规则作出了说明,他们指出,行为人对他人人身自由的限制并非一定是物理上的,当行为人对他人宣称自己是执法机关或者执法人员时,行为人的宣称行为也构成限制他人人身自由的行为。②《美国侵权法重述》(第 2 版)第 41 条规定了此种规则,它规定:如果行为人通过宣称是执法机关并且要将他人予以羁押,则他们的宣称行为构成限制他人人身自由的行为。

行为人的宣称行为要构成虚假监禁行为,除了要具备虚假监禁的其他构成要件之外,还应当同时具备三个特殊构成要件:其一,行为人作出了自己是国家执法机关或者执法人员的宣称。其二,行为人作出了要对他人进行逮捕、拘留、拘禁或者采取其他限制其人身自由措施的表示。其三,他人基于对行为人宣称的相信而屈服于行为人的命令。《美国侵权法重述》(第 2 版)第 41 条之官方评论 f 条规定,他人对行为人以国家执法机关或者执法人员身份执行的逮捕、拘留、监禁或者其他限制人身自由措施的屈服仅仅通过言辞表示即可,无须通过其他方式表示;宣称自己是国家执法机关或者执法人员的行为人应当当着他人的面作出此种宣称,如果行为人通过电话作出此种宣称而原告基于此种电话宣称屈服于行为人,原告不得将行为人的宣称行为构成虚假监禁行为,并要求行为人就其遭受的损害承担侵权责任。

在侵权法上,行为人作出他们是国家执法机关或者执法人员的表示或者作出要对他人采取逮捕、拘留、拘禁等限制人身自由措施的表示既可以通过书面或者口头等明示方式来表示,也可以通过行为人的行为暗含地表示出来,例如,行为人对他人出示逮捕令、拘留证,对他人宣读逮捕令,或者仅仅对他人宣布自己是警察,是明示表示方式;例如,行为人衣着警察服装、开着警车等,则是默示表示方式。因此,当行为人滥用自己的执法人员身份规劝原告不要离开自己的办公室时,被告的行为构成虚假监禁行为,应当对原告承担侵权责任。③ 同样,当一个私家侦探以警察的身份请求原告随他一起去精神病院时,如果原告被迫同该私家侦探一起去精神病院,该私家侦探的行为将构成虚假监禁行为,应当对原告承担侵权责任,因为,原告担心自己

---

① W. Page Keenton, *Prosser and Keeton on Torts* (fifth edition), West Publishing Co., p. 50.
② R. P. Baikin and J. L. R. Davis, *Law of Torts* (third edition), Butterworths, 2004, p. 55.
③ Harnett v. Bond [1952] AC669(HL).

不跟私家侦探一起去精神病院,私家侦探会采取武力方式强迫自己去精神病院。①

(5)通过拒绝及时释放他人实施虚假监禁

如果行为人应当及时释放他人而拒绝释放他人,导致他人限制他人人身自由的合法行为非法持续或者非法延长,他们的行为也构成虚假监禁行为。Prosser教授对此种规则作出了说明,他指出,即便原告已经通过适当方式被限制了人身自由,如果行为人应当积极采取措施释放原告而拒绝采取积极措施释放原告,则行为人故意不履行义务的行为将构成虚假监禁行为。例如,当原告的刑期届满时,行为人拒绝让原告出狱;或者当行为人逮捕原告之后没有及时使原告面临出庭受审。"似乎可以这样说,只有行为人承担释放他人的法定义务,当行为人故意不履行所承担的释放义务时,行为人的不作为行为都构成虚假监禁行为。当然,如果行为人不承担释放他人的义务,他们也谈不上实施了虚假监禁的侵权行为。"②《美国侵权法重述》(第2版)对此规则作出了明确说明,其第45条规定:如果行为人有义务将他人从监禁当中释放出来,或者有义务通过提供逃离手段而协助释放他人,当行为人基于限制他人人身自由的意图而拒绝履行所承担的释放义务时,行为人应当就其限制他人人身自由的行为对他人承担侵权责任。

3. 虚假监禁的期限

在侵权法上,即便行为人仅仅短暂地非法限制他人的人身自由,他们的行为也构成虚假监禁行为,在符合虚假监禁侵权责任构成要件的情况下,行为人也应当对他人承担侵权责任。Balkin和Davsi对此规则作出了说明,他们指出,侵权法没有规定虚假监禁的最低期限要求,因此,无论行为人限制原告人身自由的期限有多短,受害人都有权向法院起诉,要求法官责令行为人就其虚假监禁引起的损害对自己承担侵权责任,只要符合虚假监禁侵权责任的其他构成要件即可。③ 不过,行为人非法限制他人人身自由的期限并非毫无意义。侵权法认为,如果行为人在没有使用武力的情况下非常短暂地限制他人的人身自由,则他们仅仅对他人承担很少的损害赔偿责任;如果

---

① Wpson v. Marshall and Cade(1971)124CLR621.

② W. Page Keenton, *Prosser and Keeton on Torts*(fifth edition), West Publishing Co., p.51.

③ R. P. Baikin and J. L. R. Davis, *Law of Torts*(third edition), Butterworths, 2004, p.56.

行为人长期限制他人的人身自由,则他们可能要对他人承担较重的侵权责任,要赔偿他人遭受的财产损害、精神损害的赔偿责任。

(二)虚假监禁的完全性

虚假监禁侵权责任的第二个构成要件是,行为人对他人实施的虚假监禁是完全的。所谓虚假监禁的完全性,也称自由限制的完全性,是指行为人将他人限制在他们确定的范围或者场所内,导致他人无法越过行为人确定的范围或者没有办法逃离行为人限定的场所。即便行为人将他人限制在他们确定的范围内,如果他人能够通过某种途径越过行为人确定的范围,则行为人对他人人身自由的限制将不构成完全限制而仅仅构成部分限制,行为人将不就其行为对他人承担侵权责任。Balkin 和 Davis 指出,虚假监禁必须是对他人自由的完全限制,无论此种完全限制的时间是怎样的短暂,而不仅是违反他人的意愿使他人不能去他们想去的地方,即便行为人的阻却行为给他人造成非常大的不方便。行为人对他人自由的限制究竟是完全的还是部分的仅是一个事实问题。[1]《美国侵权法重述》(第 2 版)第 36(1)条对自由限制的完全性规则作出了明确说明,该条规定:行为人要就其虚假监禁行为对他人承担侵权责任,他们必须将他人限制在所确定的范围内并且他们实施的限制应当是完全的。行为人对他人人身自由的限制要构成完全限制,应当具备两个特殊的构成要件:

其一,行为人将他人限制在他们确定的范围内。如果行为人限制他人人身自由的行为要构成完全限制行为,他们必须首先确定限制他人自由的范围,使他人无法越过行为人确定的范围。如果行为人在限制他人人身自由时没有确定限制他人人身自由的范围,则他们对他人人身自由的限制将不被看做完全的限制。Coleridge 法官对此规则作出了说明,他指出:"限制他人自由的场所可能有自己的或大或小的范围,这些范围能够被人看得见,是有形的、真实的;这些场所或者是固定的或者是移动的,无论它们是固定的还是移动的,这些场所都移动具有范围;限制他人人身自由的场所所具有的范围必须能够用来阻止他人越过。"[2]

---

[1] R. P. Baikin and J. L. R. Davis, *Law of Torts* (third edition), Butterworths, 2004, pp. 53–54.

[2] Bird v. Jones (1845)7QB742;115 ER.1126.

其二,行为人在确定他人自由限制的范围时没有给他人留下逃离的途径。只有当行为人在确定限制他人人身自由的范围时没有给他人留下越过所确定范围的途径,他们对他人人身自由的限制才构成完全限制。因此,当行为人仅仅挡住原告去往某一个方向的道路而没有挡住他们去往任何其他方向的道路,即便他们通过武力或者武力威胁方式挡住他人去往所希望去的地方,他们的行为不构虚假监禁行为。只有当行为人将他人去往任何方向的道路都挡住了时,他们挡住他人道路的行为才构成虚假监禁行为。同样,如果他人能够通过表面上侵入第三人不动产的方式逃离行为人确定的范围,行为人对他人自由的限制行为也不构成虚假监禁行为。

在两种例外情况下,即便行为人给他人留下了出路或者通道,他们实施的虚假监禁行为仍然被认为是完全的行为,应当对他人承担侵权责任:

其一,他人不知道存在可能的出路或者通道并且他人不知道不构成过错行为。他人是否存在过错,其判断标准是一般理性人的标准:如果一般有理性的人会在原告的情况下意识到他们有出路或者通道而原告没有意识到,则行为人的行为将不构成完全的虚假监禁行为,无须对原告承担侵权责任;如果一般有理性的人会在原告的情况下无法意识到他们有出路或者通道而原告没有意识到,则行为人的行为仍然构成完全的虚假监禁,他们应当对他人承担侵权责任。Rogers指出,如果一个人有逃离方法而该人不知道,行为人限制他人人身自由的行为仍然构成虚假监禁行为,如果一个有理性的人原本应当意识到他们可能有出路的话。因此,如果我试图旋转你所在的房间的钥匙并且拿走了该房间的钥匙,如果你不试图看一看该房间的门是否被锁上,你的行为似乎是不合理的。①

其二,他人通过行为人留下的出路或者通道时可能会遭受重大的损害。如果行为人在限制他人人身自由时给他人留下了出路或者通道,当他人在通过此种出路或者通道时不会遭受重大损害,则行为人的虚假监禁将不构成完全的虚假监禁,他们无须对他人承担侵权责任;如果行为人在限制他人人身自由时给他人留下了出路或者通道,当他人在通过行为人留下的出路或者通道时会遭受重大的人身损害,则行为人的虚假监禁仍然构成完全的虚假监禁,他们仍然应当对他人承担侵权责任。例如,如果行为人将原告关

---

① W. V. H. Rogers, *Winfield and Jolowicz on Tort*(thirteen edition), Sweet & Maxwell, p.61.

押在三楼的房间内,他们对原告人身自由的限制将构成完全的限制,应当对原告遭受的损害承担侵权责任,即便原告能够从三楼房间开着的窗台上跳到地面。因为,虽然原告摆脱行为人限制的唯一方式是从开着的窗户上跳到地面,但是该种逃离方式存在重大威胁,如果原告真的从三楼的窗户跳到地面,他们可能会遭受诸如死亡、残疾等重大伤害。同样,如果行为人将原告放在大海当中的独木舟上,当原告不知道如何驾驶大海当中的独木舟时,行为人对原告人身自由的限制构成完全限制,应当对原告遭受的损害承担侵权责任,即便原告能够通过跳进大海来逃离该独木舟,因为跳进大海虽然是原告摆脱行为人限制其人身自由的唯一方式,但是该种方式存在重大威胁,如果原告真的从独木舟上跳进大海,他们可能会葬身大海。Townley法官对这样的规则作出了说明,他指出:"当我将一个人锁在一个有窗户的房间内时,如果该人从房间的窗户跳到地面可能会遭遇死亡或者折断手脚四肢;我不能够说,因为该人能够从窗户跳出来,我的行为不构成虚假监禁行为。"①

(三) 虚假监禁的过失性

虚假监禁侵权责任的第三个构成要件是,行为人在实施虚假监禁时存在故意或者过失。如果行为人在实施虚假监禁时没有故意或者过失,则他们无须对他人承担侵权责任。

在德国,《民法典》第823(1)条明确规定,因为故意或者过失侵害他人自由权的,应当对他人承担侵权责任。在英美法系国家,虽然少数学说和司法判例认为,虚假监禁侵权责任仅在故意的情况才承担,但是大多数学说和司法判例则认为,虚假监禁侵权责任可以建立在过失侵权行为的基础上。Balkin和Davis指出,原则上讲,行为人实施的过失行为足以满足虚假监禁侵权责任的要求。因此,如果行为人因为没有意识到原告出现在房间当中而将房间的大门锁上,或者行为人在此种情况下因为过失允许别人将房间的大门锁上,行为人的过失行为也构成虚假监禁行为。②《美国侵权法重述》(第2版)第35(1)(a)条规定,如果行为人意图将他人或者第三人限制在他们确定的范围内,他们应当对他人担侵权责任;第35(1)(b)条规定,如

---

① Burton v. Davies[1953]St R Qd26, 30.
② R. P. Baikin and J. L. R. Davis, *Law of Torts*(third edition), Butterworths, 2004, p.53.

果行为人的行为直接或者间接导致了他人人身自由被限制,他们也应当对他人承担侵权责任。其中,第35(1)(a)条被看做故意虚假监禁行为引起的侵权责任,而第35(1)(b)条则被看做过失虚假监禁行为引起的侵权责任。

在我国,侵权法也应当采取过失侵权责任的理论,认为虚假监禁仅需建立在行为人实施的过失行为基础上,虽然虚假监禁往往是行为人故意实施的。其理由在于:其一,他人的人身自由权是最重要的民事权利之一,应当同时受到故意侵权法和过失侵权法的保护。其二,无论行为人实施的虚假监禁行为是故意的还是过失,都会在客观上限制他人的人身自由,他人并不会因为行为人的过失行为而少遭受损害或者损失。

(四)他人对虚假监禁的知悉

行为人对他人承担虚假监禁侵权责任是否以他人在被限制人身自由时知道其遭受虚假监禁作为构成要件,英美法系国家的侵权法存在争议。

某些学说和司法判例认为,虚假监禁侵权责任需以他人在遭受虚假监禁时知悉其虚假监禁作为条件,如果他人不知道,则行为人无须对他人承担侵权责任。在 Herring v. Boyle[①] 一案中,法官采取这样的规则,他认为,虽然被告实施了限制原告人身自由的行为,但是,当原告不知道被告对其实施的任何限制人身自由的措施时,被告将不用对原告承担侵权责任。Balkin 和 Davis 认为,原则上讲,原告对人身自由限制的知悉是被告对他们承担侵权责任的必要条件,因为虚假监禁侵权责任保护的利益似乎是一种精神利益。[②]《美国侵权法重述》(第2版)第42条反映了这些司法判例和学说的精神,它规定:根据《美国侵权法重述》(第2版)第35条的规定,除非被限制人身自由的受害人知道行为人对其施加了人身自由的限制,否则,行为人将不就其故意限制受害人的行为对受害人承担侵权责任。

某些司法判例认为,即便原告不知道被告对其实施限制人身自由的行为,只要被告实施了限制原告人身自由的行为,被告也应当对原告承担侵权责任。在 Meering v. Graham White Aviation Co.[③] 一案中,司法判例采取此种

---

① (1834)1C. M. & R. 377.

② R. P. Baikin and J. L. R. Davis, *Law of Torts* (third edition), Butterworths, 2004, p.58.

③ (1919)122L. T. 44.

规则，Atkin法官指出："我认为，当一个人正在熟睡时，正处于醉酒状态、无意识状态或者正处于神经错乱状态时，该人能够被限制人身自由，即便在该人处在这些状态时，行为人对其实施的人身自由限制措施已经开始并且已经终止。"在 Murray v. Ministry Of Defence①一案中，英国上议院也采取 Meering 一案中确立的规则，认为原告对人身自由限制的知悉并非虚假监禁侵权责任的必要构成要件，无论原告是否知悉其人身自由被限制，只要行为人非法限制他们的人身自由，行为人就应当对原告承担侵权责任。除了司法判例采取此种规则之外，某些学者也采取此种规则。Prosser、Dias 和 Markesinis 等人采取这样的观点。Prosser 教授指出，虽然美国很少有司法判例对虚假监禁侵权责任是否应当具备原告的知悉要件作出明确说明，但十分明显的是，《美国侵权法重述》（第2版）第42条显然对原告的诉讼请求权作出了不适当的限制，使原告在面临重大损害时无法获得损害赔偿。② Dias 和 Markesinis 指出，在 Herring 一案和 Meering 一案确立的两种理论当中，侵权法应当优先适用 Meering 一案确立的规则，因为个人的自由已经越过了私人利益的界限而成为公共利益的问题。③

笔者认为，我国侵权法应当采取 Meering 一案确立的规则，认为原告对其人身自由限制的知悉不是行为人承担虚假监禁侵权责任的必要构成要件，只要行为人实施了限制原告人身自由的行为，无论原告是否知道其人身自由遭受限制，在符合虚假监禁侵权责任构成要件的情况下，行为人就应当对受害人承担侵权责任。之所以实行这样的规则，其主要理由在于：

其一，精神损害并非一定要以受害人知悉行为人的侵权行为和现实感受精神痛苦作为必要条件。在侵权法上，精神损害的赔偿并非一定要以受害人知悉行为人的侵权行为和现实感受精神痛苦作为必要条件，虽然在大多数情况下，受害人在要求行为人赔偿他们遭受的精神损害时的确知道行为人对他们实施的侵权行为，的确感受了行为人实施的侵权行为给他们带来的精神痛苦。因此，当行为人实施了侵权行为并且因此导

---

① [1988]1WLR 692, 701-703.
② W. Page Keenton, *Prosser and Keeton on Torts* (fifth edition), West Publishing Co., p.48.
③ R. W. M. Dias and B. S. Markesinis, *Tort Law*, Clarendon Press, 1984, p.175.

致作为原告的婴幼儿的父母死亡时,即便作为原告的婴幼儿不知道行为人对他们父母实施的侵权行为,无法感受父母离去之后的精神痛苦,侵权法仍然责令行为人就其实施的侵权行为对作为原告的婴幼儿承担精神损害赔偿责任,不会因为原告年龄太小、无法知道和感受精神痛苦而拒绝责令行为人对他们承担精神损害赔偿责任。同样,当行为人实施的侵权行为导致受害人成为植物人时,即便受害人无法知悉行为人实施的侵权行为,无法感受行为人实施的侵权行为给他们带来的精神痛苦,侵权法也会责令行为人对处于植物状态当中的受害人承担精神损害赔偿责任,不会因为处于植物状态当中的原告无法知悉行为人实施的侵权行为和无法感受精神痛苦而拒绝责令行为人对他们承担侵权责任。① 因为同样的原因,当行为人实施了虚假监禁行为时,即便被监禁的受害人因为年龄、智力或者其他方面的原因而无法知道行为人对他们实施的虚假监禁行为,无法感受行为人的虚假监禁行为给他们带来的精神痛苦,侵权法也应当责令行为人对他们遭受的精神损害承担赔偿责任,不应当因为受害人不知道行为人实施的虚假监禁行为或者感受虚假监禁行为造成的损害而拒绝责令行为人对他们承担侵权责任。

其二,如果仅仅因为被监禁的受害人不知道行为人实施的虚假监禁行为而拒绝责令行为人对他们承担侵权责任,则行为人实施的虚假监禁行为将无法受到制裁。如果仅仅因为虚假监禁的受害人不知道行为人对他们实施的虚假监禁行为而免除行为人承担的精神损害赔偿责任,则行为人将无需就其实施的虚假监禁行为对受害人承担任何侵权责任,无论行为人实施的虚假监禁行为是多么的严重。一方面,行为人将能够借口被拘禁、逮捕或者被告绑架的人是婴幼儿、痴呆症患者而拒绝对他们承担精神损害赔偿责任,因为行为人认为,即便他们拘禁、逮捕或者绑架了这些人,这些人也无法意识到他们被拘禁、逮捕或者绑架的事实,无法知道自己的人身自由被限制,他们甚至感觉到十分快乐。另一方面,行为人能够借口被拘禁、逮捕或者绑架的人是婴幼儿、痴呆症患者而拒绝对他们承担财产损害赔偿责任,因为行为人认为,即便他们拘禁、逮捕或者绑架了这些人,这些人也没有工作,无所谓遭受了经济上的损失。

---

① 参见张民安:《过错侵权责任研究》,中国政法大学出版社2002年版,第469页。

虽然虚假监禁的受害人不知道行为人的虚假监禁行为不是行为人对受害人承担侵权责任的构成要件，但受害人是否知道行为人的虚假监禁行为仍然具有重要意义，因为，如果受害人知道行为人对他们实施的虚假监禁行为，则侵权法会加重行为人对他们承担的侵权责任；如果受害人不知道行为人对他们实施的虚假监禁行为，则侵权法会减轻行为人对他们承担的侵权责任。因此，受害人是否知道行为人实施的虚假监禁行为对行为人是否承担侵权责任不会产生影响，但是，会对行为人承担的侵权责任范围产生影响。

四、虚假监禁侵权责任的抗辩事由

所谓虚假监禁侵权责任的抗辩事由，是指行为人就其实施的虚假监禁行为拒绝对他人承担侵权责任的各种正当理由。如果具有了某种正当理由，行为人即便对他人实施了虚假监禁行为，他们也无须对他人承担侵权责任。笔者认为，虚假监禁侵权责任的抗辩事由有六：其一，当行为人不对他人承担某种作为义务，他人因为行为人的不作为行为而遭受人身自由的限制时，行为人有权拒绝对受害人承担侵权责任；其二，当行为人因为他人违反及时清洁的契约债务而限制他人人身自由时，他们有权拒绝对他人承担侵权责任；其三，当行为人基于他人的同意而对限制他人人身自由时，他们有权拒绝对他人承担侵权责任；其四，当一般的社会公众根据制定法的明确授权而限制他人的人身自由时，他们有权拒绝对他人承担侵权责任；其五，当执法机关或者执法人员依照法律规定的条件和程序限制他人人身自由时，他们有权拒绝对他人承担侵权责任；其六，监护人为了履行监护职责而实施限制被监护人人身自由的行为。

（一）行为人不对他人承担侵权法上的作为义务

除非行为人在制定法上或者非制定法上对他人承担某种作为义务，否则，当行为人没有积极释放他人或者为他人提供出路时，他们的不作为行为将不构成虚假监禁行为，无须对他人承担侵权责任。这就是不作为不构成虚假监禁的侵权法理论,它是不作为不构成过错侵权行为的一般理论①在虚假监禁侵权责任领域的适用和延伸。

根据此种理论,如果行为人在制定法上或者非制定法上对他人承担某种积极义务,要承担释放、解救他人的职责,当行为人不履行这样的职责而导致他人人身自由遭受限制时,他们的不作为行为将构成虚假监禁行为,应当对他人承担侵权责任。例如,当执法机关或者执法人员在他人刑期已经届满时,他们应当及时释放他人而拒绝释放他人时,他们的不释放行为将构成虚假监禁行为,应当对他人承担侵权责任;同样,当行为人释放精神病人的期限届满或者条件成就时,他们应当及时释放精神病人而拒绝释放精神病人时,他们的不释放行为将构成虚假监禁行为,应当对他人承担侵权责任,已如前述。

如果行为人在制定法上或者非制定法上不对他人承担此种作为义务,则当他们没有释放或者解救他人时,他们的行为将不构成虚假监禁行为,无须对他人承担侵权责任。这在著名的 Herd v. Weardale Steel, Coal and Coke Co. Ltd.②一案中得到说明。在该案中,原告是被告公司的一名矿工,他在通常的上班时间通过被告的矿井电梯进入地下矿井工作。当原告下到矿井之后,他突然拒绝为被告工作并且要求被告将其即刻送到地面。被告拒绝将原告送到地面,导致原告在井下多呆了二十几分钟,直到原告正常离开被告的地下矿井。原告向法院起诉,认为被告构成虚假监禁行为,应当对自己遭受的损害承担侵权责任。英国上议院认为,被告的不作为行为不构成虚假监禁行为,无须对原告承担侵权责任。英国上议院认为,被告之所以不对原告承担虚假监禁侵权责任,是因为原告被认为已经同意按照被告通常的时间回到地面。

不过,英国侵权法学说普遍认为,英国上议院的此种理论存在问题,其正确的解释是,被告不对原告承担作为义务,不承担将原告送到地面的义务。Balkin 和 Davis 在对 Herd 一案作出评论时采取此种规则,他们指出,此案确立了这样的规则:如果行为人没有义务为他人提供逃离限制的出路,他

---

① 张民安:《过错侵权责任研究》,中国政法大学出版社 2002 年版,第 322—325 页;张民安、梅伟:《侵权法》(第 3 版),中山大学出版社 2008 年版,第 121—123 页;张民安:《侵权法上的作为义务》,法律出版社 2010 年版,第 14—24 页。

② [1915]AC67.

们不提供出路的不作为行为将不构成侵权行为。因此,如果 A 非法进入 B 的矿区并因此掉进 B 的矿井内,当 B 拒绝使用其矿井电梯将 A 送到地面时,B 的不作为行为不构成虚假监禁行为,无须对 A 承担侵权责任。① Dias 和 Markesinis 在对 Herd 一案作出评价时也对这样的规则作出了说明,他们指出,英国上议院在 Herd 一案中作出的裁判可以通过别的根据来解释,即:如果行为人不对他人承担作为义务,即便他人的人身自由因为他们的不作为行为遭受限制,他们也不对他人承担侵权责任。②

(二) 他人拒绝履行即时清结的契约债务

如果行为人同他人之间存在契约关系,当他人不履行契约债务时,行为人是否有权采取限制他人人身自由的办法来督促、逼迫他人履行自己的债务?对此问题,英美法系国家的司法判例存在分歧。

某些司法判例认为,当他人拒绝履行所承担的债务或者当他人违约时,行为人无权采取限制他人人身自由的措施来逼迫他人履行所承担的债务,否则,行为人限制他人人身自由的行为将构成虚假监禁行为。例如,在 Sunbolf v. Alford③ 一案中,法官就采取了这样的规则。在该案中,原告是被告的债务人,他违反与被告之间的契约拒绝对被告偿还债务。被告为了逼迫原告偿还所欠债务而限制原告的人身自由。原告向法院起诉,要求被告就其虚假监禁行为对自己承担侵权责任。法官认为,即便他人对行为人承担契约债务,即便他人违反契约规定的义务,行为人也不得因为他人欠债或者违约而拘禁他人,否则,他们的拘禁行为将构成虚假监禁行为,应当对他人承担侵权责任。

某些司法判例认为,当他人拒绝履行所承担的债务或者当他人违约时,行为人有权采取限制他人人身自由的措施,当他们采取限制他人人身自由的措施来逼迫他人履行债务时,他们的行为不构成虚假监禁,无须对他人承担侵权责任。例如,在 Robinson v. Balmain New Ferry Co. Ltd.④ 一案中,法官采取这样的规则。在该案中,原告因为没有支付被告的费用而被被告拦截

---

① R. P. Baikin and J. L. R. Davis, *Law of Torts* (third edition), Butterworths, 2004, p. 58.
② R. W. M. Dias and B. S. Markesinis, *Tort Law*, Clarendon Press, 1984, p. 175.
③ (1838) 3M&W248; 150ER1135.
④ [1910] AC295 (PC).

不让其离开。原告向法院起诉,要求法官责令被告对其承担虚假监禁的侵权责任。法官认为,被告的行为不构成虚假监禁行为,无须对原告承担侵权责任。法官拒绝责令被告对原告承担虚假监禁侵权责任的一个重要理由是,原告同被告契约的契约规定,原告只能通过轮渡离开被告的码头,被告没有义务让原告通过任何其他方式离开;如果原告希望使用被告的闸门作为出口,他应当遵守被告公司的规定,也就是再付费。

在我国,侵权法应当采取哪一种理论,是采取 Sunbolf 一案确立的规则还是采取 Robinson 一案确立的规则?笔者认为,当他人拒绝履行所承担的契约债务时,行为人原则上不得通过限制他人人身自由的方式来督促、逼迫他人履行自己承担的契约债务,如果行为人为了督促、逼迫他人履行所承担的债务而限制他人的人身自由,则他们限制他人人身自由的行为将构成虚假监禁行为,在符合虚假监禁侵权责任构成要件的情况下,他们应当对他人承担侵权责任。因此,我国侵权法原则上应当采取 Sunbolf 一案确立的规则。我国侵权法之所以要采取这样的规则,其主要原因有二:

其一,这是债法强制执行规则的要求和反映。在债法上,如果债务人对债权人承担了某种债务,当债务人拒绝履行所承担的债务时,债权人原则上只能向法院起诉,要求法官责令债务人对他们承担民事责任,不得通过自行采取限制他人人身自由的强制措施来督促、逼迫债务人履行所承担的债务。此种规则既适用于侵权行为之债,也适用于不当得利之债和无因管理之债,还适用于契约之债。其二,这是人身自由权地位重要的表现。侵权法认为,他人的人身自由的价值比行为人的契约性债权的价值要大,侵权法不允许行为人通过侵害他人人身自由的方式来保护自己的契约性债权免受损害。

笔者认为,当债务人拒绝履行契约债务时,债权人是否有权通过限制他们的人身自由的方式来督促、逼迫债务人履行所承担的债务,应当区分债务人对债权人承担的债务是不是即时清结的债务,如果契约债务人承担的债务是即时清结的债务,当债务人拒绝即时清结其债务时,债权人有权通过限制债务人人身自由的方式来督促、逼迫债务人清结其债务;一旦债权人为了督促、逼迫债务人即时清结债务而对债务人实施限制人身自由的行为,他们的行为不构成虚假监禁行为,无须对债务人承担侵权责任;如果契约债务人承担的债务不是即时清结的债务,当债务人拒绝履行所承担的债务时,债权人无权通过限制债务人人身自由的方式来督促、逼迫债务人清结其债务;一旦债权人为了督促、逼迫债务人清洁债务而对债务人实施限制人身自由的行为,他们的行为将构成虚假监禁行为,应当对债务人承担侵权责任。

一般而言,即时清结的债务主要是消费者在购买商品或者接受服务时对提供商品或者服务的商人承担的债务,一旦他们因为购买商人的商品或者接受商人通过的服务,他们应当承担即时履行付款的义务,不得拒绝支付,否则,商人有权采取限制他们人身自由的措施来督促、逼迫他们履行所承担的债务。

(三) 他人对行为人限制其人身自由行为的同意

如果他人同意行为人对他们实施限制人身自由的措施,当行为人根据他人的同意实施限制人身自由的措施时,行为人的行为将不构成虚假监禁行为,无须对他人承担侵权责任。《美国侵权法重述》(第2版)第892A(1)条和第49条对这样的规则作出了明确说明,其中第892A(1)条规定:任何人,一旦他们同意另外一个人实施意图侵害他们利益的行为,当另外一个人实施了侵害他们利益的行为时,他们不得提起侵权诉讼,要求另外一个人就其实施的行为或者该行为引起的损害对他们承担侵权损害赔偿责任;第49条规定,《美国侵权法重述》(第2版)第892A条规定的规则也适用于因故意侵害他人人格利益引起的侵权责任。在侵权法上,他人对行为人限制其人身自由的同意要构成有效同意,应当同时具备三个构成要件:

其一,他人有作出同意表示的能力。在一般情况下,精神正常的成年人具有作出有效同意的能力,他们对行为人作出的同意表示是有效的,当行为人根据他们的同意表示实施限制人身自由的措施时,他们能够完全免除侵权责任的承担。如果被限制人身自由的人是未成年人、精神病人或者醉酒的人,他们不具有作出同意表示的能力,对其人身自由限制的同意应当由他们的法定监护人作出,否则,仅仅由他们自己作出,他们作出的同意是无效的,行为人根据他们的同意实施的限制行为构成虚假监禁行为,应当对他们因此遭受的损害承担侵权责任。《美国侵权法重述》(第2版)第892A(2)条对这样的规则作出了明确说明,它规定:为了成为有效同意,他人作出的同意应当是有同意能力的人作出或者由有权代表他们作出同意的人作出。

其二,他人对行为人限制其人身自由的同意是自愿的、自由的,不是建立在行为人实施的胁迫、欺诈的基础上或者建立在误解的基础上。只有有同意能力的人在完全自愿、自主或者自由的基础上作出的同意表示才能够产生免除行为人虚假监禁侵权责任的效力，即便有同意能力的人作出了同意行为人限制其人身自由的表示，如果作出同意表示的人作出的同意是建立在行为人的胁迫、欺诈基础上或者是建立在他人发生误解的基础上，行为人的行为仍然构成虚假监禁行为，应当对他人承担侵权责任。《美国侵权法重述》（第2版）第892B对这样的规则作出了说明，该条规定：如果对行为人实施的行为作出同意的人是基于被侵害的利益发生了重大误解而作出的同意，或者是基于胁迫作出的同意，则他们作出的同意是无效的。

其三，他人作出的同意应当是明示的，不得是默示的。在侵权法上，他人对行为人限制其人身自由的同意是明示的还是默示的？鉴于他人人身自由的重要性，我国侵权法应当规定，他人对行为人限制其人身自由作出的同意应当是明示的，包括书面的、口头的同意，但是不得是默示的，不得通过他人的行为来推论出其同意表示。因此，除非他人通过书面或者口头方式明确同意行为人限制他们的人身自由，否则，行为人限制他们人身自由的一切行为都构成虚假监禁行为，都应当承担侵权责任。

（四）一般社会公众根据制定法的授权实施的限制人身自由的行为

即便行为人仅是普通的社会公众，如果某种制定法明确授权他们在没有逮捕证的情况下逮捕他人，当行为人根据制定法的规定逮捕他人时，行为人逮捕他人的行为不构成虚假监禁行为，无须对他人承担侵权责任。

在英国，1984年《警察和刑事证据法》规定，行为人在两种情况下能够在没有逮捕证的情况下逮捕他人，他们逮捕他人的行为不构成虚假监禁行为，无须对他人承担侵权责任。其一，如果他人实施了扰乱社会秩序的行为，或者行为人有合理的理由相信他人实施扰乱社会秩序行为的紧迫性；或者如果他人已经实施了扰乱社会秩序的行为，行为人有合理理由担心他人会再次实施扰乱社会秩序的行为，行为人在没有逮捕证的情况下逮捕他人的行为不构成虚假监禁行为，无须对他人承担侵权责任。所谓扰乱社会秩序的行为，是指他人当面实施了对行为人的人身或者财产已经造成损害或者可能会造成损害的行为。其二，如果行为人在没有逮捕证的情况下逮捕一个已经实施了能够被逮捕的犯罪行为的人，他们实施的逮捕行为将不构成虚假监禁行为，无须对他人承担侵权责任。所谓能够被逮捕的犯罪行为，是指其惩罚方式已经固定或者法律授权执法机关对他人处5年监禁刑期的犯罪行为。

在我国,刑事诉讼法也规定了类似的规则,认为一般的社会公众也享有限制他人人身自由的某些权利,当他们为了行使这些权利而限制他人人身自由时,他们限制他人人身自由的行为也不构成虚假监禁行为,无须对他人承担侵权责任。我国《刑事诉讼法》第63条规定,对于有下列情形的人,任何公民都可以立即扭送公安机关、人民检察院或者人民法院处理:(1)正在实行犯罪或者在犯罪后即时被发觉的;(2)通缉在案的;(3)越狱逃跑的;(4)正在被追捕的。

(五)执法机关或者执法人员依法限制他人人身自由

如果执法机关或者执法人员基于职责的履行而逮捕、拘禁或者监禁他人,他们的逮捕行为、拘禁行为或者监禁行为将不构成虚假监禁行为,无须对他人承担侵权责任。但是,执法机关或者执法人员不就其限制他人人身自由的行为对他人承担侵权责任是有条件的,即执法机关或者执法人员是基于法定职责的履行而限制他人人身自由;执法机关或者执法人员在履行职责时完全遵循了法律规定的程序。只有同时具备这两个方面的条件,执法机关或者执法人员限制他人人身自由的行为才不会构成虚假监禁行为,否则,他们限制他人人身自由的行为将构成虚假监禁行为,应当对他人承担侵权责任。

例如,英美法系国家的普通法和制定法都规定,即便警察逮捕他人的理由显而易见,他们在逮捕他人时应当对他人出示逮捕证,说明逮捕他人的理由。如果政府公务人员在逮捕他人时没有出示逮捕证,说明逮捕他人的理由,他们逮捕他人的行为将构成虚假监禁行为,应当对他人承担侵权责任。[①]同样,我国的刑事诉讼法明确规定,执法机关或者执法人员逮捕他人时必须具有法定逮捕理由,必须遵守法定逮捕程序,没有法定理由或者没有遵循法定逮捕程序,执法机关或者执法人员不得逮捕他人。否则,执法机关或者执法人员的逮捕行为将构成虚假监禁行为,应当对他人承担侵权责任。

---

① Christie v. Leachinsky [1947] AC573;英国1984年《警察和刑事证据法》第28条。

(六）监护人为了履行监护职责而实施限制被监护人人身自由的行为

如果监护人限制被监护人的人身自由的目的适当、方式合理，他们限制被监护人人身自由的行为将不构成虚假监禁行为，无需对被监护人承担侵权责任；如果监护人限制被监护人的目的不适当或者方式不合理，他们限制被监护人人身自由的行为将构成虚假监禁行为，在符合虚假监禁侵权责任构成要件的情况下，监护人应当对被监护人承担侵权责任。Prosser 教授对此种规则作出了说明，他指出，法律认为，在某些情况下，对他人施加控制的人有必要使用武力和限制他人人身自由的方式来惩戒他人，以便让他人养成遵纪守法的习惯。当控制他人的人基于善意和以适当方式行使其惩戒权时，他们行使惩戒权的行为将受到法律的保护。[1]

监护人的目的是否适当，其判断标准是，监护人限制被监护人的人身自由是不是为了被监护人的利益。如果监护人是为了被监护人的利益，则他们限制被监护人人身自由的目的是适当的，如果监护人不是为了被监护人的利益，他们限制被监护人人身自由的目的不适当。为了被监护人的利益，应当作出广义的理解，包括基于教育被监护人的目的，基于治疗被监护人疾病的目的等。例如，当父母为了防止自己的小孩跟着坏人学坏而限制他们外出时，他们的行为不构成虚假监禁行为；当父母为了防止小孩去网吧上网而限制他们外出时，他们的行为不构成虚假监禁行为。同样，当父母为了治疗患有精神病的孩子而将其孩子送到精神病院接受强制治疗时，父母的行为不构成虚假监禁行为。

监护人限制被监护人人身自由的方式是否适当，要根据案件的具体情况来判断，要考虑案件涉及的各种具体因素。例如，在决定父母对其未成年子女实施的人身自由的限制措施是否适当时，既要考虑未成年子女的年龄、身体状况、精神状况，父母限制人身自由的场所，限制人身自由的时间长短等。因此，如果父母为了阻止其仅有 12 岁的小孩去上网而限制其人身自由，他们的行为可能是不适当的，但是，如果他们为了阻止已经 16 岁的小孩去上网而限制其人身自由，他们的行为可能适当，因为 12 岁的小孩独自去上网的可能性较小，而 16 岁的小孩独自去上网的可能性较大。同样，在决

---

[1] W. Page Keeton, *Prosser and Keeton on Torts* (fifth edition), West Publishing Co., p. 157.

定中小学校对其中小学生采取的人身自由限制措施是否适当时,法官也应当考虑案件面临的各种具体因素,诸如:中小学生实施违法行为的性质、中小学生的年龄大小、性别以及他们过去的行为等。

五、人身自由权的法律救济

(一) 两大法系国家侵权法规定的损害赔偿范围

德国,《民法典》第 823(1) 条虽然规定行为人应当就其故意或者过失侵害他人人身自由的行为对他人承担侵权责任,但是该条并没有规定行为人承担什么范围内的侵权责任。总的说来,如果行为人侵害他人依据《德国民法典》第 823(1) 条享有的自由权,他们应当赔偿他人因此遭受的精神损害和财产损失。

在英美法系国家,当原告的人身自由被非法限制时,如果原告的确遭受了某种损害,他们有权要求行为人对他们遭受的损害承担赔偿责任,不得再要求行为人对他们承担名义上的损害赔偿责任。原告要求行为人承担的损害赔偿责任范围多种多样,包括:当行为人实施的虚假监禁行为导致原告遭受时光损失、身体上的不适或者疾病时,原告有权要求行为人赔偿他们的时光损失、身体上的不适或者不便以及因为身体上的疾病或者健康受到影响而遭受的损害;由于他人遭受的损害大部分是精神损害,因此,原告有权要求行为人赔偿他人遭受的精神痛苦、羞愧以及诸如此类的损害;同时,原告能够获得的损害赔偿范围也延伸到其他损害,诸如因为生意中断而遭受的损害,因为名誉和信誉被毁而遭受的损害,因为虚假监禁而丧失家人的陪伴遭受的损害,因为雇请律师而支付的律师费等。

此外,行为人还应当赔偿原告因为其虚假监禁行为遭受的异乎寻常的损害,诸如因为被告强迫原告离开汽车而导致其汽车在没有人看管的情况下被人盗窃时的损失。因为虚假监禁行为往往伴有行为人的恶意,或者至少当行为人实施虚假监禁行为时鲁莽行为、无视原告的人身自由利益,行为人在这些情况下要承担惩罚性损害赔偿责任。但是,如果行为人实施虚假监禁行为时欠缺恶意或者鲁莽行为,而仅是基于当事人身份、逮捕或者监禁适当限制的错误,行为人将无须承担惩罚性损害赔偿责任。①

(二)我国侵权法应当规定的损害赔偿范围

在我国,当行为人对他人实施虚假监禁行为时,他们应当赔偿他人遭受的损害,包括赔偿他人遭受的财产损害或者非财产损害。

1. 财产损害的赔偿。如果行为人实施的虚假监禁行为给原告造成财产损失,他们应当赔偿原告遭受的财产损失。此种财产损失包括三个方面的内容:(1)因为行为人实施了虚假监禁行为,使原告支付了原告不应当支付的费用并因此遭受了财产损失。例如,因为行为人的虚假监禁行为,原告生病治疗而支出了治疗费、医药费;因为行为人的虚假监禁行为,原告为了聘请律师打官司而支出的律师费等。(2)因为行为人实施了虚假监禁行为,使原告无法从事民商事活动并因此无法获得原本应当获得的利益。例如,因为行为人的虚假监禁行为,原告无法管理其商事事业,导致其商事商业中断而遭受的损害。因为行为人的虚假监禁行为,原告无法签订原本能够签订的劳动契约并因此遭受的损失。因为行为人的虚假监禁行为,原告被公司的董事会或者股东会开除其董事职务而无法获得董事的报酬所遭受的损失。(3)因为行为人实施了虚假监禁行为,使原告丧失了某种原本不应当丧失的财产并因此遭受了损失。例如,因为行为人的虚假监禁行为,原告的汽车被人盗窃而遭受的损失。因为行为人的虚假监禁行为,原告的机器设备因为无人管理而被人砸坏所遭受的损失。

2. 非财产损害。在虚假监禁侵权责任当中,行为人实施的虚假监禁行为至少会给原告带来三种形式的非财产损害,行为人都应当予以赔偿:(1)精神痛苦。当行为人非法限制他人人身自由时,他人往往会感受到烦闷、忧虑、羞愧、痛苦,行为人应当赔偿他人遭受的这些精神损害。(2)时光损失。当行为人非法限制他人人身自由时,他人因为没有享受原本应当享受的时光而遭受了非财产损失,应当对其予以赔偿。(3)名誉毁损。行为人对他人实施的虚假监禁行为不仅会侵害他人的自由,而且还会侵害他人的名誉,使他人的社会评价降低。因此,行为人应当就其虚假监禁行为给他人造成的名誉损害承担赔偿责任。

---

① W. Page Keeton, *Prosser and Keeton on Torts*(fifth edition), West Publishing Co., pp.48 - 49.

在侵权法上,行为人承担的非财产损害赔偿责任不受原告是否知悉虚假监禁因素的影响,不受行为人实施虚假监禁行为的动机或者恶意程度的影响,也不受虚假监禁时间长短的影响。无论原告是否知悉行为人对他们实施的虚假监禁行为,无论行为人实施虚假监禁行为是蓄意的、恶意的还是善意的,无论行为人实施虚假监禁行为的期限是几个月、几年或者几个小时或者几天,行为人都应当赔偿原告遭受的非财产损害。但是,在决定行为人承担的非财产损害赔偿责任的范围时,应当考虑原告是否知悉行为人对其实施的虚假监禁行为、行为人实施虚假监禁行为人的蓄意、恶意或者善意、行为人实施虚假监禁行为的期限长短以及其他各种具体因素。如果原告知道行为人对他们实施的虚假监禁行为,如果行为人是基于蓄意、恶意对他人实施虚假监禁行为,或者如果行为人对他人实施的虚假监禁行为期限较长,则法官应当加重行为人承担的非财产损害赔偿责任;否则,应当减轻行为人承担的非财产损害赔偿责任。

(三) 第三人的侵权责任

在侵权法上,除了行为人应当就其实施的虚假监禁行为对他人遭受的财产损害、非财产损害承担侵权责任之外,行为人之外的第三人也可能要对他人承担侵权责任。在侵权法上,第三人对他人承担的侵权责任主要表现在三个方面:

其一,第三人和行为人分别就他们独立实施的虚假监禁行为对他人承担的侵权责任。例如,一家商店因为怀疑原告有盗窃行为而阻止原告离开;警察基于商店的报警和盗窃陈述逮捕了原告并将原告关押在看守所。当事实证明原告没有盗窃时,无论是商店的行为还是警察的行为都将构成虚假监禁行为,在符合虚假监禁侵权责任构成要件的情况下,商店和警察都应当就其实施的虚假监禁行为对他人承担侵权责任。商店的责任同警察的责任没有关系。商店应当就其阻止原告离开其商店的行为对原告承担侵权责任,警察应当就其非法逮捕行为、关押行为对原告承担侵权责任。

其二,雇主就其雇员职务范围内实施的虚假监禁行为对他人承担的侵权责任。如果雇员在代表雇主行为时对他人实施了虚假监禁行为,除了雇员本人要就其实施的虚假监禁行为对他人承担侵权责任之外,雇主也应当就其雇员实施的虚假监禁对他人承担侵权责任,只要雇员的虚假监禁行为是在他们职责范围内实施的。此时,雇主就其雇员实施的虚假监禁行为对他人承担的侵权责任适用一般雇主替代责任的理论,雇主应当同其雇员一起对他人遭受的损害承担共同责任和连带责任,受害人有权根据自己的选择或者要求雇主单独承担侵权责任,或者要求雇员单独承担侵权责任,或者要求雇主同雇员一起共同承担连带责任。①

其三,第三人就其鼓动、参与行为人实施的虚假监禁行为对他人承担的侵权责任。如果第三人采取了某种积极措施,导致行为人对他人实施了虚假监禁行为,诸如积极指导、撺掇、要求行为人对他人实施虚假监禁或者基于自愿参加行为人实施的虚假监禁行为,则除了行为人应当对他人承担虚假监禁侵权责任之外,第三人也应当对他人承担虚假监禁侵权责任。②《美国侵权法重述》(第2版)第45A条对此种规则作出了说明,该条规定:任何人,只要他们鼓动或者参与行为人实施的虚假监禁行为,他们应当就行为人实施的虚假监禁行为对他人承担侵权责任。

---

① 参见张民安:《侵权法上的替代责任》,北京大学出版社2010年版,第290—293页。
② Edgar v. Omaha Public Power District, 1958, 166 Neb. 452, 89 N.W. 2d 238.

第十九章 人格尊严侵权责任

一、人格尊严侵权的界定

所谓人格尊严侵权,是指行为人故意通过暴力行为或者口头性质的或书面性质的言词来嘲笑、嘲弄、讥笑、谩骂、羞辱他人并因此使他人遭受精神痛苦、感情伤害甚至财产损害的侵权行为。在侵权法上,人格尊严侵权也称侮辱他人人格尊严的侵权行为,因为,行为人故意通过暴力行为或者书面、口头方式来嘲笑、嘲弄、讥笑、谩骂、羞辱他人的行为就是侮辱行为。如果行为人实施了侮辱行为并因此导致他人遭受损害,在符合人格尊严侵权责任构成要件的情况下,他们应当就其实施的侵权行为对他人承担侵权责任。

二、人格尊严侵权责任在侵权法上的地位

所谓人格尊严侵权责任在侵权法上的地位,是指人格尊严侵权究竟是不是独立的侵权责任,当行为人侵害他人人格尊严时,他们是不是应当根据独立的人格尊严侵权责任来对他人承担侵权责任。对于这样的问题,早期罗马法的回答不同于现代两大法系国家和我国的侵权法作出的回答。

(一)人格尊严侵权在罗马法上的独立地位

在罗马法上,人格尊严侵权责任具有独立性,因为罗马法通过侵辱侵权责任来保护他人的人格尊严免受行为人侮辱行为的侵害,当行为人对他人进行口头或者书面的侮辱或辱骂时,侵权法会责令行为人就其侮辱行为对他人承担侵权责任。乌尔比安指出,行为人实施的不法行为或者对他人的

身体作出,或者对他人的人格尊严作出,或者针对他人的贞操作出。① 对他人说脏话的人,即便不是意图侵害他人的贞操,也应当对他人承担侵权责任。② 根据罗马法的规定,只要行为人实施了侮辱、谩骂他人的行为,即便被侮辱、谩骂的人并不知道,行为人也应当对他人承担侵权责任。③

(二) 人格尊严侵权在当今两大法系国家侵权法上的非独立地位

在当今两大法系国家,人格尊严侵权并不是一种独立的侵权责任,当行为人侵害他人人格尊严权时,他们仅根据其他侵权责任对他人承担侵权责任,不会根据独立的人格尊严侵权责任对他人承担侵权责任。

在法国,人格尊严侵权责任不是独立的侵权责任,当行为人实施侮辱他人人格尊严的行为时,他们的侮辱行为仅仅被看做名誉毁损行为,在符合名誉侵权责任构成要件的情况下,行为人应当对他人遭受的名誉损害承担侵权责任,已如前述。根据法国法的规定,侮辱是指对他人进行凌辱的所有表示方式,诸如以轻蔑的语言凌辱他人、痛斥他人等。

在现代英美法系国家,人格尊严侵权责任也不是独立的侵权责任,它或者是名誉侵权责任的组成部分,或者是故意使他人遭受精神痛苦的侵权责任的组成部分。人格尊严侵权责任究竟是名誉侵权责任的组成部分还是故意使他人遭受精神痛苦的侵权责任的组成部分,取决于不同的学说和司法判例。某些学说和司法判例认为,如果行为人所使用的具有侮辱性质的词语是具有名誉毁损性质的词语,则行为人的侮辱行为将构成名誉毁损行为,在符合名誉侵权责任构成要件的情况下,行为人应当对他人遭受的损害承担名誉侵权责任。Rogers 先生采取此种理论。④ 某些学说和司法判例认为,如果行为人侮辱他人并因此导致他人遭受严重的精神伤害,他们的侮辱行为将构成故意使他人遭受精神痛苦的行为,在符合故意使他人遭受精神痛苦侵权责任构成要件的情况下,行为人应当对他人承担侵权责任。Heuston

---

① D. 47,10,1,2.
② D. 47,10,15,21.
③ D. 47,10,3,2.
④ W. V. H. Rogers, *Winfield and Jolowicz on Tort* (thirteen edition), Sweet & Maxwell, pp. 303 – 304.

和 Buckley 先生及 Prosser 先生采取这样的观点。①

《美国侵权法重述》(第 2 版)采取后一种理论,其第 46 条和第 48 条对故意使他人遭受精神痛苦的侵权责任作出了明确规定。其第 46 条规定:(1) 任何人,一旦他们通过极端和骇人听闻的行为(extreme and outrageous conduct)故意或者鲁莽引起他人遭受严重的精神痛苦,他们应当就其故意或者鲁莽行为引起的精神痛苦对他人承担侵权责任;如果因此引起他人遭受身体上的伤害,行为人也应当对他人遭受的身体伤害承担侵权责任。(2) 当行为人针对第三人实施极端和骇人听闻的行为时(a)他们也应当就其故意或者鲁莽行为对极端和骇人听闻的行为实施时在场的第三人的家庭成员遭受的严重精神痛苦承担侵权责任,无论行为人的行为是否导致第三人的家庭成员造成身体上的伤害;(b)他们也应当就其故意或者鲁莽行为对极端和骇人听闻的行为实施时在场的任何其他人承担侵权责任,如果这些人遭受的精神痛苦导致他们遭受身体上的损害的话。

(三) 人格尊严侵权责任在我国侵权法当中的独立地位

在我国,《民法通则》否认人格尊严侵权责任的独立性,认为人格尊严侵权仅为名誉侵权责任的组成部分,当行为人侮辱他人时,他们仅根据《民法通则》第 101 条和第 120 条对他人承担名誉侵权责任。我国《民法通则》第 101 条规定:公民、法人享有名誉权,公民的人格尊严受法律保护,禁止用侮辱、诽谤等方式损害公民、法人的名誉。我国主流的学说也都否认人格尊严侵权的独立性,将其看做名誉侵权的组成部分。例如,张新宝教授指出,侮辱和诽谤是我国民法确认的两种基本名誉侵权形式。② 王利明教授指出,根据《民法通则》第 101 条的规定,侵害名誉权的行为以侮辱、诽谤为其主要形式。因此,认定行为人的行为是否构成名誉权的侵犯,应当首先确定行为人是否对他人实施了侮辱、诽谤行为。③ 梅伟教授也指出,侮辱、诽谤行为是行为人侵害他人名誉的主要行为。④ 仅有少数学者认可人格尊严侵权的独立

---

① R. F. V. Heuston and R. A. Buckley, *Salmond and Heuston on the Law of Torts*(twenty-first edition), Sweet & Maxwell Ltd., p.141; W. Page keeton, *Prosser and Keeton on Torts*(fifth edition), West Publishing Co., p.771.
② 张新宝:《中国侵权行为法》(第 2 版),中国社会科学出版社 1998 年版,第 319 页。
③ 王利明:《人格权法研究》,中国人民大学出版社 2005 年版,第 502 页。
④ 张民安、梅伟:《侵权法》(第 3 版),中山大学出版社 2008 年版,第 251 页。

性,例如梁慧星教授。①

　　最高人民法院对待人格尊严侵权的问题存在前后不一致的态度。在《关于贯彻执行〈中华人民共和国民法通则〉若干问题的意见(试行)》当中,最高人民法院也否认人格尊严侵权的独立性,将其看做名誉侵权的组成部分,其第 140 条规定:以书面、口头等形式宣扬他人的隐私,或者捏造事实公然丑化他人人格,以及用侮辱、诽谤等方式损害他人名誉,造成一定影响的,应当认定为侵害公民名誉权的行为。但是,在《关于确定民事侵权精神损害赔偿责任若干问题的解释》当中,最高人民法院又认可了人格尊严侵权责任的独立性,认为他人的人格尊严权独立于他人的名誉权,人格尊严侵权独立于名誉侵权,这就是该司法解释第 1 条的规定,已如前述。

　　我国《侵权责任法》仅规定了名誉权和名誉侵权责任,没有规定人格尊严权和人格尊严侵权责任,因此,人格尊严权和人格尊严侵权责任究竟是独立的还是名誉权和名誉侵权责任的组成部分,侵权责任法没有作出说明。笔者认为,虽然我国侵权责任法仅规定了名誉权和名誉侵权责任,但是,法官不得将人格尊严权和人格尊严侵权接受为名誉权和名誉侵权的组成部分,应当将其解释为独立的人格权和人格侵权,因为人格尊严权实际上包含在《侵权责任法》第 2 条所规定的"等人身、财产权益"当中。之所以应当做出这样的解释,其原因在于:

　　第一,人格尊严侵权仅建立在行为人实施的侮辱行为基础上,而名誉侵权则仅建立在行为人实施的诽谤行为基础上。毁谤行为要求行为人陈述某种事实,而侮辱行为则不需要行为人从事某种事实,只要行为人对他人人身采取暴力方式、无礼举动的方式。法律之所以不要求他人陈述某种事实就可以认定他们的行为构成侮辱,是因为行为人实施的行为所具有的侮辱效果不是源于行为人虚构的事实,而是源于它们实施的行为所具有的暴力性、粗鲁性。

　　第二,行为人不得以事实真实作出其拒绝承担人格尊严侵权的抗辩事由,而行为人则可以事实真实作为拒绝承担名誉侵权责任的抗辩事由。诽谤行为要求行为人陈述的具有名誉毁损性的事实是虚假的事实,如果行为人能够证明其陈述的事实是真实事实,则他们无须就其行为对他人承担名

---

① 梁慧星:《民法总论》(第 2 版),法律出版社 2001 年版,第 133—134 页。

誉侵权责任;侮辱行为则不要求行为人陈述的事实是虚假的事实,即便行为人用来侮辱他人的事实是真实的,他们仍然要对他人承担侵权责任。

第三,行为人诽谤他人的目的在于使社会公众相信其陈述的虚假性并因此对他人作出较低的评价;而行为人对他人进行侮辱不是为了使社会公众对他人作出较低的评价,他们对他人进行侮辱是为了让他人遭受精神上的痛苦、感情上的伤害和心理上的烦闷。

其四,诽谤行为要求行为人将其作出的具有没有毁损性的虚假陈述对第三人公开,如果行为人没有对第三人公开其陈述,则他们的行为将不构成名誉侵权行为,而侮辱行为无须行为人将其侮辱内容对第三人公开。例如,在没有第三人在场的情况下,行为人的口头诽谤行为不构成名誉侵权行为,而在没有第三人在场的情况下,行为人的侮辱行为仍然构成人格尊严行为。

最后,行为人作出的诽谤行为一定会使他人名誉遭受毁损,而行为人对他人作出侮辱的行为未必一定会使他人名誉遭受毁损。在现实生活中,虽然行为人有时对他人实施的某些暴力行为会毁损他人名誉,但是他们有时对他人实施的暴力行为不仅不会使他人名誉遭受毁损,反而会使他人名誉提升。例如,韩信受胯下之辱不仅没有使其名誉扫地,反而使其名誉提高,并最终成为名垂青史的将军。

三、人格尊严侵权责任的构成要件

(一) 人格尊严侵权责任构成要件的严格性

所谓人格尊严侵权责任的构成要件,是指行为人就其实施的侮辱行为对他人承担侵权责任的必要因素。笔者认为,除了应当具备无形人格侵权责任的一般构成要件之外,人格尊严侵权责任还应当具备四个特殊构成要件,包括:其一,行为人对他人实施了侮辱行为;其二,行为人的侮辱行为是极端的、骇人听闻的;其三,行为人故意实施侮辱行为;其四,行为人实施的侮辱行为是针对原告的侮辱行为。这表明,人格尊严侵权责任的构成要件比无形人格侵权责任的一般构成要件要严格。侵权法之所以要对人格尊严侵权责任规定严格的条件,其主要原因有四:

其一,为了防止侵权诉讼的泛滥。如果允许行为人就其实施的任何侮辱行为对他人承担侵权责任,则大量受到行为人侮辱的人都可能向法院起诉,无论行为人实施的侮辱行为是真实的还是虚假的,是轻微的、一般的还是极端的、骇人听闻的,他们都可能会向法院起诉,要求法官责令行为人对他们承担侵权责任。此时,法官不仅会面临大量的虚假诉讼案件,而且还会面临大量不必要的案件,使法官的司法管理秩序受到不利影响。

其二,为了忍受粗言滥语的必要。在任何国家,行为人都可能会实施侮辱行为、讥笑行为、挖苦行为;即便是一个具有绅士风度的人,他们也可能会在某种特殊情况下对他人实施侮辱行为、讥讽行为、挖苦行为;当行为人实施的这些行为给他人造成精神上的痛苦、感情上的伤害,他人也应当加以忍受,不得动不动就要求行为人就其实施的侮辱行为对自己承担侵权责任,因为任何人,只要他们生活在社会,就应当忍受行为人或者一般社会公众对其使用的一定数量的粗言滥语,应当忍受行为人或者一般社会公众对其实施的粗暴行为、不体谅行为、侮辱行为,这是社会生活的重要组成部分,是日常生活当中须臾无法离开的现象。

其三,保护行为人积极行使言论自由权的必要。在任何国家,侵权法在保护他人人格尊严权的同时都会平衡行为人的言论自由权,防止过分保护他人的人格尊严权而牺牲行为人的言论自由权。当行为人凭借其言论自由权去发表对他人的意见时,即便行为人发表的意见伤害了他人的感情,只要行为人的言论是对他人名誉没有毁损性质的言论,他们也无须对他人承担侵权责任。

其四,避免行为人采取更加危险的行为。在任何国家,侵权法都会给行为人一定的宣泄途径,使他们在遭遇烦恼的生活能够通过对他人实施侮辱的方式来宣泄心中的不满,当他们将自己的不满宣泄完之后,他们就能够回复到正常的心理状态,不会再想通过侮辱方式之外的其他方式来对他人进行报复;如果侵权法将一切行为人实施的一切侮辱行为都看做能够产生侵权责任的侵权行为,则行为人可能会放弃侮辱他人的行为方式而采取更加激烈、更加危险的行为来宣泄他们心中的不满,诸如殴打他人、攻击他人、非法拘禁他人或者非法逮捕他人等。

(二)行为人实施了侮辱行为

行为人对他人承担人格尊严侵权责任的第一个构成要件是,行为人对他人实施了某个侮辱行为。如果行为人没有实施侮辱行为,他们将不对他人承担侵权责任。所谓侮辱行为,是指行为人以让人高度反感的言词或者行为侵害他人人格尊严的行为,诸如通过暴力行为、口头或者书面辱骂、谩骂、嘲笑、嘲弄、讥笑、羞辱他人的行为。

行为人的行为是否构成侮辱行为,由法官根据案件的具体情况予以自由裁量,法官会考虑行为人侮辱行为作出的时间、侮辱行为作出时的社会环境、侮辱行为作出的场所等因素决定。因此,行为人称他人为"法西斯主义者",其行为可能会构成侮辱行为,也可能不构成侮辱行为。[①] 行为人称他人是"一点也不自负的人",其行为不构成对他人的侮辱行为;但是,行为人在其侮辱他人的揭贴(placard)中使用了"想起了寡廉鲜耻者"的标题,其行为构成侮辱行为。[②] 此外,行为人安装监视装置监视他人的行为,行为人对他人予以刺杀的行为以及说他人是荒淫无耻者的行为均是侮辱性行为,应当对他人承担法律责任。[③]

(三) 行为人的侮辱行为是极端的、骇人听闻的

行为人对他人承担人格尊严侵权责任的第二个构成要件是,行为人对他人实施的侮辱行为是极端的、骇人听闻的。因此,如果行为人仅仅实施了一般性质的侮辱行为,他们不得被责令承担侵权责任,只有当行为人实施的侮辱行为是极端的、骇人听闻时,他们才能够被责令对他人承担侵权责任。《美国侵权法重述》(第 2 版)第 46 条对此种构成要件作出了明确规定。Prosser 教授也对此种规则作出了说明,他指出,普通被告不得仅仅因为他们实施的单纯侮辱行为、轻蔑行为、恼怒行为甚至威胁行为而被责令对他人承担侵权责任,如果行为人在作出这些行为时没有其他加重情节的话。其理由显而易见。我们和我们法律的态度还没有走到将行为人故意实施的一切导致他人精神痛苦的行为都看做那些能够通过侵权损害赔偿责任予以救济的行为。因此,侵权法不会责令行为人就无关紧要的侮辱行为对他人承担

---

① Chambéry,22 oct. 1936,Gaz. pal. 1936. 2,780;Trib. corr. seize,18 déc. 1946,Gaz. pal. 1947,1. 113.
② Crim. 26janv. 1923,Bull. crim. 35; 4janv. 1924, Bull. crim. 9.
③ paris, 27 déc. 1915,s. 1916. 2. 24.

侵权责任。① 在 Ex parte Hammett② 一案中,法官认为,如果行为人仅仅对原告使用了脏话、猥亵或者下流语言,他们无须对原告承担侵权责任,因为原告生活在社会,应当忍受被告对其使用这些粗言滥语。

《美国侵权法重述》(第2版)第46条之官方评论d也对人格尊严侵权责任之所以要具备极端和骇人听闻的构成要件的理由作出了说明。此种说明当然对我国适用。该评论指出,到目前为止的司法判例也仅仅在被告的行为是极端和骇人听闻的行为时才会责令被告对原告遭受的损害承担侵权责任。即便被告具有构成侵权或者犯罪的意图或者即便他们具有实施精神痛苦的意图,或者即便被告的行为被看做是恶意行为,如果被告实施的行为不是极端和骇人听闻的行为,被告也不对原告承担侵权责任。只有在被告实施的行为在性质上如此骇人听闻、在程度上如此极端并且因此超出了文明社会允许的界限,被看做恶毒残忍的行为,成为文明社会完全无法容忍的行为,被告才会被责令对原告承担侵权责任。一般而言,如果一般的社会公众听到被告的行为就会激起对被告的憎恨并且导致他们大喊"简直骇人听闻!",则被告实施的行为就构成极端和骇人听闻的行为。被告承担的此种侵权责任不会拓展到单纯的侮辱行为、轻蔑行为、威胁行为、让人烦恼的行为、轻微的压制行为或者其他无足轻重的行为。我们的社会仍然存在众多的问题,原告应当忍受一定数量的粗言滥语,应当忍受不体谅他人和不友好的言论。行为人也享有言论自由的权利,他们能够凭借此种权利表达自己对他人的看法,只要其表达不构成具有名誉毁损性质的表达即可;社会还应当留下某些阀门,让那些容易激怒的人通过这些阀门将相对而言具有较少害处的不满宣泄完毕。在今天,美国所有的州都采用了《美国侵权法重述》(第2版)第46条的规定,将侮辱行为的极端和骇人听闻看做是人格尊严侵权责任的构成要件。虽然《美国侵权法重述》(第2版)第46条之官方评论d条对极端和骇人听闻的行为标准作出了明确规定,但是,行为人的侮辱行为是否构成极端和骇人听闻的行为,要由法官结合案件的具体来考虑。

1. 暴力侮辱、书面侮辱的极端性、骇人听闻性

在侵权法上,行为人实施的暴力侮辱行为当然是极端的、骇人听闻的行为。所谓暴力侮辱行为,是指行为人通过暴力或者暴力威胁的方式来侮辱

---

① W. Page Keeton, *Prosser and Keeton on Torts* (fifth edition), West Publishing Co., p.63.
② 1953, 259 Ala. 240, 66 So. 2d 600.

他人的侵权行为。暴力侮辱行为的表现形式多种多样,诸如行为人将粪便泼在他人身上的行为,将墨水涂在他人身上的行为,强行剪掉他人头发的行为,往他人脸上吐唾沫的行为,当众对他人扇耳光的行为,在他人身上刺字的行为,在他人脸上盖印的行为,强迫他人做猫叫狗叫的行为,强迫他人从自己胯下钻过去的行为以及强行扒光他人衣服的行为等。在符合人格尊严侵权责任的其他构成要件的情况下,行为人应当就其实施的暴力侮辱行为要对他人承担侵权责任。

在侵权法上,行为人实施的书面侮辱也是极端的、骇人听闻的行为。所谓书面侮辱,是指行为人通过书面文字、图形或者其他固定的方式来侮辱他人的侵权行为。例如,行为人通过张贴大字报、小字报的方式来侮辱他人,通过图画、漫画等方式来侮辱他人,通过信件、书刊或者其他公开的文字等方式来侮辱他人。之所以将书面侮辱看做严重的、极端的和骇人听闻的侮辱行为,是因为书面方式具有保留较为长久、受众面较为广泛的特点,使行为人的侮辱行为能够被众多的人所了解。

2. 口头侮辱原则上不构成极端性、骇人听闻性的污染

如果行为人实施的侮辱行为表现为口头侮辱,则该种侮辱行为本身还不能够被看做极端的、骇人听闻的侮辱行为,除非具备其他重大情节,否则,行为人不得被责令就其口头侮辱行为对他人承担侵权责任。所谓口头侮辱行为,是指行为人通过恶毒刻薄、肮脏下流的语言对他人进行嘲笑、辱骂或者谩骂的行为。

侵权法之所以不会责令行为人就其单纯的口头侮辱行为对他人承担侵权责任,其主要原因在于,口头侮辱行为被认为是无足轻重的行为,是社会生活的组成部分,是日常生活当中须臾不可离开的东西。即便行为人的口头侮辱行为让他人难受,他人也有加以容忍的义务。只有在行为人的口头侮辱达到严重的、极端的和骇人听闻的程度时,侵权法才能责令行为人就其口头侮辱对他人承担侵权责任。什么样的口头侮辱行为达到了严重的、极端的和骇人听闻的程度是一个事实问题,由法官根据案件的具体情况来决定。法官要考虑众多的因素,诸如行为人口头侮辱作出的时间、长短、地点、次数以及口头侮辱行为引起的损害后果等。

因此,相对于行为人在大白天对他人进行的谩骂,行为人在深夜对他人进行的谩骂更容易被看做严重的、极端和骇人听闻的侮辱行为;相对于行

人对他人进行的短暂谩骂,行为人对他人进行的长时间谩骂更容易被看做严重的、极端和骇人听闻的侮辱行为;相对于行为人在下班时间对他人进行的谩骂,行为人在他人上班时间对他人进行的谩骂更容易看做严重的、极端的和骇人听闻的侮辱行为。相对于行为人对他人进行的一次谩骂,行为人对他人进行的多次谩骂更容易被看做严重的、极端和骇人听闻的侮辱行为。相对于行为人的侮辱行为仅仅给他人造成精神痛苦而言,给他人造成身体上损害或者健康上损害的侮辱行为更容易被看做严重的、极端和骇人听闻的侮辱行为。在决定行为人的口头侮辱行为是不是构成严重的、极端的和骇人听闻的侮辱行为时,法官应当适用一般理性人的判断标准,即:如果一般有理性的人认为行为人的口头侮辱行为是完全无法忍受的,则行为人的口头侮辱行为构成严重的、极端的和骇人听闻的侮辱行为;如果一般有理性的人认为行为人的口头侮辱行为是能够被忍受的,则行为人的口头侮辱行为不构成严重的、极端的和骇人听闻的侮辱行为。

3. 口头侮辱例外情况下的极端性、骇人听闻性

虽然行为人实施的口头侮辱行为原则上不是极端的、骇人听闻的侮辱行为,但在两种例外情况下,行为人实施的口头侮辱行为构成极端的、骇人听闻的侮辱行为。

(1) 行为人知道他人心理脆弱而仍然侮辱他人

如果行为人知道原告是心理承受能力非常脆弱的人而仍然故意对他们实施口头侮辱行为,即便一般有理性的人认为行为人的口头侮辱行为是能够被忍受的,行为人的口头侮辱行为也被看做严重的、极端的和骇人听闻的侮辱行为,在符合人格尊严侵权责任的其他构成要件的情况下,行为人应当对原告承担侵权责任。此种规则最早由美国路易斯安那州司法判例在1920的 Nickerson v. Hodges[①] 案件当中确立。此种规则确立之后得到美国众多法官的遵循,美国法官在行为人侮辱被人、未成年人、怀孕的案件当中责令他们对这些人承担侵权责任,因为法官认为,被告知道这些人的身体或者精神状况而仍然通过肮脏下流的语言、暴力行为、威胁信函或者其他方式来侮辱他们,即便这些行为在原告没有身体或者精神障碍的生活原本不会构成

---

① 1920, 146 La.735, 84 So.37.

侵权行为。①《美国侵权法重述》(第 2 版)第 46 条之官方评论 f 对这样的规则作出了说明,它指出,如果行为人知道他人因为身体上的或者精神上的状况或者异常情况而特别容忍遭受精神上的痛苦而仍然对他人实施某种侮辱行为,则行为人的侮辱行为将构成极端和骇人听闻的侮辱行为。

当行为人知道他人会因为自己的行为而遭受精神痛苦而仍然当着他人的面进行此种行为时,行为人的行为将变得冷酷无情、罪恶昭彰和骇人听闻。此种规则主要是为了保护某些身体上、心理上存在问题的人免受行为人侮辱行为的侵害,诸如生病的人、精神病人、未成年人或者孕妇等。这些人或者由于身体上的特殊情况、特殊状况或者由于心理上的特别脆弱性、敏感性而更加容易被行为人的侮辱行为所伤害并有偿遭受精神上的痛苦。

(2) 公共服务机构或者公共服务人员对其顾客实施的侮辱行为

如果公共服务机构或者公共服务机构的服务人员在为其旅客、顾客提供服务时对其旅客、顾客实施口头侮辱、言辞侮辱,即便这些侮辱行为还没有达到极端和骇人听闻的程度,公共服务机构或者服务人员也应当对就其侮辱行为对其旅客、顾客遭受的损害承担侵权责任。

例如,酒店同其旅客之间的关系是特殊关系,酒店应当对其旅客提供优良服务,包括使用文明语言的义务。此种义务要求酒店在为其旅客提供服务时不得使用恶毒刻薄、肮脏下流的语言来侮辱其旅客,否则,应当对其旅客承担侵权责任,即便酒店使用的语言是一般的社会公众能够容忍的语言。公共汽车公司同其乘客之间存在特殊关系,公共汽车公司应当对其乘客提供优质服务,包括对其乘客使用文明用语的义务。此种义务同样要求公共汽车公司的服务人员在为其乘客提供服务时不得使用恶毒刻薄、肮脏下流的语言来侮辱其乘客,否则,应当对其乘客承担侵权责任,即便公共汽车公司服务人员使用的语言是一般的社会公众能够容忍的语言。

《美国侵权法重述》(第 2 版)第 48 条对此规则作出了明确规定:普通承运人或者其他公共服务机构应当就其雇员实施的严重侮辱行为对使用公共服务机构设施的顾客遭受的损害承担侵权责任,如果公共服务机构的雇员在实施此种侮辱时在他们的职责范围内行为的话。《美国侵权法重述》(第 2 版)第 46 条之官方评论 d 对此种规则作出了说明,它指出,如果原告

---

① W. Page Keeton, *Prosser and Keeton on Torts* (fifth edition), West Publishing Co., pp. 62 - 63.

同被告之间存在《美国侵权法重述》(第2版)第48条规定某种特殊关系，则被告应当就其实施的侮辱行为对原告承担侵权责任，即便被告的侮辱行为没有达到极端和骇人听闻的程度。在 Wiggs v. Courshop[①] 一案中，法官对这样的规则作出了说明。在该案中，原告是一个黑人，他到一家酒楼吃饭。在这家酒店，一个女服务员同原告发生争吵。该服务员在同原告争吵时大骂原告，将原告称作"黑鬼、狗娘养的王八羔子"。原告向法院起诉，要求法官责令该服务员承担侵权责任。法官认为，被告应当就其侮辱行为对原告承担侵权责任，因为被告属于酒店服务人员。

(四) 行为人故意实施侮辱行为

行为人对他人承担人格尊严侵权责任的第三个构成要件是，行为人故意实施侮辱行为，在侵权法上，只有行为人基于故意侮辱他人时，他们才对他人承担人格尊严侵权责任，如果行为人过失侮辱他人，他们无须对他人承担人格尊严侵权责任。《美国侵权法重述》(第2版)第46条规定了此种规则，认为行为人仅仅就其故意或者鲁莽行为引起的损害对他人承担侵权责任。在这里，故意包括两种情况：其一，行为人知道他们的侮辱行为会给他人造成精神痛苦而仍然实施此种侮辱行为或者行为人意图通过自己实施的侮辱行为给他人造成精神痛苦。此种故意被称为恶意行为。其二，行为人实施的侮辱行为有给他人带来精神痛苦的极大风险，行为人在行为时无视、忽视此种风险。此种侮辱行为被称为鲁莽行为。无论是恶意行为还是鲁莽行为，都足以让行为人就其实施的极大、骇人听闻的侮辱行为对他人承担侵权责任。

侵权法之所以采取这样的规则，其原因多种多样：其一，为了平衡他人享有的人格尊严和行为人享有的自由权之间的关系，防止过分保护他人人格尊严权而妨害、限制甚至完全剥夺行为人的言论自由权、出版自由权、新闻自由权。其二，侮辱行为在性质上就属于故意行为，过失行为很难构成侮辱行为。在侵权法上，侮辱行为往往表现为暴力侮辱、口头侮辱或者书面侮辱，其中暴力侮辱、口头侮辱往往表现为故意方式，很少表现为过失行为；只有书面侮辱才有可能构成过失行为。其三，如果行为人实施的侮辱行为是

---

① 355 F. Supp. 206, 211 (S. D. Fla. 1973).

过失行为,则他们实施的侮辱行为很难被看做严重的、极端和骇人听闻的行为。只有当行为人实施的侮辱行为是故意行为时,行为人的侮辱行为才有可能被看做严重的、极端和骇人听闻的行为。其四,如果行为人实施的侮辱行为是过失行为,法官很难相信他人遭受的精神痛苦会是真实的、重大的损害,只有当行为人实施的侮辱行为是故意行为时,法官才有可能认为他人遭受的精神痛苦是真实的、重大的损害。

(四) 行为人实施的侮辱行为是针对原告的侮辱行为

行为人对他人承担人格尊严侵权责任的第四个必要条件是,行为人实施的侮辱行为必须是针对特定的、明确的原告。当原告要求行为人就其实施的侮辱行为对自己承担侵权责任时,他们应当承担举证责任,证明行为人实施的侮辱行为所针对的人就是自己。如果他们无法证明行为人侮辱行为针对的人就是自己,则他们无权要求行为人就其实施的侮辱行为对自己承担侵权责任。

当行为人的侮辱行为表现为暴力行为时,此种暴力行为是否是针对原告的,其认定可以轻而易举,因为当行为人为了羞辱原告而脱光或者试图脱光原告的衣服时,行为人实施的侮辱行为当然是针对原告实施的;当行为人不断地给原告扇耳光时,行为人的侮辱行为当然是针对原告的;当行为人往原告脸上吐唾沫时,行为人的行为当然是针对原告的,在符合人格尊严侵权责任的其他构成要件的情况下,行为人应当对原告承担侵权责任。

当行为人的侮辱行为表现为口头上的辱骂、谩骂行为时,行为人的辱骂、谩骂是否是针对原告的,其认定虽然存在一定的困难,但此种困难并不是太大。因为,如果同时具备这样的两个条件,行为人的辱骂、谩骂行为可以看做是针对原告的行为:其一,行为人当着原告的面实施辱骂、谩骂行为。其二,行为人在当着原告的面进行辱骂、谩骂时应当明确指明其辱骂、谩骂的人就是原告,或者虽然没有指明其辱骂、谩骂的对象是原告,但是一个了解情况的人或者一般的社会公众认为行为人的辱骂、谩骂是针对原告的。

如果行为人当着原告的面对原告进行指名道姓的辱骂、谩骂,行为人的辱骂、谩骂行为当然是针对原告的侮辱行为;即便行为人没有指名道姓地辱骂、谩骂原告,如果了解特定情况的人或者一般的社会公众在听到行为人的辱骂、谩骂之后认为行为人的辱骂、谩骂行为针对原告的,则行为人的辱骂、谩骂行为也被看做是针对原告的侮辱行为。在侵权法上,行为人当着原告的面没有指名道姓地对原告进行的辱骂、谩骂可以称作指桑骂槐式的辱骂、谩骂。无论是指名道姓的辱骂、谩骂还是指桑骂槐的辱骂、谩骂,在符合其他构成要件的情况下,行为人都应当对原告承担侵权责任。

当行为人的侮辱行为表现为书面侮辱时,行为人的书面侮辱行为是否是针对原告的行为,其认定存在非常大的困难。因为,当行为人通过书面文字或者绘画或者其他方式来侮辱原告时,他们可能不会指名道姓或者虽然指名道姓,但是行为人认为其使用的姓名同原告的姓名仅是纯属巧合的雷同,原告不仅仅因为行为人使用的姓名同原告的姓名雷同就认定行为人的书面侮辱就是针对自己的。此时,行为人的书面侮辱行为是否是针对原告的,应当由原告承担举证责任,证明行为人的书面侮辱行为是针对自己的。法官在认定行为人的书面侮辱行为是不是针对原告的生活,应当适用一般理性人的判断标准:如果一般有理性的人在看到行为人的书面侮辱行为之后认为原告就是行为人意图对其进行书面侮辱的人,则行为人的书面侮辱行为将被看做是针对原告的,在符合人格尊严侵权责任其他构成要件的情况下,行为人应当对原告遭受的损害承担侵权责任。否则,行为人的书面侮辱行为将不被看做是针对原告的侮辱行为。

四、行为人就其侮辱行为对他人承担的侵权责任

除非行为人存在拒绝承担人格尊严侵权责任的某种正当事由,否则,一旦符合上述构成要件,行为人就应当就其实施的人格侮辱行为对他人承担侵权责任。此种侵权责任主要是损害赔偿责任。至于说此种损害赔偿责任究竟是精神损害赔偿责任还是财产损失赔偿责任,两大法系国家和我国的侵权法作出的规定并不完全相同。

在法国,行为人就其实施的侮辱行为对他人承担的损害赔偿责任主要是精神损害赔偿责任。在英美法系国家,行为人就其侮辱行为对他人承担的损害赔偿责任包括精神损害赔偿责任、财产损失赔偿责任和惩罚性损害赔偿责任。在我国,行为人就其实施的侮辱行为对他人承担的损害赔偿责

任主要是精神损害赔偿责任。实际上,我国侵权法的规定存在保护不力的地方。为此,笔者认为,行为人就其实施的侮辱行为对他人承担的侵权责任包括三个部分:

其一,精神损害的赔偿。无论行为人的侮辱行为是否给他人造成身体上、健康上的损害,只要行为人实施的侮辱行为是故意的、极端的和骇人听闻的,则行为人应当就其侮辱行为引起的精神损害对他人承担侵权责任。其二,财产损害。如果行为人的侮辱行为给他人造成健康上的损害,行为人除了要赔偿他人遭受的精神损害之外,还应当赔偿他人遭受的财产损害。其三,惩罚性损害赔偿。鉴于行为人的侮辱行为是极端的、骇人听闻的,法官在责令行为人就其侮辱行为对他人遭受的精神损害或者财产损害承担赔偿责任时,也会责令行为人就其侮辱行为对他人承担惩罚性的损害赔偿责任。

五、人格尊严侵权责任的抗辩事由

所谓人格尊严侵权责任的抗辩事由,是指行为人拒绝就其实施的侮辱行为对他人承担侵权责任的正当理由。笔者认为,人格尊严侵权责任的抗辩事由主要有三种:其一,他人对行为人的挑衅;其二,被侮辱的人是公共官员或者公众人物;其三,行为人基于绝对免责特权侮辱他人。

(一)他人的挑衅行为

所谓挑衅行为,是指他人为了借机生事、企图引起行为人同他们之间的冲突而对行为人进行谩骂侮辱、诽谤中伤、嘲讽挖苦甚至人身攻击的行为。当他人对行为人进行挑衅行为时,法律允许行为人借机对他人实施侮辱行为并因此免除行为人就其侮辱行为对他人承担的侵权责任。在具体案件当中,他人实施的行为是不是挑衅行为,往往由法官结合案件的实际情况来决定。一旦法官认定他人实施的行为构成挑衅行为,法官就能够免除行为人就其侮辱行为对他人承担的侵权责任。不过,作为免除行为人侵权责任的挑衅行为应当与行为人对他人进行的侮辱之间存在直接关系,如果受害人的挑衅行为不是行为人侮辱行为产生的原因,则行为人不得以挑衅作为拒绝承担侵权责任的理由。

（二）被侮辱的人是公共官员或者公众人物

如果行为人为了行使言论自由权、出版自由权和新闻自由权的目的而侮辱公共官员或者公众人物的人格尊严，即便行为人实施的侮辱行为是故意的、极端和骇人听闻的，即便公共官员、公众人物遭受了严重的精神痛苦，侵权法也不会责令行为人就其实施的侮辱对公共官员、公众人物承担侵权责任。这就是前述所谓的公众人物的抗辩事由。这在 Hustler Magazine v. Falwell①一案中得到说明。在该案中，原告是美国家喻户晓的人物，他经常对有关政治事物和公共事务发表评论。被告在其出版的杂志当中对原告的第一次作出了说明，并且配有漫画。在其说明和漫画当中，被告说原告的第一次性生活是在酒后同其母亲约会时发生的；说原告是在醉酒后就成为一个伪君子。其漫画将原告和其母亲描述成酒鬼和道德沦丧的人。在漫画的底端，被告发布了这样的声明："广告漫画，不要当真。"原告认为被告的行为构成独立的故意使他人遭受精神痛苦的侵权行为，应当对自己承担侵权责任。一审法院和二审法院认为，被告的行为构成故意使他人遭受精神痛苦的侵权行为，应当对原告承担侵权责任。被告不服，上诉到联邦最高法院。美国联邦最高法院认为，被告无须对原告承担侵权责任，因为，除非行为人陈述的实施是虚假的事实，除非行为人基于实际蓄意作出此种陈述，否则，公共官员、公众人物不得要求行为人就其实施的侮辱行为对自己承担侵权责任。美国联邦最高法院指出，通常而言，如果行为人基于故意实施了极端和骇人听闻的行为，大多数法官都会责令行为人就其实施的极端和骇人听闻的行为对他人承担侵权责任。但是，如果行为人是基于公共事务的讨论而故意实施极端、骇人听闻的行为，美国宪法第一修正案则会对行为人的行为提供保护。如果美国宪法不对行为人的行为提供保护，则政治漫画家、讽刺家将不得不被责令就其实施的政治讽刺行为对他人承担侵权责任。法官指出，政治漫画本身就是通过某种让人尴尬的时间来讽刺、挖苦政治人物，政治漫画往往也会给政治人物的感情造成伤害。虽然如此，不得因为被告在其政治漫画当中嘲讽、侮辱政治人物而责令被告对有关承担侵权责任。

---

① 485 US.46(1988).

因为,政治漫画是一种攻击武器,是一种耻笑、讥讽政治人物的武器。如果行为人仅仅对政治人物歌功颂德,则行为人的政治漫画根本就不起作用。只有当行为人的政治漫画能够刺痛政治人物的神经时,他们的政治漫画才会受人欢迎。

(三)行为人基于特定免责特权对他人实施侮辱行为

如果立法机关的成员在从事立法活动时对他人进行侮辱,即便他们的侮辱给他人造成了精神损害,立法者也不就其侮辱行为对他人承担侵权责任,因为,立法者享有言论不受追究的免责特权。对于参与案件审判活动的律师而言,他们在法庭上的言论即便构成侮辱行为,他们也不对他人承担侵权责任,因为律师享有在法庭上的言论不受追究的免责特权。

第二十章 声音侵权责任[①]

一、声音侵权的界定

所谓声音权(le droit à la voix),是指他人对其声音享有的公开、再现、使用并且防止行为人侵害的权利。所谓声音侵权,是指行为人未经他人同意就擅自通过公开、再现、使用或者模仿他人声音的手段侵害他人声音权的侵权行为。正如姓名权、肖像权是所有自然人都享有的权利一样,声音权也是所有自然人都平等享有的权利,无论他们是公众人物还是一般的社会公众,他们都享有声音权。Raymond指出,肖像权和声音权是所有自然人都享有的权利,他们能够凭借其享有的肖像权和声音权来反对行为人对其肖像或者声音的再现、公开。肖像权和声音权属于所有自然人享有的权利,无论他们是名人还是非名人,无论他们的肖像或者声音是否已经公开或者还没有公开,肖像权人和声音权人都能够凭借其肖像权和声音权反对行为人的再现、公开。[②]

无论声音权人对其声音享有的权利是什么,一旦行为人侵害他人的声音权并因此导致他人遭受精神痛苦或者财产损失,他们应当对声音权人遭受的损害承担侵权责任。不过,为了平衡行为人的自由权,防止过分保护他人的声音权,侵权法一方面对行为人承担声音侵权责任的构成要件作出了规定,认为行为人只有在具备声音侵权责任构成要件的情况下才会对他人承担侵权责任,如果不具备声音侵权责任的构成要件,则行为人无须对他人承担侵权责任;一方面对声音侵权责任的抗辩事由作出了规定,认为如果行

[①] 关于声音权侵权责任的详细论述,请读者参见张民安:《声音侵权责任研究》,载孙宪忠主编:《王家福法学研究与法学教育六十周年暨八十寿诞庆贺文集》,法律出版社2010年版,第244—268页。

[②] Guy Raymond, *Droit Civil*(2e éditon), litec, pp.93-94.

为人具备正当的抗辩事由,他们也无须就公开、再现或者使用他人声音的行为对他人承担侵权责任。

二、声音侵权责任在侵权法中的地位

在侵权法上,声音侵权是一种独立的侵权责任还是其他无形人格侵权责任的组成部分?对此问题,两大法系国家的侵权法作出的回答并不完全相同。

(一)声音侵权责任在法国侵权法上的地位

在法国,虽然侵权法保护他人对其声音享有的权利,认为行为人擅自使用他人声音的行为构成侵权行为,应当对他人承担侵权责任,但是,法国司法判例认为,声音侵权并非是独立的侵权责任。至于说侵害他人声音的侵权责任究竟是什么性质的侵权责任,法国司法判例存在争议。

某些司法判例认为,自然人对其声音享有的权利在性质上属于隐私权,如果行为人侵害他人声音权,他们应当对他人承担隐私侵权责任。这在1982年的案件当中得到说明。① 在该案中,Maria Callas 在临死之前在一个空旷的戏院进行演唱会的试演。被告在 Callas 进行试演时偷拍了其试演的演唱会。由于 Callas 对自己在试演时的声音状况不满意而决定放弃。不久之后,Callas 死亡。被告未经 Callas 家属的同意就在其电台节目当中播放 Callas 在试演时的演唱歌曲。Callas 的家属向法院起诉,要求被告就其播放 Callas 录音带的行为对他们承担侵权责任。法国法官认为,被告的行为侵害了 Callas 享有的隐私权,因为,Callas 试演的地方是一个空旷的戏院,是一个私密的场所,被告未经 Callas 同意就擅自偷拍其试演的镜头,应当对原告承担侵权责任。

某些司法判例认为,自然人对其声音享有的权利在性质上属于肖像权,如果行为人未经他人同意擅自使用他人声音,他们应当对他人遭受的损害承担肖像侵权责任。这在1975年的案件当中得到了说明。② 在该案中,原

---

① T. G. I. Paris, May 19, 1982, D. 1983, 147, note R. Lindon.
② T. G. I. Paris, Dec. 3, 1975, D. 1977-211, note R. Lindon.

告是法国著名的演员,被告未经原告的同意就擅自模仿原告的声音和语言特征为其玩具做广告。原告向法院起诉,要求被告就其擅自模仿自己声音的行为对自己承担侵权责任。法官认为,被告对原告声音的模仿行为侵害了原告的人格权,其行为构成肖像侵权行为,应当对被告遭受的精神损害和职业损害承担侵权责任。在法国,将他人对其声音享有的权利看做一种肖像权同将他人对其声音享有的权利看做一种隐私权,本质上并没有太大的差异,因为,法国侵权法有时并不区分隐私权和肖像权,认为自然人对其肖像享有的权利可以看做隐私权的范畴。即便法国某些司法判例和学说认可了肖像权的独立性,法国司法判例和学说有时还是坚持这样的规则,认为肖像权构成隐私权的组成部分。

在法国,除了 Raymond 在其民法著作当中对侵害他人声音权的行为作出了简单的说明之外,法国学说很少对声音权和声音权侵权的问题作出说明。Raymond 指出,事实上,对他人隐私权的不尊重往往同对他人肖像权的侵害结合在一起,如果人们要问,肖像权是否具有独立的地位的话。近些年来,人们在肖像权的基础上增加了声音权,使声音权成为人格权的重要组成部分,称为与隐私权、肖像权并列的独立人格权。除了由法官在民事案件当中作出说明之外,肖像权和声音权的法律保护根据也来源于《法国刑法典》第 368 条。①

(二)声音侵权责任在英美法系国家的地位

在美国,在 20 世纪 70 年代之前,无论是美国的制定法还是判例法都不保护他人对其声音享有的权利,当行为人擅自使用他人的声音来从事商事活动时,侵权法不会责令行为人对他人承担侵权责任。到了 20 世纪 70 年代,美国侵权法逐渐认可他人对其声音享有的权利,认为行为人擅自使用他人声音的行为构成侵权行为,在符合侵权责任构成要件的情况下,行为人应当对他人承担侵权责任。在今天,美国的制定法和判例法都对他人的声音提供保护,此种保护或者建立在传统的隐私侵权责任的基础上,或者建立在公开权的侵权责任基础上。因此,声音侵权责任不是独立的侵权责任。

1. 作为隐私侵权责任组成部分的声音侵权

在美国纽约州,1903 年制定的《纽约州民事权利法》第 50 条和第 51 条仅

---

① Guy Raymond, *Droit Civil*(2e éditon), litec, p.93.

仅规定保护他人的姓名、肖像或者相片,没有规定保护他人的声音。因此,当行为人未经他人同意就擅自使用他们的声音时,他人不得要求法官根据《纽约州民事权利法》第 50 条和第 51 条的规定责令行为人对他们承担侵权责任;如果他人向法院起诉,要求法官根据《纽约州民事权利法》第 50 条和第 51 条的规定对他们承担侵权责任,法官也会驳回他人的诉讼请求,拒绝责令行为人对他们承担侵权责任。例如,在 1962 年的 Lahr v. Adell Chem. Co.①一案中,被告未经原告同意就擅自使用原告的声音,原告向法院起诉,要求法官责令被告根据民事权利法第 51 条的规定对自己承担侵权责任。法官认为,被告无须就其使用原告声音的行为对原告承担侵权责任,因为《纽约州民事权利法》第 51 条仅仅保护他人对其姓名、肖像或者相片享有的权利,不包括他人对其声音享有的权利。美国纽约州的此种状况一直持续到 1995 年。在 1995 年,纽约州的立法机关修改《民事权利法》第 51 条的规定,明确规定保护他人对其声音享有的权利。根据修订后的民事权利法,如果行为人未经声音权人的同意就擅自将他人声音用来从事商事活动,则行为人应当就其使用他人声音的行为对他人承担侵权责任。行为人承担的此种侵权责任是隐私侵权责任而非独立的声音侵权责任,因为《纽约州民事权利法》第 50 条和第 51 条明确规定,包括他人姓名、肖像、相片和声音在内的人格权都是隐私权。不过,直到今天,纽约州的普通法仍然不保护他人对其声音享有的权利,当行为人通过别人来模仿原告的声音时,原告仍然无权要求法官责令行为人对他们遭受的损害承担侵权责任。

2. 作为公开权侵权责任组成部分的声音侵权

在美国,第一部对他人声音提供保护的制定法是美国加利福尼亚州在 1972 年制定的《加利福尼亚州民法典》,该《民法典》第 3344(1 条)明确规定保护他人对其声音享有的权利,认为如果行为人未经他人同意就擅自将他人的声音用来从事商事活动,他们应当对他人因此遭受的损害承担侵权责任。行为人承担的此种侵权责任建立在公开权被侵害的基础上而非独立的声音侵权责任基础上。不仅如此,加利福尼亚州的司法判例还认为,除了民法典第 3344 条对他人的声音提供保护之外,加利福尼亚州的普通法也仍然保护他人对其声音享有的权利,如果行为人未经他人同意就擅自将他人声

---

① 300 F.2d 256, 258 (1st Cir. 1962).

音用于商事活动,则行为人应当就其使用他人声音的行为对他人承担侵权责任。例如,在 Waits v. Frito-Lay, Inc. 一案中,法官认为,被告未经原告同意就擅自模仿原告的声音,其行为侵害了原告的公开权,应当对原告承担侵权责任。

3. 两种保护方式的共同点和差异

通过隐私侵权责任来保护他人对其声音享有的权利和通过公开权侵权责任来保护他人对其声音享有的权利是不是存在差异?实际上,两种保护制度之间既存在相同点,也存在差异。

其相同点表现在两个方面:一方面,纽约州的民事权利法和加利福尼亚民法典保护的声音范围都是相同的,即两个州的制定法规定的声音仅是指他人真实的声音,不包括被模仿的声音、假冒的声音。在美国纽约州和加利福尼亚州州,司法判例对《纽约州民事权利法》第50条和第51条和《加利福尼亚州民法典》第3344条规定的声音作出限制性解释,认为隐私侵权责任或者公开权侵权责任保护的声音仅仅限于他人的真实声音,不包括被模仿的声音。另一方面,无论是通过隐私侵权责任来保护他人对其声音享有的权利还是通过公开权侵权责任来保护他人对其声音享有的权利,当行为人擅自使用他人声音来从事商事活动时,他们就其侵害他人声音的侵权行为对他人承担的侵权责任范围是完全一致的,因为《纽约州民事权利法》第50条和第51条及《加利福尼亚州民法典》第3344条都规定,行为人就其侵害他人声音的行为对他人承担的侵权责任包括对他人承担的精神损害赔偿责任和财产损害赔偿责任。

其差异表现在,通过隐私侵权责任保护他人声音的纽约州仅仅保护他人的真实声音不被非法使用,不保护他人的声音被模仿;而通过公开权侵权责任保护他人声音的加利福尼亚州不仅保护他人的真实声音不被非法使用,而且还保护他人的声音不被模仿。

(三)声音侵权责任在我国侵权法上的地位

在我国,无论是《民法通则》、《侵权责任法》还是最高人民法院的有关司法解释都没有规定声音权和声音侵权责任,因此,直到今天为止,我国侵权法还没有承认声音权和声音侵权责任的存在。行为人擅自公开、再现或者使用他人声音时,他们的公开、再现或者使用行为不构成侵权行为,无须对他人承担独立的声音侵权责任。我国侵权法之所以不承认声音权和声音侵权责任,或者是因为,我国长期实行的计划经济体制使自然人的声音不具有商事价值、经济价值或财产价值;或者是因为,我国长期实行的官僚体制使他人的声音无法被公开、再现或者模仿;或者是因为,如果当事人之间的案件涉及行为人侵害他人声音方面的内容,法官往往会通过隐私侵权责任、名誉侵权责任、著作权侵权责任甚至肖像权侵权责任等其他侵权责任来解决;或者是因为,我国《民法通则》和侵权法学说长期以来受《德国民法》和我国台湾地区"民法"的影响;或者是因为,声音权和声音侵权责任的历史较短。

在我国,侵权法应当反应两大法系国家侵权法的发展趋势,明确认可他人对其声音享有的权利,明确规定行为人就其侵害他人声音权的行为对他人承担的侵权责任,其原因有五:

市场经济的快速发展使某些公众人物的声音逐渐具有了商事价值、经济价值或者财产价值,为公众人物的声音侵权提供了土壤;互联网的广泛应用为普通社会公众传播其声音提供了途径,也为普通社会公众的声音侵权提供了可能;通过其他侵权责任来保护他人的声音存在不尽如人意的地方;不承认声音权和声音侵权责任的独立性,行为人将会通过声音使用行为获得大量的不当利益而无须承担任何责任;不承认声音权和声音侵权责任的独立性,则公众人物的利益将得不到有效保护,会动摇、打击公众人物的积极性、创造性。

三、声音权的人格性和财产性

(一)声音权性质对损害赔偿性质的影响

声音权的性质对行为人承担的侵权责任范围产生影响,不同性质的声音权将直接决定行为人承担的侵权责任范围。如果将声音权看做单纯的无形人格权,则当行为人侵害他人声音权时,他们仅仅对他人遭受的精神损害承担赔偿责任;如果将声音权看做财产权,则当行为人侵害他人声音权时,他们应当对他人遭受的财产损害承担赔偿责任。

在法国,无论是侵权法学说还是司法判例都倾向于将所有自然人的声音权看做人格权,包括影视明星、体育明星的声音权,他们很少会将自然人的声音权看做财产权。当行为人侵害公众人物的声音权时,法国法官往往责令行为人对公众人物承担精神损害赔偿责任,很少会责令他们对公众人物承担财产损害赔偿责任,即便行为人是为了商事目的使用公众人物的声音,法国法官也仅仅责令行为人对他们承担精神损害赔偿责任。

在美国,某些侵权法学说和司法判例倾向于区分公众人物和非公众人物的声音权,认为公众人物的声音权是一种财产权而非人格权,当行为人擅自为了商事活动使用公众人物的声音时,法官会责令行为人对公众人物承担财产损害赔偿责任,不会责令他们对公众人物承担精神损害赔偿责任。因为美国侵权法认为,公众人物并不反对行为人使用他们的声音,他们仅仅反对行为人在使用其声音时不支付声音使用费、转让费。某些侵权法学说和司法判例认为,非公众人物的声音权是一种人格权而非财产权,当行为人擅自使用他们的声音时,法官往往会责令行为人对他们承担精神损害赔偿责任,很少会责令行为人对他们承担财产损害赔偿责任,因为美国侵权法认为,非公众人物的声音不具有商事价值性。这就是美国侵权法区分隐私权和公开权的主要原因。

笔者认为,从侵权损害赔偿的范围来看,我国侵权法应当根据不同身份的自然人来界定其声音权的性质。对于普通的社会公众而言,他们的声音权原则上应当看做人格权而非财产权,例外情况下则应当看做财产权而非人格权,当行为人侵害他们的声音权时,侵权法应当责令行为人对他们承担精神损害赔偿责任,因为普通社会公众的声音不具有商事价值性,他们很难将其声音用于商事活动,他们的声音很少面临被行为人侵害、假冒的可能。所谓例外情况下应当看做财产权而非人格权,是指行为人使用普通社会公众的声音来做广告或者从事商事活动。此时,行为人应当赔偿他人遭受的财产损害,也就是行为人通过使用他人声音获得的利润。

对于影视明星、体育明星等公众人物而言,他们的声音权原则上应当看做财产权而非人格权,例外情况下则可以看做人格权和财产权。当行为人擅自使用他们的声音来从事商事活动时,侵权法应当责令他们对这些公众人物遭受的财产损害承担赔偿责任,因为影视明星、体育明星的影响大、号召力强,他们的声音具有商事价值,商人或者广告商喜欢使用他们的声音来做广告。所谓例外情况下应当看做人格权和财产权,是指行为人将他们的声音用于他们原本会反对的商事回答,例如使用公众人物的声音来为假冒伪劣产品做广告。

对于公共官员或者准公共官员而言,他们的声音应当被看做人格权,不得被看做财产权。当行为人未经他们同意时就擅自使用他们的声音来从事商事活动,行为人应当对他们遭受的精神损害承担侵权责任,无须对他们遭受的财产损害承担侵权责任。因为,公共官员或者准公共官员的声音权不具有商事价值、经济价值或者财产价值,否则,公共官员或者准公共官员可能会滥用自己的声音权来获得原本无权获得的经济利益。当行为人使用公共官员或者准公共官员的声音来从事商事活动时,法律应当没收行为人因此获得的经济利益。

(二)声音权的性质对声音权的转让所产生的影响

声音权的人格性或者财产性对声音权是否能够被转让、受让人在转让人死亡之后是否继续享有声音使用权将产生重大影响。如果仅将声音权看做一种人格权,则声音权人不得将其享有的声音权转让给别人使用,而如果将声音权看做一种财产权,则声音权人能够将其声音权转让给别人使用。

在法国,自然人对其声音享有的权利能够通过明示契约的方式由声音权人转让给受让人使用。此时,转让人和受让人应当签订明确的契约,对受让人使用其声音的条件和范围等问题作出明确规定。因此,声音权是一种财产权而不是人格权。在美国,《加利福尼亚民法典》第3344条明确规定,自然人对其声音享有的权利在性质上属于一种财产权,该种财产权能够通过契约或者信托等方式加以转让。在我国,自然人的声音权究竟是一种财产权还是人格权?我国侵权法没有作出规定,笔者认为,在侵权法上,基于声音权往往仅仅对影视明星、体育明星等公众人物才具有意义,因此,从转让的角度来看,侵权法应当将声音权看做财产权,允许声音权人将其声音权转让给别人使用并因此获得经济上的利益。例如,歌星能够同别人签订契约,允许别人使用其声音来做广告。电视主持人能够同别人签订契约,授权别人使用其声音来做广告。此时,别人在什么范围内使用他们的声音,在什么产品或者服务上使用其声音,在什么期限内使用其声音,完全由声音权人同别人签订的契约来决定。别人应当在契约规定的范围内、契约规定的产品或者服务上或契约规定的期限内使用声音权人的声音。超出契约规定的范围、超出契约规定的产品或服务范围或期限使用声音权人的声音的行为也构成声音侵权行为,在符合声音侵权责任构成要件的情况下,行为人应当对他人遭受的财产损害承担侵权责任。

将声音权看做一种能够转让的财产权,除了意味着声音权人能够通过契约授权别人使用其声音之外,也意味着在契约规定的使用期限没有届满之前,即便声音权人死亡,契约特许使用人仍然有权使用声音权人生前通过契约授权他们使用的声音,此种使用权不因为声音权人的死亡而消灭;其他人不得在声音权人死亡之后擅自使用声音权人生前的声音,否则,其他人的声音使用行为构成声音侵权行为,除了继承人能够向法院起诉,要求他们承担声音侵权责任之外,契约特许使用人也有权向法院起诉,要求他们承担声音侵权责任,赔偿他们因此遭受的损害。

(三)声音权的性质对继承产生的影响

声音权的人格性或者财产性对声音权是否能够被继承将产生重要影响。如果仅将声音权看做一种人格权,则当声音权人死亡时,声音权人享有的声音权将消灭,其继承人不得继承其声音权;行为人在声音权人死亡之后再擅自使用其声音来从事商事活动,其行为不构成声音侵权行为,无须死者的继承人承担侵权责任,死者的继承人无权要求行为人就其擅自使用死者声音的行为对他们承担侵权责任;而如果将声音权看做一种财产权,当声音权人死亡时,声音权人享有的声音权并不因此消灭,他们享有的声音权将作为一种遗产为其继承人所继承;行为人在声音权人死亡之后仍然不得擅自使用其声音,否则,其行为将构成声音侵权行为;继承人有权要求行为人就其擅自使用被继承人声音的行为对他们承担财产损害赔偿责任。

在美国,纽约州的制定法虽然没有规定声音权的可继承性,但是,纽约州的司法判例认为,纽约州的普通法认为,自然人的声音权在自然人死亡之后能够被其继承人所继承,行为人未经继承人的同意就擅自为了商事活动使用自然人生前的声音,应当对继承人承担侵权责任。而在加利福尼亚州,《民法典》第3344(1)条明确规定,自然人对其声音享有的权利在他们死亡之后能够被其继承人继承,行为人擅自使用死者生前的声音,应当对死者的继承人承担侵权责任。根据该法的规定,死者的声音权保护期限为50年。到了1999年,加利福尼亚州修改此种条款,将死者声音权的保护期限从50年延长到70年。不过,加利福尼亚州的制定法对死者声音权的保护也附加了一个限制条件,即死者在死亡时,其声音应当具有特定的商事价值,无论死者在死亡之前是否使用其声音所具有的商事价值。而在田纳西州,其制定法也规定,死者的声音权也获得法律的保护,此种保护期限是10年。田纳西州的制定法还规定,即便死者在死亡时其声音没有商事价值,行为人仍然应当就其擅自使用死者生前的声音对其继承人承担侵权责任。[①]

笔者认为,从继承的角度来看,我国侵权法应当将声音权看做财产权,此种权利并不因为声音权人的死亡而消灭,可以作为一种遗产被继承人继承。之所以将声音权看做一种能够被继承的财产权,其主要理由有二:其一,如果不将声音权看做能够被继承的财产权,则当声音权人死亡之后,行为人将能够大量使用声音权人生前的声音来从事商事活动并因此获得大量的利益。其二,如果不将声音权看做能够被继承的财产权,则声音权人生前的劳动和付出将得不到保护。笔者认为,由于我国著作权法以及对著作权人的著作权保护期限作出了死后50年的规定,因此,我国侵权法也应当作出这样的规定,认为死者的声音权保护期限是50年,自声音权人死亡之日起计算50年。超过50年之后,行为人可以自由使用死者生前的声音。

四、声音侵权责任的构成要件

所谓声音侵权责任的构成要件,是指行为人就其侵害他人声音权的行为对他人承担侵权责任的构成要素,只有具备声音侵权责任的各种构成要素,行为人才能够对他人承担侵权责任,如果不具备声音侵权责任的构成要素,则行为人将不对他人承担侵权责任。笔者认为,除了应当具备无形人格侵权责任的一般构成要件之外,声音侵权责任还应当具备其特殊的构成要件,包括:行为人实施了再现、公开、使用或者模仿他人声音的行为;被再现、公开、使用或者模仿的声音是原告的声音或者原告对其享有继承权或者特许使用权的人的声音;行为人的声音再现、公开、使用或者模仿行为没有获得他人的同意;行为人的声音再现、公开、使用或者模仿行为使他人遭受了精神损害或者财产损害。

---

① Tenn. Code Ann. 47-25-1103(b).

(一)行为人实施了再现、公开、使用或者模仿他人声音的行为

行为人对他人承担声音侵权责任的第一个构成要件是,他们实施了再现、公开、使用或者模仿他人声音的行为。如果行为人没有实施再现、公开、使用或者模仿他人声音的行为,则他们不对他人遭受的损害承担肖像侵权责任。

所谓再现他人声音的行为,是指行为人通过各种手段来体现、表现或者复制他人的声音,诸如偷录他人的声音、偷拍他人的声音,将他人的声音制作成音像制品等。所谓公开他人声音的行为,是指行为人通过某种手段将他人的声音对不特定的人进行公布,让这些人能够听到他人的声音。例如,将他人的声音上传到互联网上,让网民能够听到他人的声音。所谓使用他人声音的行为,是指行为人为了商事目的或者其他非盈利的目的而利用他人声音的行为。例如,用他人的声音来做广告,或者用他人的声音来推广某种产品等。所谓模仿他人声音的行为,是指行为人使用同声音权人声音类似的人的声音来从事某种活动的行为。例如,使用别的歌星的声音来冒充声音权人的声音,使听众误以为是声音权人的声音。

如果行为人亲自或者通过第三人来模仿他人的声音,他们的声音模仿行为也构成声音侵权行为,在符合声音侵权责任的其他构成要件的情况下,他们也应当承担声音侵权责任。因为:其一,原告声音所具有的商事价值、经济价值或者财产价值是通过原告的能力和付出获得的,行为人的声音假冒行为不仅严重损害了原告的经济利益,而且也使他们获得了不当利益;其二,行为人使用同原告声音类似人的声音来做广告的行为是对听众的一种欺诈行为、不诚实的行为,违反了善良风俗,应当予以制裁。

无论行为人再现、公开、使用或者模仿他人声音的行为是不是为了商事目的,他们都应当对他人承担声音侵权责任,因为行为人的目的不会影响其侵权责任的成立,仅影响行为人承担侵权责任的性质和范围。如果行为人基于商事目的,则他们应当赔偿他人遭受的财产损失,否则,仅赔偿他人遭受的精神损害。

(二)被再现、公开、使用或者模仿的声音是原告的声音或者原告对其享有继承权、特许使用权人的声音

行为人对他人承担声音侵权责任的第二个构成要件是,声音被再现、公

开、使用或者模仿的人应当是原告的声音或者原告对其声音享有继承权或者特许使用权的人的声音。如果行为人再现、公开、使用或者模仿其声音的人不是原告或者同原告有利害关系的人,则行为人不对他人承担侵权责任。在侵权法上,如果原告要求被告就其声音侵权行为对自己承担侵权责任,他们应当承担举证责任,证明行为人所再现、公开、使用或者模仿的声音就是自己的声音或者就是自己对其享有继承权、特许使用权的声音。如果原告无法证明,行为人的声音侵权行为所侵害的声音就是自己的声音或者自己对其享有继承人或者特许使用权的声音,则行为人将不对原告承担侵权责任。

在决定行为人再现、公开、使用或者模仿的声音是不是他人的声音时,侵权法采取理性人的判断标准:如果社会公众或者同原告有关系的大多数人认为他们一听到行为人再现、公开、使用或者模仿的声音就是原告的声音,则行为人再现、公开、使用或者模仿的声音就被认为是原告的声音,否则,将不被认为是原告的声音。

(三)行为人再现、公开、使用或者模仿行为没有获得他人同意

行为人对他人承担声音侵权责任的第三个构成要件是,行为人在再现、公开、使用或者模仿他人声音时没有获得他人的同意。如果行为人再现、公开、使用或者模仿他人声音的行为已经获得他人的同意,则他们的行为不构成声音侵权行为,无须对他人承担侵权责任。

所谓同意,是指行为人在再现、公开、使用或者模仿他人声音之前已经预先获得他人书面的授权,行为人根据他人的书面授权来再现、公开、使用或者模仿他人的声音。此时,行为人应当在书面授权范围和授权限期内再现、公开、使用或者模仿他人的声音,超出书面授权范围或者书面授权期限再现、公开、使用或者模仿他人声音的行为仍然构成声音侵权行为,在符合声音侵权责任其他构成要件的情况下,行为人仍然要对他人承担侵权责任。

如果行为人再现、公开、使用或者模仿其声音的人是精神正常的成年人,行为人在再现、公开、使用或者模仿他们的声音之前应当获得他们的书面同意。如果行为人再现、公开、使用或者模仿其声音的人是精神病人或者未成年人,行为人在再现、公开、使用或者模仿他们的声音之前应当获得他们的监护人的书面同意。

如果行为人再现、公开、使用或者模仿其声音的人是已经死亡的人,在声音权的有效保护期限届满之前,行为人在再现、公开、使用或者模仿死者的声音之前应当获得死者继承人或者对死者声音享有特许使用权的人的书面同意;如果死者没有特许使用权人,行为人仅需获得死者继承人的书面同意;如果死者有继承人和特许使用权人,行为人应当同时获得死者继承人和特许使用权人的书面同意。

(四)行为人的再现、公开、使用或者模仿行为导致他人遭受了损害

行为人对他人承担声音侵权责任的第四个构成要件是,行为人的声音再现、公开、使用或者模仿行为给他人造成了精神损害、财产损害或者同时造成了精神损害和财产损害。如果行为人的声音再现、公开、使用或者模仿行为没有给他人造成损害,行为人将不用对他人承担侵权责任。

五、声音侵权责任的承担和抗辩

(一)损害赔偿和损害赔偿责任的抗辩事由

除非行为人存在某种正当事由,否则,在符合隐私侵权责任构成要件的情况下,行为人应当对他人承担侵权责任。此种侵权责任主要是损害赔偿责任。如果行为人仅侵害他人作为人格权性质的声音权,则他们仅赔偿他人遭受的精神损害。如果行为人仅侵害他人作为财产权性质的声音权,则他们仅赔偿他人遭受的财产损失。如果行为人同时侵害了他人作为人格权和财产权性质的声音权,则他们应当同时赔偿他人遭受的精神损害和财产损失。

当然,如果有正当事由的存在,行为人无须就其再现、公开、使用或者模仿他人声音的行为对他人承担侵权责任,这就是声音侵权责任的抗辩事由。关于声音侵权责任的抗辩事由,笔者在肖像侵权责任抗辩事由当中讨论的抗辩事由均适用于声音侵权责任。笔者将声音侵权责任的抗辩事由分为三种:其一,声音权人的同意;其二,行为人基于言论自由权的行使而再现、公开或者使用他人的声音;其三,行为人再现、公开或者使用的声音是他人在公开场所发出的声音。

（二）声音权人的同意

如果他人同意行为人再现、公开、使用其声音,则当行为人根据他人的同意而再现、公开或者使用他人的声音时,行为人的声音再现、公开或者使用行为将不构成声音侵权行为,无须对他人承担侵权责任。

根据两大法系国家侵权法的规定,声音权人作出的同意表示要产生免除行为人声音侵权责任的法律效力应当具备法律规定的条件,包括:声音权人对他人作出的同意表示应当是书面的而非口头的;声音权人具有作出同意表示的行为能力;声音权人作出的同意表示是真实的、自愿的,不是欺诈的、胁迫的或者有重大误解的。

行为人仅仅在他人同意的范围内和期限内以他人同意的方式再现、公开或者使用他人声音,不得超出他人同意的范围、限期或者以他人不同意的方式再现、公开或者使用他人的声音,否则,行为人的再现、公开或者使用行为仍然构成声音侵权行为,对他人承担侵权责任。

（三）行为人基于言论自由权的行使而再现、公开或者使用他人的声音

如果行为人尤其是作为新闻媒体的行为人是为了行使宪法规定的言论自由权、新闻自由权或者出版自由权而再现、公开或者使用他人的声音,则行为人的声音再现、公开、使用行为将不构成声音侵权行为,他们无须就其声音再现、公开或者使用行为对他人承担侵权责任,即便其再现、公开或者使用行为给他人造成了损害。

不过,两大法系国家和我国的侵权法也认为,行为人尤其是作为新闻媒体的行为人的免责特权不是绝对的而是相对的,因为,只有行为人尤其是作为新闻媒体的行为人基于适当的目的使用他人声音时,包括基于信息公开的目的再现、公开或者使用他人声音,基于监督、批评目的再现、公开或者使用他人声音等,行为人尤其是作为新闻媒体的行为人才享有免责特权;否则,如果行为人尤其是作为新闻媒体的行为人基于营利目的、打击报复目的或者丑化他人的目的再现、公开或者使用他人声音,他们仍然应当对他人承担侵权责任。关于这一点,笔者在肖像侵权责任抗辩事由当中阐述的规则完全适用于声音侵权责任的抗辩事由。

（四）行为人再现、公开或者使用的声音是他人在公开场所发出的声音

如果行为人再现、公开或者使用的声音是他人在参加公开活动时发出的声音，则行为人的声音再现、公开或者使用行为将不构成声音侵权行为，无须对他人承担侵权责任。例如，他人在群众集会上发表的演说等。这一点同肖像侵权责任的抗辩事由完全相同。由于笔者已经在肖像侵权责任的抗辩事由当中对此种问题作出了详细说明，此处从略。

后　　记

一、我国学者关于一般人格权的学说

在我国,学者在讨论他人对其其生命、身体、健康、姓名、名誉、隐私、肖像或者其他人格特征享有的权利时普遍将人格权分为一般人格权和特殊人格权,认为所谓一般人格权,是指以自然人不特定的人格利益为标的的总括性权利,而所谓特别人格权,也称为具体人格权,是指仅以自然人的某种特定人格利益为标的的权利。我国学说认为,一般人格权的内容虽然具有不确定性,但一般人格权的内容有四:人格平等、人格独立、人格自由和人格尊严。它们形成彼此联系、互为补充、相互解释的关系。

我国学说之所以将人格权区分为一般人格权和特殊人格权,当然是受到德国民法和我国台湾地区民法理论的影响。根据我国学者的意见,一般人格权和特别人格权主要有三个方面的差异:其一,一般人格权具有开放性的特点,而特别人格权则不具有开放性的特点。我国学说普遍认为,一般人格权同特别人格权的区别在于,一般人格权具有开放性、发展性的特点,即随着社会的发展,一般人格权的范围会不断扩大,内容也越来越丰富;而特别人格权则不具有开放性、发展性的特点。其二,法律适用方面的差异。我国学说普遍认为,凡是法律规定了特别人格权的,法官就应当适用该法律的特别规定,不得适用一般人格权的规定;如果法律没有规定特别人格权的,则应当适用一般人格权的规定。其三,一般人格权具有重要的功能,包括产生具体人格权的产生功能、解释功能和补充功能。

所谓一般人格权的产生功能,也称一般人格权的权利创设功能,是指一般人格权是具体人格权产生的前提条件,为具体人格权的产生提供了温床。我国学说认为,一般人格权是具体人格权产生的源泉,从中可以产生出各种具体人格权。在制定法没有规定具体人格权时,如果社会要求法律保护他人的某种人格利益,法律可以首先将该种利益看做一般人格权,当该种人格权成熟时,再将其上升到具体人格权。所谓一般人格权的解释功能,是指具体人格权所保护的利益虽然具有特定性,但是具体人格利益包括哪些内涵和外延,有时并不明确,这时就需要借助于一般人格权对具体人格权进行解释,将某些人格利益通过解释纳入具体人格权的范畴。所谓一般人格权的补充功能,是指一般人格权具有补充具体人格权不足的功能。我国学者普遍认为,具体人格权所保护的人格利益具有特定性,彼此之间的衔接可能会出现法律漏洞,此时,要适用一般人格权来填补法律存在的漏洞。

在我国,尽管学说普遍认可一般人格权的理论,但是,一般人格权的理论在我国并没有正当性,因为一般人格权在性质上属于仅适用于德国民法法系国家的民法理论,它既违反了两大法系国家人格权的一般理论,也违反了社会的公共利益,既不符合我国《民法通则》的精神,也不符合我国《侵权责任法》的精神,因此,我国民法或者侵权法应当放弃此种理论。

二、两大法系国家对一般人格权理论的拒绝

(一) 德国民法上的一般人格权理论

在德国,《民法典》第823(1)明确规定:当行为人故意或者过失侵害他人的生命权、身体权、健康权、自由权、有形财产权和其他权利时,应当对他人因此遭受的损害承担侵权责任。根据《德国民法典》第823(1)条的规定,《德国民法典》仅保护他人四种人格权,这就是生命权、身体权、健康权和自由权。当行为人侵害这四种人格权时,他们应当根据《德国民法典》第823(1)条对他人承担侵权责任。当行为人侵害这四种人格利益之外的人格利益时,他们是否应当根据《德国民法典》第823(1)条对他人承担侵权责任?例如,当行为人毁损他人名誉时,他们是否应当对他人承担侵权责任?当行为人泄漏他人隐私时,他们是否应当对他人承担侵权责任?同样,当行为人使用他人肖像时,他们是否应当对他人承担侵权责任?如果严格固守《德国民法典》第823(1)条的规定,则行为人无须就其侵害他人名誉、隐私或者肖像利益的行为对他人承担侵权责任,因为《德国民法典》第823(1)条没有明确规定保护他人的名誉利益、隐私利益或者肖像利益。这样,他人的名誉、

隐私、肖像或者其他人格利益将无法获得保护,使《德国民法典》第823(1)条存在法律漏洞。为了克服《德国民法典》第823(1)条存在的此种漏洞,德国司法机关最初仅通过各种迂回的、曲折的、牵强的手段来保护他人的人格利益。

到了20世纪50年代,德国司法机关最终放弃了保护他人人格权的各种迂回、曲折、牵强的手段,通过借助于德国宪法关于人的尊严、人格平等的规定,结合《德国民法典》第823(1)条规定的"其他权利",直接创设了一般人格权的理论。该种理论认为,即便《德国民法典》第823(1)条没有明确规定侵害他人名誉权、隐私权、肖像权或者其他人格权应当承担侵权责任,当行为人故意或者过失侵害他人名誉、隐私、肖像或者其他人格利益时,他们仍然应当根据《德国民法典》第823(1)条对他人承担侵权责任,因为他人对其名誉、隐私、肖像或者其他人格特征享有的利益也是一种人格权,同他人根据《德国民法典》第823(1)条规定对其生命、身体、健康和自由享有的权利一样。不同的是,《德国民法典》第823(1)条规定的生命权、身体权、健康权和自由权是具体人格权、特殊人格权,而他人对其名誉、隐私、肖像或者其他人格特征享有的权利则不是具体的、特殊的人格权,仅是一般人格权。关于德国法上的一般人格权理论的产生、发展和具体内容,笔者已在上述正文当中作出了详细的说明,此处从略。

(二)法国民法对一般人格权理论的拒绝

在法国,《民法典》仅规定了一种具体、特殊人格权,这就是第9条规定的隐私权,当行为人侵害《民法典》第9条规定的特殊人格权时,他们当然应当对他人承担侵权责任。当行为人侵害他人的名誉权、姓名权、肖像权或者其他人格特征权时,他们是否应当对他人承担侵权责任?从19世纪以来尤其是自19世纪50年代以来,法国的法官认为,当行为人侵害隐私权之外的其他人格权时,他们应当根据《法国民法典》第1382条的规定对他人承担侵权责任。不过,法国法官在责令行为人对他人的名誉权、姓名权、肖像权或者其他人格特征权承担侵权责任时,并没有将《民法典》第9条没有明确规定的其他人格权称为一般人格权。

除了法国法官不认可一般人格权和特殊人格权的理论之外,法国学者也不认可德国民法上的一般人格权和特殊人格权理论。例如,Goubeaux在讨论人格权时指出:"人格的问题是很难予以分析的。最初,人们仅凭直觉来认识人格问题。现在,人们认为,如果行为人使用他人姓名或肖像,或者如果行为人在报刊上公开他人的隐私,则他人会遭受被人疏远的损害。此时,他人能够成为当事人,有权要求行为人对其承担侵权责任。从此种角度来分析,人格包括的因素虽然多种多样,但是主要包括:身体的完整性、姓名、肖像、荣誉或名誉以及隐私等等。此外还包括作者对其著作、文学或者艺术享有的人格权。"①Raymond 也指出:"在法国,人格权是由法官确立的:法官适用民事责任法的规则,对权利行使的条件加以规定,以防止过分限制行为人的自由权。法国民法典将法官确定的某种人格权规定了下来,但是没有对人格权的范围予以限制。……在人格权当中,除了姓名权、婚姻权之外,还包括三种类型的人格权:建立在自然人身体基础上的人格权、肖像权、声音权和隐私权。"②

(三) 美国侵权法对一般人格权理论的拒绝

在美国,侵权法也仅认可几种具体的、特殊的人格权,不会认可一般人格权,更没有德国民法当中的一般人格权合同特殊人格权理论。在美国,侵权法学者除了会讨论生命权、身体权和健康权的保护之外,还会讨论名誉权、隐私权和公开权的保护,认为行为人无论是侵害他人生命权、身体权和健康权还是侵害他人名誉权、隐私权或者公开权,都应当对他人承担侵权责任。因此,美国侵权法学者仅认可六种人格权,其中的公开权同其隐私权究竟是什么样的关系,美国侵权法学者之间存在争议。

某些学者认为,隐私权在性质上属于人格权,而公开权则在性质上属于财产权。某些学者认为,隐私权包含了公开权,而某些学者则认为,公开权包含了隐私权。无论学者之间的争议如何,美国侵权法上的隐私权、公开权所包含的内容众多,除了包括传统意义上的隐私利益之外,还包括他人对其姓名、肖像或者其他人格特征享有的利益。可见,美国侵权法仅认可这几种具体、特殊的人格权,在这些人格权之外,美国侵权法不承认德国侵权法上的所谓一般人格权。

---

① Gilles Goubeaux, *Droit Civil* (24e édition), Librairie Générale De Droit et De Jurisprudence, p.47.

② Guy Raymond, *Droit Civil* (2e édition), Litec, p.84.

(四) 英国侵权法对一般人格权理论的拒绝

在英国,侵权法当然会保护他人的生命权、身体权和健康权,认为当行为人侵害他人享有的这些人格权时,他们应当对他人承担侵权责任。这一点同美国侵权法相同。同美国侵权法不同的是,英国侵权法虽然会保护他人的隐私利益或者其他人格利益,但是,英国侵权法并不承认所谓的隐私权或其他人格权,当行为人侵害他人隐私或其他人格利益时,英国侵权法或者通过名誉侵权责任制度来保护,或者通过其他已有的具体侵权责任制度来保护。这样,英国侵权法除了保护为数不多的几种具体、特殊人格权之外,不会保护所谓的一般人格权。

例如,Dugdale 和 Jones 在他们的侵权法著作中明确指出,一方面,英国侵权法会通过名誉侵权责任制度和蓄意虚假陈述(malicious falsehood)侵权责任制度来保护他人对其名誉享有的利益[①];另一方面,英国侵权法虽然会通过众多的侵权责任制度来保护他人享有的隐私利益,例如通过侵入他人不动产之上或不动产之内的侵权责任或者通过滋扰侵权责任制度来保护他人隐私利益,但是,隐私侵权责任制度并不是独立的侵权责任制度。[②] 英国上议院在 2008 年的 Wainwright v. Home Office[③] 一案中明确认为,侵害他人隐私的行为不构成独立的侵权责任制度。再例如,Cane 在其侵权法著作中认为,侵权法除了保护他人对其人身享有的利益之外,还保护他人对其人格尊严享有的利益,保护他人对其民事或者政治权利享有的利益,其中他人对其人身享有的利益包括他人享有的生命权、身体权和健康权,而他人对其人格尊严享有的利益包括自由利益、名誉利益和隐私利益等;他人对其民事或者政治权利享有的利益主要是权利法案所规定的各种权利,诸如自由权、迁徙权、结社权以及自由权等。[④]

在讨论所谓的人格尊严利益时,Cane 对英国侵权法保护的人格利益所面临的问题作出了说明,他指出:"在英国,由于历史的原因,侵权法往往关

---

① Anthony M. Dugdale Michael A. Jones, *Clerk & Lindsell on Torts* (nineteenth edition), Sweet & Maxwell, 2006, p. 18.
② Ibid., pp. 19-20.
③ [2003] UKHL53;[2004] 2 AC. 406.
④ Peter Cane, *The Anatomy of Tort Law*, Hart Publishing, 1997, pp. 67-74.

注他人人身利益和有形财产利益的保护,防止行为人侵害他人享有的人身利益和有形财产利益。侵权法对其提供重大保护的所谓人格尊严利益仅包括两种:他人的人身自由和名誉利益。对他人隐私不被侵犯或者性不被骚扰的保护仅是近些年的要求。由于制定法没有明确规定保护这些利益,法官发现很难通过发展侵权法来保护这些利益。例如,侵犯他人隐私的行为并没有看做独立的侵权责任制度。当然,这并不是说英国侵权法不会保护他人的隐私利益,因为英国侵权法会通过侵入侵权或者滋扰侵权来保护他人的隐私不受侵犯。同样,虽然各种各样的侵权责任制度会保护他人的性或者其他利益不受骚扰,但是,侵害他人性利益的行为也不构成独立的侵权责任制度。虽然各种各样的已有侵权责任制度会保护他人引起争议的隐私、性利益,但是,由于没有建立独立的隐私侵权责任、性侵权责任制度,这些侵权法对他人隐私利益或者性利益所提供的保护并非那样有效。"[1]在一个隐私权都得不到认可的国家,当然不会认可德国侵权法上的一般人格权。

三、我国民法对一般人格权理论的拒绝

(一) 我国民法没有德国式的法律漏洞,无须一般人格权理论来填补

在我国,《民法通则》和《侵权责任法》不存在《德国民法典》第823(1)条存在的法律漏洞,无须德国侵权法上的一般人格权来填补其法律漏洞。在我国,《民法通则》第100条、第101条、第102条分别规定了《德国民法典》第823(1)条没有规定的肖像权、名誉权和荣誉权,不存在侵权法无法保护肖像权、名誉权或者荣誉权的法律漏洞,无须作为法律漏洞填补功能的一般人格权理论。同样,我国《侵权责任法》第2条明确规定了姓名权、名誉权、荣誉权、肖像权、隐私权,更不存在《德国民法典》第823(1)条没有规定名誉权、荣誉权、肖像权、隐私权的法律漏洞,更不需要作为法律漏洞填补功能的一般人格权理论。

---

[1] Peter Cane, *The Anatomy of Tort Law*, Hart Publishing,1997, p.71.

（二）我国民法的法律漏洞填补方式使一般人格权理论没有存在的必要

在我国,民法和侵权责任法对他人人格权的保护方式不同于《德国民法典》对他人人格权的保护方式,当民法或者侵权责任法存在保护他人人格权的法律漏洞时,我国民法或者侵权责任法采取的法律漏洞填补方式也不同于德国民法采取的法律漏洞填补方式。

在德国,民法典主要是通过第823(1)条来保护他人享有的人格权不受侵害,此种规定最大的特点是,明确限制过错侵权责任保护的人格权范围,防止侵权法保护的人格权范围过于宽泛而影响行为人的行为积极性。当行为人侵害了该条规定的四种具体、特殊人格权之外的人格利益时,法官除了适用《德国民法典》第823(1)条之外很难适用其他条款来保护他人的人格利益。① 除此之外,民法典没有再规定其他条款来保护他人人格权。

而在我国,《民法通则》不存在这样的问题,因为我国《民法通则》除了在第五章第四节人身权当中对各种具体的、特殊的人格权作出明确规定之外,还在《民法通则》第六章第三节"侵权的民事责任"当中对各种具体的侵权责任制度作出了明确规定,在第六章第一节"一般规定"当中对一般侵权责任制度作出了明确规定。在具体案件当中,如果《民法通则》没有具体规定某种人格权或者人格侵权责任制度,法官可以适用《民法通则》第六章第一节的规定来责令行为人对他人承担侵权责任。例如,为了填补我国《民法通则》没有规定隐私权的法律漏洞,法官完全可以通过解释《民法通则》第106(2)条的规定来实现保护他人隐私权的目的。《民法通则》第106(2)条规定:公民、法人由于过错侵害国家的、集体的财产,侵害他人财产、人身的应当承担民事责任。当行为人侵害他人隐私利益时,法官可以认定行为人实施的侵权行为侵害了该条规定的"他人人身的",当然应当根据第106(2)条责令行为人对他人承担隐私侵权责任。

同样,我国侵权责任法也不存在这样的问题,因为我国侵权责任法除了对各种具体的、特殊的侵权责任制度作出了明确规定之外,还对一般的侵权责任制度作出了明确规定。当侵权责任法存在没有规定某种无形人格权的法律漏洞时,法官既可以适用《侵权责任法》第6条来填补此种法律漏洞,也

---

① 当然,如果行为人侵害了他人享有的姓名权,法官可以适用《德国民法典》第12条来保护他人对其姓名享有的利益,因为《德国民法典》第12条明确规定了他人享有的姓名权。

可以适用《侵权责任法》第2条来填补此种法律漏洞。例如,为了弥补我国《侵权责任法》第2条没有明确规定保护身体权、自由权和人格尊严权的法律漏洞,法官一方面也扩张解释《侵权责任法》第2条当中规定的"等人身、财产权益"的范围,认为其中包括了他人对其身体、自由或者人格尊严享有的利益,一方面适用《侵权责任法》第6条规定的一般过错侵权责任制度来责令行为人就其侵害他人身体权、自由权或者人格尊严权的行为对他人承担侵权责任。

在德国,即便《民法典》第823(1)条存在法律漏洞,即便德国司法机关已经确立了成熟的一般人格权理论,德国立法机关没有修改民法典第823(1)条,将司法机关确立的一般人格权规定在第823(1)条当中。而在我国,当民法或侵权责任法存在某种法律漏洞时,最高人民法院往往会首先颁布司法解释,将民法或侵权责任法没有规定或者规定不清楚的地方规定下来,使民法或者侵权责任法存在的法律漏洞得以填补。当司法解释适用一定时期之后,立法机关就会修改民法或者侵权责任法的规定,将最高人民法院的有关司法解释规定在民法或者侵权责任法当中。例如,为了填补我国《民法通则》没有规定隐私权的法律漏洞,最高人民法院分别在有关的司法解释当中规定,侵害他人隐私权的,按照《民法通则》关于侵害名誉权的规则来处理;在后来的司法解释当中,最高人民法院又认为,侵害他人隐私权的行为不属于名誉侵权行为,应当作为独立的隐私侵权责任制度。最高人民法院的后一种司法解释意见被全国人大常委会所采纳,规定在我国《侵权责任法》第2条当中。

(三)我国法官没有德国法官确立一般人格权理论时的顾虑,无须一般人格权理论作为遮羞布

在我国,司法机关在进行人格权的司法解释时不会存在德国法官在确立一般人格权理论时所存在的顾虑。在我国,学者虽然对德国民法上的一般人格权的理论较为熟悉,但是他们往往忽略了一点,即德国司法机关虽然通过判例方式确定了一般人格权理论,但是德国司法机关认为一般人格权仅为伞状形的权利、框架式的权利,就像美国侵权法上的隐私权或者公开权一样,里面包含的内容形形色色,多种多样,除了包括名誉权、隐私权、肖像权、姓名权、声音权之外,还会包括其他内容。一般人格权作为一种伞状形的权利、框架式的权利,意味着其中所包含的各种权利都不是独立的权利,而仅是一般人格权内容的组成部分。因此,根据德国民法当中的一般人格权理论,即便是名誉权、隐私权、肖像权这样重要的无形人格权,也都不是独立的无形人格权,不是特殊人格权,仅为一般人格权当中的组成部分,淹没在一般人格权当中而无法独善其身,当行为人侵害其中的一个或者几个权利时,法官都会根据一般人格权理论责令行为人对他人承担侵权责任。

在倡导一般人格权理论时,德国司法机关为什么不愿意像其他国家那样将他人的名誉权、隐私权、肖像权这些重要的无形人格权看做独立的无形人格权而仅愿意将它们看做一般人格权的组成部分?这是因为,在德国,立法机关在民法典第823(1)条当中仅规定了四种人格权,而德国司法机关通过司法判例确立的人格权早已经超过了四种,如果将司法机关确立的每一种人格权都看做具体的、特殊的人格权,则司法机关创设的具体、特殊人格权的数量会大大超过立法机关在《民法典》第823(1)条当中规定的数量,使司法机关在事实上成为人格权的立法者,使司法机关有了喧宾夺主的嫌疑,破坏了德国司法机关独立于立法机关的三权分立体制。而将包括名誉权、隐私权、肖像权或者有《民法典》第823(1)条没有规定的其他人格权都看做一般人格权的内容,否定这些无形人格权的独立性,则德国司法机关即便在事实上成为人格权方面的造法者,它们也仅为次要的造法者,它们所造的人格权法仅为立法机关规定的人格权法的补充,因为立法机关在《民法典》第823(1)条当中规定了四种人格权,而司法机关通过判例仅创设了一种人格权,即一般人格权。这样,德国司法机关创设的一般人格权理论既填补了立法机关在人格权保护方面存在的致命法律漏洞,使《德国民法典》关于人格权的规定能够适应社会发展的要求,又避免了司法机关取代立法机关成为事实上的立法者的嫌疑,既尊重了立法机关在人格权立法方面的主导地位,又确保了司法机关审判职能的有效发挥,可谓一举两得。

在我国,司法机关在通过司法解释造法时不会顾忌德国司法机关在创设一般人格权理论时所顾忌的问题,因为长期以来,包括无形人格权法在内的民商法立法活动与其说是由立法机关来进行,毋宁说是由司法机关特别是最高人民法院来进行,我国最高人民法院在事实上已经成为包括人格权法在内的民商法的造法者。表现在两个方面:其一,我国立法机关在进行民商法立法活动时往往有意不对某种问题作出规定,而是让司法机关尤其是最高人民法院通过司法解释去规定。例如,在侵权责任法当中,立法机关有意不规定《侵权责任法》第16条当中规定的残疾赔偿金和死亡赔偿金的计算办法,将其留给司法机关去解决。其二,我国最高人民法院针对立法机关制定的法律作出的司法解释条款不仅在数量方面大大超过立法机关制定的法律规定的条款,而且其司法解释在实际生活当中的地位远远高于立法机关制定的法律。例如,我国立法机关通过的《民法通则》仅为156条,而我国最高人民法院针对《民法通则》作出的司法解释则多达几百条,其中最高人民法院《关于贯彻执行〈中华人民共和国民法通则〉若干问题的意见(试行)》有200条,最高人民法院《关于审理名誉权案件若干问题的解答》有11条,最高人民法院《关于确定民事侵权精神损害赔偿责任若干问题的解释》有12条,最高人民法院《关于审理人身损害赔偿案件适用法律若干问题的解释》有36条。

因为这样的原因,我国最高人民法院在进行人格权的司法解释时,根本不会顾及德国联邦最高法院在创设一般人格权理论时所顾及的喧宾夺主的问题。这一点,从最高人民法院在2001年颁布的《关于确定民事侵权精神损害赔偿责任若干问题的解释》当中可以窥见一斑。在该司法解释当中,最高人民法院大势扩张侵权法保护的人格权范围,使其司法解释规定的人格权在数量上远远超过了《民法通则》规定的人格权数量,因为在该司法解释当中,最高人民法院不仅认为,当行为人侵害他人生命权、健康权、身体权、姓名权、肖像权、名誉权、荣誉权、人格尊严权、人身自由权时,他们应当对他人遭受精神损害承担赔偿责任,而且还认为,如果行为人违反社会公共利益、社会公德侵害他人隐私或者其他人格利益,他们也应当对他人承担精神损害赔偿责任;不仅认为,当行为人侵害死者的姓名、肖像、名誉、荣誉、隐私或者遗体、遗骨时应当对死者的近亲属承担精神损害赔偿责任,而且还认为,当行为人侵害他人具有人格象征意义的特定纪念物品时,应当对他人承担精神损害赔偿责任。在这里,最高人民法院不仅明确认可了《民法通则》没有规定的身体权、人格尊严权、人身自由权和隐私权,而且还认可了侵害死者人格利益或者某些物品所承担的精神损害赔偿责任。

(四) 一般人格权理论在我国不具有权利创设功能或者漏洞补充功能

在民法上,法官作出的司法判例往往具有权利创设功能和补充功能。当民法或者侵权法没有规定应当加以保护的某种人格利益时,民法或者侵权法就存在法律漏洞。此种法律漏洞往往会通过法官的司法判例予以填补,当法官反复填补所存在的法律漏洞时,他们就通过司法判例创设了某种人格权。在我国,学者认为一般人格权理论同时具有权利创设功能和补充功能。此种观点仅符合德国民法或者侵权法的现实,既不符合法国和英美法系国家的现实,也不符合我国的现实。

在德国,司法机关提出的一般人格权理论的确既有权利创设的功能,也有法律漏洞的填补功能。因为当德国法官认为应当在某一个具体案件中保护他人主张的某种无形人格利益时,他们就会认为他人主张的此种人格利益属于一般人格权保护的范围,并且根据一般人格权理论来责令行为人对他人承担侵权责任。例如,鉴于《德国民法典》第823(1)条没有规定声音权的法律漏洞,当德国司法机关认为应当保护他人主张的声音利益时,他们就会认为,他人的声音利益属于一般人格权的范畴,应当根据一般人格权的理论责令行为人对他人承担侵权责任。这样,德国司法机关通过一般人格权既填补了德国民法典没有保护他人声音权的法律漏洞,也确立了他人对其声音享有的权利,即所谓的声音权。同样,鉴于《德国民法典》第823(1)条没有规定肖像权的法律漏洞,当德国法官认为应当保护他人主张的肖像利益时,他们就会认为,他人主张的肖像利益属于一般人格权的范畴,应当根据一般人格权理论责令行为人对他人承担侵权责任。这样,德国法官通过一般人格权理论既填补了《德国民法典》第823(1)条没有规定肖像权的法律漏洞,也通过一般人格权理论开发出、创设了一种新的无形人格权,这就是肖像权。当然,应当强调的是,德国法官通过一般人格权所创设的声音权、肖像权均不是特殊人格权、具体人格权,仅为一般人格权的组成部分。

在法国,因为没有所谓的一般人格权,当然谈不上一般人格权具有创设或者补充具体人格权功能的问题。在法国,在《民法典》第9条没有明确规定隐私权之前,法官往往适用《法国民法典》第1382条关于过错侵权责任的一般规定来保护他人主张的某种人格利益,因此,如果说《法国民法典》存在没有规定人格权的法律漏洞的话,如果说法国法官会通过司法判例创设某种人格权的话,他们绝对不是通过一般人格权理论来填补法律漏洞,绝对不是通过一般人格权理论来创设人格权,而是通过《民法典》第1382条的一般规定来填补法律漏洞和创设人格权。

在英美法系国家,因为没有所谓的一般人格权,当然无所谓通过一般人格权理论来创设人格权或者填补人格权保护方面的法律漏洞问题。在英美法系国家,如果法官希望通过判例来填补侵权法没有保护他人主张的某种人格利益的法律漏洞,如果法官希望通过其判例创设某种新的人格权,他们或者借助于名誉侵权责任制度,或者借助于隐私侵权责任制度,或者借助于公开权侵权责任制度,或者借助于其他既存的某种侵权责任制度,通过扩张解释这些侵权责任制度的保护范围,使他人主张的某种人格利益得以保护,使侵权法存在的法律漏洞得以弥补,使他人主张的某种人格利益最终成为一种新的人格权。

在我国,因为《民法通则》、《侵权责任法》和最高人民法院的有关司法解释都没有认可一般人格权理论,因此,自然不能够说一般人格权理论在我国具有创新的权利的功能或者具有法律漏洞的填补功能。在我国,如果法官希望通过裁判来填补民法或侵权责任法没有规定人格权的法律漏洞,他们或者适用《民法通则》或者《侵权责任法》关于侵权责任的一般规定,尤其是关于过错侵权责任的一般规定,或者适用最高人民法院的有关司法解释,已如前述。在这两种情况下,法官都没有借助于德国民法上的一般人格权理论。同样,在我国,如果法官希望通过裁判创设某种新的人格权,他们往往借助于最高人民法院的有关司法解释,因为在我国,只有最高人民法院的有关司法解释才能够最终创设立法机关没有规定的人格权,一般的法官无权通过裁判来创设新的人格权,已如前述。

(五)一般人格权理论在我国不具有解释具体人格权的功能

在两大法系国家和我国,侵权法之所以区分有形人格权和无形人格权,一个重要的原因在于,有形人格权的内容确定,其内涵和外延固定,很少会同行为人的自由权、社会公众的知情权产生冲突。而无形人格权的内容模棱两可,其内涵或者外延常常不固定,表现在两个方面:其一,他人的某种无形人格权可能会同他人的另外一种无形人格权交叉或者重叠,使他人的两种无形人格权之间界限模糊不清。例如,他人的隐私权同他人的名誉权交叉,使他人的隐私权有时很难同他人的名誉权区分。其二,他人的某种无形人格权可能会同行为人的某种无形人格权冲突。例如,他人的名誉权可能会同行为人的自由权冲突。

在上述两种情况下,法官是否应当借助于一般人格权理论来解释具体人格权的内容,界定其内涵或者外延?换句话说,一般人格权理论是否具有我国学者所谓的解释具体人格权的功能?即便是在倡导一般人格权理论的德国,这样的理论都是不成立的,更何况在没有一般人格权理论的其他国家?在德国,即便法官认可一般人格权和具体人格权的理论,但他们并不会通过一般人格权来解释具体人格权,不会通过一般人格权理论来界定具体人格权的内涵或外延,因为德国民法上的具体人格权往往是有形人格权,而德国民法上的一般人格权仅为无形人格权,有形人格权很少会同无形人格权之间存在冲突,没有必要通过作为无形人格权的一般人格权理论来界定有形人格权的范围。当然,在德国,正如在其他国家,他人的无形人格权可能会同行为人的自由权产生冲突,法官在决定是否保护或者在什么范围内保护他人的无形人格权时,应当考虑行为人的自由权,应当平衡他人的无形人格权和行为人之间的自由权,防止过分保护他人的无形人格权而牺牲行为人的自由权。

在两大法系国家和我国,法官解决具体人格权存在的外延和内涵不确定的方式主要有三种:通过规定各种具体人格侵权责任制度构成要件的方式,将那些不属于隐私权、名誉权、肖像权的内容排除出去并因此确定这些无形人格权的外延和内涵;通过规定具体人格侵权责任制度的抗辩事由的方式来确定具体人格权的外延和内涵,以便协调自然人享有的具体人格权和其他人的具体人格权的关系;通过宪法和人权法来确定具体人格权的外延和内涵,以便协调自然人享有的具体人格权同其他人的自由权、知情权的关系。

四、结论:不适用于我国和其他国家的德国式的一般人格权理论

在当今民法社会,虽然我们可以说任何民法理论均不是为了单纯的理论而理论,均是为了满足社会生活的需要,基于社会生活的趋同性,基于社会公众需要的同质性,两大法系国家和我国的民法理论也在逐渐趋同化和同质化。但是,民法理论的趋同性和同质性并不意味着两大法系国家和我国的民法在所有的理论方面均实现了统一性,因为正如"条条大路通罗马、

后　记

通罗马的大路条条不同"一样,民法虽然最终是为了满足社会生活的需要,但是民法满足社会生活需要的方式并不完全相同。基于各国国情的不同,一个国家满足社会生活需要的民法方式可能不同于另外一个国家的民法满足同样社会生活需要的方式。这样,民法的理论就会存在这样或者那样的差异。

例如,同样是为了限制行为人对他人承担的侵权责任范围,法国法官采取了"可予赔偿的损害的共同特征"的民法理论来保护行为人,让他们无须对其侵权行为引起的某些损害承担侵权责任。而为了实现同样的目的,英美法系国家的法官则采取了因果关系理论,通过因果关系当中的损害远隔性理论或者损害的可预见性理论来保护行为人,防止他们承担的侵权责任过重。再例如,为了责令行为人对他人遭受的机会损失承担侵权责任,法国法官采取了损害的确定理论,而英美法系国家的法官或者采取因果关系理论,或者采取按比例的理论。

根据当今流行的民法理论,民法法系主要分为三种:其一,以《法国民法典》为代表的罗马式的民法;其二,以《德国民法典》为代表的德意志式的民法;其三,以英国和美国民法为代表的英美普通法。问题在于,当一个民法法系国家的法官或者学者提出某种民法理论时,该种民法理论究竟是仅为该民法法系国家特有的理论还是也适用于其他民法法系国家的理论?例如,当法国学者或者法官提出了某种民法理论时,该种民法理论除了适用于法国之外,是否还适用于德国、英美法系国家或我国?当德国民法学者或者法官提出了某种民法理论时,该种民法理论除了适用于德国之外,是否还适用于法国、英美法系国家或我国?同样,当英美法系国家的学者或者法官提出了某种民法理论时,该种民法理论除了适用于英美法系国家之外,还是否适用于法国、德国或我国?笔者认为,就一个国家的民法学者或者法官提出的某种民法理论是否可以适用于其他法系国家而言,民法理论可以分为三类:

其一,能够在所有民法法系国家适用的民法理论。所谓能够在所有民法法系国家适用的民法理论,是指一个民法法系国家的学者或者法官提出的某种民法理论除了能够在该民法法系国家适用之外,还能够同时在所有其他民法法系国家适用。例如,英国法官在 1866 年的 Ryland v. Fletcher①一案中首次提出的严格责任理论就是这样的一种理论,该种理论除了能够在英国得到适用之外,也能够在所有其他国家予以适用,包括法国、德国、美国和我国等,因为这些国家最终都认可了英国法官确立的严格责任。

其二,能够在大多数民法法系国家适用的民法理论。所谓能够在大多数民法法系国家适用的民法理论,是指一个民法法系国家的学者或者法官提出的某种民法理论除了能够在该民法法系国家适用之外,还能够在其他大多数民法法系国家适用,但是不能够在所有民法法系国家适用。例如,法国法官在 19 世纪 50 年代提出的隐私权和隐私侵权责任理论就是这样的理论,该理论除了在法国得到适用之外,也能够在美国和我国得到适用,但是不能够在英国和德国民法当中得到适用。

其三,仅能够在某一特定的民法法系国家适用的民法理论。所谓仅能够在某一特定的民法法系国家适用的民法理论,是指某一民法法系国家提出的某种民法理论仅能够在提出该种民法理论的国家适用,不能够在其他民法法系国家适用。例如,英国的侵权法学者或者法官认为,当行为人侵害他人隐私利益时,他们不得根据独立的隐私侵权责任制度对他人承担侵权责任,他们或者根据侵入他人不动产之上或者不动产之内的侵权责任制度对他人承担侵权责任,或者根据不正当竞争侵权责任制度对他人承担侵权责任,或者根据名誉侵权责任制度对他人承担侵权责任。此种民法规则仅为英国侵权法和受英国侵权法影响的国家所采用,德国民法、美国民法、法国民法和我国侵权责任法均没有采取。

在我国,由于受到我国台湾地区学者的影响,一些民法学者动不动就将德国民法学者或者我国台湾地区学者针对《德国民法典》或者我国台湾地区民法存在的法律漏洞而提出的某种补救性理论引入我国,认为德国民法或者我国台湾地区民法学者所提出的此类理论不是德国或者我国台湾地区民法特有的理论,仅为德国民法法系国家所适用,而认为他们所提出的此类理论或者是能够在所有民法法系国家适用的民法理论,或者是能够在包括我国大陆地区在内的大多数民法法系国家适用的民法理论。

例如,我国大多数民法学者都将德国民法和我国台湾地区民法学者为

---

① (1866) L. R. 1 Ex. 265, 279.

| 后 记 |

了克服《德国民法典》第 823(1) 条不保护他人有形财产利益的法律漏洞而提出的缔约过失责任理论从仅适用于德国和我国台湾地区的民法理论上升为同时适用于我国大陆地区的民法理论,认为缔约过失责任理论既不是违约责任,也不是侵权责任,而是一种独立责任。之所以说此种理论仅为德国或者我国台湾地区的特有民法理论,是因为缔约过失责任无法根据《德国民法典》第 823(1) 条将其看做侵权责任,又不能够看做契约责任,只能将其看做独立责任。不过,德国和我国台湾地区民法上的所谓缔约过失责任仅为一种独立责任的理论在民法上是一个不伦不类的理论,因为在德国和我国台湾地区,民事责任仅为两种,它或者仅为侵权责任,或者仅为违约责任,不会在侵权责任和违约责任之外产生所谓的第三种民事责任。而在我国,缔约过失责任完全可以看做《民法通则》第 106(2) 条和《侵权责任法》第 6 条规定的过错侵权责任,因为我国《民法通则》第 106(2) 条和《侵权责任法》第 6 条规定的方式不同于《德国民法典》第 823(1) 条。

因为同样的原因,德国法官在 20 世纪 50 年代所提出和倡导并为我国民法学者所津津乐道的一般人格权和特别人格权理论在性质上既不属于上述第一种民法理论,也不属于上述第二种民法理论,而仅属于上述第三种民法理论,因为该种民法理论既不适用于法国民法法系国家,也不适用于英美法系民法国家,而仅适用于德国民法法系国家,因为德国法官提出的一般人格权和特殊人格权理论仅为德国民法法系所特有的理论,此种理论仅是德国法官为了弥补《德国民法典》第 823(1) 条存在的法律漏洞所提出的民法理论,没有《德国民法典》第 823(1) 条的立法模式,自然就不会有德国法官提出的一般人格权理论,有了《德国民法典》第 823(1) 条的立法模式才有了德国法官提出的一般人格权理论。在法国、英美法系国家和我国,民法或者侵权法均没有规定《德国民法典》第 823(1) 条式的立法模式,因此,当然没有作为法律漏洞填补手段的一般人格权理论。

张民安
2012 年 3 月 16 日于
广州中山大学法学院